中国·河南煤炭名矿志系列

陈四楼煤矿志

(1984—2021)

上卷

CHENSILOU MEIKUANG ZHI

ZHONGGUO · HENAN MEITAN MINGKUANG ZHI XILIE

《陈四楼煤矿志》编纂委员会 编

中国矿业大学出版社

·徐州·

图书在版编目(CIP)数据

陈四楼煤矿志 ：1984—2021 /《陈四楼煤矿志》编纂委员会编. — 徐州 ：中国矿业大学出版社，2024. 11. — ISBN 978 - 7 - 5646 - 6533 - 3

Ⅰ. F426.21

中国国家版本馆 CIP 数据核字第 20240DD921 号

书　　名	陈四楼煤矿志(1984—2021)
编　　者	《陈四楼煤矿志》编纂委员会
责任编辑	侯　明
出版发行	中国矿业大学出版社有限责任公司 (江苏省徐州市解放南路　邮编 221008)
营销热线	(0516)83885370　83884103
出版服务	(0516)83995789　83884920
网　　址	http://www.cumtp.com　**E-mail**:cumtpvip@cumtp.com
印　　刷	苏州市古得堡数码印刷有限公司
开　　本	787 mm×1092 mm　1/16　**总印张** 57.25　**总插页** 62　**总字数** 1481 千字
版次印次	2024 年 11 月第 1 版　2024 年 11 月第 1 次印刷
总 定 价	398.00 元(上下卷)

(图书出现印装质量问题，本社负责调换)

《陈四楼煤矿志(1984—2021)》编纂委员会

主　　任:张文康　李　明

副 主 任:聂济刚　刘　斌　赵　伟　孙镇泉　李　磊
户红旗　刘德成　韩建成　曹建民　杜厚永
张　飞　郝道贤　郝明月　薛兵建　贾亮亮
刘　洲　曹　阳　陈召磊

执行主任:马志刚

执行副主任:于春晓

成　　员:(按姓氏笔画排序)
冉德立　刘　军　刘俊杰　刘振良　李玉东
李红涛　张　豪　张立军　张新建　陈常州
郝永科　姚　贺　贾林林　程小伟　裴飞飞
谭永豪　樊建政

《陈四楼煤矿志(1984—2021)》编纂办公室

主　　任:马志刚

编　　纂:马志刚　于春晓　梁蒲安

陈四楼煤矿现任领导集体合影（2024 年 3 月 25 日）
左起：郝道贤 刘德成 曹建民 孙镇泉 刘斌 张文康 李明 赵伟 韩建成 户红旗 杜厚永

陈四楼煤矿矿训

诚信务实
创新争先

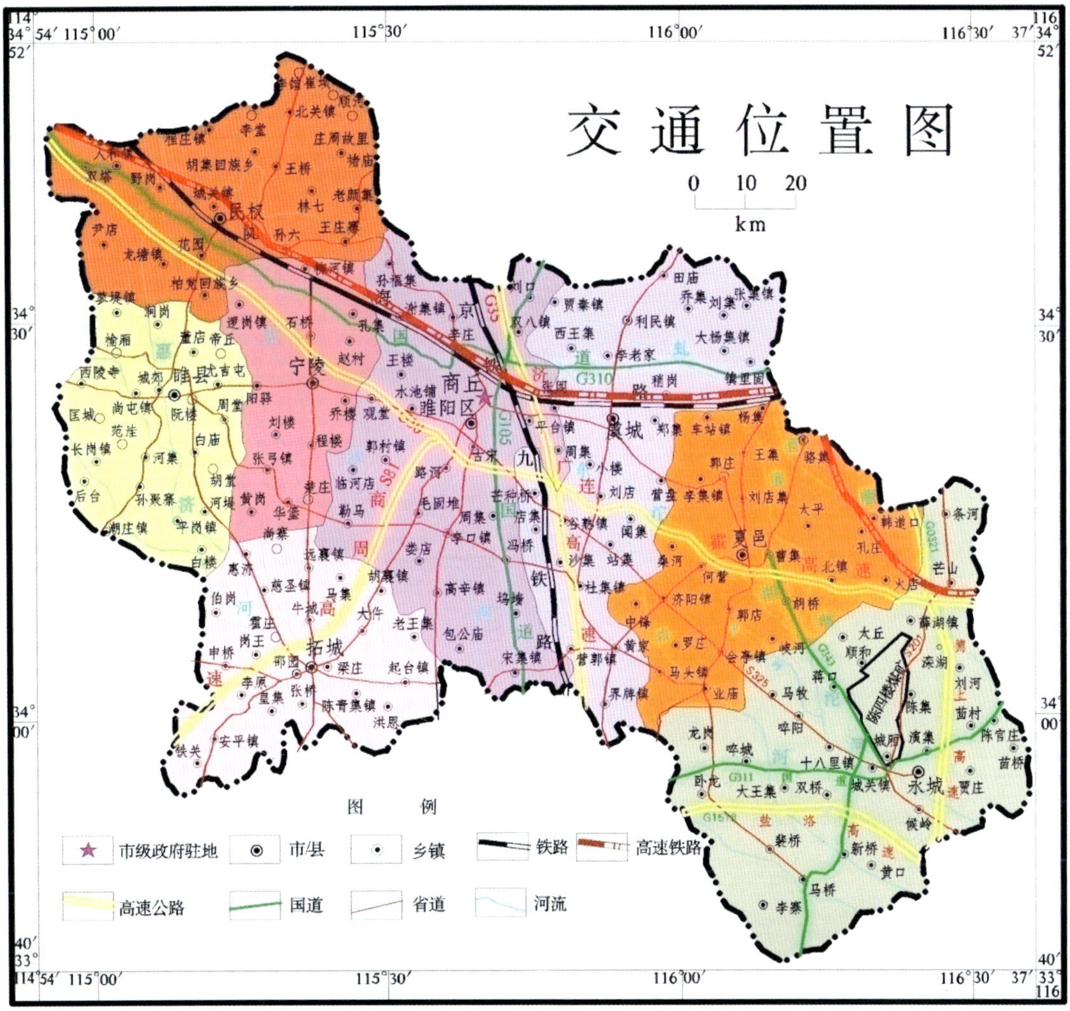
交通位置图
0 10 20
km
114°54′
115°00′
115°30′
116°00′
116°30′
116°37′
34°52′
34°30′
34°00′
33°40′
民权
宁陵
睢县
商丘
睢阳区
虞城
夏邑
柘城
永城
陈四楼煤矿
G310
G105
G311
G343
G35
S325
图例
市级政府驻地
市/县
乡镇
铁路
高速铁路
高速公路
国道
省道
河流

陈四楼煤矿交通位置图

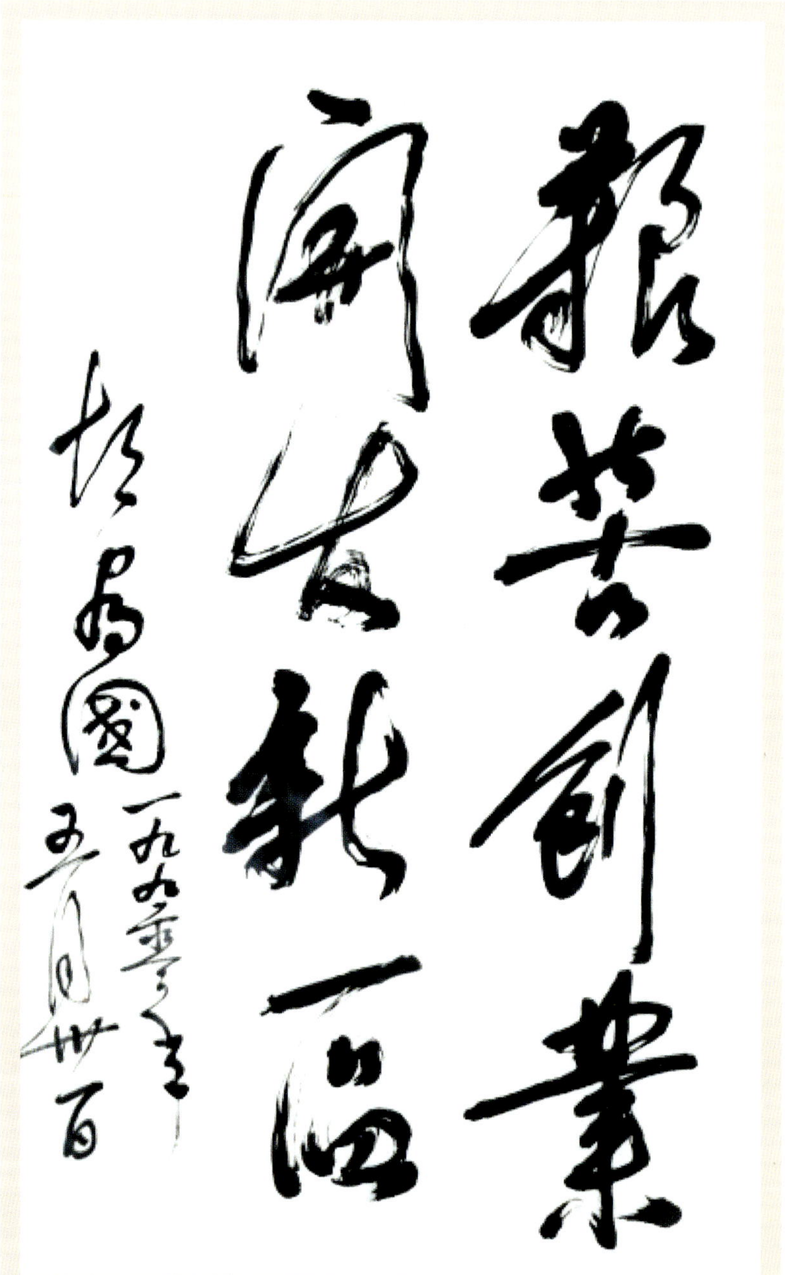

1990 年 5 月 31 日，能源部副部长、中国统配煤矿总公司总经理胡富国来矿区调研，
并在陈四楼煤矿题词：“艰苦创业，开发新区”

2011 年 10 月 13 日，中煤政研会原会长马德庆为陈四楼煤矿题词“陈矿大学”

1991 年 3 月 22 日，河南省委书记侯宗宾（前排右二）到陈四楼煤矿调研

1990 年 5 月 31 日，能源部副部长、中国统配煤矿总公司总经理胡富国（前排右四）到陈四楼煤矿指导工作

2005 年 3 月 9 日，河南省副省长史济春（前排左一）到陈四楼煤矿调研

2010 年 1 月 7 日，河南省委常委、秘书长曹维新（前一）一行到陈四楼煤矿调研

2009 年 7 月 14 日，商丘市委常委、永城市委书记吴孟铎（中）
到陈四楼煤矿调研指导工作

2021 年 11 月 17 日，永煤公司党委书记、董事长孙广建（前排左一）
到陈四楼煤矿检查指导工作

陈四楼煤矿鸟瞰图

陈四楼煤矿大门

陈四楼煤矿多功能职工餐厅和职工礼堂

陈四楼煤矿生产办公楼

陈四楼煤矿行政办公楼

1997年11月6日，陈四楼煤矿正式投产。永煤集团总经理刘云涛题写“创世纪”石刻，铭记“永夏模式”改革创新精神，鼓舞永煤人再接再厉

心 做

陈四楼煤矿员工风采

2006 年“全国双十佳矿长”马正兰

2010 年陈四楼煤矿队干带队举旗出入井

2004 年 12 月 21 日，陈四楼煤矿热烈欢迎全国技术能手邵兴建（中）载誉归来

2009 年陈四楼煤矿开展全员军事化管理训练

2012 年 5 月，陈四楼煤矿职工任永强荣获第二届全国煤炭工业“百名技术英杰”称号

2020 年 5 月，陈四楼煤矿职工张豪荣获第七批“全国煤炭行业技能大师”称号

2016 年 10 月，陈四楼煤矿职工杨永兴荣获“全国煤炭行业技能大师”“中原大工匠”称号

2021 年 5 月，陈四楼煤矿职工边广林荣获“全国五一劳动奖章”

2011 年 1 月，陈四楼煤矿综采安装队刘市里班荣获“全国安全班组”称号

2020 年，哥哥刘杰（右）和弟弟刘怀友（左）同时荣获陈四楼煤矿“劳动模范”称号

2010 年、2019 年，陈四楼煤矿职工高兴超（后排中）分别荣获“100 名感动中国的矿工”和“全国劳动模范”称号

1995 年 3 月，陈四楼煤矿筹备处成立

1997 年 7 月，陈四楼煤矿主井联合试运转剪彩

1997 年 7 月 1 日，陈四楼煤矿投产庆典

1997 年 4 月 30 日上午，陈四楼煤矿将在 2002 高档普采工作面安装的综采设备地面联合试运转圆满成功

2001 年 11 月 26 日 15 时 06 分，陈四楼煤矿首次达到年设计生产能力，提前 36 天实现年产 5 500 大卡以上标煤 240 万吨的达产目标

2006 年 6 月 9 日，河南省煤矿安全质量标准化暨高产高效矿井建设现场会在陈四楼煤矿召开

2008 年 9 月 29 日，由工人日报社牵头组织的“体面劳动”专题调研座谈会在陈四楼煤矿举行

2006 年 7 月 6 日，陈四楼煤矿南风井投入运行

2012 年 2 月 19 日，陈四楼煤矿新式灯房投入使用

2019 年 11 月 23 日，陈四楼煤矿六采区底板水害地面区域治理工程开工仪式

2016 年 11 月 16 日，陈四楼煤矿副井更换电机

2020 年 3 月 24 日，陈四楼煤矿引进先进综掘机设备

2021 年 11 月 25 日，陈四楼煤矿智能化掘进工作面成套装备联调、联试现场

陈四楼煤矿主井绞车

陈四楼煤矿井下变电所

陈四楼煤矿井下综采工作面

陈四楼煤矿现代化采煤设备

陈四楼煤矿主井智能化操作

陈四楼煤矿调度指挥中心

原煤

小块煤

中块煤

洗粒煤

大块煤

陈四楼煤矿生产煤炭运煤专列在集配站整装待发

陈四楼煤矿企业文化形象视觉识别系统历史变迁

1997—2004 年

永煤集团 CYMG

2004—2006 年

永煤集团 YMGC

2007—2009 年

HNCC 河南煤化集团 陈四楼煤矿

2009—2013 年

HNEC 河南能源 陈四楼煤矿

2013—2022 年

河南能源 HENAN ENERGY 陈四楼煤矿

2022 年至今

2004 年 10 月 6 日，陈四楼煤矿“企业文化大家谈”演讲比赛

2006 年元旦，陈四楼煤矿文艺演出

2006 年 10 月 3 日，永煤集团企业文化节陈四楼煤矿专题系列
启动仪式暨感恩永煤报恩永煤专题报告会

2007 年 6 月 24 日，陈四楼煤矿党员干部感恩奉献在岗位演讲比赛

2009 年 6 月，陈四楼煤矿职工书画展

陈四楼煤矿职工利用工余时间进行学习

2020 年 4 月 12 日，陈四楼煤矿开展安全教育活动签名

2006 年 3 月 2 日，摩根大通经理李伟奇（左一）、
正大国际常务副总裁王浩一行到陈四楼煤矿参观考察

2006 年 10 月 19 日，以陈四楼煤矿为主体的河南龙宇能源与 CVRD 生产经营座谈会

2007 年 6 月 7 日，全国国企新闻采访团莅临陈四楼煤矿采访

2007 年 7 月 7 日，由东华大学学子组成的“永煤现象”课题调研团一行 7 人，在集团公司有关部门的陪同下，到陈四楼煤矿调研

2008 年 3 月 17 日，清华大学经管学院领导及学者到陈四楼煤矿考察指导工作

2008 年 9 月 6 日，河南日报社记者来陈四楼煤矿采访

2011 年 4 月 18 日，中国移动公司人员到陈四楼煤矿开展联谊拓展训练

2011 年 4 月 28 日，《百家讲坛》著名讲师纪连海（右二）到陈四楼煤矿交流指导

2011 年 9 月 2 日，河南电视台记者到陈四楼煤矿采访

2015 年 3 月 12 日，中国煤炭工业协会领导来陈四楼煤矿调研指导

2018 年 6 月 22 日，德国西门子公司客人来陈四楼煤矿交流

2019 年 10 月 11 日，中国矿业大学教授来陈四楼煤矿授课

2023 年 7 月 24 日，在央视《焦点访谈》栏目播出的采访报道

2007 年 12 月 9 日，陈四楼煤矿机电工培训基地挂牌

2008 年 2 月 19 日，陈四楼煤矿职工进行锚杆机维护技能培训

2009 年 3 月 20 日，陈四楼煤矿新工人进行风动凿岩机实操作业技能培训

2011 年 7 月 29 日，陈四楼煤矿开展“星光大道”职工培训展示活动

2014 年 9 月 20 日，永煤集团机电管理现场会在陈四楼煤矿召开

2016 年 4 月 20 日，陈四楼煤矿开展“幸福从心开始”专题讲座

2018 年 7 月 5 日，陈四楼煤矿承办的永煤公司 2018 年采掘电钳工技能竞赛实操决赛现场

2019 年 10 月 20 日，陈四楼煤矿开展《防治煤与瓦斯突出细则》知识竞赛

2020 年 3 月 24 日，陈四楼煤矿开展“班组自治工程”班组长素质提升培训

陈四楼煤矿职工日常开展理论知识技能培训

2020 年 7 月 7 日，陈四楼煤矿承办的永煤公司
2020 年职工技能竞赛矿井维修电工技术比武现场

2021 年，陈四楼煤矿开展“2+N”管理讲坛活动

2011 年 7 月，陈四楼煤矿被评为第七届中国企业培训示范基地

2012 年 11 月，陈四楼煤矿被中华全国总工会评为全国职工教育培训示范点

2006 年 11 月 8 日，陈四楼煤矿高兴超的实用新型专利“止回阀”申报成功，成为永煤集团第一个申报成功的专利

2010 年 5 月 4 日，陈四楼煤矿召开 2010 年科技工作大会

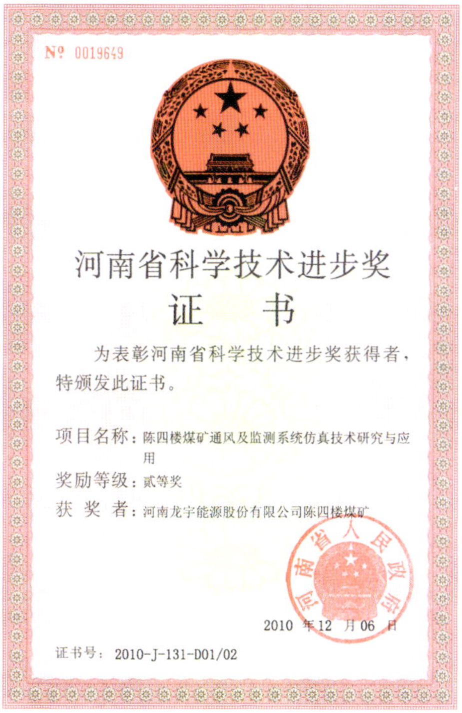
№ 0019649

河南省科学技术进步奖

证 书

为表彰河南省科学技术进步奖获得者，特颁发此证书。

项目名称：陈四楼煤矿通风及监测系统仿真技术研究与应用

奖励等级：贰等奖

获 奖 者：河南龙宇能源股份有限公司陈四楼煤矿

2010 年12 月06 日

证书号：2010-J-131-D01/02

煤炭工业企业管理现代化创新成果（行业级）一等奖

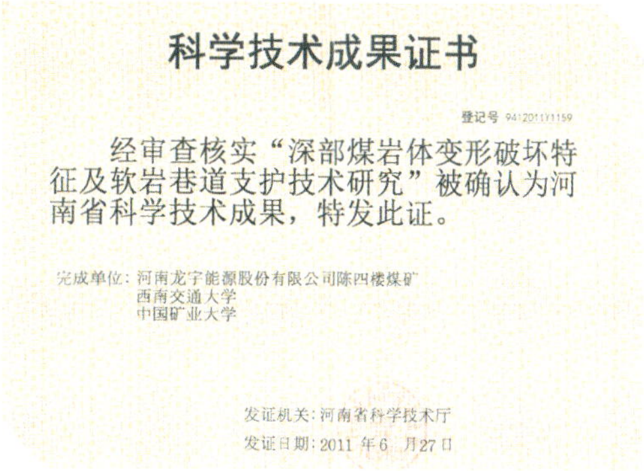
科学技术成果证书

经审查核实“深部煤岩体变形破坏特征及软岩巷道支护技术研究”被确认为河南省科学技术成果，特发此证。

完成单位：河南龙宇能源股份有限公司陈四楼煤矿
西南交通大学
中国矿业大学

发证机关：河南省科学技术厅

发证日期：2011 年6 月27 日

陈四楼煤矿部分科学技术成果证书

陈四楼煤矿被评为科技工作先进单位

陈四楼煤矿被中国煤炭工业协会评为煤炭工业科技创新示范矿

荣誉展示（一）

序　一

岁月荏苒，光阴似箭，30余载弹指一挥间，陈四楼煤矿已走过37个春秋。37年来，全体陈矿人在省委、省政府和上级公司的关怀领导下，在风雨中砥砺奋进、开拓进取，绘就了一幅敢为人先、豪迈前行的壮丽画卷，一座安全高效现代化的矿井在豫东大地上熠熠生辉。

作为永煤集团第一对建设投产的大型矿井，陈四楼煤矿从20世纪80年代的项目筹备，90年代初的破土动工，到新世纪的发展壮大，我们深知陈四楼煤矿的今天是全体陈矿人用他们的青春和热血换来的，井下纵横交错的每一寸巷道都留下了他们奋斗的足迹，地面高高耸立的巨大筒仓上写满了他们的传奇故事。我们有太多的故事需要发掘，有太多的经验需要总结，也有很多的教训需要反思。

以志存史，以史为镜；盛事修志，惠及后人。今天，我们编辑和出版《陈四楼煤矿志(1984—2021)》，以翔实资料，记录了陈四楼煤矿全体干部职工走过的艰难历程和取得的光辉业绩，反映了陈四楼煤矿各个时期的精神风貌，实事求是地总结了各个时期的经验和教训，为后人留下了一份弥足珍贵的历史资料。此书可以启迪干部职工览古察今、继往开来，还可以使更多的人了解、认知陈四楼煤矿的过去和现在，展望未来发展的前景。

《陈四楼煤矿志(1984—2021)》是陈四楼煤矿第一部企业志，它的编纂成功是陈四楼煤矿全体干部职工共同努力和智慧的结晶，也凝聚着上级领导和上级有关部门的悉心指导和大力支持。广大干部职工，包括离退休老干部、老工人、各科室、各区队都积极提供资料、献计献策，才使《陈四楼煤矿志(1984—2021)》的编纂工作顺利完成。值此书稿付梓之际，谨向所有支持、帮助、参与此书编纂工作及为此书作出贡献的同志们致以深深的感谢！

抚今追昔，感慨万千。回顾过去，我们对几代陈矿人取得的成绩感到无限欣慰，对美好辉煌的发展前景信心倍增。在新征程上，希望全体干部职工继续秉持“求真务实　创新争先”的矿训，紧密地团结在一起，深入落实集团公司高质量发展战略部署，聚力前行，创新发展，把陈四楼煤矿建设成为更安全、更高效、更智能、更和谐的现代化矿井，为河南能源推进建设具有国际竞争力的世界一流企业作出新的更大贡献！

陈四楼煤矿矿长

序　二

2022年是党的二十大胜利召开之年，也是陈四楼煤矿接续奋斗、承上启下的关键之年。盛世修志，垂鉴未来；志载华年，泽惠千秋。《陈四楼煤矿志(1984—2021)》作为矿井首部志书，绘就了企业30余年砥砺前行、踔厉奋发、攻坚克难、铸造辉煌的全景图，是历代全体陈矿人艰苦创业的缩影和记忆。志书秉承实事求是、秉笔直书、认真负责的原则，为确保质量，编纂人员数易其稿，形成了一部内容丰富、图文并茂、结构严谨、语言简练、行文流畅的企业志。

陈四楼煤矿作为永煤集团首对投产矿井，对永煤集团乃至永夏矿区都具有十分重要的意义。矿井历史悠久，文化厚重，资源丰富，人杰地灵。这里既是永煤发展腾飞的溯源之地，也是无数煤矿儿女成长圆梦的扎根之所。从20世纪的摸索试探到新世纪的"黄金十年"，发展成如今安全、高效、绿色、智能的现代化煤矿企业，这里镌刻着无数可歌可泣的奋斗历程和守正创新的发展实践。无论是可圈可点的成功典范，还是殚精竭虑的曲折探索，都是陈四楼煤矿一笔丰厚的财富。

《陈四楼煤矿志(1984—2021)》共14篇51章，洋洋洒洒148万字，并附录历史图片130余幅，以马克思列宁主义、毛泽东思想、邓小平理论、"三个代表"重要思想、科学发展观和习近平新时代中国特色社会主义思想为指导，运用辩证唯物主义和历史唯物主义观点，统揽全志，编纂成卷。志书翔实记述了矿井30余载改革发展的大事要事以及各个时期的先进人物等。全志条分缕析，主次有序，力求明白晓畅，图文精美，既有宏观鸟瞰，一矿之貌尽收眼底，又有微观透视，沧桑变化，了然于志。

修志工程之浩繁、工作之艰辛难于言表。全矿上下通力协作，不辞辛苦。经过广征博采，多方收集，审慎选材，严格校对，历时一年多终于完成这部志书。在此，谨向所有关心、支持、指导、参与《陈四楼煤矿志(1984—2021)》编纂工作的人员表示诚挚的感谢。

志书虽经各方共同努力精雕细琢，但差错疏漏在所难免，敬请专家、学者、热心读者批评斧正。

陈四楼煤矿党委书记 [签名]

凡　例

一、《陈四楼煤矿志》(以下简称“本志”)以习近平新时代中国特色社会主义思想为指导，以传承历史、服务当前、惠及后世为宗旨，以档案文献资料为依据；在继承中国企业志编修志书优良传统基础上，坚持客观、全面、真实、准确的原则，力求突出陈四楼煤矿的特色、时代特色和行业特色，实事求是地记述陈四楼煤矿政治、经济、文化、科学技术、改革发展等各方面的历史与现状，为加强和传承优秀企业文化，全面记述陈四楼煤矿发展历程和经验，为矿井持续发展积淀宝贵财富。

二、本志上限为1984年，下限为2021年年底(个别时间延后)。

三、本志采用述、记、志、传、图、表、录7种体裁，以志为主，图、表、照片随文配置，与文字互为补充，以类记事，事以类从；大事记采用编年体和记事本末体相结合的方式记述，纵向记述矿井发展的大事、要事，以呈现历史发展的脉络和背景。志书对在同一时间发生的多起事件，不再重复具体时间，分别用是年、本月、同日表示，不褒贬、不虚构、不夸张，力求思想性、资料性、科学性相统一。

四、本志采用多篇多章形式，篇下设章、节，节下统一用一、(一)、1、(1)等序号设目。志书以概述开篇，附录殿后。

五、记述采用规范语体文。简化字、标点符号、专业名词、纪年、数字、计量单位等均执行国家现行统一规定。其中，公元世纪、年代、年、月、日用公历阿拉伯数字表示；统计数据均使用阿拉伯数字表示；计量单位符号以《中华人民共和国法定计量单位》的规定为准，在公式或图表中一般用法定单位符号表示，如m(米)、cm(厘米)、%(百分号)、km(千米)、kg(千克)、kW(千瓦)、℃(摄氏度)等，其他均采用中文表示。

六、本志采用第三人称记述，本着详近略远、突出近期的原则，记述历史和展示现实。党政机关、企业单位、组织机构、书名、年代等一律用当时的称谓，第一次出现写全称，后续写简称，河南能源化工集团有限公司、河南能源集团有限公司(简称“河南能源集团”或“河南能源”)，永城煤电集团有限公司(简称“永煤集团”或“永煤公司”)，河南龙宇能源股份有限公司陈四楼煤矿(简称“陈四楼煤矿”或“矿井”)，其他单位类同。人物不加政治性的赞语和贬语，不用“同志”“先生”“首长”等称呼。外部领导人介绍职务，内部领导人不介绍职务(简介已有)。

七、本志“人物与荣誉”篇中收录原则：

(1)“人物传略”：用文字记述陈四楼煤矿已故领导人。

(2)“人物简介”：用文字(附照片)简介1984—2021年期间在陈四楼煤矿(包括选煤厂)工作过的领导班子成员及获得全国、全省、地市和集团公司、陈四楼煤矿劳动模范、五一劳动奖章等荣誉称号的人员。分设现任班子成员，按职务排序；历任党政领导，按任职先后排序；如同一人获得两项符合录入简介者，只选其中一项录入，其他项不再单列。

(3)专业技术人员名录:依获得时间先后为序录入。

(4)"荣誉":获省行业级及以上荣誉称号的先进单位(集体)和个人。

八、本志中"党"指中国共产党;"团"指中国共产主义青年团;"省"指河南省,其他类同。

九、本志资料主要来源于陈四楼煤矿档案资料和永煤集团各个时期出版的报纸杂志书籍、矿井各业务科室及基层单位提供的资料、部分人员口述或提供的纸质资料,一般不注明出处。

目 录

第六篇　煤炭洗选

第七篇　资源节约与环境保护

第八篇　科技创新

第九篇　经营管理

第十篇　党政工团

第十一篇　人力资源

第十二篇　后勤服务

第十三篇　企业文化

第十四篇　人物与荣誉

附　录

概述

广袤的豫东平原，秀丽的芒砀山下，悠悠的沱河岸边，矗立着一座现代化大型矿井——河南龙宇能源股份有限公司陈四楼煤矿。这是一颗冉冉升起的“能源新星”，它犹如一颗闪亮的煤海“明珠”，折射出新时代中国煤炭行业践行使命担当，推动矿山高质量发展蝶变升级、智能绿色低碳发展的奋进历程。

一

陈四楼煤矿是河南能源集团永煤公司下属煤矿和骨干矿井之一，位于河南省永城煤田中部，东距徐州不足 90 千米，西到省会郑州 320 千米，与合肥、南京、济南等省会城市的距离都在 300 千米左右，铁路和公路交通便利。井田面积 61.69 平方千米，煤炭可采储量 2 亿多吨，是国家“八五”“九五”重点建设项目。1997 年 11 月 6 日建成投产，2001 年获得出口煤炭质量许可证，2002 年顺利通过 ISO 9001 国际质量体系认证。煤炭品种为低灰、特低硫、特低磷、高发热量的“三低一高”环保型优质无烟煤。煤炭产品有洗精煤、洗中块、洗小块、洗粒煤、筛末煤等品种，煤炭销往韩国、日本、巴西、东南亚等国家和地区，在国内、国际煤炭市场上均享有良好的声誉，被誉为“中永一号”。

长期以来，陈四楼煤矿秉承“诚信、务实、创新、争先”矿训，以人为本抓安全，集约高效抓生产，开源节流抓经营，与时俱进搞创新，创业奉献、开拓发展，矿井现场管理逐步精细，经营业绩屡创辉煌，矿井发展始终保持着良好的趋势、平稳的态势和恢宏的气势，走出了一条具有陈四楼煤矿特色的发展之路。矿井先后荣获“全国五一劳动奖状”“全国煤炭工业双十佳矿井”“全国煤炭工业企业文化示范矿”“全国煤炭系统文明煤矿”“煤炭工业科技创新示范矿”“中国企业培训示范基地”“国家一级安全生产标准化矿井”“中国企业教育先进单位百强”“中国煤炭工业思想教育先进单位”“中国最美矿山”“全国煤矿体育工作先进单位”等殊荣，并率先跻身河南省“五优”矿井行列。

安全生产是确保煤矿企业长青的基石。陈四楼煤矿有很多亮点、经验，亦有 2015 年“4·10”煤与瓦斯突出等事故教训，切肤之痛，警钟长鸣！也正因为如此，陈四楼煤矿能够更深入地贯彻落实“安全是第一责任”理念，扛稳安全责任，抓实风险防范，以“严、细、实”的工作作风持续筑牢安全防线。矿井深入学习最新的《中华人民共和国安全生产法》(简称《安全生产法》)，完善安全管理制度 37 项，建立“一岗一清单”503 个，构建了全覆盖全方位的安全生产责任体系，坚定依法治企的决心和态度。

坚持动态标准化达标是保持矿井长治久安的另一“法宝”。矿井按照“一面一策”安全生产标准化创建思路，开展“亮点工程、精品头面”创建，严格考核奖惩。同时深入推行标准化“一月一主题”专项提升活动，消除安全管理难点，为持续提升现场面貌、强化内在达标提供了有力保障。

长期以来，陈四楼煤矿坚持破瓶颈、补短板，精准发力，科学施策，不断破解重大灾害治理难题。通过不断探索完善，总结出包括钻孔帷幕注浆、短孔补注浆、钻孔吹孔、老孔注浆封堵、抽采管路改造、浓度衰减异常钻孔修复、抽采管路冲压与稳压试验等在内的多项瓦斯治理举措，同时在局部区域针对性采取“底板抽采巷＋穿层钻孔＋水力冲孔”治理措施，真正实现了瓦斯治理的量、质双提升。持续推进地面区域治理工程，在顺利完成矿井2506、2901、2903工作面一期水害治理工程基础上，在北翼六采区继续实施地面区域治理，完成钻探进尺45 000余米，采取高浓度、大流量、连续高压注浆等措施，治理效果显著，实现了水害治理由井下局部治理向地面区域超前治理的转变。矿井持续实施的底板水害地面区域超前治理工程，释放煤炭资源630万吨，为企业增效81.9亿元，同时确保了矿井的采掘接替。

陈四楼煤矿注重创新工艺技术，提升生产力。积极引进先进技术、先进工艺、先进设备，岩巷掘进实现了由风动凿岩机打眼爆破、耙装机配合矿车出矸向液压钻车打眼、挖掘式装载机配合皮带出矸的转变，并在部分工作面实现了岩巷综掘，大幅提升了掘进效率、降低了职工劳动强度，解决了辅助运输紧张的难题。煤巷掘进实现了由钻眼爆破向掘进机配合刮板输送机、带式输送机进行综掘的转变，2010年3月，陈四楼煤矿21303工作面轨道顺槽单头综掘进尺达到608米，创造了永煤公司综掘单头进尺新纪录。采煤工作面经历了炮采、普采、综采3个工艺阶段，推广应用了一面三巷大采长工作面，开切眼长度最长达370余米，减少了万吨掘进率，提升了煤炭采出率，减少了设备投入，实现了集中、安全、高效回采。回采顺槽创新超前支护技术，2011年11月，首套综采工作面超前支架在北十采区21004工作面投入使用，提高了支护强度、减轻了劳动强度，满足了端头设备快速推移的要求。2019年，在21015工作面试验推行超前主动支护，取消超前被动支护装备，为实现综采自动化创造良好条件。全面推广切顶卸压沿空留巷、无煤柱沿空掘巷技术，缩短生产准备周期。截至2021年，矿井共产生重大科技成果300多项(件)，其中国家科学技术进步奖二等奖1项，省部级成果奖21项，厅局级成果奖88项；累计申请职务专利200件，其中发明专利40件，实用新型专利160件；累计授权职务专利182件，其中发明专利28件，实用新型专利154件。

陈四楼煤矿着力变革管理模式，提高运营质量和水平。2000年，矿井打破原有的经营管理体制，推行“内部模拟市场化管理”，利用市场经济的价值规律，以价格为纽带，统一价格、统一结算，模拟市场交易方式组织矿内部生产经营活动，将矿内部的行政关系变为等价交换的经济往来关系，充分挖掘内部潜力，增强活力，形成了以制度化、规范化、市场化为核心的“三化管理”模式。通过不断探索实践，建立完善矿、区队、班组三级市场核算体系，巩固和发展了以制度管理、定额管理、信息管理和计量管理为主要内容的企业基础管理工作，率先推行绩效管理、全面预算管理、影响时间买卖制，推广应用ERP物资管理系统，实施流程化精细管理等，丰富了市场化管理的内涵。创新性提出了公式化定额管理、定额自动寻值核算、单项工程流程化管理、加工维修单据链式结算等思路，实现了市场化核算工作的集成化和流程化，大大提高了核算精度与效率。探索引入作业成本法、契约化管理等新方法、新理念，实现多种管理工具的融合，推动矿井持续降低生产经营成本，提高经济效益，提升企业管理水平，为构建和谐企业探索了一条新的途径，实现了企业的快速发展。

陈四楼煤矿始终坚持党建创新工作，截至2021年，共有23个党支部和1个党总支(选煤厂党总支，2022年1月撤销党总支，成立党支部)，党员625人。近年来，陈四楼煤矿党委始终致力于制度化建党、规范化强党，创新实施“六位融合”红色引擎工程建设，梳理和规范了支部建设管理制度，不断激发支部建设的积极性和主动性，始终发挥支部的政治核心和领导核心作用，为矿井的安全高质量发展提供政治保障。

陈四楼煤矿持续创新协管工作，精心推出了"1234"协管工作机制，并作为唯一女工工作品牌代表永煤公司参加了河南省工会女职工"百个"亮点品牌评选。充分发挥党联系职工群众的桥梁和纽带作用，关注弱势群体，开展"送温暖""金秋助学"等活动，救济困难职工、慰问帮扶困难职工子女，积极为党和政府分忧解难。

陈四楼煤矿始终注重提高员工的幸福指数。为工会会员发放生日券，加强"两堂一舍"监督管理，提高菜品质量，为职工宿舍配备新被褥，对篮球场、职工礼堂座椅进行修缮改造，最大限度满足了干部职工文化生活需求。积极组织开展文艺演出以及羽毛球、乒乓球、拔河等大型文体活动，营造了健康向上的文化氛围。

面向未来，陈四楼煤矿牢固树立"忠党报国，奉献河南"的坚定信念，秉承"团结拼搏、务实创新、担当作为、追求卓越"的企业精神，进一步解放思想，创新思路，务实重干，以"三优三减三提升"和新"四化"建设为抓手，持续推广新技术新工艺新装备，依靠科技进步、装备升级、系统优化、组织优化，持续提升矿井生产效率，逐步实现少人化、无人化作业，着力打造独具陈四楼煤矿特色的安全高效发展模式。

二

煤炭是赋存于地下的非再生性化石能源资源，素有"工业粮食"之称。中国是世界上少数几个以煤为主要能源的国家之一，长期以来煤炭在中国一次能源生产和消费中均占 60% 左右，在未来相当长的时期内，中国仍将是以煤为主的能源结构。因此，煤炭资源是中国经济发展和社会进步的重要命脉。

中华人民共和国成立初期，全国煤炭年产量只有 3 000 多万吨，连国内基本用煤都不能完全满足。随着中国社会主义建设的快速发展，国民经济对煤炭的需求日益增加。为满足国民经济增长对煤炭的需求，中国充分利用计划经济优势，集中力量搞建设，从 20 世纪 50 年代开始，先后组建了煤田地质勘探、煤矿设计、建井施工等专业队伍，投入大量资金及人力，为煤炭资源勘探和煤矿建井提供了强有力的支持。

20 世纪 70 年代，河南省地矿局第十一地质队与多家地勘队伍开展了永夏煤田勘探会战，探明储煤面积 1 220 平方千米，天然焦 5.93 亿吨，可采煤层 3～5 层，总厚度 6.6 米，远期储煤量 100 亿吨，属低硫、低磷、低灰分、高发热量的优质无烟煤，是冶炼特种钢和发展电力、煤化工的理想原料。永夏煤田的开发建设将使永城成为全国六大无烟煤基地之一。

永夏煤田位于河南省永城市和夏邑县境内，属华北晚古生代煤聚区，开发程度较高的为永城煤矿区，其次还有夏邑骆集普查区。1983 年，负责包括永夏煤田开发在内的永城煤炭工业联合公司筹建处成立。1984 年，永夏煤田正式开发建设，习惯称为永夏矿区。1991 年，国家确立永夏矿区为重点开发项目，河南省永夏矿区相继被列入国家"八五"计划、"九五"计划。

永夏矿区的开发建设，历经煤炭工业部河南煤炭工业管理局永城矿区指挥部，永城矿区筹建组，永城矿区建设管理委员会，永城煤电（集团）有限公司，永城煤电控股集团有限公司，河南能源化工集团有限公司（2022 年 7 月 14 日更名为"河南能源集团有限公司"，简称

"河南能源集团"或"河南能源")。其间,依次隶属煤炭工业部,能源部和中国统配煤矿总公司,河南省人民政府,河南煤炭工业管理局,河南煤业化工集团、河南能源化工集团、河南能源集团管理。

陈四楼煤矿是永煤公司第一对开工建设的大型现代化矿井。1984年年初,河南省煤炭工业管理局着手筹备永城矿区的开发,成立永城矿区指挥部,在1984—1987年间对地方煤矿和统配煤矿建设进行统一管理。1987年由于投资主体的重新确立,组建"煤炭工业部河南煤炭工业管理局永城矿区筹建组"接管统配煤矿的筹建工作。

1986年4月,河南省煤炭设计院依据《河南省永城矿区总体设计》进行陈四楼煤矿的初步设计工作。是年9月,国家计委〔1986〕722号文《关于河南省永城矿区初步设计的批复》,同意将陈四楼煤矿的生产规模定为年产240万吨。1987年3月,编制出《陈四楼煤矿初步设计》。

在国家推进"四个现代化"建设,迫切需要煤炭能源支撑的大背景下,1990年7月26日,陈四楼煤矿正式开工建设,是永夏矿区永煤集团开发建设的第一对矿井,服务年限65.6年。1991年,能源部将陈四楼煤矿列为全国八对重点建设矿井之一。

陈四楼煤矿建设初期,由永夏矿区建设管理委员会全面统筹。1991年3月成立陈四楼项目组,刘云涛、张亚祥先后担任组长。1993年2月,撤销陈四楼项目组,成立陈四楼煤矿项目部,刘云涛、戴光林先后主持工作。1995年2月,撤销陈四楼煤矿项目部,成立陈四楼煤矿筹备处。1997年1月29日,撤销陈四楼煤矿筹备处,正式成立陈四楼煤矿。

1997年5月中旬,陈四楼煤矿选煤厂工程全部完工。1997年6月25日,地面收尾工程告竣。7月1日,永夏矿区第一对现代化矿井陈四楼煤矿成功地进行了联合试运转。11月5日,陈四楼煤矿及选煤厂通过煤炭工业部组织的专家组验收。11月6日,陈四楼煤矿建成投产,标志着陈四楼煤矿从基建时期向正式生产矿转变,揭开了永煤集团煤炭生产第一篇。

2009年,陈四楼煤矿核定年生产能力450万吨,2012年最高产量449.3万吨。2015年,升级为煤与瓦斯突出矿井。2016年核定年生产能力378万吨。2020年核定年生产能力450万吨。

陈四楼煤矿从20世纪80年代开始筹建,到90年代正式开工建设和投产至今,承载着几代人执着追逐的梦想。截至2021年年末,陈四楼煤矿已累计产出原煤7 000余万吨,为祖国和社会主义建设作出了积极贡献。

三

陈四楼煤矿建成投产后,全矿干部职工以饱满的精神状态,团结拼搏、攻坚克难,取得了一个又一个成绩,创造了一项又一项纪录。

1999年2月5日,日产原煤10 007吨,首次突破万吨大关。2月26日,2月份原煤产量达217 000吨,首次单月达到矿井设计生产能力。9月,完成掘进进尺2 192米,超额完成月度计划任务,创下永煤公司生产新纪录。2000年7月26—28日,陈四楼煤矿5 000吨出口日本(81车皮)筛选末原煤驶出矿区,打破了永煤公司商品煤出口零的纪录。2001年4月7

日，副井提车320车，创投产以来副井提升最高纪录。4月30日，永煤集团炮采标杆队经验交流会在陈四楼煤矿召开。11月26日15时06分，首次达到年设计生产能力240万吨，实现历史性跨越。2002年7月，综采准备队在2705工作面安装工作仅用27天，创下了永煤公司综采设备安装的新纪录。11月9日，综采准备队累计生产原煤百万吨，成为永煤集团首个年产百万吨的采煤队。

2004年8月28日，永煤公司第一个大倾角综采工作面——陈四楼煤矿2708综采工作面顺利实现试运转，按期出煤。2005年2月，产量386 729吨，创投产以来单月产量最高纪录。2006年11月28日，全国煤炭工业表彰大会在人民大会堂举行，陈四楼煤矿获评"全国特级安全高效矿井"。2009年2月，陈四楼煤矿开拓一队施工的北部东翼集中皮带巷单头进尺147米，创造了永煤公司下山岩巷炮掘最高纪录。2010年3月，综掘二队施工的21303工作面轨道顺槽单头综掘进尺达到608米，将永煤公司综掘单头进尺526米的历史纪录提高了82米。2011年8月10日，第一台EBZ260H型岩巷综掘机在－720辅助水平皮带巷安装使用，开创了陈四楼煤矿岩巷综掘的先例。11月，首套综采工作面超前支架在北十采区21004工作面投入使用。2012年4月，第一台EBZ-MH160/2×30H掘锚护一体机在21006工作面轨道顺槽投入使用。2013年5月10日，"挖掘装载机＋带式输送机＋矿车随动装置"岩巷作业线在八采区行人下山试用成功。

2016年4月，陈四楼煤矿自主完成的预裂切顶无煤柱沿空留巷技术在21701工作面上顺槽及21702工作面下顺槽运用，多回收煤炭2.6万吨。2016年10月，首个综采顺拉工作面21011工作面开始回采，圈入实体煤161.5万吨，多回收煤炭资源2.5万吨。2017年3月在21008工作面上顺槽成功实施小煤柱沿空掘巷，煤柱宽度由5米缩减至2米。2017年5月5日，在2803工作面下巷、2509工作面下巷开展"以孔代巷"项目试验，探索瓦斯治理新模式。2019年2月，在六采区灾害治理措施巷投入使用EBZ318H型岩巷综掘机，为建矿以来投入使用的最大功率掘进机。2019年4月，2506工作面投入第一套DQD20型气动单轨吊。

2019年5月，陈四楼煤矿开拓一队施工的六采区灾害治理措施巷进尺155米，创建矿以来岩巷单进最高纪录。同月，综掘三队在2803工作面下顺槽煤巷进尺270米，创造了矿井升级后煤巷单进最高纪录。

2021年6月7日，永煤公司联合华为在永城举办全国首个F5G矿山商用发布会，标志着陈四楼煤矿F5G项目正式商用部署，在全国范围内树立F5G矿山智能化标杆。

在陈四楼煤矿的发展壮大中，上级领导多次亲临陈四楼煤矿，对矿井发展出谋划策，亲切关怀。

1990年5月31日，能源部副部长、中国统配煤矿总公司（简称"中煤总公司"）总经理胡富国来矿调研，并为永夏矿区题词："艰苦创业、开发新区"。1991年3月22日，河南省委书记侯宗斌来矿视察。10月27日，河南省省长李长春等到施工现场调研。1992年6月5日，能源部部长黄毅诚视察矿区。

1993年3月12日，国家能源投资公司总工程师刘成铨、计划部主任葛广琛等领导来到矿区现场办公。3月21日，中共中央委员、煤炭工业部部长王森浩视察矿区。6月15日，煤炭工业部副部长张宝明等领导来矿调研。8 月 24 日，煤炭工业部副部长韩英等领导来矿区现场办公。

1997 年 8 月 7 日，河南省煤炭厅厅长高国安一行来矿考察。2001 年 6 月 18 日，河南省煤炭工业局局长高国安来矿检查指导工作。2004 年 10 月 21 日，中国社科院副研究员姚梅来矿调研。2005 年 7 月 16 日，全国人大常委会委员陈寿朋来陈四楼煤矿调研。8 月 31 日，中国驻巴西大使蒋元德一行来矿视察。2007 年 3 月 20 日，中国思想政治工作研究会副秘书长、中宣部思想政治工作研究所副所长董耀鹏一行来矿调研。4 月 29 日，人民日报社新闻信息中心主任卢大波来矿参观。6 月 23 日，中国煤炭工业协会副会长路德信一行来矿调研。

2009 年 2 月 28 日，新疆伊犁州党委常委、常务副州长万水一行来矿调研。11 月 8 日，中国煤炭职工思想政治工作研究会(简称“中煤政研会”)会长田淮俊、处长徐腾生及河南省政研会一行来矿调研。11 月 21 日，中国职工教育协会副会长毕结礼来矿参观考察。2010 年 1 月 7 日，河南省委常委、秘书长曹维新一行来矿调研。2017 年 2 月 22 日，国家煤矿安全监察局科技装备司处长王铁根一行来矿调研。2018 年 11 月 14 日下午，中国煤矿体育协会主席戴路强、中国煤矿体育协会副主席兼秘书长包双林一行到陈四楼煤矿，调研指导职工文体开展工作。

2021 年 6 月 14 日，永城市委书记李中华、副市长梁廷振、张峰到陈四楼煤矿调研安全管理工作。

在陈四楼煤矿的建设和发展历程中，国外宾客多次来到这里交流学习，带来国外先进理念，带走陈矿创新模式。

1989 年 7 月，日本亚洲经济协会事务局局长甲裴祺一郎来矿考察。1990 年 3 月，西德专家参观陈四楼煤矿立井冻结工地。同年 7 月，西德“冻结壁量测技术”工作小组来矿交流。同年 10 月，苏联考察团来矿访问，进行业务交流。1992 年 2 月，乌克兰钻井专家来矿参观考察。12 月，英国多斯科公司代表库克来矿参观考察。1993 年 4 月，日本三菱株式会社来矿考察交流。同年 8 月，德国威斯特伐利亚公司代表冯·格里斯基和哈里·马丁来矿进行技术交流。

1995 年 8 月，巩固郎艾道公司西门和安德森公司莫瓦特来矿考察。1996 年 1 月，英国久益公司销售总监葛雷汉来矿进行技术交流。2 月，澳大利亚阿明科公司代表哥瑞思特来矿进行技术交流。2005 年 11 月，壳牌中国有限公司客人来矿参观。2006 年 3 月，摩根大通经理李伟奇、正大国际常务副总裁王浩来矿参观考察。2005—2013 年，巴西淡水河谷公司(简称 CVRD，后期简称 VALE)副总裁、财务主管、全球煤炭董事等先后 7 次来矿参观……

四

21 世纪，是一个文化引领企业发展的时代，是一个文化发展催动实现梦想、超越梦想的时代。

陈四楼煤矿作为国家“八五”“九五”重点建设项目，从 1984 年筹备矿井，1990 年开工建设，1997年建成投产至2021年，已走过37年辉煌历程。一代代陈矿儿女在纵横70余平方千米的煤海辛勤耕耘，挥洒汗水，通过不断夯实矿井安全根基，提升重大灾害治理水平，推进智慧矿山建设，惠及职工发展成果……矿井进一步巩固和强劲了稳中有进、进中向好、好中提质的发展态势，矿井37年的辉煌历程正是能源战线踔厉奋发、创新开拓、勇毅前行的生动实践，在能源保供和社会履责等方面交出一份满意答卷，为新征程中行稳致远奠定了坚实基础。

陈四楼煤矿坚持市场导向，创新发展思想，开拓发展思路，激发企业精神，塑造企业文化，人本为先，务实重干，成为河南能源集团及永煤公司的骨干煤矿之一，开创出一条具有陈四楼煤矿企业文化特色的发展之路。

创新夯实矿井基石，文化激荡市场活力。陈四楼煤矿以河南能源企业文化体系为总纲，强化企业文化在矿井发展中的推动作用，将企业文化建设渗透到安全管理、生产建设、经营管理、团队建设等各项工作之中，以人为本抓安全，集约高效抓生产，开源节流抓经营，与时俱进抓创新，取得了显著成效，熔铸企业精神、战略思想、创新思维、市场理念及品牌意识等文化元素，不断凝练、升华，形成了以“安全至上、精细管理、学习提升、尊重感恩”为核心的企业文化体系，推动陈四楼煤矿稳步提升，跨越发展。

安全至上，固本强基。安全生产，是企业的生命工程，生存之道。

陈四楼煤矿始终坚持“从零开始，向零奋斗”的安全理念，强力推行“012345”主动预防型安全管理模式，倡导“369”新安全文化观，全面构建安全发展新格局，把安全放在“高于一切，重于一切，先于一切”的位置。以危险源辨识和风险评估为基础，以风险预控为核心，以不安全行为管控为重点，建立完善风险预控管理体系，努力实现“人、机、环、管”的最佳匹配，使安全精细化管理和风险预控体系建设紧密结合。

生命至高无上，安全发展第一。扎实推进安全生产主体责任和安全生产标准化建设，建立了“事事有人管、管理有责任、责任有考核、考核有奖惩”的流程化制度体系。安全“双基”、安全伙伴、“走动式”管理、干部写实、AB卡考核、安全管理红线、“三个一”工程、编码对标、员工幸福积分、学习强矿等形式多样、效果显著的安全管理机制，奠定了企业发展的万仞之基，构建起具有陈四楼煤矿特色的矿井自主、系统自控、区队自治、班组自理、员工自律的“五自”安全管理体系，为矿井持续健康发展铺就一条安全高效之路。

集约增效，争优创标。管理不仅是一种方法，更是保障企业前进的战略；精细不仅是一种意识，更是求生存、谋发展的规则。

陈四楼煤矿按照“精细、精准、精确、精益、精美”的“五精”规范化管理模式，着力推进精细化管理向生产经营管理全流程的延伸与融合。建立起“组织、制度、标准、计量、定额”五个市场化精细管理体系和“四级市场”考核体系，不断完善内部市场化考核机制，形成了涵盖矿井生产管理的12个内部专业市场核算体系。“一面一价”细化管理和内部市场化“五星区队”建设，使得队内两级市场化管理得以扎实开展。同时，持续提升采掘机械化、自动化、智能化、信息化水平，提高生产效率，实现了精细化管理横向到边、纵向到底，一体化，全覆盖。

在精细化管理中，按专业不同，月月有主题，周周有重点。以采掘专业推行的“1+1+

n”、机电专业开展的“1＋2＋3”、安检科开展的“1＋N”安全管理等精细化管理为主题的活动层出不穷。通过分类推进，逐项实施，将精细化管理落到了实处，效果显著。

文化融入管理，管理塑造文化。精细的管理文化成为带动企业发展腾飞之翼，提高了企业的整体执行力，企业管理境界得到持续提升，生产经营硕果累累。

善学致用，文化兴企。学习提升素质，致用改变未来。

陈四楼煤矿以创建学习型团队为引领，注重实施人才强企战略，让管理人员精耕思想，让技术人员发明创造，让操作人员历练本领，全面提升员工的整体文化素质和劳动技能。

陈四楼煤矿以“全员学习”“陈矿大学”“学习强矿”“2＋N”管理讲坛等建设为抓手，完善了安全工程、采掘工程、机电工程、地质工程、经济管理、政治工作六大学院建设。通过组织领导、制度保障、约束激励、协调联运四种机制，巩固特色短训、自主培训、实操培训、拓展训练和网络培训五个阵地。建立学分积分制考评、颁发陈矿大学文凭，享受奖学金待遇、晋升为“星级员工”“陈矿工匠”等层层拔高的激励机制，形成教师主动授课、区队自主培训、员工积极学习的良好氛围，实现员工职业生涯规划与企业愿景的有机结合。

学习引领提升，创新助力超越。陈四楼煤矿综合以往后备人才管理方面的好思路、好方法，不断健全完善“W”型三通道“人才成长树”工程。通过分类培养考核，梯次晋级选拔，强化动态管理和绩效考核，加快了人才成长进程，形成了用事业造就人才，用实践培养人才，用机制激励人才，用环境凝聚人才的文化氛围，营造出一批又一批高素质的员工队伍。

人本为先，缔造和谐。感恩不仅是一种情感，更是一种境界的体现；感恩不仅是一种尊重，更是一种美丽的和谐。

走进陈四楼煤矿，花草溢香的广场，干净整洁的通勤车，排列整齐的私家车，花样丰富的饭菜，干净整洁的宿舍，宽敞明亮的主巷道，“公交”化管理的大巷人车，标准亮丽的现代化工作面……井上井下秩序井然，体面的“白领矿工”三五成行，俨然一道靓丽的风景线。温馨舒适的学习、生活、工作环境，进一步提升了干部员工的安全感、事业心和幸福度。

围绕“感恩”主题，陈四楼煤矿创造性地开展了知恩、感恩、报恩的“三恩”教育，实施了感恩教育启动仪式、感恩签名、感恩宣誓、感恩培训、感恩故事会、感恩文艺演出、员工子女拓展训练、“体验丈夫工作，共建和谐家庭”家属下井、“矿嫂话心声、齐心筑安全”演讲比赛等系列活动。感恩文化释放出无与伦比的辐射力和影响力，在传递中升华凝聚成企业发展之魂，成为凝聚人心、激发干劲、增添活力的情感纽带。

播下希望之种，收获春色满园。洒下博爱之霖，润泽鲜花烂漫。

如今，陈四楼煤矿已成为员工开心生活、快乐工作的一方乐土。小环境营造大环境，小和谐推动大和谐。陈四楼煤矿通过双向吸引，良性互动，使“人企合一”的理念在这里被演绎得淋漓尽致，并率先跻身河南省“五优”矿井行列，矿区呈现出安全共管、协调发展、和谐并进、欣欣向荣的激昂风貌。

九万里风鹏正举，五千仞岳上摩天。蓄势腾飞的陈四楼煤矿人，将勇敢肩负起产业报国的使命，在文化航标的引领之下，凝心聚力，拼搏进取，不断超越，书写出更加辉煌灿烂的新篇章。

五

岁月匆匆，薪火相传；斗转星移，风雨兼程。自从20世纪80年代开始筹建，到90年代正式开工建设和投产至今，陈四楼煤矿已走过37个春秋。

37年来，全体陈矿人在省委、省政府和上级公司的关怀领导下，在风雨历程中砥砺奋进、开拓进取，绘就了一幅敢为人先、豪迈前行的壮丽画卷，一座安全高效现代化的矿井在豫东大地上熠熠生辉。

37年来，勇毅、坚强的陈矿儿女在纵横70余平方千米的煤海辛勤耕耘，挥洒汗水，通过不断夯实矿井安全根基，提升重大灾害治理水平，推进智慧矿山建设，让发展成果惠及广大职工……矿井进一步巩固和强劲了稳中有进、进中向好、好中提质的发展态势，在能源保供和社会履责等方面交出一份满意答卷，为新征程中行稳致远奠定了坚实基础。

37年来，一代又一代的陈矿人怀揣梦想，历经艰辛，矢志不渝，作出了不可磨灭的历史性贡献，涌现出无数英雄和模范人物。在他们中间，有“全国双十佳矿长”马正兰、杨青松、王伟，全国劳动模范、“矿工发明家”高兴超，“全国技术能手”邵兴建，“全国煤炭行业技能大师”赵伟、张豪，“全国五一劳动奖章”获得者边广林，“中原大工匠”杨永兴……是陈四楼煤矿这片沃土孕育了这些时代骄子，也是这些英模和国家栋梁让陈四楼煤矿誉满华夏、名扬四海。

37载风雨高歌猛进，37载基业薪火相传。发展中的陈四楼煤矿，凭借着强劲的发展势头，踔厉奋发、创新开拓、勇毅前行的生动实践，赢得了一身荣耀与骄傲，升腾为河南能源乃至全国煤炭行业的一颗璀璨明星。

纵观陈四楼煤矿37年的发展历史，既有成功的经验，也有沉痛的教训，这些都对未来发展有着深刻的启示。坚持依法治矿、创新驱动是矿井高质量发展的必由之路；坚持科技兴矿、人才强矿是智能化矿井建设的根本途径；坚持以人为本、安全为天是矿井生产的最高目标；坚持党的领导、文化兴矿是建设现代化煤矿的重要保证。在总结成功经验的同时，陈四楼煤矿永远牢记矿井曾经发生过的煤与瓦斯突出等事故教训，视其为矿井发展史上最沉痛的一页，深刻铭记在心。当前，矿井面临的主要问题和挑战是随着矿井开采时间的增加及采掘面的延伸，井下生产环境更加复杂，距离远、战线长、环节多，地质条件复杂，井巷维修量加大，增支因素增多；矿井瓦斯、水害、顶板等自然灾害因素增多，治理难度加大。如何在保证安全的前提下稳定产能，延长矿井服务年限，如何在智能化开采过程中最大限度地提高资源采出率，如何在成本因素增加的情况下保持较好的经济效益，这些都是需要认真面对和解决的问题。在未来的发展中，陈四楼煤矿将以问题为导向，以目标为引领，积极实施河南能源发扬改革重生精神，奋力推动高质量发展，创建一流企业，围绕永煤公司勇当企业“排头兵”的战略要求，打造绿色发展的示范、智能化矿井建设的典范、管理创新的标杆、高质量发展的样板、党建创新的先进。

“修志问道，以启未来。”今天，我们编辑和出版《陈四楼煤矿志（1984—2021）》，以翔实的资料记录了陈四楼煤矿全体干部职工走过的艰难历程和不朽业绩，反映了陈四楼煤矿各个时期的精神风貌,实事求是地总结了各个时期的经验和教训,为后人留下了一份弥足珍贵的历史资料。此书可以启迪干部职工览古察今、继往开来,还可以使更多的人了解、认知陈四楼煤矿的过去和现在,展望未来发展的前景。

薪火传承待我辈,和谐相伴日月长。当晨曦的微风抚过天轮的飞旋,晶莹的滴露装扮舒展的玉帘,熙攘的人群笑语晏晏,宽敞整洁的办公大楼迎来送往一代代陈矿儿女,丰厚积淀的文化长廊讲述着持续辉煌的过往。37 载风雨兼程,37 载历久弥坚,英雄的陈矿人携手创造了一个辉煌的时代。站在"十四五"新的历史起点,陈四楼煤矿责任重大,使命光荣。新征程的号角已经吹响,新时代陈四楼煤矿全体干部职工将豪情满怀、锐意进取,在高质量发展中扬帆破浪再起航。

大事记

1984 年

年初　河南省煤炭工业管理局着手筹备永城矿区的开发建设，成立隶属煤炭工业部管理的河南省煤炭工业管理局永城矿区指挥部，负责矿区开发建设。

1986 年

2 月 21 日　煤炭工业部〔1986〕煤基字第 101 号文《关于河南省永城矿区总体设计的预审意见的报告》中，一致同意永城矿区总体设计方案。

4 月　河南省煤炭设计院依据《河南省永城矿区总体设计》，进行陈四楼煤矿的初步设计。至 1987 年 3 月，编制出《陈四楼煤矿初步设计》。

9 月 8 日　国家计划委员会〔1986〕722 号文《关于河南省永城矿区初步设计的批复》同意将陈四楼煤矿生产规模定为年产 240 万吨。

1987 年

8 月 17 日　煤炭工业部〔1987〕煤基字 442 号文《关于河南省永城矿区陈四楼煤矿初步设计的批复》，同意河南省煤炭设计院关于陈四楼煤矿的初步设计。

11 月 2 日　为加快永城矿区统配煤矿的开发建设工作，河南省煤炭工业管理局下发通知（〔1987〕豫煤人字第 7106 号文），决定按煤炭工业部〔1986〕煤基字第 866 号文批示，建立“煤炭工业部河南省煤炭工业管理局永城矿区筹建组”，作为永城矿区统配煤矿的建设单位，接管统配矿区筹建工作。矿区筹建组隶属河南省煤炭工业管理局领导。并征求商丘地区行署意见，永城矿区统配煤矿的开发和建设由焦作矿务局承担，矿区筹建组工作人员从焦作矿务局选调，组长为王勤功（兼），副组长为杨先德、齐忠贤（兼）、任承隽、杨桂芳，总工程师为任承隽。

12 月　陈四楼煤矿工业广场和工业用地征用工作基本完成，共计 400 亩（1 亩约等于 666.67 平方米）。

是年　煤炭工业部计字〔1987〕459 号文件，将陈四楼煤矿列为 1987 年准备项目。

1988 年

1 月 20 日　矿区筹建组委托河南省煤炭开发咨询服务公司负责陈四楼煤矿施工组织设计的编制工作。

3—6 月　陈四楼煤矿完成工业广场围墙 1 906 米。

10 月 26 日　国煤投字〔1998〕9 号文件下达了《关于永城矿区建设施工组织设计及陈四楼煤矿井施工组织设计的批复》。

11月5—6日　中国煤炭总公司基建局和河南省煤炭设计院主持陈四楼煤矿井筒冻结段井壁结构咨询研讨会。

年底　陈四楼煤矿工业广场外公路竣工。

1989年

1月10日　中煤总基字〔1988〕476号文件下达了《关于河南省永城矿区陈四楼煤矿铁路专用线初步设计审查意见》。

5月14日　陈四楼煤矿行政办公楼、联合福利楼、汽车库土建工程开工。

同日　河南省煤炭工业厅指定河南省煤炭开发咨询服务公司承担陈四楼煤矿建设工程监理工作,6月25日正式进驻陈四楼煤矿办公。

7月16日　日本亚洲经济协会事务局局长甲裴祺一郎到陈四楼煤矿考察,河南省煤炭工业厅副厅长高国安陪同。

8月13日、14日、20日　主井3号、2号和4号钻机分别开钻,打冻结钻孔。

9月5日　中煤总基字〔1989〕460号文件下达了《关于调整永城矿区陈四楼煤矿设计概算的批复》。

11月20日　永城矿区项目建设临时管理委员会现场办事处印发《职工岗位责任制》等文件。

同日　陈四楼煤矿变电所35千伏线路投入运行,线路引自永城三官庙110千伏变电站。

12月12日　陈四楼煤矿副井开钻,打冻结钻孔。

12月23日　河南省煤矿第一个应用大钻机施工队的井筒,陈四楼煤矿中央风井开钻,打冻结钻孔,钻井直径7.3米。

1990年

2月1日　中国统配煤矿总公司"两淮"特殊凿井公司负责陈四楼煤矿中央风井井筒开工建设,井筒深度416.1米,成井直径5.2米,采用钻井法施工。

3月29日　西德专家参观陈四楼煤矿立井冻结工地并与管委会领导交流矿井建设情况。

3月31日　国家能源投资公司总工程师刘成铨一行3人在河南省煤炭工业厅副总经济师崔鸿泰陪同下,考察永城矿区。

5月31日　能源部副部长、中国统配煤矿总公司总经理胡富国在河南省煤炭工业厅厅长朱德沛、河南省煤炭工业厅副厅长高国安陪同下考察永夏矿区,在陈四楼煤矿为矿区题词:"艰苦创业、开发新区"。

6月25日　陈四楼煤矿现场办事处成立。

7月1日　陈四楼煤矿临时办公楼竣工。

7月17—27日　西德"冻结壁量测技术"工作小组到陈四楼煤矿交流。

7月25—28日　全国煤炭基本建设管理体制改革座谈会在永夏矿区召开，会议肯定了永夏矿区作为国家基本建设管理体制和投资管理体制综合改革所取得的成绩和经验，并总结为"永城模式"予以推广。

7月26日　陈四楼煤矿主井井筒开工兴建，立井设计生产能力240万吨/年。1997年11月6日竣工投产。

同日　永夏矿区第一对矿井陈四楼煤矿正式开工，中煤总公司副总经理陈钝为开工剪彩。参加开工典礼的有国家计委重点工程协调司处长薛振祥；中煤总公司基建局局长沈德琛，副局长毕孔耜，办公厅副主任刘玉华、高峰；国家能源投资公司总工程师刘成铨，外事局局长江亮，办公厅副主任韩永年，条法部主任张宝印，项目部副主任王可敏，河南公司经理、河南省煤炭工业厅厅长朱德沛，副经理、副厅长、管委会主任高国安；永夏矿区管委会委员袁振声、崔鸿泰、邓文芳；商丘地区行署、永城县等地方政府领导及河南四统配局局长。

7月31日　陈四楼煤矿副井永久性井架基础开工。

10月17日　苏联考察团一行7人访问永夏矿区陈四楼煤矿，进行业务交流。

12月6日　陈四楼煤矿副井凿井生产"两用"钢井架(高38米，总重228.4吨)整体吊装成功，为全国煤炭系统首创。

1991年

2月20日　陈四楼煤矿副井井筒开工建设，井筒深度501.3米，直径6.5米，采用冻结法施工。

3月10日　"永城矿区项目建设临时管理委员会"更名为"永夏矿区建设管理委员会"(简称"永夏矿区管委会")。

3月22日　河南省委书记侯宗宾到陈四楼煤矿视察。

同日　永夏矿区管委会成立陈四楼项目组。

4月9日　第七届全国人民代表大会第四次会议批准《中华人民共和国国民经济和社会发展十年规划和第八个五年计划纲要》。永夏矿区被列入"八五"计划能源工业重点建设项目。

7月13日　日本能源贷款考察团在中煤总公司有关部门的陪同下到永夏矿区开展第三批日本能源贷款可行性考察。

10月27日　河南省省长李长春等到陈四楼煤矿施工现场调研。

10月31日　朝鲜煤炭部技术局局长金浩泽率钻井法凿井技术考察团一行8人，到陈四楼煤矿进行考察。

本月　刘云涛在能源部召开的建设、达产动员大会上作"深入开展'质量、品种、效益年'活动，缩短陈四楼建井工期"发言。

12月18日　陈四楼煤矿中央风井井筒竣工。

是年　能源部将陈四楼煤矿列入全国8对重点建设矿井之一。

1992 年

2 月 20 日　乌克兰钻井专家一行 6 人到永夏矿区陈四楼煤矿参观考察。

3 月 17 日　陈四楼煤矿主井井筒竣工。

3 月 20 日　中煤总公司副总经理陈钝等领导到永夏矿区陈四楼煤矿现场办公。

4 月 28 日　《永夏矿区管委会关于浮动升级转固定升级办法》印发，将原有浮动升级满两年以上职工转为固定升级。

5 月 21 日—6 月 12 日　国家审计署驻郑州特派员办事处进驻永夏矿区，对在建的国家重点建设项目陈四楼煤矿进行全面审计，审计结果达到国家基建 A 级标准。

6 月 5 日　能源部部长黄毅诚到永夏矿区调研，听取矿区改革和建设情况汇报。

6 月 29 日—7 月 22 日　中煤总公司、河南公司、河南省科协、河南省煤炭学会在永夏矿区现场组织召开陈四楼煤矿特殊凿井技术交流会，省内外专家学者 50 余人参加会议，收到论文 30 多篇，总结推广陈四楼煤矿建井技术经验。

7 月 1 日　陈四楼煤矿选煤厂正式开工。1997 年 5 月竣工，11 月 6 日投产，设计选煤能力 240 万吨/年。

本月　河南省煤田地质局物测队对陈四楼煤矿首采区进行高分辨率二维地震勘探。

8 月 11 日　《中国煤炭报》第一版刊登《特凿技术成熟的标志，基建体制改革的成果——陈四楼煤矿主、副、风井高速提前建成》。

8 月 25 日　陈四楼煤矿副井与主井贯通，为永夏矿区第一对井筒之间贯通。

9 月 17 日　美国西弗吉尼亚大学采矿系主任彭赐灯和昆伯兰矿矿长扎伯罗斯到永夏矿区陈四楼项目组进行现场技术交流。

9 月 20 日　陈四楼煤矿副井井筒竣工。

10 月 29 日　《人民日报》头版刊登《豫东大地崛起大型现代化煤炭基地》。

11 月 7 日　《永夏矿区专用通信网初步设计》《河南永夏矿区辅助、附属企业区公用工程初步设计》，获国家能源投资公司批复。

12 月 30 日　陈四楼煤矿一期工程全部竣工，取得科研成果 18 项，其中主井、副井、风井均获部优工程，井筒冻结深度最深 435 米，成为全国冻结最深矿井。

本月　英国多斯科公司代表麦克到永夏矿区进行掘进技术交流，参观考察陈四楼煤矿。

是年　陈四楼煤矿完成投资 8 342 万元，成巷 1 700 米，完成计划的 100%。

是年　永夏矿区管委会完成的“陈四楼煤矿主井深井冻结法凿井施工工艺技术”“深冻结井低温高强砼及外加剂的试验应用”成果获得河南省煤炭科技进步奖一等奖。

是年　永夏矿区管委会完成的“深冻结井外层井壁结构研究”成果获得能源部科技进步奖三等奖。

1993 年

1 月 1 日　陈四楼煤矿执行豫劳险〔1993〕1 号文件，实行职工养老保险社会统筹。

2 月 10 日　永夏矿区管委会撤销陈四楼项目组，成立陈四楼煤矿项目部。

3 月 12 日　国家能源投资公司总工程师刘成铨、计划部主任葛广琛等领导到永夏矿区现场办公。

3 月 21 日　中共中央委员、煤炭工业部部长王森浩等一行到永夏矿区陈四楼煤矿调研。

4 月 8—9 日　日本三菱株式会社一行 6 人来永夏矿区考察交流。

6 月 15 日　煤炭工业部副部长张宝明等领导来陈四楼煤矿调研。

6 月中旬　日本岩井株式会社一行 5 人到永夏矿区参观考察，表示愿就矿区的开发建设进行合作。

7 月 1 日　陈四楼煤矿职工全员增加一级标准工资。

7 月 10 日　《中国煤炭报》第一版刊登《永夏模式又有新发展——加紧实施基建、生产平滑过渡》。

8 月 9 日　德国威斯特伐利亚伯克公司代表冯·格里斯基和哈里·马丁到永夏矿区陈四楼煤矿进行技术交流。

8 月 24 日　煤炭工业部副部长韩英、国家能源投资公司副总经理沈德琛、中煤建设开发总公司总经理路耀华等到永夏矿区陈四楼煤矿现场办公。

10 月 9 日　应中煤进出口公司邀请，德国艾柯夫公司彼得·雷麦茨前来永夏矿区陈四楼煤矿进行访问。

11 月 7 日　英国享斯列特公司和科特嚎尔公司的客人来永夏矿区陈四楼煤矿进行技术交流。

11 月 10 日　英国布鲁什公司的伊斯伍德和福斯来永夏矿区陈四楼煤矿考察交流。

是年　陈四楼煤矿完成投资 5 904 万元，成巷 2 230 米，完成计划的 100%。

1994 年

1 月 4 日　河南省煤炭工业管理局召开“永夏矿区引进设备第二次研讨会”。对陈四楼煤矿主井绞车、反井钻机以及采、掘、运输等设备进行研究分析，并对部分引进设备的性能、形式、要求达成共识。

2 月 1 日　美国久益公司中国业务经理戈弗雷到永夏矿区陈四楼煤矿参观交流。

3 月 14 日　陈四楼煤矿铁路专用线沱河铁路桥开工。

3 月 30 日　河南省煤炭工业管理局以豫煤基字〔1994〕124 号文件下达了《关于批准〈河南省永城矿区水文地质勘查报告(详查)〉的通知》。

4 月 13 日　国家能源投资公司下发《关于永夏矿区铁路运营补套技术设计审定的批

复》(能投煤〔1994〕239 号)。

4 月 14 日　国家能源投资公司以煤技设〔1994〕014 号文件下达了《关于永夏矿区陈四楼煤矿物控补勘后矿井规模等问题的审查意见》。

4 月 19 日　河南省煤炭工业管理局下发《关于永夏矿区通信楼、光明路改造、陈四楼进矿公路及热电厂开关站工程招议标的批复》(豫煤基〔1994〕152 号)。

5 月 3 日　陈四楼煤矿副井投入试运行。

6 月　河南省煤炭工业管理局以豫煤基〔1994〕238 号文件下达了《关于永夏矿区陈四楼进矿公路四项工程招标结果的批复》。

9 月 14 日　中国矿业大学软岩支护课题研究人员到陈四楼煤矿南翼总回风巷指导软岩支护方案。

11 月 15 日　陈四楼煤矿北翼皮带大巷过 F_{39} 断层发生突水事故,突水量 860 立方米/小时。

是年　陈四楼煤矿完成投资 8 926 万元,成巷 1 303 米,完成计划的 100%。

1995 年

1 月 14 日　河南省煤炭工业管理局下发《关于永夏矿区陈四楼煤矿提前出煤的报告的批复》(豫煤基〔1995〕25 号)。

本月　国家开发银行下发《关于陈四楼煤矿主井绞车全套引进的确认》(煤石项字〔1995〕78 号)。

2 月 28 日　永夏矿区管委会撤销陈四楼煤矿项目部,成立陈四楼煤矿筹备处。

3 月 2 日　在陈四楼煤矿施工的河南省矿业建设第三工程公司(简称"三公司")一工区划归永夏矿区管委会代管。

5 月 2 日　河南省委书记李长春到永夏矿区考察,要求管委会抓住机遇,克服困难,尽快建成,把地方经济带动起来。

同日　永夏矿区管委会安全监察办公室成立(简称"安监办")。7 月 6 日,明确安监办直属管委会领导,业务上受河南省煤炭工业厅安监局领导,主管永夏矿区辖区内安全监察及管理工作,与永夏矿区管委会所辖各单位安全监察机构为上下级业务领导关系,各单位安检监察处、站(科)长任免征求安监办意见。

5 月 5 日　永夏矿区《石屑代沙技术推广应用暂行细则》通过河南省煤炭系统"代沙技术和锚杆支护技术交流会"评审,在全省煤炭系统推广。陈四楼煤矿率先应用。

5 月 8 日　陈四楼煤矿首次开展"安全生产月"活动。

5 月 11 日　永夏矿区管委会印发文件,明确管委会及各基层单位的安全、技术、机电负责人为各专业安全第一责任人。

5 月 16 日　《中国煤炭报》刊登《创一条中国式的新路子——关于永夏矿区基建管理体制的调查报告》《科研与生产相结合,科研成果直接转化——冻结凿井技术达国际先进水平》。

7 月 3 日　河南省煤炭工业厅下发《关于陈四楼煤矿地销煤公路征用土地的批复》(豫

煤基〔1995〕342号）。

8月8日　巩固郎艾道公司西门和安德森公司莫瓦特到陈四楼煤矿考察。

8月25日　国家开发银行批复《关于陈四楼煤矿主井绞车全套引进的确认》文件。

9月20日　经职工代表大会通过，管委会实行劳动合同制用工制度。

10月28日　《永夏矿区管委会岗位技能工资实施办法》执行。

10月31日　永夏矿区第一个科技发展规划——《永夏矿区科技发展1996年计划和“九五”规划》印发，陈四楼煤矿率先纳入矿井规划。

12月31日　陈四楼煤矿铁路专用线正式移交。

是年　陈四楼煤矿荣获省煤炭工业厅“1994年度先进团支部”荣誉称号。

1996年

1月5日　陈四楼煤矿投产领导小组成立，刘云涛任组长。

1月13日　永夏矿区首份年度安全工作决定——《关于抓好1996年矿区安全工作的决定》印发，陈四楼煤矿严格执行。

本月　英国久益公司销售总监葛雷汉一行4人到永夏矿区陈四楼煤矿进行技术交流。

2月　澳大利亚阿明科公司代表哥瑞思特一行3人到永夏矿区陈四楼煤矿进行锚杆技术交流。

本月　英国RMI雷波国际采矿设备公司技术经理米尔本一行2人到永夏矿区陈四楼煤矿进行技术交流。

3月6日　实行工资总额与生产经营效益挂钩，工资向管理水平高、效益突出单位倾斜。

本月　永夏矿区管委会主任刘云涛、总工程师王哲带领相关人员，在北京同英、法、美、日等外商就陈四楼煤矿引进采掘设备进行10多天洽谈，完成设备引进招标准备工作。

4月4日　陈四楼煤矿主井井塔土建工程开工，同年10月竣工。

4月19日　国家开发银行戴必清到永夏矿区考察指导工作，对陈四楼煤矿筹备处进行考察。

5月4日　永夏矿区管委会举行全员劳动合同制签字仪式，与各单位领导和全体职工签订劳动合同书，重新确立企业与劳动者关系。

6月11日　永夏矿区管委会主任刘云涛等4人到兖州矿区参观学习，为陈四楼煤矿投产前期工作提供准备。

6月11—21日　审计署驻郑办事处审计管委会财务处、铁运处、陈四楼煤矿、热电厂等单位财务收支。

6月12日　日本能源代表团与煤炭工业部、中国银行一行5人到永夏矿区考察，参观了陈四楼煤矿。

6月16日　中央风井的主要通风机正式投入交接试运。

本月　陈四楼煤矿开展第一个“百日安全生产活动”。

8月23日　陈四楼煤矿矿建一队开始强行过北大巷F_{39}断层,10月6日掘进工作面成功通过断层破碎带,解决了困扰北大巷近半年的施工难题。

10月30日　河南省煤炭工业管理局下发《关于支援永夏矿区陈四楼煤矿投产所需人员的通知》(豫煤劳字〔1995〕656号),将矿建三公司原由永夏矿区代管的一工区1 053人和建安公司在永夏矿区施工的一、二、五工区及安装人员等共420人成建制调入管委会。投产所需的技术人员409人由各矿务局支援,其中义马矿务局118人,焦作矿务局93人,郑州矿务局90人,鹤壁矿务局108人。

11月16日　永夏矿区首班铁运客车东城区至陈四楼煤矿班车正式通车。

是年　永夏矿区管委会完成的"陈四楼煤矿深井井筒冻结技术"成果获得煤炭工业部科技进步奖一等奖。

1997年

1月3日　永夏矿区管委会与中煤总公司、河南商品进出口检验局、河南省煤炭工业厅基建处、郑州设计院等会同外商代理组成验收与商检组,对陈四楼煤矿引进的德国西门子、哥哈哈公司主井设备开箱验收。

1月27日　陈四楼煤矿正式布置首采面2101安装设备。

1月29日　永夏矿区管委会撤销陈四楼煤矿筹备处,正式成立陈四楼煤矿。

2月26日　陈四楼煤矿主井绞车比计划提前10天完成主机安装,是德国哥哈哈公司最新研制出的内装式绞车,4月30日主井配套提升设备安装完毕。

3月11日　陈四楼煤矿投产领导小组召开"七一"试生产动员大会,对试生产的"矿、土、安"三类工程从时间、任务、施工单位及负责人等方面进行分项安排,各施工单位同投产领导小组签订施工任务书,立下军令状。

4月18日　《1997年管委会安全风险抵押金实施办法》印发,陈四楼煤矿首次执行季度安全风险抵押金制度,按季度考核兑现奖罚。

4月30日　陈四楼煤矿将在2002高档普采工作面安装的综采设备地面联合试运转成功。

同日　陈四楼煤矿土建工程(除办公楼外)和供电系统竣工。

4月31日　陈四楼煤矿主井提升设备安装完毕。

5月中旬　陈四楼煤矿选煤厂工程全部完工。

5月22日　河南省政协委员一行31人到陈四楼煤矿考察并听取矿区建设情况汇报。

5月31日　陈四楼煤矿通信、调度系统竣工。

6月25日　陈四楼煤矿地面工业广场综合治理、综合福利楼整理、机修车间整理、地面管线整理以及生活污水处理站的完善等项收尾工程告竣。

7月1日　永夏矿区第一对现代化矿井陈四楼煤矿联合试运转成功。永夏矿区管委会领导、郑州煤矿设计院、施工单位、监理单位及地方政府的领导出席了联合试运转仪式。

8月7日　国家开发银行中南局河南处协同河南省计委、省建行、地区建行等一行

10人考察城郊项目部、陈四楼煤矿和车集煤矿等建设情况并听取永夏矿区建设情况汇报。

同日　河南省煤炭工业厅厅长高国安一行考察陈四楼煤矿。

8月27日　陈四楼煤矿荣获1997年晋冀蒙豫片区"煤炭建设工程造价管理先进集体"称号。

9月22—28日　陈四楼煤矿"矿、土、安"三类工程及配套建设项目获河南省煤炭工业厅工程质量监督中心站验收组验收通过，被评定为优良工程。

10月10日　煤炭工业部办公厅下发煤厅字〔1997〕410号文，成立陈四楼矿井移交生产国家验收委员会，煤炭工业部副部长张宝明任主任委员，国家计委、劳动部、煤炭工业部、国家开发银行、河南省人民政府、河南省煤炭工业管理局有关人员任副主任委员。

10月14—15日　省煤炭工业厅、劳动厅、环境保护局、档案局等单位组成的陈四楼煤矿及选煤厂投产预验收委员会一行40余人分成6个小组，在省煤炭工业厅副厅长黄元庆的带领下，对陈四楼煤矿投产前各项工作预验收。

11月5日　陈四楼煤矿及选煤厂通过煤炭工业部组织的专家组验收，煤炭工业部党组副书记、副部长张宝明，河南省副省长张洪华参加。

11月6日　国家"八五"重点建设项目永城矿区，永城煤电集团有限责任公司开发建设的第一对大型现代化矿井陈四楼煤矿正式投产，这是全国煤矿基本建设综合改革试点项目之一，设计年产240万吨，投资9.69亿元。煤炭工业部党组副书记、副部长张宝明，河南省副省长张洪华出席陈四楼煤矿投产验收仪式并为永城煤电集团有限责任公司揭牌，参加矿井投产验收和公司挂牌仪式的还有河南省煤炭工业管理局局长、煤炭工业厅厅长高国安、副厅长黄元庆及国家有关部委各司局、河南省有关厅局等单位的领导。陈四楼煤矿正式投产，标志着陈四楼煤矿从基建时期向正式生产矿转变。同年，生产原煤30多万吨。

12月15日　陈四楼煤矿首个塌陷区——陈集镇练楼村形成，按河南省人民政府豫政〔1989〕113号、〔1990〕56号、〔1993〕152号文及永政〔1997〕2号文《关于印发永城市国家建设征用土地暂行规定的通知》规定，依法依规补偿。

是年　永煤供电处陈四楼煤矿110千伏变电站投入运行。

1998年

2月16—17日　永煤集团召开1998年度工作会议，提出1998年奋斗目标和工作思路：坚持一个中心（以经济效益为中心），突出两个重点（基础管理、文明矿单位创建），抓好三线分离（生产、生活、非煤产业三线分离，人财物分账管理），加强四项建设（勤政廉政建设、职业道德建设、岗位规范建设、领导班子建设），实现五个目标（其中，陈四楼煤矿力争生产煤炭150万吨、安全生产力争达到无人身死亡）。

2月26日　省煤炭系统劳动模范、先进集体、青年岗位能手表彰会在郑州中都宾馆召开，陈四楼煤矿职工彭兴磊荣获"杰出青年岗位能手"称号。

5月8日　永煤社会保障统筹中心召开"公司医疗保险制度改革会议"，向基层单位下达医疗保险基金指标。

12 月　永夏矿区管委会完成的“陈四楼煤矿主、副井深井冻结凿井技术”获得国家科学技术进步奖二等奖。

是年　永煤公司成立安全监察局，派出驻矿安全监察处，要求生产矿井按定员 10%～15%、地面单位按定员 6%～8%配备安全管理人员。

1999 年

1 月　陈四楼煤矿荣获河南省煤炭系统“1998 年度先进煤矿”称号。

1 月 12 日　经河南省煤炭工业管理局批准，永煤机关和所属单位(不含三公司)从 1998 年起实现工资总额同经济效益挂钩。

2 月 2 日　陈四楼煤矿通过国家环境保护总局、河南省煤炭工业厅、商丘市及永城市环境保护局联合组成的环保验收小组的验收。

2 月 5 日　陈四楼煤矿日产原煤 10 007 吨，首次突破万吨大关。

2 月 26 日　陈四楼煤矿 2 月份原煤产量达 21.7 万吨，首次单月达到矿井设计生产能力。

4 月 12 日　陈四楼煤矿储煤 5 万吨落地煤场一次试车成功，缓解了陈四楼选煤厂连续运转和商品煤外运压力。

5 月 9 日　永煤公司召开全员促销大会。从陈四楼煤矿抽调 10 人，包括一名副矿级领导，充实销售队伍。

5 月 22 日　陈四楼选煤厂二期改造工程开工，在原工艺基础上增加末煤分选系统，新建主机部分工艺流程包括跳汰和浮选，总投资额 3 000 多万元。

7 月 1 日　机电制修厂开发出 3 吨底侧气式矿车，在陈四楼煤矿投入使用。

8 月 15 日　陈四楼煤矿首次推广岩巷光面爆破技术。

9 月 10 日　陈四楼选煤厂新建末原煤分选系统生产运行。

本月　陈四楼煤矿当月完成掘进进尺 2 192 米，超额完成月度计划任务，同时创下永煤公司生产新纪录。

12 月 30 日　河南省煤炭工业厅质量标准化验收组对陈四楼煤矿井下采、掘、机、运、通等各个系统检查考评，达省级质量标准化矿井。

是年　陈四楼煤矿荣获河南省“达标企业”荣誉称号。

是年　陈四楼煤矿荣获河南省煤炭企业“先进基层工会”荣誉称号。

2000 年

1 月 1 日　《永煤集团工资改革试行方案》开始执行，加大效益工资在工资收入中的比重，建立“岗位工资”模式，岗效工资由岗位、年功、效益、辅助工资及特殊津补贴 5 个单元构成，陈四楼煤矿严格执行。

同日　《永煤集团劳动用工制度改革方案》开始执行。全民固定工、全民合同制工合称劳动合同工，农民轮换工、劳务工合称劳务工。并对停薪留职人员，“两不找人员”，长期外借、挂靠人员，未经批准长期离岗人员进行清理。实行全员竞争上岗，推行“末位淘汰制”，陈四楼煤矿严格执行。

2月　陈四楼煤矿荣获河南省“先进基层工会”荣誉称号。

3月　河南省总工会授予陈四楼煤矿“河南省五一劳动奖状”。

7月22日　永煤集团体协举办第一届职工足球联赛。陈四楼煤矿代表队获第三名。

7月26—28日　陈四楼煤矿5 000吨出口日本(81车皮)筛选末原煤驶出矿区，开辟煤炭国外市场。

8月　“永夏矿区陈四楼煤矿建井地质报告”“陈四楼煤矿 F_{39} 断层突水预报”成果分别获得中国煤炭工业协会地测勘探专业优秀技术成果一等奖、三等奖。

11月17—18日　由省经贸委、省劳动厅、省煤炭工业局组织的河南省煤炭行业矿井维修电工技术比武竞赛在焦作举行，陈四楼煤矿职工刘新民获“河南省煤矿技术能手”称号。

2001年

4月7日　陈四楼煤矿副井提车320车，创投产以来副井提升最高纪录。

6月18日　河南省煤炭工业局局长高国安到陈四楼煤矿检查指导工作。

同日　永煤生字〔2001〕115号文件关于下达《集团公司生产矿井与选煤厂分开管理方案》的通知，决定生产矿井与选煤厂实行分开管理。7月1日，陈四楼选煤厂独立核算。

10月19日　永煤集团印发《加强劳务工招收管理的通知》，坚持“增人不增资”原则，严禁各单位私自招收劳务工，人力处统一招收、统一分配，陈四楼煤矿严格执行。

10月　“提高炮采工作面快碳率的爆破新技术研究”成果获得河南省煤炭工业科技进步奖二等奖。

同月　“煤巷锚杆支护参数优化及可靠性研究”“陈四楼煤矿选煤厂一、二期技术改造”“陈四楼煤矿副井绞车电控系统技术改造”“机械化矿井多功能新型风门的研究”成果获得河南省煤炭工业科技进步奖三等奖。

11月21日　永煤集团《关于劳务工留转为企业合同工的通知》印发，决定在劳务工中留转一定数量生产骨干为企业合同工。陈四楼煤矿按照文件执行。

11月26日15时06分　陈四楼煤矿首次达到年设计生产能力240万吨，提前36天实现年产5 500大卡以上标准煤240万吨的达产目标。

是年　陈四楼煤矿获得《出口煤炭质量许可证》。

是年　陈四楼煤矿被河南省文明委命名为“河南省文明煤矿”。

是年　陈四楼煤矿被评为河南省“科技先进集体”。

是年　“南三采区水淹后的恢复与治理技术”成果获得中国煤炭工业协会地测勘探专业优秀技术成果二等奖。

是年　陈四楼煤矿随永煤公司就“适合永煤的技术是最好的技术”展开大讨论，确定“宜综则综，宜炮则炮，综炮并举”指导方针。

2002年

1月　河南省煤炭工业局授予陈四楼煤矿2001年度“安全生产先进单位”称号。

2月4日　永煤集团对2001年度扭亏增盈工作中作出贡献的职工发放年终奖。陈四楼煤矿按照文件执行。

3月15日　永煤公司印发《单项奖管理规定》,规范单项奖项目和发放范围。陈四楼煤矿按照文件执行。

4月10日　《永煤集团职业危害防治及管理办法》印发,规范职业危害防治与职业健康管理。陈四楼煤矿按照文件执行。

5月　河南省煤炭工业局授予陈四楼煤矿“科技进步先进集体”称号。

本月　河南省煤炭工业局《关于表彰首批文明煤矿的决定》下发,陈四楼煤矿被授予“河南省文明煤矿”称号。

7月1日　永煤职工住房分配货币化补贴制度全面启动。陈四楼煤矿按照文件执行。

7月　陈四楼煤矿综采准备队在2705工作面安装工作仅用27天,创下了永煤公司综采设备安装的新纪录。

本月　陈四楼煤矿出台3项提高块煤率措施,即“工作面回采时单向割煤、落煤点加装缓冲装置和控制煤仓高度、实行微差爆破”,是永煤集团提高块煤率的重要举措。

10月　“炮采工作面高产高效工艺”“锚索在扩综采工作面开切眼中的应用”成果分别获得河南省煤炭工业科技进步奖二等奖、三等奖。

11月9日　陈四楼煤矿综采准备队累计生产原煤100万吨,成为永煤集团首个年产百万吨的采煤队。

12月28日　陈四楼煤矿由北京新世纪认证有限公司审核组认证获得了GB/T 19001-2001-ISO 9000质量管理体系证书。

是年　河南省煤炭工业局授予陈四楼煤矿2001年度煤炭行业“质量标准化矿井”称号。

是年　永煤集团首次提出“标煤”计量单位,即按23兆焦/千克(5 000大卡/千克)发热量为标准煤临界点的计量单位,高于或低于23兆焦/千克的以高于1或低于1的系数进行折算。

是年　“井下水文钻孔结构优化及施工应用技术”“陈四楼煤矿井下基本控制导线测量”成果获得中国煤炭工业协会地测勘探专业优秀技术成果二等奖。

2003年

1月　河南省煤炭工业局授予陈四楼煤矿“2002年会计基础化工作规范化单位”称号。

本月　中国能源化学工会授予陈四楼煤矿“2002年度先进基层工会组织”称号。

2月　河南省人事厅授予陈四楼煤矿“河南省安全生产先进单位”称号。

3月　在省煤炭工业会议上,陈四楼煤矿矿长李伍成被授予2002年度河南省煤矿“十佳”矿长荣誉称号。矿党委书记张延明、采煤三队队长刘须超分别被授予“河南省煤炭系统劳动模范”荣誉称号。

本月　省煤炭工业局授予陈四楼煤矿“2002年度科技进步十佳矿井”称号。

4月24日　陈四楼煤矿下发《关于开展非典型肺炎防疫工作的紧急通知》(陈矿办字〔2003〕22号),成立“非典”防治工作领导小组,制定防治非典型肺炎的具体措施。

4月28日　陈四楼煤矿下发《关于进一步加大“非典”防疫工作力度的通知》(陈矿办字〔2003〕24号)。

5月8日　转发公司党委《关于严明纪律严防死守切实做好非典型肺炎防治工作的决定的通知》(陈矿党字〔2003〕17号)。

同日　陈四楼煤矿下发《关于把非典防治工作引向深入的通知》(陈矿办字〔2003〕26号)。

5月14日　下发《关于实行非典防控责任区的通知》(陈矿办字〔2003〕331号)。

本月　陈四楼煤矿被中国煤炭工业协会评为“2002年度全国高产高效矿井”。

6月　陈四楼煤矿被省企业工委评为2002年度省“两比三争”活动先进党组织。

7月8日　河南龙宇能源发起人会议在郑州召开。永煤集团以陈四楼煤矿、陈四楼选煤厂等经营性净资产作为出资,其余8家发起人以现金出资,设立河南龙宇能源股份有限公司,8月28日挂牌。

8月　陈四楼煤矿协管会被河南省煤矿工会评为“先进集体”“河南省煤炭系统女职工家属安全协管工作先进集体”。

9月9日　全国优秀班组长表彰汇报会在陈四楼煤矿召开。

本月　“陈四楼煤矿矿井通风系统安全性评价与通风能力核定的研究”成果获得河南省煤炭工业科技进步奖一等奖;“陈四楼煤矿煤层底板裂隙突水综合防治技术”“陈四楼煤矿南轨大巷过断层支护设计”成果获得河南省煤炭工业科技进步奖二等奖;“陈四楼炮采工作面沿空留巷技术试验研究”成果获得河南省煤炭工业科技进步奖三等奖。

11月1日　陈四楼煤矿被省煤矿工会、省煤炭工业局评为全省煤炭系统矿(厂)务公开“先进单位”。

11月17日　巴西CVRD携香港法国巴黎银行代表、香港安永会计师事务所、环境检测等专家一行15人到陈四楼煤矿做尽职调查,集团公司副总经理翟源涛接待尽职调查组成员。此次调查团分为审查组、财务商务组、技术环境组。

11月19日　巴西CVRD及顾问团来陈四楼煤矿继续做二期尽职调查。此次巴西CVRD来矿主要是就地质勘探、劳动力使用、选煤厂环保问题、开采许可证等法律方面的问题进行尽职调查。

12月20日　全国煤炭工业改革发展工作会在北京召开,陈四楼煤矿获“双十佳煤矿”称号。

2004年

1月　陈四楼煤矿被中国煤炭职工思想政治工作研究会评为全国煤炭系统“文明煤矿”。

本月　陈四楼煤矿被河南省煤炭工业局授予全省煤炭“安全生产无事故月”活动先进单位称号。

2月　陈四楼煤矿被河南省委、省政府评为“省级文明单位”。

3月21日　美国商务考察团到陈四楼煤矿考察。

本月　陈四楼煤矿被省经贸委、省煤矿工会授予“经济技术创新示范岗”荣誉称号。

本月　河南省煤炭工业局授予陈四楼煤矿2003年省“科技进步十佳矿井”称号。

4月1日　由省审计厅处长李景先、劳动厅社保中心领导组成的调研组一行4人到陈四楼煤矿就劳动用工和社会保障制度实施情况进行调研。

4月18日　永煤集团启动第一个塌陷区复垦工程项目——陈四楼煤矿刘大庄复垦工程,工程面积622亩。该项目是利用财政部、国土资源部2002年度探矿权、采矿权使用费及价款项目进行的矿山地质环境项目。2007年6月26日,复垦工程交付使用。截至2018年年底,陈四楼煤矿沉陷区治理面积12 179.72亩,工程治理资金1.47亿元。

5月31日　集团公司特邀中国煤矿文工团到陈四楼煤矿慰问演出,庆祝永煤、宝钢、巴西CVRD成功合作。

本月　河南省煤炭工业局授予陈四楼煤矿2003年度“安全质量标准化先进单位”称号。

6月　陈四楼煤矿被中国煤炭工业协会评为2003年度“全国煤炭工业特级高产高效矿井”。

本月　陈四楼煤矿被中国煤炭工业协会评为“全国煤炭工业双十佳煤矿”。

本月　陈四楼煤矿荣获河南省煤炭工业局2003年度“特级安全质量标准化矿井”称号。

8月28日　陈四楼煤矿2708综采工作面顺利实现试运转,按期出煤。2708综采工作面是集团公司有史以来第一个大倾角综采工作面。

9月　“大坡度俯采工作面综采工艺研究”成果获得河南省煤炭工业科技进步奖三等奖。

10月21日　中国社科院副研究员姚梅到陈四楼煤矿调研。

11月5日　由中煤特殊工程公司负责的陈四楼煤矿南风井井筒开工建设,井筒深度366.5米,直径5米,采用钻井法施工。

12月17日　陈四楼煤矿职工邵兴建在第七届全国技术能手表彰大会上获“全国技术能手”称号。

12月27日　陈四楼煤矿培训中心被河南煤矿安全监察局评为“全省第六批国家四级煤矿安全培训机构”。

是年　河南省经贸委授予陈四楼煤矿“省管理达标企业”称号。

是年　陈四楼煤矿获中国煤炭工业协会“特级高产高效矿井”称号、2003年度“全国工业重点行业效益十佳企业”称号。

2005年

1月　陈四楼煤矿被国家发展和改革委员会授予“全国依法生产先进煤矿”荣誉称号。

2月20日　印发《陈四楼煤矿2005年安全结构工资内部市场化运行办法》，确立安全结构工资挂钩比例为直接区队30%、地面单位20%。

2月26日　陈四楼煤矿单月产量386 729吨，创投产以来单月产量最高纪录。

本月　陈四楼煤矿被河南省煤炭工业局、河南省煤矿工会联合授予“2004年度全省煤炭系统‘三创一争’经济技术创新竞赛管理创新最佳企业”称号。

3月9日　河南省副省长史济春到陈四楼煤矿调研，对矿井实行“安全结构工资”给予肯定。

4月1日　巴西CVRD副总裁马丁一行在省煤炭工业局副局长陈党义的陪同下到陈四楼煤矿参观。

本月　陈四楼煤矿被煤炭工业委员会授予2004年度“科技进步十佳矿井”称号，被河南省国资委、河南省总工会授予“河南省省属企业先进集体”称号。

5月15日　“大倾角单一中厚煤层综采开采技术”通过河南省煤炭工业局组织的专家鉴定，达到国内先进水平。

5月22日　陈四楼煤矿完成安全监控系统数据远程联网，实现矿井瓦斯、综采面矿压在线、水文动态、供电、机电设备、井下作业人员监测监控。监测数据实时显示，随时提取数据，进行数据存储、报警、显示、打印。永煤集团总部和各矿井均设置监控中心，负责系统监控值班。

6月30日　在河南省国资委党委召开的表彰会上，陈四楼煤矿党委被授予“先进基层党委”荣誉称号。

本月　河南省公安厅授予陈四楼煤矿“全省单位内保治安保卫工作先进集体”荣誉称号。

7月2日　“陈四楼煤矿内部市场化机制下的预算管理研究”项目在郑州通过科技成果鉴定。鉴定委员会认定该项目具有同行业领先水平，国内同类研究的先进水平。

7月16日　全国人大常委会委员陈寿朋到陈四楼煤矿调研，认为“永煤的发展方向就是中国煤炭企业的发展方向”。

8月19日　陈四楼煤矿南风井井筒竣工。

8月31日　中国驻巴西大使蒋元德一行到陈四楼煤矿视察。

本月　中国煤炭工业协会授予陈四楼煤矿2004年度“特级高产高效矿井”称号。

10月　“大倾角单一中厚煤层综采开采技术”“陈四楼煤矿物资管理系统”成果获得河南省煤炭工业科技进步奖二等奖；“大功率带式输送机大转弯装置的应用”“提升机运行状态监测与故障诊断研究”“全数字控制技术在提升机中的应用”“支架壁后充填与巷道围岩注浆技术在陈四楼煤矿的应用”成果获得河南省煤炭工业科技进步奖三等奖。

11 月 24 日　壳牌中国有限公司客人到陈四楼煤矿参观。

11 月 29 日　省委办公厅副秘书长王国振一行到陈四楼煤矿调研。

2006 年

2 月 14 日　巴西 CVRD 朱凯一行到陈四楼煤矿参观。

本月　陈四楼煤矿被省总工会授予"全省煤炭系统先进基层工会"称号。

本月　陈四楼煤矿在 2005 年全省煤炭系统"三创一争"竞赛中被省总工会、省工业局评为管理创新最佳企业。

3 月 2 日　摩根大通经理李伟奇、正大国际常务副总裁王浩一行 6 人到陈四楼煤矿参观考察。

3 月 28 日　陈四楼选煤厂申报出口煤炭生产加工企业分级动态管理 A 级资格通过审核。

3 月 30 日　巴西 CVRD 财务主管到陈四楼煤矿进行考察。

4 月 5 日　巴西 CVRD 客人吉阿尼、朱凯一行到陈四楼煤矿考察。

6 月 29 日　陈四楼煤矿副井与南风井贯通，贯通导线全长 15 千米，是永夏矿区贯通距离最长两井间特大型测量贯通工程。

本月　"大倾角单一中厚煤层综采开采技术""矿井提升机数字控制技术与应用"成果获得河南省安全生产科技进步奖三等奖。

8 月　中国煤炭工业协会授予陈四楼煤矿"2005 年度特级安全高效矿井"称号。

9 月 10 日　"陈四楼煤矿主井提升机信息管理系统的研究"通过河南省煤炭工业局组织的专家鉴定，达到国内先进水平。

10 月　"软破碎围岩巷道支护机理及技术研究与应用""长距离斜巷快速掘进提升绞车研制与应用""陈四楼煤矿主井提升机信息管理系统的研究"成果获得河南省煤炭工业科技进步奖二等奖；"MSQ-4 型煤矿井下水仓清挖处理设备研制与应用"成果获得河南省煤炭工业科技进步奖三等奖。

11 月 8 日　陈四楼煤矿高兴超实用新型专利"止回阀"申报成功，成为永煤集团第一个申报成功的专利。

11 月 28 日　全国煤炭工业表彰大会在人民大会堂举行，陈四楼煤矿获"全国特级安全高效矿井"荣誉称号。陈四楼煤矿矿长马正兰荣获"全国双十佳矿长"称号。

12 月 7 日　河南煤矿安全监察局在对永煤公司陈四楼煤矿安全程度自评结果进行复核审查后，认定陈四楼煤矿安全运行状况达到 A 级。

12 月 25 日　"永煤陈四楼煤矿内部市场化机制下的预算管理研究"成果获得河南省科学技术进步奖三等奖。

本月　中国煤炭地质总局 129 勘探队提交《河南省永城市陈四楼煤矿后备区煤炭勘探报告》，通过国土资源部矿产资源储量评估中心审查。

是年　陈四楼煤矿获中国煤炭工业协会"全国煤炭工业先进集体"称号。

是年　永煤集团投入100余万元与澳大利亚罗比斯公司合作成立广州略达公司，在陈四楼煤矿联合开发煤矿安全信息管理系统。该系统以内部局域网为平台，通过危险辨识、风险评价、风险控制、隐患治理等11个模块对安全工作进行管理，系统对工作流程进行协同控制，信息共享。

是年　在“兖矿杯·寻找感动中国的矿工”评选活动中，陈四楼煤矿职工高兴超以其感人事迹入围“100名感动中国的矿工”。

是年　陈四楼煤矿矿长马正兰获“全国五一劳动奖章”。

2007年

1月　陈四楼煤矿被河南省评为2006年度“安全生产先进单位”，被河南省煤炭工业局授予全省煤炭系统“四创二争”经济技术创新竞赛创新型企业称号，被中国煤矿体育协会授予“全国煤矿体育工作先进单位”称号，被中国煤炭工业协会授予“全国煤炭工业特级安全高效矿井”称号。

2月7日　河南省煤炭工业局副局长陈党义一行到陈四楼煤矿召开安全生产座谈会。

3月20日　中国思想政治工作研究会副秘书长、中宣部思想政治工作研究所副所长董耀鹏一行在省委宣传部有关领导陪同下到陈四楼煤矿调研。

3月26日　陈四楼煤矿首次实现两分钟完成综掘支护，在综掘工作面技术上实现临时快速支护。

4月15日　“100名感动中国的矿工”颁奖大会在北京举行，陈四楼煤矿职工高兴超进京领奖。

4月23日　陈四楼煤矿“软破碎围岩巷道支护机理及技术研究”被评为全国煤炭工业十大创新成果。

4月29日　人民日报社新闻信息中心主任卢大波到陈四楼煤矿参观。

同日　河南省思想政治研究会授予陈四楼煤矿2006年度“省煤炭系统优秀政研会”称号。

本月　中国总工会授予陈四楼煤矿“全国五一劳动奖状”。

5月7日　供电处陈四楼煤矿变电站发生电气火灾事故，造成矿井部分停电，中央风井停止运转2小时50分。

5月11日　永煤集团举办优秀劳工成长事迹报告会。陈四楼煤矿高兴超等6名优秀劳工亲述用心做事、勇于创新的先进事迹。

6月2日　“软弱破碎围岩巷道支护机理与技术研究与应用”成果通过河南省科学技术厅组织的专家鉴定，达到国内领先水平。

6月23日　中国煤炭工业协会副会长路德信一行到陈四楼煤矿调研。

7月15日　“永煤陈四楼煤矿内部市场化机制下的绩效管理研究”成果通过河南省科学技术厅组织的专家鉴定，达到煤炭行业领先水平、国内同类研究的先进水平。

8月1日　河南省环境保护局领导在集团公司副总经理邢奇生陪同下到陈四楼煤矿检

查指导工作。

9月　河南省煤炭工业管理局授予陈四楼煤矿2002—2006年度科技工作“先进单位”称号。

本月　陈四楼煤矿综采一队被中华人民共和国人事部、中国煤炭工业协会授予“全国煤炭工业先进集体”称号。

10月2日　由中煤五公司三处第六工程项目部负责的北风井井筒开工建设，井筒深度462.2米，直径5米，采用冻结法施工。

10月13日　孙越崎科技教育基金第十六届颁奖大会在北京举行，永煤股份副总经理、陈四楼煤矿矿长马正兰荣获孙越崎青年科技奖。

12月　永煤集团首台变频调速电机车在陈四楼煤矿试用。

2008年

1月　河南省煤炭工业管理局授予陈四楼煤矿2007年度省煤炭系统“安全生产先进单位”称号。

本月　河南省煤炭工业管理局授予陈四楼煤矿“五优矿井”称号。

本月　河南省煤炭工业管理局授予陈四楼煤矿2007年度“一级安全质量标准化矿井”称号。

3月6日　陈四楼煤矿北风井井筒竣工。

本月　河南省煤炭工业管理局授予陈四楼煤矿“全省煤炭行业人才工作先进集体”称号。

3月15日　“虹膜识别技术在煤矿考勤管理中的应用”成果通过河南省煤炭工业管理局组织的专家鉴定，达到国内先进水平。

同日　“16 km特长距离高精度巷道贯通测量技术研究”成果通过河南省煤炭工业管理局组织的专家鉴定，达到国内领先水平。

4月　陈四楼煤矿获全省煤炭工业“先进集体”称号。

5月22日　巴西VALE副总裁马丁斯一行参观陈四楼煤矿。

本月　陈四楼煤矿被河南省煤炭工业管理局评为“河南省煤炭系统企业文化示范矿”。

本月　“MSQ-4型煤矿井下水仓清挖处理设备研制与应用”成果获得河南省煤矿安全生产科技进步奖三等奖。

本月　“大倾角单一中厚煤层综采开采技术”“软弱破碎围岩巷道支护机理及技术研究与应用”成果被列为河南省安全生产重点推广技术项目。

6月　“大型煤矿内部市场化下的绩效管理”成果获得煤炭工业企业管理现代化创新成果(行业级)一等奖。

7月　“永煤陈四楼煤矿内部市场化机制下的绩效管理”“16 km特长距离高精度巷道贯通测量技术研究”“矿井大型设备经济运行分析评价及节能途径技术研究”成果获得河南省煤炭工业科技进步奖(科研类)二等奖，“虹膜识别技术在煤矿考勤管理中的研究”“胶带切边卷带机研制与应用”成果获得河南省煤炭工业科技进步奖(科研类)三等奖。

8月 “软弱破碎围岩巷道支护机理及技术研究与应用”成果获得中国煤炭工业科学技术奖三等奖。

11月4日 巴西VALE一行到陈四楼煤矿参观交流。

12月25日 “深部开采沿空送巷锚杆支护技术研究”成果通过河南省科学技术厅组织的专家鉴定,达到国际先进水平。

12月30日 “陈四楼煤矿煤层底板扰动规律及突水预测预报研究”成果通过河南省科学技术厅组织的专家鉴定,达到国际先进水平。

12月 陈四楼煤矿被中国煤炭工业协会授予“2007年度国家特级安全高效矿井”称号。

是年 永煤集团推广陈四楼煤矿的“安全隐患买卖制”“安全伙伴活动”安全管理创新经验。

是年 陈四楼煤矿获中国煤炭工业协会“全国煤矿工业特级安全高效矿井”称号;陈四楼选煤厂获评中国煤矿体育协会“全国煤矿与祖国同庆健康同行”活动先进单位、中华全国总工会和国家安全生产监督管理总局2018年度全国“安康杯”竞赛活动优胜企业称号。

2009年

1月 陈四楼煤矿被省煤炭工业管理局授予2008年“一级安全质量标准化矿井”称号。

2月23日 河南省煤炭工业管理局豫煤行〔2009〕84号文《关于永煤公司陈四楼煤矿等16对矿井生产能力核定结果的批复》中,同意陈四楼煤矿按450万吨/年的生产能力组织生产。

2月28日 新疆伊犁州党委常委、常务副州长万水一行到陈四楼煤矿调研。

本月 陈四楼煤矿开一队施工的北部东翼集中皮带巷单头进尺147米,创造了永煤公司下山岩巷炮掘最高纪录。

4月10日 河南省煤田地质局领导一行8人到陈四楼煤矿参观交流。

4月24日 河南省举行126名全国劳模和先进工作者赴京受奖欢送仪式,全国劳动模范、陈四楼煤矿钻机队队长高兴超受到省领导欢送。

同日 全国煤炭企业管理现代化创新成果发布会在湖南省长沙市召开。“‘安全伙伴’机制在煤矿安全管理中的构建与实施”荣获2008年煤炭企业管理现代化创新成果二等奖。

6月5日 河南省发展和改革委员会、能源局、工业和信息化厅、河南煤矿安全监察局等单位领导到陈四楼煤矿就煤矿安全改造项目开展专项检查。

8月31日 “煤矿安全管理体系构建与实施研究”成果通过河南省科学技术厅组织的专家函审鉴定,达到国内领先水平。

本月 “深部开采沿空送巷锚杆支护技术研究”成果获得中国煤炭工业科学技术奖三等奖。

本月　陈四楼煤矿被省质量技术监督局、省质量协会评为2009年河南质量管理小组活动优秀企业。

9月22日　巴西VALE一行3人到陈四楼煤矿参观。

10月15日　郑煤集团一行5人到陈四楼煤矿参观交流学习。

10月18日　巴西VALE客人到陈四楼煤矿参观指导。

10月30日　国家四级煤矿安全培训机构资质复审专家组莅临陈四楼煤矿，对矿井安全培训工作进行复查。

10月31日　中国矿业大学、中国矿业大学(北京)一行9人安全文化模式调研组到陈四楼煤矿测评调研。

11月7日　河南工程技术学校"学历教育大专班"在陈四楼煤矿礼堂开班授课。

11月8日　中煤政研会会长田淮俊、处长徐腾生及河南省政研会一行5人到陈四楼煤矿就文明矿创建和企业文化建设工作调研，永煤股份总经理唐远游等陪同。

11月21日　中国职工教育协会副会长毕结礼到陈四楼煤矿参观考察。

12月10日　"陈四楼煤矿通风及监测系统仿真技术研究与应用"成果通过商丘市科学技术局组织的专家鉴定，达到国际先进水平。

12月16日　"煤矿安全管理体系构建与实施研究""陈四楼煤矿煤层底板扰动规律及突水预测预报研究"成果分别获得河南省工业和信息化科技成果奖二、三等奖。

12月　陈四楼煤矿被河南省委、省政府评为"省级文明单位"。

2010年

1月7日　省委常委、秘书长曹维新一行在陈四楼煤矿调研。

3月2日　河南省环境保护厅、商丘市环境保护局、永城市环境保护局联合检查组检查验收陈四楼煤矿更换排污许可证工作。

3月17日　河南省环境保护厅清洁生产验收组到陈四楼煤矿检查验收清洁生产工作。

本月　陈四楼煤矿综掘二队在21303工作面轨道顺槽单头综掘进尺达到608米，刷新了永煤公司综掘单头进尺526米的历史纪录。

4月14日　河南省煤炭科学研究院副院长邓波一行到陈四楼煤矿调研矿井节能工作。

4月24日　"'安全伙伴'机制在煤矿安全管理中的构建与实施"荣获2008年煤炭企业管理现代化创新成果二等奖。

本月　"'隐患买卖'安全管理方法及其应用效果研究""煤矿后勤餐饮定价策略的构建和实施"成果分别获得煤炭工业企业管理现代化创新成果(行业级)一、三等奖。

本月　陈四楼煤矿被河南省知识产权局授予"2009年度河南省知识产权系统先进企业"称号。

本月　陈四楼煤矿王利伟被授予"2009年度河南省知识产权系统先进工作者"称号。

5月　河南省工业和信息化厅授予陈四楼煤矿"2009年度省一级安全质量标准化单位"称号。

本月　陈四楼煤矿被中国煤炭经济研究会评为“全国煤炭经济研究先进单位”。

本月　“煤矿安全管理体系构建与实施研究”“陈四楼煤矿煤层底板扰动规律及突水预测预报研究”成果获得河南省煤矿安全生产科技进步奖二等奖。

8 月　“陈四楼煤矿通风及监测系统仿真技术研究与应用”成果获得商丘市科学技术进步奖一等奖。

9 月　“深部高应力煤巷围岩变形机理与控制技术研究”成果获得中国煤炭工业科学技术奖三等奖。

10 月 11 日　陈四楼煤矿南翼 2003 工作面皮带顺槽发生冒顶堵人事故，永煤救护大队成功救出遇险的 7 名矿工。

11 月　永煤集团首家员工素质拓展训练基地在陈四楼煤矿建成并投入使用。

本月　陈四楼煤矿被中国煤炭工业协会授予“2009 年度特级安全高效矿井”称号。

12 月 6 日　“陈四楼煤矿通风及监测系统仿真技术研究与应用”成果获得河南省科学技术进步奖二等奖。

12 月 16 日　“三维(3D)矿井虚拟安全培训系统”“深部煤岩体变形破坏特征与软岩巷道支护技术研究”成果通过河南省科学技术厅组织的专家鉴定，达到国内领先水平。

12 月 30 日　陈四楼煤矿井下人员定位系统正式投入使用。

本月　陈四楼煤矿被中国煤矿体育协会授予“全国煤矿体育工作先进单位”称号。

是年　陈四楼煤矿被国家安全生产监督管理局、国家煤矿安全监察局评为“2009 年度国家级安全质量标准化煤矿”。

2011 年

2 月　河南省工业和信息化厅授予陈四楼煤矿“2010 年度一级安全质量标准化矿井”称号。

4 月　中国煤炭工业协会授予陈四楼煤矿“煤炭工业科技创新示范矿”荣誉称号。

本月　河南省工业和信息化厅、河南省煤矿工会授予陈四楼煤矿“河南省煤炭系统五一劳动奖状”。

本月　“基于‘安全股票’的煤矿安全管理长效机制研究”“面向对象细分的煤炭企业学习型组织构建”成果分别获得煤炭企业管理现代化创新成果(行业级)一、三等奖。

5 月 19 日　永煤集团安全培训示范基地建设工作现场会在陈四楼煤矿召开。

7 月 10 日　永煤第一台 EBZ260H 型岩巷综掘机在陈四楼煤矿－720 辅助水平皮带巷安装使用，开创永煤集团岩巷综掘机先例。

本月　陈四楼煤矿荣获“第七届中国企业培训示范基地”和“中国企业教育先进单位百强”称号。

8 月 10 日　陈四楼煤矿第一台 EBZ260H 型岩巷综掘机在－720 辅助水平皮带巷安装使用，开创永煤集团岩巷综掘机先例。

9 月 8 日　永煤集团矿井开拓工程现场经验交流会在陈四楼煤矿召开。

10月10日　中煤政研会领导到陈四楼煤矿进行企业文化示范矿检查验收。

10月13日　豫北分局局长毋济州率领河南煤矿安全监察局第四监察执法组在陈四楼煤矿进行执法检查。

同日　中煤政研会会长田淮俊带领全国煤炭企业文化示范矿验收组对陈四楼煤矿检查验收并通过,陈四楼煤矿成为河南煤化首批全国煤炭工业企业文化示范矿井。

本月　陈四楼煤矿矿长杨青松被河南省发展和改革委员会、河南省科学技术厅、河南省科学院、河南省农业科学院、河南省科学技术协会联合授予"河南省十佳科技型领军企业家"称号。

本月　陈四楼煤矿总工程师王利伟被商丘市工业联合会、商丘市国资委、商丘市科技局、商丘市妇女联合会、商丘市日报社联合授予"商丘市'十一五'十大创新人物"称号。

11月5日　"双绕组同步提升机交直交变频调速控制系统"成果通过中国煤炭工业协会组织的专家鉴定,达到国际领先水平。

本月　"深部煤岩体变形破坏特征与软岩巷道支护技术研究"成果获得中国煤炭工业科学技术奖三等奖。

本月　陈四楼煤矿首套综采工作面超前支架在北十采区21004工作面投入使用,超前支架代替单体液压支柱和金属铰接顶梁实现超前支护,超前支架能够自移,操作方便,减轻劳动强度,满足高产高效工作面对端头设备快速推移要求。

12月22日　河南煤矿安全监察局党组成员、纪检组长陈滨带队的省煤矿安全监察第四督导组到陈四楼煤矿,就矿井瓦斯综合治理、领导带班下井、安全费用提取和使用等情况进行检查指导。

是年　陈四楼煤矿被国家安全生产监督管理总局、国家煤矿安全监察局评为2010年度国家级安全质量标准化煤矿。

是年　河南省工业和信息化厅授予陈四楼煤矿"2008—2011年度五优示范矿井"称号。

2012年

2月　陈四楼煤矿荣获中国煤矿体育协会颁发的"2011年全民健身活动先进单位"称号。

本月　"陈四楼煤矿大型煤矿煤质四级管理体系构建与实施"成果获得煤炭企业管理现代化创新成果(行业级)二等奖。

3月27日　陈四楼煤矿在全国煤炭企业文化暨"五精"管理现场推广会上获得第十一批"全国煤炭工业企业文化示范矿"称号。

3月30日　永煤集团邀请企业管理专家李泽尧教授在陈四楼煤矿职工礼堂举办"危机意识与强势管理"讲座。

本月　中煤政研会授予陈四楼煤矿"全国煤炭工业企业文化示范矿"称号。

4月　陈四楼煤矿综掘一队在21006工作面轨道顺槽首次使用EBZ-MH160/2×30H型掘锚护一体机。

本月　国家安全生产监督管理总局、国家煤矿安全监察局授予陈四楼煤矿“国家级安全质量标准化煤矿”称号。

5月　“双绕组同步提升机交直交变频调速控制系统”成果获得河南省安全生产科技进步奖一等奖。

本月　河南煤矿安全监察局授予陈四楼煤矿河南煤矿第五届安全生产科技进步奖一等奖。

本月　陈四楼煤矿职工任永强在2011年度“全省职工建功‘十二五’技术创新竞赛活动”中，被河南省总工会、河南省工业和信息化厅、河南省科学技术厅、河南省财政厅、河南省人力资源和社会保障厅联合授予“河南省十大能工巧匠”称号，梁雷被授予“河南省职工百名技术英杰”称号。

6月6日　陈四楼煤矿陈集镇采煤沉陷区安置社区菊花小区(第一公园)开工。菊花小区占地260亩，建筑面积31万平方米，总投资2.8亿元，安置居民1 800多户。

本月　陈四楼煤矿获得河南煤化企业文化知识抢答赛一等奖。

9月　陈四楼煤矿正式在十采区行人上山推广使用“空气柱L-S两封法岩巷光面爆破关键技术”。

11月20日　中国煤炭工业协会第二届全国煤炭行业职工教育培训多媒体课件大赛在厦门举行，永煤集团选送的陈四楼煤矿《违章放炮酿惨祸》获一等奖。

11月22日　由省环境保护厅、工业和信息化厅以及永城市环境保护局、工业和信息化局组成的“河南省绿色企业创建”验收组，到陈四楼煤矿进行省级绿色企业创建工作实地验收。

本月　陈四楼煤矿与中国矿业大学、徐州上若科技有限公司合作完成的“双绕组同步提升机交直交变频调速控制系统”获得中国煤炭工业科学技术奖一等奖。

本月　陈四楼煤矿获得中华全国总工会授予的“全国职工教育培训示范点”荣誉称号。

12月23日　“矿井深部采区高承压水综合治理技术研究”“陈四楼煤矿综采工作面煤层注水降尘技术研究”成果通过河南省科学技术厅组织的专家鉴定，达到国内先进水平。

本月　“‘陈矿大学’学习型组织构建与应用”获得中国煤炭工业协会颁发的煤矿企业管理现代化创新成果三等奖。

本月　“基于动态平台化的煤炭企业经营一体化管理系统构建与实施”“‘陈矿大学’学习型组织构建与实施”成果分别获得煤炭企业管理现代化创新成果(行业级)二、三等奖。

本月　中国煤炭工业协会授予陈四楼煤矿“全国煤炭工业特级安全高效矿井”称号。

本月　陈四楼煤矿获河南省教育厅“河南省首批高等职业教育示范性综合实训基地”荣誉称号。

是年　国家能源局煤炭司、中国能源报社授予陈四楼煤矿“中国最美矿山”称号。

是年　河南省工业和信息化厅授予陈四楼煤矿2011年度“一级安全质量标准化煤矿”称号。

2013 年

1 月 8 日　河南省煤炭工业管理办公室副主任李震寰带领河南省年终煤炭企业安全生产绩效考核组到陈四楼煤矿开展安全生产绩效考核，河南煤化副总经理赵廷钊、永煤股份总经理强岱民陪同。

本月　河南省工业和信息化厅授予陈四楼煤矿“2012 年度一级安全质量标准化煤矿”称号。

2 月 27 日　巴西 VALE 全球煤炭董事毛罗一行 4 人到陈四楼煤矿参观交流。

3 月 4 日　河南省工业和信息化厅“五优”矿井复核组到陈四楼煤矿就“五优”矿井创建工作进行复检。

3 月 29 日　陕西黄陵煤业客人到陈四楼煤矿调研学习。

4 月 1 日　河南省环境保护厅、河南省工业和信息化厅授予陈四楼煤矿“河南省绿色企业”称号。

4 月 7 日　陈四楼煤矿被国土资源部授予“国家级绿色矿山试点单位”称号。

4 月 13 日　中国矿业大学煤矿总工程师培训班 130 人到陈四楼煤矿交流学习。

同日　河南省国土资源厅到陈四楼煤矿检查 2012 年度矿产资源开发利用情况及“以奖代补”资金使用情况。

本月　河南煤化授予陈四楼煤矿“2012 年度内部市场化管理先进单位”称号。

5 月 10 日　陈四楼煤矿使用“挖掘装载机＋带式输送机＋矿车随动装置”的岩巷作业线在八采区行人下山初试成功。

本月　陈四楼煤矿符如康、黄思强在 2012 年度“全省职工建功‘十二五’技术创新竞赛活动”中，被河南省总工会、河南省工业和信息化厅、河南省科学技术厅、河南省财政厅、河南省人力资源和社会保障厅联合授予“河南省职工百名技术英杰”称号。

6 月 24 日　“矿井深部采区高承压水综合治理技术研究”“陈四楼煤矿综采工作面煤层注水降尘技术研究”成果分别获得河南省工业和信息化科技成果二、三等奖。

本月　陈四楼煤矿被河南省教育厅命名为“首批省级高等职业教育示范性综合实训基地”。

7 月 4 日　根据《关于印发永城煤电控股集团有限公司安全生产风险预控管理体系建设实施方案的通知》，开展安全生产风险预控管理体系建设。陈四楼煤矿为省级试点单位。

8 月 28 日　神火集团一行 14 人到陈四楼煤矿学习安全风险预控体系。

10 月 21 日　由中国矿业联合会主办、中国矿业报社协办的“2013 年中国矿业循环经济暨绿色矿山和谐矿区经验交流会”在洛阳举行。会上公布了《国土资源部关于第三批国家级绿色矿山试点单位名单》，陈四楼煤矿作为此批次集团公司唯一一家上榜单位，正式跻身“国家级绿色矿山试点单位”行列。

10 月 29 日　河南煤矿安全监察局执法督查处贾松、李锋领和河南理工大学安全文化研究所教授申霞一行到陈四楼煤矿就“河南煤矿安全文化建设示范企业”考察验收。

11月11日 陈四楼煤矿许新峰被中国煤炭工业协会评为煤炭行业技能大师。

12月19日 河南省政协人口资源环境委员会副主任赵德山到陈四楼煤矿调研煤矸石制砖情况。

12月25日 "新型岩巷智能化连续排矸系统关键技术研究""瓦斯异常涌出区域辨识与综合治理技术研究"项目通过河南省科学技术厅组织的专家鉴定,两项成果总体水平均达到国际先进水平。

本月 "矿井深部采区高承压水综合治理技术研究"成果获得中国煤炭工业科学技术奖一等奖。

2014年

3月30日 "空气柱L-S两封法岩巷光面爆破关键技术研究"成果通过河南省科学技术厅组织的专家鉴定,达到国际先进水平。

本月 河南省总工会授予陈四楼煤矿机电队副井"五一巾帼标兵岗"称号。

5月26日 "瓦斯异常涌出区域辨识与综合治理技术研究""新型智能化连续排矸系统关键技术研究"成果获得河南省工业和信息化科技成果二等奖。

6月 "瓦斯异常涌出区域辨识与综合治理技术研究"成果获得河南煤矿安全生产科技进步奖二等奖,"新型智能化连续排矸系统关键技术研究"成果获得河南煤矿安全生产科技进步奖二等奖,并被列为河南煤矿安全生产科技成果优秀推广项目。

8月3日 中国煤炭工业协会授权神华宁夏煤业集团公司一行到陈四楼煤矿就安全高效矿井考核验收。

9月16日 河南省煤炭系统矿井轨道工职业技能大赛在陈四楼煤矿举行,8家煤业单位的25名参赛选手分4组切磋技艺。河南省总工会副主席杨会卿,省工业和信息化厅副厅长唐远游,省煤矿工会主席王振芳出席启动仪式。

本月 陈四楼煤矿职工技协被评为"全国职工技协工作先进单位"。

10月31日 义煤公司副总经理李书民一行12人到陈四楼煤矿参观交流。

本月 "大型煤矿积极安全管理模式研究与实施""煤矿规范化管理系统的构建与实施"成果分别获得煤炭企业管理现代化创新成果(行业级)二、三等奖。

12月21日 "综掘工作面粉尘运移规律模拟及控制装置研究"成果通过河南省科学技术厅组织的专家鉴定,达到国际先进水平。

本月 "新型智能化连续排矸系统关键技术研究"成果获得中国煤炭工业科学技术奖三等奖。

是年 "煤业集团公司下属煤矿后备人才培养'四子'工作法"获得煤炭企业管理现代化创新成果(行业级)三等奖。

2015 年

4 月　河南省煤矿工会授予陈四楼煤矿"河南省煤炭系统五一劳动奖状"。

4 月 10 日　3 时 14 分,陈四楼煤矿发生一起煤与瓦斯突出事故,突出煤量为 104 吨、瓦斯量约 7 623 立方米,造成 2 人死亡、1 人轻伤。直接经济损失 327.8 万元。

7 月 7 日　"空气柱 L-S 两封法岩巷光面爆破关键技术研究""综掘工作面粉尘运移规律模拟及控制装置研究"成果分别获得河南省工业和信息化科技成果一、三等奖。

9 月 20 日　"双岩巷共用排矸系统联合布置及高效施工技术研究"成果通过河南省科学技术厅组织的专家鉴定,达到国际先进水平。

9 月 21 日　商丘市委常委、永城市委书记马富国到陈四楼煤矿调研企业安全生产情况。

10 月 8 日　淮南矿业集团安监局副局长王国锋等一行到陈四楼煤矿就安全管理基础工作参观交流。

10 月 22 日　"综掘工作面粉尘运移规律模拟及控制装置研究"成果获得河南省科技进步奖三等奖。

12 月 9—11 日　河南煤矿安全监察局党组书记、局长严寅初带领煤矿瓦斯防治集中监察执法组到陈四楼煤矿指导安全管理及系统升级改造工作。

12 月 27 日　"中厚煤层综采工作面快速回撤关键技术研究"成果通过河南省科学技术厅组织的专家鉴定,达到国际先进水平。

2016 年

2 月 2 日　河南煤矿安全监察局、省煤炭办及专家组成验收组对陈四楼煤矿复工复产工作进行检查验收,矿井顺利通过验收。

3 月 24 日　河南煤矿安全监察局《关于河南能源永煤公司陈四楼煤矿复工验收的批复》(豫煤安监一〔2016〕70 号)中,认为陈四楼煤矿各系统已经符合煤与瓦斯突出矿井的防控措施要求,同意复工。

4 月 14 日　河南省煤炭工业管理办公室副主任李震寰率检查组到陈四楼煤矿督导重大灾害大排查治理工作开展情况。

4 月 25 日　河南省煤炭工业管理办公室《关于全省合规生产煤矿按照重新确定产能生产的通知》(豫煤行〔2016〕84 号)中,陈四楼煤矿产能被核减为 378 万吨/年。

本月　由陈四楼煤矿自主完成的预裂切顶无煤柱沿空留巷技术首次在矿井南翼十七采区 21701 工作面上顺槽及 21702 工作面下顺槽实施,该技术多回收煤炭 2.6 万吨,创收 3 475.8 万元,减少掘进量 1 000 多米。

本月　"双岩巷共用排矸系统联合布置及高效施工技术研究""大型煤矿积极安全管理模式研究与实施"成果获得河南煤矿安全生产科技进步奖二等奖,"中厚煤层综采工作面快速回撤关键技术研究”“煤矿安全风险预控管理体的试点建立与应用”成果获得河南煤矿安全生产科技进步奖三等奖。

6 月 2 日　陈四楼煤矿煤巷掘进工作面钻场优化，利用主体巷道扩帮及以掘进机最大偏斜度进行施工钻场，实现钻场全程机械化施工。

6 月 15 日　永煤集团与西安煤航信息产业有限公司合作，完成陈四楼煤矿 1∶2 000、1∶5 000 航测地形测量工作。

8 月 21 日　“先喷后锚”施工工艺在陈四楼煤矿九采区轨道下山正式推广使用。

10 月 31 日　陈四楼煤矿首个综采顺拉工作面 21011 工作面开始回采，该技术将 21011、21013 综采工作面集成综采顺拉工作面开采，利用 3 条平巷准备出 1 个工作面，圈入实体煤 161.5 万吨，多回收煤炭资源 2.5 万吨，增效 1 975 万元。

11 月 8 日　“双岩巷共用排矸系统联合布置及高效施工技术研究”“中厚煤层综采工作面快速回撤关键技术研究”成果分别获得河南省煤炭科技成果一、二等奖。

12 月 7 日　河南煤矿安全监察局党组成员、副局长姚景州率领省煤矿安全监察局第三监察组到陈四楼煤矿进行煤矿瓦斯防治执法检查。

12 月 28 日　“底板高压岩溶水‘疏降-导引’模式及突水防治关键技术”成果通过中国煤炭工业协会组织的专家鉴定，研究成果整体达到国际先进水平，在矿井岩溶水“疏降-导引”模式循环研究方面达到国际领先水平。

2017 年

2 月 22 日　国家煤矿安全监察局科技装备司处长王铁根一行 5 人到陈四楼煤矿就瓦斯治理工作开展专题调研。

3 月　陈四楼煤矿首次在 21008 工作面上顺槽实现小煤柱沿空掘巷，煤柱宽度由 5 米缩减至 2 米，提高了煤炭采出率。

本月　陈四楼煤矿被河南省煤矿工会工作委员会评为“全省煤炭系统先进女职工委员会”。

本月　陈四楼煤矿被中国煤矿体育协会评为“2016 年度全国煤矿全民健身活动先进集体”。

4 月 12—14 日　省煤矿全面安全“体检”专项工作组到陈四楼煤矿开展专项检查。

5 月 5 日　陈四楼煤矿与河南能源瓦斯研究所合作，在 2803 工作面下巷、2509 工作面下巷开展“以孔代巷”项目试验。

5 月 11 日　河南省政协经济委员会副主任、省政府河南能源改革指导组副组长陈党义到陈四楼煤矿调研。

5 月 17 日　河南省煤炭工业管理办公室豫煤行〔2017〕155 号文《关于命名全省煤炭系统“五优”矿井的通知》中，恢复河南能源永煤公司陈四楼煤矿“五优”矿井荣誉称号。

5 月 24 日　河南能源总经理、党委副书记、副董事长刘银志、总工程师邢奇生及平煤神马集团客人一行 17 人到陈四楼煤矿调研矿井沿空留巷技术。

6月　陈四楼煤矿首次在北翼十采区21011综采顺拉工作面应用较为先进的KJ24煤矿顶板压力动态监测系统，实现了对工作面液压支架初撑力情况在线监测，淘汰原支架压力表，提高矿压数据观测精度，整体掌握工作面矿压显现规律。

7月12日　河南能源研究院院长马耕到陈四楼煤矿调研"以孔代巷"区域瓦斯抽采技术。永煤控股总工程师袁德铸陪同。

7月26日　河南省安全生产管理局梁书强带领河南省社会治安综合治理委员会、省公安厅、省国土资源厅、省安全生产监督管理局、河南煤矿安全监察局专项检查组到陈四楼煤矿进行爆炸物品专项检查。

9月5日　河南省煤炭工业管理办公室验收组就陈四楼煤矿创建国家"一级安全生产标准化矿井"开展检查预验收。永煤控股总经理、党委副书记、副董事长张志勇和永煤控股总工程师袁德铸先后陪同。

10月31日　河南省煤炭工业管理办公室到陈四楼煤矿就安全培训考核示范点进行验收。

11月4—5日　陈四楼煤矿通过国家一级安全生产标准化煤矿验收。

11月8日　河南省人社厅、永城市人社局、永城市财政局等有关部门领导到陈四楼煤矿，就申报"永城市技能大师工作室"进行现场考察和专业评审，并一致认为陈四楼煤矿工作室符合永城市技能大师工作室申报条件。

11月16日　河南省煤炭工业管理办公室职业卫生等级对标评价验收组一行4人对陈四楼煤矿申报的职业卫生等级对标评价进行验收。

11月　"底板高压岩溶水'疏降-导引'模式及突水防治关键技术"成果获得中国煤炭工业科学技术奖三等奖，"'六优'体系建设在陈四楼煤矿成本管控中的研究与实施"成果获得煤炭企业管理现代化创新成果(行业级)三等奖。

12月27日　"切顶破碎块体充填巷帮围岩稳定机理及无煤柱开采成套技术研究"成果通过中国煤炭工业协会组织的专家鉴定，达到国际先进水平。

12月30日　执行《河南能源员工带薪休假制度(试行)》，职工享受带薪休假、探亲假、婚假、产假、计划生育假等。

本月　"多层次分布式煤矿安全培训管理平台研究"获得中国煤炭教育协会颁发的全国煤炭行业教育教学成果二等奖。

本月　"切顶块体充填巷帮损伤围岩稳定机理及支护技术""单一中厚煤层双采动应力叠加区支护技术研究"成果分别获得全国煤矿支护技术创新成果奖一、二等奖。

2018年

1月11日　中国矿业大学龙煤集团中层干部培训班一行26人到陈四楼煤矿交流，参观陈四楼煤矿拓展训练基地和员工实操培训基地。

1月15日　国家安全生产监督管理总局、国家煤矿安全监察局公布了2017年第二批一级安全生产标准化煤矿名单。陈四楼煤矿正式被确认为"一级安全生产标准化煤矿"。

3月　陈四楼煤矿被中国煤矿体育协会评为“2017年度全国煤矿全民健身活动先进集体”。

4月　采用长走向、大采长一面三巷回采技术联合布置成的21212综采工作面开始回采，标志着陈四楼煤矿在大采长工作面开采方面取得实质性进展。

5月10日　鹤煤公司副总经理范杰一行18人到陈四楼煤矿就岩巷施工先进经验参观学习。

5月17日　河南省国土资源厅科学研究院主任杜春彦一行3人对陈四楼煤矿2016年度矿产资源开发利用情况实地核查。永城市地矿局副局长蒋少杰陪同。

本月　陈四楼煤矿被人力资源和社会保障部、中国煤炭工业协会授予“全国煤炭工业先进集体”称号。

本月　陈四楼煤矿综采二队被人力资源和社会保障部、中国煤炭工业协会授予“全国煤炭工业先进集体”称号。

本月　“切顶破碎块体充填巷帮围岩稳定机理及无煤柱开采成套技术研究”成果获得绿色矿山科技进步奖二等奖。

6月21日　河南省总工会女职工工作及亮点品牌工作第四调研组到陈四楼煤矿调研。

本月　陈四楼煤矿副井口人员入井唯一性验证系统正式投入使用。

7月11日　中国国际金融有限公司副总经理王洋一行5人到陈四楼煤矿调研战略投资相关工作。

7月26日　河南省煤矿安全基础管理现场会在城郊煤矿召开。会后，河南省煤炭工业管理办公室行业处负责人朱中民带领与会人员到陈四楼煤矿21008采煤工作面、2509工作面上顺槽、21210工作面底板抽采巷观摩交流。

8月16日　河南省煤炭工业管理办公室办行业管理处副调研员孟召明一行5人到陈四楼煤矿开展生产接替核查工作。

9月20日　河南煤矿安全监察局党组书记、局长严寅初到陈四楼煤矿调研指导安全生产工作。

10月17日　2018年河南省煤炭系统职业技能大赛采掘电钳工决赛在陈四楼煤矿举行。

11月1日　陈四楼煤矿被中国煤炭加工利用协会评选为“2016—2017年度煤炭工业节能减排先进企业”。

11月22日　在中国煤炭工业协会主办的2016—2017年度煤炭工业安全高效矿井评审工作（中煤协会行调〔2018〕6号）中，陈四楼煤矿荣获“2016—2017年度煤炭工业安全高效特级矿井”称号。

12月4—6日　河南煤矿安全监察局、河南省煤炭工业管理办公室办组织，豫东监察分局和永城市煤矿安全监察办公室参加，聘请有关专家，对陈四楼煤矿开展为期3天的安全“会诊”检查。

12月11日　河南省煤炭工业管理办公室豫煤行〔2018〕324号文《关于确认2018年度全省“五优”矿井评价结果的通知》中，确认陈四楼煤矿为一级“五优”矿井。

是年　陈四楼煤矿获评国家一级安全生产标准化矿井。

2019 年

1 月　六采区东翼采用双岩巷布置，为矿井升级为突出矿井后首次应用采区双岩巷布置，运输方式为轨皮合一，通风方式为一进一回，采区准备巷道由 3 条简化为 2 条，减少了近 1/3 的采区准备工程量。

2 月　六采区灾害治理措施巷投入使用 EBZ318H 型岩巷综掘机，为建矿以来使用的最大功率掘进机。

3 月 2 日　“淋水破碎围岩沿空留巷注浆加固技术研究与应用”成果通过中国煤炭工业协会组织的专家鉴定，达到国际先进水平。

4 月　2506 工作面投入第一套 DQD20 型气动单轨吊，提升了辅助运输水平。

5 月　开拓一队施工的六采区灾害治理措施巷岩巷综掘单月进尺 155 米，创建矿以来岩巷单进最高水平。

本月　综掘三队在 2803 工作面下顺槽煤巷单月进尺 270 米，为 2015 年升级突出矿井后煤巷单进最高水平。

本月　完成北翼十采区煤柱工作面设计，陈四楼煤矿首次实施回收采区大巷煤柱资源。

本月　在抽采钻场推广实施“两堵两注、硬管直连”钻孔封堵抽采工艺。

7 月　综掘二队在 MZ201 开切眼掘进期间，巷道设计净断面 7.2 米×2.8 米，为建矿以来最大掘进断面。

7 月 22 日　“切顶破碎块体充填巷帮围岩稳定机理及无煤柱开采成套技术研究”成果获 2019 年度商丘市科技进步奖二等奖。

8 月 10 日　陈四楼煤矿通过河南省自然资源厅组织的绿色矿山第三方评估验收，被遴选为国家级绿色矿山。同年 8 月 23 日和 12 月 24 日，河南省自然资源厅和国家自然资源部分别对绿色矿山遴选结果进行了公示。

8 月 22 日　河南能源组织省内四大煤业公司在陈四楼煤矿 21015 工作面召开主动超前支护现场会推进会，推介陈四楼煤矿采煤工作面采用锚索主动超前支护成果。

本月　陈四楼煤矿开始对主井双线制电控系统改造，新增 1 套备用电控系统。10 月底完成了电控系统空载试验，11 月底完成了电控系统重载试验，主井电控系统正常投入运行。

本月　陈四楼煤矿 2803 工作面下顺槽沿空留巷滞后支护区首次推广使用单元式超前支架，在 21015 工作面上顺槽、2803 工作面下顺槽推广使用气动单轨吊，建矿以来最大斜长采煤面 2803 工作面开始回采，工作面斜长 367 米，采用“一面三巷”布置方式，煤巷掘进工程量较传统单面布置减少 1 300 米，多回收煤炭资源 2.4 万吨，是该矿在大采长工作面开采方面取得的又一次实质性进展。

9 月　陈四楼煤矿职工张新龙、徐文鑫，在河南省煤炭系统瓦斯防突工技术比武中，分别取得了第 15 名、16 名的成绩。

10 月 10 日　河南能源化工集团在陈四楼煤矿 21210 底抽巷举办了煤矿瓦斯治理现场

交流会。

10月20日　陈四楼煤矿主井井筒修复工程第一阶段冻结钻孔开孔，为建矿以来主井井筒首次大型维修，采取冻结壁封水、开切卸压槽的方法释放竖向应力并对井筒损伤段进行修复加固，施工总工期预计269天。

10月29日　河南能源化工集团组织研究总院矿山绿色开采研究院及焦煤、义煤公司有关专家对陈四楼煤矿水害治理示范矿井建设情况进行了检查验收，陈四楼煤矿以第一名的成绩通过了验收。

本月　陈四楼煤矿职工曹永华在全国煤炭行业职业技能竞赛瓦斯检查工技术比武中获得特等奖(第一名)，边广林在全国煤炭行业职业技能竞赛井下钻机司机技术比武中获得特等奖(第二名)。

11月23日　陈四楼煤矿2506工作面和2901、2903工作面底板水害地面区域治理工程正式开工。

12月27日　陈四楼煤矿取得方圆标志认证集团环境管理体系认证证书。

2020年

1月8—9日　商丘市安全生产委员会联合河南煤矿安全监察局豫东监察分局到陈四楼煤矿进行集中整治督导及预防性监察。检查组由商丘市工业和信息化局副局长朱学峰、豫东分局副局长朱树勇带队。永煤公司安监局局长王珏陪同。

1月12日　受省生态环境厅委托，商丘市生态环境局组织河南省、商丘市清洁生产专家及永城市环保局等一行到陈四楼煤矿，对清洁生产进行现场核查。陈四楼煤矿通过验收。

1月20日　陈四楼煤矿召开二届四次职工代表大会和工会会员代表大会暨2020年工作会议。

1月25日　陈四楼煤矿召开新型冠状病毒肺炎疫情防控工作紧急会议。

1月27日　永煤公司总经理、党委副书记、副董事长张志勇到陈四楼煤矿调研疫情防控情况。

1月30日　永煤公司党委书记、董事长强岱民到陈四楼煤矿指导疫情防控工作，并提出:疫情防控是当前工作的重中之重，要高度重视，提高政治站位，打好疫情防控阻击战，打赢这场没有硝烟的战争。

2月3日　永城市副市长张峰到陈四楼煤矿就矿井疫情防控和安全生产工作进行调研指导。永煤公司副总经理霍保山、李书文陪同。

2月11日　永煤公司党委书记、董事长强岱民到陈四楼煤矿及选煤厂调研指导疫情防控和安全生产工作。

2月23日　永煤公司副总经理王中华到陈四楼煤矿调研指导，深入MZ201工作面了解成套重型综采自动化设备安装进展。

2月27日　永煤公司法务总监刘夫军、副总经理李书文到陈四楼煤矿调研指导疫情防控和安全生产工作。

同日　永煤公司总工程师袁德铸到陈四楼煤矿调研指导疫情防控和安全生产工作。

3 月 4 日　永煤公司党委书记、董事长强岱民到陈四楼煤矿调研指导疫情防控和复工复产工作。永煤公司副总经理王中华一同调研。

3 月 7 日　永城市卫生监督局一行 4 人到陈四楼煤矿对复工复产及疫情防控工作进行督查指导。

3 月 13 日　集团公司总经理助理侯世宁、河南能源研究总院瓦斯研究分院院长王一彤一行到陈四楼煤矿就沿空留巷、瓦斯防治、支护工艺等工作进行调研指导。

3 月 15 日　陈四楼煤矿下发陈矿办字〔2020〕79 号文件，全面部署和有序推进“学、抓、强”专项活动。

3 月 18 日　永煤公司总工程师袁德铸到陈四楼煤矿调研指导地面区域水害治理工作。

3 月 20 日　永煤公司副总经理王珏到陈四楼煤矿就安全生产、智能化建设等方面的工作进行调研指导。

3 月 24 日　永城市应急管理局一行 6 人到陈四楼煤矿，就瓦斯防治、“三量”管理、“一优三减”及“四化”建设等方面进行检查。永煤公司副总经理王珏陪同。

3 月 31 日—4 月 2 日　郑州监察分局党组书记郜武周率队的河南煤矿安全监察局安全巡查监察执法组到陈四楼煤矿开展安全巡查监察执法。永煤公司总经理、党委副书记、副董事长张志勇，总工程师袁德铸、副总经理王珏陪同。

4 月 9 日　永煤公司总经理、党委副书记、副董事长张志勇到陈四楼煤矿就瓦斯防治、沿空留巷工艺等工作进行调研指导。

4 月 15 日　永煤公司党委书记、董事长强岱民到陈四楼煤矿调研指导巷道支护、瓦斯治理等工作。

4 月 28 日　陈四楼煤矿对副井天轮进行了更换。

5 月 5 日　陈四楼煤矿举行了大面积停电应急预案演练。

5 月 21 日　陈四楼煤矿综采二队 120 多名干部员工奔赴顺和煤矿，开始为期 2 个多月的支援工作。

5 月 25 日　河南能源总经理、党委副书记、副董事长田富军带调研组来到陈四楼煤矿就主井修复工作开展调研指导。永煤公司党委书记、董事长强岱民，永煤公司总经理、党委副书记、副董事长孙广建等领导陪同。

5 月 26 日　河南能源总经理助理、能源事业部总经理贾明魁到陈四楼煤矿就南翼 2506、2901 和 2903 工作面底板水害地面区域治理工作进行调研指导。

6 月 3 日　由河南煤矿安全监察局豫东监察分局、永城市应急管理局联合开展的 2020 年第一次煤矿安全生产知识竞赛成绩发布，陈四楼煤矿在团体和个人层面总共斩获第一名 3 项、第三名 2 项。

6 月 11 日　由河南煤矿安全监察局监察一处处长李风林、豫东分局局长梁反修带队的调研组到陈四楼煤矿调研智能化掘进工作面实施推进情况。永煤公司总工程师袁德铸陪同。

6月16日　河南煤矿安全监察局豫东监察分局领导来到陈四楼煤矿进行为期1周的防治水及其他重点工作的专项检查。

6月17日　永煤公司总经理、党委副书记、副董事长孙广建到陈四楼煤矿就岩巷综掘施工工艺、高效快速掘进技术等工作进行调研指导。

6月19日　贵州豫能董事长、总经理杨青松一行到陈四楼煤矿交流内部市场化工作。永煤公司副总经理何东升陪同。

6月23日　由河南煤矿安全监察局、省工业和信息化厅组成的联合督导组到陈四楼煤矿就"学、抓、强"工作开展情况进行检查督导。豫东监察分局副局长王怀玉、永煤公司副总经理李书文陪同。

6月24日　永煤公司党委书记、董事长强岱民到陈四楼煤矿困难党员陈西华家中慰问。矿党委书记、矿长王伟陪同。

同日　永城市矿业开发技术服务中心党委书记李杰一行6人到陈四楼煤矿就资源开发利用、绿色矿山建设及矿山地质环境恢复治理情况进行专项督导。永煤公司总工程师袁德铸、副总工程师李飞陪同。

6月27日　陈四楼煤矿在员工礼堂举办2020年"学法规、抓落实、强管理"安全知识竞赛,来自全矿各单位的7支代表队21人参加了竞赛,400多名干部员工现场观看了比赛。

7月7日　河南能源科技市场运作考核组到永煤公司开展上半年科技市场运作考核,陈四楼煤矿代表永煤公司接受考核。永煤公司副总经理李飞陪同。

同日　永煤公司2020年矿井维修电工、安全检查工技术比武在陈四楼煤矿举行,共有来自本部五矿及外部子公司的44名选手参加了比赛。

同日　永煤公司基建部一行来到陈四楼煤矿就主井井筒可压缩层及破裂修复段注浆施工优化召开协调会。

同日　综采安装队干部员工奔赴城郊煤矿,支援该矿工作面回撤工作。

7月9日　河南省工业和信息化厅煤炭行业管理处处长茹纯洁带队到陈四楼煤矿就矿井开采强度和生产能力进行评审。永煤公司副总经理李书文、李飞陪同。

7月13日　综采二队支援顺和煤矿的120名干部员工提前1周完成援助任务,胜利归来。

7月15日　永煤公司总经理、党委副书记、副董事长孙广建到陈四楼煤矿就瓦斯防治、智能化综掘工作面建设等工作进行调研指导。

7月28日　河南煤矿安全监察局豫东监察分局党总支书记孙守良,副局长王怀玉、刘伟等一行6人到陈四楼煤矿对"一优三减"及"四化"建设、"学法规、抓落实、强管理"活动及安全生产专项整治三年行动等工作进行督导。

同日　受省工业和信息化厅委托,商丘市工业和信息化局副局长朱学峰带领检查督导组一行5人,到陈四楼煤矿检查督导汛期安全情况,永煤公司副总经理王中华、矿长刘志明陪同。

8月3日　陈四楼煤矿召开2020年年中工作会议暨复工复产大会。

8月4日　河南省工业和信息化厅检查组一行3人到陈四楼煤矿开展汛期安全生产及

煤矿安全专项整治三年行动督导检查。永城市应急管理局副局长洪常青、永煤公司副总经理李书文、矿党委书记王伟、矿长刘志明陪同。

8月11日　永煤公司党委书记、董事长强岱民深入陈四楼煤矿井下一线，对员工思想状态、安全生产工作进行调研。矿党委书记王伟、副矿长李明陪同。

8月11—14日　河南能源煤矿安全生产指导专家组一行8人到陈四楼煤矿对安全生产工作进行技术会诊和帮扶指导。永煤公司副总经理李飞、矿党委书记王伟、矿长刘志明及其他在矿领导陪同。

8月13日　国家能源集团乌海能源有限责任公司客人一行7人在该公司副总工程师李祥带领下到陈四楼煤矿就大功率、大扭矩、大孔深定向钻机使用及区域瓦斯治理经验进行交流。河南能源总经理助理侯世宁、永煤公司副总经理李飞、矿党委书记王伟、矿长刘志明、工会主席刘斌、总工程师赵伟、副矿长刘德成陪同。

8月21日　6时许，位于陈四楼煤矿南风井附近一家民营企业的副食品及日化用品多间库房突发大火，火势凶猛，对南风井以及村庄的居民造成了严重威胁，矿井第一时间组织车辆、人员赶赴现场参与救援。

8月26日　河南煤矿安全监察局监察处处长秦长江、主任张宏民到陈四楼煤矿就“三化一工程”工作开展情况进行调研督导。豫东分局副局长朱树勇、永煤公司副总经理李书文、矿长刘志明及其他在矿领导陪同。

9月7日　陈四楼煤矿组织开展了“金秋助学”活动。矿党委书记王伟、矿长刘志明、工会主席刘斌带着关心、祝福以及慰问金，到困难职工家中进行慰问。

9月9日　由河南能源副总工程师、安全健康环保局常务副局长杨联合带队的河南能源安全检查工技术比武在陈四楼煤矿举行，来自永煤、义煤、焦煤、鹤煤以及贵州公司等5家单位的20名选手参加了比武。安全健康环保局正处级干部王建常、矿长刘志明现场观摩了比武。

同日　在河南能源第七届职工技能竞赛安全检查工技术比武中，陈四楼煤矿选手获得多项殊荣，为矿井赢得了荣誉。

9月30日　河南煤矿安全监察局领导一行到陈四楼煤矿就安全生产专项整治三年行动工作开展情况进行督导调研。豫东监察分局党总支书记孙守良、永煤公司副总工程师兼安环部部长王春光、矿长刘志明及其他在矿领导陪同。

10月27日　永煤公司党委书记、董事长强岱民到陈四楼煤矿参加矿干部会议，并就矿、厂合并工作作出部署。在矿班子成员参加了会议。

10月27—29日　河南煤矿安全监察局监察一处处长任玉卿、豫东监察分局局长梁反修等一行6人到陈四楼煤矿，就十九届五中全会期间的安全工作以及矿井安全费用、生产能力核定情况等进行安全监察。

12月7日　陈四楼煤矿在调度会议室组织召开“全国、省、市安全生产工作紧急视频会议精神”宣传贯彻会议。

12月8日　河南能源安全检查组到陈四楼煤矿开展2020年度下半年安全生产标准化、管理体系建设、重大灾害治理及采掘标杆队伍建设检查验收。

12 月 15—16 日　河南省工业和信息化厅组织检查组一行 16 人，由煤炭行业管理处处长程乐金带队，到陈四楼煤矿开展一级安全生产标准化考核验收工作。河南能源安全健康环保部领导王建常、永煤公司副总经理李书文、副总经理杨风才、陈四楼煤矿党委书记王伟、矿长刘志明以及其他在矿领导陪同。

12 月 29 日　陈四楼煤矿在员工礼堂成功举办"星耀陈矿·寻找攻坚楷模"颁奖盛典暨 2021 年元旦晚会。

2021 年

1 月 19—21 日　河南煤矿安全监察局豫东监察分局党总支书记孙守良一行 9 人，按照月度监察执法计划到陈四楼煤矿开展安全执法监察。

1 月 30 日　华为技术有限公司客人一行 14 人在该公司传送与接入产品线副总裁王金辉带领下，就 F5G 建设到陈四楼煤矿进行考察交流。矿党委书记王伟及其他在矿领导陪同。

2 月 2 日　陈四楼煤矿二届五次职工代表大会和工会会员代表大会暨 2021 年工作会议在职工礼堂隆重召开。矿党委书记王伟作总结讲话，矿长刘志明作行政工作报告，纪委书记李磊主持会议。

2 月 5 日　永煤公司党委书记、董事长强岱民到陈四楼煤矿困难党员张永奇、困难员工彭世稳家中慰问。矿党委书记王伟、工会主席刘斌陪同。

2 月 14 日　河南煤矿安全监察局党组书记、局长刘正林一行 3 人到矿调研指导。

2 月 19 日　河南煤矿安全监察局豫东监察分局局长梁反修、党总支书记孙守良一行到陈四楼煤矿检查指导。永煤公司副总经理杨风才、矿党委书记王伟陪同。

3 月 5 日　商丘市工业和信息化局副局长朱学锋带队的督导组到陈四楼煤矿督导全国"两会"期间煤矿生产工作。永煤公司副总工程师、安环部部长王春光，矿长刘志明及其他在矿领导陪同。

3 月 6 日　由省煤矿安全监察局党组成员、纪检组长谭洪涛带队的督导组到陈四楼煤矿开展全国"两会"期间安全检查。豫东分局局长梁反修、永煤公司副总经理杨风才、矿党委书记王伟陪同。

3 月 10 日　河南省工业和信息化厅组织专家组一行 7 人，在省工业和信息化厅发展指导处副处长徐春华带领下，到陈四楼煤矿开展智能化采掘工作面考核验收工作。集团公司能源事业部副总经理袁天华、永煤公司副总经理王中华、矿长刘志明以及其他在矿领导陪同。

3 月 24 日　河南煤矿安全监察局豫东监察分局党总支书记孙守良带队的一行 7 人到陈四楼煤矿进行安全指导。

3 月 26 日　河南能源总工程师杨恒、副总工程师辛新平到陈四楼煤矿就安全生产工作进行调研，永煤公司总工程师袁德铸陪同调研。矿党委书记王伟、矿长刘志明以及其他在矿领导陪同。

4月1日　陈四楼煤矿组织各党支部书记、团支部书记及部分党、团员代表到鲁雨亭纪念馆，开展了“重温党史·缅怀先烈”现场教学暨主题党团日活动。

4月9日　河南能源工会副主席宋民生到陈四楼煤矿指导工作，永煤公司工会常务副主席任建新、副主席栗云峰及矿纪委书记李磊、工会主席刘斌陪同。

4月20日　永煤公司党委副书记席晓辉到陈四楼煤矿调研指导党建工作，矿党委书记王伟、纪委书记李磊、副矿长吴鼓勇陪同。

5月16日　永煤公司党委书记、董事长、总经理孙广建到陈四楼煤矿调研指导安全生产，强调：要持续推进安全生产标准化建设，保安全，增效益，谋福祉，勇当集团公司改革重生的“排头兵”。公司副总经理李书文、杨风才一同调研。矿党委书记王伟、矿长刘志明陪同。

5月21日　永城市总工会党组书记、常务副主席冯丽娟一行到陈四楼煤矿调研指导，永煤公司党委副书记席晓辉、矿党委书记王伟、矿工会主席刘斌陪同。

5月22—23日　方圆标志认证审核组杨小桃、刘兴益、李志坚、贺利杰及技术专家李飞越共5人对陈四楼煤矿环境管理体系认证进行年度监督审核。党委书记王伟、矿长刘志明参加审核首次会议。

6月7日　永煤公司联合华为在永城举办全国首个F5G矿山商用发布会，标志着永煤陈四楼煤矿F5G项目正式商用部署。会议期间，双方签署了框架合作协议，将在矿山智能化建设、创新场景孵化等领域进行全方位、深层次的战略合作，在全国范围树立F5G矿山智能化标杆。

6月12日　河南煤矿安全监察局纪检书记谭洪涛及豫东监察分局党组书记孙守良等一行4人，到陈四楼煤矿就矿井安全状况、瓦斯治理、井下限员等情况进行调研指导。永煤公司副总经理杨风才、矿党委书记王伟及其他在矿领导陪同。

6月14日　永城市委书记李中华、副市长梁廷振、张峰到陈四楼煤矿调研安全管理。永煤公司党委书记、董事长、总经理孙广建及副总经理杨风才、矿党委书记王伟、矿长刘志明以及其他在矿领导陪同。

同日　永煤公司党委书记、董事长、总经理孙广建到陈四楼煤矿调研指导安全管理，并现场慰问了端午节期间奋战在一线的广大职工，叮嘱大家要时刻绷紧安全弦，做好自主保安，过一个平安祥和的端午佳节。

6月19—22日　河南煤矿安全监察局纪检室主任刘正纪带队到陈四楼煤矿开展监察督导，豫东分局党组书记孙守良一同督导，永煤公司党委书记、董事长、总经理孙广建，副总经理李书文、杨风才、李飞陪同。

6月21日　督查组组长、省政法队伍教育整顿第十四驻点指导组检察院专班组长、河南检察职业学院检察系主任郑志锋一行来到陈四楼煤矿进行现场安全督导。永城市委常委、政法委书记邵明杰，永城市应急管理局局长谢贵轩一同督导，矿党委书记王伟和其他在矿班子成员陪同。

6月24日　陈四楼煤矿组织2021年新发展党员到鲁雨亭纪念馆，开展了“传承红色基因，铭记使命担当”主题党日活动。

6月28日　永城市副市长孙虎一行到陈四楼煤矿调研安全管理工作，永煤公司副总经理李飞、矿党委书记王伟及其他在矿领导陪同。

同日　陈四楼煤矿举行了庆祝建党100周年表彰大会。矿党委书记王伟出席会议并讲话，矿长刘志明主持会议。

6月28—29日　河南能源总工程师杨恒到陈四楼煤矿调研指导，永煤公司副总经理杨风才、矿党委书记王伟、矿长刘志明及其他在矿领导陪同。

6月29日　河南省工业和信息化厅煤炭发展指导处副处长李学同带领省安委会第二专项检查工作组到陈四楼煤矿开展安全生产专项督导“回头看”检查。永煤公司安全健康环保部相关负责人、矿长刘志明及其他在矿领导陪同。

7月2日　陈四楼煤矿六采区地面区域治理工程在永城市陈集镇马古同村举行了开工仪式。永煤公司副总经理、龙宇能源股份有限公司董事长李飞出席开工仪式，永煤公司地测部经理戴磊、矿长刘志明、矿总工程师赵伟以及中煤科工集团西安研究院有限公司首席专家郑士田教授等一同参加了开工仪式。

7月7日　由河南能源纪委党风政风监督室主任张方杰带队的监督检查组，到陈四楼煤矿就加强安全生产领域干部作风进行监督检查，永煤公司纪委副书记周荣、矿纪委书记李磊陪同。

同日　河南理工大学能源科学与工程学院副院长马耕一行到陈四楼煤矿就开展合作事宜进行深入交流。永煤公司副总经理李书文、副总工程师葛妙英、矿长刘志明及其他在矿领导陪同。

同日　永煤公司2021年度信访业务知识竞赛在同举行。永煤公司党委副书记席晓辉、副总经理霍保山、矿党委书记王伟、矿长刘志明、矿工会主席刘斌以及公司相关部室领导现场观看了比赛。

7月13日　永煤公司在矿西办公楼三楼会议室召开中层以上干部会议，宣布公司党委决定：张文康任陈四楼煤矿副矿长（主持行政工作）、党委副书记（主持党委工作）；刘志明任城郊煤矿党委书记、工会主席。永煤公司党委书记、董事长孙广建作总结讲话。陈四楼煤矿在矿领导、各科室科长、各区队队长、各党支部书记参加会议。

7月20日　永煤公司总经理、党委副书记、副董事长张长合到陈四楼煤矿调研指导，深入井下现场，实地察看了生产组织情况，安排部署了矿井管理重点工作。

同日　河南煤矿安全监察局豫东分局党总支书记孙守良一行到陈四楼煤矿调研指导安全生产工作。永煤公司总经理、党委副书记、副董事长张长合，副总工程师、安全健康环保部总经理王春光陪同调研。

7月24日　永煤公司党委书记、董事长孙广建到陈四楼煤矿调研指导安全生产，公司副总经理王中华一同调研。矿领导张文康、奂光润、张飞等陪同。

8月5日　陈四楼煤矿开展2021年煤与瓦斯突出事故应急预案演练。

8月12日　陈四楼煤矿21210综采工作面 T_1 甲烷传感器瓦斯超限，持续时间为2分42秒(03:13:20—03:16:02)，最大瓦斯浓度为4.18%，回风流内其他5个传感器发生瓦斯超限报警。

8月17日　永煤公司总经理、党委副书记、副董事长张长合到陈四楼煤矿调研指导，实地察看21210综采工作面现场情况后强调：要深刻吸取瓦斯超限教训，狠抓煤与瓦斯突出治理，做到警钟长鸣。矿领导张文康、刘德成、张飞陪同。

8月21日　永煤公司党委书记、董事长孙广建到陈四楼煤矿调研指导，在现场检查调研21210综采工作面地质条件情况后强调：要深刻吸取“8·12”瓦斯超限事故教训，制定实施科学高效的瓦斯治理措施，推进矿井安全发展。矿领导张文康、赵伟、刘德成陪同。

8月25日　陈四楼煤矿在矿党群“双心”服务站阳光社区举行2021年“金秋助学金”发放仪式。矿领导张文康、刘斌及受资助学生家长代表参加了仪式。

9月9日　集团公司党委副书记、副董事长薛志俊，党委常委、工会常务副主席刘慧发到陈四楼煤矿“双心”党群服务站调研工作。永煤公司党委副书记席晓辉、矿领导张文康、刘斌陪同。

9月14—18日　河南煤矿安全监察局党组成员王华北带队的“一通三防”专项监察组到陈四楼煤矿开展为期5天的安全专项检查。豫东分局梁反修等领导陪同检查。永煤公司总经理、党委副书记、副董事长张长合，副总经理杨风才，矿长张文康及其他在矿领导陪同。

9月18日　河南省工业和信息化厅到陈四楼煤矿检查督导安全生产工作。永煤公司相关部室负责人、矿领导李磊、奂光润、郝明月、张飞等陪同。

9月22—23日　永城市应急管理局特邀淮北矿业集团、皖北煤电集团有关专家一行12人，到陈四楼煤矿开展煤与瓦斯突出防治专项检查。

9月27日　永城市矿业开发服务中心主任李杰带队的全市入库绿色矿山复查组领导到陈四楼煤矿开展绿色矿山复核工作，永煤公司副总经理霍保山以及矿领导张文康、赵伟陪同。

10月1日　河南煤矿安全监察局豫东分局党总支书记孙守良一行到陈四楼煤矿督导国庆节期间安全生产工作。矿领导张文康、郝明月、刘德成、贾亮亮等陪同。

10月9日　永煤公司2021年会计技能竞赛在陈四楼煤矿举行。共有来自各单位6支代表队的30名选手参加了竞赛。永煤公司总会计师任树明、永煤公司工会副主席任建新、矿领导刘斌和户红旗出席了活动并现场观看了比武。

10月12—13日　河南省工业和信息化厅煤与瓦斯突出防治专项检查组组长王松旺带队，到陈四楼煤矿开展煤与瓦斯突出防治专项检查。永煤公司副总经理李书文、矿领导张文康等陪同。

10月19日　河南能源安全健康环保监察局副局长杨青松来陈四楼煤矿调研指导安全生产工作。永煤公司副总经理杨风才、矿领导张文康等陪同。

本月　河南省总工会下发文件，授予陈四楼煤矿工会“河南省模范职工之家”荣誉称号。

11月5日　永煤公司总经理、党委副书记、副董事长张长合到陈四楼煤矿调研指导，实地察看二十采区灾害治理措施巷现场情况，强调：要持续强化现场管理，全面推进职业健康，保障矿井实现科学高效发展。矿领导张文康、张飞陪同。

11月10日　国家矿山安全监察局河南局七处副处长王怀玉一行4人到陈四楼煤矿，

对十九届六中全会期间安全生产工作进行暗察暗访。

同日　河南省工业和信息化厅发展指导处处长孔令辉带领专家组一行7人到陈四楼煤矿开展智能化采煤工作面验收工作。河南能源化工集团能源事业部副总经理梁应昌、永煤公司副总经理李书文、王中华陪同。

11月23—25日　国家矿山安全监察局河南局监察执法七处副处长王怀玉一行5人到陈四楼煤矿开展四季度监察执法。永煤公司安监局局长杨风才、副局长陈彦飞陪同。

11月29—30日　河南省工业和信息化厅安全监管处副处长陈树强带队的检查组一行7人，到矿开展2021年度煤炭企业安全生产考核暨重点执法检查。永煤公司总经理、党委副书记、副董事长张长合，副总经理杨风才、李书文等陪同。

12月8—9日　由河南能源副总工程师、安环局副局长杨联合带队的检查组到陈四楼煤矿开展第三阶段安全生产大排查和下半年安全生产标准化考核。永煤公司党委书记、董事长孙广建，副总经理李书文陪同。

12月11日　永煤公司在陈四楼煤矿西办公楼三楼会议室召开中层以上干部会议，宣布公司党委决定：张文康任陈四楼煤矿矿长；聂济刚任陈四楼煤矿党委书记。会议由永煤公司党委组织部部长刘和永主持，永煤公司党委书记、董事长孙广建作总结讲话。在矿领导、各科室科长、各区队队长、支部书记参加会议。

12月20日　陈四楼煤矿举行矿井“反风演习”。矿长张文康以及其他在矿领导参加了演习。

12月29日　中国共产党河南龙宇能源股份有限公司陈四楼煤矿第二次代表大会，在矿西办公楼六楼会议室胜利召开。

第一篇

地质勘探

永夏矿区位于河南省东部永城市、夏邑县境内，西起夏邑县济阳，东与安徽淮北矿区相接，南北到皖、苏、鲁、豫四省省界。陈四楼煤矿即位于永夏矿区，自1957年被国家地质部华东地质局三二五地质队(安徽地质局)发现以来，先后经过多家地质单位进行普查、详查和精查，历时30年之久。

1957年安徽地质局三二五地质队开展皖北～豫东找煤工作，施工钻孔4个，进尺1 483.79米，后由永城地质队提交了《河南省永城煤田普查报告》(永城煤田现在一般称为永城矿区，下同)，此次工作首次发现隐伏的石炭二叠系地层，并有一孔见到$二_2$煤厚2.38米，是该煤田地质工作的先导。

1959年3—11月，河南省煤田地质局一〇七队开展普查工作，施工钻孔15个，进尺6 887.66米，于同年11月底提交了《河南省永城煤田陈集区地质普查报告》，普查范围北至09勘探线，南至永城县城南界，控制深度600米，面积22平方千米，其中含陈四楼煤矿区约20平方千米，获得C级储量11 414.4万吨，是永城煤田首次提交的煤炭储量。该报告经1963年11月复审，据"中南煤炭工业管理局(63)中南煤总工梁字21号文"批示降为"找矿"报告，确定了煤系地层基本构造轮廓，为进一步开展普查、详查地质工作提供了依据。

1976—1982年，河南省地质矿产局地质十一队进一步开展普(详)查工作，把陈集矿区范围向南、北分别扩大到F_{20}和F_8断层，控制深度为－1 000米标高，含煤面积260平方千米。1983年4月提交了《河南省永城煤田城郊矿区详查地质报告》，省地矿局以豫地字〔1983〕443号文予以批准，获得地质储量128 670万吨，天然焦储量19 074万吨，施工钻孔362个，进尺211 360.14米，属于陈四楼井田范围内的钻孔有138个，进尺77 113.9米，地质储量34 455万吨。

1977年煤炭部一二九队在该区施工钻孔5个，进尺2 871.08米，仅收集到不完整的钻孔地质编录，其他资料均缺，给资料利用造成一定困难。

1983年井田划分方案尚未确定时，河南省地质矿产局地质十一队进行了详查至精查过渡勘查，施工钻孔27个，进尺14 403.57米，主要用于控制构造和煤层露头位置及煤、焦界线。该次施工钻孔资料齐全、可靠。

1984年1月—1986年4月，河南省地质矿产局地质十一队开展了陈四楼井田精查工作，施工钻孔94个，进尺49 612.67米。1986年4月提交了《河南省永城煤田陈四楼井田精查地质报告》。

自1957年发现该煤田至1986年精查勘探结束，陈四楼煤矿内先后共施工钻孔283个，工程量152 372.67米，测井255个孔，工程量135 108.46米，地震测线长91.16千米，抽水17层次，采集各种样品816件，并开展了矿井调查和其他研究工作。该区地质工作程度达到了精查阶段要求，对主要地质构造、可采煤层、水文地质条件等控制和研究程度较高，储量计算结果可靠。1986年8月27日，全国矿产储量委员会以全储决字〔1986〕093号文予以批准，获得地质储量30 396万吨，另有D级($三_5$煤层)储量1 277万吨，天然焦4 151万吨。

第一章　位置与交通

第一节　位　　置

陈四楼煤矿位于永城市区北西 13 千米的陈集镇，矿井东起二$_2$煤层露头线，西以 F_9 与 F_2 断层为界，南到 F_6 断层与城郊煤矿为邻，北以 F_{11} 断层为界；南北长 12.5 千米，东西宽约 5.9 千米，面积 61.685 4 平方千米，地理坐标：东经 116°20′25″～116°25′21″，北纬 33°57′15″～34°05′01″。据 2013 年 1 月 15 日原国土资源部（现称"自然资源部"）颁发的河南龙宇能源股份有限公司陈四楼煤矿采矿许可证（采矿许可证编号为 C1000002013011120128548，有效期 30 年，自 2004 年 7 月 12 日至 2034 年 7 月 31 日），矿井由 25 个拐点控制，拐点坐标（证上坐标系统是 1980 西安坐标系）详见表 1-1-1，开采标高为－300 米至－900 米，企业经济类型为国有企业。

表 1-1-1　陈四楼煤矿矿井范围拐点坐标一览表

点号	1980 西安坐标系统（矿证）		2000 国家大地坐标系统			
	X	Y	X	Y	北纬	东经
1	3 773 118.45	39 443 626.58	3 773 115.808 3	39 443 743.785 5	34°05′01″	116°23′26″
2	3 772 842.07	39 444 438.81	3 772 839.424 9	39 444 556.015 8	34°04′53″	116°23′57″
3	3 771 763.45	39 443 867.59	3 771 760.795 5	39 443 984.799 3	34°04′17″	116°23′36″
4	3 770 970.45	39 443 574.59	3 770 967.789 6	39 443 691.801 9	34°03′52″	116°23′24″
5	3 770 518.45	39 444 736.60	3 770 515.791 7	39 444 853.814 9	34°03′37″	116°24′10″
6	3 769 353.46	39 445 884.61	3 769 350.804 4	39 446 001.831 4	34°03′00″	116°24′55″
7	3 767 384.46	39 446 560.62	3 767 381.809 1	39 446 677.850 0	34°01′56″	116°25′21″
8	3 766 428.45	39 445 366.62	3 766 425.790 0	39 445 483.850 9	34°01′25″	116°24′35″
9	3 766 211.44	39 444 495.62	3 766 208.772 4	39 444 612.851 4	34°01′17″	116°24′01″
10	3 765 031.43	39 443 386.62	3 765 028.755 6	39 443 503.853 9	34°00′39″	116°23′18″
11	3 762 513.44	39 445 511.64	3 762 510.788 6	39 445 628.866 1	33°59′18″	116°24′42″
12	3 758 996.43	39 444 972.66	3 758 993.767 1	39 445 089.898 3	33°57′23″	116°24′21″
13	3 758 761.42	39 443 683.66	3 758 758.747 6	39 443 800.894 3	33°57′15″	116°23′31″
14	3 760 203.00	39 442 185.00	3 760 200.311 2	39 442 302.224 2	33°58′02″	116°22′33″
15	3 761 075.00	39 441 740.00	3 761 072.305 1	39 441 857.218 5	33°58′30″	116°22′15″
16	3 762 826.41	39 440 156.63	3 762 823.700 5	39 440 273.836 8	33°59′27″	116°21′13″
17	3 764 443.42	39 440 676.62	3 764 440.724 8	39 440 793.852 7	34°00′19″	116°21′33″

表 1-1-1(续)

点号	1980 西安坐标系统(矿证)		2000 国家大地坐标系统			
	X	Y	X	Y	北纬	东经
18	3 765 053.41	39 438 971.61	3 765 050.705 6	39 439 088.838 6	34°00′39″	116°20′26″
19	3 765 633.42	39 439 547.61	3 765 630.719 3	39 439 664.836 4	34°00′58″	116°20′48″
20	3 766 178.41	39 438 957.61	3 766 175.707 8	39 439 074.832 6	34°01′15″	116°20′25″
21	3 767 109.42	39 439 176.60	3 767 106.719 8	39 439 293.819 1	34°01′45″	116°20′34″
22	3 767 231.42	39 440 467.61	3 767 228.726 5	39 440 584.831 4	34°01′50″	116°21′24″
23	3 769 582.42	39 439 385.59	3 769 579.733 0	39 439 502.803 4	34°03′06″	116°20′41″
24	3 771 208.53	39 439 479.82	3 771 205.869 3	39 439 597.031 5	34°03′59″	116°20′45″
25	3 772 083.45	39 442 366.58	3 772 080.804 5	39 442 483.788 9	34°04′27″	116°22′37″

第二节 交　通

陈四楼煤矿北距陇海铁路商丘站 95 千米，东距京沪铁路徐州站 97 千米，矿井内部有专用运煤铁路与青町铁路相接。

矿井南有 G1516 盐洛高速、东有 G0321 德上高速、西有 G35 济广高速、北有 G30 连霍高速通过，东面有 S201 省级公路通过，连接 G311、G343 国道。区内县乡公路纵横交错，并连通周边省道、国道、高速公路，周边高速公路较发达，形成环状高速路网。陈四楼煤矿所在地交通便利(见彩页中的“陈四楼煤矿交通位置图”)。

第二章　自然环境

第一节　自然要素

一、地形地貌

矿井位于黄淮平原的东部，地势较为平坦，地面标高＋32～＋35 米，相对高差 3 米左右，微向南倾斜。区内村庄密集，农业发达。地表第四系、新近系松散层全覆盖，平均厚度 348.73 米。

二、河流

区内地表水系不发育，仅有纵横交错的人工排涝沟渠，最大河流为沱河，在矿井南部 2 千米处由西向东流过。沱河发源于商丘市东北侧之响河，向东南注入安徽省的新汴河，该河流为季节性河流，雨季流量增大，最大流量达 384 立方米/秒（1963 年 8 月 9 日），旱季流量剧减，平均流量 1～2 立方米/秒。实测最高洪水位＋34.79 米（1963 年 8 月 9 日）。

三、气候

本区属温带大陆性季风气候。据永城市气象站资料，年平均气温 14.3 ℃，日最低气温 －23.4 ℃（1969 年 2 月 5 日），日最高气温 41.9 ℃（1966 年 7 月 19 日）。最高年降水量为 1 518.6 毫米，最低年降水量为 556.2 毫米，多年平均降水量 871.3 毫米，多集中在 6—8 月份，约占全年降水量的 50％。最大蒸发量为 2 087.0 毫米（1968 年），最小蒸发量 1 603.5 毫米（1965 年），平均蒸发量为 1 807.1 毫米。年平均最大绝对湿度 14.8 毫巴（1964 年），年平均最小绝对湿度 12.9 毫巴（1966 年）。夏季多东南风，冬季多北—西北风，最大风速 18.3 米/秒。常年冻结期及降雪期分别从 11 月中旬至次年 3 月中旬，最大冻土深度 20 厘米左右，日积雪最厚达 18 厘米（1964 年 2 月 9 日）。

第二节　地震灾害

据历史记载永城地区仅有几次轻微地震，如 1549 年 8 月发生 3 次地震，1639 年 2 月发生 1 次地震，1643 年 9 月发生 1 次地震，1646 年冬发生 1 次地震，1652 年 2 月发生 1 次地震，1851 年 11 月—1937 年 7 月共发生 5 次地震，本区地震烈度属Ⅵ度范围。而相邻的安徽省萧县、宿县一带历史记载的强烈地震竟有 38 次之多，本区受其影响仅有不同程度的震感，未造成破坏。

据 GB 18306—2015《中国地震动参数区划图》,本矿井所在的城厢、陈集、顺和等乡镇地震动峰值加速度为 0.05g,反应谱特征周期 0.45 秒(见图 1-2-1),对应的基本烈度为Ⅵ度,见地震动峰值加速度分区与地震基本烈度对照表(见表 1-2-1)。

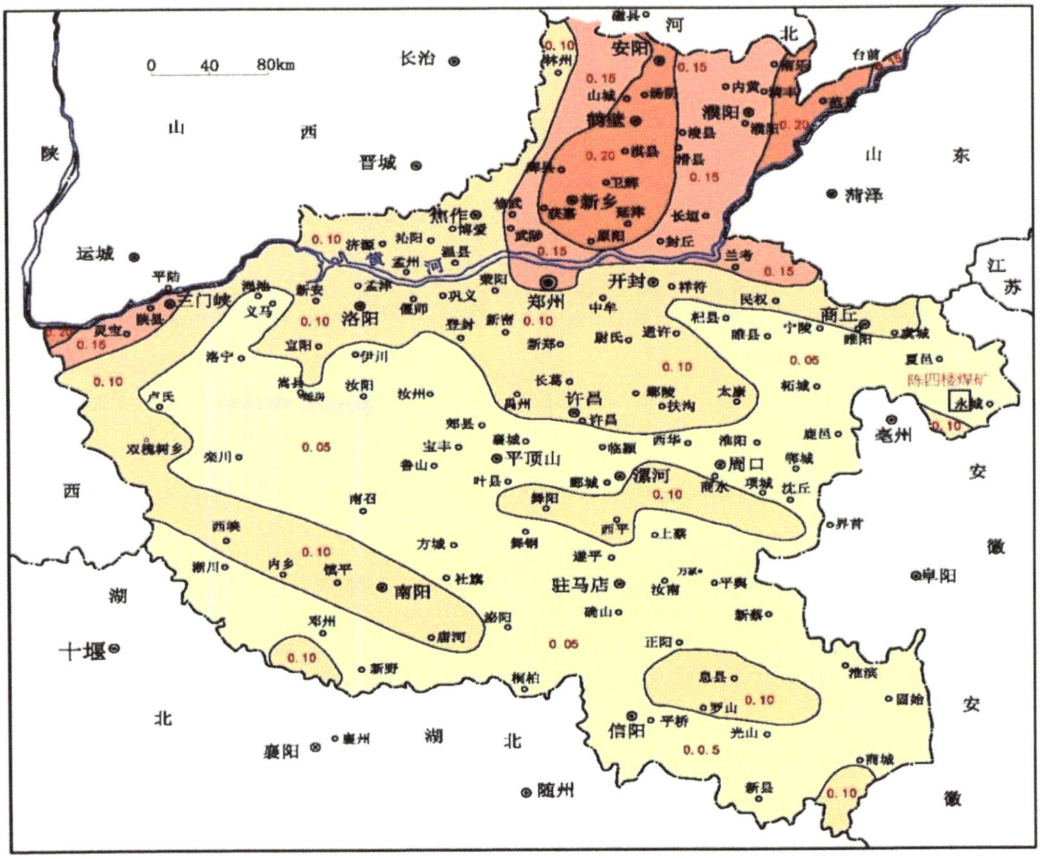

图 1-2-1　河南省地震动峰值加速度区划图

表 1-2-1　地震动峰值加速度分区与地震基本烈度对照表

地震动峰值加速度分区 g	＜0.05g	0.05g	0.10g	0.15g	0.20g	0.30g	≥0.40g
地震基本烈度值	＜Ⅵ	Ⅵ	Ⅶ	Ⅶ	Ⅷ	Ⅷ	≥Ⅸ

第三章　资源与勘探

第一节　煤 田 分 布

永城煤田属于华北晚古生代聚煤盆地，地处河南省东部的永城市境内，东接安徽省淮北煤田，西南至河南省界，北止于太平集断层，面积约 2 700 平方千米，属全掩盖式煤田。

永城煤田位于华北台块东南隅之山东台背斜徐蚌凹折带中，秦岭—昆仑纬向构造带东段北支的南侧，新华夏系第二沉降带的东侧。区内构造发育以永城隐伏背斜为主体的北北东向褶断束，永城隐伏背斜纵贯本区，煤系地层在背斜轴部遭受剥蚀，在两翼均连续稳定展布，形成了东翼向东倾、西翼向西倾的 2 个矿带，陈四楼煤矿位于该背斜的西翼（见图 1-3-1）。

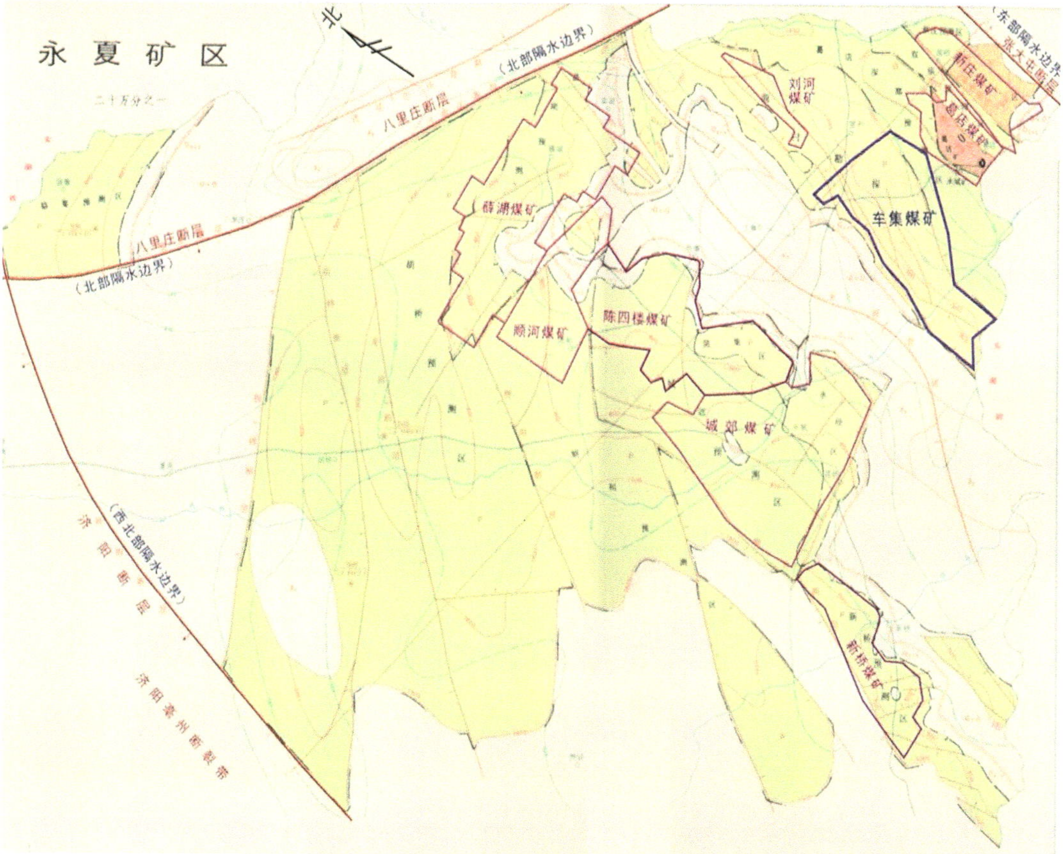

图 1-3-1　永城煤田分布图

第二节　煤层与煤质

一、煤层

矿井含煤地层由老至新分别为石炭系上统太原组、二叠系下统山西组和下石盒子组及二叠系上统上石盒子组，其中仅山西组和下石盒子组地层赋存可采煤层。

（一）山西组（P_1s）

自 K_3 标志层顶至 K_4 标志层底，平均厚度 105.49 米，含煤 3 层，其中赋存于该组中部的二$_2$煤层为可采煤层，赋存于下部的二$_1$煤层和中上部的二$_3$煤层不可采。

二$_2$煤层赋存于山西组中部，层位稳定，可采厚度 0.80～3.85 米，平均 2.45 米，结构简单。

二$_2$煤层以上主要由砂岩、砂质泥岩、泥岩组成，夹极不稳定的二$_3$煤层。砂岩粒度上粗下细。上部砂岩一般距 K_4 标志层 9.50 米左右，其间常夹不稳定的薄层铝质泥岩，局部砂岩与 K_4 标志层直接接触。中部发育中厚层状的粗粒长石石英砂岩（豆腐渣砂岩），胶结物为泥质，胶结疏松，矿物成分中长石岩屑含量较高，分选性及磨圆度较差，易于辨认，可作为辅助标志层。

二$_2$煤层以下具两个特征各异的岩性单元。以二$_1$煤层（或层位）为界，其上以厚层状的粉砂岩、细粒砂岩（二$_2$煤层基本底）和泥岩为主，厚度一般 15 米左右。砂岩中多含泥岩条带，泥质胶结，成分以石英为主，分选性磨圆度中等，层面含丰富的炭质及云母片，常含不规则的菱铁质结核及泥质包裹体，发育大量透镜状、脉状、条带状层理，层位稳定，距二$_2$煤层一般 5 米左右，局部为煤层直接底板，常称为"叶片状砂岩"。其下部为黑色泥岩（湖相泥岩），层位稳定，普遍发育，常夹 1～3 层薄层的菱铁质硅质泥岩，致密块状，常具黄铁矿颗粒及薄膜，常见植物化石碎片，偶见腕足类化石，层位稳定，厚度较稳定。

二$_1$煤层赋存于这两个岩性单元之间，可相变为炭质泥岩、泥岩，局部分叉形成的二$_1^2$、二$_1^1$煤层，均不可采。

二$_2$煤层直接顶多为泥岩、砂质泥岩，局部区域为粉砂岩，厚度为 0～50.29 米，平均厚度 7.39 米。局部发育伪顶，岩性多为泥岩，厚度一般为 0.1～0.5 米，常随煤层采出。基本顶多为中、细粒砂岩，局部相变为粗粒砂岩，厚度为 0～36.59 米，平均厚度 8.90 米。十、十二采区直接顶、基本顶均发育较厚，仅在矿井东北角和西北角被基本顶直接覆盖；六、八采区直接顶较基本顶厚，二、四采区直接顶非常发育，且厚度较大，基本顶仅在四采区深部发育；一、七采区直接顶发育较薄，在七采区南端部分地区被基本顶直接覆盖，南部其余采区直接顶、基本顶均比较发育，仅在井田最南部基本顶发育较薄。

二$_2$煤层直接底多为泥岩、砂质泥岩，局部区域为粉砂岩，厚度为 0～19.64 米，平均厚度 2.40 米。基本底是砂岩。区内直接底不甚发育，仅在八、十三采区局部发育，大部分采区均直接发育基本底。

（二）下石盒子组(P_1x)

下起 K_4 标志层底，上至 K_5 标志层底，平均厚度 77.03 米，从南向北有逐渐增厚的趋势，本组地层分为三部分，可采煤层赋存于本组中部。

本组底部 K_4 标志层为铝质泥岩，层位稳定，经 X 衍射分析，成分中黏土矿物含量达 80%以上，主要为高岭石，次为蒙脱石、水云母，含较多的菱铁质鲕粒及少量结核，鲕粒粒径 1～3 毫米，结核直径 10 毫米左右，具同心圆结构，中心有重结晶现象。

下部砂泥岩段厚约 30 米。以砂岩为主，厚度一般 10 米左右，倾向上呈不连续的透镜体状，透镜体中心粒度较粗，厚度大，向两侧粒度变细，厚度减小，走向呈巨大的扁透镜体状，粒度以细、中粒为主，泥质、硅质胶结，岩屑成分中石英、长石平均含量均为 40%，云母及暗色矿物少量，分选中等，磨圆度为次圆～次棱角状。此砂岩体相变的泥岩、砂质泥岩中普遍含有较丰富的菱铁质鲕粒，产丰富的植物化石碎片，发育水平层理。

中部含煤系数较高，发育 4 层可采煤层（$三_1$、$三_2^2$、$三_4$、$三_5$），另有 1 层（$三_3$）不可采。各煤层间距较小，一般 7 米左右，岩性以泥岩、砂质泥岩为主，夹薄层细、中粒砂岩。在$三_2^2$与$三_4$之间发育了一层较稳定的砂岩，厚度 0～20.00 米。矿井北部以中粒砂岩为主，砂岩多为泥质胶结，磨圆度及分选性均较差，长石含量较高，并含大量泥质及炭质团块及煤块、煤屑，呈叠瓦状排列或不规则分布，与下伏地层冲刷接触；南部以细粒砂岩为主，发育大型交错层理，矿物成分以石英为主，次为长石、暗色矿物，局部含有泥质团块，与下伏地层也为冲刷接触。砂岩粒度总体北粗南细，走向、倾向上均呈巨大的扁透镜体状。

煤层顶底板泥岩、砂质泥岩中含有大量植物化石碎片及丰富的植物化石，局部富集菱铁质鲕粒，水平层理发育。上部由细、中粒砂岩与砂质泥岩、泥岩及薄煤层组成。砂岩层在走向、倾向剖面上均为扁透镜体状，含砂率北部高于南部。泥岩、砂质泥岩中含有较丰富的植物化石碎片及少量菱铁质鲕粒，煤层（$三_6$、$三_7$）仅局部发育，极不稳定，不可采。

二、煤的物理性质及煤岩特征

（一）煤的物理性质

可采煤层均为黑～灰黑色，以灰黑色为主，少量呈铅灰色，似金属光泽或金刚光泽，条痕为灰黑～黑色，内生裂隙不甚发育。有机质含量占 74.88%～90.11%，无机质含量以黏土矿物为主，硫化物、碳酸盐氧化硅类含量较少。

$二_2$煤层为块状或层状构造，脆度较小；中下部常为块状及碎屑状，脆度较大，易碎，煤质较差，断口为贝壳状。

三煤组煤层以粉煤为主，块煤较少，视密度比$二_2$煤层大。

天然焦为钢灰色～灰黑色，多数为块状，少数为粒状。裂隙常由方解石充填。无焰，燃点高，燃烧时常有热爆性，并伴有响声。

各煤层及天然焦视密度见表 1-3-1。

表 1-3-1 各可采煤层视密度统计表

单位:t/m^3

煤种	煤层名称				
	二$_2$	三$_1$	三$_2^2$	三$_4$	三$_5$
无烟煤	1.43	1.63	1.51	1.58	1.58
天然焦	1.71	—	1.93	1.91	1.91

注:三$_5$煤层视密度参照三$_4$煤层数据。

(二) 煤岩特征

1. 宏观煤岩类型

二$_2$煤层主要由亮煤、镜煤组成,暗煤次之,丝炭少量,属半亮型～光亮型煤。镜煤呈薄层状或透镜状分布于亮煤之中,形成条带状结构。

三煤组各煤层主要由亮煤、暗煤组成,镜煤、丝炭少量,属半亮型～半暗型煤。

天然焦已不具有煤的结构、构造特征,煤岩组分模糊不清。

煤和焦中常见的矿物质有:星点状、薄膜状黄铁矿,细脉状方解石,线理状或粉末状黏土矿物等。

2. 显微煤岩特征

无烟煤中有机质含量占74.88%～90.11%,其中以凝胶化物质为主,占有机质含量的83.25%～90.46%,丝炭化组分次之。各煤层的有机质均以凝胶化物质为主,凝胶化组分主要为无结构镜煤和灰白色的凝胶化基质,有的凝胶化物质充填在薄壁丝炭的腔孔中,也有的和泥质混杂在一起,形成透镜状。可见菌核体和菌核集合体及氧化树脂体。各煤层镜煤最大平均反射率:二$_2$煤层2.51%～6.78%,三$_1$煤层2.50%,三$_2^2$煤层2.60%～2.70%,三$_4$煤层2.46%;无机质以黏土矿物为主,占无机质含量的84.90%～92.58%,硫化物类、碳酸岩类、氧化硅类含量较少。黏土矿物显微形态多样,有的呈小透镜状,有的呈条带状,有的和有机质混杂在一起,组成较厚的条带,也有的充填在腔体中。黄铁矿呈星点状、裂隙状和草莓状。碳酸岩呈块状,包裹着黄铁矿、有机质或充填在有机质之间。氧化硅呈不规则状。

天然焦中的有机质含量占80.53%～91.51%,无机质中以黏土类矿物为主。天然焦中有机质显微镜下形态各异,呈粒状、片状、似羽片状、似羽毛状、似波状、条带状等。天然焦无机质组分中的黏土矿物呈透镜状、条带状或充填在腔体中。黄铁矿充填在裂隙内呈细脉状、星点状。

三、煤的化学性质

(一) 工业分析

1. 水分(M_{ad})

矿井内各可采煤层的原煤水分一般在0.5%～2%之间,少数大于2%,总体属特低水分煤。煤层露头附近由于风化作用,煤的结构变疏松,致使煤层水分增加,一般可达2%～

4%，各煤层中天然焦的水分含量不一，二$_2$煤层中天然焦的水分含量普遍高于煤层水分含量，三煤组天然焦所含水分与煤层相比高低不一。

2. 灰分(A_d)

二$_2$煤层灰分产率在6.29%～31.14%，平均13.74%，依据GB/T 15224.1—2010《煤炭质量分级 第1部分：灰分》评价标准（以下简称"该标准"，该标准已于2018年被GB/T 15224.1—2018取代，为保留历史原貌，这里仍然使用了GB/T 15224.1—2010的分类方法，本书中对于相关文件、标准均采用在该历史时期有效的文件、标准），二$_2$煤层以低灰为主，中灰分带主要分布在F_2断层附近。

三$_1$煤层灰分产率为20.95%～39.96%，平均30.21%，依据该标准，三$_1$煤层以中高灰为主，总体表现为北高南低的特征。

三$_2{}^2$煤层灰分产率为15.91%～38.90%，平均25.76%，依据该标准，三$_2{}^2$煤层以中灰为主。

三$_4$煤层灰分产率为11.46%～31.50%，平均22.27%，依据该标准，三$_4$煤层以中灰为主，在北部的6904孔附近因焦化作用而出现一块高灰分区。

三$_5$煤层灰分产率为17.03%～33.64%，平均26.74%，依据该标准，三$_5$煤层以中灰为主。

天然焦的灰分产率与同层煤相比略高，平均高出0.93%～6.90%，依据现行标准，除二$_2$煤层天然焦为低灰外，三$_2{}^2$、三$_4$及三$_5$煤层天然焦均为中灰煤。

灰分变化规律：垂向上三煤组灰分普遍高于二$_2$煤层，三煤组中三$_1$～三$_5$煤层灰分有逐渐降低的趋势。

3. 挥发分(V_{daf})

二$_2$煤层：精煤挥发分为3.93%～9.17%，平均7.57%。

三$_1$煤层：精煤挥发分为7.00%～10.07%，平均8.57%。

三$_2{}^2$煤层：精煤挥发分为6.13%～10.01%，平均8.33%。

三$_4$煤层：精煤挥发分为5.46%～9.55%，平均8.30%。

三$_5$煤层：精煤挥发分为2.88%～8.23%，平均5.83%。

可采煤层的精煤干燥无灰基挥发分产率均小于10%，依据MT/T 849—2000《煤的挥发分产率分级》挥发分分级标准，属特低挥发分煤。煤层露头附近，由于风氧化作用挥发分产率有所增高。在垂向上三煤组煤层的挥发分普遍高于二$_2$煤层，而三$_1$煤层挥发分产率高于三$_2{}^2$、三$_4$煤层，与岩浆侵入三$_2{}^2$、三$_4$煤层有关。

4. 硫分($S_{t,d}$)

二$_2$煤层原煤硫分含量0.20%～0.81%，平均0.46%，依据GB/T 15224.2—2010《煤炭质量分级 第2部分：硫分》评价标准（以下简称"该标准"），属特低硫煤；

三$_1$煤层原煤硫分为0.42%～0.94%，平均0.67%，依据该标准属低硫煤；

三$_2{}^2$煤层原煤硫分为0.36%～1.60%，平均0.60%，依据该标准属低硫煤；

三$_4$煤层原煤硫分为0.40%～1.85%，平均0.66%，依据该标准属低硫煤；

三$_5$煤层原煤硫分为0.29%～1.36%,平均0.90%,依据该标准属低硫煤。

天然焦的硫分比同煤层硫分普遍略低。

(二) 元素分析

1. 常量元素

可采煤层的元素组成较接近,以碳元素为主,碳含量一般在91%～93%,变化幅度较小。氢含量普遍在3%～4%之间,氮元素含量多在1%～1.4%之间,氧化硫的含量普遍小于4%。天然焦由于变质含量高,碳含量相对增加,大部分在93%以上,氢含量普遍小于2%。陈四楼煤矿可采煤层煤质特征见表1-3-2。

2. 有害元素

磷:二$_2$煤层原煤磷含量0.000 3%～0.014 0%,平均0.004 4%,依据MT/T 562—1996《煤中磷分分级》评价标准(以下简称"该标准"),属特低磷煤;

三$_1$煤层原煤磷含量0.001 3%～0.033 0%,平均0.010 7%,依据该标准属低磷煤;

三$_2{}^2$煤层原煤磷含量0.002 0%～0.015 0%,平均0.006 7%,依据该标准属特低磷煤;

三$_4$煤层原煤磷含量0.001 9%～0.009 0%,平均0.005 4%,依据该标准属特低磷煤。

砷:各可采煤层Al_2O_3含量普遍较低,除三$_4$煤层接近百万分之二外,其余均在百万分之一以下。

四、煤的工艺性能

(一) 发热量

区内各可采煤层原煤发热量均较高。

二$_2$煤层原煤发热量为:23.09～32.95兆焦/千克,平均29.78兆焦/千克,依据GB/T 15224.3—2010《煤炭质量分级 第3部分:发热量》评价标准(以下简称"该标准"),属高发热量煤;

三$_1$煤层原煤发热量为:19.39～27.37兆焦/千克,平均23.88兆焦/千克,依据该标准属中发热量煤;

三$_2{}^2$煤层原煤发热量为:17.83～29.43兆焦/千克,平均25.33兆焦/千克,依据该标准属中高发热量煤;

三$_4$煤层原煤发热量为:22.11～31.00兆焦/千克,平均26.56兆焦/千克,依据该标准属中高发热量煤;

三$_5$煤层原煤发热量为:21.69～28.16兆焦/千克,平均24.12兆焦/千克,依据该标准属中发热量煤。

天然焦分析基发热量的平均值仍在21.13兆焦/千克以上,可燃基发热量的平均值均在31.03兆焦/千克以上。

(二) 煤灰成分与灰熔融性

可采煤层的灰成分均以SiO_2和Al_2O_3为主,二者平均值之和:二$_2$煤层74.04%,三$_1$煤层82.88%,三$_2{}^2$煤层80.58%,三$_4$煤层72.02%,其次为Fe_2O_3、CaO等。天然焦的灰成分

表 1-3-2 陈四楼煤矿可采煤层煤质特征表

煤层	煤种	原煤分析 A_d/%	原煤分析 $S_{t,d}$/%	原煤分析 P_d/%	原煤分析 $Q_{gr.ad}$/(MJ/kg)	原煤分析 $Q_{net.ad}$/(MJ/kg)	精煤分析/% A_d	精煤分析/% V_{daf}	精煤分析/% C_{daf}	精煤分析/% H_{daf}	灰成分/% SiO_2	灰成分/% Al_2O_3	灰熔点(T_2)/℃
二$_2$	无烟煤	6.29～31.14 13.74(128)	0.20～0.81 0.46(70)	0.000 3～0.014 0 0.004 4(32)	23.09～32.95 29.78(108)	26.30～36.07 34.76(119)	3.04～10.69 6.40(105)	3.93～9.17 7.57(102)	90.32～93.77 91.51(59)	3.13～4.15 3.73(59)	30.25～56.80 44.40(50)	17.48～37.54 29.64(64)	1 285～1 500 1 362(43)
二$_2$	天然焦	10.48～18.00 14.67(11)	0.17～0.35 0.24(3)	0.007(1)	23.99～28.71 26.85(7)	31.39～35.31 33.20(9)	4.29～6.98 5.65(3)	2.15～7.36 5.44(3)	88.49～96.39 94.16(7)	1.20～2.41 1.61(7)	42.05～47.77 44.45(4)	22.39～32.02 25.71(4)	1 275～1 400 1 322(3)
三$_1$	无烟煤	20.95～39.96 30.21(38)	0.42～0.94 0.67(19)	0.001 3～0.033 0 0.010 7(12)	19.39～27.37 23.88(28)	32.75～35.61 34.13(32)	4.40～15.0 9.42(35)	7.00～10.07 8.57(38)	87.55～93.12 91.81(19)	3.21～4.22 3.94(19)	46.25～61.24 53.72(16)	21.76～32.39 29.16(16)	1 340～1 500 1 425(8)
三$_2^2$	无烟煤	15.91～38.90 25.76(57)	0.36～1.60 0.60(26)	0.002 0～0.015 0 0.006 7(15)	17.83～29.43 25.33(53)	31.78～35.78 34.39(54)	3.88～17.33 9.31(48)	6.13～10.01 8.33(4)	88.99～93.46 91.60(27)	3.23～4.10 3.78(27)	44.04～59.09 51.93(18)	18.82～34.21 28.65(18)	1 135～1 450 1 380(12)
三$_2^2$	TR	20.01～36.69 28.15(12)	0.05～0.27 0.18(3)	0.006 7～0.014 0 0.010 4(2)	18.53～25.13 22.26(10)	29.51～32.45 31.17(11)	—	—	92.6～94.73 93.47(7)	0.70～1.41 1.16(7)	41.79～54.37 48.56(6)	18.82～29.12 24.92(6)	1 135～1 400 1 298(3)
三$_4$	无烟煤	11.46～31.50 22.27(41)	0.40～1.85 0.66(22)	0.001 9～0.009 0 0.005 4(9)	22.11～31.00 26.56(34)	31.30～36.59 34.65(35)	2.56～11.81 8.02(32)	5.46～9.55 8.30(31)	91.07～92.80 91.97(20)	3.00～4.16 3.85(20)	15.54～52.19 42.46(15)	11.57～35.23 29.56(15)	1 140～1 500 1 390(13)
三$_4$	天然焦	22.19～39.07 29.17(21)	0.06～0.46 0.25(9)	0.005 0～0.015 0 0.008 6(5)	18.74～25.02 22.06(21)	23.66～32.96 31.03(21)	—	—	90.07～95.51 92.98(8)	0.73～1.97 1.33(8)	44.23～53.96 50.31(4)	13.42～28.33 24.03	1 180～1 420 1 335(4)
三$_5$	无烟煤	17.03～33.64 26.74(5)	0.29～1.36 0.90(3)	—	21.69～28.16 24.12(5)	31.14～35.07 33.36(5)	—	2.88～8.23 5.83(3)	92.05(1)	3.95(1)	—	—	—
三$_5$	天然焦	29.58(1)	0.21(1)	—	21.13(1)	32.71(1)	—	—	—	—	—	—	

注：表中数据为$\frac{最小值～最大值}{平均值(点数)}$。

也以 SiO_2 和 Al_2O_3 为主，但和同煤层煤比较有所变化：二$_2$、三$_2^2$ 煤层中的天然焦较同煤层降低，三$_4$煤层中天然焦较同煤层有所增高。

由于煤灰中难熔的 SiO_2 和 Al_2O_3 含量较高，可采煤层测得的软化温度 T_2 普遍大于 1 250 ℃，且平均值普遍大于 1 350 ℃，属较高软化温度灰。天然焦灰熔点的高低与煤和岩浆热液的交代作用有关，交代愈充分，焦中的 Fe_2O_3 和 CaO 增加愈多，软化温度 T_2 就小于 1 250 ℃，反之则大于 1 250 ℃。

可采煤层灰成分及灰熔融性化验结果详见表 1-3-2。

(三) 煤的可选性

1. 二$_2$ 煤层

6201、6304 孔各粒级的(±)0.1 含量在 4.5%以下，精煤产率在 96%以上，灰分在 10%以下，浮选后灰分降低 2%，属易选煤。0429、6301 孔(±)0.1 含量在 13%～20%之间变动，浮煤产率在 75%以上，浮选后灰分可降低至 8%～10%，属易选煤。故二$_2$ 煤层属易选煤。

2. 三$_1$ 煤层

(±)0.1 含量在 6.83%～24.6%，浮煤产率在 80%以上，浮选后灰分可降低 5%～10%，属易选煤。

3. 三$_2^2$煤层

(±)0.1 含量在 14%～25%之间，浮煤产率大于 60%，浮选后灰分可降低 9%～19%，属易选至中等可选煤。

4. 三$_4$煤层

区内大面积为天然焦，而天然焦的相对密度在 1.8 以上，且呈致密坚硬的块状，一般难以洗选。

(四) 煤的气化指标

1. 煤对 CO_2 的反应性

从对不同煤层的煤样进行煤对 CO_2 的反应性测定看：在 1 100 ℃时，二$_2$ 煤层对 CO_2 还原率为 59.40%～74.60%，平均 70.09%；三$_1$ 煤层为 47.99%～70.8%，平均 60.52%；三$_2^2$ 煤层为 49.0%～52.5%，平均 50.8%；三$_4$煤层为 53.6%～58.6%，平均 56.1%。

二$_2$ 煤层的气化反应性较好，三煤组煤层稍差。天然焦由于灰分产率高，焦化过程中毛细管遭到破坏，和 CO_2 反应的表面积减小，故气化反应性较煤层有所降低。

2. 煤的热稳定性

二$_2$ 煤层的热稳定性在矿井的中深部及 07 勘探线以北为“中等”～“好”，而浅部较差。三$_1$ 煤层除 0517 钻孔热稳定性“好”外，其余三个样品的热稳定性均属“差”。三$_4$煤层煤的热稳定性“中等”。三$_5$煤层热稳定性“好”。

天然焦的热稳定性变化较大，二$_2$ 煤层的天然焦热稳定性普遍较差，而三$_4$煤层的天然焦热稳定性相对于二$_2$ 煤层的天然焦略好。

（五）煤的可磨性

二$_2$煤层哈氏可磨性指数(HGI)在44～104之间，大部分在70以下。三煤组各煤层的可磨性大致相同，哈氏可磨性指数：三$_1$煤层为67～76，三$_2$煤层为65～77，三$_4$煤层为58～70。天然焦的哈氏可磨性指数为46，可磨性较煤层差。

（六）煤的结渣性、抗碎强度及硬度

在炉栅载面流速为0.2米/秒，二$_2$煤层的结渣率为50.1%～53.3%，三$_2^2$煤层为35.04%，三$_4$煤层为30.07%，均属强结渣煤。

二$_2$、三$_2^2$煤层的抗碎强度分别为53.6%、52.0%，属中等强度。三$_4$煤层抗碎强度为44%，属低强度。据矿井对二$_2$煤层强度测定结果，自然状态下抗压强度在3.9～7.0兆帕之间，坚固性系数为0.58～1.58，属软煤。

五、煤的风氧化带

据陈四楼井田精查地质报告，区内煤系地层均被新近系、第四系松散沉积物所覆盖，当基岩厚度大于21米时，煤质特征趋于正常。确定风化带深度为基岩厚度下21米。

六、煤类

矿井可采煤层的精煤挥发分产率平均值均小于10%，根据《中国煤炭分类》(GB/T 5751—2009)，各可采煤层为无烟煤，局部为天然焦(详见表1-3-3)。

表1-3-3　陈四楼煤矿煤类统计表

矿产名称	煤层号	精煤挥发分两极值平均/%	煤类
煤炭	二$_2$	$\frac{3.93\sim9.17}{7.57(102)}$	无烟煤
		$\frac{2.17\sim7.36}{5.44(3)}$	天然焦
	三$_1$	$\frac{7.00\sim10.07}{8.57(38)}$	无烟煤
	三$_2^2$	$\frac{6.13\sim10.01}{8.33(4)}$	无烟煤
			天然焦
	三$_4$	$\frac{5.46\sim9.55}{8.30(31)}$	无烟煤
			天然焦
	三$_5$	$\frac{2.88\sim8.23}{5.83(3)}$	无烟煤
			天然焦

注：分母中括号内为点数。

七、煤的工业用途

二$_2$煤层为特低水分、低灰分、特低挥发分、特低硫、特低磷、高发热量的无烟煤，易选，热稳定性中等,煤对CO_2的反应性较好,灰熔点高,可用作动力和民用燃料,还可用于固定床式气化生产煤气,作为合成化工产品的原料,粉状的无烟煤还可用于高炉喷吹等。三煤组各可采煤层灰分较高,发热量较二$_2$煤层低,但仍可用于火力发电、水泥工业及民用燃料。

天然焦一般呈坚硬的块状,密度大,灰分高,且洗选困难,对CO_2的反应性差,具有热爆特性,影响了它的利用价值。但其发热量较高,一般在20.93兆焦/千克以上,除可用作民用燃料、发电外,还可用于烧水泥、石灰等。热稳定性好的还可以用于固定床式发生炉作气化原料。

第三节　煤田开采条件

一、矿井构造

燕山早期受区域近南北的永城背斜形成的地应力牵引作用影响,井田内岩层物性存在差异而产生次级变形,发育了与永城背斜同轴向的褶曲。区内不同区段所受地应力存在差异,次级褶曲轴向随地层变形而发生转向,导致井田内地层产状沿走向、倾向受有一定变化。燕山晚期在区域东西向的应力挤压作用下,在井田脆性地段发育了近南北向的断层。这一时期地层活动相当活跃,区域热事件普遍。本井田煤系中的岩浆岩体侵入主要发生于此时期。燕山末期到喜山早期,在南北挤压应力作用下,本区域处于伸展活动变形环境中。由于强烈的断块差异活动,井田中产生大小不一的近东西向的断层。后生成的近东西向的断层切割并改造前期生成的近南北向断层及褶曲。各期形成的主要断层两侧常伴生有一定数量的小断层,小断层走向一般与主体断层斜交。夹于同期生成的两条平行断层之间的断块内通常发育有与两侧断层同走向数量不等的小断层。

矿井位于永城背斜的西翼,构造基本形态为走向北北西,向南西西倾斜的单斜构造,地层倾角一般为5°～15°,仅在部分褶皱倾伏翼及断层附近煤层倾角较大,可达26°。受永城背斜影响,区内发育有次级褶曲及断层。由于受多期构造运动影响,矿井内部地层有宽缓的波状起伏,中小断层较发育,局部有岩浆活动。

矿井内主要构造形迹近东西向以断层表现为主,褶曲次之,褶曲轴向以近南北向为主。矿井地质构造形态见图1-3-2。

(一)褶曲

矿井内发育10条较大的褶曲,褶曲轴迹与永城背斜轴向平行或大致平行,一般较为宽缓,按其走向分为近南北向8条和近东西向2条,分别为高六湾向斜、李古同背斜、周庄向斜、高庄背斜、高后口向斜、陈官庄向斜、陈四楼向斜、吕庄向斜、小陈庄向斜和八里庙向斜。

(二)断层

矿井内探采中发现断层1 300余条,其中落差$H \geqslant 30$米的26条,落差30米$> H \geqslant$ 20米的9条,落差20米$> H \geqslant 10$米的82条,落差$H < 10$米的1 200余条。区内断裂构造以近东西向构造为主,断层把本矿井划分为6个断块段,自北向南断块编号分别为:F_{18}以北

图 1-3-2 矿井地质构造形态图

地段、F_{18}～F_{13}之间地段(地堑)、F_{13}～F_{38}之间地段、F_{38}～F_{29}之间地段、Fs_{29}～Fs_1之间地段、Fs_1以南地段。

二、水文地质

(一) 井田边界及其水力性质

陈四楼煤矿东部及南部、北部部分区域以二$_2$煤层露头为界,灰岩露头多被厚层黏土覆盖,在区域上大气降水及浅层水对灰岩含水层侧向补给受到一定限制。西部及南部、北部部分区域以断层和岩浆岩为界,自北向南有 F_{11}正断层、F_2正断层、F_9环形断层和 F_6正断层;F_6正断层落差 130 米,断层上盘太原组灰岩与断层下盘奥陶系灰岩对接,形成补给边界。矿井总体上是一个半封闭的亚水文地质单元,有利于矿床的开采。

矿井东、西部有两条人工开挖的近南北向的排洪泄涝沟渠,平水期有排泄浅层地下水的作用,旱季断流。南部的沱河,实测最高洪水位+34.79 米(1963 年 8 月 9 日),河面开阔,坡度平缓,河床及坡岸由黏土组成,与浅层地下水有一定的联系。地表水体下距主要可采煤层垂深大于 320 米,正常情况下对矿床开采无影响。

(二) 含水层与隔水层的组合及特征

1. 主要含水层特征

根据含水层和隔水层在垂向的沉积层序和岩性,区内自上而下划分为 6 个含水组。

(1) 新近系、第四系松散孔隙含水组(Ⅰ)。

本含水组分为四段。

① 第四系全新统松散孔隙含水段(Ⅰ$_1$):浅层水赋存于冲积层中,埋深 0～30 米,岩性为砂层,具上细下粗的二元结构。厚度变化大,厚者 23.8 米,薄者仅为 1.3 米,平均厚度为 7.36 米。原始水位标高为+30.30～31.98 米,渗透系数为 16.30～198.92 米/天,水质类型属 HCO_3-Ca · Mg 型,单位涌水量为 0.265～5.526 升/(秒 · 米),矿化度为 0.172～1.030 克/升,水温为 15 ℃,大气降雨入渗为其主要补给水源,其次为河渠的入渗补给。底部黏土、亚黏土隔水层厚 1.9～58.9 米,平均厚度为 21.6 米。

② 中段更新统松散孔隙承压中等含水段(Ⅰ$_2$):赋存于冲、湖积层中,埋深 30～90 米。岩性为细、中粒砂,厚度 2.40～23.51 米,平均厚度为 11.36 米。原始水位标高为+30.54 米,渗透系数 1.3 米/天,单位涌水量为 0.28 升/(秒 · 米),水温 20 ℃,水质类型为 HCO_3 · SO_4 · Cl-Na · Ca · Mg 型,矿化度 1.20 克/升。含水层以侧向补给为主,次为上部浅层水的局部补给。

③ 下段上新统松散孔隙承压强含水段(Ⅰ$_3$):赋存于冲、湖积层中,埋深为 90～260 米,岩性以细、中粒砂为主,局部偶见粉砂和粗砂,其间夹有黏土、亚黏土。砂层厚度 10.62～86.91 米,平均厚度 62.92 米。原始水位标高+28.8～30.9 米,渗透系数 2.43 米/天,单位涌水量 1.15 升/(秒 · 米),水质类型为 HCO_3 · SO_4-Na 型,矿化度 0.922～1.262 克/升,水温 19 ℃。补给、排泄均以侧向为主。底部发育有厚 1.6～75.3 米、平均厚度 32.8 米的黏土层,与底部中新统含水层相隔。

④ 底部中新统松散孔隙承压弱含水段（I_4）：赋存于中新统冲、湖积层中。埋深 260 米，到基岩面，厚度 0～56.74 米，平均 11.45 米。岩性以黏土、亚黏土为主，局部为亚砂土。原始水位标高＋31.93～35.08 米，渗透系数 1.720～3.592 米/天，单位涌水量 0.146～0.558 升/(秒·米)，水质类型 SO_4-Na 型，水温 22～25 ℃。底部为厚层黏土与下伏基岩接触，黏土层厚度 17.72～112.39 米，平均厚度为 46.04 米。局部地段砂层与基岩风化带直接接触，导致垂向水力联系。本段含水性弱，补给水源不足，以消耗静储量为主。

在浅部露头煤层开采过程中，通过对上部松散含水层的探测，松散层底部发育一层厚度为 46.04 米的黏土层。黏土层形成了天然隔水屏障，隔断了新生界含水层与下伏煤系地层之间的水力联系，阻断了新生界含水层向煤系地层充水。因此正常情况下松散层对煤层的开采影响不大。

(2) 二叠系砂岩裂隙含水组（Ⅱ）。

本组分为三段：

① 上石盒子组砂岩裂隙承压含水段（II_1）：岩性以细、中粒砂岩为主，局部见粗砂岩，间夹泥岩和砂质泥岩。砂岩层厚度 1.2～104.2 米，平均厚度 30.55 米。中部 K_6 标志层为中、粗粒石英砂岩，层位稳定，但厚度变化颇大(1～23.22 米)，平均 10.35 米；裂隙发育，裂隙长 20～30 厘米，宽 0.5～2.5 厘米，充填钙质薄膜。矿井北轨大巷沿 K_6 砂岩底掘进，最大涌水量为 40 立方米/小时，稳定流量为 30 立方米/小时，据矿方调查，目前已基本无水。北风井检查孔在孔深 451 米处揭露 K_6 砂岩段，冲洗液出现全泵量漏失，最大漏失量为 6 立方米/小时。采用注水试验的方法取得水文地质参数，单位吸水量为 0.013 9～0.020 8 升/(秒·米)，平均 0.016 7 升/(秒·米)，渗透系数 0.099 米/天，属于富水性弱的含水层。底部 K_5 砂岩厚 1.05～25.03 米，平均 7.92 米。砂岩水径流滞缓，主要消耗静储量。

② 下石盒子组砂岩裂隙承压弱含水段（II_2）：含砂岩 1～12 层，以细粒砂岩为主，局部见中、粗粒砂岩，厚度 2.43～58.73 米，平均厚度 20.52 米。原始水位标高＋26.61 米，渗透系数 0.331 米/天，单位涌水量 0.052 6 升/(秒·米)，矿化度 3.248 克/升，水质 SO_4-Na 型，水温 23 ℃。本含水段在开采三煤组时，为矿床直接充水水源。

③ 山西组砂岩裂隙承压弱含水段（II_3）：岩性以细粒砂岩、粉砂岩为主，间夹泥岩、砂质泥岩。见砂岩 1～12 层，厚度为 0.60～65.09 米，平均厚度 25.55 米。原始水位标高＋28.55～30.15 米，渗透系数 0.002 7～0.036 3 米/天，单位涌水量 0.000 925～0.016 3 升/(秒·米)，水质类型为 SO_4-Na 型，矿化度 1.978～4.273 克/升，水温 19～26 ℃。

该含水段是开采二$_2$煤的直接充水水源。砂岩裂隙不发育，原始状态下，补给、排泄均以侧向水平渗透为主。矿井各采区巷道首次揭露该含水段时，均有出水现象，但随着采掘时间的延续，水量逐渐变小，变为滴水或无水状态。现是矿井主要的直接充水水源。

(3) 石炭系太原组灰岩岩溶承压含水组（Ⅲ）。

本含水组共含灰岩 11 层，自下而上编号为 L_1～L_{11}。依据灰岩对开采影响程度及灰岩层序可划分三段：上段(L_{11}～L_8)、中段(L_7～L_4)及下段(L_3～L_1)。岩性以灰岩、砂岩为主，间夹泥岩、砂质泥岩。上段灰岩是二$_2$煤底板主要间接充水含水层。

L_{11} 灰岩(K_3 标志层)：生物碎屑灰岩，全区稳定，厚度 0.85～4.98 米，平均厚度 1.95 米，上距二$_2$煤底板 32.14～72.58 米，平均距离 51.10 米。底板注浆钻孔揭露该含水层时，大部分钻孔涌水量较小，但在构造发育处 L_{11} 含水层岩溶发育，溶隙连通性较好。

L_8灰岩：稳定，厚度为 4.70～14.68 米，平均厚度 12.76 米，L_8灰岩顶界距 L_{11}灰岩(K_3) 13.5～34.5 米，平均 28.2 米，其间为泥岩、砂质泥岩和灰岩相隔。L_8灰岩为太原组上段灰岩含水组的主要含水层。

L_2灰岩(K_2标志层)：位于本组下部，层位稳定，厚度 6.20～14.10 米，平均厚度 11.61 米，富含燧石结核。

本组上段(L_{11}～L_8)：原始水位标高＋28.52～30.14 米，渗透系数 0.390～1.672 米/天，单位涌水量 0.113～0.361 升/(秒・米)，水质为 SO_4-Na 型，矿化度 2.128～2.404 克/升，水温 25～28 ℃。本含水层组是矿井涌水的主要间接充水水源，富水性中等。

本组中上段(L_{11}～L_4)：原始水位标高＋29.42 米，渗透系数 3.43 米/天，单位涌水量 1.205 升/(秒・米)，水质为 SO_4-Na 型，矿化度 2.633 克/升，水温 25～28 ℃。

本组全段(L_{11}～L_1)：水位标高＋29.74～30.29 米，渗透系数 2.48～4.332 米/天，单位涌水量 1.568～2.868 升/(秒・米)，水质为 SO_4-Na 型，矿化度 2.206～2.429 克/升，水温 25～28 ℃。

该含水层属承压含水层，岩溶水自东部露头区接受补给，径流方向自北东向南西，在区内径流滞缓。

(4) 奥陶系灰岩岩溶含水组(Ⅳ)。

奥陶系灰岩为厚层状灰岩，溶洞比较发育，但各部位不均，故富水性强弱差异悬殊。该含水层原始水位标高＋28.5 米，据地面观 5 孔(孔口标高＋38.53 米)水文观测，水位标高－69.56 米(2020 年 5 月 25 日)；单位涌水量 1.929 升/(秒・米)，渗透系数 4.618 米/天，水质为 SO_4-Ca・Na 型，矿化度 3.668 克/升，水温 32 ℃。奥陶系灰岩岩溶含水层富水性强。其灰岩顶界面距二$_2$煤层底板 210 米，其间为灰岩、砂岩、砂质泥岩、泥岩相隔，若无断层、陷落柱垂向通道等因素，对煤矿充水影响小。

(5) 基岩风化带裂隙承压含水层(Ⅴ)。

基岩风化带在基岩露头下最大厚度为 36.68 米，最小厚度 20.20 米，平均厚度 21 米。裂隙被黏土状残积物充填，对新生界底部砂层水下渗和侧向渗透补给均有一定阻止作用，径流处于停止状态。据 1308 和 0202 孔抽水资料，水位标高＋22.09～27.02 米，单位涌水量 0.004 15～0.008 88 升/(秒・米)，渗透系数 0.020 5～0.047 4 米/天，水质 SO_4-Na・Ca 型，矿化度 1.598～5.693 克/升，水温 20～26 ℃，风化带富水性弱，对矿床开采影响不大。

(6) 基岩上部次生碳酸岩含水层(Ⅵ)。

据钻孔资料，陈四楼煤矿的中部和北部，基岩之上有一层非连续沉积的次生碳酸岩(局部为砾石层)，有 44 个钻孔揭露，占井田钻孔总数的 16%。厚度 2.28～17.35 米，平均厚度 9.13 米，面积约 20 平方千米。次生碳酸岩乳白色，质较纯，具有溶蚀现象，溶洞发育，已被泥质充填，据抽水资料，单位涌水量 0.000 8 升/(秒・米)，渗透系数 0.002 6 米/天，说明以消耗静储量为主，可视为相对隔水层，富水性极弱。

2. 主要隔水层特征

矿井内各含水层之间赋存有良好的相对隔水层，正常情况下，可起到隔水作用。

（1）新生界底部隔水层（Ⅰ）。

新生界底部大部分以厚层黏土与下伏基岩不整合接触，厚度为17.72～112.39米，平均厚度为46.04米，分布稳定。黏土层形成了天然隔水屏障，隔断了新生界含水层与下伏煤系地层之间的水力联系，阻断了新生界含水层向煤系地层充水。

（2）二叠系山西组以上砂泥岩隔水层（Ⅱ）。

由二叠系上和下石盒子组的泥岩、砂质泥岩、粉砂岩、铝质泥岩及少量炭质泥岩组成。该层岩性致密，层位较稳定，厚度约480米，隔水性能良好，可以阻止上、下含水层的水力联系，能够起到良好的隔水作用。

（3）二$_2$煤层顶板砂泥岩隔水层（Ⅲ）。

主要指山西组二$_2$煤层顶板至下石盒子组底之间的泥岩、砂质泥岩及少量的粉砂岩、炭质泥岩，厚度约32米。该层厚度较大，层位稳定，全区分布，但其厚度有差异。一般情况下，开采二$_2$煤层时可阻隔下石盒子组砂岩含水层水进入矿井，但在遇断层破碎带时，将失去隔水作用，使下石盒子组砂岩含水层水进入矿井。

（4）山西组底部隔水层（Ⅳ）。

该岩层以泥岩、砂质泥岩为主，次为砂岩，处于二$_2$煤层与K_3标志层，厚度32.14～72.58米，一般51米左右，其中泥岩与砂质泥岩累计平均厚度26.5米，层位稳定，平均抗拉强度21.2 MPa。该层直接或间接与L_{11}接触，形成了良好的隔水层。在无构造破坏条件下，可以避免发生太原组灰岩突水。

（5）石炭系本溪组铝质岩及铝质泥岩隔水层（Ⅴ）。

该层岩性为泥岩和铝质泥岩，本区仅少数孔揭露该地层，厚2.00～22.00米，平均8.78米。其岩性致密，裂隙不发育，透水性差，正常情况下，可阻隔奥陶系灰岩含水层与太原组灰岩含水层间的水力联系，当在其厚度变薄地段或在构造破碎带附近，将会弱化或失去隔水性能。

（三）充水条件

1. 充水水源

充水水源类型有大气降水、地表水、地下水及老空水。

（1）大气降水及地表水。

矿井内没有天然地表水体，但地表在采掘中形成塌陷造成部分积水区，故修建有两条人工开挖的排洪沟渠韩沟和小白河。据矿方提供的河流渗漏台账，韩沟和小白河河流宽阔，河内水流畅通，大堤完好，无渗漏危险。由于巨厚层新生界松散沉积层的阻隔作用，大气降水及地表水对矿床开采基本无充水影响。

（2）地下水。

新生界底部砂岩孔隙水：新生界底部砂岩孔隙含水层受黏土隔水层阻隔，正常情况下阻隔了地下水垂直下渗，使该砂岩孔隙水对矿床影响甚微，但在煤层露头附近，局部发育有

"天窗"的地段、底部砂岩局部与基岩直接接触或底部黏土层较薄而砂层增厚的地段，含水层可向煤系地层充水或砂层水沿导水裂隙带渗入矿井，对浅部煤层开采产生一定影响。目前矿井二$_2$煤层开采范围内仅剩十八采区位于煤层露头附近，预计对该采区的开采有影响。

煤层顶、底板砂岩裂隙水：煤层顶、底板砂岩裂隙承压水是煤层开采时的主要直接充水水源。矿井各主要可采煤层顶、底板砂岩富水性弱，径流滞缓，以静储量为主，易于疏干。矿井采掘二$_2$煤层中揭露，矿井砂岩裂隙承压水以股状涓流、不规则散流、串珠状滴流等方式进入巷道，并随开采面积的增大而增大。但随着采掘时间的延续，水量逐渐变小，变为滴水或无水状态。在正常地层块段内砂岩裂隙水基本不影响矿井安全生产，但在褶曲、断层等构造发育处，掘进巷道和采煤工作面有顶板滴、淋水及底板渗水现象，对采掘有一定影响，但易于疏排，对矿井安全生产影响较小。

太原组上段灰岩岩溶承压水：太原组上段灰岩岩溶水是开采山西组二$_2$煤的主要间接充水水源。由于二$_2$煤与L_{11}灰岩(K_3标志层)一般间距51米左右，又有山西组底部隔水层相隔，在正常地层块段内，不存在突水的可能性。若遇落差较大的断层，灰岩水可能通过断层溃入采场，造成突水。在小断层密集区，地层完整性受到破坏，煤层底板抗水压能力降低，也可导致太原组上段灰岩水突出，影响工作面生产。如2007年9月29日，21301工作面涌水，涌水量最大190立方米/小时，后稳定在20立方米/小时。

奥陶系灰岩岩溶承压水：奥陶系灰岩与二$_2$煤层距离210米，且奥灰顶界面有厚层铝质泥岩和太原组灰岩、砂岩、砂质泥岩、泥岩相隔，正常情况下该含水层水很难导入矿井。若有断层导通该含水层或使二$_2$煤层与奥灰含水层间距变小，该含水层水亦可能导入矿井。

(3) 老空水。

区内受构造影响造成地层起伏，工作面回采结束后，采空区低洼处往往有一定量的积水，采空区积水对后期巷道施工有较大影响，若不进行疏放容易引起透水事故。

2. 充水通道

(1) 断裂带及构造裂隙带通道。

矿井内已发现断层1 300余条，勘探期间揭露的断层绝大多数无漏水现象，受断层影响漏水的钻孔有7个。矿井生产中，巷道正常掘进期间所揭露断层均不导水，仅个别巷道由于揭露落差较大断层，导致巷道对接含水层而发生突水。矿井出现太原组上段灰岩水涌入工作面的情况多出现在工作面回采过程中，由于工作面实际揭露的小断层密度大，单个工作面断层个数在3～64条不等，回采过程中受采动、矿压和水压叠加影响，断层影响带内隔水层阻水作用弱化，断层及裂隙可能会形成导水通道而引发突水。

(2) 工作面采掘引发的裂隙通道。

二$_2$煤层底板以下有石炭系太原组灰岩岩溶含水层(上、中、下三段)和奥陶系灰岩岩溶含水层，其中石炭系太原组上段灰岩岩溶含水层对矿井生产影响最大。随着矿井开采深度增大，一方面地应力失衡后重新分布，导致底板发育新的裂隙。例如矿井开采初期，2501工作面和2301工作面突水受二$_2$煤层底板突水是受采动影响导致隔水层裂隙活化，有效隔水层厚度及强度降低所造成。

（3）陷落柱。

岩溶陷落柱是地下溶洞的顶部岩层及覆盖层在荷载或其他动力作用下，失去支撑发生坍塌和剥落后形成的上小下大的锥状塌陷体。陷落柱突水是矿井岩溶突水的重要类型之一。

矿井自生产以来已经揭露3个陷落柱，分别位于一采区2102工作面、十三采区21301工作面和二采区2209工作面。

2102工作面巷道揭露陷落柱不富水、不导水，对掘进无影响；21301工作面推进到通尺点140米处揭露一陷落柱，工作面揭露柱体不富水、不导水；2209工作面上顺槽掘进到G10点前18米处揭露一陷落柱，柱体边缘处有滴水现象，不富水，对掘进无影响。

（4）封闭不良钻孔。

矿井有部分钻孔封闭时因封堵材料不足或技术验收等不达标造成不合格，形成封闭不良钻孔，此类钻孔对井下开采防治水安全存在极大隐患，容易沟通各个含水层，采掘活动揭露时易造成涌水。封闭不良钻孔是矿井常见的充水通道。

矿井内在地勘阶段共有15个地质勘探孔封孔质量不良，其中11个孔位于已采范围内，1个孔位于风化氧化带，3个孔位于未开采范围内。

3. 充水强度

（1）含水层出露和接受补给的条件。

永城矿区除在芒山及南部柏山出露零星的寒武系、奥陶系灰岩，可接受大气降水补给，另外矿井东侧煤层露头附近至东部永城背斜轴部之间的灰岩含水层露头与新生界地层直接接触，接受浅层水补给。

（2）矿井的边界条件。

二$_2$煤层顶底板的隔水或透水条件：本区二$_2$煤层顶板以泥岩、砂质泥岩及中细粒砂岩为主，底板岩性以泥岩、砂质泥岩为主。其顶底板泥岩及砂质泥岩隔水层厚且稳定，岩性致密，隔水能力好，若遇构造或顶板冒落造成岩石破碎透水能力增强，或隔水层变薄、缺失而失去隔水能力，造成矿井涌水量的增加。

（3）水文地质条件。

由于受多期构造运动影响，区内断层及次级褶曲较发育，尤其是断层较发育，其中东西向的大型断层对矿井的充水强度起到一定的控制作用。

依据矿井充水强度将井田现开采区域大致划分为以下4个水文地质分区：

矿井北翼F_{18}正断层以北水文地质条件简单区域；

北翼F_{13}正断层和F_{13-1}正断层之间区域，水文地质单元相对独立，太原组上段灰岩补给条件较差；

北翼F_{13}正断层和F_{18}正断层之间的地堑块段，水文地质单元相对独立，太原组上段灰岩初始水压最大达到5.6兆帕，有一定的补给水源；

矿井南翼水文地质条件相对复杂区域。

（四）矿井采掘受水害影响程度

矿井现开采二$_2$煤层，主要受太原组上段灰岩岩溶水及老空水影响。

1. 灰岩岩溶水对矿井采掘的影响

二$_2$煤层下部含水层为太原组和奥陶系灰岩岩溶含水层，由于奥陶系灰岩与二$_2$煤层距离210米，且奥灰顶界面有厚层铝质泥岩和太原组灰岩、砂岩、砂质泥岩、泥岩相隔，一般情况下该含水层水很难导入矿井发生突水。在断层及裂隙发育处，二$_2$煤层底板岩层在采动影响和太原组灰岩岩溶含水层承压水的共同作用下，底板产生裂隙或原有裂隙活化，会导致太原组灰岩水涌出。

矿井在2007年之前发生过5次突水(见表1-3-4)，突水水源均为太原组灰岩水，涌水量40～200立方米/小时。北轨大巷掘进过程中揭露F_{39}正断层，巷道揭露断层下盘太原组上段灰岩，造成工作面突水。其余4次突水均发生在采煤工作面，造成工作面停产，通过底板注浆封堵出水点后，工作面重新恢复生产。

表1-3-4 矿井突水点位置、水量和处理措施一览表

编号	突水时间	突水地点	涌水量/(m^3/h)		突水类型	处理措施
			最大	稳定		
T-01	1995.02.04	北轨大巷	160	4	断层水	疏放降压，巷道后退转弯
T-02	2002.05.04	2501工作面	40	10	太原组上段灰岩水	井下打钻注浆
T-03	2003.06.16	2301工作面	200	10	太原组上段灰岩水	井下打钻注浆
T-04	2005.07.15	2507工作面	175	20	太原组上段灰岩水	井下打钻注浆
T-05	2007.09.29	21301工作面	190	20	太原组上段灰岩水	井下打钻注浆

通过底板注浆改造工程的实施和排水系统的完善，矿井水害对采掘工作面的影响正在逐渐减少。经过统计，从矿井生产初期到现在突水频率为0.19次/年。从2005年到现在突水发生仅2次，突水频率0.12次/年，突水发生的几率正在逐步减小，从2007年21301工作面突水至今，矿井未发生突水，所有采掘工作面均未受水害影响，工作面水害得到控制。通过防治水措施的执行，专业防治水队伍的建立以及专业防治水机构的成立，并且在防治水技术管理、科技攻关、现场施工、安全投入和防治水设备投入等方面加大力度，矿井太原组上段灰岩岩溶承压水治理工作已取得一定成果，底板水害对矿井安全高效生产的影响也在不断减小。

2. 老空积水对采掘的影响

陈四楼煤矿边界西南紧邻城郊煤矿，城郊煤矿与陈四楼煤矿相邻的四采区、六采区和十采区均已回采结束，采空区积水情况清楚，其中距陈四楼煤矿最近的积水区为六采区老空水，距矿井边界约191米。矿井边界已留设40米保护煤柱，城郊井田内老空区积水对本矿井不构成威胁。

矿井范围内及周边老空积水区的分布位置、范围、积水水压、水量、积水区面积等较为清楚，为矿井老空水防治工作提供了较为准确的基础资料，采掘活动临近老空水时需严格按照《煤矿防治水细则》要求进行探放老空水。

三、瓦斯地质条件

矿井于 2015 年 4 月 10 日发生煤与瓦斯突出事故，事故发生后矿井由瓦斯矿井升级为煤与瓦斯突出矿井。

（一）瓦斯赋存规律

据钻孔及生产测定资料，井田范围内瓦斯含量一般较低，但在十二采区局部出现煤层原始瓦斯含量大于 6 立方米/吨瓦斯富集异常区，其他采区实测瓦斯含量较低，煤层原始瓦斯含量一般小于 4 立方米/吨，分区规律明显。

矿井在二$_2$煤层露头一带煤层瓦斯含量较其他区域低，如矿井北翼东部二$_2$煤层露头附近的十采区二$_2$煤层瓦斯含量明显小于中西部十二采区，二采区煤层瓦斯含量明显小于中西部八采区，说明矿井北翼东部瓦斯含量较西部低。矿井南翼整体二$_2$煤层瓦斯含量不高，普遍较低。

据生产揭露，矿井北翼煤层瓦斯含量高于南翼。如北翼的十二采区煤层瓦斯含量较南翼的五、十七采区高。

因此，矿井瓦斯赋存总体趋势是：矿井总体二$_2$煤层瓦斯赋存具有不均衡性；北翼东部瓦斯含量较西部低，南翼煤层瓦斯含量较北翼低。

（二）影响矿井瓦斯赋存因素分析

矿井 30 多年的采掘活动揭露，煤层中瓦斯赋存体现的不均衡性特点明显，尤其在十二采区煤层瓦斯含量不均衡性最明显。造成这种瓦斯赋存情况的成因复杂，总体上矿井瓦斯赋存与地质构造、煤层埋深、煤层厚度、水文地质、顶板岩性、岩浆岩等几个地质因素有关，具体分析情况如下。

1. 地质构造对瓦斯赋存的影响

陈四楼煤矿井田在燕山期至喜山早期的南北向挤压，形成近东东向的构造，区域构造机制由挤压转为拉张体制，井田内伸展裂陷活动发育，瓦斯大部分逸散，仅在有利区域赋存。在永城背斜形成的牵引作用影响下，陈四楼井田发育多条次级宽缓的褶曲，并伴生较多小断层。

断层保存瓦斯的能力具显著的差异，压性断层更有利于瓦斯保存，张性断层则更有利于瓦斯释放，在不同区域、不同部位由于地质条件的差异，瓦斯分布具有不均衡性。根据生产实际揭露，北翼十二采区的 21210、21209 工作面瓦斯含量富集区处于高六湾向斜东翼区域，21210、21209 工作面瓦斯异常带及周边发育 16 条落差 5 米以下的小断层，其中多见层滑构造（图 1-3-3），断层走向基本上以 NNW～SN 向为主，与高六湾向斜轴迹走向总体一致，具有压性及压扭性力学特征，瓦斯沿煤层向上倾方向运移，在煤层倾角变缓及压性小断层形成的构造圈闭处富集，形成十二采区 21210、21209 工作面瓦斯含量异常区域。

2. 煤层顶板岩性对瓦斯赋存影响

煤层围岩的透气性好坏，直接影响煤层瓦斯的赋存、运移或富集。当煤层顶板为泥岩或砂质泥岩时透气性差，孔隙度小，瓦斯封闭条件好，瓦斯含量相对较高。据生产揭露，矿

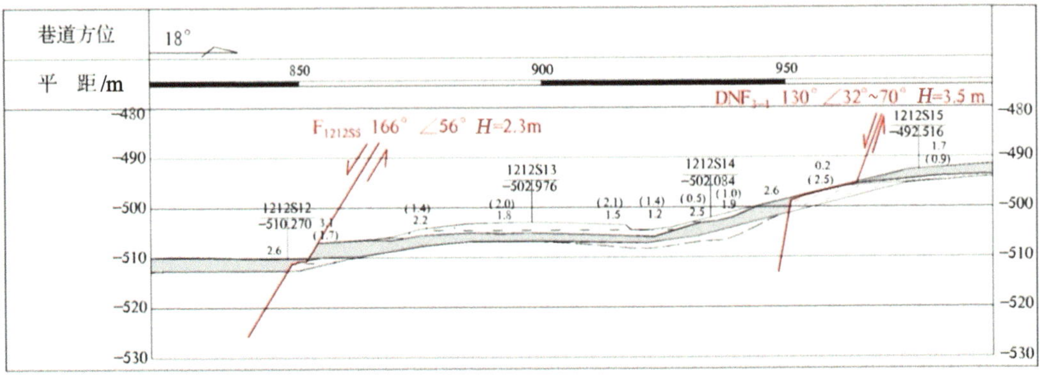

图 1-3-3　巷道揭露层滑构造示意图

井北翼八采区 2803 工作面和十二采区瓦斯富集区煤层直接顶板均为厚层砂质泥岩和泥岩，透气性弱，形成良好的盖层，利于瓦斯积聚，且泥岩和砂质泥岩一般为塑性变形，裂隙不发育，利于瓦斯储存。八采区瓦斯富集区周边直接顶板为厚层细中粒砂岩，有利于瓦斯逸散，导致瓦斯含量很小。这也从一个侧面表明了顶板盖层对瓦斯赋存的控制作用。

通常情况下，单一的地质因素难以导致局部煤层瓦斯富集，瓦斯富集是多种地质因素共同作用下的结果。矿井瓦斯分布规律较为明显，瓦斯富集区域集中在八采区和十二采区，这两个采区在采掘中遇构造、直接顶岩性为厚层泥质岩的区段时，要加强瓦斯防治措施，保证采掘安全。

3. 岩浆岩对瓦斯赋存的影响

受岩浆岩侵入影响，煤层会二次生烃，产生大量瓦斯。岩浆岩侵入对煤层瓦斯赋存的影响比较复杂。岩浆侵入含煤岩系或煤层，在岩浆热变质和接触变质的影响下，煤的变质程度升高，瓦斯的生成量和吸附能力增大。在缺少隔气盖层或封闭条件不好时，岩浆的高温作用可以强化煤层瓦斯排放，使煤层瓦斯含量减小。岩浆岩体有时会使煤层局部被覆盖或封闭，形成隔气盖层。但在某些情况下，由于岩脉蚀变带裂隙增加，造成风化作用加强，可逐渐形成裂隙通道，有利于瓦斯排放。由此可见，岩浆活动对瓦斯赋存既有生成和保护作用，在某些条件下又会增加瓦斯逸散的可能性。从陈四楼煤矿采掘过程中实际揭露情况来看，岩浆岩侵入没有在区内导致煤层瓦斯含量异常增大的情况，如 2513 工作面为岩浆岩侵入区，岩浆岩侵入造成煤岩层破碎，瓦斯逸散，瓦斯含量减小；北部东翼十采区 21006、21007、21008 工作面岩浆沿 DNF_{53} 断层顺断层侵入，煤层受高温作用瓦斯释放，且 DNF_{53} 断层又伴生多条小断层，为瓦斯提供逸散通道，岩浆侵入附近瓦斯含量与其他区域瓦斯含量均普遍较低。因此，陈四楼煤矿采掘揭露表明，区内岩浆侵入对煤层瓦斯含量影响小。

4. 煤层埋深对瓦斯赋存的影响

一般情况下，煤层露头一侧煤层距离地表浅，瓦斯向地表运移的距离相应也短，地应力相对亦低，围岩的透气性较好，瓦斯容易逸散，导致煤层中的瓦斯含量小，甲烷浓度低。随着煤层埋藏深度的增加，地应力增高，围岩的透气性降低，有利于封存瓦斯，煤层中的瓦斯含量和甲烷浓度相对较高。据陈四楼煤矿大量采掘实践揭露，本矿地层产状沿走向、倾向均有一定变化，矿井东部二$_2$煤层露头一侧（浅部）采区与西部（深部）采区大部分区域煤层瓦斯含量普遍较低，浅部与深部煤层瓦斯含量差异不大，如北翼的二采区与四采区，南翼的十一采区、十三采区与十五采区等，瓦斯含量并不是随煤层埋深加大而逐渐增大，而是维持在较低水平。可见，陈四楼煤矿二$_2$煤层瓦斯含量与埋深联系并不紧密，埋深对瓦斯含量高低影响较小。

5. 煤层厚度对瓦斯赋存的影响

一般情况下，煤层厚度大的区域煤层中裂隙、孔隙、微孔隙中游离和吸附的瓦斯多，瓦斯含量大，而煤层增厚区域煤岩层软弱，在构造挤压作用下，易形成高瓦斯应力区，再现出高瓦斯和高瓦斯压力异常区。据陈四楼煤矿采掘揭露，本矿煤层厚度变化较小，揭露煤厚基本在 2.6 米左右，且 20 多年采掘活动中没有出现揭露煤层较厚处，瓦斯涌出量明显加大或瓦斯压力加大现象。可见，陈四楼煤矿煤层厚度对煤层瓦斯含量的影响不明显。

6. 水文地质条件对煤层赋存影响

地下水与瓦斯共存于含煤岩系，运移和赋存都与煤层和岩层的空隙、裂隙通道有关。由于地下水的运移，一方面驱动裂隙空隙中的瓦斯运移，另一方面带动溶解于水体的瓦斯一起流动，水被吸附在裂隙和空隙表面后还降低了煤对瓦斯的吸附能力，并增大了瓦斯排放能力，有利于瓦斯的逸散。同时由于地下水的作用，减弱了煤对瓦斯的吸附能力，侵占了瓦斯的赋存空间，排挤成游离态的瓦斯，使瓦斯含量降低。据陈四楼煤矿采掘揭露，二$_2$煤层顶底板砂岩水富水性较弱，水力活动性弱，携带的瓦斯量较少，应是有利于瓦斯赋存的。但从实际开采情况看，矿井二$_2$煤层瓦斯含量普遍较低。可见，本区水文地质条件对瓦斯赋存的影响小。

综上所述，矿井二$_2$煤层瓦斯含量受地质构造、顶板岩性、岩浆岩、煤层埋深、煤层厚度、水文地质等影响，井田二$_2$煤层瓦斯赋存现状即是前述多因素综合影响作用的结果。其中地质构造、顶板岩性是影响矿井瓦斯赋存的主要因素。

四、岩浆岩

（一）岩浆岩发育时期及产状

矿井内岩浆一般顺煤层及软弱层侵入，产状多为岩床或岩墙。钻孔揭露岩浆岩最大厚度 31.57 米，平均厚度 2.59 米。岩浆活动有两个期次：辉绿岩偏老，为华力西晚期的产物；花岗斑岩较新，为燕山早～晚期的产物。除三$_1$煤层外，区内可采煤层均受到不同程度的岩浆侵入影响，局部变质为天然焦或变薄甚至被侵蚀。

（二）岩浆岩分布

矿井内目前查明岩浆岩侵入二$_2$煤层有 9 处（见图 1-3-4），面积约 3.2 平方千米，大部分分布在 1308、1006、0716、6406 等 4 孔附近；三$_2^2$煤层岩浆岩侵入区主要在 04、62、05、63 勘探线的西部和 06 勘探线的中部以及矿井的东南部大部分区域，受岩浆岩侵入面积约占控制面积的 1/10；三$_4$煤层多被岩浆岩顺层侵蚀或变质为天然焦，仅在 06 勘探线以南矿井东部及 04 勘探线以北矿井西部煤层未变质为天然焦，岩浆岩侵入面积约占本煤层的 1/3。

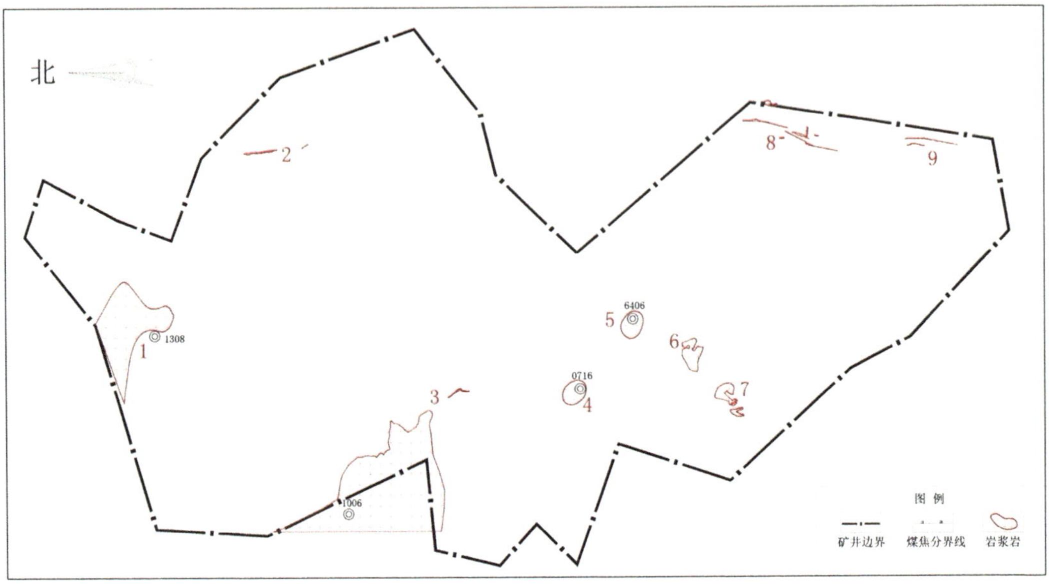

图 1-3-4　二$_2$煤层岩浆岩侵入范围分布示意图

（三）岩性特征

岩浆岩的种类较多，现将分布广、穿见层次多、具有代表性的岩类分述如下：

辉绿岩类：该类岩石分布最为广泛，穿见钻孔占矿井总钻孔数的 47%，占穿见岩浆岩钻孔总数的 80%，占各类岩浆岩穿见层次的 76%。穿见的最大厚度为 9.04 米(0428 孔)。岩石呈浅灰绿或暗绿灰色，辉绿结构，块状构造，主要矿物基性长石约占 65%，次为单斜辉石，含微量的方解石、石英、磁铁矿等。斜长石呈自形～半自形的板条状组成格架，单斜辉石呈粒状充填其中，形成辉绿结构。

辉石因蚀变作用被纤闪石、方解石、菱铁矿等矿物所替代，但外形仍可辨认。在岩石中常见到被方解石细脉(0.5～3 毫米)所充填的不规则裂隙。主要集中在矿井的中部，60～12 勘探线一带，在 67～69 线的东部亦有所发育。一般顺煤层侵入，尤以三$_4$煤层为多，呈岩脉(岩席)状产出。

闪长岩类：该类岩石有 23 个钻孔穿见，占穿见岩浆岩孔数及穿见层次的 17%，穿见最大厚度为 9.55 米(0805 孔)，以闪长岩为例叙述之：岩石呈浅灰绿色，半自形粒状结构，块状构造。主要矿物为中性长石，约占 70%，含少量的角闪石、方解石等，并含微量磁铁矿、黄铁矿、绿帘石、沸石等。主要分布在 F_9 断层东侧及 F_{26} 断层的北端，在矿井中东部亦有零星分布。总体呈南北向不连续的线状分布。

煌斑岩类：该类岩石分布范围小，仅在北部的 4 个钻孔中穿见 4 层次，最大厚度 3.45 米(1507 孔)。岩石呈淡灰黄～灰色，斑状结构，基质呈显微粒状结构，块状构造。主要矿物为黑云母、方解石、长石，次要矿物为磷灰石、黄铁矿等，含微量榍石，常具碳酸盐化。主要分布在矿井北部边界 F_{11} 断层的南侧。为近东西向的岩脉。

细晶岩类：该岩类仅有两孔穿见，最大厚度为 13.26 米(0720 孔)。岩石呈浅灰绿色，细粒状结构，块状构造。主要矿物为酸性斜长石，约占 75%，次为绿泥石、白云母、石英、钾长石，微量矿物是磷灰石、锆石、黄铁矿、方解石等。仅在矿井西部 6909 及 0720 孔中见到。

五、其他开采技术条件

（一）煤尘与煤的自燃

在地勘阶段各可采煤层均进行了煤尘爆炸性试验煤的自燃测试。根据试验结果：除 0427 孔（五采区）和 6303 孔（一采区）$二_2$煤层火星多，有弱爆炸性外，其余均无爆炸性。区内$二_2$煤层和三煤组各煤层煤尘均无爆炸性。$二_2$煤层除 1301 孔 ΔT 为 29 ℃外，其余全低于 25 ℃，属于不易自燃的煤层。

近年来实际生产过程中，于 2016 年采取$二_2$煤层生产煤样并送中国矿业大学安全检验中心进行煤尘爆炸性试验煤的自燃测试鉴定。由鉴定报告得知：6 个生产煤样在试验中，煤尘云均未产生火焰，确定无煤尘爆炸性；8 个生产煤样在试验时，吸氧量 0.74～0.87 立方厘米/克（干煤），煤样干燥无灰基挥发分小于 18%，确定自燃倾向Ⅲ类，因此$二_2$煤层属不易自燃煤层。

（二）冲击地压

2020 年矿井与河南理工大学合作，以矿井$二_2$煤层煤岩冲击倾向性指标测试为基础，分析、计算并最终确定了矿井$二_2$煤层及其顶底板的冲击倾向性，结论如下：

（1）通过现场取样，对顶板岩层及煤样的自然视密度、抗拉强度、抗压强度、坚固性系数、弹性模量、变形模量进行测定，$二_2$煤层属于软岩，$二_2$煤层顶板及底板 30 米范围内岩层属于中等坚硬岩石或坚硬岩石。

（2）通过对$二_2$煤层煤样冲击倾向性指标进行了测试，陈四楼煤矿$二_2$煤层煤的冲击倾向性综合评判结果为无冲击倾向性。

（3）$二_2$煤层顶板岩层冲击倾向性分类为Ⅰ类，无冲击倾向性。

（4）$二_2$煤层底板岩层冲击倾向性分类为Ⅰ类，无冲击倾向性。

（三）地热

据地勘测温资料，恒温带深度确定为 23 米，恒温带温度为 16.5 ℃。二叠系与新生界地温梯度基本相近。测温孔全孔平均地温梯度为 2～2.8 ℃/100 米，平均 2.25 ℃/100 米。深部地温梯度较小，为 2 ℃/100 米以下；而浅部地温梯度较高，为 2.5～3.1 ℃/100 米。有三个钻孔（6009、7104、7204）平均地温梯度达 3.1 ℃/100 米。引起热异常的原因可能是浅部接近永城背斜轴部，有利于地热聚积。

对穿见断层的钻孔测温后发现，测温曲线无异常变化，断层附近也未见地温明显畸变；在岩浆岩侵入的地段及其附近，地温正常。这可能是在漫长的地质历史发展时期，井田内的岩性、构造、水文地质条件等均不易于热的封存，导致岩浆岩热量散失殆尽；加之区内岩浆岩放射性元素含量不高，衰变热不足以形成新的热源，致使地温无明显增高。

（四）天窗

矿井大部分区域新生界地层对矿床无影响，仅局部地段发育有“天窗”造成新生界底部砂砾层局部与基岩接触，或底部黏土层较薄而砂层增厚，新生界底部含水层可向煤系地层充水或沿导水裂隙带渗入矿井，对煤层开采产生一定影响。

通过对地质钻孔资料进行分析，在二$_2$煤层露头附近局部可能发育有小天窗。如6907孔(十采区)新生界底部发育有21.5米的砂砾含水层，6905孔(十二采区)新生界底部发育有18.46米的砂砾含水层，1015孔(十八采区)新生界底部发育有7.84米的砾石含水层，1023孔(十八采区)新生界底部发育有7.58米的次生碳酸盐，并见有溶洞。其中1015孔和1023孔均位于十八采区二$_2$煤层露头附近，1023孔二$_2$煤层煤样水分4.88%，附近6805孔二$_2$煤层煤样水分6.78%，明显高于其他二$_2$煤样水分。上述地质现象目前对矿井充水影响不大，但不排除未揭露区域存在其他天窗，矿井在二$_2$煤层露头附近开展采掘活动时需加强顶板水防治。

第四节　其他矿产

一、菱铁矿

矿井内有58个钻孔穿见菱铁矿层，穿见厚度0.50～15.35米。其中49个孔共采集了110个样品，获得化学分析结果104个，全铁(T_{Fe})品位21.75%～38.03%。全铁(T_{Fe})品位及厚度达到工业要求的有28个，其中富矿15个，贫矿13个。

菱铁矿层主要赋存于下石盒子组、K_4标志层及其附近以及二$_2$煤层上部。下石盒子组中的菱铁矿多见于泥质岩及部分砂岩中，似层状、透镜状，厚度普遍较小，最大厚度2.8米；K_4标志层及其附近的菱铁矿多赋存于鲕状铝土泥岩中，最大厚度15.35米，但厚度不稳定，矿体连续性差，多数达不到工业要求；二$_2$煤层上部之菱铁矿多产于粉砂、细砂岩中，厚度普遍不可采。

由此可见矿井内菱铁矿层数多，分布广泛，但厚度变化大，且多偏薄，品位低，赋存层位不稳定，矿体连续性差，对比困难，难以成为有工业价值的矿床。

二、铝质泥岩

区内上、下石盒子组地层中伴生有多层厚薄不一的铝质泥岩，其中鲕状铝质泥岩(K_4标志层)Al_2O_3含量较高，层位也较稳定，钻孔穿见厚度在3.04～22.67米之间，平均厚度达9.50米。从19个钻孔中所采集的40个化学样分析结果看，Al_2O_3含量为22.39%～39.24%，SiO_2含量为31.15%～57.24%，铝硅比值小于1，有害杂质Fe_2O_3均大于3.05%，CaO+MgO含量除5个样在3.23%以上外，其余均小于1.06%，烧失量在6.99%～19.85%之间。

由此可见，区内铝质泥岩的Al_2O_3含量低，铝硅比值小，达不到铝土矿的要求，同时Fe_2O_3含量高，耐火度低，也不适宜作耐火黏土使用。但是根据X射线衍射结果，铝质泥岩中黏土矿物以高岭土为主，其次为蒙脱石。根据以往化学分析结果，Al_2O_3的含量与高岭石的理论值相近，所以区内的铝质泥岩可能是以高岭石为主的黏土岩。

另外，第四纪沉积层中广布可塑性黏土，可用来烧制砖瓦。

三、分散元素

通过对矿井内各可采煤层进行了108个样品的分散、放射性元素分析，绝大部分样品的稀散放射性元素含量均未达工业要求，仅6009孔二$_2$煤层中镓及0709孔三$_2^2$煤层的铀含量达到工业品位。

各煤层顶、底板夹矸岩石中的镓元素比较富集，根据为数不多的样品测定结果，含量在3×10^{-5}以上的占50%～60%。各可采煤层的煤灰中镓含量大幅度增加，从15个样品煤灰分析结果看，有14个达到工业要求，镓含量最高达7.6×10^{-5}。由于赋存比较分散，目前没有回收利用价值。建议今后重视利用新技术从煤灰中回收镓资源。

第五节　煤炭资源储量及补充勘探

一、资源储量

1984年1月—1986年4月，河南省地质矿产局地质十一队开展了河南省永城煤田陈四楼井田精查工作，并于1986年4月提交了《河南省永城煤田陈四楼井田精查地质报告》。1986年8月27日，全国矿产储量委员会以全储决字〔1986〕093号文予以批准，获得地质储量30 396万吨，另有D级(三$_5$煤层)储量1 277万吨，天然焦4 151万吨。

2006年为推动企业改制和上市，对储量进行了核查，2007年1月编制完成了《河南省永城煤田陈四楼煤矿资源储量核实报告》，并经国土资源部矿产资源储量评审中心审查通过，批文为国土储备字〔2007〕060号文《关于〈河南省永城煤田陈四楼煤矿资源储量核实报告〉矿产资源储量》。截至2006年11月底，煤炭资源保有储量为28 788.50万吨，其中(111b)4 249.05万吨、(122b)6 776.42万吨、(333)17 763.03万吨，另有天然焦(333)4 151万吨(见表1-3-5)。

表1-3-5　截至2006年11月30日矿井保有资源储量汇总表　单位：万t

煤层	无烟煤				天然焦	备注
	111b+122b+333	111b	122b	333	333	
二$_2$	14 690.50	4 249.05	4 226.42	6 215.03	1 180	
三$_1$	3 507	0	1 294	2 213	0	
三$_2^2$	6 008	0	808	5 200	654	
三$_4$	3 306	0	448	2 858	2 317	
三$_5$	1 277	0	0	1 277	0	
全矿合计	28 788.50	4 249.05	6 776.42	17 763.03	4 151	

截至2021年12月31日，井田保有资源储量23 431.47万吨，其中，探明资源量为1 725.56万吨，控制资源量为4 706.08万吨，推断资源量为16 999.83万吨，另外天然焦4 151万吨。其中二$_2$煤资源量9 333.47万吨，三$_1$、三$_2^2$、三$_4$、三$_5$煤资源储量无变化。

二、补充勘探

建矿后进行的补充地质勘查工作均是针对前期地质勘查在局部存在地质工作不足而开展,据生产规划而有序进行,选用的勘查方法和手段以能有效解决采区生产可能遇到的地质问题为目标而设定,具有一定目的性。主要补充地质勘查工作叙述如下。

(一) 钻探工作

1991 年 10 月 15 日—1993 年 5 月 15 日,矿井基本建设阶段对陈四楼煤矿首采区进行了补充勘探,由豫中地质勘查工程公司第三工程处承担勘探,采用了钻探、数字测井和采样化验、二维地震等手段相结合的综合勘查。共施工钻孔 4 个,完成钻探工程量 2 160.74 米,控制了首采区 63～64 勘探线之间大巷水平标高和 66～67 勘探线之间的向斜构造形态,进一步控制了二$_2$煤层底板等高线及井田构造形态,并对煤质特征和瓦斯成分进行了测试,为该矿大巷设计和合理规划首采区工作面提供了技术资料。

2010 年 8 月 20 日—12 月 16 日,河南省地质矿产勘查开发局第十一地质队对五采区深部及八采区 61 线、03 线、62 线、71 线、68 线进行了补勘,采用了钻探、数字测井和采样化验等综合勘查,共施工勘探钻孔 9 个,完成钻探工程量 7 110.43 米,测井工程量 7 070.91 米,取样化验 21 件,进一步控制了煤层底板等高线及井田构造形态,为五采区深部、八采区开采设计提供了依据。

(二) 物探工作

1992 年 5 月—1992 年 7 月,河南煤田地质局物探测量队对陈四楼煤矿首采区进行了二维地震勘探。地震勘探范围南起 62 勘探线,北至 10 勘探线,东至二$_2$煤层露头,西(深部)至−450 米水平(即矿井水平大巷)。南北长 6.5 千米,东西宽 3.3 千米,面积约 15 平方千米。施工地震测线 64 条,测线长 151.43 千米,投入工作量 7 073 个物理点。完成 125 米×125 米勘探网,控制了 10 米以上落差的断层及二$_2$煤层露头,探明了二$_2$煤层埋深与新生界厚度,控制了采区地质构造形态。

自陈四楼煤矿从 1997 年投产至 2015 年已经实施了 8 次地面三维地震勘探工程,分别对二采区、六采区(现六、十八采区)、F_{18}断层以北、五采区(上部)、七采区、十一采区、五采区深部、八采区(现八、二十采区)、F_{18}断层以北的十四采区、十六采区等采区(区域)进行了三维地震勘探。累计勘探面积达到 46.3 平方千米,并编制了矿井三维地震勘探工作统计表。

自 2011 年 6 月至 2015 年,矿井分别与中国矿业大学(北京)和中煤科工集团西安研究院合作,对矿井五采区深部,六、十八采区,F_{18}断层以北的原十四、十六采区,以及八、二十采区三维地震资料进行了精细解释,解释面积达 17.5 平方千米。

2016 年,中煤科工集团西安研究院对陈四楼煤矿九采区三维地震勘探资料进行了精细解释,于 2017 年 2 月提交了三维地震勘探报告。

2017 年 6 月 10 日—2017 年 7 月 2 日河南省煤田地质局物探测量队对六采区重新进行三维地震勘探,勘探区面积 2.22 平方千米,布置线束 11 束,完成物理点 1 370 个。2017 年 7—8 月完成了资料处理和解释工作,9 月提交了三维地震勘探成果报告。三维地震工作及主要工作成果(详见表 1-3-6)。

表 1-3-6　矿井三维地震勘探工作统计表

勘探区域	勘探面积/km²	勘探单位	施工时间	报告提交日期	备注
五采区上部	4.1	河南煤田地质物探测量队	1998.04—1998.05	1998.12.30	
二、七采区	2.80	河南煤田地质物探测量队	2000.10—2001.03	2001.08.14	
十一采区	3.43	中国矿业大学(北京)、中国煤炭地质总局地球物理勘探研究院	2003.07—2003.09	2003.12.30	
六采区	3.71	安徽煤田地质局物探测量队	2004.04—2004.05	2005.01.08	现六、十八采区
F_{18}断层以北	9.37	煤炭科学研究总院西安分院	2005.01—2005.03	2005.12.17	现十、十二采区
五采区深部	3.0	安徽煤田地质局物探测量队	2006.09—2007.03	2007.09	
八采区	6.8	山东中煤物探测量总公司物探三公司	2009.02—2009.03	2009.12	现八、二十采区
六采区	2.22	河南省煤田地质局物探测量队	2017.06—2017.07	2017.09	

第六节　矿 井 测 量

一、矿区控制测量

1977—1980 年,河南省地矿局测绘队、煤炭部地测队、贵州省煤田地质勘探公司地测队,在陈四楼井田布设有三角点、小三角点及图根点,施测四等及等外水准。

1992 年 12 月,河南煤田地质局物探测量队建立陈四楼煤矿矿区地面测量控制网,埋石、建标和观测均按《国家三角测量和精密导线测量规范》要求进行。控制网系统为 1954 年北京坐标系,1956 年黄海高程系,三度带第 39 带,中央子午线为 117 度。

2004 年 3 月建立南风井 D 级 GPS 近井控制网,2006 年 4 月建立矿井工业广场地面 D 级 GPS 近井控制网,2007 年 10 月建立北风井 D 级 GPS 近井控制网。

二、矿井联系测量

矿井联系测量采用几何定向、陀螺定向技术。1992 年 3 月由淮北矿建 30 处完成风井井上下联系测量工作。1998 年 10 月由淮北矿建 30 处完成主副井两井定向及矿井联系测量工作。

(一) 导入方位

在进行联系测量工作前,应编制施测方案和技术措施,报矿总工程师批准。在进行联系测量工作时,应由一名测量负责人全面指挥。

1. 定向投点

为减小投点误差,投点和连接测量间应停止风机运转,否则应采取隔离或降低风的措施。在淋水大的井筒,应采取挡水措施。垂线放下后,必须检查重铊桶壁、桶底之间及垂线与井壁、井筒设备之间有无接触处。当确认无接触后,方可进行连接测量。采用几何定向时,一井定向的两垂线间井上、下量的距离的互差,一般应不超过 2 毫米。用陀螺经纬仪进行定向测量,需要投点传递坐标时,可采用钢丝投点或激光投点。投点的误差不得大于 20 毫米。

2. 陀螺经纬仪定向

测定仪器常数的地面已知边坐标方位角的精度应符合规程规定。井下定向边的两端点必须是永久导线点,并应尽量满足无淋水、风小和便于观测的条件;否则应采取措施。定向边的长度应大于 50 米。同一边任意两侧回测量陀螺方位角的互差,对 15″级和 25″级仪器分别不得超过 40″和 70″;井下同一定向边两次独立陀螺经纬仪定向平均值的中误差,对 15″和 25″级仪器分别为±10″和±15″,其互差分别不超过 40″和 60″。

(二) 导入高程

通过立井导入高程测量,可采用钢尺法、钢丝法或其他方法。井上下高程基点与尺(丝)上相应标间的高差,应用水准仪以两次仪器高进行测量,其互差不得超过 4 毫米。测量钢丝上、下两标志间的长度,将钢丝伸直,放在平坦的地面上,并对其施加与导入高程时所用重铊重量相同的拉力,用光电测距仪测量。

三、井下平面控制测量

井下平面控制分为基本控制和采区控制两类。类控制导线都应敷设成闭(附)合导线或复测支导线。基本控制导线按测角精度分为±7″、+15″两级,采区控制导线亦按测角精度分为±15″、±30″两级。

井下基本控制导线测设路线:南轨大巷、北轨大巷。陀螺定向导线边分布:井底大巷、北轨大巷北二车场及北十联附近;南轨大巷南五、南十一。井下基本控制导线采用 T2 经纬仪测角,光电测距仪测边。高程控制采用等外水准与三角高程相结合。

采区控制导线布设:北二轨道下山、北四轨道下山、-470(东西翼)轨道巷、-640 轨道下山、-640 辅助(东西翼)水平轨道巷、南五轨道下山、-720 轨道巷、南七轨道巷、南十一轨道下山。井下采区控制导线采用全站仪 7″导线与 15″导线相结合。

四、井下高程控制测量

井下高程点和经纬仪导线点的高程,在主要水平巷道中应用水准测量方法确定,在其他巷道中可根据具体情况采用水准测量或三角高程测量确定。水准测量应使用精度不低于 DS10 级的水准仪和普通水准尺进行。

井下高程点应设在巷道顶底板或两帮稳定岩体或井下永久固定设备的基础上,也可用永久导线点作为高程点。所有高程点都应统一编号，并将编号明显地标记在点的附近。一般每隔 300～500 米应设置一组高程点，两高程点间距离以 30～80 米为宜。

五、采区控制导线测量

井下采区控制导线采用全站仪 7″导线与 15″导线相结合。采区控制导线布设：北二轨道下山、北四轨道下山、－470（东西翼）轨道巷、－640 轨道下山、－640 辅助（东西翼）水平轨道巷、南五轨道下山、－720 轨道巷、南七轨道巷、南十一轨道下山。

六、施工测量

施工测量即高程施工放样，将工程设计在现场予以标定，为工程施工提供依据。主要表现为：巷道开口标定、巷道施工中腰线标定、巷道工程贯通测量、设备安装中心线标定等。

陈四楼煤矿施工测量使用仪器为全站仪，施工导线一般为 15″导线。在 3 000 米以上贯通工程中，采用 7″导线进行贯通导线测量。

施工测量工作重点：巷道开口标定、巷道拐弯中线标定、巷道变坡腰线标定、巷道工程贯通测量。

七、巷道中腰线标定

巷道中腰线标定主要表现为：巷道开口、拐弯中线标定，施工中腰线标定，巷道变坡腰线标定，以及设备安装中心线标定等。

巷道日常中腰线管理由施工单位负责，巷道中线使用激光指向仪控制。巷道施工导线每 90～120 米标定一次，在巷道拐弯、变坡及其他特殊情况时随时进行巷道施工测量。

八、贯通测量

巷道贯通测量按贯通导线长度分为 3 000 米以上大型贯通测量、3 000 米以下一般贯通测量；对 3 000 米以上大型贯通测量必须有贯通测量方案设计及贯通误差预计（包括批复）、贯通工作总结及贯通精度评定。

主要贯通工程：陈四楼煤副井与矿南风井贯通。

陈四楼煤矿是河南省永煤集团公司开发的第一座大型现代化矿井，原有 3 个井：主井、副井和中央风井，且同在一个工业广场内。由于开采到南部十一采区，单翼长度已超过 5 千米，为适应今后井下生产发展的要求，解决通风风量不足，以及风阻大的问题，建设了南风井。陈四楼煤矿副井深 476 米，南风井深 336 米，地面控制长度约 7 千米，井下控制约 7.2 千米，贯通导线总长约 15 千米，属两井间特大型贯通工程，为确保这项工程的顺利完成，我们在地面建立 D 级 GPS 控制网，并将 GPS 控制系统通过副井传入井下，实现了井上下统一坐标系统，同时对高程系统进行了井上下联测，也实现了统一的高程系统。为保证井上下 7.2 千米的导线精度，又分别在井底车场、南七车场附近及南十一轨道下山分别加测了陀螺边 3 条。

2006 年 6 月底该工程顺利贯通。本次贯通 K 点在水平重要方向的预计误差为±0.336

米,K点在高程方向上的预计误差为±0.158米,贯通后经实测,水平重要方向的实际偏差为0.178米,高程方向上的实际偏差为0.126米,均小于预计误差及允许偏差。

陈四楼煤矿南风井顺利贯通,为矿井下一步的生产经营发展创造了有利的条件,节省了大量的巷道整修、刷帮、卧底工程量,缩短了移交使用工期,降低了材料消耗费用。同时,通过此次贯通测量工作,解决了过去测量工作中出现的实际问题,如:利用本次GPS控制成果与此前资料比较,Y坐标相差60毫米,再次进行校检测量。

结合考虑多年来地表下沉因素,经过分析决定采用本次坐标系统;通过副井重新导入高程,初步得出了矿区地表整体下沉位移数据,为矿区地面建筑物变形观测提供了极有价值的理论指导,为研究陈四楼煤矿甚至整个永城矿区因地下水流失造成地表移动下沉这一重大课题提供了有力的证据。

九、矿图与地形图测量

(一)矿井基本矿图

采掘工程平面图1∶5 000。

井田区域地形图1∶5 000。

井上下对照图1∶5 000。

主要巷道平面图1∶5 000。

工业广场平面图1∶1 000。

工业广场保安煤柱平、剖面图1∶5 000。

井底车场平面图1∶500。

主、副、风井井筒断面图1∶500。

风井保安煤柱平、剖面图1∶2 000。

(二)地形图测量

1977—1980年编制永夏矿区地形图的比例尺为1∶5 000,主要以航测像片为依据,采用综合法,分工法成图。1982年煤炭部地测队将地形图编绘成1∶10 000聚脂薄膜底图。1985年河南省地质矿产局地质十一队对地形图的图廓尺寸及误差较大方格网进行了纠正,编制成陈四楼煤矿地形地质图的底图。2004年对地形图进行了矢量化处理,形成了电子版地形图底图。2016年7月陈四楼煤矿与西安煤航信息产业有限公司合作完成了矿区地形图航测,更新了矿井区域地形图。

(三)基本矿图

(1) 1977—1980年编制永夏矿区地形图的比例尺为1∶5 000,主要以航测像片为依据,采用综合法,分工法成图。

(2) 1982年煤炭部地测队将地形图编绘成1∶10 000聚酯薄膜底图。

(3) 1985年河南省地质矿产局地质十一队对地形图的图廓尺寸及误差较大方格网进行了纠正,编制成陈四楼煤矿地形地质图的底图。

(4) 2004年对地形图进行了矢量化处理,形成了电子版地形图底图。

(5) 2016年7月陈四楼煤矿与西安煤航信息产业有限公司合作完成了矿区地形图航测,更新了矿井区域地形图。

十、岩层和地表移位测量

自2005年3月以来,陈四楼煤矿经过几年的努力,在南十一首采区21104首采工作面建立了E、W、N、S 4条观测线,为建立陈四楼煤矿地表移动变形预测方法和预测参数体系提供了实测基础。因此,有必要也有可能建立陈四楼煤矿地表移动变形预测方法和预测参数,为合理留设各类保安煤柱提供科学依据,减少不必要的压煤损失,指导“三下”压煤开采及合理调整采区和工作面布局,保证生产正常接续,为编制陈四楼煤矿“三下”采煤规程提供基础数据。

2008年10月,河南龙宇能源股份有限公司与河南理工大学合作完成了“陈四楼煤矿地表移动观测及移动参数研究”项目。通过实测资料收集、整理、分析,提出了研究报告。通过实测资料分析得到的综合移动角与边界角,基本上反映的是松散层移动角与边界角,从较为准确的角度出发,建议留设各类保护煤柱时,可采用综合移动角。理论分析给出的陈四楼煤矿基岩移动角与边界角,是以淮北矿区的松散层移动角$\varphi=41°$为依据的。

结合村庄建筑物采动损害程度,进一步进行抗变形建筑物的试验研究,分析不同开采方式下的地表移动变形规律,总结本矿地表移动变形与建筑物破坏程度之间的规律,为陈四楼煤矿乃至永煤矿区以后“三下”压煤开采积累经验。

十一、测量作业方法及作业模式

矿山测量包括外业工作和内业工作。

外业工作包括井下中腰线标定、设备安装十字线标定、基本控制导线测量、贯通导线测量、导线延伸、水准测量、地面水准测量、主要建筑物沉降变形测量、塌陷区测量等。

内业工作包括外业记录整理、内业计算、图纸填绘,碎步资料收集、填图,月度交换图填绘及专业标准化资料整理等。

安全管理:根据工程施工进度及时、准确发送施工巷道开口通知单,施工巷道跨越、穿越老巷、相邻老巷或采空区等安全通知单,巷道贯通通知单,确保巷道工程施工安全。

导线测量作业方式:资料准备→仪器、设备准备→现场检验→导线测量(标定)→内业资料整理→填图→发送通知单。

导线测量作业模式:仪器对中整平→后视正镜读数→前视水平角(竖直角)正镜读数→前视水平角(竖直角)倒镜读数→后视倒镜读数→搬站→中腰线标定。

十二、矿山测量内业工作

矿山测量内业工作包括外业记录整理、内业计算、图纸填绘,碎步资料收集、填图,月度交换图填绘及专业标准化资料整理等。

安全管理:根据工程施工进度及时、准确发送施工巷道开口通知单,施工巷道跨越、穿越老巷、相邻老巷或采空区等安全通知单,巷道贯通通知单,确保巷道工程施工安全。

陈四楼煤矿矿山测量仪器见表 1-3-7。

表 1-3-7 矿山测量仪器

序号	名称	型号	生产厂家	备注
1	经纬仪	DJ6	北京光学仪器厂	报废
2	水准仪	DS3	北京测绘仪器厂	报废
3	陀螺定向仪	Ji-C13/360°	匈牙利嫫母仪器厂	报废
4	测距仪	REDMIN12	唐山煤炭研究院	报废
5	精密水准仪	Ni005A	瑞士维尔特仪器厂	封存
6	数字水准仪	DINI0.3	TRIMBLE	正常使用
7	全站仪	DTM352	日本尼康仪器厂	正常使用
8	晒图机	飞星 4000	天津飞星科技有限公司	正常使用
9	绘图仪	HP-Z6200	美国惠普公司	正常使用

第二篇

矿井建设与建置

陈四楼煤矿地处我国东部煤炭调入区，煤种为该区紧缺的优质无烟煤，它的建成和投产对改善该区能源状况起到积极作用。矿区交通方便，铁路支线接轨点、电源、水源及材料供应等外部协作关系落实可靠，本矿井具备先期开发条件；井田内主要可采煤层赋存稳定、储量丰富、资源可靠、开采技术条件比较简单，矿井投产之后取得了比较好的经济效益。

矿井采用立井单一水平上下山开拓方式，井口大致位于井田中央，矿井开采深度由－300 米至－900 米标高，工业场地内设置主井、副井和中央风井 3 个井筒，初期采用中央并列式通风方式，后期南北两翼各建立一风井，通风方式变成两翼对角式通风。矿井主可采煤层为$二_2$、$三_1$、$三_2^2$、$三_4$和$三_5$煤层，三煤组与二煤组之间采用“上行”开采顺序，初期先开采$二_2$煤层，采煤方法为倾斜长壁后退式采煤法和走向长壁后退式采煤法，全部垮落法管理顶板。矿井于 2015 年 4 月 10 日发生煤与瓦斯突出事故，升级为煤与瓦斯突出矿井。

第一章　矿井建设

第一节　规划设计

一、职能机构

1984年年初，煤炭部成立河南省煤炭工业管理局永城矿区指挥部，永城矿区项目设计管理工作由河南省煤炭工业管理局统管，设计单位为煤炭部郑州煤矿设计研究院。

1989年3月，成立永城矿区项目建设临时管理委员会和现场办事处。

1992年2月，永夏管委会成立专责项目设计部门总工办，负责委托设计单位的确定，设计方案审定，设计合同签订，图纸供应计划制定，设计进度把控等项目设计具体管理工作。

1993年2月10日，《关于成立陈四楼煤矿项目部的通知》(永夏人字〔1993〕05号)，为加强陈四楼煤矿投产前的筹备工作，做好接产前的准备，按照基本建设管理体制的要求，经研究，撤销陈四楼项目组，成立陈四楼煤矿项目部，刘云涛兼任项目部经理。

1995年2月28日，《关于成立陈四楼煤矿筹备处及戴光林等四同志任职的通知》(永夏人劳字〔1995〕06号)，为加快矿井基本建设，确保临时出煤任务的完成，经研究撤销陈四楼煤矿项目部，成立永夏矿区管委会陈四楼煤矿筹备处。

1996年3月5日，《关于成立陈四楼煤矿投产领导小组的通知》(永夏办字〔1996〕15号)，为加强陈四楼煤矿投产前的领导力量，综合协调各方面的关系，检查督促各参建单位按时完成任务，集中力量解决陈四楼煤矿遇到的问题，确保陈四楼煤矿1997年顺利投产，经管委会研究决定，成立陈四楼煤矿投产领导小组。

1996年9月13日，《关于陈四楼煤矿试生产的编制定员情况的报告》(永夏办字〔1996〕164号)，陈四楼煤矿实行矿、队两级管理，全矿定员1 772人，其中管理人员152人。设置11个职能科室，定员178人，其中管理人员77人，设16个基层队、厂、公司，定员1 594人，其中管理人员75人。采煤队作业方式为“四六”制，即三班生产一班检修，其他单位实行“三八”制。

1997年1月29日，撤销陈四楼煤矿筹备处，正式成立陈四楼煤矿。

1997年10月8日，《关于陈四楼煤矿机构设置和管理人员定员问题的请示》(陈矿字〔1997〕091号)，为了保证陈四楼煤矿按期投产和有利于今后生产发展的需要，按照精干高效的原则和上级领导意见，陈四楼煤矿拟设10个职能科室，13个队(厂)。全矿管理人员166人，其中：机关60人，队(厂)106人。中层管理人员职数76人，其中：机关20人，队(厂)56人。

二、矿区规划

1986年7月10日,煤炭工业部基建司〔1986〕煤基设字第130号《关于几项设计任务安排的通知》,设计任务安排如下:① 陈四楼煤矿井设计由河南省煤矿设计院承担,含矿井专用线。山东煤炭设计院负责咨询。② 陈四楼煤矿选煤厂由选煤设计院承担。③ 永城矿区自备电厂由规划设计院承担。④ 永城矿区居住区、机厂等单位工程,是否进行设计招标,在确保建设进度前提下,由河南煤管局确定。⑤ 永城矿区建设开发计划由邯郸施工组织研究所为主承担,河南煤矿设计院协作进行。

1986年7月10日,《关于永城矿区陈四楼煤矿与洗选车间设计分工协商纪要》中具体设计分工如下:① 从箕斗接受仓给煤机前溜槽以下,包括预筛分、主洗车间、原煤仓、装车仓、储煤场及所有连接的皮带栈桥均划入洗选车间部分,其全部设计由选煤院承担。锅炉房及上煤系统由河南院设计。② 电源、水源、供热、办公及福利设施、排矸系统、机修车间、生活污水处理等由矿井设计(河南院)统一考虑。洗选车间所需用电量、用水量、热负荷、设备小修及保养维修量、洗矸量及其发热量等由选煤院向河南院提供基础资料。洗选车间的生产污水处理由选煤院设计。③ 铁路站场设计由选煤院承担,设计应考虑后期接薛湖矿井的可能性,有关客车线及材料线的要求,由河南院提出。④ 矿井工业场地布置中,生产区(包括洗选车间及储装运系统)与井口的相对位置由双方根据井上下要求协商,并向部汇报后确定,一般情况下不再变动。洗选车间的场地布置由选煤院提出,河南院汇总。⑤ 河南院承担工业场地的测量,选煤院承担工业场地的工程地质勘探。⑥ 初步设计文件(包括说明书、附图、概算书、设备清册)分为矿井部分和洗选车间部分,分别由河南省郑州煤炭设计院和选煤院编制与出版。

陈四楼煤矿根据设计规定征购土地749.1亩,其中工业广场304.5亩,居住区245.1亩,公路195.41亩。实际征购土地870.9亩,其中工业广场310.64亩,居住区384.65亩,公路175.71亩。

主井、副井、风井3个井筒检查孔,由地质三队于1987年完成,同年11月提出了总结报告。1988年2月河南省煤炭工业管理局组织进行评审,其冻土资料由北京建井所提供,工程地质由河南省郑州煤炭设计院完成,提交了地质资料。

1990年2月1日,由中国统配煤矿总公司两淮特殊凿井公司负责的中央风井井筒开工建设,井筒深度416.1米,成井直径5.2米,采用钻井法施工。1991年12月18日,中央风井井筒竣工。

1990年7月26日,由河南矿业建设第三工程公司一工区负责的主井井筒开工建设,井筒总深499.077米,直径5米,采用冻结法施工。1992年3月17日,主井井筒竣工。

1991年2月20日,由中国统配煤矿总公司三十工程处负责的副井井筒开工建设,井筒深度501.3米,直径6.5米,采用冻结法施工。1992年9月20日,副井井筒竣工。

1986年2月21日,煤炭工业部〔1986〕煤基字第101号文《关于河南省永城矿区总体设计的预审意见的报告》中,一致同意永城矿区总体设计方案,拟将永城矿区建成一个技术先进、机械化水平高、用人少、高效率、工期短、出煤快、高效益、文明生产和生活环境优美的中国式的现代化新型矿区。

1986 年 5 月 8 日，国家计划委员会〔1986〕722 号文《关于河南省永城矿区总体设计的批复》中，同意陈四楼煤矿建设规模定为 240 万吨/年。

1987 年 3 月，河南省郑州煤炭设计研究院编制出《河南省永城市陈四楼煤矿井初步设计方案》。

1987 年 8 月 17 日，煤炭工业部〔1987〕煤基字第 422 号文《关于河南省永城矿区陈四楼煤矿井初步设计的批复》中，同意陈四楼煤矿井初步设计方案。

矿井主要运输大巷基本上沿二$_2$煤层开凿，主要运输方式为带式输送机，井下辅助运输为大巷架线电机车、采区单轨吊、重型设备为无轨车的联合运输系统；投产采区设在工业场地保安煤柱两侧，倾斜长壁（俯斜）后退式开采方式，以 3 个综采工作面保证设计生产能力；主井提升采用多绳塔式绞车，装备一对 20 吨箕斗，井筒净直径 5.0 米；副井提升为多绳落地绞车，装备 1.5 吨矿车二层四车一窄一宽两个罐笼，井筒净直径 6.5 米；通风设备为 GAF25-12.5-1 轴流式通风机，中央风井井筒直径 5.0 米；矿井铁路专用线自矿区集配站接轨，正线里程 15.86 千米；永久电源取自永城 220 千伏区域变电站，其输电线路由水电部投资建设并管理；设置坑口洗选车间，按跳汰三产品设计，自主井接受仓给煤机溜槽以下起至铁路装车站，设计由选煤院承担；由于矿区机修和材料供应体制的改革，矿井工业场地内只设简单的维修车间和小型材料供应站；家属住宅和单身宿舍设在中心居住区内，生活服务由矿区提供；矿井装备了 KJ 型环境、工况监测系统及电子计算机管理系统，对保障矿井安全生产，实现矿井科学化管理将起到积极作用。

三、设计项目

（一）井田境界

东以二$_2$煤层露头；西以 F_2 及 F_9 断层为界；南以 F_6 断层与城郊井田为界；北以 F_{11} 断层为界。南北走向长 12 千米；东西斜倾宽 6 千米。井田面积约 73 平方千米，工业储量 30 396 万吨，可采储量 20 467 万吨。

（二）矿井设计生产能力及服务年限

矿井设计生产能力为 240 万吨/年，服务年限为 65.6 年。

（三）井田开拓方式

由于第四系冲积层比较厚，平均 348.73 米，煤层埋藏较深，故采用立井单一水平上下山开拓方式。

主、副、风井 3 个井筒同在一个工业广场上，初期采用中央并列式通风系统。

（四）井筒工程

1. 井筒用途及装备

（1）主井：净直径 5.0 米，装备一对 20 吨底卸式 6 绳箕斗，用于提煤，兼作辅助进风井。采用球扁钢组合罐道，罐梁采用树脂锚杆固定，井筒内敷设动力电缆及信号电缆。

(2) 副井:净直径 6.5 米,准备一对 1.5 吨双层四车多绳罐笼(一宽,一窄),用于提人、设备、进风及其他辅助提升。井筒内装备悬臂钢罐道梁,组合钢罐道及单孔梯子间。敷设排水管、压风管、洒水管、动力电缆和信号电缆,罐梁及梯子梁均用树脂锚杆固定。

(3) 中央风井:净直径 5.2 米,装备双孔密闭梯子间,用于回风,兼作安全出口,梯子梁用树脂锚杆固定,副井、风井梯子间分别采用玻璃钢壁网、壁板和钢筋砼踏板,所有金属构件要酸洗、钝化及防腐。

2. 井壁结构

(1) 主井:表土段井壁厚度 950～1 300 米,稳定基岩段井壁厚度 400 毫米,表土段深部最大压力处外壁厚 600 毫米左右,内壁厚 700 毫米左右。自表土垂深 100 米以下在冻结壁上铺设 50～100 毫米厚的聚苯乙烯泡沫塑料,并在内外层井壁间铺设聚乙烯(或油砧)防水层。

(2) 副井:表土段井壁厚度 950～1 500 毫米,稳定基岩段井壁厚度 450 毫米,表土段深部最大压力处外壁厚 650 毫米左右,内壁厚 850 毫米左右。铺设聚苯乙烯泡沫塑料及聚乙烯防水夹层的原则同主井。

主副井井筒井壁混凝土标号为 300～500#,其外壁与冻结壁之间的可压缩围板厚度,应视土层冻胀力大小、冻土蠕变性能并根据实际观测情况进行调整。

(3) 中央风井:考虑采用三级钻进,最后一级扩孔直径 7.4 米左右,沿井筒全深将井壁分为两段,垂深 150 米以上为第一段,井壁厚度 500 毫米;垂深 150 米以下为第二段,井壁厚度 700 毫米,沿井筒深度改变混凝土标号及配筋率以适应地压的变化。最大井壁厚度是按 500#混凝土进行设计的。

(五) 井底车场

1. 井底车场型式

井下大巷煤炭运输采用带式输送机,井底车场轨道系统仅为辅助运输服务,故采用单环卧式车场。

副井空重车线各取 1.5 列车。

2. 井底车场硐室

(1) 装载系统的位置。为远离 L8 灰岩,将装载硐室设在−450 米水平以上。

(2) 在−450 米水平井底车场设有主泵房、管子道、主变电所、电机车修理间、调度室、等候室、清理撒煤硐室、消防列车库及井下火药库。

(3) 风井落底与煤仓上口同在−370 米水平。−370 米与−450 米之间有 28 斜巷连通,箕斗装载硐室、给煤皮带硐室设在−399.73 米水平。

(4) 井底煤仓型式、容量及主井底清理洒煤方式。

在−370 米与−399.73 米之间,设有 1#和 2#井底煤仓,分别接纳南北两翼来煤,型式为圆筒直仓,容量均为 600 吨,总容量为 1 200 吨。

主井底洒煤经漏斗落入沉淀池,脱水后经电扒清理装入矿车,送副井提出。

(5) 水仓布置。

井底车场两侧设主、副水仓，总容量 7 137 立方米，可容纳 8 小时矿井正常涌水量。

(6) 井下火药库。

火药库为壁槽式，容量 1 200 千克。

(7) 井底车场及硐室工程量。

巷道：1 942.3 米，硐室：19 002 立方米。

（六）运输大巷

1. 运输方式

皮带运输大巷采用 DX 型钢丝绳芯高强带式输送机运煤。

轨道运输大巷采用 10 吨架线电机车牵引 3 吨侧底卸式矿车。

2. 井下辅助运输

正常采插时架线电机车、蓄电瓶电机车和单轨吊。

综采工作面安装拆除时，架线机车和无轨车。

（七）矿井提升

1. 主井

一对 20 吨标准同侧装卸箕斗。提升设备选用 6 绳直径 4 米塔式摩擦轮绞车，选用 2 600 千瓦交流同步电动机、6 千伏，48 转/分钟。

2. 副井

一对 1.5 吨矿车二层四车多缆罐笼（一宽一窄）。提升设备选用 4 绳直径 3.5 米落地式绞车。选用 1 150 千瓦悬挂式直流电动机、6 千伏，48 转/分钟。

（八）矿井通风

初期采用中央并列式通风系统。在风井安装两套通风设备（其中一套备用）。

全矿井需要风量：150 立方米/秒。

最小负压：1 960 帕。

最大负压：2 905.7 帕。

选用 K 型风机。

（九）矿井排水

1. 主排水设备

矿井正常涌水量：894 立方米/小时。

矿井最大涌水量：1 627 立方米/小时。

排水高度：486.3 米。

选用 DS450-100×6 型水泵，5 台（2 台工作，2 台备用，1 台检修）。

配电机：γK1250-z/990 型，1250 千瓦，6 千伏。

2 趟排水管，正常涌水时 1 趟工作，1 趟备用，最大涌水 2 趟同时使用。

井深 200 米内选用排水管直径（外径×壁厚，下同）为 426 毫米×10 毫米的无缝钢管，其余排水管选用直径 426 毫米×14 毫米的无缝钢管。

2. 副井底水窝排水设备

涌水量 13 立方米/小时，排水高度 25 米，选用 IS65-50-160 型离心水泵 2 台(1 台工作，1 台备用)。配电机 γB132S_1-2 型，功率 5.5 千瓦。选用钢管作为排、吸水管。

(十) 矿井压风

因最远采区 8 500 米，不宜采用集中空压机站供风。

井上、下分设，地面设 4 台 4L-20/8 压风机(3 台工作，1 台备用)。配电机 JR127-8 型 130 千瓦，380 伏。

井下设 3 台 HPy21-15/7-K 型滑片移动式空压机(其中 1 台备用)，其他 2 台随大巷掘进头供风。配 1 趟直径 108 毫米×4 毫米无缝管。

(十一) 矿井供电与通信

1. 永久电源

引自商丘 220 千伏变电站，在永城建 220 千伏交电站，以两回 110 千伏输电线路，直接向矿井变电所供电，作为永久电源。

永城 220 千伏交电站建成之前，矿井施工用电可由永城 110 千伏交电站供给，该电源是单回 110 千伏线路经夏邑虞城引自商丘 220 千伏变电站，1 台变压器，由地方集资建。

为保矿井安全用电，矿区拟建自备电厂。

建井期间，可从新庄矿井引入一回电源，由淮北电厂供电，以保证冻结和钻井时施工用电。

2. 电力负荷

全矿设备总台数 289 台，全矿设备总容量 22 324.3 千瓦矿井 110 千伏变电站，6 千伏母线最大负荷，计算有功负荷 13 113.8 千瓦，计算无功负荷 10 805.7 千瓦，计算视在容量 16 992.2 千伏安，自然功率因数 0.77。

3. 矿井送变电

矿井在东南角建 110 千伏变电站。设 3 台双线圈变压器为主变压器(2 台运行，1 台备用)。

(1) 地面主副井绞车，扇风机均采用双回 6 千伏供电。

(2) 110 千伏变电所 6 千伏配电室供洗选车间用电。

(3) 副井口设 6 千伏变电所。

(4) 井下供配电：电源取自地面 110/6 千伏变电站，由副井下 3 根 3×120 平方毫米时电缆到副井底变电所。由主井下 5 根 3×120 平方毫米电缆，其中 2 根到主井底变电所。另 3 根分别到南翼一号配电所、南翼二号配电所、翼 1 号配电所。

副井底变电所选 KS7-315/66/0.69 千伏矿用变压器 2 台。

KYGG-1Z 型矿用一般型高压真空开关柜 14 台。

主井底变电所选用 KS7-315/66/0.69 千伏矿井交压器 2 台。KYGG-1Z 型开关柜 13 台。

井下动力电压采用 6 千伏、1 140 伏、660 伏三级。

4. 矿井通信

(1) 行政调度通信设 KTzJ-1 型矿用自动电话通信系统。

(2) 矿井对外通信,矿井对矿务局架空通信电缆 50 对。

(3) 调度室设 SCR-100 型一点多址无线电通信系统。

(4) 矿井设袖珍无线电话 5 部,感应电话 1 部,便携式分机 50 部。

(十二) 矿井供水及供热

1. 供水

本矿井水源主孔在广场西侧 2 千米井径直径 200 毫米,井深 240 米,含水层厚 46.42 米,出水量 127.86 立方米/小时。

水质除含氟超标外,其余均合乎饮水标准,另外在五孔北侧 100 米处,有一管井 300 毫米,井深 240 米,两孔向工业广场供水,可满足用水要求。

2. 供热

地面供热水:安装 2 台四川乐山产 LSB 型半煤气生活用锅炉,容量 2 立方米。供热锅炉:选用福州锅炉厂的 SHL10-13-W_{II} 型链条锅炉。

水处理选用安阳水处理设备厂的 SL-15 型流动床水处理设备 2 台,每台处理水量 15 立方米/小时。

(十三) 矿井排矸

本矿井地势平坦低洼,按设计要填高 1.1～1.6 米,建井期矸石全部填垫工业广场。

生产期的矸石填垫采空塌陷区,采用高位翻车机汽车排矸系统,初期未有塌陷区时,增加初期临时排矸场。

(十四) 工业广场总平面

矿井工业广场位于黄淮冲积平原的东部,地势平坦。地面绝对标高＋34.6 米,考虑防洪设计井口标高为＋36.8 米,其他建筑不低于＋35.8 米,广场内普遍垫高 1.1～1.6 米,总填方量为 20.5 万立方米。

工业广场南距永城县城 8 千米,东南距矿区中心区 15 千米,有公路相通,工业广场为东西向长布置,占地 19.07 公顷。根据功能分为 3 个区,主井以东为生产区,设有地面生产系统和洗选车间。副井以北为辅助生产区,设有维修车间、材料供应、装卸场,副井西、南面为生产管理和生活福利区。有行政福利联合建筑、汽车库和食堂。按改革要求取消了矸石山、坑木场和材料库。

(十五) 居住区建筑及公共福利设施

按照永城矿区地面总体改革的精神,陈四楼煤矿居住区设在永城县城东北 6 千米,沱河北岸距矿井约 15 千米,占地 16.24 公顷,命名为牡丹小区,建筑面积 111 440 平方米(包括施工用房)。设有行政管理、文教、商业、饮食服务等公共事业建筑,住宅以条状和少量点式建筑,条状多层占总住宅面积的 68%,点式多层占 32%,条状为 5 层,点式为 6 层。

单身宿舍为高层公寓式建筑有电梯、卫生间和阳台。

(十六) 矿井环境保护

矿井预计三废排放量:

废水:21 100 吨/年。

废渣矸石:360 000 吨/年,生活垃圾和灰渣等:5 000 吨/年。

废气井下排风:590 400 立方米/小时。

锅炉排放烟尘:90 吨/年。

锅炉排放二氧化硫:55 吨/年。

处理方法:

(1) 污水处理:矿井排出水采用斜管沉淀池处理后,一部分作为洗煤补充用水,大部分经排水沟排到韩沟流到沱河。

地面工业废水与生活污水直接外排到韩沟流到沱河。

(2) 废渣处理:煤矸石及炉灰、垃圾全部充填采空塌陷区。

(3) 烟尘和粉尘的处理:锅炉装有旋风除尘器,矿井不设矸石山。装备 BP-60 型洒水车 1 辆,流动洒水。

(4) 噪声控制:在扇风机和压风机出口处装有消音器,使噪声小于 90 分贝。

(5) 绿化:在矿区道路两旁,建筑物之间进行绿化,种植灌木、槐树、矮小花草,绿化面积不得少于 15%。

(十七) 矿井设计主要技术经济指标(见表 2-1-1)

表 2-1-1 陈四楼煤矿矿井设计主要技术经济指标

序号	名称	单位	指标	备注
1	矿井设计生产能力			
	(1) 年产量	万吨	240	
	(2) 日产量	吨	8 000	
2	矿井服务年限	年	65.6	
3	矿井设计工作制度			
	(1) 年工作天数	天	300	
	(2) 日工作天数	班	3	
4	煤质(二$_2$煤层)			
	(1) 牌号		A	
	(2) 灰分	%	13.74	
	(3) 挥发分	%	7~10	
	(4) 硫分	%	0.46	
	(5) 水分	%	0.5~2.0	
	(6) 发热量	千卡/千克	7 124	
5	储量			
	(1) 地质储量	万吨	30 396	
	(2) 可采储量	万吨	20 467.4	

表 2-1-1(续)

序号	名称	单位	指标	备注
6	煤层情况			
	(1) 可采煤层	层	4	
	(2) 可采煤层总厚度	米	6.85	
	(3) 煤层倾角	度	4～8	
	(4) 煤的容重	吨/立方米	1.46	(二$_2$煤层)
7	井田范围			
	(1) 走向长度	千米	12	
	(2) 倾斜宽度	千米	6	
	(3) 井田面积	平方千米	73	
8	开拓方式			
9	水平数目		单水平	
	水平标高	米	－450	
10	井筒净直径			
	(1) 主井	米	5	
	(2) 副井	米	6.5	
	(3) 风井	米	5	
11	三个煤量与可采期			
	(1) 开拓煤量	万吨,年	2 002.5,6.7	
	(2) 准备煤量	万吨,年	947.5,3.2	
	(3) 回采煤量	万吨,年	269.0,12.8	
12	采区个数	个	2	
13	采煤工作面个数及长度	个,米	3,570	
	采煤工作面装备		综采	
14	采煤工作面年进度	米	1 200	
15	采煤方法		倾斜长壁	
16	顶板管理方法		全部冒落	
17	采煤机械化装备			
	(1) 采煤机械		MXA-300/3.5	
	(2) 工作面支架型式		ZY35B	
	(3) 工作面运煤机械		SGZC-730/320	
	(4) 中巷运煤机械		DSP-1080/1000	
18	掘进工作面个数			
19	井巷工程总量			
	(1) 巷道总长度	米	24 899.6	
	(2) 巷道掘进总体积	立方米	377 787.6	
	(3) 万吨指标	米/万吨	103.7	
		立方米/万吨	1 574.1	

表 2-1-1(续)

序号	名称	单位	指标	备注
20	井下大巷运输			
	(1) 运输方式		运煤:带式输送机	
			辅运:电机车	
	(2) 电机车型号及数量	型号/台	ZK7-6/250/3	
	(3) 矿车类型及数量	型号/辆	MG1.7-6A/188	
	(4) 大巷带式输送机		GX 型 B=1000	
21	提升			
	(1) 主井提升设备及容器		直径 4 米×6 塔式绞车	初期定重 22 吨
			20 吨箕斗	
	(2) 副井提升设备及容器		直径 3.5 米×4 落地绞车	
			1.5 吨二层四车多绳罐笼(窄宽各 1 个)	
22	通风			
	(1) 沼气(或二氧化碳)	等级	低沼气矿井	
	(2) 通风方式		中央并列式	
	(3) 扇风机型号及数量	型号/台	GAF25-12.5-1	
23	排水			
	(1) 涌水量:正常/最大	立方米/小时	894/1 627	
	(2) 水泵型号及数量	型号/台	DS450-100×6/5	
24	压缩空气			
	(1) 压缩空气总需要量	立方米/秒	81.6	
	(2) 空气压缩机型号及数量	型号/台	4L-20/8 型/4	
25	供电			
	(1) 电动机总容量	千瓦	22 324.3	
	(2) 变压器总容量	千瓦时	33 310	
	(3) 矿井年耗电量	千瓦时	53 039×10^3	
	(4) 吨煤耗电量	千瓦时	22.1	
26	供水			
	(1) 水源(管井及井下水)	眼	2	
	(2) 日用水量	立方米/天	3 900	
27	锅炉型号及台数	型号/台	链条炉	
28	准轨铁路专用线长度	千米	15.86(单项工程)	
29	场外窄轨铁路长度		—	
30	场外公路长度		10.5	

表 2-1-1(续)

序号	名称	单位	指标	备注
31	建筑面积和体积			
	(1) 工业场地建筑物及构筑物总体积	立方米	91 358.9	
	(2) 面积	平方米	13 044.8	
	(3) 工业场地行政福利建筑总面积	平方米	17 398	
	(4) 居住区建筑总面积	平方米	99 260	
32	单眷比		6∶0.4	
33	矿井总占地面积		48.18	
	(1) 工业场地		18.5	
	(2) 风井场地		0.57	
	(3) 居住区		16.34	
	(4) 场外公路		12.77	
34	职工在籍总人数	人	2843	
35	劳动生产率			
	(1) 回采工效率	吨/工	26.4	
	(2) 全员效率		4	
36	建设总投资	万元	34 146	
	井巷工程		9 413	
	地面建筑工程		4 383	
	设备购置		10 011	
	安装工程		2 073	
	其他费用		8 266	
37	吨煤投资	元	142.3	
38	原煤经营成本	元/吨	17.13	
39	投资回收期	年	29	
40	投资收益率	%	8.75	
41	设备重量及三材消耗			
	(1) 设备重量	吨		
	(2) 钢材	吨	17 849	
	(3) 木材	立方米	18 363	
	(4) 水泥	吨	72 690	
	建设期限	月	54	
	移交生产至达到设计产量	月	30	

四、设计改革

(1) 矿井井筒需穿过巨厚的新生界地层，其中下部又有厚层的膨胀性钙质黏土层，在特殊凿井技术方面存在一定的难度,设计将相应的课题列为科研项目,计入基建投资。并建议组成由科研、设计、施工单位组成的科研及技术攻关小组,解决该井特凿技术方面的难题。

(2) 设计对井下辅助运输系统进行了改革和尝试,综采设备搬家采用无轨车,目前国内尚无产品,建议引进美国英格索兰公司的蓄电池无轨支架移运车,或引进样机,国内试制。与单轨吊相配套的起吊设备、人车、材料吊架、集装箱以及材料捆扎设备等的研制与配套,列为科研项目。

(3) 主井提升设备拖动电动机(功率 2 600 千瓦)的电气控制设备,无论是晶闸管直流供电系统,还是晶闸管"交—直—交"交流变频调速系统,目前国内均不能制造,为此建议,本矿井主井提升电气控制设备由国外引进。

(4)在永城 220 千伏变电站建成之前,矿井施工用电由永城县 110 千伏变电站供给。该电站系地方集资兴建,仅 1 台变压器,为单电源,为保证施工安全,可另从新庄矿井引入一回电源,由淮北供电。为此,建设单位应抓紧另一回电源的落实工作,并应加快矿区自备电厂的建设。

(5) 为尽可能缩短副井安装占用井口的时间,及早利用副井永久提升设备担负建井期间的提升工作,设计拟采用永久井架凿井,此项工作必须取得井筒施工单位的紧密配合,并应有材料供应和加工的保证,方能达到预期的效果。同时,设计和施工中一些技术问题也有待解决,为此建议将此作为一个专题研究项目,由设计和施工单位共同担负。

(6) 井田内地面村庄密布,几乎所有采区的开采都涉及地面村庄问题。开采期间的村庄搬迁是一项繁重工作,将直接影响生产成本和生产接替。为此,建议先在矿区内现有生产矿井(葛店或新庄)开展岩移观测及造地复田、造地建村及就地建村、村庄下采煤等各项试验和研究,有效地解决本矿井(矿区)村庄压煤的开采问题。该项目有建设(生产)、科研(或学校)及设计单位参加,可作为本矿井配套的科研项目。

(7) 本矿井为新开发矿区第一对开工的统配矿井,加上矿区地面布置改革的要求,矿区生产服务与生活服务设施集中在距矿井工业场地 15 千米远的矿区中心居住区,矿井建设的配套工程及前期准备工作量相当大,例如铁路、公路、供电、通信及供水工程;为矿井服务的居住区及公用设施,机修、材料供应等生产服务工程,均需与矿井同步或提前建成。特吁请各级领导及建设单位重视并抓紧落实矿井的这些前期准备工作及配套工程。

(8) 本矿井各主要生产环节及工艺系统均采用了先进技术和装备,因此应重视接产人员的技术培训工作,对先进技术装备的操作、维修及管理等方面应进行专门训练,以形成一支具有较高技术素质、层次分明、结构合理并能协调配合的接产队伍。

(9) 根据河南省煤炭设计研究院 1987 年 3 月矿井初步设计,矿井采用立井单水平上、下山开拓,主井、副井、中央风井 3 个立井,一个水平,上、下山开采,大巷水平标高为−450 米,在−450 米水平并列布置胶带运输及轨道运输两条大巷。1994 年 11 月,陈四楼煤矿井井检验孔施工后,发现井筒附近煤层底板等高线比原初步设计抬高了 7.0 米,矿井开拓水平由原来的−450 米,提高到−440 米水平。

第二节　新矿建设

一、建设过程

施工准备之前，建设单位应办好征地手续。陈四楼煤矿根据设计规定应征购土地749.1亩，其中工业广场304.5亩，居住区245.1亩，公路195.41亩。实际征购土地870.9亩，其中工业广场310.64亩，居住区384.65亩，公路175.71亩。

陈四楼煤矿主井、副井、风井3个井筒检查孔。由地质三队已于1987年完成，同年11月提出了总结报告。1988年2月煤管局组织进行了评审，其冻土资料由北京建井所提供，工程地质由河南院完成，提交了地质资料。

1990年2月1日，由中国统配煤矿总公司两淮特殊凿井公司负责的中央风井井筒开工建设，井筒深度416.1米，成井直径5.2米，采用钻井法施工。1991年12月18日，中央风井井筒竣工。

1990年6月11日，〔1990〕豫煤基字第408号《关于永城矿区陈四楼煤矿井开工申请报告》，永城矿区陈四楼煤矿井按批准的施工组织设计要求，于1989年初完成了“四通一平”准备工作。通过招标选定的施工单位，按合同规定，也相继进场，为井筒开挖做了大量准备工作。施工准备工作已经就绪，具备了正式开工条件，经研究准备主井、风井于1990年7月10日开工。

1990年7月26日，由河南矿业建设第三工程公司一工区负责的主井井筒开工建设，井筒总深499.077米，直径5米，采用冻结法施工。1992年3月17日，主井井筒竣工。

1990年9月28日，永管办字〔1990〕063号《河南省永城矿区陈四楼煤矿井铁路用地申请》，陈四楼煤矿井铁路需征地66.081公顷(991.21亩)。

1991年2月20日，由中国统配煤矿总公司三十工程处负责的副井井筒开工建设，井筒深501.3米，直径6.5米，采用冻结法施工。1992年9月20日，副井井筒竣工。

1993年1月5日，《关于陈四楼煤矿修改主井井底装载系统的批复》(煤技综字〔1993〕69号)，根据陈四楼煤矿井下具体条件，同意永夏矿区管委会提出的去掉定量斗，改用板式定量输送机系统。

1993年3月10日，《关于陈四楼煤矿瓦斯等级评估结果的报告》(永夏工字〔1993〕06号)，报告结论为：“预测的矿井最大绝对瓦斯通出量为32.78立方米/分钟，最大相对瓦斯通出量为5.90立方米/天。”“该矿井预测为低沼气矿井。”

1994年6月7日，《关于陈四楼进矿公路四项工程招标结果的批复》(豫煤基字〔1994〕238号)：① 陈四楼进矿公路工程由永城县公路段中标承包施工。工程总包价为：121.90万元。② 光明路改造工程由河南矿业建安公司中标承包施工，工程总包价为：199.13万元。③ 通信调度楼工程由中煤建安公司六处中标承包施工，工程总包价为：216.63万元(即七十二处报价)。④ 热电厂二期开关站工程由河南矿业建设一公司承包施工。议标总包价为：500万元。

1994年7月29日，《关于陈四楼煤矿井初设部分修改及概算调整意见的函》，陈四楼煤矿井初步设计作部分修改，其概算亦作相应调整。

1995年10月20日，《关于陈四楼煤矿铁路专用线竣工移交的报告》，陈四楼煤矿井铁路专用线工程，于1991年11月开工建设，在各施工单位的努力下，该工程于1995年5月底，已全部竣工。1995年6—7月，经自检，初验和多次整修，工程质量达到规范要求。7月份，煤炭部河南煤炭矿工程质量监督中心站进行核验，共认证68个单位实体工程，工程质量合格率为100%，其中优良单位工程35个，折合后为52个，优良品率为51.4%，综合评定分为82.83分，该单项工程评定等级为优良工程，工程质量符合规定要求，可以交付运营。

二、矿井投产

1997年1月27日，陈四楼煤矿正式布置首采面设备安装。

1997年4月30日上午，陈四楼煤矿2002高档普采工作面采煤机、刮板运输机、转载机地面联合试运转圆满成功。

1997年10月16日，《关于永夏陈四楼煤矿竣工验收的批复》（煤厅字〔1007〕410号）：同意陈四楼煤矿移交生产并组成国家验收委员会，国家验收委员会主任委员由煤炭工业部副部长张宝明担任；副主任委员由国家计委、劳动部、煤炭工业部、国家开发银行、河南省人民政府、河南煤炭工业管理局各1人担任；验收委员会其他委员的组成同意你局上报意见。

1997年10月22日，陈四楼煤矿下发了投产后第一份《采掘作业规程管理办法》的通知，使技术管理工作逐步实现正规化、标准化。

1997年11月6日，永城煤电集团有限责任公司开发建设的第一对大型现代化矿井陈四楼煤矿正式投产，标志着矿井从基建时期向正式生产矿井转变。是年，生产原煤10多万吨。

第三节　选煤厂建设

一、规划背景

陈四楼选煤厂设计方案分别于1986年11月和1987年1月经河南省煤炭厅、煤炭工业部基建司选煤处审查通过，根据审批意见，开展陈四楼煤矿选煤厂设计，计划于1988年开工。

陈四楼选煤厂位于陈四楼煤矿工业场地东部，铁路站场南侧，煤矿主井东侧，场区建筑布置呈扇形，其平均宽度约120米，东西向占地长330米。南北向占地长240米。整个工业场地占地约5公顷。选煤厂厂区内以生产厂房为主。水、电、暖、风各源头均于厂矿之间，故较方便而经济。

陈四楼厂区正面由煤矿主井至原煤准备车间，至主厂房，至3个直径22米的大原煤仓等建筑组成，呈带状布置，中间以来回的皮带走廊相通。高度在30～50米，体量也较大，形成相互联系的立体轮廓丰富的厂矿建筑群，充分体现了现代化工厂企业的建筑面貌。

陈四楼选煤厂地处我国东部煤炭调入区，靠近工农业生产较发达的华东地区，煤种为该区紧缺的无烟煤，它的开发对缓和华东能源紧张状况具有积极意义。本矿区交通十分方便、电源、水源及材料供应等条件较为优越，预测投产后会取得较好的经济效益和社会效益。

二、选煤厂设计

陈四楼选煤厂是一座矿井无烟煤选煤厂，于1990年与陈四楼煤矿同步设计完成，1992年7月开始施工，1997年11月建成投产，原设计处理能力为214万吨/年，工作制度为300天/年、14小时/天，服务年限65.6年。采用跳汰选煤方法。入洗煤源为陈四楼煤矿生产的毛煤。毛煤含矸率不大于2.5%，经过筛分手选破碎后的原煤干基灰分不大于25.30%，全水分不大于6.0%。入洗粒度范围13～80毫米，主要产品结构为：洗中块、洗小块、末原煤、洗精煤为产品的工艺。2003年3月份开始施工增设三系统和浮选系统，于2002年投入使用，原为陈四楼原设计压滤煤泥掺入末原煤一同运输、储存并销售。

原设计生产工艺采用原煤跳汰—煤泥浮选工艺，经过毛煤筛分破碎等准备工艺进入跳汰工艺，再经过筛分脱水生产出中块、小块、粒煤和末精煤等产品。跳汰筛下水进入煤泥浮选。尾矿压滤，其中洗末精煤产品获得了“河南省名牌”的称号。由于取消了惯用的厂外煤泥沉淀池，煤泥水、事故水处理均采用浓缩机和原料及产品装储及煤仓，从而使厂区的粉尘污染度大大减少。

三、选煤厂建设

1992年7月1日，陈四楼选煤厂由中平设计工程承包公司以总承包形式开工建设，建安施工队伍由招标选定，同月开工建设。土建施工由中煤七十二处和河南煤炭建安五处负责，厂房设备安装工程由中煤九十二处负责。设计厂房结构框架砖混结构，1997年11月6日建成与矿井同步投产。

初始洗选工艺以跳汰为主的设计方法，处理能力240万吨/年。陈四楼选煤厂建设概算总投资13 853.81万元，其中：建设项目总造价13 639.81万元，铺底流动资金214万元。实际累计完成投资13 757.49万元，主要资金来源为国家开发银行硬贷款5 579万元，国外投资借款5 538万元，投资公司基金委托借款829万元，开行硬贷款贴息拨款53万元。主要建筑：原煤筛分破碎车间，主厂房，浓缩池，装车仓，生产水池，集中水池，矿井污水处理站，办公楼。

四、选煤厂改造情况

1999年9月10日，钢厂高炉喷吹技术成熟末精煤需求大增，在原主厂房南侧增建了末原煤入洗第三系统厂房(2001年12月，建成投产使用)。

2001年10月20日，陈四楼选煤厂全年入选了240万吨毛煤，达到了建设产能标准。

2004年5月8日，陈四楼选煤厂增建了煤泥干燥系统，计划煤泥干燥产品掺入末原煤中销售。由于市场原因，煤泥干燥系统现未使用。

2005 年 2 月 6 日，陈四楼选煤厂为满足销售需要，增建了 6 000 吨容量新末精仓，同时为增加地销煤场自然容量，减少铲车输送堆放量增建了 762 末原煤排放栈桥。

2018 年 5 月 26 日，陈四楼选煤厂扬尘污染防治暨生产系统改造工程（储煤棚）合同签订。合同双方为陈四楼选煤厂与河南国龙矿业建设有限公司，合同固定总价为 1 038 万元，合同主要包括手选矸石棚、压滤煤泥棚和精煤棚的建设施工。

2018 年 12 月 6 日，陈四楼选煤厂扬尘污染防治暨生产系统改造工程（栈桥及装车点）合同签订。合同双方分别为陈四楼选煤厂与河南国龙矿业建设有限公司，合同固定总价为 1 258 万元，合同主要内容包括生产系统改造项目中的栈桥、块精煤装车点、中煤装车点及相关转载点的建设施工。

第四节　矿井改扩

一、矿井改扩

1990 年 2 月 1 日，陈四楼煤矿中央风井井筒施工开工，设计深度 416.1 米，成井直径 5.2 米，钻井法施工。

1991 年 2 月 20 日，陈四楼煤矿副井井筒开工，设计深度 501.3 米，直径 6.5 米，冻结法施工。

1992 年 3 月 17 日，陈四楼煤矿主井井筒竣工。

2004 年 11 月 5 日，陈四楼煤矿南风井开工。井筒深度 366.5 米，直径 5 米，由中煤特殊工程公司采用钻井法施工，2005 年 8 月 19 日竣工投用，南风井担负南七采区以南各用风地点供风，在南七采区总回风处形成分风点，缓解南翼总回风巷风量超速问题，总投资 5 172.17 万元。

2007 年 10 月 2 日，陈四楼煤矿北风井开工。井筒深度 462.2 米，直径 5 米，由中煤五公司三处第六工程处采用冻结法施工，2008 年 3 月 6 日竣工投产，总投资 7 916.86 万元。

2008 年 3 月 6 日，陈四楼煤矿北风井井筒竣工。

2009 年 2 月 23 日，河南省煤炭工业管理局豫煤行〔2009〕84 号文《关于永煤公司陈四楼煤矿等 16 对矿井生产能力核定结果的批复》中，同意陈四楼煤矿按 450 万吨/年的生产能力组织生产。

二、矿井产能核准变更

陈四楼煤矿 1990 年 7 月 26 日正式开始建设，1997 年 11 月 6 日投产，矿井设计生产能力 240 万吨/年，2007 年核定生产能力 350 万吨/年，2009 年核定生产能力 450 万吨/年，2016 年核定生产能力 378 万吨/年，2020 年核定生产能力 450 万吨/年。

第五节　铁路公路建设

一、公路建设

陈四楼煤矿进矿公路于1988年3月开工建设，由河南省煤矿设计院设计，永城市建筑公司施工，全路段工程量是8.99千米，路基宽度9米，路厚为18厘米，工程结构是灰土路基，沥青路面。矿井西侧有老永砀公路，距永城老城8千米，距砀山58千米，在矿井区域东侧新永砀路距矿井4.22千米。进矿公路定于1989年5月份完成，公路全部柏油路面，外部三材机械装备可由砀山火车站卸车，通过新老永砀公路运至陈四楼煤矿矿区，芒山的土产材料，灰、沙、石均可通过该公路进入陈四楼煤矿区。1989年4月份建成通车使用。

1996年9月10日，开工建设陈四楼矿区销煤公路为南北公路，工程全长570米，路面宽7米，结构类型：为基层矸石层和夯实土层，18厘米碎石垫层，5厘米石屑层，20厘米C30混凝土面层。材料用量：一级碎石832立方米、石屑243立方米、C30混凝土850立方米。销煤公路南侧与进矿区公路相连。该销煤公路于1996年11月25日建成使用。

二、铁路建设

（一）矿区整体铁路设计

1986年，根据《关于河南省永城矿区总体设计的批复》（国家计委〔1986〕722号），批准矿区铁路青永直线在国铁青（龙山）阜（阳）线青町车站接轨，至永城市侯岭乡设集配站启动矿区铁路建设大幕。至2005年，各铁路专用线、车站、道口等相应设备相继完工，形成服务矿山建设和煤炭运输的自营铁路系统网。

矿区线路总长116.8千米，共有铁路专用线5条，其中正线77.271千米，站线39.531千米，现有车站9个、铁路道口76个，铁路桥梁40座，沿线涵洞236座。

（二）陈四楼装车站设计

陈四楼煤矿专用线技术条件装车站初期为一尽头式车站，后期延伸可通向薛湖矿；站坪预留整列接发长度，初期到发线长480米，后期780米。装车线为尽头式，单点装车，铁牛后调车。初期装车站位机车等装，后期可与薛湖矿配成整列，即到发线能整列接发车，装车线每股道装1/4列。不设牵出线，利用正线调车。

陈四楼煤矿铁路专用线1992年开工建设，1996年建成，建成共计5股道，Ⅱ道为正线。1997年开通运营，2008年4月9日改扩建，2008年7月由6502电器集中微机联锁控制升级电器集中联锁设备，成为矿区首个具备整车装车能力的车站。

设计考虑了矿井、选煤厂职工通勤及矿外客运的简易设施。设计考虑了投产后所必需的机车、通勤客车车辆及乘务人员和调车组，开通矿职工上下班硬座客车，用一台轨道车牵引陈四楼煤矿客车运输，方便职工上下班。

第二章 矿井建置

第一节 建置沿革

一、隶属沿革

陈四楼煤矿建设初期,由永夏矿区建设管理委员会全面统筹。《关于成立永夏矿区建设管理委员会陈四楼项目组的通知》(永夏办字〔1991〕114号),1991年3月成立陈四楼项目组,刘云涛、张亚祥先后担任组长。

1993年2月,《关于成立陈四楼煤矿项目部的通知》(永夏人字〔1993〕第05号),撤销陈四楼项目组,成立陈四楼煤矿项目部。刘云涛、戴光林先后主持工作。

1995年2月,《关于启用"永夏矿区管委会陈四楼筹备处"印章的通知》(永夏办字〔1995〕6号),撤销陈四楼煤矿项目部,成立陈四楼煤矿筹备处。

1996年1月3日,陈四楼煤矿投产领导小组成立,刘云涛任组长。

1997年1月,《关于成立陈四楼煤矿及王佳英等同志任职的通知》(永夏人字〔1997〕18号),撤销陈四楼煤矿筹备处,成立陈四楼煤矿。

2020年10月,《关于陈四楼选煤厂、车集选煤厂、城郊选煤厂、新桥选煤厂隶属关系变更及吴鼓勇等4名同志职务任免的通知》(永煤党发〔2020〕107号)、《关于成立中共陈四楼煤矿选煤厂总支委员会及郝春建等3名同志职务任免的通知》(陈矿党字〔2020〕41号),撤销陈四楼选煤厂机构,合并归陈四楼煤矿。

二、机构设置

按照《中华人民共和国安全生产法》《煤矿安全规程》《煤矿安全生产标准化管理体系基本要求及评分办法(试行)》《河南省安全生产条例》和两级公司的相关文件要求,结合矿井工作实际,截至2021年陈四楼煤矿安全生产管理组织机构设置如下:

陈四楼煤矿安检科;

陈四楼煤矿通风防突科;

陈四楼煤矿调度室;

陈四楼煤矿机电科;

陈四楼煤矿生产科;

陈四楼煤矿地测科;

陈四楼煤矿综合办;

陈四楼煤矿纪检监察科;

陈四楼煤矿党委宣传部；
陈四楼煤矿党委组织部；
陈四楼煤矿培训科；
陈四楼煤矿财务科；
陈四楼煤矿经管科；
陈四楼煤矿劳资科；
陈四楼煤矿工会办；
陈四楼煤矿保卫科；
陈四楼煤矿供应科；
陈四楼煤矿综采一队；
陈四楼煤矿综采二队；
陈四楼煤矿综采准备队；
陈四楼煤矿综采安装队；
陈四楼煤矿综掘一队；
陈四楼煤矿综掘二队；
陈四楼煤矿综掘三队；
陈四楼煤矿综掘四队；
陈四楼煤矿开拓一队；
陈四楼煤矿开拓二队；
陈四楼煤矿开拓三队；
陈四楼煤矿开拓五队；
陈四楼煤矿机电队；
陈四楼煤矿皮带队；
陈四楼煤矿通风队；
陈四楼煤矿探防队；
陈四楼煤矿运输队；
陈四楼煤矿抽放队；
陈四楼煤矿服务公司；
陈四楼煤矿选煤厂。
陈四楼煤矿安全生产管理组织机构网络图见图 2-2-1。

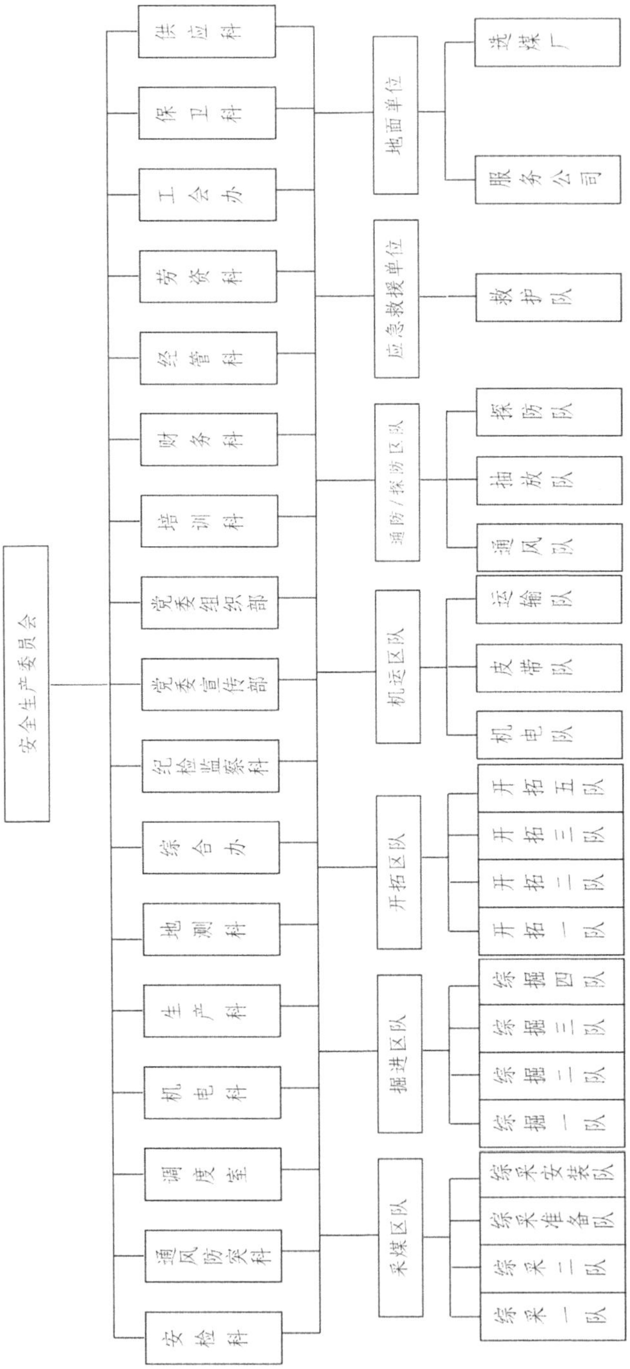

图 2-2-1　2021 年陈四楼煤矿安全生产管理组织机构网络图

第二节　领导体制

一、矿井历任矿长及任职时间

1995—2021年陈四楼煤矿历任矿长情况见表2-2-1。

表2-2-1　1995—2021年陈四楼煤矿历任矿长一览表

序号	姓名	职务	任职时间	备注
1	戴光林	筹备处主任	1995.02—1997.01	陈四楼煤矿筹备处
2	王佳英	矿长	1997.01—2000.02	陈四楼煤矿
3	陈祥恩	矿长	2000.02—2001.01	陈四楼煤矿
4	李伍成	代理矿长	2001.01—2002.08	陈四楼煤矿
5	李伍成	矿长	2002.08—2003.05	陈四楼煤矿
6	张延明	矿长(兼)	2003.05—2004.06	陈四楼煤矿
7	马正兰	矿长	2004.06—2007.12	陈四楼煤矿
8	曹志安	矿长	2007.12—2010.02	陈四楼煤矿
9	杨青松	矿长	2010.02—2011.12	陈四楼煤矿
10	王向东	矿长	2011.12—2012.09	陈四楼煤矿
11	王　珏	矿长(试用期一年)	2012.09—2013.09	陈四楼煤矿
12	王　珏	矿长	2013.09—2014.03	陈四楼煤矿
13	李顺峰	矿长	2014.03—2015.05	陈四楼煤矿
14	曾朝辰	矿长(试用期一年)	2015.05—2016.05	陈四楼煤矿
15	曾朝辰	矿长	2016.05—2019.01	陈四楼煤矿
16	王　伟	矿长	2019.01—2020.06	陈四楼煤矿
17	刘志明	矿长	2020.07—2021.07	陈四楼煤矿
18	张文康	副矿长(主持工作)	2021.07—2021.12	陈四楼煤矿
19	张文康	矿长	2021.12—	陈四楼煤矿

二、矿井历任党委书记及任职时间

1995—2021年陈四楼煤矿历任党委书记情况见表2-2-2。

表2-2-2　1995—2021年陈四楼煤矿历任党委书记一览表

序号	姓名	职务	任职时间	备注
1	戴光林	党委书记	1995.02—1997.01	陈四楼煤矿筹备处
2	陈祥恩	党委书记	1998.03—2000.02	陈四楼煤矿
3	王佳英	党委书记	2000.02—2001.01	陈四楼煤矿

表 2-2-2（续）

序号	姓名	职务	任职时间	备注
4	张延明	党委书记	2001.01—2007.04	陈四楼煤矿
5	符清玉	协助陈四楼煤矿党委工作	2007.12—2007.04	陈四楼煤矿
6	陈群忠	党委书记	2010.03—2015.05	陈四楼煤矿
7	周　荣	党委书记	2016.08—2017.02	陈四楼煤矿
8	刘和永	党委书记	2017.08—2020.03	陈四楼煤矿
9	王　伟	党委书记	2020.06—2021.07	陈四楼煤矿
10	张文康	党委副书记（主持工作）	2021.07—2021.12	陈四楼煤矿
11	聂济刚	党委书记	2021.12— 2023.09	陈四楼煤矿
12	李　明	党委书记	2023.09—	陈四楼煤矿

三、矿井历任领导班子副职名录

雒发生　周俊杰　丛子月　刘兴彦　张世芳　张延明　马正兰　苗　壮　赵德军
戚民恩　魏　东　杨联合　王洪海　申顺更　袁德铸　邓文兴　陈群忠　武梅良
王太续　黄传清　汤　桦　李矿军　王　珏　王利伟　邢顶门　袁　俭　何　松
别新立　黄　涛　韩　彦　亢生彩　梁　雷　符如康　龚子敏　刘　斌　孟　磊
王小国　张根东　奂光润　李爱军　赵　伟　李　明　郝明月　李　磊　刘德成
张　飞　户红旗　吴鼓勇　韩建成　孙镇泉　曹建民

四、“三重一大”管理机制

2013 年 9 月 4 日，为加强陈四楼煤矿反腐倡廉建设，规范领导班子成员决策行为，提高决策水平，防范决策风险，进一步促进企业科学发展，根据《中国共产党党内监督条例（试行）》、《关于进一步推进国有企业贯彻落实“三重一大”决策制度的意见》（中办发〔2010〕17 号），省委、省政府和集团公司“三重一大”决策制度推进实施的相关规定，永煤控股《关于印发永城煤电控股集团有限公司贯彻落实“三重一大”决策制度实施细则的通知》（永煤控股〔2013〕3 号）等相关规定，结合矿井实际情况，制定了《陈四楼煤矿贯彻落实“三重一大”决策制度》（陈矿办字〔2013〕150 号）。

制度规定，陈四楼煤矿凡属重大决策、重要人事任免、重大项目安排和大额度资金运作（以下简称“三重一大”）的事项必须由矿领导班子集体作出决定，任何班子成员不得擅自决定。紧急情况下由个人或少数人临时决定的，应当在事后 24 小时内向矿领导班子、党委报告；临时决定人应当对决策情况负责，矿领导班子、党委在事后按程序予以确认。建立健全党政联席会议、党委会、矿长办公会议事规则，明确“三重一大”事项的决策规则，完善职工参与、专家咨询和集体决策相结合的决策机制。

2020 年 8 月 20 日，为规范完善陈四楼煤矿“三重一大”决策机制，进一步提升陈四楼煤矿会议决策效能，确保矿井决策更加合法合规、科学规范、务实高效，进一步促进陈四楼煤矿科学发展，根据《关于规范“三重一大”会议制度的通知》(永煤控股〔2018〕66号)、《规范“三重一大”决策机制提升法人治理水平工作指引(试行)》(永煤控股〔2018〕67号)、《永城煤电控股集团有限公司关于进一步提升会议决策效能的通知(试行)》(永煤党发〔2020〕82号)等文件精神，结合陈四楼煤矿实际，印发了《陈四楼煤矿“三重一大”决策制度》(陈矿党字〔2020〕32号)。陈四楼煤矿重大决策、重要人事任免、重大项目安排和大额度资金运作等事项必须由集体研究讨论后作出决定，决策机构在决定“三重一大”事项时，坚持以下原则：

(1) 党的领导：坚持发挥党委的政治核心和领导核心作用，“三重一大”决策前坚持党委先议，提出意见和建议。

(2) 各司其职：必须按照“三重一大”决策职能分工及相关权限，分别提交相应的机构审议决策，各负其责、协调运转、有效制衡。

(3) 依法进行：遵守国家法律法规、党内法规和有关政策，保证决策合法合规。

(4) 民主决策：充分发扬民主，广泛听取意见，充分进行讨论，保障决策的科学性。

(5) 保守秘密：对会议未通过的事项、限定范围内的事项、属于企业秘密的事项，不得泄露。

第三篇

煤炭生产

根据陈四楼煤矿地质条件、煤层赋存条件、开采技术条件、采煤方法及机械装备水平等综合因素，矿井划分为南北两翼，布置大巷向南北方向延伸。随着新工艺、新装备、新技术、新材料的不断发展并推广应用，由于矿井地质条件的变化矿井采区规划和巷道布置进行多次优化，采用采区式布置，矿井布置11个采区。

矿井采用立井单水平上、下山开拓，主井、副井、中央风井3个立井，一个水平，上、下山开采，大巷水平标高为－440米，在－440水平并列布置胶带运输、轨道运输及通风3条大巷。

第一章　采区划分与巷道布置

第一节　采区划分

为便于采区区分，南翼用奇数数字北翼用偶数数字命名。南翼划分为南一采区、南三采区、南五采区、南七采区、南九采区、南十一采区、南十三采区、南十五采区、南十七采区；北翼划分为北二采区、北四采区、北六采区、北八采区、北十采区、北十二采区、北十八采区、北二十采区。

一、首采区、首采面布置

矿井以快速即效目标把首采区布置在－450 米水平以上北翼一采区，首采面为北翼一采区 2101 综采工作面。1995 年 5 月 25 日，皮带顺槽车场竣工长度 176 米；1996 年 8 月，皮带顺槽竣工长度 1 010 米；1997 年 3 月 25 日，轨道顺槽竣工长度 1105 米；1997 年 1 月 27 日，正式布置首采面设备安装；2101 工作面采用倾斜长壁工作面布置方式，俯斜后退，走向长度 833 米，工作面长为 185 米。

二、采区与工作面

南一采区布置 2100、2104、2104 炮采工作面 3 个和 2101、2102、2103、2104、2105 综采工作面 5 个，2002 年工作面回采结束（图 3-1-1）。

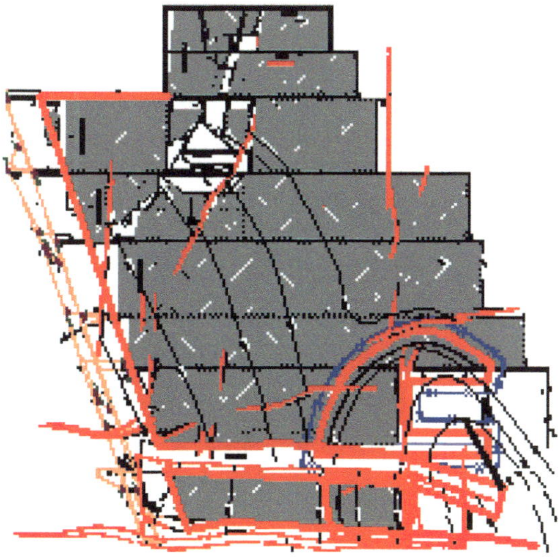

图 3-1-1　南一采区工作面布置图示

南三采区截至目前仅布置2301炮采工作面1个,于2003年回采结束(图3-1-2)。

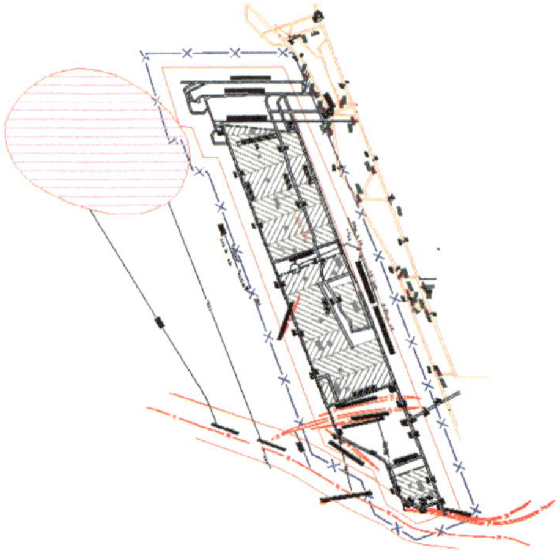

图3-1-2　南三采区工作面布置图示

南五采区布置2501、2503、2504炮采工作面3个和2505、2506、2507、2509、2513、2515、2517综采工作面7个,采区将于2022年回采结束(图3-1-3)。

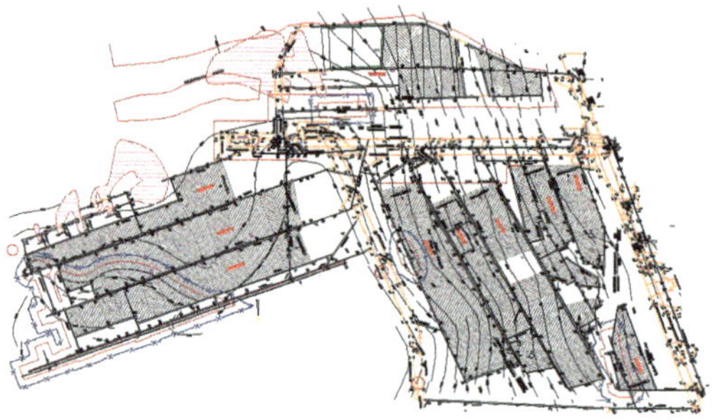

图3-1-3　南五采区工作面布置图示

南七采区布置2704、2711、2712、2716、2718炮采工作面5个和2701、2703、2705、2706、2707、2708、2709、2710、2712、2713、2715、2717、2721综采工作面13个,采区于2009年回采结束(图3-1-4)。

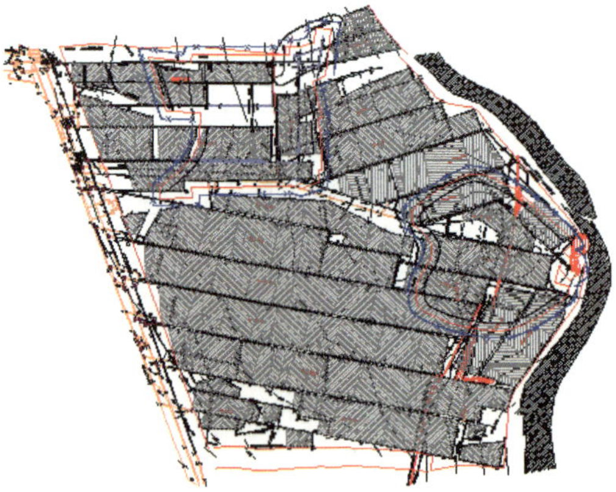

图3-1-4　南七采区工作面布置图示

南九采区布置 2901、2902、2903、2904、2905 综采工作面 5 个，采区正在回采(图 3-1-5)。

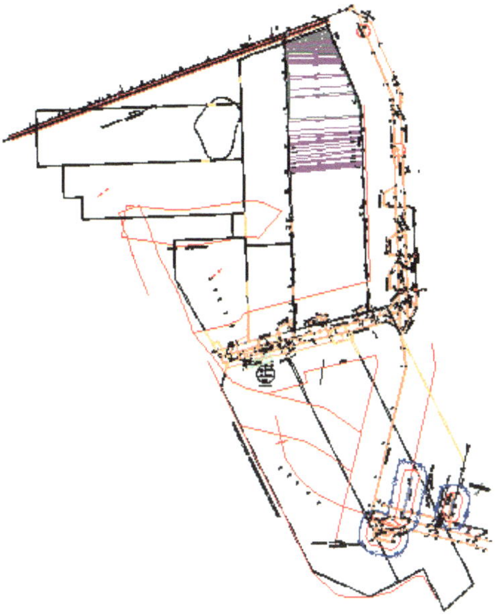

图 3-1-5　南九采区工作面布置图示

南十一采区布置 21100、21103、21104、21106、21107、21108、21109、21111、21112 综采工作面 9 个，采区于 2012 年回采结束(图 3-1-6)。

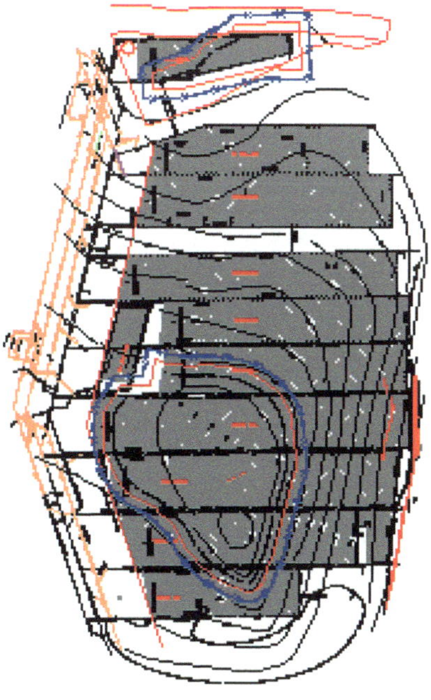

图 3-1-6　南十一采区工作面布置图示

南十三采区布置 21301、21302、21303、21304、21305、21307、21309 综采工作面 7 个，采区于 2012 年回采结束(图 3-1-7)。

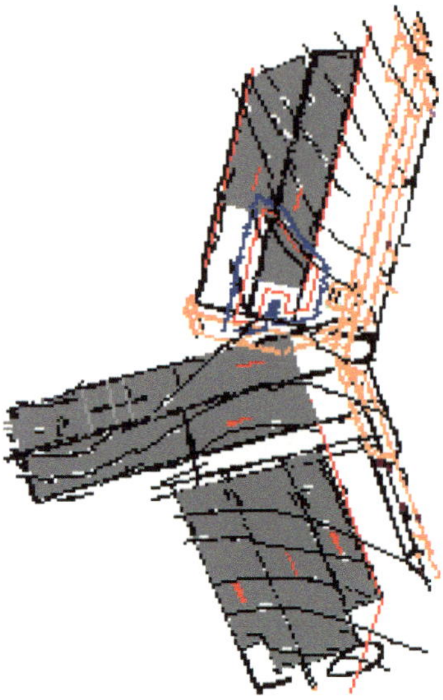

图 3-1-7　南十三采区工作面布置图示

南十五采区布置 21501、21502、21503 综采工作面 3 个,采区于 2015 年回采结束(图 3-1-8)。

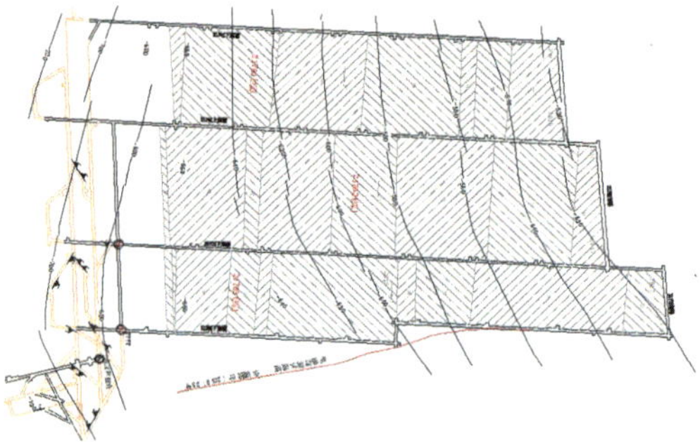

图 3-1-8　南十五采区工作面布置图示

南十七采区布置 21701、21702、21703 综采工作面 3 个,采区于 2017 年回采结束(图 3-1-9)。

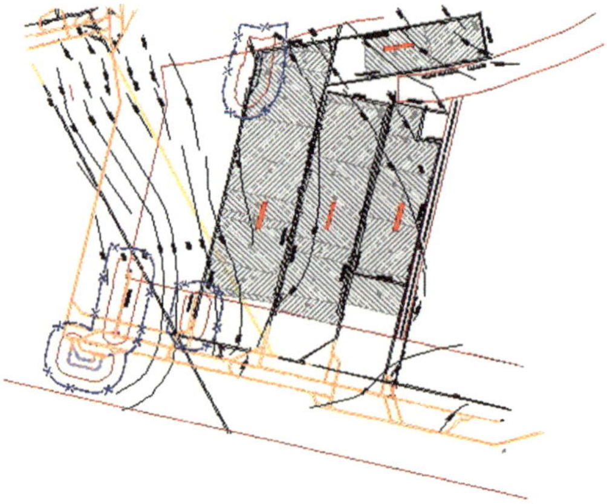

图 3-1-9　南十七采区工作面布置图示

北二采区布置1个2002高档普采工作面和2200、2201、2202、2203、2204、2205、2206、2207、2208、2209、2210、2211、2212、2213、2216综采工作面15个，采区于2009年回采结束(图3-1-10)。

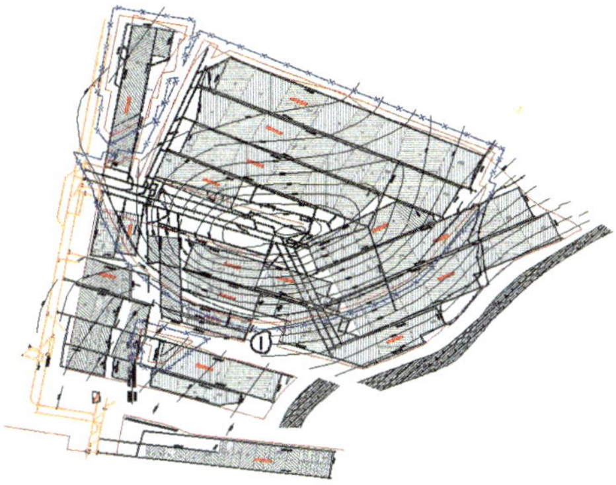

图3-1-10　北二采区工作面布置图示

北四采区布置2403、2404、2405、2406、2407炮采工作面5个和2401、2402、2408、2409综采工作面4个，采区于2009年回采结束(图3-1-11)。

图3-1-11　北四采区工作面布置图示

北六采区设计2601、2602、2603、2604综采工作面4个，采区未开始回采(图3-1-12)。

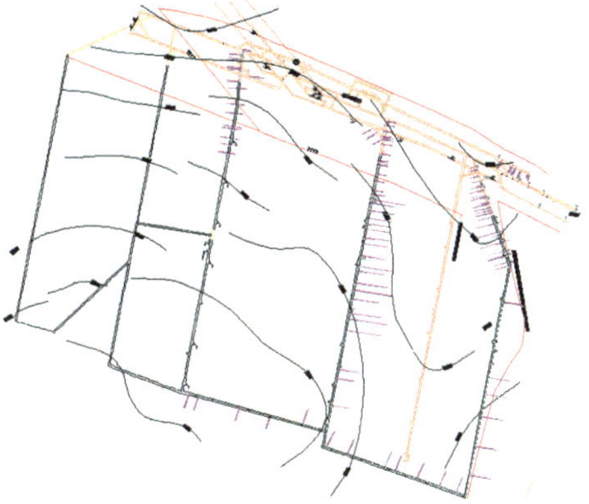

图3-1-12　北六采区工作面布置图示

北八采区布置 2801、2802、2803、2804 综采工作面 4 个，采区正在回采(图 3-1-13)。

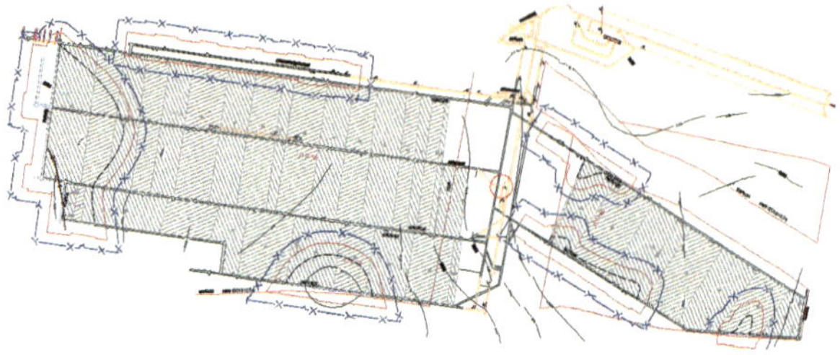

图 3-1-13　北八采区工作面布置图示

北十采区布置 21001、21002、21003、21004、21005、21006、21007、21008、21009、21011、21012、21014、21015、21016、MZ201、MZ202 综采工作面 16 个，采区正在回采(图 3-1-14)。

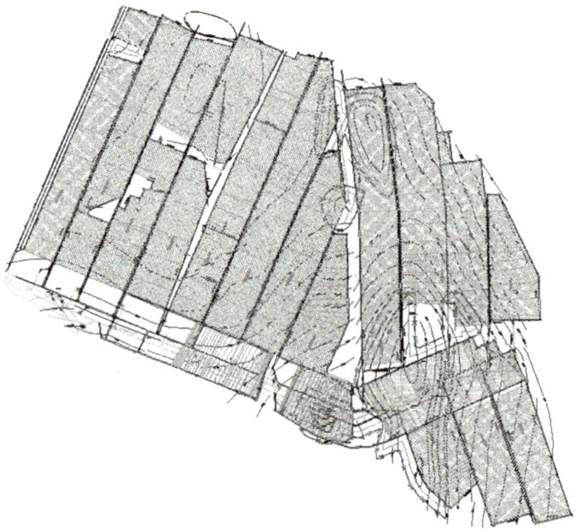

图 3-1-14　北十采区工作面布置图示

北十二采区布置 21201、21202、21203、21204、21205、21206、21207、21208、21209、21210、21211、21212、21214 综采工作面 13 个，采区正在回采(图 3-1-15)。

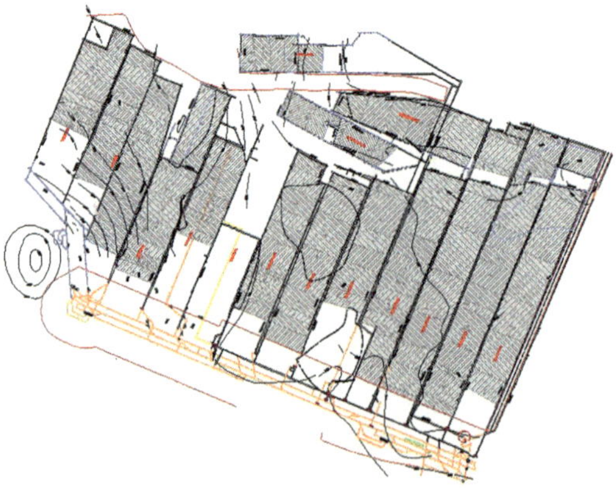

图 3-1-15　北十二采区工作面布置图示

北十八采区设计布置 21801、21802、21803、21804、21805 综采工作面 5 个，采区未回采（图 3-1-16）。

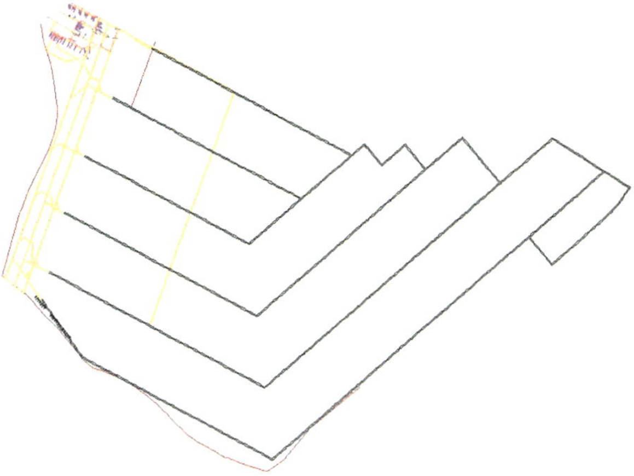

图 3-1-16　北十八采区工作面布置图示

北二十采区设计布置 22001、22002、22003、22004 综采工作面 4 个和 2 个煤柱综采工作面共 6 个综采工作面，采区未回采（图 3-1-17）。

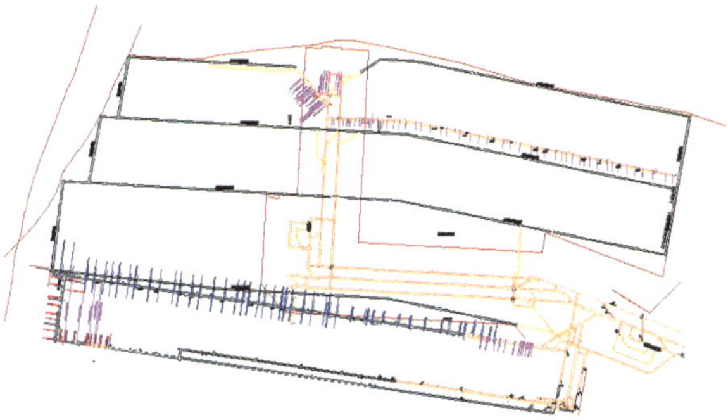

图 3-1-17　北二十采区工作面布置图示

第二节　巷道布置

陈四楼煤矿依据安全高产高效原则，矿井通过大巷向南北两翼各采区延深。轨道运输大巷、主要皮带运输大巷和主要回风大巷均布置在煤层底板岩石中。每个采区布置 3 条主要大巷，分别为运输巷、皮带巷、回风巷。采煤工作面布置一条轨道运输巷和一条皮带运输巷，每个工作面均有专用回风巷。

一、主要轨道运输大巷

（1）南翼轨道运输大巷长度为 4 400 米，半圆拱形断面，岩巷采用锚网喷支护、半煤岩巷采用 29U 型支架支护。锚喷段：大巷净断面 14.5 平方米；29U 型钢段：大巷净断面 14.6

平方米。

(2) 北翼轨道运输大巷长度为 4 500 米。半圆拱形断面,岩巷采用锚网喷支护、半煤岩巷采用 29U 型支架支护。锚喷段:大巷净断面 14.5 平方米,喷厚 120 毫米;29U 型钢段:大巷净断面 14.6 平方米。

(3) −720 轨道运输巷长度为 1 848 米。半圆拱形断面净宽 4 800 毫米,净高 3 900 毫米,大巷净断面 16.2 平方米,采用锚网喷支护。局部 U29 钢棚支护。

(4) −560 轨道运输巷长度为 608 米。半圆拱形断面,净宽 4 600 毫米,净高 3 800 毫米,大巷净断面 15.2 平方米,喷厚 120 毫米,采用锚网喷支护。服务南十一采区、南十三采区、南十五采区辅助运输。

(5) 北部西翼−470 轨道巷长度为 1 779 米。半圆拱形断面,净宽 4 600 毫米,净高 3 800 毫米,大巷净断面 15.2 平方米,喷厚 120 毫米,采用锚网喷支护。

(6) 北部东翼−470 轨道巷长度为 1 071 米。半圆拱形断面,净宽 4 600 毫米,净高 3 800 毫米,大巷净断面 15.2 平方米,喷厚 120 毫米,采用锚网喷支护。

二、主要皮带运输大巷

(1) 南翼皮带运输大巷长度为 4 150 米,半圆拱形断面,净宽 4 600 毫米,净高 3 800 毫米。锚喷段:喷厚 120 毫米,大巷净断面 15.7 平方米,29U 型钢段:大巷净断面 15.9 平方米。

(2) 北翼皮带运输大巷长度为 4 500 米,半圆拱形断面,净宽 4 600 毫米,净高 3 800 毫米,锚喷段:喷厚 120 毫米,大巷净断面 15.7 平方米,29U 型钢段:大巷净断面 15.9 平方米。

(3) −720 皮带运输巷长度为 1 821 米。半圆拱形断面,采用锚网喷支护,净宽 5 000 毫米,净高 3 900 毫米,大巷净断面 16.3 平方面米,采用锚网喷支护。局部 U29 钢棚支护。

(4) 北部西翼集中皮带巷长度为 1 845 米。半圆拱形断面,净宽 4 200 毫米,净高 3 600 毫米,大巷净断面 13.2 平方米,采用锚网喷支护。

(5) 北部东翼集中皮带巷长度为 1 585 米。半圆拱形断面,净宽 4 200 毫米,净高 3 600 毫米,大巷净断面 13.2 平方米,采用锚网喷支护。

三、主要回风大巷

(1) 北翼总回风巷长度为 1 002 米,半圆拱形断面,净断面 11 平方米,掘进断面 12.33 平方米,采用锚网喷支护。

(2) 南翼−440 米回风巷长度为 1 886.8 米,2010 年 3 月施工结束,净宽 4 600 毫米,净高 3 200 毫米,净断面 14.72 平方米,采用锚喷支护,特殊地段使用槽钢梁支护。

(3)南翼总回风巷长度为 1 237 米,半圆拱形断面,净宽 4 400 毫米,净高 3 500 毫米,净断面 13.3 平方米,采用锚喷支护,喷厚 130 毫米。煤巷或半煤巷段净宽 3 600 毫米,净高 2 600 毫米,净断面 9.2 平方米,矩形断面。

(4) 南翼 2♯总回风巷长度为 1 147 米,半圆拱形断面,净宽 3 600 毫米,净高 3 100 毫米,净断面 9.8 平方米,采用锚喷支护,喷厚 130 毫米。煤巷或半煤巷段净宽 3 600 毫米,净高 2 600 毫米，净断面 9.2 平方米，矩形断面。

（5）－720 集中回风下山长度为 1 054 米，半圆拱形断面，煤巷段净宽 4 200 毫米，净高 3 600 毫米，净断面 13.2 平方米，采用锚喷支护，喷厚 130 毫米。

（6）北部西翼回风巷长度为 1 064 米，半圆拱形断面，净宽 4 000 毫米，净高 3 400 毫米，净断面 13.6 平方米，采用锚网喷支护。

（7）北部东翼回风巷长度为 2 072 米，半圆拱形断面，净宽 4 000 毫米，净高 3 400 毫米，净断面 13.6 平方米，采用锚网喷支护。

第二章　开　　拓

第一节　机　　构

自1997年投产，岩巷掘进队由投产时的3个队伍发展到5个队伍(10个头面)，根据矿井发展，2011年6月缩减队伍为4个(8个头面)，分别为开拓一队、开拓二队、开拓三队、开拓五队；2016年8月，开拓二队缩减为一个头面人员。每个队伍配备队长、支部书记、技术副队长(技术主管)、跟班副队长等6～8名管理人员，煤矿监测监控工、提升机司机、煤矿瓦斯检查作业、风筒工、带式输送机司机、背药工、井下电机车司机、运搬工、职业危害因素检测工等人员由班内人员兼任。

1998—2021年陈四楼煤矿开拓区队主管队长、党支部书记情况见表3-2-1、表3-2-2。

表3-2-1　1998—2021年陈四楼煤矿开拓区队主管队长一览表

单位	姓名	职务	任职时间
开拓一队	彭兴磊	队长	1998.02—2011.12
	刘　杰	队长	2011.12—2022.01
	孟相勇	队长	2022.01—
开拓二队	李彦军	队长	1998.02—1998.09
	赵忠贤	队长	1998.09—2000.03
	王保华	队长	2000.03—2001.02
	彭兴磊	队长	2001.02—2004.04
	辛泽芳	队长	2004.04—2010.06
	刘　洋	队长	2010.06—2010.09
	牛遂旺	队长	2010.09—2010.11
	刘伟杰	副队长(主持工作)	2010.11—2011.08
	刘伟杰	队长	2011.08—2011.12
	亓海灵	队长	2011.12—2019.09
	张新建	队长	2019.09—2020.07
	姚　贺	队长	2020.07—2022.01
	刘建功	队长	2022.01.11—

表 3-2-1(续)

单位	姓名	职务	任职时间
开拓三队	陈　涛	队长	1998.02—1998.06
	李明道	队长	1998.06—1999.03
	范子毅	队长	1999.03—2003.03
	崔绍英	队长	2003.03—2006.03
	邢顶门	队长	2006.03—2009.04
	张爱民	队长	2009.04—2010.01
	赵小林	副队长(主持工作)	2010.01—2010.09
	赵小林	队长	2010.09—2014.08
	孙宏权	队长	2014.08—2016.10
	吴彦波	队长	2016.10—2020.07
	张新建	队长	2020.07—2022.01
开拓四队	马立伟	队长	2003.08—2004.03
	张爱民	副队长(主持工作)	2004.03—2005.03
	王　珏	队长	2005.03—2007.05
	张爱民	队长	2007.05—2008.10
	王唐龙	副队长(主持工作)	2008.10—2010.06
	张爱民		2010.06—2011.07
	孙宏权	副队长(主持工作,兼)	2011.07—2014.08
开拓五队	邱炎平	队长	2005.04—2008.04
	刘怀友	副队长(主持工作)	2008.04—2011.08
	刘怀友	队长	2011.08—
巷修队	杨东英	副队长(主持工作)	2002.08—2003.05
	施玉平	队长	2003.05—2006.01
	赵来波	副队长(主持工作)	2010.05—2011.04
	施裕平	队长	2011.04—2014.05
	尹应会	队长	2014.05—2015.08
	邸思运	队长	2015.08—2016.10
巷修一队	施玉平	队长	2006.01—2008.09
	张　钦	队长	2008.09—2010.02
	赵来波	副队长(主持工作)	2010.02—2010.05
巷修二队	张爱民	队长	2007.01—2007.06
	李福建	队长	2007.06—2008.02
	张水跃	队长	2008.02—2010.05

表 3-2-2　1998—2021 年陈四楼煤矿开拓区队党支部书记一览表

党支部	姓名	职务	任职时间
开拓一队党支部	崔绍英	党支部书记	1998.09—1999.03
	彭兴磊	党支部书记	1999.03—2004.04
	王文康	党支部书记	2004.04—2008.10
	彭兴磊	党支部书记(兼)	2008.10—2010.02
	牛遂旺	党支部副书记(主持工作)	2010.02—2010.09
	彭兴磊	党支部书记(兼)	2010.09—2010.09
	刘　杰	党支部副书记(主持工作)	2010.09—2011.08
	刘　杰	党支部书记	2011.08—2011.12
	尹应会	党支部书记	2011.12—2014.05
	高兴超	党支部书记	2014.05—2019.10
	孟相勇	党支部书记	2019.10—2022.01
开拓二队党支部	崔少英	党支部书记	1999.03—2000.03
	赵忠贤	党支部书记	2000.03—2001.02
	荣同义	党支部书记	2001.02—2004.04
	王保华	党支部书记	2004.04—2005.03
	辛泽芳	党支部书记(兼)	2005.03—2008.01
	张　钦	党支部书记	2008.01—2008.10
	张爱民	党支部书记	2008.10—2009.05
	辛泽芳	党支部书记(兼)	2009.05—2010.01
	亓海灵	党支部副书记(兼)	2010.07—2010.09
	刘伟杰	党支部书记	2010.09—2010.11
	尹应会	党支部副书记(主持工作)	2010.11—2011.04
	赵来波	党支部副书记(主持工作)	2011.04—2011.08
	赵来波	党支部书记	2011.08—2013.02
	赵广民	党支部书记	2013.02—2019.03
	高兴超	党支部书记	2019.10.30—
开拓三队党支部	李全义	党支部书记	1998.02—1999.03
	范子毅	党支部书记	1999.03—2000.03
	崔少英	党支部书记	2000.03—2004.04
	邢顶门	党支部书记	2004.04—2008.01
	张水跃	党支部书记	2008.01—2008.02
	邢顶门	党支部书记	2008.02—2008.10
	张爱民	党支部书记	2008.10—2010.01
	亓海灵	党支部副书记(主持工作)	2010.01—2010.09
	亓海灵	党支部书记	2010.09—2011.12
	赵小林	党支部书记(兼)	2011.12—2012.05
	孙宏权	党支部书记	2012.05—2014.05
	赵小林	党支部书记(兼)	2014.05—2014.08
	孙宏权	党支部书记(兼)	2014.08—2016.10
	曹海宏	党支部书记	2016.10—2020.07
	赵来波	党支部书记	2020.07.04—

表 3-2-2(续)

党支部	姓名	职务	任职时间
开拓四队党支部	王　珏	党支部副书记(主持工作)	2004.03—2005.03
	王保华	党支部书记	2005.03—2008.09
	施玉平	党支部书记	2008.09—2008.10
	亓海灵	党支部副书记(主持工作)	2008.10—2010.01
	张爱民	党支部副书记(主持工作)	2010.01—2010.07
	孙宏权	党支部书记	2010.07—2012.01
	孙宏权	党支部书记(兼)	2012.01—2014.08
开拓五队党支部	李彦军	党支部书记	2005.04—2008.01
	赵广民	党支部副书记(主持工作)	2008.01—2009.05
	赵广民	党支部书记	2009.05—2010.09
	赵广民	党支部副书记(主持工作)	2010.09—2011.08
	赵广民	党支部书记	2011.08—2013.02
	赵来波	党支部书记	2013.02—2020.07
	种波凯	党支部副书记(主持工作)	2020.07.04—
巷修队党支部	杨东英	党支部书记	2004.04—2010.05
	叶军委	党支部书记	2010.05—2010.09
	施玉平	党支部书记	2010.09—2011.04
	尹应会	党支部书记	2011.04—2011.08
	尹应会	党支部副书记(主持工作)	2011.08—2011.12
	高兴超	党支部书记	2012.01—2012.08
	施裕平	党支部书记(兼)	2012.08—2012.10
	高兴超	党支部书记	2012.10—2014.05
	邸思运	党支部书记	2014.05—2015.09
	宋芳顺	党支部书记	2015.09—2016.10
巷修一队党支部	杨东英	支部书记	2008.01—2008.04
	施裕平	党支部书记	2008.04—2009.08
	张　钦	党支部书记	2009.08—2010.01
	张　钦	党支部书记(兼)	2010.01—2010.05
巷修二队党支部	练新伟	党支部书记	2008.01—2008.02
	张水跃	党支部书记	2008.02—2008.09
	赵广民	党支部书记	2008.09—2008.11
	叶军委	党支部书记	2008.11—2010.05

第二节　开拓方式与工艺

一、岩巷开拓

陈四楼煤矿岩巷掘进主要采用“钻爆法”施工，打眼工具由 YTP-26 型风动凿岩机逐渐发展为以液压钻车打钻为主。2011 年 8 月，购进一台 EBZ260(H)型综掘机，受地质条件影响,使用时间 11 个月。2019 年 1 月,购进一台 EBZ318(H)型综掘机在底板抽放巷使用,月进尺有效提升。装矸设备由 P-90B(60B)耙装机逐渐发展为以 ZWY-150/55L 型挖掘装载机为主,后巷运输由 1.5 吨矿车运输逐渐发展为带式输送机运输、矿车组连续出矸、矸石仓存储等方式,缓解了后巷运输压力。

2003 年,陈四楼煤矿首次引进“液压钻车+侧卸式装岩车”作业线,受当时管理水平的限制,使用效果不很明显,使用不到 1 年。

2009 年 3 月,试验并推广中深孔爆破,使每炮进尺由原来的 1.6 米提高到 2.4 米,岩巷月单进达到 114 米。

2011 年以来陈四楼煤矿先后引进挖掘装载机、岩巷掘进机、液压钻车等机械化设备,在不同地点先后尝试“挖掘装载机+带式输送机+水平矸石仓+耙装机”作业线、“岩巷掘进机+带式输送机+采区矸石仓”作业线、“挖掘装载机+带式输送机+采区矸石仓”作业线、“挖掘装载机+带式输送机+矿车列车随动”作业线等不同设备配套形式。

2011 年 8 月,第一台 EBZ260H 型岩巷综掘机在—720 辅助水平轨道巷安装使用,因受工作面围岩条件限制,综掘机材料费用较高,使用时间 11 个月。

2012 年 9 月,陈四楼煤矿在十采区行人上山推广使用“空气柱 L-S 两封法岩巷光面爆破关键技术”,每延米巷道运输费用平均减少 116.5 元、建工材料消耗平均减少 118.87 元、工效平均提高 0.012 米/工。

2013 年 5 月,“挖掘装载机+液压钻车+带式输送机+矿车随动装置”的岩巷作业线在八采区行人下山第一次试用,取得成功。

2014 年 12 月,在二十采区皮带下山推广使用“CMJ2-17 液压钻车+ZWY-150/55L 挖掘装载机+带式输送机+采区垂直矸石仓”的岩巷作业线。

2015 年 1 月,永煤公司生产部在陈四楼煤矿组织召开岩巷机械化配套作业线推广使用现场交流会,主要针对陈四楼煤矿“采区下山岩巷作业线双巷联合布置”的模式给予了肯定。

2015 年 6 月,在—640 米上部回风巷推广使用“ZWY-150/55L 挖掘装载机+风钻打眼+带式输送机+采区垂直矸石仓”的岩巷作业线。

2019 年 2 月,在六采区灾害治理措施巷首次使用“EBZ318 岩巷综掘机+带式输送机+采区矸石仓”的岩巷作业线。

二、巷道支护

(一)岩巷永久支护

1. 岩巷支护方式

该井田二$_2$煤层形成于广阔平坦的海坪之上,因此煤层厚度、结构具有良好的稳定性,据对邻近生产矿井葛店煤矿的调查,二$_2$煤层煤质中硬,顶板多为砂岩、砂质泥岩,顶板易管理。因此,设计大巷均以“锚喷+管缝式锚杆”支护为主,在局部受地质构造影响而引起的煤(岩)破碎带,改为 U 形钢金属支护。

2. 支护材料

陈四楼煤矿投产至今，岩巷支护锚杆经历了管缝式锚杆、小直径树脂锚杆、左旋螺纹钢高强锚杆、钢绞线锚索的发展历程。矿井建井初期，井底车场、中央水仓、泵房、变电所等永久巷道、硐室主要采用砌碹支护，少数岩巷使用直径16毫米×1 600毫米普通锚杆或锚喷支护。随着矿井的深部开采，巷道支护形式逐渐优化，岩巷支护主要采用“锚网喷＋锚索”支护，根据地质条件选择屈服强度335、500的高强锚杆支护，锚杆长度为2 200毫米、2 500毫米，锚索由直径18.6毫米逐渐过渡到直径21.6毫米，过软弱破碎带时，采取“锚网喷＋锚索＋U形钢”支护。矿井开拓、准备巷道喷浆支护率达到100％。

陈四楼煤矿岩巷支护形式有：“锚喷支护”“锚网喷支护”“金属钢棚支护”“砌碹支护”“锚网索喷支护”“锚网索喷＋金属钢棚”联合支护等，巷道围岩裂隙发育时，采区围岩壁后注浆加固技术。锚固方式主要采取端头锚固，每根顶锚采用一卷MSCK2350和一卷MSZ2350树脂锚固剂，每根帮锚采用两卷MSZ2350树脂锚固剂，锚索均采用MSZ2350树脂锚固剂，锚固剂数量根据锚索长度强度，一般锚固段不低于1 000毫米。

支护材料：管缝锚杆（直径43毫米，长度1 600～2 400毫米等）、普通锚杆（直径16毫米，长度1 600～2 000毫米）、左旋螺纹高强锚杆（直径18毫米、直径20毫米、直径22毫米，长度1 600～2 500毫米）、锚索（直径15.6毫米、直径18.9毫米、直径21.6毫米，长度3 200～13 000毫米）、树脂药卷（MSCK2350、MSK2350、MSM2350型）、金属支架（11＃矿用工字钢、29U型钢、36U型钢）、金属网（岩巷主要采用直径8毫米、网目100毫米钢筋网）、锚索托盘（16毫米厚钢板加工，规格90毫米×90毫米、250×250毫米、300毫米×300毫米、400毫米×400毫米）等。

喷浆材料：水泥为P.O 42.5普通硅酸盐水泥；砂为中砂，纯净的河沙，细度模数宜大于2.3～3，颗粒级配Ⅱ区，含水率为8％～10％，不得使用有酸、碱或含油的水；米石必须坚硬耐久，粒径5～10毫米；水泥∶砂∶米石＝1∶2∶2（重量比），速凝剂掺入量为水泥重量的2％～5％，喷浆厚度100毫米。一般巷道喷浆混凝土强度等级不低于C15，主要巷道混凝土强度等级不低于C20，喷射2小时后进行洒水养护，每班洒水养护长度不低于120米。

1997年投产后，岩巷先后使用直径43毫米的管缝式锚杆、直径16毫米的普通锚杆、直径18毫米及直径20毫米的左旋螺纹钢高强锚杆（屈服强度335兆帕）。2015年1月，开始全面推广使用直径22毫米、屈服强度500兆帕的左旋螺纹钢高强锚杆。

2016年8月，“先喷后锚”施工工艺在陈四楼煤矿九采区轨道下山正式推广使用，提高了巷道支护效果。

2017年10月，在围岩破碎、埋深较深地点推广应用直径21.6毫米中空注浆锚索。

2018年6月，对底板底鼓防治采用“锚网”加固后，采用直径21.6毫米中空注浆锚索注浆加固，效果显著。

（二）临时支护

陈四楼煤矿自投产至2019年，主要采用吊环式前探梁作为主要临时支护，在巷道开口、拐弯、硐室施工无法使用吊环式前探梁临时支护时，采用打设点柱的方法逐排掘进，自2010

年开始,在巷道开口、拐弯、硐室施工无法使用吊环式前探梁临时支护时,引进轻型液压单体支柱作为临时支护。

1. 前探梁临时支护

前探梁使用长度不小于 3.5 米的直径 57 毫米×6 毫米无缝钢管,除正常使用的临时支护材料外,必须至少备用 2 根前探梁、4 个吊环、10 块长 1 200 毫米、宽度不小于 150 毫米、厚度不小于 30 毫米的松木背板。图 3-2-1 为吊环式前探梁临时支护示意图。

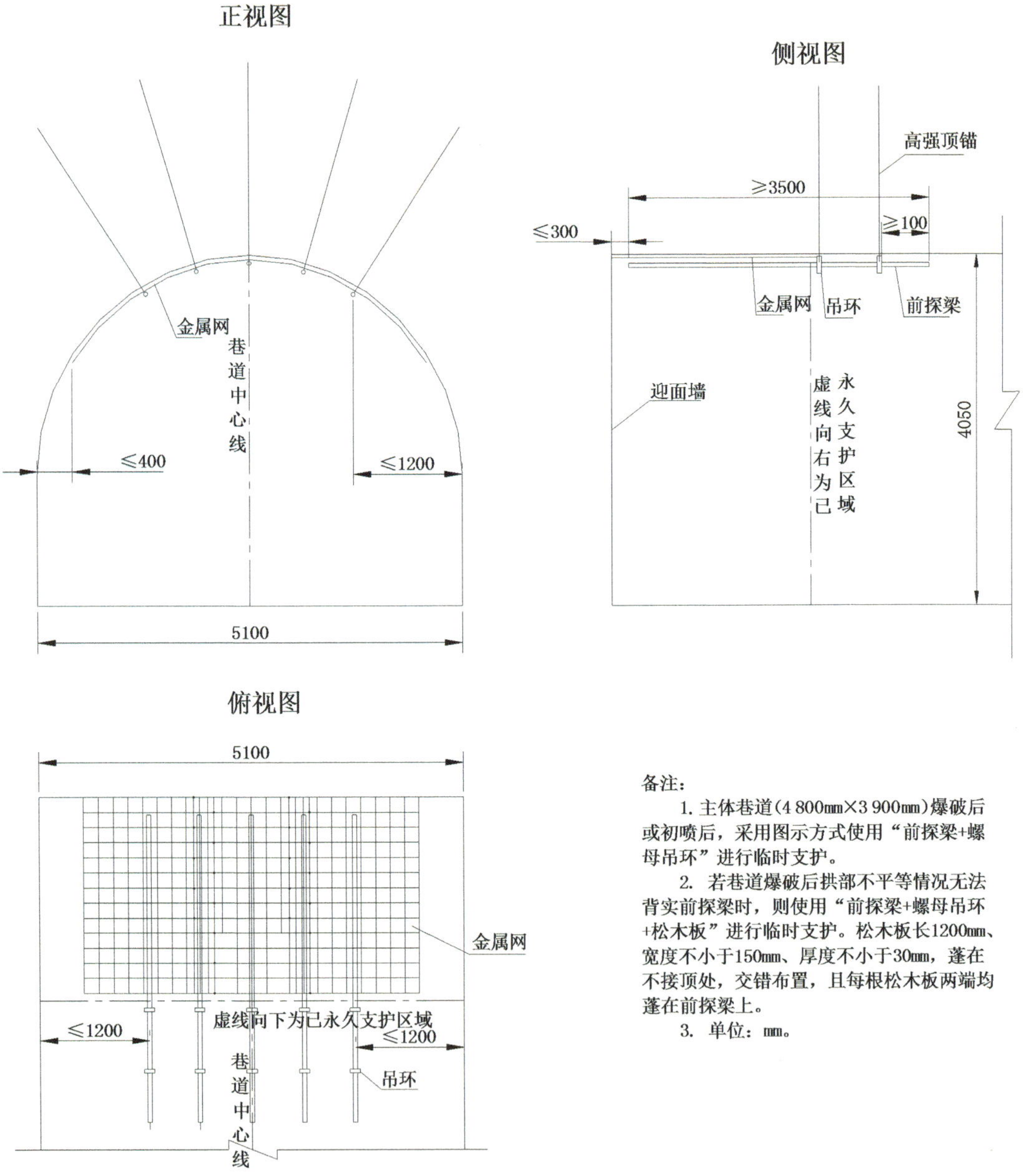

图 3-2-1　吊环式前探梁临时支护示意图

2. 轻型单体液压支柱式临时支护

轻型单体液压支柱有 DWB25-30/100 型轻型单体液压支柱或 DWB28-30/100 型轻型单体液压支柱两种，最大行程均为 570 毫米，额定工作阻力为 30 千牛。工作面供水水压必须满足压力计算要求，压力不够时增设增压泵。图 3-2-2 为轻型液压单体临时支护示意图。

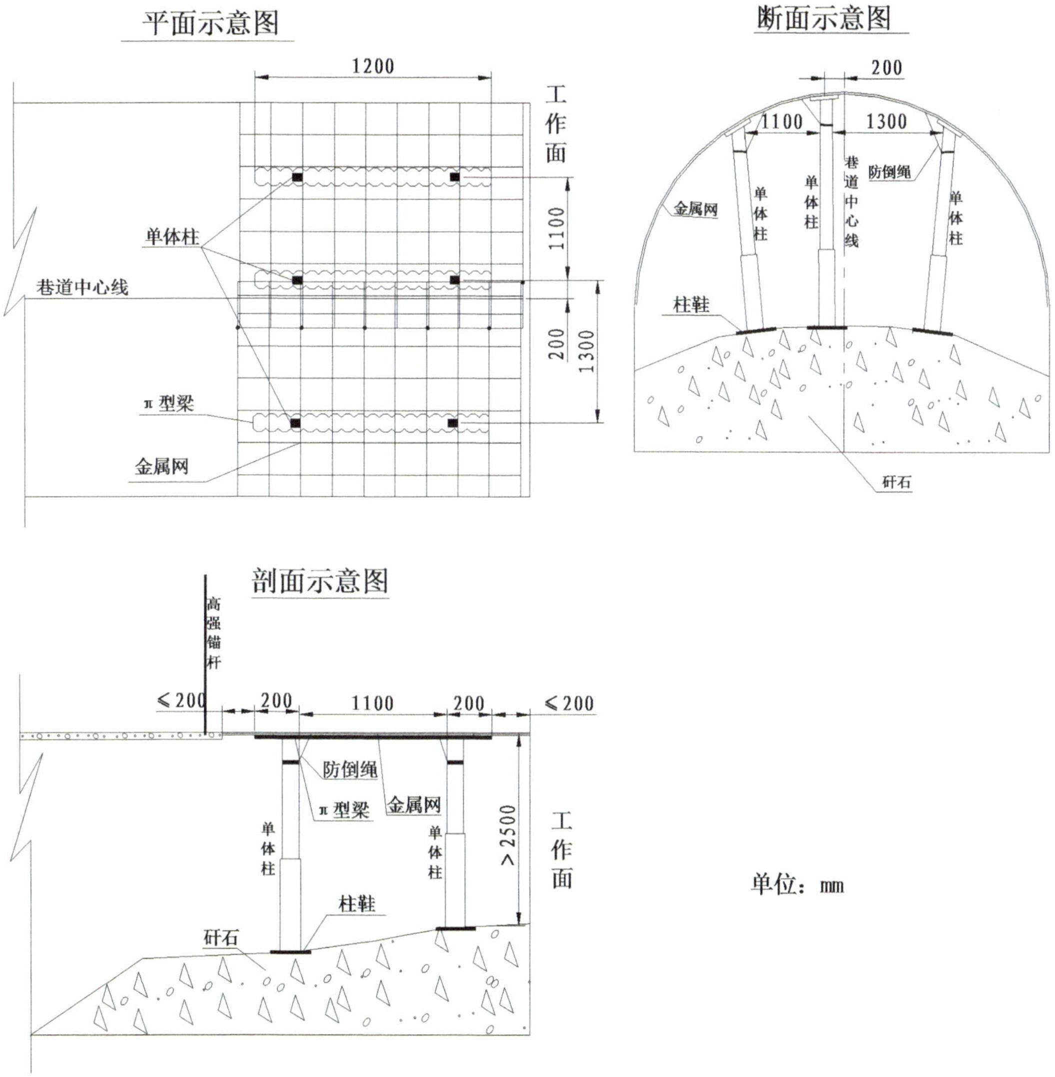

图 3-2-2 轻型液压单体临时支护示意图

三、掘进进尺

1998—2021 年岩巷进尺情况表见表 3-2-3。

表 3-2-3 1998—2021 年岩巷进尺情况表

年份	进尺/m	年份	进尺/m	年份	进尺/m
1998	822	2006	4 883	2014	5 355
1999	2 608	2007	4 999	2015	3 402
2000	3 128	2008	7 269	2016	3 641
2001	3 153	2009	8 063	2017	3 885
2002	4 337	2010	7 216	2018	2 689
2003	3 688	2011	6 989	2019	3 848.5
2004	3 917	2012	7 216	2020	4 708
2005	5 459	2013	5 852	2021	3 376

第三节 岩巷工作面管理

一、岩巷掘进工作面

陈四楼煤矿岩巷炮掘工作面采用“三八”制作业方式，三个生产班，一个检修班，检修班与早班生产班平行作业，生产班采用“一掘一锚、两掘一喷”施工工艺，自 2016 年 8 月推广应用“先喷后锚”施工工艺后，采用“顶部：一掘（一喷）一锚网，帮部：两掘（一喷）一锚网”的循环作业方式，后巷集中进行复喷。正常条件下，每班循环进尺 2 排，中深孔爆破时 3 排，工作面最大控顶距为：每循环进尺＋400 毫米。

炮掘工作面掘进班工艺流程：交接班（安全检查、施工准备）→打下部炮眼→分次装药爆破、吹炮烟→安全检查→敲帮问顶、临时支护→永久支护（施工顶锚、施工锚索、施工上部帮锚）→打上部眼、迎面墙防护→出矸→清理、文明施工。

综掘掘进班工艺流程：交接班（安全检查、施工准备）→掘进机割岩、出矸→退机（掘进机距离迎头不小于 5 米）→敲帮问顶→临时支护→永久支护（施工顶锚、施工锚索、施工上部帮锚）、迎面墙防护→掘进机出矸→施工下部帮锚→清理、文明施工。

喷浆班工艺流程：交接班（安全检查、施工准备）→施工下部帮锚→喷浆→清理、文明施工。

二、技术管理

陈四楼煤矿掘进工作面技术管理流程：

生产科排定年度、月度生产计划经矿审核→生产科设计组根据年度、月度计划及设计管理办法提供设计图纸→生产科牵头组织相关业务科室，分管矿领导参与，对开工工作面现场会审并提出施工方案→生产科下发开工准备通知单→施工区队编制《掘进作业规程》及《开工施工安全技术措施》、完善现场通风、供水、供电、排水、运输、监测监控等系统→总工程师组织相关业务科室会审《掘进作业规程》→施工区队学习贯彻作业规程，现场具备开工条件后提出开工验收申请→生产科组织开口验收合格后，下发开工通知单，测量专业开口放线→施工区队严格按照规程、措施要求组织施工→相关业务科室监督、落实→生产科组织相关业务科室进行月度工程质量及安全生产标准化验收。

第三章 掘　进

第一节 机　构

1996 年 8 月 13 日,陈四楼矿筹备处成立综掘队。1997 年 3 月 31 日,陈四楼煤矿开始成立综掘队,截至 2021 年矿井优化为 4 个综掘队。

陈四楼煤矿掘进区队历任主管队长、历任党支部书记情况见表 3-3-1、表 3-3-2。

表 3-3-1　陈四楼煤矿掘进区队历任主管队长一览表

单位	姓名	职务	任职时间
综掘队	任贵品	队长	1997.03—1999.03
掘一队	陈丙华	队长	1998.02—1998.09
	胡传新	队长	1998.09—1999.03
	李明道	队长	1999.03—2001.06
	刘连华	队长	2001.06—2005.03
	纪奉玉	队长	2005.03—2008.04
	杜合林	队长	2008.04—2008.11
	董云海	队长	2008.11—2009.05
	王玉峰	副队长(主持工作)	2009.05—2009.09
	胡建伟	副队长(主持工作)	2009.09—2010.02
	申天锦	队长	2010.02—2010.06
掘二队	杨浩亮	队长	1996.08—1998.02
	贾会友	队长	1998.02—2000.03
	韩宏发	队长	2000.03—2001.02
	李顺峰	队长	2001.02—2006.01
	王西印	队长	2006.01—2008.04
	王玉峰	队长	2008.04—2008.09
	李爱军	队长	2008.09—2009.05
	袁　雷	队长	2009.05—2010.01
	王合根	副队长(主持工作)	2010.01—2010.06

表 3-3-1(续)

单位	姓名	职务	任职时间
掘三队	李艳军	队长	1997.07—1999.03
	任贵品	队长	1999.03—1999.04
	孙迎辉	队长	1999.04—2001.02
	陈苏阳	队长	2001.02—2007.05
	叶军委	队长	2007.05—2008.11
	杜合林	队长	2008.11—2010.06
掘四队	翟亚芳	队长	1999.07—2003.03
	荣同义	队长	2003.03—2004.04
	王玉峰	代理队长	2004.04—2006.01
	王明臣	队长	2006.01—2009.02
	张自由	副队长(主持工作)	2009.02—2010.06
掘五队	孙立军	队长	1999.09—2001.06
	李国军	队长	2001.06—2003.03
	纪奉玉	队长	2003.03—2005.07
	陈大化	队长	2005.07—2007.05
	刘伟杰	队长	2007.05—2010.09
综掘一队	刘连华	队长	2005.03—2006.11
	陈苏阳	队长	2006.11—2007.05
	陈大化	队长	2007.05—2008.08
	张　标	副队长(主持工作)	2008.08—2009.10
	练以亮	副队长(主持工作)	2009.10—2010.09
	练以亮	队长	2010.09—2013.02
	崔玉攀	队长	2013.02—2015.08
	郝道贤	队长	2015.08—2018.11
	练以亮	队长	2018.11—2020.07
	程小伟	队长	2020.07—2022.01
综掘二队	张国亮	队长	2005.03—2013.02
	练以亮	队长	2013.02—2018.11
	陈建明	副队长(主持工作)	2018.11—2020.07
	陈建明	队长	2020.07.04—
综掘三队	杜合林	队长	2010.06—2015.06
	秦红生	副队长(主持工作)	2015.06—2018.08
	秦红生	队长	2018.08—
综掘四队	申天锦	队长	2010.06—2015.06
	聂德飞	副队长(主持工作)	2015.08—2016.10
	聂德飞	队长	2016.10—

表 3-3-2 陈四楼煤矿掘进区队历任党支部书记一览表

党支部	姓名	职务	任职时间
掘一队党支部	陈丙华	党支部书记	1998.02—1998.09
	胡传新	党支部书记	1998.09—1999.03
	李全义	党支部书记	1999.03—2001.06
	孙立军	党支部书记	2001.06—2004.04
	申天锦	党支部书记	2004.04—2005.03
	张学伦	党支部副书记(主持工作)	2005.03—2008.08
	陈　伟	党支部副书记(主持工作)	2008.08—2009.09
掘二队党支部	崔少英	党支部书记	1998.02—1998.09
	翟亚芳	党支部书记	1998.09—1999.04
	胡传新	党支部书记	1999.04—2004.04
	李顺峰	党支部书记	2004.04—2005.05
	王西印	党支部书记	2005.05—2007.01
	张新过	党支部书记	2007.01—2008.08
	刘　杰	党支部副书记(主持工作)	2009.03—2010.06
掘三队党支部	胡传新	党支部书记	1999.03—1999.04
	翟亚芳	党支部书记	1999.04—1999.07
	王海银	党支部书记	1999.07—2002.08
	纪奉玉	党支部副书记(主持工作)	2002.08—2004.09
	王海银	党支部书记	2004.09—2008.04
	申天锦	党支部书记	2008.04—2010.01
掘四队党支部	侯士宁	党支部书记	1999.07—2000.03
	翟亚芳	党支部书记(兼)	2000.03—2001.02
	赵忠贤	党支部书记	2001.02—2004.04
	胡传新	党支部书记	2004.04—2006.01
	王明臣	党支部书记(兼)	2006.01—2008.01
	张永强	党支部书记	2008.01—2008.10
	王明臣	党支部书记	2008.10—2009.02
	何清正	党支部副书记(主持工作)	2009.02—2010.01
	袁　雷	党支部书记	2010.01—2010.06
掘五队党支部	李彦军	党支部书记	1999.09—2001.06
	李明道	党支部书记	2001.06—2002.08
	张士标	党支部副书记(主持工作)	2002.08—2004.04
	张学伦	党支部副书记(主持工作)	2004.04—2006.01
	王玉峰	党支部书记	2006.01—2008.04
	刘伟杰	党支部书记	2008.04—2008.10
	张永强	党支部书记	2008.10—2009.05
	刘伟杰	党支部书记(兼)	2009.05—2009.08
	施裕平	党支部书记	2009.08—2010.09

表 3-3-2(续)

党支部	姓名	职务	任职时间
综掘一队党支部	申天锦	党支部书记	2005.03—2008.04
	陈　伟	党支部书记	2008.04—2008.08
	李爱军	党支部书记	2008.08—2008.09
	申天锦	党支部书记	2008.09—2009.03
	练以亮	党支部副书记(主持工作)	2009.03—2010.01
	何清正	党支部副书记(主持工作)	2010.01—2010.06
	李　明	党支部副书记(主持工作)	2010.06—2010.09
	李　明	党支部书记	2010.09—2011.03
	练以亮	党支部书记(兼)	2011.03—2011.04
	张自由	党支部副书记(主持工作)	2011.04—2011.08
	张自由	党支部书记	2011.08—2012.08
	袁　雷	党支部书记	2012.08—2016.10
	邸思运	党支部书记	2016.10—
综掘二队党支部	李爱军	党支部书记	2008.01—2008.09
	张永强	党支部书记	2008.09—2009.05
	董云海	党支部副书记(主持工作)	2009.05—2011.08
	董云海	党支部书记	2011.08—2013.02
	练以亮	党支部书记(兼)	2013.02—2014.05
	顾洪江	党支部副书记(主持工作)	2014.05—2015.06
	赵长领	党支部副书记(主持工作)	2015.09—2020.07
	王合根	党支部副书记(主持工作)	2020.07.04—
综掘三队党支部	张自由	党支部副书记(主持工作)	2010.06—2011.04
	王玉峰	党支部副书记(主持工作)	2011.04—2014.05
	王玉峰	党支部书记	2014.05—2015.06
	顾洪江	党支部副书记(主持工作)	2015.06—2016.10
	程小伟	党支部副书记(主持工作)	2016.10—2020.07
	顾洪江	党支部书记	2020.07.04—
综掘四队党支部	刘　杰	党支部副书记(主持工作)	2010.06—2010.09
	叶军伟	党支部书记	2010.09—2011.08
	申天锦	党支部书记(兼)	2011.08—2014.05
	郝道贤	党支部副书记(主持工作)	2014.05—2014.12
	聂德飞	党支部副书记(主持工作)	2015.06—2016.10
	宋芳顺	党支部副书记(主持工作)	2016.10—2019.10
	郭贡献	党支部书记	2019.10—2021.07

第二节　煤巷掘进工艺与支护方式

陈四楼煤矿矿井初步设计说明书由河南省煤炭设计研究院设计，根据设计为满足采掘接替，陈四楼煤矿煤巷、半煤岩巷掘进组配备 AM-50 型部分断面掘进机、SJ-44 型可伸缩带式输送机等，组成“综掘”作业线。掘进通风采用 JBT62-2 型轴流式局部扇风机，并与 SCF-6 型抽出式湿式除尘风机相配合形成“长压短抽”局部通风系统。掘进的煤、矸经掘进机后配套的可伸缩带式输送机运至胶带运输大巷的煤流系统。

陈四楼煤矿掘进工作由掘进队负责实施，掘进工作面的管理实行科、队两级管理，由掘进队负责组织人员进行施工及现场工程质量验收，每月由矿生产科负责组织验收。内容包括文明生产、工程质量、支架质量、爆破图表等，对不符合质量验收标准的巷道，要求掘进队进行及时整改。

陈四楼煤矿煤巷掘进初期采用钻眼爆破的方法进行施工。

在煤层顶板完整、围岩条件较好的情况下，宜采用光面爆破和毫秒段发电雷管全断面一次爆破法施工，钻眼工具采用 YTP-26 型高频风钻打眼，中空六角钎子，配用一字型钻头，炸药选用煤矿安全许用炸药，雷管为毫秒延期段发电雷管，用 MFB-100 型发爆器起爆。

在煤层顶板破碎或煤层松软时，采用爆破与风镐、手镐相结合的破煤岩方法，即先爆破掏槽部位，然后用风镐及手镐刷到设计断面。

采用掘进机配合刮板输送机、带式输送机进行综掘的方法施工。巷道过断层、施工钻机窝、绞车硐室、工作面避难所、水仓等硐室时，采用钻眼爆破的方式进行施工。

掘进机采用横向往复式截割，由巷道左上部开口进刀，左右摆动先割出槽窝，然后由上向下横向往复式进行截割。进刀深度以 0.8 米为宜，一个循环进刀二次，循环进尺 1.6 米，最大循环进尺不超过 1.8 米；掘进机司机在割煤过程中要时刻注意顶板的变化，若顶板破碎时立即缩短循环进尺，采用“短掘短支”，并加强顶板的支护。

2007 年 3 月 26 日，陈四楼煤矿首次实现 2 分钟完成综掘支护，在综掘工作面技术上实现临时快速支护。

2010 年 3 月，陈四楼煤矿综掘二队在 21303 工作面轨道顺槽单头综掘进尺达到 608 米，刷新了永煤公司综掘单头进尺 526 米的历史纪录。

2012 年 4 月，陈四楼煤矿综掘一队在 21006 工作面轨道顺槽首次使用 EBZ-MH160×2×30 掘锚一体机。

2019 年 7 月，陈四楼煤矿综掘二队在 MZ201 切眼掘进期间，巷道设计净断面 7.2 米×2.8 米，为建矿以来最大掘进断面。

陈四楼煤矿投产至今，顶锚杆经历了快硬膨胀水泥药卷锚杆，小直径树脂锚杆，左旋无纵筋螺纹钢锚杆和钢绞线锚索的发展过程。帮锚杆经历了木锚杆、管缝锚杆、玻璃钢锚杆、圆钢锚杆、左旋无纵筋螺纹钢锚杆的发展过程。

一、支护形式及材料

截至 2019 年 3 月，陈四楼煤矿的煤巷支护形式为锚网索联巷支护、锚网喷支护、U 型钢棚支护和锚网、棚联合支护，支护材料有螺纹钢树脂锚杆（直径 16 毫米、18 毫米、20 毫米、22 毫米，长度 1 200 毫米、1 600 毫米、2 200 毫米、2 500 毫米）、锚索（直径 18.9 毫米、21.6 毫米，长度 3 000～10 300 毫米）、树脂药卷（MSCK2350、MSM2350 型）、金属支架（36U、29U）、矿用工字钢（11＃、12＃）、金属托盘、菱形金属网、钢筋网、M 钢带、高凸 T 型钢带、槽钢梁。

二、煤巷临时支护

受煤巷掘进工艺和地质条件的影响，陈四楼煤矿掘进工作面的临时支护先后采用了带帽木点柱、金属摩擦支柱、前探梁支护、掘进机机载超前支护的临时支护方式。

陈四楼煤矿从投产至 2021 年，在架棚支护巷道中，一直使用前探梁临时支护方式。初期使用插入式前探梁，这种前探支护的缺点是在顶板不平整的情况下难以前移，在顶板压力大时会造成前探梁被压死，吊环不能被取下。后期发明了卡环式前探支护，即用圆钢弯制成卡环，卡环活动处用螺丝连接，具有灵活可调、方便拆移的优点。这种前探支护一直应用。在锚杆支护巷道中，初期使用带帽木点柱和金属摩据支柱配合木板梁进行临时支护，后改进为液压单体液压支柱配合Ⅱ型钢梁进行临时支护，后期广泛推广使用吊环式前探梁作临时支护。

1997 年陈四楼煤矿进行了临时支护技术改革，引进 EBZ-132 型、EBZ-160 型掘进机机载超前支护装置，使掘进工作面的临时支护技术有了很大的进步。该装置主要由顶梁架、翼架、连接器、立柱和各部位、油缸，翼架旋转消缸以及管路控制阀等组成，来自综掘机泵站的液压油经操作阀内装式液压进入油缸。油缸推动连杆机构展开使顶梁贴紧顶板起到支撑作用。操作中油压力超过溢流阀调定压力时，溢流阀卸载，双可锁关闭，使支护系统保留在稳定的支护状态。该系统通过控制各部的动作，从根本上改了传统的临时支护形式，在确保掘进工作面顶板支护安全的前提下极大地提高了陈四楼煤矿的煤巷掘进效率。

三、掘进机械化

陈四楼煤矿矿井初步设计说明书由河南省煤炭设计研究院设计，根据设计为满足采掘接替，陈四楼煤矿煤巷、半煤岩巷掘进组配备 AM-50 型部分断面掘进机、SJ-44 型可伸缩带式输送机等，组成“综掘”作业线。掘进通风采用 JBT62-2 型轴流式局部扇风机，并与 SCF-6 型抽出式湿式除尘风机相配合形成“长压短抽”局部通风系统。掘进的煤、矸经掘进机后配套的可伸缩带式输送机运至胶带运输大巷的煤流系统。

陈四楼煤矿目前采用 EBZ-132 型、EBZ-160 型掘进机、SGB-420 型刮板输送机、DSJ 80/40/40 等型号带式输送机组成“综掘”作业线进行综掘施工。

四、煤巷进尺

1998—2021 年陈四楼煤矿煤巷进尺情况见表 3-3-3。

表 3-3-3 1998—2021 年陈四楼煤矿煤巷进尺情况

年份	进尺/m	年份	进尺/m	年份	进尺/m
1998	6 440	2006	18 355	2014	13 339
1999	10 376	2007	23 063	2015	8 323
2000	14 851	2008	23 056	2016	8 611
2001	15 713	2009	21 360	2017	7 838
2002	19 836	2010	19 126	2018	10 758
2003	23 663	2011	15 210	2019	8 302.5
2004	18 605	2012	15 943	2020	7 512.5
2005	19 394	2013	12 022	2021	6 403.5

第三节 巷　　修

一、巷修队伍

陈四楼煤矿 2002 年成立巷修队;2006 年巷修队分为巷修一队、巷修二队,2010 年合并为巷修队,2016 年巷修队撤销。

二、多次重复巷修情况

(一) 十五采区轨道下山底车场(下变坡点往前 100 米范围)

2011 年 4 月,因该巷道约 100 米出现顶板浆皮开裂严重,开拓二队对该失修地点进行了首次巷修处理,将开裂浆皮开掉后重新进行“锚网喷”加固;巷修后该地点巷道变形量持续增加,变形量约 500 毫米,底板鼓起 600 毫米,2013 年 6 月,对该地点重新进行巷修处理,采用“锚网+29U 型钢棚支护”,目前巷道趋于稳定。

(二) —720 轨道暗斜井底车场(—720 水仓口往里 80 米范围)

2006 年 9 月,该巷道施工时采用“锚网喷”支护。2007 年 8 月,该段巷道变形严重,影响正常使用,重新进行巷修处理,挑顶、扩帮后采用套 29U 型钢棚支护(直墙半圆拱)。2010 年 8 月,该段巷道变形严重,重新采用套 36U 型圆形棚支护,目前巷道稳定。

三、施工单位与责任范围

巷修队撤销后开拓队是失修巷道维修的主要施工单位,重点维修影响矿井生产系统安全稳定的失修巷道,防止因巷道失修影响矿井安全生产,确保矿井巷道失修率符合要求。

变形破坏不严重、维修工程量较小的巷道按照“谁使用，谁维护”“谁施工，谁维修”、根据生产情况临时协调及就近原则安排施工队伍处理。

采煤队：负责管辖的采（备）工作面顺槽、顺槽车场以及本单位设备所在巷道的巡查与维护。

掘进队：负责管辖的掘进施工巷道及本单位设备所在巷道的巡查及维护。

通风队：负责风井、矿井总回风巷、主要回风巷、采区回风巷及主要进、回风联络巷、瓦斯抽采泵站等巷道的巡查。

皮带队：负责管辖范围内皮带运输巷、皮带运输上下山及其联络巷等巷道的巡查。

运输队：负责管辖范围内轨道运输巷、轨道运输上下山、架空乘人运输上下山及其联络巷、井底车场、候车硐室、永久避难硐室等巷道巡查。

机电队：负责主井、副井、装载硐室、清煤斜巷及相关联络巷、主变电所、主排水泵房及水仓、采区变电所、采区泵房及水仓等巷道的巡查。

探防队、钻探队：负责只有本单位作业的巷道，以及本单位打钻、注浆等施工地点前后各 20 米范围内的巷道巡查。

四、巷修普查及计划管理

（1）建立失修巷道普查台账。由矿总工程师牵头，组织生产、通风、机电、安检等部门，每年对矿井所有巷道的失修、严重失修及支护状况进行两次普查，分类统计，并建立普查台账，台账内容应覆盖所有在用巷道，注明普查人、普查时间等内容，填绘巷道失修状况图及支护状况图。

（2）编制年度巷修计划。根据失修巷道台账和安全生产需要、巷道失修严重程度，按先急后缓的原则编制年度巷修计划，其内容包含巷道名称、计划数、起点位置、终点位置、原支护形式、现支护形式、施工时间、施工队伍等。

（3）编制月度巷修施工计划。落实责任，确保月度计划的完成。

五、巷道维修技术管理

（1）连续巷修长度超过 100 米（含 100 米）或需要安设局部通风机的巷修工程必须编制巷道维修作业规程，其他编制巷修施工安全技术措施。规程、措施与现场相符，维修巷道起止位置和支护形式必须明确，并附有平、剖、断面图。

（2）在突出煤层中或水文地质条件复杂、受水害威胁地段进行巷道维修时，必须按照防突及防治水有关规定制定相关专项措施。

（3）矿井主要巷道、受采动影响大或条件复杂的特殊地段[遇老巷（空）、托煤、破碎带、冒落带、构造带、交叉点、大断面硐室等]的巷道维修设计方案，必须进行多方案综合技术经济论证比较，择优选择，做到安全可靠、技术合理、经济最优。

六、巷道维修施工管理

（1）巷修过程中严格按措施施工，保证施工安全。加强施工过程中的质量监督、检查。

对施工过程中出现的隐蔽工程做好施工记录。

（2）倾斜巷道维修时（非独头巷道），只准一个地点施工，严禁上下段同时作业。原则上只允许从上向下维修，并必须有防止矸石、物料滚落和支架歪倒的安全措施。

（3）在独头巷道内维修时，必须保证通风安全并由外向里逐排（棚）进行，严禁任何人员进入维修地点以里。

（4）撤掉支架前，应当先加固作业地点的支架。架设和拆除支架时，在一架未完工之前，不得中止作业。撤换支架的工作应当连续进行，不连续施工时，每次工作结束前，必须接顶封帮。

（5）更换巷道支护时，在拆除原有支护前，应当先加固邻近支护，拆除原有支护后，必须及时除掉顶帮活矸和架设永久支护，必要时采取临时支护措施。

（6）长期不用的废弃巷道维修前，必须先检查瓦斯和积水情况，采取相应措施做好施工前准备工作。当存在瓦斯积聚时，必须按照规定制定专项瓦斯排放措施进行排放。只有巷道各类气体的浓度符合安全规定，消除积水威胁，经确认具备安全施工条件后方可进行巷道维修作业。

七、巷道维修验收管理

（1）由生产科牵头，有关人员参加，定期对已竣工的巷修工程进行验收。验收内容包括施工记录台账、图纸、工程量及工程质量等。

（2）严格按施工措施要求进行竣工验收，保证巷修工程质量，不合格工程不予验收。

（3）生产科每月将所有竣工的已修巷道填绘在巷道维修工程专用图纸上，标明维修时间和施工、验收责任人等，并建立施工台账。

八、巷道维修安全管理

（1）巷道维修施工期间，必须保证安全出口畅通。

（2）坚持敲帮问顶，严防顶板冒落伤人或堵人。

（3）正确使用好临时支护，严禁空顶作业。

（4）巷道维修施工前，必须对巷道内各类管线、设备、设施等进行妥善保护，以免损坏和污染。同时对维修地点附近的巷道进行找顶，必要时进行加固。维修结束后，巷道内各类管线、设备、设施等应及时按标准恢复。

（5）维修倾斜井巷时，应当停止行车；需要通车作业时，必须制定行车安全措施。

（6）巷道维修作业时搭设的脚手架、操作平台等设施，必须牢固可靠，架上设备、工具、材料等“生根”。脚手架搭设高度超过 2 米时必须系好安全带。

（7）巷道维修作业要做到文明施工，材料、工具码放整齐，各类管理牌板齐全到位。当班维修作业结束后，及时清理淤泥、积水、杂物等，做到班清班结，“工完、料净、场地清”。

第四章　采　　煤

第一节　机　　构

1997 年 5 月 13 日，陈四楼煤矿成立综采队。

1997 年 7 月，陈四楼煤矿成立综采二队。

1998 年 2 月 20 日，陈四楼煤矿成立高档普采队、综采一队、综采二队。

1999 年 7 月，陈四楼煤矿成立采二队。

2010 年 1 月，综采队更名为综采一队，采二队更名为综采二队，采三队更名为综采三队，采一队更名为综采安装队。

1998—2021 年陈四楼煤矿采煤区队主管队长、党支部书记情况见表 3-4-1、表 3-4-2。

表 3-4-1　1998—2021 年陈四楼煤矿采煤区队主管队长一览表

单位	姓名	职务	任职时间
高档普采队	陈群忠	队长	1998.02—1998.09
	张世标	队长	1998.09—2000.03
综采准备队	崔　鑫	队长	1999.07—2001.02
	门学芝	队长	2001.02—2004.04
	康　彦	队长	2011.03—2014.05
	王　峰	队长	2014.05—2015.08
	张留柱	副队长（主持工作）	2015.08—2016.10
	张留柱	队长	2016.10—2018.08
	宋四华	副队长（主持工作）	2018.08—2020.07
	宋四华	队长	2020.07—2021.03
	张留柱	队长	2021.03—
综采一队	张维汉	队长	1997.05—1998.11
	唐远游	队长	1998.11—1998.02
	王海银	队长	1998.02—1998.09
	张建设	队长	2010.01—2012.02
	李　明	队长	2012.02—2015.08
	王　峰	队长	2015.08—2016.10
	陈心田	队长	2016.10—2017.02
	张留柱	队长	2018.08—2021.03
	宋四华	队长	2021.03.13—

表 3-4-1(续)

单位	姓名	职务	任职时间
综采二队	孙文博	队长	1997.07—1998.02
	门学芝	队长	1998.02—2001.02
	张帅彬	副队长(主持工作)	2010.02—2011.03
	潘胜利	副队长(主持工作)	2011.03—2012.01
	潘胜利	副队长(主持工作)	2012.01—2012.02
	张建设	队长	2012.02—2018.08
	韩　超	队长	2018.08—2020.07
	陆庆刚	队长	2020.07—2022.01
综采队	宋江学	队长	2000.03—2001.09
	王建常	队长	2001.09—2007.01
	黄　涛	队长	2007.01—2007.07
	张建设	队长	2007.07—2010.01
综采三队	王　锋	队长	2010.01—2010.01
综采安装队	郭德有	队长	2010.01—2015.06
	刘　热	副队长(主持工作)	2015.06—2020.07
	刘　热	队长	2020.07—
准备队	崔　鑫	队长	2000.03—2004.04
	门学芝	队长	2004.04—2006.06
	黄玉东	队长	2006.06—2009.03
	潘胜利	副队长(主持工作)	2009.03—2011.03
采一队	潘松山	队长	1999.09—2003.03
	黄玉东	队长	2003.03—2006.01
	王三勇	队长	2006.01—2007.01
	黄玉东	队长	2007.01—2008.09
	尹胜波	队长	2008.09—2010.01
采二队	宋江学	队长	1999.07—2000.03
	刘须超	队长	2000.03—2001.02
	赵仁义	队长	2001.02—2001.09
	田好廷	队长	2001.09—2004.09
	杜文春	队长	2004.09—2007.11
	王利伟	队长	2007.11—2009.03
	李秋礼	副队长(主持工作)	2009.03—2009.10
	张帅彬	副队长(主持工作)	2009.10—2010.01

表 3-4-1(续)

单位	姓名	职务	任职时间
采三队	刘须超	队长	2000.11—2007.04
	张志勇	队长	2007.04—2008.11
	王　锋	副队长(主持工作)	2008.11—2010.01
	王　锋	队长	2010.01—2010.01

表 3-4-2　1998—2021 年陈四楼煤矿采煤区队党支部书记一览表

党支部	姓名	职务	任职时间
高档普采队党支部	张世标	党支部书记	1998.02—1998.09
	常新春	党支部书记	1998.09—1999.03
	李福刚	党支部书记	1999.03—2010.07
综采一队党支部	王海银	党支部书记	1998.02—1998.09
	崔　鑫	党支部书记	1998.09—2010.01
	张建设	党支部书记(兼)	2010.01—2010.07
	狄满洲	党支部书记	2010.07—2011.03
	李　明	党支部书记	2011.03—2012.02
	王　峰	党支部书记	2012.02—2014.05
	蒋家旺	党支部书记	2014.05—2018.08
	陆庆刚	党支部副书记(主持工作)	2018.08—2020.07
	黄　辉	党支部副书记(主持工作)	2020.07—2022.01
综采二队党支部	杨青松	党支部书记	1998.02—2010.01
	李国振	党支部书记(兼)	2010.07— 2010.07
	张献忠	党支部书记	2010.07—2011.03
	狄满洲	党支部副书记(主持工作)	2011.03—2012.01
	狄满洲	党支部副书记(主持工作)	2012.01—2012.02
	张建设	党支部书记(兼)	2012.02—2013.02
	狄满洲	党支部书记	2013.02—2015.05
	张建设	党支部书记(兼)	2015.05—2016.10
	韩　超	党支部副书记(主持工作)	2016.10— 2018.08
	张献忠	党支部书记	2018.08.13—
综采三队党支部	李国振	党支部书记	2010.01—2011.03
	崔玉攀	党支部书记	2011.03—2012.02
综采安装队党支部	郭德有	党支部书记(兼)	2010.01—2011.03
	李国振	党支部书记	2011.03—2015.06
	钟南宁	党支部副书记(主持工作)	2015.06—2019.10
	宗凤龙	党支部书记	2019.10—2022.01

表 3-4-2（续）

党支部	姓名	职务	任职时间
综采准备队党支部	陈体康	党支部书记	2001.02—2011.03
	张献忠	党支部副书记（主持工作）	2011.03—2014.05
	张献忠	党支部书记	2014.05—2018.08
综采队党支部	门学芝	党支部书记	1999.07—2001.02
	王建常	党支部书记	2001.02—2001.09
	宋江学	党支部书记	2001.09—2004.04
	黄　涛	党支部书记	2004.04—2007.04
	符如康	党支部书记	2007.04—2008.02
	张建设	党支部书记	2008.02—2009.10
	李秋礼	党支部副书记（主持工作）	2009.10—2010.01
准备队党支部	杨青松	党支部书记	2000.03—2004.04
	王利伟	党支部书记	2004.04—2006.06
	黄玉东	党支部书记（兼）	2006.06—2007.01
	尹胜波	党支部书记	2007.01—2008.09
	杜文春	党支部书记	2008.09—2010.01
	康　彦	党支部副书记（主持工作）	2010.01—2011.03
采一队党支部	党新春	党支部书记	1999.07—1999.09
	赵仁义	党支部书记	1999.09—2001.02
	田好廷	党支部书记	2001.02—2001.09
	潘松山	党支部书记	2001.09—2002.08
	丁　剑	党支部书记	2002.08—2004.04
	郭德友	党支部书记	2004.04—2010.01
采二队党支部	陈　旭	党支部书记	1999.07—2001.02
	王海银	党支部书记	2001.02—2004.09
	杜文春	党支部书记	2004.09—2005.03
	李福刚	党支部书记	2005.03—2007.01
	张业明	党支部书记	2007.01—2007.11
	杜文春	党支部书记	2007.11—2008.09
	田好廷	党支部书记	2008.09—2009.08
	李秋礼	党支部副书记（主持工作）	2009.08—2009.10
	王书光	党支部副书记（主持工作）	2009.10—2010.01
采三队党支部	陈　旭	党支部书记	2000.11—2001.02
	杜文春	党支部书记	2001.02—2004.09
	田好庭	党支部书记	2004.09—2008.09
	李国振	党支部副书记（主持工作）	2008.09—2010.01
	李国振	党支部书记	2010.01—2010.01

第二节　采煤准备、方法与工艺

陈四楼煤矿自1997年5月投产以来，经历了炮采、普采、综采等采煤工艺的变革。

2000年，集团公司和陈四楼煤矿新一届领导班子上任后，针对永煤集团所属矿井地质条件，提出了“宜综则综，宜炮则炮”的指导思想，并通过了相关高校和科研院所的国内知名采煤专家实地论证。陈四楼煤矿投产前的地质资料显示，地质条件单一，适合使用大型现代化综采设备进行开采。然而，投产以后，实际揭露的地质条件却不容乐观，断层每平方千米多达20多条。煤层极不稳定，同一工作面厚度变化幅度达0～3.5米，而且火成岩大面积侵入，经常出现煤层变为天然焦的现象，天然焦面积占矿区总面积的近30%，给工作面布置带来非常不利的影响。2亿多元的进口综采设备无法发挥应有的效能，搬家倒面的时间比开采的时间还要长。集团公司领导及矿领导班子通过对陈四楼煤矿走过的道路进行重新审视，提出了“因地制宜，创新发展”的思路。适应地质条件的要求，陈四楼煤矿与设备生产厂家积极沟通，对采煤工艺进行了改造，研制出了适合陈四楼煤矿开采条件的轻型综采设备。轻型综采设备具有设备重量轻、适应性强等优点，使工作面搬家倒面速度大大加快，矿井有效开采时间大为提高。同时轻型综采设备适应性强，在规则和不规则工作面都可以布置，煤层厚度变化对开采工作影响也较小，采面推进长度得到延长，储量明显增加，搬家倒面明显减少，效率大幅提高。

一、采煤方法

单一长壁采煤法，全部垮落法管理顶板。使用MXA-3000/3.5型采煤机组进行落煤、装煤等工作。

2011年11月，陈四楼煤矿首套综采工作面超前支架在北十采区21004工作面投入使用，标志着超前支架代替单体液压支柱和金属铰接顶梁进行超前支护，超前支架能够实现自移，操作方便，减轻劳动强度，能够满足高产高效的工作面对端头设备快速推移的要求。

2016年10月，21011综采顺拉工作面开始回采，该技术将21011、21013综采工作面集成大倾角超长度综采顺拉工作面开采，利用三条区段平巷准备出一个顺拉采煤工作面，圈入实体煤161.5万吨，减少一条长度约1 400米的沿空掘进巷道，节约生产成本840万元，多回收煤炭资源24 734吨，增效1 975万元。该项技术成功实施，保证了工作面集中、安全、高效回采，对类似条件下工作面回采具有借鉴意义。

2016年4月，由陈四楼煤矿自主完成的预裂切顶无煤柱沿空留巷技术首次在矿井南翼十七采区21701工作面上顺槽及21702工作面下顺槽实施。该技术应用可少掘两条顺槽，共计1 400米煤巷，多回收煤炭2.6万吨，为矿井创收近3 475.8万元。2017年通过河南省科学技术厅组织专家鉴定，成果技术水平达到国际先进水平。

2018年4月，采用长走向、大采长一面三巷回采技术联合布置成的21212综采工作面开始回采，标志着陈四楼煤矿在大采长工作面方面取得实质性进展，该技术较原综采顺拉工作面布置减少中间巷一部带式输送机，工作面少占用一套综采设备，只采用一套大功率综采设备进行回采。

二、炮采工艺

炮采指在长壁工作面用爆破方法破煤、人工装煤、输送机或溜槽运煤和单体支柱支护采空区的采煤工艺。炮采工艺包括:① 破煤:钻眼放炮;② 装煤:人工;③ 运煤:刮板输送机;④ 支护:单体支柱和铰接顶梁;⑤ 处理采空区:全部跨落法(充填法、煤壁支撑法)。

三、普通机械化采煤工艺

普通机械化采煤工艺简称"普采",是用机械方法破煤和装煤、输送机运煤、单体支柱和铰接顶梁支护采空区顶板的采煤工艺。回采工序如下:① 破煤:采煤机;② 装煤:采煤机;③ 运煤:刮板输送机;④ 支护:单体支柱和铰接顶梁;⑤ 处理采空区:全部跨落法(充填法、煤壁支撑法)。

四、综合机械化采煤工艺

综合机械化采煤简称"综采",是在长壁工作面用机械方式破煤和装煤、输送机运煤和液压支架支护顶板的采煤工艺。回采工序如下:① 破煤:采煤机;② 装煤:采煤机;③ 运煤:刮板输送机;④ 支护:液压支架;⑤ 处理采空区:全部跨落法(充填法、煤壁支撑法)。

五、采煤工作面管理

陈四楼煤矿采煤工作面管理上坚持科学合理编排生产计划,实现矿井均衡生产;积极推广新材料、新设备、新工艺,逐步提高了采煤工效;推行"1+1+n"精细化管理模式,提高现场施工作业标准;制定、修改、完善管理制度、技术标准,提高采煤工作面技术管理水平,规范员工操作行为,修订完善采煤专业技术标准;根据生产区队现场遇到的技术难题,编制"技术简报"送技术到区队,帮助区队解决现场的实际问题;推行采煤队伍标准化建设,优化采煤区队队伍人员结构,提升作业效率。

1997 年 10 月 22 日,陈四楼煤矿下发了投产后第一份《采掘作业规程管理办法》的通知,使陈四楼煤矿的技术管理工作逐步实现正规化、标准化。

第三节　原煤产量与煤炭采出率

一、原煤产量

1997 年 11 月 6 日，陈四楼煤矿建成投产，设计生产能力 240 万吨/年。2009 年核定生产能力 450 万吨/年，2016 年豫煤行〔2016〕84 号文重新确定的生产能力为 378 万吨/年。

2001 年，原煤产量 276 万吨，矿井首次实现达产，较 2000 年提高 94 万吨。

2002 年，原煤产量承包指标是 220 万吨，实际完成原煤产量 331 万吨，超承包指标 111 万吨，完成承包指标的 150.5%。以 240 万吨/年的矿井设计能力完成 331 万吨的原煤产量，成为河南煤炭史上的一大创举。

2003 年，产量和效益再上新台阶，原煤产量达到 354 万吨，实现利润 3 亿元，创建矿以来的最高水平。

2004 年 1 月份，陈四楼煤矿实现煤炭产量 36.255 6 万吨，2 月份实现煤炭产量 34.567 7 万吨，3 月份产量又创新高，截止到 3 月 23 日早上 8 点，陈四楼煤矿一季度煤炭产量已突破百万吨大关，创建矿以来安全、产量、效益新纪录。

2006 年，综采队克服工作面大坡度、断层、俯采等不利因素，全年实现煤炭生产 150 万吨，创陈四楼煤矿综采年产新纪录。

2007 年 6 月份，矿井产量 38.4 万吨，21201 工作面月产达 18.5 万吨，创投产以来陈四楼煤矿月产、单产最好成绩。在开采水平逐步延伸，开采难度不断加大的客观现实面前，全矿员工因势而变、锐意进取，年产量首次突破 400 万吨大关，全年完成标煤 411.9 万吨，煤炭产量取得了建矿以来的最好成绩。

1997—2021 年陈四楼煤矿产量统计见表 3-4-3。

表 3-4-3　1997—2021 年陈四楼煤矿产量统计表

时间	产量/万吨	计量方式
1997 年	10.5	实体煤
1998 年	120.0	实体煤
1999 年	160.8	实体煤
2000 年	182.0	实体煤
2001 年	276.0	原煤
2002 年	331.0	原煤
2003 年	354.0	原煤
2004 年	355.4	原煤
2005 年	353.4	原煤
2006 年	356.6	原煤
2007 年	394.9	原煤

表 3-4-3(续)

时间	产量/万吨	计量方式
2008 年	426.7	原煤
2009 年	441.7	原煤
2010 年	434.4	原煤
2011 年	447.3	原煤
2012 年	449.3	原煤
2013 年	437.7	原煤
2014 年	435.7	原煤
2015 年	241.2	原煤
2016 年	338.0	原煤
2017 年	342.8	原煤
2018 年	281.1	原煤
2019 年	292.6	原煤
2020 年	250.7	原煤
2021 年	266.6	原煤

二、煤炭资源采出率

2002 年 12 月 13 日,开采 2203 北炮采工作面,2003 年 3 月 28 日停采,轨顺采用沿空留巷技术,一次沿空留巷长度 300 米,在陈四楼煤矿乃至集团公司采用长距离沿空留巷技术尚属首次。本项目适用于工作面跳采后沿空留巷作为临近工作面的顺槽,可以节省沿空送巷的掘进工程量。边回采边留巷,减少煤炭资源的浪费。通过经济分析,创经济效益达 48.6 万元。

2002 年,2701、2200 两综采工作面由于受到地质构造的影响,外段有残留煤柱,为提高煤炭资源采出率,继 2102 综采面之后,两次成功实现了综采工作面撤除通道沿空留巷预留炮采工作面切眼技术。2100 炮采工作面采用沿空留巷技术,多回收三角煤约万吨。

2002 年,修订下发了《煤炭资源回收管理办法》的通知,实施对煤炭资源的宏观和微观管理。本年度资源开发按照矿井总体设计要求,从工作面顺槽开始掘进直至工作面回采结束,实施全方位监督、确保煤炭资源的彻底回收。本年度无任何不合理丢煤现象,采区损失正常摊销,工作面落煤损失不超过规定,采区采出率达到 90%以上,工作面采出率达到 95%以上。矿井加强各工作面浮煤管理问题,发现丢煤问题,立即下发《预防丢煤通知书》,确保煤炭资源的回收彻底,每丢失 1 吨浮煤罚款 100 元,本年度共发生丢失浮煤 661 吨,罚款 66 100 元,有效制止了丢浮煤现象的重复发生。

2003 年 8 月,陈四楼煤矿 2709 综采工作面推进至探巷后,根据现场地质条件及顶板岩性,多回采距离达 52 米。

2003 年 8 月,在 2203 炮采工作面南工作面采用机尾顶采 10 米断层煤柱,利用风机供风，多回收煤炭达500多吨。

2005年，修订并下发了《煤炭资源回收管理办法》的通知，明确了奖惩措施，实施对煤炭资源全方位的合理开采与监督，杜绝了煤炭资源的不合理浪费与丢失。本年度共计处罚生产单位及个人11 500元，奖励4.8万元，确实做到了奖罚分明，有效制止了丢浮煤现象，并且实现了采区采出率、工作面采出率分别超过国家规定10%和4%。

2008年，针对2209工作面煤层倾角大（最大达22°），工作面下临采空区，旋转开采比较困难的问题，有针对性地制定了工作面旋转方案及详细的施工措施，充分做好了旋转的各项准备工作，使工作面在较短的时间内顺利完成旋转，开创了集团公司大倾角综采工作面成功旋转的先例。与跳采搬家相比，该面多回收煤炭2.5万吨，多生产煤炭8.7万吨，节省搬家等各种费用100多万元。

2008年，21001工作面通过优化设计方案，将工作面设计成扇形布置，可多回收煤炭3万吨，回采期间，该面运输机尾滞后运输机头90余米，通过制定详细回采方案，严格落实扇形块段回采措施，工作面大扇形块段成功实现回采，与以往类似块段回采相比，减少了巷道工程量及运输设备，提高了煤炭采出率。同年，21309工作面实现无煤柱开采。通过运输系统改造，工作面端头管理的改变等措施，将工作面与辅助运输巷采透，实现了无煤柱开采，多回收煤炭1.2万吨。另外，21204工作面通过论证重新确定停采线位置，工作面多向外推55米，多回收煤炭3.6万吨。

1997—2021年陈四楼煤矿采区采出率见表3-4-4。

表3-4-4 1997—2021年陈四楼煤矿采区回采率一览表

年份	采区采出率	系数	年份	采区采出率	系数	年份	采区采出率	系数	年份	采区采出率	系数
1997	80	1	2004	90.9	0.88	2011	91.7	0.87	2018	92.7	—
1998	81	1	2005	91.6	0.87	2012	92.9	0.87	2019	93	—
1999	83	1	2006	93.8	0.85	2013	92.3	0.87	2020	94.5	—
2000	86	0.93	2007	92.9	0.86	2014	93.4	0.87	2021	91.5	—
2001	90.7	0.88	2008	93.5	0.86	2015	93.3	0.87			
2002	92.7	0.86	2009	92.7	0.86	2016	92.7	—			
2003	90.9	0.88	2010	93.1	0.86	2017	93.2	—			

第五章 生产调度

陈四楼煤矿调度室是矿井生产调度指挥中心,统筹安排矿井各单位生产组织,协调采煤、掘进、开拓系统以及选煤厂均衡生产,确保矿井安全、有序、良性循环发展。

第一节 机 构

一、调度室成立历程

1997 年 7 月,陈四楼煤矿成立调度室;1998 年 2 月,初始阶段矿井发展需要,调度室与生产科一起称为生产技术科;1999 年 9 月,为提高矿井精细化管理,调度室从生产技术科脱离,成为一个独立职能部门。

二、调度室专业结构

陈四楼调度室成立初期,主要职能生产调度,并建立井下调度通信系统;2003 年 10 月 29 日,陈四楼煤矿成立信息中心;2006 年 11 月,煤质工作从企管科划出,并入调度室;2011 年 1 月,监测监控专业并入调度室;2013 年,调度室建立了矿井应急组织机构;2015 年,人员位置监测系统业务划分到调度室;2021 年 3 月,陈四楼煤矿成立调度室配送中心。

截至 2021 年年底,陈四楼煤矿调度室形成了集生产调度、应急管理、煤质管理、自动化建设、监测监控、地面装卸配送于一体的综合型生产科室。

三、调度装备

调度室设立初期,调度通信系统未形成规模,通信装备比较简单,调度室配备了值班电话机、传真机、586 型计算机、打印机、速印机和电话会议机,与公司交换通信媒介为微波传输。

1997 年 11 月—2004 年 12 月,调度室通信设备不断增加和完善,2000 年首次升级行政交换机,升级为 IS 3000 程控交换机。

2006 年,首次对通信、网络机房进行改造,12 月对调度交换机进行升级,调度交换机由模拟交换机更换为全数字调度交换机,现整机容量为 256 门,实现全用户、全数字录音。

2009 年 5 月,公司对陈四楼煤矿沿铁路敷设一根 24 芯通信光缆,解决微波传输通信信号干扰问题,进一步完善了生产调度指挥系统网络,同时办公网络、数字电视全部由微波传输改为光缆传输。

2010 年 8 月,综合自动化项目启动,自动化项目包含有井下 Wi-Fi 通信和 IP 广播通信两个辅助通信系统。

2011 年 6 月，完成 Wi-Fi 无线通信系统和 IP 广播系统建设，并与行政交换机和调度交换机实现组网。

2011 年年底，开始实施建设陈四楼煤矿第一期智慧矿山子系统，于 2012 年 6 月开始验收，于 2012 年年底全部完工。主要包括人员定位系统、千兆工业以太环网系统、无线通信系统、应急广播系统、工业电视系统、调度室大屏系统、网络机房等 16 个子系统。

2014 年 7 月，通信、网络机房进行搬迁，同时对行政、调度交换机进行升级扩容，行政交换将 CPU 3000 升级为 CPU 4000，将现有通信电源升级为 19 英寸机架式 DUM-48V 嵌入式通信电源，为了节省层架空间，选购部分 ALC-GM/ALC-GD 二合一板 32 路通信板。现整机容量为 500 门，与调度交换机级联信令由 1 号信令改为 7 号信令。调度交换机由原来的 256 门扩容至 512 门。

2017 年 8 月，自行对工业电视系统综合管理平台升级，采用海康威视 IVMS-8800 系列服务器 1 台。

2017 年 12 月，完成通信系统多系统融合，建设一套适合陈四楼煤矿的通信联络“四合一”融合平台的。该平台可以通过核心平台与多种传统语音通信网络互联，实现与 PBX 通信专网、Wi-Fi 手机、调度通信、应急广播及 GSM/3G/4G 智能网络平台等通信网络互联互通，实现多系统、多部门统一的调度指挥功能。

截至 2021 年年底，调度通信系统实现了煤矿井上、下调度指挥与行政办公通信互联、互通和互操作，多网融合、系统具有来电显示、选呼、群呼、强插、强拆和强接等多种调度功能。

四、调度室历任负责人

1997—2021 年陈四楼煤矿调度室历任负责人情况见表 3-5-1。

表 3-5-1　1997—2021 年陈四楼煤矿调度室历任负责人一览表

序号	姓名	职务	任职时间
1	苗　壮	主任	1997.07—1999.09
2	韩念战	主任	1999.09—2008.08
3	黄　涛	主任	2008.08—2009.10
4	张　标	主任	2009.10—2010.07
5	王明臣	主任(兼)	2010.07—2010.09
6	刘　洋	主任	2010.09—2012.01
7	尹胜波	主任(兼)	2012.01—2014.05
8	康　彦	主任	2014.05—2014.12
9	秦定国	主任(代)	2014.12—2016.11
10	崔文祥	副主任(主持工作)	2016.10—2018.08
11	崔文祥	主任	2018.08—2021.07
12	韩　超	主任(兼)	2021.07—

第二节　调度制度

调度室设立初期,调度管理制度相对比较简单,经过长期的工作实践,不断完善管理制度,已经建立、健全了一系列完整的调度管理制度,这些制度在生产经营中发挥了重要作用。

一、调度制度

调度制度包括调度值班制度、调度交接班制度、调度汇报制度、调度人员入井制度、生产例会制度、调度业务保安制度、突发事件(事故)信息处理与报告制度、调度业务学习制度、调度文档管理制度、矿领导值班管理制度、矿领导带班下井管理制度、生产调度管理规定、煤质(块煤)管理办法、中层管理人员值班带班及入井管理制度、矿车及人车管理规定等。

二、调度台账

1997 年 7 月调度室设立初期,台账种类建立不齐全,仅有产量、进尺的统计台账,随着矿井发展需要和上级要求,不断建立和完善各类统计台账。

截至 2021 年,调度室设立有生产日报表、调度综合台账、异常信息记录台账、生产影响记录、调度会议记录、调度员值班记录、调度员交接班记录、领导入井"三汇报"记录、领导跟值班记录等。并对单位的生产任务完成情况进行核实,产量、进尺、提升数据进行分析,建立统计报表,对照生产计划对各单位完成情况进行考核。

第三节　调度指挥

调度室是陈四楼煤矿安全生产指挥中心,由生产副矿长直接领导,是连接煤炭生产各个环节,搞好综合平衡的枢纽。

一、调度值班管理

为加强陈四楼煤矿调度值班工作,及时协调解决安全生产经营中存在的问题,快速应对突发事件,迅速有效组织事故抢险救灾工作,确保信息、指令畅通,保障安全生产秩序稳定,根据《河南能源化工集团调度值班制度》(〔2018〕294 号)、《永城煤电控股集团有限公司调度值班制度》(〔2022〕93 号)和有关规定,结合矿井实际,特制定矿井调度值班制度。

(一)调度值班小组成员及值班电话

(1)调度值班至少有 1 名矿领导班子成员担任主值班,同时本小组至少有 2 名副值班组成调度值班小组,保证每天 24 小时(含正常工作日、节假日)有调度值班人员值班。

(2)调度指挥中心值班人员实行 24 小时不间断调度值班。

(3) 设立调度值班室(矿调度室)。调度值班电话:0370-5192151/5192152/5192197/5192196、13693708371(移动)、13803971162(移动)。

(二) 调度值班交接班时间、地点

(1) 调度值班交接班时间:早上7:30—8:00,实行交接班签到制,需由本人签名。

(2) 调度值班地点:矿调度室或值班人员办公室。

(3) 调度值班人员原则上按照排定的调度值班表执行值班,调度值班人员因特殊情况不能参加调度值班的,主值班领导要向矿主要领导(矿长或者党委书记)请假;副值班人员有事要向主值班领导请假,主、副值班按规定办理替换班手续。

(4) 调度值班人员值班期间不得离开矿区,值班期间原则上不得入井,确需入井的需临时委托班子成员、同级别人员替值班,并告知调度室办理登记手续。

(三) 调度值班主要任务

(1) 负责组织指挥当天生产,及时处理当天安全生产中发生的问题,采取措施,确保完成当天生产任务。

(2) 负责监督矿属各基层单位调度值班制度执行情况。

(3) 掌握基层单位安全生产动态,发生影响安全生产、信访稳定、疫情防控、生态环境、公共卫生、灾害天气、冬(雨)季“三防”等情况时,及时指挥组织有关部门协调处理,以保证矿井正常生产。

(4) 主值班领导参加并主持召开调度会,落实生产计划和安排布置安全生产等有关工作事项。交接班调度值班人员应参加早调度会。当日主值班和副值班人员19:00—20:30须在调度室值守,做好与上级调度统一沟通交流准备。

(5) 对上级下达的安全生产指示、指令、通知等须及时传达督办,对基层单位反映的问题及时协调处理,并做好值班记录。

(6) 值班期间如发生事故,应及时启动应急救援预案,并按程序进行汇报。

(四) 相关要求

(1) 调度值班主值班领导必须为矿班子成员,副总工程师不得担任主值班。

(2) 调度值班人员值班期间严禁饮酒,按规定时间到调度室值班签到。

(3) 调度值班人员应24小时保持通信畅通,需及时接听矿调度室及上级部门来电。

(4) 调度值班期间没有处理完毕的事项,要向接班人员交接清楚的。

(5) 调度值班期间因调度指挥不当或调度处置不及时的事项,造成较大负面影响或严重后果的,将纳入安全生产主体责任考核,并按有关规定进行责任追究。

二、调度会议管理

(一) 调度会议时间、地点、参加人员规定

(1) 早调度会时间为每天7:40—8:30,晚调度会时间为每天17:30—18:00。

(2) 早调度会地点在生产调度会议室,晚调度会地点在调度会议室001#室。

(3) 早调度会参加人员为矿副总以上领导、各科室负责人、区队行政正职,各科室专业负责人列席会议;晚调度会参加人员为矿、科、基层单位值班人员。

(4) 早调度会如行政正职不能参会,区队可安排支部书记(无支部书记的可安排技术负责人)、科室安排其他副职参会,但必须向分管矿领导汇报,并在调度室登记备案;晚调度会科室值班人员跟班无法参会时,必须派相应人员参会;无人员参加视为旷会。

(5) 当日值班矿领导参加并组织召开当天的早晚调度会,特殊情况不能参会时指定人员主持。

(二) 调度会议制度

(1) 参会人员迟到或早退一次罚款 100 元、旷会一次罚款 200 元,会议期间睡觉的罚款 300 元。

(2) 调度会上布置的工作,参会人员应负责传达落实,特殊情况落实不了的,应及时向矿领导和有关单位反馈,未按期落实、办理的,对责任人给予 200～500 元的罚款。

(3) 参会人员要带专用调度会议记录本,并做好会议记录,否则,罚款 100 元。

(4) 参会人员的手机应设置静音或振动状态,确保会议正常进行,手机响铃一次罚款 100 元;参会人员玩手机,不认真听会的罚款 100 元。

(5) 调度室设专人记录会议内容,会后整理矿领导安排工作,并负责跟踪落实。

(6) 各单位对调度会上安排的工作要无条件地完成。有困难或异议时,应在会后向有关领导汇报解决,严禁在调度会上辩解,否则对责任人罚款 500 元/次,情节严重者罚款 1 000 元/次。

(7) 生产调度会议室、生产调度指挥中心为无烟区,严禁抽烟、随地吐痰等不文明行为,否则罚责任人 100 元/次。

(三) 调度会议相关要求

(1) 区队、经营及政工科室发言时间不得超过 1 分钟,生产科室发言时间不得超过 2 分钟,特殊情况(如通报)等除外,副总及副矿长(含总工程师)发言时间不超过 3 分钟,确保会议时间不超过 50 分钟。

(2) 发言单位提出问题要言简意赅,简明扼要,直奔主题;科室发言重点强调共性问题、典型问题;个性问题可另行召开会议研究解决;讲话声音要洪亮、吐字清晰。

(3) 矿领导会上安排工作应明确责任单位和完成工期,便于工作安排和落实。

(4) 区队按排定次序发言,未按规定发言的,罚责任区队参会人员 100 元/次。

(四) 其他会议要求

生产协调会及其他生产专题会议,由分管领导组织,相应科室参加,形成会议纪要,各业务科室根据业务范围下发业务通知单,调度室监督各单位的执行和完成情况。无故不参会的,罚责任人 200 元/次。

三、调度职责

(1) 认真贯彻执行党和国家的安全生产方针,严格按照“三大规程”以及有关安全生产的规定、指示、命令、电文组织安全生产。对威胁安全生产的重大问题及时下达调度命令，组织有关部门和单位采取措施积极处理，搞好各类事故的组织抢救和分析处理工作。

(2) 组织好各个部门、各生产环节之间的协调配合，解决生产过程中出现的棘手问题，克服生产薄弱环节，确保各项生产经营指标的全面完成。

(3) 按照生产作业计划，负责日常生产的组织和指挥。及时掌握生产动态，严肃认真地按班、日、旬、月检查对照计划完成情况，有针对性地提前采取措施，消除可能出现的影响生产的因素和困难，实现均衡、高产、高效。

(4) 深入现场、深入井下调查研究，熟悉生产情况，掌握第一手资料。通过多种渠道了解生产动态和发展趋势，并广泛收集安全生产信息，为领导正确决策提供准确依据。切实做到信息畅通、运转有序。

(5) 按照作业计划安排，负责组织好日常的生产准备工作，抓好矿井接续、采掘衔接、设备检修、安装撤出等重点工程，确保矿井安全有序发展。

(6) 负责组织各单位、各有关部门，对矿井停产检修和季节性工作进行统筹安排，督促检查各项工程的实施进展情况，确保各类工程的按质按时完成。实现总体平稳、纵横协调、均衡生产。

(7) 认真细致地做好上情下达、下情上报工作。“信息畅通、令行禁止”既是调度工作的原则，也是我们开展各项工作的重要前提和根本保证。对领导指示、工作安排或上级通知、通报要及时地、不折不扣地下达，随时督促、检查执行情况，认真做好记录。对基层汇报的情况和问题，要及时向调度主任、有关矿领导和部门汇报，按领导指示组织有关单位和部门进行解决，做到事事有着落、件件有回音、项项有记录。

(8) 负责召集有关调度生产兑现会、重点工程专题会，及时解决生产中出现的各类问题，督促检查我公司各单位生产计划的执行情况。凡涉及影响安全生产的问题，有权对同级业务部门进行统一调度，行使调度职权。

(9) 负责落实公司领导值班和调度值班制度，检查各部门值班和调度值班情况。负责协助值班领导组织好全公司当日的安全生产工作，并对全公司当日安全生产情况进行总结，并协助值班领导向公司进行汇报。

(10) 负责矿井安全、生产、经营等各方面的领导指示、工作安排、紧急命令的传达和落实，并根据领导指示，对执行不好的单位进行通报批评或相关处罚。

(11) 建立完整的原始记录，按时填写台账、图表、牌板。调度资料要定期归档保管。

(12) 不断加强调度业务建设、调度质量标准化建设、调度信息化建设，实施人才培训战略，不断更新调度装备，全面提升调度工作水平。

四、综合调度信息管理

(一) 日常生产汇报

1. 班、日生产汇报

(1) 各区队向矿调度室汇报：① 要求各区队跟班队干，每班按班初、班中、班末三汇报。

班初汇报当班出勤人数、现场安全状况、当班计划;班中汇报安全生产和设备运行情况;班末汇报当班生产完成情况及存在问题和整改意见。② 涉及爆破、揭煤、巷道贯通等特殊作业时必须向矿调度室汇报,未经矿调度室同意严禁作业。

(2) 矿调度室向公司调度汇报:要求每班按班初、班中两汇报。中夜班汇报当班生产组织计划、安全生产信息及上一班产量;早班汇报当班生产组织计划、安全生产信息、上一班产量、当天进尺(开拓进尺、总进尺)、矿领导值带班计划。

(3) 各单位按照规定时间和内容,逐级汇报,如遇有特殊情况要随时汇报。

2. 旬度生产汇报

每旬第一天矿调度室以固定格式向公司调度上报上一旬调度安全生产信息及重点工程。

3. 月度生产汇报

每月第一天矿调度室以固定格式,向永煤公司调度上报上月安全生产信息及矿领导值班、带班情况统计表。

4. 调度专题汇报

当遇有特殊情况、季节性或临时性工作,矿调度室根据上级调度通知做专题汇报,调度室主任负责并指定专人汇报。

(二) 各类事故汇报制度

1. 需要汇报的事故类别

(1) 生产过程中发生的人身伤亡事故。

(2) 与安全生产相关顶板、火灾、水灾、有毒、有害气体超限等险情和事故。

(3) 生产过程中发生的机电设备、停电、供排水供暖等影响正常生产、外运等各类事件。

(4) 自然灾害对生产、生活、服务、社会公共设施造成重大威胁和损坏的各类事件。

(5) 和本矿有关的其他对生产、生活和公共服务设施造成重大威胁和影响的各类事件。

(6) 群体性上访、闹事等各类影响生产、外运事件。

2. 各类事故汇报的具体规定

(1) 生产过程中发生的人身伤亡事故汇报。

生产过程中发生人身伤亡事故,事故现场立即向矿调度室汇报清楚发生事故的时间、地点、性质、概况和汇报人姓名。矿调度室接到汇报后,立即汇报值班矿长、调度室主任、总工程师、安全副矿长、分管副矿长、矿长,同时通知医院,并汇报公司调度。

(2) 机电故障汇报。

发生任何机电故障,各生产单位立即汇报矿调度室,值班调度员通知值班矿长、调度室主任、机电副矿长、生产副矿长、机电副总工程师、机电科科长及分管科长,预计影响生产 2 小时以上时,立即向公司调度汇报。

(3) 瓦斯超限、火灾、水害、顶板事故等汇报。

已发生或对安全生产构成威胁的安全事故时,生产单位值(跟)班队长要立即向矿调度室汇报，值班调度员接到汇报后应立即汇报总工程师、调度室主任、值班矿领导、安全副矿长、生产副矿长、矿长、其他矿领导，通知相关业务科室，并汇报公司安监局和信调中心。

（4）地面供电事故汇报。

① 发生生活供电事故，矿调度室接到汇报后，及时联系服务公司、机电科处理；如供电处主供生活线路发生故障导致事故，事故影响单位立即通知供电处、矿服务公司、机电科协同处理，同时汇报公司调度。

② 发生对安全产生隐患的任何供电事故，事故单位要立即向矿调度室汇报，调度值班人员接到汇报后，立即向值班领导、总工程师、调度室主任、分管领导、安全矿长和行政一把手汇报，通知相关业务科室，并汇报公司调度。

③ 发生对生产影响的供电事故，事故单位要立即向矿调度室汇报，调度值班人员接到汇报后，立即向值班领导、总工程师、调度室主任、分管领导、安全矿长和行政一把手汇报，通知相关业务科室，并汇报公司调度。

④ 发生电网停电事故，事故单位要立即向矿调度室汇报，调度值班人员接到汇报后，立即向值班领导、总工程师、调度室主任、分管领导、安全矿长和行政一把手汇报，通知相关业务科室，并汇报公司调度。

（5）供排水、供暖事故汇报。

① 发生不影响生产或影响生产 1 小时以内的供排水、供暖事故，影响单位要立即向矿调度室汇报，调度值班人员接到汇报后，应立即汇报值班领导、分管领导，通知相关业务部门协调处理。同时汇报公司调度。

② 发生供排水、供暖事故影响生产 1 小时以上，影响单位要立即向矿调度室汇报，调度值班人员接到汇报后，应立即汇报值班领导、分管领导，通知相关业务部门协调处理。同时汇报公司调度。

（6）自然灾害汇报。

自然灾害对生产、生活、服务、社会公共设施造成重大威胁和损坏时，发生灾害的基层单位要立即汇报矿调度室，值班人员应立即向值班领导、调度室主任、分管领导和行政一把手汇报，并通知相关业务部门，同时汇报公司调度。

（7）群体性上访、闹事等各类影响生产、外运事件。

发生各类对生产、生活及公共服务设施造成重大威胁和影响的事件以及群体性上访、闹事等各类事件时，事件发生的基层单位要立即向矿调度室汇报，值班调度人员应立即向值班领导、调度室主任、分管领导和行政一把手汇报，并通知相关业务部门，同时汇报公司调度。

3. 事故汇报的内容及要求

（1）事故发生的单位、时间、地点、性质、报告人、联系人、联系电话；

（2）事故的简要经过、影响情况、波及范围、伤亡人员受伤情况及简历等；

（3）事故发生原因的初步判断；

(4) 事故发生后采取的措施及事故控制情况;

(5) 值班人员按领导指示,实时跟踪事故相关处置情况,并做好记录。

4. 事故汇报的时间

发生故障和事故超过规定时间1小时未上报的视为延报,发生故障和事故24小时内未上报的视为瞒报。

5. 事故汇报责任认定

对于延误上报的基层单位值班队长及正职,在矿调度会上通报批评,对于造成严重后果的给予一定的经济处罚。对于延误上报公司调度的矿值班调度员、调度室领导、单位分管领导及主要负责人,给予一定的经济处罚。因延报、谎报或瞒报造成影响和严重后果的,对相关责任人进行严肃处理。

6. 事故汇报责任部门

各类故障和事故上报责任部门为调度室。

五、信息处置流程

为加强矿井生产、安全、经营等信息的管理,加快陈四楼煤矿信息化建设步伐,更好地为矿井各项工作提供及时、准确的数据,确保信息资源的运作成效,特制定陈四楼煤矿信息处置流程。

(一) 信息管理职责范围

(1) 负责对信息传输平台维护、信息传输的监督、管理以及生产技术管理系统中信息的传递、及时存储、规范与备份等工作。

(2) 负责安全生产信息的收集、整理、加工、分析、传递、存储和汇报,并反馈本单位负责的信息落实情况及原始资料的储存。

(3) 负责煤质信息的收集、整理、加工、分析、传递、存储和汇报,并反馈信息落实情况和原始资料的储存。

(4) 负责公司及矿各级领导下达命令的传达,负责基层一线区队信息的汇总及上传。

(二) 信息的管理

(1) 为了使矿内用户能看到河南能源集团协同办公、永煤公司协同办公的内容,相关责任人应及时把与本专业有关的内容转发到科室相关人员的邮箱中。

(2) 在系统公告栏发布的信息必须经科室负责人审核后方可发布,对随意发布的信息,如造成不良后果将追究其责任。

(3) 发布正式文件的公共信息及附件应为PDF格式的电子文档或Word格式的图片文档,其他文档可转换成Excel、Word等文档,必要时可加写密码或读写密码。

(4) "我的邮箱"部分为个人内部邮箱,系统的所有用户均可使用,但不得存放病毒程序、垃圾信息等与工作无关的内容,否则对责任人罚款100元/次,如造成严重后果的,严格追究相关人员的责任。

(5) 为了减轻陈四楼煤矿服务器的负担，减少占用硬盘的空间，个人邮箱存放的内容不得超过 300 兆，内容多时请及时整理清除，否则系统管理员将其内容清除，资料丢失自行负责。

(三) 安全生产经营信息的收集与处理

1. 生产过程控制信息的收集与处理

(1) 信息的收集。

① 为了加强安全生产信息的采集工作，每天早上、下午召开生产调度会，时间分别为早上 7:40 和下午 17:30 便于及时掌握生产过程中存在的问题。

② 调度室每天对前一天采煤、掘进、开拓、机电安装、防治水等安全生产信息进行汇总。

③ 各单位将生产完成情况及生产中存在的问题及时反馈到调度室，便于协调和沟通。

④ 各单位发生生产事故影响时，必须及时向有关部门汇报。

(2) 信息的整理、分析。

① 各科室负责对分管专业的生产情况进行整理分析。

② 每月生产科根据全月生产的实际情况，对采掘单位的产量、进尺进行生产计划调整，并及时向调度室通报。

③ 调度室对生产中存在的事故影响按时间进行考核。

(3) 信息的传递。

① 调度室每天将前一天采煤、掘进、开拓、机电安装、防治水等安全生产信息通过飞信系统发至相关人员手机。

② 调度室在安全生产调度会上对前一天采煤、掘进、开拓、机电安装、防治水等安全生产信息进行通报。

2. 信息的处理程序

为了加强信息管理，使矿决策层从处理"具体的事情"转化到处理"事情的信息"，促进安全生产管理信息化，使管理职能和管理行为相统一，对信息处理程序作如下规定：

(1) 外来信息的处理程序。

外来信息是指来自陈四楼煤矿外部的信息，这类信息在调度室获取信息后，接收者辨识信息级别，根据级别需要报送分管矿领导请示或批示，及时报送。

(2) 外出传递的信息处理程序。

对于陈四楼煤矿在安全生产经营活动中产生的信息，按规定需要向外单位进行传递的信息，由相关科室负责对信息进行收集、整理，形成外出传递信息。根据信息级别，报分管矿领导审批后对外报送。

(3) 矿内部传递信息的处理程序。

① 科室信息的处理程序。

科室信息管理工作是陈四楼煤矿信息管理工作的重点，在科室管理职能方面，信息采集、传递、存储程序要明确，细致分工。科室负责人依据科室的分工、管理对象、管理专业不同,建立相关信息传递、反馈渠道,建立相关或类似信息的分析数据库,认真做好信息存储工作,为以后纠正陈四楼煤矿安全生产经营活动中存在的偏差提供可参考的依据。

② 基层单位信息处理程序。

基层单位信息是陈四楼煤矿信息管理的重要组成部分,提供的原始信息,必须实事求是,并反馈到现场和相关科室,对于原始信息的存储要有全面的记录。

3. 信息级别的划分

(1) 一级:重大安全隐患,上级指示,方针、政策、政令、决策,电视电话会议,重大事故追查通报,重要通知,机要、机密资料,矿领导的指示、命令或工作安排。

(2) 二级:一般安全隐患,检查、考核结果,矿颁发文件,报出报表,一般事故追查通报。

(3) 三级:管理制度,申请、计划、请示,报告,薪金分配方案,技术措施、方案及贯彻记录,会议通知。

(4) 四级:检修、维护记录,材料消耗、发放记录,日常报表,验收记录,日常记录,交换资料,学习资料、记录,会议记录。

(5) 五级:口头汇报材料。

第四节 六大系统

一、监测监控系统

(一) 监测监控系统设备及功能

(1) 陈四楼煤矿装备有江苏三恒科技股份有限公司生产的 KJ70X 型安全监控系统,持续监测井下环境及设备开停状态。

(2) 系统中心站及中心机房设在调度中心,两台监控主机实现双机热备。

(3) 监控数据通过专用安全监控环网进行传输,中心机房设有双回路供电专线,并安装了大容量 UPS 电源及各类防雷器。

(4) 安全监控系统与永煤公司、河南能源安全监控中心及河南省煤矿复合灾害监测预警系统联网。

(5) 井下各采掘工作面、机电硐室、回风巷等地点均按规定安设了高浓度激光甲烷、温度、风门、风筒、设备开停、一氧化碳、二氧化碳、风速双风向温度、粉尘浓度传感器等各种传感器及馈电断电器,安全监控系统的使用管理符合《煤矿安全规程》和《煤矿安全监控系统及检测仪器使用管理规范》(AQ1029)的要求。

(二) 各类传感器设置标准与要求

1. 甲烷传感器设置标准与要求

甲烷传感器设置标准与要求见表 3-5-2。

表 3-5-2 甲烷传感器设置标准与要求

甲烷传感器设置地点	甲烷传感器编号	报警浓度%CH4	断电浓度%CH4	复电浓度%CH4	断电范围
采煤工作面回风隅角	T_0	≥1.0	≥1.5	<1.0	工作面及其回风巷内全部非本质安全型电气设备
低瓦斯和高瓦斯矿井的采煤工作面	T_1	≥1.0	≥1.5	<1.0	工作面及其回风巷内全部非本质安全型电气设备
煤与瓦斯突出矿井的采煤工作面	T_1	≥1.0	≥1.5	<1.0	工作面及其进、回风巷内全部非本质安全型电气设备
采煤工作面回风巷	T_2	≥1.0	≥1.0	<1.0	工作面及其回风巷内全部非本质安全型电气设备
煤与瓦斯突出矿井采煤工作面进风巷	T_3、T_4	≥0.5	≥0.5	<0.5	工作面及其进、回风巷内全部非本质安全型电气设备
采用串联通风的被串采煤工作面进风巷	T_4	≥0.5	≥0.5	<0.5	被串采煤工作面及其进、回风巷内全部非本质安全型电气设备
采用两条以上巷道回风的采煤工作面第二条、第三条回风巷	T_5	≥1.0	≥1.5	<1.0	工作面及其回风巷内全部非本质安全型电气设备
	T_6	≥1.0	≥1.0	<1.0	
高瓦斯、煤与瓦斯突出矿井采煤工作面回风巷中部		≥1.0	≥1.0	<1.0	工作面及其回风巷内全部非本质安全型电气设备
采煤机		≥1.0	≥1.5	<1.0	采煤机及工作面刮板输送机电源
煤巷、半煤岩巷和有瓦斯涌出岩巷的掘进工作面	T_1	≥1.0	≥1.5	<1.0	掘进巷道内全部非本质安全型电气设备
煤巷、半煤岩巷和有瓦斯涌出岩巷的掘进工作面回风流中	T_2	≥1.0	≥1.0	<1.0	掘进巷道内全部非本质安全型电气设备
煤与瓦斯突出矿井的煤巷、半煤岩巷和有瓦斯涌出岩巷的掘进工作面的进风分风口处	T_4	≥0.5	≥0.5	<0.5	掘进巷道内全部非本质安全型电气设备
采用串联通风的被串掘进工作面局部通风机前	T_3	≥0.5	≥0.5	<0.5	被串掘进巷道内全部非本质安全型电气设备
		≥0.5	≥1.5	<0.5	包括局部通风机在内的被串掘进巷道内全部非本质安全型电气设备
高瓦斯矿井双巷掘进工作面混合回风流处	T_3	≥1.0	≥1.0	<1.0	除全风压供风的进风巷外，双巷掘进巷道内全部非本质安全型电气设备
高瓦斯和煤与瓦斯突出矿井掘进巷道中部		≥1.0	≥1.0	<1.0	掘进巷道内全部非本质安全型电气设备
掘进机、连续采煤机、锚杆钻车、梭车		≥1.0	≥1.5	<1.0	掘进机、连续采煤机、锚杆钻车、梭车电源

(1) 设置标准。

① 采煤工作面甲烷传感器的设置:在采煤工作面回风隅角设置甲烷传感器 T_0(距离切顶线不大于 1 米),工作面设置甲烷传感器 T_1(距离工作面煤墙小于 10 米范围内);工作面回风巷设置甲烷传感器 T_2(混合回风点以里 10～15 米范围内);工作面进风巷设置甲烷传感器 T_3(距离工作面煤墙小于 10 米范围内),工作面进风的分风口应设置甲烷传感器 $T_{进}$(进风分风口以里 10～15 米范围内)。

② 掘进工作面甲烷传感器的设置:在掘进工作面设置甲烷传感器 T_1(距离工作面小于等于 5 米);掘进工作面回风流设置甲烷传感器 T_2(混合回风点以里 10～15 米);掘进工作面进风的分风口设置甲烷传感器 T_4(进风分风口向外 10～15 米范围内)。

③ 采掘工作面钻孔施工地点(包括施工顺层钻孔、穿层钻孔、探煤钻孔的钻场)甲烷传感器吊挂位置:钻孔施工地点回风侧 10 米范围内。

④ 采煤机、掘进机、掘锚一体机、连续采煤机、梭车、锚杆钻车、钻机应悬挂便携式无线甲烷检测报警仪。

⑤ 回风流中机电设备处甲烷传感器设置标准:A. 采掘工作面回风巷、采区回风巷、一翼回风巷、总回风巷回风流中的机电硐室应安装甲烷传感器,具体吊挂位置:硐室口以里,机电设备上方。B. 采掘工作面回风巷、采区回风巷、一翼回风巷、总回风巷巷道中(不包括硐室)设置有机电设备时,甲烷传感器设置标准如下:a. 单台设备:甲烷传感器安装在机电设备风流上风侧 10～15 米处。b. 多台设备处:设备集中放置长度不超过 20 米的安装一台甲烷传感器,安装在迎风侧第一台设备上风侧 5～10 米处;集中放置长度超过 20 米的,增设一台甲烷传感器,安装位置为 20 米后第一台设备上风侧 10～15 米处。

(2) 设置要求。

甲烷传感器应垂直悬挂,距顶板(或顶梁、屋顶)不得大于 300 毫米,距巷道侧壁(墙壁)不小于 200 毫米,并应安装维护方便,不影响行人和行车,顶板完好无淋水。

2. 一氧化碳传感器设置标准与要求

(1) 设置标准。

带式输送机滚筒下风侧(以驱动滚筒为准)10～15 米 处应设置一氧化碳传感器,报警浓度不小于 2.4×10^{-5}。

(2) 设置要求。

一氧化碳传感器应垂直悬挂,距顶板(顶梁)不大于 300 毫米,距侧壁不小于 200 毫米,并应安装维护方便,不影响行人和行车,顶板完好无淋水。

3. 风筒传感器设置标准与要求

(1) 设置标准。

风筒传感器应设置在掘进工作面风筒末端,风筒延伸时及时跟随风筒挪移。

(2) 设置要求。

安装时必须将风筒传感器垂直安装在风筒上,严禁风筒传感器吊挂歪斜,确保风筒传感器无风或微风时断电灵敏可靠。

4. 其他传感器设置标准与要求

(1) 带式输送机滚筒下风侧 10～15 米处应设置烟雾传感器。

(2) 采掘工作面回风侧应设置温度传感器(位置同回风流甲烷传感器);机电硐室内应设置温度传感器,温度传感器吊挂距顶板不大于 300 毫米,距巷帮不小于 200 毫米。

(3) 采掘工作面回风巷应安装粉尘浓度传感器,粉尘传感器吊挂在距工作面 10～15 米范围内,吊挂在巷道中间顶板完好无淋水位置。

二、人员定位系统

人员定位系统始建于 2010 年 12 月,其间经历 3 次软件更新和 1 次硬件更新。信号传输由最开始的矿内传输到 2022 年的上传国家局,经历了多次的信号制式修改。

(一) 系统、用途及要求

(1) 井下人员位置监测采用常州天地自动化研究所研制的 KJ69J(A)型矿用人员监测系统,该系统由无线编码发射器(KGE37B)、KJF80.2A 无线数据接收器、井下数据监测分站(KJF80.1)、地面中心站及数据传输信道组成。主通信制式为 RS485,且该系统具有自检功能,系统具有的管理功能除了基本的实时检测、查询功能外还拓展了门禁功能、超时报警、区域超员报警、双向通信等安全保障功能。

(2) 该系统采取 RFID 技术。系统容量:单通道无线数据监测站 64 台,无线接收器 512 台,无线编码发射器 8 192 个;传输方式:采用千兆以太环网传输;无线工作频率:2.4 吉赫;系统最大巡检周期不大于 30 秒;漏读率不大于 10^{-4};传输速率及误码率:速率可达 1 200 比特/秒,传输误码率不大于 10^{-8};地面中心站至数据监测分站传输距离:最大传输距离不小于 20 千米;数据监测分站至无线编码接收器传输距离:最大可达到 1.5 千米;无线编码接收器最大有效接收半径:有效距离不小于 30 米,位移速度最大 5 米/秒;同时读卡数量不小于 100 卡,接收灵敏度－80 毫瓦分贝;数据监测分站存储数据时间不小于 2 小时;备用电源工作时间:在电网停电后,系统备用电源能保证系统连续监控时间不小于 2 小时。

(3) 无线数据接收器信号目前覆盖了地面主、副井口,中央风井口,南、北风井安全出口,副井底车场和采区人车场,主井装载,井下各变电所、水泵房,井下各采区避难硐室,工作面临时避难所,矿井主要联络巷,采区专用回风巷联络巷,主煤流系统皮带机头,上下山绞车房,采区轨道、皮带上下山,南、北轨道大巷(500 米间距),采掘工作面顺槽交叉口以里 50 米、工作面车场、迎头工作面以及顺槽内临时避难所。主干线路采用 MHYBV 1×4×7/0.97 通信电缆就近传入井下光纤环网交换机,信号电缆采用 MHYV 1×4×7/0.37 通信电缆将无线接收器接入数据监测分站,无线接收器分布合理,人员进入任何区域都能有反馈信号。无线编码发射器具有双卡合一功能,入井通道北墙面上安装有显示终端,人员入井可通过人员定位唯一性检测装置监测识别卡运行情况是否完好。地面中心站由主控计算机(双机热备份)、传输接口、服务器、打印机等设备构成,完成数据收发、数据处理、数据查询、图形及报表显示和打印、屏幕提示报警等功能。

(4) KJ69J 人员定位系统提供网络版软件,通过局域网能实时同步地看到各种监测信息,可以进行各种查询操作。目前数据已上传至永煤公司、河南能源以及河南局监察执法部门,数据与系统同步上传,实时查看,随时调取历史轨迹记录。

(二) 管理标准

人员位置监测系统使用、管理、维护符合《煤矿安全规程》、AQ 1048—2007《煤矿井下作业人员管理系统使用与管理规范》和 AQ 6210—2007《煤矿井下作业人员管理系统通用技术条件》相关要求。

陈四楼煤矿每年对《陈四楼煤矿人员位置监测系统管理制度》进行修订完善,按年度下发。使人员位置监测系统管理工作逐步完善。

三、通信联络系统

(一) 系统及要求

1. 通信系统

陈四楼煤矿调度通信系统使用深圳震有生产的 KT214(A)数字程控交换,该调度通信系统采用先进的软硬件技术、电信级的设计,保证了设备的高可靠性。系统使用成熟高性能的 CPU 和 DSP,并使用嵌入式实时操作系统和高效的算法,具有优异的性能。设备采用模块化插板式设计,支持多种接口板卡,可以根据需求灵活地提供不同的功能,并可根据容量平滑扩容。支持电信级的单板冗余和网络冗余,任意节点发生故障或遇灾难损坏时,系统及时进行主备倒换,保障全网业务的正常运行。

2. 应急广播系统

陈四楼煤矿应急广播系统采用南京北路自动化系统有限责任公司 KTK113 煤矿安全数字广播系统应急语音广播,系统采用矿井千兆工业环网进行传输,通信方式采用 CAN 总线通信传输方式,操作平台设调度台,可随时进行广播,井下安装分站 22 台,话机 16 台。应急广播主要覆盖井下候车室、人车场、各硐室、变电所等,采煤、掘进、开拓地点已与井下工作面语音喊话器对接,实现井下工作面巷道语音全覆盖,现场工作人员可清晰听到调度应急指令。

(二) 管理标准

(1) 调度室是井下通信联络系统的主管部门,主要负责井下主通信设备、线缆的管理和维护。

(2) 主/副井绞车房、井底车场、中央(采区)变电所及泵房、运输调度站、上下山绞车房、带式输送机集中控制硐室等主要机电设备硐室、避难硐室、瓦斯钻场、采掘工作面、注浆站等地点以及上级下发的相关管理规定中所提到安装通信设施的地点必须安装调度电话,并能与矿调度室直接联系。

(3) 井底避难硐室、井下主要泵房、井下中央变电所、矿井地面变电所、地面通风机房和突出煤层采掘工作面附近、爆破时撤离人员集中地点必须设有直通矿调度室的电话。

(4) 矿井主/副井底车场、主要胶带运输大巷、主要轨道运输大巷、中央(采区)变电所及泵房、斜巷绞车房及车场、行人上(下)山、人车场及候车硐室、避难硐室、采区运输大巷等地点应安装无线基站覆盖无线信号。

(5) 矿井主/副井底车场、中央(采区)变电所及泵房、斜巷运输上平台及底车场、行人上(下)山上平台及底车场、人车场及候车硐室、永久避难硐室、采掘工作面等人员比较集中的地点应安装应急广播设备。

(6) 矿井采掘工作面需单独安装一部直通电话,该电话为专用电话,严禁与其他地点串接使用。

(7) 井下所有调度电话原则上必须一部电话一个号码,如特殊情况需要串接电话时,应与调度室联系,经同意后,方能实施。

(8) 调度室负责制作电话号码表,并按照井下各实际使用电话的数量进行发放,电话号码表要悬挂在电话的挂钩上,由使用单位负责管理。如电话使用数量增加,经调度室确认后予以补发。

(9) 井下出现应急情况需紧急救援时,相关单位可拨打"#"键与调度台联系。

(10) 任何单位和个人不得以任何理由私自改动通信线路,特殊情况需要对通信线路改动,必须向调度室提出申请。调度室根据生产需要及设备运行情况确定改动方案。

(11) 井下新安装工作面,施工单位施工前必须提前和调度室结合,对通信电缆进行规划、布置。巷道正常施工中,通信、信号电缆(包括光缆)应吊挂在动力电缆的上方,且和动力电缆(包括照明电缆)之间的距离保持在100毫米以上。

(12) 通风队施工风门时,至少预留15个穿线管,以供通信电缆、光缆等穿墙使用。

(13) 掘进工作面距迎头30～50米范围内应安设电话;采煤工作面距两端头10～20米范围内应分别安设电话;采掘工作面的顺槽长度大于1 000米时,在顺槽中部应安设电话;电话机应安装在顶、帮支护完好,无淋水、人员易察觉的地点,话机底部距巷道底板1 300～1 500毫米,并固定牢固;电话线接盒应放在干燥、通风、无滴水的地点。

(14) 掘进工作面带式输送机机头附近应安装应急广播,工作面距迎头30～50米范围内应安设应急广播,并随工作面的推进及时延伸。

(15) 采煤工作面带式输送机机头附近应安装应急广播,工作面距煤墙不大于20米范围内应安设应急广播,并随工作面的回采及时回撤。

(16) 开拓、掘进新巷道施工前,施工单位应与调度室联系,及时安设应急广播。

(17) 工作面移交、改造时,原则上不拆除通信线路、设备,通信线路、设备一同移交给新进入的单位。

(18) 调度室每月不定期组织人员对全矿井上、下通信线路进行检查,查出问题及时挂网限期整改。

(三) 其他规定

根据《矿山(隧道)事故救援联络信号(试行)》内容,救援联络信号为:5声——敲击5声为发出联络或求救信号;4声——敲击4声为询问被困人员数量,回复"收到"信号后,按被困人数敲击回复;3声——敲击3声表示"收到";2声——被困人员敲击2声表示"停止"目前的给养或行动。

四、压风自救系统

(一)压风系统

陈四楼煤矿压风自救系统由地面压风机站和井下供风管路构成,地面压风机站2个,分别为中央工业广场压风机站和北风井压风机站。中央工业广场压风机站现有中山艾能生产AED355A-0.8型螺杆空气压缩机4套,排气量60.5立方米/分钟,额定工作压力0.8兆帕;北风井压风机站现有上海英格索兰生产ML300-2S型螺杆空气压缩机4台,排气量60.2立方米/分钟,额定工作压力0.75兆帕。中央工业广场压风机站通过中央风井井筒一趟直径273毫米钢管通达井底,经南翼强力皮带巷一趟直径219毫米至南五采区车场,经过井下供风管网向南巷各工作面供风;北风井压风机站通过北风井井筒一趟直径219毫米钢管通达北风井井底,经北翼总回风巷及北部西翼集中皮带巷一趟直径219毫米管路至北部西翼−470轨道巷,经过井下供风管网向北巷各工作面供风。

陈四楼煤矿井下供风管网较为完善,主要水平大巷,采区主提升斜巷和开拓延伸主要巷道均采用直径159毫米复合涂层钢管,主要皮带运输巷及避灾路线上采用直径108毫米复合涂层钢管,各采煤、掘进工作顺槽均采用直径89毫米无缝钢管,在各巷道口、车场口、井下机房硐室口均设有供气阀门,巷道每200米设置一组分支三通。井下管网供风风压约0.5兆帕,满足日常生产和压风自救系统要求。

(二)压风自救系统

1. 安装位置要求

(1)压风自救装置应在距工作面25~40米范围内安装一组,数量必须满足现场作业时的最多人数使用。

(2)在反向风门以里固定作业地点(如钻场)、起爆地点、警戒地点、回风巷有人作业地点等均要安设压风自救装置,数量必须满足现场作业时的最多人数使用。

(3)煤巷掘进工作面在反向风门以里、采煤工作面、揭煤工作面的巷道内每隔100米安设一组压风自救装置;岩巷掘进工作面每隔150米安设一组压风自救装置;在实施预抽煤层瓦斯区域防突措施的区域,根据实际情况增加压风自救装置的设置组数。

(4)全矿井扰动煤体作业(含开拓工作面揭煤、近煤施工)必须按规定安装压风自救装置,无压风自救或风量不足者工作面不得进行掘进(回采)。

(5)压风自救装置与压缩氧自救器需定期检测,贴检验标签前需把原检验标签清理干净,严禁出现新旧标签同时出现的情况。

2. 安装标准

(1)压风自救装置安装在掘进工作面和采煤工作面巷道内的压缩空气管道上。每组压风自救装置应可供5~6个人使用,平均每人的压缩空气供给量不得少于0.1立方米/分钟,供风压力应控制在0.05~0.1兆帕之间。

(2)压风自救装置吊挂在风水管路侧巷帮,高度以方便人员使用为原则,一般为1.6~

1.8 米，且压风自救装置吊挂位置前后 2 米范围内不得存放任何物料。压风自救牌板吊挂在压风自救装置上风侧，牌板与压风自救装置上沿保持一致。

(3) 对于安装有带式输送机的巷道，压风自救装置统一吊挂在行人侧皮带架上。压风自救装置安装前先在安装位置的行人侧皮带架上安装一个 1 500 毫米×400 毫米皮带护网，然后依次将压风自救装置、供水施救装置、压风自救装置牌板固定在皮带护网上。对于安装在挖掘装载机、综掘机二运皮带上的压风自救装置，必须确保挖掘装载机、综掘机后退至皮带机尾时，压风自救装置距工作面不超过 40 米。

(4) 压风自救装置必须粘贴反光标识。

(5) 压风自救装置必须固定牢靠不得出现晃动。

(6) 压风自救风管连接处使用铁丝进行紧固时，铁丝缠绕的接头必须朝向里侧。

(7) 井下压风自救器的原装插销丢失、损坏后，必须使用正规的插销进行更换，不能用铁丝和其他物品代替。

3. 维护

(1) 各单位每天必须安排专人对压风自救装置进行检查、维护，确保压风自救装置完好、能够正常使用，并认真填写压风自救装置牌板，记录好组数、位置、责任人以及完好情况等内容。

(2) 压风自救装置必须保证保持干净、整洁，无煤尘、无杂物。

(3) 压风自救装置上及内部口罩上不得有喷浆料等影响使用的杂物。

(4) 无压风自救系统或压风自救系统无风，最前一组距工作面大于 40 米，不准生产。

五、供水施救系统

(一) 供水系统

陈四楼煤矿供水施救系统主要由供水水源和井下管网两部分组成。供水水源分为地面水源和井下水源两部分：地面设置有 600 立方米的水池 2 座，由副井向井下引进直径 108 毫米供水管路，中间安设减压阀 2 套，通达井下供水网络；井下采用由井下巷道向 L_8 灰岩打钻，利用钻孔水压向井下各工作场所供水。目前井下生产降尘用水主要靠钻孔用水，地面水源作为备用。

陈四楼煤矿井下供水施救系统主要水平大巷，采区主提升斜巷和开拓延伸主要巷道均采用直径 108 毫米复合涂层钢管，主要皮带运输巷及避灾路线上采用直径 108 毫米复合涂层钢管(部分巷道内为无缝钢管和钢丝网骨架复合管)。各采煤、掘进工作顺槽均采用直径 89 毫米无缝钢管，在各巷道口、车场口、井下机房硐室口均设有供水阀门，轨道运输巷每 100 米设置一组分支三通，皮带运输巷每 50 米设置一组分支三通。井下管网供水水压约 2.0 兆帕，满足日常生产和供水施救系统要求。

(二) 供水施救系统

(1) 工作面供水施救管路为供水管路，管路应铺设平直，整齐吊挂在巷帮，工作面使用直径 10 毫米的高压胶管。

(2) 压风自救装置前后1米范围内必须安设供水施救胶管,供水胶管长度为1～2米,高度与压风自救装置上沿高度一致,胶管必须固定牢固,同一地点安装多组压风自救装置的只安设一个供水胶管。

(3) 供水施救水管与供水管路连接必须保持畅通,供水施救水管末端必须安装控制球阀,控制球阀随用随开。

(4) 供水施救水管必须留有不小于2米的富余长度,富余部分应盘圈吊挂,吊挂高度与压风自救装置一致。

六、紧急避险系统

(一) 紧急避险系统

(1) 煤矿井下紧急避险系统是指在煤矿井下发生紧急情况下,为遇险人员安全避险提供生命保障的设施、设备、措施组成的有机整体。紧急避险系统建设的内容包括为入井人员提供自救器、建设井下紧急避险设施、合理设置避灾路线、科学制定应急预案等。

(2) 井下紧急避险设施是指在井下发生灾害事故时,为无法及时撤离的遇险人员提供生命保障的密闭空间。该设施对外能够抵御高温烟气,隔绝有毒有害气体,对内提供氧气、食物、水,去除有毒有害气体,创造生存基本条件,为应急救援创造条件、赢得时间。紧急避险设施主要包括永久避难硐室、临时避难硐室。

① 永久避难硐室是指设置在井底车场、水平大巷、采区(盘区)避灾路线上,具有紧急避险功能的井下专用巷道硐室,服务于整个矿井、水平或采区,服务年限一般不低于5年。

② 临时避难硐室是指设置在采掘区域或采区避灾路线上,具有紧急避险功能的井下专用巷道硐室,主要服务于采掘工作面及其附近区域,服务年限一般不大于5年。

(3) 所有井工煤矿应为入井人员配备额定防护时间不低于30分钟的自救器,入井人员应随身携带。

(4) 紧急避险设施的建设方案应综合考虑所服务区域的特征和巷道布置、可能发生的灾害类型及特点、人员分布等因素。优先建设避难硐室。

(5) 紧急避险设施应具备安全防护、氧气供给保障、有害气体去除、环境监测、通信、照明、人员生存保障等基本功能,在无任何外界支持的情况下额定防护时间不低于96小时。

① 具备自备氧供氧系统和有害气体去除设施。供氧量每人不低于0.5升/分钟,处理二氧化碳的能力每人不低于0.5升/分钟,处理一氧化碳的能力应能保证在20分钟内将一氧化碳浓度由0.04%降到0.002 4%以下。在整个额定防护时间内,紧急避险设施内部环境中氧气含量应在18.5%～23.0%之间,二氧化碳浓度不大于1.0%,甲烷浓度不大于1.0%,一氧化碳浓度不大于0.002 4%,温度不高于35 ℃,湿度不大于85%,并保证紧急避险设施内始终处于不低于100帕的正压状态。采用高压气瓶供气系统的应有减压措施,以保证安全使用。

② 配备独立的内外环境参数检测或监测仪器,在突发紧急情况下人员避险时,能够对避险设施过渡室(舱)内的氧气、一氧化碳,生存室(舱)内的氧气、甲烷、二氧化碳、一氧化

碳、温度、湿度和避险设施外的氧气、甲烷、二氧化碳、一氧化碳进行检测或监测。

③ 按额定避险人数配备食品、饮用水、自救器、人体排泄物收集处理装置及急救箱、照明设施、工具箱、灭火器等辅助设施。配备的食品发热量每人不少于 5 000 千焦/天，饮用水每人不少于 1.5 升/天。配备的自救器应为隔绝式，有效防护时间应不低于 45 分钟。

(6) 各紧急避险设施的总容量应满足突发紧急情况下所服务区域全部人员紧急避险的需要，包括生产人员、管理人员及可能出现的其他临时人员，并应有一定的备用系数。永久避难硐室的备用系数不低于 1.2，临时避难硐室备用系数不低于 1.1。

(7) 所有煤与瓦斯突出矿井都应建设井下紧急避险设施。

(8) 煤与瓦斯突出矿井应建设采区避难硐室。突出煤层的掘进巷道长度及采煤工作面推进长度超过 500 米时，应在距离工作面 500 米范围内建设临时避难硐室。

(9) 紧急避险系统应有整体设计。设计方案应符合国家有关规定要求，经过企业技术负责人批准后，报属地煤矿安全监管部门和驻地煤矿安全监察机构备案。

(10) 紧急避险设施应与矿井安全监测监控、人员定位、压风自救、供水施救、通信联络等系统相连接，形成井下整体性的安全避险系统。

(11) 矿井安全监测监控系统应对紧急避险设施外和避难硐室内的甲烷、一氧化碳等环境参数进行实时监测。

(12) 矿井人员定位系统应能实时监测井下人员分布和进出紧急避险设施的情况。

(13) 矿井压风自救系统应能为紧急避险设施供给足量氧气，接入的矿井压风管路应设减压、消音、过滤装置和控制阀，压风出口压力在 0.1～0.3 兆帕之间，供风量每人不低于 0.3 立方米/分钟，连续噪声不大于 70 分贝。

(14) 矿井供水施救系统应能在紧急情况下为避险人员供水，并为在紧急情况下输送液态营养物质创造条件。接入的矿井供水管路应有专用接口和供水阀门。

(15) 矿井通信联络系统应延伸至井下紧急避险设施，紧急避险设施内应设置直通矿调度室的电话。

(16) 紧急避险设施的设置要与矿井避灾路线相结合，紧急避险设施应有清晰、醒目、牢靠的标识。矿井避灾路线图中应明确标注紧急避险设施的位置、规格和种类，井巷中应有紧急避险设施方位的明显标识，以方便灾变时遇险人员迅速到达紧急避险设施。

(17) 紧急避险系统应随井下采掘系统的变化及时调整和补充完善，包括及时补充或移动紧急避险设施，完善避灾路线和应急预案等。

（二）避难硐室

(1) 避难硐室应布置在稳定的岩层中，避开地质构造带、高温带、应力异常区以及透水危险区。前后 20 米范围内巷道应采用不燃性材料支护，且顶板完整、支护完好，符合安全出口的要求。特殊情况下确需布置在煤层中时，应有控制瓦斯涌出和防止瓦斯积聚、煤层自燃的措施。永久避难硐室应确保在服务期间不受采动影响，临时避难硐室应在服务期间避免受采动损害。

(2) 避难硐室应采用向外开启的两道门结构。外侧第一道门采用既能抵挡一定强度的冲击波,又能阻挡有毒有害气体的防护密闭门;第二道门采用能阻挡有毒有害气体的密闭门。两道门之间为过渡室,密闭门之内为避险生存室。

(3) 防护密闭门上设观察窗,门墙设单向排水管和单向排气管,排水管和排气管应加装手动阀门。过渡室内应设压缩空气幕和压气喷淋装置。永久避难硐室过渡室的净面积应不小于 3.2 米;临时避难硐室不小于 2.2 米。

(4) 生存室的宽度不得小于 2.0 米,长度根据设计的额定避险人数以及内配装备情况确定。生存室内设置不少于两趟单向排气管和一趟单向排水管,排水管和排气管应加装手动阀门。永久避难硐室生存室的净高不低于 2.0 米,每人应有不低于 1.2 米的有效使用面积,设计额定避险人数不少于 20 人,宜不多于 100 人。临时避难硐室生存室的净高不低于 1.85 米,每人应有不低于 0.92 米的有效使用面积,设计额定避险人数不少于 10 人,不多于 40 人。

(5) 避难硐室防护密闭门抗冲击压力不低于 0.3 兆帕,应有足够的气密性,密封可靠、开闭灵活。门墙周边掏槽,深度不小于 0.2 米,墙体用强度不低于 C_{30} 的混凝土浇筑,并与岩(煤)体接实,保证足够的气密性。

(6) 采用锚喷、砌碹等方式支护,支护材料应阻燃、抗静电、耐高温、耐腐蚀,顶板和墙壁的颜色宜为浅色。硐室地面高于巷道底板不小于 0.2 米。

(7) 永久避难硐室配备不少于 5 台 8 千克的灭火器、0.2 立方米消防沙、2 把消防锨、2 个消防桶,并挂牌管理。临时避难硐室配备不少于 5 台 8 千克的灭火器。

(8) 接入避难硐室的矿井压风、供水、监测监控、人员定位、通信和供电系统的各种管线在接入硐室前应采取保护措施。避难硐室内宜加配无线电话或应急通信设施。

(9) 避难硐室施工前,应有专门的施工设计,报企业技术负责人批准后方可实施。

(10) 避难硐室施工中应加强工程管理和过程控制,确保施工质量。

(11) 避难硐室施工、安装完成后,应进行各种功能测试和联合试运行,并严格按设计要求组织验收。

(12) 北部西翼－470 避难硐室、北部东翼－470 避难硐室、南翼－440 水平避难硐室、五采区避难硐室、六采区避难硐室、八采区避难硐室、九采区避难硐室、二十采区避难硐室已建设完成并投入使用。

(三) 维护与管理

(1) 煤矿企业应建立紧急避险系统管理制度,确定专门机构和人员对紧急避险设施进行维护和管理,保证其始终处于正常待用状态。

(2) 紧急避险设施内应悬挂或张贴简明、易懂的使用说明,指导避险矿工正确使用。

(3) 煤矿企业应定期对紧急避险设施及配套设备进行维护和检查,并按产品说明书要求定期更换部件或设备。

(4) 应保证储存的食品、水、药品等始终处于保质期内,外包装应明确标示保质日期和下次更换时间。

(5) 每天应对紧急避险设施进行 1 次巡检,设置巡检牌板,做好巡检记录。煤矿负责人应对紧急避险设施的日常巡检情况进行检查。

(6) 每月对配备的高压气瓶进行1次余量检查及系统调试，气瓶内压力低于额定压力的95%时，应及时更换。每3年对高压气瓶进行1次强制性检测，每年对压力表进行1次强制性检验。

(7) 每10天应对设备电源进行1次检查和测试。

(8) 每年对紧急避险设施进行1次系统性的功能测试，包括气密性、电源、供氧、有害气体处理等。

(9) 经检查发现紧急避险设施不能正常使用时，应及时维护处理。采掘区域的紧急避险设施不能正常使用时，应停止采掘作业。

(10) 矿井灾害预防与处理计划、重大事故应急预案、采区设计及作业规程中应包含紧急避险系统的相关内容。

(11) 应建立紧急避险设施的技术档案，准确记录紧急避险设施设计、安装、使用、维护、配件配品更换等相关信息。

(12) 煤矿企业应于每年年底前将紧急避险系统建设和运行情况，向县级以上煤矿安全监管部门和驻地煤矿安全监察机构书面报告。

(四) 培训与应急演练

(1) 煤矿企业应将了解紧急避险系统、正确使用紧急避险设施作为入井人员安全培训的重要内容，确保所有入井人员熟悉井下紧急避险系统，掌握紧急避险设施的使用方法，具备安全避险基本知识。

(2) 对紧急避险系统进行调整后，应及时对相关区域的入井人员进行再培训，确保所有入井人员准确掌握紧急避险系统的实际状况。

(3) 煤矿应当每年开展1次紧急避险应急演练，建立应急演练档案，并将应急演练情况书面报告县级以上煤矿安全监管部门和驻地煤矿安全监察机构。

(五) 用途

(1) 一旦发生灾变，施工人员要沉着冷静，分清灾害性质、大小及位置，并及时准确地向调度室汇报。

(2) 井下避灾应遵循以下基本原则：

① 积极抢救。灾害事故发生后处于灾区内的人员应沉着冷静，在保证安全的前提下采取有效的方法和措施，及时投入现场抢救，将事故消灭在初起阶段或控制在最小范围，最大限度地减少事故造成的损失。

② 安全撤离。当事故现场不具备抢救条件或可能危及人员的安全时，应想方设法迅速安全地撤离灾区。

③ 妥善避难。如在短时间内无法安全撤离时，遇险人员应在灾区内自行进行自救和互救妥善避难，等待救护人员的救援。

(3) 所有入井人员必须熟悉避灾路线，避灾路线所经过的交叉口应设置醒目的避灾路线牌，以保证避灾人员安全快速撤退。

(4) 逃生时要在队干部或班组长的统一指挥下,有组织地逃生,遇到火灾,瓦斯爆炸等事故时,要注意使用自救器,以帮助逃生或自救。

第五节 智慧矿山

智慧矿山是以矿山数字化、信息化为前提和基础,对矿山生产、职业健康与安全、技术支持与后勤保障等进行主动感知、自动分析、快速处理,建设智慧矿山,最终实现安全矿山、无人矿山、高效矿山、清洁矿山的建设。

一、无人值守猴车系统

(一) 系统简介

陈四楼煤矿无人值守猴车系统由上位机、组态软件、架空乘人装置就地控制系统等组成。

(1) 上位机安装在调度室工控机位,采用 1 主 1 备设计,通过交换机接收矿井环网信号,利用远程监控组态,实现架空乘人装置远程监控。系统运行后技术人员无须亲临现场就可以对现场的实际情况进行监控,了解现场每台架空乘人装置设备的通信状态、设备运行方式、运行参数、故障信息等设备的实时信息。当系统监测到任何一台设备运行出现异常,显示界面弹出故障信息,集控中心及时进行语音报警。

(2) 井下设置架空乘人装置集中控制中心,完成日常架空乘人装置监控管理,可对架空乘人装置远程集控,可提取架空乘人装置各种运行参数及视频信号。

(3) 架空乘人装置系统采用电控系统采用双 PLC 设计,两套 PLC 相互备用,具有连续运行、间断运行、检修运行 3 种模式,系统的运行控制由 PLC 可编程控制器实现自动检测和自动控制,通过自动检测信号,当任一保护发生动作时,立即停止运行,同时操作显示台上显示故障类别,并发出语音报警,并与电控系统自动闭锁。只有当相应故障消除,系统经人工复位后才能重新启动运行。

(二) 发展历程

1997 年矿井投产时,斜巷无运人设备,职工在斜巷内步行上下,至 2006 年 12 月采用机械设备进行运输。

2006 年 12 月,南翼集中行人下山采用了长沙正忠科技发展有限公司生产的 RJY2.0/55-16/720 型机械式架空乘人装置;于 2012 年 12 月对设备进行升级改造,采用了四川新为橡塑有限公司生产的 RJY55-35/800(A)型机械式架空乘人装置。

2007 年 7 月,−720 行人暗斜井采用了湘潭市恒欣实业有限公司生产的 RJDY55-21/1100 型摘挂式抱索器机械式架空乘人装置,2012 年 11 月对设备进行升级改造,采用了湘潭市恒欣实业有限公司生产的 JZ75-35/2500U(A)型液压驱动式固定抱索器架空乘人装置,2015 年 9 月重新安装于北翼−605 集中轨道下山使用。

2007 年 9 月,二采区行人下山采用了湘潭市恒欣实业有限公司生产的 RJDY55-16/700

型机械式架空乘人装置，2010 年 6 月进行了拆除。

2008 年 9 月，北四轨道下山采用了湘潭市恒欣实业有限公司生产的 RJDHY55-18/2500 型活动式抱索器架空乘人装置，2013 年 3 月进行了拆除。

2010 年 11 月，北部西翼行人下山采用了长沙正忠科技发展有限公司生产的 RJY55-14/1690 型机械式架空乘人装置，2012 年 11 月对设备进行升级改造，增加了轮边制动器，2015 年 12 月进行了拆除。

2011 年 1 月，北部东翼行人下山采用了湘潭市恒欣实业有限公司生产的 RJY45-35/1400 型机械式架空乘人装置。

2011 年 5 月，北翼集中行人下山采用了湘潭市恒欣实业有限公司生产的 RJZ45-35/1200U 型液压驱动架空乘人装置。

2013 年 12 月，北翼－605 集中行人下山采用了湘潭市恒欣实业有限公司生产的 RJZ75-35/2500(A)型液压驱动架空乘人装置，2015 年 11 月重新安装于北部西翼轨道下山使用。

2014 年 2 月，十四采区行人上山采用了湘潭市恒欣实业有限公司生产的 RJKZ45-35/1200U(A)型液压驱动架空乘人装置，2015 年 7 月重新安装于十采区轨道上山使用。

2014 年 5 月，－720 辅助水平回风斜巷采用湘潭市恒欣实业有限公司生产的 RJZ75-35/2500(A)型液压驱动架空乘人装置，2015 年 6 月重新安装于－720 轨道暗斜井使用。

2015 年 2 月，十二采区轨道下山采用湘潭市恒欣实业有限公司生产的 RJHY55-18/2500(A)型机械式架空乘人装置，首次实现零速上下乘人。

2017 年 8 月，二十采区轨道下山采用了湘潭市恒欣实业有限公司生产的 RJZ75-35/2500(A)型液压驱动架空乘人装置。

2018 年 5 月，北翼－640 轨道暗斜井采用了湘潭市恒欣实业有限公司生产的 RJZ75-35/2500(A)型液压驱动架空乘人装置。

截至 2021 年年底，北翼－640 集中轨道下山、北部西翼轨道下山、北翼集中行人下山、北翼－605 集中轨道下山、－720 集中轨道下山、南翼集中行人下山架空乘人装置实现了远程集中控制，控制装置分别设在井底调车站和地面电力监控室。

（三）远程监控系统

架空乘人装置远程监控系统由集控室上位机、组态监控软件、架空乘人装置就地控制系统等组成。

井上调度室监控中心工控主机通过交换机接收矿井环网信号，利用远程监控软件实现 6 部架空乘人装置远程集控，并可进行视频信号显示；井下设置架空乘人装置集中控制中心，完成日常架空乘人装置监控管理，可对 6 部架空乘人装置远程集控，可提取架空乘人装置各种运行参数及视频信号。

（四）成果

系统投入运行后，维护工作量大大减少，实现无人值守运行和远程智能监控运行等多种运行状态，大大减少人力，降低维护成本，加快信息处理速度，提高信息的准确性和可靠性,保证架空乘人装置长期安全运行。

二、无人值守泵房系统

(一) 系统简介

陈四楼煤矿无人值守泵房系统由南京北路智控科技和华洋通信科技两家公司共同完成,系统具有远程控制、就地自动控制、就地手动控制、启动柜面板控制几种操作方式。

(1) 远程控制是在地面工控机位控制中心,操作员通过以太网络远程监控各个水泵的运行情况及主要的运行参数及信号,并且能够远程控制泵的开停,设定和修改水泵的运行条件、工况参数及控制程序,根据水仓水位的高低或井下用电负荷的高、低峰,自动准确发出启、停水泵的命令,实现开停排水系统。

(2) 就地控制主要是利用 PLC 控制箱上的操作球阀、闸阀完成对每一台水泵的一键启停和状态监测,操作员只需翻页到相应触摸屏页面按下启动/停止键,触摸屏将命令下达到 PLC 的中央处理单元模块(CPU),PLC 将根据控制逻辑完成对水泵的启动和停止。

(3) 为保证维护人员的人身安全并防止他人对维护中设备进行误操作,厂家将就地控制方式的控制级别设为最高级,在此方式下触摸屏以及集控中心水泵监控终端只能进行监测,操作无效。

(二) 无人值守泵房升级改造历程

2011 年 12 月,对中央泵房进行自动化改造,中央泵房实现无人值守及自动化控制,提升了中央泵房自动化管理水平。

2014 年 4—5 月,对－600 泵房进行自动化改造,－600 泵房实现无人值守及自动化控制,提升了排水系统自动化管理水平。

2014 年 5 月,对－470 泵房进行自动化改造,－470 泵房实现无人值守及自动化控制,提升了排水系统自动化管理水平。

2014 年 5—6 月,对－605 泵房进行自动化改造,－605 泵房实现无人值守及自动化控制,提升了排水系统自动化管理水平。

2016 年 6—7 月,对－560 泵房进行自动化改造,－560 泵房实现无人值守及自动化控制,提升了排水系统自动化管理水平。

2016 年 7—8 月,对－720 泵房进行自动化改造,－720 泵房实现无人值守及自动化控制,提升了排水系统自动化管理水平。

2019 年 9 月,－640 泵房进行自动化改造,－640 泵房实现了无人值守及自动化控制,提升了排水系统自动化管理水平。

2019 年 12 月,对九采区泵房进行自动化改造,九采区泵房实现了无人值守及自动化控制,提升了排水系统自动化管理水平。

2021 年 2—3 月,二十采区泵房 3 台水泵安装完成,开始正常排水,为陈四楼煤矿首个使用正压排水装置的泵房。

2021 年 5—6 月,对二十采区泵房进行自动化改造,二十采区泵房实现无人值守及自动化控制，提升了排水系统自动化管理水平。

（三）成果

矿井排水系统承担着排出井下部分涌水的重要任务，是保证矿井安全生产的关键环节。排水系统各种设备能否安全、可靠、有效地运行，关系到整个矿井的生产与安全。无人值守泵房系统的投入使用，有效地提高水泵有效利用率，减少看护人员、延长水泵电机使用寿命，减少事故停机时间，提高排水能力，从而大大提高井下作业的安全生产系数、降低生产成本。

三、自动化采煤系统

（一）系统简介

陈四楼煤矿自动化采煤系统以可靠的电液控系统、三机智能通信系统、泵站控制系统、采煤机记忆截割控制系统为基础，以安全监测监控系统和工作面视频系统为保障，通过支架云台摄像仪的跟机视频及设备姿态传感器在自动化控制平台上对设备状态的实时反馈，提高了综采工作面设备顺槽及地面远程控制的可靠性。

在现有语音集控系统上增加语音转换网关，实现井上、下全线对讲和一键启动的全设备预警功能，通过搭建的云端数据共享平台，实现了 Web 浏览器和移动 App 对井下数据的实时访问。

（二）成果

(1) 对人员安全保障方面也取得新突破。系统配置人员精确定位系统，工作面作业人员进入工作面，通过人员定位感知能力，实现支架闭锁功能，确保人员环境安全。

(2) 提高工作面精细化管理水平。监测数据通过环网传输至集控中心，经中央处理器换算为综采设备下达动作指令，实现自动精准推溜、拉移支架及一键启停功能，使“三直一平”(煤壁直、支架直、溜子直、顶底板平)管理得到质的提升。

(3) 自适应的记忆割煤控制系统。基于贯导系统、摇臂倾角传感器、摇臂震动传感器和采煤机电控参数所确定的采煤机运行姿态，实现采煤机的记忆割煤，并通过瓦斯浓度、采煤机负载、运输系统负载等环境因素进行实时监控，自行适应调整采煤机的运行或割煤速度。

(4) 实现故障及时预警、自动甄别。集控中心能够实时监测乳化液泵、采煤机、输送机、液压支架等设备的工况性能，在集控中心的工作人员能根据各类传输数据判断乳化液泵的运转状况、液压支架工作阻力、采煤机行走轨迹等，预判故障点和故障原因，并提供最佳解决方案。

四、无人值守带式输送机

（一）系统原理

井下安装布置工业千兆以太环网系统，有环网交换机 13 台，地面布置有交换机、核心交换机、汇聚交换机，集成在自动化平台上。井下主煤流带式输送机控制系统与华阳通信或唐山开诚的可编程控制箱进行数据通信，通过可编程控制箱接入井下环网系统，带式输送机各类数据通过环网系统上传到地面自动化集控中心工控机上。集控中心操作人员通过工控机操作界面可以实时查看井下主煤流各部带式输送机运行情况及参数、故障等信息，可以对带式输送机进行启停操作。

（二）发展历程

自矿井1997年投产后至2011年，井下主煤流带式输送机均为现场人工手动操作。

2011年，为顺应带式输送机集控发展趋势，实现带式输送机远程操控及进一步的减人增效，矿井开始对主煤流带式输送机进行集控改造。北翼主煤流系统由唐山开诚有限公司建设，由上海西门子公司集成在平台上。南翼主煤流系统由天津华宁有限公司建设，由上海西门子公司集成在平台上。

2014年对系统进行升级改造，编制了自动化集控方案，2015年12月组织招标，2016年5月由唐山开诚有限公司建设，实现13部主煤流带式输送机和3台给煤机的集中控制。

（三）取得成果

截至2021年年底，井下在用16部主煤流带式输送机均实现了无人值守，通过地面自动化集控中心操作人员进行带式输送机的运行操作，井下现场仅安排部分巡检人员对主煤流各部带式输送机进行巡检及卫生清理工作，实现了减人提效，提高了现场管理水平。主煤流带式输送机的各类故障信息均能通过地面自动化集控中心工控机进行查询分析，提高了带式输送机故障分析处理效率，保障了主煤流带式输送机的安全稳定运行。

第六节　地面装卸管理

一、机构

2021年3月4日，为提高工作效率，加强沟通协调，方便统一指挥管理，在原来各区队配置下料员的臃肿机构中精简组织形成调度室配送中心。成立伊始，调度室配送中心即秉承以服务区队，保障安全生产的目的，打造一支素质过硬、技术精湛的团队，目前下设四个班组，由采煤组、掘进组、开拓组、矸石山组组成，共20人。

二、职能

调度室配送中心采用线性职能结构，由分管主任直接管辖4个班组，每个班组分管不同业务，各司其职，按时完成矿井下发的各项任务。

采煤组：主要负责综采一队、综采二队、综采准备队、机电队、皮带队的物料运送和装卸车工作，保证物料的供给和回收的及时性。

掘进组：主要负责综掘一队、综掘二队、综掘三队、综掘四队的物料运送和装卸车工作，保证物料的供给和回收的及时性。

开拓组：主要负责开拓一队、开拓二队、开拓三队、开拓五队、探防队的物料运送和装卸车工作，保证物料的供给和回收的及时性。

矸石山组：主要负责矸石山区域升井车辆卸车。

三、制度及要求

（一）管理制度

为规范职工操作行为及管理规范，制定了《陈四楼煤矿捆绑封车管理规定》《调度室装卸工安全生产责任制》《调度室装卸工职业病危害防治职责》《龙门吊安全操作规程》等制度。

（二）作业要求

调度室配送中心严格履行矿井制度，认真执行上级交付的各项工作，从成立至今保质保量地完成了各项任务，取得了诸多成就，主要体现在以下几个方面：

（1）坚决按时间节点完成各项装卸车任务，保障矿井正常安全生产。

（2）普惠职工，尽心尽力为职工工作提供便利条件，在上级领导的正确指挥下，在配送中心会议室门口搭建遮阳棚，为职工修旧利废提供适宜工作场所。为方便各个区队电动三轮车统一管理，在矸石仓西侧搭建电动车充电棚，解决了充电不方便的情况。

（3）打造亮化工程，提高标准化建设。定期对矿内陈旧地面设施进行翻新，在上级领导的正确指导下，完成了对副井东侧停车场路边石改造更换、矿内所有花坛路边石重新刷漆亮化、培训实操基地打地坪以及供应科东料场周围修复水沟盖板等项目工程，美化矿内设施及环境，提高了标准化建设。

第六章 通信系统

第一节 电话通信

一、电话通信设备发展改进情况

1990—1993年,陈四楼煤矿在筹建包括建井期间,通信是从永城县通信部门租用2路电话线路作为对外通信联系。

1993—1995年,建井期间,调度通信系统未形成规模,通信装备比较简单,陈四楼煤矿配备了值班电话机、传真机、586型计算机、打印机、速印机和电话会议机。

1995年年底,完成地面通信系统招标,完成通信系统建设前期的准备工作。

1996年,陈四楼煤矿地面行政交换机建设完成,与集团公司交换通信媒介为微波传输,初步形成陈四楼煤矿内部通信系统。

1997年,陈四楼煤矿投产前完成井下调度交换机的安装调试工作,与行政交换机进行内部组网,通过加拨字段进行相互通信,实现井上下通信互联互通,井下安装防爆调度电话机40余部,行政电话主要安装在地面值班室、办公室、重要工作场所等。

2000年,陈四楼煤矿地面行政交换机首次升级,升级了交换机的CPU处理器,增加一层机笼,电话用户数量由300门扩展至450门,矿(包括选煤厂)行政电话实现办公区域全覆盖。

2006年1月,集团公司对陈四楼煤矿沿铁路敷设一根24芯通信光缆,解决微波传输通信信号干扰问题,进一步完善了生产调度指挥系统网络,同时办公网络、数字电视全部由微波传输改为光缆传输。

2007年,陈四楼煤矿首次对通信、网络机房进行改造,对机房设备进行归类管理,对线路进行综合布线。同年12月对调度交换机进行升级,调度交换机由模拟交换机更换为全数字调度交换机,整机容量升为256门,实现全用户、全数字录音。矿井地面变电所、主通风机房、主副井绞车房、压风机房、井下主要水泵房、中央变电所、井底车场、调度站、采区变电所、泵房、绞车房、皮带集控室、机电设备硐室、采煤工作面、掘进工作面、突出煤层采掘工作面附近、爆破撤离人员集中点、避难硐室、瓦斯抽采泵房、火药库等地点安装有直通调度室的有线调度电话。

2009年5月,集团公司对陈四楼煤矿沿铁路敷设一根24芯通信光缆,解决微波传输通信信号干扰问题,进一步完善了生产调度指挥系统网络,同时办公网络、数字电视全部由微波传输改为光缆传输。

2010年8月,综合自动化项目启动,自动化项目包含有井下无线通信和IP广播通信两个辅助通信系统。

2011 年 6 月,陈四楼煤矿自动化项目完成无线通信系统和 IP 广播系统建设,无线通信系统、IP 广播系统是由天地(常州)自动化股份有限公司研制的 KT130 型矿用无线通信系统和 KXT23 矿用 IP 网络广播对讲系统。井下安装无线基站 95 台,安装 IP 广播终端和主机合计 47 台,主要覆盖区域:地面办公区域、主副井底车场、主皮带运输巷道、轨道运输大巷、斜巷绞车房及其车场、中央(采区)变电所、主排水泵房及采区排水泵房等重要区域,手机发放 300 余部,解决了矿井上、下移动人员和零散作业人员的通信要求和井下人员的分布动态管理,建设和完善了适应煤矿安全和生产需要的现代化通信和信息系统,优化了矿井上、下的网络结构,实现矿井安全生产、指挥调度的有线、无线、应急指挥相结合的通信信息系统,达到统一规范、互为备份的可靠的通信信息网络,使矿井通信手段更丰富,有力保障陈四楼煤矿的安全生产调度指挥工作。

2014 年 7 月,通信、网络机房进行搬迁,同时对行政、调度交换机进行升级扩容,行政交换将 CPU3000 升级为 CPU4000,将现有通信电源升级为 19 英寸机架式 DUM-48V 嵌入式通信电源,为了节省层架空间,选购部分 ALC-GM/ALC-GD 二合一板 32 路通信板。整机容量扩至 1 000 门,与调度交换机级联信令由 1 号信令改为 7 号信令。调度交换机由原来的 256 门扩容至 512 门。

2017 年 3 月,新建一套应急广播系统,采用南京北路自动化系统有限责任公司 KTK113 煤矿安全数字广播系统应急语音广播,系统采用矿井千兆工业环网进行传输,通信方式采用 CAN 总线通信传输方式,操作平台设调度台,可随时进行广播,井下安装分站 22 台,话机 16 台。应急广播主要覆盖井下候车室、人车场、各硐室、变电所等,采煤、掘进、开拓地点已与井下工作面语音喊话器对接,实现井下工作面巷道语音全覆盖,现场工作人员可清晰听到调度应急指令。

2017 年 8 月,陈四楼煤矿通信系统根据公司号码资源分配完成调度、无线号码升位工作,使井上、下号码可直拨,无须加拨字头,真正意义上实现了通信系统的互联互通。同时建设一套适合陈四楼煤矿的通信联络“四合一”融合平台的。该平台可以通过核心平台与多种传统语音通信网络互联,实现与 PBX 通信专网、Wi-Fi 手机、调度通信、应急广播及 GSM/3G/4G 智能网络平台等通信网络互联互通,实现多系统、多部门统一的调度指挥功能。

2019 年 9 月,陈四楼煤矿对井下调度通信系统进行升级改造,调度通信系统使用深圳震有生产的 KT214(A)数字程控交换,该调度通信系统采用先进的软硬件技术、电信级的设计,保证了设备的高可靠性。系统使用成熟高性能的 CPU 和 DSP,并使用嵌入式实时操作系统和高效的算法,具有优异的性能。设备采用模块化插板式设计,支持多种接口板卡,可以根据需求灵活地提供不同的功能,并可根据容量平滑扩容。支持电信级的单板冗余和网络冗余,任意节点发生故障或遇灾难损坏时,系统及时进行主备倒换,保障全网业务的正常运行。

截至 2021 年年底,调度通信系统实现了煤矿井上、下调度指挥与行政办公通信互联、互通和互操作,多网融合、系统具有来电显示、选呼、群呼、强插、强拆和强接等多种调度功能。

二、人员结构

1992—1994 年,陈四楼煤矿建井期间,没有专业的通信维修维护队伍,通信是从永城县通信部门对接 2 路电话作为对外通信联系。

1996 年,矿井建立通信系统,成立通信维护队伍,通信属于生产部门管理,维护人员 1 人(袁志国)。

1997 年,井下调度通信系统建立,通信系统由调度室管理,通信维护组共 3 人(袁志国、侯天顺、班仁举)。

2005 年,陈四楼煤矿成立信息中心,由矿调度室管理,通信系统 9 人(包括监测监控)(主任徐金陵,副主任陈雷,班长洪桂江、班仁举等)。

2008 年,陈四楼煤矿成立陈四楼煤矿监测队,通信系统维护人员 16 人(包括监测监控)(队长徐金陵,副队长陈雷、宋全贵、景旭东,技术员魏北京,班长洪桂江、班仁举、朱红星等)。

2011 年,陈四楼煤矿监测队根据工作职能分成两部分,其中自动化专业陈四楼煤矿机电科管理,10 人(副主任景旭东,成员朱红星、洪震、彭建春、洪桂江、赵亚峰等)。

2015 年 8 月,自动化由调度室管理,自动化、通信系统 11 人(副主任景旭东,成员朱红星、洪震、彭建春、洪桂江、闫书芳等)。

2020 年至今,自动化、通信系统人员扩充至 17 人(副主任景旭东,技术主管王仕英,成员洪震、闫书芳、洪桂江、杨森等)。

三、规范、标准

1996 年,陈四楼煤矿建立行政通信系统后,由调度室下发《陈四楼煤矿电话费用核算标准》,统一了按照级别进行电话计费的收费标准,增加了用户门数。

2005 年,陈四楼煤矿升级调度通信系统后,下发了《陈四楼煤矿通信系统管理规定》。该规定包含《陈四楼煤矿电话费用核算标准》内容,并对地面电话和井下电话的管理范围、权责划分、业务流程、考核等进行详细规定,使陈四楼煤矿电话管理工作进行进一步规范。

2008 年,陈四楼煤矿成立陈四楼煤矿监测队,对原有《陈四楼煤矿通信系统管理规定》进行补充和重新下发,增加了电话门数和管理人员。

2011 年,通信业务划分到机电科后,对陈四楼煤矿电话费用业务划分到综合办公室,并延续到今。因部分归属管理,2012 年初由机电科组织重新下发《陈四楼煤矿通信系统管理规定》,该规定纳入六大系统管理内容,增加无线通信部分和应急广播部分,考核结果运用机电双基分值管理,加大考核力度,使陈四楼煤矿通信管理逐步完善。

2015 年,通信业务划分到调度室后,文件下发进一步规范,从 2015—2021 年,每年对《陈四楼煤矿通信系统管理规定》进行修订完善,按年度下发,使电话管理工作逐步完善。

第二节　视频监控系统

一、视频监控系统发展改进情况

2006 年，采用 EPON 分光技术将井下的摄像头画面传至地面调度室，初步形成工业电视系统。

2010 年 8 月，综合自动化项目启动，自动化项目包含有工业电视系统。工业电视系统数据挪移至西门子千兆环网进行上传，网络带宽的提高带动监控画面及网络稳定性质的飞跃，井下网络摄像仪分辨率全面提高至 720 P。

2016 年，由于安全生产的要求，井下监控点已扩展至 130 路，千兆环网已无法承载工业电视系统，于是建立万兆视频环网，最初的万兆环网使用的交换机为正维交换机，是全国第一套井下万兆环网。同年，视频管理平台更换为海康威视 iVMS-8800(500 点位)。

2017 年，完善了南北风井视频监控系统。

2018 年，根据上级文件要求，完善了瓦斯钻场视频监控系统。由于瓦斯钻场存储及井下监控地点的扩展，对工业电视系统的存储进行了升级，增加了磁盘阵列。此时井下网络摄像仪分辨率全面提升至 1 080 P。

2020 年，完成调度大屏改造，使用了利亚德 1.58 小间距 LED 屏，可视面积约 100 平方米，工业电视系统通过视频矩阵的方式上墙展示。同年 10 月，陈四楼煤矿选煤厂业务划归陈四楼煤矿，选煤厂视频监控系统数据接入矿端平台。

2021 年，进行了万兆环网改造，井下交换机统一更换为赫兹曼万兆交换机，井下万兆环网光缆交接箱进行了质量标准化整理规范。

2021 年 6 月，矿井和华为公司合作完成 F5G 网络试点，形成工业电视系统的万兆＋F5G 网络模式。

二、人员结构

2011 年，副主任景旭东，成员朱红星、洪震、彭建春、洪桂江、赵亚峰等管理工业电视系统。

2015 年 8 月，自动化由调度室管理，自动化、工业电视系统 11 人(副主任景旭东，成员朱红星、洪震、彭建春、洪桂江、闫书芳等)。

2020 年至今，自动化、工业电视系统人员扩充至 17 人(副主任景旭东，技术主管王仕英，成员杨淼、洪震、闫书芳、洪桂江等)。

三、规范、标准

2015 年，下发《陈四楼煤矿工业电视监控系统管理制度(试运行)》。

2016 年，文件下发进一步规范，对《陈四楼煤矿工业电视监控系统管理制度(试运行)》进行修订完善，重新下发《陈四楼煤矿自动化环网及工业电视管理规定的通知》。

第四篇

生产技术作业管理

第一章　生 产 技 术

第一节　机构与制度

一、机构

1995 年 3 月，成立生产技术科。

1998 年 2 月，调度室与生产科合并为生产技术科。

1999 年 9 月，把调度室从生产科划分出去。

2012 年 1 月，技术中心与生产科合并。

2018 年 1 月，地质组与测量组从生产科划分出去，成立地测科。

截至 2021 年 10 月，陈四楼煤矿生产科设置科长 1 名，副科长 2 名、正科级科员 2 名、副科级科员 5 名、主任师 1 名、技术主管 1 名，下设采煤组、掘进组、开拓组、科技创新和环保组和设计组共 5 个组，全科共有干部职工 18 人。

表 4-1-1 为陈四楼煤矿生产科历任科长一览表。

表 4-1-1　陈四楼煤矿生产科历任科长一览表

姓名	性别	职务名称	任职时间
李全义	男	科长	1995.03—1998.02
苗　壮	男	科长	1998.02—1998.09
陈群忠	男	科长	1998.09—2000.03
唐远游	男	科长	2000.03—2002.08
袁德铸	男	科长	2002.08—2003.05
李福刚	男	科长	2003.05—2005.03
吕目晓	男	科长	2005.03—2008.10
梁　雷	男	科长	2008.10—2010.09
张新过	男	科长	2010.09—2012.01
张新过	男	科长(兼)	2012.01—2014.05
李爱军	男	科长	2014.05—2015.08
李爱军	男	科长(兼)	2015.08—2018.08
贾亮亮	男	科长	2018.08—2022.01
姚　贺	男	科长	2022.01—

二、职能

陈四楼煤矿建立以总工程师为首的技术管理体系，负责技术管理组织结构、技术例会制度、工艺技术管理、技术标准、技术培训、技术改进(引进)、技术创新、技术推广(转让)、技术经济档案等工作内容。

陈四楼煤矿生产科负责矿井生产过程中的技术管理工作。主要职能是：负责编制矿井生产作业长远规划、年度以及月度生产作业计划，确保矿井采掘接替正常；负责采掘安全生产标准化与精细化检查、验收、考核；负责业务范围内的“四新”技术推广和研发工作；负责审批生产科业务范围内的技术方案、作业规程及安全技术措施。

三、制度

1997 年 10 月 22 日，印发《陈四楼煤矿采掘作业规程管理办法》。

2004 年 3 月 25 日，印发《陈四楼煤矿锚杆、锚索支护质量管理规定》。9 月 27 日，印发《陈四楼煤矿采掘工作面工程质量验收管理办法》。

2008 年 3 月 16 日，印发《陈四楼煤矿采掘专业工程质量与安全生产检查考核办法》。7 月 12 日，印发《陈四楼煤矿井巷工程开工、停工、复工及移交制度》。

2009 年 1 月 20 日，印发《陈四楼煤矿顶板管理办法》《陈四楼煤矿安全技术措施审批制度》。1 月 31 日，印发《陈四楼煤矿作业规程管理办法》。2 月 7 日，印发《陈四楼煤矿回弹料回收复用管理办法》。3 月 7 日，印发《陈四楼煤矿井巷维修与报废管理办法》。5 月 2 日，印发《陈四楼煤矿工作面移交验收管理制度》。7 月 28 日，印发《陈四楼煤矿井巷维修制度》。11 月 27 日，印发《陈四楼煤矿综采工作面安装、回撤验收管理制度》。

2010 年 2 月 5 日，印发《陈四楼煤矿采掘工程质量管理制度》。2 月 6 日，印发《陈四楼煤矿井巷维修制度》。2 月 20 日，印发《陈四楼煤矿设计管理办法》。5 月 14 日，印发《陈四楼煤矿采掘区队标杆队建设管理考核办法》。7 月 1 日，印发《陈四楼煤矿综采综掘机械化考核办法》。

2011 年 3 月 30 日，印发《陈四楼煤矿开工、复工工程许可制度和停工工程检查验收制度》。4 月 5 日，印发《陈四楼煤矿采掘标杆队建设暨单产单进项目管理考核办法(试行)》。6 月 6 日，印发《陈四楼煤矿安全技术管理体系及考核办法(试行)》。

2012 年 1 月 31 日，印发《陈四楼煤矿采掘质量标准化管理考核办法》《陈四楼煤矿综采工作面安装、回撤验收管理制度》。4 月 3 日，印发《采掘机械化项目管理考核办法》。

2013 年 1 月 27 日，印发《陈四楼煤矿采掘质量标准化与单产单进项目管理考核办法》。3 月 19 日，印发《陈四楼煤矿采煤、掘进专业“1＋1＋n”精细化管理与亮点工程建设实施办法(试行)》。6 月 15 日，印发《陈四楼煤矿安全生产变化管理工作制度》。9 月 18 日，印发《陈四楼煤矿安全生产技术信息化管理制度》。

2014 年 2 月 28 日，印发《陈四楼煤矿采掘质量标准化与单产单进项目管理考核办法》《陈四楼煤矿巷道巡查和维修管理制度》。

2015 年 3 月 31 日，印发《陈四楼煤矿设计管理办法》。8 月 21 日，印发《陈四楼煤矿采煤工作面维护式推进管理办法》。

2016 年 6 月 7 日，印发《陈四楼煤矿工作面停产和恢复生产方案及有关规定》。

2017 年 3 月 19 日，印发《陈四楼煤矿矿压观测、分析、预报制度》。5 月 9 日，印发《陈四楼煤矿安全技术审批制度》。5 月 15 日，印发《陈四楼煤矿采煤工作面支护质量与顶板动态监测管理制度》。6 月 4 日，印发《陈四楼煤矿掘进工作面开口和贯通现场会审制度》。10 月 20 日，印发《陈四楼煤矿采煤工作面投产验收管理办法》。

2018 年 2 月 25 日，印发《陈四楼煤矿采掘作业规程管理规定》。

2019 年 9 月 21 日，印发《陈四楼煤矿主井井筒修复工程管理办法》。9 月 29 日，印发《陈四楼煤矿主井修复安全质量管理办法》。

2020 年 2 月 12 日，印发《陈四楼煤矿掘进工作面开工验收评估制度》。5 月 30 日，印发《陈四楼煤矿主井井筒修复工程管理办法》。

2021 年 6 月 16 日，下发《陈四楼煤矿采掘接替管理办法》。

第二节　技术管理

一、技术管理主要任务

贯彻执行国家技术政策、河南能源和永煤公司技术管理有关规定；利用矿现有技术力量和资源，合理开展技术工作，建立矿井技术活动秩序，开展技术研究与创新，引进国内外先进技术，不断采用新技术、新工艺、新材料、新设备，把科技成果转化为现实生产力，以推动矿井技术进步、经济效益提升和安全发展、科学发展。

二、技术管理范围

矿井技术改造项目技术可行性研究论证；矿井开拓延深、采区接替设计审查管理；采掘工作面作业规程及安全技术措施编制管理；地质勘探技术管理；防治水、火、瓦斯、煤尘、顶板、机电运输等重大灾害安全技术管理；工艺改造、装备水平升级等技术管理；信息化技术管理；新技术、新工艺研究管理；科技项目（含先进技术引进和成果推广应用）管理；技术标准制定和技术培训管理；技术经济档案建立和应用管理等。

三、技术管理内容

矿井建立以总工程师为首的技术管理体系，负责技术管理组织结构、技术例会制度、工艺技术管理、技术标准、技术培训、技术改进（引进）、技术创新、技术推广（转让）、技术经济档案等工作内容。

四、技术管理组织结构

矿井成立技术委员会，技术委员会是矿技术管理体系的决策机构，矿长为技术委员会主任，总工程师为副主任，委员由其他矿班子成员及各专业副总工程师组成。矿建立“总工程师—副总工程师—科室技术负责人—区队技术负责人—其他工程技术人员”技术管理网络体系。

(1) 总工程师是矿领导班子成员,负责矿井全面技术工作。

(2) 矿设采煤、掘进、开拓、地测防治水、机电、通风防突等专业副总工程师,对总工程师负责,具体管理相应专业的技术工作。

(3) 生产科、地测科、通防科、机电科、调度室是矿技术管理的职能科室,各设科长(主任)1名、主任工程师(副科长或副主任)若干名,分管各专业技术管理工作。生产科负责采煤、掘进专业的技术管理,地测科负责地测防治水专业的技术管理,通防科负责通风、爆破、防突专业的技术管理,机电科负责机电、运输专业的技术管理,调度室负责自动化、安全监测监控专业的技术管理。生产科、地测科、通防科、机电科、调度室及其他业务科室的技术管理业务受总工程师直接领导。

(4) 区队配备技术副队长或技术员(以下简称“技术负责人”),专职技术管理工作,其他技术人员对技术负责人负责。

陈四楼煤矿技术管理体系网络见图 4-1-1。

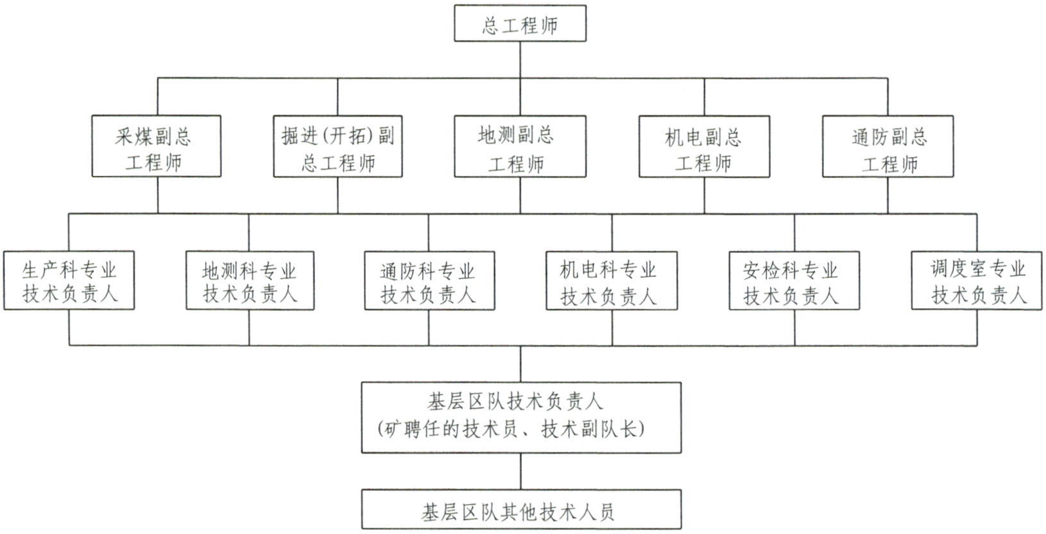

图 4-1-1 陈四楼煤矿技术管理体系网络图

第三节 采掘作业规程管理

一、安全规程

《煤矿安全规程》是煤矿安全生产建设的根本法规,是保障煤矿职工安全与健康、保护国家资源和财产不受损失、促进煤炭工业现代化建设必须遵循的准则。矿井在不同历史阶段,都对国家颁布的《煤矿安全规程》进行学习,并严格按照规定组织生产活动。

二、作业规程

作业规程编制由施工单位工程技术人员完成作业规程编制后，应首先由参加施工的区队班组长以上人员进行会审签字后，才能上报审批。生产科是作业规程会审的组织单位，其他专业性较强的安全技术措施由责任科室负责组织会审。作业规程审批实行科室业务分管人员逐页签字审批方式，分管专业副总工程师、总工程师等审核把关，所有参加会审人员均必须在会审页签字。审批后的作业规程和措施应报生产科备案。

作业规程编制原则：符合《安全生产法》《煤矿安全规程》《防治煤与瓦斯突出规定》《煤矿防治水规定》《煤矿地质工作规定》《煤矿安全生产标准化基本要求及评分方法（试行）》等国家安全生产方面的法律、法规、标准、规程和相关技术规范。坚持“安全第一、预防为主、综合治理”的方针，积极推广使用新技术、新工艺、新设备、新材料和先进的管理手段，不断提高矿井管理水平。单项工程、单位工程开工前，必须严格按照“一工程一规程”的原则编制作业规程，按照“一变化一措施”的原则编制专项措施或补充措施，不得沿用、套用作业规程和措施，严禁无作业规程和措施施工。作业规程中对工程质量的要求不得低于《煤矿安全生产标准化基本要求及评分方法（试行）》中的相关要求。

以陈四楼煤矿采煤工作面作业规程为例，编制的内容有：工作面概况（包括工作面位置及井上下关系、煤层情况、煤层顶底板情况、水文地质、影响回采的其他因素、储量及工作面可采期）；采煤方法（包括巷道布置、采煤工艺。设备配置）；顶板控制（包括支护设计、工作面顶板控制、上下顺槽及端头顶板控制）、矿压观测；生产系统（运输、一通三防与安全监控、供风、供水、排水、供电）；劳动组织及主要经济技术指标（劳动组织、作业循环、主要经济技术指标）；煤质管理；安全技术措施（包括顶板、防治水、爆破、一通三防与安全监控、运输、机电、特殊情况下的安全技术措施）；职业病危害防治；灾害应急措施及避灾路线（包括避灾路线、六大系统）；附件[包括工作面地层综合柱状图；工作面及巷道布置平面图；工作面运输巷、回风巷、开切眼素描图；运输巷、回风巷、切眼巷道（原）支护图；工作面、端头、超前支护示意图（平、剖、断面图）；采煤机进刀方式示意图或炮眼布置图；工作面设备布置示意图；各生产系统示意图，包括运输系统示意图、通风系统示意图、瓦斯抽放系统示意图、压风自救系统示意图、人员位置监测与安全监测监控设施（仪器仪表）布置示意图、供水与防尘系统示意图、排水系统示意图、工作面供电系统示意图、照明、通信、信号设施布置图；工作面正规循环作业图表；避灾路线示意图]。

审批后的作业规程或措施必须在施工前向所有参加施工的干部、职工进行贯彻。贯彻由施工单位主要负责人主持，编制人员或其他熟悉内容的技术人员进行讲解，学习贯彻后，参加学习人员必须签名。作业规程贯彻后要组织考试，考试应针对不同的岗位工种，命题侧重点有所不同。工程开工后，矿总工程师要每 2 个月至少组织 1 次对作业规程的贯彻实施情况进行复审，并做好复审记录。

三、操作规程

结合生产实际，编制《陈四楼煤矿操作规程汇编》，其内容涵盖矿井采煤、掘进、开拓、机电、运输、通风等各专业工种及地面特殊工种。操作规程是各工种职工进行生产活动的准则。按照安全技术操作规程操作,可有效提高工作效率和工程质量,避免违章作业,减少人身、设备和财产损失,保障安全生产工作的正常进行。

第二章　机电管理

1995 年 4 月，永夏矿区管委会陈四楼煤矿筹备处为了减少设备维护费用及影响时间，确保《陈四楼煤矿筹备处内部承包合同》的顺利履行，下发了《机运工区联产计酬奖罚试行办法》，制定了机运工区工作范围和奖罚标准。

1997 年 7 月，永煤集团首对矿井陈四楼煤矿主井绞车选用德国西门子设备，第一套综采装备选用国外(美国、英国)三机配套设备，其装备技术处于国内领先水平。

2002 年 4 月，开展机电设备专项整治活动，以主提升、主通风机、主排水泵、供电系统和采掘机电设备为重点。完善提升、供电、通风等电气安全保护装置，加强井下电气设备失爆管理，杜绝设备带病运转。

2006 年 9 月，国家安监总局先后发布《禁止井工煤矿使用的设备及工艺目录》《关于发布淘汰落后安全技术工艺、设备目录》。根据目录要求，机电科制定方案，落实责任，逐项排查整改，逐步完成淘汰更换任务。

2008 年 5 月，供电管理推行"手指口述"工作法，内容涵盖交接班作业、倒闸操作作业、设备描述、岗位描述、设备巡视作业内容。

2011 年，根据永煤公司发布《煤矿采掘机电精细化管理标准》，陈四楼煤矿推行煤矿机电设备精细化管理，向管理要安全，要效益。

2012 年，开展矿井自动化系统建设，推进"两化融合"，落实公司"装备现代化、生产自动化、管理信息化"的指导思想。至 2014 年，变电所自动化控制系统、主排水控制系统、空气压缩机自动化系统、胶带运输集中控制系统等 7 个子系统全部采用地面远程操控，实现无人值守。

2017 年 10 月，根据永煤集团煤矿机电设备升级工作的指导意见，制定大型固定设备，综采、综掘设备升级方案，实施步骤等。

2021 年 3 月，按照《永煤集团煤矿机电运输管理办法》及其他相关规定，矿井严格执行"安全第一，预防为主"的指导方针，坚持设备选型与使用相结合、日常维护保养与计划检修相结合、专业管理和技术管理相结合的原则。对煤矿机电设备设计、论证、购置、到货验收、安装调试、运行、维保、报废流程等严格管理，做到设备生命全周期、全过程管理。

陈四楼煤矿机电管理，坚持"管理、装备、素质、系统"四并重原则，以"夯基础、保安全、强装备、提素质、抓落实"为重点，推行机电精化管理，完善机电管理制度，改进考核机制，强化员工技能培训。推广应用"四新"技术，全面提升机电管理水平和装备水平，保证矿井安全生产。

第一节 机构与制度

一、机构及管理职能

1993年2月，设立陈四楼煤矿项目部机电组，主要负责参与编制季、年度计划及报表。参与设备的验收、入库交付安装，并建立设备台账。

1995年3月，成立陈四楼矿筹备处机运工区，下辖机电队、运输队。机电队负责矿井上、下供电业务及供电网络设备的安装与拆除，负责主提升系统、主排水系统、主通风系统、压风系统、供电系统矿灯充电等现场的具体管理工作；运输队负责矿井轨道的安装拆除，井上、下矿车周转运输，电机车及架空线设施维修、维护。

1995年8月，设立陈四楼煤矿筹备处机电科，主要负责机电设备购置、验收、安装、监管管理工作，负责施工现场的具体管理工作，为矿井机电系统安全生产管理的专责机构。

1997年7月，成立了陈四楼煤矿机电科。机电科为矿井机电、运输系统安全生产管理专职机构。

1998年6月，成立了陈四楼煤矿皮带队，负责矿井主煤流皮带运输系统的具体管理工作。

2012年12月，成立机电科自动化组。负责全矿运输业务技术、运输建设、运输设备组织、维修、自动化业务建设，是一个集管理、维护于一体的综合性科室。

2015年8月，将机电科自动化组业务调整至调度室自动化组。

2018年年底，机电科下辖有机电队、运输队、皮带队和轨道运输管理组、钢丝绳管理组、输送带管理组、小型电器管理组、防爆检查组、设备管理组、配件管理组9个业务组。

成立以矿长、机电矿长、机电副总、机电科科长为组长的机电管理领导小组，负责全矿机电管理的决策工作，指导机电管理工作的正常开展。

组长：矿长。

副组长：机电矿长，机电副总工程师，机电科科长。

成员：机电科分管副职、机电科设备器材管理员、供应科器材管理人员、机电队长、机电班长、区队专兼职设备器材管理员。

领导小组下设办公室，办公室设到机电科，机电科下设供电管理、电缆管理、小型电器管理、防爆检查、设备管理、配件管理、油脂管理、高低压保护装置组、钢丝绳管理组。

(1) 供电管理小组：

组长：供电管理分管副科长。

组员：机电科供电管理人员，机电科包队人员，区队机电队长。

(2) 电缆管理小组：

组长：供电管理分管副科长。

组员：机电科供电管理人员，机电科供电技术员，机电科包队人员，区队管理员。

(3) 小型电器管理小组：

组长：供电管理分管副科长。

组员：机电科包队人员，供应科分管人员，区队管理人员。

(4) 防爆检查管理小组：

组长：供电管理分管副科长。

组员：机电科防爆检查员，机电科包队人员，区队防爆检查员。

(5) 设备管理小组：

组长：机电科长。

组员：机电科设计人员，机电科库房管理人员，机电科防爆检查员，机电包队人员，机电科检修人员，机电科设备管理员，区队设备管理员。

(6)配件管理小组：

组长：成本管理分管副科长。

组员：机电科各分管科长，机电科包队人员，机电科设备管理人员，机电科检修人员，供应科分管人员。

(7)油脂管理小组：

组长：成本管理分管副科长。

组员：机电科各分管科长，机电科包队人员，供应科分管人员，区队分管人员。

(8)高低压保护装置管理小组：

组长：供电管理分管副科长。

组员：机电科保护装置管理员，机电科包队人员。

(9)钢丝绳管理组小组：

组长：成本管理分管副科长。

组员：机电科各分管副科长，机电科设计人员，机电科包队人员，供应科分管人员。

建立健全了机电管理组织机构，加强机电管理工作的领导，落实各级行政、技术领导的机电安全生产责任制。由机电副矿长负责机电管理工作，机电副总工程师负责机电技术工作，机电科为矿井机电管理工作的职能部门，是陈四楼煤矿机电管理的主管部门，各区队行政“一把手”是机电安全管理的第一责任者。

二、机电运输管理队伍

1997 年 11 月矿井正式投产，机电科为矿井机电运输管理工作的职能部门，是煤矿机电运输管理的主管部门，主要负责矿井设备设计、选型、安装、维修、保养管理工作，积极推广使用矿井机电运输新技术、新设备、新工艺；建立健全机电运输专业各项安全管理制度及各级人员岗位责任制，并组织实施；制定全矿年度机电运输设备检修计划及月度实施计划，监督检修计划的实施；负责审批矿井机电运输系统技术措施及规程工作。

矿井分管机电运输矿领导机电副矿长 1 人，机电副总工 1 人。机电科在册人数 38 人，机电科科长 1 人、副科长 1 人、分管科领导 14 人、其他管理人员 22 人。下辖机电队、运输队、皮带队，机电队在册人数 196 人、运输队在册人数 273 人、皮带队在册人数 119 人，均配有队长、党支部书记各 1 人，技术副队长 1 人，分管副队长 5～6 人，主管技术员 1～2 人；其他区队有17个,每个区队均配有机电队长及机电负责人,同时各级行政一把手是本区队机电运输安全管理的第一责任者,负责将安全生产工作落到实处。

(1) 机电科:对机电运输管理工作负业务管理责任,负责矿井机电运输系统管理及机电运输专业标准化建设的组织实施及检查考核工作,参与轨道运输系统的设计、技术改造及组织检查验收等工作,负责机电运输设备、设施的选型设计、安装使用及维护标准的制定,负责组织对机电运输设备、轨道线路、斜巷安全设施、运输车辆及连接装置等的检查工作,对设备设施的完好情况进行日常监督检查,负责本矿井机电运输系统设备(设施)周期性及预防性检修计划(包括设备大修计划)的编制及组织实施,负责矿井机电运输专业的达标工作。

(2) 生产科:负责各类机电运输系统巷道、车场、轨道的设计及施工质量管理;负责机电运输巷道、水沟及底板的质量,监督轨道的铺设是否符合设计要求;负责巷道的参数、投入使用时间、服务年限及用途等技术档案的建立。

(3) 安检科:对机电运输系统各项标准及管理制度的执行情况负监督管理责任,负责对机电运输设备、轨道线路、安全设施、运输车辆及连接装置等的使用情况进行日常监督检查。

(4) 调度室:遵照机电运输系统各项标准及管理制度,负责对机电运输车辆进行调度、运行管理、监督检查和考核;负责机电运输设备甲烷断电仪的检测、检验和调试等。

(5) 机电科、生产科、安检科、调度室:均明确有分管机电运输安全管理工作的具体负责人,便于及时沟通、解决日常管理中出现的问题,有权对事故隐患出具隐患整改通知单并提出处理意见,对多次通知仍未整改的相关责任单位罚款和停止作业。

(6) 基层区队:负责所管辖工作地点机电运输设备和设施的安装、使用、维护和管理,实行"谁使用、谁管理、谁负责"的原则,所有机电运输设备、设施、安全保护装置等必须做到维修有记录、运行有制度、安装有标准、技术有规范、管理有办法。

三、机电科历任科长

表4-2-1为1995—2021年陈四楼煤矿机电科科长一览表。

表4-2-1 1995—2021年陈四楼煤矿机电科科长一览表

姓名	部门、职务	任职时间
张亚祥	机电科科长	1995.08—1997.12
韩明光	机电科科长	1997.12—1998.09
杨玉林	机电科科长	1998.09—1999.12
安忠林	机电科科长	1999.12—2000.10
张维汉	机电科科长	2000.10—2001.04
柳玉萍	机电科科长	2001.04—2006.09
秦高威	机电科科长	2006.09—2009.02
汪鲁尧	机电科科长	2009.02—2009.04

表 4-2-1(续)

姓名	部门、职务	任职时间
赵金明	机电科科长	2009.04—2010.03
白运强	机电科科长	2010.03—2012.04
符如康	副总工程师兼机电科科长	2012.04—2013.06
任永强	机电科科长	2013.06—2014.08
张长友	机电科科长	2014.08—2020.05
朱栋栋	副总工程师兼机电科科长	2020.05—2022.01
陈召磊	副总工程师兼机电科科长	2022.01—

四、机电运输管理制度与规定

陈四楼煤矿机电科分管矿井机电运输管理，机电队、运输队、皮带队配合落实，依托相关管理制度对矿井机电运输设备进行管理。

1995 年 4 月，印发《机运工区联产计酬奖罚试行办法》《矿灯使用及管理规定》。

1997 年 4 月，印发《陈四楼煤矿机电设备使用管理试行办法》。

1998 年 4 月，印发《陈四楼煤矿对井下电器失爆管理办法》《陈四楼煤矿供电管理的暂行规定》《陈四楼煤矿机电设备领取回收管理暂行办法》。

2002 年 4 月，印发《陈四楼煤矿机电设备管理达标评比办法》。

2003 年 4 月，印发《陈四楼煤矿机电设备管理评比办法》、2003 年 7 月，印发《陈四楼煤矿矿车运输管理办法》。

2004 年 7 月，印发《陈四楼煤矿节电管理办法》。

2005 年 1 月，印发《陈四楼煤立井提升系统防止高空坠物管理办法》。

2007 年 5 月，印发《陈四楼煤矿地面电气焊作业管理制度》。

2009 年 2 月，印发《陈四楼煤矿机电设备隐患排查治理方案》。

2011 年 2 月，印发《陈四楼煤矿机电运输安全管理制度》。

2013 年 3 月，印发《陈四楼煤矿矿用煤安设备器材、防爆电气设备及阻燃材料管理制度》。

2015 年 10 月，印发《陈四楼煤矿机电设备检修管理办法》。

2016 年 12 月，印发《陈四楼煤矿机电运输管理办法》。

2017 年 3 月，印发《陈四楼煤矿设备管理制度》，对矿井机电设备选型、使用、维护进行了规定。

2018 年 2 月，印发《陈四楼煤矿机电设备检修管理办法》《陈四楼煤矿大型固定设备管理规定》《陈四楼煤矿电气焊使用管理制度》。

2019 年 2 月，印发《陈四楼煤矿机电运输安全生产标准化管理考核办法》《陈四楼煤矿机电运输专业隐患考核办法》《陈四楼煤矿机电运输专业事故管理办法》。

2020 年 1 月，印发《陈四楼煤矿机电运输设备安全准运管理办法》《陈四楼煤矿大型固定设备管理办法》。

2021年2月,印发《陈四楼煤矿设备、器材使用管理制度》《陈四楼煤矿机电运输综合评比考核办法》《陈四楼煤矿燃气锅炉管理规定》。

第二节　设备概况

陈四楼煤矿主井提升机1996年由兖州煤业集团三十七处安装,1997年7月投入运行,主井井筒直径5米,井塔高度71米,提升高度485.05米,提煤最大速度10米/秒,提升机采用德国西玛格公司生产的GHH-4×4四绳摩擦内装式绞车,滚筒直径4米,采用双箕斗提升方式,单斗提升额定重量23.5吨,主电机为西门子双绕组电机,电机功率2 600千瓦,电机调速方式为ASCS交直交变频调速,2010年10月10日至2010年12月31日对主井电控系统进行改造,2019年7月29日至2019年11月1日对主井电控系统进行双系统改造。

陈四楼煤矿副井提升机1993年由淮南七十二处安装,1993年9月投入运行,井架高度36米,提升高度486米,提升机为洛阳矿山机械厂生产的JKMD-3.5×4四绳摩擦式提升机,滚筒直径3.5米,配套电机为上海电气集团上海电机厂有限公司生产的ZD250/43的直流电机,电机功率1 150千瓦。2008年3月对电控系统进行改造,该控制系统采用徐州中矿大传动与自动化有限公司生产的ASCS全数字控制系统。2020年12份对闸控系统进行改造,目前闸控系统改造为德国西马格公司生产的ST3-F恒减速制动系统。

陈四楼煤矿南风井主通风机于2005年5月安装,2006年7月投入运行,2010年1月进行改造,2010年3月投入运行,主通风机选用两台南阳防爆集团有限公司生产的FBCDZNO.28/2×355抽出式对旋轴流风机,一用一备。配套电机为南阳防爆集团有限公司生产的YBF560M1-8/355千瓦矿用隔爆型三相异步电动机。陈四楼煤矿北风井主通风机于2008年6月开始安装,2008年7月16日挂网投入运行,主通风机选用2台南阳防爆集团有限公司生产的FBCDZNO.28/2×355抽出式对旋轴流风机,一用一备。配套电机为南阳防爆集团有限公司生产的YBF560M1-8/355千瓦矿用隔爆型三相异步电动机。

陈四楼煤矿压风系统现包括地面压风机、北风井压风机共计8台螺杆式压风机。地面压风机安装日期为2000年6月,2011年9月对其进行改造,拆除4台L-42/7型活塞式水冷压风机,安装3台AED355A-0.8型螺杆式压风机,配套电机为Y400-4/355千瓦型电动机;2011年12月增加1台AED355A-0.8型螺杆式压风机。北风井压风机2008年9月安装,配套电机IY3556-4/300千瓦。

陈四楼煤矿主排水泵房共装设9台MD580-60×9煤矿用耐磨多级离心水泵,配套电机为南阳防爆集团股份有限公司生产的YB2-5004-4型电动机,电机功率为1250千瓦,起动设备采用上海煤安煤矿电器有限公司生产的KJGR-250/6千伏矿用隔爆兼本质安全型交流高压软起动器和河南省济源市矿用电器有限责任公司生产的PJG-300/6矿用隔爆兼本质安全型永磁机构高压真空配电装置。泵房采用三趟管路排水,其中两趟埋副井井筒排至地面,一趟经走钻孔排至地面,管路直径为426毫米×14毫米。陈四楼煤矿井下各个采区按照地质测量提供的最大涌水量配备二级排水系统,各个工作面和掘进头的涌水由各自的临时排水点排到采区水泵房水仓内，再由采区排水泵排到轨道运输大巷的排水沟内，顺排水沟流入副井底中央泵房主水仓，通过主排水泵排到地面。井下采区泵房主要有二十采区泵房、九采区泵房、－470 泵房、－560 泵房、－600 泵房、－720 泵房、－605 泵房、－640 泵房。

陈四楼煤矿锅炉房建于 1994 年，于 1997 年 11 月起投入使用。现有 2 台锅炉，主要承担洗浴水加热、工作衣烘干、冬季主、副井井筒供热、办公及生活采暖等任务。锅炉房主体为四层钢筋混凝土结构，总占地面积 1 300 平方米。锅炉房安装有 2 台蒸汽燃气锅炉，主供澡堂用气及冬季办公楼、井筒取暖。2 台燃气锅炉于 2017 年 8 月 31 日开始安装，于 2017 年 11 月 1 日安装完毕，并正式投运。2 台燃气锅炉的型号为 WNS10-1.25，额定蒸汽流量为 10 吨/小时，均由哈尔滨红光锅炉总厂有限责任公司生产和安装。锅炉在冬季一用一备；其他季节停用。

近几年来，陈四楼煤矿大力推行综采、综掘生产工艺，不断更新和优化采掘设备，使得采掘设备的技术装备水平得到了快速发展和提高。陈四楼煤矿用于综采工作面的主要配套设备有 MG500/1130-WD3 交流电牵引采煤机、ZY6800/16/35D 型掩护式液压支架、ZQL2×3200/16/32 巷道超前支护液压支架、SGZ800/1400 刮板输送机、SZZ800/315 顺槽用刮板转载机、PLM2000 顺槽用破碎机；MG500/1170-AWD1 交流电牵引采煤机、ZQL2×3200/16/32 巷道超前支护液压支架、ZY5000/16/35 掩护式液压支架、ZQ2200/18.5/35.5 巷道超前支护液压支架(搬移式超前支架)、SGZ800/1400 刮板输送机、SZZ800/250 顺槽用刮板转载机、PLM2000 顺槽用破碎机；部分工作面采用 MG300/700QWD 交流电牵引采煤机、ZY3800/16/35 掩护式液压支架、ZQL2×3200/16/32 巷道超前支护液压支架、SGZ764/630 刮板输送机、SZZ764/200 顺槽用刮板转载机、PLM1000 破碎机，并于 2020 年 3 月份在 MZ201 综采工作面实现综采自动化。

陈四楼煤矿用于综掘工作面的设备主要有三一重型装备有限公司生产的 EBZ-132 型和 EBZ-160 型掘进机；佳木斯煤矿机械有限责任公司生产的 EBZ-160 型和 EBZ-200 型掘进机，山西天地煤机装备有限公司生产的 EBZ-200S 型掘进机。并于 2020 年 4 月在 2901 工作面上顺槽实现掘进自动化，陈四楼煤矿开拓采用岩巷作业线及岩巷掘进机，主要设备采用淮南蓝翔重工有限责任公司生产的 ZWY-120/45L(ZWY-150/55L)煤矿用挖掘式装载机、江西鑫通机械制造有限公司生产的 ZWY-150/55L 挖掘装载机、三一重型装备有限公司生产的 EBZ-318 型岩巷掘进机及淮南凯盛重工有限责任公司生产的 EBZ-318 型岩巷掘进机，张家口宣化华泰矿冶机械有限公司生产的 CMJ2-17 钻车。

矿井主煤流运输系统主要以钢丝绳芯带式输送机为主，其中矿井南翼钢丝绳芯带式输送机共有 3 部，南皮一部为 1997 年兖州煤机厂生产的 DTL120/100/4×280 型钢丝绳芯带式输送机；南皮二部为 2001 年西北煤机二厂生产的 DTL120/100/4×160 型钢丝绳芯带式输送机；南皮三部为 1997 年 7 月西北煤机二厂生产的 SSJ120/2×160 型普通带式输送机。矿井北翼带式输送机共有 4 部，前 3 部分别为平煤机械厂、兖州煤机厂和永煤机电制修厂生产，其中北皮一部为 DX5-1200/4×160 型钢丝绳芯带式输送机；北皮二部为 DTL120/100/2×160 型带式输送机；北皮三部为 DTL120/100/4×160 型带式输送机；北皮四部为 DTL120/100/4×250S 型钢丝绳芯带式输送机。

井下主要轨道大巷采用30千克/米轨道,目前平巷运输系统有南北轨道大巷、八采区轨道运输巷、-470轨道运输巷、-720轨道运输巷、-560轨道运输巷。井下轨道运输巷主要采用特殊型防爆蓄电池电机车进行运输,电机车主要采用上海申传电气股份有限公司、湘潭牵引电机车有限公司、湘潭市电机车厂有限公司、中华人民共和国湘电重装有限公司和湘潭电机股份有限公司生产的CTL12/6P、CTL12/6GP-YC、CTL8/6P、CTL8/6GP-YC、CTY8/6G140、XK5-6/90KBT、CTY5/6GB、CTL8/6G140(D)型蓄电池电机车,地面运输采用湘潭电机股份有限公司生产的CTL8/6GB、CTY8/6G140型蓄电池电机车。

陈四楼煤矿井下主要斜巷轨道运输大巷有8条,均实现了斜巷视频监控系统,其中使用变频绞车运输的斜巷6条,使用液压绞车运输的斜巷2条;地面矸石山采用变频双滚筒绞车进行提升运输工作。陈四楼煤矿井下主要运人斜巷共有8条,均采用架空乘人装置运送人员,垂深超过50米的倾斜巷道全部实现机械运送人员。2014年2月首次在21401综采工作面使用防爆柴油机单轨吊机车进行辅助运输。2020年5月份在2901工作面上顺槽使用蓄电池单轨吊机车进行辅助运输。

2020年6月在2803工作面采用防爆柴油机单轨吊机车进行辅助运输。截至2021年年底在2804工作面下顺槽、MZ202工作面、2901工作面采用防爆柴油机单轨进行辅助运输;在2804工作面上顺槽、MZ202工作面采用防爆特殊型蓄电池单轨吊机车进行辅助运输。在MZ202工作面采用防爆柴油机单轨吊进行辅助运输;在2804工作面上顺槽、十八采区回风上山、2901工作面上顺槽、2903工作面下顺槽、2601工作面进风巷采用防爆特殊型蓄电池单轨吊机车进行辅助运输。

第三节　设备管理

1997—2004年,设备管理采用手工做账管理。

2005—2008年,设备管理利用计算机Excel表格文件登记进行管理。

2009—2014年,设备管理采用市场化管理系统下一个模块的设备管理系统,实现了设备的动态管理。

2014年至今,采用单独的"机电设备全生命周期管理机电管理系统",实现了设备的动态管理。该系统更趋于完善合理,使得机电管理更加规范化,条理化。该软件系统将矿井机电管理的相关工作全部纳入系统,基于设备管理的全生命周期从设备采购计划、合同管理、验收入库、租赁入库、设备领用、设备周转、设备调拨、设备维修、设备保养、设备预警、设备报废、技术档案管理等全过程均纳入系统管控,既有行政管控行为,也有市场交易行为,将机电专业市场完美纳入,与此同时,还将供电管理、胶带、电缆、钢丝绳管理等周边工作全面实现信息化,使得市场化管理与专业管理完美结合,大大提高了陈四楼煤矿机电管理水平。

为促进机电设备管理,陈四楼煤矿印发了《陈四楼煤矿大型固定设备管理办法》《陈四楼煤矿设备管理制度》《陈四楼煤矿矿用煤安设备器材、防爆电气设备及阻燃材料管理制度》《陈四楼煤矿机电设备准入管理办法》《陈四楼煤矿特种设备管理办法》《陈四楼煤矿机电设备检修管理办法》《陈四楼煤矿机电运输安全生产标准化管理考核办法》《陈四楼煤矿机电运输综合评比考核办法》《陈四楼煤矿机电运输专业隐患考核办法》《陈四楼煤矿机电运输专业事故管理办法》《陈四楼煤矿电气焊使用管理办法》《陈四楼煤矿机电运输设备安全准运管理办法》《陈四楼煤矿立井提升系统防止高空坠物管理办法》《陈四楼煤矿机电设备器材外委修理管理办法》等 14 个相关的管理制度。

其中《陈四楼煤矿设备管理制度》涵盖了设备器材管理机构和职责、设备器材准入、系统设计、设备选型与购置、机电工程安装验收、设备器材入库验收、设备器材的领用、设备器材的运输、设备器材的使用、设备器材移交、设备器材的回收及修理、设备器材委外修理、租赁设备器材退租、调剂物资及外借物资出矿管理、设备器材更新改造和报废、机电设备编号管理规定、机电设备租赁管理规定，为矿井的设备管理提供了制度保障。

第四节　矿 井 供 电

一、地面供电

1989 年 4 月，陈四楼煤矿 35 千伏临时变电站投运，安装 5 000 千伏安变压器 2 台，一回路电源引自永城三官庙 110 千伏变电站，供电距离 11.5 千米；另一回路 T 接于永芒线。为永夏矿区管委会建设初期，陈四楼煤矿的临时供电源。

1997 年，矿井投产时地面设一座 110 千伏变电站，其中两回路 LGJ-150 平方毫米架空线路均来自矿区中心 110 千伏变电站，另一回路 LGJX-150 平方毫米架空线路来自顺和 110 千伏变电站。经 2 台 SF10-16000/110/6.3 型和 1 台 SF10-20000/110/6.3 型主变压器降为 6 千伏，供全矿井上、下用电。

陈四楼 110 千伏变电站馈出 33 趟 6 千伏线路，自城郊 110 千伏变电站馈出 2 趟 6 千伏电缆线路，共计 35 趟高压回路，其中 14 趟线路入井（途经主井井筒 5 趟、副井井筒 5 趟、中央风井井筒 4 趟）、21 趟线路供地面（其中架空线路 5 趟）。

南风井电源来自城郊 110 千伏变电站，6 千伏两回路 JKLYGJ-3×120 毫米架空线路；北风井电源来自陈四楼 110 千伏变电站，6 千伏二回路 LGJ-3×185、一回路 JKLGJY-150 型架空线路。

（一）陈四楼 110 千伏变电站

1997 年，陈四楼 110 千伏变电站安装投入运行。

2007 年 5 月，对陈四楼 110 千伏变电站 2＃、3＃主变压器进行扩容升级改造，更换为 SF10-16000/110 型变压器。

2007 年 5—7 月，对陈四楼 110 千伏变电站 6 千伏开关柜进行升级改造并投入使用。7 月，对陈四楼 110 千伏变电站 1＃主压器进行扩容升级改造，更换为 SF10-20000/110 型变压器。

2008 年 4—7 月，对陈四楼 110 千伏变电站 110 千伏系统设备进行升级改造并投入使用。

2016 年 8 月,对陈四楼 110 千伏变电站 1＃、2＃、3＃主变压器保护进行升级改造并投入使用。9 月,对陈四楼 110 千伏变电站陈Ⅰ-Ⅱ0、陈Ⅱ-Ⅲ0 保护进行升级改造,新增陈Ⅱ-Ⅲ0 备自投、1＃、2＃主变备投、3＃、2＃主变备投装置。2016 年 11 月—2017 年 3 月,对陈四楼 110 千伏变电站 6 千伏开关柜保护进行升级改造并投入使用。

2019 年 2 月,对陈四楼 110 千伏变电站 1＃直流屏内整流模块及逆变电源屏进行升级改造并投入使用。6 月,对陈四楼 110 千伏变电站Ⅳ段 SVG 无功补偿装置(风冷 SVG)进行升级改造并投入使用。

2020 年 9 月,对陈四楼 110 千伏变电站下井回路增加防越级跳闸单元屏相关保护装置并投入使用。

2021 年 3 月,对陈四楼 110 千伏变电站光端机内交换机、路由器、高频整流开关等相关电源设备进行升级改造并投入使用。6 月,对陈四楼 110 千伏变电站Ⅱ段 SVG 无功补偿装置(水冷 SVG)进行升级改造并投入使用。11—12 月,对陈四楼 110 千伏变电站 6 千伏高压开关柜内过压保护器进行升级改造更换为避雷器并投入使用。

(二)南风井变电所

2006 年 12 月,南风井变电所安装调试完毕,投入运行。

2010 年 10 月,南风井主通风机在线监控系统改造。

2012 年 10 月,对南风井变电所直流柜进行升级改造并投入运行。

2016 年 7 月,对南风井变电所主通风机换向柜进行升级改造并投入运行。

2021 年 9 月,更换南风井变电所 1＃主通风机Ⅰ、Ⅱ级电机负荷电缆。10 月,更换南风井变电所一回路(6408)、二回路(6211)入户电缆。11 月,更换南风井变电所 2＃通风机Ⅰ级、Ⅱ级电机负荷电缆。

(三)北风井变电所

2008 年 8 月,北风井变电所安装完毕,投入运行。

2013 年 2 月,更换北风井变电所 2＃通风机 1＃电机柜、2＃电机柜的过电压保护器。8 月,对北风井变电所主通风机在线监控系统进行改造。

2015 年,对北风井变电所设备进行升级改造,增加瓦斯抽放供电设备,新增一趟 JKLGJY-3×150 平方毫米型架空线路。

2021 年 9 月,更换北风井变电所 1＃主通风机Ⅰ、Ⅱ级电机负荷电缆。11 月,更换北风井变电所 2＃主通风机Ⅰ、Ⅱ级电机负荷电缆。

二、井下供电

井下供电从 110 千伏变电站所引出 14 趟 6 千伏供电电缆,5 趟经副井引入,电缆型号为 MYJV42-3×150 平方毫米,专供副井底中央变电所,作为主排水电源;另 5 趟电缆由主井引入,其中 2 趟 MYJV42-3×150 平方毫米电缆至南翼 1＃变电所,向南翼采区供电,1 趟 MYJV42-3×185 平方毫米电缆至－370 变电所,2 趟 MYJV42-3×150 平方毫米电缆至北翼 2＃变电所,向北翼采区供电。另 4 趟电缆由中央风井入井,其中 2 趟 MYJV42-3×150

平方毫米电缆至北翼1#变电所，另2趟MYJV42-3×185电缆至－720变电所。

1994年5月，中央变电所安装投入运行，2009年8月对变电所设备进行升级改造，更换为矿用一般型高压开关柜，2012年8月—2013年2月对变电所设备进行进一步升级改造，更换为矿用隔爆型高压开关。

1996年7月，－370变电所安装投入运行，2003年3—4月对变电所设备进行升级改造，更换为矿用隔爆型高压开关。

2003年8月，南翼1#变电所安装投入运行，2018年4—5月对变电所高压设备进行升级改造并投入运行。

2004年6月，南翼2#变电所安装投入运行。

2005年5月，－720变电所安装投入运行，2016年9—10月、2017年5—6月分别对设备进行升级改造，更换高低压开关投入运行。

2006年7月，－560变电所安装投入运行。

2007年5月，北翼2#变电所安装投入运行。

2009年8月，北部西翼配电点安装投入运行。

2011年7月，－600变电所安装投入运行，12月，－570变电所安装投入运行，2021年4月拆除。

2013年8月，北翼－605变电所安装投入运行。11月，十采区1#配电点安装投入运行，2020年10月拆除。

2014年10月，－720辅助水平2#变电所安装投入运行。

2015年12月对变电所使用地址搬迁至北翼－605集中轨道下山上部车场。

2019年2月，北翼－640变电所安装投入运行。9月，九采区变电所安装投入运行。11月，北翼1#变电所安装投入运行。

2021年3月，二十采区变电所安装投入运行。5月，井下供电防越级跳闸系统安装投入运行。

第五节　矿灯管理

矿灯是煤矿工人必备的井下照明工具，矿灯的安全性能及使用管理与煤炭安全生产息息相关。陈四楼煤矿坚持走科技兴企之路。随着矿井的发展，综合自动化水平的不断提高，矿灯综合治理显得越来越重要。其中矿灯综合管理系统除了可用于充电管理之外，还可以实现电子感应门锁控制、基本信息的LCD显示、矿用产品的防盗，是新型现代化矿灯矿工信息管理系统。它集微机自动识别技术和现代管理措施于一体，涉及电子、机械、光学、计算机技术、通信技术等诸多新技术，是近年来发展起来的新产品，新技术。它在功能上实现了通信自动化、办公自动化和管理自动化智能化，以综合布线系统为基础，以计算机网络为桥梁，全面实现对通信系统、煤矿智能充电系统的综合管理，从而创造一个高效、舒适、安全、经济、有益的环境并充分体现现代化矿井的文明管理。

1997年，陈四楼煤矿矿灯房随矿井正式投产而投入使用，此时职工佩戴硫酸矿灯入井。

2005年,陈四楼煤矿矿灯房使用的矿灯进行升级换代,由硫酸矿灯更换为锂电池矿灯。

2011年11月,陈四楼煤矿矿灯房升级换代成智能化矿灯管理超市,将分布在一楼到三楼的矿灯集中到一楼管理,使用的44台HCDG100W(B)型智能宽幅矿灯充电柜和1套矿灯管理系统,实现对矿灯及自救器从上架、充电、下架的自动统计、报告、考勤等全过程动态实时管理,实时提供快速、准确、全面的信息依据,满足煤矿矿灯管理现代化、智能化、信息化及安全化的需要,为矿灯管理与人员管理和安全预防、决策打下信息化基础。

第六节 供 水 排 水

陈四楼煤矿主排水泵房共装设湖北扬子江泵业有限公司生产的MD580-60×9型大泵9台,配套电机为南阳防爆集团股份有限公司生产的YB2-5004-4型电动机,电机功率为1 250千瓦,起动设备采用上海煤安煤矿电器有限公司生产的KJGR-250/6千伏矿用隔爆兼本质安全型交流高压软起动器和河南省济源市矿用电器有限责任公司生产的PJG-300/6矿用隔爆兼本质安全型永磁机构高压真空配电装置。泵房采用3趟管路排水,其中2趟走副井,1趟走钻孔,管路直径为426毫米×14毫米。

2011年12月,对中央泵房进行自动化改造,中央泵房实现无人值守及自动化控制,提升了中央泵房自动化管理水平。

表4-2-2为陈四楼煤矿中央泵房技术参数统计表。

表4-2-2 陈四楼煤矿中央泵房技术参数统计表

一、基本参数			
煤矿用耐磨多级离心水泵	MD580-60×9	投运时间	1994年10月
扬程	540 m	流量	580 m^3/h
转速	1 480 r/min	功率	1 250 kW
效率	82%	外形尺寸	2 663 mm×660 mm×930 mm
轴功率	1 040 kW	必需气蚀量	4.84 m
生产厂家	湖北扬子江泵业有限公司	允许吸上真空高度	6HS(m)
二、电动机			
型号	YB2-5004-4	台数	9
额定功率	1 250 kW	转速	1 480 r/min
额定电压	6 000 V	额定电流	143.5 A
绝缘等级	F	电机重量	4 470 kg
生产日期	2011年4月	生产厂家	南阳防爆集团股份有限公司
三、闸阀			
逆止阀型号及数量	CH44H-64型(DN250-6.4MPa)9台		
闸阀型号及数量	Z941H-64型(DN100-6.4MPa)2台、DN250-6.4MPa 18台、DN80-6.4MPa 9台、DN50-6.4MPa 2台		

表 4-2-2(续)

四、排水管路			
水泵出水管直径（外径×壁厚，下同）	273 mm×11.5 mm	泵房管路直径	426 mm×14 mm
主排水管路直径	426 mm×14 mm	趟数	3 趟
供水管	108 mm		
五、水仓			
1#水仓容积	4 560 m^3	2#水仓容积	3 610 m^3
3#水仓容积	1 900 m^3	矿井正常涌水量	951 m^3/h
矿井最大涌水量	1 873 m^3/h	排水能力	3 448 m^3/h
排水高度	476 m	水仓总容量	10 700 m^3
排水管(趟数×直径)	3 趟×426 mm	配水井尺寸（长×宽×深度）	4.4 m×2.8 m×5.65 m

陈四楼煤矿井下各个采区按照地质测量提供的最大涌水量配备二级排水系统，各个工作面和掘进头的涌水由各自的临时排水点排到采区水泵房水仓内，再由采区排水泵排到轨道运输大巷的排水沟内，顺排水沟流入副井底中央泵房主水仓，通过主排水泵排到地面。井下采区泵房主要有−470 泵房、−560 泵房、−720 泵房、−600 泵房、−640 泵房、九采区泵房、−605 泵房、二十采区泵房。

2006 年 5—6 月，−560 泵房 4 台水泵安装完成，开始正常排水。

2007 年 11—12 月，−470 泵房 6 台水泵安装完成，开始正常排水。

2008 年 5 月，−720 泵房 4 台水泵安装完成，开始正常排水。

2010 年 7 月，−720 泵房安装 MD580-60×6 型、MD450-60×7 型泵各 1 台，−720 泵房开启 6 台水泵运行模式。

2011 年 6—7 月，−600 泵房 4 台水泵安装完成，开始正常排水。

2012 年 6 月，拆除−470 泵房 2#、5#水泵，−470 泵房开启 4 台水泵运行模式。

2013 年 12 月—2014 年 1 月，−605 泵房 4 台水泵安装完成，开始正常排水。

2014 年 4—5 月，对−600 泵房进行自动化改造，−600 泵房实现无人值守及自动化控制，提升了排水系统自动化管理水平。

2014 年 5 月，对−470 泵房进行自动化改造，−470 泵房实现无人值守及自动化控制，提升了排水系统自动化管理水平。

2014 年 5—6 月，对−605 泵房进行自动化改造，−605 泵房实现无人值守及自动化控制，提升了排水系统自动化管理水平。

2016 年 6—7 月，对−560 泵房进行自动化改造，−560 泵房实现无人值守及自动化控制，提升了排水系统自动化管理水平。7—8 月，对−720 泵房进行自动化改造，−720 泵房实现无人值守及自动化控制，提升了排水系统自动化管理水平。

2019 年 3 月，−640 泵房 5 台水泵安装完成，开始正常排水。8 月，九采区泵房 5 台水泵安装完成,开始正常排水。9月,－640泵房进行自动化改造,－640泵房实现了无人值守及自动化控制,提升了排水系统自动化管理水平。12月,对九采区泵房进行自动化改造,九采区泵房实现了无人值守及自动化控制。

2021年2—3月,二十采区泵房3台水泵安装完成,开始正常排水,为陈四楼煤矿首个使用正压排水装置的泵房。5—6月,对二十采区泵房进行自动化改造,二十采区泵房实现无人值守及自动化控制,提升了排水系统自动化管理水平。

井下采区－470泵房、－560泵房、－720泵房、－600泵房、九采区泵房、二十采区泵房技术参数见表4-2-3～表4-2-8。

表4-2-3　陈四楼煤矿－470泵房技术参数统计表

一、基本参数			
煤矿用耐磨多级离心泵型号	MD500-57×2	数量	3台
煤矿用耐磨多级离心泵型号	MD450-60×2	数量	1台
流量	500(450) m^3/h	扬程	114(120)m
转速	1 480 r/min	级数	2级
功率	250 kW	效率	81%
出厂日期	2007年12月	生产厂家	湖北省宜昌市三峡泵业有限公司
投运时间	2008年3月		
二、电动机			
型号	YB400M1-4/250kW	台数	4
额定功率	250 kW	转速	1 480 r/min
额定电压	6 kV	额定电流	29.7 A
出厂日期	2007年7月		
生产厂家:	南阳防爆集团有限公司		
三、闸阀			
逆止阀型号	H44H-25、DN250、PN2.5MPa		
闸阀型号	Z941Y型、DN250;Z941Y型、DN300		
隔爆型电动阀门控制箱	KXBC-15/660(380)DZ 11台		
生产厂家	常州兰陵阀门控制有限公司		
四、排水管路			
水泵出水管直径	273 mm×10 mm	泵房内环形管路直径	325 mm×12 mm
主排水管路直径	325 mm×12 mm	趟数	2趟
供水管直径	89 mm×9 mm		
五、水仓			
水仓总容量	2 900 m^3	排水管(趟数×直径)	2趟×325 mm
吸水小井尺寸(长×宽×深度)	1.6 m×1.8 m×6 m	配水井尺寸(长×宽×深度)	4.4 m×2.8 m×6 m

表 4-2-4　陈四楼煤矿－560 泵房技术参数统计表

一、基本参数			
煤矿用耐磨多级离心泵型号	MD450-60×4	数量	4 台
流量	450 m^3/h	扬程	240 m
级数	4 级	转速	1 480 r/min
效率	78%	出厂日期	2005 年 10 月
生产厂家	湖北省宜昌三峡泵业有限公司	投运时间	2006 年 6 月
二、电动机			
型号	YB560S1-4/500kW	台数	4 台
额定功率	500 kW	转速	1 480 r/min
额定电压	6 kV	额定电流	29.7 A
生产厂家	佳木斯电机有限公司		
三、闸阀			
逆止阀型号	H44H-40、DN250		
闸阀型号	Z41H-40、DN250；Z41H-25、DN250		
四、排水管路			
水泵出水管直径	273 mm×10 mm	泵房管路直径	325 mm×12 mm
主排水管路直径	325 mm×12 mm	趟数	2 趟
五、水仓			
水仓总容量	2 982 m^3	矿井正常涌水量	150 m^3/h
正常排水能力	502.5 m^3/h	最大排水能力	1 307.5m^3/h
排水管(趟数×直径)	2 趟×325 mm		
吸水小井尺寸 (长×宽×深度)	1.6 m×1.8 m×6 m	配水井尺寸 (长×宽×深度)	4.4 m×2.8 m×6 m

表 4-2-5　陈四楼煤矿－720 泵房技术参数统计表

一、基本参数			
煤矿用耐磨多级离心泵型号	MD580-60×6	数量	3 台
流量	580 m^3/h	扬程	360 m
级数	6 级	转速	1 480 r/min
电机功率	800 kW	效率	82%
出厂日期	2006 年 12 月	出厂编号	061280、0612081、0612082
投运时间	2008 年 12 月	生产厂家	禹州水泵有限公司/ 河南郑泵科技有限公司
电动机			
型号	YB2-5001-4/800kW	台数	3 台
额定功率	800 kW	转速	1 480 r/min

表 4-2-5(续)

额定电流	93.5 A	额定电压	6 kV
生产厂家	佳木斯电机股份有限公司 南阳防爆集团有限公司	出厂日期	2007 年 2 月、2009 年 4 月
二、煤矿用耐磨多级离心泵型号	MD450-60×7	数量	3 台
流量	450 m^3/h	扬程	420 m
级数	7 级	转速	1 480 r/min
电机功率	800 kW	效率	80%
必须汽蚀余量	4.9 m	轴功率	651.5 kW
出厂日期	2008 年 5 月	出厂编号	8188、8187、8189
投运时间	2010 年 7 月	生产厂家	湖北扬子江泵业有限责任公司
电动机			
型号	YB2-5001-4/800kW	台数	3 台
额定功率	800 kW	转速	1 480 r/min
额定电流	93.5 A	额定电压	6 kV
出厂日期	2007 年 2 月、2009 年 4 月		
生产厂家	佳木斯电机股份有限公司南阳防爆集团有限公司		
三、闸阀			
逆止阀型号	H44H-64、DN250		
闸阀型号	DN80		
分水闸阀型号	PZI-800		
隔爆型电动阀门控制箱	KXBC-15/660(380)DZ 4 台、KXB-8 12 台		
生产厂家	常州兰陵阀门控制有限公司		
四、排水管路			
水泵出水管直径	273 mm×10 mm	泵房环形管路直径	426 mm×14 mm
主排水管路直径	325 mm×12 mm(2 趟) 426 mm×14 mm(1 趟)	供水管直径	108 mm×9 mm
五、水仓			
水仓总容量	3 422 m^3	矿井的正常涌水量	696 m^3/h
矿井最大涌水量	696 m^3/h	最大排水能力	1 994.3 m^3/h
排水管(趟数×直径)	1 趟×426 mm 2 趟×325 mm		
吸水小井尺寸(直径×深度)	2.5 m×4.3 m	配水井尺寸(直径×深度)	3 m×5.5 m

表 4-2-6　陈四楼煤矿一600 泵房技术参数统计表

一、基本参数			
煤矿用耐磨多级离心泵型号	MD450-60×4	数量	4 台
流量	450 m^3/h	转速	1 480 r/min
级数	4 级	效率	80%
配套电机功率	500 kW	轴功率	372.3 kW
必需气蚀量	4.9 m	扬程	240 m
生产厂家	湖北扬子江泵业有限公司	出厂日期	2009 年 6 月
安装时间	2011 年 6 月份		
二、电动机			
型号	YB450M2-4	台数	4 台
额定功率	500 kW	转速	1 480 r/min
额定电压	6 kV	额定电流	58.5 A
生产厂家	南阳防爆集团股份有限公司	出厂年月	2009 年 5 月
三、闸阀			
电动闸门	M2941H-40(DN300)	数量	3 台
电动闸门	M2941H-40(DN250)	数量	8 台
逆止阀	DN250-4.0MPa	数量	4 台
球阀	DN25-1.6MPa	数量	4 台
射流泵	ZPB		
四、排水管路			
水泵出水管直径	273 mm	泵房管路直径	325 mm×12 mm
排水管管路直径(趟数)	325 mm×12 mm(2 趟)	供水管直径	89 mm×9 mm
五、水仓			
水仓总容量	2 225 m^3	排水管(趟数×直径)	2 趟×325 mm×12 mm
吸水小井尺寸	1.8 m×1.6 m×6 m	配水井尺寸	4.4 m×2.8 m×6 m

表 4-2-7　陈四楼煤矿九采区泵房技术参数统计表

一、基本参数			
煤矿用耐磨多级离心泵型号	MD450-60×4	数量	5 台
流量	450 m^3/h	扬程	240 m
转速	1 480 r/min	级数	4 级
功率	500 kW	效率	80%
出厂日期	2015 年 7 月	生产厂家	湖北扬子江泵业有限责任公司
投运时间	2019 年 8 月		

表 4-2-7(续)

二、电动机			
型号	YB2-4501-4	台数	5
额定功率	500 kW	转速	1 485 r/min
额定电压	6 kV	额定电流	58.7 A
出厂日期	2015 年 4 月		
生产厂家	佳木斯电机股份有限公司		
三、闸阀			
逆止阀型号	DN250PN40		
闸阀型号	DN250PN40		
四、排水管路			
水泵出水管直径	273 mm	泵房内环形管路直径	426 mm×14 mm
主排水管路直径	426 mm×14 mm	趟数	2 趟
供水管直径	108 mm×6 mm		
五、水仓			
水仓总容量	3 512 m^3	排水管(趟数×直径)	2 趟×426 mm
吸水小井尺寸(长×宽×深度)	1.6 m×1.8 m×6 m	配水井尺寸(长×宽×深度)	4.4 m×2.8 m×6 m

表 4-2-8　陈四楼煤矿二十采区泵房技术参数统计表

一、基本参数			
煤矿用耐磨多级离心泵型号	MD580-60×4	数量	3 台
流量	580 m^3/h	扬程	240 m
转速	1 480 r/min	级数	4 级
功率	560 kW	效率	80%
出厂日期	2015 年 7 月	生产厂家	湖北扬子江泵业有限责任公司
投运时间	2021 年 3 月		
二、电动机			
型号	YB2-4502-4	台数	3
额定功率	560 kW	转速	1 485 r/min
额定电压	6 kV	额定电流	65.7 A
出厂日期	2015 年 4 月		
生产厂家	南阳防爆集团股份有限公司		
三、闸阀			
逆止阀型号	DN250PN40		
闸阀型号	DN250PN40		

表 4-2-8(续)

四、排水管路			
水泵出水管直径	273 mm	泵房内环形管路直径	325 mm×12 mm
主排水管路直径	325 mm×12 mm	趟数	2 趟
供水管直径	108 mm×6 mm		
五、水仓			
水仓总容量	2 520 m^3	排水管(趟数×直径)	2 趟×325 mm
吸水小井尺寸(长×宽×深度)	1.6 m×1.8 m×6 m	配水井尺寸(长×宽×深度)	4.4 m×2.8 m×6 m
六、正压排水装置			
型号	JTZC	生产厂家	安徽理工大学淮南市阶梯电子科技有限公司

第三章 运输管理

1997 年 7 月,陈四楼煤矿主井绞车选用德国西门子设备,第一套综采装备选用国外(美国、英国)三机配套设备,其装备技术处于国内领先水平。

2002 年 4 月,开展运输设备专项整治活动,以主提升、斜坡轨道运输、采区皮带运输线和采掘运输设备为重点。完善提升、运输等电气安全保护装置,加强井下电气设备失爆管理,杜绝设备带病运转。

2006 年 9 月,国家安监总局先后发布《禁止井工煤矿使用的设备及工艺目录》《关于发布淘汰落后安全技术工艺、设备目录》。根据目录要求,机电科制定方案,落实责任,逐项排查整改,逐步完成淘汰更换任务。

2008 年 5 月,运输管理推行"手指口述"工作法,内容涵盖交接班作业、提升作业、设备描述、岗位描述、设备巡视作业内容。

2012 年,开展矿井自动化系统建设,推进"两化融合",落实公司"装备现代化、生产自动化、管理信息化"的指导思想。至 2019 年,架空乘人装置集中控制系统、胶带运输集中控制系统 2 个子系统全部采用地面远程操控,实现无人值守。

2015 年 12 月,对井下轨道运输系统进行了升级改造,取消了架空线电机车,投入使用永磁同步变频电机车。

2017 年 10 月,根据永煤集团煤矿机电设备升级工作的指导意见,制定大型固定设备,综采、综掘设备升级方案,实施步骤等。

2019 年 5 月,为减轻工人劳动强度,减少电机车蓄电池维护量,提高蓄电池使用寿命,部分电机车采用了免维护蓄电池。

2019 年 10 月,井下架空乘人装置集中控制系统、胶带运输集中控制系统 2 个子系统全部采用地面远程操控,实现无人值守。

2020 年 2 月 20 日,印发《陈四楼煤矿机电运输管理办法的通知》。

2021 年 11 月 21 日,印发《陈四楼煤矿平巷人车运输管理规定》《陈四楼煤矿车辆存放掩车管理规定》。

陈四楼煤矿运输管理以强基础、保安全、保运转为工作重点,推行运输精细化管理,完善运输管理制度,改进考核机制,强化员工技能培训,推广应用新技术,新工艺、新材料、新设备,全面提升运输管理水平和装备水平,保证矿井安全生产。

第一节 提升系统

陈四楼煤矿提升系统主要包括主井立井提升系统、副井立井提升系统及井下斜巷提升系统。其中现存主运斜巷提升运输系统共计为 8 条,物料运输主要采用防爆变频绞车及防爆液压绞车运输，斜巷轨道长度约 4 490 米。

一、主井提升

陈四楼煤矿主井提升系统于 1996 年由兖州煤业集团三十七处安装，1997 年 7 月投入运行，提升高度 485.05 米，采用德国西玛格公司生产的 GHH-4×4 内装式摩擦提升机，提升机布置在主井塔八楼、导向轮布置在主井塔七楼，卸载布置在主井塔二楼，主电机为西门子双绕组电机，调速方式为西门子交交变频调速，提升容器为一对 JDG-24 型箕斗。

2008 年 6 月，对主井装载后仓皮带、给煤机及装载板式定量机进行改造，将后仓皮带机后仓给煤机拆除更换为 GLD3300 型甲带式给煤机，并将原板式定量机更换为西马格生产的 BCD-25 型板式定量输送机，提升装载煤流设备的运行稳定性及称重的准确度，降低维护难度。

2010 年 10—12 月，对主井电控系统进行升级改造，在国内率先使用了徐州中矿大传动与自动化有限公司生产的 ASCS-8 大功率同步电机三电平变频调速系统。

2017 年 5 月，由西马格、西门子公司对主井提升机进行专业化维保，开启了西门子大型电机现场专业化维保的先河。对主井提升机四台高压柜进行了更换，增强了主井提升机供电系统运行的稳定性。7 月，对主井井筒破裂部位进行维修，确保主井正常提升。

2017 年 12 月—2018 年 1 月，由华煤集团宿州分公司安装主井口过卷缓冲托罐装置，提升了主井提升系统的安全系数。

2018 年 5 月，由中煤三建对主井井筒进行壁后注浆，减少主井井筒淋水。6 月及 10 月，由华煤集团宿州分公司安装主井底过放缓冲托罐装置，提升了主井提升系统的安全系数。12 月，于主井六楼安装首绳起重装置，方便了今后在换绳等大型施工时调整提升容器位置，提升检修效率。

2019 年 7—11 月，主井提升机双电控系统安装及调试工作完成，提升了主井提升系统的运行稳定性。

2020 年 5—7 月，由国龙矿建负责对主井井筒进行架圈修复及壁厚注浆，彻底解决了主井井筒开裂出水问题。

陈四楼煤矿主井提升机技术参数见表 4-3-1。

表 4-3-1　陈四楼煤矿主井提升机技术参数统计表

主机及电控系统			
提升机厂家	德国 GHH	投运时间	1997 年 7 月
提升机型号	GHH-4×4	电控系统型号	2×ASCS-8
电控系统厂家	中矿大传动与自动化有限公司	投运时间	2014 年 10 月/2017 年 12 月
主电动机			
型号	IDQ6034-6AA10-Z	生产厂家	西门子(德国)
功率	2 600 kW	额定转矩	520 kN·m

表 4-3-1(续)

液压站			
型号	ST3-D	生产厂家	德国西格玛
投运时间	2010 年 6 月	泵站数量	2 套
型号	ST3-D	生产厂家	德国西格玛
投运时间	2019 年 11 月	泵站数量	1 套
提升容器			
箕斗(罐笼)型号	JDG-24	数量	2
规格尺寸	3 280 mm×1 640 mm×14 950 mm	生产厂家	徐州煤安设备厂
钢丝绳			
提升钢丝绳			
型号	6×28 TS +FC/43mm	直径	43 mm
平衡钢丝绳			
型号	P187×29-NAT8×4×19	规格	宽×厚=187 mm×29 mm
井筒装备			
罐道结构形式	组合钢罐道	罐道长度	12 m
有无梯子间	无		
高低压柜			
高压柜型号	KYN28A-12	生产厂家	河南森源电器
低压柜型号	ASCS-8	生产厂家	徐州中国矿大传动与自动化有限公司
励磁变压器			
励磁变压器型号	SG10-315/6	数量	1
生产厂家	上海工业变压器有限公司	生产日期	2010 年 3 月
定子变压器			
励磁变压器型号	SG10-2000/6	数量	2 台
生产厂家	上海工业变压器有限公司	生产日期	2010 年 3 月

二、副井提升

陈四楼煤矿副井提升系统于 1993 年由淮南七十二处安装,1993 年 9 月投入运行,提升高度 486.3 米,采用洛阳矿山机械厂生产的 JKMD-3.5×4 落地式四绳摩擦提升机,电机为上海电机厂生产的 ZD250/43 的直流电机,提升容器为双层四车宽窄式罐笼。

1996 年 10 月,对副井提升机电控进行第一阶段改造,将原电阻调速电控系统更换为中矿传动生产的 ASCS 型变频调速电控系统。

2000 年 8 月,对副井提升机电控进行第二阶段改造,将原电阻调速电控系统更换为中矿传动生产的 ASCS 型变频调速电控系统。

2008 年 3 月,对电控系统进行升级改造,采用了徐州中矿大传动与自动化有限公司生产的 ASCS 全数字控制系统。

2018 年 4 月，对电机进行升级改造，更换为上海电机厂生产的 ZD250/43 的直流电机。

2020 年 1 月，副井提升机液压制动系统改造，更换液压站 2 台，更换盘形闸 6 对，将原国产液压制动系统改造为进口液压制动系统，提升机制动更加稳定可靠，确保提升安全。4 月，对副井上层天轮进行更换。6—10 月，副井提升机双电控系统安装及调试工作完成，提升了副井提升系统的运行稳定性。

陈四楼煤矿副井提升机技术参数见表 4-3-2。

表 4-3-2　陈四楼煤矿副井提升机技术参数统计表

主机及电控系统			
提升机厂家	洛阳矿山机械厂	投运时间	1993 年 9 月
提升机型号	JKMD3.5×4-Ⅲ	电控系统型号	ASCS-3
电控系统厂家	中矿传动	投运时间	2008 年 3 月
主电动机			
型号	ZD250/43	生产厂家	上海电机厂
功率	1 150 kW	投运时间	2018 年 4 月
液压站			
型号	ST3-F	生产厂家	德国西格玛
投运时间	2020 年 1 月	泵站数量	2
提升容器			
箕斗(罐笼)型号	GDGK/GDG-1.5×2×4	生产厂家	徐州煤安设备厂
钢丝绳			
提升钢丝绳			
型号	6V×37S+FC	直径	34.5 mm
平衡钢丝绳			
型号	P163×27-NAT8×4×9	规格	宽×厚=163 mm×27 mm
井筒装备			
罐道结构形式	方钢罐道	罐道规格	180 mm×180 mm×8 mm
有无梯子间	有		
高低压柜			
高压柜型号	KYN28A-12	生产厂家	陕西宝光集团有限公司
低压柜型号	ASCS	生产厂家	徐州中矿大传动与自动化有限公司
励磁变压器(Ⅰ系统)			
励磁变压器型号	ZSG1-160/1.0	数量	1
生产厂家	沈阳市第二变压器厂	生产日期	1992 年 5 月

表 4-3-2(续)

定子变压器(Ⅰ系统)			
定子变压器型号	ZSG3-2000/6	数量	2
生产厂家	沈阳市第二变压器厂	生产日期	1992 年 7 月
励磁变压器(Ⅱ系统)			
励磁变压器型号	ZSGB10-160	数量	1
生产厂家	江苏中联电气股份有限公司	生产日期	2019 年 3 月
定子变压器(Ⅱ系统)			
定子变压器型号	ZSGB10-2000/6	数量	1
生产厂家	江苏中联电气股份有限公司	生产日期	2019 年 3 月

第二节　乘坐人提升

1997 年矿井投产时，平巷采用电机车牵引 PRC12-6/3 型人车进行人员运输。斜巷无运人设备，职工在斜巷内步行上下，至 2006 年 12 月采用机械设备进行运输。

2006 年 12 月，在南翼集中行人下山采用了长沙正忠科技发展有限公司生产的 RJY 2.0/55-16/720 型机械式架空乘人装置，2012 年 12 月对设备进行升级改造，采用了四川新为橡塑有限公司生产的 RJY55-35/800(A)型机械式架空乘人装置。

2007 年 7 月，在－720 行人暗斜井采用了湘潭市恒欣实业有限公司生产的 RJDY55-21/1100 型摘挂式抱索器机械式架空乘人装置，2012 年 11 月，对设备进行升级改造，采用了湘潭市恒欣实业有限公司生产的 JZ75-35/2500U(A)型液压驱动式固定抱索器架空乘人装置，2015 年 9 月重新安装于北翼－605 集中轨道下山使用。9 月，在北二采区行人下山采用了湘潭市恒欣实业有限公司生产的 RJDY55-16/700 型机械式架空乘人装置，2010 年 6 月进行了拆除。

2008 年 9 月，在北四轨道下山采用了湘潭市恒欣实业有限公司生产的 RJDHY55-18/2500 型活动式抱索器架空乘人装置，2013 年 3 月进行了拆除。

2010 年 11 月，在北部西翼行人下山采用了长沙正忠科技发展有限公司生产的 RJY55-14/1690 型机械式架空乘人装置，2012 年 11 月对设备进行升级改造，增加了轮边制动器，2015 年 12 月进行了拆除。

2011 年 1 月，在北部东翼行人下山采用了湘潭市恒欣实业有限公司生产的 RJY45-35/1400 型机械式架空乘人装置。5 月，在北翼集中行人下山采用了湘潭市恒欣实业有限公司生产的 RJZ45-35/1200U 型液压驱动架空乘人装置。

2013 年 12 月，在北翼－605 集中行人下山采用了湘潭市恒欣实业有限公司生产的 RJZ75-35/2500(A)型液压驱动架空乘人装置，2015 年 11 月重新安装于北部西翼轨道下山使用。

2014 年 2 月，在十四采区行人上山采用了湘潭市恒欣实业有限公司生产的 RJKZ45-

35/1200U(A)型液压驱动架空乘人装置,2015 年 7 月重新安装于十采区轨道上山使用。5 月,在－720 辅助水平回风斜巷采用湘潭市恒欣实业有限公司生产的 RJZ75-35/2500(A)型液压驱动架空乘人装置,2015 年 6 月重新安装于－720 轨道暗斜井使用。

2015 年 2 月,在十二采区轨道下山采用湘潭市恒欣实业有限公司生产的 RJHY55-18/2500(A)型机械式架空乘人装置,首次实现零速上下乘人。

2017 年 8 月,在二十采区轨道下山采用了湘潭市恒欣实业有限公司生产的 RJZ75-35/2500(A)型液压驱动架空乘人装置。

2018 年 5 月,在北翼－640 轨道暗斜井采用了湘潭市恒欣实业有限公司生产的 RJZ75-35/2500(A)型液压驱动架空乘人装置。同年,矿井对 PRC12-6/3 人车进行了改造,在每辆人车车顶设计 2 个天窗。

2020 年 9 月,对北翼－640 集中轨道下山、北部西翼轨道下山、北翼集中行人下山、北翼－605 集中轨道下山、－720 集中轨道下山、南翼集中行人下山架空乘人装置实现了远程集中控制,控制装置分别设在井底调车站和地面电力监控室。

2018 年永煤公司生产矿井采区(上下山)运输设备(架空乘人装置)见表 4-3-3。

第三节　运煤系统

1997 投产之初,井下采用刮板运输机、带式输送机、给煤机、主井箕斗等设备组成连续运煤系统,实现将工作面的煤连续转运至地面。采煤工作面和掘进工作面均利用放炮方式落煤,通过人工将煤铲到刮板运输机上,由刮板运输机将煤运输至顺槽带式输送机上,通过顺槽带式输送机将煤运输至采区主煤流带式输送机上,利用采区主煤流带式输送机运输至采区煤仓,通过采区煤仓给煤机将煤放至南北皮主煤流带式输送机上,然后通过南北皮主煤流带式输送机运输至主井底南北煤仓,利用主井底煤仓定量机将煤装入主井箕斗,最后通过主井箕斗提升至地面卸入卸载煤仓,通过卸载煤仓卸到选煤厂 101 皮带机,进入洗选工序。

随着矿井不断发展,井下运煤系统逐步发展为采用综掘机、采煤机、刮板运输机、转载机、带式输送机、给煤机、主井箕斗等设备,实现了运煤系统运输效率大幅提升。采煤工作面利用大功率采煤机实现自动落煤和装煤,将煤装入工作面大功率刮板运输机,通过刮板运输机运输至工作面超前转载机,利用转载机运输至顺槽带式输送机上;掘进工作面利用综掘机进行落煤和自动装煤,通过综掘机后方二运将煤运输至顺槽带式输送机上,通过顺槽带式输送机将煤运输至采区主煤流带式输送机上,利用采区主煤流带式输送机运输至采区煤仓,通过采区煤仓给煤机将煤放至南北皮主煤流带式输送机上,然后通过南北皮主煤流带式输送机运输至主井底南北煤仓,利用主井底煤仓定量机将煤装入主井箕斗,最后通过主井箕斗提升至地面卸入卸载煤仓,通过卸载煤仓卸到选煤厂 101 皮带机,进入洗选工序。

矿井投产之初,运煤系统设备比较落后,运输效率低下,需要投入大量人力物力进行设备操作和维护,运煤系统装备逐步进行升级后,整体运输效率不断提升,运煤系统部分设备

表 4-3-3　2018 年永煤公司生产矿井采区(上下山)运输设备一览表(架空乘人装置)

单位	使用地点及名称	型号	制造厂	投运年月	运输能力	最大速度	电机型号	电机容量	减速机型号	规格	钢丝绳型号
陈四楼煤矿	南翼集中行人下山	RJY55-35/800(A)	长沙正忠科技发展有限公司	2006 年 12 月	330 人/小时	1.1 m/s	YB2-315S-8	55 kW	ZB3HV09D-56	56	6×37S-24mm
	北部东翼轨道下山	RJY45-35/1400	湘潭市恒欣实业有限公司	2011 年 1 月	432 人/小时	1.15 m/s	YB3-280S-6	45 kW	MC3RVHF06	62.6	6×37S-22mm
	21212 轨道运输巷	RJHY55-18/2500(A)		2015 年 2 月	280 人/小时	1.2 m/s	YBK2-315S-8	55 kW	TB3HV10-50-B-CW-HX	50	6×37S-20mm
	－720 轨道暗斜井	RJZ75-35/2500U(A)		2007 年 7 月	240 人/小时	1.2 m/s	YBK2-280S-4	75 kW	313R3-82.2	82.2	6×37S-24mm
	北翼－605 集中轨道下山	RJZ75-35/2500U(A)		2013 年 12 月	360 人/小时	1.2 m/s	YBK2-280S-4	75 kW	715C3B15F098X106WHY	90	6×37S-22mm
	北部西翼轨道下山	RJZ75-35/2500U(A)		2010 年 11 月	288 人/小时	1.2 m/s	YBK2-280S-4	75 kW	313R3-82.2	82.2	6×37S-22mm
	十采区轨道上山	RJKZ45-35/1200U		2014 年 2 月	288 人/小时	1.2 m/s	YBK2-225M-4	45 kW	709C3B1A83X5LRU26	83	6×37S-20mm
	二十采区轨道下山	RJZ75-35/2500U(A)		2017 年 8 月	432 人/小时	1.2 m/s	YB3-280S-4	75 kW	M314R3SZ82A-HX	82	6×37S-22mm
	北翼－640 轨道暗斜井	RJZ75-35/2500U(A)		2018 年 5 月	432 人/小时	1.2 m/s	YB3-280S-4	75 kW	M314R3SZ82A-HX	82	6×37S-22mm
	北翼集中行人下山	RJZ45-35/1200U		2011 年 5 月	540 人/小时	1.2 m/s	YB2-225M-4	45 kW	709C3B-53	53	6×37S-22mm
	九采区轨道下山	RJZ75-35/2500U(A)		2019 年 11 月	432 人/小时	1.2m/s	YB3-280S-4	75kW	M314R3SZ82A-HX	82	6×37S-22mm

逐步实现了远程操作,设备操作和维护投入的人力不断减少,实现了运煤系统减员增效。采煤工作面刮板输送机最初采用SGW(B)420/40型刮板输送机,然后升级为SGZ730/400型大功率刮板输送机;采煤工作面进行综采升级后,顺槽最初采用SZZ630/90转载机,然后升级为SZZ730/160型转载机,目前已升级为SZZ764/200型大功率转载机;矿井投产之初,顺槽带式输送机采用DSJ80/40/2×75型带式输送机,然后升级为DSJ100/63/2×160型带式输送机。掘进工作面最初采用炮掘,配合SGW(B)420/40型刮板输送机和DSJ80/40/2×75型带式输送机运煤,然后逐步升级为EBZ160、EBZ200、EBZ318综掘机进行掘进,顺槽带式输送机升级为DSJ100/63/2×160型带式输送机。

主煤流带式输送机、给煤机等装备也随着矿井的发展在不断升级,主煤流带式输送机最初采用电机+液力耦合器+减速机的传统驱动方式,存在驱动方式较复杂、维护工作量大、过载能力低及故障率高等诸多缺点。然后升级为永磁直驱系统,利用永磁同步电机或永磁同步电滚筒进行驱动,不再使用减速机、液力耦合器,实现驱动装置结构大幅简化,具有维护工作量低、过载能力强、故障率低、启动调速均匀、机械冲击小等诸多优点。给煤机也由最初的K_3往复式给煤机发展为链带式给煤机,运输效率大幅提高。

第四节 皮带运输系统

陈四楼煤矿建矿之初采用的带式输送机为普通型的,其装备水平、安全运行状况仅能满足当时的矿井生产需要。

(1) 北皮一部带式输送机2000年6月投入使用,全长760米,原始设计装机容量3×160千瓦,2006年4月进行变频改造;2010年12月驱动装置改造升级,装机容量达到4×160千瓦,运输能力1 000吨/小时;2021年2月进行永磁同步变频电动机改造,装机容量达到3×250千瓦。

(2) 北皮二部带式输送机2000年6月投入使用,全长276米,原始设计装机容量2×55千瓦,随着矿井的发展2007年8月驱动装置改造升级,装机容量达到2×75千瓦;2014年8月再次改造升级,装机容量达到2×160千瓦,采取一用一备模式。

(3) 北皮三部带式输送机2000年6月投入使用,全长1 270米,原始设计装机容量机头2×90千瓦,摩擦子机2×75千瓦,使用PVG1250普通胶带;2011年4月驱动装置改造升级,装机容量达4×160千瓦,同时进行变频改造,胶带更换为PVG1250普通胶带,运输能力1 350吨/小时;2020年7月将胶带更换为ST/S1250型强力胶带。

(4) 北皮四部带式输送机2006年9月投入使用,全长2 200米,该部带式输送机设计装机容量为4×250千瓦,使用ST/S2000型强力胶带,运输能力1 000吨/小时;2013年3月进行黏性软启动改造。

(5) 北部东翼集中带式输送机2011年12月投入使用,全长1 900米,该部带式输送机设计装机容量为4×400千瓦,使用ST/S2500型强力胶带,运输能力1 000吨/小时。

(6) 十采区带式输送机2012年11月投入使用,全长820米,该部带式输送机设计装机容量为2×160千瓦,使用PVG1250普通胶带,运输能力800吨/小时。2021年3月拆除。

(7) 北部西翼集中带式输送机 2011 年 12 月投入使用,全长 2 000 米,该部带式输送机设计装机容量为 4×400 千瓦,使用 ST/S2500 型强力胶带,运输能力 1 000 吨/小时。

(8) 北翼−605 集中带式输送机 2013 年 6 月投入使用,全长 1 170 米,该部带式输送机设计装机容量为 4×280 千瓦,使用 ST/S2500 型强力胶带,运输能力 800 吨/小时。

(9) 北翼−640 集中带式输送机 2020 年 10 月投入使用,全长 855 米,该部带式输送机设计装机容量为 4×280 千瓦,使用 ST/S2500 型强力胶带,运输能力 800 吨/小时。

(10) 二十采区集中带式输送机 2022 年 8 月投入使用,全长 654 米,该部带式输送机设计装机容量为 4×250 千瓦,使用 ST/S2500 型强力胶带,运输能力 800 吨/小时。

(11) 南皮一部带式输送机 1997 年 9 月投入使用,全长 1 750 米,该部带式输送机设计装机容量为 4×280 千瓦,使用 ST/S2500 型强力胶带,运输能力 1 350 吨/小时。

(12) 南皮二部带式输送机 2001 年 6 月投入使用,全长 1 750 米,该部带式输送机设计装机容量为 4×160 千瓦,使用 ST/S1250 型强力胶带,运输能力 1 000 吨/小时。

(13) 南皮三部带式输送机 2004 年 10 月投入使用,全长 600 米,该部带式输送机设计装机容量为 2×160 千瓦,使用 PVG1000S 普通胶带,运输能力 1 000 吨/小时。2016 年 3 月 30 日设备停运。

(14) 南翼集中皮带下山带式输送机 2008 年 1 月投入使用,全长 1 054 米,该部带式输送机设计装机容量为 4×280 千瓦,使用 ST/S2000 型强力胶带,运输能力 800 吨/小时。2016 年 3 月 30 日设备停运。

(15) −720 集中皮带下山一部强力带式输送机 2009 年 2 月投入使用,全长 793 米,该部带式输送机设计装机容量为 4×280 千瓦,使用 ST/S2500 型强力胶带,运输能力 1 000 吨/小时,机头前方 2010 年 10 月搭接一部煤矸分流皮带,机尾与−720 集中皮带下山二部带式输送机头搭接。

(16) −720 集中皮带下山二部强力带式输送机 2010 年 5 月投入使用,设计全长 820 米,该部带式输送机设计装机容量为 4×280 千瓦,使用 ST/S2500 型强力胶带,运输能力 1 000 吨/小时。

(17) −720 皮带运输巷一部带式输送机 2014 年 6 月投入使用,设计全长 850 米,该部带式输送机设计装机容量为 3×160 千瓦,使用 PVG1250 普通胶带,运输能力 1 000 吨/小时。

(18) −720 皮带运输巷二部带式输送机 2014 年 6 月投入使用,设计全长 968 米,该部带式输送机设计装机容量为 3×160 千瓦,使用 PVG1250 普通胶带,运输能力 1 000 吨/小时。

(19) 九采区皮带下山带式输送机 2019 年 8 月投入使用,设计全长 688 米,该部带式输送机设计装机容量为 4×250 千瓦,使用 ST/S2500 型强力胶带,运输能力 800 吨/小时。

2012 年,经对带式输送机自动化改造,主煤流带式输送机全部实现集中远程控制。2016 年 12 月,十采区皮带巷带式输送机,−720 皮带运输巷一部、二部带式输送机等进行了集中远程控制,矿井采区煤流系统完全实现远程集中控制。

第五节　链板机运输系统

一、刮板输送机运输

1997 年，陈四楼煤矿矿井投产之初，使用了 SGZ630/2×160 型刮板输送机。

2014 年 11 月，采用 SGZ730/2×200 型刮板输送机，在 21211 工作面投入使用。

2015 年 7 月，采用 SGZ730/2X315 型刮板输送机，在 21502 工作面投入使用。

2016 年 9 月，采用 SGZ764/2×315 型刮板输送机，在 21011 工作面投入使用。

2017 年 12 月，对综采设备进行升级改造，采用 SGZ764/2×400 型刮板输送机，在 21212 大采长综采工作面投入使用。

2019 年 7 月，矿井采购了一套宁夏天地奔牛实业集团有限公司 SGZ800/2×700 型刮板输送机，在 2804 综采工作面投入使用。2019 年 12 月矿井采购了一套冀凯河北机电科技有限公司 SGZ800/2×700 型刮板输送机在 MZ201 工作面投入使用，标志着综采设备机械化装备水平迈入新高度。

2021 年 10 月，冀凯河北机电科技有限公司 SGZ800/2×700 型刮板输送机升井改造后在 2901 智能化工作面投入使用。

二、装载机运输

2002—2003 年，先后引进了宁夏西北奔牛实业集团有限公司生产的 SZZ630/90、SZZ730/160 型刮板转载机。

2014 年 2 月，对综采设备进行升级改造，引进了山东久鼎开元煤矿机械有限公司生产的 SZZ764/200 型刮板转载机。

2019 年 7 月，对综采设备进一步升级改造，引进了宁夏西北奔牛实业集团有限公司生产的 SZZ800/250 型刮板转载机在 2804 综采工作面投入使用。2019 年 12 月矿井采购了一套冀凯河北机电科技有限公司 SZZ800/315 型刮板转载机在 MZ201 工作面投入使用。

2021 年 10 月，冀凯河北机电科技有限公司 ZZ800/315 型刮板转载机升井改造后在 2901 智能化工作面投入使用。

第六节　井下排矸系统

1997 年投产时矿井岩巷掘进工作面主要以炮掘为主，其间先后使用 P-30、P-60、P-90 式耙矸机，至 2010 年 8 月基本被挖掘装载机所替代。

2010 年 9 月，第一套岩巷作业线在北部东翼轨道下山底车场投入使用，该套岩巷作业线采用淮南蓝翔重工有限责任公司生产的 ZWY-120/45L 型履带式挖掘装载机，后接 DSJ80/40/75 可伸缩带式输送机，输送机送至落地式矸石仓储存矸石，标志着陈四楼煤矿开始进入岩巷作业线进行生产。

2011 年,在十四采区轨道上山投入岩巷作业线,该套岩巷作业线采用淮南蓝翔重工有限责任公司生产的 ZWY-120/45L 型履带式挖掘装载机,后接 DSJ80/40/75 可伸缩带式输送机,输送机送至落地式矸石仓储存矸石。

2011 年,在－720 辅助水平皮带巷引入了三一重装生产的 EBZ260(H)型岩巷掘进机,提高了安全生产工效。

2013 年 6 月,分别在北翼－605 集中行人下山、－720 辅助水平轨道巷,通过对岩巷作业线设备和出矸方式升级改造,－720 水平辅助轨道巷除采用淮南蓝翔的挖掘装载机和可伸缩皮带机外,增加了张家口华泰生产的 CMJ-17HT 液压钻车,由人工打眼转为机械打眼;出矸方式初次采用皮带机调高架卸载,配合大巷电机车串车进行运输。

2013 年 7—12 月,分别在北翼－605 回风下山、八采区轨道巷,通过对出矸方式升级改造,在原有基础上采用自主研发的矿车间隙随动分矸装置,省去了临时矸石仓,实现了扒矸、装矸、运矸一体化,提高了排矸效率,加快了巷道掘进速度。

2015 年年底,在六采区北翼－640 轨道暗斜井、北翼皮带暗斜井,因倾角较大(18°、16.5°),采用常规方法,制约岩巷的掘进速度,因此在岩巷作业线基础上,采用“平行巷道共享巷道共用排矸皮带矸石仓矿车”的快速排矸工艺,提高了岩巷的掘进速度,降低了劳动强度,减少了人员数量。

2018 年岩巷掘进工作面耙矸机作业全部淘汰,被液压钻车施工炮眼、挖掘式装载机抓矸、皮带机运矸的岩巷作业系统所替代。

2018 年年底陈四楼煤矿开拓工作面主要装备见表 4-3-4。

表 4-3-4　2018 年年底陈四楼煤矿开拓工作面主要装备表

序号	单位	掘进工作面	掘进工作面主要装备	
			掘进(装载)机	带式输送机
1	开拓一队	六采区灾害治理措施巷	EBZ318(H)	DSJ100/63/160
2	开拓二队	21210 工作面下顺槽底板抽放巷	ZWY-150/55LCMJ2-18	DSJ80/40/75
3	开拓三队	2804 工作面下顺槽底板抽放巷	ZWY-150/55LCMJ2-17	DSJ100/63/160

第七节　井下大巷运输

一、井下轨道运输布置方式

1997 年矿井投产时,采用南北两翼运输方式。

2018 年,南北两翼运输采用 30 千克/米轨道,北翼轨道运输大巷 4 500 米,全程双轨道布置;南翼轨道运输大巷 4 400 米,其中 4 100 米巷道采用双轨道布置。主要有 9 条轨道运输斜巷,其中北翼集中轨道下山、南翼集中轨道下山、－720 辅助水平轨道下山、北部东翼轨道下山为单一轨道运输巷道;北翼－605 集中轨道下山、－720 集中轨道下山、北部西翼轨道下山、十采区轨道上山、21212 轨道下山为轨道与架空乘人装置巷合一设备布置。

二、井下运输设备、设施及运输能力的沿革过程

1997 年矿井投产时，分别采用了平遥工矿电机车厂生产的 ZK7-6/250、ZK10-6/250 型 7T 及 10T 电阻调速架线式电机车，作为平巷运输主要设备。

2008 年对架线式电机车进行升级改造，采用了徐州电机车厂生产的 CDXT-5B、CDXT-8B 型 5T 及 8T 直流斩波调速蓄电池电机车，实现了变频调速控制。

2015 年 12 月，对电机车进一步升级改造，采用 CTL12/6GP(YC)型 12T 永磁同步电机蓄电池机车，井下全部淘汰了架线电机车运输。

2019 年 5 月，为减轻工人劳动强度，减少电机车蓄电池维护量，提高蓄电池使用寿命，采用了上海申传电器股份有限公司生产的免维护电机车蓄电池。

2018 年永煤公司生产矿井大巷主要运输设备(蓄电池电机车)见表 4-3-5。

第八节　井下大巷及斜巷运输

一、井下平巷运输设备、设施及运输能力的沿革过程

1997 年，矿井投产时分别采用了平遥工矿电机车厂生产的 ZK7-6/250、ZK10-6/250 型 7T 及 10T 电阻调速架线式电机车，作为平巷运输主要设备。

2008 年，对架空线式电机车进行升级改造，采用了徐州电机车厂生产的 CDXT-5B、CDXT-8B 型 5T 及 8T 直流斩波调速蓄电池电机车，实现了变频调速控制。

2015 年 12 月，对电机车进一步升级改造，采用 CTL12/6GP(YC)型 12T 永磁同步电机蓄电池机车，井下全部淘汰了架线电机车运输。

2021 年 12 月，由上海申传电器有限公司改造的单机智能驾驶电机车在陈四楼煤矿投入使用。2021 年陈四楼煤矿大巷主要运输设备(蓄电池电机车)见表 4-3-6。

二、井下斜巷运输设备、设施及运输能力的沿革过程

1997 年矿井投产时，采用调度绞车、双速绞车进行运输，至 2001 年 2 月被防爆液压提升机所替代。

2001 年 3 月，在北四轨道下山采用了洛阳矿山机械工程设计研究院生产的 JTY-2.5/2.0B 型防爆液压提升机，2013 年 6 月设备停用，2015 年 10 月进行了拆除。

2004 年 1 月，在南五轨道下山采用了株洲力达液压机械有限公司生产的 JKY-2.5/2B 型防爆液压提升机，2012 年 8 月重新安装于北翼集中轨道下山使用。8 月，在北二轨道下山采用了株洲力达液压机械有限公司生产的 JKY-2.0/1.5B 型防爆液压提升机，2011 年 10 月重新安装于十五采区轨道下山使用。

2005 年 12 月，在南翼集中轨道下山采用了株洲力达液压机械有限公司生产的 JKY-2.0/1.8B 型防爆液压提升机。

表 4-3-5　2018 年永煤公司生产矿井大巷主要运输设备一览表(蓄电池电机车)

单位	使用地点及名称	型号	制造厂	投运年月	运输能力	最大速度	电机型号	电机容量	减速机型号	规格	数量
陈四楼煤矿	防爆特殊型蓄电池电机车	CTL8/6G140(D)	中华人民共和国湘电重装有限公司	2007 年 10 月	小时牵引力 12.83 kN	7.8 km/h	YBVF-15Q	15 kW	—	8 t	2
	防爆特殊型蓄电池电机车	CTL8/6G140(D)	湘潭重型装备股份有限公司	2010 年 3 月	小时牵引力 12.83 kN	7.8 km/h	YBVF-15Q	15 kW	—	8 t	2
	防爆特殊型蓄电池电机车	CTL8/6GB	湘潭电机车厂有限公司	2012 年 3 月	小时牵引力 12.83 kN	7.8 km/h	YBVF-15Q	15 kW	—	8 t	6
	防爆特殊型蓄电池电机车	CTL8/6GP(YC)	湘潭牵引机车厂有限公司	2015 年 12 月	小时牵引力 12.83 kN	7.8 km/h	TBVF-15YC	15 kW	—	8 t	1
	防爆特殊型蓄电池电机车	CTL12/6GP(YC)		2015 年 12 月	小时制牵引力 16.48 kN	8.7 km/h	TBVF-22YC	22 kW	—	12 t	16
	防爆特殊型蓄电池电机车	CTL8/6G140(D)	湘潭电机股份有限公司	2012 年 3 月	小时牵引力 12.83 kN	7.8 km/h	YBVF-15Q	15 kW	—	8 t	6
	防爆特殊型蓄电池电机车	XK5－6/90KBT		2012 年 8 月	小时牵引力 7.06 kN	7 km/h	YBVF-7.5Q	7.5 kW	—	5 t	1
	防爆特殊型蓄电池电机车	CTY5/6GB		2010 年 9 月	小时牵引力 7.06 kN	7 km/h	YBVF-7.5Q	7.5 kW	—	5 t	7
	防爆特殊型蓄电池电机车	CTL8/6P	上海申传电器有限公司	2016 年 11 月	小时牵引力 12.83 kN	8.7 m/h	TBQ-15YC	15 kW	—	8 t	5
	防爆特殊型蓄电池电机车	CTL12/6P		2016 年 11 月	小时制牵引力 16.48 kN	8.7 km/h	TBQ-22YC	22 kW	—	12 t	2

表 4-3-6　2021 年陈四楼煤矿大巷主要运输设备一览表（蓄电池电机车）

单位	使用地点及名称	型号	制造厂	投运年月	运输能力	最大速度	电机型号	电机容量	减数机型号	规格	数量
陈四楼煤矿	防爆特殊型蓄电池电机车	CTL8/6G140(D)	中华人民共和国湘电重装有限公司	2007 年 10 月	小时牵引力 12.83 kN	7.8 km/h	YBVF-15Q	15 kW	—	8 t	2
	防爆特殊型蓄电池电机车	CTL8/6G140(D)	湘潭重型装备股份有限公司	2010 年 3 月	小时牵引力 12.83 kN	7.8 km/h	YBVF-15Q	15 kW	—	8 t	2
	防爆特殊型蓄电池电机车	CTL8/6GB	湘潭电机车厂有限公司	2012 年 3 月	小时牵引力 12.83 kN	7.8 km/h	YBVF-15Q	15 kW	—	8 t	6
	防爆特殊型蓄电池电机车	CTL8/6GP(YC)	湘潭牵引机车厂有限公司	2015 年 12 月	小时牵引力 12.83 kN	7.8 km/h	TBVF-15YC	15 kW	—	8 t	1
	防爆特殊型蓄电池电机车	CTL12/6GP(YC)		2015 年 12 月	小时制牵引力 16.48 kN	8.7 km/h	TBVF-22YC	22 kW	—	12 t	16
	防爆特殊型蓄电池电机车	CTL8/6G140(D)	湘潭电机股份有限公司	2012 年 3 月	小时牵引力 12.83 kN	7.8 km/h	YBVF-15Q	15 kW	—	8 t	7
	防爆特殊型蓄电池电机车	XK5-6/90KBT		2012 年 8 月	小时牵引力 7.06 kN	7 km/h	YBVF-7.5Q	7.5 kW	—	5 t	1
	防爆特殊型蓄电池电机车	CTY5/6GB		2010 年 9 月	小时牵引力 7.06 kN	7 km/h	YBVF-7.5Q	7.5 kW	—	5 t	7
	防爆特殊型蓄电池电机车	CTL8/6P	上海申传电器有限公司	2016 年 11 月	小时牵引力 12.83 kN	8.7 m/h	TBQ-15YC	15 kW	—	8 t	5
	防爆特殊型蓄电池电机车	CTL12/6P		2016 年 11 月	小时制牵引力 16.48 kN	8.7 km/h	TBQ-22YC	22 kW	—	12 t	2

2010 年 10 月，先后在北部东翼轨道下山、北部西翼轨道下山采用了锦州矿山机器(集团)有限公司生产的 JTPB-1.6×1.5 型防爆变频绞车。

2011 年 1 月，在－720 轨道暗斜井采用了湘煤立达矿山装备股份有限公司生产的 JKB-2.5×2P 型防爆变频提升机。

2012 年 4 月，在北翼－605 集中轨道下山采用了湘煤立达矿山装备股份有限公司生产的 JKB-2.5×2P 型防爆变频提升机。

2015 年 1 月，在十采区轨道上山采用了湘煤立达矿山装备股份有限公司生产的 JKB-2.0×1.8P 型防爆变频提升机。

2017 年 8 月，在二十采区轨道下山采用了中信重工机械股份有限公司生产的 JKB-2.5×2P 型防爆变频提升机。

2018 年 6 月，在北翼－640 集中轨道下山采用了中信重工机械股份有限公司生产的 JKB-2.5×2P 型防爆变频提升机。

2019 年 11 月，在九采区轨道下山采用了中信重工机械股份有限公司生产的 JKB-2.5×2P 型防爆变频提升机。

2018 年陈四楼煤矿采区(上下山)运输设备(斜巷绞车)见表 4-3-7。

第九节　排矸运输系统

一、地面运输

1997 年矿井投产时，采用了平遥工矿电机车厂生产的 ZK7-6/250 型 7T 电阻调速架线式电机车，作为地面运输主要设备。

2005 年对电机车进行升级改造，采用了徐州电机车厂生产的 CDXT-8B 型防爆蓄电池电机车运输，电机车实现变频调速控制。

2015 年 12 月，对电机车进一步升级改造，采用 CTL12/6GP(YC)型 12T 永磁同步电机蓄电池机车。

2020 年 8 月，由上海申传电器有限公司改造的单机智能在陈四楼煤矿驾驶电机车投入使用。

二、矸石提升运输

1997 年矿井投产时，采用锦州矿山机械厂生产的 ZTJ824/1600 型绞车，减速机为锦州矿山机械厂生产的齿轮减速机。

2011 年 7 月，对矸石山绞车进行升级改造，更换为洛阳力为机械科技有限公司生产的 2JTP-1.6×0.9 型双滚筒绞车。

2019 年 12 月，对矸石山绞车电控系统进行改造升级，更换为徐州中矿大传动与自动化有限公司生产的交流提升机电控系统，实现矸石山翻罐笼及提升机自动化控制。

表 4-3-7　2018 年陈四楼煤矿采区(上下山)运输设备一览表(斜巷绞车)

使用地点及名称	型号	制造厂	投运年月	运输能力	最大速度	电机型号	电机容量	减速机型号	规格	钢丝绳型号
－720 辅助轨道下山	JKY-2/1.5B	株洲力达液压机械有限责任公司	2004 年 8 月	最大静张力 60 kN	3.3 m/s	YB2-355L1-6	220 kW	—	—	6×7-26mm
南翼集中轨道下山	JKY-2.0/1.8B	株洲力达液压机械有限责任公司	2005 年 12 月	最大静张力 60 kN	3 m/s	YB2-355L1-6	220 kW	—	—	6×7-26mm
北翼集中轨道下山	JKY-2.5/2B	株洲力达液压机械有限责任公司	2003 年 12 月	最大静张力 74 kN	3 m/s	YB2-355M2-6	200 kW	—	—	6×19-32mm
－720 轨道暗斜井	JKB-2.5×2	株洲力达液压机械有限责任公司	2011 年 1 月	最大静张力 90 kN	3 m/s	YBBP-450M-8	355 kW	—	28	6×7-26mm
北翼－605 集中轨道下山	JKB-2.5×2P	株洲力达液压机械有限责任公司	2012 年 4 月	最大静张力 90 kN	3 m/s	YBBP-450S-8	315 kW	H3SH16	31.5	6×19-32mm
二十采区轨道下山	JKB-2.5×2P	中信重工机械股份有限公司	2017 年 8 月	最大静张力 83 kN	3 m/s	YBBP450S-8	355 kW	P312-31.5A-23	32.586	6×19-30mm
北部东翼轨道下山	JTPB-1.6×1.5	锦州矿山机械集团有限公司	2010 年 10 月	最大静张力 45 kN	3.3 m/s	YB2-355L1-6	220 kW	NBD560	20	6×7-26mm
北部西翼轨道下山	JTPB-1.6×1.5	锦州矿山机械集团有限公司	2010 年 10 月	最大静张力 45 kN	3.3 m/s	YB2-355L1-6	220 kW	NBD560	20	6×7-26mm
十采区轨道上山	JKB-2.0×1.8P	株洲力达液压机械有限责任公司	2015 年 1 月	—	3.2 m/s	YBBP-450S-8	315 kW	H3SH16	25	6×7-26mm
北翼－640 集中轨道下山	JKB-2.5×2P	中信重工机械股份有限公司	2018 年 6 月	最大静张力 83 kN	3 m/s	YBBP450S-8	355 kW	P312-31.5A-23	32.586	6×19-30mm
九采区轨道下山	JKB-2.5×2P	中信重工机械股份有限公司	2019 年 11 月	最大静张力 83 kN	3 m/s	YBBP450S-8	355 kW	P312-31.5A-23	32.586	6×19-30mm

陈四楼煤矿矸石山绞车技术参数见表 4-3-8。

表 4-3-8　陈四楼煤矿矸石山绞车技术参数统计表

序号	名称	规格型号及技术参数
1	绞车规格型号	2JTP-1.6×0.9
	安装地点	陈四楼煤矿矸石山
	安装单位	陈四楼煤矿运输队
	安装时间	2011 年 7 月 28 日
	绞车出厂日期	2011 年 7 月 10 日
	绞车生产厂家	洛阳力为机械科技有限公司
2	卷筒	
	直径	1 600 mm
	宽度	900 mm
	卷筒数量	2
3	提升高度	200 m
4	钢丝绳	
	钢丝绳直径	21.5 mm
	最大静张力	45 kN
	最大静拉力差	30 kN
	钢丝绳型号	6×19S+FC-21.5mm
	最大提升速度	2.9 m/s
5	主电机	
	型号	JR116-6
	功率	95 kW
	转速	970 r/min
	额定电压	380 V
	额定电流	177 A

第十节　机电运输系统历任队长、党支部书记一览

陈四楼煤矿机电运输系统历任队长、党支部书记情况见表 4-3-9、表 4-3-10。

表 4-3-9　陈四楼煤矿机电运输系统历任队长一览表

单位	姓名	职务	任职时间
机电队	徐志刚	队长	1998.02—1999.02
	王中华	队长	1999.02—2001.06
	安忠林	队长	2001.06—2006.01
	白运强	队长	2006.01—2010.01
	任永强	队长	2010.01—2013.02
	薛兵建	队长	2013.02—2015.08
	朱栋栋	队长	2015.08—2020.07
	郭华伟	队长	2020.07—
运输队	张本超	队长	1998.02—1999.03
	韩念战	队长	1999.03—1999.09
	杨　华	队长	1999.09—2000.03
	曾新田	队长	2000.03—2003.03
	柴战江	队长	2003.03—2008.09
	赵金明	队长	2008.09—2009.03
	刘增华	队长	2009.03—2011.08
	张志辉	队长	2011.08—2012.08
	郑远新	队长	2012.08—2013.02
	郑远新	副队长(主持工作)	2013.02—2015.08
	尹应会	队长	2015.08—
皮带队	杨玉林	队长	1998.06—2004.03
	常宏奎	队长	2004.03—2005.01
	赵金明	队长	2005.01—2005.03
	常宏奎	队长	2005.03—2006.01
	赵金明	队长	2006.01—2008.09
	张志辉	队长	2008.09—2011.08
	薛兵建	队长	2011.08—2013.02
	杨　晓	副队长(主持工作)	2013.02—2014.05
	杨　晓	队长	2014.05—2016.10
	戚玉彬	副队长(主持工作)	2016.10—2022.11
	位兆瑞	队长	2022.11—

表 4-3-10　陈四楼煤矿机电运输系统历任党支部书记一览表

单位	姓名	职务	任职时间
机电队	徐志刚	党支部书记(兼)	1998.02—1998.09
	安忠林	党支部书记	1998.09—2001.06
	冯文铁	党支部书记	2001.06—2002.08
	付允玲	党支部书记	2002.08—2006.01
	聂建华	党支部书记	2006.01—2009.09
	任永强	党支部书记	2009.09—2010.01
	赵金明	党支部书记	2010.01—2011.06
	任永强	党支部书记(兼)	2011.06—2012.08
	朱栋栋	党支部副书记(主持工作)	2012.08—2014.05
	朱栋栋	党支部书记	2014.05—2015.09
	陈召磊	党支部副书记(主持工作)	2015.09—2016.10
	陈召磊	党支部书记	2016.10—2022.01
	时培源	党支部书记	2022.01—
运输队	付允玲	党支部书记	1998.02—2001.06
	曾新田	党支部书记	2001.06—2001.08
	柴战江	党支部书记	2001.08—2004.04
	付　澎	党支部书记	2004.04— 2008.01
	付允玲	党支部书记	2008.01—2008.09
	姜淑恒	党支部副书记(主持工作)	2008.09—2010.01
	姜淑恒	党支部书记	2010.01—2010.06
	刘增华	党支部书记(兼)	2010.07—2011.03
	郑远新	党支部副书记(主持工作)	2011.03—2012.08
	高兴超	党支部书记	2012.08—2012.10
	姜淑恒	党支部书记	2012.10—2014.05
	郑远新	党支部副书记(主持工作)(兼)	2014.05—2015.09
	崔居青	党支部副书记(主持工作)	2015.09—2016.10
	崔居青	党支部书记	2016.10—2019.11
	尹应会	党支部书记	2019.11—2020.07
	李贵明	党支部书记	2020.07—

表 4-3-10(续)

单位	姓名	职务	任职时间
皮带队	陈殿龙	党支部副书记(主持工作)	2002.08—2004.04
	陈殿龙	党支部书记	2004.04—2008.01
	张志辉	党支部书记	2008.01—2008.09
	柴战江	党支部书记	2008.09—2009.02
	张志辉	党支部书记(兼)	2009.02—2010.01
	薛兵建	党支部副书记(主持工作)	2010.01—2011.08
	王冠宇	党支部副书记(主持工作)	2011.08—2014.05
	王冠宇	党支部书记	2014.05—2019.08
	郭华伟	党支部副书记(主持工作)	2019.08—2019.10
	郭华伟	党支部书记	2019.10—2020.07
	程　成	党支部书记	2020.07—2022.01
	位兆瑞	党支部书记(兼)	2022.01—2023.01
	侯勇智	党支部副书记(主持工作)	2023.01—

第四章 通风管理

第一节 机构与制度

一、机构设置

1996年8月,陈四楼煤矿将河南矿建三处通运队,运输组与通风组分开,正式组建通风巷修队,简称通修队。通修队同时兼有通风科室职能,主要业务班组有,通风班、巷修班、放炮瓦检班、钻机班、爆炸材料库、通风仪器修发组、通修技术组等。1998年12月通修队正式更名为通风队。1999年11月,通修队钻机班移交矿生产技术科管理。2003年5月,矿正式成立巷修队,把钻机班从生产科剥离出去。2004年8月爆炸材料库正式移交供应科管理。

2015年4月,陈四楼煤矿被定为瓦斯矿井后,通风队伍得到进一步加强。2015年7月,根据《防治煤与瓦斯突出细则》要求,经报请永煤股份批准(永煤股份〔2015〕40号《关于陈四楼煤矿成立通风防突科、抽放队的批复》),决定成立通风防突科,与通风队配合矿井通风设施维护及瓦斯抽采工作,负责矿井日常通风管理,在机关设专职人员负责日常通风监管工作。

陈四楼煤矿通风队历任队长、党支部书记情况见表4-4-1。陈四楼煤矿通风防突科历任科长情况见4-4-2。

表4-4-1 通风队历任队长、党支部书记一览表

姓名	职务	任职时间
杨联合	队长	1998.02—1998.09
张发明	队长	2003.06—2004.02
施玉平	队长	1999.09—2003.05
马立伟	队长	2004.03—2004.04
荣向东	队长	2006.07—2009.03
刘学功	队长	2009.03—2010.05
刘德成	副队长(主持工作)	2010.05—2011.06
刘德成	副总工程师(兼)	2011.06—2013.11
武沛武	副队长(主持工作)	2013.11—2015.08
付景刚	副队长(主持工作)	2011.05—2020.07
付景刚	队长	2020.07—2022.01
张发明	党支部书记	1998.02—1999.09

表 4-4-1(续)

姓名	职务	任职时间
陈　杰	党支部书记	1999.09—2004.09
马立伟	副总工程师(兼)	2004.09—2006.07
荣向东	党支部书记	2006.07—2007.03
刘学功	党支部书记	2007.03—2009.03
刘为民	党支部副书记(主持工作)	2009.03—2015.09
刘为民	党支部副书记	2015.09—2016.10
张广恩	党支部书记	2016.10—2022.01

表 4-4-2　陈四楼煤矿通风防突科历任科长一览表

姓名	职务	任职时间
刘德成	副总工程师(兼)	2015.07—2018.08
曹　阳	科长	2020.07—2021.12
武沛武	副科主持工作	2018.09—2020.06
曹　阳	副总工程师(兼)	2021.12—

二、制度

1998 年 2 月，印发《陈四楼煤矿关于严格执行“三人连锁放炮制”加强放炮管理制度》，规定采掘爆破作业执行“三人连锁放炮制”加强爆破管理制度。

1999 年 12 月，印发《陈四楼煤矿一通三防管理制度》。

2000 年 10 月，印发《陈四楼煤矿一通三防管理制度》。

2002 年 7 月，印发《陈四楼煤矿一通三防管理制度》。

2004 年 5 月，印发《陈四楼煤矿“一通三防”管理制度》。9 月，印发《陈四楼煤矿火工品现场使用管理及领退库制度补充规定》。

2007 年 7 月，印发《陈四楼煤矿“一通三防”管理制度》。

2009 年 2 月，印发《陈四楼煤矿“一通三防”管理制度》。

2010 年 1 月，印发《陈四楼煤矿“一通三防”管理制度》。

2011 年 4 月，印发《陈四楼煤矿“一通三防”管理制度》。10 月，印发《陈四楼煤矿瓦斯管理责任追究制度(试行)》。

2012 年 1 月，印发《陈四楼煤矿“一通三防”管理制度》。

2013 年 2 月，印发《陈四楼煤矿“一通三防”管理制度》《陈四楼煤矿瓦斯抽采管理制度》。

2014 年 3 月，印发《陈四楼煤矿“一通三防”管理制度》《陈四楼煤矿瓦斯抽采管理制度》。

2015 年 3 月，印发《陈四楼煤矿爆炸材料及爆破作业管理制度》《陈四楼煤矿“一通三防”管理制度》。

2015 年 7 月,印发《陈四楼煤矿钻孔验收管理制度的通知》。

2016 年 1 月,印发《陈四楼煤矿防治煤与瓦斯突出管理制度》《陈四楼煤矿通风、防治瓦斯、防灭火、综合防尘管理制度》。4 月,印发《陈四楼煤矿爆炸材料及爆破作业管理制度》。

2017 年 1 月,印发《陈四楼煤矿防治煤与瓦斯突出管理制度》《陈四楼煤矿矿井通风、防治瓦斯、防灭火、综合防尘等专业的技术管理制度》。2 月,印发《陈四楼煤矿爆炸物品及爆破作业管理制度》。

2018 年 3 月,印发《陈四楼煤矿矿井主要灾害预防管理制度》《陈四楼煤矿矿井通风、防治瓦斯、防灭火、综合防尘等专业技术管理制度》《陈四楼煤矿爆炸物品及爆破作业管理制度》《陈四楼煤矿瓦斯抽采管理制度》。

2019 年 4 月,印发《陈四楼煤矿通风、防治瓦斯、防灭火、综合防尘管理制度》《陈四楼煤矿瓦斯抽采管理制度》《陈四楼煤矿防治煤与瓦斯突出管理制度》《陈四楼煤矿爆炸物品及爆破作业管理制度》。10 月,印发《陈四楼煤矿防治煤与瓦斯突出管理制度》。

2020 年 4 月,为进一步明确职责,加强爆炸物品的安全管理,完善陈四楼煤矿爆炸物品使用管理监督制约机制,杜绝爆破作业事故和危害社会稳定的恶性事件发生,根据《煤矿安全规程》和爆炸物品的有关管理和使用规定,结合矿井实际情况,特对《陈四楼煤矿爆炸物品及爆破作业管理制度》进行修订。同月,根据两级公司文件和上级检查要求,为做好陈四楼煤矿防治煤与瓦斯突出管理工作,杜绝煤与瓦斯突出事故,保证矿井安全生产,对 2020 年《陈四楼煤矿防治煤与瓦斯突出管理制度》《陈四楼煤矿瓦斯治理钻孔视频抽查制度》进行了修订。

同月,印发《陈四楼煤矿瓦斯抽采管理制度》。为进一步加强矿井“一通三防”技术管理和现场设施设备管理,全面提升矿井通风安全管理水平,杜绝通风、瓦斯、粉尘、火灾、爆破事故,实现矿井安全生产,根据有关法律、法规、规程、规范要求及河南能源、永煤公司相关规定,结合陈四楼煤矿实际情况,特制定《陈四楼煤矿通风、防治瓦斯、防灭火、综合防尘管理制度》。

2020 年 11 月,为进一步规范巷道拉底爆破管理,确保巷道工程一次施工到位,避免因拉底爆破引起的人身伤害、设备设施损坏等事故,特制定《抬底爆破管理制度》。

2021 年 3 月,为进一步明确职责,加强爆炸物品的安全管理,完善陈四楼煤矿爆炸物品使用管理监督制约机制,杜绝爆破作业事故和危害社会稳定的恶性事件发生,根据《煤矿安全规程》和爆炸物品的有关管理和使用规定,结合矿井实际情况,特制定《陈四楼煤矿爆炸物品及爆破作业管理制度》《陈四楼煤矿矿井主要灾害预防管理制度》。同月,为进一步加强矿井“一通三防”技术管理和现场设施设备管理,全面提升矿井通风安全管理水平,杜绝通风、瓦斯、粉尘、火灾、爆破事故,实现矿井安全生产,根据有关法律、法规、规程、规范要求及河南能源、永煤公司相关规定,结合陈四楼煤矿实际情况,特制定《陈四楼煤矿通风、防治瓦斯、防灭火、综合防尘管理制度》《陈四楼煤矿瓦斯抽采管理制度》。

2021 年 3 月,印发《陈四楼煤矿防治煤与瓦斯突出管理制度》。8 月,印发《陈四楼煤矿区域验证(工作面预测)钻孔、工作面措施钻孔验收、监督管理制度(试行)》《陈四楼煤矿瓦斯治理钻孔视频抽查制度》。11 月，为加强防治煤与瓦斯突出工作，预防煤矿事故，保障人员生命安全，制定《陈四楼煤矿防突预测图编制和管理制度》《陈四楼煤矿通风瓦斯日分析管理制度》。

陈四楼煤矿试投产生产阶段，通风管理方面没有完整的制度和措施，为进一步提升矿井"一通三防"管理水平，矿井根据《煤矿安全规程》《煤矿安全生产标准化基本要求及评分方法》等上级文件，结合《陈四楼煤矿安全风险辨识评估报告》等相关材料，每年完善矿井《陈四楼煤矿矿井通风、防治瓦斯、综合防尘等专业的技术管理制度》《陈四楼煤矿爆炸物品及爆破作业管理制度》《矿井灾害预防及处理计划》。

截至 2021 年，通风防突科的基本任务是贯彻落实有关煤矿"一通三防"法律法规和上级有关文件精神，拟定本矿"一通三防"管理制度，会同安监部门对制度的落实情况监督检查；会同生产技术部门合理确定矿井、采区、采掘工作面的通风系统，提出矿井采掘工作面及其他用风地点的风量分配计划并组织实施，定期测定矿井风量；组织开展矿井通风质量标准化活动；组织"一通三防"专项检查，跟踪处理职责范围以内的"一通三防"隐患；参与采掘工作面作业规程及有关安全技术措施审查；提出通风工程计划，通风技术装备购置计划及相关的安全技术措施；组织实施通风设施构筑物、防尘、防爆、防灭火方面的工作；负责有关排放瓦斯、巷道贯通方面的具体工作，及时处理瓦斯超限、瓦斯积聚等事故隐患；负责矿井掘进工作面的局部通风管理；参与煤矿伤亡事故的抢险工作。

第二节　通风系统及通风方法

一、通风系统

陈四楼煤矿南、北翼均布置有轨道大巷和皮带大巷，生产采区均实现了分区通风，采区构成完整的通风系统后进行采掘作业。各采区内通风方式为下顺槽进风，上顺槽回风。采煤工作面采用"U"形通风，掘进工作面为局部通风机压入式通风。

1996 年 6 月，中央风井竣工，安装使用 2 台沈阳风机厂生产的 K4-73-02No. 28F 型离心式主要通风机，通风方式为中央并列式，主、副两井进风，中央风井排风，通风方法为抽出式。轨道运输大巷为进风大巷，胶带运输大巷作为回风大巷。从此中央风井担负全矿井各用风地点的供风。8 月，陈四楼煤矿将河南矿建三处通运队，运输组与通风组分开，正式组建通风巷修队，简称通修队。通修队同时兼有通风科室职能，主要业务班组有通风班、巷修班、放炮瓦检班、钻机班、爆炸材料库、通风仪器修发组、通修技术组等。

1999 年 11 月，通修队钻机班移交矿生产技术科管理。

2000 年 6 月，开始对矿井主要进、回风巷和采区主要进、回风巷设置永久测风站。

2003 年 7 月，创新研制了手动泄压复式风门。通过在大风门的正向门扇上，增加一个可供行人通过的复式小风门，解决了行人在高负压巷道内风门开启困难的问题。

2004 年 5 月，陈四楼煤矿进行了"北风南调"通风系统优化工作，保证了南翼风量的供给和矿井安全生产，进一步缓解了由于陈四楼煤矿南北两翼采掘生产布置不均衡而导致的南北两翼风量严重失衡现象。

2005 年 4 月,通过与北京华信协同科技开发有限公司开展技术合作,在全省煤炭系统中率先购进应用了煤矿安全数字化智能巡检系统(煤矿瓦斯安全巡检系统)。该智能巡检系统主要由巡检仪、地址卡、身份识别卡、充电器、电脑服务器及通信电缆等组成。该科技产品的投入应用为陈四楼煤矿安全巡检提供一个新的工作模式和技术工具,解决了煤矿安全巡检手抄笔录的问题,杜绝了巡检人员空班、漏检、脱岗行为,使陈四楼煤矿向智慧化矿山又迈进了坚实的一步。

2006 年 5 月,南翼总回风巷与南风井井筒相互贯通,为南风井尽快投入使用奠定基础,为陈四楼煤矿南翼通风系统调整创造了前提条件。

2006 年 7 月,陈四楼煤矿南风井竣工,安装使用 2 台南阳防爆集团公司生产的风机型号为 FBCDZNo. 28/2X. 355 型矿用防爆型对旋轴流式通风机。通风方式为单翼对角中央并列混合式,通风方法为抽出式。轨道运输大巷为进风大巷,胶带运输大巷作为回风大巷。南风井主要通风机挂网运行后,在南七采区总回风处形成分风点,其中南风井担负南七采区以南各用风地点的供风;中央风井担负南七采区以北各用风地点的供风。从此南翼各用风地点供风紧张的局面得到了彻底的解决。陈四楼煤矿委托河南理工大学进行了通风阻力测定。测定结果符合《煤矿井工开采通风技术条件》要求。

2007 年 5 月,为了进一步加强通风设施管理,通风部门每月编制陈四楼煤矿通风设施管理责任区划分。11 月,陈四楼煤矿创新研制了可视风门。通过在风门门扇中上部安装一块有机玻璃观察窗,行人在打开风门前可以观察到风门内外安全情况,有效解决了因开启风门时误伤风门另一侧人员的问题。

2008 年 9 月,通过与河南理工大学开展技术合作,北风井挂网试运行。安装使用 2 台南阳防爆集团公司生产的风机型号为 FBCDZNo. 28/2X. 355 型矿用防爆型对旋轴流式通风机。通风方式为两翼对角中央并列混合式,通风方法为抽出式。并于 10 月 11 日顺利通过专家组验收。北风井投入运行后,陈四楼煤矿通风系统得到了进一步优化,陈四楼煤矿通风能力有了明显提高。陈四楼煤矿通风阻力及主要通风机负压有了明显的降低,主要通风机最高负压由原来的 3 500 帕降到了 2 800 帕左右。矿井南、北翼形成了独立的通风系统,从此北风井担负北翼各采区的供风,南风井和中央风共同担负南翼各采区的供风,轨道运输大巷为进风大巷,胶带运输大巷为回风大巷。通风系统的合理性、稳定性有了明显的提高。10 月,陈四楼煤矿委托河南理工大学进行了通风阻力测定。测定结果符合《煤矿井工开采通风技术条件》要求。11 月,井下主要风门安装使用了 WMBS 型自动收绳风门联锁限位装置。

2009 年 6 月,通过与辽宁工程技术大学开展技术合作,陈四楼煤矿在永煤集团公司内部矿井中率先应用了煤矿通风及检测仿真系统 CSL MVSS/3D. Net。由于陈四楼煤矿通风路线较长,通风阻力大,通风系统相对复杂,管理难度大。利用矿井通风及监测仿真系统,实现了在通风仿真系统下,对现有监控系统各种传感器数据的监控。通过对通风系统仿真模拟,进行仿真系统分析,使得下一步预选方案更具有科学性与可靠性,能够确定最优的通风系统调整方案,为陈四楼煤矿通风安全信息化管理引入了全新的科技手段。7 月,对矿井在用风门闭锁滑轮及闭锁绳导绳轮进行了改造，解决了闭锁滑轮经常卡绳问题。10 月，南翼 2＃回风巷与南风井贯通并投入使用，进一步缓解了南翼总回风巷兼做南十三采区皮带运输巷期间风量超速的问题。12 月，通过员工自主创新自行研制了“红外感应语音提示气动式全自动风门”。该风门的投入使用改变了老式普通风门的开闭方式，极大地方便了通车和行人，尤其是携带和运输工具材料的行人通过，受到了矿工兄弟和各级领导的一致好评。

2010 年 1 月，陈四楼煤矿南七采区全部回采结束，并及时对采空区进行了封闭，为下一步南翼通风系统优化创造了前提条件。3 月，南翼－440 米回风巷施工结束，经过认真充分的准备，中央风井由回风井调整为进风井，南翼胶带运输大巷调整为进风巷。南翼－440 回风巷开始担负五采区、－720 辅助水平采区回风。陈四楼煤矿通风方式由混合式调整为两翼对角式，南翼轨道大巷和南翼皮带大巷为南翼进风巷，北翼轨道大巷为北翼进风巷，北翼皮带大巷为北翼回风巷。主井、副井及中央风井进风，南风井、北风井排风，通风方法为抽出式，从此解决了南翼轨道运输大巷副井底至南五采区段大巷风速超限问题，陈四楼煤矿通风系统得到了进一步优化。南风井担负陈四楼煤矿南翼各用风地点的供风，北风井担负陈四楼煤矿北翼各用风地点的供风，南北两翼形成了独立的通风系统，为陈四楼煤矿后期的安全高效，高产稳产奠定了坚实的基础。4 月，委托中国矿业大学进行了通风阻力测定。测定结果符合《煤矿井工开采通风技术条件》要求。

2011 年 3 月，在北风井总回风巷引进应用了“撞杆式无压平衡风门”，解决了在矿井高负压巷道内人员及机车通过风门时风门开启困难，易造成风门挤伤行人和矿车经常撞坏风门的问题，不仅提高了通风系统稳定性和通风设施的可靠性，同时提高了机车运输效率，保障了安全生产。4 月，北二采区回采结束后，及时对采空区进行了封闭。7 月，陈四楼煤矿再次与辽宁工程技术大学合作，对陈四楼煤矿通风仿真系统基础参数进行了更新完善，并委托辽宁工程技术大学对陈四楼煤矿进行了矿井通风阻力测试，测定结果符合《煤矿井工开采通风技术条件》要求。

2012 年 1 月，北四采区回采结束，及时对采空区进行了封闭，为下一步北翼通风系统优化创造了前提条件。2 月，北翼皮带运输大巷由回风巷调整为进风巷，不仅解决了北翼轨道运输大巷风速超限问题，而且北翼漏风量明显减少，有效风量进一步提高，有效降低了北风井通风阻力。北风井负压由调整前 2 482 帕降到了 2 207 帕；风量由调整前的 8 718 立方米/分钟增加到 8 940 立方米/分钟。同时改善了皮带运输大巷气候条件和工作环境。9 月，根据公司内部技术推广要求，全部更换为吊桶升降式风门闭锁器。11 月，北部东、西翼集中皮带运输巷由回风巷调整为进风巷；北部东、西翼辅助皮带巷作为回风巷，进一步优化了陈四楼煤矿通风系统，北翼漏风量有了明显减少，有效风量进一步提高，再次降低了北风井通风阻力。北风井负压由调整前 2 207 帕降到了 2 195 帕；风量由调整前的 8 940 立方米/分钟增加到 9 249 立方米/分钟，进一步改善了北部东、西翼集中皮带运输大巷气候条件和工作环境。

2013 年 7 月，开始对巷道长度超过 1 000 米的采掘工作面，构筑临时避难硐室。

2014 年 3 月，－720 辅助回风巷、－720 辅助回风斜巷先后竣工并投入使用，解决了因南五采区、九采区及－720辅助水平各采区采掘头面布置日益增多而造成供风量紧张的问题，有效缓解了因－440回风巷沿煤柱掘进布置巷道矿压较大、局部地点巷道断面逐渐变小、回风路线长、通风阻力大等问题。通风系统优化后极大缩短了回风路线，提高了通风能力，南风井主要通风机负压有了明显的下降。同月，委托中国矿业大学进行通风阻力测定，测定结果符合《煤矿井工开采通风技术条件》要求。12月，对陈四楼煤矿井下风门安装了开启助力器，解决了因巷道负压大人工开启风门困难的问题。

2015年2月，委托中国矿业大学进行了通风阻力测定，测定结果符合《煤矿井工开采通风技术条件》要求。5月，根据矿井升级的需要，对陈四楼煤矿井下普通风门、风窗升级为防突风门、风窗(并联进风巷道之间的联络巷的风门除外)，按照防突规定要求进行掏槽和安装防逆风装置。6月，普通风门升级为防突风门后，逐步淘汰了复式风门，对陈四楼煤矿井下风门安装了开启助力器，解决了因巷道负压大人工开启风门困难的问题。

2016年9月，自主创新研制了跨皮带防突风门。通过延伸皮带机卸载架，减少因皮带运输机造成的影响，根据现场实际尺寸和形状，设计安装强度符合防突要求的控风设施和防逆风装置，实现了掘进工作面皮带运输机煤流系统正常运输，有效解决了突出矿井掘进工作面防突风门只能过溜子不能过皮带的难题，减少了设备和人员的投入，保证了通风系统稳定、可靠和矿井的安全高效生产。

2018年11月，委托河南理工大学进行了通风阻力测定。测定结果符合《煤矿井工开采通风技术条件》要求。

2019年1月开始，对井下工作面临时避难硐室的木质密闭隔离门，逐步更换为金属密闭隔离门。9月，2803综采工作面开始回采，一面三巷属于W形通风，工作面风量比U形通风系统高1倍；风流在工作面的流动距离短，有利于降温、防尘；同时对减少漏风和防止采空区自燃都有较好的效果。

2020年6月，通风队接收井上下瓦斯抽放泵站和井下测孔工作。9月，MZ201工作面是陈四楼煤矿首个煤柱工作面，维持MZ201工作面正常生产和回撤工作，基于巷道注浆充填关键技术在通风系统优化中的应用，简化了煤柱工作面通风系统。随着21212工作面及十二采区下部设备、设施等回撤结束，陈四楼煤矿按计划封闭了十二采区下部巷道，缩短采区通风系统风流路线，并对其他区域无用的联络巷进行了封闭，有效降低了矿井通风阻力。随着21212工作面及十二采区下部设备、设施等回撤结束，陈四楼煤矿按计划封闭了十二采区下部巷道，缩短采区通风系统风流路线，并对其他区域无用的联络巷进行了封闭，有效降低了矿井通风阻力。

2021年1月，陈四楼煤矿联合中国矿业大学开展了“矿井通风系统优化研究与应用”项目，予以优化陈四楼煤矿北翼采区的通风系统。10月，委托中国矿业大学进行了通风阻力测定。测定结果符合《煤矿井工开采通风技术条件》要求。

二、通风方式

陈四楼煤矿采用两翼对角式，主井、副井、中央风井进风，南风井、北风井排风，通风方法为抽出式。

1996年6月，陈四楼煤矿中央风井安装2台K4-73-02No.28F型离心式通风机、通风方式为中央并列式。

2006年7月，南风井安装2台FBCDZNo.28/2×355型对旋轴流式通风机，矿井通风方式变成混合式。

2008年9月，北风井安装2台BCDZNo.28/2×355型对旋轴流式通风机，形成北风井、南风井、中央风井回风的混合式通风方式。

2010年3月，随南翼开拓延伸，南翼－440回风巷贯通，中央风井调整为进风井，形成两翼对角式通风方式。

陈四楼煤矿主要通风机、风量及通风方式见表4-4-3。

表4-4-3　陈四楼煤矿主要通风机、风量及通风方式一览表

安装地点	主扇型号	安装时间	配备电机			主扇排风量/(m^3/min)	矿井通风方式
			型号	功率/kW	生产厂家		
北风井	FBCDZNo.28	2008年7月	YBF560M1-8	2×355	南阳防爆集团有限公司	10 628	两翼对角式
南风井	FBCDZNo.28	2010年3月	YBF560M-8	2×355	南阳防爆集团有限公司	9 666	两翼对角式

三、采区通风

1995年，陈四楼煤矿三采区皮带下山和三采区轨道下山先后贯通，轨道巷进风，皮带巷回风。

2003年7月，创新研制了手动泄压复式风门。通过在大风门的正向门扇上，增加一个可供行人通过的复式小风门，解决了行人在高负压巷道内风门开启困难的问题。

2005年4月，通过与北京华信协同科技开发有限公司开展技术合作，在全省煤炭系统中率先购进应用了煤矿安全数字化智能巡检系统(煤矿瓦斯安全巡检系统)。该智能巡检系统主要由巡检仪、地址卡、身份识别卡、充电器、电脑服务器及通信电缆等组成。该科技产品的投入应用为陈四楼煤矿安全巡检提供一个新的工作模式和技术工具，解决了煤矿安全巡检手抄笔录的问题，杜绝了巡检人员空班、漏检、脱岗行为，使陈四楼煤矿向智慧化矿山又迈进了坚实的一步。

2006年5月，南翼总回风巷与南风井井筒相互贯通，为南风井尽快投入使用奠定基础，为矿井南翼通风系统调整创造了前提条件。

2007年5月，为了进一步加强通风设施管理，通风部门每月编制矿井通风设施管理责任区划分。11月，创新研制了可视风门。通过在风门门扇中上部安装一块有机玻璃观察窗，行人在打开风门前可以观察到风门内外安全情况，有效解决了因开启风门时误伤风门另一侧人员的问题。

2008年11月，井下主要风门安装使用了WMBS型自动收绳风门联锁限位装置。

2009 年 6 月，通过与辽宁工程技术大学开展技术合作，在永煤集团公司内部矿井中，陈四楼煤矿率先应用了煤矿通风及检测仿真系统 CSL MVSS/3D. Net。由于陈四楼煤矿通风路线较长，通风阻力大，通风系统相对复杂，管理难度大。利用矿井通风及监测仿真系统，实现了在通风仿真系统下，对现有监控系统各种传感器数据的监控。通过对通风系统仿真模拟，进行仿真系统分析，使得下一步预选方案更具有科学性与可靠性，能够确定最优的通风系统调整方案，为陈四楼煤矿通风安全信息化管理引入了全新的科技手段。7 月，对矿井在用风门闭锁滑轮及闭锁绳导绳轮进行了改造，解决了闭锁滑轮经常卡绳问题。10 月，南翼 2# 回风巷与南风井贯通并投使用，进一步缓解了南翼总回风巷兼做南十三采区皮带运输巷期间风量超速的问题。

12 月，通过员工自主创新自行研制了“红外感应语音提示气动式全自动风门”。该风门的投入使用改变了老式普通风门的开闭方式，极大地方便了通车和行人，尤其是携带和运输工具材料的行人通过，受到了矿工兄弟和各级领导的一致好评。

2011 年 3 月，在北风井总回风巷引进应用了“撞杆式无压平衡风门”，该风门的应用解决了在矿井高负压巷道内人员及机车通过风门时风门开启困难，易造成风门挤伤行人和矿车经常撞坏风门的问题，不仅提高了通风系统的稳定性和通风设施的可靠性，同时提高了机车运输效率，保障了安全生产。4 月，北二采区回采结束后，及时对采空区进行了封闭。

2012 年 1 月，北四采区回采结束，及时对采空区进行了封闭。为下一步北翼通风系统优化创造了前提条件。9 月，根据公司内部技术推广要求，全部更换为吊桶升降式风门闭锁器。

2013 年 7 月，开始对巷道长度超过 1 000 米的采掘工作面，构筑临时避难硐室。

2014 年 3 月，−720 辅助回风巷、−720 辅助回风斜巷先后竣工并投入使用，解决了因南五采区、九采区及−720 辅助水平各采区采掘头面布置日益增多而造成供风量紧张的问题，有效缓解了因−440 回风巷沿煤柱掘进布置巷道矿压较大、局部地点巷道断面逐渐变小、回风路线长、通风阻力大等问题。通风系统优化后极大缩短了回风路线，提高了通风能力，南风井主要通风机负压有了明显的下降。12 月，对全矿井下风门安装了开启助力器，解决了因巷道负压大人工开启风门困难的问题。

2015 年 4 月 10 日，发生煤与瓦斯突出事故，升级为煤与瓦斯突出矿井。煤与瓦斯突出矿井施工采区专用回风巷，形成轨道巷、皮带巷进风，专用回风巷回风。

2015 年 5 月，根据矿井升级的需要，对全矿井下普通风门、风窗升级为防突风门、风窗(并联进风巷道之间的联络巷的风门除外)。按照防突规定要求进行掏槽和安装防逆风装置。6 月，普通风门升级为防突风门后，陈四楼煤矿逐步淘汰了复式风门，对全矿井下风门安装了开启助力器，解决了因巷道负压大人工开启风门困难的问题。9 月，陈四楼煤矿自主创新研制了跨皮带防突风门。通过延伸皮带机卸载架，减少因皮带运输机造成的影响，根据现场实际尺寸和形状，设计安装强度符合防突要求的控风设施和防逆风装置，实现了掘进工作面皮带运输机煤流系统正常运输，有效解决了突出矿井掘进工作面防突风门只能过溜子不能过皮带的难题，减少了设备和人员的投入，保证了通风系统稳定、可靠和矿井的安全高效生产。

2016年8月，根据新版《煤矿安全规程》第二百五十七条的规定，对全矿井下爆炸物品库、机电设备硐室、检修硐室、材料库的风门、风窗全部更换成自主研制的防火铁门和防火金属风窗。

2019年1月开始，对井下工作面临时避难硐室的木质密闭隔离门，逐步更换为金属密闭隔离门。

2020年1月，随着21212工作面及十二采区下部设备、设施等回撤结束，矿井按计划封闭了十二采区下部巷道，缩短采区通风系统风流路线，并对其他区域无用的联络巷进行了封闭，有效降低了矿井通风阻力。6月，通风队接收井上下瓦斯抽放泵站和井下测孔工作。

2021年1月，陈四楼煤矿联合中国矿业大学开展了“矿井通风系统优化研究与应用”项目，予以优化矿井北翼采区的通风系统。矿井风门门扇增加弹簧防止风门不自动关闭。

四、工作面通风

1995年，陈四楼煤矿2201条带炮采工作面采用U形通风、轨道巷进风、皮带巷回风。

2013年10月，陈四楼煤矿21012工作面运输顺槽、中间巷进风，回风顺槽回风，形成E形通风方式。

2019年9月，2803综采工作面开始回采，一面三巷属于W形通风，工作面风量比U形通风系统高1倍；风流在工作面的流动距离短，有利于降温、防尘；同时对减少漏风和防止采空区自燃都有较好的效果。

2020年9月，MZ201工作面是陈四楼煤矿首个煤柱工作面，维持MZ201工作面正常生产和回撤工作，基于巷道注浆充填关键技术在通风系统优化中的应用，简化了煤柱工作面通风系统。

五、局部通风

1998年12月，局部通风机实行“三专两闭锁”；掘进工作面实现“瓦斯电闭锁”。

2001年9月，矿局部通风实行“双风机双电源”，自此局部通风实现“三专两闭锁”和“双风机双电源”。

2003年6月，积极与永煤光大公司合作，联合研制了风机自动切换交叉风筒，给风筒的安装使用带来了极大的方便，并在公司内部得到了推广应用。

2004年4月，矿下发了《局部通风管理补充规定》，要求风筒使用单位中班和夜班必须配备兼职风筒工，区队兼职风筒工经过实操培训合格，做到持证上岗。从此掘进工作面风筒的管理，由原来的通风队风筒工专管变为专职风筒工与兼职风筒工共管，有效解决了中夜班风筒出现问题不能得到及时处理的问题。

2005年2月，矿下发了《关于加强风筒使用的考核办法》，规定凡因运输、存放、使用不当或人为破坏等原因，造成风筒非正常损坏的，一律按照新风筒原价的2倍处罚。按照内部市场化要求对风筒进行分类分级管理(分为新风筒、一级、二级和三级风筒)，不同级别的风筒价格不同。在保证通风安全的前提下，鼓励各单位使用旧风筒。仅此一项考核每年可为陈四楼煤矿节约30多万元。

2008 年 2 月，对煤巷掘进工作面，逐步更换大直径风筒和大功率风机，进一步解决了因矿井开采深度的增加，瓦斯涌出量和地温也随着增大，掘进工作面需风量紧张的问题。

2009 年 10 月，对炮掘工作面使用防炮崩风筒，保证了掘进工作面爆破时的正常供风，有效防止了瓦斯积聚。

2010 年 5 月，对需要通过风门墙体的风筒全部更换使用铁质风筒。

2011 年 4 月，对瓦斯涌出异常掘进工作面的供风，使用双趟风筒供风，即在原有的 15 千瓦双风机双电源配备一趟直径 800 毫米风筒的基础上，再增加一套 11 千瓦双风机双电源配备一趟直径 600 毫米风筒，实现了掘进工作面风机切换试验不停风，当某一台风机或风筒出现故障停风时，另一台风机仍然保持正常供风，提高了掘进工作面有毒有害气体和矿尘的排放速度，有效地防止了瓦斯积聚的问题。

2012 年 5 月，掘进工作面风筒吊挂全部更换为防止摩擦起火的材质。

2013 年 9 月，对井下在用局部通风机全部安装了安装消声器，使局部通风机噪声降到 80 分贝以下。

2015 年 11 月，根据矿井生产实际需要，局部通风的日常管理全部移交于使用单位管理。通风队负责现场技术指导和风筒工的实操培训。

2018 年 1 月，将井下掘进工作面局部通风机全部更换 30 千瓦风机、直径 800 毫米风筒，有效地增加了掘进工作面的供风量，进一步为掘进工作面创造了良好的工作环境和适宜的气候条件。

第三节 通风设施

根据《煤矿安全生产标准化基本要求及评分办法》中相关要求，通风防突科负责通风设施监督检查，做好通风设施构筑、验收及日常监督管理等，确保设施可靠，位置合理。

采空区必须及时封闭。采区结束后 45 天内须进行封闭。临时停风地点甲烷浓度达 3%以上时，不能及时处理的必须在 24 小时内封闭。

严格控制进回风巷平面交叉；否则，平面交叉地点必须按标准构筑风桥。

不需要使用的联络巷，施工单位及时将联络巷中设备、材料撤出，由通风队构筑密闭将该联络巷封闭。

通风防突科要从设计上严格把关，设计联巷及采面车场时，要充分考虑构筑风门的位置及尺寸大小，即巷道长度及断面能够满足施工风门及运输的要求。

通风队施工永久风门必须按标准施工，及时设置风门管理牌板、调节风窗管理牌板和测风牌板。通车风门前要设置防撞装置，并正常使用。风门墙体上应按规定布置硬质风筒，以便后期使用。

井下通风设施实行就近管理的原则，每月由通风防突科对通风设施管理责任区域进行 1 次划分。通风设施管理一直到工程施工结束，随巷道移交下一个单位(一个施工地点由多个单位施工的，由主要施工单位负责通风设施日常管理)。通风设施前后 5 米范围内不准有杂物、积水、淤泥，风门严禁长时间打开。因工程施工，确需在通风设施前后 5 米内码放材料、安装设备时，施工单位必须填写申请单，经通风防突科批准后，报通风防突科备案。

任何单位和个人不得擅自拆除或损坏通风设施，无故损坏的通风设施由通风队在两天内修复，并由通风防突科对责任单位进行追究。

井下风量调整必须经过通风技术管理部门的安排由通风队调整，严禁任何人擅自调节风量。

按规定制定通风设施施工、验收程序和标准，工程验收资料档案应完整保存。

煤矿井下密闭、风门等通风设施安设位置、构筑质量符合规定，并统一编号管理。

第四节　通风管理

一、通风系统管理

(1) 陈四楼煤矿有完整、独立、稳定、可靠的通风系统。矿井、采区设计时，建立完善、合理的通风系统，新采区设计时，必须同时编制通风、瓦斯抽采设计。改变全矿井、一翼或一个水平通风系统时，通风防突科必须编制通风设计及安全措施，并报公司技术负责人审批。

(2) 矿井进、回风井之间和主要进、回风井之间的联络巷必须砌筑永久挡风墙。需要使用的联络巷必须安设两道正向和两道反向风门，正向风门并实行联锁。

(3) 生产水平和采区必须实行分区通风。通风系统中不得有不符合《煤矿安全规程》《防治煤与瓦斯突出细则》规定的串联通风、扩散通风、采空区通风和采煤工作面利用局部通风机通风。准备采区，必须在采区构成通风系统后，方可开掘其他巷道。采煤工作面必须在采区构成完整的通风系统后，方可回采。采区进、回风巷必须贯穿整个采区，严禁一段为进风巷、一段为回风巷。

(4) 井下爆炸物品库、采区变电所等必须采取独立通风。

(5) 矿井、采区通风能力满足生产需求，严格按照“以风定产”的原则组织生产。采掘工作面和硐室的供风量要符合《煤矿安全规程》规定，严禁无风或微风作业，严禁超通风能力生产。

(6) 矿井各类风速必须符合《煤矿安全规程》的规定。且采煤工作面进、回风巷实际断面不小于设计断面的2/3，其他全风压断面不小于设计断面的4/5。

(7) 矿井必须至少有2个能行人的通达地面的安全出口，各个出口间的距离不能小于30米。

(8) 掘进巷道的通风方式、局部通风机和风筒的安装和使用等应在作业规程中明确规定。

(9) 木料场、矸石山距进风井的距离不能小于80米，不能将矸石山设于进风井主导风向的上风侧。

(10) 箕斗提升井的井筒兼作进风井时，箕斗提升井筒中的风速不得超过6米/秒，并应有可靠的防尘措施，井筒中必须装设自动报警灭火装置和敷设消防管路。

(11) 井下所有煤仓和溜煤眼都应保持一定的存煤，不得放空，溜煤眼不得兼做风眼使用。

(12) 已经报废或无用的井巷、风眼、溜煤眼均应及时充填或封闭,以简化通风系统和保持通风系统风流的稳定性。

(13) 每季度检查维修1次装有主要通风机的井口防爆门等反风设施,发现问题要立即处理,并做好检查、维修记录,检查记录备查。

(14) 冬季服务公司应保证矿井的进风井口安设足够能力供暖设施,保证进风井口以下空气温度必须在2℃以上。

(15) 通风防突科必须按季绘制通风系统图,按月修改。当通风系统发生改变或工作面地点发生较大变化时,应及时修改。通风系统图应标明巷道名称、主要通风机位置、型号、功率,风流方向、风量、风速、通风设施位置、局部通风机位置以及风筒的位置,在通风系统图上对通风设施实行编号管理。

(16) 因生产需要,进行通风系统调整时,通风队提前编制调整安全技术措施,报通风防突科、总工程师批准后方可实施。

(17) 加强回风巷道的维护,杜绝出现高阻力。采煤工作面进、回风巷实际断面不小于设计断面的2/3;其他通风巷道实际断面不小于设计断面的4/5,严重失修巷道应及时安排整修。

(18) 为降低矿井通风阻力,主要通风巷道内不准私自存放各种材料、设备,特殊情况需要临时存放时,必须靠巷帮码放整齐。

(19) 轨道运输大巷内各种车辆不得长时间占据巷道通风断面,电机车及人车尽量停放在并联通风巷道。需升井的矿车、设备、材料,运输队及时安排升井,井下运送大型设备及时运送至使用地点,不准长时间停放在进风大巷影响通风。

(20) 严禁非专业人员调节风量。行人或车辆通过风门时,风门过后必须随手关闭,严禁撞坏风门,严禁两道风门同时打开。

(21) 采煤工作面回采结束,在撤除设备、材料期间,使用局部通风机供风前其风量不小于正常生产工作面的50%,回撤支架前必须安装好局部通风机,保证安全回撤。

(22) 矿井每年要进行一次反风演习,矿井的反风效果应符合《煤矿安全规程》的规定。

二、矿井配风和测风管理

(1) 每月根据生产布局,通风防突科按照矿井风量计算和分配的具体规定编制月度配风计划。

(2) 矿井的生产能力要与通风能力相匹配。矿井的通风能力(包括矿井瓦斯抽放增加的通风能力)必须大于或等于生产能力,井下各采区、采掘工作面、硐室等用风地点的实际风量满足相关规定。

(3) 矿井有效风量率不得低于85%,外部漏风率在无提升设备时不得超过5%。

(4) 测风站(点)的布置应齐全、合理,所布置的测点应能够准确反映出所测区域所有用风点及进、回风分支的实际风量。每一测风站(点)必须设置测风记录牌板,测风记录牌板必须填写测风日期、现场实际风量等参数。

（5）每一个采区、一翼回风巷及总回风巷需建立测风站。

（6）通风队必须定期（每 10 天）对矿井风量进行全面测定，每轮矿井全面测风必须在 2 天内完成。测风结束后及时编制旬报表，月底形成通风月报表。

（7）采掘工作面或其他用风地点，应根据实际需要随时测风，根据测风结果采取措施进行风量调节。如有巷道贯通、通风系统调整必须及时进行风量测定；因临时工作安排、井下某个区域恢复供风、安装或更换局部通风机、矿井部分风路风量不稳定等必须及时进行风量测定。通风系统调整前后必须及时测风，测风数据在当天报送有关矿领导及相关科室。

（8）矿井必须配备足够数量的通风安全检查仪器、仪表、风表，并按照规定时间内进行校正。

（9）矿井外部漏风由通风队负责每年测定 1 次。

三、巷道贯通管理

（1）掘进巷道贯通前，综合机械化掘进巷道和煤巷在相距 50 米前、其他巷道在相距 20 米前，必须停止一个工作面作业，做好调整通风系统的准备工作。

（2）停掘的工作面必须保持正常通风，设置栅栏及警标，每班必须检查风筒的完好状况和工作面及其回风流中的瓦斯浓度，瓦斯浓度超限时，必须立即处理。

（3）掘进的工作面每次爆破前，必须派专人和瓦斯检查工共同到停掘的工作面，检查风筒的完好状况，检查工作面及其回风流中的瓦斯浓度，瓦斯浓度超限时，必须先停止在掘工作面的工作，然后处理瓦斯，只有在 2 个工作面及其回风流中的甲烷浓度都在 1.0%以下时，掘进的工作面方可爆破。每次爆破前，被贯通巷道严禁有人作业，并设专人警戒，挂警戒绳和警戒牌。

（4）掘进巷道与已密闭区域、老窑及情况不明的巷道贯通前，必须制定相应的安全技术措施。

（5）掘进工作面与煤层巷道交叉贯通前，被贯通的煤层巷道必须超过贯通位置，其超前距不得小于 5 米，并且贯通点周围 10 米内的巷道应加强支护。在掘进工作面与被贯通巷道距离小于 50 米的作业期间，被贯通巷道内不得安排作业，保持正常通风，并且在掘进工作面爆破时不得有人。在贯通相距 60 米以前施工 5 个以上钻孔一次打透且只允许向一个方向掘进。

（6）巷道贯通开始执行前，通风队应制定通风系统调整措施并报通风防突科、矿总工程师审批，提前做好调整通风系统的准备工作。巷道贯通措施中必须绘制贯通巷道两端附近的通风系统图，图上标明风流方向、风量和瓦斯量的变化情况。明确贯通时调整风流设施的布置和要求，并预计贯通后的风流方向、风量和瓦斯量的变化情况；明确贯通时调整风流设施的布置和要求，明确贯通时现场负责人。

（7）巷道贯通开始执行后，施工单位每天如实向调度室汇报生产进度，调度室必须及时掌握贯通的有关情况，每天通报贯通进度，出现异常必须及时向矿有关领导汇报。

（8）严禁两巷相向贯通施工。采掘工作面接替设计时，应尽量避免相向掘进。在同一突出煤层正在采掘的工作面应力集中范围内，不得安排其他工作面同时进行回采或者掘进。2 个相向掘进工作面之间的距离不得小于 60 米。

(9) 贯通时每次爆破后,施工单位班长和爆破工、瓦斯检查工必须巡查爆破地点,检查通风、瓦斯、煤尘、顶板、支架和瞎炮等情况。如果发现有异常情况,应立即处理,确认无异常情况后,才允许进行掘进作业。

(10) 相贯通的两条巷道存在高冒区时,必须在巷道贯通前处理完毕。

(11) 巷道贯通前必须提前对贯通点的风水管路,特别是风筒进行可靠的防护,如贯通当班没有进行可靠防护则不得进行贯通,只有在防护措施到位后方可进行贯通。

(12) 贯通施工单位及时按通风系统调整方案,要求在构筑通风设施处做好调道、清理工作,通风队及时构筑好通风设施,为贯通时调整通风系统做好准备工作,否则不允许向前贯通施工。

(13) 巷道贯通全过程必须由专人统一指挥,巷道贯通当班,按照风流调整方案确定受影响范围,由调度室通知该范围内所有工作人员,停止一切工作。巷道贯通后,通风队立即调整通风系统,保证贯通巷道有足够的风量,待风流稳定后,受影响区域的甲烷浓度符合《煤矿安全规程》的有关规定后,方可由调度室通知有关停工地点恢复生产。

(14) 贯通距离剩余 5 米时,必须坚持"长探短掘"原则,施工队做到班班验收,及时填写进度和剩余长度,以准确掌握贯通时间。

(15) 贯通距离剩余 3 米(岩巷 2 米)时,施工单位必须提前向调度室与通风防突科汇报,巷道贯通时需有跟班矿领导、通风队管理人员、施工单位队干现场指挥贯通和通风系统调整,通风队安排测风人员在现场测定风量及甲烷浓度,并做好记录。

(16) 贯通前,通风设施必须按照质量标准构筑成永久设施,并履行验收制度,确保通风系统合理、稳定、可靠。通风部门按照每月生产经营计划对巷道贯通工作提前做出安排,并在每次巷道贯通前构筑好通风设施,一旦贯通后,及时调整风窗、关闭风门等进行通风系统调整。

(17) 停工工作面必须保持正常通风,如果被贯通巷道原已停风,则需要提前恢复被贯通巷道通风(综掘巷道和煤巷在 50 米前,其他 20 米前)。必须保证被贯通工作面能够进行正常通风、瓦斯检查等工作,只有在贯通和被贯通巷道及其回风流中的甲烷浓度在 1.0%以下时,方可贯通爆破。

(18) 与在用巷道贯通时,炮掘工作面距贯通点(煤巷 50 米,岩巷 20 米前),地测部门必须在贯通处明确标记,每次爆破时必须在通往贯通处的各个入口处设置警戒,确认警戒把好后,方可进行放炮施工。

(19) 贯通老巷或采空区时,坚持"有疑必探、先探后掘",并根据所探情况制定针对性安全技术措施。按照措施规定进行探瓦斯、排放瓦斯、封闭老巷及调整通风系统等相关工作。

(20) 岩巷采用爆破贯通时,必须严格执行"一炮三检"和"三人联锁放炮"制度。剩余 5 米时,应采用长探短掘放小炮方法施工,剩余 2 米时,应用掏槽贯通,然后扩大成巷。

四、盲巷管理

(1) 凡长度超过 6 米不通风或通风不良的独头巷道,统称为盲巷。巷道设计、施工和贯通老巷等要提前预计，及时构筑设施，严禁出现任何形式的盲巷。施工过程中出现的盲巷要及时密闭，通风队应建立盲巷管理台账。

（2）独头巷道局部通风机停止运转前，施工单位至少提前1天向通风防突科、生产科、机电科、调度室、经管科、通风队汇报，并根据要求将停风区内设备和材料回收或存放、断开待停风巷道口所有导电体。通风队按照通风防突科安排，在巷道口5米范围内设置栅栏，挂好“禁止入内”警示牌，栅栏设置完成前，严禁停止风机运转。

（3）临时停风的巷道，要立即断电撤人，打好栅栏，其栅栏位置必须设置在距巷道口5米范围内，并有警标及检查牌板，按规定检查瓦斯。当停工区内的甲烷和二氧化碳浓度达到3%或其他有害气体超过规定，不能立即处理时，必须在24小时内进行封闭。

（4）采掘工作面贯通老巷时，按照巷道贯通有关规定，地测部门提前通知，施工单位编制贯通安全技术措施，通风队制定恢复通风安全技术措施，报矿总工程师批准后实施。老巷内甲烷浓度超过规定，需排放瓦斯时，严格按照分级排放规定，制定瓦斯排放措施后实施；需封闭的老巷，通风队按照密闭标准进行封闭。

（5）工作面回撤结束后，通风队及时密闭采空区，密闭墙的位置距巷道口不超过5米范围内，另在密闭墙前1～2米处打上木栅栏，并挂上“禁止入内”警示牌和管理牌板。

五、专用回风巷管理

（1）矿井在准备新采区时，通风防突科配合生产科做好专用回风巷设计工作，必须保证专用回风巷设计合理、通风断面满足回风要求。各采区专用回风巷必须构筑测风站，并定期进行测风，风速应符合《煤矿安全规程》规定。

（2）采区专用回风巷均需布置完善的防尘系统，防尘设施齐全完好。并定期对专用回风巷进行冲尘，不得有粉尘堆积现象。

（3）在施工新采区时，采区进、回风巷必须贯穿整个采区，严禁一段为进风巷道，一段为回风巷道。准备采区必须在采区构成完整通风系统后，方可开掘其他巷道。

（4）调度室应根据相关规定在专用回风巷内安设监测监控设备，随时监测专用回风巷内风速与瓦斯变化情况。并定期对设备进行调校，做到监测监控数据准确可靠。

（5）通风防突科每月组织通风专业事故隐患排查时，应对矿井专用回风巷内巷道完好情况、粉尘、防尘设施、监测监控设备等情况进行检查。如发现专用回风巷变形、片帮、浆皮脱落、回风断面小于设计断面的4/5时，应及时通知生产科，由生产科安排队伍维修。

（6）通风队负责在进入专用回风巷的各联络巷的第二道反向风门内侧3～5米处（采掘工作面回风联络巷与车场新鲜风流混合点后3～5米处，巷道不具备条件时其长度不得超过10米处）设置栅栏，并悬挂“禁止入内”牌板。

（7）若专用回风巷内需进行巷道冲尘、维修、管路维护等作业时，必须制定安全技术措施，经矿总工程师审批，并在调度室备案。

（8）专用回风巷原则上人员不得私自进入。需进入专用回风巷进行检查人员，必须佩带便携式甲烷检测报警仪，且需在突出危险区停止爆破、采掘作业、施工顺层预抽钻孔的情况下方可进入。在进入专用回风巷前需向调度室汇报（汇报内容包括进入专用回风巷地点与行走路线),经调度室同意方可进入,在检查结束离开专用回风巷后需再次向调度室汇报。调度室需详细记录检查人员进、出专用回风巷时间及路径。

(9) 专用回风巷内不得运输物料、敷设电缆(本安型监测电缆除外)、存放或安设电气设备和作为主要行人巷,任何单位和个人不得将杂物、设备等堆放在专用回风巷内,确保回风系统畅通。

(10) 矿井总回风巷或者一翼专用回风巷中瓦斯或者二氧化碳浓度超过 0.75%时,必须立即查明原因,进行处理。采区专用回风巷、采掘工作面回风巷风流中甲烷浓度超过 1.0%或者二氧化碳浓度超过 1.5%时,必须停止工作,撤出人员,采取措施,进行处理。

六、矿井反风演习管理

(1) 生产矿井每年应进行一次反风演习,矿井通风系统变化较大时应进行 1 次反风演习。

(2) 反风演习持续时间不应小于人员从矿井最远地点撤退到安全地点所需的时间,且不得少于 2 小时。

(3) 矿井主要通风机必须装有反风装置,并满足以下要求:

① 结构简单,坚固可靠。

② 所有操作开关应集中安设,动作灵活可靠,便于值班司机操作。

③ 能在 10 分钟内改变巷道中的风流方向。

④ 当风流方向改变后,主要通风机的供给风量不应小于正常供风量的 40%。

⑤ 反风演习持续时间内,在反风后出风井口附近 20 米范围内以及反风后出风井口相连通的井口房等建筑物内,都必须切断电源,禁止一切火源存在,并禁止交通。

(4) 矿井反风演习前,由矿总工程师负责组织编制全矿性反风技术方案,报永煤股份公司批准。反风技术方案内容包括:

① 按照矿井灾害预防与处理计划的要求规定火灾发生的假设地点。

② 确定反风演习开始时间和持续时间。

③ 明确反风设备的操作顺序。

④ 确定反风演习的观测项目及其方法。

⑤ 预计反风后的通风网络、风量和瓦斯情况。

⑥ 规定参加反风演习的人员分工和培训工作。

⑦ 明确恢复正常通风的操作顺序和制定排除瓦斯的安全措施。

(5) 矿井反风演习后,必须在一周内完成反风演习报告的编制,并报永煤公司通防部备案。反风演习报告应包括:

① 矿井通风情况。

② 主要通风机运转情况。

③ 井巷中风量和甲烷浓度。

④ 反风演习时空气中瓦斯或二氧化碳达到 2%的井巷。

⑤ 反风操作时间和恢复正常通风的操作时间。

⑥ 矿井通风系统(包括反风前和反风时的通风系统)。

⑦ 反风演习参加人数。

⑧ 经验与教训。

⑨ 存在问题,解决办法和日期。

七、爆破、验炮、残炮处理

(1) 凡采掘工作面(包括所有进行爆破作业的采煤工作面、岩巷、煤巷、半煤岩巷掘进工作面)底排炮眼、积水掩埋炮眼及巷道落底、开挖绞车基础、水泵窝及毛水沟需要爆破的地点装药时必须在起爆药卷上系上红色阻燃胶带,胶带长度保证露出炮眼口部分不少于300毫米。

(2) 起爆药卷上挂牌管理规定。

在制作起爆药卷前,当班班组长将与爆破炮眼数量相符的标志牌交给爆破工,爆破工从当班最大号码标志牌开始,按逆向顺序依次在周边眼、辅助眼、掏槽眼、底眼的起爆药卷脚线上悬挂上标志牌,起爆药卷制作完毕,由班组长与爆破工共同确认,并在爆破记录本上(炮头数栏中)签字认可,详细记录每段雷管的数目及标志牌号。

(3) 验炮。

① 对使用阻燃胶带的地点验炮,要以是否残留阻燃胶带为准。

② 每次爆破后,都要及时将煤、矸扒出距工作面2～3米的距离,露出底板,以便及时验炮。验炮时只准用炮棍轻轻敲打凸出部位、巷帮欠挖部分及崩落的大块煤、矸石,严禁用风镐挖或用手镐挖找。

③ 工作面爆破后,对于欠挖部分必须先进行验炮,确认无拒爆(残爆)时,方可对欠挖部分重新单独打眼、装药、爆破;严禁与工作面其他炮眼同时连线爆破。

④ 对崩掉的直径大于500毫米的大块矸石及工作面凸出的可疑地点是验炮的重点,发现问题必须及时处理;每个工作面每次爆破结束,都必须进行验炮。

⑤ 当班爆破后,工作面煤、矸石没有出完时,下一班接班后,施工单位第一负责人(跟班队长或班组长)要重点检查工作面是否有拒爆、残爆。在出矸、出煤过程中,要仔细检查煤、矸中是否有发生拒爆的炸药、雷管,尤其是要对迎头自由面、底板凸出部位、巷帮欠挖部分及崩落的大块煤、矸石进行检查,确保拒爆、残爆能够及时发现并及时得到处理。在下山巷道施工中,尤其是爆破后作业地点存有积水时,应先处理完积水,再进行验炮作业。

(4) 拒爆(残爆)的处理。

① 爆破通电以后拒爆时,爆破工必须先取下钥匙,并将爆破母线从电源上摘下,扭结成短路,再等至少15分钟(远距离爆破严格执行30分钟),才可沿线路检查,找出拒爆的原因。

② 处理拒爆、残爆工作必须在施工区队班组长亲自指导下,相应的打眼工、装药工、爆破工都到场时,严格按安全技术措施规定进行处理。

③ 首先检查爆破母线及网路,若为断路、短路、虚接等原因,处理后重新按上述程序起爆。

④ 若仍不起爆,证明非线路原因,但又不能确定拒爆炮眼位置,则采取先两两并联再串

联的方法重新连接后，再次起爆；再次起爆后必须仔细找出所有拒爆炮眼的准确位置。

⑤ 找出拒爆炮眼后，由班组长和打眼工在距拒爆炮眼 0.3 米以外，另打与其平行的新炮眼，眼深略大于拒爆炮眼，打眼时应在拒爆炮眼外口插入炮棍作为导向标志。

⑥ 严禁手拉、镐刨、用压风吹、水管冲等方式处理拒爆（残爆）炮眼；严禁用打眼的方法往外掏药；严禁继续加深炮眼残底（无论眼内有无残药）。

⑦ 处理拒爆的炮眼爆炸后，爆破工必须详细检查炸落的煤、矸，收集未爆电雷管。

⑧ 在拒爆处理完毕之前，严禁在该地点进行与处理拒爆无关的工作。

⑨ 当班的拒爆（残爆）必须由现场第一负责人及爆破工负责当班处理完毕，严禁将隐患交下一班。

八、其他

（1）抽采系统。

矿井建有地面永久瓦斯抽采系统，配备 2BEP52 型水环式真空泵 2 台（一用一备），抽采能力为 210 立方米/分钟。矿井南翼建有移动瓦斯抽采泵站，配备 2BE1-303 型水环式真空泵 2 台，每台泵的抽采能力为 65 立方米/分钟。北翼建有 2 个移动瓦斯抽采泵站，分别配备 2BEF52 型、2BE1-303 型水环式真空泵各 2 台，抽采能力分别为 205 立方米/分钟、65 立方米/分钟。抽采泵站通过抽采管网通达井下各采掘工作面，满足矿井抽采需要。

（2）抽掘采部署。

① 突出矿井“三量”可采期符合要求，“三量”低于要求时应当及时降低煤炭产量，制定相应的灾害治理和采掘调整计划方案。

② 同时生产的水平、采煤工作面、煤（半煤岩）巷掘进工作面个数及布置符合《煤矿安全规程》要求。

③ 瓦斯抽采达标方可组织生产。

④ 应当建立完善“三量”管理制度，明确责任分工和管理要求。根据采掘接续变化，至少每年进行 1 次“三量”统计和分析。编制或修订不少于 24 个月的采掘工作面接续图标。

⑤ 在同一突出煤层正在采掘的工作面应力集中范围内，不得安排其他工作面同时进行回采或者掘进。突出煤层的掘进工作面应当避开邻近煤层采煤工作面的应力集中范围。

⑥ 严禁突出煤层工作面开切眼（经保护层开采后除外）采用上山掘进。

⑦ 建立区域治理考核制度，明确考核指标（底抽巷、抽采钻孔进尺、瓦斯抽采量、达标煤量等），完成年度、季度、月度区域瓦斯治理指标。

⑧ 高度关注揭煤作业，跟踪探煤、验证参数测定、防突措施孔施工和远距离爆破等执行情况，做好爆破期间装药、连线、起爆、瞎炮排查等关键环节管控，确保爆破安全，保证揭煤作业合法合规。

第五章 防治水管理

第一节 机构队伍

一、防治水队伍

2018年2月，陈四楼煤矿成立地测科，负责矿井防治水技术管理工作。地测科成立之前，矿井防治水技术管理隶属生产科，生产科设立有地质组。

2004年4月，陈四楼煤矿成立钻机队，负责矿井防治水工程的施工。

2010年10月，钻机队更名为探防队。至2021年，探防队在册职工108人。

陈四楼煤矿防治水系统历任主管队长、历任党支部书记情况见表4-5-1、表4-5-2。

表 4-5-1 陈四楼煤矿防治水系统历任主管队长一览表

队伍名称	队长	任职时间	备注
钻机队	李 新	2000.11—2006.01	
	戴 磊	2006.01—2008.02	
	练新伟	2008.02—2008.06	
	乔家彬	2008.06—2010.02	
	高兴超	2010.02—2010.07	
	段李宏	2010.07—2010.10	副队长(主持工作)
探防队（2010年10月钻机队更名为探防队）	段李宏	2010.10—2012.01	副队长(主持工作)
	段李宏	2012.01—2014.05	
	刘 洲	2014.05—2016.10	副队长(主持工作)
	刘 洲	2016.10—2020.07	
	冉德立	2020.07—2022.01	副队长(主持工作)
	冉德立	2022.01—	

表 4-5-2 陈四楼煤矿防治水系统历任党支部书记一览表

党支部名称	党支部书记	任职时间	备注
安装、钻机联合党支部	戴 磊	2004.04—2008.02	
	练新伟	2008.02—2009.05	
	乔家彬	2009.05—2009.08	
	王书光	2009.08—2010.01	党支部副书记(主持工作)

表 4-5-2(续)

党支部名称	党支部书记	任职时间	备注
钻机队党支部 (2010 年 1 月 12 日撤销安装、钻机联合支部,成立钻机队党支部)	高兴超	2010.01—2010.02	
	付允彩	2010.02—2010.07	党支部副书记(主持工作)
	段李宏	2010.07—2010.10	队长兼党支部书记
探防队党支部 (2010 年 10 月 19 日撤销钻机队党支部,成立探防队党支部)	段李宏	2010.10—2014.12	队长兼党支部书记
	陈　伟	2016.10—2018.08.13	党支部副书记(主持工作)
	陈　伟	2018.08.13—	

二、队伍职能

根据陈矿生字〔2010〕176 号文,矿井撤销钻机队,成立探防队,作为矿井专门的探放水作业队伍。其主要职能为负责全矿所有探放水工程的施工;负责全矿的注浆堵水工程和底板注浆改造工程施工;负责中央及南、北风井 3 个地面注浆站的管理;负责探放水、工作面底板注浆改造等防治水工程安全技术措施的编制。

第二节　设备配备

一、钻机

矿井探放水工程施工使用的 ZDY3200S 型液压坑道钻机,主要技术参数见表 4-5-3。

表 4-5-3　ZDY3200S 型液压坑道钻机主要技术参数

机型	ZDY3200S
钻孔深度	150/400 m
终孔直径	200/94 mm
钻杆直径	73 mm
钻孔倾角	0°～±90°
回转速度	50～175 r/min
最大扭矩	3 200 N·m
给进能力	112 kN
起拔能力	77 kN
功率	37 kW
整机质量	2 100 kg
主机外形尺寸(长×宽×高)	2.3 m×1.1 m×1.65 m

(一) 适用范围

ZDY3200S 型煤矿用坑道液压钻机是由主机、泵站、操纵台组成的全液压坑道钻机,适用于煤矿井下探放水、地质构造探测等各类钻孔的施工。

（二）主要技术优势和特点

(1) 采用全液压动力头结构，由主机、泵站、操纵台三大部分组成，解体性好，搬迁方便，钻场布置灵活。

(2) 液压自动拧卸钻具，减轻了工人劳动强度，提高了工作效率。

(3) 双泵液压系统使回转参数与给进工艺参数独立调节。变量油泵和变量马达组合进行无级调速，转速和扭矩可在大范围内调整，提高了钻机对不同钻进工艺的适应能力。

(4) 夹持器为常闭式结构，可有效防止施工过程中跑钻现象的发生，满足倾斜孔施工需要。

(5) 通过操纵台集中操纵使操纵人员可远离孔口一定距离，确保了人身安全。

(6) 回转器采用通孔式结构，钻杆长度不受钻机给进行程限制。

(7) 用支撑油缸调整机身倾角方便省力又安全可靠。

(8) 保护完备的液压装置及通用性强的液压元件，确保了钻机运行的可靠性及稳定性。

二、注浆泵

矿井目前在用注浆泵有 4 种，分别为 3NBB-260/7 型泥浆泵、ZBYSB100/9-7.5 型矿用液压注浆泵、ZBYSB40/22-7.5 型矿用液压注浆泵和 2ZBYSB5.4-1 型矿用液压注浆泵，其中 3NBB-260/7 型泥浆泵为地面注浆站使用，其他 3 种为井下防治水钻孔套管加固、预注浆加固、封孔及输浆使用。

三、地面注浆系统

智能化地面注浆站现场图见图 4-5-1。

图 4-5-1 智能化地面注浆站

第三节 探 放 水

2003年9月，在工业广场建立了中央注浆站，随着防治水工程的延伸，2006年和2008年分别建成了南风井注浆站和北风井注浆站。3个注浆站各安装3NBB-260/7型泥浆泵4台，配有储灰罐、拌浆系统及全自动下灰控制系统，每座注浆站均铺设两趟注浆管路至井下，形成注浆管路网，具备向井下多个地点同时注浆的能力。

2018年5—10月，矿井对南风井注浆站进行了自动化改造，实现了自动化远程集控和自动化配比拌浆注浆，降低了劳动强度，提高了劳动效率和安全系数。

矿井探放水严格执行“三专”要求，即由防治水专业技术人员编制探放水设计，采用专用钻机进行探放水，由专职探放水队伍探防队进行施工。

一、需要进行探放水的情形

根据《煤矿防治水细则》，采掘工作面遇有下列情况之一的，必须进行探放水：

(1) 接近水淹或者可能积水的井巷、老空或者相邻煤矿时；

(2) 接近含水层、导水断层、溶洞或者导水陷落柱时；

(3) 打开隔离煤柱放水时；

(4) 接近可能与河流、湖泊、水库、蓄水池、水井等相通的导水通道时；

(5) 接近有出水可能的钻孔时；

(6) 接近水文地质条件不清的区域时；

(7) 接近有积水的灌浆区时；

(8) 接近其他可能突水的地区时。

二、探放水设备

矿井探放水工程施工使用的ZDY3200S型液压坑道钻机，主要技术参数见表4-5-4。

表4-5-4 ZDY3200S型液压坑道钻机主要技术参数

机型	ZDY3200S	备注
钻孔深度	150/400 m	
终孔直径	200/94 mm	
钻杆直径	73 mm	
钻孔倾角	0°～±90°	
回转速度	50～175 r/min	
最大扭矩	3 200 N·m	
给进能力	112 kN	
起拔能力	77 kN	
功率	37 kW	

表 4-5-4(续)

机型	ZDY3200S	备注
整机质量	2 100 kg	
主机外形尺寸(长×宽×高)	2.3 m×1.1 m×1.65 m	

(一) 适用范围

ZDY3200S 型煤矿用坑道液压钻机是由主机、泵站、操纵台组成的全液压坑道钻机,适用于煤矿井下探放水、地质构造探测等各类钻孔的施工。

(二) 主要技术优势和特点

(1) 采用全液压动力头结构,由主机、泵站、操纵台三大部分组成,解体性好,搬迁方便,钻场布置灵活。

(2) 液压自动拧卸钻具,减轻了工人劳动强度,提高了工作效率。

(3) 双泵液压系统使回转参数与给进工艺参数独立调节。变量油泵和变量马达组合进行无级调速,转速和扭矩可在大范围内调整,提高了钻机对不同钻进工艺的适应能力。

(4) 夹持器为常闭式结构,可有效防止施工过程中跑钻现象的发生,满足倾斜孔施工需要。

(5) 通过操纵台集中操纵使操纵人员可远离孔口一定距离,确保了人身安全。

(6) 回转器采用通孔式结构,钻杆长度不受钻机给进行程的限制。

(7) 用支撑油缸调整机身倾角方便省力又安全可靠。

(8) 保护完备的液压装置及通用性强的液压元件,确保钻机运行的可靠性及稳定性。

三、探放水技术要求

(1) 采掘工作面探水前应编制探放水设计和施工安全技术措施,确定探水线和警戒线,并绘制在采掘工程平面图和矿井充水性图上。

(2) 严格执行井下探放水"三专"要求。由专业技术人员编制探放水设计,采用专用钻机进行探放水,由专职探放水队伍施工。严禁使用非专用钻机探放水。严格执行井下探放水"两探"要求。采掘工作面超前探放水应当同时采用钻探、物探两种方法,做到相互验证,查清采掘工作面及周边老空水、含水层富水性以及地质构造等情况。有条件的矿井,可采用定向钻机开展长距离、大规模探放水。

(3) 煤层内原则上禁止探放水压高于 1 兆帕的老空水。如确实需要的,可以先构筑防水闸墙,并在闸墙外向内探放水。

(4) 探放老空水分为限压循环放水和集中探放水两种方式,沿空掘进的下山巷道超前疏放相邻采空区积水的,在查明采空区积水范围、积水标高等情况后,可以实行限压(水压小于 0.01 兆帕)循环放水。老空区积水位于采掘工作面上部,须开展集中探放水,消除老空区积水影响后方可继续开展采掘活动。

(5) 探放水工程结束后,需编制效果评价报告,由矿井总工程师组织生产、安检、地测等有关单位审批,评价合格下发通知单后方可进行采掘活动。

第五篇

煤矿安全

1984—1997 年，陈四楼煤矿在筹备和建设期间，安全首要工作是建设项目安全设施与主体工程“三同时”(同设计、同施工、同验收)。

1995 年 3 月 2 日，陈四楼煤矿筹备处下发陈矿字〔1995〕001 号文件，成立安检质量科。

1997 年 11 月 6 日，陈四楼煤矿正式投产，矿井成立安全专职监督机构，配备专业人员。2002 年以后随着煤炭卖方市场持续升温，经济效益向好，一定程度上对安全重视不够。2003 年在全矿范围内开展“为什么要抓安全”“为谁抓安全”“如何抓安全”规模浩大安全大讨论活动以统一思想。2008 年开始，一改计划经济模式下达“百万吨死亡率”做法，将安全“零”目标写入年度安全 1 号文。秉承永煤公司“从零开始，向零奋斗”安全理念，倡导安全十“零”理念和 30 个专业子安全“零”理念文化，大力推行安全“五自”管理体系建设，明确矿井、系统、区队、班组、员工等层面的自主管理工作，建立各层面安全管理上下衔接关系，实现层次分明，运作有效，努力达到“自主、自控、自治、自理、自律”的良性循环要求。同时，2003 年 4 月 1 日起，矿井增加了职业病防治、安全考核等职责。

2008 年以后，随着矿井进入深部采掘作业，缺乏瓦斯防突问题愈显突出。2013 年年底，煤炭市场局部回暖，矿井原煤产量不断提升，但干部职工普遍对防突工作认识不足，防突工作不到位，导致 2015 年 4 月 10 日矿井发生“4·10”煤与瓦斯突出事故，中断了矿井连续 11 年的“零”死亡纪录。

2015 年以后，矿井由低瓦斯矿井升级为煤与瓦斯突出矿井，陈四楼煤矿着力推进“双重预防体系”建设，全面贯彻落实党和国家有关方针政策，坚持人民至上、生命至上，树牢安全发展理念，坚持“安全第一、预防为主、综合治理”方针，坚持依法治矿，坚守“红线”意识和“底线”思维，践行“三不四可”安全理念，按照“抓系统、系统抓”工作原则，突出问题导向、目标导向和结果导向，严格执行两级公司安全工作部署，严格落实安全生产主体责任，强化安全保障，提升隐患治理能力，精准施策施技，超前防控风险，不断创新安全管理机制，倡导“369”新安全文化观，全面构建安全发展新格局，推进安全生产治理体系和治理能力现代化，为续写新时代矿井高质量安全发展提供坚强保障。

2016—2021 年，陈四楼煤矿进一步加大力度重视防突工作，矿井配置防突矿长，设立通风防突科和抽放队，升级完善通风、抽采、监测监控等系统，落实防治煤与瓦斯突出两个“四位一体”综合防突措施，推广应用新技术、新工艺、新装备，狠抓防治煤与瓦斯突出工作，安全生产形势持续向好。

第一章　安全管理

第一节　机构与职责

一、管理机构

1995 年 3 月 2 日，陈四楼煤矿筹备处下发陈矿安字〔1995〕001 号文成立安检质量科。

1997 年 3 月 19 日，陈四楼煤矿以陈矿安字〔1997〕010 号文下达了关于成立陈四楼煤矿安全委员会的通知。同时，设立了陈四楼煤矿安检科。安检科成立时人员编制为：科长、副科长各 1 人，管理人员 5 人。

2020 年 10 月，陈四楼选煤厂并入到陈四楼煤矿管理，陈四楼选煤厂下属科室机构裁撤，原选煤厂 2 名安全生产管理人员调入矿安检科，负责选煤厂安全监督检查。

截至 2021 年年底，安检科人员配置为：科长 1 人，副科长 2 人，管理人员 14 人，安检员 33 人，内业资料管理人员 4 人，信息站 5 人。主要负责制定安全规章制度、现场监督检查、“三违”行为的制止和纠正等工作。

二、管理职责

截至 2021 年，陈四楼煤矿安全生产委员会和安检科主要职责如下。

（一）安全生产委员会的主要职责

(1) 负责贯彻落实党和国家“安全第一、预防为主、综合治理”的安全生产方针；贯彻落实《安全生产法》《煤矿安全规程》《河南省安全生产条例》等安全生产法律、法规、标准、规范；贯彻落实两级公司安全生产管理制度。

(2) 负责贯彻落实“从零开始、向零奋斗”的安全理念体系，推行“012345”主动预防型安全管理模式；按照“抓系统、系统抓”总体思路，坚持安全“双基”建设总抓手，推进主动安全管理。

(3) 负责建立健全安全生产责任制、安全生产标准化管理办法等安全生产管理制度，并严格监督落实；坚持“责任制内容零盲区、责任制边界零错位、责任制落实零缺位”的原则，健全完善安全考核机制，激发各级人员安全工作积极性、主动性和创造性。

(4) 负责研究部署、指导协调矿井安全生产工作；定期组织召开安委会会议或安全办公会议等会议，分析安全形势，研究重大问题，安排部署工作。

(5) 负责督促各专业系统加强“系统安全自控”，围绕灾害治理等工作内容，认真开展技术保安、业务保安，抓住大系统，防范大事故；督促基层单位加强安全自主管理，围绕现场安全,狠抓措施落实,防范零打碎敲事故。

(6)负责组织制定年度安全费用提取使用计划,并监督安全设施、设备的投入使用符合规定。

(7)负责监督基层区队安全生产状况、安全管理行为,定期开展安全风险辨识评估和事故隐患排查,督促安全风险管控措施有效落实,对重大隐患整改实施挂牌管理。

(8)负责组织制定生产安全事故应急救援预案,按照预案定期开展应急演练;督促检查基层单位落实“瓦斯超限撤人”等危险情况下撤人的规定。

(9)负责组织制订安全生产教育和培训计划,并监督执行落实情况和从业人员持证上岗情况。

(10)负责按照“三个零容忍”要求,实施事故、隐患、不安全行为责任追究,对责任追究、防范措施的落实情况进行监督。

(11)负责组织开展安全生产宣传教育活动,通过各种载体传播安全理念、解析典型案例、普及安全知识,强化安全意识,营造安全文化氛围。

(12)负责组织推广应用先进的技术、装备、工艺和安全生产科研成果、现代安全管理方法。

(13)负责组织开展职业病防治,督促相关科室、基层区队做好职业卫生和劳动防护等职业安全健康工作。

(14)负责建立表彰奖励制度,对在安全生产、环境保护工作中作出突出贡献的部门和个人,及时给予表彰奖励。负责做好与安全生产有关的其他工作。

(二)安检科主要职责

(1)贯彻执行安全生产法律、法规和有关国家标准、行业标准,为本单位安全生产决策提出意见和建议。

(2)监督、审批、检查规程措施编制和落实,监督安全费用的足额提取和投入是否符合规定。

(3)参与制定矿井安全生产与职业病危害防治规章制度,参与编制安全生产责任制、操作规程、灾害预防与处理计划和安全事故应急救援预案等,参与应急救援演练,督促落实重大灾害防治的安全管控措施。

(4)检查本单位安全生产状况,开展安全生产风险管控,及时排查生产安全事故隐患,提出改进安全生产管理的建议,督促落实本单位安全生产整改措施和重大风险管控措施落实情况。

(5)牵头组织实施矿井安全生产标准化管理体系建设。

(6)组织或者参与本单位安全生产教育和培训,如实记录安全生产教育和培训情况。

(7)负责矿井安全生产主体责任考核、“双重预防体系”建设及职业卫生专业日常监督考核等工作。

(8)协助矿长组织开展月度安全生产大检查,对查出的安全问题及时回馈至责任单位,限期整改处理。

(9) 协助矿长组织召开月度安全办公会议、综合隐患排查会、重大安全风险管控措施检查分析会，并对矿井安全管理中的具体问题提出意见。

(10) 监督检查全矿各部门的业务保安情况。

(11) 矿井风险管控工作的主管部门，具体负责制定煤矿风险管控管理制度、考核办法；配合安全副矿长对风险管控工作进行全面的监管、检查、考核和协调。

(12) 积极参与职业病危害防治知识培训，监督现场使用好职业病危害防护设施，督促从业人员正确使用个体防护用品，积极预防、控制和消除职业病危害因素。

(13) 牵头做好对外各类迎检工作；及时上报各类安全信息。

(14) 制止和纠正违章指挥、强令冒险作业、违反操作规程的行为。按照“四不放过”原则组织或参与人身事故、非伤亡事故的追查处理，统计和分析事故，及时研究事故趋势，提出改进安全工作的建议，检查事故防范措施执行情况，督促有关部门组织事故调查，追查责任，按时上报。

(15) 履行法律法规规定的其他安全生产职责。

三、陈四楼煤矿安检科历任科长一览表(表 5-1-1)

表 5-1-1　陈四楼煤矿安检科历任科长一览表

姓名	职务	任职时间
韩念战	科长	1997.07—1999.03
戚民恩	科长	1999.03—1999.09
张发明	科长	1999.09—2001.08
李彦军	科长	2001.08—2005.04
翟亚芳	科长	2005.04—2008.10
吴家安	科长	2008.10—2009.02
王明臣	科长(兼)	2009.02—2010.07
张　标	科长	2010.07—2011.04
薛兵建	科长(兼)	2015.08—2016.10
孙宏权	科长	2016.10—2019.09
薛兵建	科长(兼)	2019.09—2021.12

第二节　安全考核与奖惩

一、安全目标管理

1997 年以前，临时管委会事故指标分为基建矿井和地面单位，矿井万米巷道死亡率小于 1，无重伤和二级以上非伤亡事故。矿井基建文明生产，一次成巷优良品率 60%以上；土建优良品率 70%以上，设备完好率“80%、7%、2%”，力争“90%、5%、1%”(完好率、待修率、事故率),实现安全、优质、高产、快速、低耗安全目标。

1997 年,陈四楼煤矿先后下发陈矿字〔1997〕001 号文《关于认真贯彻执行〈陈四楼煤矿矿井灾害预防与处理计划(一九九七年度)的通知〉》,陈矿字〔1997〕002 号文《关于实施〈陈四楼煤矿联产(责)计酬结构工资试行办法〉》,决定 1997 年上半年以基建、安装为主,下半年将进行试生产。

1998—1999 年,矿井百万吨死亡率小于 1.1,奋斗目标 0.9;地面单位消灭重伤以上人身事故和二级以上非伤亡事故。杜绝水、火、瓦斯、煤尘、顶板、机电、运输、爆破等重大事故发生。

2000 年,安全目标增加生产矿井重伤率,控制在职工人数 3%以下。

2001 年,矿井百万吨死亡率目标小于 1。

2002 年,安全目标增加生产矿井消灭一级非伤亡事故、地面单位消灭二级及以上非伤亡事故。

2003 年,矿井印发《2003 年安全目标管理考核办法》(陈矿安字第〔2003〕10 号)。

2004 年,矿井百万吨死亡率目标小于 0.8,力争降到 0.6;杜绝重特大事故、减少"零打碎敲"事故;一级非人身伤亡事故不超过 2 起。地面单位消灭重伤、二级以上非人身伤亡事故。

2005 年,安全目标增加地面单位千人轻伤率小于 3。

2006 年,矿井百万吨死亡率目标小于 0.6,奋斗目标 0;矿井千人轻伤率不超过 3。

2007 年,矿井百万吨死亡率控制指标 0.6,奋斗目标 0;矿井千人轻伤率不超过 3;一级非人身伤亡事故不超过 2 起。地面单位消灭重伤及以上人身事故非人身和二级及以上非人身伤亡事故;千人轻伤率不超过 3。

2008 年,首次正式提出安全"零"死亡目标。2008 年以后,安全"零"目标作为正式制度写入年度安全工作 1 号文件。

2009 年,安全奋斗目标为 0;千人重伤率控制在 1 以下,轻伤人次比 2008 年有所下降;二级非伤亡事故不超过 3 起,杜绝一级非伤亡事故;矿井全年质量标准化达到一级标准,保持"五优"矿井成果。

2010 年,陈四楼煤矿安全目标:安全奋斗目标为 0;杜绝重伤及以上人身事故和一级非伤亡事故;井下辅助及地面单位消除轻伤及以上人身事故和二级及以上非伤亡事故;全年矿井质量标准化建设始终保持一级水平;巩固"五优"矿井和"特级安全高效矿井"成果。

2011 年,陈四楼煤矿安全目标:安全奋斗目标为 0;采掘区队杜绝重伤及以上人身事故和一级非伤亡事故,轻伤率不超过 2‰;辅助区队及地面单位杜绝轻伤及以上人身事故和二级及以上非伤亡事故,轻微伤率不超过 1‰;矿井安全质量标准化达到国家一级水平,矿井安全程度评估持续保持 A 级;巩固"五优"矿井和"特级安全高效矿井"成果。

2012 年,陈四楼煤矿安全目标:安全奋斗目标为 0;采掘区队消灭重伤及以上人身事故和一级非伤亡事故;辅助区队及地面单位消灭轻伤及以上人身事故和二级及以上非伤亡事故;矿井安全"双基"、质量标准化综合评比要勇当排头兵。

2013 年,陈四楼煤矿安全目标:矿井安全奋斗目标为"0";消灭轻伤及以上人身事故,消灭二级及以上非人身事故;矿井安全质量标准化保持国家级水平,并在本部矿井排名做到“取二争一”;巩固“五优”矿井和“特级安全高效矿井”成果。

2014年,陈四楼煤矿安全目标:矿井实现“零”伤亡;消灭轻伤及以上人身事故和二级及以上非伤亡事故;矿井安全质量标准化持续保持国家级水平,各专业实现规划目标;巩固“五优”矿井和省级安全文化示范矿井成果,通过国家级安全文化示范矿井验收。

2015年,矿井实现“零伤亡”;消灭轻伤以上人身事故和三级以上非伤亡事故;持续保持国家安全质量标准化一级矿井;巩固省级安全文化示范矿井成果,力争通过国家级安全文化示范矿井验收;瓦斯、防治水治理实现规划目标。

2016年,陈四楼煤矿安全目标:矿井实现“零”伤亡;消灭轻伤以上人身事故和三级以上非伤亡事故;持续保持国家安全质量标准化一级矿井;巩固省级安全文化示范矿井成果。

2017年,矿井制定安全生产主体责任清单,逐项落实责任领导和责任部门,做到照单履责、失职追责,确保工作有落实,有考核。对照排查、查漏补缺,规范管理,完善各项安全管理制度和标准体系,为打赢安全风险攻坚战、实现安全生产“零”事故奋斗目标提供保障。

2018年,矿井下达消灭死亡事故和一级非伤亡事故,杜绝一般以上环境事件年度目标。

2019年,矿井下达“零”死亡事故和一级非伤亡事故,杜绝较大事故,杜绝环境保护突发事件年度目标。

2020—2021年,矿井下达安全工作目标:

(1) 事故防范目标:杜绝轻伤以上人身事故、二级以上非伤亡事故,无新增职业病,杜绝一般及以上突发环境事件;

(2) 灾害治理目标:瓦斯零超限、井下零突出,水害零突水;

(3) 双重预控目标:重大风险管控方案100%落实,零重大隐患,一般隐患按期闭合率100%;

(4) 安全培训目标:安全培训合格率100%,岗位操作人员持证率100%;

(5) 四化建设目标:自动化、智能化采掘工作面完成年度规划目标;

(6) 设备管理目标:设备完好率不低于90%,设备待修率不高于5%;

(7) 达标创建目标:全年内部自查和外部检查中,安全生产标准化管理体系各要素均达到一级要求。

二、安全生产责任制

1999年之前,陈四楼煤矿制定依据《矿山安全法》《中华人民共和国煤炭法》(简称《煤炭法》)关于“建立安全生产责任制度”的规定,制定矿井各岗位安全生产责任制。

2000—2010年,陈四楼煤矿为深入贯彻国家相继颁布的《煤炭法》《安全生产法》和重新修订的《煤矿安全规程》,以及河南省颁布的《安全生产条例》《煤矿安全生产责任制》《安全生产监督管理规定》《煤矿重大事故隐患排查治理责任追究规定》等法律法规,以“有岗有责,有职有责,有所作为”的原则,制定了矿井各单位安全生产责任制。

2011—2015年,陈四楼煤矿依据有关安全生产的方针、政策、法律、法规及相关规定,按照“安全第一,预防为主,综合治理”的方针和“党政同责、一岗双责、齐抓共管、失职追责”

"谁主管谁负责,谁分管谁负责"的原则,先后多次对矿井安全生产责任制进行修订。

2016年,印发《陈四楼煤矿安全生产主体责任清单运行机制》。

2017年,陈四楼煤矿下发了《关于下发陈四楼煤矿安全生产责任制度等四项安全管理制度的通知》(陈矿安字〔2017〕100号),在原有的基础上明确了安全考核标准等内容。

2018年、2019年、2020年,经再次修改完善,形成了较为系统全面的安全生产与职业病危害防治责任制汇编,重新予以下发。该安全生产与职业病危害防治责任制共分三部分:各级领导安全生产与职业病危害防治责任制、机构安全生产与职业病危害防治责任制、各岗位安全生产与职业病危害防治责任制,涵盖了矿井党政领导和37个部门、283个岗位,明确规定了所有岗位应履行的安全生产责任、职责和义务,指出矿长是矿井安全生产工作的第一责任者,对矿井的安全生产工作全面负责;党委书记负责党建、安全宣传教育及安全文化建设等工作,按照"党政同责、一岗双责、齐抓共管、失职追责"原则,与矿长共同承担安全生产领导责任。

2021年,制定了全员安全生产责任清单,做到所有从业人员都有明确、清晰的安全生产岗位职责,形成涵盖全员、全过程、全方位的安全责任体系,实现安全生产全链条责任追溯。

三、安全责任考核

1996年,矿井首次实行安全目标责任和安全结构工资考核。

1997年,开展安全生产"管理示范"活动,成立安全生产"管理示范"活动领导小组,定期开展验收检查,表彰奖励完成好的单位,通报批评并处罚完成差的单位。

1998年,开始执行安全风险抵押金制度,矿井领导层级基层单位领导根据责任不同予以风险抵押,季度考核季度兑现。

2000年,实行领导干部安全管理政绩考核,并建立考核档案。

2001年,实行安全重奖重罚责任考核办法。

2003年,矿井印发《陈四楼矿2003年安全结构浮动工资管理办法》(陈矿安字第〔2003〕11号)、《关于推广〈综采队安全结构浮动工资管理分配办法〉的通知》(陈矿安字第〔2003〕66号)。

2004年,开展安全管理考核,实行工资总额切块考核办法,明确安全结构工资占总额20%,建立陈四楼煤矿安全管理考核办法。安全管理考核实行积分制,按月考核,逐月兑现,考核结果与各单位安全结构工资。

2005年,陈四楼煤矿成立安全"双基"建设和考核领导小组,首次印发《陈四楼煤矿安全"双基"建设工作标准及考核办法》,考核结果实行百分制,与安全结构工资挂钩,挂钩比例30%,年度考核结果为评先、发放年终安全奖的主要依据之一。是年3月9日,河南省副省长史济春到陈四楼煤矿调研,对矿井实行"安全结构工资"给予肯定。

2007年,矿井进一步优化双基考核,印发《关于下发陈四楼煤矿安全生产"双基"建设实施办法的通知》。考核结果与各单位安全结构工资和安全奖励挂钩。矿井专业比重安全管理35%、采掘15%、机电运输15%、"一通三防"15%、地测防治水10%、安全培训5%、群众安全5%。

2016 年，安全“双基”考核增加对单位正职考核，正职考核副职，副职考核专业系统，并逐级向基层延伸。个人考核占 60%、单位考核占 40%，统计单位正职个人得分，兑现单位班子月度奖罚。

2019—2020 年，形成以“双基”考核为抓手全覆盖安全责任考核体系。

2020 年，陈四楼煤矿根据《转发河南省工业和信息化厅河南煤矿安全监察局关于印发〈河南省落实煤炭企业安全生产主体责任实施意见〉通知》(豫工信联煤安〔2020〕112 号)，“双基”建设考核融入安全主体责任考核中。

2021 年，形成以“安全生产主体责任”考核为抓手全覆盖安全责任考核体系。

四、安全责任追究

1998 年，首次印发加强伤亡事故管理通知，规范伤亡事故管理，明确追究事故责任。

2001 年，《关于安全事故处罚暂行办法的通知》印发，规定事故责任追究范围和追究办法。

2003 年开始，加大安全事故追究力度，从严从重从快处理责任人。

2013 年 10 月，《关于印发安全生产处罚细则(试行)的通知》印发，列举各专业 492 条不安全行为，对照标准查处责任者。

2014 年，印发《安全事故责任追究及处罚办法的通知》，结合永煤公司相关处罚办法，在原有制度基础上完善修改责任追究和处罚条款。

2015 年，印发安全责任过失积分约谈考核制度，强化“安全 60 分、其他 40 分”政绩观。同年，参照《永煤公司落实安全生产责任制九条规定》，下发《陈四楼煤矿落实安全生产责任制九条规定》对违反规定的科室、区队正职、副职责任追究。

2016—2021 年，每年对处罚细则中不安全行为条款进行修订补充，对照标准查处责任者。

附：陈四楼煤矿安全生产事故管理及责任追究规定

为认真贯彻落实新《安全生产法》等有关法律、法规及规章制度，全面落实安全生产主体责任，有效防止和减少生产安全事故发生，结合上级有关文件精神，经矿研究决定，特制定《陈四楼煤矿安全生产事故管理及责任追究规定》。本规定明确事故责任追究应根据有关人员对事故发生和隐患的产生应负责任大小合理划分责任。

事故责任人员原则上划分为直接责任、主要责任、重要责任、负有责任和领导责任。根据事故伤害类别，一般分为：物体打击、车辆伤害、机械伤害、起重伤害、触电、淹溺、灼烫、火灾、高处坠落、顶板、透水、放炮、瓦斯超限、火药爆炸、锅炉爆炸、容器爆炸、中毒和窒息、机电、运输、其他伤害等。

在生产经营活动中发生的安全生产事故分为人身事故(含急性工业中毒，以下简称“中毒”)、非伤亡事故和未遂事故三大类。具体认定级别依据《陈四楼煤矿人身、非伤亡及未遂事故认定标准》执行。

单位发生轻微伤人身事故后，事故单位必须在 10 分钟内向矿安检科值班人员汇报，安检科值班人员接到事故汇报后，必须在5分钟内报告安检科长，安检科长根据事故情况立即采取救护措施。报告事故应当包括下列内容：事故单位、时间、地点、事故类别、事故简要经过等情况。

单位发生轻伤及以上人身事故、非伤亡事故或未遂事故后，事故单位必须在10分钟内分别向矿调度室和安检科进行汇报，调度室接到事故汇报后，必须在5分钟内报告值班矿领导和分管矿领导，值班矿领导根据事故情况立即开展救援工作。报告事故应当包括下列内容：事故单位、时间、地点、事故类别、事故简要经过及事故现场等情况。

任何单位和个人对事故不得迟报、漏报、谎报和瞒报。事故发生后超过10分钟不汇报的属迟报，超过2小时不汇报的属瞒报。

矿长(或矿调度室)接到事故报告后，在认真进行甄别的情况下，分清事故等级，在10分钟内报告永煤公司调度室、安监局。

根据事故等级，调度室应立即启动相应级别的应急救援预案，采取有效措施，组织抢救，防止事故扩大，减少人员伤亡和国家财产损失。

发生事故后，现场负责人向调度室报告事故情况的同时，应积极采取现场急救自救互救措施，对伤员进行心肺复苏、简单止血、包扎、骨折固定等。对伤情较重和危及生命的伤员，应及时告知矿或上级医院，派医生下井协助抢救，并在密切监护下安全护送升井。急救过程中矿医院要做好救护记录，在伤员转送医院时，应由医生和了解情况的员工护送，并向上级医院陈述抢救经过。

事故认定及调查处理，必须坚持“实事求是、尊重科学、公平公正”的原则，以事实为依据，以法律法规和矿相关制度、规定为准绳，公平公正公开处理。由国家有关监察机构、河南能源或永煤公司组织涉及矿井事故调查的，矿井积极配合调查。对于迟报、瞒报事故的单位除正常责任追究外，并按迟报、瞒报处罚标准累加处理。

事故分级调查处理原则

(一) 死亡事故，按国家有关规定由地方政府或煤矿安全监察机构负责组织调查。

(二) 一级轻重伤事故和一级非伤亡事故，由河南能源负责组织调查处理。

(三) 二级轻重伤事故、二级非伤亡事故和重大未遂事故，由永煤公司负责组织调查处理。

(四) 三级轻重伤事故、三级非伤亡事故和一般未遂事故，由矿井负责调查处理。

矿事故调查组权限分工：

矿井发生三级轻重伤事故、三级非伤亡事故和一般未遂事故后，应立即成立事故调查组，分管副矿长任组长，副总工程师或矿长助理任副组长，主管科室牵头，相关业务科室、工会、监察、保卫及事故单位积极配合。

(一) 安检科：牵头各类人身事故的调查、分析和追查处理，3天内形成事故报告，提交矿党政联席会研究决定后下发执行，配合专业科室开展非伤亡事故(未遂事故)追查工作，负责建立健全各类事故台账，及时录入主动预防型安全信息化管理系统。按规定上报各类事故追查处理报告：相关人员处理意见、伤病人员登记表、事故现场示意图、人员伤害程度鉴定报告、物证、人证材料、直接和间接损失材料等。

（二）生产科：牵头顶板、透水等非伤亡事故（未遂事故）的调查、分析和追查处理，1天内形成事故报告，提交矿党政联席会研究决定后下发执行。负责建立健全专业内非伤亡事故（未遂事故）台账，及时录入主动预防型安全信息化管理系统。

（三）通防科：牵头爆破、瓦斯超限、火灾、火药爆炸、中毒窒息等非伤亡事故（未遂事故）的调查、分析和追查处理，1天内形成事故报告，提交矿党政联席会研究决定后下发执行。负责建立健全专业内非伤亡事故（未遂事故）台账，及时录入主动预防型安全信息化管理系统。

（四）机电科：牵头物体打击、车辆伤害、机械伤害、起重伤害、触电、灼烫、锅炉爆炸、容器爆炸、机电、运输等非伤亡事故（未遂事故）的调查、分析和追查处理，1天内形成事故报告，提交矿党政联席会研究决定后下发执行。负责建立健全专业内非伤亡事故（未遂事故）台账，及时录入主动预防型安全信息化管理系统。

（五）调度室：牵头淹溺、高处坠落等非伤亡事故（未遂事故）的调查、分析和追查处理，1天内形成事故报告，提交矿党政联席会研究决定后下发执行。负责建立健全所调查处理的非伤亡事故（未遂事故）台账，及时录入主动预防型安全信息化管理系统。

事故调查组履行下列职责：事故调查组成员应当具有事故调查所需要的知识和专长，并与所调查的事故没有直接利害关系。

（一）查明事故单位的安全管理情况。

（二）查明事故发生的经过、原因、人员伤亡情况及直接经济损失。

（三）认定事故的性质和事故责任。

（四）提出对事故责任者的处理建议。

（五）总结事故教训，提出防范和整改措施。

（六）提交事故调查报告。

事故调查组有权向有关单位和个人了解与事故有关的情况，并要求其提供相关文件、资料，有关单位和个人不得拒绝。事故单位负责人和有关人员在事故调查期间不得擅离职守，并应当随时接受事故调查组的询问，如实提供有关情况。

坚持安全一票否决制、"一查到底、责任倒查、分级负责"原则，根据事故责任者、事故类别及严重程度，严格安全责任追究。

（一）陈四楼煤矿事故责任者行政处分、经济处罚细则。

（二）对事故性质恶劣、情节特别严重的，报永煤公司安监局审批同意后，将直接责任者交司法机关处理。

（三）对事故责任人的经济处罚由安检科统一汇总后递劳资科，由劳资科在月底工资中扣除；对事故责任人的行政处分决定，由劳资科、监察科、综合办等单位根据调查处理通报意见，严格落实执行。

五、安全监督检查制度

截至2021年，陈四楼煤矿为贯彻落实"安全第一、预防为主、综合治理"的安全生产方针，及时发现并消除各类事故隐患，确保矿井正常安全生产秩序。根据《安全生产事故隐患排查治理暂行规定》(国家安全生产监督管理总局第16号令)、《煤矿安全生产标准化基本要求及评分办法(试行)》(煤安监行管〔2017〕5号)、《河南省生产安全事故隐患排查治理办法》(河南省人民政府令第173号)等法律法规、规章制度,经矿研究决定,逐年修订完善了陈四楼煤矿安全监督检查制度。

综合安全隐患大检查采取"定期和不定期检查相结合、专项与综合检查相结合"和"谁检查、谁签字、谁负责"的原则。

综合安全隐患大检查时间和要求:矿井每月进行一次综合安全隐患大检查,时间定于每月16日(若有变动另行通知)。矿井综合安全隐患大检查由矿长牵头组织(矿长因公出差或其他特殊原因未能正常组织时,安全监督检查时间另行通知)。特殊时期或安全生产形势需要,应立即组织综合安全隐患大检查。副总工程师及以上矿领导,机关科室、基层区队有关人员参加,参加人员每次给予100元奖励,排定人员无故不参加者次日调度会通报,并给予罚款500元/人。

采掘、地测防治水、"一通三防"及机电运输专业每月至少进行一次专业安全隐患大检查,由专业分管副矿长牵头,副总工程师、业务科室科长、分管科室及专业工程技术人员参加,具体要求由生产科、地测科、机电科、通风防突科自行制定。

安全监督检查以现场为主,重点检查以下内容:党和国家的安全生产方针、政策、法律法规、条例及有关文件、会议贯彻落实情况。《安全生产法》、《煤矿安全规程》、国家安全监管总局令第85号、"双十条"等规定的熟知及落实情况。各级领导、岗位人员安全生产与职业病危害防治责任制落实情况。作业规程、操作规程的编制审批、各项规章制度及施工安全措施的贯彻落实情况。现场瓦斯防突、防治水、通风、机电运输、顶板、职业卫生、火工品、文明施工及盲区盲点安全管理情况。安全专项费用使用和计划进展情况,应急预案制定及演习情况,重大隐患排查治理进展情况。各级管理人员和职工安全培训及持证情况。其他当前需要监督检查的内容。

检查人员对检查出的问题和隐患,统一用纸质版(签字)交至安检科井口信息站,由安检科井口信息站通过信息化系统下发至责任单位,严格按"五定"原则整改闭环。

六、安全会议制度

1997年以前,陈四楼煤矿处于基建阶段,安全管理会议同基建例会合并召开。

1997年以来,陈四楼煤矿不断完善安全会议制度,并先后结合实际进行修改,至2021年,主要形成两项安全会议制度。

(一)安全办公会议和安全"双基"会议

由矿长主持召开,矿党委书记、分管副矿长、副总工程师、科室科长、科室专业负责人、区队队长及支部书记参加。因出差或其他事由,不能正常参加安全办公会议、安全"双基"会议的,必须提前向矿长请假(原则上请假人员在永城境内的务必参加会议,否则必须再次向矿长请假)。会议根据安全工作情况,适时安排,每月至少召开一次。

会议主要任务是:通报上月安全办公会议、安全"双基"会议领导安排工作落实情况;通报上月安全“双基”、安全生产标准化等各项安全考核，总结分析上月“三违”、隐患及典型问题等。传达贯彻上级安全工作指示、文件精神，结合矿井自身实际安排部署相关工作。学习当前安全生产法律、法规及上级部门有关安全生产规章、制度；学习当前国内各类安全事故，深刻吸取事故教训，防止类似事故再次发生。总结分析当前安全工作存在问题，安排部署下月安全管理重点工作。分析、研究、解决当前重大、突出问题和隐患，提出具体解决方案，将“人、财、物”落实到位，确保重大问题和隐患得到及时有效的治理。

（二）安全生产风险隐患排查暨双重预防工作会议

根据陈四楼煤矿安全生产风险隐患双重预防体系建设实施方案有关规定，矿井每月开展一次事故隐患综合排查会议，各专业系统每旬一次。有下列情形之一的，可及时组织开展专项排查：

（1）与本单位安全生产相关的法律、法规、规章、标准以及规程制定、修改或者废止的；

（2）设备设施、工艺、技术、生产经营条件、周边环境发生重大变化的；

（3）停工停产后需要复工复产的；

（4）发生生产安全事故或者险情的；

（5）上级负有安全生产监督管理职责的部门组织开展安全生产专项整治活动的；

（6）气候条件发生重大变化或者预报可能发生重大自然灾害，对安全生产构成威胁的。

矿井每月一次的综合隐患排查（双重预防工作会议），由安检科组织，矿长主持召开，其他矿班子成员、副总工、生产科室科长、生产科室专业负责人、供应、经管、劳资、培训、保卫、财务等科室科长和职工代表参加，分系统、分专业全面进行排查。矿井事故隐患治理专题会议纪要、参加人员签名和月度事故隐患统计分析报告，由安检科负责整理，并做好收集保存工作。会议要对一般、较大、重大事故隐患的治理情况进行通报，分析事故隐患产生的原因，提出针对性措施。

每旬一次的专业事故隐患治理专题会议（双重预防工作会议），由业务科室组织，分管副矿长主持召开，分管副总、各系统业务科室相关人员及区队有关人员参加。要对专业范围内存在的一般、较大、重大事故隐患的治理情况进行通报，分析事故隐患产生的原因，提出针对性措施。

七、领导带班下现场制度

截至 2021 年，根据《煤矿领导带班下井及安全监督检查规定》（国家安全生产监督总局 33 号令）及两级公司相关文件要求，结合矿井实际，进一步制定《陈四楼煤矿领导带班下井制度》（陈矿生字〔2021〕66 号）。主要规定：

（1）领导带班人员范围，指党委书记、矿长、纪委书记、工会主席、总工程师、分管安全生产经营的副矿长、副总工程师。

（2）带班下井数量。

① 矿党政主要负责人和总工程师每月下井不得少于 8 次，其中带班下井不得少于 5 次。

② 分管安全生产的副矿长每月下井不得少于10次,其中带班下井不得少于6次。

③ 纪委书记、工会主席、经营副矿长每月下井不得少于8次,其中带班下井不得少于5次。

④ 分管选煤的副矿长每月带班下井不得少于5次。

⑤ 副总工程师每月下井不得少于10次,其中带班下井不得少于6次。

⑥ 每月剩余带班次数由副总工程师分摊。

⑦ 带班下井矿领导中班和夜班带班下井次数不少于总带班次数的1/3。

⑧ 领导因特殊情况,不能正常带班下井时,根据实际情况,折减带班下井次数。

(3) 带班下井要求。

① 调度室每月底编制下月领导带班计划,矿领导按照计划带班下井。

② 矿长对落实领导带班下井制度全面负责,每班必须有一位领导带班下井。

③ 领导带班实行"三八制",分夜班、早班、中班,井下带班时间:夜班23:30—7:30,早班7:30—15:30,中班15:30—23:30 。

④ 领导带班下井必须与职工同时下井、同时升井,保证井下24小时有矿领导带班。

⑤ 当班没有领导带班下井的,从业人员有权拒绝下井作业,单位不得因此降低从业人员工资、福利等待遇或者解除与其订立的劳动合同。

⑥ 领导带班下井应随身携带"人员定位卡",无特殊情况在硐室停留不得超过1个小时。

⑦ 因特殊情况,领导不能正常带班下井时,可以自行与其他领导替换班,调度室负责将替换班情况记录清楚,存档备查。

⑧ 领导因公因私请假5天及以上的,可根据请假天数按比例折减带班下井次数。

(4) 带班下井任务。

① 带班下井矿领导应优先深入到以下7类地点,盯紧关键环节和薄弱环节,抓牢安全不放心地点。这7类地点是:受煤与瓦斯突出威胁的采掘工作面;受承压水、老空水威胁的采掘工作面;受顶板灾害威胁的采掘工作面;瓦斯、涌水异常的采掘工作面;发生地质构造变化的采掘工作面;安装回撤采煤工作面,新开工的采掘工作面,包括初采初放的采煤工作面;存在重大隐患而没有及时整改到位的采掘和施工地点,也包括运行设备、系统装置等关键环节和薄弱环节,其他安全管理重点地点。

② 领导带班下井可结合分管工作不同适当兼顾巷道贯通、排放瓦斯、采区及矿井通风系统调整、岩巷揭煤、井下探放水等工作,确保现场管控到位。

③ 领导带班升井后填写《陈四楼煤矿矿领导带班安全信息卡》,安检科信息员每班收集并及时下发到责任区队或科室。

(5) 带班下井职责。

① 领导带班下井要加强对重点部位、关键环节的检查巡视,全面掌握当班井下的安全生产状况,及时发现和组织消除事故隐患和险情。

② 领导带班下井负责检查安全管理制度的落实情况及重点岗位人员和特种作业人员履行岗位职责等情况,及时制止违章违纪行为,严禁违章指挥,严禁超能力组织生产。

③ 领导带班下井负责监督检查各项安全技术措施的落实，重点是“一通三防”、瓦斯防治、防治水等安全技术措施的落实。

④ 领导带班下井对带班期间的安全生产负责。井下出现危及职工生命安全的重大隐患或遇到险情时，必须立即下达停产撤人命令、组织涉险区域人员及时、有序撤离到安全地点，迅速采取防范和应急处置措施，并及时向调度室汇报。

⑤ 领导带班下井负责跟踪重大安全风险管控措施落实情况，对发现的问题及时整改或交分管矿领导组织制定整改措施。

八、安全举报制度

截至2021年，陈四楼煤矿为保持矿同群众的密切联系，鼓励群众参与安全生产监督，进一步加强安全基础工作管理，维护广大职工切身利益。按照《安全生产法》《生产安全事故报告和调查处理条例》《国务院关于煤矿生产安全事故的特别规定》等相关规定要求，遏制瞒报重大安全隐患及各类事故，经矿研究决定，特制定陈四楼煤矿安全举报制度。本制度适用于陈四楼煤矿所有单位和个人。

存在以下问题时，干部员工有权向矿安全生产委员会举报：

(1) 超能力、超强度或者超定员组织生产的。

(2) 瓦斯超限继续作业的。

(3) 未建立监控系统，或者瓦斯监控系统不能正常运行的。

(4) 通风系统不完善、不可靠的。

(5) 超层越界开采的。

(6) 自然发火严重，未采取有效措施的。

(7) 使用明令禁止或者使用淘汰的设备、工艺的。

(8) 无规程措施擅自开工作业的。

(9) 作业范围内存在重大安全隐患还强制职工作业的。

(10) 干部违章指挥的，员工有违章行为的。

(11) 隐瞒事故的。

(12) 未遂事故发生后未及时汇报、追查和统计的。

(13) 由于设备存在重大缺陷或工作场所存在重大安全隐患而未有效治理继续生产的。

(14) 未对员工进行安全生产教育和培训就安排上岗作业的；特种作业人员无《中华人民共和国特种作业人员操作证》而上岗作业的。

(15) 对举报人员打击报复的。

(16) 违反《安全生产法》《煤矿安全规程》、国家安全监管总局令第85号、“双十条”等规定组织生产的。

(17) 其他需要举报的内容。

矿安全生产委员会设立举报信箱、电子邮箱和举报电话。

矿井举报信箱：东办公楼大厅“安全生产举报箱”。

矿井举报电话：0370-5192258、5192089、5192058、5192151。

永煤公司举报电话:0370-5197319、5197853、5197866。

永城市煤监办电子邮箱:ycsmjb@126.com。

永城市煤监办举报电话:0370-5132771。

豫东监察分局电子邮箱:ydjcfj2007@sina.com。

豫东监察分局举报电话:0370-2681911。

所举报情况必须真实、可靠,内容应包括责任单位、详细经过、时间、地点等重要信息。举报情况经核实后,根据情节给予举报人500～2 000元奖励(自问题发生起2天之内)。对举报不属实或故意诬蔑的,根据情节,给予举报人对等处罚。业务部门办理举报事项,要恪尽职责,秉公办事,查清事实,分清责任,正确疏导,及时、恰当、正确处理,不得推诿、敷衍、拖延。在办理举报事项过程中,任何人不得将检举、揭发、控告材料及有关情况透露或者转递被检举、揭发人和单位。对举报人要严格保密,任何人不得泄密,如有违规泄密者,给予严肃处理。任何单位或个人不得对举报人进行打击报复,否则,视情节给予行政处分或移交司法机关处理。

九、"三违"管理办法

截至2021年,陈四楼煤矿为认真贯彻执行"安全第一、预防为主、综合治理"安全生产方针,全面落实新《安全生产法》等法律法规和相关规章制度,强化全员安全意识,牢固树立"安全光荣、违章可耻"理念,有效杜绝"三违"现象行为,建立本质安全型矿井,经研究,制定下发了《陈四楼煤矿"三违"管理办法》。

"三违"定义:凡生产作业过程中违章指挥、违章操作和违反劳动纪律等行为,均为"三违"行为。

"三违"级别:"三违"划分为三个等级,即一般"三违"、严重"三违"及十条"红线",认定标准依据《陈四楼煤矿"三违"认定细则》为准。

(1) 一般"三违":是指违章行为可能对他人、自己、设备或财产等造成一定伤害或损害。

(2) 严重"三违":是指违章行为可能对他人、自己、设备或财产等造成严重伤害或损害。

(3) 十条"红线":是指违章行为可能对他人、自己、设备或财产等造成重大伤害或损害,可能引发安全事故的。

"三违"类型:分为"无知型""明知故犯型""随机型"三类。

"三违"管理基本原则:以"教育为主、惩罚为辅"为工作思路,加强典型违章行为整治,适时开展典型违章行为巡讲活动,提醒干部员工按章作业、规范操作,促进矿井安全生产。

"三违"上报程序:

(1) 矿查"三违"汇报:查处"三违"后,纠查人员应当面向违章人员说清违章事实、后果及违反条款,在1小时内打电话向安检科井口信息站汇报"三违"人员姓名、单位、地点、违章事实及违反条款,安检科信息站值班人员负责做好相关记录。否则,所查处"三违"不予计算(科室人员按本办法第五条第2款标准执行,但必须当面向违章人员说清违章事实)。

(2) 矿查"三违"登记:纠查人员升井后到安检科井口信息站将违章具体详情登记到陈四楼煤矿"三违"人员管理台账。查处十条"红线"的须注明违章人员当班验收员(安质员)、班长及跟班队长姓名，便于统计考核。

(3) 矿查“三违”公示：安检科井口信息站值班人员将当天“三违”核对无误后，按规定及时下发“三违”通知单，并录入至主动预防型系统，实现透明化管理。

“三违”申诉仲裁：

(1) “三违”申诉：若“三违”疑似人认为自己的行为构不成“三违”的，应在接到“三违”通知单后，写出书面申诉，由单位负责人签字确认后，向工会办提出申诉，原则上“三违”申诉时间从发生之日起 2 天内截止；否则，工会办有权不予受理。

(2) “三违”仲裁：工会办接到“三违”申诉书后，当天应组织安检科、纪检监察科、生产科、机电科、地测科或通风防突科等单位负责人参加“三违”仲裁，对仲裁结果出具相关材料，递安检科备案。

“三违”培训教育：培训科每月开办一次严重“三违”及以上人员培训班，培训学习时间 3 天，并保留相关培训资料，培训应侧重以下项目(其他应培训项目由培训科结合当前实际情况确定)。

(1) “无知型”培训重点：业务知识、操作技能、规程措施、安全文化等。

(2) “明知故犯型”“随机型”培训重点：事故案例、看望工伤、奖惩条例、安全文化等。

“三违”奖惩：

(1) 矿查“三违”处罚标准(表 5-1-2)。

表 5-1-2　矿查“三违”处罚标准　　单位：元/人次

<table>
<tr><th rowspan="3">责任人</th><th colspan="5">违章程度</th></tr>
<tr><th rowspan="2">一般</th><th rowspan="2">严重</th><th colspan="3">十条“红线”</th></tr>
<tr><th>一般员工触犯</th><th>班长、安质员触犯</th><th>跟班队长触犯</th></tr>
<tr><td>违章人员</td><td>300</td><td>600</td><td colspan="3">—</td></tr>
<tr><td>职工</td><td colspan="2" rowspan="5">—</td><td>1 500</td><td colspan="2">—</td></tr>
<tr><td>安质员</td><td>—</td><td rowspan="2">1 500</td><td rowspan="2">—</td></tr>
<tr><td>班长</td><td>500</td></tr>
<tr><td>跟班队长</td><td rowspan="2">—</td><td>800</td><td>2 500</td></tr>
<tr><td>队长、支部书记</td><td>—</td><td>1 500</td></tr>
</table>

说明：单位出现严重“三违”、十条“红线”1 人次，分别给予责任单位队长、书记及跟班队长连带处罚 200 元、500 元(取消待遇者不再重复处罚)。

(2) 矿查“三违”人员自违章之日起(一般“三违”半年内、严重“三违”9 个月内、十条“红线”一年内)无“三违”(一般、严重“三违”和十条“红线”)且本人及安全伙伴无工伤(轻微伤及以上)的，由单位提出申请，经安检科核实后，统一造表递劳资科，按 80%返还违章人员和连带人员处罚金额；若本人在规定期限内再次违反一般、严重“三违”或十条“红线”的、本人或安全伙伴出现轻微伤以上工伤，本人及连带人员处罚金额均不再返还。

(3) 矿查“三违”人员自违章之日起 3 日内在指定范围内的三班班前会做检查，一般“三违”及严重“三违”在区队内部，十条“红线”在系统内部(采、掘、开、辅助、科室)，安检科负责跟踪落实、记录存档(不按要求做检查或对自身违章行为认识反思不够深刻的，“三违”处罚不再返还)。

(4) 区队自查“三违”处罚标准(表 5-1-3)。

表 5-1-3　区队自查“三违”处罚标准　　单位：元/人次

责任人	违章程度			备注
	一般处罚	严重处罚	红线处罚	
基层区队	150	300	500	

说明：① 自查“三违”由区队自行建档登记、上机、公示。② 矿不再对区队自查“三违”进行考核，由区队纳入到班组、个人自行考核，安检科定期检查。③ 区队自查“三违”处罚由安检科汇总递劳资科执行。④ 各区队结合自身情况自行制定自查“三违”返还办法(返还周期与返还后处罚金额不得超出矿查“三违”标准)，自行按规定进行返还，返还办法纸质版加盖单位公章后送安检科备案，每季度将返还明细报安检科备案。

(5) 职工查“三违”有奖机制(表 5-1-4)。

表 5-1-4　职工查“三违”有奖机制　　单位：元/人次

人员	违章程度				备注
	严重		红线		
	奖励	安全考核	奖励	安全考核	
班组长及以下职工	300	—	500	—	

其他要求：

(1) 凡违反国家煤监局煤矿瓦斯防治工作十条“禁令”和集团公司瓦斯管理十条“红线”、水害防治十条“红线”等禁令的，干部一律免职，工人一律解除劳动合同。

(2) 公司查处“三违”，在矿处罚标准上对个人加倍处罚。

(3) 触犯不规范行为一般员工罚款 50 元/人次，班组长以上人员罚款 100 元/人次。

(4) 严重“三违”、十条“红线”年度内实行累计统计，对跟班队长或班长所跟班组累计出现 3 人次及以上严重“三违”或十条“红线”的，跟班队长、班长当月安全绩效考核下浮 50%(不包括区队自查“三违”)。

(5) 区队自查“三违”或考核弄虚作假的，单位所有管理人员当月安全绩效考核下浮 50%，并扣单位安全管理专业“双基”5 分。

(6) 矿查处的“三违”，区队不得再进行重复处罚。否则，对单位队长、支部书记分别给予罚款 1 000 元，并扣单位安全管理专业“双基”2 分。

(7) 违章人员对违章事故有争议的，可由所在区队队长书记在未通报前向安检科专业负责人申请争议复核，安检科组织有相关专业科室负责人、区队管理人员等参加的违章复核会议(一般在早调度会散后顺带进行)进行复核,对复核结果仍不满意的可向工会办申诉。

(8) 经工会办认定,申诉不成立的"三违"人员,对单位队长、支部书记、跟班队长分别给予罚款 1 000 元,并扣单位安全管理专业"双基"2 分。

(9) 违章人员不得私自给上报违章安管人员打电话,不得到办公室或在其他非工作场所对上报违章人员进行纠缠,骚扰其正常工作和生活,违章人员有此类行为的,"三违"处罚不再返还,对所在单位队长、书记分别罚款 200 元/每次;违章人员辱骂、殴打上报违章安管人员的,本人由保卫科按《陈四楼煤矿治安保卫管理规定》进行处罚,并对所在单位队长书记队长、书记分别罚款 500 元/次。

十、安全行为"两个规范"制度

2006 年,《关于开展规范干部安全管理行为和工人安全操作行为的通知》印发。在管理层面上,制定《干部安全管理行为规范》,细化管理人员安全职责,制定安全工作标准,落实"安全第一"原则;在操作层面上,制定每道工序、每个环节、每个岗位《岗位标准化作业标准》,规范员工操作行为,增强员工安全意识和安全综合素质。

2019 年,推进"四位一体"岗位标准化作业流程,员工现场标准化作业、安全操作、安全防范能力显著提升。同年,《陈四楼煤矿关于领导干部跟班写实管理规定的通知》印发,规定党政正职、安全生产副职、副总工程师及参与矿井跟带班安全生产科室科级干部每月至少开展 1 次现场跟班写实。

十一、安全"五自"管理

2011 年印发《安全"五自"管理体系指导意见(试行)》。"矿井自主、系统自控、区队自治、班组自理、员工自律"的"五自"管理体系秉承"从零开始,向零奋斗"安全理念,以"自己的安全自己管"为核心思想,运用系统管理、人本管理理论,因企、因地、因事、因时、因人制宜,采取制度、工程技术、教育对策,植入激励机制,激发矿井、系统、区队、班组、员工 5 个层面安全管理主观能动性,控制"人、机、物、法、环"中事故致因。将杜绝矿井事故,杜绝系统隐患、消灭系统事故,杜绝现场隐患、消灭现场事故,不制造现场隐患,杜绝"三违"、实现"四不伤害"分别作为矿井自主、系统自控、区队自治、班组自理、员工自律"五自"管理目标。

十二、安全"零打碎敲"事故防范

2013 年 10 月,《关于印发陈四楼煤矿预防煤矿"零打碎敲"事故指导意见的通知》印发,分析"易发生零打碎敲事故的地点、时间、工序、人员"4 种状态,查找"管理上的漏洞、机的不安状态、环境的不安因素"3 个方面原因,制定"堵管理漏洞、纠不安行为、控不安状态、减少不安环境"4 项防控措施,在永煤集团范围内开展防范"零打碎敲"事故活动。

十三、安全奖惩制度

为调动和保护干部职工抓好安全生产工作的积极性、主动性和创造性,鼓励先进,鞭策落后，惩治违规违法行为，增强安全生产责任意识、风险意识和法律意识，依据国家法律法规及企业管理规定，制定了陈四楼煤矿安全奖惩制度。

鼓励开展有关安全生产的管理创新、制度创新和技术创新，鼓励广大职工群众对安全生产工作提出意见、建议、批评以及对各类违规、违法行为进行举报，对在抢险救灾、预防事故和日常安全工作中做出突出贡献的先进集体和先进个人以及各类举报有功人员予以表彰奖励，对违反安全生产管理规定、造成事故和影响的单位和个人严格进行责任追究和相应处罚。

安全奖惩原则：安全奖励按照“井下高于地面、基层高于机关、安全生产业务科室高于其他业务科室、安全责任大的岗位高于责任小的岗位”原则，保证奖金发放到个人手中，严禁搞平均分配或挪作他用。安全处罚必须以事实为依据，遵循公开、公正的原则，处罚应与违规行为的事实、性质、情节以及危害程度相对应。

对以下安全活动项目定期进行奖惩考核：安全“双基”建设；安全生产标准化建设；领导干部安全包保；安全伙伴；安全工作计划；其他有明确目标和考核标准的重要安全活动。具体奖惩考核办法由有关部门另行制定。

发生重伤以上人身事故和重大非人身事故的，对责任单位按照矿有关规定进行处罚。

矿井建立举报制度，公开举报电话，受理有关安全生产的举报。受理的举报事项经调查核实后，应当形成书面材料；需要对有关单位、人员做出处理的，报经单位主要领导批准后执行。所有安全奖罚，由安检科根据文件规定制表，劳资科负责兑现。各单位应结合本单位实际制定相应的奖惩分配办法，切实指导安全生产。

第三节　安全检查

一、安全生产大检查

根据《关于下发陈四楼煤矿安全生产责任制的通知》《陈四楼煤矿安全大检查制度》《关于印发陈四楼煤矿安全生产“双基”建设工作标准及考核暂行办法的通知》等有关制度，矿井明确了各单位安全生产责任，安检科监督各单位落实。

矿井规定每月开展一次安全大检查，由矿长亲自组织，分管矿领导带队，各专业、科室人员参加，对矿属所有区域进行全面排查，安全监督检查扩展到“基层”安全管理和“基础”制度建设，对查出问题按照“五定”原则落实整改，查出的问题纳入安全考核。

二、日常安全监督检查

包括干部走动式管理、问询式检查、安检员跟班安全检查、安全内业检查等方式。

2006年2月9日，印发《〈陈四楼矿“安全专盯”实施细则〉的通知》(陈矿安字〔2006〕28号)。

2007年，建立职工行为规范和岗位操作规范、井下乘坐人车规范等，规定107个岗位安全操作规程，对采煤、掘进、机电、通风、运输、地质测量等方面进行规范管理，要求科室管理人员和安全检查人员带着任务入井，检查、检验各工种现场施工过程中不安全行为并严格考核。

2009 年，实行矿级领导包保区队责任制，矿领导包保人员每月深入到区队召开一次专题会议并深入生产一线检查问题、发现问题、解决问题。收集整理 116 个工种千余条危险源，制定针对性的防范措施，告知员工在本岗位上提前预想、预知、预防、预控。

2010 年 2 月，陈四楼煤矿实施询问式检查工作法，制定下发了《陈四楼煤矿问询式检查管理办法》，工作现场随机抽查作业人员，采取口头问询方式，并做好问询记录，检查结果和正确答案现场告知被检查人员，进一步督促了各岗位员工掌握应知应会内容，规范员工操作行为，提升员工综合素质。

2013 年 8 月，印发《陈四楼煤矿干部走动式管理实施办法的通知》，持续推行"全天候、全过程"安全管理，转变管理人员工作作风，强化了井下盲区、盲点的安全监督检查，成立矿长为组长，各科室主要副职为副组长，其他相关业务科室安全管理人员为干部走动式管理领导小组，首次对矿安全管理和生产安全系统提出优化建议，指导、协助基层区队解决现场问题，管理小组成员对指导服务单位安全负连带责任，确保了关键地点、重点区域处于可控状态，真正做到"无漏洞、无盲区"。

2021 年，陈四楼煤矿印发陈矿安字〔2021〕93 号文件《关于下发陈四楼煤矿安全监督检查制度的通知》，进一步规定安全生产检查时间和方式：

(1) 矿井每月进行一次安全生产检查，时间定于每月 16 日(若有变动另行通知)。矿井安全生产检查由矿长牵头组织(矿长因公出差或其他特殊原因未能正常组织时，安全生产检查时间另行通知)，安全生产检查前召开预备会，制定安全生产检查方案。特殊时期或安全生产形势需要，应立即组织安全生产检查。副总工程师及以上矿领导，机关科室、基层区队有关人员参加，参加人员每次给予 100 元奖励，排定人员无故不参加者次日调度会通报，并给予罚款 200 元/人。

(2) 采掘、地测防治水、"一通三防"及机电运输专业每半月至少进行一次专业安全生产检查，专业分管副矿长牵头，专业副总师、业务科室科长、分管科室及专业工程技术人员参加，具体要求由生产科、地测科、机电科、通风防突科自行制定。

安全生产检查的内容以现场为主，重点检查以下内容：

① 党和国家的安全生产方针、政策、法律法规、条例及有关文件、会议贯彻落实情况。

② 《安全生产法》、《煤矿安全规程》、中华人民共和国应急管理部令第 4 号《煤矿重大事故隐患判定标准》、《河南省安全生产条例》等规定的熟知及落实情况。

③ 安全生产"双重预防体系"建设运行，特别是重大风险研判评估和管控措施制定、落实情况，以及重大隐患排查治理情况。

④ 各级领导、岗位人员安全生产责任制落实情况。

⑤ 作业规程、操作规程的编制审批、各项规章制度及施工安全措施的贯彻落实情况。

⑥ 现场瓦斯防突、防治水、通风、机电运输、顶板、职业卫生、火工品、文明施工及盲区盲点安全管理情况。

⑦ 安全专项费用使用和计划进展情况，应急预案制定及演习情况，六大系统完好情况。

⑧ 机电设备和生产系统的各类保护、仪器仪表、监测监控装置及各类安全设施的安全使用情况。

⑨ 各级管理人员和职工安全培训及持证情况。

⑩ 其他当前需要监督检查的内容。

检查人员对检查出的问题、隐患,统一用纸质版(签字)交至安检科井口信息站,由安检科井口信息站通过信息化系统下发至责任单位,责令其严格按照"五定"原则整改闭环;专业安全生产检查查出的问题、隐患,由对应业务科室录入、跟踪、复查、建档等。

未按规定组织开展安全生产检查的,对责任单位处罚 1 000 元/次。隐患整改、复查、闭环、考核等规定,见《陈四楼煤矿安全"双基"建设考核实施办法》及《陈四楼煤矿安全生产风险分级管控和事故隐患排查治理双重预防体系管理规定》等文件。

三、安全内业检查

1998 年 2 月,陈四楼煤矿安检科增加安检员以来,能够根据上级单位及矿井各项制度要求,由安检员开展现场安全督导检查。2014 年,首次以通报形式,以月度为时间节点,在每月底对检查情况将本月安检员跟班期间安全检查隐患通报及责任追究情况进行集中公示;2015 年将月底集中公示改为动态公示,确保隐患责任追究时效性。

2005 年 2 月—2021 年,矿井制定下发并逐年修订完善了《陈四楼煤矿"双基"建设规划、标准及考核暂行办法》,以月度为考核节点,每月开展"双基"建设考核工作,出具了考核检查结果,形成了考核工作总结,促进了"双基"建设工作落地有声,开展扎实有效。

四、安全信息化系统监督检查

(一) 主动预防型信息化系统

2006 年,煤矿安全信息管理系统开发。2007 年 6 月,河南煤化安监局、信息中心等部门,在永煤集团原系统基础上研发"主动预防型安全信息化管理系统"。

2014 年 4 月,系统上线运行,基于陈四楼煤矿"012345"管理模式,安全"零"理念、一号工程、安全"双基"建设、三项机制、四大体系、"五自"管理、双控体系、安全生产标准化、职业卫生及公告栏 8 个模块组成,覆盖区队、班组,随时监督检查各类安全信息。

(二) 煤矿安全生产标准化系统

2013 年 4 月,煤矿安全监察局主导煤矿安全生产标准化信息系统运行。该系统显示矿基本信息、月度安全生产标准化自检情况、申报等功能,实现对安全生产标准化建设工作日常监督检查。

(三) 煤监部门信息化系统

2019 年 8 月,接入河南煤矿安全生产信息管理系统(双重预防体系信息平台)运行。系统显示各矿井安全风险库内容、"1+8+8"年度及专项安全风险辨识评估、事故隐患排查、"一矿一策"等信息,监督检查安全风险管控、事故隐患排查治理整改等情况。

五、政府部门安全检查

自矿井成立以来，政府各级职能部门按照工作职责，每年对陈四楼煤矿进行定期和不定期的重点检查、安全督导、专项检查等各种检查。陈四楼煤矿按照要求，落实问题整改，向政府职能部门及时反馈。

第四节　事故隐患排查治理

一、管理制度

1997 年 5 月，印发《关于开展安全生产"管理示范"活动》《狠抓"三违"排除安全隐患》《矿区冬季安全生产通知》等相关制度，对冬季和春节期间开展事故隐患专项排查治理工作。此后，每逢元旦、春节、"两会"、国庆节、党代会等传统节假日和重大活动期间，均印发做好隐患排查等加强安全管理通知。

1998 年 4 月，印发《重大事故隐患和发生责任性死亡事故单位警示牌挂牌的通知》，明确了重大事故隐患和责任性死亡事故管理规定。同时在日常排查、月度检查、月末验收基础上，实行隐患专人验收制度，对复查结果月度考核，加强生产一线事故隐患排查工作。

1999 年 10 月，印发《陈四楼煤矿安全事故追查处理实施方案》，进一步明确了发生安全事故追查相关工作的流程和处罚规定。

2001 年 9 月，印发《关于印发陈四楼煤矿重大安全隐患行政责任追究的规定的通知》，对存在重大隐患单位和责任人行政追责。

2002 年 4 月，印发《职业危害防治及管理办法》，首次将职业卫生纳入事故隐患排查范围。

2003 年 12 月，印发《陈四楼煤矿安全隐患管理与排查制度》，及时排除安全隐患，进一步明确安全隐患责任，建立了安全隐患管理与排查组织机构，明确了相关成员职责，细化了隐患分类，确定了安全隐患排查与处理流程。

2004 年 2 月，印发《关于印发陈四楼煤矿重大隐患及主要隐患分类标准的通知》，按专业划分重大隐患和主要隐患。

2005 年 10 月，执行国家安监总局煤矿隐患排查和整顿关闭实施办法，明确矿井是安全生产隐患排查治理责任主体，矿长每月组织一次安管人员、工程技术人员和职工参加安全生产事故隐患排查，隐患整改做到"项目、措施、资金、时间、责任"五落实。重大安全事故隐患下达《事故隐患整改通知书》限期整改，并跟踪监督。

2006 年 2 月，建立了"安全专盯"工作机制，为充分发挥各级安全管理人员、区队长、班组长、安检员、瓦检员、职工在安全生产中的作用，真正将安全生产置于广大职工监督之下，把职工安全生产行为置于广大职工监督之下，及时发现和解决各类安全隐患，制止"三违"现象，有效遏制了各类生产安全事故的发生。

2007 年 6 月，印发《关于开展安全生产隐患排查治理专项活动的通知》，开展以"一通三防”、地测防治水、顶板管理等专项隐患排查治理活动。

2008年3月，按照“抓大系统，防大事故”工作思路，建立“岗位—区队—矿井”三级隐患排查治理责任制和分级监控模式，开展“隐患治理年”，提出生产作业地点100%的排查、排查地点隐患100%的被发现、发现的隐患100%的限期整改到位，努力为员工创造零隐患安全环境。

2009年3月，《关于印发〈陈四楼煤矿安全生产隐患排查与治理规定〉的通知》印发，首次成立以矿长为组长安全生产隐患排查与治理工作领导小组，设“一通三防”、采掘、机电运输、地测防治水等隐患排查与治理专业组。

2009年5月，印发《陈四楼煤矿生产安全事故管理制度》，进一步加强了矿井生产安全管理，强化了安全管理责任，明确了生产安全事故管理责任划分，规范生产安全事故管理程序，明确了事故分级、分类，事故报告、现场急救程序等工作环节，确保发生生产安全事故能够及时有效应对。

2010年5—12月，开展了“三评价两评定”工作，每月由矿领导牵头对矿井顶板管理、水害防治、瓦斯防治三个专业安全程度进行评价，对机电和运输两个系统进行评定，据此确定安全可靠、可控、不可控3个级别，可靠的可以生产，可控的采取措施后可以生产，不可控的立即停产整改隐患，实现系统安全自控。开展作业现场“五项危险预知”，按岗位制作危险预知工序转换卡发放给职工，对内容进行培训，要求职工在每项作业前、工序转换时2个环节，从人、机、物、环、料5个方面，预想现场至少5项有可能出现危险和隐患，之后采取有效措施，消灭危险与隐患，矿井对职工危险预知抽查、考核，使职工防患于未然，实现员工安全自律。

2012年4月，印发《关于印发陈四楼煤矿安全生产事故隐患排查与治理制度的通知》，增加组织机构和责任追究等内容。

2013年2月，推行风险预控。贯彻落实河南省政府办公厅《关于建立企业安全生产风险预控管理体系的通知》和《河南省安委会办公室关于印发河南省企业安全生产风险预控管理体系建设实施方案的通知》精神，成立以矿长为组长、矿领导为副组长的安全生产风险预控管理体系建设领导小组，部署安全生产风险预控管理体系推广建设工作，陈四楼煤矿作为试点之一完成了建设任务。2015年11月，《主动预防型安全信息化管理系统》正式使用，实现风险预控管理体系信息化。

2014年12月，按河南省人民政府要求，2014年11月—2015年4月，分3个阶段(自查自改、集中排查和总结评估)对停产整顿、在建矿井和生产矿井集中开展隐患排查治理活动。

2015年3月，建立了安全“1+2+3”精细化管理机制，在认真落实矿井年度安全一号文精神的基础上，持续开展“精细化管理促标准化提升”活动，以“安全、文明、行为”管理过程控制为重点，细化了管理标准，强化了监督考核，下移了管理重点，逐步提高安全精细化现场管理水平，为持续打造本质安全型矿井打下坚实的基础。

2016年3月，印发《陈四楼煤矿生产安全事故隐患排查治理制度》，事故隐患级别分重大、较大、一般3个级别；建立以矿长为组长，矿领导为副组长，科室、区队负责人为成员的事故隐患排查治理领导小组；增加事故隐患责任追究机制、办法。

2017 年 9 月，印发《陈四楼煤矿生产安全事故隐患排查治理制度》，变更事故隐患级别，分为重大、一般 2 个级别，其他内容未变。

2018 年 4 月，印发《关于加强隐患排查治理工作的规定》，对隐患排查治理作出具体要求。12 月，按照《永城煤电控股集团有限公司安全风险分级管控和隐患排查治理双重预防体系建设实施方案》要求，推行"双重预防体系"建设，管控安全风险治理事故隐患、预防事故。

2019 年 7 月，印发《陈四楼煤矿生产安全事故隐患排查治理管理规定》，履行"把风险挺在隐患前面，把隐患挺在事故前面"安全理念，将事故隐患划分为 A、B、C、D 共 4 级管理。陈四楼煤矿采取"1＋3＋1"事故隐患排查治理模式，实行隐患分级管控、分类治理、挂牌督办和验收确认制度。

2020 年 3 月，印发《陈四楼煤矿安全生产风险管控和事故隐患排查治理制度》，履行"把风险挺在隐患前面，把隐患挺在事故前面"安全理念，坚持源头防范、系统治理、纵深防御的原则，将事故隐患划分为 A、B、C、D 共 4 级管理。陈四楼煤矿创新采取了"5＋n＋n"事故隐患排查治理模式，实行隐患分级管控、分类治理、挂牌督办和验收确认机制。

2020 年 8 月，陈四楼煤矿建立了班前会"七步"工作法机制，规范了班前会流程，强化班前会人员精神状态和思想状态隐患排查，提升员工安全意识，从源头把好安全生产第一道关口，持续提升人员安全生产自觉性，夯实了安全生产根基。

2020 年 12 月，印发《陈四楼煤矿安全生产风险分级管控和事故隐患排查治理双重预防体系管理规定》，按照"把风险挺在隐患前面，把隐患挺在事故前面"原则，转变安全管理理念，由查隐患向防风险转变，实现安全风险分级管控和隐患排查治理体系闭环管理。坚持源头防范、系统治理、纵深防御的管理机制，将事故隐患划分为 A、B、C、D 共 4 级管理。创新采取了"1＋2＋1＋1＋1"事故隐患排查治理模式，实现隐患分级管理、分类治理、挂牌督办和验收确认机制。

2021 年 10 月，陈四楼煤矿创造性地开展月度安全生产大检查活动，开展了以"现场检查＋基础资料检查"相结合的方式，并将双重预防体系建设情况纳入月度安全生产大检查中，实现了安全生产大检查全覆盖，双重预防体系建设落地生根，有效推动了矿井事故隐患排查治理工作。

二、隐患排查治理活动

1997 年，开展安全生产"管理示范"活动，狠抓"三违"排除安全隐患。12 月，印发《矿区冬季安全生产通知》，对冬季和春节期间开展事故隐患专项排查治理工作。此后，每逢元旦、春节、"两会"、国庆节、党代会等传统节假日和重大活动期间，均印发《做好隐患排查等加强安全管理通知》，确保节假日和重大活动期间安全稳定环境。

1998 年 4 月，开展了重大事故隐患和发生责任性死亡事故单位警示牌挂牌专项活动，明确了重大事故隐患和责任性死亡事故管理规定。同时在日常排查、月度检查、月末验收基础上，实行隐患专人验收制度，对复查结果月度考核，加强生产一线事故隐患排查工作。

1999 年 10 月,印发《安全事故追查处理工作机制补充规定的通知》,进一步明确了发生安全事故追查相关工作的流程和处罚规定。

2002 年 4 月,印发《职业危害防治及管理办法》,首次将职业卫生纳入事故隐患排查范围。

2003 年 12 月,建立了陈四楼煤矿安全隐患管理与排查制度机制,为做到及时排除安全隐患,进一步明确安全隐患责任,建立了安全隐患管理与排查组织机构,明确了相关成员职责,细化了隐患分类,确定了安全隐患排查与处理流程,有效推进了矿井安全隐患管理水平。

2004 年 2 月,落实执行永煤公司重大隐患及主要隐患分类标准规定,矿井严格按照要求做好对接、执行和落实,并结合通知要求认真进行了隐患排查,及时处理各类安全隐患,杜绝了重大事故的发生,确保了矿井的安全发展。

2007 年 6 月,开展了安全生产隐患排查治理专项行动,结合集团公司和龙宇公司要求及矿井实际,为全面排查治理各类安全生产隐患,切实加大隐患治理力度,有效防范安全生产事故,确保矿井安全生产形势持续稳定发展。

2011 年,落实执行永煤公司《三级安全隐患排查治理自述旬报制度》。矿井领导班子成员,每旬亲自填报本系统跟踪重大隐患,落实安全管理责任。同年,开展评估评价。按照“区队分头面、系统分专业、矿井总评估”要求,定性与定量相结合、评估与整改相结合的原则,区队每周、矿井每月对采掘头面、专业系统、生产矿井进行安全程度评估评价,分安全放心、重点关注、停产整顿 A、B、C 三个等级,做到安全管理心中有数,提高安全生产可靠性。

2012 年 2 月,建立了陈四楼煤矿事故隐患排查与整改机制,矿井为建立安全生产事故隐患排查治理长效机制,强化安全生产主体责任,加强事故隐患监督管理,防止和减少生产事故,维护职工切身利益,保障矿井生产安全。矿井成立了事故隐患排查和治理领导小组,明确了矿井事故隐患排查的依据、流程和整改治理等流程,确保了隐患排查治理工作开展扎实有效。

2016 年 6 月,建立重大隐患、重大危险源、重大事项“三重大”排查管控机制。提出管控“三重大”事项(重大安全隐患、重大安全事项、重大危险源)。按照分级管控、分类治理的原则,建立台账、挂牌督办。每季度矿长召开综合排查会议,分管领导、科室、区队参加,确定“三重大”事项,每周跟踪、每月通报、每季考核,实现整改销号,做到有患必治。

2019 年 2 月,《安全生产风险隐患双重预防机制实施细则》印发,开展“双重预防体系建设”;成立领导小组,按建章立制、示范推进、全面铺开、巩固提升 4 个阶段,部署安全生产风险隐患“双重预防体系”建设。11 月,通过河南省组织的煤矿“双重预防体系”建设评估验收。

2019 年 7 月,“三重大”事项排查纳入安全风险分级管控范围,季度综合隐患排查(“三重大”事项排查会议)更名为安全风险分级管控暨综合隐患排查。

三、事故隐患排查治理管理

（一）安全生产风险预控管理信息系统建立与使用

2013 年，陈四楼煤矿与中国矿业大学合作，共同研发了安全生产风险预控管理信息系统，矿井实现了风险隐患相辅相成的信息化、流程化管理，提高了工作效率，切实消除风险隐患。

2015 年 10 月，根据两级公司文件要求，陈四楼煤矿对主动预防型安全信息化管理系统进行启用和试运行。自此，矿井各类安全隐患、文件制度、数据信息等均能够上传至本系统，实现了矿井区队与科室、科室与科室、专业与专业、矿井与上级单位之间信息数据共享，实现了无纸化办公。

（二）事故隐患排查治理体系建设

矿井每年均制定《事故隐患排查治理实施办法》，成立以矿长、党委书记为组长事故隐患排查和治理领导小组。明确领导小组及成员隐患排查和治理的岗位安全职责。全面落实各岗位工作责任，强化责任落实和监督。健全隐患排查和治理工作的管理体系，抓好隐患排查和治理工作的落实。从矿、各专业到基层区队建立一整套完整的隐患排查和治理体系，明确隐患排查和治理工作的程序。建立隐患排查和治理工作责任追究制度，加大隐患排查和治理工作考核与奖罚的力度。

（三）矿井“五级”事故隐患排查机制

1. 矿井事故隐患综合排查

（1）矿井每月一次的矿井隐患排查，由矿长组织分管负责人及安全、生产、技术等业务科室、生产区队开展一次覆盖生产各系统和各岗位的事故隐患排查，时间为每月的上旬。

（2）每月一次的矿井事故隐患治理专题会议（双重预防工作会议），由安检科组织，矿长主持召开，其他矿班子成员，副总工程师，生产科室科长，生产科室专业负责人，供应、经管、劳资、培训、保卫、财务等科室科长，以及职工代表参加，分系统、分专业全面进行排查。矿井事故隐患治理专题会议纪要、参加人员签名和月度事故隐患统计分析报告，由安检科负责整理，并做好收集保存工作。会议对一般、较大、重大事故隐患的治理情况进行通报，分析事故隐患产生的原因，提出针对性措施。

2. 专业事故隐患排查

（1）采掘、地测防治水、机电运输、通风专业每旬一次的隐患排查，由各分管副矿长（总工程师）组织相关人员对分管领域进行全面事故隐患排查，时间为每旬后两天之内。

（2）每旬一次的专业事故隐患治理专题会议（双重预防工作会议），由业务科室组织，分管副矿长主持召开，分管副总、各系统业务科室相关人员及区队有关人员参加。对专业范围内存在的一般、较大、重大事故隐患的治理情况进行通报，分析事故隐患产生的原因，提出针对性措施。

（3）采掘事故隐患排查由生产科负责组织；地测防治水事故隐患排查由地测科负责组

织;通风专业事故隐患排查由通风防突科负责组织;机电运输专业事故隐患排查由机电科负责组织。专业事故隐患治理专题会议纪要、参加人员签名和月度事故隐患统计分析报告,由业务科室负责,并做好收集保存工作。

3. 区队事故隐患排查

(1) 矿井井下区队或车间班组每班对施工区域进行一次隐患排查,由当班跟班人员、班组长组织,在进班生产作业前,对本班组所辖范围内的安全状况进行全面的隐患排查,并在作业过程中随时排查事故隐患。生产期间,区队每天要安排管理、技术人员进行巡检,对作业区域开展事故隐患排查,排查情况要告知现场作业人员;否则,不得从事作业。

(2) 对排查出的事故隐患,按规定填写到现场“三级”隐患排查记录中,现场能整改的事故隐患必须立即整改,现场不能整改的录入信息化管理系统,按照“五落实”原则落实整改,并建立事故隐患排查台账,安检科每班抽查区队事故隐患排查情况。

(3) 事故隐患排查内容包括:科室、矿领导及上级各类排查所发现的事故隐患整改情况。

(4) 区队排查出的事故隐患要做好记录,由队长、值班队长或跟班队长组织人员对事故隐患进行整改,并做好整改过程的监督及整改结果的验收。区队无法整改的事故隐患或重大事故隐患,由队长上报到对应业务科室,由业务科室负责落实。

(5) 科室及以上单位排查出的事故隐患,区队已在检查人员查出之前自查出,并上报到安检科,且按合理期限落实整改的,不再对区队进行处罚和考核。

(6) 区队应制定生产安全事故隐患排查治理制度,将事故隐患排查治理纳入对班组及个人的考核。

4. 班组事故隐患排查

(1) 生产期间,区队跟班队长、班组长、安质员进入工作地点后,要对本班组所辖范围内的安全状况进行全面排查,作业期间进行巡查,排查情况要告知现场作业人员国;否则,不得从事作业。

(2) 对排查出的事故隐患,按规定填写到现场“三级”隐患排查记录中,现场能整改的事故隐患必须立即整改,现场不能整改的升井后录入信息化管理系统,按照“五落实”原则落实整改,并建立事故隐患排查台账。安检科每班抽查班组事故隐患排查情况。

(3) 当班排查出的事故隐患,跟班队长、班组长必须立即组织人员进行整改,并做好整改过程的监督及整改结果的验收。对当班无法整改或没有整改结束的隐患或重大事故隐患,由跟班队长或班组长汇报区队,由区队安排治理或上报,并在交接班期间相互交接清楚,在交接班记录上记录清楚。

(4) 区队应将班组事故隐患排查情况,纳入对跟班队长、班组长、安质员和班组的安全考核。

5. 岗位事故隐患排查

(1) 职工进入岗位后开始作业前,必须对照岗位自查标准进行一次岗前安全确认,自查本岗位危险因素,并在作业过程中随时排查事故隐患;否则,不得从事作业。

（2）对排查出的事故隐患，按规定填写到岗位事故隐患排查记录中，现场能整改的事故隐患必须立即整改，现场不能整改或没有整改结束的隐患及时向跟班队长或班组长汇报，由跟班队长或班组长升井后录入信息化管理系统，按照“五落实”原则落实整改，并建立事故隐患排查台账。安检科每班抽查岗位事故隐患排查情况。

（3）发现的重大事故隐患，应立即向跟班队长或班组长汇报，并在交接班期间相互交接清楚，区队负责按规定上报。安检科每班抽查岗位事故隐患排查情况。

（4）班组应将岗位事故隐患排查情况，纳入对个人的安全考核。

（四）事故隐患排查整改及治理

1. 隐患整改实行分级、分类负责原则

（1）矿井安全隐患按类别分为采掘、一通三防、地测防治水、机电运输、安全管理、职业卫生、爆破和其他。

（2）一般事故隐患（矿级检查的），由矿责任单位负责人负责治理，矿业务科室分管负责人负责督办，矿安检科分管负责人或安全检查工负责验收；一般事故隐患（上级部门检查的），由矿责任单位负责人负责治理，矿分管副总工程师负责督办，矿业务科室负责人负责验收；

（3）较大事故隐患，由矿责任单位负责人负责治理，矿分管副矿长负责督办，矿业务科室负责人负责验收；

（4）重大事故隐患，由矿长组织制定并实施重大事故隐患专项治理方案（事故隐患治理方案，包括治理目标和任务、采取方法和措施、经费物资的落实、负责治理机构和成员、治理时限和要求、安全措施和应急预案），安检科监督，相关业务科室跟踪落实，责任单位按期完成治理。

未按照规定时限完成治理的事故隐患，提高一个督办层级。

每项一般、较大和重大事故隐患要做到“责任单位、责任人员”双明确。

2. 隐患闭环管理要求

隐患排查结束后，矿井安检部门负责汇总建立矿井事故隐患排查台账，并将所排查隐患录入集团公司主动预防型安全信息化管理系统，同时负责跟踪监督整改落实。对排查或检查发现的安全问题、事故隐患，现场及时整改的，可不录入集团公司主动预防型安全信息化管理系统。

按照责任、措施、资金、时限、预案“五落实”要求，所有现场不能及时整改的隐患均采用信息化管理系统实现整改闭环管理。

（五）事故隐患验收、销号及报告

（1）一般和较大隐患的销号由矿井自行组织验收、销号。

（2）重大隐患和公司挂牌督办隐患整改完毕由矿井验收合格后报二级公司分管部室和安全监察局，由安全监察局组织验收、销号。

（3）排查出的一般事故隐患及较大事故隐患按照有关要求，由安检科及时上报有关部门。

(4) 排查出的重大事故隐患,要立即停止受威胁区域内所有作业活动、撤出作业人员,并立即向永煤公司、永城市政府有关部门和河南煤矿安全监察局豫东监察分局书面报告。另外,每月 25 日按照《陈四楼煤矿三级重大安全隐患自述月报制度》文件要求报告永煤公司安监局,并建立重大事故隐患信息档案。

(5) 重大事故隐患信息档案应包括从排查、报告、制定整改治理方案、验收销号等相关资料。

(6) 重大安全隐患报告包括:隐患的现状及其产生的原因;隐患的危害程度和整改难易程度分析;隐患的治理方案。

(7) 安检科负责每月将矿井事故隐患综合排查情况上传至主动预防型安全信息化管理系统,并按照要求上报永城市政府有关部门和河南煤矿安全监察局豫东监察分局。

(8) 生产科、机电科、地测科、通风防突科负责每旬将专业事故隐患排查情况上传至主动预防型安全信息化管理系统,并按要求上报永煤公司对应专业部室。

(9) 各单位要建立事故隐患排查台账,内容包括隐患名称(含地点、部位)、排查时间及人员、等级认定、整改责任单位和人员及期限、销号时间等。

(10) 根据《煤矿安全生产标准化基本要求及评分方法(试行)》要求,矿井每月召开一次事故隐患综合排查会议,组织一次安全生产大检查;各专业每旬召开一次专业隐患排查和专业安全生产检查。每季度初,向河南煤矿安全监察局豫东监察分局和永城市应急管理局汇报上季度隐患治理情况。

(六) 隐患排查治理责任追究

根据《河南省重大事故隐患排查治理责任追究规定的通知》(豫政〔2011〕41 号)责任追究规定及集团公司有关规定,陈四楼煤矿落实各部门职责,严格隐患排查治理督察制度,执行隐患排查治理责任追究制度。责任追究坚持安全一票否决制、“一查到底、责任倒查、分级负责”原则,根据事故责任者、事故类别及严重程度,严格安全责任追究。

第五节 双重预防体系建设

2016 年 1 月 6 日,在中共中央政治局常委会会议上,习近平总书记指出“必须坚决遏制重特大事故频发势头,对易发重特大事故的行业领域采取风险分级管控、隐患排查治理双重预防性工作机制,推动安全生产关口前移”,建设双重预防机制首次被提出。

一、体系建设

陈四楼煤矿严格按照《河南省人民政府安全生产委员会办公室关于印发河南省煤矿安全生产风险隐患“双重预防体系”建设实施方案的通知》(豫安委办〔2019〕32 号)及河南能源化工集团、永煤公司等相关文件要求,结合矿井实际,制定印发了《陈四楼煤矿安全生产风险隐患“双重预防体系”建设实施方案(试行)》(陈矿安字 157 号)作为纲领性文件,印发《陈四楼煤矿“六重点”管控实施办法(试行)》(陈矿安字 158 号)、《陈四楼煤矿采掘工作面安全风险四级预警机制管理办法》（陈矿安字 159 号）和《陈四楼煤矿安全生产风险隐患“双重预防体系”运行考核制度（试行）》（陈矿安字 173 号）等一系列配套管理制度，做到体系建设各个层级责任明确、各项工作流程清晰，为矿井构建双重预防体系提供制度保障。

2020 年 12 月，印发《陈四楼煤矿安全生产风险分级管控和事故隐患排查治理双重预防体系管理规定》。按照“把风险化解在隐患之前，把隐患消除在事故之前”的原则，转变安全管理理念，由查隐患向防风险转变，实现安全风险辨识管控和隐患排查治理体系的闭环管理，实现动态化信息化管理。坚持源头防范、系统治理、纵深防御，建设规范、管用、智能、可持续、全覆盖的“双重预防体系”。

陈四楼煤矿“双重预防体系”建设落实“五有”标准，有科学完善的工作推进机制、有全面覆盖的风险辨识分级管控体系、有责任明确的隐患排查治理体系、有线上线下的智能化信息平台、有奖惩分明的激励约束制度。建立健全风险自辨自控、隐患自查自治工作机制，明确本单位负责人和各级、各岗位人员责任。风险分级管控工作制度应对安全风险辨识评估范围、方法和安全风险的辨识、评估、管控工作流程做出规定并落实。事故隐患排查治理工作制度应对事故隐患分级标准，事故隐患排查、登记、治理、督办、验收、销号、分析总结、检查考核做出规定并落实。

2021 年 3 月，印发《陈四楼煤矿安全生产风险隐患“双重预防体系”运行考核制度》，建立并完善了运行考核机制，提升了运行效果。

2021 年 7 月，印发《国家煤矿安全生产综合信息系统和河南省煤矿安全生产信息管理系统暨双重预防体系信息平台运行办法的通知》，持续推进双重预防系统应用工作全面落实，安检科利用日常对系统使用运行情况进行动态检查，并将检查存在问题及时通过微信等方式进行提醒通知，并每月在矿安全办公会议、安全“双基”会议上对该系统使用情况进行总结分析，促进安全管理水平提升。

二、体系运行情况

（一）风险分级管控体系

陈四楼煤矿按照“一面（工作面）多点（风险点）、一点（风险点）多源（危险源）、一源（危险源）多险（风险）、一险（风险）多措（管控措施）、一措（管控措施）缺为患（隐患）”的原则和思路开展风险辨识评估，综合采用作业危害分析法等多种评估方法，组织专业科室、区队、班组和岗位人员等多层次进行风险辨识、分析，形成了从风险辨识到风险管控、从风险反馈到风险预警的动态循环风险辨识和评估上报机制，实现全员参与、良性互动。

采用“1＋8＋8”安全风险辨识评估与“三前一后”（新设计前、重大变化前、高危作业前和出现事故或重大隐患后）安全风险专项辨识评估相结合的评估体系，开展各类风险辨识评估。

1. 超前辨识，提前防范

为了最大程度实现风险超前管控，陈四楼煤矿在按要求完成年度风险辨识评估的基础上超前谋划，在进行矿井中远期规划的同时开展了 3 年的中期辨识评估和 5 年的远期辨识评估,规划时充分考虑各类风险因素的影响,尽可能提前规避重大风险,做到风险辨得准、控得住、有成效。

2. 全员参与,全面辨识

矿井全面开展"岗位风险辨识"大讨论活动(第二、三季度各开展1次),区队通过班前会、班后会或微信群讨论等形式开展"头脑风暴式"岗位风险大讨论活动,充分启发员工主动思考、发散思维,结合自身工作经验,全面辨识自身岗位存在的风险点和安全风险。分别梳理作业场所、设备设施和作业活动三大类风险点清单,共辨识风险点254个(设备设施类180个,作业场所类41个,作业活动类33个),共辨识安全风险3788条。

3. 全面应用,全程管控

在按照上级文件要求对风险辨识评估结果进行应用的同时,结合陈四楼煤矿实际进行创新应用。一是采掘工作面安全现状四色评估结果按照四色预警机制进行分级处置,蓝色(安全可控):可正常生产;黄色(基本可控):可边整改、边生产;橙色(容易失控):可边整改、边生产,须各级管理人员重点关注,加强监督检查;红色(不可控):立即停止生产作业或设备运行。二是评估结果作为矿井"六重点"(重点工程、重点区域、重点头面、重点单位、重点环节、重点人员)管控制定的主要依据。通过"安检员现场专盯、科室人员动态巡查、管理干部重点督查"的"三位一体"重点管控,通过对"六重点"的关键管控来更好实现对较大及以上风险的跟踪管理,通过关键少数带动绝大多数,以点带面、以面带全。三是评估结果作为矿井月度写实计划制定的主要依据。通过各级管理人员有计划性地现场跟班写实,对高风险区域进行重点监督检查,确保管控措施落实到位,同时,及时发现生产过程中存在的问题,及时辨识出新的安全风险,及时补充完善管控措施,进而降低风险等级或确保风险可控。四是结合月度生产计划和月度风险辨识评估,制订月度风险管控和措施落实计划。各业务科室提前上报下月巷道开口、过断层、贯通、揭煤及大型安装拆除等高风险作业活动计划,并根据计划逐项制定管控措施和落实计划,安检科汇总后作为月度安全工作计划的一部分下发。各区队结合月度计划制定本单位风险管控计划并上报安检科,安检科定期对各科室及区队的风险管控计划落实情况进行监督检查,并进行考核通报,确保各单位按照计划有序落实各项管控措施,最大程度确保风险可防、可控。

4. 全员培训,全面提升

一是按要求分层次、分阶段组织"双重预防体系"全员培训,并进行全员机考(组织考试2 895人次,考试成绩均在80分以上);二是推行"线上线下一体化"培训工作法,线下理论与实操培训相结合,线上开展多形式、多层次互动式教学,如线下开展逆向式"三违"人员培训、"三违"人员家属座谈会等,线上按工种建立培训工作微信群、"三违"人员帮教群等;三是定期开展岗位风险辨识大讨论"头脑风暴"活动,引导职工主动思考身边风险和危险因素,主动预知、预控风险;四是模仿"学习强国"软件开发"学习强矿"App,将"双重预防体系"相关内容作为学习重点,设立"双控专项"学习园地版块,把"双重预防体系"考试列入"专项考试""每月一考"和"每日一题",营造"双重预防体系"浓厚学习氛围,快速高效普及"双重预防体系"相关知识;五是编印《陈四楼煤矿双重预防体系知识汇编》手册,并上传至"学习强矿”App，方便各级人员学习掌握体系相关知识，营造浓厚学习氛围；六是矿井通过录制关键工序安全作业微视频（10个），由有经验的熟练工操作演示，同时讲解作业过程中的风险因素和注意事项，直观展示岗位作业标准和风险管控措施，不断提升职工的风险意识和安全操作水平；七是编印《警示的力量——身边事教育身边人》案例警示教育绘本（收集事故案例31个），图文并茂地展示事故后果、还原事故经过，发人深省、引人深思，激发员工主动保安意识；八是为职工印发《岗位安全风险告知卡》（3 775张），让职工充分了解掌握自身岗位的潜在风险及管控措施，在重要岗位作业地点悬挂《重点岗位事故应急处置卡》（487块），让职工了解和掌握风险失控后的正确应急处置原则和方法；九是通过在人车车厢内张贴“双重预防体系”学习卡（400张）、井下语音广播播放“双重预防体系”知识等方式，充分利用职工工余时间进行广泛宣传教育；十是通过班前会和岗前三分钟事故预想、安检员和管理人员现场问询式检查等方式引导职工主动预知、预控风险，通过纳入“四位一体”岗位标准化考核来强化工作落实，不断补充和完善管控措施，营造良好的提前预知风险和主动管控风险的良好氛围。

5. 强化考核，强力监管

专业科室及安检科负责风险管控措施落实情况的检查、监督和指导，检查过程中发现区队风险管控措施落实不到位的，未造成隐患的及时提醒纠正，典型问题在早调度会上通报以警示他人；因风险管控措施落实不到位的而造成隐患的，按照隐患对责任单位进行考核，典型问题参照隐患责任追究细则进行责任追究。对于较大及以上风险或矿领导在会议上提醒或强调需加强管控的风险，责任单位因管控不力造成隐患的，参照隐患责任追究细则加倍处罚。通过有效的考核和有力的追责，确保风险可防可控，真正做到把风险管控挺在隐患前面。

（二）隐患排查治理体系

事故隐患治理重点在“防”，关键在“查”，根本在“治”。陈四楼煤矿创新提出隐患治理“六零”理念：责任主体“零”缺位、隐患排查“零”盲区、隐患治理“零”搁置、隐患报告“零”隐瞒、多元共治“零”缝隙（区队自律、科室联动、齐抓共管）和治理效果“零”反弹。

1. “5＋n＋n”隐患排查治理体系，促进隐患排查“模式化”

“5”：即5级（“1＋3＋1＋1＋1”）隐患排查，矿井级由矿长负责每月组织进行一次覆盖各专业的综合性隐患排查（1）；专业级由分管矿领导负责每旬分别组织业务部门进行一次专业系统隐患排查（3）；科队级由管理、技术和安检人员每天进行巡查，对作业区域开展事故隐患排查（1）；班组级由班组长负责每班组织进行一次现场隐患排查和安全确认（1）；岗位级由岗位人员作业过程中随时排查事故隐患（1）。

第一个n：按照省安委会32号文要求出现有关安全生产法律法规、标准规范发布或者变更、修改等特殊情形时，矿井每月不定期开展n次专项隐患排查。

第二个n：每月各业务科室定期开展n次专项隐患排查。专业科室每月5日前上报专项检查计划，按计划开展专项检查活动，专项检查突出“三专”（专业检查人员、专项检查内容、专一检查地点），大大提高了检查的针对性和深入性，推动隐患排查向纵深发展。

2."菜单式"隐患排查,促进隐患排查"格式化"

依托《煤矿企业安全检查手册》,陈四楼煤矿共梳理提取了11个专业7万余条隐患作为矿井隐患库,分层级、分专业、分区队、分专项制定了"菜单式"隐患排查清单,应用到矿井月度安全大检查、专业旬度安全大检查、各类专项检查及巷道开口贯通、钻场开工验收、设备安装验收等日常检查中,对照清单进行逐条逐项排查,不仅大大提高了检查的全面性和系统性、提升了隐患排查质量和效果,而且检查人员还在对照检查的过程中学习了相关法律法规和标准、提高了专业水平,变"搜索式"查找为"拉网式"过滤,变"单角度"映射为"全角度"扫描,变"个性化"理解为"格式化"规范,真正实现隐患排查全覆盖、无死角,进一步筑牢矿井安全防线。同时,通过检查记录的对照,可以有效提升各级检查人员的责任心,避免隐患排查"走马观花"。

3.计划性跟班写实,促进隐患排查"立体化"

陈四楼煤矿创新将隐患排查与各级管理人员跟班写实活动相结合,通过参加区队班前会、跟踪观察完整作业循环,既可以发现区队生产组织上的问题隐患,还可以发现区队日常管理中的问题隐患。同时,"多对一"的写实月底由专业科室汇总后进行梳理分析,通过横向对比,还可以发现同区队不同班组间生产组织上的差异和问题。

矿井印发《陈四楼煤矿领导干部带(跟)班现场写实管理办法》,每月各专业提前根据生产计划确定1～2项写实计划,规定矿领导、科室(区队)管理人员、大学生及安全检查工围绕月度写实计划进行现场写实。每月底对写实情况进行总结分析,从中找出问题存在的规律,采取相应管控措施。同时,每月对写实质量分采煤、掘进、开拓、辅助及科室5个系统进行评比,对系统内评比前三名的给予一定的"双基"奖励,评比后三名的对等处罚。

4.隐患追责"常态化",促进隐患治理"零搁置"

矿井建立常态化隐患追责机制,制定《陈四楼煤矿事故隐患及安全管理问题责任追究处罚细则》,分层面、分层级制定了各类隐患的处罚标准,对于重复隐患加倍进行处罚,根据隐患的性质和程度追究到相应的管理层级,通过表格式清单化呈现各层级对应的处罚金额,明晰各层级责任权重,确保责任主体"零"缺位,并在早调度会上进行通报、在内部网公示隐患追究结果,通过透明的管理、完善的机制和高压的态势,促进隐患治理"零反弹"。

5."三违"治理组合化,促进不安全行为"零反弹"

人为因素是造成事故的最主要因素,人的不安全行为类隐患往往是造成事故的最直接"导火索",陈四楼煤矿采用多套组合拳严查"三违"、狠反"三违",促进不安全行为"零反弹"。

(1)查"三违"组合拳:一是安检员盯在现场查"三违";二是科室管理人员机动性查"三违";三是区队自查"三违";四是职工举报"三违"。四项举措织就查"三违"隐形网,让"三违"无处遁形,构建不敢违"防火墙"。

(2)反"三违"组合拳:一是采用"三违"诚信保证金制度(定期返还,6个月无事故无"三违");二是"三违"人员上讲台(一般、严重"三违"区队内部三班班前会做检查、安全红线系统内三班班前会做检查);三是"三违"连带处罚(严重"三违"和安全红线分别连带处罚跟班队长、队长、书记 200 元和 500 元)；四是调度会通报批评；五是邀请职工家属参加“三违”人员座谈会；六是开展“三违”人员逆向式教育。六举措让“三违”人员深刻反省、触动灵魂，丢“票子”、伤“面子”、触“里子”，构筑不想违、不愿违思想防线，真正做到违章一个、教育一个、警示一片、震慑一方。

6.“四位一体”岗位作业流程化，促进安全行为“标准化”

为治理人的不安全行为隐患，矿井以“建设标准”为核心，组织全员开展风险辨识，梳理安全确认、安全站位执行标准和措施，编制岗位工作业流程清单，细化每个作业工序，按照操作顺序的逻辑关系，制定出详细的施工步骤，形成一套符合安全生产实际的管理标准。

一是开展安全风险辨识。全面开展安全风险辨识活动，对每一项工作、每一道工序可能存在的安全风险进行预判，制定安全风险管理标准和管控措施，让岗位工执行标准、落实措施，让管理人员监督执行、落实情况，确保安全风险超前防控到位。二是梳理安全确认标准。重点对主要岗位人员安全确认标准进行梳理，对设备启动、爆破起爆以及停送电等重要的施工程序，按照“一看、二检、三确认”的工作模式，完善安全确认管理标准，制定安全确认管理规定，把安全确认作为职工操作前必不可少的关键程序，培养职工良好的安全确认习惯。三是制定安全站位措施。组织各专业人员、各区队岗位人员针对采、掘、开工作面正规循环作业以及安装回撤、起吊拖运等特殊作业编制安全站位管理标准 139 项，规范每道关键工序作业人员的站位范围，确保人员合理站位，避免意外伤害。四是精修岗位作业流程。矿长牵头、分管领导参加，组织技术人员、区队长、班组长，细化编制覆盖井下、地面 317 项作业流程标准，编制施工重点环节 728 项工序流程和专业科室、基层区队 19 个单位 192 项工作流程，并通过现场实践不断修订标准、完善标准内容，做到简单实用，便于现场操作执行。

7.“一面一策”质量标准化，促进安全环境“零隐患”

按照“提高标准、强化流程、优化设计、统筹兼顾”的工作思路，结合矿井接替主线和灾害治理情况，制定印发了《陈四楼煤矿“一面一策”安全生产标准化提升实施方案》，以建标、树标、对标、达标“四步走”工作法，推进矿井安全生产标准化水平持续提升。矿井先后对五采区、六采区、八采区主行人运输斜巷及 2509 工作面、2803 工作面下顺槽、21210 工作面底板抽放巷等采掘工作面，按照项目化管理方式进行了标准化提升，提高了矿井标准化水平、提升了矿井形象。

三、运行考核及效果

矿井专门制定印发运行考核制度，将双重预防体系运行考核与矿井“双基”考核无缝衔接、有机融合，明确考核奖惩的标准、频次、方式方法，实现从矿井到个人“五级”考核，将评估考核结果与干部员工安全绩效工资挂钩，进一步压实责任，确保“双重预防体系”各项工作都平稳有序推进。

自 2018 年 12 月“双重预防体系”运行以来，至 2021 年 12 月矿井消灭了轻伤及以上伤亡事故和三级及以上非伤亡事故，实现了安全生产。矿井严重及以上“三违”率同比下降约 40%，隐患总条数同比下降约 20%，隐患、问题整改销号率 100%，杜绝了到期不整改、超期整改及二次不整改隐患问题。

第六节　安全生产标准化

一、管理制度

1998 年 9 月,《永城煤电集团公司关于加强陈四楼煤矿质量标准化工作及考核办法的通知》印发,陈四楼煤矿根据永煤公司工作安排,下发《关于后两个月大搞质量标准化工作的通知》(陈矿字〔1998〕098 号),此文件作为陈四楼煤矿首份标准化文件。

2000 年 6 月,《关于安全质量标准化有关事宜的通知》印发,将季度安全检查和质量标准化检查合并,每季度检查 1 次。

2005 年 2 月,结合新版《煤矿安全规程》,编制《关于印发 2005 年安全质量标准化管理办法的通知》,规范质量标准化管理工作。

2009 年 9 月,转发并执行《国家级安全质量标准化煤矿考核办法(试行)的通知》。新增"安全管理"专业,考核项目由 7 项增为 8 项。考核标准分为 3 个等级,一级安全质量标准化各专业得分均在 90 分及以上(含 90 分,下同);二级安全质量标准化各专业得分均在 80 分及以上;三级安全质量标准化各专业得分均在 70 分及以上。

2013 年 1 月,根据永煤公司《关于印发永城煤电控股集团有限公司 2013 年安全质量标准化管理办法的通知》。安全质量标准化分为 11 个专业:通风、地测防治水、采煤、掘进、机电、运输、安全管理、调度、职业卫生、应急救援、地面设施。

2017 年 5 月,永煤集团印发《永城煤电控股集团有限公司关于印发 2017 年安全生产标准化管理办法的通知》《关于开展煤矿安全生产标准化建设试点工作的通知》,陈四楼煤矿作为新标准试点单位之一。新版安全生产标准化 11 个专业共 100 分,安全风险分级管控占比 10%、事故隐患排查治理占比 10%、通风占比 16%、地质灾害防治与测量占比 11%、采煤占比 9%、掘进占比 9%、机电占比 9%、运输占比 8%、职业卫生占比 6%、安全培训和应急救援占比 6%、调度和地面设施占比 6%。安全生产标准化等级分一级、二级、三级。一级得分在 90 分以上(含 90 分,下同),主体专业安全风险分级管控、事故隐患排查治理、通风、地质灾害与测量、采煤、掘进、机电、运输专业得分不低于 90 分,其他专业不低于 80 分,单班入井人数不超过 1 000 人、年产 30 万吨以下矿井单班入井人数不超过 300 人;二级得分 80 分以上,主体专业得分不低于 80 分、其他专业不低于 70 分;三级得分 70 分以上,主体专业得分不低于 70 分、其他专业不低于 60 分。省级安全生产标准化工作主管部门初审一级安全生产标准化申报矿井,国家煤监局组织考核定级;申报二级、三级标准化矿井初审和考核定级由省级煤矿安全生产标准化工作主管部门确定。

2018 年 3 月,为认真落实矿井 2018 年安全一号文精神,扎实开展安全精细化主题活动,巩固提升一级安全生产标准化水平,重新修订完善《陈四楼煤矿安全"1+2+3"精细化管理实施办法》。

2019 年 4 月,为进一步加强安全管理,严格落实危险预知、安全确认、安全站位、流程作业“四位一体”岗位标准化工作标准（以下简称“作业流程”），有效预防和杜绝各类零敲碎打事故的发生，本着“突出区队自主管理，强化科室监管指导，优化系统管控效果”的原则，制定下发《陈四楼煤矿“四位一体”岗位标准化作业流程管理办法》。

2020 年 6 月，陈四楼煤矿根据国家煤矿安全监察局新修订颁布的《煤矿安全生产标准化管理体系考核定级办法（试行）》和《煤矿安全生产标准化管理体系基本要求及评分办法（试行）》（煤安监行管〔2020〕16 号，以下简称《管理体系》），于 2020 年 7 月 1 日正式实施，为认真做好《管理体系》学标、对标、达标工作，制定贯彻执行方案。

2021 年 3 月，为进一步加强矿井安全基础建设，推进矿井安全治理体系和治理能力现代化，夯实安全生产根基。按照《河南能源化工集团关于强化煤矿安全生产标准化动态达标的实施意见》（豫能〔2020〕81 号）和《关于印发永城煤电控股集团有限公司 2021 年安全生产标准化管理办法的通知》（永煤控股〔2021〕118 号）文件要求，制定下发《陈四楼煤矿 2021 年安全生产标准化管理办法》。

二、达标规划

1998 年 9 月，《永城煤电集团公司关于加强陈四楼煤矿质量标准化工作及考核办法的通知》印发，规划机电、运输、通风达企业级标准；采煤有 1 个区队达标企业级；掘进有 2 个区队达企业级标准。

1999 年 5 月，永煤公司下发《关于印发永城煤电公司 1999 年生产矿井质量标准化管理及考核办法的通知》，规划陈四楼煤矿采煤、掘进、机电、运输、通风专业要保持省级标准。

2005 年 2 月，《安全质量标准化管理办法》印发，规划陈四楼煤矿要按《煤矿安全质量标准化及考核评级办法》达到国家一级标准，跻身全国安全质量标准化先进单位行列。

2007 年，陈四楼煤矿安全质量标准化达到国家一级标准（省特级标准）的工作目标。

2010 年 3 月，规划继续一级安全质量标准化标准。

2011 年，陈四楼煤矿安全质量标准化和“五优”矿井创建达到规划目标。

2013 年 1 月，安全质量标准化达标规划陈四楼煤矿按新标准保持省一级安全质量标准化标准和国家级安全质量标准化标准。

2017 年 3 月，安全生产标准化管理办法达标规划陈四楼煤矿按新版标准达到国家一级安全生产标准化标准。

2018 年达标规划陈四楼煤矿达到国家一级安全生产标准化矿井。

2019 年达标规划陈四楼煤矿达到国家一级安全生产标准化矿井。

2020 年达标规划陈四楼煤矿达到国家一级安全生产标准化矿井。

2021 年达标规划陈四楼煤矿达到国家一级安全生产标准化矿井。

三、达标结果

1998 年年底，陈四楼煤矿机电、运输、通风专业达到企业级标准，综一队、开一队、开三队达到企业级。

1999 年，永煤公司按照生产矿井质量标准化管理及考核办法规定，对陈四楼煤矿制定季度和年度奖励标准，达到企业级、省级、行业级质量标准化矿井，各奖 60 000 元、100 000 元、160 000 元。

2007 年，河南省煤炭工业管理局命名陈四楼煤矿为河南省一级安全质量标准化矿井。

2008 年，河南省煤炭工业管理局命名陈四楼煤矿为安全质量标准化一级矿井。

2015 年，陈四楼煤矿因煤与瓦斯突出事故除 2015 年、2016 年为三级标准化矿井外，截至 2021 年，其余年度均为一级标准化矿井。

第七节　“五优”矿井

一、创建

2006 年，河南省煤炭工业局结合国家“两型三化”(安全高效型、本质安全型，基础管理精细化、技术装备现代化、人员培训制度化)矿井建设，提出“五优”矿井创建工作(安全生产、质量标准化、高产高效、科技贡献、文明建设等 5 个方面效果显著、成绩优异的矿井，简称“五优”矿井)。

2007 年 1 月，河南省煤炭工业管理局印发《关于开展“五优”矿井创建活动的通知》，河南省煤矿“五优”矿井创建工作启动。5 月，永煤集团印发《关于开展质量标准化“五优”矿井创建活动实施意见》。7 月，陈四楼煤矿印发《关于开展质量标准化“五优”矿井创建活动实施意见》，要求所属单位开展“五优”矿井创建工作，在人财物等方面予以支持。

2007 年 5 月，陈四楼煤矿印发《关于开展“五优”矿井创建夯实安全基础管理工作的实施办法》，开展“五优”(本质安全、质量标准化、高产高效、科技兴安、文明一流)矿井创建活动。

“五优”矿井建设的主要目标是：

(1) 安全：健全和落实安全生产责任制，各项管理制度完善；煤炭百万吨死亡率为零，杜绝二级以上重大非伤亡事故；无《国务院关于预防煤矿生产安全事故的特别规定》中的 15 种重大安全生产隐患；按规定足额提取和使用安全费用及质量标准化建设专项资金。

(2) 达标：矿井达到质量标准化特级矿井。

(3) 高效：矿井生产布局科学合理；采煤机械化程度达到 85%以上，掘进装载机械化程度达到 95%以上；资源采出率符合国家规定；矿井原煤生产人员效率要达到 10 吨/工以上；职工年人均工资在 4 万元/人以上或者增长幅度不低于 20%；矿井平均吨煤利润 40 元以上。

(4) 科技：积极开展科技攻关和新技术推广工作，获得市级(或省局级)以上科技成果年度不少于 1 项；科技投入要占企业销售收入的 3%以上；矿井中层以上领导干部具有中专以上学历的人员所占比例不低于 85%。

(5) 文明：各级班子团结；无集体上访事件；治安秩序状况良好；获得市级以上文明单位称号；企业文化建设特点明显，成绩突出。

2008 年 1 月，陈四楼煤矿获得首批河南省“五优”矿井之一。2008—2014 年均取得河南省一级“五优”示范矿井称号，陈四楼煤矿 2015 年发生煤与瓦斯突出事故，取消“五优”示范矿井称号，2016 年经重新创建并验收，于 2017 年 5 月恢复一级“五优”矿井。2018—2021 年，均获得一级“五优”矿井称号。

二、考核与奖励

2012 年 10 月，印发《陈四楼煤矿安全质量标准化管理办法补充规定》，在 2007 年 5 月开展质量标准化“五优”矿井创建活动实施意见基础上，结合永煤公司《关于 2012 年“五优”矿井创建的实施意见》精神，规定考核分工、奖励标准，见表 5-1-5、表 5-1-6。

表 5-1-5　陈四楼煤矿月度安全质量标准化考核奖惩

考核名次	月份	单位“双基”	队干安全目标奖励	其他奖惩项目	备注
基层区队正数第一名	1 个月	+2 分	+20%	—	
	连续 2 个月	+3 分	+40%		
	连续 3 个月	+4 分	+60%		
	连续 4 个月	+4 分	+60%		
	连续 5 个月	+4 分	+60%	外出疗养一次或外部参观学习一次	
	连续 6 个月	+4 分	+60%	年终评先优先条件	
基层区队倒数第一名	1 个月	−2 分	−20%	—	
	连续 2 个月	−3 分	−50%		
	连续 3 个月	−4 分	−100%	队长、支部书记在当月安全办公会上做检查	
	连续 4 个月	−4 分	−100%	取消队干待遇 1 个月	
	连续 5 个月	−4 分	−100%	队长、支部书记降职	
	连续 6 个月	−4 分	−100%	队长、支部书记免职	

表 5-1-6　永煤公司季度安全质量标准化考核结果运用

考核名次	季度	单位/个人	安全“双基”	个人安全目标奖励	其他奖惩项目	备注
专业正数第一名	1 个季度	组长	个人+3 分	—	—	
		副组长	个人+3 分	+30%		
		成员	单位+4 分	+30%		
		迎检区队	单位+4 分	+30%	奖励单位 2 万	
	连续 2 个季度	组长	个人+4 分	—	—	
		副组长	个人+4 分	+60%		
		成员	单位+5 分	+60%		
		迎检区队	单位+5 分	+60%	奖励单位 5 万	
		专业内其他区队	—	+30%	奖励单位 2 万	

表 5-1-6(续)

考核名次	季度	单位/个人	安全“双基”	个人安全目标奖励	其他奖惩项目	备注
专业正数第二名	1 个季度	组长	个人+2 分	—	—	
		副组长	个人+2 分	+10%		
		成员	单位+3 分	+10%		
		迎检区队	单位+3 分	+10%		
	连续 2 个季度	组长	个人+3 分	—		
		副组长	个人+3 分	+30%		
		成员	单位+4 分	+30%		
		迎检区队	单位+4 分	+30%		
矿井正数第一名	1 个季度	其他科室	—	+30%		
		安检科	单位+3 分	+30%		
	连续 2 个季度	其他科室	—	+60%		
		安检科	单位+4 分	+60%		
专业倒数第一名	1 个季度	组长	个人−2 分	—	分管领导牵头组织到兄弟单位交流学习。否则,个人安全“双基”扣 1 分	
		副组长	个人−2 分	−50%		
		成员	单位−3 分	−50%		
		迎检区队	采煤队 3 条,每超 1 条−1 分、−10%;掘进队及其他队 2 条,每超 1 条−1 分、−10%;重复隐患,每条−1 分、−10%(叠加计算)			
	连续 2 个季度	组长	个人−3 分	—	—	
		副组长	个人−3 分	−70%		
		成员	单位−4 分	−70%		
		迎检区队	采煤队 3 条,每超 1 条−2 分、−20%;掘进队及其他队 2 条,每超 1 条−2 分、−20%;重复隐患,每条−2 分、−20%(叠加计算)			
	连续 3 个季度	组长	个人−4 分	—		
		副组长	个人−4 分	−100%	当月安全办公会议做检讨	
		成员	单位−5 分	−100%	—	
		迎检区队	采煤队 3 条,每超 1 条−3 分、−30%;掘进队及其他队 2 条,每超 1 条−3 分、−30%;重复隐患,每条−3 分、−30%(叠加计算)			
矿井倒数第一名	1 个季度	其他科室	—	−30%	—	
		安检科	单位−3 分	−30%		
	连续 2 个季度	其他科室	—	−70%		
		安检科	单位−4 分	−70%		
	连续 3 个季度	其他科室	—	−100%		
		安检科	单位−5 分	−100%		

三、效果

（一）安全质量标准化达标头面和“五优”区队增多

自 2007 年开展“五优”矿井创建工作以来，制定激励政策，加强考核，提高各区队创建“五优”区队和头面达标的积极性，切实提升矿井安全管理水平。

（二）安全周期延长

安全生产是创建“五优”矿井的前提，陈四楼煤矿牢固树立安全发展理念，坚持“安全第一、预防为主、综合治理”的方针，把创建“五优”矿井作为提升矿井整体安全管理水平的重要抓手，有效预防和控制安全生产事故，夯实安全根基，提升矿井安全保障能力。

2008 年 1 月，陈四楼煤矿首批获河南省“五优”矿井。陈四楼煤矿 2015 年发生煤与瓦斯突出事故后取消 “五优”示范矿井称号，经重新创建并验收，于 2017 年 5 月恢复一级“五优”矿井。

陈四楼煤矿 2008—2019 年“五优”矿井创建情况见表 5-1-7。

表 5-1-7　陈四楼煤矿 2008—2019 年“五优”矿井创建统计一览表

年份	“五优”矿井创建情况	备注
2008 年	一级示范	一级
2009 年	一级示范	一级
2010 年	一级示范	一级
2011 年	一级示范	一级
2012 年	一级示范	一级
2013 年	一级示范	一级
2014 年	一级示范	一级
2015 年	取消	一级
2016 年	一级	一级
2017 年	一级	一级
2018 年	一级	一级
2019 年	一级	一级

注：一级指河南省一级“五优”矿井；一级示范指河南省一级“五优”示范矿井。

（三）高产高效成绩突出

陈四楼煤矿采煤机械化率达 100%，高产高效在全员工效增加得到体现。

截至 2021 年，全员工效增加，科技成果丰硕，和谐文明矿区建设得到落地等方面，是安全生产标准化工作的补充和延续。

第八节　安 全 活 动

一、安全生产周教育活动

1997 年 6 月,陈四楼煤矿在矿区开展首个“安全生产周”,也是全国第一个以“安全就是效益和提高职工安全意识”为主题“安全生产周”活动。直至 2001 年,以后每年印发文件按照要求在每年 6 月第 3 周开展“安全生产周”活动。

1997—2001 年,先后开展以“为企业创造良好安全生产环境,提高职工安全生产意识”“遵章守纪杜绝三违”“勿忘安全珍惜生命”“不伤害自己,不伤害他人,不被他人伤害”“治理隐患,保障安全”“遵章守纪,保障安全”“加强管理,保障安全”“落实责任,保障安全”“安全·生命·稳定·发展”“掌握安全知识,迎接新的世纪”“落实安全规章制度,强化安全防范措施”为主题的安全生产周活动,普及安全知识,营造安全氛围,增强职工安全意识。

二、百日安全及安康杯活动

1996 年,陈四楼煤矿在矿区开展首个“百日安全生产活动”。

1997 年,陈四楼煤矿开展“百日安全生产活动”。

1999 年,根据国家煤炭工业局和河南省煤炭厅以及永煤公司要求,从 7 月 20 日至 10 月底开展“迎国庆百日安全活动”。

1999 年,河南省煤炭工业局、省煤矿工会首次联合开展“安康杯”竞赛活动,陈四楼煤矿获优胜单位。

2001—2021 年,陈四楼煤矿连续 14 年获“安康杯”竞赛优胜单位。陈四楼煤矿每年均参加河南省或中华全国总工会和国家安监总局联合举办的“安康杯”竞赛活动,在活动中遵循“安全”与“健康”永恒主题,始终将竞争机制、奖励机制、激励机制纳入日常煤矿安全生产工作,员工安全意识、安全知识逐渐得到提高。

三、安全包保

2010 年 12 月至次年“两会”结束,首次开展安全包保,成立矿长任组长,矿领导任副组长,科室人员为成员,组成包保组,对包区队每周最少 1 次安全大检查。

2017 年 10 月至 2018 年 3 月底,组成包保组,保障中国共产党第十九次全国代表大会召开及 2018 年“两会”期间安全、稳定环境。

2019 年 8 月,开展“防风险除隐患保平安迎大庆”安全包保。组成包保组,成员由矿领导和科室人员组成。8 月开始至 9 月 30 日结束,保障中华人民共和国成立 70 周年大庆期间安全、稳定。

2020 年,印发《关于加强安全包保确保 2020 年全国“两会”期间安全生产工作的通知》(陈矿安字〔2020〕136 号),坚决扛稳煤矿安全生产政治责任,有效防范和化解各类安全风险,积极营造矿井安全稳定环境。

2020 年，印发《关于规范区队安全包保制度的通知》，进一步规范基层区队安全包保，加强班组安全生产，压实区队管理人员安全主体责任，做到安全管理重心下移、关口前移，实现安全“零”目标。

四、安全“红线”

2015 年，落实习近平总书记“发展决不能以牺牲人的生命为代价，这必须作为一条不可逾越的红线”的精神，促进安全“零”理念落地生根，树立“安全工作 60 分、其他工作 40 分”的业绩观和“再好的经济效益也没有人的生命宝贵，再大的功劳也抵不过死人之过”的安全价值观，执行河南省煤矿防治煤与瓦斯突出十项措施和国家安监总局“煤矿瓦斯防治工作十条禁令”，印发《陈四楼煤矿“安全红线”管理规定》，在安全管理、“一通三防”、地测防治水、采掘、机电运输和地面生产单位及化工等方面划出 50 条“安全红线”。凡触犯“红线”者，工人解除劳动合同，干部免职。

五、“安全生产月”活动

2002 年，中共中央宣传部、国家安全生产监督管理局等部委在总结“安全生产活动周”经验基础上，确定 6 月在全国开展首个“安全生产月”活动。以后，陈四楼煤矿每年制定“安全生产月”活动安排意见，围绕不同主题，面向职工、面向基层，采取群众喜闻乐见、易于参与的安全宣传教育活动。“安全生产月”活动中，开展安全宣传警示教育周、安全宣传咨询日、对口安全检查、安全知识竞赛、安全征文、安全合理化建议征集等形式多样、内容新颖、富有实效的活动，突出安全发展主旋律，普及安全生产法律法规知识和安全常识，提高干部职工安全生产意识和素质，形成人人关注安全、献力安全良好氛围，助推企业安全发展。

2003—2018 年的第 2 至 17 个“安全生产月”活动主题分别以“实施安全生产法人人事事保安全”“以人为本安全第一”“遵章守法关爱生命”“安全发展国泰民安”“综合治理保障平安”“治理隐患防范事故”“关爱生命安全发展”“安全发展预防为主”“安全责任重在落实”“科学发展安全发展”“强化安全基础，推动安全发展”“强化红线意识，促进安全发展”“加强安全法治保障安全生产”“强化安全发展观念，提升全民安全素质”“全面落实企业安全生产责任”“生命至上，安全发展”为主题的“安全生产月”活动。其中，2018 年开展以“生命至上，安全发展”为活动主题“安全生产月”期间，河南能源董事长马富国在 6 月 11 日调度会上，要求结合安全生产活动月主题，吸取焦煤公司中马村矿“5·14”、义煤公司新义矿“5·22”两起煤与瓦斯突出事故教训，开展“大反省、大教育、大排查、大提升”活动。陈四楼煤矿贯彻落实应急管理部、省各局委办和集团公司对安全工作部署，以实现安全生产零死亡为总目标，开展“大反省、大教育、大排查、大提升”活动，切实吸取事故教训，突出“生命至上、安全发展”思想，持续努力构建本质安全型企业。

2019 年 6 月第 18 个“安全生产月”，以“防风险除隐患遏事故”为主题，以习近平新时代中国特色社会主义思想为指导，宣传贯彻党的十九大和十九届二中、三中全会精神和习近平总书记关于安全生产重要论述，贯彻落实党中央、国务院和省委、省政府关于煤矿安全生产重大决策部署，以人民为中心，树立安全发展理念，以“双重预防体系建设”为抓手，以防范化解煤矿重大风险、消除安全隐患、遏制生产安全事故为目标,突出煤矿、消防等重点领域,防范化解安全风险。倡导"以人为本、生命至上"安全文化,弘扬安全发展主旋律;开展普及安全知识,提升全员安全技术素质;深化安全警示教育,增强安全责任意识,营造浓厚安全氛围,为新中国成立70周年创造良好安全生产环境。活动主要内容:各单位开展1次全覆盖面安全生产大检查、组织"安全生产志愿服务宣讲""安全宣传咨询日"、安全警示教育、"安全河南杯"安全知识技能竞赛、推进"双重预防体系"建设、做好煤矿瓦斯防治集中执法和安全"体检"及专家"会诊"问题整改、非煤企业专项治理、应急预案演练等。

2020年6月2日第19个"安全生产月",以"消除事故隐患,牢固安全防线"为主题,以习近平新时代中国特色社会主义思想为指导,加强疫情防控常态化条件下安全生产和专项整治三年行动排查整治工作,深入开展以案促改警示教育活动,牢固树立安全发展理念,压紧压实安全生产责任,切实维护职工生命财产安全。通过开展安全宣教、隐患曝光、问题整改、经验推广、案例警示、监督举报、知识普及等既有声势又有实效的宣传教育活动,增强全员安全意识,提升全员安全素质,牢固树立"安全第一、生命至上"理念,强化红线意识和底线思维,落实安全生产主体责任,提质"双重预防体系"建设,防范各类事故。活动主要内容有:开展安全生产重要论述宣教活动、"排查整治进行时"专题活动、组织开展"安全生产大讲堂双重预防体系"提质创建、"学法规、抓落实、强管理"活动、安全生产知识竞赛活动、"安全宣传咨询日"活动、瓦斯治理理念提升活动、安全微视频大赛、安全文化现场交流会等。

2021年6月第20个"安全生产月",以"落实安全责任推动安全发展",以习近平新时代中国特色社会主义思想为指导,结合党史学习教育,深入学习宣传习近平总书记关于安全生产重要论述精神,认真落实省委、省政府关于安全生产工作决策部署,聚焦专项整治三年行动集中攻坚工作,推动各级树牢"人民至上、生命至上"安全发展理念,坚决遏制各类事故发生,推动安全生产月活动走深走实,增强全员安全意识,提升全员安全素质,促进矿井安全生产水平持续提升和安全生产形势持续稳定,为迎接建党100周年、集团公司改革重生营造稳定的安全生产环境。活动内容有:开展学党史悟思想宣教活动、"集中攻坚进行时"专题活动、安全生产知识竞赛活动、"安全宣传咨询日"活动、应急演练活动、"健康快车到井口"活动等。

六、安全政策法规宣贯活动

1998年3月,陈四楼煤矿按照永煤集团要求组织开展安全法规学习宣传周活动。

1999年4月,陈四楼煤矿按照永煤集团下发的《关于组织职工进行安全知识学习考试的通知》,组织职工学习、贯彻、落实《矿山安全法》《煤炭法》和"煤矿三大规程"。

2001年10月、2004年12月,分别按照永煤集团《关于认真学习贯彻新〈煤矿安全规程〉的通知》《关于转发〈河南省煤炭工业局关于做好新版《煤矿安全规程》宣传贯彻工作的通知〉的通知》,开展新版《煤矿安全规程》学习。

2002年7月,印发《关于认真宣传贯彻〈安全生产法〉的通知》。

2003年7月,转发并宣贯执行《国务院办公厅关于进一步加强煤矿安全生产工作的通知》(国办发〔2003〕58号)。

2004年6月，贯彻落实《河南省安全生产条例》，组织全员学习。

2005年9月，转发并执行《转发国务院关于预防煤矿生产安全事故的特别规定的通知》，组织全体干部职工学习特别规定。10月，转发并执行《关于印发〈煤矿重大安全生产隐患认定办法（试行）〉的通知》，转发并执行《关于印发〈煤矿隐患排查和整顿关闭实施办法（试行）〉的通知》，组织全员学习。12月，转发并执行《河南省煤炭工业局关于印发〈关于加强煤矿安全监管工作的若干规定（试行）〉的通知》，组织全员学习。

2006年7月，转发并执行《河南省煤炭工业局关于贯彻落实〈关于加强国有重点煤矿安全基础管理的指导意见〉的实施意见》，组织全员学习。12月，转发并执行《关于认真学习贯彻〈安全生产领域违法违纪行为政纪处分暂行规定〉的通知》，组织全员学习。

2008年11月，转发并执行《河南省人民政府关于进一步加强煤矿安全生产工作的若干意见》（豫政〔2008〕51号）。

2009年，学习贯彻《中华人民共和国煤炭法》。

2010年3月，贯彻落实《2010年煤矿安全工作要点》。

2011年11月，转发并执行《煤矿瓦斯等级鉴定暂行办法》（安监总煤装〔2011〕162号）。

2012年，宣传贯彻《中华人民共和国工伤保险条例》，组织全员学习。

2013年10月，贯彻落实《国务院办公厅关于进一步加强煤矿安全生产工作的意见》（国办发〔2013〕99号），组织全员学习。

2015年，开展新《安全生产法》学习贯彻活动。

2016年6月，贯彻落实《永城煤电控股集团有限公司关于印发学习宣传贯彻新〈煤矿安全规程〉活动方案的通知》，组织全员学习。

2018年2月，贯彻执行《安全监管总局办公厅关于修改用人单位劳动防护用品管理规范的通知》，组织全员学习。

2019年10月，组织开展《河南省安全生产条例》学习贯彻活动。

2020年11月，贯彻落实《煤矿重大事故隐患判定标准》，组织全员学习。

2021年9月，组织开展《安全生产法》学习贯彻活动。

七、事故警示教育活动

陈四楼煤矿对柔性安全教育刚性化改造，在全矿建立并扎实推行以事故案例教育、“一三五”安全教育、“三违”帮教、党员安全责任区、青监岗和群监网为主要内容安全教育“五项制度”，形成安全宣传教育长效机制，增强安全教育针对性和实效性。

通过持之以恒地抓规范化运行、动态化检查、程序化考核、公开化奖罚、全员化监督和井上下一体化责任落实，实现安全宣传教育规范运作。

具体内容：一是事故案例教育制度，用发生在员工身边血的事实敲响警钟、触及灵魂、打动内心。二是“一三五”安全教育制度。通过明确“四个保证”标准、“十个一”内容、七种主要方法和随时抽查、定期检查、员工测验相结合的考核办法，确保规范运作、常抓不懈。三是“三违”帮教制度。“三违”帮教是强制性教育，通过让一般“三违”过三关、严重“三违”过五关、干部“三违”过组织谈话处理关，让违章者既丢票子，又丢面子，吸取教训，不再重犯。四是党员安全责任区制度。通过明确党员安全责任区,促进党员本人无违章,身边无“三违”,确保实现安全生产。五是群监网与青监岗制度。群监网与青监岗是群众性现场教育与管理,通过构建网络、明确职责、包保联保、佩戴标志上岗、考核奖惩等措施,筑牢现场安全监督教育防线。

2003 年,吸取车集煤矿“11·12”顶板事故教训,围绕“为什么要抓安全、为谁抓安全、如何抓安全”主题,组织所有职工参加安全生产大讨论活动。

2006—2013 年,陈四楼煤矿每年开展“事故案例”学习与宣教活动。

2015 年 5—6 月,吸取永贵能源新田煤矿 2014 年“10·5”和陈四楼煤矿“4·10”煤与瓦斯突出事故两起事故教训,开展“深入学习讲话、认真吸取教训、夯实安全根基”大讨论活动。同年,吸取鲁山康乐老年公寓“5·25”火灾事故教训,开展安全生产“三查三保”活动,即:查履职尽责、执法监督情况,消除安全隐患,确保人民群众生命财产安全;查改革和发展措施落实情况,消除经济运行风险,确保经济稳定增长;查保障民生、服务群众和社会稳定情况,化解各类社会矛盾,确保大局和谐稳定。

2016 年 4 月,将每年 4 月 10 日定为陈四楼煤矿“事故警示教育日”,组织各科室、区队开展事故警示教育,牢记陈四楼煤矿“4·10”事故教训;5 月,河南煤矿安全监察局事故调查处副处长鲁学宁、河南煤矿安全监察局事故调查处主任科员刘鸿义在永煤集团举办违章指挥和违章作业危害警示教育讲座,陈四楼煤矿组织人员参加。

2018 年 5—12 月,吸取焦煤公司中马村矿“5·14”、义煤公司新义矿“5·22”两起煤与瓦斯突出事故教训,河南能源组织开展“认真吸取事故教训,深入开展‘大反省、大教育、大排查、大提升’活动”。陈四楼煤矿贯彻落实集团公司对安全工作部署为统领,以实现安全生产零死亡为总目标,以深入开展“大反省、大教育、大排查、大提升”活动为总抓手,站位政治新要求、形势新要求、发展新要求,坚持“四个看待”原则,切实吸取事故教训,突出“生命至上、安全第一”思想,以强化安全红线意识、强化安全责任落实、强化隐患排查治理、提升事故防控能力为重点,带着感情抓安全,凭着良心抓安全,敬畏生命抓安全,真正用心抓安全,再夯实、再巩固、再提升安全生产基础,努力构建本质安全型企业,坚决打赢安全风险管控攻坚战。

2019 年 8 月,吸取义马园区义马气化厂“7·19”空气分离装置重大爆炸和焦煤公司赵固一矿“4·24”溃水溃沙等事故教训,印发《关于扎实开展“防风险除隐患保平安迎大庆”专项行动进一步加强安全生产工作的通知》,开展安全生产“四问四答”活动、实施安全生产紧急状态管理、推进安全风险隐患双重预防体系建设、畅通“六个”绿色通道、实行零容忍安全责任追究。

2020 年起,将每年的 4 月 10 日,作为矿井安全警示教育日;2020 年起,上年度发生事故的单位,将下年度发生事故的当天,作为该区队安全警示教育日。

截至 2021 年,事故安全警示教育日活动持续开展。

八、安全文化宣教活动

2004 年年初,陈四楼煤矿要求各级管理人员换位思考,视员工为亲人,真正带着感情抓安全。人的生命是最宝贵的，任何一个职工兄弟的伤亡，对他的家庭都是灭顶之灾，如果不能保证职工安全，就是管理者失职，不允许给矿井下达死亡指标，也就是要求零死亡。同时，陈四楼煤矿不断加大安全管理力度，如干部查岗零点行动，隐患整改零搁置，发生事故零效益等，在生产实践过程中逐步形成了“从零开始，向零奋斗”安全零文化理念。

2005年，陈四楼煤矿按照永煤公司年度安全生产一号文件中提出的“从零开始，向零奋斗”、实现平安永煤的安全工作目标，确立“从零开始，向零奋斗”安全理念。

2006—2013年，陈四楼煤矿开展“事故案例”学习与宣读活动。

2010—2015年，陈四楼煤矿推进“五自”管理（矿井自主、系统自控、区队自治、班组自理、员工自律），加强员工安全自律。要求员工自觉提高安全意识、参加安全技能培训、履行安全生产义务，行使安全管理权利，做到“我要安全”“我会安全”“我能安全”，争做“四无员工”（个人无“三违”、设备无缺陷、身边无隐患、安全无事故），实现安全自律。

2016—2019年，陈四楼煤矿打造事故反思文化、守规尽责文化、齐抓共管文化、安全诚信文化。

2019年，陈四楼煤矿贯彻落实《永城煤电控股集团有限公司大力推进新时代安全文化和生态文明建设的指导意见》，明确贯彻落实习近平新时代安全生产重要论述，弘扬社会主义核心价值观，倡导先进安全生产理念，推进安全文化建设，引领干部员工形成统一的安全价值观。培育“三不三无双保”型员工。通过严格管理不敢出事、完善技术措施不能出事、提升安全意识不愿出事；无“三违”、无隐患、无事故；坚持“四不”伤害。

2020年4月，永煤控股党委信函〔2020〕18号《关于表彰“安全在我心中”安全文化主题征文活动优秀作品的通知》，陈四楼煤矿张新建《警钟长鸣防风险 处处留心保安全》、于春晓《安全文化筑牢思想堤》，均获一等奖，张宗峰《平安二字值千金 要把安全放心上》、邵用《那个路口的故事》、朱金辉《安全弦一刻也不能松》，均获二等奖，刘东海和庄丽《陈四楼选煤厂在本质安全管理体系建设中的探索》、于海阔《警钟声声鸣安全》、杨慧鑫《安全之言》，均获三等奖，张新龙《安全在我心中》、蒋丰《安全在我心中》，均获优秀奖。

第九节 重大灾害治理三年行动

一、行动由来

2020年，根据全国、全省安全生产电视电话会议精神和《河南省安全生产专项整治三年行动方案》（豫安委〔2020〕7号）、《河南省工业和信息化厅河南煤矿安全监察局关于开展煤矿安全专项整治三年行动的通知》（豫工信联煤安〔2020〕43号）、《河南能源化工集团安全生产专项整治三年行动方案》（豫能〔2020〕126号）和《永城煤电控股集团有限公司安全生产专项整治三年行动方案》（永煤控股〔2020〕273号）等上级文件精神，陈四楼煤矿于同年6月印发《关于下发陈四楼煤矿安全生产专项整治三年行动方案的通知》，开展了重大灾害治理三年整治专项行动。

二、主要任务

2020年主要任务,重点分2个专题和3个专项深入推动实施,即:学习宣传贯彻习近平总书记关于安全生产重要论述专题;落实企业安全生产主体责任专题;安全专项整治;消防安全专项整治;危险废物安全专项整治。

2021年攻坚阶段:聚焦树牢安全发展理念集中攻坚;聚焦强化安全生产责任落实集中攻坚;聚焦重大风险防控集中攻坚;聚焦事故易发多发领域集中攻坚;狠抓重大灾害治理集中攻坚;聚焦安全生产大排查集中攻坚;聚焦夯实煤矿安全基础集中攻坚;聚焦强化矿井智能化建设集中攻坚;聚焦提升精准监管监督能力集中攻坚。

三、三年行动开展情况

(一)推动落实煤矿安全生产法律法规标准工作开展情况

1. 深入学习贯彻重要论述

深入贯彻落实习近平新时代安全生产重要论述和习近平生态文明思想,全力推进矿井安全文化建设,认真践行安全零理念,持续打造好"四种安全文化",开展各项扎实宣教活动,通过"陈矿视听"微信公众平台、《陈四楼煤矿通讯》等各类媒介,发表习近平总书记关于安全生产重要论述相关文章30余篇,利用党委中心组集中学习和自主学习等形式学习相关重要讲话精神20余次,在《中国煤炭报》、凤凰网、映象网、两级公司微信报纸报道陈四楼煤矿安全生产工作40余篇。同时,将习近平总书记关于安全生产重要论述上传至"学习强矿"App,利用"每日一练""每月一考"模块实现全员常态化学习和考试,以考促学,提升学习效果,不断提升矿井干部职工安全意识,提高政治站位,展示矿井形象,强化依法依规组织安全生产的自觉性,整个矿井自主保安意识和能力显著增强。

2. 扎实宣贯煤矿法律法规

一是将新版《安全生产法》和习近平总书记关于安全生产重要论述等作为员工培训必学内容,编入煤矿从业人员培训教案,并要求所有授课教师在授课时要将《生命重于泰山》电视专题片、《河南省贯彻落实国务院安委会全面加强安全生产"十五条硬措施"实施意见》、《安全生产法》、《刑法修正案(十一)》、《国务院关于预防煤矿生产安全事故的特别规定》等法律法规内容与典型事故案例相结合,用事故案例警示他人,避免空洞的说教。二是将上述内容上传至"学习强矿"在线教育培训平台,实现全员在线常态化学习。三是安排专人将上述内容编制成学习题库,并上传至"学习强矿"App,由各单位自主组织干部职工利用"每日一练""每月一考"模块实现全员考试,以考促学,提升学习效果。四是通过"矿领导上讲台"机制平台,邀请矿领导组织开展新版《安全生产法》专题培训,全面强化全员法规意识,规范守法行为,实施依法办矿。五是以区队警示教育阵地和矿层面月度"三违"培训平台为抓手,结合矿井安全生产实际对事故及隐患责任人开展"靶向式"培训,以典型事故案例教训、法律法规政策红线、违法违规责任后果等为重点,分析事故原因,剖析事故责任,吸取事故教训,全面实施普法宣传教育。

3. 推进“学、抓、强”常态化

为确保“学法规、抓落实、强管理”活动持续向纵深开展，实现常态化，按照分级、分类、分专业的原则，根据生产组织实际将岗位划分为管理岗位、技术岗位和操作岗位，并根据岗位对学习内容的侧重点不同，在岗位培训工作中实施分类培训，以确保岗位提升培训实现量身定制。一是针对管理人员重点是抓观念转变、知识更新和规矩意识，塑造开拓创新型的管理队伍。二是针对工程技术人员重点是抓技术学习应用和人才培养，历练出一支懂技术、会应用、善创新、能育人的高素质技术人才队伍。三是针对岗位操作人员重点是抓实际操作和应急处置，锻造一支安全意识强、技能水平高、应急处置快的人才队伍。此外，陈四楼煤矿还根据年度培训学习计划，不断聚焦学习培训主题主线，坚持问题导向，以学为基，扎实做好规定动作，合理开展自选动作，切实做好学考结合、学以致用，不断提高从业人员综合素养和矿井安全管理水平。

4. 扎实开展安全文化活动

自 2020 年 6 月以来，陈四楼煤矿已连续组织开展了第 19、20、21 个“安全生产月”活动，通过制作活动主题宣传条幅，开展“千人”签名活动，营造良好的安全生产氛围。其间组织开展党委中心组专题学习会，学习习近平总书记关于安全生产重要论述，弘扬“生命至上、安全第一”思想；开展“安全生产大讲堂”“安全生产公开课”等多种形式的学习讲堂，通过领导干部带头讲、专业技术人员深入讲、一线人员互动讲相结合的方式，提升学习实效。围绕学习贯彻习近平总书记关于安全生产重要论述，在报刊、广播、新媒体等平台开设专栏专题，根据对象化、差异化、分众化特点，有针对性地开展全方位、多角度、立体化解读宣传，推动学习贯彻走深、走实；开展了“学法规、抓落实、强管理”为主要内容的安全知识竞赛活动，切实提升全员法治意识；在“6·16”全国安全宣传咨询日，开设安全宣传咨询台，向职工开展现场咨询服务活动，解读本单位安全生产规章制度；积极参与永煤公司组织召开的安全文化建设现场交流会，让安全宣教工作走深走实。

（二）健全完善煤矿安全生产责任体系

1. 严格落实企业安全生产主体责任情况

一是矿成立有安全生产委员会，定期召开安全办公会，研究部署全矿安全生产工作。配备有“五职矿长”和防突副矿长，配备有专业副总工程师和工程技术人员，人员配备符合规定；设立有安检科、生产科、机电科、调度室、地测科、通风防突科等安全生产职能部门，按照职责分工负责业务保安和监督管理工作。二是严格落实国家、省关于单班作业人数限员有关规定，通过优化生产组织，调整井下作业时间，推进机械化、智能化装备升级，部分岗位实现远程监控、无人值守，逐步减少井下单班作业人数。2021 年，矿井单班作业人数控制在 640 人之内。三是在保持省级职业健康示范企业水平基础上，继续提升职工获得感、幸福感。在十八采区皮带下山推广使用除尘风机，持续推广应用矿用无线水气两相喷雾降尘装置。不断升级现场安全防护设施，足额为职工配备防尘口罩、防震手套、防护耳塞、防冲击眼镜等个体防护用品，切实维护职工合法权益。聚焦职工关切，2021 年投入 270 余万元为全矿职工发放了节日、生日福利，投入 61 万余元为职工购置发放防暑降温物品，投入 22 万余元购置了水质净化装置，保障了职工饮水安全。四是基于矿井多年安全管理实践经验，总结提炼出“树三零目标、育六大理念、建九大工程”的“369”安全文化体系，通过构建“369”安全文化体系，打造安全文化特色品牌，矿井被命名为河南省安全文化示范企业。五是深入贯彻习近平生态文明思想，持续健全完善环境管理体系，严抓环保治理，取得了显著成效。陈四楼煤矿2019年进入国家级绿色矿山名录库，2021年、2022年均顺利通过地方政府主管部门复审；2020年通过环境管理体系认证，被评定为绩效引领性企业；2020及2021年度均已满分通过环保信用评价，达到“诚信”等级；2022年被评为监督执法“免打扰”单位。六是制定下发《陈四楼煤矿安全费用管理办法》，遵循“足额提取、确保需要、预算管理、规范使用”的原则，保障了安全费用的足额提取使用。2021年前9个月，安全费用累计提取使用1.53亿，为矿井安全生产提供了资金保障。

2. 充分发挥专业技术支撑功能情况

一是制定矿井生产一线“关键岗位人才”评选办法，对井下电钳工、采煤司机、综掘司机等“关键岗位人才”进行评聘，按照600元/人标准核定工资总额，单独进行奖励。通过以上措施，既稳定了人才队伍，又提供了历练机会，为矿井长治久安打下人才基础。二是实施电钳一体化人才培养，对矿井急需的电钳工人才开展为期2个月的“理论＋实操”全脱产培训，着力打造一支“电钳一体化”优秀团队，为矿井持续稳定发展提供人才支撑，截至目前已开展3期，培养电钳一体化人才50名。三是创新开展“2＋N”管理讲坛，让有思路、想干事、出效果的区队长、班组长和关键岗位人员走上讲台、走进屏幕，在经验分享交流中促进区队间、班组间以及员工间平衡发展，打造本质安全型区队，截至目前已开展11期，共享管理经验61项。

3. 建立健全煤矿安全生产举报制度情况

认真贯彻落实上级部门安全文件精神，根据矿井实际，制定下发安全一号文、安全办公会议、安全生产标准化、安全投入、矿领导带班等安全管理制度，并严格组织实施。重新修订完善各层级、各部门、各岗位502项安全生产责任制，按照“一岗一清单”履行岗位安全职责。建立健全安全生产举报制度，在矿入井通道等醒目位置悬挂张贴举报牌板，鼓励职工勇当“吹哨人”，积极参与到安全生产管理中来。

4. 强化用事故教训推动工作情况

根据全国煤矿安全形势及两级公司要求，为认真吸取煤矿安全事故教训，矿井制定下发了《陈四楼煤矿安全警示教育日活动管理办法》。该办法通过设立矿层面和区队层面警示教育日的形式，督促各单位实现安全警示教育常态化、制度化和规范化，切实提升全员敬畏生命的意识。通过微信公众号、区队微信学习群、“钉钉”直播和“学习强矿”App等“线上”多媒体平台，共同强化安全警示教育意义，实现了全员、全天候警示教育全覆盖，不仅提高了全员安全意识，更在全矿范围内营造了“以案为鉴、警钟长鸣”的浓厚学习氛围。

(三) 加大煤矿重大灾害超前治理力度工作开展情况

陈四楼煤矿始终坚持“查大系统、控大风险、治大灾害、除大隐患、防大事故”原则，抓好重大灾害治理工作。

1. 推广先进经验，抓好瓦斯防治

矿井原始瓦斯含量介于 0.22～11.79 立方米/吨之间，呈现北翼采区原始瓦斯含量较高、南翼采区较低、局部异常的特征。陈四楼煤矿严格落实《防治煤与瓦斯突出细则》，坚持“一矿一策、一面一策”，抓好瓦斯综合防治。

（1）健全管理体系。矿井成立以矿长为组长的瓦斯治理领导小组，配备有总工程师、防突副矿长、通风副总工程师和地测副总工程师，成立有通风防突科、地测科等管理机构。钻探队负责钻孔施工；通风队负责通风、瓦检、井下爆破等工作。矿井瓦斯治理机构健全，人员配备满足矿井安全生产需要。矿井制定下发瓦斯预警和超限管理规定、“零超限”与“零突出”目标管理制度、一氧化碳超限管理规定、防灭火管理制度、“一通三防”管理制度、钻孔验收制度和异常信息分析处置制度等，并严格组织实施。

（2）明确技术路线。矿井区域突出危险性预测以实际测定的煤层瓦斯含量、瓦斯压力“双指标”进行，区域措施效果检验以实际测定的煤层残余瓦斯含量或残余瓦斯压力为主要指标进行，临界值选定为 6 立方米/吨和 0.6 兆帕。区域验证采用复合指标法、钻屑瓦斯解吸指标法、钻屑指标法执行连续区域验证。在瓦斯含量较高区域，如矿井北翼十二采区，主要采用底抽巷＋穿层钻孔＋水力冲孔治理措施。

（3）严格防突措施。矿井编制有区域防突措施中长期规划及年度实施计划，实施过程中按照月度落实考核。矿井编制有防突设计、采区防突设计、采掘工作面防突设计，均按要求审批并落实；两个“四位一体”综合防突措施按相关规定落实并实施全过程管理。区域防突措施效果检验测点均布置在钻孔密度小、钻孔间距较大、预抽采时间较短位置，在地质构造复杂区域均增加检验测点，在工作面采掘过程中严格按要求执行安全防护措施。

（4）推广先进经验。根据永煤公司组织制定的《陈四楼煤矿 21210 采煤工作面瓦斯治理措施方案》，结合考察学习的瓦斯治理技术与经验，扎实推进瓦斯治理项目实施，有效解决了瓦斯治理工程问题，进一步提升矿井瓦斯治理综合能力与水平。

（5）汲取事故教训。2022 年 10 月 6 日，陈四楼煤矿组织召开关于车集煤矿 2715 下巷“9・26”瓦斯超限事故警示教育会议，会议由矿总工程师主持，矿长、党委书记及其他矿班子成员、副总工程师、生产科室负责人及区队负责人参加。会议认真分析与研判车集煤矿瓦斯超限事故经过、原因和防范措施，并结合矿井瓦斯综合治理现状，研究部署了下步矿井瓦斯综合治理工作重点。

2. 落实相关规定，严防水害事故

（1）扎实开展隐蔽致灾因素普查。矿井严格落实《煤矿防治水细则》《河南省煤矿防治水管理办法》等相关规定，坚持“预测预报、有疑必探、先探后掘、先治后采”防治水原则，严格执行“三专两探一撤”措施，开掘工作面采用超前物探、超前钻探的办法掩护掘进，采煤工作面针对太原组上段灰岩进行底板注浆改造，消除水害威胁。扎实开展隐蔽致灾因素普查工作，重点针对采空区、封闭不良钻孔、断层、陷落柱等进行普查，编制有《隐蔽致灾地质因素普查报告》，针对性制定防范措施，并严格落实。

矿井成立地测科，负责地测防治水技术管理工作，配备有防治水专业技术人员 12 人，成立有专门的防治水专业队伍——探防队,在册人数 105 人,配备有 ZDY3200S 型专用探放水钻机 22 台,人员及设备能够满足水害防治要求。

(2) 推广实施地面区域治理。矿井积极引进地面区域治理技术对煤层底板岩溶水害进行超前治理。南翼 2506、2901 和 2903 工作面一期治理工程共完成钻探进尺 33 493 米,累计注浆 11.76 万吨。通过高浓度、大流量、连续高压注浆后,水害治理效果显著,达到安全、经济、高效生产的预期目标。在总结一期治理经验后,在北翼六采区继续实施地面区域治理,设计 74 个钻孔,钻探工程量 48 037 米,现已结束 48 个钻孔,完成钻探进尺 35 633 米,注浆 13.26 万吨,井下验证钻孔出水量小于 10 立方米/时,治理效果得到有效验证。通过扩大地面区域治理应用范围,水害治理实现由井下局部治理向地面区域超前治理转变。

(四) 推进煤矿安全基础建设工作开展情况

1. 强化基层建设,推进安全关口前移

一是区队建设。创新开展区队建设"六抓六促"工作法,全面提升基层区队建设质量。在党支部标准化规范建设全覆盖基础上,进一步提质提效,规范队务公开、党务公开内容,保障职工的知情权,提高认可度,增加归属感。进一步发挥党建引领作用,依托党建品牌优势,打造一批政治引领好、安全保障好、科学管理好、队伍素质好、创新创效好、团结和谐好的"六好区队"。二是班组建设。建设"六型"班组,大力推广"白国周班组管理法",制定下发《陈四楼煤矿班组建设管理办法》,规范班组建设标准,明确班组建设目标,积极开展"学习型、安全型、和谐型、技能型、创新型和效益型"班组创建,夯实班组安全管理基础,为矿井高质量发展提供坚强保障。三是人才培养。制定矿井生产一线"关键岗位人才"评选办法,对井下电钳工、采煤司机、综掘司机等"关键岗位人才"进行评聘,按照 600 元/人标准核定工资总额,单独进行奖励。通过以上措施,既稳定了人才队伍,又提供了历练机会,为矿井长治久安打下人才基础。实施电钳一体化人才培养,对矿井急需的电钳工人才开展为期 2 个月的"理论+实操"全脱产培训,着力打造一支"电钳一体化"优秀团队,为矿井持续稳定发展提供人才支撑,截至目前已开展 3 期,培养电钳一体化人才 50 名。创新开展"2+N"管理讲坛,让有思路、想干事、出效果的区队长、班组长和关键岗位人员走上讲台、走进屏幕,在经验分享交流中促进区队间、班组间以及员工间平衡发展,打造本质安全型区队,截至 2021 年 12 月已开展 11 期,共享管理经验 61 项。

2. 双控体系不断提质

按照国家、省及"两级"公司总体工作要求,积极推进"双重预防体系"建设,构建"123456""双重预防体系":即,围绕一个中心,构筑两道安全"防火墙",压实三条安全责任链,推进"四位一体"岗位标准化,促进五个有机融合,实现六个超前管理。风险分级管控方面。按照"全员参与、全面辨识"的工作思路,开展"岗位风险辨识"大讨论活动,辨识自身岗位存在的安全风险和危险源。一是梳理确定作业场所、作业活动及设备设施三类风险点,在风险点的基础上,辨识出安全风险 3774 条,其中,重大风险 14 条、较大风险 143 条、一般风险 1 937 条、低风险 1 646 条,并使用"红橙黄蓝"四色进行标识,形成了安全风险清单。二是采用"1+4+8"安全风险辨识评估方法,评估出重大风险 14 条,针对评估出的重大风险,制定了重大安全风险管控方案，制作了重大风险告知警示牌，并在副井口及重大风险区域进行了公示。三是制作了液压支架工、无极绳绞车司机、耙装机司机、挖掘装载机司机、综掘机司机等77个岗位工种的安全风险告知卡和63个重点岗位事故应急处置卡，强化了各级人员对安全风险知识的掌握。隐患排查治理方面。一是推行“5＋n＋n”隐患排查治理体系（“5”，即矿井、系统、区队、班组、岗位五级隐患排查法；第一个“n”，即上级部门安全生产法律法规、标准规范发布或者变更、修改等情况时，不定期开展n次专项隐患排查；第二个“n”，即业务科室结合实际情况，定期开展n次专项隐患排查），做到“人、机、环、管”四层面隐患超前防控全覆盖。二是依托《煤矿企业安全检查手册》，矿井梳理提取了11个专业7万余条隐患，分层级、分专业、分区队、分专项制定了“菜单式”隐患排查清单，应用到矿井月度安全大检查、系统半月安全大检查、各类专项检查和日常检查中，切实提升了隐患排查的质量和效果。

3. 全力协助配合国龙矿建，安全、优质、高效地完成了主井井筒修复任务，为矿井增产增效打下坚实基础

矿井主井原定修复工期为5月15日至8月22日（共计100天），经过河南能源及永煤公司的全面督导与大力支持，矿井与国龙矿建的不懈努力，将主井修复工期由100天压缩至81天，既顺利完成了井筒修复工作，又为矿井稳产、高产提供了保障，8月份矿井实际生产原煤26.1万吨，较年初计划增加了18.1万吨；同时矿井牢牢抓住主井修复期间的有利时机，通过优化各采区生产系统，利用采区后配套分矸系统配合矿车出煤，并在地面建立翻煤系统，将掘进出煤转运至选煤厂，努力确保矿井重点接替工程正常施工，为矿井长期安全、高效、高质量发展打下坚实基础，主井修复期间共掘进煤巷约1 700米，提升掘进煤2.94万吨。

4. 厘清接替主线，实现矿井稳产、高产

在采掘接替方面，站在未来三年甚至更加长远的高度统筹谋划，从优化布局、简化系统、技术创新等方面下功夫，应用实施了大采长工作面设计、小煤柱沿空掘巷、沿空留巷、超前主动支护、岩巷综掘、地面区域水害治理、瓦斯治理三化一工程等实现矿井采掘接替平稳有序的一系列措施，并逐月对矿井中长期接替进行梳理，厘清接替主线，明确重点工程，通过定工程量、定工期、定责任区队，确保矿井主要接替工程按照规划有序推进，缓解了采掘接替的燃眉之急，并逐步实现“两采一备”的有利局面，确保矿井长期高产、稳产。

5. 应用四新技术，推进产学研一体化深度融合

一是深入研究探索采煤工作面两巷超前主动支护技术，明确巷道超前主动支护适用条件，形成适合陈四楼煤矿的超前主动支护综合配套技术，已成功应用实施超前主动支护技术3 000余米，2021年继续在2901工作面上下顺槽推广应用，真正做到“成本投入最少、支护效果最佳”。二是将地面区域水害治理与井下定向长钻孔的优势结合起来，实现大采长工作面由“三巷布置”向“双巷布置”转变，较传统布置方式减少了一条中间巷，目前已在2601工作面及2901工作面开展实施，减少煤巷掘进工程量2 000余米，节省成本投入2 000余万元，并为今后“一面双巷”大采长工作面布置提供实践经验和技术支撑。三是推广应用

沿空留巷、小煤柱沿空掘巷技术,矿井已实施沿空留巷4 200余米,小煤柱沿空掘巷6 000余米,累计增加煤炭资源回收量约12.5万吨,提高资源采出率的同时降低了万吨掘进率,直接经济效益达1.2亿元。四是大力推广应用岩巷综掘施工工艺,逐步淘汰炮掘工艺。截至2021年12月矿井配有3台EBZ-318H型岩巷掘进机,正常条件下岩巷综掘平均单进达到150米/月,同步推广应用液压锚杆钻车和机载临时支护,提高岩巷单进水平,保障作业安全。

6. 全员素质不断提升

根据矿井管理提升要求和战略发展规划,结合矿井培训工作实际,2020年至今,陈四楼煤矿进一步完善矿层次集中培训与基层区队自主培训相结合、实操技能与理论培训相结合、安全意识与行为规范相结合的"三结合"培训模式,有效促进了全员综合素质再上新台阶。"三年行动"期间矿井先后共开展各类素质提升培训班925期、培训员工25 700余人次,其中,特色短训班30期,培训员工1 200余人次;矿领导授课、专家专题讲座25期,培训员工2 200余人次;自主培训730余期,共培训员工11 000余人次;月度主题培训活动28期,参培人员11 000余人次;专项实操技能培训97期,培训员工720余人次;中层干部及工程技术人员应知应会知识测试500余人次。此外,陈四楼煤矿还通过"学习强矿"在线学习平台组织全矿干部职工进行岗位知识、法律法规、安全意识和业务综合素质提升培训,每月上线参与学习人员均达2 400余人次,有力促进了全员综合素质稳步提升。

(五)推进煤矿安全科技创新和"四化"建设工作开展情况

1. 完成"一优三减"及"四化"示范矿井建设

根据《河南省煤矿"一优三减"及"四化"建设规划主要内容》,编制了《陈四楼煤矿"一优三减"及"四化"建设三年规划(2019—2021年)》,从优化生产组织、优化生产布局、优化运输系统、优化井下劳动组织、机械化、自动化、信息化、智能化等8个方面逐项、逐条纳入矿井建设规划并组织实施。陈四楼煤矿2019—2021年建设规划项目共计45项,至2021年年底完成43项,完成率达95.5%。2021年10月14日,河南能源对陈四楼煤矿"一优三减"及"四化"建设示范矿井进行验收并顺利通过。

2. 优化系统和布局,提质、增效、促发展

一是建设完成了矿井矸石运输系统改造工程,实现了"矸石运输皮带化、转载仓储化"的连续运输方式,既缓解了斜巷辅助运输压力,减少了辅助运输人员,又极大程度地提高了矸石运输效率与安全。二是实施大采长工作面布置方式,优化采掘布局,减少采掘工作面数量和搬家倒面次数,已累计减少巷道掘进工程量2 800余米,多回收煤炭资源约3.2万吨,直接经济效益5 000余万元。三是科学安排生产计划,优先回收资源枯竭采区,截至2021年12月已关闭十采区里段、十二采区下部和八采区里段,五采区圈面资源已回采结束,十采区正在回收煤柱资源,计划逐步关闭十采区、五采区、八采区里段和十二采区,不断减少采区数量,缩短采掘战线,优化矿井采掘布局。四是六采区东、西翼及二十采区下部均采用一条机轨合一巷与一条专用回风巷的双巷布置方式形成采区生产系统,采区准备巷道由三条简化为两条,减少采区准备工程量,加快采区准备进度。五是重新划分矿井南翼九采区开采边界,将原十五采区下部煤柱资源合并至九采区统一开采,九采区由原来的单翼

布置调整为双翼布置，利用九采区现有的生产系统多回收煤炭资源 120 万吨，规划百万吨储量的采煤工作面 4 个，减少采区准备岩巷工程量 1 000 余米。

3. 构建智能化装备体系，锚定采掘工艺技术“新起点”

实施“机械化换人、自动化减人”科技战略工程，向科技要效率、向科技要效益、向科技要安全，淘汰落后的开采方法和装备，引导煤矿向安全高效绿色开采方向发展，提升装备的自动化和智能化水平，打造智慧化矿山，逐步实现少人化、无人化开采。分别规划建设了“2901 智能化综采工作面”和“2601 上顺槽智能化掘进工作面”，其中 2901 智能化综采工作面建成，2021 年 11 月 10 日通过省工业和信息化厅验收。2601 上顺槽智能化掘进工作面建成，2021 年 12 月 16 日通过省工业和信息化厅验收。一是智能化采煤工作面建成效果。实现自动精准推溜、拉移支架及一键启停功能，使“三直一平”管理得到质的提升。实现采煤机的记忆割煤，并通过采煤机负载、运输系统负载等环境因素进行实时监控，自行适应调整采煤机的运行或割煤速度。集控中心能够实时监测乳化液泵、采煤机、输送机、液压支架等设备的工况性能，预判故障点和故障原因。智能化设备替代烦琐和劳累的人工操作，让机器多干活，减轻了员工的劳动强度，实现减少了人员在危险环境作业，提升了安全。二是智能化掘进工作面建成效果。采用先进的检测、数据处理、组合通信及智能控制技术，实现掘进机智能化控制。掘进机安装有智能供电、视频监控、惯性导航、三维扫描、人员闯入安全预警及防碰撞等系统。实现远程一键启动、自主定位(记忆)截割、自主纠偏功能。具备人员闯入安全预警及报警停机、防碰撞等功能，有效解决人员安全问题。人员通过集控中心操作，迎头实现了少人或者无人，保证了职工的安全和健康。

(六) 近三年事故情况及采取的预防措施落实情况

矿井实现了安全“零”目标，消灭了轻伤以上人身伤害和二级以上非人身事故。

1. 采掘系统得到进一步优化

(1) 建设完成了矿井矸石运输系统改造工程，实现了“矸石运输皮带化、转载仓储化”的连续运输方式，既缓解了斜巷辅助运输压力，减少了辅助运输人员，又极大程度地提高了矸石运输效率与安全。

(2) 实施大采长工作面布置方式，优化采掘布局，减少采掘工作面数量和搬家倒面次数，已累计减少巷道掘进工程量 2 800 余米，多回收煤炭资源约 3.2 万吨，直接经济效益 5 000 余万元。

(3) 科学安排生产计划，优先回收资源枯竭采区，截至 2021 年 12 月已关闭十采区里段、十二采区下部和八采区里段，五采区圈面资源已回采结束，十采区正在回收煤柱资源，计划逐步关闭十采区、五采区、八采区里段和十二采区，不断减少采区数量，缩短采掘战线，优化矿井采掘布局。

(4) 六采区东、西翼及二十采区下部均采用 1 条机轨合一巷与 1 条专用回风巷的双巷布置方式形成采区生产系统，采区准备巷道由 3 条简化为 2 条，减少采区准备工程量，加快采区准备进度。

(5) 重新划分矿井南翼九采区开采边界，将原十五采区下部煤柱资源合并至九采区统一开采，九采区由原来的单翼布置调整为双翼布置，利用九采区现有的生产系统多回收煤炭资源120万吨，规划百万吨储量的采煤工作面4个，减少采区准备岩巷工程量1 000余米。

2. 重大灾害治理取得良好效果

(1) 全力协助配合国龙矿建，安全、优质、高效地完成了主井井筒修复任务，为矿井增产增效打下坚实基础。

(2) 推广应用地面区域超前治理。矿井在永夏矿区率先引进地面区域治理技术对构造复杂区域煤层底板岩溶水害进行治理，一期工程2506、2901和2903工作面于2021年07月全部治理结束，共施工47个钻孔，钻探进尺33 493米，注浆11.8万吨，超前解放煤量260万吨。在一期工程取得良好治理效果的前提下，不断扩大应用范围，在北翼六采区继续实施，设计5个孔组，71个钻孔，设计钻探工程量45 153米，现已结束36个钻孔，完成钻探进尺27 678米，注浆12.0万吨。其中2601工作面内钻孔已施工结束，井下钻探验证出水量小于10立方米/小时，治理效果良好。

(3) 通过实施地面区域治理，一是缩短了水害治理工期，单个工作面水害治理工期缩短1～2年。二是实现了减员增效，井下水害治理任务由治理为主转变为探查验证为主，单个工作面减少布置4台钻机，人员投入大幅减少。三是优化了工作面布置，2901工作面由“一面三巷”布置优化为“一面两巷”布置，万吨掘进率降低近1/3。四是显著提升了治理效果，地面区域治理采取高压、高浓度、大流量连续注浆，浆液扩散及岩溶裂隙注浆改造效果较好，2506工作面已安全回采结束，2901工作面已安全通过向斜构造复杂区域，底板突水重大水害风险得到有效管控，水害治理实现了由井下局部治理向地面区域超前治理的转变，彻底扭转了构造复杂区域煤层底板岩溶水害对安全高效生产的制约。

(4) 推进“三化一工程”示范巷道建设，提升区域瓦斯治理水平。矿井制定了《陈四楼煤矿瓦斯抽采“三化一工程”管理制度》《陈四楼煤矿瓦斯抽采“三化一工程”示范巷道建设实施方案》等制度与文件。积极建设示范巷道，采用“锚网喷”支护，对裂隙区域进行喷浆覆盖，确保了围岩的密封性并实现了分源抽放。积极开展设备升级工作，共购进定向钻机2台，大功率履带式钻机17台，并积极投入至现场实施，瓦斯治理工程所使用的钻机全部为4 500牛·米及以上履带钻机或定向钻机。实现抽采标准化，提升钻孔抽采效率，预防钻杆卡钻、埋钻等问题。矿井为提升钻孔管控力度，实施钻孔施工全程视频监控，建立“一钻一视频、一孔一档案”,《陈四楼煤矿瓦斯治理钻孔视频抽查制度》要求，进行钻孔抽查、存档等，把一个钻孔作为一项工程来抓，按照“一孔一档案”原则，建立钻孔视频档案，区域预测和区域效果检验钻孔施工和取样实现了视频全程监督。

3. 环保攻坚取得阶段性成果

深入贯彻习近平生态文明思想，持续健全完善环境管理体系，严抓环保治理，取得了显著成效。矿井2019年进入国家级绿色矿山名录库，2021年均顺利通过地方政府主管部门复审；2020年通过环境管理体系认证，被评定为绩效引领性企业；2020及2021年度均已满分通过环保信用评价，达到“诚信”等级；2022年被评为监督执法“免打扰”单位。

4. 装备水平进一步提升

(1) 实施"机械化换人、自动化减人"科技战略工程，向科技要效率、向科技要效益、向科技要安全，淘汰落后的开采方法和装备，引导煤矿向安全高效绿色开采方向发展，提升装备的自动化和智能化水平，打造智慧化矿山，逐步实现少人化、无人化开采。分别规划建设了"2901 智能化综采工作面"和"2601 上顺槽智能化掘进工作面"，其中 2901 智能化综采工作面建成，2021 年 11 月 10 日通过省工业和信息化厅验收。2601 上顺槽智能化掘进工作面建成，2021 年 12 月 16 日通过省工业和信息化厅验收。

(2) 井下泵房监控、电力监控、主煤流集中监控、地面压风机房监控等系统实现了无人值守，减少机电岗位人员。优化生产布局，缩短采区生产战线长度，减少辅助人员。优化班中劳动组织，减少不同班次重叠时长，缩短职工入井作业时间。

5. 安全自主管理取得显著成效

(1) 完善了矿井安全管理模式。健全完善了以主要负责人为核心的覆盖各层级、各岗位人员的安全生产责任制体系。制定印发了安全目标、安全会议、考核奖惩、专项整治、领导带班值班、以案促改警示教育等系列安全基础管理制度，并严格组织实施，持续发挥制度的严肃性和权威性。

(2) 完善了"双重预防体系"建设。提高"双重预防体系"建设运行质量和效果，深入推进安全培训、安全措施、安全会议、安全考核与"双重预防体系"4 个有机融合落地生根，提升安全风险管控和隐患排查治理保障能力，超前防范各类生产安全事故发生。

(3) 推进标准化稳步提升。按照"一面一策"安全生产标准化创建思路，开展"精品头面、亮点工程"创建，实施月检查、月奖惩考核机制，推进现场安全生产标准化动态达标，激发了标准化内生动力，有效促进标准化整体水平稳步提高，矿井持续保持了国家一级安全生产标准化水平。

(4) 积极对接公司党建融入安全考核要求，组织人员集中梳理宣传思想、团委建设融入安全两大部分的工作制度、保障措施，对标对表，积极跟进。同时，创新思想方法，积极探索推进工作的务实做法、亮点工程，以员工思想预警处置、团支部书记月度积分考核为抓手，推进了相关工作融入安全管理的落实、落效问题，为矿井安全发展贡献了力量。

(5) 矿党委制定印发《陈四楼煤矿党员(劳动模范、职工代表)"双岗网格化管理"实施办法》，探索实施"五微"行动，党员等网格员通过网格单元，对包保职工进行微心愿点亮、微困难帮扶、微技能帮扶、微案例提醒，让职工切实感受到党组织的温暖，确保将问题提前解决，职工上岗不带情绪，工作没有后顾之忧。

(6) 积极践行集团公司"从零开始、向零奋斗""三不四可"安全理念，落实"职工是第一牵挂""安全是第一责任"工作要求，通过构建"369"安全文化体系，打造了安全文化特色品牌，持续保持省级安全文化示范企业水平。

第二章　安全培训

陈四楼煤矿牢固树立“培训不到位是重大安全隐患”的意识，坚持“管理、装备、培训”三并重的原则，以“服务员工素质、服务基层区队、服务安全生产”为宗旨，以安全培训为主线，全面提升全员综合素质。

通过不断搭建完善现有安全教育培训平台，陈四楼煤矿持续践行“干什么、学什么；缺什么、补什么”的培训理念，积极营造出“学习工作化、工作学习化、工学一体化”的培训氛围，形成了“安全培训促员工素质提升、员工素质提升促矿井安全生产、安全就是家庭幸福、安全就是经济效益”的“培训就是福利和最大生产力”的理念，有力促进了矿井持续、提升、平稳、和谐发展。

第一节　培训体系

一、机构设置

（一）组织机构

陈四楼煤矿培训科负责全矿员工各类取证培训、实操技能培训及安全意识教育等安全培训工作。

陈四楼煤矿 1997 年 11 月投产，投产时期由劳资科负责职工培训工作。

2001 年 2 月 28 日，陈四楼煤矿培训科成立，洪桂彩任培训科科长。培训工作实行矿长负责制，2010 年 6 月以前由总工程师分管，2010 年 6 月以后由安全副矿长分管。

陈四楼煤矿培训科历任负责人见表 5-2-1。

表 5-2-1　陈四楼煤矿培训科历任负责人一览表

序号	姓名	职务	任职时间
1	洪桂彩	科长	2001.02—2009.08
2	马俊鹏	科长	2009.08—2010.10
3	王家红	副科长主持工作	2010.02—2011.08
4	王家红	科长	2011.08—2011.10
5	郝永科	副科长主持工作	2011.10—2013.02
6	郝永科	科长	2013.02—

培训科由永煤职工培训学校和矿井双重管理，配合永煤职工培训学校做好主要负责人、安全生产管理人员、特种作业人员、班组长的取证培训和日常的培训检查工作，并完成

矿井新员工、其他从业人员的培复训取证和全员素质提升工作。

（二）培训机构

2003年7月23日，陈四楼煤矿印发《关于筹备四级煤矿安全培训机构实施方案的通知》（陈矿生字第〔2004〕98号）。

2006年12月31日，河南煤矿安全监察局授予陈四楼煤矿“国家四级安全培训机构资质证书”，批准文号：豫煤安人〔2006〕226号，证书编号：NT436，培训范围为：采煤工、掘进工、新工人和其他从业人员。

2009年9月，根据《关于做好三、四级煤矿安全培训机构资质复审检查工作的通知》（河南煤矿安全监察局豫煤安监人〔2009〕244号文），培训科积极准备复审材料，并购置瓦斯煤尘爆炸试验演示装置、组合式多种通风形式试验演示装置、灾变风流逆转试验演示装置、风电瓦斯闭锁装置等实验室演示装置。后国家取消四级安全培训机构复审工作，陈四楼煤矿仍具备新员工培训和其他从业人员培训资质。

2017年10月，陈四楼煤矿员工实操培训基地建成电钳工、爆破工、监测监控工3个特种作业类安全培训示范点，每月负责永煤职工培训学校特种作业人员的实操培训科考核。现有专职教师5名，专职管理人员7名。培训科现有多媒体教室3个、计算机室2个、档案室1个、图书阅览室1个、员工实操培训基地和员工素质拓展训练基地，可同时满足150人理论学习、40人机考和150人实操培训，设施设备配备齐全、环境干净整洁、管理规范科学，满足矿井员工取证培训和素质技能提升需要。

主要职责：负责制定矿井员工安全培训长远规划和实施方案的编制，每年制定下发《陈四楼煤矿安全培训管理制度》和《陈四楼煤矿职工教育培训经费管理制度》等制度，根据永煤职工培训学校计划安排，将全年各项培训任务分解到月，并下发月度培训计划。配合学校完成主要责任人、安全生产管理人员、特种作业人员的安全生产知识和管理能力考核证书、操作证培训。做好矿井其他作业人员初复训、新员工培训等培训工作，做好永煤职工培训学校及上级单位的培训检查工作，并对矿井各单位开展月度培训专项检查，做好员工取证和全员素质提升工作。

培训刊物：①“陈矿大学”手机报：自2011年2月份起，陈四楼煤矿与移动公司永城分公司合作，开发“陈矿大学手机报”移动彩信学习平台，共创办36期。手机报内容包括：加入移动公司陈四楼煤矿网员工每月享受200分钟网内免费通话优惠业务，定期向员工手机发送企业发展、员工培训的彩信，每月将工资、奖金明细发至员工手机，节省员工话费，有利于员工了解企业信息和掌握培训知识，提升员工素质。② 陈矿大学报：创办时间：2011年1月30日；创刊目的：全面阐述企业安全培训管理理念，为企业开展全员学习培训创建沟通交流平台，及时发布企业最新培训动态和培训考核结果，促使企业安全培训效果稳步提升；创办期数：截至2021年12月，已先后发布期刊122期。

系统软件开发：陈四楼煤矿与广州略达科技有限公司合作研发“安全培训管理系统”“安全培训一人一档系统”和“学习强矿”学习平台，并在永煤公司各单位进行推广。

配合永煤培训学校做好“新员工”“掘进作业”“装载作业”和“井下其他作业人员”的教

材、题库编写工作,《新员工安全培训教材》《掘进、装载机及井下其他作业安全培训教材》由中国矿业大学出版社于 2022 年 7 月出版,作为煤矿其他从业人员安全培训教材、2022 版《煤矿安全规程》配套教材在全国发行。

二、管理制度

2002 年 3 月 26 日,印发《陈四楼煤矿职工教育培训六项管理标准及两个考评细则》,对矿"职工教育计划编制、职工全员培训、职工培训班、继续教育、特种作业人员培训、新员工培训"六项管理标准和"职工教育常规管理、员工培训班管理"两个考评细则做出规定。7 月 29 日,印发《陈四楼煤矿职工教育经费管理办法》,对经费来源渠道、经费开支范围、经费开支标准、经费管理等进行规范管理。

2003 年 6 月 29 日,印发《陈四楼矿职工培训管理规定》《陈四楼煤矿职工培训管理考核标准》,对职工培训的组织领导、规章制度建设、培训工作管理、培训整理管理、培训经费管理和培训效果管理等做出相应的考核标准和考核办法。

2006 年 4 月 13 日,陈四楼煤矿印发《关于印发〈陈四楼煤矿全员学习大纲〉的通知》。

2007 年 8 月 26 日,印发《陈四楼煤矿员工培训管理制度》和《陈四楼煤矿员工培训考核办法(试行)》,进一步规范员工培训管理工作,对员工取证培训、素质培训和区队培训进行月度考核,并分系统进行排名和奖罚考核。12 月 30 日,印发《2008 年陈四楼矿全员学习方案》的通知。

2008 年 12 月,印发《陈四楼煤矿机电工培训管理制度》,矿成立机电工实习基地领导机构,建立机电工培训基地,为企业培养机电工紧缺人才。

2009 年 10 月 30 日,印发《陈四楼煤矿学历教育培训方案》,与河南理工大学高等职业学院联合举办"半工半读"普通中专学历教育和煤炭行业紧缺人才大专班,学习时间自 2009 年 11 月至 2011 年 6 月,提高安全管理人员的学历准入资格。

2010 年 3 月 2 日,印发《陈四楼煤矿"专业技术带头人"考核办法》,对各专业技术带头人进行考核奖励。3 月 7 日,印发《陈四楼煤矿内部培训师管理办法》。9 月 8 日,《陈四楼煤矿员工实操培训基地管理制度》,对实操基地的设备维护维修和日常管理等进行规定。

2011 年 1 月,印发《2011—2015 年职工培训计划》,为深入贯彻集团公司"两调整,两提高"战略部署,落实"培训是员工最大的福利"精神,以"调整人力资源结构,提高员工综合素质"为抓手,以立足安全管理、素质提升,健全员工培训体系,将"把陈四楼煤矿办成一所大学"理念落地为契机,以及未来煤矿职工培训发展的方向,并针对陈四楼煤矿各级人员素质参差不齐的现状,有目的、有步骤地逐步提高全员业务能力和综合素质。2 月 20 日,印发《陈四楼煤矿安全培训信用金实施办法》,对兼职教师的课时、教学质量等进行年度考核和奖罚。6 月 3 日,印发《陈四楼煤矿"岗位描述、手指口述"安全确认制度》,深入推进"岗位描述、手指口述"安全确认管理法。6 月 10 日,印发《陈四楼煤矿全员培训机考管理制度(试行)》,每月抽取全矿员工的 1/3 参加机考,一季度全员考试一遍,考试成绩纳入月度个人培训考核和区队培训考核。7 月 9 日,印发《"陈矿大学"星光大道管理办法(试行)》,分月度和年度进行"双述"比赛,分才艺展示、"双述"竞技、专家点评、超越梦想、现场知识问答五个环节。11 月 15 日，印发《陈四楼煤矿员工拓展训练管理制度》，开展全员素质拓展训练。

2013 年 1 月，印发《陈矿大学重点学科（岗位）建设管理实施方案》，把陈四楼煤矿科室区队分六大学院，对专业员工进行培训管理，提高员工业务技能，做好重点岗位员工上岗能力认证考核工作。10 月，印发《陈四楼煤矿全员培训管理制度》，落实“把陈四楼煤矿办成一所大学”的理念，提高员工安全意识和履职能力，提升员工综合素质。

2014 年 2 月，印发《关于下发陈矿大学建设管理实施方案的通知》，深入推进陈矿大学建设，落实“123456”培训管理体系，以陈矿大学六大学院建设为抓手，推进各学院自主培训工作，促进员工立足岗位，快速成长成才。印发《关于下发陈矿大学学分制管理办法的通知》，深入推进陈矿大学建设，调动全矿员工参与学习的积极性，培养实战型、创新型、和谐型员工，在 2013 年陈矿大学学分制考核基础上，评选星级员工进行奖励。印发《陈四楼煤矿矿领导授课管理制度》，让矿领导将自身管理经验传授给员工，从而带动各级管理、技术和技能人才授课的积极性。8 月，印发《关于下发陈四楼煤矿全员培训学习实施方案的通知》，落实集团公司“调结构、提素质”的战略举措，督促和激励各单位加强培训学习力度，切实促进各类管理技术人员和基层员工深入学习专业知识，提高专业素养，支撑和推动公司持续健康快速发展。

2015 年 8 月，印发《陈四楼煤矿防突专项培训管理制度》，规范陈四楼煤矿防治煤与瓦斯突出培训工作，着力提升员工队伍防突素质，增强职工防突安全意识和防护能力，杜绝突出事故的发生，实现安全生产。8 月，印发《陈四楼煤矿外来人员安全教育培训管理制度》，保障矿井安全有序生产，规范外来人员安全教育培训管理，明确各单位安全教育培训管理职责。

2017 年 12 月，印发《陈四楼煤矿安全生产教育与培训考核管理制度》，包括《陈四楼煤矿安全培训考核制度》《陈四楼煤矿职工教育培训经费管理制度》《陈四楼煤矿安全培训教师管理制度》《陈四楼煤矿其他从业人员安全培训管理制度》《陈四楼煤矿安全培训档案管理制度》等培训制度，以取证培训、自主培训、实操培训、特色短训、网络培训为抓手，以强化员工的知识、技能和安全意识为重点，动员全矿力量，分层次、分专业做好员工培训工作，分采煤、开拓、掘进、辅助和科室等五大系统进行考核排名。并根据永煤培训学校及上级部门制度规定，每年对相关制度进行更新完善，确保矿井员工安全培训高效开展。

2019 年 1 月，印发《陈四楼煤矿煤矿其他从业人员安全培训管理制度》，规范其他从业人员的培复训、教师管理、档案管理，确保全员持证上岗、证件有效。

2020 年 3 月，印发《陈四楼煤矿“学法规、抓落实、强管理”活动实施方案》，按照上级文件要求，高效开展“学法规、抓落实、强管理”活动。

2021 年 4 月，印发《关于下发陈四楼煤矿安全技能提升暨“陈矿特种兵”集训实施方案的通知》，进一步提高关键岗位人员的应急处理能力、过硬操作技能、担当奉献精神和强大心理素养，培养陈四楼煤矿敢打敢拼、勇担当、乐奉献的岗位操作特种兵，营造保安全、提效率、争标杆、促发展的浓厚工作氛围。4 月，印发《陈四楼煤矿安全操作规程管理制度》，为进一步规范陈四楼煤矿各类岗位人员的设备使用、维护的安全操作行为，全面提升员工操作水平和技术水平，做到规范操作、安全生产，创建良好的安全生产秩序。5 月 9 日，印发《关于开展“懂感恩、讲奉献、谋幸福、促和谐”的“幸福员工”的文化活动的通知》。

三、职教队伍

(一)专兼职教师聘用

教师团队是教学工作的核心力量,是培训教学工作高质量开展的根本保证。为了满足矿井员工日常理论知识和专业技能培训需要,陈四楼煤矿聘任矿领导、区队长、各专业技术人员、技术能手等为专兼职教师,由培训科对符合条件人员进行严格审核,审核合格后,由陈四楼煤矿统一聘任,兼职教师负责一门专业课程,培训科做好教师授课、课件、教师考评等工作。

2006 年 12 月 31 日,陈四楼煤矿安全培训中心取得国家四级煤矿安全培训机构资质。有专职教师 4 人,兼职教师 18 人。

2021 年年底,陈四楼煤矿有专职管理人员 12 人,负责培训人员档案管理、计划制订、培训考核等工作;已取证安全培训教师 35 人,素质提升培训教师 59 人,每专业不少于 2 名教师,专业结构合理,能满足法律法规、安全管理、其他从业人员、新员工等方面的授课需要,满足相关专业培训理论授课和实操教学需要。

(二)专兼职教师管理

2010 年 3 月 7 日,印发《陈四楼煤矿内部培训师管理办法》,对兼职培训师的资格条件、授课质量、激励措施等进行规定。根据专业需要,成立内部培训师考核领导小组,负责培训师的资格审核、评定,分职称系列员级、初级、中级、高级、教授级,技术等级技师、高级技师等 7 个类别,员级每学时 10 元,初级和技师每学时 15 元,中级和高级技师每学时 20 元,高级每学时 25 元,教授级每学时 30 元,月度考核月度兑现,考核优秀的教师培训费上浮 10%,年度评选优秀培训师,给予 500 元奖励。

2021 年 2 月 23 日,印发《陈四楼煤矿职工教育培训经费管理制度》和《陈四楼煤矿安全培训教师管理制度》,矿井内部担任其他从业人员培训、各种专项培训、短训班等培训班的理论教师课酬按以下标准执行:技术员及以下人员每学时 30 元,副科级每学时 40 元,正科级每学时 50 元,副总工程师每学时 60 元,实操培训、拓展训练等比照上述标准执行。

四、教育经费

(一)教育经费提取

2002 年以来,根据《国务院关于大力推进职业教育改革与发展的决定》(国发〔2002〕16 号)、《煤矿安全培训规定》(原总局令 92 号)、《关于企业职工教育经费提取与使用管理的意见》(财建〔2006〕317 号)和《永城煤电控股集团有限公司职工教育经费管理办法》,“一般企业按照职工工资总额的 1.5%足额提取教育培训经费,从业人员技术素质要求高、培训任务重、经济效益较好的企业可按 2.5%提取,列入成本开支。要保证经费专项用于职工特别是一线职工的教育和培训,严禁挪作他用”,企业应按规定提取职工教育培训经费。

（二）教育经费管理

2019年3月2日，印发《陈四楼煤矿职工教育培训经费管理制度》，依据相关文件规定，陈四楼煤矿按照职工工资总额的1.5%计提教育培训经费，其中0.5%上缴集团公司职工教育经费专户，剩余部分自留使用，上缴公司部分每年划转一次，划转时间由公司决定。用于安全培训的资金不得低于教育培训经费总额的40%。

教育培训经费必须严格管理，专款专用，当年节余部分可按照有关文件规定，结转到下一年使用。

（三）职工教育经费计划

职工教育经费预算，根据上级规定要求和上年教育经费发生情况，编制年度职工教育经费预算，职工教育经费的编制与培训计划相对应，并综合考虑上年度经费使用和结余情况，结合矿井实际科学合理制定。并将经费上报永煤职工培训学校。

（四）经费支出范围

职工教育经费按照国家和上级部门规定项目开支，教育培训经费可用于下列项目：上岗和转岗培训；各类岗位适应性培训；岗位培训、职业技术等级培训、高技能人才培训；专业技术人员继续教育；三项岗位人员的安全培训；企业组织的职工外送培训的经费支出；职工参加的职业技能鉴定、职业资格认证等经费支出；购置教学设备与设施；职工岗位自学成才奖励费用；职工教育培训管理费用；职工教育的其他开支；购买的用于职工培训的教材、图书、参考资料、音像制品、学员学习用品等；培训期间聘请企业内部、外部教师的授课费；培训的考核、办证等相关费用；经单位研究批准由高等院校、中等专业学校或上级主管部门和兄弟单位代为培训的费用；购置一般教学器材、仪器的费用；职工自学成才的奖励费用；培训配套设施的修缮费；其他必要开支的费用；经批准参加的各种委外培训所发生的培训费、资料费等，予以报销，但无故中止学习、未取得培训合格证书或培训合格证明者，上述费用自理。委外培训取得的相应证件须将证书复印件交培训科备案。

第二节　设　　施

一、概况

培训科现有多媒体教室3个、计算机室2个、档案室1个、图书阅览室1个、员工实操培训基地和员工素质拓展训练基地各1个，可同时满足150人理论学习、40人机考和150人实操培训，设施设备配备齐全、环境干净整洁、管理规范科学，满足矿井员工取证培训和素质技能提升需要。

二、设施

（一）员工实操培训基地

陈四楼煤矿员工实操培训基地，于2009年11月开始设计建设，2010年5月份投入使用，占地约2 000平方米，基地配有刮板输送机、馈电开关、耙矸机等设施设备，总投资300余万元，是一个集综采工作面、轨道顺槽、皮带顺槽、掘进工作面、开拓工作面、轨道斜巷运输、通风设施、井下电气作业、探防抽采、井下机车、机电硐室等11个煤矿实操技能培训现场、1个模拟仿真实验室和1个多媒体教室为一体的综合性实操培训基地。

（二）拓展训练基地

陈四楼煤矿员工素质拓展训练基地，于2010年11月份建成使用，占地约2 000平方米，采用一体化设计、封闭式管理，拥有专业的拓展训练装备和高空、场地等项目设施，可开设60余项拓展训练项目。配有矿专业中级拓展培训师6名，并取得中级拓展培训师资格证。拓展基地有17间学员宿舍，可满足60多人住宿。

（三）多媒体教室

培训科现有多媒体教室3个，其中东办公楼5楼、6楼各1个，实操培训基地1个，可容纳150人同时学习，教室投影机、空调、桌椅、讲台等设施配备齐全，教室干净整洁。

（四）计算机室

培训科现有计算机室2个，计算机44台，配有一体化电脑桌椅、空调、投影机、交换机，并配有服务器1台，用于陈四楼煤矿"一人一档"培训系统，机房设备齐全、管理规范。

（五）图书阅览室

培训科现有图书阅览室1个，图书室配有空调、计算机、学习桌椅，可同时容纳20人进行学习。图书室现有各类书籍12 000余册，其中煤矿专业书籍9 000余册，生活社科、杂志科学等书籍3 000余册，满足员工专业学习和生活娱乐学习的需要。

（六）档案室

培训科现有档案室1个，档案室配有半自动化集成档案柜、空调、计算机、消防器材、温度计等设备器材，用于存放证件资料、培训档案等资料，档案室设施齐全、干净整洁、管理科学。

第三节　培　　训

一、概述

根据企业人才培养战略规划需要，陈四楼煤矿创新推出陈矿培训"12345N"建设管理体系并成功实施推广。截至2021年年底，陈四楼煤矿培训"12345N"建设管理体系已经取得积极成效，各项硬件、软件设施完全能够满足企业干部职工素质提升的需求，同时也逐步探索出一条具有陈四楼煤矿特色的企业安全教育培训之路。陈四楼煤矿共设有1个教务中心和6个专业技术培训部门，6大专业分别为采掘技术专业、机电技术专业、地质技术专业、安全管理专业、经管专业、政工专业，6大专业负责人分别由对应的分管副矿长担任。其中，教务中心由培训科牵头，6大专业培训部门分工协作；安全管理专业由安检科牵头，通风队配合；采掘技术专业由生产科牵头，调度室、采煤系统、掘进系统、开拓系统等单位配合；机电技术专业由机电科牵头，综采安装队、机电队、运输队、服务公司、皮带队等单位配合；地质技术专业由通风防突科牵头，探防队、抽放队等单位配合；经管专业由经管科牵头，综合办、劳资科、供应科等单位配合；政工专业由政工科牵头，工会办、保卫科等单位配合。根据各专业培训目标、对象不同，陈四楼煤矿共设置通风工程、安全工程、采煤工程等16个子专业；工程质量验收、井下电机车司机、金属焊接等33个工种；煤矿安全规程、作业规程、企业文化等7项公共课程；操作规程、岗位责任制、岗位培训教材等3大类专业课程，每年培训学员达15 000余人次。

截至2021年年底，陈四楼煤矿已先后有2 248名员工荣获“一星优秀员工”荣誉称号，101名员工荣获“二星优秀员工”荣誉称号，17名员工荣获“三星优秀员工”荣誉称号，累计发放星级优秀员工奖学金490余万元。陈四楼煤矿管理人员高兴超，永煤公司职务专利第一人，河南省五一劳动奖章获得者，以其感人的事迹光荣入围“兖矿杯”感动中国100名矿工；杨永兴，以其刻苦钻研、不惧困难的执着精神，荣获河南省综采维修电工技术比武第一名；培训科科长郝永科，以突出的培训管理成果被授予中国企业培训先进个人；魏雷，以其精湛的锚喷技术，荣获河南省工信系统锚喷工技术比武第一名；边广林、曹永华，以其不怕苦、不怕累的求知精神，荣获“河南能源杯”全国煤炭行业职业技能竞赛特等奖。近年来，陈四楼煤矿共产生重大科技成果100余项，其中，70余项获得省级及以上奖励，30余项获得了国家专利。

近年来，陈四楼煤矿通过开展实施陈矿培训“12345N”建设管理体系，不断优化培训管理机制，创新教学方式方法，拓展教学授课渠道，构建新型学习型企业，安全教育培训工作得到了中国煤炭工业协会、河南省煤管办、河南煤矿安全监察局、永煤公司安监局、永煤职工培训学校等各级领导的高度评价和广大员工的普遍认可。矿井先后荣获“永煤公司教育培训先进单位”、河南省教育厅首批“省级高等职业教育示范综合实训基地”“全国职工教育培训示范点”“中国企业教育先进单位百强”“中国企业培训示范基地”等荣誉称号，为助推企业安全高效发展提供了强有力的人才支撑。

二、持证培训

培训科负责制定每年安全培训计划，做好安全管理人员、特种作业人员和其他作业人员的取证培训管理工作，并做好员工安全技能操作培训、专项培训、实操技能培训等员工素质提升工作，为矿井安全生产提供智力和人才支持。

取证培训是安全培训的基础，为确保各项取证培训工作扎实高效开展，陈四楼煤矿严格按照国家安全生产监督管理总局令（第92号）等相关文件要求，及时组织“三项岗位人员”和其他从业人员开展取证培（复）训，其中五职矿长及带班矿领导资格证培训由省煤管办统一组织，安全管理人员、特种作业人员取证培训由永煤职工培训学校组织，其他作业人员培训由陈四楼煤矿培训科组织。无论是理论培训、实操培训还是上机考试，都严把教学质量关、严格考核管理。坚持“教考分离”的原则，对各岗位实行定员培训、超前培训，坚持先培训后上岗，未经培训者一律不准上岗作业；每月根据人员变动、岗位变动情况，及时完善各工种持证台账，优化取证培训环节，所有取证人员证件档案由培训科统一管理，录入安全培训管理系统进行管理，从而实现了所有从业人员100%按时参加培训，100%持证上岗。2001—2021年陈四楼煤矿安全资格证培训情况见表5-2-2。

表5-2-2　2001—2021年陈四楼煤矿安全资格证培训一览表　　单位：人次

序号	年份	主要负责人、安全生产管理人员	班组长	其他从业人员	特种作业人员
1	2001	487	196	2 031	1 019
2	2002	496	205	2 184	1 190
3	2003	495	201	2 296	1 182
4	2004	501	209	2 352	1 190
5	2005	520	228	2 498	1 210
6	2006	526	230	2 599	1 230
7	2007	530	235	2 645	1 235
8	2008	532	240	2 698	1 289
9	2009	529	238	2 678	1 205
10	2010	525	246	2 719	1 197
11	2011	534	234	2 768	1 265
12	2012	523	223	2 704	1 216
13	2013	528	214	2 734	1 290
14	2014	512	213	2 798	1 304
15	2015	503	209	2 765	1 202
16	2016	498	200	2 678	1 101
17	2017	495	201	2 714	1 145
18	2018	497	208	2 698	1 087
19	2019	503	210	2 765	1 098
20	2020	540	216	2 813	1 132
21	2021	432	195	2 516	1 256
合计	10 706	4 551	54 653	25 043	

三、培训方法

（一）素质培训

1．全员培训

陈四楼煤矿构建并完善“12345N”安全培训管理体系。“1”是以煤矿安全生产标准化培训建设为核心；“2”是抓实取证培训和素质培训两大主题；“3”是落实领导、单位、个人三级培训责任；“4”是健全完善组织领导机制、制度保障机制、约束激励机制、协调联动机制等4项机制；“5”是创新特色短训、自主培训、实操培训、专项培训、互联网＋等五大全员培训阵地；“N”是协调安全风险分级管控、事故隐患排查治理、通风、地质灾害防治与测量、采煤、掘进、机电、运输、职业卫生、安全培训和应急管理、地面和调度设施等N个专业培训管理职能，促进员工综合素质提升和矿井安全生产标准化建设，为矿井和公司快速发展提供人力支持。

2. 专项培训

陈四楼煤矿狠抓专项培训，针对“煤矿防突”“职业病危害”“应急管理”和“煤矿防治水”等主题内容，采取矿层面针对工程技术人员培训和区队自主全员培训相结合的模式，强化“1+3”月度主题培训。“1”即每月确定一个培训学习主题，“3”即围绕当月培训学习主题，开展“每日一题、每周一例、每月一考”3项活动。每月各基层区队围绕当月培训学习主题，开展自主培训，通过课堂教学与网络课堂相结合、集中学习与疑惑解答相结合、实践检验与理论考试相结合的方式，促使全员快速掌握培训学习重点，月底培训科依据培训主题对各单位进行随机抽考，考核结果纳入月底培训双基考核。

3. 实操培训

培训科充分利用实操培训基地各实操现场，积极组织信号把钩工、井下维修电工、安全监测工等岗位工种实操培训，开展井下维修电工等工种的上岗能力认证考核，开展新员工培训，开展特种作业人员实操考核、技能鉴定职业培训考核、技术比武等，每年组织各岗位操作流程、操作标准、岗位责任和岗位安全风险预知等岗位操作技能和安全意识知识培训100余班次，培训学员1 500余人次，为矿井技能人才培养和矿井安全发展提供人才动力支持。

4. 拓展训练

陈四楼煤矿充分发挥拓展训练优势，通过体验、感悟、分享、应用等环节，开展体验式的快乐培训和专业化的军事训练，培养员工的沟通、合作、信任、奉献、感恩和担当的良好职业精神，培养感恩奉献和责任担当的职业心态，创新工作思路和方法，增强彼此信任理解和沟通协作精神，形成团队凝聚力、向心力和执行力，打造高效执行的卓越团队，营造愉快和谐的工作氛围。先后开展新分大学生、中层干部、党员、员工及永煤公司、龙宇煤化工、移动公司、永城职业学院等拓展训练60余期，并开展中层干部潜能开发5期，培训学员4 000余人次，节省培训费用200余万元

2010年11月22—24日对陈四楼煤矿新分大学生开展第一期拓展训练；2011年4月18—20日，开展陈四楼煤矿新分大学生与中国移动公司永城分公司联谊拓展训练；2011年4月23—24日，对永煤公司宣传部领导员工开展拓展训练；2011年7月18—20日、7月24—26日开展员工子女拓展训练；2012年4月17—19日，开展移动公司永城分公司员工拓展训练；2013年10月18—21日，对永城职业学院中层管理人员开展拓展训练；2018年9月25—27日，开展河南能源化工集团团委第一期拓展训练；2019年5月14—16日，开展河南能源化工集团团委第二期拓展训练。

5. 陈矿“幸福员工”内训

2020年5—7月，利用陈四楼煤矿主井检修期间，根据加强企业干部员工素质提升工程的需要，陈四楼煤矿加强员工心理素质训练和卓越团队打造，开展以“懂感恩、讲奉献、谋幸福、促和谐”为主题的“幸福员工”内训，制定下发《关于开展“懂感恩、讲奉献、谋幸福、促发展”的“幸福员工”文化活动的通知》。每期3天，共开展7期，培训管理人员、班组长及优秀

员工260余人次。培训采取体验式、沉浸式、案例分享等相结合的形式,进一步提升广大干部员工的责任心、执行力和担当奉献精神,打造高效执行的卓越团队。一个个项目让学员感受到团队的力量,只有融入团队,才能成就自我,才能取得更大的发展,每个项目都能体现出一个不怕苦、不怕累,敢拼敢打敢争先、无惧困难冲在前、勇担重任高效执行的陈四楼煤矿优秀团队的品质,大家坚定信念,全力以赴,所有优秀的陈四楼煤矿用自己的信任和担当去开创陈四楼煤矿和永煤公司新的辉煌。

陈四楼煤矿内训师团队将行之有效的团队打造项目与矿安全生产实际相结合,一是团队PK龙虎榜,学员全力争先;二是感恩课程,开启幸福人生;三是魔鬼训练,激发员工内在潜能;四是士兵突击,打造高效执行团队;五是团队智慧,开创陈矿新发展;六是课程复盘,用心感悟学习效果;七是心得感悟,分享交流陈矿智慧;八是精心准备,给学员最贴心服务。通过让干部员工参与项目,让员工从个人到团队得到改变和成长,给他们心灵上的震撼体验。

幸福员工内训,让参与学员感受到陈四楼煤矿领导和企业的关心和厚爱,感受到集体的温暖。同时他们感受到自己被领导尊重、被企业所认同,有了自己发展的空间和平台,自己的价值感得到体现。通过培训,深挖员工内在潜能,激发干事创业的激情和热情,培训所塑造的感恩文化、奉献文化、和谐文化和幸福文化,不仅仅是有利于员工的成长和发展,对企业安全发展更有利,企业与员工一起经历风雨,共同成长,员工和企业更和谐。

6.“陈矿特种兵”专项培训

2021年,为提高特种作业人员和关键岗位人员应急处置能力、专业操作技能、健康心理素养和感恩奉献精神,陈四楼煤矿创新开展了“陈矿特种兵”专项集训。通过集训,重在培养一支敢打拼、勇担当、乐奉献的岗位操作特种兵团队,营造保安全、提素质、做标杆、促发展的浓厚工作氛围。矿井先后开展了煤矿防突作业、瓦斯抽采工、煤矿井下电气作业和煤矿绞车作业等4个工种专项集训,先后集训120余人,并评选出24名岗位“尖兵”。上述参加集训人员作为教员,利用本队自主培训平台又开展了二次自主培训,实现全员综合素质同步提升,在全矿范围掀起“学尖兵、争尖兵、做尖兵”的热潮。

7.“2+N”管理讲坛

2021年下半年,为持续推进“人才兴企、人才强企”战略,提升区队长、班组长及关键岗位人员的综合素质和管理水平,陈四楼煤矿开展“2+N”管理讲坛。管理讲坛每月开展2期,每期4~6人,每年有100余名优秀的区队长、班组长和关键岗位人员进行经验分享,总结和提炼本队、本班或本工种的经验和亮点,结合矿井安全管理、设备管理、技术管理等进行分享,并组织相关队长、书记、班组长和岗位人员进行现场观摩学习。通过专家评委、大众评委和“陈矿视听”公众号进行评选,对获奖选手进行奖励和培训考核加分,并通过“学习强矿”学习平台让全矿员工在手机上进行学习观看。

一是制定《陈四楼煤矿“2+N”管理讲坛建设实施方案》,明确对象,细化责任分工。明确培训科、党委宣传部、党委组织部等科室责任分工,在人才培养、选拔、应用等方面搭建更科学的平台。展示对象为全矿科队长(包括党支部书记、副队长、主任科员)、班组长及关键岗位员工;展示主题为在安全生产、技术革新、员工管理、技能传授、隐患“三违”、疫情防控、关爱员工等方面好的做法，并通过授课、案例、微视频、抖音等形式进行学习传播，弘扬员工积极向上、干事创业、感恩企业和担当奉献的陈矿员工风貌，弘扬兴企报国社会正能量。

二是优化流程，推选优秀人才。推荐优秀选手。每月5日前确定讲坛主题，15日前培训科安排专人对讲坛嘉宾进行彩排培训；25日左右组织相关专业人员参加讲坛。

三是拓展"2＋N"内涵，全面展示矿井管理经验。"2＋N"管理讲坛参讲人员包括党支部书记、队长、副队长、科长、副科长、主任科员、班组长及安检员、皮带机司机、掘进机司机等关键重要岗位人员，从规范操作、维护管理、事故预防、案例分享、区队管理、人员管理、绩效管理、党员思想管理、责任心教育等多方面进行交流分享，不断拓宽参讲人员和延伸讲课内容，用先进的经验进行交流分享和共享，共同促进管理交流和提升，营造展示自我、分享交流、借鉴提升的浓厚知识分享氛围，让矿井发现和应用更多的优秀人才。

四是公平打分，评选优秀人才。评委打分：每一期的选手评分时，分专业评委8人，由培训科、党委宣传部、党委组织部、工会、安检科、生产科、机电科、纪委监察科等科室副科级及以上人员组成专业评委，活动现场来自各单位的队长、书记、副队长及班组长，抽选20人为大众评委，其中管理类专业评委打分占比60％、大众评委打分占比20％；操作类其中管理类专业评委打分占比20％、大众评委打分占比70％。"陈矿视听"微信公众号打分：每期活动结束，党委宣传部将选手分享内容进行全程录像，在"陈矿视听"微信公众号上进行全员投票，根据4名选手投票结果进行打分，一般投票时间为2天，占比10％。

五是考核奖励，储备优秀人才。考核排名，物质奖励。每期参赛的4名选手进行打分评比，分一等奖一名、二等奖一名、三等奖两名进行排名考核，同时对项目负责人分别奖励1 000元、800元和600元；安检科安全主体责任考核奖励：培训科月度培训考核奖励。培训科在第二个月的培训考核中，对上月参赛活动一等奖、二等奖和三等奖单位，当月培训考核分别加3分、2分、1分。

开展"'2＋N'管理讲坛"是为优秀区队长、班组长和关键重点岗位人员搭建一个展示自我风采的平台。陈四楼煤矿通过推进"'2＋N'管理讲坛"，让有思路、想干事、出效果的区队长、班组长及关键岗位人员走上讲台、走进屏幕，在经验分享交流中促进区队间、班组间以及员工间平衡发展，从而激发区队主观能动性、激活班长基层组织细胞、激励关键岗位员工提升综合本领，总结更多的优秀经验，发现更多优秀人才，"变相马为赛马"，促进管理经验的交流共享，为矿井发展提供管理智慧和管理力量，提高矿井整体发展质量。陈四楼煤矿"'2＋N'管理讲坛"第一期评分情况见表5-2-3。

表 5-2-3　陈四楼煤矿"2＋N"管理讲坛第一期评分汇总表

序号	姓名	单位	职务	专业评委	大众评委	"陈矿视听"公众号	合计	名次
1	丁　巍	运输队	班长	56.96	18.93	7.02	82.91	第一名
2	王群华	机电队	班长	54.77	18.97	6.16	79.90	第二名
3	张新建	安检科	科长	55.63	19.01	4.16	78.80	第三名
4	张献忠	综采二队	党支部书记	55.88	18.90	2.66	77.44	第三名

开展"'2+N'管理讲坛"是为优秀区队长、班组长和关键重点岗位人员搭建一个展示自我风采的平台。通过推进"'2+N'管理讲坛",让有思路、想干事、出效果的区队长、班组长及关键岗位人员走上讲台、走进屏幕,在经验分享交流中促进区队间、班组间以及员工间平衡发展。通过管理讲坛,激发区队主观能动性、激活班长基层组织细胞、激励关键岗位员工提升综合本领,总结更多的优秀经验,发现更多优秀人才,"变相马为赛马",促进管理经验的交流共享,为矿井发展提供管理智慧和管理力量,提高矿井整体发展质量。

8. 电钳一体化人才培训

一是2021年下半年,针对矿井电钳工岗位的重要性和电钳工人才短缺现象,从各单位选拔优秀的高中以上学历的员工,在员工实操基地开展为期2个月450余课时的电钳一体化人才培训,培训采取电钳工理论知识、实操技能、实操考核相结合的电钳工一体化综合性培训形式,以实操培训为主,分阶段进行小结考试和结业考核,对考核优异的员工进行奖励,并纳入机电人才库。每年可为矿井培养100多名懂原理、精业务、会操作、能维护的电钳工专业人才,有效减少机电运输设备使用过程中出现的各种故障,减少采掘机电设备故障影响时间,提高电钳工应急处理、排除故障和解决问题能力,为矿可持续快速发展提供人才保障,实现"人才强矿"。

强化顶层设计,科学谋篇布局。深入调查研究,科学制定方案。根据各基层区队电钳工人才需求调研情况、师资力量情况和培训设备设施情况,制定下发了《陈四楼煤矿电钳工人才培养计划实施方案(试行)》,通过制定电钳工人才培养专项实施方案,明确教师选派、培训管理、效果考核、跟踪问效等各项措施,针对全矿各单位电钳工人才进行理论知识、实操技能等综合培训,确保培训人员、培训时间和培训效果,满足矿井电钳工人才需求,推进安全高效发展。强化组织领导,细化责任分工。成立以矿长、党委书记为组长,机电副矿长、安全副矿长为副组长,机电科、培训科、服务公司等单位为成员的领导小组。领导小组下设办公室,具体负责电钳工人才培养计划编制、培训教师委派、培训考核等日常协调管理工作;培训科具体负责开班管理、培训计划的落实,参与培训考核并负责培训考核结果汇总兑现工作。相关单位各安排1名人员,跟踪负责电钳工人才培养工作;统一全员思想,汇聚攻坚力量。为提升全员学习动力,促进全矿上下重视机电人才的培养,开展了由矿主要领导以及各区队、科室负责人参加的首期"电钳工人才培养"专项培训开班仪式,明确了机电人才培养对于矿井发展的重大意义,并对学员选拔、教师授课、结业考核等工作进行了明确要求,提振了教与学的信心,统一了思想,汇聚了力量。图5-2-1为培训情况通报。

二是做好岗位调研,规范选拔程序。深入区队调研人才需求。组织矿培训科、机电科深入各单位,对电钳工岗位知识、人才需求、培训方式、培训时长等进行详细调研,根据调研结果,制订专项培训计划,明确培训内容、参训人员、培训时间等事项。严格规范学员选拔程序。严把入口关,采取各单位员工自荐,班长、机电副队长推荐,队长、党支部书记把关等形式,明确参培人员必须责任心强且具备高中或中专及以上学历,不符合条件的人员一律不得私自安排参加电钳工一体化培训。

三是严格培训考核,确保培训效果。明确责任分工,落实培训任务。由矿培训科负责

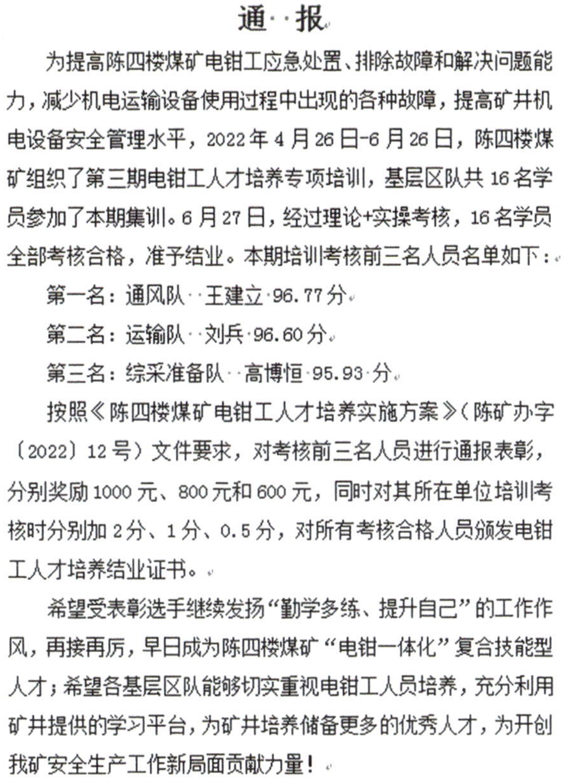

通报

为提高陈四楼煤矿电钳工应急处置、排除故障和解决问题能力，减少机电运输设备使用过程中出现的各种故障，提高矿井机电设备安全管理水平，2022年4月26日-6月26日，陈四楼煤矿组织了第三期电钳工人才培养专项培训，基层区队共16名学员参加了本期集训。6月27日，经过理论+实操考核，16名学员全部考核合格，准予结业。本期培训考核前三名人员名单如下：

第一名：通风队 王建立 96.77分

第二名：运输队 刘兵 96.60分

第三名：综采准备队 高博恒 95.93分

按照《陈四楼煤矿电钳工人才培养实施方案》（陈矿办字〔2022〕12号）文件要求，对考核前三名人员进行通报表彰，分别奖励1000元、800元和600元，同时对其所在单位培训考核时分别加2分、1分、0.5分，对所有考核合格人员颁发电钳工人才培养结业证书。

希望受表彰选手继续发扬“勤学多练、提升自己”的工作作风，再接再厉，早日成为陈四楼煤矿“电钳一体化”复合技能型人才；希望各基层区队能够切实重视电钳工人员培养，充分利用矿井提供的学习平台，为矿井培养储备更多的优秀人才，为开创我矿安全生产工作新局面贡献力量！

图 5-2-1　培训情况通报

学员、教师的日常培训考核，做到“一课三点名”，保证学员和教师的出勤，负责培训教室、教学用品和日常资料及其他方面的管理；由矿机电科负责教师安排、课程组织、阶段性考核和结业考核等工作，确保培训期间各项工作的正常开展，确保培训效果。细化培训流程，科学组织培训。严格把培训关，每期采取60天、480余学时全脱产方式进行教学，给员工充分的学习时间、实操时间、考核时间、巩固时间和提升时间。培训以实操培训为主，综合采取“理论授课＋实操技能＋阶段性考核＋结业考核相结合”模式，重在提升基层区队电钳工机电设备故障的分析和应急处理能力；严格参训学员日常培训出勤管理、培训纪律管理，严格落实请销假管理，严格培训教师的上课管理、课时管理和签名管理，协助做好各阶段考核和结业考核的材料、场地等其他工作，全力服务好、配合好电钳工培训，确保培训效果。

四是设置精品课程，确保培训质量。抽调矿井各单位专业教师和相关岗位技术能手组建强大的教师团队，认真编排培训计划，按计划实施授课和考核。积极备课和准备，特别是实操教师，提前规划场地、准备材料和设备场地的安全环境，确保实操培训效果。每期课程安排：第一周讲解电钳工应知应会、防爆细则、停送电操作流程等理论知识；从第二周开始开展针对性实操培训；每项培训结束后进行专项小考，培训结束进行“理论＋实操”考核，并对考核结果汇总分析、对标排序；严格结业考核，检验培训效果。严把考核关，培训除采取理论与实操相结合重在实操为主的形式外，在理论知识、馈电开关、五小电器、接线工艺、隔膜泵等专项培训结束时,均进行专项结业考核,检验培训效果,对掌握不好、关键且重要的内容进行重新学习、反复操练,确保掌握。

五是严格兑现奖惩,激发学习热情。以理论(权重 0.3)+实操(权重电工 0.5、钳工 0.2)双推进模式和阶段性考核成绩叠加结业考核成绩的形式对电钳工开展对标排序。结业考核取前三名进行表彰,分别奖励 1 000 元、800 元、600 元,同时纳入陈四楼煤矿机电人才库,作为技能人才晋升的重要依据;对倒数后三名进行处罚,分别处罚 600 元、400 元、200 元(综合成绩高于 80 分不予处罚);无故不参加考核罚 1 000 元;考试不及格者继续参加学习直至补考合格(80 分)。同时,严把用人关,要求各单位不得安排未经电钳工培训或考核不合格的人员从事电钳工岗位。

六是跟踪培训模式,提升练兵效果。做好全过程跟踪调研,不断完善制度机制。每期培训结束后,组织培训科对每期学员上岗后的工作岗位、电钳工操作水平、设备管理、故障处理等方面,进行跟踪考核,由个人进行工作总结,单位相关人员进行考核,确保培训后能上岗操作、能解决实际问题、能服务单位机电管理、能助力矿井安全生产。同时培训科对区队针对电钳工培训进行调研,进一步了解培训中存在的不足,针对性地进行改进提升,更好地做好电钳工一体化人才培养工作。组织参训学员座谈会,持续巩固培训效果。每期电钳工培训结束,参训学员上岗 1 个月后,组织召开电钳工人才培养座谈会,矿领导、相关业务科室、参训学员等参加座谈会,各学员交流培训、返岗后的工作情况和感受,各单位机电负责人对电钳工工作情况进行评价,共同促进电钳工成长提升和下一步的电钳工人才培养工作开展。

(二)网络培训

1. 陈四楼煤矿在线考试系统

编写了 26 个工种、专业(包括安全生产管理人员题库),自 2009 年 12 月开始,在东办公楼六楼计算机室进行考试,每季度全员考试一遍,提升员工专业理论素质。

2. 安全培训管理系统

该项目是陈四楼煤矿与广州略达科技有限公司共同研发的培训管理系统,投入研发成本、人力成本及设备费用约 60 万元,被列入永煤公司 2010 年科技项目计划,批复意见明确要求在陈四楼煤矿试点实施后,在永煤公司、河南煤业化工集团各企业进行推广。该系统于 2010 年 6 月份开始立项研发,自 2010 年 12 月份开始试运行,2011 年 5 月正式使用,并于年底在永煤公司各煤矿及企业单位进行推广。

该系统在永煤集团职工培训学校进行系统升级,在车集、城郊、新桥等永煤公司下属煤矿及相关企业进行推广,做到资源共享、统一办公、规范管理,在减少安全事故、节省人力物力财力等方面产生经济效益 500 余万元,并在河南煤化集团公司进行推广,先后获得永煤公司第八届科技进步奖创新成果二等奖、2017 年全国煤炭行业教育教学(职工培训)成果奖二等奖。

3. 安全培训"一人一档"管理系统

依据国家煤矿安全监察局《煤矿安全生产标准化考核定级办法(试行)》和《煤矿安全生

产标准化基本要求及评分方法(试行)》(煤安监行管〔2017〕5 号)等规定，陈四楼煤矿与广州略达科技有限公司率先在永煤公司合作研发“一人一档”安全培训管理系统，投入资金约 8 万元，于 2017 年 5 月份开始设计，7 月份开始试运行，8 月份正式投入使用。该系统实现了员工个人基本信息、证件管理、违章信息、培训档案、全员机考等信息网络化、规范化、标准化管理。并在永煤公司各煤矿及相关单位进行推广。

4.“学习强矿”学习平台

根据矿井专业技能、岗位操作、措施规范及全员素质提升需要，陈四楼煤矿充分整合各专业学习题库、操作规程、法律法规、规程措施、安全视频等资源，充分融合智能手机和互联网＋培训的强大资源优势，借鉴“学习强国”的学习模式，充分利用微信强大社交学习平台，与广州略达科技有限公司合作研发了“学习强矿”手机 App，实现客户端和微信小程序的双重登录学习模式。该系统投资约 14 万元，于 2019 年 5 月开始设计研发，6 月份开始试用，7 月份正式投入试用。系统包括有学习园地、应知应会、陈矿微视、每日一练、每月一考、专题考试、岗位自测、PK 答题、智慧人生等九大功能模块，并有完善的积分考核管理办法，将文件学习与考试练题相结合，以练促学、以考促学，培养员工学习习惯，让员工自动自发自主学习。

截至 2021 年年底，软件注册员工 3 000 多人，员工每月积分 300 分，中层管理人员每月积分 500 分。其中 8 月份 600 分以上员工 2 532 人，合格率达 83%，1 000 分以上 1 583 人，优秀率达 52%(中层干部全部合格)。分系统对每月总分第 1 名奖励 600 元，第 2～3 名奖励 400 元/人，第 4～6 名奖励 200 元/人，第 7～10 名奖励 100 元/人，每月奖励约 2 万元，并与区队培训双基分相挂钩。据统计，员工每天平均学习时间为 40 分钟，员工参加考试比例达 100%。“学习强矿”突出学习针对性，实现碎片化、反复性、趣味性学习，培养员工学习习惯，创新学习形式、提高学习效率，提升员工综合素质。

(三) 专项培训

1. 事故警示教育培训

根据新形势下全员培训需要，陈四楼煤矿结合工作实际，成功搭建“陈矿微视”教育培训共享平台，并在全矿普及推广。针对矿井安全生产、岗位操作、安全隐患、事故预想等内容，组织矿相关区队相关人员进行录制视频，并制作成微视频。培训科组织矿层次的专题视频每月 2 部，各区队不少于 1 部，利用微信群、公众号、班前会、食堂电视和“学习强矿”等渠道进行观看学习，切实提高了全员培训的参与性、知识性和趣味性。截至 2019 年上半年，陈四楼煤矿以“三大规程”为基础，已先后摄制完成矿层次视频教学片 9 部，区队层次视频教学片 79 部，提高了培训的参与性、知识性、生动性和趣味性，有效激发了全员参与的热情。

2. 专项培训

2001—2021 年期间，陈四楼煤矿累计开展安全生产责任制专题培训 10 期，培训 26 500 人次；累计开展双重预防体系建设培训 11 期，培训 24 700 人次；累计开展应急救援培训 21 期，培训 50 820 人次；累计开展防突知识专项培训 18 期，培训 44 100 人次；累计开展防治水专项培训 21 期，培训 49 390 人次；累计开展从业人员职业卫生培训 18 期，培训 45 590 人次；累计开展全员事故警示教育 21 期，培训 51 200 人次。

(四) 感恩教育

1. “知恩·感恩·报恩”“三恩”教育

自2010年9月20日以来,陈四楼煤矿在矿职工小礼堂举办了13期“知恩·感恩·报恩”“三恩”教育培训,共有4 000余名职工及家属参加。课程由时任培训科科长王家红主讲,活动以“感恩企业、感恩父母、感恩领导、珍爱生命”为主题,通过“懂得感恩,学会感恩”倡议,开展“感恩父母感恩企业感恩领导感恩社会”签字活动;感恩主题报告、感恩演讲、感恩征文、评选感恩之星等活动,将“三恩”活动推向深入,培育陈矿感恩文化。

2. “母亲节·感恩月”感恩活动

2011年5月,开展以“孝报父母、惠报陈矿”为主题的“母亲节·感恩月”活动,录制12名员工家属“亲人有话对你说”;开展“我为母亲许心愿、我为安全献箴言”许愿活动,收集4 000余张员工许愿卡;邀请6名员工母亲参加“母亲节感恩月”启动仪式,400余名员工参加现场活动;集体宣读“母亲节·感恩月”活动倡议书;“感恩母亲、报恩陈矿、共筑安全”有奖征文;组织员工及家属参加《我的“母亲”》演讲比赛,营造浓厚感恩氛围,培育陈矿感恩文化。

3. 员工子女感恩拓展训练

陈四楼煤矿于7月18日—8月4日共举办了3期“爸爸,您辛苦了! 爸爸,我爱您!”为主题的陈四楼煤矿员工子女感恩拓展训练,让181位员工子女接受了该矿优秀企业文化的洗礼,增进父母与孩子心与心的交流和理解,让孩子感恩父母,员工感恩企业,确保了该矿的安全生产,不仅使该矿职工家庭更加和睦,更增加了职工对矿井的归属感和荣誉感。

4. 中层干部潜能开发

2011年6—7月,陈四楼煤矿与永城移动公司联谊开展潜能开发培训,共开展6期,培训学员431人次,通过3天时间的培训,让学员学会合作并自我发现问题,并通过向敬老院捐款捐物和为老人洗头洗脚等活动,让接受培训的管理人员从心态、思想到行动都发生了翻天覆地的变化。

(五) 外聘专家培训

2012年3月30日,永煤集团邀请企业管理专家李泽尧教授在陈四楼煤矿职工礼堂举办“危机意识与强势管理”讲座。

2016年5月19日,陈四楼煤矿邀请中国矿业大学白海波教授开设“底板岩溶水突出及防治”技术讲座。

2017年4月9日,河南理工大学熊祖强教授开设“破碎围岩注浆加固技术及其工程应用”讲座。

四、培训考核

2007年9月,印发《陈四楼煤矿员工培训考核办法(试行)》,各单位月度人工费基数的10%作为培训工资基数,培训考核结果与培训工资挂钩,根据结果在-10%~30%之间浮动。并对单位负责人和培训管理员进行奖励，培训科开具证明，劳资科在当月工资中进行奖罚。

2019年3月7日，印发《陈四楼煤矿"学习强矿"全员学习积分考核实施方案》，全员下载"学习强矿"App进行注册学习，制定各项积分细则，分系统进行考核排名，纳入当月区队培训考核，每月积分前十名员工分别奖励100～500元，区队培训考核加0.5～2分。

五、培训创新

陈四楼煤矿安全培训管理系统，列入永煤公司2010年科技项目计划，2011年7月，"陈四楼煤矿安全培训管理系统"获永城煤电控股集团有限公司第七届科技成果一等奖。

"拓展训练在煤矿中的研究与应用"获2011年永城煤电控股集团有限公司第七届科技成果二等奖。

"陈四楼煤矿实操基地建设与应用"获2011年永城煤电控股集团有限公司第七届科技成果三等奖。

2011年7月，陈四楼煤矿荣获"中国企业培训示范基地"和"中国企业教育先进单位百强"称号。

2012年11月20日，中国煤炭工业协会第二届全国煤炭行业职工教育培训多媒体课件大赛在厦门举行，永煤集团选送的陈四楼煤矿《违章放炮酿惨祸》均获一等奖。

2012年11月，陈四楼煤矿获得中华全国总工会"全国职工教育培训示范点"荣誉称号。

2012年12月，"'陈矿大学'学习型组织构建与应用"获得中国煤炭工业协会颁发的煤矿企业管理现代化创新成果三等奖。

2013年8月，"多层次分布式煤矿安全培训管理平台研究"获永城煤电控股集团有限公司第8届科技成果二等奖。

2017年12月，"多层次分布式煤矿安全培训管理平台研究"获得中国煤炭教育业协会颁发的全国煤炭行业教育教学成果二等奖。

2021年7月，"'学习强矿'学习平台在新时代企业员工素质提升中的研究与应用"获河南能源化工集团科技进步三等奖。

第四节 实操培训

一、实操基地建设

（一）安全实验室

2006年6月建成使用，设有通风、采掘、机电及其他等4个安全实验室，占地130平方米，配备有灾变风流逆转、五大灾害光电演示、风电瓦斯闭锁、模拟盘智能型瓦斯、煤尘爆炸综合实验、掘进通风与安全、采煤工作面初次放顶及周期来压顶板管理等六大演示装置，配有煤电钻、风镐、凿岩机、锚索机、潜水泵等井下常用设备，并配有心脏复苏模拟人、煤电钻综合保护、防爆开关、放炮器检测仪、瓦检仪、自救器、灭火器、风表等实验设备。使用说明书、操作流程、各类牌板分类码放、井井有条，增强了现场操作演练的真实性和趣味性，提高了培训效果。

（二）地面机电工基地

基地建于机修厂作业车间内，于2007年年底开始筹建，2008年1月建成并正式投入使用，该基地主要承担着全矿电工、钳工和电焊工等工种的技能培训工作，培训基地总占地面积280平方米，配备教学用各类设备设施共计150余台(件)，拥有专兼职培训管理服务人员和教师共计40余人，基地每期能同时容纳50余名学员进行实习培训。完备的教学设施和优秀的专兼职教师队伍，为培训工作的顺利开展提供了可靠的硬件支持。

（三）井下实操培训基地

陈四楼煤矿井下实操基地建于井下南十一，于2008年6月投入使用，占地约1 500平方米。实操基地配备了相应工种的实操所需设备，如电气设备开关、刮板机、皮带机、双速绞车、锚杆机、凿岩机、通风机、煤电钻等，可供凿岩机司机、锚杆机司机、皮带输送机司机、绞车司机及机电维修工进行实操培训使用，也是陈四楼煤矿全员脱产培训及新工人岗前培训实操基地。实操基地可提供24小时不间断多工种的培训，并配备有专、兼职培训师进行实操教学，配备专职培训教师5人，兼职教师10人，2008年下半年培训员工达260多人。

（四）员工实操培训基地

陈四楼煤矿员工实操培训基地，于2009年11月开始设计建设，2010年5月份投入使用，占地约2 000平方米，是一个集综采工作面、轨道顺槽、皮带顺槽、掘进工作面、开拓工作面、轨道斜巷运输、通风设施、井下电气作业、探防抽采、井下机车、机电硐室等11个煤矿实操技能培训现场、1个模拟仿真实验室和1个多媒体教室为一体的综合性实操培训基地。

1. 综采工作面实操现场

该实操现场断面为5.0米宽×2.8米高，长20米，安装有ZY2200/14/32液压支架3台，刮板机1部。可满足液压支架工、刮板机司机、端头支护工、综采电钳工、监测工等工种实操技能培训，学员通过本实操现场学习，可掌握液压支架工作原理及操作方法、刮板机工作原理及操作方法、端头支护标准、监测监控知识及各工种岗位责任制、操作规程和岗位安全风险预知等岗位操作技能和安全意识知识。

2. 轨道顺槽实操现场

该实操现场断面为3.0米宽×2.8米高，长20米，巷道内设有轨枕、道轨、风水管路、乳化泵站、通信监测监控等设施，可满足轨道安装工、管路工、乳化液泵站司机等工种的实操技能培训。学员通过本实操现场学习，可掌握轨枕道轨的敷设标准及方法、电缆的吊挂标准及方法、风水管路的吊挂标准及方法、乳化液配比知识及各工种岗位责任制、操作规程和岗位安全风险预知等岗位操作技能和安全意识知识。

3. 皮带顺槽实操现场

该实操现场断面为宽3.0米×高2.8米，长20米，安装有DST650/40带式输送机1

部，敷设长度 20 米，带速 2.0 米/秒，运输能力 400 吨/小时，负责采煤工作面的原煤外运。巷道采用锚网支护，风水管路、通信监测监控等设备设施齐全，可满足带式输送机司机、监测工、信号工、煤矿井下电气作业等工种的实操技能培训。学员通过本实操现场学习，可掌握带式输送机结构、工作原理及操作方法、皮带机的五大保护知识、监测监控知识及各工种岗位责任制、操作规程和岗位安全风险预知等岗位操作技能和安全知识。

4. 掘进工作面实操现场

该实操现场断面为 3.2 米×2.6 米，长 16 米，顶板为直径 20 毫米×2 200 毫米高强锚杆＋W 钢带＋金属网支护，两帮为直径 18 毫米×2 200 毫米普通锚杆＋木托盘＋金属网支护，锚杆间排距为 700 毫米×800 毫米，允许偏差±100 毫米。临时支护采用 π 型梁＋单体液压支柱支护方式。内有 SGB-420 刮板输送机 1 部。风水管路、通信监测监控等设备设施齐全，可满足掘进工、刮板输送机司机、爆破工、锚杆支护工、锚索支护、瓦斯检查工、机电工等工种的实操技能培训。学员通过本实操现场学习，可掌握刮板输送机的工作原理及操作方法、工作面钻孔爆破标准及操作方法、帮锚顶锚及锚索的操作方法、光学瓦斯鉴定器操作方法、监测监控知识及各工种岗位责任制、操作规程和岗位安全风险预知等岗位操作技能和安全知识。

5. 开拓工作面实操现场

该实操现场断面为直墙半圆拱断面，净断面为 3.6 米×2.6 米，长 16 米，顶板为直径 20 毫米×2 200 毫米高强锚杆＋金属网支护，两帮为直径 18 毫米×2 200 毫米高强锚杆＋金属网支护，锚杆间排距为 800 毫米×80 毫米，允许偏差±100 毫米，临时支护采用吊环＋钢管＋背板的前探梁支护方式。内有 P-30B 型耙矸机 1 部，ZBKJ-2×5.5 千瓦对旋风机 1 台，风水管路、通信监测监控等设备设施齐全。可满足耙矸机司机、爆破工、锚杆支护工、锚喷工、锚杆机操作工、凿岩机操作工等工种的实操技能培训。学员通过本实操现场学习，可掌握耙矸机的工作原理及操作方法、工作面钻孔爆破标准及操作方法、双风机双电源工作原理及操作方法、帮锚顶锚及锚索的实操方法、喷浆配料方法及各工种岗位责任制、操作规程和岗位安全风险预知等岗位操作技能和安全知识。

6. 轨道斜巷运输实操现场

该实操现场轨道长度为 51.6 米，安设有 JD-25 型调度绞车 1 部，气动挡车杠、阻车器、防跑车装置、声光信号齐全，可满足绞车司机、信号把钩工、推车工等工种的实操技能培训。学员通过本实操现场学习，可掌握绞车工作原理及操作方法、信号把钩工操作知识、挡车杠、阻车器的维护操作、钢丝绳标准及各工种岗位责任制、操作规程和岗位安全风险预知等岗位操作技能和安全意识知识。

7. 通风设施实操现场

该实操现场巷道断面为 3.2 米宽×2.8 米高，长 20 米，采用砖墙水泥材料构筑。建有永久可视调节风门、临时风门、永久密闭等通风设施，风水管路、通信监测监控等设备设施齐全，可满足测风工、通风防突工、瓦斯检查工、风筒工等工种的实操技能培训。学员通过本实操现场学习，可掌握井下通风设施的构筑方法、通风设施质量标准化标准及各工种岗位责任制、操作规程和岗位安全风险预知等岗位操作技能和安全知识。

8. 井下电气作业实操现场

该实验室长 20 米,宽 9.2 米,占地近 200 平方米,配置有各型号高爆开关、馈电开关等设备几十台,可满足井下电工、焊工等电气作业工种的实操技能培训。学员通过现场学习操作,可掌握各类高爆开关停送电流程、馈电开关的工作原理及操作方法、井下电气设备维护维修,掌握常见电气设备、馈电开关设备的工作原理及操作方法,熟悉相关工种的岗位操作流程、操作标准、岗位责任和岗位安全风险预知等岗位操作技能和安全知识。

9. 探防抽采实操现场

该实操现场长 18.3 米、宽 12.5 米,综合占地面积 228.75 平方米,安设 ZDY-1900S 型钻机和 ZDY3200X 钻机各 1 台,2TGZ-60/210 型注浆泵 1 台,KJZ-200 型馈电开关 1 台,QJZ2-80 型电磁启动器 2 台,BX1-315-2 型交流弧焊机 1 台,其他设备和配件 20 余类 130 余件,能满足煤矿瓦斯抽采作业、煤矿探放水作业等工种的实操演练及学习,同时可满足技术比武、职业技能鉴定、新技术培训等专业性培训需求。学员通过本实操现场的学习,可掌握钻机、注浆泵、电焊机、电机车等设备的工作原理及操作方法,熟悉相关工种的岗位操作流程、操作标准、岗位责任和岗位安全风险预知等岗位操作技能和安全知识。

10. 井下机车实操现场

该实操现场 CTY5/6GB 防爆特殊型蓄电池电机车 1 台,600 毫米轨距的轨道 28 米,并设有弯道,可满足井下电机车司机、轨道与信号工等工种的实操技能培训。学员通过本实操现场学习,可掌握电机车的工作原理及操作方法、电机车日常检查、轨道与信号工维修维护及各相关工种的岗位责任制、操作规程和岗位安全风险预知等岗位操作技能和安全知识。

11. 机电硐室实操现场

该实操现场安装有干式变压器 1 台、高爆开关 1 台、低压开关 3 台、照明综保 2 台,可满足井下配电工、机电维修工、矿井维修电钳工等工种的实操技能培训。学员通过本实操现场学习,可掌握电气开关工作原理及操作方法、停送电程序、日常电气检查知识及各工种岗位责任制、操作规程和岗位安全风险预知等岗位操作技能和安全知识。

12. 模拟仿真实验室

该实训室于 2015 年 2 月建成并投入使用,内设采煤机虚拟实训操作教学仪、掘进机虚拟实训操作教学仪、煤矿机电智能培训教学仪等 3 部虚拟实训操作平台及其相关辅助设备,安设有瓦斯探头等监测监控实操培训考核器材,并配有自救器、风表、光学瓦斯鉴定器、发爆器及心脏复苏模拟人,能满足煤矿采煤机(掘进机)操作作业、掘进工、煤矿井下电气作业、电气开关维修等工种的实操演练及学习,同时可满足技术比武、职业技能鉴定、新技术培训等专业性培训需求。学员通过本实训现场的学习,可掌握煤矿常用电气开关、采煤机、掘进机等设备的工作原理及操作维修方法,熟悉相关工种的岗位操作流程、操作标准、岗位责任。

13. 多媒体教室

该实操基地建有多媒体教室1个，教研室1个，研讨室1个，教室面积近200平方米，可同时容纳200名学员学习。教室配有投影机、音响、计算机等多媒体教学设备，宽敞明亮，桌凳干净整洁，教学环境一流，能实现实操技能培训、理论学习和实操考核的一体化培训管理，有助于提高员工实操技能培训效果和管理水平。

二、工作实施

（一）制定《陈四楼煤矿员工实操培训基地管理制度》

根据实操基地各设备设施的情况，由相关区队进行日常维护维修，确保实操培训基地能正常开展实操培训。

（二）编制岗位工种实操培训考核标准

井下爆破作业、监测监控作业、瓦斯检查作业3个特种作业和液压支架工、装岩机司机、水泵工、自救器工、测量工5个其他从业人员实操培训考核标准，每个标准包括岗位标准化操作规范、实操流程图、实操考核标准、实操常见故障判断与排除、违章操作事故案例分析等内容，对实操培训内容进行规范。

（三）实操培训现场交流会

2010年8月13日，永煤集团本部矿井实习操作基地现场会在陈四楼煤矿实操培训基地举行。

2011年5月19日，永煤集团安全培训示范基地建设工作现场会在陈四楼煤矿召开。

2012年4月26日，永煤公司实操培训现场推进会在陈四楼煤矿实操培训基地顺利召开。

（四）“四位一体”实操培训法

陈四楼煤矿实行“四位一体”实操培训法，并于2016年3月在永煤公司各单位进行推广。“四位一体”即指：实操培训的前期准备、培训过程管理、培训考核和培训效果应用为一体。

积极准备重在“细”。无论哪个工种开展实操培训，培训科均积极组织，列出培训清单和工作流程，对于授课教师选拔、工器具准备、各种设备的调试等各方面均提前仔细核实，保证实操培训能够高效开展。

过程管理重在“全”。在实操培训过程中，要求参加培训的学员个个亲自体验，动手感知，切忌“光说不练”。培训科对实操过程进行全方位、全过程监督，根据实操培训流程，通过师生互动，力争使学员对基本知识、操作技能的掌握一步到位。

考核到位重在“实”。在实操培训结束后，陈四楼煤矿采取“三评”的考核方式（三个评委对一名学员进行考核），根据考核明细逐步进行。考核不过关人员不得上岗作业，由培训科安排继续进行培训。

效果转化重在“真”。根据每工种的实操考核结果，建立各工种技能人才库，推荐优秀选手参加矿或公司级技术比武、首席员工评比,后备人才培养等,并将优秀选手直接聘任为矿实操培训教师。

三、实操培训考核

依据《陈四楼煤矿员工实操培训基地管理制度》,每月开展3~5个工种,每个工种每天每班5~10人,实操培训时间不低于4个小时,每月对各单位参与实操培训的工种人数、和实操基地设备维护情况进行考核,纳入当月培训考核,并对优秀单位和个人进行奖励。

2008年6月至2021年年底,陈四楼煤矿全部完成实操培训。

2010—2021年陈四楼煤矿实操培训情况见表5-2-4。

表5-2-4 2010—2021年陈四楼煤矿实操培训情况一览表　　单位:人次

年份	实操人数	年份	实操人数
2010	212	2017	451
2011	356	2018	407
2012	786	2019	381
2013	802	2020	392
2014	735	2021	402
2015	682	合计	6 138
2016	532	—	—

第五节　紧缺人才培养(学历教育)

一、教育目标

2009年10月30日,印发《陈四楼煤矿学历教育培训方案》,对区队长、班组长和优秀员工开展学历达标的学历教育活动,使其达到规定的任职资格要求。对文化较低的人员,重点开展以文化补习为主的学习活动。考试合格顺利毕业者报销一定的学费。

二、校企合作

(一)紧缺人才培养

2009—2011年,陈四楼煤矿与河南工程技术学校举办第一期"学历教育大专班",组织156人进行学历提升教育,促进职工素质提升。

2011—2013年,陈四楼煤矿与河南工程技术学校举办第二期"学历教育大专班",组织113人进行学历提升教育,促进职工素质提升。

2011—2013年,陈四楼煤矿与河南省工业与信息化高级技工学院合作办学,组织116人进行学历提升教育,促进职工素质提升。

2012 年 3 月 22 日，永煤公司龙宇煤化工管理人员近 150 人参加了陈四楼煤矿“龙之行，春之约”拓展训练，本次培训共分 3 期进行，每期训练时间为 3 天。

2013 年 10 月 18—20 日，“校企合作共创辉煌”——永城职业学院 50 名中层领导在陈四楼煤矿拓展训练基地参加为期 3 天的拓展训练。

2013—2015 年，陈四楼煤矿与永城职业学院合作举办“学历再教育大专班”，组织 138 名员工进行学历提升教育，促进职工素质提升。

2017—2019 年，陈四楼煤矿与河南省工业与信息化高级技工学院合作办学，组织 122 人进行学历提升教育，促进职工素质提升。

（二）校企合作实训基地

陈四楼煤矿与永城职业学院，认真学习和贯彻河南省促进职业教育发展的豫政〔2012〕48 号和〔2012〕49 号文件精神，制定《校企合作共建共管实训基地协议书》《永城职业学院陈四楼煤矿共建实训基地规划》《订单培养协议书》，2012 年 12 月，陈四楼煤矿被河南省教育厅授予“河南省首批高等职业教育示范性综合实训基地”荣誉称号。2013 年 4 月，与永城职业学院建立校企合作实训培训，并授予“校企合作实训基地”称号。

校企合作实训基地，坚持富有职业教育特色的校企合作和开放办学指导思想，加强校企合作，推进实用人才培养，优化“双师型”教师队伍，落实学生实习实训，提高动手能力；不断深化校企合作，注重“双师”素质教师培养，致力于“工学交替”，逐步形成了独具特色的办学理念，校企合作定方案，学院与企业积极合作，制定实施了各专业人才培养方案，实现学生顶岗实习高于 1.5 个学期；实践教学比例和兼职教师承担的专业课学时比例达到 54%和 50%；校企合作设课程。实现了“入学专业教育→基础素质教育→专项理论教学→专项技能训练→综合理论教学→综合能力训练→顶岗实习”的“工学交替”的分段式课程设置。理论教学主要在校内完成，实践教学主要在企业完成；教学实施过程中，采用了形式灵活的弹性学制和学分制；校企合作开展教学，学院各专业按照人才培养要求科学安排企业实习岗位，实现教学与生产对接、能力培养与职业岗位对接，保证了人才培养目标的一致性。

（三）培训结对帮扶

2009 年 9 月—2010 年 7 月，陈四楼煤矿与永锦能源开展培训结对帮扶，制定《陈四楼煤矿与永锦能源帮扶活动方案》，坚持走出去帮助结对单位解决实际问题，由马俊鹏科长亲自带队到永锦公司指导机构建设，在制度交流上毫无保留送给了永锦能源，在接受挂职锻炼方面，先后接纳永锦能源 5 批挂职锻炼人员，共计 54 人。通过交流指导、现场授课、跟班学习、挂职锻炼等形式，陈四楼煤矿把先进的安全管理和实操基地建设、培训管理等，帮助永锦公司完善培训制度建设、骨干教师培养、班组长培训、实习基地建设等，帮助永锦能源云煤一矿、云煤二矿等矿井提升培训档案管理、员工培训等管理水平，见表 5-2-5。

表 5-2-5　陈四楼煤矿与永锦能源结对帮扶数据　　单位:人次

类别	培训	复训
矿长资格培训	2	3
安全生产管理人员	67	117
班组长培训	465	12
学历教育	153	
特殊工种培训	900	733
新工人培训	407	
一般工种培训	997	528
其他培训(人次)	650	
建实习基地数目	4	永锦 2 个,陈四楼 9 个实操现场、1 个安全
外出(请进)培训指导场次	12	
外出(请进)举办培训人次	212	
派出(接待)到本部挂职、学习人次	16	
合计	3 869	1 393

此表为 2009 年 10 月至 2010 年 6 月底的统计数据。

第三章　灾害防治

第一节　煤与瓦斯突出防治

一、矿井瓦斯赋存特征

（一）矿井瓦斯分布特征

陈四楼煤矿井田含煤地层沉积后，主要经历了印支期和燕山运动期的挤压抬升和岩浆侵入，以及华北运动和喜马拉雅运动伸展断陷作用，致使含煤地层发育褶皱和断裂构造，二叠纪含煤地层遭受不同程度剥蚀，最终导致煤层瓦斯大量逸散。

根据地质勘探和井下瓦斯实测资料，陈四楼煤矿二$_2$煤层瓦斯以氮气和甲烷为主，仅在高六湾向斜东翼十二采区和 $F_{13\text{-}1}$ 断层下盘的 6707 钻孔附近位于瓦斯带。瓦斯含量 0.22～11.79 立方米/吨，整体低于 5 立方米/吨，分布呈现南北分异、局部异常的特征；井田东翼由于临近永城向斜轴部，上覆岩层剥蚀严重，煤层整体处于瓦斯风化带，瓦斯含量普遍较低，通常为 1 立方米/吨左右；井田南部受瓦斯风化带和水力运移作用影响瓦斯含量整体较低，瓦斯含量为 2 立方米/吨左右，最大瓦斯含量 4.7 立方米/吨；井田北部瓦斯含量相对较高，通常为 3 立方米/吨左右，高六湾向斜东翼、周庄向斜东翼和 $F_{13\text{-}1}$ 断层下盘发育 3 个瓦斯异常区，其中高六湾向斜东翼瓦斯含量较高，实测瓦斯含量最大值为 11.79 立方米/吨。

瓦斯异常区内，瓦斯分布呈现条带状和同心圆状分布。高六湾向斜东翼十二采区为矿井最大瓦斯异常区，瓦斯分布由向斜轴部向翼部呈现先降低后增加的带状分布，21214 工作面位于向斜轴部，瓦斯含量 3.33～5.29 立方米/吨，其东侧的 21212 和 21210 工作面瓦斯含量分别为 1.67～3.08 立方米/吨和 3.16～11.79 立方米/吨；周庄向斜东翼和 $F_{13\text{-}1}$ 断层下盘瓦斯异常区域内，瓦斯含量分布则呈同心圆状。

（二）瓦斯风化带划分

在漫长的地质演化过程中，在相关影响因素作用下，瓦斯通过各种方式由地下深处向地表流动，地表空气和在生物化学作用下所生成的气体则沿煤层和围岩向下运动，煤层瓦斯和地表大气实现相向交换运动，造成煤层中瓦斯气体成分由浅到深的带状分布特征。煤层中瓦斯的分布状况由浅到深可依次划分为：① 二氧化碳—氮气带；② 氮气带；③ 氮气—甲烷带；④ 甲烷带。前三带通常为瓦斯风化带，甲烷带为瓦斯带（表 5-3-1）。

表 5-3-1 按瓦斯成分划分瓦斯带标准

瓦斯带名称	组分含量/%		
	CH_4	N_2	CO_2
二氧化碳—氮气带	0～10	20～80	0～80
氮气带	0～20	80～100	0～20
氮气—甲烷带	20～80	20～80	0～20
甲烷带	80～100	0～20	0～10

根据实测煤层瓦斯基本参数，瓦斯风化带的下部边界参照下列条件确定：

(1) 甲烷和重烃的浓度之和占气体组分的 80%(按体积)；

(2) 瓦斯压力 P=0.1～0.15 兆帕；

(3) 相对瓦斯涌出量 q=2～3 立方米/吨；

(4) 煤层瓦斯含量；

W=1.0～1.5 立方米/吨(长焰煤)；

W=1.5～2.0 立方米/吨(气煤)；

W=2.0～2.5 立方米/吨(肥、焦煤)；

W=2.5～3.0 立方米/吨(瘦煤)；

W=3.0～4.0 立方米/吨(贫煤)；

W=5.0～7.0 立方米/吨(无烟煤)。

陈四楼井田二$_2$煤层煤质为无烟煤，根据瓦斯风化带下界划分指标，即甲烷和重烃的浓度之和小于气体组分的 80%、瓦斯压力小于 0.15 兆帕、相对瓦斯涌出量小于 2 立方米/吨和瓦斯含量小于 5 立方米/吨为下界指标。由于陈四楼井田内断裂构造大量发育，且具有多期活动性，瓦斯大量逸散，井田内二$_2$煤层瓦斯含量较低。为全面掌握瓦斯分布规律，地勘阶段对 21 口地质钻孔实施二$_2$煤层瓦斯参数测试，测试参数为瓦斯含量和瓦斯组分(表 5-3-2)，并绘制了永城煤田陈四楼井田二$_2$煤层瓦斯分带及含量等值线图(图 5-3-1)。二$_2$煤层实测瓦斯含量为 0.22～6.56 立方米/吨，平均为 1.04 立方米/吨；CH_4 占比为 0%～81.87%，CO_2 占比为 0.72%～33.41%，N_2 占比为 10.51%～96.55%。测试结果显示，7 个样品位于二氧化碳—氮气带，9 个样品位于氮气带，3 个样品位于氮气—甲烷带，2 个样品位于甲烷带，二$_2$煤层整体位于瓦斯风化带内，仅在 6707 地质钻孔和 6919 地质钻孔附近位于瓦斯带内。

表 5-3-2 陈四楼井田地质钻孔二$_2$煤层瓦斯测试成果统计表

孔号	成分/%			分带	含量/(m^3/g)
	CH_4	CO_2	N_2		
0206	0	24.13	75.87	CO_2—N_2	0.49
6011	2.4	22.61	74.99	CO_2—N_2	0.42
6102	33.61	15.65	50.74	N_2—CH_4	1.42
6106	2.89	0.72	94.07	N_2	0.25

表 5-3-2(续)

孔号	成分/%			分带	含量/(m^3/g)
	CH_4	CO_2	N_2		
6204	12.39	9.96	77.65	N_2—CH_4	0.33
6206	1.08	11.09	87.83	N_2	0.22
6210	44.76	17.56	36.06	N_2—CH_4	1.53
0509	0.20	12.43	87.33	N_2	0.25
0510	6.39	2.16	91.45	N_2	1.07
6301	微	28.56	71.44	CO_2—N_2	0.39
6309	0.79	23.21	76.00	CO_2—N_2	0.82
6505	0.89	4.85	94.07	N_2	0.35
0904	3.30	16.06	80.64	N_2	0.25
0912	0.14	21.57	78.29	CO_2—N_2	1.27
6707	81.59	7.90	10.51	CH_4	6.56
1112	0	6.89	91.55	N_2	0.33
1108	0.56	3.43	96.01	N_2	0.22
7003	0.3	18.71	80.99	N_2	0.50
6919	81.87	7.07	11.06	CH_4	3.49
7204	7.98	23.56	68.19	CO_2—N_2	1.10
7206	0.07	33.41	66.52	CO_2—N_2	0.50

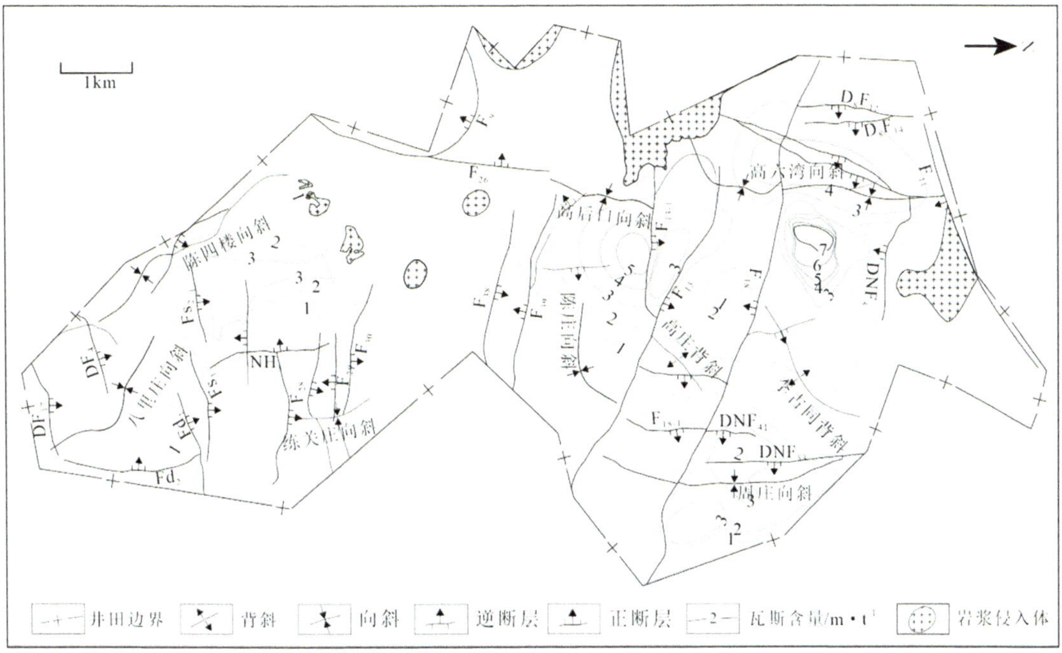

图 5-3-1　陈四楼煤矿瓦斯含量等值线图

生产阶段，为准确掌握局部瓦斯分布规律，在井田北部西翼八采区、十二采区和二十采区施工地质钻孔3，并测试二$_2$煤层瓦斯参数，测试参数为瓦斯含量和瓦斯组分(表5-3-3)。二$_2$煤层实测瓦斯含量为0.22～6.56立方米/吨，平均为1.04立方米/吨；CH_4占比为0～9.06%，CO_2占比为8.40%～20.77%，N_2占比为67.04%～91.01%，勘探区域内二$_2$煤层位于瓦斯风化带内。

表5-3-3 陈四楼井田补充地质钻孔二$_2$煤层瓦斯测试成果统计表

孔号	成分/%				分带	含量(m^3/g)
	CH_4	CO_2	N_2	重烃		
10补1	微	14.31	85.68	0	CO_2-N_2	3.40
68补1	0.41	8.40	91.01	0.18	N_2	4.19
71补1	9.06	20.77	67.04	3.13	CO_2-N_2	4.82

根据矿井生产的需要，井下开展了大量瓦斯参数测试，在系统整理后，结合井下瓦斯压力测试和地质钻孔测试结果，基于前文瓦斯风化带划分标准，绘制了陈四楼煤矿二$_2$煤层瓦斯带分布图(图5-3-2)。陈四楼煤矿二$_2$煤层整体处于瓦斯风化带内，仅在高六湾向斜东翼和F_{13-1}断层下盘局部区域位于瓦斯带内，其中，高六湾向斜东翼瓦斯带范围为十二采区21211、21210、21209、21208和21207工作面局部，F_{13-1}断层下盘瓦斯带范围为6707孔周围约260米范围内。

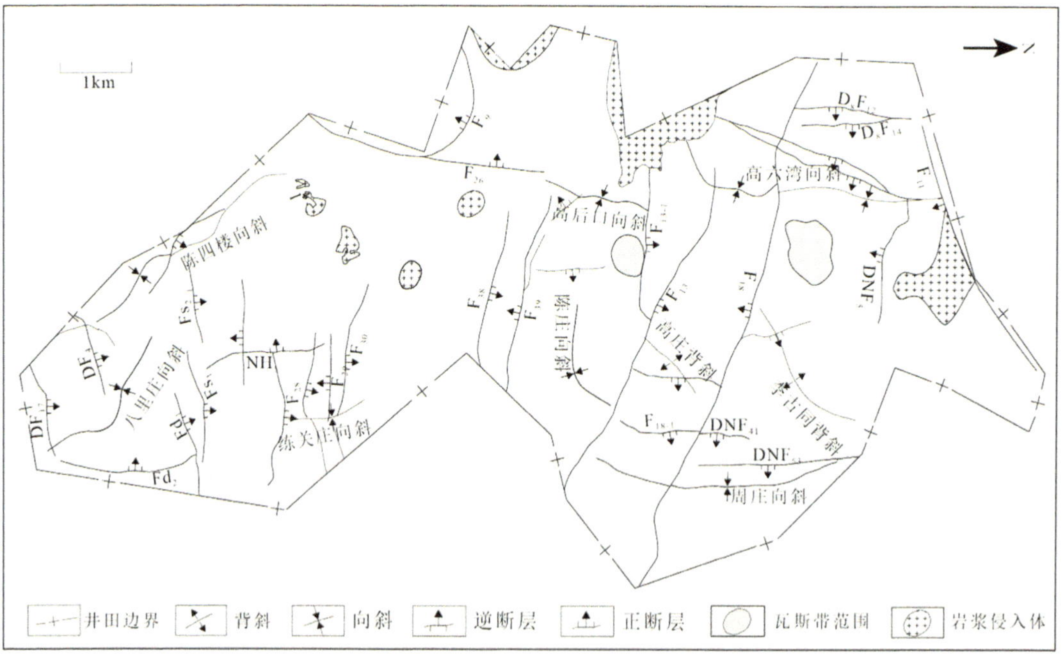

图5-3-2 陈四楼煤矿二$_2$煤层瓦斯风化带分布图

陈四楼煤矿历年瓦斯等级鉴定和审批情况见表5-3-4。

表 5-3-4 陈四楼煤矿历年瓦斯等级鉴定和审批情况表

鉴定年份	瓦斯				二氧化碳				煤层自燃等级	煤尘爆炸性鉴定结论	备注
	全矿井		鉴定等级	省批鉴定等级	全矿井		鉴定等级	省批鉴定等级			
	相对涌出量/(m^3/t)	绝对涌出量/(m^3/min)			相对涌出量/(m^3/t)	绝对涌出量/(m^3/min)					
2008 年	1.45	9.80	低	低	1.85	12.47	低	低	Ⅲ类不易自燃	不爆炸	
2009 年	1.43	9.16	低	低	2.04	13.06	低	低	Ⅲ类不易自燃	不爆炸	
2010 年	1.42	8.98	低	低	2.49	15.77	低	低	Ⅲ类不易自燃	不爆炸	
2011 年	1.26	10.07	瓦斯矿井	瓦斯矿井	2.01	16.07	低	低	Ⅲ类不易自燃	不爆炸	
2012 年	1.67	11.26	瓦斯矿井	瓦斯矿井	2.41	16.28	低	低	Ⅲ类不易自燃	不爆炸	
2013 年	1.76	11.49	瓦斯矿井	瓦斯矿井	2.65	17.33	低	低	Ⅲ类不易自燃	不爆炸	
2014 年	1.25	8.85	瓦斯矿井	瓦斯矿井	2.65	17.03	低	低	Ⅲ类不易自燃	不爆炸	
2015 年	—	11.04	煤与瓦斯突出矿井	煤与瓦斯突出矿井	—	21.08	低	低	Ⅲ类不易自燃	不爆炸	
2016 年	2.256 0	12.460 8	煤与瓦斯突出矿井	煤与瓦斯突出矿井	3.721 7	20.556 2	低	低	Ⅲ类不易自燃	不爆炸	
2017 年	1.357 3	6.800 8	煤与瓦斯突出矿井	煤与瓦斯突出矿井	4.630 5	23.201 1	低	低	Ⅲ类不易自燃	不爆炸	
2018 年	0.726 2	2.376 5	煤与瓦斯突出矿井	煤与瓦斯突出矿井	6.789 9	22.218 4	低	低	Ⅲ类不易自燃	不爆炸	
2019 年	0.622 0	3.180 7	煤与瓦斯突出矿井	煤与瓦斯突出矿井	2.192 9	11.212 9	低	低	Ⅲ类不易自燃	不爆炸	
2020 年	0.683 3	2.981 9	煤与瓦斯突出矿井	煤与瓦斯突出矿井	3.169 2	13.829 8	低	低	Ⅲ类不易自燃	不爆炸	
2021 年	0.647 1	1.852 5	煤与瓦斯突出矿井	煤与瓦斯突出矿井	5.430 9	15.546 4	低	低	Ⅲ类不易自燃	不爆炸	

二、钻孔施工设备实施与瓦斯抽采效果分析

(一)钻孔施工设备

1. 普通钻机

2018 年 3 月,购置型号为 ZDY4000LF、ZYWL-4500。

2019 年 2 月,购置型号为 ZYWL-4500、ZDY4500LXY、ZYWL-6000。

2020年,购置型号为ZDY4500LXY。

2021年8月,购置型号为ZDY4500LXY(KXS-8-133)、ZDY7300LX(KXS-8-133)、ZDY7300LX、ZYWL-6500。

2. 定向钻机

2018年2月,购置型号为ZDY12000LD。

2018年3月,购置型号为ZDY4000LD(A)。

2019年2月,购置型号为ZDY6000LD(B)、ZYWL-13000DS、ZDY12000L。

2021年1月,购置型号为ZYL-15000D。

2018年2月,矿井购置第一台型号为ZDY12000LD履带式全液压坑道千米钻机,在2803下顺槽开展“以孔代巷”区域瓦斯抽采试验,探索定向钻孔预抽煤层瓦斯区域防突措施。

2019年9月,在2803工作面中间巷施工定向高位长钻孔治理隅角及采空区瓦斯。2803工作面为“一面三巷”工作面,通风系统为U形通风,容易出现2803工作面上顺槽回风隅角及采空区出现瓦斯积聚现象,造成局部瓦斯浓度升高。矿井在治理上隅角和采空区瓦斯中采用2803工作面上顺槽和2803工作面中间巷施工高位钻孔进行抽采,收到一定的效果,但存在巷道内皮带机、无极绳绞车等设备运行对钻孔施工造成影响,钻机不易稳固方位角调整不到位,回风巷区域施工工期紧张等问题,严重制约高位钻孔的施工效率,进而导致高位抽采效率偏低。为彻底解决高位钻孔施工及抽采问题,根据永煤公司统一部署安排,矿引进中煤科工集团重庆研究院有限公司ZYWL-13000DS千米定向钻机。

2021年6月,根据永煤公司安排部署,陈四楼煤矿通过引进陕西太合智能钻探有限公司ZYL-15000D千米定向钻机,采用定向钻进工艺在2901工作面中间巷施工定向长钻孔治理工作面瓦斯,进一步提质中长距离钻孔施工工艺,为今后防突治理工作中长距离钻孔施工提供现场指导,对保障矿井安全高效生产和加快瓦斯治理起到良好的推进作用。

2021年6月,2601工作面下顺槽引进使用西安生产的ZDY6000LD矿用履带式全液压坑道钻机,该钻机测量数据的传输方式为中心通缆式,相对泥浆脉冲传输方式它具有传输速度高,传输数据稳定等特点。

(二) 瓦斯抽采技术革新

1. 钻孔封孔工艺

2018年1月,采用“防静电筛管+封孔器+注浆料”封孔工艺,见图5-3-3~图5-3-5。

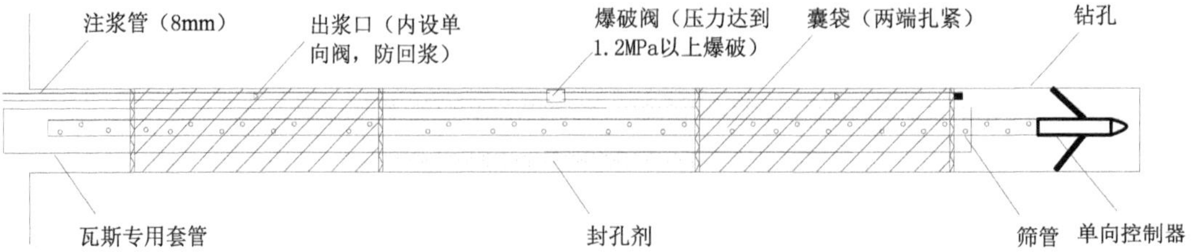

图5-3-3 “防静电筛管+封孔器+注浆料”封孔工艺示意图

图 5-3-4　“防静电筛管＋封孔器＋注浆料”封孔工艺施工设备实物图

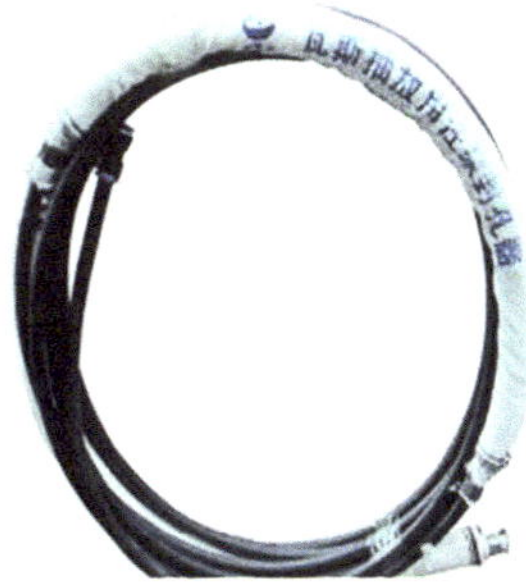

图 5-3-5　铰接式可开闭型 PDC 钻头瓦斯抽放管单向控制器囊袋抽放瓦斯用注浆式封孔器

在陈四楼煤矿瓦斯抽采钻孔现行封孔工艺基础上，提出全程下筛管带压封孔技术，并在 2802 工作面上顺槽试验成功，可以进一步推广应用。

通过全程下筛管带压封孔技术可以保证囊袋能够送到钻孔准确深度，避免合成树脂在下的过程中树脂送不到预定深度，造成一次封堵不彻底进而导致二次注浆压力达不到要求。

在完成现场试验过程中，设计加工下向钻孔孔底排水装置和变流速除渣装置，解决了下向钻孔积水难题和抽采过程中抽采支管排渣难题。

通过全程下筛管带压封孔技术可以达到下管 20 米带压封孔 10 米的封孔效果，在二次封孔中可以实现带压封孔，带压封孔可以将封孔材料压入钻孔周边裂隙，提高封孔注浆质量，加强瓦斯抽采效果。同时，延长单孔瓦斯衰减周期，提高单孔瓦斯抽采纯量，降低区域瓦斯治理抽采时间，提高区域瓦斯治理效率。

通过全程下筛管带压封孔技术，提高瓦斯抽采钻孔封孔成功率，尤其是提高钻孔一次封堵成功率，整体上封孔成功率达到 95％以上，相较以往老式工艺，封孔成功率提高 15％以上，减少封孔作业返工量，节省施工周期和人力资源，提高封孔效率。每天封孔 10 个，节省返工封孔材料 450 元，人工费用 200 元，每月累计节省 19 500 元。

通过全程下筛管带压封孔技术，延长单孔瓦斯衰减周期，提高单孔瓦斯抽采纯量，降低区域瓦斯治理抽采时间，提高区域瓦斯治理效率，尤其在单循环掘进工作面区域瓦斯治理过程中，单循环可减少施工钻孔 20 个以上，约节省 50 000 元。

通过全程下筛管带压封孔技术，提高瓦斯抽采钻孔封孔成功率，尤其是提高钻孔一次封堵成功率，整体上封孔成功率达到 95%以上，相较以往老式工艺，封孔成功率提高 15%以上，减少封孔作业返工量，节省施工周期和人力资源，提高封孔效率。每天封孔 10 个，节省返工封孔材料 450 元，人工费用 200 元，每月累计节省 19 500 元。

通过全程下筛管带压封孔技术，延长单孔瓦斯衰减周期，提高单孔瓦斯抽采纯量，降低区域瓦斯治理抽采时间，提高区域瓦斯治理效率，尤其在单循环掘进工作面区域瓦斯治理过程中，单循环可减少施工钻孔 20 个以上，约节省 50 000 元。

2019 年 10 月，“两堵两注”通管直连封孔工艺在 21210 工作面底抽巷的推广应用。

(1) “两堵两注”封孔工艺能够有效实现带压封孔，有效保证封孔钻孔的密封性，封孔质量较普通囊袋式封孔更高。注浆后泥浆膨胀效果好，水分从囊袋的滤布中析出，干料充满封孔范围，不存在间隙；通管直连，从钻孔到抽采干管之间的连接头少，有效防止了原有封孔工艺接头多，漏气点的问题，且单孔抽采通路管径大，该工艺可使单孔抽采量提升 40%左右，具有良好的经济效益和安全效益。

(2) “两堵两注”封孔工艺封孔组件为成套设备，封孔时间短，操作简便，效率高，可提高单位时间作业量，降低封孔人工成本。

2021 年 11 月，封孔囊袋在测压钻孔中的研究与应用。

(1) 煤层瓦斯压力是瓦斯涌出和突出的动力，也是煤层瓦斯含量的标志，准确测定瓦斯压力对矿井有效而合理地制定防治瓦斯措施，预测预报煤与瓦斯突出的危险性，具有重要的现实意义。掌握准确的瓦斯参数可以有效地防治瓦斯事故的发生。

(2) 现场应用表明囊袋式注浆封孔提高了测压钻孔的封孔质量，主动测压法补偿气体期间亦能正常稳压，提高了测压结果的准确性和可靠性，为煤层瓦斯压力的准确测定及突出指标提供了良好的技术支持。

2021 年 12 月，高压注浆封孔工艺关键技术的研究与应用。

(1) 21210 工作面上顺槽共注钻孔 167 个，压力达到 6 兆帕以上钻孔 141 个，高压注浆成功率达到 84.4%；21210 工作面下顺槽注浆钻孔 98 个，压力达到 6 兆帕以上钻孔 77 个，高压注浆成功率达到 78.6%；21210 工作面底抽巷注浆 449 个孔，压力达到 6 兆帕以上钻孔 432 个，高压注浆成功率达到 96.2%。

(2) 基于现有技术的不足，而研究设计出一种“增阻圈＋纱布＋聚氨酯”新型封孔工艺，并对新型工艺关键技术进行研究分析，经现场使用效果明显。

(3) 高压注浆封孔工艺关键技术的研究与应用源于现场施工中存在的不足，旨在解决现场实际问题，该技术的应用既确保了现场施工安全，同时又能够满足高压注浆作业相关技术要求。

相关技术图片见图 5-3-6～图 5-3-11。

图 5-3-6 高压注浆管实物图

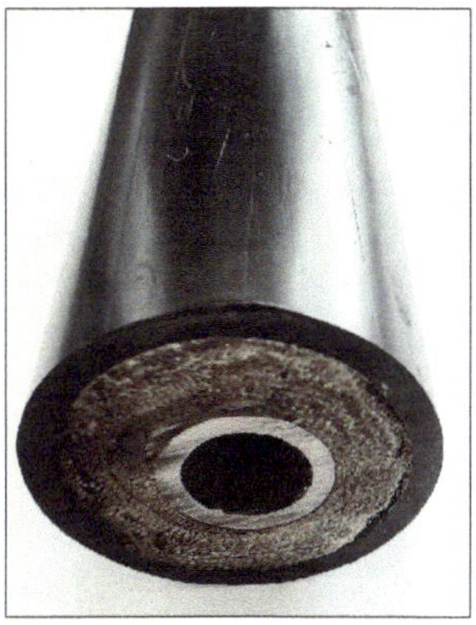

图 5-3-7 高压注浆工业性试验效果图

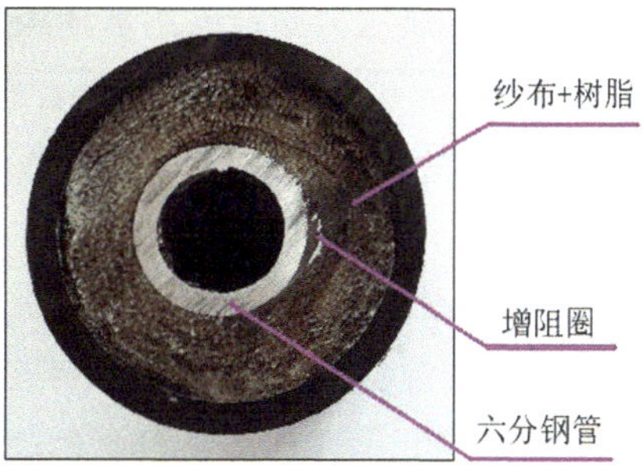

图 5-3-8 高压注浆工业性试验横截面图

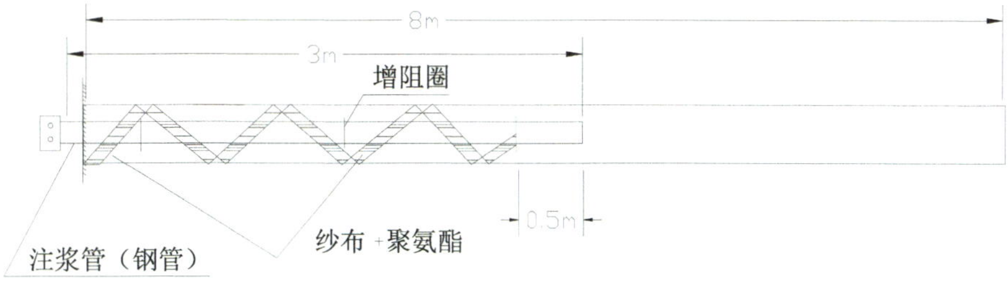

图 5-3-9 帷幕注浆封孔方式示意图

2021 年 12 月，下套管工艺及长距离封孔应用于主动测压法的研究及实验。

(1) 煤层瓦斯压力是瓦斯涌出和突出的动力，也是煤层瓦斯含量的标志。准确测定瓦斯压力对矿井有效而合理地制定防治瓦斯措施、预测预报煤与瓦斯突出的危险性，具有重要的现实意义。掌握准确的瓦斯参数可以有效地防治瓦斯事故的发生。

(2) 煤层瓦斯压力测定期间采用下套管工艺及长距离封孔工艺，能够有效避免煤层裂

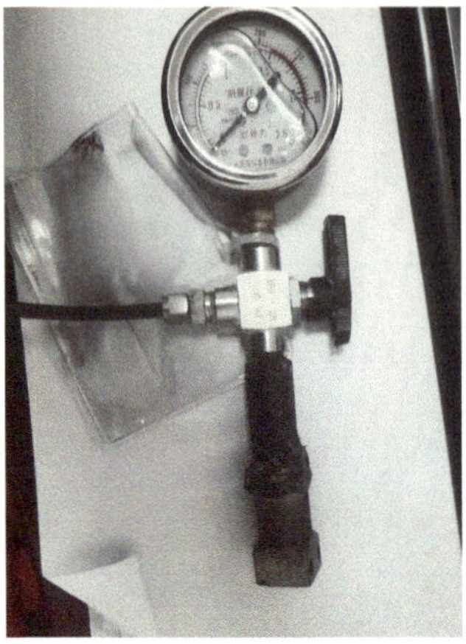

图 5-3-10　补偿气体注入示意图

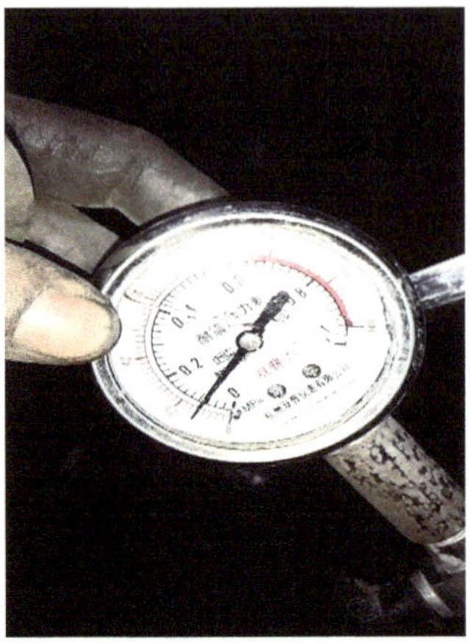

图 5-3-11　钻孔注入补偿气体稳压示意图

隙及采动影响对测压钻孔的影响，确保钻孔能够封孔严密，冲入补偿气体稳压至测压所需压力值，使测压钻孔的最密性及压力的准确性。

(3) 煤层瓦斯压力测定采用被动测压法，测压时间为 20～30 天，主动测压法测压时间为 5～10 天；在 2601 工作面下顺槽以空气为补充气体进行主动测压试验，结果表明在实际条件下，主动测压时间能够有效缩短瓦斯压力测定时间，有效减少压力测定对采掘巷道施工的影响时间。

2. 2803 工作面瓦斯治理技术革新

(1) 高位裂隙钻孔原理分析。

高位裂隙钻孔主要作用是以工作面回采采动压力形成的顶板裂隙作为通道，来抽放工作面煤壁以及上隅角涌出的瓦斯。

煤层随工作面回采，在工作面周围将形成一个采动压力场，采动压力场及其影响范围在垂直方向上形成 3 个带，即冒落带、裂隙带和弯曲下沉带。在水平方向上形成 3 个区，即煤壁支撑影响区、离层区及重新压实区。在这个采动压力场中形成的裂隙空间，便成为瓦斯流动通道。通过钻孔内的负压，加速了瓦斯的流动，使得高位钻孔能够抽出瓦斯，并且大大超过本煤层的瓦斯抽放量。

高位钻孔可以实现超前抽放，即工作面距离孔口还有一段距离时，能够抽出高浓度的瓦斯，这说明煤壁支撑影响区内煤层顶板已经有裂隙作为通道。

(2) 上顺槽高位裂隙钻孔参数设计。

根据 2803 工作面平均煤层厚度 2.75 米，根据经验公式 $H_m=100M/(2.1M+16)\pm2.5$ 计算，得到裂隙带高度为 15.9～44.5 米，结合抽采数据分析钻孔所测流量变化大小(当测试钻孔抽采流量较小时，可判定钻孔在非卸压区内，当钻孔流量逐步增大时，确定处在裂隙带内)确定钻孔最佳抽采法距为 25～30 米。为此，在 2803 工作面下顺槽布置抽采钻孔，每组钻孔间距 40 米，每组设计钻孔 8 个，钻孔平均深度为 70 米，倾角 5.3°～26.7°之间，终孔位置距煤层顶板 25 米，终孔位置距 2803 工作面下顺槽水平距离为 0～35 米。具体施工参数见图 5-3-12。

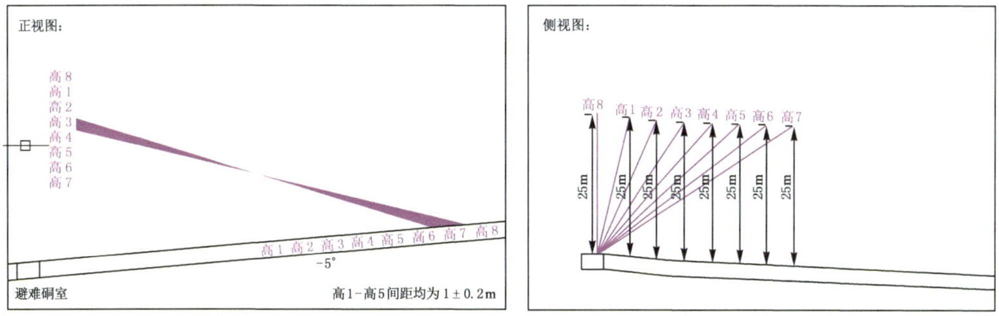

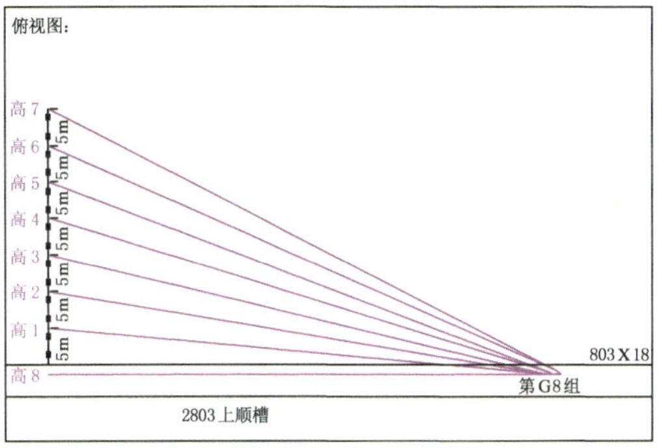

孔号	方位角	与巷道中心线的夹角	倾角	孔长/m
高 1	283.3°	5.3°	16.3°	69
高 2	287.3°	9.3°	15.7°	70.5
高 3	291.3°	13.3°	15.3°	72.4
高 4	295°	17°	14.7°	74.5
高 5	298.3°	20.3°	14°	77
高 6	301.7°	23.7°	13.3°	79.6
高 7	304.7°	26.7°	12.7°	82.5
高 8	278°	0°	17°	68

图 5-3-12 2803 工作面上顺槽高位裂隙钻孔设计

(3) 中间巷高位裂隙钻孔截流抽采技术。

① 技术原理分析。

利用沿工作面方向所形成的裂隙空间作为瓦斯流动通道，对流经中间巷裂隙带内瓦斯进行截流，在抽放负压作用下使瓦斯流向钻孔，有效降低了涌向工作面和回风顺槽的瓦斯。

② 中间巷高位裂隙钻孔参数设计。

2803 工作面中间巷高位裂隙抽采钻孔每组钻孔间距 40 米，每组设计钻孔 6 个，钻孔平均深度为 75 米，倾角 5°～33.3°之间，终孔位置距煤层顶板 25～30 米，终孔位置距 2803 工作面中间巷水平距离为 5～45 米。具体施工参数见表图 5-3-13。

(4) 中间巷超前卸压区顺层钻孔应抽尽抽技术原理分析。

工作面顺层抽放适用于以下这些条件煤层：单一煤层、煤层透气性系数小但有抽放可能、煤层赋存条件稳定，地质变化小、有较长预抽时间。煤层在工作面前方集中应力的作用下，出现扩容膨胀现象，煤层透气性显著提高，给瓦斯流动提供有利通道。随着工作面向前推进，在采动应力的影响下，靠近工作面的钻孔其透气性越大，也越有利于瓦斯的抽放。

为了缩短开切眼前方部分煤体的瓦斯抽放时间，在工作面里段补打一定数量的顺层钻孔，钻孔与巷道煤壁呈 90°夹角，与原顺层孔平行布置，以便提高钻孔抽放效果，并可在回采过程中实现边采边抽、卸压抽放。

(5) 中间巷超前卸压区顺层钻孔参数设计。

2803 工作面中间巷超前卸压区顺层钻孔孔间距 4 米，钻孔设计孔深为 120 米，与中间巷下帮夹角为 90°。具体施工参数见图 5-3-14。

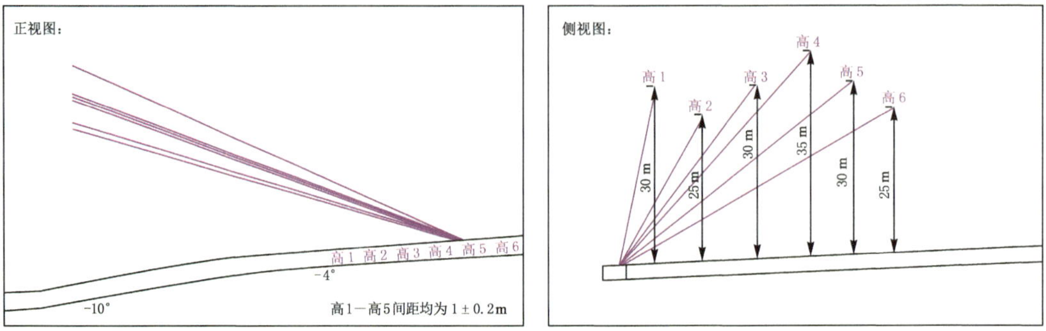

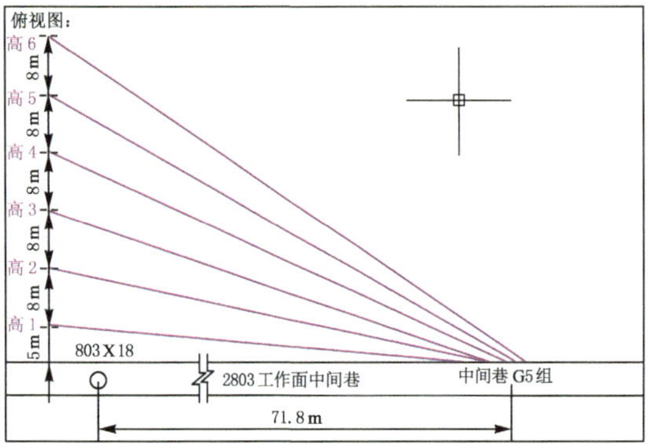

孔 号	方位角	与巷道中心线的夹角	倾角	孔长 / m
高 1	283°	5°	21.5°	70.2
高 2	290°	12°	16.9°	70.5
高 3	296.3°	18.3°	20°	75
高 4	302°	24°	23.2°	80.9
高 5	307°	29°	18.1°	82.9
高 6	311.3°	33.3°	13.6°	86.2

图 5-3-13　2803 工作面中间巷高位裂隙钻孔设计

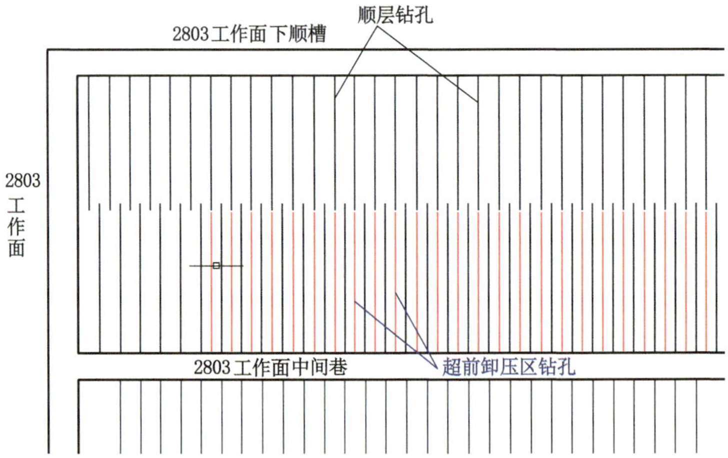

图 5-3-14　2803 工作面中间巷超前卸压区钻孔设计

(6) 2803 综采工作面瓦斯综合治理效果。

① 高位裂隙钻孔综合抽放效果。

通过该项技术的现场实施，2019 年 11、12 月份 2803 工作面高位裂隙钻孔与顺层钻孔瓦斯抽采纯量如下：2803 工作面上顺槽高位裂隙钻孔瓦斯抽采纯量分别为 43 249 立方米、56 159 立方米；2803 工作面中间巷高位裂隙钻孔瓦斯抽采纯量分别为 61 825 立方米、43 277 立方米。具体抽采纯量见表 5-3-5。

表 5-3-5 2803 高位裂隙钻孔抽采纯量统计

项目	2019 年 11 月抽采纯量/m³									
2803 工作面上顺槽	G3 组	G4 组	G5 组	G5 补组	G6 组	G6 补组	G7 组	—	—	小计
	3 874	4 676	11 965	13 710	5 386	3 260	378	—	—	43 249
2803 工作面中间巷	G1 组	G2 组	G3 组	G4 组	—	—	—	—	—	—
	43 591	8 141	9 891	202	—	—	—	—	—	61 825
总计	105 074									
项目	2019 年 12 月抽采纯量/m³									
2803 工作面上顺槽	G5 组	G5 补组	G6 组	G6 补组	G7 组	G7 补组	G8 组	G8 补组	G7-1 补组	小计
	70.3	59.6	2 769.3	28 713.1	8 966.7	7 425.6	6 942.7	621.8	590.1	56 159.2
2803 工作面中间巷	G1 组	G2 组	G3 组	G4 组	G5 组	G6 组	—	—	—	—
	416.4	1 009.7	15 933.1	19 890.1	5 307.8	720.6	—	—	—	43 277.7
总计	99 436.9									

② 超前卸压区顺层钻孔瓦斯抽放效果。

通过应用中间巷超前卸压区顺层钻孔应抽尽抽技术，显著提高了瓦斯抽采效果。单孔瓦斯抽采浓度较原设计顺层钻孔提高 2 倍以上；单孔平均抽采纯量较原设计顺层钻孔提高 1 倍以上。超前卸压区顺层钻孔瓦斯抽放效果见图 5-3-15。

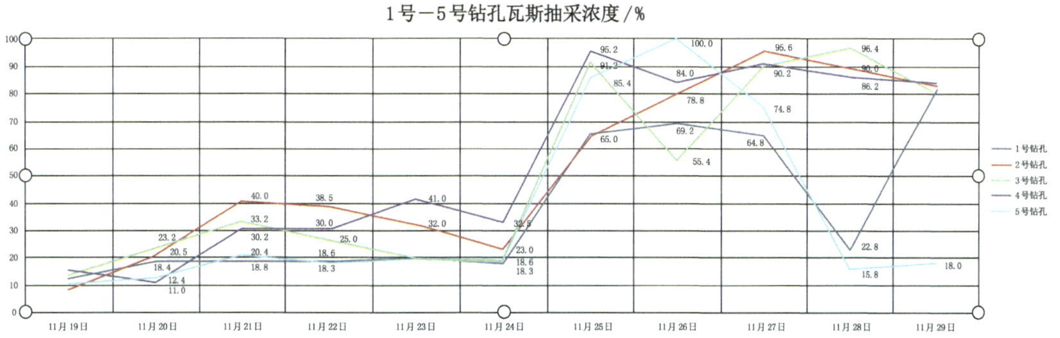

图 5-3-15 超前卸压区顺层钻孔瓦斯抽采浓度

③ 总体瓦斯抽放效果分析。

通过实施 2803 工作面上顺槽高位裂隙钻孔瓦斯抽采技术、2803 工作面中间巷高位裂隙钻孔截流抽采技术、2803 工作面中间巷超前卸压区顺层钻孔应抽尽抽技术等 3 项瓦斯综合治理技术解决了工作面、上隅角、回风流的瓦斯超限问题，确保了工作面的安全生产。

通过综合瓦斯治理措施，取得了明显的瓦斯治理效果，工作面生产期间未发生一起瓦斯超限事故，保障了工作面的正常推进。

三、抽采泵站

截至 2021 年年底，矿井建有地面永久瓦斯抽采系统，配备 2BEP52 型水环式真空泵 2

台(一用一备),抽采能力为210立方米/分钟。矿井南翼建有移动瓦斯抽采泵站,配备2BE1-303型水环式真空泵2台,每台泵的抽采能力为65立方米/分钟。北翼建有移动瓦斯抽采泵站,配备2BE1-303型水环式真空泵2台,每台泵的抽采能力为65立方米/分钟。抽采泵站通过抽采管网通达井下各采掘工作面,满足矿井抽采需要。

四、突出防治

(一)防治措施

防治煤与瓦斯突出工作开始起步,经历局部综合防突措施为主、"区域先行、局部补充"、区域综合防突措施为主3个阶段。

1. 落实"四位一体"综合防突措施

陈四楼煤矿严格按照《防治煤与瓦斯突出细则》中"四位一体"要求进行瓦斯治理,根据区域突出危险性预测结果制定符合矿井实际的"一矿一策、一面一策"。截至2021年12月,在采在掘工作面均已治理达标、评价合格,不存在擅自缩减瓦斯抽采时间,减少灾害治理工程及措施的情况,矿井采掘接续平衡。

2. 强化突出预警分析处置

(1)陈四楼煤矿健全完善了《陈四楼煤矿瓦斯预警、超限管理规定》,由瓦斯治理领导小组牵头开展瓦斯预警与超限的界定、瓦斯预警与超限的撤人规定、瓦斯预警与超限的统计与汇报、瓦斯预警与超限事故的追查处理等工作。

(2)根据《国家矿山安全监察局关于进一步加强煤与瓦斯突出防治工作的紧急通知》(矿安〔2021〕51号)文件要求,陈四楼煤矿健全完善了《陈四楼煤矿通风瓦斯日分析管理制度》,每月初由总工程师召集相关部门,根据采掘生产地区接续变化情况,确定当月通风瓦斯管理的重点地区和重点内容。每天组织召开通风瓦斯日分析会议,排查矿井可能存在的通风瓦斯隐患,分析原因,制定措施,安排责任单位进行整改。高度重视瓦斯异常信息在安全生产中的重要作用,针对瓦斯异常信息分析处置,始终坚持"全面采集、及时汇报、立即分析、高效处理"的原则,做好瓦斯异常信息的探查、收集、分析、处理等工作。

3. 加强安全防护设施建设

陈四楼煤矿按照《防治煤与瓦斯突出细则》要求,切实落实避难硐室、反向风门、压风自救装置、隔离式自救器、远距离爆破等安全防护措施。建设采区避难硐室及临时避难硐室,避难硐室接入压风管路和供水管路,能够满足避险人员的避险需要;设置反向风门,符合标准要求,并进行日常维护管理;揭煤作业严格执行远距离爆破安全防护措施,明确起爆地点、避灾路线、警戒范围,制定停电撤人等措施;按照要求设置压风自救装置。此外,对安全防护设施的设计、安装、验收、维护等工作流程进行监督考核,确保安全防护设施能够满足安全生产的需要。

(二)区域综合防突措施

2015年5月,升级突出矿井后,区域突出危险性预测、区域防突措施效果检验执行,"双六”标准，并以实测瓦斯含量和实测瓦斯压力为评判指标。

2017 年 7 月，按照“一矿一策、一区一方案、一面一策”瓦斯治理方案，开展瓦斯治理工作。

2017 年 7 月，陈四楼煤矿建立了简易瓦斯实验室。瓦斯实验室主要仪器见图 5-3-16。

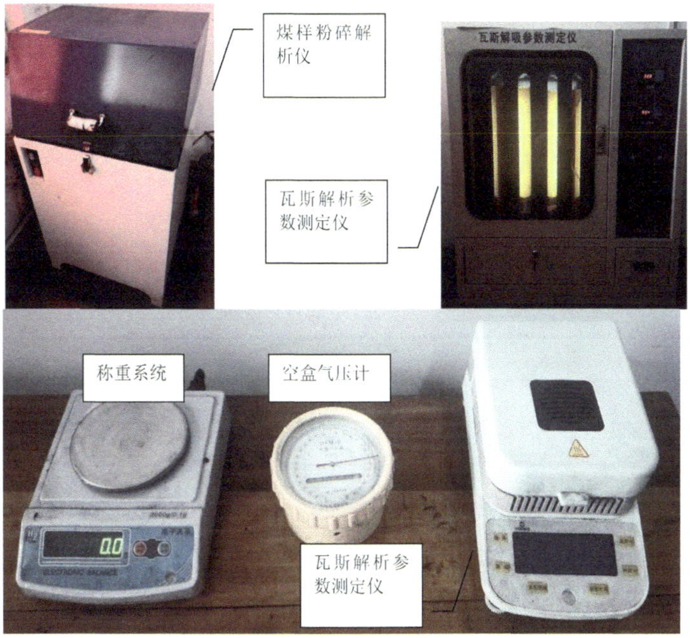

图 5-3-16　瓦斯实验室主要仪器

突出矿井区域预测以原始瓦斯含量、瓦斯压力结合瓦斯地质方法进行，区域防突措施采取开采保护层、穿层钻孔预抽煤层瓦斯、定向长钻孔预抽煤层瓦斯、顺层钻孔预抽煤层瓦斯等，区域防突措施效果检验以残余瓦斯含量、瓦斯压力指标结合瓦斯动力现象进行，区域验证主要有钻屑指标法、复合指标法、钻屑瓦斯解吸指标法(井巷揭煤)。

(三) 局部防突措施

(1) 局部预测(效检)方法同区域验证，局部措施主要有浅孔排放钻孔、浅孔抽放钻孔、金属骨架(揭煤工作面)等。

(2) 2017 年，按照河南省瓦斯防治“补充十条”要求，陈四楼煤矿开始执行局部“四位一体”综合防突措施。

(四) 突出事故

2015 年 4 月，陈四楼煤矿北翼十二采区 21210 工作面联络巷发生煤与瓦斯突出事故。突出煤量约 101 吨，突出瓦斯量约 7 623 立方米，事故造成 2 人死亡，1 人轻伤。

(五) 专业化队伍建设

(1) 陈四楼煤矿瓦斯治理机构健全，成立了以矿长为组长的瓦斯治理工作领导小组，配备有总工程师、防突副矿长、通风副总工程师、地测副总工程师等，成立有通风防突科、地测科、信息集控中心等管理机构。

(2)通风防突科在册人员36人,其中专业工程技术人员11人(防突专业9人),防突工25人,主要负责全矿井瓦斯防治技术管理工作;永安公司陈四楼项目部在册人员94人,工程技术人员3名,主要负责穿层钻孔施工、顺层钻孔施工、管路铺设和巡查、抽采参数测定等工作;调度室监控组在册人员17人,主要负责安全监控系统、抽采计量系统的安装、维护和管理;通风队在册160人,工程技术人员3人,负责瓦斯日常检查、测风、测尘、爆破管理和抽采参数测定等工作;矿井"一通三防"技术力量和人员配备能够满足矿井安全工作需要。防突专业工程技术人员配情况见表5-3-6。

表5-3-6 防突专业工程技术人员统计表

序号	姓名	专业	参加工作时间
1	刘德成	通风安全	2005.07
2	曹　阳	通风安全	2011.07
3	丁德才	采矿工程	2011.07
4	贾林林	安全工程	2014.11
5	王　涛	采矿工程	2011.07
6	陈振宇	工商管理	2012.09
7	高国斌	安全工程	2012.09
8	王　彬	采矿工程	2015.01
9	闫书亚	安全工程	2020.07

第二节　矿井防灭火

一、火灾防治

矿井二$_2$煤层自燃倾向性等级为Ⅲ类不易自燃,开采以来未发生过煤层自燃现象,不存在发生内因火灾的因素。根据《煤矿防灭火细则》要求,矿井制定了《陈四楼煤矿防灭火管理制度》《陈四楼煤矿井上下防灭火措施》,并按照要求定期开展自然发火监测工作。每年将火灾防治列为矿井灾害预防和处理计划重要内容,严加防范。坚持"系统健全、超前预防、措施有效、执行到位"的防灭火原则,加强了矿井通风及防灭火管理,予以杜绝一氧化碳超限事故,做好矿井防灭火管理工作。

二、外因火灾

矿井火灾威胁主要为外因火灾。矿井外因火灾主要是指矿井生产过程中,如爆破作业、打钻、机械摩擦、电气设备运转不良、电源短路、电缆老化击穿、电焊气焊、照明等明火引燃可燃物造成的火灾。此类火灾人为因素较多,一旦疏忽管理,随时都会发生。外因火灾易于发现,但发展速度快,危害严重。进风井筒、井底车场一旦发生火灾,对矿井安全威胁程度较大。

三、井上下防灭火措施与配备

（一）井下防灭火措施

（1）入井人员不得携带烟草和点火物品，不准穿化纤衣服；井下严禁吸烟。

（2）副井口房和通风机房附近 20 米范围内不得有烟、火出现，不准用明火取暖。

（3）井下严禁灯泡取暖，严禁使用电炉。

（4）采掘工作面不准放糊炮、明炮，放炮必须使用水炮泥并封实，严禁用煤块、粉煤等易燃物品代替炮泥；井下爆破要严格执行“一炮三检”和“三人连锁放炮”制度。

（5）井口房和井下不得进行电焊、气焊和喷灯焊接等工作。如果必须在井下主要硐室、主要进风井巷和井口房内进行电焊、气焊和喷灯焊接等工作，每次必须制定安全措施，由矿长批准并遵守下列规定：

① 井口和井筒内进行电焊、气焊和喷灯焊接等动火作业时必须撤出进行所有人员；在主要进风井巷按照规程进行动火作业时，必须撤出回风侧所有人员；动火作业期间，严格落实焊渣收集措施。

② 指定专人在场检查和监督。

③ 电焊、气焊和喷灯焊接等工作地点的前后两端各 10 米的井巷范围内，应当是不燃性材料支护，并有供水管路，有专人负责喷水，焊接前应当清理或者隔离焊碴飞溅区域内的可燃物。上述工作地点应当至少备有 2 个灭火器。

④ 在井口房、井筒和倾斜巷道内进行电焊、气焊和喷灯焊接等工作时，必须在工作地点的下方用不燃性材料设施接受火星。

⑤ 电焊、气焊和喷灯焊接等工作地点的风流中，甲烷浓度不得超过 0.5%，只有在检查证明作业地点附近 20 米范围内巷道顶部和支护背板后无瓦斯积存时，方可进行作业。

⑥ 电焊、气焊和喷灯焊接等作业完毕后，作业地点应当再次用水喷洒，并有专人在作业地点检查 1 小时，发现异常，立即处理。

⑦ 井下进行电焊、气焊和喷灯焊接时，必须停止突出煤层的掘进、回采、钻孔、支护以及其他所有扰动突出煤层的作业。

⑧ 煤层中未采用砌碹或者喷浆封闭的主要硐室和主要进风大巷中，不得进行电焊、气焊和喷灯焊接等工作。

⑨ 在井口和井筒内动火作业时，必须撤出井下所有作业人员。在主要进风巷动火作业时，必须撤出回风侧所有人员。

⑩ 同一个措施连续使用不得超过 24 小时。

（6）井下使用的汽油、柴油、煤油必须装入盖严的铁桶内，由专人押运送至使用地点，剩余的汽油、柴油、煤油必须运回地面，严禁在井下存放。井下存放的润滑油、液压油等油桶必须与电气设备分开。井下使用柴油机车，如确需在井下贮存柴油的，必须设有独立通风的专用贮存硐室，并制定安全措施。井下柴油最大贮存量不得超过矿井 3 天柴油需要量。专用贮存硐室应当满足井下机电设备硐室的安全要求。井下使用的润滑油、棉纱、布头和纸等,必须存放在盖严的铁桶内。使用后的棉纱、布头和纸,也必须放在盖严的铁桶内,并由专人定期送到地面处理,不得乱放乱扔。严禁将剩油、废油泼洒在井巷或者硐室内。

(7) 井下清洗风动工具时,必须在专用硐室进行,并必须使用不燃性和无毒性洗涤剂。

(8) 井下火药库、机电硐室、各皮带机头、材料库、检修硐室等必须备有灭火器材;各机电硐室不准堆放易燃品。井下工作人员都必须熟悉灭火器材使用方法,并熟悉本工作区域内灭火器材的存放地点。

(9) 井上、下必须设消防材料库,并储备足够量的灭火器材、工具,要经常检查更换。井上、下消防材料库的物资和器材分别由保卫科、运输队负责落实,按计划配足配齐,并指定专人管理。井上消防材料库应设在井口附近,并有轨道直达井口;井下消防器材库应装备消防列车。

(10) 矿井必须设有地面消防水池和井下消防管路系统,矿井设置有 650 立方米的地面消防水池和井下消防管路系统;井下消防管路系统各皮带巷必须每隔 50 米留三通出口,带式输送机机头、机尾、每 50 米设置闸门和支管,其他巷道每隔 100 米留三通出口。

(11) 要正确选用易熔断丝(片)和漏电继电器,以便电流短路、过负荷或接地时能及时切断电流;不准带电检修、搬迁电气设备;防止电气火灾发生。应做好井下机械运转部分的保养维修工作,及时加注润滑油,保持其良好的工作状态,防止因摩擦生热而引起火灾。

(12) 预防火焰蔓延。井下应使用绝缘阻燃电缆或不延燃橡套电缆、阻燃输送带、阻燃风筒。井筒、井底车场、主要绞车道与主要运输巷、回风巷的连接处,井下机电设备硐室、主要带式输送机机头前后 20 米范围内,必须用不燃性材料支护;暖风道、主扇房、风硐等必须用不燃性材料建筑。

(13) 井下爆炸物品库、机电设备硐室、检修硐室、材料库、井底车场、使用带式输送机或者液力偶合器的巷道以及采掘工作面附近的巷道中,必须备有灭火器材,其数量、规格和存放地点,应当在灾害预防和处理计划中确定。

(14) 井下工作人员必须熟悉灭火器材的使用方法,并熟悉本职工作区域内灭火器材的存放地点。

(15) 井下爆炸物品库、机电设备硐室、检修硐室、材料库的支护和风门、风窗必须采用不燃性材料。

(16) 在井下和井口房严禁采用可燃性材料搭建临时操作间、休息间。井下机电硐室按《煤矿安全规程》要求装设防火铁门。

(17) 矿井每季度应当对井上、下消防管路系统、防火门、消防材料库和消防器材的设置情况进行 1 次检查,发现问题,及时解决。

(18) 主要通风机的反风系统、设备、反风设施必须保持良好状态。

(19) 采煤工作面回采结束后,必须在 45 天内进行永久性封闭,每周 1 次抽取封闭采空区气样进行分析,并建立台账。与封闭采空区连通的各类废弃钻孔必须永久封闭。

(20) 任何人发现井下火灾时,应当视火灾性质、灾区通风和瓦斯情况,立即采取一切可能的方法直接灭火,控制火势,并迅速报告矿调度室。矿调度室在接到井下火灾报告后,应当立即按灾害预防和处理计划通知有关人员组织抢救灾区人员和实施灭火工作。

(21) 矿值班调度和在现场的区、队、班组长应当依照灾害预防和处理计划的规定,将所有可能受火灾威胁区域中的人员撤离，并组织人员灭火。电气设备着火时，应当首先切断其电源；在切断电源前，必须使用不导电的灭火器材进行灭火。

(22) 抢救人员和灭火过程中，必须指定专人检查甲烷、一氧化碳、煤尘、其他有害气体浓度和风向、风量的变化，并采取防止瓦斯、煤尘爆炸和人员中毒的安全措施。

(二) 井上防灭火措施

(1) 木料场、矸石山等堆放场距离进风井口不得小于 80 米。木料场距离矸石山不得小于 50 米。

(2) 矸石山不得设在有漏风的采空区上方的塌陷区范围内。

(3) 矿井必须设有地面消防水池，地面消防水池水量保持不少于 650 立方米。

(4) 井上必须设消防材料库，并储备足够量的灭火器材、工具，要经常检查更换。井上消防材料库的物资和器材由保卫科、运输队负责落实，按计划配足配齐，并指定专人管理。

(5) 地面除食堂、锅炉房等规定地点外，其他像地面机房、材料库、区队办公室等地点禁止使用明火。

(6) 不准私拉乱接电气设备和电缆电线，接线必须由机电科统一规划，签字同意后方可施工。有关单位要定期检查使用的电气设备和电缆，超期服役的电气设备和老化的电缆电线要及时更换维修。

(7) 在矿每月的安全大检查中，要有对井上消防系统和器材设施检查的内容，发现火灾隐患和问题要及时处理。

(8) 在设计和建筑厂房时，必须遵守消防条例的有关规定。有火源危险的建筑物，其建筑物质量要达到要求的耐火等级。在进行地面工业广场布置方案设计时，应当考虑地形和常年风向，将火灾危险性大的厂房建于其他厂房的下风侧，并且相邻建筑物外墙之间应保持规定的防火距离。各建筑物之间还应设有环形通道，其宽度应能保证消防车畅通无阻。

(9) 矿井地面应建立完善的消防系统，各地点要按有关规定要求配备消防器材及用品。

(10) 严格遵守有关工矿企业地面防火的规程要求，积极配合当地消防部门的检查和指导，在生产过程中加强防火检查、消除一切隐患，并随时做好防火措施的准备工作。

(11) 井上一般火灾事故应急处置措施。

① 针对机器设备火灾发展蔓延快和燃烧面积大的特点，积极采取统一指挥、以快制快、堵截火势、防止蔓延、重点突破、排除险情、分割包围的方法。

② 扑救人员严禁处于事故地点下风侧。

③ 应迅速查明燃烧范围、燃烧物品及其周围物品的品名和主要危险特性、火势蔓延的主要途径，燃烧产物是否有毒。

④ 正确选择最适合的灭火剂和灭火方法。火势较大时，应先堵截火势蔓延，控制燃烧范围，然后逐步扑灭火势。

⑤ 对有可能发生爆炸、爆裂、喷溅等特别危险需紧急撤退的情况，应按照统一的撤退信号和撤退方法及时撤退。撤退信号应格外醒目，能使现场所有人员都能得到撤退信号。

陈四楼煤矿二$_2$煤层煤自燃倾向性鉴定情况见表 5-3-7。

表 5-3-7　陈四楼煤矿二$_2$煤层煤自燃倾向性鉴定表

鉴定时间	取样地点	工业分析				色谱吸氧法鉴定结果			
		水分 M_{ad}/%	挥发分 V_{ad}/%	干燥无灰基挥发分 V_{ad}/%	真密度 ρ/(g/m^3)	煤的吸氧量(干煤)/(cm^3/g)	含硫量/%	自燃倾向性等级/%	自燃倾向性
2010.9	21208 下顺槽	1.68	7.28	9.5	1.47	0.790 2	0.366	Ⅲ	不易自燃
2016.12	−640 辅助水平	2.58	9.55	11.74	1.57	0.77	0.37	Ⅲ	不易自燃
2016.12	2517 下顺槽	2.95	8.50	10.49	1.61	0.87	0.44	Ⅲ	不易自燃
2016.12	九采区皮带下山	2.82	7.58	8.54	1.54	0.79	0.60	Ⅲ	不易自燃
2016.12	21703 下顺槽	2.68	7.92	8.88	1.53	0.83	0.63	Ⅲ	不易自燃
2016.12	十二采区辅助	2.12	8.18	10.47	1.60	0.84	0.39	Ⅲ	不易自燃
2016.12	二十采区轨道巷	2.40	9.46	11.47	1.60	0.77	0.42	Ⅲ	不易自燃
2016.12	2802 下顺槽	2.13	8.15	10.50	1.62	0.74	0.36	Ⅲ	不易自燃
2016.12	21008 下顺槽	2.74	8.40	10.35	1.63	0.92	0.37	Ⅲ	不易自燃
2017.7	2803 下顺槽	2.10	12.47	15.88	1.67	0.86	0.74	Ⅲ	不易自燃

第三节 综合防尘

一、煤(粉)尘浓度测定

1997年7月，陈四楼煤矿下发《防尘制度》要求井下巷道必须定期冲尘、爆破前后洒水除尘。综采工作面必须设有架间喷雾；采煤机、综掘机必须同时使用内外喷雾。

2004年8月，经煤炭科学研究总院抚顺分院鉴定陈四楼煤矿矿井$二_2$煤层煤尘无爆炸危险性。矿井$二_2$煤层的自燃倾向性为Ⅲ类不易自燃煤层。

2005年11月，矿购进2台直读式测尘仪，给测尘工作带来极大的方便。

2006年12月，采煤工作面降尘喷雾水源使用增压泵和过滤装置，解决了因供水压力不足和供水杂质堵塞喷头的问题。

2007年9月，开始在采掘进工作面推广汽水喷雾，解决了因供水压力不足而造成喷雾降尘效果不好的问题。

2008年6月，在主要煤流运输系统和采掘工作面皮带运输巷推广使用粉尘过滤水幕网，降尘效果有了明显改善。8月，经煤炭科学研究总院抚顺分院鉴定陈四楼煤矿矿井$二_2$煤层煤尘无爆炸危险性。矿井$二_2$煤层的自燃倾向性为Ⅲ类不易自燃煤层。

2009年10月，在岩巷爆破掘进工作面，研制推广使用了爆破冲击波自动喷雾，解决了因爆破作业撤人时，经常忘记打开水幕的问题。

2010年9月，研制应用了防尘水幕双向控制开关，解决了防尘水幕淋湿行人的问题。

2011年6月，开始在胶带运输巷和转载点推广应用了触控式自动洒水降尘装置。7月，对采掘工作面等尘源地点安装了粉尘监测传感器，实现了对矿井粉尘浓度实时监控。

2012年5月，开始在瓦斯抽采钻场及岩巷掘进机推广使用除尘风机。8月，矿井为了进一步关爱职工身体健康，在原普通防尘口罩的基础上，升级并足额发放3M防尘口罩。

2012年11月，积极与河南理工大学开展技术合作，推广应用了采煤工作面煤层注水降尘技术。

2013年2月，经中国矿业大学矿山开采与安全教育部重点实验室鉴定，矿井$二_2$煤层煤尘无爆炸危险性。矿井$二_2$煤层的自燃倾向性为Ⅲ类不易自燃煤层。3月，经中国矿业大学安全生产检测检验中心鉴定，陈四楼煤矿现开采的$二_2$煤层无煤尘爆炸性。

2013年12月，研发并推广应用了孔口瓦斯抽采除尘器，解决了钻孔风力排渣粉尘飞扬的难题。

2014年10月，在煤巷掘进工作面推广使用泡沫除尘技术。该技术与其他湿式抑尘相比，用水量可以减少30%～80%，降尘效果比喷雾洒水高3～5倍。

2015年2月，在集中行人巷道推广使用红外线感应传感器自动水幕。当行人或机车到达一侧红外感应区时，水幕自动关闭，当行人或机车通过水幕后到达另一侧红外感应区时，水幕自动开启。

2018年6月，推广应用了ZPW12.6型矿用无线水气两相喷雾降尘装置。

2020年6月,陈四楼煤矿拟与中煤科工集团重庆研究院有限公司合作,开展"陈四楼煤矿多位一体综合降尘治理技术研究"项目。

二、煤矿粉尘防治

(一)通风除尘

加强通风,保证巷道回风流中风速满足排除粉尘的要求。煤巷、半煤岩巷最低风速不得小于0.25米/秒,岩巷不得小于0.15米/秒,掘进工作面最大风速不得超过4米/秒,采进最大不得超过6米/秒,主要进回风巷最大不得超过8米/秒,防止扬尘。

(二)减尘降尘

采煤机割煤开启喷雾降尘,回风巷全断面喷雾降尘,采煤机内喷雾压力不小于2兆帕,外喷雾压力不小于4兆帕;内喷雾装置不能正常使用时,外喷雾压力不小于8兆帕。采煤工作面上下安全出口50米、掘进工作面和巷修点50米范围内巷道每班冲洗1次,50米以外巷道每周冲洗1次;采掘工作面煤层厚度大于1.5米对煤层注水,减少落煤岩扬尘;采煤工作面打眼采取捕尘、降尘措施(孔口喷雾装置),并开启架间及回风巷全断面喷雾;掘进工作面、巷修点湿式打眼,不能湿式打眼采取捕尘、降尘措施,并开启回风巷全断面喷雾;采、掘、修工作面落煤、出煤、装载开启回风巷全断面喷雾装置,各转载点保持喷雾正常开启。

掘进工作面采用湿式喷浆工艺。喷浆点为独头巷道时,风筒口离作业点小于8米。喷浆期间后巷开启净化水幕,每班施工结束后,对喷浆地点50米范围洒水降尘。

采、掘、修工作面湿式打眼,爆破时回风巷开启全断面喷雾,使用水炮泥爆破,炮眼先装药,后用黏土炮泥填实;爆破点为独头巷道时,风筒口离作业点小于8米,爆破前后在爆破点30米范围洒水降尘,装煤(岩)雾化煤(岩)体表面。

打钻点上风侧20米、下风侧50米每班冲尘1次,距打钻点下风侧20米设风流净化水幕,打钻时用防喷罩负压除尘降尘,顺层钻孔风力排粉,穿层钻孔水力排粉。

(三)其他措施

轨道运输大巷运输期间开启全断面喷雾,每班交接班时对巷道上、下把钩处50米范围洒水降尘,50米以外巷道每月冲洗1次。

皮带运输大巷、煤仓运输煤炭时,开启转载点喷雾及全断面喷雾,每班对转载点处50米范围洒水降尘,50米以外每月冲洗1次。

采区专用回风巷每月冲洗1次。

轨道运输水泥等易产尘物料时用防尘罩覆盖,以减少扬尘。主皮带机尾安装捕尘网,皮带运行期间,开启喷雾净化风流。施工人员在施工作业期间佩戴防尘口罩,做好自我防护。

第四节 矿井水害防治

一、主要水害

对矿井生产存在影响的主要为老空水和太原组上段灰岩岩溶裂隙承压水。其中井田范围内及周边老空区积水情况比较清楚，采掘活动临近老空积水区时需按照《煤矿防治水细则》等相关要求开展老空水探放工作。矿井主要水害为$二_2$煤层底板太原组上段灰岩岩溶裂隙承压水，包含L_{11}～L_8四层灰岩，L_{11}灰岩距离$二_2$煤层底板平均距离约51米，存在导水通道或者隔水层厚度不满足要求时，该含水层水会涌入采掘工作面，对安全生产造成一定影响。

二、水害治理措施

坚持“预测预报、有疑必探、先探后掘、先治后采”的防治水原则，采取“探、防、堵、疏、排、截、监”等综合防治措施，针对不同水文地质单元进行分区治理，严格执行“三专两探一撤”措施。

2019年以前，矿井采用在井下工作面顺槽施工钻场，采用ZDY1900S、ZDY3200S等液压坑道钻机进行底板注浆改造的方式进行太原组上段灰岩水治理。2019年年底，矿井与中煤科工集团西安研究院合作，在矿井南翼五采区、九采区率先实施了底板水害地面区域治理技术，开启了永夏矿区煤层底板水害地面区域治理的先河，实现了矿井水害治理由局部治理向区域治理、由井下治理向井上下结合治理的转变。

（一）井下底板注浆改造

1. 一般规定

井下注浆改造工程实施前应当编制井下注浆改造设计和施工安全技术措施，工程结束后，要进行物探、钻探检验，检验治理效果，对存在的异常区要再次进行有针对性的补孔检验和注浆治理。

井下注浆改造工程结束后，矿井总工程师组织地测、生产、安检、调度等部门进行总结评价，形成工作面效果评价，上报上级煤业公司总工程师组织效果评价，只有当评价合格后方可组织回采。

2. 设计目的

探查工作面底板导水构造，注浆封堵煤层底板岩溶、导水裂隙，切断太原组灰岩含水层与煤层之间的水力联系，注浆充填底板灰岩含水层，把含水层改造为隔水层或弱含水层，最终达到加固煤层底板、增加有效隔水层厚度、增强底板抗压强度的目的，保证工作面安全回采。

3. 设计原则

(1) 根据安全隔水层厚度和注浆改造目的层科学确定钻孔设计终孔层位。

(2) 钻孔在平面上呈扇形展布,长短结合,钻孔落点平距尽量控制在60米左右,构造发育处及切眼、停采线附近钻孔落底尽量控制在50米左右,相邻钻场的钻孔在平面上交叉布置。

(3) 钻孔在剖面上应尽量与断层、裂隙走向垂直或斜交,尽量避免相交钻孔交叉点在同一层位。

(4) 工作面钻孔覆盖范围工作面外侧不小于30米。

(5) 设计按照“整体加固、突出重点”的方式,待探明灰岩富水性后,有针对性地对出水较大区域加密补加钻孔,增强注浆改造效果。

(6) 在构造发育区域、钻探期间富水性较强的区域以及物探异常区,进行针对性的补加钻孔,有效阻隔煤层与含水层之间的水力联系。

(7) 钻孔参数为先期设计,根据后期顺槽掘进期间实际揭露煤层底板等高线情况、构造发育情况、周边钻场已施工情况进行综合考虑后,及时对钻孔设计进行优化。

(8) 底抽巷或底板岩石巷要按照距离煤层底板距离增加相应加固深度,两侧覆盖宽度不低于30米。

(9) 钻场附近必须设计钻孔进行针对性加固,防止出现空白区。

4. 施工要求

(1) 井下注浆改造钻孔的施工顺序为开孔、下套管、注浆加固套管、透孔试压、预注浆、钻进、揭露含水层、地面注浆、封孔等。

(2) 钻孔方位标定要求。钻孔开始施工之前,先由测量人员给定钻场中心十字线,再由技术负责人利用坡度规或数字方位仪在钻场内标定钻孔方位线,使用棉线由钻场顶板中心点引出所有钻孔方位,线长不小于2米,指导钻孔施工。

(3) 开孔施工要求。按照间隔序次开孔,同一钻场开孔个数不得超过4个,钻孔相邻钻孔间距不小于0.8米,方位角误差不超过±1°、倾角误差不超过±0.5°。

(4) 下管施工要求。按设计直径及长度下入套管,现场测量每根套管长度,短节之间丝扣上要加生料带并拧紧,杜绝出现漏水现象。套管下入后,露出底板的高度不得大于100毫米,下入套管角度与设计误差不超过±0.5°。

(5) 固管施工要求。注浆加固前,需对套管采取固定措施,防止压力过高顶出套管,下入套管后必须一孔一加固,严禁多孔同时加固套管,若钻孔开孔时有出水现象,原则上选择外壁注浆工艺,其他可选择孔内注浆工艺,固管材料选用单液水泥浆或水泥-水玻璃双液浆,固管前需将孔内及壁间岩粉冲洗干净,并保证浆液将套管内外壁均充满、充实。

(6) 套管透孔试压施工要求。套管单液加固结束后不低于12小时方可透孔试压,套管双液加固结束后不低于6小时方可透孔试压,透孔结束后需清水耐压试验,压力应达到设计要求,稳压30分钟以上无漏水现象视为合格。

(7) 钻进施工要求。钻孔每次钻进前必须重新校正钻孔方位角、倾角;钻进时先供水,观察孔内返水情况正常后再钻进;钻进时要均匀给压,匀速钻进,系统压力不得超过所使用钻机设计值;钻进期间要仔细观察岩层、出水情况,并规范记录水文地质情况;停止钻进时,要将钻具提离孔底3米，将孔底岩粉冲洗出钻孔后方可停水。

(8) 预注浆加固施工要求。注浆加固一般为井下注浆，注浆材料选用水泥，有异常情况时可使用骨料封堵裂隙，其中单液水泥浆采用水灰比为1∶1～1∶1.5，达到设计注浆压力并稳压。

(9) 预注浆透孔试压要求。预注浆加固后必须凝固6小时后方可透孔，根据顶板标记的方位及测定的套管倾角调整钻机，对正孔位后透孔至预注浆深度进行清水耐压试验，终压达到设计值并稳压30分钟无漏水现象，视为试压合格，方可继续钻进。

(10) 揭露含水层施工要求。预注浆试压合格，孔口安设4寸高压闸阀及防喷装置后方可继续钻进揭露含水层，法兰盘与闸阀、闷盖等处必须使用高压石棉垫。钻孔倾角过大无法安设防喷装置时，必须确保排水系统可靠。同一钻场内，要求钻孔出水后一孔一注，地面注浆结束后其他钻孔方可揭露含水层，禁止两个钻孔同时揭露含水层，钻孔出水后要测定出水深度、出水量、水温、水压等基本参数，并详细记录。

(11) 地面注浆施工要求。当钻孔出水量达到20立方米/小时以上，满足地面注浆条件时，可以起钻地面注浆，采用分层地面注浆方式；当钻孔终孔出水量小于20立方米/小时，需进行地面压水试验，若可以地面注浆，则采用地面注浆；若升压较快，则采用井下注浆方式。浆液浓度范围为1.15～1.30吨/立方米，地面注浆终压不低于设计终压。钻孔注浆前钻孔需至少放水2小时，冲洗孔内岩粉碎块，注浆前要向孔内压水1小时，冲洗受注层位的裂隙。地面注浆的浓度要遵循“稀—稠—稀”的原则，注浆工每0.5小时观察一次注浆压力，发现异常立即处理。注浆结束后，地面注浆站用高档压清水冲洗注浆管路，冲洗时间不低于6小时。地面注浆期间需每隔1小时 详细记录注浆浓度、注浆压力。

(12) 封孔施工要求。钻孔施工至设计孔深后，具备封孔条件必须于2日内进行封孔处理。封孔材料采用水灰体积比1∶1的单液水泥浆井下封孔，压力达到设计值0.8倍后可按水泥浆与水玻璃1∶0.5进行“双液”封孔，封孔终压必须达到设计终压。封孔后套管内及外壁无渗水、滴水现象，否则重新透孔后重新封孔。

(13) 测斜要求。钻孔测斜率不得少于钻孔施工总数的20%，并均匀分布，查明钻孔终孔位置，异常钻孔必须进行测斜，并将测斜结果上报地测科。

5. 工程验收及效果评价

(1) 钻孔验收。

每个钻孔施工完毕后，必须进行验收，钻孔验收合格标准如下：

钻孔施工按设计倾角、方位角施工并达到设计孔深；

地面及井下注浆量符合设计要求，注浆压力达到设计压力值；

钻孔封孔后周边无漏水、渗水。

(2) 钻场验收。

每个钻场结束后，需对钻探进尺、注浆量、注浆质量和施工效果进行分析评价，对工程质量达不到要求的钻孔进行透孔或补钻，直到钻孔施工合格。钻场验收合格标准如下：

钻场内所有设计钻孔均施工合格并经过验收；

钻场内所有设计钻孔的套管露出底板长度均不大于100毫米；

按照补孔原则补加钻孔并施工结束；

场内所有钻孔封孔质量合格。

(3) 工作面水害治理效果评价。

底板注浆改造工程结束后，由矿井总工程师组织地测、生产、机电、安检等部门进行效果评价，评价后报上级煤业公司总工程师进行审批。评价依据主要有工作面突水系数、注浆量与出水量之比、物探、钻探等，具体标准如下：

水文条件复杂块段注浆量与出水量之比大于1.0，水文条件中等块段注浆量与出水量之比大于0.5；

物探复探不存在异常区或复探异常区经钻探验证无水害威胁；

验证钻孔出水量小于10立方米/小时；

治理结束后工作面突水系数不得大于0.1兆帕/米；

以上所有评价内容达到标准视为评价合格，否则需进一步补孔验证。

(二) 地面区域治理

1. 设计依据

地面区域治理钻探施工设计，要依据突水系数分析有水害威胁的底板含水层，确定治理目标层，对一定区域范围内的目标层进行注浆加固及改造，在现场踏勘基础上，按照“总位移最少、总井深最少、尽量降低最大井斜角”的原则，同时以现用的地质资料(包括地层的划分和岩石可钻性级别、地质构造和水文地质条件)、交通条件、地形地貌及费用定额等资料为依据进行设计，可根据实际情况选用设备和选择最优施工方法与工艺，确保工程质量及需求以便获取最佳的经济效益。

2. 钻孔布置要求

钻孔布孔方式采用主孔和分支水平孔方式。分支水平孔呈“带”或“羽”状布置与裂隙和构造发育方向垂直或斜交，分支孔水平间距应根据施工区域水文地质条件和实测注浆浆液的扩散半径来考虑，孔间距以40～60米为宜，一个主孔原则上应布置多个分支孔，遇特殊或导水构造发育地段时，应根据情况布置分支孔，确保工程质量达标。

3. 钻探工艺

(1) 钻孔结构。

地面区域水害治理工程钻井一般采用三开钻孔设计，遇构造及易塌地层可根据实际情况加大套管级数，但最小一级套管不得小于直径177.8毫米。

一开采用直径311.15毫米牙轮钻头(根据目的层埋深情况可以增大或减少孔径，增加或减小钻压)，钻进设计长度后，下入直径不小于直径244.5毫米的表层套管；二开采用直径215.9毫米PDC钻头，钻进至目标层下0.5～2米，起钻、下入直径不小于直径177.8毫米套管；三开采用直径152.4毫米PDC钻头用定向短接MWD+Gamma无线随钻测量技术，实时监控地层Gamma参数和钻孔轨迹数据，确保在目标层进行水平钻进。

(2) 钻孔轨迹设计。

根据治理区域内目标层垂深及水平段的长度，保持适当的狗腿度和钻进轨迹平滑可以有效降低裸眼摩阻，降低钻进扭矩，有利于对钻孔施工，所以在钻井轨迹设计时狗腿度一般在 5°～8°/30 米，也可根据实际施工情况及时调整钻孔轨迹。

(3) 钻具组合。

一开钻具组合设计：直径 311.15 毫米牙轮钻头＋直径 165 毫米×4A10 转换短节＋直径 165 毫米/159 毫米无磁钻铤×1 根＋直径 165 毫米/120 毫米钻铤×4 根＋直径 127 毫米钻杆串。

二开钻具组合设计：直径 215.9 毫米 PDC 钻头＋直径 165 毫米/159 毫米螺杆＋直径 165 毫米/159 毫米定向短接(MWD)×1 根＋直径 165 毫米/159 毫米无磁钻铤×1 根＋直径 165 毫米 4A11×410 转换短节＋直径 127 毫米钻杆串。

三开钻具组合设计：直径 152.4 毫米 PDC 钻头＋直径 120 毫米螺杆＋直径 120 毫米定向短接(MWD)×1 根＋直径 120 毫米无磁钻铤×1 根＋直径 89 毫米钻杆串＋直径 89 毫米钻杆串＋直径 89 毫米加重钻杆＋直径 89 毫米钻杆串。

以上为常规钻具组合，现场施工中可根据实际情况，更换钻头及更改钻具组合。

(4) 套管下设要求。

主孔设计通常为两级套管，层层隔离，一级套管隔离冲积层，下入稳定基岩层内不少于 10 米；钻进至目标层后，下入二级套管。各级套管均用纯水泥浆进行固管；水泥凝固后扫孔到出下套管口 0.3～0.5 米处做耐压试验，并稳压 30 分钟，其中一级套管试耐压 4 兆帕(地面孔口压力)，二级套管试耐压 10 兆帕(地面孔口压力)。

4. 钻探要求

(1) 采用无线随钻定向钻进技术进行钻孔轨迹控制。钻孔严格按照设计施工，直孔段、造斜段误差不大于±5 米，在目标层钻进过程中，钻遇率不小于 90%。若发现钻孔脱离目标层，要对钻孔轨迹及时进行调整，以便以最小的距离重新进入目标层。

(2) 施工直孔段期间，每 50 米检测一次孔斜。

(3) 钻孔钻进过程中要做好判层工作，见标志层后，利用已有地质资料、γ 测井、岩屑录井等资料进行地层的确定，必须保证标志层层位的准确性。

(4) 钻孔钻进过程中要求进行简易水文地质观测，如发现冲洗液漏失、掉钻、埋钻等现象要详细记录其深度、层位、水位和冲洗液消耗量，并注明采取的措施。

(5) 在钻探施工过程中，以探查导水通道为主，兼顾查明落差 5 米以上断层产状特征。根据孔段及注浆目的的不同，分别采用不同的注浆方式，直孔段及造斜段采用下行式注浆方式，遇冲洗液漏失严重时需立即堵漏或注浆加固；分支孔段采用前进式注浆方式，钻遇冲洗液漏失(漏失量大于 10 立方米/小时)或每钻进 200 米就立即开始注浆；特殊层段如断层破碎带可适当增加注浆次数。注浆前需向孔内进行压水，根据压入水量及漏失量，确定浆液的类型及配比。

(6) 每次注浆达到要求后，再向下或向前施工，循环反复直至达到设计终孔位置。

5. 造浆要求

(1) 注浆站要求：在地面钻探施工地点建造注浆站(包括注浆罐、搅拌池、制浆机、注浆泵、振动筛、沉淀池、土场),注浆站距孔口距离合适,造浆、注浆设备配备齐全、运转良好,造浆、注浆能力应满足工程需要。

(2) 注浆材料:注浆材料为硅酸盐水泥,水泥标号不小于 32.5。一般浆液比重 1.1～1.5 吨/立方米,含砂率不得高于 3%,根据目标层岩溶裂隙发育程度和可注性选择合适的注浆材料和配比。

(3) 造浆工艺:采用高压清水射流造浆,经搅拌均匀形成水泥浆。

6. 注浆要求

(1) 注浆前应先向孔内压注清水约 30 分钟,根据压水量确定浆液参数,浆液应采取先稀后浓再稀方式,并遵照能注尽注原则。

(2) 注浆压力及注浆结束标准:理论上注浆终压不小于目标层最大静水压力的 1.5 倍。一般情况下,受注目标层埋深在 500 米及以浅时,地面孔口注浆终压应为 10 兆帕;受注含水层埋深在 500 米以深时,地面孔口注浆终压可逐渐递减,但不得小于 6 兆帕。同时,结束泵量不大于 35～60 升/分钟,稳压时间为 30 分钟。

(3) 因井下巷道出现底鼓、漏浆等因素影响,或经长时间注浆后达不到注浆结束标准的,经矿井总工程师组织有关部门及人员分析讨论后,重新确定结束标准。

7. 封孔要求

(1) 各分支钻孔施工至终孔深度,钻孔注浆终压达到注浆结束标准,且进行压水试验,确认钻孔注浆合格后,改压比重不小于 1.65 克/立方厘米的纯水泥浆进行带压封孔,压注的浆液体积不少于分支孔段钻孔体积的 1.1 倍。如若未达到上述要求,应透孔到底,下钻具进行注浆封孔,封孔所用浆液仍为比重不小于 1.65 克/立方厘米的纯水泥浆,提高浆液结实率确保封孔效果。

(2) 所有分支钻孔注浆结束后,要对主孔进行全段封孔,封孔工艺与分支孔封孔工艺一致,封闭段的水泥浆经凝固后,凝固面与钻孔孔口的垂距不得大于 5 米,否则必须重新封孔。

(3) 钻孔内部不得遗留未封闭或封闭不合格孔段。

(4) 严格按要求进行封孔,并做好记录,孔口埋暗标或明标,提交封孔报告。

8. 工程验收

(1) 矿井安排专人进行现场工程监管。监管主要内容包括:钻孔施工期间地层判层、漏失量;注浆期间注浆材料、浓度、注浆泵量、压力大小。对于施工层位不准确、注浆不达标的钻孔不予验收。

(2) 单项工程验收在施工现场进行,验收采用矿方组织,施工方配合方式,经双方确认工程质量后,由矿方出具相应验收单,作为后期整体工程书面依据。

(3) 全部工程施工结束后,施工单位提交竣工报告,由矿井总工程师组织验收并上报煤业公司审批。

9. 效果评价

(1) 钻探质量评价。

钻孔目标含水层钻遇率大于或等于 90%。漏失量超过 10 立方米/小时是否及时注浆,钻探期间异常层位收集是否齐全。

(2) 注浆质量评价。

地面注浆终压达到设计要求，终孔吸浆量小于或等于60升/分钟并稳定30分钟以上，压水试验，测得单位吸水率q不大于0.01升/(分钟·平方米)，否则，复注直至达到要求。

主孔全段封孔终止压力达到设计压力，封闭段的水泥浆凝固后，顶面不得低于井口深度5米，否则必须重新封。

(3) 掘进工作面验证标准。

掘进工作面物探超前距不小于30米，进一步验证地面区域水害治理工程施工效果，未发现物探异常的可进行正常采掘活动；发现物探异常时进行钻探验证，如钻探验证水量小于10立方米/小时，则为正常；如钻探验证水量大于10立方米/小时，要补加注浆加固钻孔，直至最后一个验证钻孔水量小于10立方米/小时。

(4) 采煤工作面验证标准。

采煤工作面地面水害区域治理工程竣工验收合格后，要进行“物探+钻探”佐证查异，进一步验证地面区域水害治理工程施工效果，未发现物探异常、钻探验证水量小于10立方米/小时可进行正常效果评价；发现物探异常时补充钻探验证，钻探验证水量小于10立方米/小时，则为正常；如钻探验证水量大于10立方米/小时，要补加地面注浆加固钻孔，直至最后一个验证钻孔水量小于10立方米/小时。工作面回采期间底板最大出水量小于或等于30立方米/小时。

三、水害治理效果

矿井自2002年开始实施底板注浆改造工程，2007年之前属于摸索阶段，工作面时有突水发生。2007年以后，随着采掘活动实际揭露水文地质资料逐渐丰富以及底板注浆改造技术的成熟，矿井未再发生突水事故，但是井下底板注浆改造工程量大、治理周期长等问题制约着矿井的高效生产。2019年实施底板水害地面区域治理工程后，矿井水害治理工程紧张的局面得到有效缓解，南翼2506工作面已安全回采结束，矿井水害治理工程逐渐实现了超前治理。底板水害地面区域治理工程开工仪式见图5-3-17。

四、科技创新

随着矿井开采初期突水事故时有发生，矿井开始寻求与大专院校合作，对矿井水文地质条件进行深入研究，分析影响矿井突水的各种因素以及含、隔水层特征等，以指导矿井科学防水、治水。

（一）“陈四楼煤矿煤层底板扰动规律及突水预测预报研究”项目

2008年，矿井与山东科技大学合作，开展了“陈四楼煤矿煤层底板扰动规律及突水预测预报研究”项目，其目的是在分析陈四楼煤矿水文地质条件基础上，采用理论研究和现场实测相结合的方法，着重研究不同开采深度条件下，工作面底板破坏规律，并通过工作面富水性三维探测技术，查明相关工作面的水文地质条件，对工作面底板富水性及底板突水的可

图 5-3-17　底板水害地面区域治理工程开工仪式

能性进行评价，提出采场底板突水防治途径。

该项目取得的主要研究成果有：

(1) 陈四楼煤矿二$_2$煤层开采底板突水的主要影响因素有：含水层的富水性及水头压力、地质构造、底板岩层岩性及其组合特征、矿山压力及地应力等。突水是多种因素共同作用的结果，太原组灰的富水性是基本因素，断层、褶皱及岩浆侵入造成的构造裂隙发育和高水压是主导原因，采动矿压造成的底板破坏是促进因素。

(2) 陈四楼煤矿开采深度在500米左右，由于断裂发育，在较大采深条件下煤层底板破坏较严重，破坏深度较大，上覆岩层的运动及其造成的来压，使底板岩层受到不同程度的破坏。

(3) 根据矿井突水资料和实测及理论研究，首次提出了工作面斜长为150米左右时，矿井底板破坏深度和采深之间的理论预测公式：$h_1=6.361\ 5\ln(H)-26.946$。

(4) 二$_2$煤层底板的原始裂隙发育，导致底板砂岩孔隙裂隙水和灰岩的岩溶裂隙水沟通性较好。底板砂岩含水层性普遍，但不同区域富水程度不一样，局部地段富水性强。工作面底板破坏深度和采深成正相关关系，即采深越大，底板破坏深度越深。

(二)“矿井深部采区高承压水综合治理技术研究”项目

2010—2011年，矿井与河南理工大学合作，开展了“矿井深部采区高承压水综合治理技术研究”项目，预期利用分形理论，得到矿区深部采区底板复杂性分区，并通过放水试验和模拟试验，确定深层地下水的水力参数和地下水流场形态，预测涌水量。另外，通过注浆堵水材料试验，确定注浆参数、注浆材料配比、注浆后底板强度和浆液扩散半径，优化注浆方案。

该项目取得的主要研究成果有：

(1) 陈四楼煤矿南部深部采区的断层构造众多，断层分维值分布在0.792 5～1.453 4之间，平均值为1.10；以断层分维为基本特征量，将煤底板岩体结构划分为：简单、较简单、中等、较复杂和复杂5类结构；从整体而言，南部深部采区的断层复杂程度为中等。但就矿区的安全生产和水害防治而言，则更应该关注断层较复杂和复杂的区域。

(2) 采用数值模拟的手段对解析法求参结果进行了优化，并对放水试验过程期间的太灰地下水流场进行分析，结果表明水文地质参数符合实际条件，地下水流场符合实际，模拟水位过程线与实测值拟合较好，验证了区域内太灰水径流条件较好，有一定的侧向补给但强度有限。

(3) 模拟试验结果进一步说明了太灰岩溶含水系统地下水径流条件较好，降落漏斗迅速扩展后，保持缓慢的发展趋势，说明太原组上段灰岩含水层静储量较小，渗透系数较大，有一定的侧向补给量。

(4) 在注浆试验中，综合分析比较两种材料以及纯水泥材料的优缺点，注蒙脱石与水泥等混合材料和注纯水泥材料的地层都能达到对煤层底板加固的要求。粉煤灰与水泥等混合注浆材料28天后的抗压强度达到14.56兆帕，亦能满足高水压环境下煤层底板的加固要求，但是由于未能在钻场进行现场试验，还不能直接在注浆工程中应用。根据陈四楼煤矿地层情况及注浆要求，选择蒙脱石与水泥等混合材料进行注浆堵水既能够达到加固底板的理想效果，相对纯水泥材料又经济合理。注纯水泥浆液的岩芯抗压强度和注蒙脱石和水泥等混合浆液岩芯的抗压强度较大，对加固煤层底板的强度效果较好，而且注蒙脱石与水泥混合浆液的浆液扩散半径较大，通过试验测得其注浆浆液的扩散半径为30米，为底板注浆改造钻孔设计提供了依据。相同情况下，一次注浆可以节省人力物力，而且蒙脱石的价格比水泥低，所以相对水泥比较经济适用。根据陈四楼煤矿每年的平均注浆量计算，预计每年能够节省800万元。粉煤灰的价格相对要更低，而且在混合材料中所占比例也比较大，若能够应用到注浆堵水要求不是很高的地方，更能大量节省资金，预计每年能够节省近千万元。

(三)“底板高压岩溶水‘疏降-导引’模式及突水防治关键技术”项目

2015—2016年，矿井与中国矿业大学合作，开展了“底板高压岩溶水‘疏降-导引’模式及突水防治关键技术”项目，目的是揭示矿井深部二$_2$煤底板高压太原组岩溶水突水机理，优化矿井深部高压岩溶水突水防治方案与注浆技术。

该项目取得的主要研究成果有：

(1) 矿井开采形成了华北石炭-二叠系隐伏煤田“疏降-导引”型浅部顺层侧向补给、深部由下而上疏降排泄的深埋岩溶水循环模式，该模式基本特征：向上排泄、深部参与、外围“溯源”、趋于统一流场。

(2) 底板较软泥岩和破碎灰岩加剧底板注浆孔垂向孔斜，造成太原组“中～下”段被过度疏放，加速煤矿“疏降-导引”水循环模型形成，是深部隐伏岩溶系统复杂化的原因和注浆效果不佳、注浆成本提高的根源。

(3) 基于已有煤层底板注浆加固工程数据的底板注浆孔隐伏岩溶分析方法和注浆效果评价方法，为揭示矿井水循环规律、发现问题根源和优化提高岩溶水害防治方案提供了重要依据。

(4) 控制陈四楼煤矿南翼底板注浆恶化形势的总体思路和方案是:提高有限厚度底板隔水层注浆加固和太原组上段含水层注浆改造效果,控制太原组中—下段岩溶系疏降和扰动和控制岩溶系统外围补给。

第五节　顶底板事故防治

一、采掘工作面顶底板灾害防治

根据《陈四楼煤矿顶板管理制度》的规定要求,积极推广煤矿顶板支护新技术、新工艺、新设备、新材料,推进支护技术改革,开展三软煤层、大倾角煤层、复合顶板、极破碎顶板等科技攻关。采煤工作面超前与端头巷道条件适宜时,积极推广使用专门液压支架、端头支架加固,提高支护强度,降低劳动强度。

采煤工作面作业时,严格执行作业规程的规定和“敲帮问顶”制度。坚持有组织地进行顶板动态监测和顶板离层监测,并定期对顶板管理和监测情况进行分析和总结。根据工作面顶板情况,及时采取合理的支护措施,严禁空顶作业。坚持有组织地进行顶板动态监测和顶板离层检测来加强采掘工作面顶板管理,定期对顶板管理和监测情况进行分析和总结,掌握顶板活动规律,并采取切实可行的技术措施,防止顶板事故。

2017 年 6 月,陈四楼煤矿首次在北翼十采区 21011 综采顺拉工作面应用较为先进的 KJ24 煤矿顶板压力动态监测系统,实现了对工作面液压支架初撑力情况在线监测,淘汰了原来的支架压力表,提高了矿压数据观测精度及质量,能够整体掌握工作面矿压显现规律,为科学指导生产提供依据。

制定《陈四楼煤矿巷道巡查、维修管理制度》,加强对矿井在用巷道的管理,达到实时监控、及时维修、安全生产的目的,确保在用巷道在服务年限内满足通风、运输、行人等要求,保证矿井各生产系统安全、可靠。按照就近管理、“谁使用,谁管理,谁维护”及根据生产情况临时安排的原则对矿井在用巷道进行责任范围划分。采煤工作面排查工作面顺槽、顺槽车场以及本单位设备所在巷道的巡查与维护。

二、采煤工作面顶板管理

(1) 采煤工作面必须及时支护,支柱、支架牢固接顶,初撑力符合要求,破碎、松软顶底板工作面采取针对性措施。严格执行预防架前冒落的措施,严防煤壁片帮和伞檐冒落。

(2) 采煤工作面严禁采用木支柱和金属摩擦支柱支护。

(3) 加强工作面上、下安全出口与巷道连接处至少 20 米范围内的支护,顺槽托顶煤时,必须制定专门的端头顶板管理措施。

(4) 工作面不得随意留顶煤、底煤开采,过断层或因其他原因需要留顶煤、托夹矸开采时,必须制定专项安全技术措施,按规定审批、贯彻,并落实到位。

(5) 矿井首次采用采空区充填、沿空留巷等特殊工艺开采的工作面,支护设计和顶板管理措施必须经过科学论证,并报永煤公司审批。

(6) 采煤工作面生产和结束前,必须制定专项初采初放和工作面收尾安全措施,工作面安装、拆除时要制定作业规程;工作面安装、初次放顶和工作面回撤时,矿井要成立相应的领导小组,现场设专人盯岗(盯岗人员一般为安全、生产、机电、调度等业务科室人员),区队领导现场跟班,带班矿领导到作业地点巡查,监督指导区队严格按措施执行。

(7) 作业规程中必须有符合工作面实际的支护设计和顶板管理安全技术措施。遇断层、老巷等地质构造或地质条件发生变化时,要制定专门的安全技术措施。

(8) 各类支护材料应建立管理台账,现场使用的支护材料必须与作业规程要求相一致。有质保期、大修期要求的支护材料不得超期使用。现场备用支护材料和备件的规格、型号、数量等应符合作业规程要求。

(9) 严格执行单体液压支柱定期升井检修和区队验收管理制度,严禁使用不完好或性能达不到要求的支柱;工作面支柱不得超高使用。

(10) 严格执行敲帮问顶制度,认真检查作业地点顶板、巷帮、煤墙、支架等情况,随时注意顶板变化,发现问题及时采取措施进行处理。

(11) 工作面遇断层、过老巷时,要提前调整工作面推进方向,减少断层面或破碎顶板一次暴露面积。对松散顶板和破碎顶板要及时支护,减少空顶时间和空顶面积,顶板背紧刹实,严禁空顶;要适当增加支护密度和强度,严防冒顶。

(12) 工作面煤厚突然变化,要及时调整支架立柱的加长段;支架不得超高使用,采高超过支架最大支撑高度时可采取留底煤方式;煤厚低于支架最小支撑高度时,可以挑顶或破底,要防止工作面出现死架。

(13) 煤层较软、片帮严重的工作面,要及时采取打木锚杆护帮或在煤壁打贴帮柱的方式护顶护帮。

(14) 移架时擦顶移架,顶板破碎段要带压移架;煤壁片帮时要及时超前移架。

(15) 工作面追机移架作业时,移架距离采煤机后滚筒 4~6 架,漏顶片帮严重时,必须及时背顶,超前临时支护。

(16) 更换支架立柱时,要首先检查顶板情况,顶板破碎时,不得直接降架;旧立柱拆开后,要立即升紧支架,再调入新立柱进行更换;两立柱同时损坏需要更换时,必须在支架前梁下支设单体柱加固。

(17) 采煤工作面严禁空顶作业,端面距不大于 340 毫米。

(18) 工作面必须装备液压支架工作阻力监测系统,液压支架初撑力不应低于额定值的 80%;单体液压支柱初撑力符合《煤矿安全规程》要求;托顶煤支护、过断层绞架或软岩条件下初撑力确实达不到要求的,在制定措施、满足安全的条件下,必须经矿总工程师审批。

(19) 支架(柱)应编号管理、牌号清晰。

(20) 工作面支架中心距(支柱间排距)误差不超过 100 毫米,侧护板、护帮板正常使用,架间间隙不超过 100 毫米(单体支柱间距误差不超过 100 毫米),支架(支柱)不超高使用,支架(支柱)高度与采高相匹配,控制在作业规程规定的范围内,支架的活柱行程不小于 200 毫米。

(21) 液压支架接顶严实,相邻支架(支柱)顶梁平整,错茬不超过顶梁侧护板的 2/3,支架不挤不咬;采高大于3.0米或片帮严重时,应有防片帮措施;支架前梁(伸缩梁)梁端至煤壁顶板垮落高度不大于300毫米。

(22) 支架顶梁与顶板平行,最大仰角不大于7°;支架垂直顶底板,歪斜角不大于±5°;支柱垂直顶底板,仰俯角符合作业规程规定;支架与工作面刮板输送机垂直,夹角保持在设计范围内。

(23) 工作面液压支架(支柱顶梁)端面距符合作业规程规定。工作面“三直一平”,液压支架(支柱)排成一条直线,其偏差不超过50毫米。工作面伞檐长度大于1米时,其最大突出部分,薄煤层不超过150毫米,中厚及以上煤层不超过200毫米;伞檐长度在1米以下时,其最大突出部分,薄煤层不超过200毫米,中厚及以上煤层不超过250毫米。

(24) 工作面内特殊支护齐全;局部悬顶和冒落不充分的,悬顶面积小于10平方米时可采取加密支护等措施,悬顶面积大于10平方米时应进行强制放顶。特殊情况下不能强制放顶时,应有加强支护的可靠措施和矿压观测监测手段。瓦斯突出、高瓦斯、瓦斯异常区工作面可采取高压注水等软化顶板措施。

(25) 工作面控顶范围内顶底板移近量按采高不大于100毫米/米;底板松软时,支柱应穿柱鞋,钻底小于100毫米;工作面顶板不应出现台阶式下沉。

(26) 工作面控顶距要在作业规程中明确规定,切顶线侧应采取有效的挡矸措施,无窜矸现象,顺槽与工作面放顶线原则上要放齐(沿空留巷除外),特殊情况下,进风巷隅角侧放顶线可滞后1～2个循环的距离,但必须采取加强支护措施。

第六节　机电运输事故预防

一、矿井提升事故预防

(1) 矿井机电设备数量多,设备维护不到位、人员误操作等情况,都可能造成机电设备故障、供电设备损坏,引起突发性井上、下的异常停电、停风,从而造成矿井停产,给矿井带来重大损失。

(2) 主要防治措施有:制定机电设备检修管理办法,编制年度机电设备检修计划,将年度检修计划分解到月度,在每月底进行一次机电设备检修,检查排除设备及线路的各种隐患;每年春季进行预防性试验,对系统所有的避雷器、避雷针及各开关柜的整定进行检测试验。根据供电线路及负荷的实际情况,及时调整开关的保护整定,确保各种保护的整定准确,动作灵敏可靠;对所有井下高压电缆定期做耐压试验、绝缘测试,对不合格项目,由专人定期处理;加强对老旧设备、供电线路的更新改造;严格落实机电岗位人员责任制落实,切实加强对设备、线路的巡查,及时排除各种隐患,确保系统安全运行;加强对机电岗位人员的培训,增强业务素质,做到持证上岗;严格执行《煤矿安全规程》、《煤矿安全生产标准化基本要求及评分方法(试行)》、国家及地方政府有关煤矿机电管理的政策法规等要求。

(3) 推进系统升级,确保安全高效提升。① 积极推进立井提升电控系统双线制改造,实现电控零影响。② 积极推进立井提升主电机备机购置工作,降低主电机故障风险。

③ 积极引进立井提升相关新技术、新设备，提升装备水平。引进提升钢丝绳在线监测装置，全天候实时在线监测钢丝绳各种损伤隐患，对钢丝绳的日常使用、维护及更换具有很好的指导作用；引进钢带式缓冲托罐装置，制动性能更加稳定，防下滑及托罐功能更加可靠，一旦发生过卷、过放事故，能起到有效缓冲的作用，既能避免人员伤亡，又能减轻对井架、提升容器的冲击。

(4) 抓实检修维护，确保系统稳定运行。① 抓实立井提升系统关键部件预防性更换工作。针对大型关键部件检修，实现项目管理，保证立井提升系统大型检修安全高效完成。② 建章立制，抓实立井提升日常检修维护工作。建立健全《立井提升系统预防性检查检修工作流程与标准》《立井提升系统定期检修(检查)细则》《润滑周期管理制度》《螺栓紧固周期管理制度》等管理机制，将日常检修与月末检修相结合，合理制订检修计划，落实好组织实施，加强监督检查，以设备检修的高质量和全覆盖来保障立井提升系统运行安全。③ 以点带面，抓严立井提升系统安全评价工作。以副井提升系统安全评价为基点，推广至主井提升、主通风检查等。

(5) 开展专业维保，确保全面预防管控。① 实施专业维保机制。分别与中矿大传动与自动化公司、西门子、天津西马格特宝机械有限公司、中信重工机械股份有限公司、南阳防爆电机集团等厂家签订技术服务合同，每年对立井提升电控系统和闸控系统进行两次专业维保和故障诊断，每三年对主电机进行一次专业维保，确保了设备运行安全。② 抓好设备检测检验工作。抓好设备检测与全生命周期管理。按时开展立井提升系统安全性能检测、提升机重要部位无损探伤检测、提升钢丝绳到货时及悬挂前的检测等，实行检测检验全程跟踪，对检测报告中的数据进行分析并和往年的结果比对，真正将检测检验和探伤检验落到实处，全面掌握提升系统关键设备和关键部件的完好情况，消除了提升系统潜在的隐患。

(6) 做细备件管理，确保备件急需即用。① 大型关键部件如箕斗、罐笼、天轮、提升钢丝绳、平衡钢丝绳、首绳连接装置等重要设备、设施实现不间断备用，日常存于现场或库房，出现突发情况，随时调用。② 小型零部件备品存于现场备件柜内，列出清单目录，实时更新，每月统计消耗情况，及时上报采购计划，保证即需即用。

(7) 提升安全管理，确保风险管控到位。立井提升系统安全管理坚持“层层负责、人人有责、各负其责”工作要求，以安全“双基”建设为总抓手，做实安全管理。

(8) 机电系统梳理，提升管理水平。① 以“系统抓、抓系统”为抓手，对主提升、主通风、主排水、压风系统、供电系统等方面开展阶段性梳理排查，找出管理重点、技术难点，及时制定针对性的防控措施，做到“抓大系统，防大隐患，禁大事故”，确保大系统安全。② 对矿井机电系统运行、人员配备、机电关键及薄弱环节、主要备品备件、基础资料等进行了全面梳理，查找系统短板，采取有力措施，提升机电系统管理水平。

二、矿井运输事故预防

(1) 矿井井下运输主要依靠电机车牵引矿车运送物料、设备、矸石、人员，运输环节繁多。一旦在运输过程中由于违章作业或设备、设施出现故障，就会造成运输事故。

(2) 主要防治措施有：制定落实运输管理制度规定，加强运输管理，完善斜巷“一坡三挡”、声光信号等安全设施;斜巷提升运输作业,严格执行“行人不行车,行车不行人”的规定;定期对提升钢丝绳、连接件、连接销及闭锁装置进行检测,并设专人检查,做好记录;加强井下人车管理,候车人员必须到指定的候车硐室内等待,严禁出现扒、蹬、跳车现象,严禁无秩序抢乘;加强职工的安全教育和技术培训,强化职工的安全意识,提高技术素质;严格执行《煤矿安全规程》、《煤矿安全生产标准化基本要求及评分方法(试行)》、国家及地方政府有关煤矿运输管理的政策法规等要求。

(3) 运输制度建设,健全管理体系。① 不断完善 27 项运输制度,严格制度落实,强化责任追究。② 进一步明确各级管理、技术及操作人员岗位职责,建立健全“岗位、班组、区队、科室、矿井”五级运输专业管理体系。③ 修订完善《运输安全生产岗位责任制汇编》,明确和强化层级责任,确保管理“无死角、无盲区”,形成管控体系。

(4) 运输标准建设,提高管理水平。① 不断完善运输技术标准、岗位工作标准、操作流程,确保标准齐全,执行到位。② 每月定期不断深入开展运输专业“达标规划”标准实施,提高现场标准化水平。

(5) 运输精品引领,强化安全根基。① 以“精品工程”建设为手段,开展系统树标、建模树标活动,达到“抓出一个,巩固一个,影响一线,拓展全面”的效果,扩大精品引领效应。② 打造运输管理精品区域,力争使“精品更精,亮点更亮”,不断改进现场管理新模式。③ 注重设备内部标准化建设转变,做到“表里并重”标准转变,将运输专业生产标准化做精、做细。

(6) 运输培训交流,提升职业素养。① 落实年度培训计划,每月定期开展“大讲堂”专业培训,组织专业技术人员进行授课培训,对轨道质量、绞车司机等进行重点培训。② 分析讨论专业内运输技术难题、共性问题等,共同分析研究对策。③ 开展标准化现场交流会,到井下现场标准化程度高的区队进行交流学习,不断学习周边兄弟单位的先进经验与做法,使培训交流迈出新的重大步伐。

(7) 开展主题治理,强化现场管控。激活管控机制,坚持每月实施运输专业“1+2+3”主题活动,即“突出一个主题,规范两种不安全行为,消除三类反弹隐患”,促进现场管理持续提升。

(8) 运输系统评价,形成安全常态。巩固做实安全评价体系,从制度上、标准上,持续做好主斜巷运输、辅助运输、无极绳绞车等设备设施的安全评价体系建设工作,达到评价全覆盖,促使安全评价做牢、做实。

(9) 运输系统梳理,提升管理水平。① 以“系统抓、抓系统”为抓手,对运输系统开展阶段性梳理排查。② 对矿井运输系统运行、人员配备、运输关键及薄弱环节、主要备品备件、基础资料等进行了全面梳理,查找系统短板,采取有力措施,提升运输系统管理水平。

第四章 应急管理

第一节 机制建设

一、机构成立背景

2013 年,陈四楼煤矿根据《安全生产法》、《国务院关于进一步加强企业安全生产工作的通知》(国发〔2010〕23 号)、《国务院安委会关于深入开展企业安全生产标准化建设的指导意见》(安委〔2011〕4 号)和国家煤矿安全监察局关于印发《煤矿安全质量标准化基本要求及评分方法(试行)》的通知(煤安监行管〔2013〕1 号)等法律法规,建立了矿井应急组织机构,包括应急管理的领导机构和工作机构,明确了各级人员和职能部门的应急职责,包括日常和应急状态下的职责。

二、应急管理机构

陈四楼煤矿坚持“以人为本、安全第一,预防为主、平战结合,科学施救、规范管理,属地为主、分级负责,分类指导、综合协调”的应急工作原则。

设置应急救援指挥部,矿长为总指挥,是矿井应急管理和事故救援工作的第一责任人,对全矿应急管理工作负总责。总工程师为副总指挥,协助总指挥做好日常应急管理和紧急状态下的应急救援组织工作,定期向总指挥汇报应急管理工作开展情况。指挥部成员由党委书记、副矿长、纪委书记、工会主席、副总工程师、职能部门及区队负责人组成,指挥部下设 9 个应急工作小组,负责协助总指挥和副总指挥做好事故应急抢险组织实施工作。

三、应急管理体系现状

截至 2021 年年底,根据国家煤矿安全监察局关于印发《煤矿安全生产标准化管理体系基本要求及评分方法(试行)》的通知(煤安监行管〔2020〕16 号)等法律法规,为加强矿井应急管理工作的组织领导,进一步明确了矿井主要负责人及安全生产管理人员的应急职责。

陈四楼煤矿按照上级有关规定和两级公司要求,修订完善了陈四楼煤矿安全生产应急管理机构和制度。

陈四楼煤矿应急组织体系由指挥管理系统、救援队伍系统、技术支持系统和保障系统组成,并与永煤公司应急救援指挥中心构成自上而下、覆盖矿井各类灾害的应急救援体系。

第二节　救护队建设

一、机构成立及演变历程

根据《河南煤矿安全监察局关于加强煤矿企业兼职救护队建设的实施意见》(豫煤安监一〔2013〕140号)相关要求,经陈四楼煤矿党政联席会议研究,陈四楼煤矿兼职救护队于2013年10月成立。

截至2021年年底,陈四楼煤矿兼职救护队全体指战员共21人。其中队长1人,设备管理员(兼)1人,下设2个小队,每小队有10名队员。

二、机构职能

(1)陈四楼煤矿救护队秉承并坚持“科学救援、生命至上”和“加强战备、严格训练、主动预防、积极抢救”的应急救援原则,实行军事化管理,严格执行24小时战备值班制度。

(2)加强思想政治工作和职业道德教育,严格落实各项应急救援规章制度,积极广泛开展业务理论技能学习、八项体质训练和矿井安全技术性作业,提高全体指战员的业务技术水平和救护实战能力,为矿井的安全生产保驾护航。

(3)认真贯彻煤矿安全生产与职业病防治方针,提高预防安全事故的能力,确保陈四楼煤矿安全生产有序进行。

(4)引导和救助遇险人员脱离灾区,协助专职矿山救护队积极抢救遇险遇难人员。

(5)做好矿山安全生产预防性检查,控制和处理矿山初期事故。参加需要佩用氧气呼吸器作业的安全技术工作。

(6)协助矿山救护队完成矿山事故救援工作。

(7)协助做好矿山职工自救与互救知识的宣传教育工作。负责落实分管范围内双重预防体系工作落实及监督区队工作开展情况。

(8)积极参加本单位的应急演练。

(9)参加年度职业病危害防治知识培训,使用好作业现场职业病危害防护设施,作业期间正确使用个体防护用品,积极预防、控制和消除职业病危害因素。

三、管理制度

陈四楼煤矿兼职矿山救护队成立伊始,就把完善各项工作制度作为队伍建设的基础,建立完善并实施了《陈四楼煤矿兼职矿山救护队工作制度及职责》《陈四楼煤矿兼职矿山救护队绩效考核管理办法》《陈四楼煤矿兼职矿山救护队体能考核评分标准》《陈四楼煤矿兼职矿山救护队仪器操作考核评分标准》及《陈四楼煤矿兼职矿山救护队感恩文化管理办法》等。

四、管理方法

（一）创建安全救护文化，打造高质量救援队伍

在严格执行“生命至上、科学救援”和“加强战备、严格训练、主动预防、积极抢救”为应急救援指导原则前提下，为进一步稳中求进队伍的创新进取和积极主动性，陈四楼煤矿救护队坚持以“团结稳定、自主管理、自我加压、勇于担当”为总基调，以“三二一精神理念”为核心；在工作期间，转变思想，开阔思路，逐步实施“五边定位管理”运营模式、“五个一工程”体系和矿山救护“两个根基”保障，巩固了救护队精细化管理工作；科学提出并建立了“三个一人才培养理念”机制，塑造精兵强将，培养全面型人才，为队伍长期可持续性发展提供了有力保障。

（二）以“三二一精神理念”为核心，拔高队伍聚合力

为推进救护队军事化管理进展，武装队员思想阵地，制定并宣贯了救护队“三二一精神理念”，在每日班前会进行宣誓，充实了队伍思想文化建设。“三二一精神理念”即：三个一切、两个时刻、一个文化。“三个一切”即：一切以服从命令为天职、一切以时间约束为本能、一切以矿井安全发展为中心；“两个时刻”即：时刻谨记自身使命、时刻珍惜自身形象，没有任何借口；“一个文化”即：感恩文化。思想文化建设切实提升了队员岗位工作的职责和执行力，让队员做到令行禁止，以身作则，处处做表率、事事做榜样，以自身的行动去带动整个团队的工作积极性。

（三）以“五边定位管理”运营模式为纲领，提高全方位服务矿井大局意识

在坚持预防与应急相结合、专职与兼职相结合、公司与矿井相结合的思想原则下，准确定位了矿救护队有特色的“五边定位管理”运营模式，即：边坚持24小时战备值班、边加强矿山救护业务理论（技能）培训学习、边强化矿山救护队员体能（科目）训练、边入井熟悉巷道进行预防性检查、边坚持矿井修旧利废节能减排。

1. 坚持24小时战备值班

严格落实应急救援各项规章制度，结合矿救护队运行规律，形成了以“值班、待机、出班”三班应急值守24小时工作制，确保电话值班员在第一时间接听电话，准确填写记录，及时传达命令；待机队时刻做好备战状态，随时转入战备值班；全体队员时刻保持通信畅通，且不定时对出班队进行电话动态抽查，提高队员的警惕意识，切实做到闻令而动，不负使命。

2. 矿山救护业务理论（技能）培训学习

值班小队充分利用值班期间，重点学习《矿山救护规程》、《矿山救护队质量标准化考核规范》、《矿山兼职救护队管理规范》以及国家安全生产应急救援相关文件、矿山救护业务知识2 000题和各类救护装备、仪器操作应知应会等相关知识，系统学习急救、抢险、救人灭灾技术及医疗急救技术，并熟练掌握救护装备性能，做到理论与实践相结合，以确保在实战中实现融会贯通、灵活运用、精准操作。

3. 强化矿山救护队员体能(科目)训练

在值班小队值守期间，强化应急演练、闻警演习、战前检查、医疗急救等科目的训练，加强对八项体质、仪器操作、队列早操、实战运用等日常学习训练；加强对挂风障、建木板(砖)密闭墙、安装局部通风机及接风筒、安装高倍数泡沫灭火机、安装惰性气体发生装置等一般技术工作系统性学习训练；并将高温浓烟演习与佩氧万米负重训练相结合，锻炼队员体质耐力和心理承受能力，检验其战术运用水平，增强实战技能；为提高应急救援队伍反应速度和抢险能力，积极参加矿井每年度组织的应急演练与一般技术性作业；每次演练或技术作业结束，及时对过程中存在问题进行战后总结，加强队员对应急事故处置的能力，深刻吸取在处置事故过程中欠缺的经验，做到扬长补短，只有在日常工作中反复磨炼，才能真正成为一支“拉得出、上得去、打得赢”服务好矿井安全发展的队伍。

4. 入井熟悉巷道进行预防性检查

充分利用待机小队待机时间，严格按照月度入井计划，全面开展预防性入井检查工作，深入井下所有采掘开工作面熟悉巷道状况及巷道布置情况，掌握避灾路线，绘出巷道路线示意图；结合月度入井计划，每旬(5 日、15 日、25 日)对矿井紧急避险系统各项救护仪器设备进行定期校验；发现不安全因素及时跟踪落实，全面提升了救护队员的责任意识和服务矿井安全发展意识。同时，肩负着矿井一般技术性作业、矿井各项应急演练工作与矿井安排的其他临时性或紧迫性工作。

5. 在矿井修旧利废节能减排方面

待机小队在待机期间，坚持以建设“资源节约型、环境友好型”矿井为目标，大力推进资源全面节约和循环利用，降低能耗、物耗，强化过程管理、成本管控；为响应集团公司和矿井节能减排、降本增效的号召，矿救护队结合自身“值班、待机”应急值守 24 小时工作制，综合考虑，精心组织，积极开展修旧利废节能减排工作，充分利用待机队当日学习训练、预防性入井检查后，在固定时间段集中进行修旧利废节能减排工作，从而充分发挥队员的积极性、创造性，帮助矿井深挖内潜、降本增效，作出了一份贡献，具有很大的经济效益和社会效益。

(四) 以“五个一工程”体系为驱动，冲高岗位提素质

陈四楼煤矿救护队按照《矿山救护规程》及《矿山救护队质量标准化规范》要求，积极开展各项日常学习训练工作，结合自身运营模式，形成了独具特色的“五个一工程”体系。“五个一工程”体系具体实施为：“每日一提问”，每天班前会由小队长对所有队员进行抽查提问，提问矿山救护业务知识 2 000 题、仪器操作应知应会等学习内容，让全体队员对每天所学内容做到温故而知新；“每周一总结”，每周由值班小队长组织全体队员召开周总结会议，讨论本周工作落实情况和下周的工作计划及存在的问题和建议，针对存在的问题及时进行整改，好的建议积极采纳运用；“每旬一拉练”，每旬对全体队员进行一次拉练，拉练范围包括业务理论、仪器操作、综合体能等项目；“每月一综考”，每月月底对全体队员进行一次综合考核，对当月所有学习与训练内容进行全面测试，考核结果与当月考核得分挂钩进行正向激励；“每季(度)一提升”，每个季度结束时，对本季度三个月的考核成绩进行汇总，并与上个季度汇总的考核成绩进行对比，加以公开展示，补短板、强弱项，不断充实完善队员各

项业务技能素质。全体队员刻苦学习训练，扎实推进“五个一工程”体系工作，持续提升了队伍的综合素质。

（五）以“两个根基”为保障，隆高基础固防线

按照《矿山救护规程》《矿山救护队质量标准化规范》及《矿山兼职救护队管理规范》要求，结合陈四楼煤矿救护队内部机制管理特色，巩固提炼了救护队的“两个根基”保障，即：矿山救护装备和救护专业标准化资料。

1. 矿山救护装备

创新实施了装备器材库“8S”管理作业法、每日一巡查制度，定期对所有装备器材进行校验，对救护装备物资进行分类、定位码放，做到了“账、物、卡”三对照，达到了“全、亮、准、尖、利、稳”的标准。

2. 救护专业标准化资料

在完善各项工作制度的基础之上，全面细化了矿山救护专业的各项标准化工作记录，并结合陈四楼煤矿救护队机制管理特色，深入汇编了陈四楼煤矿救护队精细化管理记录共33项，全部编号按项管理，其中22项记录为矿山救护行业统一标准记录，11项记录为陈四楼煤矿救护队内部自主管理特色记录，坚持记录每日一检查、每旬一核对，确保动态达标；并且又系统性编制了《陈四楼煤矿救护队业务工作流程》，具体细化为：矿井冒顶事故处理流程、矿井水灾事故处理流程、矿井火灾事故处理流程、矿井瓦斯爆炸事故处理流程及战备工作流程等多项具体业务工作流程；为救护队的基础工作起到了夯基固本、扎实推进的作用。

（六）以“三个一人才培养理念”机制为引导，攀高队伍后续力量

陈四楼煤矿救护队全部按照年度矿山救护行业培复训计划和要求圆满完成矿山救护工资格证、矿山救护小队长资格证、矿山救护指战员资格证培（复）训工作，全部顺利通过考核。

在陈四楼煤矿救护队长期工作和经验摸索中，总结出了救护队“三个一人才培养理念”机制，即：成熟一个，发展一个，培养一个；做好“传、帮、带”，塑造精兵强将，继续把培养救护队伍力量纳入长期工作之中，储备后续人才库，培养全面型人才，为企业和矿井的长期可持续性和高质量发展奠定坚实的基础和有力的保障。

五、取得成果

2017年11月，陈四楼煤矿救护队顺利通过国家局一级安全生产标准化、安全培训和应急管理的验收工作。

2018年，3人参加永煤公司救护工技术比武，分别获得第一、三、五名的佳绩。

2019年，2人参加永煤公司救护工技术比武，分别获得第四、六名。

2020年，3人参加永煤公司救护工技术比武，分别获得第三、六、九名。

2021年，2人参加永煤公司救护工技术比武，分别获得第四、十名。

参与矿井每年度各项应急演练，均能按要求保质保量地完成。

参加矿井各项安全技术性工作并顺利完成，如：启封密闭、恢复通风、排放瓦斯，揭煤作业等。

第三节 物资与装备

一、装备配备情况

陈四楼煤矿兼职救护队基本技术装备配备标准严格按照《关于加强煤矿企业兼职矿山救护队建设的实施意见》(豫煤安监一〔2013〕140号)要求标准配备了矿山救护车、BGP400高倍数泡沫灭火机、QWMB12/QWMB35(空气泵)高压脉冲灭火装置、AE102A氧气充填泵、MZS-30自动苏生器、KJ20-46型快速接管工具、KTW140B防爆移动电话、KTT9灾区电话、2HS1790防爆照相机、PIS/DIH-3.3/8.4(A)防爆数码摄像机、防爆程控电话、RHJ240/A型紧急呼救器、CZY-50型一氧化碳检定器、CJG10%/100%瓦斯检定器、CWH760红外线测温仪、YHJ-200J(A)红外线测距仪、CD4多种气体检测仪、HAJ-Ⅱ型呼吸器校验仪、RHY-C001充气夹板、FDA-P气垫担架、等装备,指战员全部配备正压氧气呼吸器,能够满足在各种环境条件及各种异常情况下的抢险救援工作,符合《矿山救护规程》要求。

应急救援物资及装备设施齐全、完好,在应急救援过程中,执行陈四楼煤矿应急救援指挥中心的命令,随时调拨紧急物资、装备,保证应急救援的需要。

同时,陈四楼煤矿救护队严格按照《灾害预防与处理计划》的规定要求,储备足够的抢险救灾物资,并使其时刻处于战备状态。

二、基础设施配备情况

陈四楼煤矿兼职救护队现有办公室、值班室(联系电话:0370-5192013)、着装室、装备室、学习室、会议室、修理室、休息室及氧气充填室等。

训练设施方面,设置了爬绳架、单杠、检力器、模拟巷道及杠铃、哑铃等训练器材,完全满足队员日常体质训练要求。

三、陈四楼煤矿救护队应急救援主要装备一览表(表5-4-1)

表5-4-1 陈四楼煤矿救护队应急救援主要装备一览表

类别	物资装备	型号	存放地点	完好情况	备注
运输通信	矿山救护车	全顺新时代	陈四楼煤矿救护队	完好	
	移动电话	KTW140B	陈四楼煤矿救护队	完好	
	录音电话	中诺GO25B	陈四楼煤矿救护队	完好	
	灾区电话	KTT9	陈四楼煤矿救护队	完好	
	程控电话	冰河S-P-M-K416系列	陈四楼煤矿救护队	完好	
	引路线	荧光铜芯	陈四楼煤矿救护队	完好	
	对讲机	GP328	陈四楼煤矿救护队	完好	

表 5-4-1(续)

类别	物资装备	型号	存放地点	完好情况	备注
个人防护	4 h 氧气呼吸器	HYZ4	陈四楼煤矿救护队	完好	
	2 h 氧气呼吸器	HYZ2	陈四楼煤矿救护队	完好	
	压缩氧自救器	ZYX45	陈四楼煤矿救护队	完好	
	自动苏生器	MZS-30	陈四楼煤矿救护队	完好	
	战斗服	带反光标	陈四楼煤矿救护队	完好	
	胶靴	飞鹤	陈四楼煤矿救护队	完好	
	毛巾	纯棉	陈四楼煤矿救护队	完好	
	安全帽	黄色	陈四楼煤矿救护队	完好	
	矿灯	KL5LM(A)	陈四楼煤矿救护队	完好	
	紧急呼救器	RHJ240/A 型	陈四楼煤矿救护队	完好	
灭火装备	高倍数泡沫灭火机	400(BGP400 型)	陈四楼煤矿救护队	完好	
	干粉灭火器	MFZ/ABC8 型	陈四楼煤矿救护队	完好	
	帆布水桶	折叠式水桶	陈四楼煤矿救护队	完好	
	高压脉冲灭火装置	QWMB12/QWMB35(空气泵)	陈四楼煤矿救护队	完好	
	风障	4 m×4 m	陈四楼煤矿救护队	完好	
检测仪器	呼吸器校验仪	HAJ-Ⅱ型	陈四楼煤矿救护队	完好	
	多种气体检定器	CZY-50 型	陈四楼煤矿救护队	完好	
		CJG10%	陈四楼煤矿救护队	完好	
	瓦斯检定器	CJG100%	陈四楼煤矿救护队	完好	
	氧气检定器	CYH25	陈四楼煤矿救护队	完好	
	红外线测温仪	CWH760	陈四楼煤矿救护队	完好	
	红外线测距仪	YHJ-200J(A)	陈四楼煤矿救护队	完好	
	多种气体检测仪	CD4	陈四楼煤矿救护队	完好	
	矿用电子风表	CFJD-25B	陈四楼煤矿救护队	完好	
	温度计	0～100℃	陈四楼煤矿救护队	完好	
	机械风表	低、中、高速	陈四楼煤矿救护队	完好	
	机械秒表	504	陈四楼煤矿救护队	完好	
	电子秒表	SASEY-沙逊	陈四楼煤矿救护队	完好	
	数码摄像机	PIS/DIH-3.3/8.4(A)	陈四楼煤矿救护队	完好	
	数码照相机	2HS1790	陈四楼煤矿救护队	完好	

表 5-4-1(续)

类别	物资装备	型号	存放地点	完好情况	备注
装备工具	快速接管工具	KJ20-46 型	陈四楼煤矿救护队	完好	
	采气样工具	CRJ23-CGJ	陈四楼煤矿救护队	完好	
	防爆工具	锤、斧、镐、锹等	陈四楼煤矿救护队	完好	
	氧气充填泵	AE102A	陈四楼煤矿救护队	完好	
	救生索	12.5x30Mx4189KG	陈四楼煤矿救护队	完好	
	担架	折叠担架	陈四楼煤矿救护队	完好	
	保温毯	军用	陈四楼煤矿救护队	完好	
	绝缘手套	12 kV	陈四楼煤矿救护队	完好	
	灾区指路器	FD-100A(B)	陈四楼煤矿救护队	完好	
	探险棍	防爆/全铜 1500 型	陈四楼煤矿救护队	完好	
	急救箱	医用	陈四楼煤矿救护队	完好	
	信号喇叭		陈四楼煤矿救护队	完好	
	充气夹板	RHY-C001	陈四楼煤矿救护队	完好	
	气垫担架	FDA-P	陈四楼煤矿救护队	完好	

第四节　应急预案与演练

一、应急预案

(一)应急预案演变历程

2005 年 12 月,陈四楼煤矿下发了《陈四楼煤矿重特大生产安全事故及突发事件应急救援预案》的正式文件。

2012 年 2 月,陈四楼煤矿下发了《陈四楼煤矿生产安全事故应急救援预案》的正式文件。

随着国家、省、市以及永煤集团相关法律、法规、制度、文件的建立、完善和要求,应急预案部分条款内容已经不能适应当前应急救援工作的需要,部分条款内容与相关法律法规、规定不符,操作性不强。为进一步规范预案管理工作,增强和提高预案的科学性、实用性、操作性和规范性,依照相关法律、法规、规定、文件要求,结合矿井实际,陈四楼煤矿对应急预案进行了修订。

2015 年 5 月,矿井对《陈四楼煤矿生产安全事故应急救援预案》进行了第 1 次修订,于 2015 年 6 月 17 日按程序向永城市应急管理局进行了备案。矿井于 2015 年 6 月 23 日下发了《陈四楼煤矿生产安全事故应急救援预案》的正式文件。对应急预案体系作出了明确规定,内容包括综合应急预案、专项应急预案和现场处置方案。

2018 年 4 月,矿井对《陈四楼煤矿生产安全事故应急救援预案》进行了第 2 次修订,矿井于2018年5月10日下发了《陈四楼煤矿生产安全事故应急救援预案》的正式文件。对应急预案体系作出了明确规定，内容包括综合应急预案、专项应急预案和现场处置方案、重要岗位现场处置方案。并于2018年5月25日按程序向永城市煤矿安全监察办公室进行了备案。

（二）应急预案响应程序

根据事故严重程度、可控性、救灾难度和影响范围，实行分级响应。原则上按照发生一般（四级）、较大（三级）、重大（二级）和特别重大事故（一级），分别启动相应级别的应急预案，组织实施应急救援工作。

发生四级矿山事故，启动本预案，并上报永煤公司救护大队及永煤公司信息调度中心；发生三级矿山事故，立即上报永煤公司救护大队及永煤公司信息调度中心，启动本预案，并做好与永城市生产安全事故应急预案相衔接；发生二级或一级矿山事故时，立即上报永煤公司救护大队及永煤公司信息调度中心室，启动本预案，并做好与上级部门应急预案的衔接。

（三）应急预案管理现状

截至2021年年底，按照《生产经营单位生产安全事故应急预案编制导则》（GB/T 29639—2020）、《生产安全事故应急预案管理办法》（中华人民共和国应急管理部令第2号）的要求，结合陈四楼煤矿对危险有害因素辨识和年度安全风险辨识评估结果，每年对预案内容进行更新。《陈四楼煤矿生产安全事故应急预案》结构体系更完善，内容更全面，实用性和操作性更强。

二、应急演练

（一）应急演练的目的

（1）检验预案。通过开展应急演练，查找应急预案中存在的问题，进而完善应急预案，提高应急预案的实用性和可操作性。

（2）完善准备。通过开展应急演练，检查对应突发事件所需应急队伍、物资、装备、技术等方面的准备情况，发现不足及时予以调整补充，做好应急准备工作。

（3）锻炼队伍。通过开展应急演练，增强演练组织单位、参与单位和人员等对应急预案的熟悉程度，提高其应急处置能力。

（4）磨合机制。通过开展应急演练，进一步明确相关单位和人员的职责任务，理顺工作关系，完善应急机制。

（5）科普宣教。通过开展应急演练，普及应急知识，提高公众风险防范意识和自救互救等灾害应对能力。

（二）应急演练开展情况

2005年起，根据上级相关规定，结合本矿井的实际情况，每年组织一次专项预案演习或模拟演练活动。演练内容主要为瓦斯、水、火、顶板等灾害事故、年度矿井反风演习、大面积停电事故等的实战演习。

2011年起,根据《陈四楼煤矿重特大生产安全事故及突发事件应急救援预案》的要求,结合矿井实际,主要开展了矿井大面积停电、顶板事故、水害事故、防洪防汛等方面的应急演练活动。

2015年起,根据应急救援标准化的有关要求,结合矿井实际,制订年度应急演练计划,按照计划组织开展应急演练活动。

2018年,结合两级公司有关要求,以增强职工自救互救知识和应急技能为主线,组织开展了自救器操作使用的专项培训,并举办自救器实操技术比武,通过这些优秀选手进一步带动更多的一线职工熟练掌握自救器的正确使用方法,有效提升了职工的灾害防范能力。

(三)应急演练管理现状

截至2021年年底,矿井应急演练工作进一步规范,按照制订的演练计划,组织开展应急演练工作。所有演练均详细制定了演练方案,并经过审批。演练前各部门及参与单位组织学习贯彻演练方案,演练结束后,按要求进行了演练评估和总结,查找不足、提升管理,演练能够达到预期的目标,实现了矿井应急管理水平的不断提升。

第五节 事故救援

一、事故应急救援的基本任务

(1)立即组织营救受害人员,组织撤离或者采取其他措施保护危害区域内的其他人员。抢救受害人员是应急救援的首要任务。

(2)迅速控制事态,并对事故造成的危害进行检测、监测,测定事故的危害区域、危害性质及危害程度。及时控制住造成事故的危险源是应急救援工作的重要任务。

(3)消除危害后果,做好现场恢复。及时清理废墟和恢复基本设施,将事故现场恢复至相对稳定的状态。

(4)查清事故原因,评估危害程度。事故发生后应及时调查事故的发生原因和事故性质,评估出事故的危害范围和危险程度,查明人员伤亡情况,做好事故原因调查,并总结救援工作中的经验和教训。

二、典型案例(陈四楼煤矿“4·10”事故救援)

(一)事故发生经过

2015年4月10日凌晨3时14分,河南龙宇能源股份有限公司陈四楼煤矿十二采区21210工作面轨顺联络巷掘进工作面发生煤与瓦斯突出事故,突出煤量121吨,突出瓦斯量7 623立方米,事故造成2人死亡,1人受伤,直接经济损失327.8万元。

(二)事故救援过程

事故发生后,陈四楼煤矿立即启动煤与瓦斯突出事故应急救援预案,下令井下十二采区全部停电撤人，并请求永煤公司救护大队支援。河南省委省政府高度重视，省委书记郭庚茂作出重要批示：全力抢救被困职工！查明原因，加强防范，防止类似问题发生。河南煤监局、河南省安监局、豫东分局、永城市政府及永城市安监局、河南能源及永煤公司等有关领导到矿协助指导抢险救援工作。

3点14分，调度室监控系统中21210工作面轨顺联络巷甲烷传感器出现报警。

3点20分，矿调度室接到综掘三队电工汇报21210工作面联络巷发生煤与瓦斯突出事故。

3点22分，矿调度室启动煤与瓦斯突出事故应急救援预案，通知受威胁地点人员撤离。

3点27分，矿调度室向永煤公司调度室汇报了事故情况。

3点35分，通知矿兼职救护队到副井口待命。

4点04分，永煤公司救护大队值班副大队长王鹏振带领两个小队到达陈四楼煤矿，王鹏振到调度室领取任务，值班中队长赵学芝、蒋帅组织队员战前检查。王鹏振了解事故情况，领取救援任务后，和中队长一起制定了救援方案和安全注意事项，随后向全体队员作了传达。

4点17分，救护小队在值班中队长的带领下入井。

5点整，救护小队到达21210工作面轨顺车场后，在车场风门外新鲜风流处设置了临时救援基地，再次作了战前检查并强调安全注意事项后，值班中队长赵学芝带领一小队携带相应的装备进入侦察，副值班中队长蒋帅带领四小队在基地待机并设安全岗哨，严禁其他人员进入。

5点15分，救护队员进入掘进工作面迎头现场进行勘察，现场瓦斯浓度1.57%，温度30 ℃，无其他有害气体。煤抛出后堆积了整个联巷，外面3米斜坡状，里面煤堆至顶板。

7点33分，救护小队在迎头打开压风，将通向轨顺里段的风筒风量控制，增加通向联巷的风量后，7点40分瓦斯降至0.8%以下。

8点10分，救护队进入勘察后瓦斯浓度低于1%，开始组织清煤。

9点13分，在联络巷开口往里约5米、在巷道右帮5米发现第1名遇难人员。

10点40分，将溜子清理出后，开启溜子运煤，加快了清煤速度。

12点10分，在联络巷开口往里约8米、在综掘机左侧发现第2名遇难人员，抢险救援工作结束。

第五章　劳动保护与职业卫生

第一节　劳动保护

陈四楼煤矿以保护劳动者在劳动过程中的安全和健康为宗旨，维护劳动者的合法权益，根据国家下发的相关劳动保护制度和文件，不断地完善和修改《陈四楼煤矿职业病个体防护用品管理制度》。

一、机构

1989—1995 年，处于临时管委会、管委会时期，没有成立专门机构和明确专职人员管理劳动用工、劳动保护等业务，相关业务采取由 1 名公司副总经理兼管，并与用人单位自行管理相结合的模式。

1995 年 9 月，管委会设立人事劳资处，管理劳动用工、劳动保护等工作。

1997 年 3 月，设立人劳科，管理劳动用工，劳动保护等工作。

1999 年 1 月，撤销人劳科，成立劳资科。

2012 年 1 月，对劳资科、企管科业务进行合并，成立经管科，同年 8 月，人力资源业务从经管科剥离，恢复为劳资科。

二、制度

1997 年初，《劳动保护用品管理办法》印发，明确供应处、劳资处、安监处是劳保用品管理和监察部门，对劳保用品采购、质量技术监督等 10 个方面作出规定。

1999 年 8 月，《永煤集团公司劳动保护用品发放标准》印发，细化劳保用品发放标准。

2005 年 3 月，《永城煤电(集团)公司劳动合同管理办法》印发，规范劳动用工、劳动合同，劳保福利、劳动争议等内容。11 月，《永煤集团公司劳动保护用品井下工种发放标准修改意见》印发，在原标准基础上，缩短接害(井下淋水等)工种劳保用品发放周期。

2008 年 1 月，《永城煤电控股集团公司女职工特殊劳动保护办法》印发，保护女工结婚、怀孕、产假、哺乳、生理期等权益。

2015 年 7 月，国家安全监管总局通令《劳动防护用品监督管理规定》废止。为加强各单位劳动防护用品管理，2016 年 2 月，转发国家安监总局并执行《关于印发用人单位劳动防护用品管理规范的通知》文件，从国家层面规范劳保用品分类、采购、发放、使用、维护、报废等最低要求。

2018 年 1 月，转发并执行《关于转发河南能源化工集团员工带薪休假制度的通知(试行)》，职工开始享受带薪休年假。11 月，转发《河南省女职工劳动保护特别规定》，内容基本与《永城煤电控股集团公司女职工特殊劳动保护办法》相同，强调女职工权益保护。

2019 年 1 月，印发《永城煤电控股集团有限公司劳动防护用品管理指导意见》，明确劳动防护用品分类、采购、发放、使用、维护、更换、报废、管理等详细规定。各矿执行《煤矿职业安全卫生个体防护用品配备标准》（AQ105）规定。6 月，《关于贯彻落实河南能源化工集团进一步规范劳动用工管理意见的通知》印发，结合《中华人民共和国劳动合同法》《中华人民共和国劳动合同法实施条例》《中华人民共和国劳务派遣暂行规定》等法律法规，规范劳动用工、劳动合同、用工招聘、择优选招、续签合同等业务管理。

三、劳动保护用品

（一）发放标准

执行《中华人民共和国职业病防治法》《劳动防护用品监督管理规定》《河南省劳动防护用品监督管理办法》《河南省劳动保护用品监管员管理办法（试行）》《河南省从业人员劳动防护用品配备标准（2005 年）》《煤矿职业安全卫生个体防护用品配备标准》（AQ 1051—2008 ）等规定和永煤集团不同时期劳保用品发放规定。

（二）发放程序

各单位劳保管理部门建立领发制度和到期销毁制度，负责编制年度、月度采购计划，经管科落实资金，供应科按标准采购，到货后本单位安全生产技术部门（含供应）联合验收入库。

职工按照不同接害工种和作业条件发放劳保用品，建立登记卡片，实行一人一卡。随信息化管理水平提升建立信息管理动态台账，实行职工出勤与劳保用品发放挂钩，建立劳保管理系统。职工分工种在劳保用品到期当月，劳资科负责开具劳保审批单，各单位办事员拿着审批单到供应科领取，领取完之后负责发到职工手里。

（三）发放系统的建立

（1）陈四楼煤矿自建矿以来，职工劳动防护用品的发放一直采用手工记账，按月发放的办法。

（2）2005 年 5 月份劳资科成立了科技攻关小组，经过半年的努力，开发出了具有独立自主知识产权的《陈四楼煤矿职工劳动防护用品管理系统》，程序设计采用 VF＋DBF 数据库的模式；程序设计特点：界面优美、操作简便、实用性强、便于管理、准确率高等特点。

（3）2009 年 10 月，由广州略达科技有限公司开发了《陈四楼煤矿劳保信息管理系统》，系统运行稳定，操作灵活，弥补了以前的不足。

（四）发放情况

1. 煤矿

1998—2002 年，入井人员配发工作服、胶靴、矿帽、毛巾、灯带、线手套、布袜、绒衣裤、棉衣、棉马甲、矿灯、自救器、电焊手套、电焊面具等用品。

2003—2010 年，劳保用品在以前配发基础上增发帆布手套、防砸胶靴，部分粉尘作业人员配发防尘口罩。考虑井下淋水、高温等因素,2005 年 11 月,工作服、胶鞋、手套发放时间由系数 1 调整到 0.95,缩短发放周期。

2011—2013 年,增发防砸胶靴、防噪耳塞、防尘口罩、绒衣裤。

2014 年,增发防冲击眼镜、布鞋、布帽。

2015 年,增发性能较好的 ST-AX 防尘口罩。

2016 年,个别工种增发防酸手套、平光眼镜、防震手套。

2017 年,增发中筒胶靴、浸胶手套、背心短裤、绝缘胶靴、绝缘手套、防护雨衣、防酸服、耐酸碱胶靴、化学护目镜。一线员工更换为性能更好的 3M 防尘口罩。

2018 年,地面加工、卸料人员在配备防砸胶靴基础上,配备夏季防砸鞋。

2. 选煤厂

1997—2007 年,选煤厂 26 个生产岗位配备安全帽、防护帽、手套、防水胶靴、电焊手套、纱布口罩等 19 种不同种类劳保用品。

2008—2009 年,随选煤工艺改造、升级,生产岗位调整为 17 个,发放种类调整为 22 种,其中手选岗位在配备纱布口罩基础上,新增每 4 个月配备 1 个防尘口罩。

2010—2012 年,防尘口罩发放岗位由手选岗位增发到采制样岗位。手选岗位防尘口罩每 3 个月发放 1 个,采制样工每年发放 1 个。

2013—2014 年,防尘口罩新增原煤系统岗位,每 3 个月配发 1 个,手选岗位、破碎机岗位每 3 个月增发 1 副防噪声耳塞。

2015 年,防尘口罩发放到装运车间运转工、装车工、司磅工和机修工,每 3 个月发放 1 个防尘口罩,新增煤场管理员,每年发放 1 个防尘口罩。

2016—2017 年,防噪声管理标准提高,防噪声耳塞增发至运转工、跳汰司机、手选工、装车工、采制样工、司磅工等工种,加强接噪岗位人员个体防护。

2018—2019 年,管理岗位、辅助岗位劳保用品按 AQ 1051—2008 标准发放。

四、保健津贴

(一) 入井津贴

1997 年,辅助工 1.5 元每班,直接工 3 元每班。

2006 年之后,辅助工 18 元每班,直接工 30 元每班。

(二) 夜班津贴

1997 年开始,入井津贴 2 元每班。

2006 年之后,前夜班 8 元每班,后夜班 10 元每班。

(三) 高温津贴

货币化补贴标准逐年提高,直接队 20 元每班,辅助队 15 元每班,地面科室 10 元每班。

发放时间每年 6—8 月扩大到每年 6—9 月。

发放范围从井下岗位扩大到地面露天工作岗位。同时,在夏季高温季节,发放雪糕、冰水、西瓜、花露水、风油精、仁丹、藿香正气水、绿豆汤等防暑降温物品。另外，入井走廊和井底车场、采区车场等地有纯净水水桶，方便井下职工饮水。

（四）班中餐

1997 年，班中餐由各区队派专人送到工作面。

2003 年，班中餐改由在开班前统一领取发放到职工手里，本人随身带入井下。

2010 年开始，班中餐补助陆续充到职工个人餐卡，入井前职工自助带餐到井下，队领导和矿安检科监督职工班中用餐。

2012 年 6 月，班中餐补助通过管理信息系统升级，采用系统直充，及时进餐卡。

2018 年，班中餐补助提高到辅助 6 元每班，一线 9 元每班。

其中，2006 年，转发国家发展和改革委员会、劳动和社会保障部、财政部联合印发《关于调整煤矿井下艰苦岗位津贴有关工作的通知》并执行，在煤矿（含选煤厂）根据劳动强度、工作时间、煤层赋存以及水、瓦斯、粉尘、温度、湿度、噪声等作业环境，确定 4 项津贴标准。

五、工会监督

2002 年开始，矿成立劳动争议调解委员会。

2003 年 10 月，落实工会第二届委员会精神，设置安全生产和劳动保护工作委员会、女职工工作委员会，明确各委员会职责范围，维护职工劳动保护等权益。以后每年召开的职代会上，职工代表与企业就涉及职工利益重大事项协商，如报酬、工作时间、休假、安全卫生、保险福利等纳入集体合同和工资集体协议书，在职代会上由职工方代表与陈四楼煤矿签订并实施，共同维护职工和企业合法权益。

2007 年 9 月，工会印发通知学习宣传贯彻《中华人民共和国劳动合同法》，让职工在劳动过程中把握好自己的“责、权、利”。

2008 年 1 月，工会印发女职工特殊劳动保护办法，对女职工卫生用品发放、生理期、怀孕、产前检查、产假、哺乳、放置宫内节育器、体检等方面作出具体规定，扣除或减轻劳动定额，保障女职工特殊时期合法权益。

工会办联合劳资科、安检科等部门不定期对劳保用品采购、发放、使用、保养、销耗等过程监督，并督促职工正常使用。

六、带薪休假

2000 年以前，职工探亲假没有具体文件，一直在按国家相关政策、规定执行。

2000 年开始，婚、丧、年、探、病假、产假等带薪假期开始执行：有薪假期严格按照陈四楼煤矿考勤办法执行，否则不予计资。

2008 年 1 月 1 日，国务院第 514 号令《职工带薪年休假条例》实施、2018 年 1 月，永煤集团转发《关于转发河南能源化工集团员工带薪休假制度的通知（试行）》的文件并执行。具体执行时采取个人休假申请，部室负责人审核。分管领导批准，假后销假制度。员工按工作年限实行休假：工作 1～10 年工龄内休 5 天；10～20 年内休 10 天；满 20 年休 15 天。年休假不含周六周日和法定节假日。

第二节 职业卫生

为了预防、控制和消除职业病危害，加强职业危害防治管理，切实保护员工健康及相关权益，陈四楼煤矿设置了职业卫生管理机构，制定《陈四楼煤矿职业病危害防治责任制度》等制度，明确分工、层层把关，坚持“预防为主，防治结合”的工作方针，实行分类管理、综合治理，有效改善了生产作业环境和条件，提高了职业安全健康水平，防止了职业病的发生；严格执行《中华人民共和国职业病防治法》、《煤矿作业场所职业病危害防治规定》、《工作场所职业卫生监督管理规定》、《职业病危害项目申报办法》、《用人单位职业健康监护监督管理办法》、《职业健康监护技术规范》(GBZ 188—2014)、《职业健康监护技术规范》(GBZ 188—2014)等文件规定，每年对作业场所职业病危害因素进行一次检测评价、每三年进行一次现状评价；按照规定的检查范围、检查周期、检查项目定期为接触职业病危害因素的职工开展职业健康查体，保障了职工的身体健康，防止了职业病的发生，促进了煤矿安全生产持续、稳定、健康发展。

一、管理机构

1990 年 7 月，陈四楼煤矿开工建设，临时管委会、管委会负责基建期间安全设施“三同时”和职业卫生“三同时”工作。

1999 年 1 月，首届职代会召开后，工会监督维护职工劳动健康权益工作开始启动。

2002 年 4 月，成立矿长为组长的职业危害防治领导小组，负责职业危害管理工作。

2011 年，陈四楼煤矿工会发文成立群监会，加强基层单位职业卫生监管工作，形成“矿有群监会、队有群监组、班有群监员”群监体系，职业卫生监管深入班组。

2016—2021 年，职业卫生职能移交安检科，成立职业病防治领导小组，矿长任组长，办公室设在安检科，安检科专人管理，负责职业卫生管理工作。

二、管理制度

1990—2002 年，按照《中华人民共和国劳动法》《永煤集团公司劳动保护用品发放标准》执行发放劳动防护用品。

2002 年 4 月，印发《陈四楼煤矿职业危害防治管理办法》，成立矿长为组长的职业危害防治领导小组，明确职业危害前期预防、劳动过程防护与管理措施和要求。

2004 年，印发《陈四楼煤矿综合防尘管理规定的通知》，从技术上采取减尘、降尘措施。

2005 年，印发《陈四楼煤矿职业危害防治管理办法及相关管理细则的通知》，陈四楼煤矿设职业危害防治办公室，牵头职业危害综合管理工作。

2009 年，印发《陈四楼煤矿职业危害防治管理办法及相关办法》，明确职业危害种类与防治责任单位和办法。

2011 年，印发《关于建立员工职业健康档案的通知》，建立职工个人健康监护档案。

2013年，印发《陈四楼煤矿关于印发煤矿职业病危害管理办法的通知》，对防治机构、职责、制度、前期预防、职业病危害告知、职业健康教育培训、职业危害申报、职业防护设备设施管理、职业危害日常监测、防护用品发放、职业健康检查及职业病诊断治疗、防治费用、职业健康档案管理、职业危害事故管理、职业病危害防治与考核等15个方面作出规定。

2014年，陈四楼煤矿加大职业卫生管理力度，集中完善制定《职业病危害防治责任制度》《职业病危害警示与告知制度》《职业病危害项目申报制度》《职业病防护设施管理制度》《职业病个体防护用品管理制度》《职业病危害日常监测及检测、评价管理制度》《建设项目职业病防护设施"三同时"监督管理办法》《劳动者职业健康监护及其档案管理制度》《职业病防治宣传教育和培训管理制度》《职业病个体防护用品的报废、销毁和更换制度》《职业病诊断、鉴定及报告制度》《职业病危害防治经费保障及使用管理制度》《职业卫生档案管理制度》《职业病危害事故应急管理制度》《职业病危害防治五年规划、年度计划和实施方案》《职业病危害事故应急救援预案》等16项制度。规范管理职业卫生、职业健康工作。

2015年，根据《关于印发永煤公司煤矿职业卫生示范矿井建设实施方案的通知》，陈四楼煤矿成为首批永煤集团内部职业卫生示范化矿井之一。

2017年，陈四楼煤矿达到河南省一级职业卫生标准化矿井。

2018—2021年，陈四楼煤矿持续达标。

三、职业病危害因素防治

（一）粉尘

1. 煤矿防治措施

建立地面永久性消防防尘水池，日常保持供水量约650立方米，并按规定将防尘供水管路敷设至产尘作业地点和沉积粉尘地点，且静压供水管路管径和压力均能满足矿井防尘用水需求。

综采工作面采煤机安装内、外喷雾增压装置，并以采煤机外喷雾圆孔作为固定点，安装压力分配盒，通过科学调整喷雾的角度，使压力水平均分配，提升喷雾降尘效果；安装架间喷雾降尘装置，实现降架移架降尘。放顶煤采煤工作面的放煤口，安装有高压喷雾装置（喷雾压力不低于8兆帕）。

综掘工作面引进机载喷雾泵，保证综掘机喷雾雾化效果和除尘效率；安装矿用湿式除尘器，并对带式输送机沿线转载点进行封闭；自主创新改进机械式自动喷雾装置和电磁阀式触控自动喷雾装置。

岩巷开拓工作面爆破作业期间采取水炮泥、爆破前后冲刷巷帮粉尘、改造爆破冲击波式自动喷雾启动器和全断面气水联动喷雾降尘装置、高压喷雾降尘装置等减尘、降尘、捕尘综合防尘措施，锚喷作业创新喷浆机联动喷雾系统、引进湿式喷浆机。锚喷作业点下风向100米范围内设置有2道自动控制风流净化水幕。

采掘工作面、掘进工作面回风巷安装自动控制＋双向手动控制全断面净化水幕，实现除尘、行人两不误。

井下煤仓放煤口、溜煤眼放煤口安设有喷雾装置或者除尘器,作业时进行喷雾降尘或者用除尘器除尘。煤仓放煤口、溜煤眼放煤口采用喷雾降尘时,喷雾压力不得低于8兆帕。

井下转载点采用喷雾降尘(喷雾压力大于0.7兆帕)。落差超过0.5米的转载点均安装有导向板。装煤点下风侧15米处均设有自动控制风流净化水幕。运输巷道内安装自动控制+双向手动控制全断面净化水幕。

地面带式输送机走廊、主井卸载仓工人作业处均安设有除尘器,作业时利用除尘器除尘。

定期对铲车、大货车、汽车等司机操作室进行检查,确保其密闭性。铲车装车前,对煤(矸石)洒水,卸煤(矸石)时喷雾降尘,装卸煤炭前用水润湿煤层,煤炭外运时采取密闭运输。

对运输路面经常清理浮尘、洒水,加强维护,保持路面平整。

每天定期组织保洁员、清洁车对工业广场、厂区主干道路、煤场进行清扫,利用洒水车进行洒水降尘,防止二次扬尘。

煤场建筑物高处安有洒水喷雾喷头定期洒水抑尘,煤场四周设有抑尘网。

个人防护作业人员工作期间佩戴防尘口罩,做好自我防护。

2. 煤矿技术进步

2005年,陈四楼煤矿煤尘具弱爆炸危险性,按要求在进风侧安装隔爆水棚。

2007年,陈四楼煤矿推广应用汽水喷雾装置,改善喷雾降尘效果。

2014年初,陈四楼煤矿推广应用采煤工作面尘源跟踪喷雾降尘系统,随采煤机而移动,自动打开采煤机下风侧10米内支架喷雾装置,全尘捕尘率93%,呼吸性粉尘捕尘率达60%。7月,首次推广使用采煤机高压外喷雾降尘技术。8月,在转载点引进密闭自动喷雾及封闭降尘,首次推广使用工作面可调式控风抽尘净化系统,首次推广使用粉尘浓度超限自动喷雾降尘,首次推广炮掘工作面高压喷雾降尘等技术。

2016年,在采掘工作面安装粉尘传感器自动监控系统,实行粉尘浓度超标自动报警并开启全断面喷雾装置。

2017年,依托机械化、智能化岩巷掘进装备(掘装一体机、挖装机、侧装机配后巷皮带自动装车系统),应用全断面高压喷雾、红外线自动喷雾、喷浆机自动喷雾、湿式喷浆机等降除尘装置,提高单进水平同时提升综合防尘效果,减少出勤人数和作业人员接尘时长。

2019年,推广应用岩石综掘机配高效除尘风机,除尘效率达95%;6月,陈四楼煤矿推广应用PS6I-J型湿式喷浆机,提升了综合防尘效果。

3. 选煤厂防治措施

(1) 选购的破碎机等设备是密闭运行的;

(2) 在振动筛、分级筛等设备在运行过程中为了减少产尘量,在设备上面覆盖防尘布或设置喷雾装置;

(3) 原煤、成品煤带式输送机栈桥内,采用屋顶风机进行落煤点强化除尘,将煤尘排出室外;

(4) 在各转载点和转载皮带设置除尘器和防尘喷雾喷头，落煤处加设橡胶挡板或导煤槽的前段设置橡皮挡帘；

(5) 输煤栈桥和主厂房设洒水清扫装置，及时清扫地面，防止粉尘二次飞扬；

(6) 维修焊接点采用自然通风与工业局扇相结合的方式通风除尘。

4. 选煤厂技术进步

2014 年，在选煤厂原煤厂房、主厂房五楼、六楼，块煤仓安装了 5 台山东新阳光生产的湿式除尘风机。

2015 年开始，选煤厂对刮板机全封闭管理，铺设防护网，防护网上铺设阻尘带或阻尘板，实现封闭管理，从源头上减少煤尘产生。

2018—2019 年，环保硬性规定各单位煤棚、砂石料棚、原矿大棚、矸石棚等物料密闭大棚，物料大棚内均安装喷淋设施降尘。

2019 年 7 月，选煤厂对原煤系统 101、111、109、112、301 五条皮带使用“三防布”封闭作业。

2021 年，在原煤厂房安装 1 台 LOM-860 型袋式除尘器，每小时处理风量约 45 000 立方米。

（二）噪声

1. 煤矿防治措施

煤矿噪声源于主/副井绞车房、压风机房、锅炉房、通风机房、破碎机、跳汰机、筛分机、注浆站、水处理站、瓦斯抽采泵站、井下局部通风机、中央泵房、乳化液泵、采煤机、综掘机等宽频带固定噪声源。一般设备自身带有降噪、隔噪、消噪措施或辅助装置。空气压缩机、通风机、锅炉鼓风机安装消声器降噪，扇风机外壳配消音器，主副井绞车房及锅炉房高噪声设备集中布置并安装隔音罩、消声器和设置减振基础垫降噪，主副井绞车房、锅炉房、压风机房、通风机房操作间设隔音间、主煤流转载点设隔音操作间等措施降噪。

近年来煤矿井下“四化”水平进步，降噪措施同步跟进。液压掘锚一体机替代风动凿岩机、降噪局扇淘汰高噪声局扇、主要水泵房、主变电所、主煤流系统、抽放泵站、主通风机房、主压风机房等实现无人值守和地面远距离集中控制、主扇风机更换为高效消音装置、压风机包箱隔离、主扇风机房和压风机房等控制室设置隔音值班室。操作人员佩戴防噪耳塞或防噪耳罩做好个人防护。

2. 煤矿技术进步

2010 年开始，陈四楼煤矿自动化集控改造，中央泵房、变电所、采区泵房、变电所、采区强力皮带、地面压风机房等地点实现无人值守，定期巡视，减少职工噪声接触时间。井下中央泵房、地面主、副井、风井主通风机机房、地面压风机房设置隔音操作间。

2013 年 5 月，陈四楼煤矿地面空压机房降噪改造，在空压机出风口加装出风消声器，进风口加装隔声百叶窗，风管隔声包扎。空压机三面安装 U 形隔吸声屏障。机房门窗和值班室门窗更换为隔声门、隔声窗。改造后，空压机隔声罩外 1 米处噪声级小于等于 81 分贝，室外噪声小于等于 70 分贝，值班室内降低到小于等于 65 分贝。

2018年7—10月,陈四楼煤矿对南、北风井降噪技改工程;主、副井提升机电机改造成变频电机并设操作隔音间;压风机改造成变频电机并安装隔音装置;锅炉房内水源热泵机组选用变频电机并安装隔音装置;南、北风井主通风机和压风机房采用变频控制,机房墙体及门窗安装吸音、隔音材料,机房外安装声屏障。改造后噪声均在85分贝以下,符合《工业企业厂界环境噪声排放标准》二类声功能区厂界噪声要求。

2018—2021年,持续推进降噪、隔噪、消噪措施或辅助装置。

3. 选煤厂防治措施

(1) 厂区总平面设计中,充分考虑地形、声源方向性及车间噪声强弱,在厂区四周、高噪声车间周围、厂区道路两侧种植灌木、乔木和林带绿化,利用建筑物、绿化植物等对噪声的屏蔽、吸纳作用,进行合理布局,以起到降低噪声的作用。

(2) 选煤厂选用低噪声设备如空气压缩机等设备。

(3) 洗选车间房高噪声设备较多,从工艺布置上,将高噪声泵类尽量集中布置在厂房底层,并设置减振基础,减少噪声向外传递;对高噪声设备如鼓风机、渣浆泵、冷却泵等进行单独布置,并对其进行隔声、消声来降低噪声源。

(4) 分级筛、离心机等设备基础选用高隔振系数材料的减振垫或采用钢弹簧与橡胶复合串联式隔振结构,减少向楼板等支撑结构传振。

(5) 溜槽尽量减小落差,采用圆弧过渡、内衬高分子耐磨板等措施减轻物料的冲击。

(6) 洗选车间、车间办公室房内墙壁做吸声处理、安装隔声门窗;在车间各定岗值班室都安装隔声门窗。

各接噪单位定期发放耳塞耳罩等个体防护用品,定期职业健康体检,及时发现并妥善安置存在职业禁忌证者,加强后续跟踪诊疗工作。

4. 选煤厂技术进步

2009年,选煤厂原煤车间手选岗实行轮换制,每工作1小时轮换休息,避免员工长时间处于强噪声条件下作业。

2013年,选煤厂推行走动式管理,定时巡视岗位安全,减少职工在职业危害因素较多岗位停留时间。

(三) 有毒有害气体及其他

1. 煤矿

有毒有害气体来源于采空区、作业爆破废气、煤岩层共生或构造改造形成瓦斯、二氧化碳、二氧化硫等。采取密闭回采结束工作面和采区采空区防治采空区有毒有害气体;井下爆破后,加强通风管理排除炮烟;在线实时监测采掘工作面瓦斯、二氧化碳、一氧化氮、氨气、二氧化硫、硫化氢等有毒有害气体等措施,保证井下作业人员安全。

2. 选煤厂

选煤厂煤仓上口安装瓦斯、二氧化碳等在线监测监控探头防止瓦斯积聚;选煤厂放射性源于核子称、灰分仪,在放射源四周采用铅桶防护,安装摄像装置实时监测监控,设立辐射专职管理人员。作业人员配备铅衣、铅手套、个人剂量单元,定期检测,强化废源管理,逐源建立管理台账等措施防止核辐射。

四、职业病危害因素年度检测及评价

2010 年 4 月，根据《煤矿作业场所职业危害防治规定(试行)》规定，每年应对作业场所职业病危害因素进行一次检测评价；委托永城市疾病预防控制中心对全矿作业场所职业病危害因素进行了检测评价，并对不达标的作业场所进行了整改，改善了作业环境，进一步提升矿井职业病防治水平。

2011 年 4 月，委托永城市疾病预防控制中心对全矿作业场所职业病危害因素进行了一次检测评价，为作业人员提供良好作业环境。

2012 年，根据《煤矿作业场所职业危害防治规定(试行)》规定，4 月委托永城市疾病预防控制中心对全矿作业场所职业病危害因素进行了一次检测评价，9 月对作业场所粉尘分散度、粉尘中游离二氧化硅含量进行了一次测定，监测率为 100%。

2013 年，根据《煤矿作业场所职业危害防治规定(试行)》中每三年对作业场所职业病危害因素进行一次现状评价的规定，4 月委托永城市疾病预防控制中心对全矿作业场所职业病危害因素进行了现状评价，9 月对作业场所粉尘分散度、粉尘中游离二氧化硅含量进行了一次测定，检测率为 100%。

2014 年，按照《中华人民共和国职业病防治法》《煤矿作业场所职业危害防治规定(试行)》等有关规定，委托具有资质的职业卫生技术服务机构对作业场所进行职业病危害因素检测和职业病危害现状评价，陈四楼煤矿根据《河南煤矿职业卫生技术服务机构名单》委托河南金友安全评价科技有限公司，3 月对全矿作业场所职业病危害因素再次进行了现状评价，9 月对作业场所粉尘分散度、粉尘中游离二氧化硅含量进行了一次测定，监测率为 100%，并对不达标的作业场所进行了设备整改和系统整改，更进一步改善了生产作业环境和条件，提高职业安全健康水平。

2015 年，按照《河南煤矿职业卫生技术服务机构名单》委托河南金友安全评价科技有限公司，3 月对全矿作业场所职业病危害因素进行了一次检测评价，9 月对作业场所粉尘分散度、粉尘中游离二氧化硅含量进行了一次测定，监测率为 100%。

2016 年，严格《煤矿作业场所职业危害防治规定》等有关规定，委托具有资质的职业卫生技术服务机构河南金友安全评价科技有限公司，3 月对全矿作业场所职业病危害因素进行了一次检测评价，9 月对作业场所粉尘分散度、粉尘中游离二氧化硅含量进行了一次测定，检测率为 100%。

2017 年，按照《煤矿作业场所职业危害防治规定》中每三年对作业场所职业病危害因素进行一次现状评价的规定，3 月委托河南金友安全评价科技有限公司对全矿作业场所职业病危害因素全面进行了现状评价，9 月对作业场所粉尘分散度、粉尘中游离二氧化硅含量进行了一次测定，当年并对新增工作面也进行了测定，监测率为 100%。

2018 年，严格《煤矿作业场所职业危害防治规定》等有关规定，委托具有资质的职业卫生技术服务机构河南金友安全评价科技有限公司，2 月对全矿作业场所职业病危害因素进行了一次检测评价，7 月对作业场所粉尘分散度、粉尘中游离二氧化硅含量进行了一次测定,并对新增工作面也进行了测定,监测率为100%。

2019年,按照《煤矿作业场所职业危害防治规定》,1月、7月分别委托具有资质的职业卫生技术服务机构,对作业场所进行职业病危害因素及粉尘分散度、粉尘中游离二氧化硅含量进行了检测、评价和测定,对工作场所职业危害因素强度、浓度超出国家职业卫生标准的,及时制定整改治理措施,使其达到相应的标准和要求;并在职业病防治方面采用新技术、新设备、不断优化生产工艺,为员工提供了符合国家职业卫生标准和卫生要求的工作环境和条件。

2020年,根据《中华人民共和国职业病防治法煤矿作业场所职业危害防治规定》等有关规定中每三年对作业场所职业病危害因素进行一次现状评价的规定,1月委托河南金友安全评价科技有限公司对全矿作业场所职业病危害因素全面进行了现状评价,7月对作业场所粉尘分散度、粉尘中游离二氧化硅含量分别进行了一次测定,检测率为100%,为作业人员提供良好的工作环境。

2021年,矿、厂合并,根据《中华人民共和国职业病防治法》《煤矿作业场所职业危害防治规定》等有关规定,委托具有资质的职业卫生技术服务机构河南金友安全评价科技有限公司,1月对全矿作业场所职业病危害因素进行了一次检测评价,对检测结果不达标的作业场所,制定了相应的整改措施,达到了以检测促防治的目的;并对选煤厂放射工作场所放射防护进行了检测,以及对个人辐射剂量每季度进行一次检测;分别于4月和10月对作业场所粉尘分散度、粉尘中游离二氧化硅含量进行了一次测定,当年并对新增工作面、变更工作面也进行了测定,监测率为100%,为作业人员提供良好的工作环境,保障了职工的身体健康,促进了煤矿安全生产持续、稳定、健康发展。

五、职业健康监护

2005年11月,陈四楼煤矿委托河南省职业病防治研究所(河南省职业病医院)为接触粉尘作业人员进行了职业健康体检,体检人数903人。

2006年,根据《中华人民共和国职业病防治法》规定,对接触职业危害的职工每2年进行一次职业健康体检,11月委托永煤集团总医院为接触粉尘作业人员进行了职业健康体检,体检人数1 514人,体检率100%。

2008年11月,委托永煤集团总医院为接触粉尘作业人员进行了职业健康体检,体检人数1 732人,体检率100%。

2010年,因作业人员接触作业场所的危害种类不同,体检周期1～2年不等,按照《职业健康监护技术规范》(GBZ 188—2007)检查项目,对接触职业病危害作业人员职业健康体检周期由2年更改为每年1次;8月委托永煤集团总医院为接触职业病危害作业人员进行了职业健康体检,体检人数3 194人,体检率100%。

2011年10月,委托永煤集团总医院为接触职业病危害作业人员进行了职业健康体检,体检人数3 701人,体检率100%。并按照《煤矿作业场所职业危害防治规定(试行)》《用人单位职业健康监护监督管理办法》等文件规定,为全矿作业人员建立了职业健康监护档案,按照规定的期限进行妥善保存,做到了每人一档,档案符合要求、管理有序,并且档案记载了个人历年来的职业健康检查结果，能够对每位员工的健康情况进行跟踪管理，对患病和职业禁忌人员进行调岗和档案记录，保证了员工的身体健康，有效防止了职业病的发生。

2012 年，陈四楼煤矿坚持“预防为主，防治结合”的工作方针，在《职业健康监护技术规范》(GBZ 188—2007)规定的职业检查项目基础上，增加了部分健康体检项目，保障了员工身体健康，防止了职业病发生；12 月委托永煤集团总医院为接触职业病危害作业人员进行了职业健康体检，体检人数 2 639 人，体检率 100%。

2013 年 11 月，委托永煤集团总医院为接触职业病危害作业人员进行了职业健康体检，体检人数 2 756 人，体检率 100%。

2014 年，按照《职业健康监护技术规范》(GBZ 188—2014)规定，8 月委托永煤集团总医院为接触职业病危害作业人员进行了职业健康体检，体检人数 3 023 人，体检率 100%。对个别患有疾病不适宜本岗位工作的员工进行调岗，有效预防了职业病的发生。

2015 年，根据历年来员工健康体检结果研究分析，陈四楼煤矿员工中常见病主要存在有高血压、心脏异常、高血糖、高血脂、肝功能异常等，大部分员工对常见疾病的危害和预防知识不够了解、不够重视，导致常见疾病不能有效地得到预防和控制，久而久之会危及个人身体健康；3 月和 9 月委托永煤集团总医院分别为接触职业病危害作业的男、女职工做职业健康体检时，在《职业健康监护技术规范》(GBZ 188—2014)规定的体检项目基础上，再次增加了健康体检筛查项目，对常见疾病进行了普查，并将检查结果通过咨询医院专家、收集资料等方式，汇编制作了《常见病疾病的危害和预防手册》发至每位员工，使员工了解和掌握了常见疾病的危害和预防知识，避免了常见疾病给企业和个人带来的危害，提高了工作效率，同时防止了职业病发生。

2016 年，陈四楼煤矿为切实保护员工健康权益，防止职业病的发生，一如既往按照《职业健康监护技术规范》(GBZ 188—2014)规定的体检项目，及在其基础上增加了健康体检项目为员工进行职业健康体检，3 月和 8 月委托永煤集团总医院分别为接触职业病危害作业的男、女职工进行了职业健康体检，体检人数 2 670 人，体检率 100%。

2017 年，按照《职业健康监护技术规范》(GBZ 188—2014)规定，3 月和 8 月委托永煤集团总医院分别为接触职业病危害作业的男、女职工进行了职业健康体检，体检人数 2 764 人，体检率 100%。

2018 年，陈四楼煤矿坚持“以人为本、预防为主”的工作方针，在《职业健康监护技术规范》(GBZ 188—2014)规定的体检项目和原增加的健康体检项目基础上，再次结合永煤集团总医院增加了体检项目，3 月和 8 月分别为接触职业病危害作业的男、女职工进行了职业健康体检，体检人数 2 790 人，体检结果以发放个人体检报告单形式进行了书面告知；本年度高千伏 X 射线胸片检查异常人员 1 人(肺部少许散在小阴影)，经河南省职业病防治研究院复查后于 2018 年 10 月 15 日出具了编号为“省职防院职诊字第 101815 号”的职业病诊断证明书，诊断结论为：职业性煤工尘肺一期，2018 年 11 月 4 日接到职业病诊断证明书后及时向河南省工伤中心进行了工伤认定申报。截至目前新发生职业病 1 人，累计发生职业病 1 人。

2019 年，按照《职业健康监护技术规范》(GBZ 188—2014)规定，3 月和 8 月委托永煤集团总医院分别为接触职业病危害作业的男、女职工进行了职业健康体检,体检人数 2 749 人,体检结果以发放个人体检报告单形式进行了书面告知;对患病和患有职业禁忌人员及时进行调岗,不定期梳理个人监护档案,动态掌握员工健康状况,从而达到了员工身体健康和矿井稳定的效果。

2020 年,因受疫情影响,分别于 6 月和 8 月,按照《职业健康监护技术规范》(GBZ 188—2014)规定的周期和项目,委托永煤集团总医院分别为接触职业病危害作业的男、女职工进行了职业健康体检,体检人数 2 657 人,体检结果以发放个人体检报告单形式进行了书面告知,并对体检期间不在矿人员返矿后进行了职业健康补检。

2021 年,认真贯彻执行《中华人民共和国职业病防治法》《煤矿作业场所职业危害防治规定》等文件规定,坚持"预防为主,防治结合"的工作方针,认真落实职业病防治的有关规定,保障职工身体健康,分别于 3 月和 8 月,按照《职业健康监护技术规范》(GBZ 188—2014)规定的周期和项目,委托永煤集团总医院分别为接触职业病危害作业的男、女职工进行了职业健康体检,体检人数 2 457 人,体检结果以发放个人体检报告单形式进行了书面告知;对常见疾病体检结果综合分析较为异常人员结合矿职工医院,每 3 个月为常见疾病较为异常人员进行一次健康干预,跟踪关注异常人员身体状况,正确引导预防和控制常见疾病创造良好的工作氛围,降低常见疾病给企业带来的潜在风险。

陈四楼煤矿历年职业健康体检情况见表 5-5-1。

表 5-5-1　陈四楼煤矿历年职业健康体检人次表

年份	类别	体检/人次	体检单位	备注
2005 年	职业	903	河南省职业病防治研究所(河南省职业病医院)	
2006 年	职业	1 514	永煤集团总医院	
2008 年	职业	1 732	永煤集团总医院	
2009 年	职业	4 201	永煤集团总医院	
2010 年	职业	3 194	永煤集团总医院	
2011 年	职业	3 701	永煤集团总医院	
2012 年	职业	2 639	永煤集团总医院	
2013 年	职业	2 756	永煤集团总医院	
2014 年	职业	3 023	永煤集团总医院	
2015 年	职业	2 790	永煤集团总医院	
2016 年	职业	2 670	永煤集团总医院	
2017 年	职业	2 764	永煤集团总医院	
2018 年	职业	2 790	永煤集团总医院	
2019 年	职业	2 749	永煤集团总医院	
2020 年	职业	2 657	永煤集团总医院	
2021 年	职业	2 457	永煤集团总医院	

六、职业病诊断与治疗

2018年度，高千伏X射线胸片检查异常人员1人(肺部少许散在小阴影)，经河南省职业病防治研究院复查后于2018年10月15日出具了编号为“省职防院职诊字第101815号”的职业病诊断证明书，诊断结论为：职业性煤工尘肺一期，2018年11月4日接到职业病诊断证明书后及时向河南省工伤中心进行了工伤认定申报，确诊的职业病人均按照国家法律、法规要求妥善安置。截至2021年，新发生职业病1人，累计发生职业病1人。

七、作业场所职业病危害因素检测

2010年，根据《煤矿作业场所职业危害防治规定(试行)》规定，每年应对作业场所职业病危害因素进行一次检测评价；4月委托永城市疾病预防控制中心对全矿作业场所职业病危害因素进行了检测评价，并对不达标的作业场所进行了整改，改善了作业环境，进一步提升矿井职业病防治水平。

2011年4月，委托永城市疾病预防控制中心对全矿作业场所职业病危害因素进行了一次检测评价，为作业人员提供良好作业环境。

2012年，根据《煤矿作业场所职业危害防治规定(试行)》规定，4月委托永城市疾病预防控制中心对全矿作业场所职业病危害因素进行了一次检测评价，9月对作业场所粉尘分散度、粉尘中游离二氧化硅含量进行了一次测定，监测率为100%。

2013年，根据《煤矿作业场所职业危害防治规定(试行)》中每三年对作业场所职业病危害因素进行一次现状评价的规定，4月委托永城市疾病预防控制中心对全矿作业场所职业病危害因素进行了现状评价，9月对作业场所粉尘分散度、粉尘中游离二氧化硅含量进行了一次测定，检测率为100%。

2014年，按照《中华人民共和国职业病防治法》《煤矿作业场所职业危害防治规定(试行)》等有关规定，委托具有资质的职业卫生技术服务机构对作业场所进行职业病危害因素检测和职业病危害现状评价，陈四楼煤矿根据《河南煤矿职业卫生技术服务机构名单》委托河南金友安全评价科技有限公司，3月对全矿作业场所职业病危害因素再次进行了现状评价，9月对作业场所粉尘分散度、粉尘中游离二氧化硅含量进行了一次测定，监测率为100%，并对不达标的作业场所进行了设备整改和系统整改，更进一步改善了生产作业环境和条件，提高职业安全健康水平。

2015年，按照《河南煤矿职业卫生技术服务机构名单》委托河南金友安全评价科技有限公司，3月对全矿作业场所职业病危害因素进行了一次检测评价，9月对作业场所粉尘分散度、粉尘中游离二氧化硅含量进行了一次测定，监测率为100%。

2016年，严格《煤矿作业场所职业危害防治规定》等有关规定，委托具有资质的职业卫生技术服务机构河南金友安全评价科技有限公司，3月对全矿作业场所职业病危害因素进行了一次检测评价，9月对作业场所粉尘分散度、粉尘中游离二氧化硅含量进行了一次测定，检测率为100%。

2017年，按照《煤矿作业场所职业危害防治规定》中每三年对作业场所职业病危害因素进行一次现状评价的规定,3月委托河南金友安全评价科技有限公司对全矿作业场所职业病危害因素全面进行了现状评价,9月对作业场所粉尘分散度、粉尘中游离二氧化硅含量进行了一次测定,当年并对新增工作面也进行了测定,监测率为100%。

2018年,严格《煤矿作业场所职业危害防治规定》等有关规定,委托具有资质的职业卫生技术服务机构河南金友安全评价科技有限公司,2月对全矿作业场所职业病危害因素进行了一次检测评价,7月对作业场所粉尘分散度、粉尘中游离二氧化硅含量进行了一次测定,并对新增工作面也进行了测定,监测率为100%。

2019年,按照《煤矿作业场所职业危害防治规定》,1月、7月分别委托具有资质的职业卫生技术服务机构,对作业场所进行职业病危害因素及粉尘分散度、粉尘中游离二氧化硅含量进行了检测、评价和测定,对工作场所职业危害因素强度、浓度超出国家职业卫生标准的,及时制定整改治理措施,使其达到相应的标准和要求;并在职业病防治方面采用新技术、新设备、不断优化生产工艺,为员工提供了符合国家职业卫生标准和卫生要求的工作环境和条件。

2020年,根据《中华人民共和国职业病防治法》《煤矿作业场所职业危害防治规定》等有关规定中每三年对作业场所职业病危害因素进行一次现状评价的规定,1月委托河南金友安全评价科技有限公司对全矿作业场所职业病危害因素全面进行了现状评价,7月对作业场所粉尘分散度、粉尘中游离二氧化硅含量分别进行了一次测定,监测率为100%,为作业人员提供良好的工作环境。

2021年,矿、厂合并,根据《中华人民共和国职业病防治法》《煤矿作业场所职业危害防治规定》等有关规定,委托具有资质的职业卫生技术服务机构河南金友安全评价科技有限公司,1月对全矿作业场所职业病危害因素进行了一次检测评价,对检测结果不达标的作业场所,制定了相应的整改措施,达到了以检测促防治的目的;并对选煤厂放射工作场所放射防护进行了检测,以及对个人辐射剂量每季度进行一次检测;分别于4月和10月对作业场所粉尘分散度、粉尘中游离二氧化硅含量进行了一次测定,当年并对新增工作面、变更工作面也进行了测定,监测率为100%,为作业人员提供良好的工作环境,保障了职工的身体健康,促进了煤矿安全生产持续、稳定、健康发展。

八、职业卫生监督

为认真贯彻落实《职业病防治法》《煤矿作业场所职业病防治规定》《煤矿安全生产标准化基本要求及评分方法(试行)》等文件要求,陈四楼煤矿成立后,设立了以工会主席为组长的劳动保护工作领导小组,加强对劳动保护工作的领导,并在工会成立了负责劳动保护管理和监督检查的专门机构。基层各区队也相应成立了劳动保护工作领导小组,并在班组配备了劳动保护监察员,为工会劳动保护工作的开展奠定了组织基础。

2017年3月,制定下发陈四楼煤矿职业病防治工作监督管理办法,工会办每月开展一次监督检查,督促职工做好职业健康和劳动保护工作。

2017年6月12日,为进一步普及职业病防治知识,提高员工自我防护意识和能力,工会办组织人员在副井口开展“健康中国、职业健康先行”主题有奖竞答活动。

2018 年 4 月，为营造浓厚的职业病防治氛围，工会办组织群监员、协管员“进区队、进班组”宣传活动，进一步普及职业病防治法。

2020 年 4 月 27—28 日，矿党委宣传部、工会办、安检科、培训科组织党员、青岗员、群监员、协管员进区队、进班组。

2021 年，开展《职业病防治法》警示教育活动，组织观看职业病警示教育片，讲解职业病防治法相关内容，增强防范意识，提高防护能力。

九、职业卫生成绩

（一）管理软件

2017 年，永煤集团与广州略达软件公司合作，共同开发职业卫生动态信息管理软件。陈四楼煤矿在职业卫生制度建设、达标规划与等级、检测报告、“三同时”档案、年度培训与体检、职业病危害申报、职业病病人统计等方面建立动态管理信息，陈四楼煤矿及上一级公司共享信息，实行动态查询、考核，目前该软件运行良好。

（二）示范矿井建设

2014 年 9 月，陈四楼煤矿取得中国煤炭工业协会联合认证（北京）中心管理体系认证证书：职业健康安全管理体系认证证书（证书编号：15714S20014ROL），证明陈四楼煤矿建立的职业健康安全管理体系符合 GB/T 28001—2011《职业健康安全管理体系 要求》。

2017 年 9 月至 2018 年年底，河南省煤管办在全省煤矿和选煤厂开展职业卫生等级对标建设。2017 年 12 月，河南省煤管办印发《河南省煤炭工业管理办公室关于确认河南省煤炭职业卫生等级对标评价一级、二级企业（第一批）的通知》，陈四楼煤矿被评为河南省煤炭职业卫生一级企业。

2018 年 8 月，河南省煤管办印发《河南省煤炭工业管理办公室关于确认河南省煤炭职业卫生等级对标达标企业（第二批）的通知》，陈四楼选煤厂被评为河南省煤炭职业卫生一级企业。

2020 年 12 月，河南省安全生产和职业健康协会《关于拟命名 2020 河南省职业健康管理示范企业的公示》，陈四楼煤矿为 2020 年河南省职业健康管理示范企业。

中国·河南煤炭名矿志系列

陈四楼煤矿志

(1984—2021)

下卷

CHENSILOU MEIKUANG ZHI

ZHONGGUO · HENAN MEITAN MINGKUANG ZHI XILIE

《陈四楼煤矿志》编纂委员会 编

中国矿业大学出版社

·徐州·

第六篇

煤炭洗选

陈四楼选煤厂是一座大型现代化矿井型无烟煤选煤厂，厂址位于永城市陈集镇西南，全厂共有正式职工264人，中高级职称16人，中层以上管理人员20名，技术工人占员工总数的24%。

1989年2月，陈四楼选煤厂与陈四楼煤矿同步设计。选煤厂原设计处理能力为240万吨/年，1997年11月6日投产，经多次改造后，2007年至2021年年底处理能力达到450万吨/年。主要洗选工艺为跳汰—浮选联合工艺流程，原煤既可分级部分入洗，也可全部混合入洗，煤泥既可直接浓缩压滤，也可经浮选处理后尾煤压滤回收和干燥配煤，实现了洗水闭路循环。洗选品种有：末精煤、洗中块、洗小块、洗粒煤、筛末煤、煤泥及沸腾煤等，主要用于冶金、电力、化工、造气、民用等行业。其中末精煤、筛末煤取得“出口煤许可证”，被中国质量检验协会授予“质量合格好产品”称号，产品远销巴西、东南亚和华东沿海等国家和地区。

第一章　机构与制度

第一节　机构沿革

1992 年 7 月 1 日，陈四楼选煤厂开工建设。

1995 年 5 月，陈四楼选煤厂建设竣工。

1997 年 7 月 2 日，成立陈四楼选煤厂。

1997 年 11 月 5 日，陈四楼选煤厂建成投产。

1998 年 2 月 5 日，设立陈四楼选煤厂党支部，隶属陈四楼煤矿党委管理。

2001 年 7 月 1 日，永煤生字〔2001〕115 号文件关于下达《集团公司生产矿井与选煤厂分开管理方案》的通知，决定生产矿井与选煤厂实行分开管理，陈四楼选煤厂独立核算。

2002 年 3 月 10 日，陈四楼选煤厂更名为永城煤电（集团）有限责任公司陈四楼选煤厂。

2003 年 4 月 10 日，撤销陈四楼选煤厂党支部，更名为陈四楼选煤厂党总支，隶属永煤公司党委管理。2003 年 6 月 24 日，成立机关党支部、生产车间党支部。

2003 年 8 月 4 日，成立共青团陈四楼选煤厂总支委员会。

2003 年 12 月 11 日，成立中共永城煤电（集团）公司陈四楼选煤厂纪律检查委员会。

2004 年 3 月 6 日，陈四楼选煤厂更名为河南龙宇能源股份有限公司陈四楼选煤厂。

2006 年 1 月 16 日，成立洗煤车间和浮选车间。

2006 年 2 月 6 日，撤销陈四楼选煤厂党总支更名为陈四楼选煤厂党委，隶属永煤公司党委管理。

2006 年 9 月 24 日，成立共青团永城煤电集团陈四楼选煤厂委员会。

2006 年 9 月 24 日，成立煤质技术科。

2007 年 9 月 18 日，成立供应科。

2008 年 8 月 10 日，成立安检科。

2015 年 2 月 24 日，将原煤车间、洗煤车间、浮选车间合并成立洗选车间；机电科、机电车间、原煤车间、洗煤车间、浮选车间、装车车间的机电班组优化合并成立机电管理中心。

2016 年 9 月 25 日，撤销中共永城煤电集团公司陈四楼选煤厂委员会，成立中共河南龙宇能源股份有限公司陈四楼选煤厂总支委员会。

2017 年 8 月 31 日，机电管理中心机修业务及相关人员调整到生产车间。

2018 年 8 月 31 日，成立陈四楼选煤厂党务工作部。

2020 年 10 月，撤销陈四楼选煤厂，矿厂合并，成立陈四楼煤矿选煤厂，归属陈四楼煤矿管理。

第二节 管理职能

一、管理职能

选煤厂各级管理部门认真贯彻执行国家有关安全生产的方针、政策、法律、法规;负责指导、监督、考核,选煤厂实行生产质量标准化指标实施情况,完善管理制度,定期检查;考核各项生产、技术、质量指标完成情况;组织实施本单位年度生产规划、月度生产计划,定期检查、总结各项工作完成情况,及时向有关部门汇报生产情况。同时,对选煤厂的安全及文明生产情况进行监督检查,对生产中存在的问题及时纠正或给出建议和要求,及时向上级领导汇报。各职能部门在安全生产中做好安全监督和负责好各部门主管的业务工作,完成本单位的工作目标。

二、选煤厂厂长、书记任职情况

(一)历任厂长

1997—2021年陈四楼选煤厂历任厂长情况见表6-1-1。

表6-1-1 1997—2021年陈四楼选煤厂历任厂长一览表

序号	姓名	职务	任职时间
1	张云生	厂长	1997.03—1998.05
2	陈国平	厂长	1998.06—2005.11
3	付才国	厂长	2005.11—2013.04
4	孙　乾	厂长	2013.04—2017.04
5	吴鼓勇	厂长	2017.04—2020.10
6	陈常州	厂长	2020.10—

(二)历任书记

1997—2021年陈四楼选煤厂历任党支部书记情况见表6-1-2。

表6-1-2 1997—2021年陈四楼选煤厂历任党支部书记一览表

序号	姓名	职务	任职时间
1	陈国平	党支部书记	1997.03—1998.05
2	朱　凯	党支部书记	1999.09—2003.03
3	张云生	党总支书记	2003.04—2006.07
4	付才国	党总支书记(兼)	2012.11—2013.04
5	孙　乾	党总支书记	2017.01—2017.04

表 6-1-2(续)

序号	姓名	职务	任职时间
6	吴鼓勇	党总支书记	2017.04—2020.10
7	薛占强	党总支书记	2020.10—2022.1.11

第三节 管理制度

为进一步完善选煤厂内部管理机制，推进精细化管理，提升选煤厂管理水平，按照“明确职能、健全制度、强化责任”的要求，本着“务实、简洁、完整、实用”的原则，选煤厂制定了安全、生产、机电等方面的一些主要管理制度。

一、安全管理制度

2004 年 3 月 20 日，印发《陈四楼选煤厂安全事故应急预案管理办法》；8 月 19 日，印发《陈四楼选煤厂安全目标管理制度》。

2005 年 2 月 11 日，印发《陈四楼选煤厂安全质量标准化规划实施意见》《陈四楼选煤厂质量标准化工作制度》；2 月 23 日，印发《陈四楼选煤厂安全“双基”内部市场化考核办法》。

2007 年 2 月 5 日，印发《陈四楼选煤厂安全监督检查管理制度》。

2008 年 8 月 12 日，印发《陈四楼选煤厂安全隐患排查管理办法》。

2009 年 1 月 9 日，印发《陈四楼选煤厂火工品管理制度》；3 月 21 日，印发《陈四楼选煤厂安全办公会制度》；7 月 23 日，印发《陈四楼选煤厂特种设备安全管理制度》；7 月 25 日，印发《陈四楼选煤厂生产安全事故应急救援预案》。

2010 年 3 月 12 日，印发《陈四楼选煤厂“双三”绩效考核管理制度》。

2015 年 2 月 28 日，印发《陈四楼选煤厂值班管理制度》。

2016 年 1 月 20 日，印发《陈四楼选煤厂关于做好 2016 年安全生产工作的决定》。

2017 年 2 月 14 日，印发《陈四楼选煤厂员工安全教育与培训制度》；3 月 26 日，印发《陈四楼选煤厂 2017 安全质量标准管理办法》；6 月 3 日，印发《陈四楼选煤厂加强两个安全习惯实施方案》。

2020 年 3 月 24 日，印发《陈四楼选煤厂职业病危害防治管理办法》；7 月 8 日，印发《陈四楼选煤厂安全环保处罚管理规定》。

二、机电管理制度

2003 年 3 月 12 日，印发《陈四楼选煤厂机电设备检查制度》；6 月 10 日，印发《陈四楼选煤厂机电事故追查管理制度》；11 月 15 日，印发《陈四楼选煤厂停送电管理制度》。

2004 年 7 月，印发《陈四楼选煤厂机电设备包机管理制度》《陈四楼选煤厂机电设备检修及汇报管理制度》。

2010 年 3 月 8 日，印发《陈四楼选煤厂废弃资源利用与管理办法》；4 月 22 日，印发《陈四楼选煤厂要害场所管理办法》。

2011 年 1 月 8 日，印发《陈四楼选煤厂安全用电管理制度》。

2017 年 10 月 14 日，印发《陈四楼选煤厂污水站升级改造工程施工管理办法》。

2019 年 3 月 19 日，印发《陈四楼选煤厂机电设备管理制度》。

三、生产管理制度

2003 年 2 月 12 日，印发《陈四楼选煤厂生产管理制度》；4 月 15 日，印发《陈四楼选煤厂煤质管理制度》；4 月，印发《陈四楼选煤厂煤泥水管理制度》《陈四楼选煤厂粗煤泥回收系统管理制度》《陈四楼选煤厂质检管理制度》。

2004 年 1 月 10 日，印发《陈四楼选煤厂块煤考核及管理办法》；年 8 月 7 日，印发《陈四楼选煤厂粗精煤回收筛管理办法》。

2005 年 8 月 7 日，印发《陈四楼选煤厂质量标准化工作达标奖罚制度》。

2007 年 3 月 10 日，印发《陈四楼选煤厂环境保护管理实施细则》。

2009 年 7 月 27 日，印发《陈四楼选煤厂水洗块矸带煤率抽检办法》。

2011 年 3 月 25 日，印发《陈四楼选煤厂 2011 年度“双三”绩效开合办法》；5 月 12 日，印发《陈四楼选煤厂 2011 年煤炭产品结构优化调整实施方案》；3 月 12 日，印发《陈四楼选煤厂节能减排管理办法》。

2012 年 3 月 13 日，印发《陈四楼选煤厂创新绩效考核办法》。

2014 年 4 月 4 日，印发《陈四楼选煤厂 2014 年煤质管理办法》。

2017 年 2 月 23 日，印发《陈四楼选煤厂 2017 灾害预防和处理计划》；6 月 26 日，印发《陈四楼选煤厂 2017 年度“双三”绩效考核办法》。

2019 年 2 月 25 日，印发《陈四楼选煤厂安全生产标准化管理办法》。

2020 年 3 月 5 日，印发《陈四楼选煤厂 2020 年安全生产“双基”建设工作标准及考核办法》；9 月 14 日，印发《陈四楼选煤厂狠抓增收节支强推增盈提效工作方案》。

第四节　岗位人员配置

一、选煤厂职工队伍变化情况

陈四楼选煤厂于 1997 年 11 月 6 日正式投产。为满足生产需要，各生产车间分为 3 班生产，相应机构在生产过程中进一步健全。从 2001 年 7 月 1 日陈四楼选煤厂独立核算到 2006 年，相继成立洗煤车间、浮选车间，共形成原煤车间、装车车间、机电车间、洗煤车间、浮选车间等五大车间。职工队伍随着矿井产量提升也不断壮大。2000—2021 年陈四楼选煤厂职工队伍情况见表 6-1-3。

表 6-1-3　2000—2021 年陈四楼选煤厂职工队伍情况表

年份	年初人数	年末人数	增加人员	减少人员
2000		360		
2001	360	398	38	
2002	398	450	52	
2003	450	448		2
2004	448	487	39	
2005	487	485		2
2006	485	486	1	
2007	486	441		45
2008	441	456	15	
2009	456	439		17
2010	439	448	9	
年份	年初人数	年末人数	增加人员	减少人员
2011	448	462	14	
2012	462	423		39
2013	423	409		14
2014	409	350		59
2015	350	315		35
2016	315	280		35
2017	280	286	6	
2018	286	266		20
2019	266	264		2
2020	264	258		64
2021	200	196		4

二、选煤厂生产岗位人员配置

2003—2015 年陈四楼选煤厂生产岗位配置情况见表 6-1-4。

表 6-1-4　2003—2015 年陈四楼选煤厂生产岗位配置表

序号	单位	岗位名称	人员配置	序号	单位	岗位名称	人员配置
1	原煤车间	主任	1	28	装车车间	主任	1
2		副主任	1	29		副主任	1
3		工会主席	1	30		工会主席	1
4		核算员	1	31		核算员	1
5		一班	21	32		一班	14
6		二班	21	33		二班	14
7		三班	21	34		三班	14
8		机修班	11	35		机修班	6
9	合计		78	36	合计		52
10	选煤车间	主任	1	37	机电车间	主任	1
11		副主任	1	38		副主任	1
12		工会主席	1	39		工会主席	1
13		核算员	1	40		核算员	1
14		一班	24	41		电工	26
15		二班	24	42	合计		30
16		三班	24	43	车队	队长	1
17		机修班	14	44		货车司机	2
18	合计		90	45		铲车司机	6
19	浮选车间	主任	1	46	合计		9
20		副主任	1	47	调度室	主任	1
21		工会主席	1	48		班长	1
22		核算员	1	49		核算员	1
23		一班	22	50		一班	2
24		二班	22	51		二班	2
25		三班	22	52		三班	2
26		机修班	12	53	合计		9
27	合计		82	54	总合计		350

2015 年 2 月 24 日，将原煤车间、洗煤车间、浮选车间合并成立洗选车间；机电科、机电车间、原煤车间、洗煤车间、浮选车间、装车车间的机电班组优化合并成立机电管理中心。合并后的人数 315 人。2016—2019 年，由于车间合并，车间管理人员压减及减员增效，截至 2020 年 8 月选煤厂在册职工 264 人。

2020 年 10 月，选煤厂归属陈四楼煤矿管理，截至 2021 年年末，选煤厂总人数 196 人。

第二章　设备与工艺技术管理

选煤厂在洗煤前，用筛分机和破碎机把井下提出原煤进行筛分和破碎，除去原煤中的一些杂物，将大块煤破碎成适合入洗的规则粒度大小。生产流程主要分为原煤准备、选煤、浮选、脱水、储装运。在洗煤过程中，利用煤的特性用跳汰设备将原煤中的矸石、杂质剔除。同时，把不同质量、规格的煤炭产品进行加工，以适应不同用户的需求。通常情况下选煤厂设备包括破碎机、筛分机、分级设备、浮选设备、跳汰设备、浓缩设备、过滤设备、离心脱水设备、给料设备、输送设备、浆体泵设备等。

主要产品：洗中块、洗小块、洗粒煤、洗精煤、末原煤以及一些副产品处理好装进储煤仓中，按照客户的需求装车运输，以便有效合理地利用煤炭、节约用煤。

第一节　设备与工艺

一、选煤设备

洗选设备分为：筛分、破碎、分选、脱水、浓缩、运输和装卸等。陈四楼选煤厂主要设备参数及特性见表 6-2-1。

表 6-2-1　陈四楼选煤厂主要设备参数及特性

设备名称	位置号	规格型号	台数	作业名称	主要技术参数及特征
原煤给煤机	1001、1002	K-4	2	往复式给煤机	曲柄转数 60 r/min；处理量 400～900 t/h
原煤胶带	101	TD75	1	原煤运输	带速 2.5 m/s，处理量 Q=788 t/h，带宽 B=1 200 mm，带长 103.3 m，角度为 11°
原煤筛分机	102、103	YAH1842	2	原煤筛分	外形尺寸 4 338 mm×3 023 mm×2 700 mm，入料粒度 0～120 mm，振动筛面积 7.6 m^2，角度为 20 ℃
双齿辊破碎机	106、107	FP5012A	2	原煤破碎	处理量 100～180 t/h，入料粒度 80～300 mm，双辊中心距离 150 mm
原煤刮板机	302	XGZ	1	原煤分配	处理量 473 t/h，宽度 1 400 mm，长度 22.5 m

表 6-2-1(续)

设备名称	位置号	规格型号	台数	作业名称	主要技术参数及特征
等候分级筛	303、304	ABS1894	2	洗选分级	生产能力 300 t/h,筛面宽度 1.8 m,有效筛面长度 9.4 m,有效段数 7 段,总重 12 370 kg,双振幅 13.7 mm,外形尺寸 8 947 mm×2 550 mm×4 275 mm
块煤胶带	305、306	TD75	2	系统分级	带长 13.4 m,带宽 800 mm,处理量 220 t/h,带速 1.6 m/s
带式给料机	309、310	GLD2000/7.5/B	2	洗选运输	最大给料量 1 500 t/h,最大带速 1.0 m/s,外形尺寸 2 607 mm×2 441 mm×1 800 mm
洗选跳汰机	311、312	YT14	2	洗选生产	处理量 130～280 t/h,入料粒度 0～100 mm,矸石段 5.3 m^2,中煤段 7.9 m^2,风压不小于 0.02 MPa
直线振动筛	313、314	AHD2461	2	洗选	处理量大于 400 t·h/台,入料粒度 0～200 mm,频率 950 rpm,有效筛面段数 5 段,振幅 9～10 mm
斗式提升机	315～318	T4080	2	中矸提升	主轴转速 12.88 r/min,处理量 51 t/h,斗提机长度 25.28 m,斗提机角度 60°,斗链速度 0.27 m/s,斗链节距 320 mm,链传动速比 3.28 r/min
罗茨鼓风机	326～329	L72WD	3	洗选运输	流量 80.6 m^3/min,排气压力 29.4 kPa,转速 980 r/min,吸气压力 0 kPa
离心脱水机	353～355	Y280S-4V_1	3	产品脱水	入料粒度不大于 50 mm,处理能力 120～200 t/h,入料水分不大于 30%,筛篮最大直径 1 150 mm,网缝 0.35 mm 速 534 r/min. 外形尺 3 270 mm×2 460 mm×2 750 mm
刮板机	3002	XGZ 型-1400	1	洗选运输	箱体长 21.4 m,箱体宽 1 400 mm,处理量 430 t/h,速度 0.7 m/s
双层圆振动筛	718	ACD2148	1	块煤分选	料粒度不大于 200 mm,处理量大于 200 t/h,双振 10 mm,外形尺寸 4 892 mm×2 810 mm×3 448 mm
隔膜式压滤机	337～339	KZG350/1600-U	3	浮精脱水	地脚尺寸 9 520 mm,过滤面积 350 m^3,配板数量 81 片,压紧压力 20 MPa,过滤压力 8 kg/cm^2
分收旋流器	3014、3015	FX-500-GT×8	2	粗煤泥分收	分离粒度 10～100 μm,处理能力 1 200～2 000 m^3/h

表 6-2-1(续)

设备名称	位置号	规格型号	台数	作业名称	主要技术参数及特征
煤泥分选机	3016、3017	DS-TBS2400	2	粗煤泥分选	标称直径 2 400 mm，入料粒度 0～2 mm，槽体容积 10 m^3，尾矿排料口 3 个，设备高度 4 222 mm，设备最大外径 3 030 mm，处理能力不小于 80 t/h·台，效率不大于 86%
压滤机	781～783	XMZ750/2000	3	粗煤泥回收	滤板外形尺寸 2 000 mm×2 000 mm×80 mm，配板数量 106 块，总过滤面积 750 m^2，压紧压力 20 MPa，过滤压力 8 kg/cm^2，地脚尺寸 10 635 mm
浮选机	402～404	XJX-TA12	3	浮选作业	左右式，槽体有效容积 12 m^3，单槽处理量 0.8～1.2 t/m^3·h，槽数：4 个，叶轮直径 780 mm，叶轮转速 89.5 r/min，叶轮圆周转速 8.6 m/s，刮泡机构转速 33 r/min
加压过滤机	424	GPJ-120	1	GPJ-120	过滤面积 120 m^2，滤盘直径 3 m，滤盘个数 10 个，联轴器 Y442×112/T48×84
螺杆压缩机	428～431	GA250W-7.5	4	供风	额定/最大工作压力 0.7/0.75 MPa，排气量 730 L/min，额定轴功率 250 kW，启动轴转速 1 485 r/min，外形尺寸 3 386 mm×2 120 mm×2 400 mm
浓缩机	601、602	NG-24	2	煤泥浓缩	直径 24 m，高 3.7 m，面积 452 m^2，处理量 226～1 000 t/d，周期 12.77 min/r，底流浓度 300～400 g/L
渣浆泵	604～607、608～609	TZJE250-550	4		流量 1 100～1 200 m^3/h，扬程 31 m，转速 950 r/min，配套功率 185 kW
浓缩池	6001、6002	NXZ-20	2		直径 2 000 mm，深度 6 638 mm，生产能力 700 m^3/h
高频叠筛	367、368	2SG48-60W-STK	2		振动电机功率 2.2 kW，处理量 100 t/h
中矸系统振动筛	9005	AHS1842	1	矸石筛分	处理能力 150 t/h，筛面宽度 1.8 m，筛面长度 4.2 m，机重 6 482 kg，外形尺寸(长×宽×高)5 039 mm×2 520 mm×2 426mm
	9014	ABS3048	1	中矸筛分	处理能力 1 200 t/h
中煤破碎机	9006	PMG-100T	1	中煤破碎	处理能力不小于 100 t/h，入料粒度不大于 300 mm

二、选煤工艺

陈四楼煤矿选煤厂主选系统在设计时采用的跳汰—浮选联合生产工艺，经过毛煤筛分破碎等准备工艺进入到跳汰工艺，再经过筛分脱水生产出中块、小块、粒煤和末精煤等产品，跳汰筛下水进入煤泥浮选、尾矿压滤等工艺系统。

（一）选煤厂工艺流程

陈四楼煤矿 450 万吨/年矿井型选煤厂工艺流程见图 6-2-1。

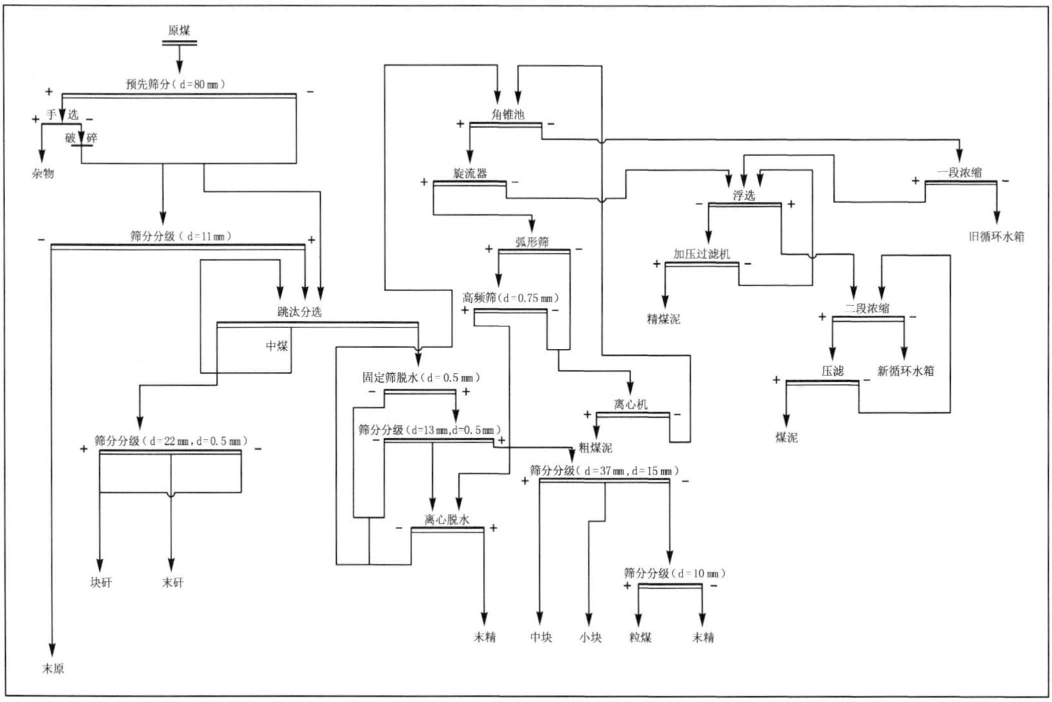

图 6-2-1　陈四楼煤矿 450 万吨/年矿井型选煤厂工艺流程图

（二）主要工艺环节

1. 原煤准备

来自矿井的毛煤首先经除铁器去除铁质杂物，然后经过直径 80 毫米圆振动筛进行预先筛分，筛上物通过检查性手选，拣出木头等杂物，然后进入破碎作业。破碎后的物料（小于 80 毫米）与分级筛筛下物合并进行除铁器去除铁器，部分再进行分级作业，分级粒度为 13 毫米，筛上物及部分原煤直接进入跳汰作业系统，筛下物成为末原煤产品。

主要工艺设备：K-4 往复式给煤机 2 台、ACS1842 圆振动筛 1 台、YAH1842 圆振动筛 1 台、2DSKP65100 分级破碎机 2 台、XZG1532 振动给料机 10 台、GLD1500/7.5/B 带式给煤机 2 台、各类皮带运输机 10 台、刮板运输机 1 台等。

2. 跳汰分选

原煤经缓冲仓进入过跳汰机，第一段排出矸石，经斗式提升机运输、脱水，成为矸石产品转载至矸石仓，经过 20 毫米分级后筛上进入块矸仓，筛下进入末矸仓；第二段排出中煤，由斗式提升机运输、脱水后，经输送设备运至中煤分级筛进行 13 毫米分级，筛上破碎至 13 毫米以下，筛下经离心机脱水后与破碎后的中煤经皮带运输入仓；精煤产品溢流随跳汰机溢流进入下一脱水环节。

主要工艺设备：YT14 跳汰机 2 台、YT18 跳汰机 1 台、带式给料机 3 台、各类斗式提升机 6 台、ABS1894 等厚筛 2 台、皮带运输机 9 台、破碎机 1 台、离心机 1 台等。

3. 产品分级、脱水及脱泥

跳汰机溢流精煤进入直径 13 毫米分级脱水筛进行筛分脱水，筛上物成为块煤产品，并通过双层筛进行再次分级，最终产出中块（80～40 毫米）、小块（40～25 毫米）、粒煤（13～25 毫米）3 种产品；分级脱水筛下物进入角锥池，角锥池的溢流进入浓缩池进行沉降，底流由渣浆泵打入旋流器，而旋流器的底流经过筛分筛上物进入离心脱水形成粗煤泥掺配入末精煤或者末原煤中，筛下水及离心液直接进入角锥池，而旋流器的溢流直接进行浮选作业。

主要工艺设备：各类鼓风机 3 台、TLL-1150A 离心脱水机 3 台、各类直线振动筛 7 台、圆振动筛 1 台、皮带运输机 11 台、刮板运输机 3 台等。

4. 粗煤泥分选系统

跳汰精煤经脱水筛脱水后的筛下煤泥水进入水力分级旋流器，水力旋流器的溢流进浮选系统，底流经高频叠筛脱水，煤泥离心机脱水后的粗煤泥产品进入末原煤。

角锥池溢流进入耙式浓缩机经过一段浓缩，浓缩机溢流作为跳汰用水返回循环水箱；浓缩机底流进入浓缩浮选作业。经过浮选系统处理后精矿进入加压过滤机脱水形成浮精煤掺配入末精煤中，而尾矿进入二段浓缩，浓缩底流返回压滤机回收细粒煤泥；压滤机滤液水返回二段浓缩机，回收的煤泥可直接落地销售，二段浓缩溢流可直接作为循环用水进入循环水箱。

厂房内分别设有两个集中水池用于清洁地板废水、非正常情况下跑冒滴漏的缓冲与回收。其中选煤厂房集中水池煤泥水打回角锥池进行分级回收，浮选压滤厂房集中水池煤泥水打入二级浓缩池，并进入压滤机回收煤泥，厂房内跑冒滴漏的水包括清洁地面冲水通过地沟潜水泵打回二级浓缩池进行回收，从根本上实现全厂洗水一级闭路循环。

主要工艺设备：XJX-TA12 浮选机 3 台、GPJ-120 加压过滤机 1 台、KZG350/1600-U 隔膜压滤机 3 台、XMZ750/2000 压滤机 3 台、2SG48-60W-5STK 高频叠筛 2 台、AML1200 煤泥离心机 3 台、FX-500-GT×8 旋流器组 2 台、螺杆压缩机 5 台、各类泵 38 台、NG-24 浓缩机 2 台、NZF-20 浓缩机 2 台等。

5. 产品装车

陈四楼选煤厂各类产品经皮带转载运输至产品仓内储存，主要通过火车装载外运销售，根据市场需求可部分由汽车装载销售。

主要工艺设备：GCS-150T 轨道衡 2 台、4JDM-40 调车绞车、各类振动给料机 11 台、气动闸板 15 台、皮带运输机 7 台、分级筛 3 台等。

6. 尾矿综合利用

陈四楼选煤厂尾矿主要分为沸腾煤、水洗矸和煤泥，为保证末原煤产品质量的稳定，将沸腾煤部分直接掺入末原煤，其他沸腾煤直接销售；水洗矸和煤泥均作为副产品直接销售。

第二节 技术改造

1998年7月10日，陈四楼选煤厂为回收压滤煤泥中＋0.5毫米粗颗粒煤泥，对角锥沉淀池溢流分级浓缩回收＋0.5毫米的粗颗粒煤泥改造，提高选厂经济效益，将601、602浓缩池改为分段浓缩，中间增加了提升泵房。将601浓缩池溢流经提升泵房打到602浓缩池，601浓缩池底流经608、609底流泵打至370旋流器组，溢流进入角锥池循环，底流经371、372弧形筛和373、374粗煤泥回收筛脱水后进入末原煤仓。602浓缩池底流压滤回收，粗颗粒煤泥回收取得一定经济效益。8月，增加地销末原煤系统以适应市场需要，增建750、751末原煤外排皮带运输机。

1999年9月10日，钢厂高炉喷吹技术成熟末精煤需求大增，在原主厂房南侧增建了末原煤入洗第三系统厂房。增加了主洗设备XD3032跳汰机，末精煤脱水设备353、354、3007离心机，粗煤泥脱水设备3014、3015旋流器组，3026、3027煤泥离心机，替代了原粗煤泥回收筛。714皮带机由原来$B=650$毫米改为$B=800$毫米提高末精煤运输量。煤泥水处理系统相应增加了6001、6002浓缩池和3034～3036煤泥压滤机等设备。

2002年4月，为了回收跳汰煤泥水中－0.5毫米末精煤，增建了浮选系统，跳汰煤泥水经角锥沉淀后底流打到3014、3015旋流器组中底流进入3026、3027煤泥离心机，产品根据灰分高低进入末原煤或末精煤，3014、3015旋流器组溢流煤泥水进入浮选系统浮选，浮选精煤用加压过滤机处理脱水进入末精煤，浮选尾矿进入6001、6002浓缩机池。增加3台浮选机，2台加压过滤机，3台螺杆压缩机7010皮带机和425、441精煤刮板运输机。

2007年12月10日，开始先后改造三系统跳汰机，洗煤块改为洗混煤跳汰，加大改造3034、337、339压滤机原煤压滤面积由500平方米增加到750平方米，滤腔厚度28毫米改为40毫米，加压过滤机由60平方米改为96平方米，处理能力增加1倍以上。改造装车系统、增建4个块煤仓，实现一股道能装同类产品30节火车皮，两股道装一列火车皮，以实现快速装车。修建地销销煤公路，调车绞车作业线延长，装车皮带延长，以增加地销量。改造后陈四楼选煤厂达到年入选能力450万吨，发展成大型高效快速装运选煤厂。

2015年12月26日，以集控改造、设备保护改造、生产数据采集、水泵阀门和插板液动改造、快压系统集中控制系统、视频监控改造、大屏显示单元和广播系统构建等为主要内容的陈四楼选煤自动化改造通过验收，并正式投入生产运行。

2018年1月，环保部门要求煤炭产品不落地，为此开始新建中煤仓(3 000吨)、末矸仓(3 600吨)、块矸仓(3 600吨)。2019年12月建成投用，共投资1 099万元。

2018年6月，环保要求扬尘污染防治，工程包括精创末精煤棚、压滤煤泥棚及手选矸石棚3座储煤棚，面积6 650平方米，浇筑钢筋混凝土框架结构。2019年6月建成投用，共投资 1 171.25 万元。

2018 年 11 月，要求新建钢筋混凝土筒仓、栈桥及装车点工程，实现精煤火车外运而不落地。

2018 年 12 月 6 日，陈四楼选煤厂扬尘污染防治暨生产系统改造工程(栈桥及装车点)合同签订。合同双方分别为：陈四楼选煤厂与河南国龙矿业建设有限公司，合同固定总价 1 258 万元，合同主要内容包括生产系统改造项目中的栈桥、块精煤装车点、中煤装车点及相关转载点的建设施工。该工程经永煤股份〔2018〕17 号文批复实施，分为环保工程、生产系统改造两部分。环保工程于 2019 年 10 月完工并投入使用，生产系统改造内的中研仓、块煤装车点、栈桥及转载点等土建工程于 2019 年 12 月完工，研系统安装工程于 2020 年 11 月底完成，经过调试后于 2021 年 1 月投入使用。

第三节　智能化改造

陈四楼选煤厂洗选工艺自动化改造项目，列入了永煤公司 2014 年度科技项目计划，并向公司申请启动报告后，经公司主要领导和有关部室批复同意尽快实施该项目。洗选工艺自动化控制改造的主要实施内容包括洗选工艺自动化设备扩容改造，实现洗煤生产的高度自动化，提高生产效率；建立由 PLC 控制泵的开停以及阀门开度的无人操作工艺系统；将料位监控与 PLC 控制相结合，实现产品仓落料点的自动化控制；对全厂各重点岗位皮带、刮板、溜槽等安装安全保护装置，以降低跑偏、飘链、堵塞等事故的影响；将装运系统与集中控制系统通过局部网络连接实现兼容，做到产品质量和装运效果的实时监控；在主要岗位增加视频监控等方面的内容。

该项目为人力资源结构调整配套项目，旨在降低岗位人员的劳动强度，解决人员分布较广、搭配不协调、不便于管理、有时无法兼顾每台重点设备的问题，以提高跳汰—浮选工艺选煤厂自动化控制管理水平，实现本质安全型、高自动化水平的选煤厂，并可直接节约成本 19.5 万元/年。

一、预期目标

(1) 根据永煤公司立项讨论结果，首先把选煤厂集控改造的整体框架搭建起来，把能够参与 PLC 控制的设备全部考虑在内，先把 PLC 集控改造需要的点数、分站做起来。

(2) 把现场容易改造的，见效快的，首先实施起来，这也是本次自动化改造的主要部分。

二、具体改造方案介绍

(1) 分别在 1PD、32PD、33PD、61PD、64PD、7PD、11PD、34PD 等 8 个配电站建立 PLC 分站，形成以太环网，达到全厂所有设备参与调度集中自动控制的要求。

(2) 煤泥压滤部分，除压滤机外，其他 8 台泵、2 个搅拌桶、2 个液位池实现本地自动控制，并纳入集控系统监控，实现煤泥压滤岗位的一人操作。

(3) 新老泵房、生产泵房和主厂房内未参与集控的离心机、皮带机、刮板机、插板、翻板和原来已经参与集控的72台设备,全部纳入现集中控制系统中,同时更换新老泵房、生产泵房、压滤厂房内所有泵类22台设备前后阀门为电液动阀门,实现水泵自动开停机。

(4)增加现场岗位视频监控点36个,料位、仓位监控报警点18个,液位监控报警点12个。

(5)安装皮带综合保护和刮板机断链、错牙、掉道保护各6套。

第三章　跳汰与浮选

第一节　洗选与煤质

一、跳汰选煤

跳汰选煤是物料在上升和下降的脉动水流中按密度不同来实施煤矸分离的工艺，适用于分选易选煤的生产过程，且具有选煤准备作业简单、生产工艺环节少、投资少、回收成本快等特点。因此，自 1990 年开始，陈四楼选煤厂等均采用该工艺，主要分为原煤准备、原煤分选、产品脱水、煤泥水处理等工艺(见工艺流程图 6-3-1)。

原煤首先经过破碎筛分，除去大块矸石和杂物，用皮带运输至原煤仓，再次送至主体分选设备跳汰机，用水洗风动的方法实现煤矸分离，最后产品脱水处理，煤泥水经过过滤或沉淀回收复用。

（一）物料分层

筛面上物料在垂直脉动介质中反复升落实现分层的过程，分床层起振、悬浮松散和吸啜着床 3 个阶段。各阶段密切相关，相互依存。

(1) 床层起振是跳汰物料分选的第一步。随着操作条件的不同，床层可呈整起、散起或居中的过渡状态。近年的跳汰理论与实践趋向于使床层起振时保持适当的整体性，以便创造按颗粒密度分层的条件。

(2) 床层起振后的松散过程是物料进行分层的开始。物料的分层精度与床层松散波源和传播方式有关，实测结果有 3 种类型：松散波起于床层底部，顺次向上传播；松散波由上部开始逐渐向下拉开；松散波由中部开始向上下同时扩展。在生产操作中，松散波源和扩展过程可以通过控制给风制度进行调整，在跳汰周期、频率和风压不变的情况下，调整给风量，即可改变松散波源出现时的床层高度和传播速度。

(3) 吸啜着床是跳汰分选过程的继续。通过吸啜作用可使分选粒度下限延伸。

（二）产品分离

将已完成按密度分层的床层分别排出跳汰机成为质量不同的产品。溢流排出的为精煤，排料机排出的为中间产物和矸石。

在生产实践中，物料分层和产品分离需相互协调配合，否则跳汰分选效果和处理能力都会受到影响。

跳汰选煤应用范围与分选效果：

跳汰选煤法广泛用于分选可选性难、易以及粒度组成宽(或窄)的各类煤种。影响其分

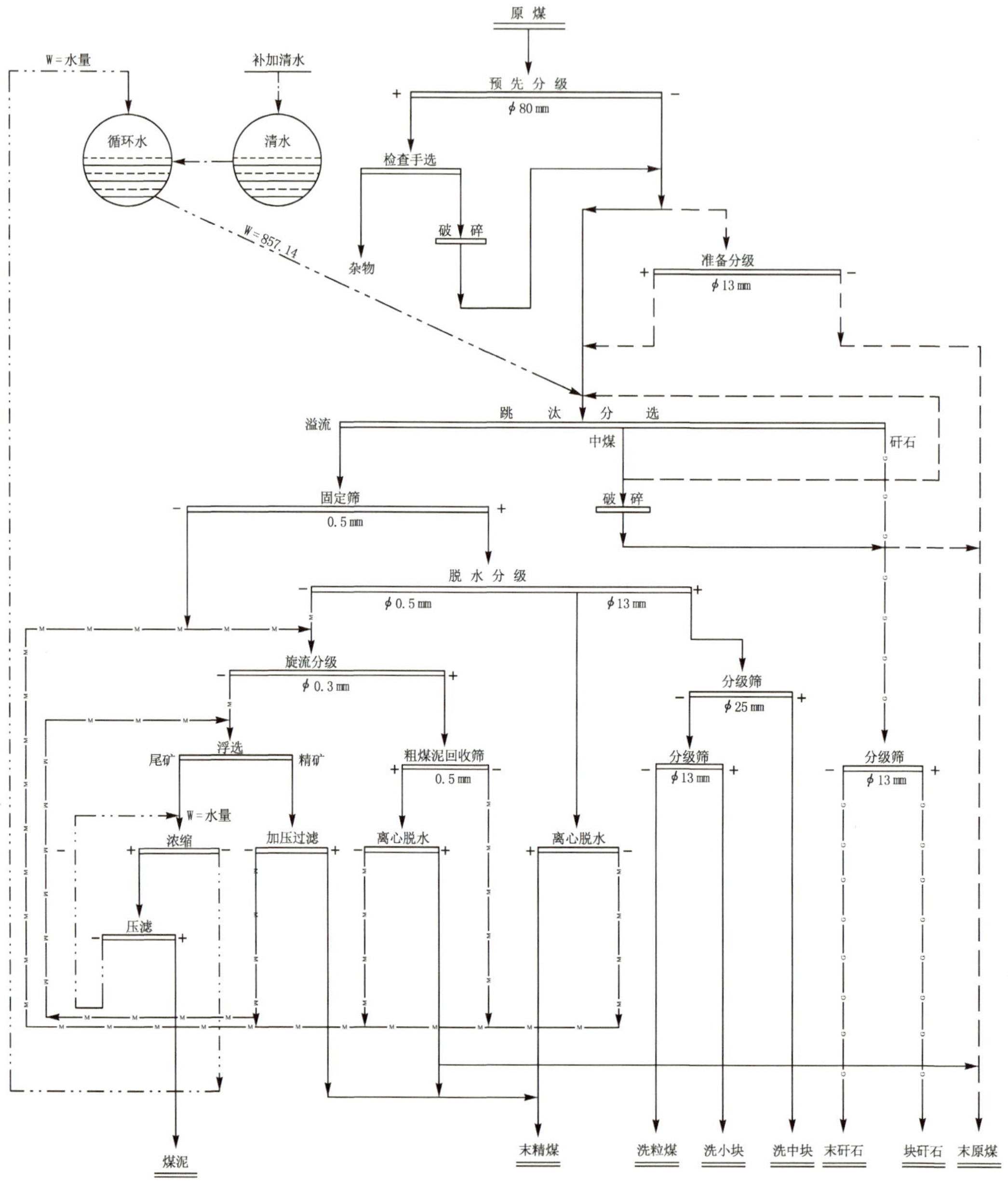

图 6-3-1 跳汰工艺流程图

选效果的因素有原煤性质、工艺流程、设备性能、操作水平和对产品质量的要求等。因此，跳汰选煤的分选效率和处理能力变化较大。在其他条件相同时，主要决定于入料的密度组成和粒度组成。

二、浮选选煤工艺流程

浮选工艺根据煤泥性质分为直接浮选、半直接浮选、浓缩浮选等几种形式，陈四楼选煤厂采用半直接浮选，浮选选煤过程主要是在浮选机或浮选柱内进行，浮选矿浆与药剂混合后，进行浮选作业。浮选精矿加压脱水或快开隔膜压滤脱水后，形成浮选精煤；浮选尾矿经浓缩沉淀后压滤脱水，形成煤泥产品。浮选工艺流程见图 6-3-2。

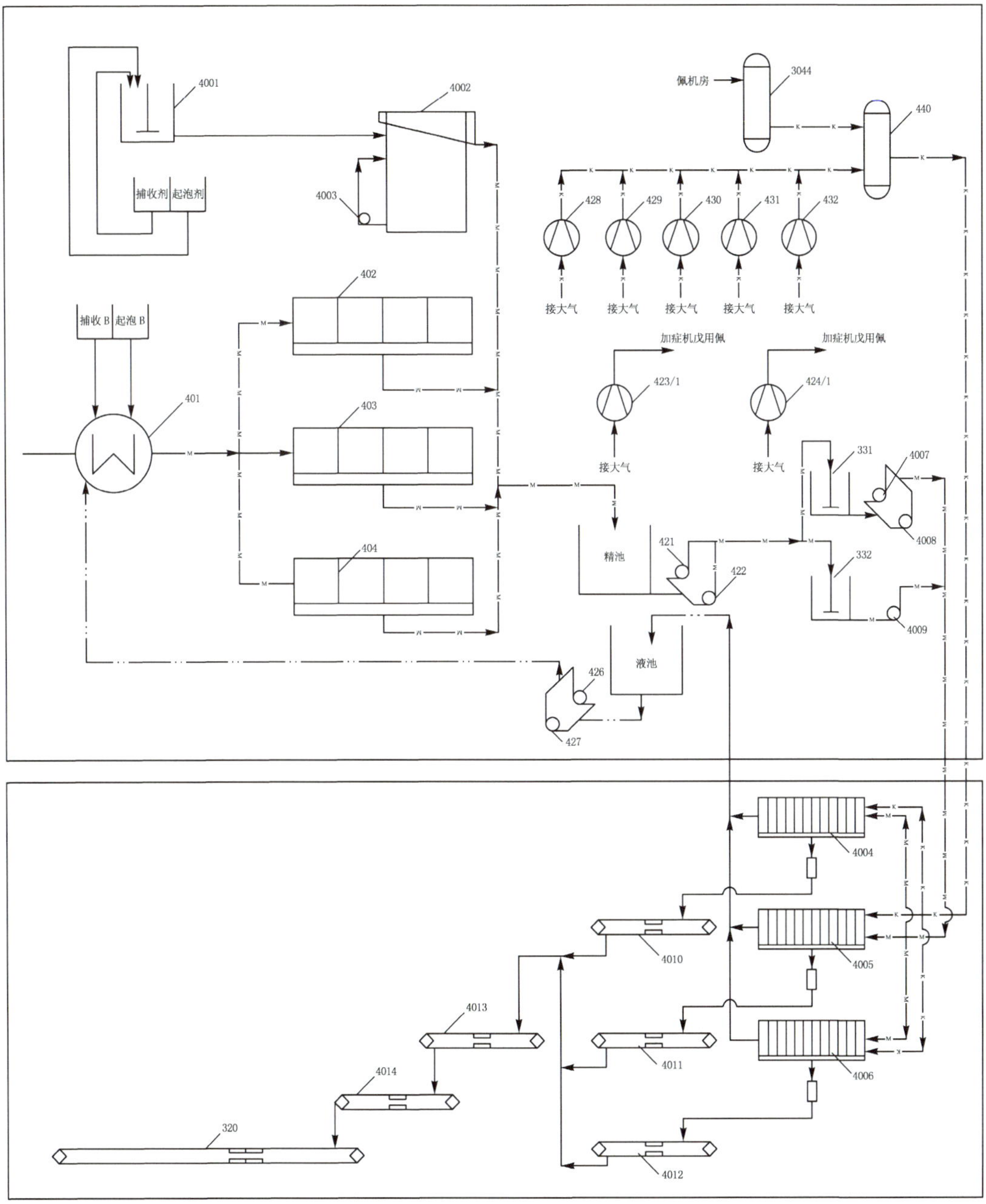

图 6-3-2 浮选工艺流程图

三、浓缩机

洗煤产生的煤泥水在添加絮凝剂情况下，浮选尾煤送入下部带锥形分配口的入料筒。

煤泥水中的大部分水在浓缩机圆筒部分的澄清区内流向周边溢出，小部分在絮团沉降区内形成小涡流。在机体的圆锥部分即压缩区内，沉淀物在重力作用下进行压缩，由底流口放出或用泵抽出。深锥浓缩机直径 6～10 米，圆筒部分高 6～7 米，圆锥部分高 7.8 米。深锥浓缩机锥体较浓，沉淀物存锥体底部承受大的重力压缩作用，使底流的固体含量很高。根据尾煤特性和底流排料量的不同，底流固体含量存 200～800 克/升之间。如对絮凝后的沉淀物施加轻微搅拌，其压缩程度会更高，所以有的深锥浓缩机存锥体部分装有搅拌装置，以利于沉淀物继续脱水。浓缩池沉淀示意见图 6-3-3。

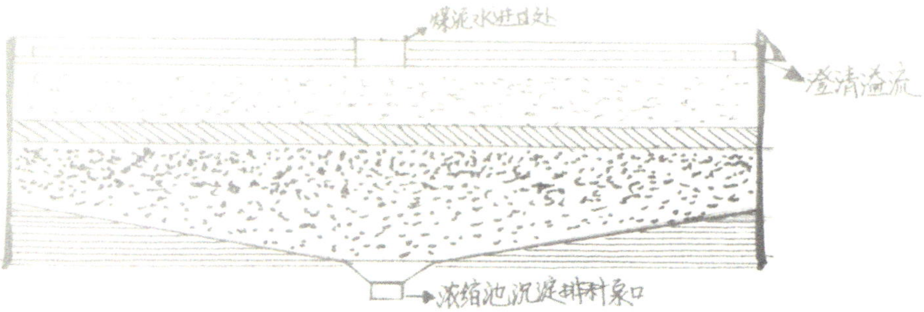

图 6-3-3　浓缩池沉淀示意图

四、浮选压滤设备

（一）加压过滤机

加压过滤机的工作原理是将过滤机置于一个封闭的加压仓中，过滤机落料槽下有运输机，在机头处装有排料装置，待过滤的悬浮液由入料泵给入到过滤机的槽体中，加压仓充进一定的压缩空气，在滤盘上，通过分配阀与通大气的气水分流器形成压差，这样，在加压仓内的压力作用下，槽体内的液体通过浸入悬浮液中的过滤介质排出，而固体颗粒被收集到过滤介质上形成滤饼，随着滤盘的旋转，滤饼经过干燥降水后，到卸料区卸入运输机中，由运输机收集到排料装置的上仓中，这样连续运行，当达到一定量后，由排料装置间歇排出到大气中，整个工作过程自动进行。

（二）离心机

离心机利用离心机转子高速旋转产生的强大的离心力，加快液体中颗粒的沉降速度，使得水和离心液透过物料层，穿过筛网把样品中不同沉降系数和浮力密度的物质分离开。也就是说通过机器两侧的排液管排出机外，煤粒则保持在筛网内侧。因螺旋刮刀与筛篮间有一定转速差，螺旋刮刀将煤粒从筛网上刮下，煤粒从筛篮中落到下一道工序里，完成脱水全部过程。

末精煤和煤泥离心机均采用螺旋刮刀卸料方式，其产品水分低，处理量大，能够满足生产水分要求，在使用过程中由于处理量大，工作时间长，筛篮磨损较快，使得筛篮更换频繁，同时对离心机刮刀要经常进行检查，定期更换，保证精煤水分达到标准。

五、煤质

选煤厂作为煤炭加工和煤炭产品走向市场的最后一道加工工序，为了确保煤炭产品质量，对各种煤炭产品加工过程中的质量进行实时检测是极为重要的。而且为了保证煤炭产品质量和整个选煤工艺有效可靠运行，对原煤煤质的检查检测也很重要，只有全面地掌握煤炭在全过程各阶段的产品质量，才能及时有效地指挥选煤厂及矿井的日常生产，确保矿井煤炭最终产品质量及用户的利益。

（一）煤质管理机构

1997 年 11 月，陈四楼选煤厂建成投产，煤质管理尚无机构与制度。2000 年年初，在企管科成立煤质管理领导小组，选煤厂煤质管理由矿企管科管理。

2003 年 4 月—2020 年 10 月，陈四楼选煤厂煤质管理业务由生产技术科直接管理。同时，选煤厂成立煤质管理领导小组，主要负责人有厂长、各位副厂长，小组成员由各车间领导组成。

2020 年 10 月，矿厂合并后由陈四楼煤矿接管煤质管理业务。

（二）煤质管理职责

（1）煤质管理领导小组成员负责煤质工作管理。主要负责贯彻执行上级煤质管理的有关办法、规定；建立煤质管理组织机构、人员配置等工作及煤质管理职责等工作。同时负责生产过程中各环节产品质量控制和外运商品的质量控制；引进、推广生产、管理活动中的新技术、新设备、新方法；建立煤质管理目标责任体系和激励机制；定期召开煤质工作例会；处理由煤质、计量引起的纠纷、争议和投诉；负责全厂涉及产品质量设备和采制化设备的正常运转以及有关块煤防破碎设备设施的齐全有效，并迎接公司各项煤质管理检查与考核。

（2）执行煤质管理办公室有关技术方面的各项工作安排；积极检查生产现场煤质各项管理制度的执行情况，各防破碎、除杂点及其他相关煤质设施的完好情况；并及时反馈到煤质管理办公室和煤质管理领导小组。煤质检查员负责接待煤质中心的煤质现场检查，以及各项煤质管理制度的制定及煤质例会内容的记录，并安排各项煤质试验并对结果进行整理，形成试验报告。

（3）负责原煤数质量的监测、计量，及计量器具的管理和校正，生产环节质量状况的检测，及块煤防破碎设备、设施使用情况的监督和检查。

（4）负责外运商品煤和地销煤质量状况的检测、监督以及煤质状况发生改变，或生产需要时进行煤质检查，为生产单位提供参考依据。

（5）负责依照公司煤质纠纷（争议）处理程序和实际情况，配合处理煤质纠纷。并配合各单位煤质工作情况的检查、考核以及负责全厂煤质工作资料数据的汇总、归档，配合公司进行月度检查等工作。

（三）煤质管理制度

2004 年 3 月，选煤厂制定了有关煤质方面的管理办法。此办法每年都要依据矿井提煤煤质变化，做相应的修改。

2008 年 7 月 26 日，印发《陈四楼选煤厂煤质管理考核细则》。

2009 年 2 月 15 日，印发《陈四楼选煤厂杂物控制与考核标准》。

2010 年 2 月 21 日，印发《陈四楼选煤厂二〇一〇年煤质管理办法》的通知。

2015 年 3 月 26 日，依据两级公司煤质考核办法，陈四楼选煤厂依据煤质变化《陈四楼选煤厂煤质异常生产应急预案》。

2017 年 8 月 2 日，印发《陈四楼选煤厂煤质管理办法的补充规定》。

2021 年 3 月 30 日，陈四楼煤矿印发《陈四楼煤矿煤质管理办法》。

(四) 煤质的特征及其可选性

原煤分选工艺研究。在矿井正常生产情况下，从矿井运煤的带式输送机的排料端采样，实行全断面采样。煤样参照 GB/T 477—2008《煤炭筛分试验方法》、GB/T 478—2008《煤炭浮沉试验方法》、GB/T 19093—2003《煤粉筛分试验方法》和 GB/T 19092—2003《煤粉浮沉试验方法》进行了原煤样筛分、浮沉试验和煤粉样的小筛分、小浮沉试验；参照 GB T 36137—2018《选煤实验室分步释放浮选试验方法》进行了煤泥的浮选试验，试验结果按 MT 259—1991《煤炭可浮性评定方法》对煤泥的可浮性进行评定。总样进行了如下分析化验：工业分析、发热量、元素分析、灰成分分析、灰熔融性测定、热稳定性测定、CO_2反应性和可磨度测定等。

1. 原煤的工业分析

包括水分(M_{ad})、灰分(A_d)、挥发分(V_{daf})、固定碳(FC_d)；取样点来源于化验总样 1，并需磨碎到 0.2 毫米以下；按照 GB/T 212—2001 的有关规定进行。

2. 原煤灰成分分析

主要是测定 SiO_2、Al_2O_3、Fe_2O_3、CaO、MgO、TiO_2 等氧化物的含量。取样点来源于化验总样 1，按照 GB/T 1574—1995 的有关规定进行。同时进行了灰熔融性分析。

3. 原煤元素分析

主要包括常规元素 C、H、O、N 和有害元素 S，此外还增加了砷、汞、氯、磷和氟等微量元素。原煤元素分析的取样点来源与化验总样 1，并需要磨碎到 0.2 毫米以下。其中常规元素的测定按照 GB/T 476—1995 的有关规定进行；S 的测定按照 GB/T 215—1996 的有关规定进行。

4. 原煤物理性质的测定

对无烟煤来讲，主要指煤灰熔融性。煤灰熔融性按照 GB/T 219—1996 的有关规定进行，取样来源于化验总样 1，并制备成 0.2 毫米以下。

5. 工艺性质的测定

(1) 原煤的工艺性质：包括粒度组成、密度组成和可选性，按照 GB/T 477—1998、GB/T 478—2006 和 GB/T 16417—2006 的有关规定进行。

(2) 煤的发热量：原煤的发热量。煤的发热量按照 GB/T 213—2003 的有关规定进行。煤样来源于化验总样 1。

确定絮凝剂的最佳用量以及煤泥水浓度变化对絮凝剂絮凝效果的影响。

（五）实验方案

本实验的各步骤参照国家标准规定，并根据要求进行如下实验：

（1）实验所用的筛孔系列为 150、100、50、25、13、6、3、1、0.5、0.25、0.125、0.074 和 0.045 毫米。

（2）原煤总样 1 采用筛分实验所得到的各粒级产物按其产率比例配样。

（3）煤泥可浮性实验用样采用自然级−0.5 毫米煤泥。

（4）在实验过程中，如有其他异常情况，需做与此有关的实验。

（六）原煤性质

1. 工业分析与可磨度表

原煤工业分析与可磨度结果见表 6-3-1。

表 6-3-1　原煤工业分析与可磨度结果

项目	工业分析					浮煤回收率/%	哈氏可磨度 HGI
	水分 M_{ad}/%	灰分 A_d/%	挥发分 V_{daf}/%	焦渣特征 1～8	固定碳 FC_d/%		
原煤	0.91	48.46	16.19	2	43.19	15.53	63
浮煤	0.80	4.96	7.50	2	87.91		—

分析说明：

（1）水分：由于采样时煤炭有一定的温度，经过自然晾干，做筛分实验，并取化验总样，只做了分析基水分 M_{ad}%供参考，M_{ad}=0.91%。

（2）灰分：试验煤样总灰分为 48.46%，全硫为 0.30%，属于高灰、特低硫、高灰熔点煤。

（3）挥发分和固定碳：原煤挥发分为 16.19%，H_{daf}为 4.03%，固定碳 FC_d=43.19%；浮煤的挥发分为 7.50%，氢含量 3.59%，浮煤固定碳 FC_d=87.91%。根据国家煤炭分类标准为无烟煤。根据无烟煤小类划分，该煤的指标属于三号无烟煤（V_{da}>6.5%，且 H_{daf}>3%）。

（4）可磨度：用作高炉喷吹和电煤时的重要指标，该煤哈氏可磨度为 63。

2. 元素分析（表 6-3-2）

表 6-3-2　原煤元素分析结果

项目	元素分析							
	$S_{t.d}$/%	O_{daf}/%	C_{daf}/%	H_{daf}/%	N_{daf}/%	P.d/%	A_s/(μg/g)	H_g/(μg/g)
原煤	0.30	7.56	86.80	4.03	1.02	0.010	1	0.156
浮煤	0.40	2.08	92.67	3.59	1.24	—		

分析说明：

由表 6-3-2 可知，陈四楼二煤的元素组成以碳为主，C_{daf}=86.80%，全硫含量为0.30%，属于特低硫煤。但浮煤的硫分升至 0.40%，说明该煤的硫主要以有机硫为主，通过洗选降硫是非常困难的。

3. 原煤灰成分(表 6-3-3)

表 6-3-3 原煤灰成分分析结果

成分	K_2O	Na_2O	SiO_2	Al_2O_3
含量/%	2.02	0.76	57.65	27.61
成分	Fe_2O_3	CaO	TiO_2	MnO_2
含量/%	2.80	2.60	0.95	0.031

分析说明：

由表 6-3-3 可知，煤的灰成分以 SiO_2 和 Al_2O_3 为主，两者之和高达 85.26%。

4. 原煤发热量(表 6-3-4)

表 6-3-4 原煤发热量测定结果

项目	发热量/(MJ/kg)		
	$Q_{b.ad}$	$Q_{net.d}$	$Q_{gr.d}$
原煤	16.70	16.36	16.81

5. 原煤灰熔融性(表 6-3-5)

表 6-3-5 原煤灰熔融性测定结果

项目	DT	ST	HT	FT
熔融温度/℃	>1 500	>1 500	>1 500	>1 500

6. 热稳定性(表 6-3-6)

表 6-3-6 原煤热稳定性测定结果

项目	TS_6	TS_{3-6}	TS_{-3}
热稳定性(TS)/%	84.2	14.7	1.1

7. 原煤筛分浮沉实验

(1) 大筛分实验数据及分析。

原煤筛分组成情况见表 6-3-7。

表 6-3-7　原煤筛分组成综合表

粒级 /mm	产物名称		质量 /kg	占全样产率 /%	灰分 /%	筛上累计产率 /%	筛上累计灰分 /%
>150	手选	煤	74.83	0.76	14.81		
		夹矸煤					
		矸石	824.21	8.41	87.51		
		小计	899.04	9.17	81.46	9.17	81.46
150～100	手选	煤	53.21	0.54	17.39		
		夹矸煤					
		矸石	128.57	1.31	86.45		
		小计	181.78	1.85	66.24	11.02	78.90
100～50	手选	煤	278.95	2.84	14.71		
		夹矸煤					
		矸石	748.48	7.63	86.32		
		硫铁矿					
		小计	1 027.42	10.48	66.88		
+50 小计			2 108.25	21.50	73.04	21.50	73.04
50～25	煤		1 252.79	12.78	64.76	34.28	69.95
25～13	煤		1 281.05	13.06	60.66	47.34	67.39
13～6	煤		1 161.03	11.84	41.53	59.18	62.21
6～3	煤		1 042.92	10.64	38.68	69.82	58.63
3～1	煤		955.46	9.74	34.07	79.56	55.62
1～0.5	煤		781.08	7.97	26.28	87.52	52.95
0.5～0	煤		1 223.38	12.48	26.79	100.00	49.69
50～0 合计			7 697.71	78.50	43.29		
毛煤总计			9 805.96	100.00	49.69		

表 6-3-7 数据说明：

① +50 毫米含量为占 21.50%，且灰分为 73.40%，矸石占 80%，说明块煤中矸石含量较多。+13 毫米含量仅为 47.34%，说明该煤块煤率比较高。

② 细粒含量较少，−1 毫米含量为 20.45%，−0.5 毫米煤泥含量仅为 12.48%，灰分为 26.79%。

③ 在筛分试验中，随着粒度的减小，各粒级灰分逐步降低，说明矸石不易破碎而煤易碎。

(2) 小筛分试验资料及分析。

原生煤泥小筛分试验记录见表 6-3-8。

表 6-3-8 原生煤泥小筛分试验记录

粒级/mm	质量/g	产率/%	灰分 A_d/%	筛上累计产率 $\sum R$/%	筛上累计灰分 $\sum A_d$/%
0.5—0.25	73.39	41.19	25.84	41.19	25.84
0.25—0.125	54.17	30.40	26.46	71.59	26.11
0.125—0.074	40.33	22.63	28.68	94.22	26.73
0.074—0.045	8.01	4.50	31.24	98.72	26.93
—0.045	2.28	1.28	34.96	100.00	27.03
合计	178.18	100.00	27.03		

注:煤样粒级:0.5～0 毫米(自然级),实验前煤样重量:180g,灰分:26.79%;灰分的绝对误差:err value=|27.09%—26.79%|=0.27%<1.5%(标准规定)。

从表 6-3-8 可以得出以下结论:

① 从小筛分的各粒级重量百分比含量来看,粒度组成偏粗,比较适合采用重选方法分选,如 TBS 和螺旋分选机。0.5～0.25 毫米含量为 41.19%,+0.125 毫米含量为 71.59%。

② —0.045 毫米细煤泥含量为 1.28%,但灰分高达 34.96%,且随着粒度的减小,煤泥灰分越高,说明该煤泥中含有部分易碎的高灰细泥。

8. 精煤产品质量指标

陈四楼选煤厂运用 ISO 9000 质量体系、全面质量管理、计量认证等方法,对各种产品的质量严格控制,确保产品符合国家、行业和用户的要求。

各洗精煤产品的质量指标及外观情况,如表 6-3-9 所示。

表 6-3-9 各洗精煤产品质量指标

品种	标准				
	粒度/mm	全水 M_t/%	灰分 A_d/%	低位发热量 $Q_{net,ar}$/(cal/g)	出厂限下率/%
洗精煤	≤13	≤8.5	<11	≥6 800	—
洗中块	37～100	<3	≤15	≥6 800	≤13
洗小块	17～37	<3	≤13.5	≥6 800	≤13
洗粒煤	10～17	<4	≤12	≥6 800	≤13

第二节 生产能力与主要技术经济指标

一、选煤厂生产能力

陈四楼选煤厂是矿井型选煤厂,设计生产能力为 240 万吨/年,通过一系列改造,成为生产能力达 450 万吨/年的大型高效选煤厂,按照与矿同步生产,每年生产 300 天,三班生产,每天工作 18 小时。其余时间检修和处理其他问题。

选煤厂生产能力:450 万吨/年。

日生产能力=4 500 000÷300=15 000 吨/日。

小时生产能力=15 000÷18=833.33 吨/时。

二、主要技术经济指标

陈四楼选煤厂主要技术经济指标见表 6-3-10。

表 6-3-10　陈四楼选煤厂主要技术经济指标

指标名称		指标数量	备注
选煤厂设计生产能力	年/万吨	450	经 1997 年投产,经多次改造生产能力达到 450 万吨
	日/万吨	1.5	
	小时/吨	833.3	
选煤厂工作制度	年工作日数/天	300	
	每天工作小时/小时	18	
选煤限度/毫米		0～80	
全员劳动定员/人		268	
劳动生产率	生产工人效率/(吨/工·日)	55.97	
	全员效率/(吨/工·日)	37.28	

第三节　洗选产品及储装运

一、陈四楼选煤厂产品产量

陈四楼选煤厂主要产品有:末精煤、洗中块、洗小块、洗粒煤、筛末原、煤泥及沸腾煤等,主要用于冶金、电力、造气、民用等行业。其中末精煤、筛末原取得“出口煤许可证”,被中国质量检验协会授予“质量合格好产品”称号,产品远销巴西、东南亚和华东沿海等国家和地区。陈四楼选煤厂 1997—2021 年产品产量见表 6-3-11。

表 6-3-11　陈四楼选煤厂 1997—2021 年产品产量

年度	入厂毛煤/吨	入洗原煤/吨	产量/吨								
			末精煤	洗中块	洗小块	小粒煤	煤泥	末原煤	矸石	手选矸	合计
1997	117 438	119 866	54 577	2 713	4 994	360	7 845	30 950	18 427	3 522	101 439
1998	2 173 725	2 138 511	0	190 541	216 417	0	285 634	1 310 265	135 653	35 214	2 002 857
1999	2 375 328	2 335 898	0	198 785	218 874	0	347 348	1 431 672	139 219	39 430	2 196 679
2000	2 774 823	2 727 928	0	229 692	266 519	0	450 290	1 616 025	165 403	46 895	2 562 526

表 6-3-11(续)

年度	入厂毛煤/吨	入洗原煤/吨	产量/吨								
			末精煤	洗中块	洗小块	小粒煤	煤泥	末原煤	矸石	手选矸	合计
2001	2 774 823	2 729 593	0	227 102	260 130	0	417 082	1 662 868	162 411	45 230	2 567 182
2002	3 260 507	3 199 478	686 356	219 095	221 853	0	151 606	1 456 129	464 439	61 029	2 735 039
2003	3 400 948	3 321 512	927 167	262 467	282 303	11 306	77 293	1 407 084	359 890	68 780	2 967 620
2004	3 635 168	3 541 127	1 000 086	297 652	347 520	102 461	78 308	1 344 088	371 061	80 985	3 170 115
2005	3 607 154	3 523 173	1 252 568	263 406	320 224	0	86 962	1 140 062	459951	72 725	3 063 222
2006	3 636 431	3 557 440	1 164 098	259 224	346 717	0	125 580	1 205 648	456 419	68 669	3 101 267
2007	4 038 274	3 936 217	1 264 599	276 799	365 515	95 376	141 413	1 168 537	623 979	88 861	3 312 239
2008	4 353 060	4 265 880	1 345 730	13 482	26 431	2 944	152 925	1 154 851	780 615	85 567	2 696 363
2009	4 519 208	4 417 084	1 410 221	235 138	429 051	124 565	130 774	1 300 710	786 625	101 960	3 630 459
2010	4 436 746	4 344 363	1 725 688	314 368	431 291	70 648	154 882	1 002 449	641 660	92 383	3 699 326
2011	4 569 686	4 452 044	1 599 592	224 825	385 864	122 920	187 454	1 198 350	733 038	114 192	3 719 005
2012	4 597 758	4 488 593	1 485 719	217 455	319 740	107 446	190 166	1 348 452	819 614	104 405	3 668 978
2013	4 477 871	4 369 076	1 416 815	250 727	308 773	144 246	153 384	1 341 928	753 203	100 645	3 615 873
2014	4 450 381	4 358 647	1 416 583	199 746	308 512	120 789	172 007	1 505 581	635 430	92 604	3 723 218
2015	2 472 001	2 409 539	772 680	87 369	132 376	72 909	104 261	784 936	455 010	59 217	1 954 531
2016	3 460 727	3 380 997	1 295 872	127 393	209 984	93 986	169 951	911 540	568 586	79 730	2 808 726
2017	3 513 197	3 427 777	1 652 775	129 775	145 436	50 546	192 867	557 302	684 965	85 420	2 728 701
2018	3 059 333	2 940 477	1 142 156	82 949	123 616	74 787	147 489	710 101	663 878	91 965	2 281 098
2019	3 137 316	3 024 666	1 100 313	105 585	102 439	162 652	158 204	577 150	820 999	112 650	3 027 666
2020	2 745 117	2 666 666	931 280	42 045	78 908	154 958	194 737	533 437	728 407	78 451	2 665 073
2021	2 916 941	2 816 666	770 225	40 772	56 623	184 753	194 061	528 636	965 000	100 275	2 821 666

二、储装运

截至 2021 年,陈四楼煤矿选煤厂装车系统由两部分组成,装车外运产品分别是洗精煤、中块、小块、粒煤、末原煤,大部分装火车外运。手选矸石和水洗矸、块矸、末矸、煤泥等产品以汽车外运。

陈四楼煤矿选煤厂原煤仓设计仓容为 3×9 000 吨;煤仓包括老末精仓以及末原仓、中块仓、小块仓、粒煤仓。2005 年 2 月 6 日,为满足销售需要,增建了 6 000 吨容量新末精仓;2018 年 5 月 26 日建设了手选矸石大棚、煤泥大棚以及精煤大棚;2018 年 8 月建造了中煤仓、末矸仓、块矸仓,3 个仓容中煤仓 3 000 吨,末矸仓和块矸仓 2×3 600 吨,逐步增加了产品的仓储能力。陈四楼选煤厂不同时间段产品仓储能力、运输方式见表 6-3-12。

表 6-3-12　陈四楼选煤厂不同时间段产品仓储能力、运输方式表

年份	储存能力/吨		装车设备	运输方式
1997—2002	原煤	3×9 000		
	末原	2 000	给煤机	火车外运
	中块	1 500	给煤机	火车外运
	小块	1 400	给煤机	火车外运
	粒煤	1 400	给煤机	火车外运
	洗水块矸	100(老仓)	电动插板放矸	汽车外运
	洗末矸	100(老仓)	电动插板放矸	汽车外运
	煤泥	2 000 大棚地面堆放	铲车装	汽车外运
	手选矸石	1 000 大棚地面堆放	铲车装	汽车外运
2003—2010	原煤	3×9 000		
	末原	2 000	给煤机	火车外运
	末精	老仓 2 000 新仓 6 000	给煤机	火车外运
	中块	1 500	给煤机	火车外运
	小块	1 400	给煤机	火车外运
	煤泥	2 000 大棚堆放	铲车装	汽车外运
	手选矸石	1 000 大棚堆放	铲车装	汽车外运
2011—2021	原煤	3×9 000		
	末原	2 000	给煤机	火车外运
	末精	老仓 2 000，新仓 6 000	给煤机	火车外运
	中块	1 500	给煤机	火车外运
	小块	1 400	给煤机	火车外运
	粒煤	1 400	给煤机	火车外运
	块矸	3 600	给煤机	汽车外运
	末矸	3 600	给煤机	汽车外运
	中煤	3 000	给煤机	汽车外运
	煤泥	2 000 大棚堆放	铲车装	汽车外运
	手选矸石	1 000 大棚堆放	铲车装	汽车外运

三、选煤厂科技成果

（一）专利成果

2004—2018 年陈四楼选煤厂专利成果见表 6-3-13。

表 6-3-13　2004—2018 年陈四楼选煤厂专利成果

序号	获奖时间	专利号	名称	专利创新简介
1	2004.04.25	ZL200620031321.9	耐磨管道弯头	本发明耐磨弯头,包括弯头,在弯头的外弧面上没有钢板,在钢板与弯头的外弧面之间设有耐磨填充物。其优点:能够提高弯头的耐磨比普通的弯头相比寿命增加几倍而且制造工艺简单,应用广泛,投资少的优点
		ZL200620031551.5	带有高压风管的脱水压滤机	在压滤机止推板前端浆液进料管上连接一根高压风管,在高压风管上设有一个阀门,在浆液进料管上也设有一个阀门
2	2007.05.23	ZL200620031320.4	耐磨溜槽	本专利实用新型的溜槽结构简单,制造容易,可有效延长溜槽的使用寿命,同时又节约了材料成本和维护成本
		ZL200620031318.7	带有防块煤破碎装置的溜槽	本发明主要解决了块煤冲击时起到缓冲作用,自身也通过滚动和摇摆写去了物料冲击力,至该装置磨损很小只用寿命很长
		ZL200620031319.1	异径阀门	本发明,是一种出、入料口径不相同的异径阀门。它的出、入料口径不相同,出料口径大于入料口径,出、入料口径内衬耐磨圈的外缘高于出入料口径所在阀体、阀盖外表面。从而有效降低阀门局部损坏而导致整台阀门报废,延长阀门的使用周期,节约材料配件消耗与人工维护费用,降低生产成本
3	2008.01.30	ZL200720089701.2	入料调正器	利用皮带跑偏时,皮带边缘与检驱轮接触,驱动检驱轮带动油泵旋转,油泵从检驱装置的油箱中吸入液压油,输出压力油通过摆动油缸上的油路集成块,使其达到工作目的
		ZL200720089702.7	风压水帘降器	一种风压水帘降尘器,特征在于在粉状颗粒转载点或下落处设置一个封闭室,封闭室至少有两个壁是用垂直设置的双层钢丝网制成的,并在每道钢丝网的上方架设有喷淋水管和形成孔径很小的出水孔
4	2008.07.04	ZL200720091684.6	一种车皮外胀校正器	一种车皮外胀校正器,由两个方形挂钩、一个两端带螺纹的拉杆和一个杠杆组成,在两个方形挂钩的挂钩柄上设有螺纹孔,当汽车或火车的车厢因物料的堆积、挤压而外胀变形时,把校正器平放到变形车厢上边缘,将两个方形挂钩钩住车厢两侧边缘,然后用杠杆插入到圆盘上的槽中,旋动杠杆,带螺旋的拉杆跟着旋动,两个方形挂钩在拉杆的旋动下相向运动,使变形的车厢向内拉紧从而得到校正恢复。本实用新型结构简单,制造容易,使用方便,可以在成本很低的情况下达到非常理想的效果

表 6-3-13(续)

序号	获奖时间	专利号	名称	专利创新简介
5	2009.06.26	ZL200820230620.4	挠性联轴维修工具	本发明元件的强度比较高，与传递同等扭矩的其他联轴器相比。不但体积小，而且结构紧凑，性能非常稳定，而且寿命也很长。制造工艺比较复杂，成本比较高
		ZL200820230621.9	刮板运输机均煤装置	本发明工作时可将刮板机中机箱的底板抽离，以使两根翻板张开，其中一个翻板用作导料的作用，而另一个翻板用作阻料的作用
		ZL201110268128.2	粗煤泥分选工艺	本发明工艺简单，避免了由于浮精粒度变细导致加压过滤机长期处于满负荷或超负荷工作，减轻了加压过滤机生产压力，使整个生产环节省人省力又安全，工作效率高；粗煤泥分选后的尾矿掺入商品末原煤可避免其质量过盈的问题，既可保证商品末原煤质量的稳定又大大提高了经济效益
6	2010.06.02	ZL200920092634.9	加压过滤机滤扇校正装置	本发明是一种加压过滤机滤扇校正装置。本发明实用新型结构简单，制造容易，安装方便，设备在工作时，不会再因为滤扇受到压缩空气的压力和固体物料的挤压而倾斜、变形，损坏滤扇及其上的滤布
		ZL200920092635.3	楔形空心圆台状离心机筛篮吊工具	本发明实用新型结构简单，制造容易，操作使用方便，省事省力又安全，工作效率高；可有效避免筛篮从搬运人员手中脱落，砸伤腿脚或砸坏其他配件的事故发生
7	2012.01.25	ZL201120298472.1	松散物料自动采样器	本发明的自动采样装置包括：一个本体，具有一个第一端及一个第二端，该本体设有多个通道贯穿该本体的第一端及第二端；一个旋转器，连接该本体；及一个前盖，设有至少一个流体入口，该前盖覆盖于该本体的第一端并连接该旋转器
8	2016.12.28	ZL2016206555249	刮板机错牙与断链保护装置	本实用新型涉及刮板机错牙与断链保护装置。箱体的内部安装有激光测距仪，激光测距仪位于刮板机运输箱体的正上方，刮板机的运输箱体的两侧设有平行放置的链条，沿着链条长度方向且垂直放置于链条上均匀分布有至少一个刮板，刮板上固定安装有与出光镜头相对应的反射镜。本实用新型结构简单、耐用方便、使用效果佳

表 6-3-13(续)

序号	获奖时间	专利号	名称	专利创新简介
9	2018.01.02	ZL201720466321X	液压闸门开度检测装置	本实用新型涉及一种大坝闸门自动化控制设备，解决了常规测量不准确和累积误差的问题，具有测量精度、性价比高的特点，适用于各种闸门开度测量，可以接受远方监控计算机的控制指令，实现闸门的启闭，对闸门启闭高度进行精确的测量和数据共享等功能；本实用新型安装灵活、维护、拆卸方便，使用安全可靠
		ZL201720464391.1	浮选细颗粒脱水工艺自动化控制系统	本实用新型专利技术属于浮选细颗粒脱水工艺控制技术领域，尤其涉及一种浮选细颗粒脱水工艺自动化控制系统，包括快开压滤机自动控制系统和煤泥压滤集控自动控制系统，该装置解决了岗位人员不足、效率低和劳动强度大的问题

（二）创新成果

2006—2013 年陈四楼选煤厂创新成果见表 6-3-14。

表 6-3-14　2006—2013 年陈四楼选煤厂创新成果

序号	创新时间	创新成果	创新奖励
1	2006.04.30	“双三”绩效考核	获得全国煤炭工业企业管理现代化创新成果(行业级)三等奖
2	2007.12.20	中永一号洗精煤	河南省名牌战略推进委员会授予河南省名牌产品
3	2008.06.10	以降本增效为目标的“三位一体”精细化管理	获中国煤炭工业协会煤炭企业管理现代化创新成果二等奖
4	2009.04.16	以降本增效为目标的区域极限管理	获中国煤炭工业协会煤炭企业管理现代化创新成果三等奖
5	2012.12.20	基于对标管理的降耗提效模式的构建与实施	获中国煤炭工业协会煤炭企业管理现代化创新成果二等奖
6	2013.01.28	粗煤泥分选新工艺的研究与应用	获得全国煤炭工业企业管理现代化创新成果(行业级)三等奖

第四节　选煤厂安全管理

一、机构沿革

1997 年 11 月—2003 年 3 月，由陈四楼煤矿安全部门负责。

2003 年—2008 年 8 月，陈四楼选煤厂成立安培办负责选煤厂安全管理工作。

2008 年 8 月 10 日，陈四楼选煤厂根据工作需要，成立陈四楼选煤厂安检科，聘任孙兆义任安检科科长（副科级）。

2014 年 6 月，张秋林任安检科科长，安检科一般管理人员 2 人。

2016 年 12 月，刘东海任安检科副科长（主持工作），安检科 3 人。

2018 年 9 月，刘东海任安检科科长，安检科一般管理人员 3 人。

2020 年 10 月，选煤厂归陈四楼煤矿管理。

二、管理职责

陈四楼选煤厂安检部门主要管理职责：认真贯彻落实煤矿安全生产的法律、法规、规章、制度、标准以及上级安全生产管理；配合厂长召开安全办公会议，通过会议议定的厂安全生产管理理念，以及安全生产目标等事项；同时负责安全生产监督管理，组织制定安全生产规章制度；负责安全生产现场的监督检查，并牵头开展反“三违”工作，负责“三违”查处和宣教日常管理，做好“三违”人员教育工作，负责各科室、车间的安全结构工资及有关安全文件落实情况及考核工作并参加厂风险评估报告、隐患排查治理，重大安全风险管控工作，负责“三大规程”贯彻落实监督检查工作。负责事故隐患排查、治理的组织、监督，做好隐患统计分析工作，以及向上级部门上报隐患整改情况，负责厂日常应急管理工作。

三、安全管理制度

（一）安全生产责任制

2004 年 7 月，印发《陈四楼选煤厂安全生产责任制》，认真传达国家煤矿安全监察局文件《煤矿企业安全生产管理制度规定》的通知，制定选煤厂各岗位和职能部门的《安全生产责任制》。安全生产责任制按照岗位、职能、权利和责任相统一的原则，明确各级负责人、职能机构和岗位人员承担的安全生产责任和义务，将有效制定单位的全部安全生产责任逐步、逐个落实到每个岗位和人员。随着矿井产量不断提升，人员规模不断扩大，岗位的增多以及精细化管理的深入和全面推行“OEC”管理。选煤厂每年在原有的《安全生产责任制》基础上，对安全生产责任制进行梳理、修订和完善，不断细化各级管理人员、工种、岗位的安全生产责任制。同时制定了安全生产责任清单、安全考核标准、奖惩办法等内容。做到凡是在选煤厂所有从业人员都明确、清晰安全生产岗位职责，形成涵盖全员、全过程、全方位的安全责任体系。

（二）值班、带班管理制度

2015 年 2 月 28 日，陈四楼选煤厂制定出台《陈四楼选煤厂值班、带班管理制度》，落实安全生产责任制，督促各级管理人员深入现场了解、全面掌握当日安全生产动态，发现问题及时指示值班调度员组织相关部门迅速处理，并向有关领导汇报，必须亲临现场指挥，保证正常生产；值班人员坚持 24 小时值班（按照规定时间每天进行交接班）。规定值班不得迟到、早退和擅自脱岗；并认真填写好值班记录，详细记录当天各类情况，严格执行交接班制度。

1. 值班管理要求

(1) 厂值班人员分为主值班与副值班两部分,主值班人员为厂领导、生产技术科科长(调度室主任)、机电管理中心主任,副值班为各车间、科室的管理人员。

(2) 主值班、副值班人员采取分组轮流的方式进行值班,主值班为1人,副值班为2人。

2. 值班人员岗位职责

(1) 值班人员负责当天安全生产指挥、协调,有权力和责任对全厂在岗人员的现场作业及劳动纪律进行检查,需参加当天及次日早调度会,汇报值班期间安全生产情况及有关安全注意事项,做到全面、安全地完成当天各项任务。

(2) 值班人员应随时了解厂生产、安全状况,掌握安全生产动态,发生影响安全生产因素时,必须组织有关部门进行处理,必要时亲临现场指挥处理,并由主值班或指挥调度员按程序逐级上报。

(3) 值班期间发生事故时,在厂领导未到调度室之前,主值班负责事故抢救的临时指挥工作,副值班协助。

(4) 值班人员交接班时必须在值班记录上签字确认,并将本班安全生产情况及本班遗留问题向下班交接清楚。

(5) 值班人员严格执行24小时值班制,值班时间为早8:00至次日8:00,值班期间严禁空岗、脱岗,严禁饮酒。

(6) 值班人员在值班期间要保持通信畅通。若更换手机号码或改变通信方式,需及时通知生产技术科(调度室),以便于及时联系。

3. 值班其他要求

(1) 每月最后1日前,安检科将厂下月值班表以电子表格形式发给各值班人员。

(2) 值班人员若无特殊原因,必须按照厂值班表履行值班职责。若有特殊情况需调换值班次序者,主值班须由厂领导批准,副值班须由主值班批准,并报生产技术科(调度室)备案。

(3) 值班人员在值班期间原则上不得离厂外出。若确有特殊原因需要离厂外出者,需要告知调度室和当日其他值班人员去向及往返时间;若外出时间超出4小时,需申请调换值班。

(4) 由主值班牵头于当日20:00,在调度室召集值班人员召开碰头会,了解安全生产情况,安排相关工作,并在4点、0点班组织值班人员对现场至少进行一次排查,对排查出的问题拿出处理意见,由副值班收集整理后统一填写值班记录本,详细记录值班期间所发现的问题,并对问题的处理情况进行跟踪监督,实行闭环管理。

(5) 值班人员在值班期间要多深入现场,及时发现各类问题。对值班期间发生的重大事项必须亲临现场,按重大事项汇报处理程序积极进行处理。

(6) 每月月底由生产技术科(调度室)统计当月实际值班情况,存档备查,值班记录妥善保存。

4. 对值班人员的考核

（1）值班人员离岗但未履行请假手续者，按照永煤公司、陈四楼选煤厂相关规定考核。

（2）值班人员擅自缺席碰头会及巡岗排查工作者，对当事人罚款 100 元，月度“双基”考核扣 0.5 分/次。

四、安全办公会制度

2009 年 3 月 21 日，印发《陈四楼选煤厂安全办公会议制度》，认真贯彻落实安全生产方针和安全生产法律、法规及上级有关安全生产的政策、规定、指示、研究分析和解决选煤厂安全生产中存在的问题和隐患，提高厂的安全管理水平。认真总结上月安全生产中出现的一些问题和隐患以及一些做法与存在不足，协调解决安全生产中存在问题，以及当月安全生产具体工作，促进安全管理工作的开展。2009 年 3 月 21 日，制定选煤厂《安全办公会制度》，从 2010 年 3 月起每年都修订一次《选煤厂安全办公会制度》。

五、安全隐患排查制度

2007 年 12 月 4 日至 11 日，选煤厂研究决定开展“安全隐患排查周”活动。各单位对排查出来的安全隐患按照“五定”原则进行整改。

2009 年，印发《陈四楼选煤厂安全生产隐患排查与治理规定》（陈选安字〔2009〕第 26 号）。

2017 年，印发《关于开展安全隐患排查治理专项行动的通知》（陈选安字〔2017〕第 17 号）。

2019 年，印发《关于印发河南龙宇能源股份有限公司陈四楼选煤厂生产安全事故隐患排查治理管理规定的通知》（陈选字〔2019〕第 48 号），力争从源头上消除安全隐患，确保陈四楼选煤厂实现安全稳定发展。

2020 年 10 月，陈四楼选煤厂归陈四楼煤矿管理，《安全隐患排查制度》执行陈四楼煤矿制度。

第七篇

资源节约与环境保护

陈四楼煤矿坚持“环境保护优先、资源开发与环境保护协调发展”的科学发展理念和“绿色、低碳、环保、节能”原则，大力推进节能降耗、减排增效、清洁生产发展模式，积极依靠科技进步，加大投入，开展高耗能设备更新改造，提高能源利用率，降低能源消耗成本。按照减量化、再利用、资源化的原则，对“三废”实施资源化开发利用，资源集约开发，综合利用及“三率”指标居国内领先水平。按照“谁开发、谁保护，谁损坏、谁恢复，谁污染、谁治理，谁治理、谁受益”的原则，推进矿区环境综合治理，提升矿井环境形象。

第一章　节能与综合利用

第一节　体系建设

一、机构

2008年6月，陈四楼煤矿成立以矿长为组长、以总工程师为副组长、其他矿领导和相关部门负责人为成员的节能减排领导小组，并明确技术中心是矿节能减排管理机构。

2012年1月，技术中心建制撤销，节能减排管理业务划归生产科管理。

2012年2月至2021年，节能减排办公室共有专职人员3人，其中：正科级科员1人、副科级科员1人、技术主管1人。

陈四楼煤矿既是能源生产大户，又是耗能大户，抓好煤矿自身节能减排工作，对降低原煤生产成本，提高经济效益，促进矿井科学持续发展都具有重要意义。自建矿以来，陈四楼煤矿以建设“资源节约型、环境友好型”企业为目标，认真贯彻落实党和国家节能减排方面的基本方针，积极响应各级政府和行业制定的各项政策和标准，不断健全完善节能减排管理体系，成立了以矿长、矿党委书记为组长，总工程师为副组长，其他矿领导及相关科室为成员的节能减排领导小组，领导小组下设办公室，办公室设在生产科，配设专职人员，具体负责组织、协调、考核、指导工作。综合办、机电科、经管科、服务公司各设一名能源统计管理员，负责所在单位有关能源统计工作。

在制度建设方面，陈四楼煤矿制定印发有《陈四楼煤矿节能减排管理制度》，明确各基层单位节能减排职责，以及能源管理、能源计量及器具配备管理、能源统计管理、能源定额管理、能源利用状况分析管理、节能减排项目管理等相关管理规定；制定印发《陈四楼煤矿节能减排考核办法》，细化各责任单位协同节能减排工作管理职责，评价各责任单位在被考核阶段内工作效果，提升矿井整体节能减排管理水平，确保矿井顺利完成年度、规划有关节能减排指标；制定印发《陈四楼煤矿年度节能减排工作计划》，确定年度节能减排工作目标和实施项目，将公司下达的考核指标分解至各基层单位，并制定落实措施以加强管控。

二、管理措施

（一）加强大型固定用电设备的管理

依托矿井自动化项目，实现主煤流皮带运输集中控制，操作人员通过视频监控即可了解主煤流皮带运行状态，彻底解决了以往单一控制方式因通信联络不畅造成的设备空运转现象，大大提高了皮带机的运行效率；在空气压缩机运行管理方面，根据井下动力风的用风量及时调整压风机的工作时间和台数,并及时排除漏风、堵风现象,有效地保证了矿井动力供风的需求平衡,减少能量损失;在泵房排水设备运行管理方面,根据各采区的涌水情况,制定排水周期时间表,合理安排排水时间,避开用电高峰时段,减少水泵启动次数,杜绝小马拉大车、空运转或低负荷运转现象。

(二)积极推进节能减排四新技术推广应用

陈四楼煤矿通过推广应用行业先进节能减排四新技术,以项目带动拓展节能减排空间,争取节能效益最大化。实施主煤流强力皮带和架线电机车变频改造、主提升机控制系统改造、低压无功补偿、就地补偿、高压并联电容器补偿、空压机余热利用、矿井水余热利用等技改项目,推广燃气锅炉、变频提升绞车、螺杆空气压缩机、LED节能灯等先进节能设备。

(三)加强煤炭消费控制,减少煤炭消费总量

实施清洁能源锅炉替代工程,自2017年11月起,停运燃煤锅炉,煤炭消费量彻底消减,优化了能源消费结构。

(四)落实高耗能落后机电设备淘汰政策

对照《高耗能落后机电设备(产品)淘汰目录》(共四批),对本单位在用设备进行梳理,重点排查电动机、变压器、风机、泵、压缩机、电焊机等是否存在高耗能落后工艺和淘汰设备。

(五)激发基层单位参与节能减排的积极性

鼓励基层单位把节能降耗理念融入生产中去,矿井依托创新成果收购奖励机制,对节能降耗成效显著的小改小革按照科技成果进行收购奖励。

(六)加强节能减排宣传培训工作

充分利用《陈矿通讯》《永煤信息》《河南能源报》等载体以及节能活动周、低碳日等节日,宣传矿井节能减排战线涌现的先进事迹和先进人物,烘托全员参与节能减排工作氛围。每季度坚持开展一次节能减排培训,涵盖节能减排政策法规、节能减排四新技术,不断提升干部员工的节能减排意识和技术水平。

三、节能指标

陈四楼煤矿历年能耗指标及完成情况见表7-1-1。

表7-1-1 陈四楼煤矿历年能耗指标及完成情况

年份	实际完成		公司指标	
	单耗/(kgtce/t)	节能量/tce	单耗/(kgtce/t)	节能量/tce
2008	3.35	—	—	—
2009	3.18	822	—	—
2010	3.12	324	—	—
2011	3.1	90	—	45

表 7-1-1(续)

年份	实际完成		公司指标	
	单耗/(kgtce/t)	节能量/tce	单耗/(kgtce/t)	节能量/tce
2012	3.09	51	3.135	10
2013	3.05	194	3.11	10
2014	3.17	−523	3.22	−480
2015	5.2	−4 795	3.45	−980
2016	4.07	3828	5.73	−1352
2017	4.09	−38	4.22	−543.6
2018	4.15	−208	4.26	−600
2019	4.41	−761	5.13	−1 013
2020	4.71	−1756	5.34	−2 134
2021	4.33	—	4.53	—

四、节能项目

(一)井下变频技术改造

自2008年起,在主煤流强力皮带、斜巷提升绞车开始推广应用变频技术,先后完成南皮三部、北皮一部、−720辅助水平一部和二部、十采区一部强力皮带变频技术改造,−720轨道暗斜井、北部东翼轨道下山、北部西翼轨道下山、北翼−605轨道下山、十采区轨道上山、地面矸石山提升绞车变频技术应用。累计投资700多万元,年节约用电量900多万千瓦时,折合700多吨标准煤。

(二)无功补偿技术应用

2009年6月—2009年11月,对井下采区变电所实施1 140伏低压无功补偿改造,将功率因数由原来的0.7提高到0.9,并减少线路损耗3%。2010年4月—2010年5月,选用了BBW-200/660、BBW1-200/1140型两种矿用无功补偿装置(6台),在井下主运输皮带、压风机、液压绞车、2505综采工作面等投入使用,减少了用电设备无功功率损耗,提高电网供电质量和能力;2010年9月—2010年10月,通过采用TBB6-600AK型高压无功补偿装置(2套),在北风井通风机高压上进行了无功功率补偿,将电网功率因数由原来的0.70提高到0.95。项目累计投资55万元,年节能量980吨标准煤。

(三)锅炉节能改造

2009年9月—2012年12月,对锅炉房3台锅炉进行节能改造,其中1#利用现有锅炉的基础,锅炉本体水管系统全部更换,炉排更换为大块轻型链带式炉排或活络芯片型链带式炉排,引风机及电控系统更换改造,鼓、引风机(2×55千瓦)加装变频控制系统;2#锅炉由原SHL10-1.27-WⅡ型双横汽包链条锅炉更换为一台15吨/小时循环流化床锅炉,同时将鼓风机、引风机、水泵控制方式由风叶隔断更换为变频控制;3#锅炉利用现有锅炉的基础,由原 SHL10-1.27-WⅡ型双横汽包链条锅炉更换为一台 10 吨/小时循环流化床锅炉,同时将鼓风机、引风机、水泵控制方式由风叶隔断更换为变频控制。项目整体投资 504.31 万元,年可节约 2 300 吨标准煤。

（四）主井提升机控制系统改造

2009 年 12 月—2010 年 12 月,采用“交流双绕组同步电机＋三电平交直交变频＋全数字调节控制＋多 PLC 网络控制＋上位机诊断与监控＋局域网信息互联”的控制模式,对主井提升机原交交变频系统进行了改造,提高矿井提升系统的自动化水平和生产效率,单循环提升时间由过去的 108 秒减少到 96 秒,主井提升机工序能耗由原来的 0.476 千瓦时/(吨·公顷)降低到现在的 0.342 千瓦时/(吨·公顷)。项目总投资 718 万元,按每年 450 万吨的提升量,每年节约电量约 295 万千瓦时,折合 362.5 吨标准煤。

（五）中央压风机暖风余热回收利用

2014 年 3—11 月,对中央风井四台 AED-355 型螺杆式空气压缩机进行改造,利用热回收系统将这些原来排入环境中的热量进行回收用于职工洗浴用水,从而实现回收热能量的再利用。项目总投资 130 万元,每年可节约 755.85 吨标准煤。

（六）井下照明节能改造

2013 年 7 月—2014 年 12 月,将井下运输大巷、采区主要斜巷、主机房硐室等地点使用的 DGS36/127Y(36W)1 642 盏照明灯全部更换成 DGS36/127L 防爆型 LED(18 W)巷道照明灯,项目总投资 70 万元,年可节约电量 23 万千瓦时,折合 28 吨标准煤。

（七）采煤工作面刮板运输机变频器

2016 年 5 月,在 2801 工作面投入刮板运输机变频器,项目投资 100 万元,年可节约电量 24 万千瓦时,折合 30 吨标准煤。

（八）主煤流运输智能化控制技术改造

2017 年 6 月—2017 年 12 月,实施主煤流运输智能化控制技术改造,建立完善的主运输系统调度指挥中心,集控制、保护、监视、网上浏览于一体的远程生产指挥调度系统,实现皮带机智能连续控制,提高皮带机安全运输、减少人工、增加矿井煤流运输效率,年可节能 80 吨标准煤。

（九）清洁能源锅炉替代工程

2017 年 7 月—2017 年 10 月,实施清洁能源锅炉替代工程,将原 3 台燃煤锅炉(共 35 吨)拆除,新建 2 台 10 吨燃气锅炉。燃气锅炉供暖季运行,非供暖季停运,水源热泵机组配合空压机余热利用系统用于职工洗浴。较改造前消减燃煤消耗 5 000 吨/年,并大大消减了锅炉大气污染物排放量,同时实现年节能量 1 380 吨标准煤。

（十）矿井水水源热泵系统

2017 年 8 月—2017 年 10 月,在锅炉房安装 2 套 SGHP1650MHIV 型水源热泵机组,将矿井水余热吸收利用,用于职工洗浴用水加热。项目投资 315.7 万元,每天可产生热水约

200 吨。

(十一) 变频调速一体机应用

2019 年 10 月，在 21015 工作面推广 YJVFT-355L-4 型变频调速一体机与该工作面 SGZ764 型刮板输送机配套使用，减少了大负荷运行时谐波对电网的干扰、污染，提高了电网的清洁度，节省电力 30 万千瓦小时/年，节能量约 37 吨标准煤。

(十二) 高压变频器和变频调速无极绳绞车应用

2019 年 12 月，在 2803 工作面推广 BPJV-2×855/3.3 型高压变频器和变频调速无极绳绞车，可节省电力 18 万千瓦时/年，节能量约 22 吨标准煤。

(十三) 能耗在线监测系统建设

2020 年 7 月，根据河南省发展和改革委员会《关于进一步加快推进全省重点用能单位能耗在线监测系统建设的通知》等相关文件精神(豫发改环资〔2019〕477 号)，投资 17.6 万元委托郑州泰恩科技有限公司建设重点用能单位能耗在线监测系统，9 月 25 日数据进行正式上传省平台。同年 12 月通过永城市发展和改革委员会等政府部门联合验收，并获得财政资金补助 2.64 万元。

(十四) 永磁同步变频电动机应用

2020 年 8 月，在北皮一部改造应用 3 台 250 千瓦的矿用隔爆型三相列永磁同步变频电动机，传动效率约 94%，较“异步电机＋减速机＋联轴器＋液力耦合器系统”效率提高了 20%左右，年节电量达 38.6 万千瓦时。

五、取得的荣誉

2018 年 11 月，陈四楼煤矿被中国煤炭加工利用协会授予“2016—2017 年度会员单位节能减排先进企业”。

第二节　节水管理

一、体系建设

2016 年，陈四楼煤矿启动节水创建工作，成立了由矿长任组长的用水、节水管理领导小组，领导小组下设节水管理办公室，办公室设在生产科。制定并印发了完善的节水管理制度，层层抓管理、处处搞创建、分项抓考核，将节水意识深入矿井的每一个岗位、每一个员工。

二、管理措施

(一) 加大节水投入

为减少水资源消耗，提高水资源利用率，实现节水目标，陈四楼煤矿坚持减量化、再利用和资源化的原则，先后实施矿井水深度净化处理再利用项目、矿井水供送龙宇煤化工矿井水输水泵站项目、锅炉冷凝水回收改造项目、生活污水站中水回用等节水技改项目，正在实施矿井水再利用项目，有效缓解了用水紧张局面，减少了水资源消耗，通过对水资源的合理配置、高效和循环利用、有效保护和替代，大大提高了水资源的利用效率，并使污染物产生量最小化，符合国家建设资源节约型社会和清洁生产的要求，具有典型的示范效应。

（二）加强管网和计量管理

为规范供、排水管网管理，陈四楼煤矿一是对照实际，绘制供、排水管网图，各供、排水管路管径、埋管方式、水源类型等予以区分，便于维护；二是加强定期巡查，发现问题及时整改处理。在计量管理方面，严格按照有关规定实行三级计量，每月要求用水部门服务公司定期抄表，并建立台账报节水管理办公室。节水管理办公室按照用水定额管理制度按季度进行考核，考核结果纳入矿井季度节能减排考核，实行节奖超罚。

（三）强化节水宣教

为提高全矿干部员工的节水意识，陈四楼煤矿坚持“依法管水，科学用水，严格节水管理，促进节约用水”原则，积极利用“世界水日”“世界环境日”加大宣教力度，动员职工参与节水活动，大力营造节约用水氛围。

（四）开展水平衡测试工作

陈四楼煤矿于 2017 年 6 月份委托濮阳宏源节水技术有限公司对矿井各用水环节进行了水平衡测试。通过测试，较为客观地反映了矿井用水、节水情况，也为下一步节水工作指明了方向。

三、节水项目

（一）建设矿井水输水泵站和深度净化处理系统

2011 年，矿井分别投资 188.48 万元和 233 万元建设龙宇煤化工二期供水工程和矿井水深度净化处理系统。其中龙宇煤化工二期供水工程包括 600 毫米直径供水管路 1 趟，矿内输水泵站 1 座。输水泵站有自吸污水泵 5 台，3 用 2 备，水泵单台排量 300 立方米/小时，设计最大供水能力为 900 立方米/小时；矿井水深度净化处理系统采用宜兴海蓝生产的单级反渗透水处理装置，设计处理能力 200 立方米/小时，处理后的水用于矿区生产生活用水。

（二）实施多水源供水管网及控制系统改造

陈四楼煤矿供水管网建成于 20 世纪 90 年代初，当时只考虑一种水源。矿井水深度净化处理系统投入试运行后，共计有 5 种水质的水源可供使用。为高效和充分利用各种水源，同时做到既能各行其道又可互为补充互为备用，既节约水资源又能确保供水可靠和供水安全，于 2015 年对供水管网及控制系统进行了重新设计及改造。改造后，使矿井水处理项目发挥了综合效益，节约了深井水资源，节水节电效果明显。另外，通过改造，锅炉使用纯净水，硬度目前达到零，提高了锅炉的安全运行性能，故障率降低 30%，维修费预计降低 25%以上。

（三）实施锅炉蒸汽凝结水回收改造

2015 年改造前，蒸汽凝结水(80 ℃)回流到锅炉房后无处利用，直接排放。冬季每日排放80吨，夏季每日排放20吨；且回水管道线路长、寿命短、年年维修。改造后，采用气动机械泵来回收利用蒸汽凝结水，冬季可节约1/3洗浴耗能，1/6洗浴用水，减少管道维护量。夏季节约1/8洗浴用能，1/16洗浴用水。

（四）实施水塔水位控制自动报警改造

清水泵房工作人员每隔1小时要奔波于泵房与水塔之间，观看水塔内水的储存量和水的质量。由于水塔水满和需要上水时，全凭眼观和个人工作经验而定，因此，时常发生“水满为患”现象及上水不及时造成水位过低电机发生空转现象。陈四楼煤矿于2016年实施了水塔水位控制自动报警改造，当水塔水位过高和水位过低时，电铃自动响起提示，工作人员观看配电箱所显示指示灯，判断出水塔水将满和将要缺水信号，在安全管理上起到了双保险作用，避免了水往外流和电机空转现象，节约了水资源。

（五）实施中水回用项目

2017年，实施生活污水中水利用项目，中水管网覆盖全矿，满足了办公楼、公寓楼、矿医院、职工澡堂、机修车间等公共区域冲厕用水需求，同时能满足工业广场绿地灌溉、冲洗地面、洒水车水源等非饮用水需求。该系统实现了液位、压力、水量等变频自动控制，既能实现全天24小时用水高峰期中水顺利输送至矿区、煤化工输水泵站，不再外排，又能促使陈四楼煤矿全矿井实现污水零排放，年节约水量达10万立方米。

（六）实施地面供水系统改造

2019年，为改进地面供水方式，节约使用清水，提高供水的稳定性，对地面供水系统进行了改造，将原来水塔供水方式改为无塔供水，清水泵房供水泵电控部分增加变频自动控制系统，实现清水泵的自动控制，水泵直接连通供水管网，可根据地面用水时段的不同，自动调控水泵转速和起停。经过改造后，避免了水塔溢流造成的水资源浪费，同时在用水低峰期降低供水水压，减少水资源的消耗，改造后每月可平均节省5 000吨清水资源，可节省水资源税共计18万元，减排经济效益显著。

四、荣誉

2017年12月，陈四楼煤矿被永城市水利局、永城市科技和工业信息化委员会授予“市级节水型企业”称号。

2020年12月，陈四楼煤矿被河南省水利局、河南省工业和信息化厅授予“省级节水型企业”称号。

第三节　综合利用

一、掘进矸石综合利用

陈四楼煤矿每年产生掘进矸石数十万立方米，为落实煤炭资源“吃干榨净”的发展理念，实现资源利用效益最大化，减少矸石堆场对矿区环境造成的污染，陈四楼煤矿将掘进废石变废为宝,提供给河南开来实业有限公司、天龙建材进行制砖和无偿提供当地政府铺路等使用,年综合利用率达到100%。

二、废水综合利用

(一)矿井水综合利用

永煤集团于2006委托煤炭工业郑州设计研究院有限公司编制了《永城煤电控股集团有限责任公司矿井水综合利用工程可行性研究报告》和初步设计,将陈四楼煤矿等四矿原直接外排的矿井水回收并用于龙宇煤化工的生产用水,以节约水资源和减少污水排放对环境造成的污染。主要工程内容包括:对陈四楼煤矿等四矿井下水处理站进行扩建,并配备相关设备和供配电系统,同时在龙宇煤化工建设原水净化处理系统、除盐水站等工程,铺设输水管路,设计矿井水回收率80%,每年可综合利用矿井水量3 110万立方米,计划总投资12 644万元。国家发展和改革委员会以环资〔2017〕002号文同意列入2007年资源节约和环境保护第一批国债备选项目,商丘市发展和改革委员会以豫商市域能〔2017〕00020号文进行备案。商丘市环境保护局以商环审〔2017〕14号文对此项目环境评价进行了批复。2011年年底项目总体竣工,实际投资14 320.15万元,并通过永城市发展和改革委员会组织的项目竣工验收。

陈四楼煤矿输水泵站自2012年正式投运,原直接排放于环境的矿井水全部供送至龙宇煤化工,矿井水利用率达到100%,符合《清洁生产标准煤炭采选业》(HJ 446—2008)规定要求。

(二)生活中水综合利用

矿井生活污水处理站于2016年进行提质改造,处理后水质符合《城镇污水处理厂污染物排放标准》(GB 18918—2002)一级A标回用水标准。2017年,建成投用生活中水回用系统,处理后的中水主要用于宿舍楼和东办公楼等地点冲厕用水,绿化用水和洒水车水源,剩余部分通过管路进入输水泵站集水池,实现100%综合利用零排放。

三、余热利用

2014年,在中央压风机房安装4套HRC-COMP-355A热回收系统,将压风机原来排入环境中的热量进行回收并用于职工洗浴用水加热。

2017年,在锅炉房建成投用40吨/小时的水源热泵机组,该机组通过吸收矿井水余热对职工洗浴用水加热,配合空压机余热利用系统每天产生热水500吨左右,完全满足职工洗浴需求。通过两项目实施,较原采用锅炉加热洗浴用水方式大大减少了能耗,改善了矿井能源利用结构。

第二章　环境保护

第一节　机构与管理制度

一、机构

2012年3月，陈四楼煤矿成立以矿长、党委书记为组长，总工程师为副组长，其他矿领导和相关部门负责人为成员的环境保护管理工作领导小组，领导小组下设环境保护管理办公室，办公室设在生产科。

矿井投产以来，为保证环保工作的顺利开展，矿属各单位配备兼职环保管理员，负责本部门环保工作的自查、信息的交流等工作。至2021年底环保组共有专职人员3人，其中，正科级科员1人、副科级科员1人、技术主管1人。

二、管理制度

2009年6月，印发《陈四楼煤矿环境保护管理制度》。

2020年3月，印发《陈四楼煤矿危险废物管理制度》《陈四楼煤矿生态环境保护责任制》。

2021年3月，印发《陈四楼煤矿放射性同位素与射线装置安全和防护管理制度》。

第二节　环境治理

一、矿建时期环保管理

在陈四楼煤矿矿井及选煤厂建设主体工程的实施与配套环保设施的配备过程中，陈四楼煤矿严格执行“同时设计，同时施工，同时投入生产使用”的“三同时”制度。

1986年1月24日，根据原煤炭工业部《关于下达永城矿区环境影响评价和防止规划设计任务的函》(〔86〕煤基司字第23号文)精神，河南省煤矿设计院承担永城矿区环境影响评价任务，为环境治理规划提供科学依据，为矿区各单项工程的环境治理工程打好基础。矿区总体环境影响报告书批准后，各矿井及矿区辅助企业如无重大改变，不再进行单项工程的环境影响评价。

矿区开发环境影响评价总方案，于1987年3月31日至4月1日在郑州市经专家和代表们论证审查后，河南省环境保护局受国家环境保护局委托，于1987年4月4日以豫环管字〔87〕第27号文正式批准。

1989年10月，河南省煤矿设计院编制了《永城矿区开发环境影响报告书》。中国统配煤矿总公司、河南省环境保护局分别以《关于报批〈永城矿区开发环境影响报告书〉预审意见的函》(〔90〕中煤总环办第15号文)、《关于对〈永城矿区开发环境影响报告书〉的审查意见》(豫环监字〔1991〕05号文)对该报告进行了预审和审查。1991年3月2日,国家环境保护局印发《关于永城矿区开发环境影响报告书的批复》(〔91〕环监字第114号)。

1997年11月6日,矿井主体工程与环保工程同时竣工投产,各项环保设施正常运行,环保指标均达到设计及排放标准。

1999年5月25日,国家环境保护总局监督管理局对陈四楼煤矿进行竣工验收,出具了验收意见(环监验〔1999〕16号)。

二、投产以后环保管理

(一)制度执行落实

每年年初,陈四楼煤矿根据永城煤电控股集团有限公司下达的年度环保任务指标,制订年度环境保护工作计划,将各项目标指标落实到具体单位和人员,以确保年度环保工作任务的顺利完成。其间,对发生环境污染事故的单位和责任人实行一票否决制,取消年终评模评先资格,并按照集团公司员工奖惩规定追究责任。

为规范环境保护管理工作,提高环境保护管理水平,陈四楼煤矿健全了《陈四楼煤矿生态环境保护管理办法》,内容涵盖建设项目生态环境保护管理、水污染防治管理、大气污染防治管理、一般工业固体废物和生活垃圾污染防治管理、危险废物污染防治管理、工业噪声污染防治管理、道路扬尘治理(清扫)管理、出入矿运输车辆环保装运管理、大气污染防治"一长三员"管理、环保督察应急管理、环境信息公开管理排污许可申请管理、生态环境保护档案管理、突发环境事件和环境安全隐患分级及处罚标准、环保风险管控和事故隐患排查治理管理等涉及矿区环境保护工作的各个方面。依据"党政同责、一岗双责、齐抓共管""管行业必须管环保、管业务必须管环保、管生产经营必须管环保"的原则,制定印发了《陈四楼煤矿生态环境保护管理责任制》,为矿领导、各科室、各区队开展生态环境保护工作、履行岗位职责树立准则。

(二)清洁生产审核

2009年,为贯彻落实《中华人民共和国清洁生产促进法》,更好地做好节能、降耗、减排、增效,陈四楼煤矿决定在全矿开展清洁生产审核工作,成立了以矿长为组长,其他矿领导班子为副组长,副总工程师以及相关部门负责人为成员的清洁生产审核领导小组(陈矿生字〔2009〕101号)。同年5月,邀请河南省中原环境保护服务有限公司对清洁生产审核工作进行专业性指导,根据陈四楼煤矿实际情况制定出台了清洁生产操作方案。2010年3月17日,陈四楼煤矿顺利通过河南省清洁生产审核组的资料评审和现场评估,成为永煤集团首批通过清洁生产审核评估的企业。

为持续清洁生产,陈四楼煤矿于2014年6月启动第二轮清洁生产审核,2014年12月13日通过审核验收;于2019年6月启动第三轮清洁生产审核,2020年1月12日通过审核验收。

（三）绿色企业创建

根据商丘市环境保护局《关于开展市级"绿色企业"创建活动的通知》（商环文〔2009〕11号）精神，为进一步提高矿井环保管理水平，打造环境友好型企业，提升矿井良好形象，陈四楼煤矿于2010年开展商丘市第三批"绿色企业"创建，2010年12月，顺利通过商丘市环境保护局评审，获得商丘市"绿色企业"称号（商环文〔2009〕188号）。

2012年，陈四楼煤矿按照永煤公司要求开展河南省绿色企业创建。2012年11月22日，通过由省环境保护厅、工业和信息化厅以及永城市环境保护局、工业和信息化局组成的"河南省绿色企业创建"验收组实地验收。2013年4月1日，被河南省环境保护厅、河南省工业和信息化厅命名为第四批河南省"绿色企业"（豫环文〔2013〕78号）。

（四）绿色矿山建设

2012年6月，按照《国土资源部办公厅关于申报第三批国家级绿色矿山试点单位的通知》（国土资厅〔2012〕423号）、《河南省国土资源办公厅关于申报第三批国家级绿色矿山试点单位的通知》（豫国土资办〔2012〕45号）文件精神，永煤集团要求陈四楼煤矿申报第三批国家级绿色矿山试点单位。陈四楼煤矿对照国家级绿色矿山试点单位申报要求，认真总结矿井在依法办矿、规范管理、综合利用、技术创新、节能减排、环境保护等10个方面的工作基础、进展情况以及取得的初步成效，最终形成国家级绿色矿山试点单位申报书、申报图册和绿色矿山建设宣传视频上报。2013年4月7日，国土资源部发布第三批国家级绿色矿山试点单位名单公告（2013年第5号），陈四楼煤矿顺利入选。根据公告要求，陈四楼煤矿委托河南省国土资源科学研究院编制了《国家绿色矿山试点单位建设规划》，并认真组织实施。受2015年4月10日矿井发生瓦斯突出事故影响，陈四楼煤矿未能通过国家级绿色矿山验收。

2018年7月5日，永城市地质矿产局、永城市财政局、永城市环境保护局、永城市质量技术监督局联合印发《永城市加快建设绿色矿山工作方案》，明确要求陈四楼煤矿2019年重新完成绿色矿山创建任务。陈四楼煤矿在河南省煤田地质局地质一队的帮扶下，于2019年8月7日—8月10日高分通过河南省绿色矿山第三方评估验收专家验收。2020年1月8日，自然资源部发布《将中国石油天然气股份有限公司大港油田分公司等矿山纳入全国绿色矿山名录的公告》（2020年第3号），陈四楼煤矿顺利进入全国绿色矿山名录库。

（五）环境管理体系认证

2019年7月，为顺利完成绿色矿山创建，同时促进陈四楼煤矿环境保护管理工作与国际标准接轨，使环境管理工作迈向标准化、正规化的发展轨道上来，逐步实现环境与经济发展双赢，陈四楼煤矿决策开展环境管理体系认证工作。与方圆标志认证集团河南有限公司签订技术服务合同，对陈四楼煤矿建立环境管理体系进行全程指导，2019年12月8—9日通过方圆标志认证集团评审专家一阶段审核，2019年12月17—20日，通过方圆标志认证集团评审专家二阶段审核，2019年12月27日取得方圆标志认证集团认证证书，成为河南能源首家通过国际认证集团环境管理体系认证的煤矿企业。

三、环保宣传教育

陈四楼煤矿自建成投产以来，每年利用培训讲座、广播、内刊、牌板、标语等多种形式开展环境保护宣传教育，以增强职工群众的环保意识。尤其是每年的“六五”世界环境日期间，陈四楼煤矿通过散发环保知识传单，开展环保讲座和有奖知识竞答、悬挂宣传标语等形式，加大环保宣传力度，烘托节日氛围。2012年，申报第三批国家级绿色矿山试点单位期间，政工科、生产科联合拍摄了一部绿色矿山创建宣传片，展现了陈四楼煤矿自建矿以来在绿色矿山创建方面取得的丰硕成果。

环保绩效引领性企业创建。根据河南省生态环境厅《关于做好2020年重点行业绩效分级和重污染天气应急减排清单修订工作的通知》(豫环文〔2020〕86号)文件精神，为积极响应政府部门重污染天气差异化管控措施，减少秋冬季重污染天气应急管控对矿井生产造成的影响，陈四楼煤矿对照煤炭开采和洗选企业绩效先进性指标全面排查，整改不足，于2020年9月份向河南省生态环境厅提交环保绩效引领性企业申报材料。2020年12月通过河南省生态环境厅并公示。

四、废水治理

(一)生活污水

陈四楼煤矿原生活污水处理站于1990年12月由河南矿业建安公司开工建设，1991年11月竣工，基建投资79.26万元。处理站面积187平方米，污水处理厂容积为456立方米，安装2台生物转盘，采用微生物法进行处理，处理能力为20立方米/小时。处理后的水由韩沟流至沱河。

由于原生活污水处理站建成年代较早，处理工艺简单，处理能力较小，处理后的水质已无法满足现行污水处理标准，2007年8月，陈四楼煤矿委托南京嘉庆环保工程有限公司对生活污水处理站进行升级重建，重建后的污水处理能力为2500吨/天，采用“一体化生化池＋硅藻土处理”工艺，澡堂、公寓楼、办公楼、食堂等生活、办公场所产生的生活废水进入集水池后通过格栅机除去大部分的悬浮物和部分有机物，之后通过一体化池的厌氧反应、好氧反应以及兼性厌氧反应，利用活性污泥将污水中的有机物吸附并氧化分解，使污水得到净化，之后经过沉淀、过滤、消毒等工序后，剩余污泥进入压滤系统进行处理。工程于2008年6月竣工，2008年10月投入运行，项目改扩建投资228万元。

2014年12月，投资28.8万元委托河南蓓蕾环境工程有限公司对生活污水处理站进行提质改造，2015年4月竣工投入运行。改造使用了微孔爆气和生物膜技术，免去了加硅藻土环节，处理后水质符合《城镇污水处理厂污染物排放标准》(GB 18918—2002)中的一级A标要求。

2016年11月，投资42.6万元委托河南省合立建筑工程有限公司建造生活污水站中水回用系统，2017年4月竣工投入运行。项目投运后，处理后的中水主要用于宿舍楼和东办公楼等地点冲厕用水，绿化用水和洒水车水源，剩余部分通过管路进入输水泵站集水池。

生活污水站主要由预处理系统、生化反应系统、沉淀及消毒系统、污泥压滤系统、中水回用系统组成。其中预处理系统包括进水集水池1座和格栅除污机1台；生化反应系统包括一体化池1座和3台三叶型罗茨鼓风机；沉淀剂消毒系统包括硅藻土池1座和消毒池1座；污泥压滤系统包括污泥池1座、螺杆泵2台和压滤机1台；中水回用系统包括中水池1座和中水提升泵2台。每天产生生活污水约1 400吨，具体废水污染物处理情况如为（2019年监测数据）：pH值7.69；悬浮物7毫克/升；化学需氧量22毫克/升；五日生化需氧量6.4毫克/升；氨氮1.51毫克/升。符合《城镇污水处理厂污染物排放标准》（GB 18918—2002）一级A标准回用水要求。

（二）矿井水

原矿井水处理站于1993年10月由河南矿业三公司开工建设，1997年8月竣工，基建投资369.35万元。矿井水处理站主要构筑物包括：2个容积1 000立方米的调节池，2个容积800立方米的斜管沉淀池，总建筑面积525平方米，安装设备15台。矿井水经排水泵排至地面，再经排水管流到斜管沉淀池，沉淀池以聚合铝铁作絮凝剂，沉淀后的水一部分作为选煤用水，剩余部分经排水沟排到永砀公路边沟后，流入韩沟，经韩沟流入沱河。沉淀池以穿孔管排泥。

2002年，陈四楼选煤厂脱离陈四楼煤矿，矿井水处理站移交选煤厂管理。

2011年7月，陈四楼煤矿开工建设矿井水输水泵站（龙宇煤化工二期供水工程）和矿井水深度净化处理工程。其中输水泵站由河南国龙矿业建设有限公司承建，总投资269.43万元，其中土建投资183万元，设备投资86.43万元。输水泵站水池部分为钢筋砼无盖水池，尺寸为37米×18米×4.5米，半埋入地下；泵房部分为单层钢筋砼框架结构，总建筑面积650平方米。泵房内初始安装5台200LYB-450型离心式渣浆泵，三用两备，设计供送能力900立方米/小时，最大供送能力1 200立方米/小时。矿井废水经过矿井水处理站处理后进入输水泵站水池，经渣浆泵和15千米长DN600地下管路进入开控水务有限公司处理后作为龙宇煤化工生产用水使用。矿井水深度净化处理工程总投资233万元，其中土建工程投资58万元，由河南国龙矿业建设有限公司承建；设备购置及安装投资175万元，由宜兴市海蓝净化设备有限公司承建。采用“原水处理系统＋预处理系统＋反渗透”工艺，主要设施包括：一体化煤水处理装置2套、多介质过滤器2套、活性炭过滤器2套、反渗透系统2套、精密过滤器系统2套、保安过滤器系统2套。其中一体化煤水处理装置、多介质和活性炭过滤器设计处理能力200立方米/小时，预出水水质符合《城市污水再生利用城市杂用水水质》（GB/T 18920—2002）标准要求；反渗透系统出力为60立方米/小时，出水水质符合《工业锅炉水质》（GB/T 1576—2008）标准要求。处理水源来源于矿井水，处理后的软化水主要用于锅炉用水。2011年12月，两项目竣工投用，矿井水输水泵站移交陈四楼选煤厂运行管理，矿井水深度净化处理车间由矿服务公司运行管理。

2017年9月，陈四楼选煤厂实施矿井水处理站升级改造工程，在原污水站地址上新建1 500立方米/小时污水处理设施。项目总投资1 500万元，由开封中环公司承建。采用“机械混合池＋机械絮凝池＋平流式沉淀池”为主体的处理工艺。系统来水首先进入混凝池，向混凝池中投加絮凝剂PAC(聚合氯化铝),污水在混凝池中与PAC快速均匀混合,混合后自流至絮凝池,向絮凝池中投加助凝剂PAM(聚丙烯酰胺),污水在絮凝池中进行絮凝,小颗粒悬浮物凝聚成絮团,便于后续单元泥水分离。污水经过混凝絮凝处理后,进入平流沉淀池进行泥水分离,上清液通过溢流堰流至集水池,底部污泥通过刮泥机输送至污泥收集斗,然后通过重力作用将污泥排放至厂区现有污泥储存池,再通过原污泥脱水系统进行处理。处理后的水质满足《煤炭工业污染物排放标准》(GB 20426—2006)表2标准。处理后的矿井水一部分用于选煤补加水和矿井生产用水,剩余大部分进入矿井水输水泵站,通过专用管路供送至开控水务作为龙宇煤化工生产用水。

五、锅炉废气治理

陈四楼煤矿于1992年8月开工建设,1993年12月竣工,基建投资380.98万元(含锅炉房建筑、锅炉基础和烟囱),原安装3台SHL10-1.27-WⅡ链条锅炉,燃料为原煤,主要为职工洗浴、冬季供暖提供热量,总蒸汽量为30蒸吨。每台锅炉均配备1台XZZ/GT-10型旋风除尘器,除尘效率设计值为92%。3台锅炉共用1个50米高的烟囱,烟气经处理后由烟囱排入大气,锅炉运行为一用两备。

2009年9月—2010年3月,将原3#SHL10-1.27-WⅡ型链条锅炉更换为SHF10-1.25-WⅠ型内循环流化床锅炉,并拆除原链条锅炉配套的旋风除尘器,替换为麻石水膜除尘器,项目投资157.32万元。

2011年8月—2012年2月,将原2#SHL10-1.27-WⅡ型链条锅炉更换为SHX15-1.25-WⅡ型外循环流化床锅炉,并拆除原链条锅炉配套的旋风除尘器,替换为麻石水膜除尘器,项目投资263.99万元。

2015年1月—2015年12月,由洛阳桓生节能环保设备有限公司对锅炉房原有烟气处理装置进行升级改造,投资138万元,安装三套LYHS-CWY-48000-Ⅲ型高效除尘脱硫脱氮脱汞一体化装置,采用三级微分捕获三级微分净化处理技术,于2015年12月正式投入运行,运行后,锅炉烟气排放满足《锅炉大气污染物排放标准》(GB 13271—2014)。

2016年9月—2016年11月,建设安装锅炉烟气自动监控基站,项目投资30.7万元,其中设备25万元,土建工程5.7万元。

2017年7月31日,燃煤锅炉停运,开始实施燃气锅炉改造。原3台燃煤锅炉及配套鼓风机、引风机、烟气处理装置拆除,替换为2台10吨WNS10-1.25型全自动燃油燃气蒸汽锅炉,配备高效能进口燃烧机,采用"分级燃烧+烟气回流"低氮燃烧工艺。由哈尔滨红光锅炉总厂有限公司生产及安装。由于污染物排放浓度较低,不设废气处理设施。排气烟囱高度为30米。2017年11月份投入运行,项目总投资328.1万元。

燃气锅炉供暖季运行,非供暖季停运,每年使用天然气约180万立方米。具体废气污染物排放情况为(2019年监测数据):1#、2#燃气锅炉颗粒物排放浓度分别为35.7毫克/立方米和4.3毫克/立方米;二氧化硫排放浓度均为未检出;氮氧化物浓度分别为43毫克/立方米和43毫克/立方米。符合《锅炉大气污染物排放标准》(GB 13271—2014)表2标准和河南省燃气锅炉低氮排放要求。

六、矸石山治理

陈四楼煤矿矸石堆放点处在矿区东侧，场地总共占地约 1.5 万平方米，其中矸石堆放面积 0.5 万平方米。矸石在井下经矿车运送至副井，经副井提升机提升至地面，再由矿车运输至矸石山堆放点临时堆放，在矸石山排放过程中实施喷雾降尘，在综合利用方面矸石供应给河南开来实业有限公司、永煤集团天龙建材有限公司进行制砖，符合国家提倡的矸石综合利用途径。

2009 年，为加强矸石山山体无组织排放防治效果，陈四楼煤矿对矸石山喷雾降尘装置进行改造，矸石山山体覆盖有 20 个喷头形成的喷雾网络，喷备管道泵加压喷洒，每天定时喷洒水幕。同时矿井制定了矸石堆放点无组织排放管理制度，矸石堆放点所有环保设施明确责任人，纳入设备巡检及交接班检查事项，定时进行矸石堆放点山体喷雾。另外矸石山山体两侧采取箱式种植的方法对山体进行绿化，种植有速生杨、高秆冬青、蔷薇等各类植物 200 多株，防止无组织排放对大气造成污染。

2017 年 5 月，陈四楼煤矿进行矸石堆放场地防扬散、防流失改造，投资 200 万元。具体改造情况为：场地平整约 9 500 平方米，其中硬化 8 000 平方米；构筑挡土墙 107 米；构筑排水设施，包括硬化场地区域雨水收集系统、矸石堆放点区域污水及雨水收集系统；堆场周边植树绿化，种植高秆女贞、竹子爬山虎等；完善场地喷淋设施，包括矸石堆放点围墙上端安装 11 个喷淋设施，矸石堆放点东侧落矸点延伸两道喷淋设施管道，安装喷头 6 个远程喷枪；落矸点南北两侧裸露山体采用喷浆混凝土进行喷浆加固覆盖 900 平方米；建造拉矸车辆和矿车冲洗装置各 1 套；购置雾炮机 2 台，用于矸石装车防扬散。根据《永城矿区开发环境影响报告书》，陈四楼煤矿矸石中有害物质的含量接近当地土壤背景值，也在世界土壤标准底值范围之内，矸石的排放不会造成土壤的污染。另，根据第三方对陈四楼煤矿矸石的浸出试验结果，浸出液中的 pH 值和氟的含量符合饮用水卫生标准，其他有害金属元素含量很低或未检出，故矸石堆放受自然降水淋溶过程中，一般不会对地下水造成污染。据此，陈四楼煤矿矸石堆场未做防渗处理。

2019 年 2 月，陈四楼煤矿为进一步加强矸石山扬尘防治，投资 69.8 万元委托永城市安亚建筑劳务有限公司实施矸石山防尘网覆盖工程。主体结构为钢桁架结构，顶面为双向桁架，桁架两端直接支承在下部的主体结构框架柱上，柱顶设置周边环梁，提高下部主体结构的空间抗扭刚度，周边设置边桁架，从而形成一个完成的结构体系，覆盖顶面为张拉索＋防风抑尘网，总覆盖面积为 1 500 平方米。2019 年 5 月建成投用。

七、危险废物治理

陈四楼煤矿危险废物主要包括废矿物油和废油桶（危废代码分别为：900-249-08 和 900-041-49），均为井上下设备更换油脂产生。陈四楼煤矿分别建有废油贮存库和废油桶贮存库，其中废油贮存库于 2014 年 6 月建成投用，废油桶贮存库于 2018 年 9 月份建成投用。

废油贮存库和废油桶贮存库分别由矿供应科和经管科进行管理。库房警示标识、消防设施、围堰、废油收集池等设施完善，危险废物简介、管理制度、应急预案、废油产生工艺流程等牌板和出入库台账、巡检记录齐全，双人双锁管理。各区队产生的废油和废油桶分别交废油贮存库和废油桶贮存库暂存管理，矿根据库存情况按照合法程序不定期进行转移处置。

八、噪声治理

（一）噪声源治理情况

矿井在设计之初将选煤厂、压风机房、机修车间等主要噪声源与办公区、生活区合理布局，减少噪声对办公、生活的影响。在噪声源治理方面，主要采取措施有：

（1）积极采取降噪措施。对地面和井下安设有大型固定设备且长期接触噪声的场所安装或更换降噪设施。如主、副井绞车房设置操作间，锅炉房内水源热泵机组、地面中央压风机房安装隔音装置，南北风井主通风机房、压风机房安装隔音设施并设置值班室，井下装载硐室、水泵房安装隔音间等。

（2）积极推广自动化技术。井下中央变电所和各采区变电所、中央泵房和采区泵房，各主运强力皮带等均实现了自动化、集中化控制，设备均可在地面调度室进行开、停操作。撤销了井下泵房、变电所和主运皮带的岗位人员，改为定期巡检，减少了各岗位因噪声、振动可能对值守人员造成的危害。

（3）积极推广大型设备变频技术。井下主运皮带机、采煤机、主提升绞车等均选用或改造变频电动机，大大降低了能耗，同时降低了现场噪声，为井下作业场所提供了良好的操作环境。

（4）积极推广使用消音器。地面燃气锅炉燃烧机、井下局部通风机全部配齐消音器，经现场实测，噪声均在85分贝以下。

（5）积极推广应用岩巷作业线。岩巷掘进创新并推广采用液压钻车配套挖掘装载机、带式输送机的破岩机械化和连续出矸的岩巷作业线，使用液压钻车代替传统的风钻打眼，降低了现场风动工具的使用频率，减少了噪音源。

（6）加强噪声测试。主要测试地点现场配备了噪声测试仪，要求每季度对主要测试地点进行检测，随时掌握设备产噪情况，对于噪声异常设备及时进行更换或采取增加消音器或噪声吸声墙隔离措施进行消声。

（7）加强接噪岗位个体防护。对掘进支护、跳汰洗选等长期直接接触噪声的岗位，严格按照《煤矿职业安全卫生个体防护用品配备标准》（AQ 1051—2008）为职工发放防护耳塞、防振手套等相关工种劳保用品。

（二）厂界噪声治理情况

针对南、北风井厂界噪声超标问题，2018年10月，陈四楼煤矿投资58万元委托河南蓓蕾环境工程有限公司完成南、北风井降噪技改工程。经永城市环境监测站监测验收，南、北风井厂界噪声符合《工业企业厂界环境噪声排放标准》二类声功能区厂界噪声限值要求。

九、无组织排放治理

（一）砂石料场无组织排放管理

陈四楼煤矿砂石料场建有储料棚 1 座和搅拌站 1 座，占地面积 700 平方米。原储料棚为钢架结构，顶部为彩钢瓦，东、西、北三侧半密闭，下部为砖混结构，南侧为开放空间。

2019 年 1—3 月，为加强砂石料扬尘防治，投资 28.56 万元（该工程与矿内其他零星工程打包签订合同）委托永城煤电控股集团兴龙服务有限公司对储料棚进行改造，采用钢管梁＋防风抑尘网将原砂石料料仓大棚（规格 54 米×12 米）三面、搅拌站大棚（规格 12 米×5.5 米）三面进行密闭。此外，配备 3 台雾炮机，砂石料装卸作业和搅拌作业时，开启雾炮机进行降尘。

（二）注浆站无组织排放管理

陈四楼煤矿在工业广场和南、北风井各建有 1 个注浆站，现场为半开放式作业，无密闭设施和除尘设施。2019 年 6 月至 9 月，投资 178.06 万元（该工程与矸石山废旧物资储存大棚建设工程打包签订合同）委托河南全盈建设工程有限公司实施注浆站密闭工程，对中央及南、北风井注浆站及水泥罐体进行全密闭，并各安装 1 套除尘器。除尘器风量为 16 000 立方米/小时，型号为 XGF01-9。2019 年 9 月建成投用。

（三）矸石山废旧物资储存场无组织排放管理

原陈四楼煤矿矸石山废旧物资为露天存放，为美化矸石山周边环境，减少无组织排放，2019 年 6—9 月，投资 178.06 万元（该工程与注浆站密闭工程打包签订合同）委托河南全盈建设工程有限公司实施矸石山废旧物资储存大棚建设工程，在矸石山废旧物资储存场地建设废铁储存大棚和废旧物资储存大棚各 1 个，采用钢架＋彩钢瓦＋防风抑尘网结构。其中废铁储存大棚面积 1 431 平方米，废旧物资大棚 765 平方米。

（四）电气焊焊烟无组织排放管理

为加强电气焊焊烟无组织排放管理，2019 年 11 月—2019 年 12 月，陈四楼煤矿投资 26 万元委托河南蓓蕾环境工程有限公司，在机修车间、区队加工间各安装 1 套固定式焊烟净化处理装置，风量分别为 19 000 立方米/小时和 15 000 立方米/小时。另各零散电焊作业地点共配置 9 台移动式焊烟净化处理装置，风机功率为 2.2 千瓦。

（五）道路运输无组织排放管理

陈四楼煤矿于 2016 年制定《出入矿运输车辆环保装运管理规定》，要求运输车辆严格按照此规定装运，出入矿进行冲洗。2015 年 7 月和 10 月，投入 30 万元分别购置 HFC4DA1-2C 型吸尘车和旧洒水车一辆，用于进矿公路和地销公路吸尘、冲洗保洁。2019 年 1 月，为进一步提高矿区道路机械化清扫水平，提升保洁质量，投入 91.03 余万元购置道路洒水车、吸尘车和垃圾装运车各 1 辆，其中洒水车型号为 ZLJ5182GQXDFE5，长沙中联重科环境产业有限公司生产，额定功率 155 千瓦，轴距 4 500 毫米，排量 6 700 毫升，排放标准Ⅴ，水罐容量 9.87 立方米；清扫车型号为 CLW5110TXSD5，程力专用汽车股份有限公司生产，额定功率 115 千瓦，轴距 3 800 毫米，排量 3 856 毫升，排放标准Ⅴ；垃圾运输车型号为ZLJ5120ZYSDF1E5，长沙中联重科环境产业有限公司生产，额定功率 118 千瓦，轴距 3 800 毫米，排量 4 752 毫升，排放标准Ⅴ。制定道路清扫作业时间表，每天定时实施道路保洁作业。

（六）煤炭产品、副产品装卸无组织排放管理

为减少煤炭及副产品装卸过程产生的扬尘和因此产生的环保税，依据《河南省环境保护税核定征收暂行办法》环保税核减标准以及永煤公司 2021 年 8 月 6 日环保税专题会议要求，于 2021 年 9 月，投资 69.4 万元委托河南蓓蕾环境工程有限公司实施煤仓、矸石仓布袋除尘项目，投资 59.98 万元委托河南龙升锐岐环保科技有限公司实施煤仓、矸石仓干雾系统装置项目。其中块煤装车点 4 个装卸口安装独立集气罩，通过管路连通共用 1 套 15 000 立方米/小时风量的袋式除尘器，车辆进出口安装干雾降尘喷雾，共用 1 套干雾降尘装置；中矸仓装车点 6 个装卸口安装独立集气罩，通过管路连通共用 1 套 20 000 立方米/小时风量的袋式除尘器，车辆进出口安装干雾降尘喷雾，共用 1 套干雾降尘装置；精煤仓装车点 2 个装卸口安装独立集气罩，通过管路连通共用一套 5 000 立方米/小时风量的袋式除尘器；火车装运点两个装卸口及临时装煤点安装独立集气罩，通过管路连通共用一套 10 000 立方米/小时风量的袋式除尘器。各布袋除尘器处理后的废气通过 15 米高排气筒高空排放。

十、挥发性有机物治理

2018 年 7 月—2018 年 12 月，投资 37.8 万元委托河南恒泰环保工程有限公司实施封闭式喷漆房及废气净化处理项目。在机修车间建设固定式喷漆房 1 座，尺寸为 12 米(长)×6 米(宽)×4 米(高)，挥发性有机物治理采用光催化氧化工艺，喷漆房总排气量大于 20 000 立方米/小时，处理后的废气通过 15 米排气筒高空排放。

2020 年 8 月，按照《河南省 2019 年挥发性有机物治理方案》要求，低浓度有机废气或恶臭气体采用低温等离子体技术、UV 光催化氧化技术、活性炭吸附技术等两种或两种以上组合工艺。为此，投资 5.9 万元委托河南恒泰环保工程有限公司实施喷漆房 VOCs 治理升级改造项目，在原工艺的基础上增加了活性炭吸附装置。

十一、生活垃圾治理

自建矿以来，陈四楼煤矿生活垃圾交由陈集镇政府填埋处置。

2019 年 5 月，为进一步规范生活垃圾处置，陈四楼煤矿与永城市协鑫再生能源发电有限公司签订处置协议，由陈四楼煤矿送交该公司进行无害化处置。

十二、其他

为美化矿区周边环境，切实承担环保治理义务，2019 年 3 月—2019 年 4 月，陈四楼煤矿投资 30.06 万元委托河南详旭建筑工程有限公司，对矿外东、西侧废水沟进行清理。其中东侧水沟为开来实业西门南侧至练楼新村庄中小桥北侧共计 360 米，清挖工程量约 3 600 立

方米;西侧水沟为矿北小学桥北侧至练楼新村到王套楼东西路,共计 80 米,清挖工程量约 8 640 立方米。

2020 年 10 月,依据《河南省 2020 年重污染天气重点行业绩效分级实施办法(试行)》以及《河南省重污染天气机械加工等 13 个行业应急减排措施制定技术指南》中"煤炭开采和洗选企业绩效先进性指标"的要求,投资 4.7 万元委托河南盈汉环保科技有限公司实施矸石堆场环保门禁系统项目,投资 9.1 万元委托河南腾龙环保工程有限公司实施选煤厂环保门禁系统项目,在矸石堆场东门、东门岗、北门岗各安装一套大宗商品门禁系统。

第三节 矿山地质环境恢复治理

一、环保手续

(一) 排污许可证办理

2007 年 8 月,向河南省环境保护厅申请核发排放重点水污染物许可证,证号:豫环许可豫字 148004 号,有效期限:2007 年 8 月 27 日—2009 年 8 月 26 日。

2010 年 5 月,向河南省环境保护厅申请核发排污许可证,证号:豫环许可豫字 14002 号,有效期限:2010 年 5 月 24 日—2012 年 5 月 20 日。

2012 年 7 月,向河南省环境保护厅申请排污许可证换证,证号:豫环许可豫字 14002 号,有效期限:2012 年 7 月 30 日—2014 年 7 月 29 日。

2014 年 8 月,向永城市环境保护局申请排污许可证换证,证号:豫环许可永字 201407 号,有效期限:2014 年 8 月 29 日—2017 年 8 月 29 日。

2017 年 12 月,向永城市环境保护局申请排污许可证换证,证号:豫环许可永字 201709 号,有效期限:2017 年 12 月 11 日—2020 年 12 月 10 日。

2019 年 12 月,向永城市环境保护局申请核发全国统一版本的排污许可证,证号:91411481MA3XBWE25Y001V,有效期限:2019 年 12 月 22 日—2022 年 12 月 21 日。

(二) 建设项目环评手续办理

2007 年 12 月 28 日,河南省环境保护局印发《关于河南龙宇能源股份有限公司陈四楼煤矿北风井工程环境影响报告书的批复》(豫环审〔2007〕36 号)。

2016 年 11 月 16 日,永城市环境保护局《永城市环境保护局环保备案公告》(永环然备公告〔2016〕5 号),给予陈四楼煤矿南风井建设项目环评备案。

2018 年 12 月,委托重庆大润环境科学研究院有限公司对陈四楼煤矿封闭式喷漆房及废气净化处理项目编制环境影响报告表。2018 年 12 月 11 日,永城市环境保护局以永环审〔2018〕124 号进行批复。2020 年 5 月 3—4 日,委托河南松筠检测技术有限公司进行验收监测,并组织竣工环境保护验收。12 月 11 日,永城市环境保护局以永环审〔2018〕125 号进行批复。2019 年 7 月 12—14 日,陈四楼煤矿委托河南省正信检测技术有限公司进行验收监测。2019 年 8 月 4 日,组织竣工环境保护验收。

2019年7月，委托重庆大润环境科学研究院有限公司对陈四楼煤矿废矿物油储存库项目编制环境影响报告表。2019年7月9日，永城市环境保护局以永环审〔2019〕42号进行批复。2019年7月12—14日，陈四楼煤矿委托河南省正信检测技术有限公司进行验收监测。2019年8月4日，组织竣工环境保护验收。11月，委托重庆大润环境科学研究院有限公司对陈四楼煤矿地面区域1＃、2＃、3＃钻场及注浆站项目编制环境影响报告表。2019年11月27日，永城市环境保护局分别以永环审〔2019〕85、86、87、88号进行批复。

2020年4月，委托甘肃宜洁环境工程科技有限公司对北风井建设项目重新进行环评，编制建设项目环境影响报告表。2020年4月30日，永城市环境保护局以永环审〔2020〕23号进行批复。2020年5月30—31日，委托河南豫洁源检测技术服务有限公司进行验收检测。2020年7月12日，组织竣工环境保护验收。5月，河南省生态环境厅印发《关于开展工业企业“六治理”任务自主验收工作的通知》，要求5月底前完成“六治理”自主验收及备案。2020年5月3—4日，委托河南松筠检测技术有限公司进行“六治理”项目环境保护验收监测；5月30日，组织相关专家和技术人员对“六治理”项目进行了专项验收；7月6日在永城市环境保护局完成备案。

2021年6月，委托河南大伟工程项目管理有限公司对陈四楼煤矿六采区底板水害地面区域治理1＃、2＃钻场项目编制环境影响报告表。2021年7月7日，永城市环境保护局以永环审〔2021〕35、36号进行批复。

二、矿山地质环境恢复

（一）统筹部署情况

按照《永煤集团股份有限公司采煤塌陷区搬迁、复垦及补偿管理办法》（永煤股份〔2008〕173号）要求，征迁复垦公司是集团公司处理塌陷搬迁、复垦和补偿事务的主管部门，切实履行矿山地质环境保护与土地复垦职责。

2012年，首次编制了《河南龙宇能源股份有限公司陈四楼煤矿矿山地质环境保护与恢复治理方案》并通过国土资源部地质环境司审查备案。方案服务年限为69年，即2011年1月—2080年12月。方案适用年限5年，即2011年1月—2015年12月。为有序推进工作开展，2017年12月，按照国家有关要求组织编制《河南龙宇能源股份有限公司陈四楼煤矿矿山地质环境保护与土地复垦方案》，该方案已通过自然资源部评审并公示。确定本方案服务年限为25年(2018年1月—2042年12月)。方案编制基准年为2018年。方案适用年限为5年，即2018年1月—2022年12月。

新方案针对该段时间内将产生的矿山地质环境问题进行了总体工程部署：① 前5年采矿活动区地质灾害、含水层、土壤污染监测工程布设与监测；② 塌陷区村庄治理工程；③ 塌陷区地裂缝充填工程。服务期限内，严格执行新方案中各项要求。

矿井生产过程中严格按照方案要求进行矿山地质环境保护与土地复垦工作部署，及时按照方案中治理工程规划进行各项治理任务。截至2021年，陈四楼煤矿共形成采煤塌陷区面积44 664.7亩，方案要求治理面积11 192.4亩，已治理面积12 403.72亩。2011—2015

年度土地复垦方案:北二采区任务 3 615 亩,完成北二采区 2 023 亩;南一、南三、南七采区任务 7 065 亩,完成 6 838 亩;2018—2021 年度土地复垦方案:共规划复垦任务 3 389.4 亩,已完成治理面积 617.7 亩;方案外塌陷区复垦完成:北四采区 505 亩,南十一采区完成 1 650 亩,南十三采区完成 770 亩。

(二)生态治理恢复情况

2003 年 4 月 18 日,陈四楼煤矿开展首个沉陷区复垦工程项目,刘大庄复垦工程,工程面积 622 亩。该项目是利用财政部、国土资源部 2002 年度探矿权、采矿权使用费及价款项目进行的矿山地质环境项目。截至 2020 年年底,陈四楼煤矿陆续投入 1.51 亿元,治理刘大庄、练楼、张大庄、冯寨等塌陷区共 14 042.92 亩,工程施工采用挖深垫浅、固体废弃物填充、泥浆泵等多种施工工艺。秉承复垦后形成的耕地及鱼塘交付原村民使用的原则,复垦土地共交付 10 337.45 亩,其中交付耕地 6 813.26 亩,鱼塘 3 524.19 亩,投入鱼塘、地力等土地交付补偿费用 1.38 亿元。治理形成的耕地及鱼塘采取村民自用、土地流转、项目开发等多种利用方式。在复垦区开展农作物种植、果木、大棚、水产、牲畜养殖、光伏清洁能源等多元化农业、工业项目,建成以果木、大棚、水产、牲畜养殖、娱乐休闲为一体的冯寨村农业生态园 3 332 亩,林洋光伏发电项目 592 亩,八里庙榕树林 200 亩,演集潘庄物流园 154 亩,极大地提高当地经济发展水平。

(三)村民安置情况

1. 陈四楼煤矿阳光安置社区

陈四楼煤矿塌陷天齐阳光一、二期安置小区,该小区全部为二层独院居民楼群,2010 年 3 月征地 404.319 5 亩。征地费用 1 738.363 4 万元,其他道路、电、供排水等费用 636.854 万元,共计投资 2 375.217 4 万元,建楼 370 栋二层二单元,建筑面积 14.56 万平方米,安置 4 个自然村 828 户,3 291 人,安置户数 635 户,2010 年搬迁结束。

三期征地 316.862 亩,征地费用 1 571.94 万元,楼补及公共设施费用 10 316.13 万元,其他道路、电、供排水等费用 846.565 9 万元,附属物 1 604.224 万元,共计投资 14 338.859 9 万元,建筑面积 24 万平方米,安置 14 个自然村 1 939 户,6 800 人,截至 2021 年年底已安置 1 292 户,天齐和东区已搬迁完毕。

阳光四期征地 380 亩,征地费用 2 139.2 万元,该地块为搬迁备用地,准备安置 2 个行政村 1 370 户,4 800 人。

2. 陈四楼煤矿陈集中心安置社区

陈集镇建设中心安置社区(菊花社区、富伦益民、月季社区)。小区规划占地 416.679 亩,征地费用 1 846.44 万元,楼补费用 9 464.636 万元,其他道路、电、供排水等费用 678.52 万元,已建 3536 套面积 40.8 万平方米,准备安置 2 200 户,7 700 人。

3. 陈四楼煤矿丰庄安置社区

征地 376.203 亩,征地费用 1 886.23 万元,其中该社区楼补费用 840.98 万元,演集镇潘庄安置户的楼补已经支付到位,人员已入住。道路、电、供排水等费用 634.798 9 万元,设计建筑面积 21 万平方米,安置 18 个自然村 1 500 户,6 000 人。

三、矿区环境绿化

(一) 概况

陈四楼煤矿矿区绿化面积达 32 213 平方米,专用道路、生产区、办公区、生活区等区域未有裸露地表,硬化区域以外均已绿化。

矿井有银杏、香樟、法桐、杨树、棕榈、高秆女贞、广玉兰、桂花、海棠、樱花等近 40 类乔木类树种 1 826 株;红叶石楠、小叶黄杨、金叶女贞、蔷薇等灌木类树种 13 万余株;种植草坪约 15 000 平方米,乔木类、灌木类、藤类等多种绿化树种相互搭配,达到了相互促进、互不影响、相得益彰、功能与观赏性相结合等效果,构成一个和谐有序、稳定的园林绿化系统,形成了独有的陈四楼煤矿园林景观。陈四楼煤矿与专业绿化养护公司签订绿化托管服务协议,详细制定了绿化养护管理标准,将矿区工业广场内所有绿地草坪、花木托管交给专业养护队伍进行管理,通过采用科学的绿化养护方法,针对不同树种、树龄、生长势强弱和季节温度变化,根据绿化与美化程度,通过修剪、除草、松土、施肥、浇灌、排涝、病虫害防治等专业养护,保证了矿区内所有花草苗木的良性生长。

(二) 矿区绿化工程实施情况

矿区从 1995 年开始种树绿化。1997 年,工业广场绿化工程完成,全矿总绿化面积 26 734.28 平方米。

2009 年,对矿大门以东清水泵房以西进行了景观设计,种植了广玉兰、红叶石楠球等苗木 200 余棵。

2011 年,调度楼门前新增绿化面积 700 平方米,区队办公楼与澡堂之间新增绿化面积 300 平方米。种植金森女贞 5 292 棵、红叶石楠 1 078 棵、樱花 10 棵、广玉兰 13 棵、蜡梅 4 棵、桂花 6 棵、木槿 6 棵、紫薇 6 棵、草坪 185 平方米、大红叶石楠球 1 棵、花叶常春藤 300 棵。

2011 年,矸石山山体进行绿化,绿化面积约 3 000 平方米,栽种杨树 135 棵、紫穗槐 76 棵,撒种草籽 30 斤。

2013 年,新建综合楼新增绿化面积约 1 300 平方米,栽种桂花 23 棵、樱花 12 棵、牡丹 15 棵、美人蕉 716 棵、红叶石楠球 15 棵、金森女贞 2 802 棵、鸢尾 4 148 棵、红叶石楠 7 711 棵、紫薇 42 棵、棕榈 10 棵、木槿 8 棵、香樟 16 棵、草坪 320 平方米。

2015 年,对矿南大门西侧绿化地进行整体铺设草坪种植花木,铺设草坪面积约 4 733 平方米,种植樱花 136 棵、红叶石楠 1 650 株、月季 350 株、石楠球 5 棵、海棠 23 棵。

2017 年,对进矿公路两侧进行了绿化,新增绿化面积 4 230 平方米,换填深度 1 米,换填土方量约为 5 500 立方米。道路两侧人行道种植法桐约 530 棵。道路北侧人行道外侧分 3 排种植,依次为金森女贞球约 150 棵、红叶石楠树约 200 棵、高秆女贞约 200 棵。道路南侧胡庄路口以东人行道外侧种植雪松约 35 棵、水杉约 30 棵、垂柳约 220 棵、红叶碧桃约 100 棵、紫薇约 260 棵、樱花约 200 棵、棕榈约 30 棵、连翘约 10 000 平方米、麦冬约 1 600 平方米、红花草 5 000 平方米。道路南侧胡庄路口以西人行道外侧分 3 排种植，依次为金森女贞球约 150 棵、红叶石楠树约 200 棵、高秆女贞约 200 棵。

2018 年，对南北风井进行绿化，栽种竹子 800 株、高秆女贞 83 棵。矸石山山体覆土 760 方，种植杨树 40 棵、爬山虎 500 株、海桐 100 株，撒种草籽 60 斤。

第四节　环境突发事件应急处置

2016 年，为建立健全环境污染事件应急机制，提高企业处置突发环境污染事故的能力，有效预防环境污染事故，减轻突发环境污染事故对环境的影响和对人民群众造成的危害，陈四楼煤矿依据《中华人民共和国环境保护法》《中华人民共和国突发事件应对法》和国务院办公厅《关于印发突发事件应急预案管理办法的通知》(国办发〔2013〕101 号)、《河南省企业事业单位突发环境事件应急预案备案管理办法(试行)的通知》(豫环文〔2015〕116 号文)等相关法律法规，委托许昌环境工程研究有限公司编制了《陈四楼煤矿突发环境事件应急预案》，并逐年修订完善。

事件分级：参照《国家突发环境事件应急预案》突发环境事件分级标准，按照突发环境污染事故严重性和紧急程度分级，并结合矿井实际情况，共将事故分为 3 级，依次为Ⅰ级、Ⅱ级、Ⅲ级。

适用范围：《陈四楼煤矿突发环境事件应急预案》适用于本矿的生产区(采煤矿区、选煤厂及其他辅助设施区域)、矿区所在地周边环境敏感区域和上述区域内人员对突发环境事件的预警预防、应急处置和救援工作。

工作原则：陈四楼煤矿在建立突发环境事件应急系统及其响应程序时，贯彻如下原则：坚持以人为本，预防为主；坚持统一领导，分类管理，分级响应；坚持平战结合，专兼结合，充分利用现有资源；坚持指挥机构单独设立，应急不能职能交叉、分散力量的原则。

组织领导：陈四楼煤矿组建了以矿长、党委书记为首的安全事故应急处置机构，下设抢险救灾组、技术保障组、后勤保障组、通信保障组、警戒保卫组、医疗救护组、善后处理组、事故调查组、信息发布组等 9 个具体的应急小组。并在安全事故应急救援队伍的基础上组建环境事件应急救援队伍，更专业地应对环境事故。陈四楼煤矿突发环境应急指挥部由矿长、副矿长及总工程师担任指挥部总指挥和副总指挥，成员由环保、安全、物资供应、机电运输等部门领导组成，应急救援指挥部设在调度室，调度室人员等作为日常工作人员。

预防和预警：为及时掌握环境风险源的情况，对环境风险事故做到早发现早处置，最大限度地避免或降低环境事故造成的危害，陈四楼煤矿建立健全危险源监控体系，对环境风险源的监控采用人工监控与视频监控相结合，安排专职人员进行 24 小时巡逻，并在企业内部安装 24 小时自动监控系统。预警工作按照“早预防、早发现、早报告、早处理”的原则及突发环境事件等级、发展趋势、危害程度，及时发布预警或提出相应的预警建议，组织实施相应的预警措施。

预警分级：按照突发环境污染事件的严重性、紧急程度和可能波及的范围，突发环境污染事件的预警可分为 3 级，预警级别由低到高，等级依次为Ⅲ级、Ⅱ级、Ⅰ级。根据事态的发展情况和采取措施的效果,预警等级可以升级、降级或解除。

——Ⅰ级预警。设备、设施严重故障,发生火灾、爆炸、泄漏,事故污染物已流入附近水域或扩散到周边社区,企业已无力控制,企业预计发生的紧急事故、事件或灾情特别重大。

——Ⅱ级预警。设备、设施严重故障,发生火灾、爆炸、泄漏,事故污染物已流入附近水域或扩散到周边单位、村镇、社区。

——Ⅲ级预警。为已发生事故,在极短时间内污染物在厂界内被控制、处置,未对周边单位、社区、村庄产生影响的事故。

预警响应:按照突发环境事故的可控性、严重程度和影响范围及应急响应所需资源,将突发环境事件分为3个不同等级:Ⅰ级事件(重大突发环境事件)、Ⅱ级事件(较大突发环境事件)、Ⅲ级事件(一般突发环境事件);针对不同级别突发环境事件分别启动相应级别应急响应,Ⅰ级响应(重大突发环境事件)、Ⅱ级响应(较大突发环境事件)、Ⅲ级响应(一般突发环境事件)。

应急程序:当发生突发环境事故时,立即启动本级应急预案,组织开展应急救援工作。主管领导应当迅速赶赴事故现场,指挥应急救援队进行处置,控制事态发展;当事故无法得到有效控制时,应及时向上级领导报告,请求启动上级应急预案。进入应急响应后,现场应急小组根据事故情况开展应急救援协调工作,必要时成立现场指挥部负责指挥和协调工作。

应急措施:矿应急救援指挥部收集到的有关信息表明本企业突发环境事件即将发生或者发生的可能性增大时,进入应急响应阶段并采取有效应急措施。应急救援时,坚持“营救受困人员和保护应急救援人员安全优先,防止事故扩大优先,保护环境优先”的原则。

应急监测:事故状态下的监测方案,包括污水处理站事故废水外排、矿井水外排、选煤厂废水外排、矸石自燃情况,以及污染物的排放情况等。有关信息必须提供给应急人员,以确定选择合适的应急装备和个人防护设施。

在与第三方监测单位签订应急监测协议时,如发生突发环境事件,第三方监测单位应第一时间赶赴现场,听从指挥部指挥,开展应急监测工作。现场由总指挥统一调配,密切配合公安消防部门进行抢救,严禁冒险蛮干。努力争取在事故发生的初期阶段控制住险情,如事故可能扩大,应立即上报政府部门,请求增援。

事故报告时限和程序:陈四楼煤矿发生Ⅰ级、Ⅱ级、Ⅲ级突发环境事件,按照环保要求进行处置。现场处置人员认真填写相关记录,并将相关记录及时上报矿应急指挥部。

一旦发生Ⅰ级环境事故,当事人员应向矿应急救援指挥部办公室(调度室)报告,应急指挥部领导应及时将情况向永煤公司应急救援指挥部办公室(永煤公司调度室)报告,同时矿应急救援指挥部领导要在第一时间赶赴现场,启动实施应急措施。并根据事故类别,在1小时内向永城市公安局、永城市环境保护局、永城市安监局、永城市政府办上报。报告内容包括发生的突发环境事件的类别、起始时间、可能影响范围、预警级别、警示事项、事态发展、相关措施。

突发环境事件的报告分为初报、续报和处理结果报告3类。初报从发现事件起15分钟内上报。初报可用电话或直接报告,主要内容包括环境事件的类型、发生时间、地点、污染源、主要污染物质、人员受害情况、是否需疏散，以及疏散半径等情况。续报在查清有关基本情况后随时上报。续报可通过电话、网络或书面报告，在初报的基础上报告有关确切数据，事情发生的原因、过程、进展情况及采取的应急措施等基本情况。处理结果报告在事件处理完毕后立即上报。处理结果报告采用书面报告，处理结果报告在初报和续报的基础上，报告处理事件的措施、过程和结果，事件潜在或间接的危害、社会影响、处理后的遗留问题，参加处理工作的有关部门和工作内容，出具有关危害与损失的证明文件等详细情况。

报告应采用适当方式，避免在当地群众中造成不利影响。各部门之间的信息交换按照相关规定程序执行。如果环境污染事故的影响范围涉及区域外时，必须立即形成信息报告连同预警信息报永城市委市政府。按照政府信息工作有关要求，通报相关市、县。Ⅰ级事件对外信息通报由永城市政府统一发布，Ⅱ级、Ⅲ级事件对外信息通报由永煤公司统一对外发布。

应急终止：符合下列条件之一的，即满足应急终止条件：① 事件现场得到控制，事件条件已经消除；② 污染源的泄漏或释放已降至规定限值以内，且事件造成的危害已经被消除，无继发可能；③ 事件现场的各种专业应急处置行动已无继续的必要；④ 采取必要的防护措施以保护公众免受再次危害，并使事件可能引起的中长期影响趋于合理且尽量低的水平。

现场指挥部确认终止时机或由事件责任单位提出，经现场指挥部批准，向所属各专业应急救援队伍下达应急终止命令；应急状态终止后，相关类别环境事件专业应急指挥部应根据政府有关指示和实际情况，继续进行环境监测和评价工作，直至其他补救措施无须继续进行为止。

应急状态终止后，同时通知本矿单位以及附近周边企业、村庄和社区危险事故已经得到解除；对现场中暴露的工作人员、应急行动人员和受污染设备进行清洁净化；对于此次发生的环境事故，将起因、过程和结果向有关部门做详细报告；全力配合事件调查小组，提供事故详细情况，相关情况的说明以及各监测数据等；对整个环境应急过程进行总结、评价。

第八篇

科技创新

自矿井1997年投产以来，陈四楼煤矿认真贯彻落实国家有关科技工作方针、政策和上级部门科技创新工作精神，依靠自主创新大力实施科技兴矿战略和可持续发展战略，以实现安全生产和提高经济效益为中心，不断健全完善科技创新管理体系，加大科技投入力度，扎实推进科技市场管理及运作，促进矿井安全技术管理水平不断提升。截至2021年，矿井共产生重大科技成果300多项，其中获得国家科技进步二等奖1项，获得省部级成果奖21项，获得地厅级成果奖88项；累计申请职务专利200项，其中发明专利40项，实用新型专利160项；累计授权职务专利182项，其中发明专利28项，实用新型专利154项。并先后荣获“煤炭工业科技进步十佳煤矿”“全国煤炭工业特级安全高效矿井”“煤炭工业科技创新示范矿”“河南省煤炭系统管理创新最佳企业”“河南省优秀科技创新型单位”等殊荣。

第一章　科技管理与科技成果

第一节　机　　构

一、组织机构

1997年陈四楼煤矿正式投产以来，科技与科研管理工作很长一段时间内没有单独成立组织机构。

2005年6月30日，陈四楼煤矿技术委员会成立，矿长任技术委员会主任，总工程师任技术委员会副主任，成员由机电副矿长、生产副矿长、永煤集团安监局驻矿安监处处长、经营副矿长和采掘副总工程师组成，是陈四楼煤矿技术工作的最高决策机构，负责重大技术决策，对矿井科技攻关项目、技术推广项目、管理创新项目的特等奖和一等奖进行最后审定通过，对年创利润10万元(含10万元)以上50万元以下及一次性创利润50万元以上的各类创新成果的收购、提成进行审定通过等。

同时，成立陈四楼煤矿技术市场管理领导小组，矿长任技术市场管理领导小组组长，总工程师、机电副矿长、采掘副总工程师任副组长，成员由其他矿领导、生产科科长、机电科科长、企管科科长组成，负责组织领导并检查、监督技术市场管理工作，对年创利10万元以下各类科技创新成果的收购、提成进行最后审定通过。

2009年2月6日，陈四楼煤矿成立科技委员会，矿长任科技委员会主任，总工程师及机电副矿长任科技委员会副主任，成员由掘进副矿长、纪委书记、副总工程师和矿长助理组成。负责贯彻执行党和国家及上级有关科技工作的方针、政策；审定矿科技发展规划、年度科技项目计划；落实执行集团公司和龙宇公司下达的科技工作任务；布置、落实、推进矿科技工作，定期主持召开科技工作会议；审定矿科技工作政策和科技制度。科技委员会下设管理工作领导小组，矿长任组长，分管科技工作的副总工程师任副组长，领导小组办公室设在技术中心。管理工作领导小组下设技术创新小组和管理创新小组，其中技术创新小组组长由技术中心主任担任，成员由机电、采煤、通风副总工程师和生产科科长组成；管理创新小组组长由企管科科长担任，成员由政工科、劳资科、安检科科长组成。

二、科技机构

2008年以前，矿井科技工作由生产科负责。

2008年4月17日，经矿党政联席会议研究决定，生产科科技工作管理业务划归技术中心管理。

2012年1月31日，为进一步优化组织结构，建立精简高效的机关管理机制，经永煤集团股份有限公司研究批复,同意矿井撤销技术中心,业务划归生产科。

主要职责包括负责组织编制科技发展规划、年度科技项目计划及年度科技工作计划;负责组织申报公司级及以上科技进步奖、职务专利,争取各类奖励和资金补贴;负责填报年度、季度科技报表;负责组织科技成果验收、收购工作,兑现科技成果奖励;负责落实、监督年度科技计划项目及年度科技计划工作进展情况,开展研发项目费用及加计抵扣税申报工作;积极做好科技教育培训与交流工作;负责组织开展创新成果推广工作;负责组织开展技术创新成果和管理创新成果展示评选、季度及年度创新能力绩效考核工作;负责科技市场网络信息宣传工作;负责建立科技成果资料档案及处理其他科技日常管理工作。

第二节　科技管理

一、管理制度

2004年9月27日,印发《陈四楼煤矿科技管理办法》,首次明确科技项目管理流程、科技成果评定办法、奖励方式和奖励标准,并规定科技成果每年12月评定一次。

2005年6月30日,印发《陈四楼煤矿五年科技发展规划》,计划2～3年内建立和完善科技发展与管理体系。印发《陈四楼煤矿技术市场管理办法》,建立了内部科技市场机制,规范内部科技市场运作。印发《陈四楼煤矿科技项目管理办法》,进一步规范了科技项目基本实施程序,强化了科技项目管理的责任机制。

2008年7月14日,印发《陈四楼煤矿科技成果管理办法》,进一步规范了科技成果登记、科技成果发布、科技成果验收及鉴定、科技成果转化、科技成果知识产权保护等各环节管理流程。印发《陈四楼煤矿科技成果奖励办法》,将科技成果评审由年度评审收购改为季度评审收购,并依据上级科技成果奖励办法,制定矿级各类成果收购奖励标准。印发《陈四楼煤矿科技成果推广实施方案》,成立机电、开拓掘进、采煤、通风监测和管理创新5个专业推广小组,并下达了2008年17项重点推广成果计划。印发《陈四楼煤矿五年科技发展规划》,围绕矿井科技进步发展需求,明确未来5年的目标和重点。

2009年2月6日,印发《陈四楼煤矿科技市场管理制度》,将技术市场运作管理制度、科技项目管理制度、科技成果管理制度、科技成果奖励制度、科技成果推广制度、知识产权管理制度、研发费用管理制度合成一个制度,进一步健全了科技市场管理体系。以后每年结合集团公司和永煤公司科技管理要求和矿井实际情况进行修订下发。

2009年5月15日,印发《陈四楼煤矿2009年科技项目及节能项目计划》,首次将征集并通过审批立项的科技项目和节能项目以文件形式下发。以后每年根据科技计划项目征集情况,制订下发当年度科技项目计划。

二、科技资金管理

(一)科技资金提取

2004年,依据《永煤集团公司科技经费提取使用管理办法》,矿井科技经费按上年销售收入的1%提取，列入当年企业财务预算。2007年，依据永煤集团修订后科技经费提取使用管理办法，矿井设立科技经费专项账户，科技投入按不低于上年销售收入的2%提取。2019年，印发《陈四楼煤矿科技开发经费管理办法(试行)》，规范科技开发经费的来源为企业自筹、上级公司拨款和各级财政拨款等。企业自筹资金实行单独核算管理，设置"其他应付款\科技开发经费"科目，用于提取、上交和使用科技开发经费。按主营业务收入(不含贸易收入)的2%提取科技开发经费，其中20%～40%进行归集，上交河南能源集中管理剩余自留部分根据实际情况自主使用。

(二) 科技开发经费使用

坚持"专款专用、统一规划、适度集中、分级管理，保证重点、兼顾一般"的原则；坚持"项目实施和预算管理相结合"的原则；坚持合规使用、厉行节约的原则。

科技资金投入主要包括：参与科技研发人员人工费，研发活动直接消耗的材料、燃料和动力费用；用于中间试验和产品试制的模具、工艺装备开发及制造费，试制产品的检验费；用于研发活动的软件、专利权、非专利技术的摊销费用；新产品设计费，新工艺规程制定费、勘探开发技术的现场试验费等。

2008—2021年陈四楼煤矿研发费用投入情况见表8-1-1。

表8-1-1 2008—2021年陈四楼煤矿研发费用投入一览表

年度	研发投入/万元	年度	研发投入/万元	年度	研发投入/万元
2008	4 441.49	2013	4 421.55	2018	3 953.65
2009	3 063.06	2014	5 001.01	2019	3 933.17
2010	2 135.90	2015	1 649.56	2020	4 647.17
2011	4 455.73	2016	3 204.42	2021	4 386.59
2012	4 535.33	2017	5 411.75		

三、科技市场绩效考核

2008年7月10日，印发《陈四楼煤矿管理技术创新管理办法》，对各基层单位"双创"工作实行季度考评，考评结果分为A、B、C、D四个等级。考评A、B、C等级的，分别奖励单位月度工资基数的15%、10%、5%，技术负责人分别奖励3 000元、2 000元、1 000元。D级不奖不罚。

2009年3月12日，印发《陈四楼煤矿科技创新市场化考评办法》，将"双创"考评改为"积分制"考核，月度考核，季度兑现，涉及"创新体系、科技培训、科技项目、创新计划、创新成果、推广应用、专利管理、QC成果"共8个积分项目。每季度根据累计积分结果分系统排序，第一名奖励本季度月平均工资的5%，第二名奖励本季度月平均工资的3%。

2011年3月30日，印发《陈四楼煤矿创新能力绩效考核办法》，将创新绩效积分考核项目扩充到13个大项、50个小项，覆盖创新活动开展全过程。考核结果按积分划分为A、B、C、D、E 5个等级，40分以上(含40分)为A级，30～40分(含30分)为B级，20～30分为C级(含20分)，10～20分为D级(含10分)，10分以下为E级。季度考核被评为A、B、C级的单位,对应每个等级再按系统进行排名,依据排名前后,对班子成员正职和技术副队长按人均分别按 3 000～4 000 元,2 000～3 000 元和 1 000～2 000 元进行奖励,副职及技术员按正职的 80%进行奖励。D 级不奖不罚。对 E 级单位的正职罚和技术副队长各罚 1 000 元,其他副职及技术员各罚 800 元。

同时分区队、科室制定年度创新能力指标,每年年终考核一次,在完成年度创新成果能力指标的情况下,按得分排名靠前的优先推选矿"双创"先进单位。

2019 年 4 月 20 日,修订印发《陈四楼煤矿科技创新绩效考核办法》,将季度创新绩效考核结果应用到当月内部市场化考核,考核结果为 A、B、C 级的单位,对科室内部市场化分别积 3 分、2 分、1 分,对区队内部市场化分别加分 6 分、4 分、2 分;考核结果为 D 级的单位,不奖不罚;考核结果为 E 级的单位,对科室内部市场化积－1 分,对区队内部市场化扣 2 分。

四、创新激励

2004 年 9 月 27 日,印发《陈四楼煤矿科技管理办法》。奖励范围包括生产、安全、经营管理等各领域所取得的科技成果(含科技成果、科技推广应用、合理化建议、五小成果、优秀地测资料、优秀设计、优秀论文、三化管理等),每年收购奖励一次。2004 年陈四楼煤矿科技成果收购奖励标准见表 8-1-2。

表 8-1-2 2004 年陈四楼煤矿科技成果收购奖励标准

类别	等级				
	特等奖	一等奖	二等奖	三等奖	鼓励奖
科技成果	10 000 元	7 000 元	5 000 元	2 000 元	500 元
科技推广应用	10 000 元	7 000 元	5 000 元	3 000 元	1 000 元
合理化建议	—	1 000 元	500 元	300 元	200 元
五小成果	—	500 元	300 元	200 元	100 元
优秀地测资料	—	3 000 元	2 000 元	—	300 元
优秀设计	—	3 000 元	2 000 元	—	300 元
优秀论文	—	1 000 元	800 元	—	400 元
三化管理	—	3 000 元	2 000 元	—	200 元

2005 年 6 月 30 日,印发《陈四楼煤矿科技项目管理办法》,对科技成果奖励类别及奖励标准进行修订,见表 8-1-3。

表 8-1-3 2005—2007 年陈四楼煤矿科技成果收购奖励标准

类别	等级			
	特等奖	一等奖	二等奖	三等奖
科技成果	20 000 元	10 000 元	5 000 元	2 000 元
技术推广成果	20 000 元	10 000 元	5 000 元	2 000 元
管理创新成果	—	10 000 元	5 000 元	2 000 元

表 8-1-3(续)

类别	等级			
	特等奖	一等奖	二等奖	三等奖
技术革新成果	—	5 000 元	2 000 元	1 000 元
合理化建议成果	—	5 000 元	2 000 元	1 000 元
优秀设计	—	5 000 元	2 000 元	—
优秀论文	—	800 元	—	—
五小成果	—	800 元	—	—

2008 年 7 月 10 日，印发《陈四楼煤矿科技成果奖励办法》，应用技术类成果、新技术推广成果、软科学及管理创新成果、技术革新成果和五小成果实行收购奖励，优秀设计、合理化建议、职务专利、优秀论文实行评审奖励。科技成果评审收购由每年一次改为每季度一次。2008—2011 年陈四楼煤矿收购类科技成果奖励标准、评审类科技成果奖励标准分别见表 8-1-4、表 8-1-5。

表 8-1-4 2008—2011 年陈四楼煤矿收购类科技成果奖励标准

类别	等级			
	特等奖	一等奖	二等奖	三等奖
应用技术类成果	20 000 元	10 000 元	5 000 元	2 000 元
新技术推广成果	15 000 元	8 000 元	4 000 元	1 500 元
软科学及管理创新成果	10 000 元	6 000 元	3 000 元	1 200 元
技术革新成果	6 000 元	4 000 元	2 000 元	1 000 元
五小成果	800 元	500 元	200 元	50 元

表 8-1-5 2008—2011 年陈四楼煤矿评审类科技成果奖励标准

类别	等级		
	一等奖	二等奖	三等奖
优秀设计	一次性节约或创利 100 万元以上	一次性节约或创利 50 万元以上 100 万元以下	一次性节约或创利 50 万元以下
	15 000 元	8 000 元	4 000 元
合理化建议	一次性节约或创利 20 万元以上	一次性节约或创利 10 万元以上 20 万元以下	一次性节约或创利 10 万元以下
	3 000 元	2 000 元	1 000 元
职务专利	职务发明专利	职务实用新型专利	职务外观专利
	10 000 元	5 000 元	1 000 元
优秀论文	中文核心期刊	省级期刊	公司级刊物
	1 500 元	1 000 元	500 元

2012年3月3日，印发《陈四楼煤矿科技市场管理制度》，进一步提高科技成果奖励标准，增加QC成果奖励和专有技术奖励。专利实行预付制，被国家知识产权局受理且下达受理通知书的，先对专利完成人兑现专利评审奖励的50%，被国家知识产权局授权且颁发授权通知书的，兑现剩余50%。发表论文实行预审制，对外发表论文，须经审批备案方可发表，否则不予报销、奖励。2012—2021年陈四楼煤矿收购类科技成果奖励标准、评审类科技成果奖励标准、专有技术奖励标准分别见表8-1-6、表8-1-7、表8-1-8。

表8-1-6　2012—2021年陈四楼煤矿收购类科技成果奖励标准

类别	等级			
	特等奖	一等奖	二等奖	三等奖
应用技术类成果	30 000元	20 000元	10 000元	5 000元
新技术推广成果	20 000元	10 000元	5 000元	2 500元
软科学及管理创新成果	15 000元	8 000元	4 000元	2 000元
技术革新成果	10 000元	6 000元	3 000元	1 200元
五小成果	1 500元	1 000元	500元	200元

表8-1-7　2012—2021年陈四楼煤矿评审类科技成果奖励标准

类别	等级			
	一等奖	二等奖	三等奖	四等奖
优秀设计	一次性节约或创利100万元以上	一次性节约或创利50万元以上100万元以下	一次性节约或创利30万元以上50万元以下	一次性节约或创利10万元以上30万元以下
	20 000元	10 000元	5 000元	2 500元
合理化建议	一次性节约或创利20万元以上；安全三违率、隐患率、机电事故率等指标下降5%～10%及以上	一次性节约或创利10万元以上20万元以下；安全三违率、隐患率、机电事故率等指标下降3%～5%	一次性节约或创利5万以上10万元以下；安全三违率、隐患率、机电事故率等指标下降1%～3%	一次性节约或创利1万以下；安全三违率、隐患率、机电事故率等指标有所下降
	5 000元	3 000元	1 500元	800元
职务专利	职务发明专利	职务实用新型专利	职务外观专利	—
	10 000元	5 000元	1 000元	—
QC成果	国家级/省部级	国家级/省部级	国家级/省部级	—
	20 000元/10 000元	15 000元/8 000元	10 000元/5 000元	—
优秀论文	中文核心期刊	省级期刊	公司级刊物	—
	1 500元	1 200元	800元	—

表 8-1-8　2012—2021 年陈四楼煤矿专有技术奖励标准

奖励类别	奖励等级				
	一等国家级	二等行业级	三等省行业级	四等公司级	五等矿级
技术标准	30 000 元	25 000 元	20 000 元	10 000 元	4 000 元
技术管理手册	25 000 元	20 000 元	15 000 元	8 000 元	3 000 元
管理规范	20 000 元	15 000 元	10 000 元	5 000 元	2 000 元

五、科技成果管理

2008 年 7 月，印发《陈四楼煤矿科技成果管理办法》，办法规定科技成果的登记、发布、验收评定、转化、知识产权保护等程序。科技成果指矿员工履行岗位职责和利用本单位的物质技术条件完成的科技项目在实施中所取得的重要进展和完成后经有关部门组织验收鉴定形式的技术成果（含新技术、新产品、新工艺、新材料、新设计、新装置、计算机软件及专利、论文和专著等），其中技术上有重大创新、在集团公司处于领先水平或有重大推广应用价值、产业化前景及经济效益显著的属于重大成果。

科技成果登记。技术中心负责检查科技项目验收成果的登记执行情况，督促科技项目承担单位及时进行成果登记。项目负责人应于项目验收鉴定后 1 个月内，提交完整有效的验收鉴定证书和研究报告，并到技术中心填写科技成果登记表进行科技成果登记，履行登记手续。技术中心汇总年度科技项目重大成果验收情况，于每年 1 月底前将上年度项目重大成果验收情况报集团公司技术中心。

科技成果发布。技术中心负责科技成果信息发布与管理，每月定期发布科技信息，每周定期发布科技成果展示信息，其他单位经技术中心同意后也可自行发布。科技成果归属关系存在争议或成果发布、发表将影响专利申请或其他知识产权保护的不得先行对外发布、发表。成果的发布、发表不得损害陈四楼煤矿利益，不得泄露陈四楼煤矿秘密。

科技成果验收、评定。采取每季度评定一次的办法，评定时间为下一季度第一月份上旬，由技术中心定期发布验收通知。评定程序分为初评和终评。

科技成果转化。科技成果转化是指项目验收后被转化到生产经营实际中应用、推广和再开发的活动。技术中心利用各种科技成果信息平台，加强宣传，扩大科技成果的影响力，促进其推广应用。各单位完成的科技成果应在本单位大力推广应用，也可进行成果输出转让，产生经济效益。

知识产权保护。落实知识产权和专利战略，涉及矿井利益的重大产学研合作项目，通过合同约定项目承担单位和合作单位各自对研究成果和知识产权拥有的权益。科技成果涉及国家秘密和公司秘密的，有关各方应遵照《中华人民共和国保守国家秘密法》和《科学技术保密规定》及相关规定实施管理。

六、技术标准发布

2019 年，国家能源局第 8 号文发布陈四楼煤矿承担编制的《煤矿岩巷掘进空气柱装药光面爆破技术要求》(标准号:NB/T 10377—2019)。

第三节　科技成果及奖励

一、成绩

(一) 获省部级及以上成果

截至2021年,陈四楼煤矿累计获得省部级及以上科技成果奖21项,见表8-1-9。其中"陈四楼建矿深井井筒冻结技术"获得1998年国家科技进步二等奖。

表 8-1-9　截至 2021 年陈四楼煤矿省部级以上科技成果奖一览表

序号	成果名称	完成单位	完成人员	获奖时间	获奖情况
1	深冻结井外层井壁结构研究	永城矿区项目建设委员会	刘云涛等	1992年	能源部科技进步奖三等奖
2	陈四楼煤矿深井井筒冻结技术	永城矿区项目建设委员会	刘云涛等	1996年	煤炭部科技进步奖一等奖
3	陈四楼煤矿深井井筒冻结技术	永煤集团公司	刘云涛等	1998年	国家科技进步奖二等奖
4	永煤陈四楼煤矿内部市场化机制下的预算管理研究	永煤集团公司陈四楼煤矿	张延明、申顺更、马正兰、金新、黄传清	2007年	河南省科技进步奖三等奖
5	软弱破碎围岩巷道支护机理及技术研究与应用	陈四楼煤矿	张延明、马正兰、武梅良、翟金腾、袁德铸、李顺峰、谢子文、杜云宽	2008年	中国煤炭工业科学技术奖三等奖
6	深部开采沿空送巷锚杆支护技术研究	陈四楼煤矿、西南交通大学、中国矿业大学	翟金腾、袁德铸、李爱军、张新过、梁雷、周钢、李玉寿、张永强、张书印	2009年	中国煤炭工业科学技术奖三等奖
7	陈四楼煤矿通风及监测系统仿真技术研究与应用	陈四楼煤矿、辽宁工程技术大学	杨青松、王利伟、荣向东、王珏、徐金陵、代林聚、王刚、袁德铸、刘剑	2010年	河南省科技进步二等奖
8	深部高应力煤巷围岩变形机理与控制技术研究	陈四楼煤矿、中国矿业大学	翟金腾、周钢、王利伟、王珏、邢顶门、张后全、李爱军、张新过、王启善	2010年	中国煤炭工业科学技术奖三等奖
9	深部煤岩体变形破坏特征与软岩巷道支护技术研究	陈四楼煤矿、西安交通大学、中国矿业大学	杨青松、王利伟、翟金腾、漆泰岳、周钢、王珏、刘建功、张新过、黄思强	2011年	中国煤炭工业科学技术奖三等奖

表 8-1-9(续)

序号	成果名称	完成单位	完成人员	获奖时间	获奖情况
10	双绕组同步提升机交直交变频调速控制系统	陈四楼煤矿、中国矿业大学、徐州上若科技有限公司	谭国俊、唐远游、李浩、马正兰、刘峰、何凤有、尤德玲、王敦胜、丛子月、杨青松、吴轩钦、王中华、黄涛、任永强	2012 年	中国煤炭工业科学技术奖三等奖
11	矿井深部采区高承压水综合治理技术研究	陈四楼煤矿、河南理工大学	王珏、冯有利、王利伟、李飞、李建林、葛均刚、梁雷、刘洲、张金陵、符勇、段李宏、王浩民、田君	2013 年	中国煤炭工业科学技术奖二等奖
12	新型智能化连续排矸系统关键技术研究	陈四楼煤矿、中国矿业大学	强岱民、陈群忠、符如康、王珏、梁雷、王利伟、刘送永、李智良、贾亮亮、孙宏权、沈刚、曹海宏、赵岩、杨永兴、孟凡平	2014 年	中国煤炭工业科学技术奖三等奖
13	综掘工作面粉尘运移规律模拟及控制装置研究	陈四楼煤矿、安徽工业大学、北京科技大学	李顺峰、梁雷、蒋仲安、陈群忠、王利伟、丁厚成、刘德成	2015 年	河南省科技进步三等奖
14	底板高压岩溶水"疏降-导引"模式及突水防治关键技术	陈四楼煤矿、中国矿业大学	曾朝辰、王长申、郭之理、白海波、李飞、王浩民、刘洲、沈冰、冉德立	2017 年	中国煤炭工业协会科学技术奖三等奖
15	切顶破碎块体充填巷帮围岩稳定机理及无煤柱开采成套技术研究	陈四楼煤矿、中国矿业大学	曾朝辰、李爱军、陆刚、李明、王小国、王长平、黄辉、陈勇、黄思强、雷喜良	2018 年	绿色矿山科技进步奖二等奖
16	底板高压岩溶水"疏降-导引"模式及突水防治关键技术	陈四楼煤矿、中国矿业大学	曾朝辰、王长申、郭之理、白海波、李飞	2018 年	绿色矿山科技进步奖三等奖
17	淋水破碎围岩沿空留巷注浆加固技术研究与应用	陈四楼煤矿、中国矿业大学	曾朝辰、王成、李爱军、王伟、赵伟、熊祖强、王春、王小国、王雨利、李明、贾亮亮、王粪、黄思强、顾洪江、雷喜良	2019 年	绿色矿山科技进步奖二等奖
18	中厚煤层超长工作面应力场演化特征及围岩控制技术研究	陈四楼煤矿、中国矿业大学	王伟、黄赳、李明、黄美蓉、赵伟、郝月明、钟南宁、梁家豪、贾亮亮	2020 年	中国煤炭工业协会科学技术奖三等奖
19	永夏矿区定向多分支长钻孔区域瓦斯抽采技术研究及示范	河南能源化工集团研究总院有限公司、陈四楼煤矿、顺河煤矿	辛新平、刘东、刘伟、王峰、王伟、王一彤、赵伟、闫本正、兰树员	2020 年	中国煤炭工业协会科学技术奖三等奖

表 8-1-9(续)

序号	成果名称	完成单位	完成人员	获奖时间	获奖情况
20	中厚煤层超长工作面应力场演化特征及围岩控制技术研究	陈四楼煤矿、中国矿业大学	王伟、贺虎、李明、李俊孟、赵伟	2021 年	中国安全生产协会安全科技进步奖三等奖
21	永夏矿区定向多分支长钻孔区域瓦斯抽采技术研究及示范	河南能源化工集团研究总院有限公司、陈四楼煤矿、顺河煤矿	刘东、刘德成、王峰、蒋恒、赵伟	2021 年	中国安全生产协会安全科技进步奖三等奖

（二）获地厅级成果

陈四楼煤矿建矿至 2021 年，累计获得地厅级科技进步奖 88 项，见表 8-1-10。

表 8-1-10　截至 2021 年陈四楼煤矿地厅级科技成果奖一览表

序号	成果名称	完成单位	完成人员	获奖时间	获奖情况
1	陈四楼煤矿主井深井冻结法凿井施工工艺技术	陈四楼项目组	不详	1992 年	河南省煤炭科技进步奖一等奖
2	深冻结井低温高强砼及外加剂的试验应用	陈四楼项目组	不详	1992 年	河南省煤炭科技进步奖一等奖
3	永夏矿区陈四楼煤矿建井地质报告	陈四楼煤矿	李伍成、张胜利、邓文兴等	2000 年	中国煤炭工业协会地测勘探专业优秀技术成果奖一等奖
4	陈四楼煤矿 F_{39} 断层突水预报	陈四楼煤矿	张胜利、邓文兴等	2000 年	中国煤炭工业协会地测勘探专业优秀技术成果奖三等奖
5	提高炮采工作面快碳率的爆破新技术研究	陈四楼煤矿	李伍成、魏东等	2001 年	河南省煤炭工业局科技进步奖二等奖
6	煤巷锚杆支护参数优化及可靠性研究	陈四楼煤矿	勾攀峰、李伍成等	2001 年	河南省煤炭工业局科技进步奖三等奖
7	陈四楼煤矿选煤厂一、二期技术改造	陈四楼煤矿	陈祥君、刘秀兰等	2001 年	河南省煤炭工业局科技进步奖三等奖
8	陈四楼煤矿副井绞车电控系统技术改造	陈四楼煤矿	刘亚伟、黄德钊、马正兰等	2001 年	河南省煤炭工业局科技进步奖三等奖
9	机械化矿井多功能新型风门的研究	陈四楼煤矿	张发明、冯杰、杨联合等	2001 年	河南省煤炭工业局科技进步奖三等奖
10	南三采区水淹后的恢复与治理技术	陈四楼煤矿	李伍成、侯世宁、戴磊等	2001 年	中国煤炭工业协会地测勘探专业优秀技术成果奖二等奖

表 8-1-10(续)

序号	成果名称	完成单位	完成人员	获奖时间	获奖情况
11	井下水文钻孔结构优化及施工应用技术	陈四楼煤矿	李伍成、杨联合、邓文兴等	2002 年	中国煤炭工业协会地测勘探专业优秀技术成果奖二等奖
12	陈四楼煤矿井下基本控制导线测量	陈四楼煤矿	李伍成、吕目晓、袁文超等	2002 年	中国煤炭工业协会地测勘探专业优秀技术成果奖二等奖
13	炮采工作面高产高效工艺	陈四楼煤矿	李伍成、戚民恩等	2002 年	河南省煤炭工业局科技进步奖二等奖
14	锚索在扩综采工作面切眼中的应用	陈四楼煤矿	唐远游、翟金腾、王珏等	2002 年	河南省煤炭工业局科技进步奖三等奖
15	陈四楼煤矿矿井通风系统安全性评价与通风能力核定的研究	陈四楼煤矿	张发明、杨运良、杨联合等	2003 年	河南省煤炭工业局科技进步奖一等奖
16	陈四楼煤矿煤层底板裂隙突水综合防治技术	陈四楼煤矿	袁德铸、戴磊、陈群忠等	2003 年	河南省煤炭工业局科技进步奖二等奖
17	陈四楼煤矿南轨大巷过断层支护设计	陈四楼煤矿	袁德铸、范子毅、谢子文等	2003 年	河南省煤炭工业局科技进步奖二等奖
18	陈四楼炮采工作面沿空留巷技术试验研究	陈四楼煤矿	袁德铸、王珏、陈群忠等	2003 年	河南省煤炭工业局科技进步奖三等奖
19	大坡度俯采工作面综采工艺研究	陈四楼煤矿	张延明、宋江学、马正兰等	2004 年	河南省煤炭工业局科技进步奖三等奖
20	大倾角单一中厚煤层综采开采技术	陈四楼煤矿	马正兰、宋江学等	2005 年	河南省煤炭工业科技进步奖二等奖
21	陈四楼煤矿物资管理系统	陈四楼煤矿	张延明、申顺更、张兴龙等	2005 年	河南省煤炭工业科技进步奖二等奖
22	大功率带式输送机大转弯装置的应用	陈四楼煤矿	马正兰、柳玉平、秦高威等	2005 年	河南省煤炭工业科技进步奖三等奖
23	提升机运行状态监测与故障诊断研究	陈四楼煤矿	王磊、马正兰、李海江等	2005 年	河南省煤炭工业科技进步奖三等奖
24	全数字控制技术在提升机中的应用	陈四楼煤矿	马正兰、王磊、李海江等	2005 年	河南省煤炭工业科技进步奖三等奖
25	支架壁后充填与巷道围岩注浆技术在陈四楼煤矿的应用	陈四楼煤矿	翟金腾、袁德铸、邢顶门等	2005 年	河南省煤炭工业科技进步奖三等奖
26	大倾角单一中厚煤层综采开采技术	陈四楼煤矿	张延明、马正兰、袁德铸等	2006 年	河南省安全生产科技进步奖三等奖

表 8-1-10(续)

序号	成果名称	完成单位	完成人员	获奖时间	获奖情况
27	矿井提升机数字控制技术与应用	陈四楼煤矿	王磊、刘亚伟等	2006 年	河南省安全生产科技进步奖三等奖
28	软破碎围岩巷道支护机理及技术研究与应用	永煤集团、陈四楼煤矿、西南交通大学	张延明、武梅良、袁德铸等	2006 年	河南省煤炭工业科技进步奖二等奖
29	长距离斜巷快速掘进提升绞车研制与应用	陈四楼煤矿	张延明、马正兰、王太续等	2006 年	河南省煤炭工业科技进步奖二等奖
30	陈四楼煤矿主井提升机信息管理系统的研究	陈四楼煤矿	王中华、李巧梅、丛子月等	2006 年	河南省煤炭工业科技进步奖二等奖
31	MSQ-4 型煤矿井下水仓清挖处理设备研制用	陈四楼煤矿	马正兰、杜长龙、柳玉平等	2006 年	河南省煤炭工业科技进步奖三等奖
32	永煤陈四楼煤矿内部市场化机制下的绩效管理	陈四楼煤矿	张延明、马正兰、秦中甫等	2006 年	河南省煤炭工业科技进步奖(科研类)二等奖
33	16km 特长距离高精度巷道贯通测量技术研究	陈四楼煤矿	张延明、马正兰、侯世宁等	2006 年	河南省煤炭工业科技进步奖(科研类)二等奖
34	虹膜识别技术在煤矿考勤管理中的研究	陈四楼煤矿	张延明、马正兰、王太续等	2008 年	河南省煤炭工业科技进步奖(科研类)三等奖
35	胶带切边卷带机研制与应用	陈四楼煤矿	王太续、秦高威、汪鲁尧等	2008 年	河南省煤炭工业科技进步奖(科研类)三等奖
36	矿井大型设备经济运行分析评价及节能途径技术研究	陈四楼煤矿	张延明、邓波、吴晓薇等	2008 年	河南省煤炭工业科技进步奖二等奖
37	MSQ-4 型煤矿井下水仓清挖处理设备研制与应用	陈四楼煤矿	王太续、秦高威、王鲁尧等	2008 年	河南煤矿安全生产科技进步奖三等奖
38	“安全伙伴”机制在煤矿安全管理中的构建与实施	陈四楼煤矿	陈群忠、翟金腾等	2009 年	煤炭工业企业管理现代化创新成果奖二等奖
39	煤矿安全管理体系构建与实施研究	陈四楼煤矿	唐远游等	2009 年	2009 年度河南省工业和信息化科技成果奖二等奖
40	煤矿安全管理体系构建与实施研究	陈四楼煤矿	唐远游等	2009 年	河南省省第四届安全科技成果奖二等奖

表 8-1-10(续)

序号	成果名称	完成单位	完成人员	获奖时间	获奖情况
41	陈四楼煤矿煤层底板扰动规律及突水预测预报研究	陈四楼煤矿、山东科技大学	施龙青、袁德铸等	2009 年	2009 年度河南省工业和信息化科技成果奖三等奖
42	陈四楼煤矿煤层底板扰动规律及突水预测预报研究	陈四楼煤矿、山东科技大学	施龙青、袁德铸等	2009 年	河南省第四届安全科技成果奖二等奖
43	“隐患买卖”安全管理方法及其应用效果研究	陈四楼煤矿	武梅良、邢顶门等	2010 年	煤炭工业企业管理现代化创新成果奖一等奖
44	煤矿后勤餐饮定价策略的构建和实施	陈四楼煤矿	武梅良、邢顶门等	2010 年	煤炭工业企业管理现代化创新成果奖三等奖
45	陈四楼煤矿通风及监测系统仿真技术研究与应用	陈四楼煤矿、辽宁工程技术大学	杨青松、王利伟等	2010 年	商丘市科技进步奖一等奖
46	基于“安全股票”的煤矿安全管理长效机制研究	陈四楼煤矿	杨青松、陈群忠等	2011 年	煤炭企业管理现代化创新成果奖(行业级)一等奖
47	面向对象细分的煤炭企业学习型组织构建	河南龙宇能源股份有限公司、陈四楼煤矿	陈群忠、杨青松等	2011 年	煤炭企业管理现代化创新成果奖(行业级)三等奖
48	三维(3D)矿井虚拟安全培训系统	陈四楼煤矿、河南理工大学	杨青松、熊祖强、王利伟等	2011 年	商丘市科技进步奖二等奖
49	深部煤岩体变形破坏特征与软岩巷道支护技术研究	陈四楼煤矿、西安交通大学、中国矿业大学	杨青松、王利伟、翟金腾等	2011 年	商丘市科技进步奖二等奖
50	陈四楼煤矿大型煤矿煤质四级管理体系构建与实施	陈四楼煤矿	唐远游、杨青松、陈群忠等	2012 年	煤炭企业管理现代化创新成果奖(行业级)二等奖
51	双绕组同步提升机交直交变频调速控制系统	陈四楼煤矿、中国矿业大学、徐州上若科技有限公司	谭国俊、唐远游、李浩等	2012 年	河南省第五届安全生产科技进步奖一等奖
52	双绕组同步提升机交直交变频调速控制系统	陈四楼煤矿、中国矿业大学、徐州上若科技有限公司	谭国俊、唐远游、李浩等	2012 年	河南省工业和信息化厅科技进步奖二等奖

表 8-1-10(续)

序号	成果名称	完成单位	完成人员	获奖时间	获奖情况
53	基于动态平台化的煤炭企业经营一体化管理系统构建与实施	陈四楼煤矿	王向东、陈群忠、金鑫等	2012 年	煤炭企业管理现代化创新成果奖(行业级)二等奖
54	“陈矿大学”学习型组织构建与实施	陈四楼煤矿	陈群忠、杨青松、王利伟等	2012 年	煤炭企业管理现代化创新成果奖(行业级)三等奖
55	矿井深部采区高承压水综合治理技术研究	陈四楼煤矿、河南理工大学	王珏、冯有利、王利伟等	2013 年	商丘市科技进步奖二等奖
56	矿井深部采区高承压水综合治理技术研究	陈四楼煤矿、河南理工大学	王珏、冯有利、王利伟等	2013 年	河南省工业和信息化成果奖二等奖
57	陈四楼煤矿综采工作面煤层注水降尘技术研究	陈四楼煤矿、河南理工大学	王珏、王大虎、尹胜波等	2013 年	商丘市科技进步奖二等奖
58	陈四楼煤矿综采工作面煤层注水降尘技术研究	陈四楼煤矿、河南理工大学	王珏、王大虎、尹胜波等	2013 年	河南省工业和信息化成果奖三等奖
59	煤业集团公司下属煤矿后备人才培养四“子”工作法	陈四楼煤矿	陈群忠、王珏、王利伟等	2013 年	煤炭企业管理现代化创新成果奖(行业级)三等奖
60	瓦斯异常涌出区域辨识与综合治理技术研究	陈四楼煤矿、中国矿业安大学	王珏、翟成、王利伟等	2014 年	商丘市科技进步奖一等奖
61	瓦斯异常涌出区域辨识与综合治理技术研究	陈四楼煤矿、中国矿业安大学	王珏、翟成、王利伟等	2014 年	河南省工业和信息化科技成果奖二等奖
62	瓦斯异常涌出区域辨识与综合治理技术研究	陈四楼煤矿、中国矿业安大学	王珏、翟成、王利伟等	2014 年	河南省第六届安全生产科技成果奖二等奖
63	新型智能化连续排矸系统关键技术研究	陈四楼煤矿、中国矿业大学	强岱民、陈群忠、符如康等	2014 年	商丘市科技进步奖二等奖
64	新型智能化连续排矸系统关键技术研究	陈四楼煤矿、中国矿业大学	强岱民、陈群忠、符如康等	2014 年	河南省工业和信息化科技成果奖二等奖
65	新型智能化连续排矸系统关键技术研究	陈四楼煤矿、中国矿业大学	强岱民、陈群忠、符如康等	2014 年	河南省第六届安全生产科技成果奖二等奖
66	新型智能化连续排矸系统关键技术研究	陈四楼煤矿、中国矿业大学	强岱民、陈群忠、符如康等	2014 年	中国煤炭工业科学技术奖三等奖

表 8-1-10(续)

序号	成果名称	完成单位	完成人员	获奖时间	获奖情况
67	煤矿规范化管理系统的构建与实施	陈四楼煤矿	陈群忠、王珏、王利伟等	2014 年	煤炭企业管理现代化创新成果奖(行业级)三等奖
68	大型煤矿积极安全管理模式研究与实施	陈四楼煤矿	曾朝辰、孟磊、张四新等	2014 年	煤炭企业管理现代化创新成果奖(行业级)二等奖
69	空气柱 L-S 两封法岩巷光面爆破关键技术研究	陈四楼煤矿、中国矿业大学	王利伟、曹贵廷、高明仕等	2015 年	河南省工业和信息化科技成果奖一等奖
70	空气柱 L-S 两封法岩巷光面爆破关键技术研究	陈四楼煤矿、中国矿业大学	王利伟、曹贵廷、高明仕等	2015 年	商丘市科技进步奖二等奖
71	综掘工作面粉尘运移规律模拟及控制装置研究	陈四楼煤矿、安徽工业大学、北京科技大学	李顺峰、梁雷、丁厚成等	2015 年	河南省工业和信息化科技成果奖三等奖
72	综掘工作面粉尘运移规律模拟及控制装置研究	陈四楼煤矿、安徽工业大学、北京科技大学	李顺峰、梁雷、丁厚成等	2015 年	商丘市科技进步奖一等奖
73	双岩巷共用排矸系统联合布置及高效施工技术研究	陈四楼煤矿、中国矿业大学	王珏、王利伟、曾朝辰等	2016 年	第七届河南煤矿安全生产科技进步奖二等奖
74	双岩巷共用排矸系统联合布置及高效施工技术研究	陈四楼煤矿、中国矿业大学	王珏、王利伟、曾朝辰等	2016 年	商丘市科技进步奖一等奖
75	双岩巷共用排矸系统联合布置及高效施工技术研究	陈四楼煤矿、中国矿业大学	王珏、王利伟、曾朝辰等	2016 年	河南省煤炭行业科技成果奖一等奖
76	中厚煤层综采工作面快速回撤关键技术研究	陈四楼煤矿、中国矿业大学	曾朝辰、王利伟、刘送永等	2016 年	第七届河南煤矿安全生产科技进步奖三等奖
77	中厚煤层综采工作面快速回撤关键技术研究	陈四楼煤矿、中国矿业大学	曾朝辰、王利伟、刘送永等	2016 年	商丘市科技进步奖二等奖
78	中厚煤层综采工作面快速回撤关键技术研究	陈四楼煤矿、中国矿业大学	曾朝辰、王利伟、刘送永等	2016 年	河南省煤炭行业科技成果奖二等奖

表 8-1-10(续)

序号	成果名称	完成单位	完成人员	获奖时间	获奖情况
79	大型煤矿积极安全管理模式研究与实施	陈四楼煤矿	曾朝辰、孟磊、张四新等	2016 年	第七届河南煤矿安全生产科技进步奖二等奖
80	煤矿安全风险预控管理体系的试点建立与应用	陈四楼煤矿	曾朝辰、孟磊、张四新等	2016 年	第七届河南煤矿安全生产科技进步奖三等奖
81	底板高压岩溶水“疏降-导引”模式及突水防治关键技术	陈四楼煤矿、中国矿业大学	曾朝辰、王长申、郭之理等	2017 年	商丘市科技进步奖一等奖
82	“六优”体系建设在陈四楼煤矿成本管控中的研究与实施	陈四楼煤矿	曾朝辰、韩彦、李红涛等	2017 年	煤炭企业管理创新现代化创新成果奖(行业级)三等奖
83	切顶块体充填巷帮损伤围岩稳定机理及支护技术	陈四楼煤矿	曾朝辰、李爱军、温中义等	2018 年	中国煤炭工业协会煤矿支护创新成果奖一等奖
84	单一中厚煤层双采动应力叠加区支护技术研究	陈四楼煤矿	曾朝辰、李爱军、姚喆等	2018 年	中国煤炭工业协会煤矿支护创新成果奖二等奖
85	煤矿双重预防性安全管理机制的构建与实施	陈四楼煤矿	曾朝辰、孟磊、张四新等	2018 年	煤炭企业管理创新现代化创新成果奖(行业级)三等奖
86	基于冻结法施工冻胀融沉影响下井塔稳定及结构安全性能研究	陈四楼煤矿、中国矿业大学	王伟、赵伟、秦伟等	2022 年	河南省煤炭科学技术奖一等奖
87	超长煤柱工作面过空巷群围岩破坏特征及控制技术	陈四楼煤矿、中国矿业大学	王伟、欧阳神央、张文康等	2022 年	河南省煤炭科学技术奖三等奖
88	陈四楼煤矿多位一体综合降尘治理技术研究	陈四楼煤矿、西安研究院	张文康、刘涛、赵伟等	2022 年	河南省煤炭科学技术奖二等奖

(三)获河南能源化工集团科技成果

2010 年,获得河南煤化集团第一届科技进步奖 8 项(含选煤厂 3 项),其中二等奖 4 项,三等奖 4 项。

2012 年,获得河南煤化集团第二届科技进步奖 13 项(含选煤厂 3 项)。其中:一等奖 1 项、二等奖 5 项、三等奖 7 项。

2014 年，获得河南煤化集团第三届科技进步奖 22 项(含选煤厂 6 项)。其中：一等奖 3 项、二等奖 6 项、三等奖 13 项。

2016 年，获得河南煤化集团第四届科技进步奖 12 项(含选煤厂 4 项)。其中：一等奖 2 项、二等奖 4 项、三等奖 6 项。

2017 年，获得河南煤化集团第五届科技进步奖 12 项(含选煤厂 1 项)。其中：一等奖 2 项、二等奖 3 项、三等奖 7 项。

2018 年，获得河南煤化集团第六届科技进步奖 12 项(含选煤厂 2 项)。其中：一等奖 1 项、二等奖 4 项、三等奖 7 项。

2020 年，获得河南煤化集团第七届科技进步奖 10 项(含选煤厂 1 项)。其中：一等奖 1 项、二等奖 3 项、三等奖 6 项。

至 2021 年年底，河南能源化工集团已组织评选 7 届。陈四楼煤矿(含选煤厂)获河南能源科技进步奖共计 89 项，见表 8-1-11。

表 8-1-11　历年获河南能源化工集团科技进步奖明细表

序号	成果名称	获奖单位	获奖人员	等级	备注
1	高效二次流分级技术的研究与应用	陈四楼选煤厂	付才国、胡参军、陶鹏、张小刚、李文元、张秋林、张丹、常大江、李江涛、孙乾	二等	第一届
2	陈四楼煤矿科技市场管理系统研发及应用	陈四楼煤矿	王利伟、黄思强、戚志伟、王启善、徐金陵、陈雷	二等	第一届
3	陈四楼煤矿煤层底板扰动规律及突水预测预报研究	陈四楼煤矿	袁德铸、葛均刚、郭之理、张健、梁雷、史先志、张金陵	二等	第一届
4	16 km 特长距离高精度巷道贯通测量技术研究	陈四楼煤矿	张延明、马正兰、侯世宁、杜云宽、袁德铸、翟金腾、吕目晓、刘国庆、戚志伟、李顺峰、袁文超	二等	第一届
5	优化生产工艺促进节能降耗	陈四楼选煤厂	胡参军、郭亚军、汤秋林、张丹、李文元	三等	第一届
6	煤炭浮选过程的设计与优化	陈四楼选煤厂	胡参军、李兆忠、陶鹏、汤秋林、张秋林、李文元、张丹、常大江、李江涛	三等	第一届
7	深部煤岩体变形破坏特征及软岩巷道支护技术研究	陈四楼煤矿	翟金腾、王珏、邢顶门、梁雷、刘建功	三等	第一届
8	陈四楼煤矿副井全数字直流调速系统升级改造	永煤公司机电部、陈四楼煤矿	唐远游、马正兰、尤德玲、王瑞海、张庆林、王中华、刘文、阎瑞廷、王太绫	三等	第一届
9	双绕组同步提升机交直交变频调速控制系统	陈四楼煤矿	唐远游、马正兰、尤德玲、丛子月、杨青松、王中华、黄涛、任永强、白运强	一等	第二届
10	陈四楼煤矿通风及监测系统仿真技术研究与应用	陈四楼煤矿	杨青松、申顺更、王利伟、荣向东、王珏、徐金陵、代林聚、王刚、袁德铸、刘学功、刘德成、宋全贵、武沛武	二等	第二届

表 8-1-11(续)

序号	成果名称	获奖单位	获奖人员	等级	备注
11	掘锚护一体机应用与研究	陈四楼煤矿	赵廷钊、王向东、尤德玲、黄涛、王珏、符如康、张新过、白运强、杨晓、李爱军、练以亮、郝道贤	二等	第二届
12	陈四楼煤矿山机电运输精细化管理体系构建与实施	陈四楼煤矿	强岱民、尤德玲、王向东、陈群忠、黄涛、符如康、杨晓、张长友、姜淑恒、艾学明、张雪云、李智良、郭华伟	二等	第二届
13	粗煤泥分选新工艺的研究与应用	陈四楼选煤厂	付才国、胡参军、张振红、汤秋林、李振、李兆忠、孙乾、戚志伟、何茂林、张秋林、张丹、张小刚、杨明、李志刚、刘东海	二等	第二届
14	以降本增效为目标的“三位一体”精细化管理	陈四楼选煤厂	付才国、李兆忠、胡参军、陶鹏、孙乾、李英、郭亚军	二等	第二届
15	陈四楼煤矿－720 辅助水平大巷支护方案及施工工艺优化研究	陈四楼煤矿	杨青松、王利伟、王珏、梁雷、张新过、贾亮亮、刘建功、刘怀友	三等	第二届
16	陈四楼煤矿岩巷快速掘进作业工艺研究与应用	陈四楼煤矿	陈群忠、尤德玲、王利伟、黄涛、王珏、符如康、梁雷、张新过、姜淑恒、杨晓、李智良、赵小林、白运强	三等	第二届
17	矿井深部采区高承压水综合治理技术研究	陈四楼煤矿	王向东、王利伟、葛均刚、李飞、梁雷、张金陵、张新过、刘洲、王浩民、段李宏、陈智颖、田君	三等	第二届
18	陈四楼煤矿采掘工作面技术经济档案管理系统	陈四楼煤矿	王利伟、王向东、黄思强、戚志伟、高新社、崔玉攀、李明、张长友、康彦、李红涛、狄满洲、李江、段李宏	三等	第二届
19	基于“安全股票”的煤矿安全管理长效激励机制研究	陈四楼煤矿	王向东、陈群忠、邢顶门、王利伟、王珏、黄涛、王明臣、李红涛、牛遂旺、吴晨、于春晓、郑向礼	三等	第二届
20	陈四楼煤矿全面目标责任控制体系	陈四楼煤矿	王向东、陈群忠、韩彦、李红涛、高新社、张鑫、张新过、符如康、王小刚、孔令云、王博博	三等	第二届
21	煤炭企业名牌产品战略的创建与实施	陈四楼选煤厂	付才国、孙乾、胡参军、李兆忠、王明才、汤秋林、李英、张小刚、杨春茹	三等	第二届
22	浮选精煤脱水节能降耗有效途径的探索与实践	陈四楼选煤厂	付才国、张振红、孙乾、郭亚军、汤秋林、张小刚、田建超、张丹、张晴、王周、杨明	一等	第三届
23	新型岩巷智能化连续排矸系统关键技术研究	陈四楼煤矿	陈群忠、强岱民、符如康、王珏、王利伟、李智良、贾亮亮、孙宏权、曹海宏、赵岩、杨永兴、孟凡平	一等	第三届

表 8-1-11(续)

序号	成果名称	获奖单位	获奖人员	等级	备注
24	永城矿区矿井综合自动化研究与应用	永煤公司机电部、陈四楼煤矿、顺和煤矿	王向东、冯文轶、王瑞海、陈群忠、张庆林、刘和永、张昊、符如康、王磊、崔鑫、闫修尊、代星军、任永强、栾永春、张华伟、张焕新	一等	第三届
25	选煤厂提高块煤率的研究与实践	陈四楼选煤厂	汤秋林、孙乾、傅平、叶苗、蒋东亮、张丹、张小刚、张晴、杨明	二等	第三届
26	瓦斯异常涌出区域辨识与综合治理技术研究	陈四楼煤矿	王利伟、梁雷、刘德成、代林聚、尹胜波、武沛武、秦剑云、康彦、姜方飞、宗风龙、雷喜良、王刚、王浩民	二等	第三届
27	基于三维地震勘探资料的小构造精细解释技术示范	陈四楼煤矿	侯世宁、李飞、王利伟、梁雷、张凯、王浩民、张新过、朱英丽、黄思强、刘洲、张金陵、苗书运、段李宏、于咏	二等	第三届
28	煤矿安全生产风险预控管理体系建设与实施	陈四楼煤矿	杨联合、王珏、王建常、邢顶门、张四新、李顺峰、牛遂旺、孙宏权、王明臣、王华辉、吴晨	二等	第三届
29	大型国有煤矿合岗提效机制下的管理模式改进与实施	陈四楼煤矿	王珏、陈群忠、韩彦、王利伟、梁雷、高新社、李红涛、樊金洋、张鑫、孔令云、金磊	二等	第三届
30	选煤厂内部市场化管理模式构建	陈四楼选煤厂	孙乾、李英、李兆忠、薛占强、汤秋林、张晴、李文慧、郭晓华、龚恒	二等	第三届
31	空气柱 L-S 两封法岩巷光面爆破关键技术研究	陈四楼煤矿	王利伟、曹贵廷、陈群忠、梁雷、张新过、高磊、刘建功、李爱军、孙宏权、孟相勇、张新建	三等	第三届
32	陈四楼煤矿深部厚层软弱复合顶板煤巷支护技术研究	陈四楼煤矿	彭业升、李爱军、梁雷、李顺峰、张新过、尹胜波、黄思强、顾洪江、程小伟、苗书运、贾亮亮、高磊	三等	第三届
33	稳流诱导沉降扩能提效技术的研究与应用	陈四楼选煤厂	付才国、孙乾、汤秋林、李兆忠、李振、常大江、杨明、田建超、李志刚、王劲、王周、张晴	三等	第三届
34	末精煤质量自动控制系统的研究与实践	陈四楼选煤厂	汤秋林、张小刚、王周、蒋东亮、杨明	三等	第三届
35	陈四楼煤矿综采工作面煤层注水降尘技术研究	陈四楼煤矿	尹胜波、梁雷、张新过、钟南宁、李明、马瑞、陆庆刚、崔玉攀、贾亮亮、刘德成、牛遂旺	三等	第三届

表 8-1-11(续)

序号	成果名称	获奖单位	获奖人员	等级	备注
36	陈四楼煤矿独立自主超大型精确贯通技术研究	陈四楼煤矿	梁雷、张新过、李江、郭运章、刘国庆、乔万洪、曹建、林文伟、孟凡林、张亮亮、张家伟	三等	第三届
37	自移式胶带输送机研究与应用	陈四楼煤矿	符如康、李兰芳、张长友、尹胜波、崔文祥、刘琦军、邓高鹏	三等	第三届
38	新型瓦斯抽放钻机挪移装置研制与应用	陈四楼煤矿	刘德成、姜方飞、崔文祥、白运强、李智良	三等	第三届
39	陈四楼煤矿主井提升系统能力提升研究与应用	陈四楼煤矿	李顺峰、任永强、陈召磊、朱栋栋、李博、李贵明、时培源、张豪	三等	第三届
40	陈四楼煤矿采区矸石高效集中分离技术研究	陈四楼煤矿	彭业升、梁雷、王冠宇、杨晓、黄思强、叶帝河、戚玉彬、侯勇智、贾亮亮	三等	第三届
41	陈四楼煤矿机电运输“1＋2＋3”主题活动实施与构建	陈四楼煤矿	李顺峰、任永强、郭华伟、李爱军、孙宏权、张豪	三等	第三届
42	基于对标管理的降耗提效模式的构建与实施	陈四楼选煤厂	孙乾、李兆忠、薛占强、李英、汤秋林、杨明、王尔刚、王劲	三等	第三届
43	陈四楼煤矿多水源优化配置及综合利用研究	陈四楼煤矿	韩彦、白景双、曲宏挥、白运强、杨晓、黄思强、苗书运	三等	第三届
44	综掘工作面粉尘运移规律模拟及除尘装置研究	陈四楼煤矿	李顺峰、梁雷、陈群忠、王利伟、刘斌、戚志伟、刘德成、李爱军、武沛武、崔玉攀、秦剑云、位兆瑞	一等	第四届
45	两巷超前支护支架技术在综采工作面研究及应用	陈四楼煤矿	符如康、党铁果、王利伟、张长友、崔文祥、柏岩、位兆瑞	一等	第四届
46	永煤集团粒煤增产改造工程的研究实施	永煤公司选煤煤质处、陈四楼选煤厂等	马立伟、霍宝山、祝学斌、郑长科、张云生、孙乾、胡参军、韩建成、吉英华、凌丽伟、郝春建、杨周阳、吴林、汤秋林、张卡	二等	第四届
47	洗选工艺自动化控制的研究与应用	陈四楼选煤厂	孙乾、李兆忠、张海阳、郭亚军、薛占强、田建超、汤秋林、陈海龙、李振、张勇、姬丽红、张晴、李志刚、王洋、王劲	二等	第四届
48	基于 TP1 型提升机盘形闸闸瓦监测系统改造的研究与应用	陈四楼煤矿	符如康、朱栋栋、陈召磊、张长友、郭华伟、王超额	二等	第四届
49	煤矿 15 t/h 及以下锅炉脱硫脱硝除尘治理一体化技术改造与应用	陈四楼煤矿	曾朝辰、韩彦、龚子敏、白景双、田尚仁、黄思强、苗书运、郭金良、曲宏辉、张雪云、白运强、孙如良	二等	第四届

表 8-1-11(续)

序号	成果名称	获奖单位	获奖人员	等级	备注
50	双岩巷共用排矸系统联合布置及高效施工技术研究	陈四楼煤矿	王珏、王利伟、曾朝辰、刘斌、梁雷、李顺峰、李爱军、贾亮亮、李智良、高磊、刘建功、程小伟、黄思强、孟相勇、张振虎	三等	第四届
51	中厚煤层综采工作面快速回撤关键技术研究	陈四楼煤矿	曾朝辰、王利伟、冯文轶、符如康、党铁果、李爱军、崔文祥、孟磊、张长友、闫修尊、陆庆刚、柏岩、廖松保、魏玉杰、张豪	三等	第四届
52	煤泥水处理系统优化方案的研究与实践	陈四楼选煤厂	张丹、张小刚、王洋、王周、张晴、杨明、王劲	三等	第四届
53	陈四楼煤矿岩巷作业多维度机械手自动装卸料系统工艺研究	陈四楼煤矿	曾朝辰、符如康、党铁果、张长友、亢生彩、李智良、孟相勇、张德民、张豪、杨永兴	三等	第四届
54	契合机电资源融合的积分制管理模式的探索与实践	陈四楼选煤厂	孙乾、李兆忠、郭亚军、薛占强、张海阳、李振、张丹、蒋东亮、常大江、李志刚、田建超、姬丽红、张勇、王洋、王静	三等	第四届
55	陈四楼煤矿机电设备定置化管理实施与构建	陈四楼煤矿	符如康、党铁果、张长友、张豪、王冠宇	三等	第四届
56	陈四楼煤矿岩巷四位一体快速掘进技术研究与应用	陈四楼煤矿	曾朝辰、李爱军、王小国、谢军峰、郝明月、张新过、李业君、郭远博、高磊、刘建功、贾亮亮、张振虎、宋成义、雷喜良	一等	第五届
57	底板高压岩溶水"疏降-导引"模式及突水防治关键技术	陈四楼煤矿	曾朝辰、郭之理、李飞、王浩民、刘洲、沈冰、冉德立、段李宏、黄思强、于泳、马振海、苗书运、田君	一等	第五届
58	煤矿采煤工作面刮板输送机变频关键技术改造与应用	陈四楼煤矿	冯文轶、曾朝辰、符如康、党铁果、闫修尊、张长友、杨刚、姜小龙、位兆瑞、张豪、程成、栾永春、柏岩、杨晓、柳郭光	二等	第五届
59	煤矿采掘区域自动化、信息化研究与应用	永煤公司机电部、陈四楼煤矿、车集煤矿	冯文轶、梁应昌、闫修尊、栾永春、张华伟、景旭东、党铁果、刘文、张庆林、张志强、菅典建、闫瑞廷	二等	第五届
60	职工金点子工程孵化机制研究及实施	陈四楼煤矿	李矿军、符如康、刘振良、高平华、黄思强、李红涛、杨永兴、马志刚、张莉、田嫩红、丁清琳	二等	第五届
61	沿空留巷柔性与刚性联合支护结构承载特性研究与应用	陈四楼煤矿	曾朝辰、李爱军、温中义、彭业升、李明、王小国、陆庆刚、黄辉、程小伟、雷喜良、顾洪江、韩超、宗凤龙、陈建明、郭贡献	三等	第五届

表 8-1-11(续)

序号	成果名称	获奖单位	获奖人员	等级	备注
62	陈四楼煤矿大倾角超长度综采顺拉工作面开采关键技术研究与实践	陈四楼煤矿	曾朝辰、龚子敏、王小国、李爱军、贾亮亮、张振虎、宋成义、李明、郭之理、郝明月、刘德成、党铁果、雷喜良、刘建功、高磊	三等	第五届
63	陈四楼煤矿煤与瓦斯突出综合预警系统建设及应用	陈四楼煤矿	刘斌、刘德成、武沛武、宋全贵、魏北京、景旭东、秦剑云、贾林林、曹阳、朱亚飞、陶柱、靳月祥	三等	第五届
64	煤矿新型架空乘人装置运人系统关键技术研究与应用	陈四楼煤矿	符如康、党铁果、闫瑞廷、李猛、张长友、张豪、张德民、韩红心、李贵明、乔腾飞、尹应会、崔居青、杨晓、黄思强	三等	第五届
65	煤矿永磁同步电机车的安全高效节能技术研究	陈四楼煤矿	符如康、党铁果、闫瑞廷、李猛、张长友、张豪、李贵明、乔腾飞、李志奎、尹应会、崔居青、杨晓	三等	第五届
66	基于利益相关者分析的煤炭企业协同创新工作体系	陈四楼煤矿	龚子敏、韩彦、李红涛、黄思强、苗书运、张付民、李玉东、樊金洋、王宏飞、苑茹、张鑫、靳海波、王斌	三等	第五届
67	选煤厂“双优双提”成本倒逼管控机制的探索与实践	陈四楼选煤厂	郝春建、周展、王劲、陈光	三等	第五届
68	大倾角、超长度综采工作面矿压规律研究	陈四楼煤矿	李爱军、李明、孟磊、黄辉、李凤恩、宗凤龙、张睿、梁家豪、位兆瑞、雷喜良、丁德才、陆庆刚、韩超、邓高鹏、张建	一等	第六届
69	陈四楼煤矿主井井筒井壁破裂机理分析与灾害防治方案研究	陈四楼煤矿	曾朝辰、龚子敏、李爱军、贾亮亮、郭远博、张振虎、宋成义、赵燕青、郭之理、马震、高磊、刘建功、王浩民、沈冰、马振海	二等	第六届
70	巷道过大型断层破碎带支护技术研究与应用	陈四楼煤矿	李爱军、郝明月、郭之理、张新过、高磊、孟相勇、邓如彬、刘建功、雷喜良、董抗抗、孙宏权、牛遂旺、张新建、曹海宏、种波凯	二等	第六届
71	智能化装运系统的研究与应用	陈四楼选煤厂	吴鼓勇、祝学斌、田建超、李振、汤秋林、张勇、王周、曾庆贵	二等	第六届
72	陈四楼煤矿安全高效生产模式研究与应用	陈四楼煤矿	李爱军、牛遂旺、王小国、梁雷、郝明月、孟磊、刘建功、宋成义、黄思强、顾洪江、李明、苗书运、雷喜良	二等	第六届
73	陈四楼煤矿采区泵房、变电所及水仓快速掘进技术研究与应用	陈四楼煤矿	李爱军、王小国、郝明月、姚喆、高磊、宋道、刘建功、孟相勇、贾亮亮、张振虎、宋成义、刘利、邓如彬、种波凯、曹海宏	三等	第六届

表 8-1-11(续)

序号	成果名称	获奖单位	获奖人员	等级	备注
74	深部工程软岩巷道变形机理与控制技术研究	陈四楼煤矿	曾朝辰、郝明月、王小国、高磊、李爱军、贾亮亮、宋道、黄思强、张振虎、刘建功、刘利、宋成义、董抗抗、姚贺、邓如彬	三等	第六届
75	抽采钻孔全程下筛管带压封孔技术实践及效果分析	陈四楼煤矿	龚子敏、刘斌、刘德成、曹阳、武沛武、秦剑云、梁旭、朱亚飞、靳月祥、李亚辉、郭晓伟、张安康、王涛、贾林林	三等	第六届
76	陈四楼煤矿底板水害综合治理技术研究	陈四楼煤矿	郭之理、李飞、王浩民、沈冰、刘洲、侯群磊、冉德立、田君、于泳、马振海、李笋、张文博、韩林波	三等	第六届
77	钻孔轨迹变化影响因素分析及控制技术研究与应用	陈四楼煤矿	郭之理、朱英丽、王浩民、刘洲、段李宏、沈冰、于泳、高俊、李笋、马振海、田君、冉德立、李春阳、韩林波	三等	第六届
78	主煤流运输智能化控制技术研究	陈四楼煤矿	曾朝辰、符如康、党铁果、景旭东、时培源、谷保健、杨晓、张长友、戚玉彬、蒋飞、张善强、姜小龙、顾飞、杨刚、张豪	三等	第六届
79	原煤给料均质化的研究与应用	陈四楼选煤厂	吴鼓勇、郝春建、王周、汤秋林、蒋东亮、田建超、王洋	三等	第六届
80	陈四楼煤矿瓦斯地质精细分析及综合治理技术研究	陈四楼煤矿	王伟、刘志明、赵伟、刘德成、代林聚、曹阳、张冠东、秦剑云、黄思强、武沛武、苗书运、贾林林、崔天宇、代应毫、丁德才、相桂桂、沙路冲、王涛、张新龙	一等	第七届
81	中厚煤层超长工作面应力场演化特征及围岩控制技术研究	陈四楼煤矿	王伟、李明、钟南宁、梁家豪、贾亮亮、黄思强、苗书运、宗风龙、于海生、张振虎、顾洪江、郭贡献、韩超、贾启坤、丁文华	二等	第七届
82	陈四楼煤矿隐伏灰岩岩溶系统水循环机理及流场演化规律研究	陈四楼煤矿	李飞、王伟、刘志明、郭之理、戴磊、赵伟、朱英丽、刘洲、沈冰、王浩民、马振海、苗书运、冉德立、李笋、田君	二等	第七届
83	变频调速一体机技术在综采工作面刮板输送机研究与应用	陈四楼煤矿	王中华、奂光润、党铁果、张长友、位兆瑞、杨德振、张兵、时培源、王瑞海、崔鑫、訾典建、程成、单海超、李猛、张睿	二等	第七届
84	淋水破碎围岩沿空留巷注浆加固关键技术及应用	陈四楼煤矿	曾朝辰、李爱军、王伟、赵伟、王小国、李明、贾亮亮、黄思强、顾洪江、雷喜良、梁家豪、苗书运、宗风龙、程小伟、张明禄	三等	第七届
85	陈四楼选煤厂生产效能提升技术的研究与应用	陈四楼选煤厂	郝春建、吴鼓勇、王周、张凯、蒋东亮、殷春明、田建超、王洋	三等	第七届

表 8-1-11(续)

序号	成果名称	获奖单位	获奖人员	等级	备注
86	无极绳绞车远程遥控自驾和机载移动视频监控技术研究与应用	陈四楼煤矿	党铁果、位兆瑞、杨德振、张兵、张长友、任永强、韩超、张豪、卫吉明、武俊、高明明、雷喜良	三等	第七届
87	自动化节能技术在创建绿色矿山中的研究与应用	永煤公司规划部、机电部及车集煤矿、陈四楼煤矿、城郊煤矿	王中华、李海江、郭金良、栾永春、刘文、夏伟、奂光润、代星军、符如康、王瑞海、贺东升、田尚仁、崔鑫、黄思强、张豪	三等	第七届
88	煤矿安全风险精准集成化预控体系研究	陈四楼煤矿	王伟、刘志明、郝明月、薛兵建、张新建、王华辉、刘利、吴晨、黄思强、李富亭、樊建政、刘国庆、王西亚、王欣、王金豹	三等	第七届
89	“学习强矿”学习平台在新时代企业员工素质提升中的研究与应用	陈四楼煤矿	王伟、郝明月、郝永科、陈雷、黄思强、陈大伟、樊建政、刘昱均、陈宝明、马志刚、孙作君	三等	第七届

（四）获永煤集团科技成果

2002 年，获得永煤集团第三届科技进步奖 16 项(含选煤厂 5 项)，其中一等奖 2 项、二等奖 4 项、三等奖 8 项、优秀设计 2 项。

2004 年，获得永煤集团第四届科技进步奖 15 项(含选煤厂 6 项)，其中一等奖 2 项、二等奖 1 项、三等奖 7 项、四等奖 4 项、五等奖 1 项。

2006 年，获得永煤集团第五届科技进步奖 27 项(含选煤厂 8 项)，其中一等奖 1 项、二等奖 11 项、三等奖 15 项。

2008 年，获得永煤集团第六届科技进步奖 26 项(含选煤厂 3 项)，其中一等奖 6 项、二等奖 12 项、三等奖 8 项。

2011 年，获得永煤集团第七届科技进步奖 23 项，其中一等奖 4 项、二等奖 7 项、三等奖 12 项。

2013 年，获得永煤集团第八届科技进步奖 18 项(含选煤厂 7 项)，其中一等奖 2 项、二等奖 5 项、三等奖 11 项。

2015 年，获得永煤集团第九届科技进步奖 26 项(含选煤厂 6 项)，其中一等奖 5 项、二等奖 10 项、三等奖 11 项。

2017 年，获得永煤集团第十届科技进步奖 33 项(含选煤厂 6 项)，其中一等奖 5 项、二等奖 12 项、三等奖 16 项。

2021 年，获得永煤集团第十一届科技进步奖 14 项(含选煤厂 3 项)，其中一等奖 1 项、二等奖 6 项、三等奖 7 项。

陈四楼煤矿历年获永煤集团科技进步奖明细见表 8-1-12。

表 8-1-12　陈四楼煤矿历年获永煤集团科技进步奖明细表

序号	成果名称	获奖单位	获奖人员	等级	备注
1	陈四楼煤矿煤层底板水害综合防治技术研究	陈四楼煤矿	戴磊、杨联合、侯世宁、葛均刚、郭之理、刘金明、李新	一等	第三届
2	基于 VB 的副井上位机监控系统研究	陈四楼煤矿	王磊、刘亚伟、丛子月、王瑞海、张延明、马正兰、周俊杰、韩明光、李海江、安忠林、聂建华	一等	第三届
3	主井装载控制系统改造研究	陈四楼煤矿	王磊、刘亚伟、丛子月、马正兰、王瑞海、周俊杰、刘玉良、李海江、王中华、任永强	二等	第三届
4	陈四楼选煤厂无烟块煤防破碎技术创新	陈四楼选煤厂	胡参军、陈国平、陈祥君、李兆忠、郭亚军、韩朝军、张秋林	二等	第三届
5	陈四楼煤矿大断面巷道过高落差断层支护设计、施工工艺研究	陈四楼煤矿	张延明、袁德铸、王志永、杨联合、翟金腾、范志毅、解子文、李福刚、邢顶门	二等	第三届
6	陈四楼煤矿内部市场化管理创新	陈四楼煤矿	张延明、申顺更、杨联合、金鑫、王宗明、毛宝霞、李国君、何新香、阎月美、宋江学	二等	第三届
7	安全结构浮动工资等一套考核办法	陈四楼煤矿	张延明、杨联合、陈群忠、李彦军、王华辉	三等	第三届
8	陈四选煤厂科技创新成果管理机制创新	陈四楼选煤厂	陈国平、胡参军、陈祥君、李兆忠、郭亚军、陶鹏、冷耀	三等	第三届
9	陈四楼选煤厂浮选工艺优化创新	陈四楼选煤厂	陈国平、陈祥君、胡参军、李兆忠、郭亚军、刘秀兰、冷耀、吴保障	三等	第三届
10	商品块煤仓下外排系统改造	陈四楼选煤厂	胡参军、陈国平、陈祥君、李兆忠、郭亚军、丁爱国、李文元	三等	第三届
11	YSM500/1500 型全自动压滤机滤板腔加厚技术改造	陈四楼选煤厂	陈国平、张云生、陈祥君、李兆忠、胡参军、郭亚军、李文元、丁爱国、柳小丰	三等	第三届
12	陈四楼煤矿炮采工作面沿空留巷技术试验研究	陈四楼煤矿	李伍成、张延明、杨联合、袁德铸、王珏、陈群忠、李福刚、彭业升、翟金腾	三等	第三届
13	基于 PLC 的副井信号系统研究	陈四楼煤矿	王磊、马正兰、李海江、安忠林、付允玲、张石义、白运强、吴辉	三等	第三届
14	BCD-25 定量板式输送机的应用与改造	陈四楼煤矿	王中华、赵金明、张延明、马正兰、丛子月、王瑞海、周俊杰、柳玉平、聂建华	三等	第三届
15	2708 综采旋转工作面设计	陈四楼煤矿	梁雷、李福刚、宋江学、杨联合、马正兰	优秀设计	第三届
16	南十一采区设计	陈四楼煤矿	梁雷、马利伟、赵金明、葛均刚、戴磊、杨联合	优秀设计	第三届

表 8-1-12(续)

序号	成果名称	获奖单位	获奖人员	等级	备注
17	高黏度浮选尾矿干燥技术的研究与应用	陈四楼选煤厂	陈祥君、胡参军、李兆忠、付才国	一等	第四届
18	大功率带式输送机大转弯装置的应用	陈四楼煤矿	马正兰、柳玉平、秦高威、丛子月	一等	第四届
19	支架壁后充填与巷道围岩注浆在陈四楼煤矿北轨北皮的应用	陈四楼煤矿	翟金腾、袁德铸、邢顶门、谢子文、王志永	二等	第四届
20	2502 工作面矿压显现规律研究	陈四楼煤矿	宋江学、武梅良、李福刚	三等	第四届
21	永煤集团大倾角综采工作面防倒防滑技术研究	机电部、陈四楼煤矿、机电制修厂	闫修尊、宋江学、苏雪民、秦高威、丛子月、彭业升	三等	第四届
22	粗煤泥中分选精煤的工艺创新	陈四楼选煤厂	胡参军、陈国平、陈祥君、李文元	三等	第四届
23	“星级员工”管理创新的应用	陈四楼选煤厂	陈国平、张云生、陈祥君、胡参军、李兆忠	三等	第四届
24	陈四楼煤矿物资管理系统	陈四楼煤矿	张延明、申顺更、张兴亮、侯冠球、安运杰、赵文涛	三等	第四届
25	新型机电设备综合保护的应用	陈四楼选煤厂	陈国平、张云生、陈祥君、李兆忠、胡参军	三等	第四届
26	皮带机垂直搭接转载点块煤防破碎螺旋溜槽设计及应用	陈四楼煤矿	林伊、柳玉平、汪鲁尧、秦高威	三等	第四届
27	大断面水平运输大巷的快速施工组织	陈四楼煤矿	袁德铸、翟金腾、解子文、邢顶门、杨明林、周新贞	四等	第四届
28	陈四楼煤矿主井提升导向轮改造	陈四楼煤矿	马正兰、马俊鹏、安忠林	四等	第四届
29	2707 工作面导水钻孔封堵技术的设计及实施	陈四楼煤矿	武梅良、葛均刚、郭之理、戴磊、李新、李福刚	四等	第四届
30	自动无动力块煤仓防破碎设施技术创新	陈四楼选煤厂	胡参军、凌丽伟、张秋林、张跃云	四等	第四届
31	新型不锈钢滤扇的应用	陈四楼选煤厂	李兆忠、胡参军、李文元、郭亚军	五等	第四届
32	陈四楼煤矿副井与南风井大型贯通精度的技术性研究与实施	陈四楼煤矿	马正兰、侯世宁、袁德铸、翟金腾、吕目晓、刘国庆、李顺峰、袁文超、王启善、李勇、曹健、乔万洪、陈燕舞、王辉	一等	第五届

表 8-1-12(续)

序号	成果名称	获奖单位	获奖人员	等级	备注
33	陈四楼煤矿北大皮大巷过 F_{18} 大断层施工新工艺	陈四楼煤矿	袁德铸、武梅良、翟金腾、吕目晓、解子文、邢顶门	二等	第五届
34	中深孔爆破在北皮大巷硬岩施工中的应用研究	陈四楼煤矿	袁德铸、解子文、邢顶门	二等	第五届
35	陈四楼煤矿主井提升机管理系统的研究	陈四楼煤矿	马正兰、王太续、王中华、王磊	二等	第五届
36	长距离斜巷快速掘进提升绞车研制与应用	陈四楼煤矿	王太续、柳玉平、汪鲁尧、赵金明	二等	第五届
37	离心液中回收末精煤工艺创新	陈四楼选煤厂	胡参军、陶鹏、卢尚刚、凌丽伟、冷耀	二等	第五届
38	跳汰洗选工艺优化研究与实践	陈四楼选煤厂	胡参军、陶鹏、陈祥君、卢尚刚、付才国、凌丽伟、李兆忠、郭亚军、韩朝军、李文元、孙乾、张小刚	二等	第五届
39	永煤陈四楼煤矿内部市场化机制下的预算管理研究	陈四楼煤矿	张延明、申顺更、马正兰、金新、郭振远、黄传清、张建勋	二等	第五届
40	近急倾斜中厚煤层综采采煤技术研究	陈四楼煤矿	马正兰、袁德铸、张健、王太续、张业明、符如康、张书印、秦高威、吕目晓、黄涛、王利伟、王建常	二等	第五届
41	大采深沿空送巷锚网支护技术研究	陈四楼煤矿	翟金腾、袁德铸、吕目晓、赵忠贤、李国军、李顺峰	二等	第五届
42	破碎机减少过粉碎技术创新	陈四楼选煤厂	陶鹏、孙乾、胡参军、李兆忠、郭亚军、李文元、王恒、宋连荣	二等	第五届
43	产品质量精细控制管理创新	陈四楼选煤厂	胡参军、陶鹏、孙乾、付才国、陈祥君、李兆忠、郭亚军、张小刚、韩朝军、张丹、王尔刚、常大江	二等	第五届
44	大倾角下运设备的选型设计	陈四楼煤矿	丛子月、王太续、秦高威、柳玉平、袁德铸、闫修尊、柏志海、吕目晓、汪鲁尧	三等	第五届
45	锚索梁加固综采工作面切眼及老巷技术	陈四楼煤矿	袁德铸、魏东、翟金腾、赵忠贤、吕目晓、梁雷、张业明	三等	第五届
46	主井装载设备技术改造研究	陈四楼煤矿	王磊、张延明、马正兰、王太续、丛子月、王瑞海、周俊杰、李海江、柳玉平、聂建华	三等	第五届
47	矿井水仓煤泥自动清挖回收工艺与装备	陈四楼煤矿	王太续、柳玉平、汪鲁尧、邱延平	三等	第五届
48	采掘电工快速接线专用工具	陈四楼煤矿	王中华、丛子月、阎瑞廷、李伍成	三等	第五届

表 8-1-12(续)

序号	成果名称	获奖单位	获奖人员	等级	备注
49	干燥技术的综合利用	陈四楼选煤厂	胡参军、陶鹏、卢尚刚、凌丽伟、陈祥君、李兆忠、郭亚军、丁爱国、李文元	三等	第五届
50	耐磨材料应用技术创新	陈四楼选煤厂	陈祥君、李兆忠、郭亚军、李振、高建峰	三等	第五届
51	2713 工作面防治水工程优化设计及实施	陈四楼煤矿	张凯、郭之理、葛均刚	三等	第五届
52	2504 工作面断层防水煤柱的治理与资源回收	陈四楼煤矿	张凯、葛均刚、郭之理、戴磊	三等	第五届
53	陈四楼煤矿工资分布式管理系统	陈四楼煤矿	张延明、马正兰、申顺更、黄传清、石仁义、刘国栋、王家红、姚西武、谢乃松、刘永生、张玉明	三等	第五届
54	陈四楼煤矿底板水害治理工程优化设计研究	陈四楼煤矿	侯世宁、袁德铸、张凯、葛均刚、史先志、刘洋、张金陵	三等	第五届
55	大功率风电闭锁风机自动倒台组合真空开关的研制与应用	陈四楼煤矿	柳玉平、郑新军	三等	第五届
56	变频调速在强力皮带的应用	陈四楼煤矿	柳玉平、马正兰、王太续、艾学明、奂光润、赵金明、杨晓	三等	第五届
57	机电综合监控技术改造	陈四楼选煤厂	李兆忠、李江涛、郭亚军、李文元、张秋林	三等	第五届
58	水洗矸石中分选洗块煤创新	陈四楼选煤厂	陶鹏、付才国、陈祥君、李兆忠、胡参军、郭亚军、韩朝军、李文元、张小刚、孙乾、王尔刚	三等	第五届
59	矿井大型设备经济运行分析评价及节能途径研究	陈四楼煤矿	张延明、马正兰、王太续、王中华、秦高威	一等	第六届
60	副井提升系统产能提升技术研究	陈四楼煤矿	王太续、从子月、任永强、秦高威、白运强、聂建华、安忠林、柴占江、汪鲁尧	一等	第六届
61	主井装载系统拆除安装工艺研究与实施	陈四楼煤矿	张延明、从子月、王太续、任永强、秦高威、白运强、聂建华、安忠林、汪鲁尧	一等	第六届
62	陈四楼煤矿煤层底板扰动规律及突水预测预报研究	陈四楼煤矿	袁德铸、葛均刚、郭之理、施龙青、张健、梁雷、史先志、张金陵	一等	第六届
63	16 km 特长距离高精度巷道贯通测量技术研究	陈四楼煤矿	张延明、马正兰、侯世宁、杜云宽、袁德铸、翟金腾、吕目晓、戚志伟、刘国庆、李顺峰、袁文超、王启善、曹健、乔万、洪陈、燕舞	一等	第六届
64	高效二次流分级技术及装置	陈四楼选煤厂	付才国、何茂林、胡参军、陶鹏、郭亚军、张秋林、汤秋林、张丹、李文元、常大江、李江涛	一等	第六届

表 8-1-12(续)

序号	成果名称	获奖单位	获奖人员	等级	备注
65	陈四楼煤矿副井井筒井壁破坏机理分析与加固方案研究	陈四楼煤矿	马正兰、袁德铸、李顺峰、吕目晓、荣传新、黄思强、蔡海兵	二等	第六届
66	深部沿空巷道支护技术研究	陈四楼煤矿	翟金腾、袁德铸、漆太岳、李爱军、张新过、梁雷、张书印、周钢、李玉涛	二等	第六届
67	大倾角俯斜综采工作面回采技术研究	陈四楼煤矿	王利伟、袁德铸、王太续、张键、秦高威、张业明、钟南宁	二等	第六届
68	虹膜识别技术在煤矿考勤管理中的研究与应用	陈四楼煤矿	张延明、马正兰、王太续、袁德铸、徐金陵、陶涛、陈雷	二等	第六届
69	电机车变频技术应用研究	陈四楼煤矿	王太续、黄云义、艾学明、秦高威、杨晓、汪鲁尧、梁国安、柴占江	二等	第六届
70	主井装载分煤器摆动式分煤技术研究与应用	陈四楼煤矿	王太续、从子月、袁德铸、秦高威、王中华、白运强、聂建华、任永强、李智良	二等	第六届
71	主井多绳摩擦提升机主提升钢丝绳更换新工艺	陈四楼煤矿	任永强、丛子月、黄云义、袁德铸、秦高威、王中华、白运强、聂建华、安忠林、王磊、李智良	二等	第六届
72	陈四楼煤矿一720暗斜井综合运输系统设计与应用	陈四楼煤矿	王太续、汪鲁尧、秦高威、艾学明、杨晓、张瑞德	二等	第六届
73	旧胶带切边卷带装置研制与应用	陈四楼煤矿	王太续、秦高威、汪鲁尧、赵德文	二等	第六届
74	陈四楼煤矿矿井地质报告	陈四楼煤矿	袁德铸、葛均刚、郭之理、史先志、张健段、李宏、张金陵	二等	第六届
75	矿井污水处理新技术的创新与应用	陈四楼选煤厂	胡参军、付才国、陶鹏、郭亚军、孙乾、王恒、宋连荣、吴志远	二等	第六届
76	煤炭浮选过程设计与优化	陈四楼选煤厂	胡参军、李兆忠、陶鹏、何茂林、汤秋林、张秋林、李文元、张丹、常大江、李江涛	二等	第六届
77	复杂条件下大倾角中厚煤层综采工作面旋转开采技术	陈四楼煤矿	袁德铸、张业明、尹胜波、王太续、张健、梁雷、秦高威、黄玉东	三等	第六届
78	陈四楼煤矿通风阻力测定和通风系统优化改造研究	陈四楼煤矿	袁德铸、代林聚、张建、荣向东、梁雷、刘学功、徐金陵、刘德成、刘为民、邵新建、练启先	三等	第六届
79	十、十二采区二$_2$煤层开采方案设计	陈四楼煤矿	马正兰、彭业升、袁德铸、梁雷、张健、代林聚、秦高威、葛均刚、王中华、张凯	三等	第六届
80	潜水泵无人值守自动控制排水系统设计与应用	陈四楼煤矿	王太续、秦高威、汪鲁尧、艾学明、王中华、张瑞德	三等	第六届

表 8-1-12(续)

序号	成果名称	获奖单位	获奖人员	等级	备注
81	陈四楼煤矿 21301 工作面突水治理研究	陈四楼煤矿	郭之理、侯士宁、袁德铸、葛均刚、李飞、史先志、张健、代磊	三等	第六届
82	陈四楼煤矿地表移动观测与岩层移动参数研究	陈四楼煤矿	袁德铸、张健、吕目晓、梁雷、袁文超、王启善、陈俊杰、郭运章、朱遂旺、曹键、乔万宏、王西亚、张亮亮	三等	第六届
83	陈四楼煤矿副井与北风井精确贯通技术分析与研究	陈四楼煤矿	袁德铸、张健、吕目、晓梁雷、袁文超、王启善、王宝山、郭运章、牛遂旺、曹键、乔万宏、王西亚、张亮亮	三等	第六届
84	陈四楼煤矿安全隐患买卖制	陈四楼煤矿	陈群忠、翟亚芳、王华辉、汤桦、秦高威、王家红、吕目晓	三等	第六届
85	深部煤岩体变形破坏特征与软岩巷道支护技术研究	陈四楼煤矿	杨青松、王利伟、翟金腾、王珏、刘建功、张新过、黄思强、杨丽、李爱军、尹胜波、杨晓、贾亮亮	一等	第七届
86	陈四楼煤矿主井提升机控制系统改造研究	陈四楼煤矿	杨青松、丛子月、尤德玲、任永强、王瑞海、黄涛、符如康、白运强、朱栋栋、艾学明、陈召磊	一等	第七届
87	南翼皮带运输系统自动化改造	陈四楼煤矿	杨青松、杨晓、黄涛、符如康、白运强、王冠宇、张志辉、宋全贵、张豪	一等	第七届
88	陈四楼煤矿安全培训管理系统	陈四楼煤矿	薛志俊、杨青松、陈群忠、王利伟、武凤林、李海深、陈雷、王家红、黄思强、王华辉、张国庆、刘昱均	一等	第七届
89	陈四楼煤矿采掘工作面技术经济档案管理系统研发	陈四楼煤矿	杨青松、王利伟、黄思强、荣向东、梁雷、崔玉攀、李明、张长友、康彦、李红涛	二等	第七届
90	陈四楼煤矿安全监测监控系统技术研究与应用	陈四楼煤矿	王利伟、荣向东、宋全贵、魏北京、刘文	二等	第七届
91	陈四楼煤矿液压站技术改造	陈四楼煤矿	任永强、黄涛、符如康、白运强、艾学明、朱栋栋、陈召磊、李博、王超额、杨德贵	二等	第七届
92	定量机超越离合器国产化设计与应用	陈四楼煤矿	白运强、任永强、黄涛、王利伟、符如康、朱栋栋、陈召磊、安忠林	二等	第七届
93	陈四楼煤矿内部市场化管理的系统构建	陈四楼煤矿	杨青松、陈群忠、韩彦、李红涛、王启善、杨丽、张晓冬、何新香、张雪云、张建	二等	第七届
94	拓展训练在煤矿中的研究与应用	陈四楼煤矿	杨青松、陈群忠、王利伟、陈雷、王家红、杨丽、徐志刚、郑鹏、陈宝明、吕理想、孙振	二等	第七届
95	《惊险瞬间回眸》——析案识险 365 例	陈四楼煤矿	王太续、白运强、赵金明、刘益、秦高威、张雪云、汪鲁尧、张新过、聂建华、马志超	二等	第七届

表 8-1-12(续)

序号	成果名称	获奖单位	获奖人员	等级	备注
96	八采区二2煤层开采方案优化设计	陈四楼煤矿	侯世宁、王利伟、彭业升、孟宪义、梁雷、代林聚、贾亮亮、荣向东、符如康	三等	第七届
97	综掘工作面单体支柱安全支护技术研究	陈四楼煤矿	王珏、王利伟、梁雷、李爱军、翟金腾、张新过、崔玉攀、练以亮、李明	三等	第七届
98	-440回风大巷过断层及堵水关键技术研究	陈四楼煤矿	侯世宁、杨青松、王利伟、李飞、梁雷、葛均刚、王珏、张金陵、张新过	三等	第七届
99	无极绳绞车在综采工作面应用技术研究	陈四楼煤矿	张长友、黄涛、符如康、白运强、艾学明、张豪、李宗军	三等	第七届
100	皮带运输机沿线除尘自动控制技术研究	陈四楼煤矿	荣向东、王冠宇、杨晓、张志辉	三等	第七届
101	防扣件转动型工字钢轨枕研制与推广	陈四楼煤矿	毛宝霞、张德民、王松丽、张道雷、韩学金、邵文忠、焦利燕	三等	第七届
102	陈四楼煤矿中水回收利用技术研究	陈四楼煤矿	王利伟、白景双、郭金良、黄思强、曲宏挥、田好廷、胡传新、张景田	三等	第七届
103	陈四楼煤矿安全管理系统升级实施及应用	陈四楼煤矿	杨青松、邢顶门、张标、牛遂旺、吴晨	三等	第七届
104	陈四楼煤矿工伤管理程序开发	陈四楼煤矿	韩彦、杨青松、张秋民、高新社、张玉明、黄思强、张鑫、金磊、冯彦辉	三等	第七届
105	陈四楼煤矿实操基地建设与应用	陈四楼煤矿	杨青松、陈群忠、王利伟、李海深、王家红、陈雷、杨丽、周兴涛	三等	第七届
106	陈四楼煤矿6+2班组建设管理	陈四楼煤矿	陈群忠、李矿军、刘振良、于慧娜、高新社、黄思强、张晓东、张标、郑天寿	三等	第七届
107	陈四楼煤矿劳保信息管理系统研发	陈四楼煤矿	张明华、杨青松、韩彦、高新社、张玉明、黄思强、姚西武、张鑫、金磊	三等	第七届
108	基于三维地震勘探资料的小构造精细解释技术示范	陈四楼煤矿	侯世宁、王珏、李飞、王利伟、梁雷、张凯、王浩民、张新过、朱英丽、黄思强、刘洲、张金陵、苗书运、段李宏、于咏	一等	第八届
109	陈四楼煤矿主井提升系统能力提升研究与应用	陈四楼煤矿	王珏、尤德玲、亢生彩、王磊、黄涛、王瑞海、符如康、任永强、陈召磊、朱栋栋、孟凡平、李博、李贵明、时培源	一等	第八届
110	永煤集团陈四楼模块矿井综合自动化	陈四楼煤矿	杨青松、王珏、亢生彩、符如康、尤德玲、闫修尊、景旭东、艾学明、杨晓、朱红星、洪震	二等	第八届
111	浮选精煤脱水节能降耗工作的研究与应用	陈四楼选煤厂	付才国、孙乾、李兆忠、李振、汤秋林、王周、李志刚、杨明、张小刚、常大江	二等	第八届

表 8-1-12(续)

序号	成果名称	获奖单位	获奖人员	等级	备注
112	陈四楼煤矿综采工作面注水降尘技术研究	陈四楼煤矿	王珏、尹胜波、王利伟、梁雷、张新过、钟南宁、李明、陆庆刚、崔玉攀、贾亮亮、刘德成	二等	第八届
113	陈四楼煤矿2409轨道顺槽迎回采未稳定区沿空掘巷围岩控制技术研究	陈四楼煤矿	杨青松、王利伟、王珏、彭业升、梁雷、张新过、孟宪义、尹胜波、崔玉攀、李爱军、黄思强	二等	第八届
114	六、十八采区二$_2$煤层开采方案优化设计	陈四楼煤矿	侯世宁、彭业升、梁雷、贾亮亮、张新过、崔玉攀、刘洲、刘德成、符如康、杨晓、祝恩勇	二等	第八届
115	新型瓦斯抽放钻机挪移装置研制与应用	陈四楼煤矿	王珏、刘德成、符如康、梁雷、王利伟、姜方飞、崔文祥、白运强、李智良	三等	第八届
116	瓦斯矿井异常区域综合治理技术研究	陈四楼煤矿	侯世宁、王珏、王利伟、梁雷、代林聚、刘德成、张新过、尹胜波、黄思强	三等	第八届
117	陈四楼煤矿采区矸石高效集中分离技术研究	陈四楼煤矿	亢生彩、王利伟、梁雷、符如康、王冠宇、杨晓、贾亮亮、姚海宁、薛兵建	三等	第八届
118	综采工作面超前支护支架技术研究与应用	陈四楼煤矿	强岱民、尤德玲、王向东、闫修尊、黄涛、王利伟、王珏、尹胜波、张长友	三等	第八届
119	自移式胶带输送机研究与应用	陈四楼煤矿	亢生彩、闫修尊、符如康、王利伟、尹胜波、张长友、崔文祥、邓高鹏、李明	三等	第八届
120	浮选尾矿脱水工艺的优化与实践	陈四楼选煤厂	孙乾、付才国、汤秋林、李兆忠、王周、李振、李志刚、杨明、张小刚	三等	第八届
121	粗煤泥离心机扩能降本的研究与实践	陈四楼选煤厂	孙乾、张丹、汤秋林、张晴、常大江、田建超、张秋林、杨明	三等	第八届
122	跳汰供风节能技术的研究及应用	陈四楼选煤厂	李兆忠、张秋林、田建超、郭金良、杨明、张勇、孙建军、刘东海	三等	第八届
123	末精煤质量自动控制系统的研究与应用	陈四楼选煤厂	胡参军、孙乾、李兆忠、汤秋林、杨明、田建超、张秋林、张小刚	三等	第八届
124	基于对标管理的降耗提效模式的构建与实施	陈四楼选煤厂	付才国、孙乾、李英、李兆忠、王明才、汤秋林、杨明、王尔刚	三等	第八届
125	“四自一控”内部市场结算体系的构建与实施	陈四楼选煤厂	付才国、孙乾、李兆忠、李英、汤秋林、王周、杨明	三等	第八届
126	双岩巷共用排矸系统联合布置及高效施工技术研究	陈四楼煤矿	李顺峰、王利伟、梁雷、李爱军、贾亮亮、党铁果、李智良、崔文祥、黄思强、高磊、刘建功、张振虎、孟相勇、丁德才、郭晓伟	一等	第九届
127	浮选精煤脱水技术的研究与应用	陈四楼选煤厂	孙乾、郭亚军、李兆忠、汤秋林、张小刚、李振、田建超、张晴、王周、杨明、李志刚、王洋、王劲	一等	第九届

表 8-1-12(续)

序号	成果名称	获奖单位	获奖人员	等级	备注
128	陈四楼煤矿"人才成长树"工程在煤企后备人才培养中的实践和推广	陈四楼煤矿	陈群忠、李顺峰、梁雷、张永强、江红杰、黄思强、马志刚、苗书运、于慧娜、刘振良、樊建政、刘昱均、朱金辉	一等	第九届
129	陈四楼煤矿机电设备全生命周期信息管理和预警系统的研发及应用	陈四楼煤矿	符如康、党铁果、韩彦、张雪云、张长友、时培源、黄思强、苗书运、张豪	一等	第九届
130	陈四楼煤矿岩巷作业机械手自动装卸料系统工艺研究	陈四楼煤矿	李顺峰、梁应昌、符如康、张长友、崔文祥、张德民、李智良、时培源、杨永兴、孟相勇、张豪	一等	第九届
131	陈四楼煤矿大采深煤巷支护技术研究	陈四楼煤矿	王利伟、王珏、梁雷、陈群忠、李爱军、张新过、程小伟、黄思强、陈阵、苗书运	二等	第九届
132	陈四楼煤矿综采工作面安全高效快速回撤关键技术研究	陈四楼煤矿	李顺峰、符如康、王利伟、梁应昌、闫修尊、崔文祥、张长友、张志强、党铁果、菅典建、钟南宁、张睿、张豪	二等	第九届
133	空气柱 L-S 两封法光面爆破关键技术研究	陈四楼煤矿	王利伟、曹贵廷、王珏、陈群忠、梁雷、张新过、高磊、刘建功、李爱军、孙宏权、孟相勇、张新建、刘利	二等	第九届
134	矿井水文地质条件复杂区域工作面底板注浆加固效果评价方法改进	陈四楼煤矿	梁雷、郭之理、王浩民、刘洲、冉德立、孙新建、于泳、沈冰、马振海、韩佳良、田君	二等	第九届
135	末精煤质量自动控制系统的研究与实践	陈四楼选煤厂	孙乾、汤秋林、张小刚、张晴、王周、蒋东亮	二等	第九届
136	煤矿规范化管理系统的构建与实施	陈四楼煤矿	李顺峰、韩彦、李矿军、金新、李红涛、张志辉、卢尚刚、张鑫、刘军、于慧娜、李雯、王小刚	二等	第九届
137	陈四楼煤矿主井提升机变频矢量控制技术研究与应用	陈四楼煤矿	符如康、任永强、陈召磊、薛兵建、朱栋栋、郭华伟、李博、周光合	二等	第九届
138	采掘工作面电缆拖移装置的开发与应用	陈四楼煤矿机电制修厂	符如康、张长友、崔文祥、张睿、张兵、刘琦军、娄峰、张豪、柏岩、赵岩、龚德伟	二等	第九届
139	采煤工作面视频就地显示结合皮带集控的应用	陈四楼煤矿	景旭东、王辉、魏玉杰、廖松宝、洪震、朱红星、彭建春、赵亚峰、轩永安	二等	第九届
140	中厚偏薄煤层综采设备高效(智能)集成装备配套及关键技术研究	陈四楼煤矿机电部	闫修尊、王利伟、张长友、党铁果、崔文祥、张志强、菅典建、钟南宁、陆庆刚、柏岩、张豪、杨刚	二等	第九届

表 8-1-12(续)

序号	成果名称	获奖单位	获奖人员	等级	备注
141	－720 m 辅助水平回风大巷地应力和锚杆索支护状态技术研究	陈四楼煤矿	张新过、李爱军、刘建功、高磊、贾亮亮、张振虎、黄思强、刘利、张健	三等	第九届
142	满足市场实时需求煤炭洗选模式的构建与实施	陈四楼选煤厂	孙乾、汤秋林、李兆忠、薛占强、周展、张晴、张小刚、张丹、傅平	三等	第九届
143	稳流诱导沉降扩能提效技术的研究与应用	陈四楼选煤厂	李兆忠、郭亚军、汤秋林、张晴、常大江、张丹、王周、杨明、李文慧	三等	第九届
144	基于机电资源融合管理模式的探索与实践	陈四楼选煤厂	孙乾、郭亚军、李兆忠、薛占强、李振、汤秋林、张海阳、周展、付平	三等	第九届
145	选煤厂内部市场化管理模式构建	陈四楼选煤厂	孙乾、李兆忠、郭亚军、薛占强、汤秋林、张晴、李文慧、周展、龚恒	三等	第九届
146	矿用螺杆式空压机余热回收利用研究与应用	陈四楼煤矿城郊煤矿	郭华伟、刘正毅、时培源、杨磊、苗书运、李新刚、陈召磊、黄社涛、张豪	三等	第九届
147	煤矿井下泵房随动视频技术研究与应用	陈四楼煤矿	党铁果、景旭东、王辉、朱栋栋、朱红星、洪震、彭建春、赵亚峰、牛强	三等	第九届
148	基于 TP1 型提升机盘形闸闸瓦监测系统研究与应用	陈四楼煤矿	任永强、陈召磊、朱栋栋、张长友、郭华伟、李博、周光合、王超颖	三等	第九届
149	矿用电机车智能无线声光报警装置关键技术研究与应用	陈四楼煤矿	郑远新、崔居青、李智良、李猛、李志奎、李贵明、乔腾飞	三等	第九届
150	井底候罐室人员清点信号控制系统	陈四楼煤矿	韩彦、景旭东、王辉朱、红星、赵亚峰、洪震、彭建春、轩永安、吴保新	三等	第九届
151	陈四楼煤矿综采复杂地质构造中转载机关键技术研究	陈四楼煤矿	崔文祥、张长友、钟南宁、杨刚、柏岩、魏玉杰、廖松宝、张豪	三等	第九届
152	陈四楼煤矿岩巷四位一体快速掘进技术研究与应用	陈四楼煤矿	曾朝辰、李爱军、王小国、谢军峰、郝明月、张新过、李业君、郭远博、高磊、刘建功、贾亮亮、张振虎、宋成义、雷喜良	一等	第十届
153	底板高压岩溶水"疏降-导引"模式及突水防治关键技术	陈四楼煤矿	曾朝辰、郭之理、李飞、王浩民、刘洲、沈冰、冉德立、段李宏、黄思强、于泳、马振海、苗书运、田君、郑再春	一等	第十届
154	煤矿采煤工作面刮板输送机变频关键技术改造与应用	陈四楼煤矿	冯文轶、曾朝辰、符如康、党铁果、闫修尊、张长友、杨刚、姜小龙、位兆瑞、张豪、程成、栾永春、柏岩、杨晓、柳郭光	一等	第十届

表 8-1-12(续)

序号	成果名称	获奖单位	获奖人员	等级	备注
155	煤矿采掘区域自动化、信息化研究与应用	机电部、陈四楼煤矿、车集煤矿	冯文轶、梁应昌、闫修尊、栾永春、张华伟、景旭东、刘自学、陈坤鹏、党铁果、刘文、张庆林、张志强、菅典建、闫瑞廷	一等	第十届
156	职工金点子工程孵化机制研究及实施	陈四楼煤矿	李矿军、符如康、刘振良、高平华、黄思强、李红涛、杨永兴、周红霞、马志刚、张莉、田嫩红、丁清琳	一等	第十届
157	沿空留巷柔性与刚性联合支护结构承载特性研究与应用	陈四楼煤矿	曾朝辰、李爱军、温中义、彭业升、李明、王小国、陆庆刚、黄辉、程小伟、雷喜良、顾洪江、韩超、宗凤龙、陈建明、郭贡献	二等	第十届
158	陈四楼煤矿大倾角超长度综采顺拉工作面开采关键技术研究与实践	陈四楼煤矿	曾朝辰、龚子敏、王小国、李爱军、贾亮亮、张振虎、宋成义、李明、郭之理、郝明月、刘德成、党铁果、雷喜良、刘建功、高磊	二等	第十届
159	陈四楼煤矿煤与瓦斯突出综合预警系统建设及应用	陈四楼煤矿	刘斌、刘德成、武沛武、宋全贵、魏北京、景旭东、秦剑云、贾林林、曹阳、朱亚飞、陶柱、靳月祥	二等	第十届
160	煤矿新型架空乘人装置运人系统关键技术研究与应用	陈四楼煤矿	符如康、党铁果、闫瑞廷、李猛、张长友、张豪、张德民、韩红心、李贵明、乔腾飞、尹应会、崔居青、杨晓、黄思强	二等	第十届
161	煤矿永磁同步电机车的安全高效节能技术研究	陈四楼煤矿	符如康、党铁果、闫瑞廷、李猛、张长友、张豪、李贵明、乔腾飞、李志奎、尹应会、崔居青、杨晓	二等	第十届
162	基于利益相关者分析的煤炭企业协同创新工作体系	陈四楼煤矿	龚子敏、韩彦、李红涛、黄思强、苗书运、张付民、李玉东、樊金洋、王宏飞、苑茹、张鑫、靳海波、王斌	二等	第十届
163	选煤厂“双优双提”成本倒逼管控机制的探索与实践	陈四楼选煤厂	郝春建、周展、王劲、陈光	二等	第十届
164	高承压水区域突水机理及堵水技术研究	陈四楼煤矿	李飞、郭之理、朱英丽、刘洲、王浩民、冉德立、沈冰、于泳、段李宏、张胜军、田君、马振海、苗书运、李笋	二等	第十届
165	煤矿采区集约化出矸系统关键技术研究与应用	陈四楼煤矿	符如康、党铁果、张长友、闫修尊、李智良、杨晓、位兆瑞、程成、艾学明、张雪云、柏岩、周光和、柳郭光	二等	第十届
166	块煤破碎提高精煤产率的研究与实践	陈四楼选煤厂	孙乾、郝春建、王宏江、汤秋林、李振、田建超、王周、王尔刚、刘东海、徐立红、杨明、周展、王劲	二等	第十届

表 8-1-12(续)

序号	成果名称	获奖单位	获奖人员	等级	备注
167	新常态下大型煤矿“4K绩效考核体系”研究与实践	陈四楼煤矿	韩彦、孟磊、薛兵建、李红涛、张鑫、樊金洋、何新香、张志辉、时培源、王斌、金磊、李向北、李凯	二等	第十届
168	创建国家级绿色矿山综合技术研究及实施	陈四楼煤矿、城郊煤矿	杨青松、朱英丽、王瑞海、黄思强、田尚仁、苗书运、杨磊、郭金良、李振洋、丁双根、李明乐、王浩民、马志刚、党铁果、雷喜良	二等	第十届
169	大倾角巷道综掘机械化作业线设备选型及防滑综合控制技术研究	陈四楼煤矿	王利伟、李爱军、程小伟、雷喜良、黄思强、聂德飞、郭贡献、刘国庆、苗书运、刘泽华、顾洪江、张兵、宋芳顺、徐志广	三等	第十届
170	拐弯岩巷快速掘进及输送关键技术研究	陈四楼煤矿	李爱军、郝明月、孟相勇、张新过、刘杰、高兴超、黄思强、高磊、刘建功、苗书运、邓如彬、张豪	三等	第十届
171	跨皮带风门防逆风装置的设计与应用	陈四楼煤矿	刘斌、刘德成、付景刚、陶柱、李双、戴子栋、张冠东、武沛武、秦剑云	三等	第十届
172	陈四楼煤矿给料机连续无级宽给量及高效检修技术研究	陈四楼煤矿	杨晓、戚玉彬、王冠宇、谷保健、叶帝河、李正兴、张喜江	三等	第十届
173	主煤流运输系统安全创新实践	陈四楼煤矿	杨晓、戚玉彬、王冠宇、谷保健、叶帝河、蒋飞、李正兴、刘康康	三等	第十届
174	煤矿井下区域自动化技术研究应用	陈四楼煤矿	符如康、景旭东、栾永春、程成、朱红星、袁保国、赵亚峰、洪震、轩永安、彭建春、王铭扬、田亚欧、杨刚	三等	第十届
175	井下无尘化自动加油系统的技术研究	陈四楼煤矿	杨刚、袁保国、柏岩、位兆瑞、程成、邓高鹏、杨晓、张雪云、张睿	三等	第十届
176	精创选煤厂煤泥水处理系统转置的研究与应用	陈四楼选煤厂	郝春建、汤秋林、王周、蒋东亮、徐立红、张小刚	三等	第十届
177	数质量信息采集系统的研究与应用	陈四楼选煤厂	郝春建、汤秋林、王周、杨明、徐立红	三等	第十届
178	煤泥水处理集控系统的研究与实践	陈四楼选煤厂	郝春建、张海阳、田建超、王劲	三等	第十届
179	手选大矸自动剔除系统的研究与应用	陈四楼选煤厂	孙乾、郭亚军、李振、蒋东亮、李志刚、常大江、田建超、张勇、王洋、徐立红、张小刚	三等	第十届

表 8-1-12(续)

序号	成果名称	获奖单位	获奖人员	等级	备注
180	陈四楼煤矿安检队伍建设“34510”工作法的实践应用	陈四楼煤矿	孟磊、薛兵建、孙宏权、吴晨、王金豹、于春晓、王西亚、王欣、于海阔	三等	第十届
181	煤矿青安岗科学管理模式研究与应	陈四楼煤矿	江红杰、马志刚、高平华、孙宏权、张鑫、朱金辉	三等	第十届
182	“P-TEI”体系在陈四楼煤矿党风廉政建设中的探索与实践	陈四楼煤矿	李矿军、江红杰、马志刚、张鑫、刘永军、洪文	三等	第十届
183	2 500 t/d 生活污水处理微孔曝气及生物膜技术改造与应用	陈四楼煤矿	韩彦、白景双、田尚仁、苗书运、丁双根、郭金良、曲宏辉、蔡学海、白运强	三等	第十届
184	陈四楼煤矿环境风险应急预案管理体系的构建与实施	陈四楼煤矿	田尚仁、黄思强、苗书运、丁双根、崔文祥、武晋文	三等	第十届
185	切顶块体充填巷帮破碎围岩稳定机理与无煤柱开采成套技术研究	陈四楼煤矿	曾朝辰、李爱军、李明、王小国、黄辉、黄思强、雷喜良、苗书运、顾洪江、宗凤龙、丁德才、张健	一等	第十一届
186	深部工程软岩巷道变形机理与控制技术研究	陈四楼煤矿	曾朝辰、郝明月、王小国、高磊、李爱军、贾亮亮、宋道、黄思强、张振虎、刘建功、刘利、宋成义、董抗抗、姚贺、邓如彬	二等	第十一届
187	陈四楼煤矿底板水害综合治理技术研究	陈四楼煤矿	郭之理、李飞、王浩民、段李宏、沈冰、刘洲、侯群磊、冉德立、田君、于泳、马振海、李笄、张文博、韩林波	二等	第十一届
188	主煤流运输智能化控制技术研究	陈四楼煤矿	曾朝辰、符如康、党铁果、景旭东、时培源、谷保健、杨晓、张长友、戚玉彬、蒋飞、张善强、姜小龙、顾飞、杨刚、张豪	二等	第十一届
189	陈四楼煤矿矸石堆放点综合治理方案研究与实施	陈四楼煤矿	韩彦、田尚仁、李红涛、黄思强、靳海波、高荣欢、苗书运、李玉东、丁双根、刘利、李贵明、臧羽中、董抗抗、宋道	二等	第十一届
190	抽采钻孔全程下筛管带压封孔技术实践及效果分析	陈四楼煤矿	龚子敏、刘斌、刘德成、曹阳、武沛武、秦剑云、梁旭、朱亚飞、靳月祥、李亚辉、郭晓伟、张安康、王涛、贾林林	二等	第十一届
191	原煤给料均质化的研究与应用	陈四楼选煤厂	吴鼓勇、郝春建、王周、蒋东亮、殷春明、田建超、王洋	二等	第十一届

表 8-1-12(续)

序号	成果名称	获奖单位	获奖人员	等级	备注
192	陈四楼煤矿单一中厚煤层双采动应力叠加区关键支护技术研究与应用	陈四楼煤矿	曾朝辰、龚子敏、李爱军、贾亮亮、张振虎、宋成义、苗书运、黄辉、高磊、刘建功、尹思远、程小伟、陆庆刚、钟南宁、韩超	三等	第十一届
193	钻孔轨迹变化影响因素分析及控制技术研究与应用	陈四楼煤矿	郭之理、朱英丽、王浩民、刘洲、沈冰、于泳、高俊、李笋、马振海、田君、冉德立、李春阳、韩林波	三等	第十一届
194	煤矿井下高稳定性“一网覆盖式”机巷无线通信系统的应用研究	陈四楼煤矿	符如康、党铁果、李猛、张长友、程成、张豪、丁相勤、冯彦辉、尹应会、崔居青、李贵明、吴保新、乔腾飞、唐玉军、李峰	三等	第十一届
195	煤矿机电装备及特种设备精细化管理模式的建立与应用	陈四楼煤矿	符如康、党铁果、张长友、张豪、李猛、张雪云、艾学明、时培源、陈召磊、李博、周光和、高明明、邓乾振	三等	第十一届
196	陈四楼煤矿“双重预防性”安全管理机制的构建与实施研究报告	陈四楼煤矿	孟磊、王春光、薛兵建、孙宏权、吴晨、李丙炎、李作奎、王金豹、于春晓、王西亚、王欣、于海阔	三等	第十一届
197	选煤厂扩能改造技术与实践	陈四楼选煤厂	郝春建、吴鼓勇、焦云中、徐立红、李志刚、王周、殷春明、蒋东亮、常大江、赵拥军	三等	第十一届
198	浓缩机中心传动装置的自动化研究与改造	陈四楼选煤厂	李振、王宏江、蒋东亮、田建超、王洋、王周、赵拥军、冀净净	三等	第十一届

二、部分重大科技成果简介

(一)陈四楼煤矿通风及监测系统仿真技术研究与应用

1. 成果简介

陈四楼煤矿采用分区抽出式通风，随着采空区范围日益扩大，漏风量在逐渐加大，有效风量在降低，通风路线在加长，使得陈四楼煤矿的通风系统更为复杂。为保证矿井通风系统风量及风流稳定性，陈四楼煤矿优化各种调节设施，降低矿井通风功耗，实现矿井通风系统的动态监测与实时控制和动态定量化计算与图形管理。2008 年，陈四楼煤矿与辽宁工程技术大学合作开展本项目研究。

2. 技术创新内容

① 在通风网络解算方面，解决无初值迭代计算问题、单向回路问题、2 次扇风机特性曲线导致的网络解算假收敛问题；建立基于无向图的角联结构数学模型。② 解决接受一个仿真文档，后台进行多次网络解算及数据存储问题，使自动分析通风系统，生成分析报告成为可能。③ 解决网络调节与仿真文档需要同时操作、数据又要保持同步、又不能使用多线程

的技术问题。④ 在基于最小调节功耗的通风网络优化调节通路法的基础上，又解决用于仿真系统调试和通风系统改造的网络调节节点法。⑤ 解决监测数据实时应用仿真系统，监测数据改变量对系统的影响问题并导出最优调整方案。⑥ 采用人工智能理论中的深度优先和宽度优先搜索技术，解决含有单向回路的网络拓扑关系算法。

3. 实施效果

项目实施后，井下局部风量调整与项目应用前相比较减少 5 个人工时/次，月平均 18 次，年节省 1 080 工时，按日工资 87 元，年节省 9.5 万元；计划分风与实际供风考核方面，每个采区可减少无效供风 300 立方米/分钟左右，按年度采区掘进计划可提前准备 3 个工作面，按一个工作面 2 400 米巷道计算，仅计算掘进工作面供风成本(58.33 元/米)，新增经济效益约为 42 万元。

4. 取得的论文及专利

本项目实施过程中发表论文 2 篇，其中《陈四楼煤矿通风系统优化》发表于 2010 年第 8 期《中州煤炭》，《陈四楼煤矿通风及监测系统仿真研究》发表于 2010 年第 10 期《煤炭科学技术》。

5. 鉴定及获奖

2009 年 12 月 10 日，经商丘市科学技术局组织专家鉴定，研究成果达到国际先进水平。2010 年先后获得商丘市科技进步奖一等奖、河南省科技进步奖二等奖。

（二）深部煤岩体变形破坏特征及软岩巷道支护技术研究

1. 成果简介

针对陈四楼煤矿逐渐进入深部开采，开拓、准备巷道维护困难的现状，陈四楼煤矿、西安交通大学、中国矿业大学联合开展本项目研究，确定在现有技术条件下不同开采深度所能达到的最好支护效果。研究表明：在埋深不超过 800 米、岩块单轴抗压强度 8～30 兆帕正常煤岩层中布置的开拓、准备巷道，采用屈服极限 400～600 兆帕，工作阻力不小于屈服极限的 80%的、长度 2.0～2.4 米、支护强度 0.4 兆帕的双高(高强、高阻)锚杆支护系统，可使巷道相对位移不大于 500 毫米。当埋深大于 800 米时，若其他条件不变，巷道相对位移将大于 500 毫米，单一锚杆支护系统将会失效，因此应采取与围岩注浆结合等联合支护形式，才能使巷道最终达到长期稳定。当岩块强度在 30～50 兆帕时，其他条件不变，则在埋藏深度 1 000 米内，单一双高锚杆支护系统可使巷道位移不超过 500 毫米。

2. 技术创新内容

本成果对埋藏深度 500～1 000 米范围内，各种围岩条件的开拓、准备巷道的锚杆支护技术问题进行了系统性的研究，得出：

(1) 从工程角度，提出巷道位移量是否大于 500 毫米是判断巷道是否能够达到长期稳定支护效果的一个重要判别指标。

(2) 从工程角度，提出了软岩判别标准。即采用单一锚杆或锚网喷支护是否能够最终保持巷道长期稳定，作为判别是否为工程软岩巷道的标准。在数值上采用圆形无支护巷道顶底或两帮位移量中的最大值是否超过500毫米作为判断巷道围岩荷载是否达到临界值的依据。

(3) 提出了"双高"锚杆支护的概念。即高强度与高阻力,即采用屈服极限不小于335兆帕的左旋无纵筋螺纹钢作为杆体,单根锚杆屈服极限不小于200千牛;锚杆的工作阻力不小于屈服极限的80%。

(4) 采用底板无支护,只对帮顶进行锚网支护的锚网支护形式(支护强度不小于0.25兆帕),可使埋深不超过的800米的煤层巷道(煤厚2.8米,矩形,不破顶底)顶底及两帮移近量均不大于500毫米。当埋深大于800米时应当对巷道底板进行适当支护。

(5) 埋藏深度不大于800米,沿煤层布置的直径5米圆形水平大巷,当支护强度为0.4兆帕(底板不支护)时,巷道顶底及两帮移近量均不大于500毫米。

(6) 经过对U型钢可缩性支架的支护效果进行研究,并将两者研究结果进行比较,得出了U型钢可缩支架无论是直墙半圆拱还是圆形封闭形支架支护,其支护效果均不及双高锚杆支护。

3. 实施效果

沿空掘进的回采巷道中,陈四楼煤矿已普遍采用了全锚网支护形式,实践证明可锚性是能够满足要求的。对未经采动影响的巷道无论是回采巷道,还是水平大巷、采区上下山,其围岩的可锚性都是没有问题的。当埋深大于800米时,虽然煤层及一些围岩较软的岩石巷道最大相对移近量超过了500毫米,但主要是底板不支护的原因。只要对巷道底板采取适当支护措施,双高锚杆支护的适用埋深仍可加大。

按照陈四楼煤矿的情况,开拓准备巷道中的软岩巷道约占15%～20%,每年开拓量7 000米,软岩巷道约为1 000～1 400米,如果全部采用双高锚杆支护形式,每年可节约巷道工程费用1 229.9万～1 721.86万元。

4. 鉴定及获奖

2010年10月26日,经河南省科学技术厅组织专家鉴定,项目研究成果达到国内领先水平。2011年先后获得商丘市科技进步奖二等奖、中国煤炭工业科学技术奖三等奖。

(三) 双绕组同步提升机交直交变频调速控制系统

1. 成果简介

陈四楼煤矿主井提升机电控系统是1996年引进德国西门子公司的磁场定向闭环控制的交交变频系统,1997年10月正式投入运行。原控制系统的厂家备件已停产,生产商供货不能及时到位;系统故障诊断能力差,严重影响对故障的排除和预报;因无备件造成机电事故增加、事故影响延长,影响矿井正常生产。2009年,陈四楼煤矿与中国矿业大学、徐州中矿大传动与自动化公司联合攻关,对矿井大功率双绕组同步提升系统变频矢量控制技术及相关信息技术进行研发,解决陈四楼主井提升机电控系统存在的问题,同时填补国内在大功率交流同步提升机变频控制技术的空白。

2. 技术创新内容

① 提出一种基于虚拟电网磁链观测器的三电平前端整流AFE控制方法,提高装置的

稳定性。② 基于预充电流定向的无网侧电动势传感器 PWM 整流器启动初值观测方法。③ 采用一种基于两电平的电压空间矢量，简化三电平矢量控制方案，在实现高性能变频器驱动的同时将计算量减少。④ 提出适用于双绕组电励磁同步电机的全阶闭环混合磁链观测模型，适用于全速范围的气隙磁链观测，可实现定向磁链的全范围准确观测，保证矢量控制的精确实施。⑤ 设计双绕组电励磁同步电动机初始定位算法，采用基于锁相环原理的新型电动机初始定位模型，利用预励磁阶段定子绕组感应电压计算出初始角。⑥ 设计基于三电平拓扑结构的双绕组电励磁同步电机参数辨识方案和控制器参数优化方法，解决了变频调速系统中由于参数时变对控制造成影响的固有问题。⑦ 提出基于有限元分析的适用于交直交电压源型变流器的平板无感母线设计方法。⑧ 提出一套考虑结温效应的功率器件损耗计算方法，并采用热阻等效电路模型计算了功率器件的结温，分析了功率器件的损耗和结温随调制度和负载阻抗角的变化规律。⑨ 研究设计了 1 460 伏、2 600 千瓦的 Back-to-Back 双三电平双绕组同步电机矢量控制的矿用变频调速控制系统（变频器）。

3. 实施效果

本项目实施后，每循环提升时间由过去的 108 秒减少到 96 秒，改造优化后比改造优化前每年可多提原煤 78.98 万吨，主井提升能力得到大幅度提升。2011 年较 2010 年实际多提煤炭 7 万吨，增收 7 000 万元，新增利润达 3 500 万元。同时，老系统故障率偏高，国外备件一般都比较昂贵，新系统可省去每年的国外备件支出，每年可节省备件费用约 300 万元。

4. 取得的论文及专利

项目实施过程中，取得发明专利 1 项，为“同步电动机转子位置测量与速度测控方法及装置”（ZL200910025515.6）；实用新型专利 5 项，分别为：“电励磁同步电动机的转子位置与速度测量控制装置”（ZL201020541127.1）、“一种消除谐波和补偿无功的变频器”（ZL201020561188.4）、“一种无网侧电动势传感器 PWM 整流器启动控制装置”（ZL201120051544.2）、“一种多电平变换器死区零电流钳位补偿装置”（ZL201120051539.1）、“一种感应电动机参数辨识控制装置”（ZL200920037845.2）。

5. 鉴定及获奖

2011 年 11 月 5 日，经中国煤炭工业协会组织专家鉴定，研究成果达到国际领先水平。2012 年先后获得河南省第五届安全生产科技进步奖一等奖、河南省工业和信息化厅科技进步奖二等奖、中国煤炭工业协会科技进步奖一等奖。

（四）矿井深部采区高承压水综合治理技术研究

1. 成果简介

陈四楼煤矿矿井自 1997 年生产以来已发生过多次突水，最大突水量每小时 1 046 立方米，其中 5 次为断层构造导通太原组灰岩出水。突水一度造成工作面（掘进巷道）停面（重新施工），严重影响矿井安全生产。随着煤层开采深度的增加，煤层底板承压充水含水层发生水害的可能性也在增加。鉴于此，陈四楼煤矿于 2010 年联合河南理工大学开展本项目研究，通过分析深部采区地质、水文地质特征，利用先进的物探和注浆钻探手段，研究深部采区底板高承压太灰水富水特征，提出深部工作面底板水害的治理方案。

2. 技术创新内容

① 分析了陈四楼煤矿南部深部采取断层的分维值分布在0.792 5～1.453 4之间，平均值为1.10，构造复杂程度为中等。以断层分维为基本特征量，建立了研究区突水单位涌水量与断层构造分维之间的定量关系。② 通过放水试验，查明研究区太灰含水层的水文地质条件，获得了水文地质参数；采用数值方法，模拟研究了太灰含水层疏放水流场和水位变化，为深部采区疏放水工作提供了依据。③ 研究带压开采条件下，地板加固治理技术；采用蒙脱石、蒙脱石—水泥注浆材料加固底板，取得良好的经济效益。

3. 实施效果

该项目在陈四楼煤矿推广应用3个工作面，多回收资源11万吨，创造经济效益5 500多万元；同时工作面回采后涌水量不足10立方米/小时，大大改善了工作面及采区的排水需求，年节约排水费用45万元，达到了预期防治水效果，创造了巨大的经济效益和社会效益。

4. 取得的论文、专利

本项目实施过程中，取得核心期刊论文3篇，其中《一种新型的注浆材料的研究及其应用》英文论文被EI(《工程索引》)收录，《煤矿断层构造复杂程度的非线性分析》发表于2011年第4期《中国地质灾害与防治学报》；《煤矿深部采区底板含水层放水试验》发表于2012年第8期《煤矿安全》。另2014年在地质出版社出版专著《矿井深部采区高承压水综合治理技术研究》。

5. 鉴定及获奖

2012年12月23日，经中国煤炭工业协会组织专家鉴定，研究成果达到国内领先水平。2013年先后获得商丘市科技进步奖二等奖、河南省工业和信息化成果奖二等奖、中国煤炭工业科学技术奖。

(五) 新型智能化连续排矸系统关键技术研究

1. 成果简介

陈四楼煤矿地质条件复杂多变，岩层硬度普遍较高($f>10$)，采用掘进机掘进效率较低，且对掘进机磨损较为严重，故采用炮掘工艺，目前常用排矸方式效率较低，成本较高。为提高巷道掘进效率，陈四楼煤矿进行了新型智能化排矸系统研究。该项目采用实地调研、取样分析、方案制定、产品设计、样机试验的方式进行，通过研究八采区行人下山和五采区—720辅助水平轨道巷工作面采矿地质条件，分析岩石特性，根据所研究地质条件，确定巷道掘进施工方法及支护方法，优化岩巷快速掘进机械化作业线，研究新型智能化连续排矸系统，确定各环节工作方式，为巷道布置及设备选型提供依据。

2. 技术创新内容

① 采用挖掘装载机、带式输送机、智能矿车随动装置、矿车组成的岩巷智能化连续排矸工艺，去除矸石仓，实现扒矸、装矸、运矸一体化和装、运平行作业，排矸效率显著提高。② 分析自动分矸装置的最大承载能力和速度反馈响应，确定分矸装置的结构参数和移动速度，得到分矸装置结构参数、运动参数与矸石量的关系，研制出矿车随动分矸装置。③ 进行

智能化矿车随动装置、挖掘装载机、带式输送机、矿车的联动研究，确定矸石装载量、运输量、矿车随动装置响应速度间的关系，得到岩巷智能化连续排矸系统的最佳程序控制，可适应大倾角、大断面的煤矿岩巷掘进工作面，扩大了连续分矸系统的应用范围。

3. 实施效果

项目综合运用多种学科的理论，提出新型智能化连续排矸工艺，研发了矿车随动分矸机构的智能化控制系统，使连续排矸系统具备较高的机械化和自动化水平，总体技术水平达到国际先进水平，真正实现了扒矸、装矸、运矸一体化，节省了大量劳动力，提高了排矸效率，使岩巷掘进速度提高30%以上。截至2013年12月，新增产值6 073.6万元，新增利润3 796万元，新增税收227.76万元，节支总额达507.96万元。

4. 取得的论文及专利

项目实施过程中，发表论文1篇，《矿车车缝随动导流系统的设计与应用》发表于《煤矿机电》2014年第1期；取得发明专利1项，为“岩巷连续出矸方式下矿车车缝随动分矸装置”（ZL201310199436.3）。

5. 鉴定及获奖

2013年12月25日，经河南省科学技术厅组织专家鉴定，项目研究成果达到国际先进水平。2014年先后获得商丘市科技进步奖二等奖、河南省工业和信息化科技成果奖二等奖、河南省第六届安全生产科技成果奖二等奖、中国煤炭工业科学技术奖三等奖。

（六）空气柱L-S两封法岩巷光面爆破关键技术研究

1. 成果简介

针对岩巷掘进爆破中炮眼利用率低、周边超挖大、巷道成形差等爆破中出现的问题，本课题从光面爆破成型、掏槽眼爆破增威、全断面一次起爆、炮眼角度深度导控、水泡袋定位预留空气柱长度、底眼拒爆（残爆）快速识别等方面研发了一整套岩巷光面爆破关键技术。此技术容易操作，易于实现，利于实现正规循环，能够满足煤矿岩巷快速掘进的生产要求。

2. 技术创新内容

① 根据岩石裂隙形成的机理，由流体动力学爆炸载荷分析可知，增加炮眼药室空间可减少爆炸空气冲击波对孔壁岩石的冲击破坏，基于此结果，从解决空气柱预留困难方面提出了周边眼空气柱S单封法装药结构，实现了光面爆破。通过计算对比此装药结构爆破时孔内瓦斯气体爆炸和炸药爆炸分别释放的能量，认定周边眼空气柱S单封法装药结构的安全性与孔内是否积聚瓦斯及其浓度大小均无关。② 基于炸药在岩石中的爆炸破坏范围和作用过程的分析，改进了掏槽眼装药结构，提出了掏槽眼L-S两封法装药结构以充分利用掏槽眼炸药的爆破作用破岩、抛岩。③ 从光面爆破成型、掏槽眼爆破增威、全断面一次起爆、炮眼角度深度导控、水泡袋定位预留空气柱长度、底眼拒爆（残爆）快速识别等方面研发了一整套岩巷光面爆破关键技术。

3. 实施效果

空气柱L-S两封法岩巷光面爆破关键技术指出了在岩巷实现高质量光面爆破的技术

关键,可以适用于煤矿各种围岩条件下的岩巷开拓,能够显著节约煤矿井巷建设成本和提高掘进工效。在陈四楼煤矿全面推广应用至2015年,产生经济效益1 700余万元。

4. 取得的论文及专利

项目实施过程中,发表论文3篇,分别为:《中深孔与空气柱爆破技术在岩巷炮掘中的应用》发表于《中州煤炭》2014年第3期,《空气柱装药爆破效果及应用分析》发表于《山东煤炭科技》2014年第7期,《空气柱装药爆破技术在岩巷光面爆破中的研究》发表于《中州煤炭》2015年第6期;获得实用新型专利5项,分别为:"新型岩巷掘进周边眼空气柱装药结构"(ZL201320122717.9)、"岩巷爆破掏槽眼角度控制导角板"(ZL201420767539.5)、"岩巷爆破眼位深度及方向标定导向棍"(ZL201420767538.0)、"岩巷光面爆破两封法掏槽眼装药拒爆快速识别结构"(ZL201420767537.6)、"岩巷光面爆破眼位角度深度导控装置"(ZL201420767536.1)。

5. 鉴定及获奖

2014年3月30日,经河南省科学技术厅组织专家鉴定,项目研究成果达到国际先进水平。2015年先后获得商丘市科技进步奖二等奖、河南省工业和信息化科技成果奖一等奖。

(七)综掘工作面粉尘运移规律模拟及控制装置研究

1. 成果简介

粉尘问题历来是煤矿安全生产中的一大难题,解决好粉尘问题,对于改善井下产尘点附近工人的作业环境、保障职工的身体健康、促进煤矿安全生产等方面具有重要的现实意义。陈四楼煤矿针对综掘工作面巷道掘进迎头粉尘浓度高、原掘进机上外喷雾无法达到理想的降尘效果等问题,与安徽工业大学、北京科技大学联合开展本项目研究,根据对21007综掘工作面的现场考察和测定,得出现有设施的不足,并据此提出在长压短抽式通风方式中加入附壁风筒,以附壁风筒的旋流控尘作用将高浓度粉尘聚集在迎头小范围空间内,利用除尘器将高浓度粉尘吸入并沉降,同时结合新型气水喷雾进行综合粉尘防治的方案。

2. 技术创新内容

① 根据综掘巷道中粉尘的运动和分布特点以及气固两相流理论,建立数值计算模型,并采用随机方法来考虑瞬时湍流速度对颗粒轨道的影响,计算粉尘颗粒的运动规律轨迹以及浓度分布。用Gambit建立掘进巷道几何模型并划分计算网格,在FLUENT中设定数值模拟的边界条件,通过模拟得出了掘进巷道中粉尘运动和浓度分布的规律。② 研制出适用于矿井综掘工作面的高效实用新型气水雾化喷嘴,并在掘进机上安装气水喷雾装置模块,其覆盖面积大,喷射角度合理,雾化效果好,降尘效果好,所需水压不超2.0兆帕、气压不超过0.8兆帕。③ 研制出自激式水浴水膜除尘器,该除尘器综合了离心、水浴和水膜3种除尘机理,对这3种机理进行了详细的分析研究,导出了离心分级效率公式,水浴水膜水滴除尘分级效率公式,并通过试验确定了有关实验系数,建立了该种除尘器分级效率的计算公式;首次建立了百叶窗式脱水器阻力系数和极限风速与其结构参数之间的经验公式。④ 针对综掘工作面的实际情况,提出使用可调节式附壁风筒的长压短抽通风除尘系统,利用气流的附壁效应,将原压入式风筒供给工作面的轴向风流改变为沿巷道壁的旋转风流,有效

阻挡粉尘向外扩散。

3. 实施效果

现场实测数据表明，由柔性附壁风筒及自激式水浴水膜除尘器组成的通风除尘系统，配合掘进机的新型气水喷雾装置，可使掘进巷道的粉尘浓度大大降低，使用综合降尘技术其综合降尘率达到87％以上，在司机处全尘降尘率高达93.4％，呼尘降尘率高达93.7％，除尘技术的综合使用取得了显著效果。从陈四楼煤矿2013—2014年的应用来看，该项目可省去原泡沫除尘费用，可减少设备维修、维护、保养费用，可减少巷道维护费用，可减少防治煤肺病费用，经济效益明显，节支总额达4 280万元。

4. 取得的论文及专利

项目实施过程中，获得实用新型专利4项，分别为："一种气水雾化喷嘴的喷雾降尘装置"（Zl200720190456.4）、"一种采煤机气幕隔尘装置"（Zl200820122830.1）、"新型矿井用气水喷雾装置"（Zl201420406075.5）、"井下高压水过滤器"（Zl201320152718.3）。

5. 鉴定及获奖情况

2014年12月21日，经河南省科学技术厅组织专家鉴定，项目研究成果达到国际先进水平。2015年先后获得商丘市科技进步奖一等奖、河南省工业和信息化科技成果奖三等奖、河南省科技进步奖三等奖。

（八）双岩巷共用排矸系统联合布置及高效施工技术研究

1. 成果简介

针对岩巷掘进常用的爆破方式和排矸方式效率较低、成本较高的问题，陈四楼煤矿与中国矿业大学合作，基于巷道掘进特征，结合工程地质学、水文地质学、岩体力学、采矿工程、机械动力学、控制工程学、材料力学、理论力学、机电液一体化等多种学科的理论，开展双岩巷共用排矸系统联合布置及高效施工技术研究，改进爆破工艺、巷道布置方式，设计"两平行巷道＋联络巷道＋共用排矸皮带＋排矸装置＋矸石仓＋矿车"掘进机械化作业线，大幅提高了岩巷掘进效率。

2. 技术创新内容

① 针对巷道岩石硬度大导致难以机械化开拓的问题，提出中深孔光面爆破技术，采用准直眼掏槽眼中间增加1～2列辅助掏槽眼，并结合辅助眼、周边眼、底眼的爆破工艺，增加一次爆破岩石量，减少钻眼工序时间，提高破岩效率。② 针对单巷道作业工序多、人员多、投入大的问题，提出双巷道共用排矸系统布置工艺，采用"两平行巷道＋共享巷道＋共用排矸皮带＋抛矸装置＋矸石仓＋矿车"的配置方法，提高了巷道掘进速度和劳动工效，为类似条件的巷道开拓提供了一种新方法。③ 针对矿车装载物料的间断性，在分析矸石仓出料速度的基础上，进行矿车快速运矸系统的设计及稳定性分析，根据矿车控制要求和控制流程，研究传感器组合测量信号的方法、布置方案，构建矿车快速运矸系统，提高运矸效率。

3. 实施效果

本项目通过优化出矸工艺，采用双巷道共用排矸系统，形成一种新型排矸方式，即"两平行巷道＋联络巷道＋共用排矸皮带＋排矸装置＋矸石仓＋矿车”的配置方法，使北翼－640 轨道暗斜井和皮带暗斜井两条平行巷道通过联络巷道相连通，皮带暗斜井内矸石经过联络皮带机转运至轨道暗斜井内的共用排矸皮带上，实现与轨道暗斜井共用排矸装置、矸石仓和矿车的作业线，较采用传统工艺缩短工期 4 个月，创造经济效益 2 650 万元。

4. 取得的论文及专利

项目实施过程中，发表论文 1 篇，《双岩巷共用排矸系统在巷道掘进中的设计与应用》发表于《中州煤炭》2015 年第 12 期；获得发明专利 1 项，为：“煤矿双岩巷共用排矸方法及系统”(ZL201510877798.2)；获得实用新型专利 6 项，分别为：“一种矿井煤仓和矸石仓的布置形式”(ZL201520008385.6)、“煤矿双岩巷共用排矸系统专用矸石仓”(ZL201520991768.x)、“大坡度挖掘装载机防滑履带”(ZL201520991902.6)、“煤矿双岩巷共用排矸系统专用矸石转弯装置”(ZL201520991743.x)、“煤矿双岩巷矸石运输转弯装置后支撑架”(ZL201520991906.4)、“煤矿巷道矿车运输快速分矸装置”(ZL201520991769.4)。

5. 鉴定及获奖情况

2015 年 9 月 20 日，经河南省科学技术厅组织专家鉴定，项目研究成果达到国际先进水平。2016 年先后获得商丘市科技进步奖一等奖、河南省煤炭行业科技成果奖三等奖、河南省安全生产科技进步奖二等奖。

（九）中厚煤层综采工作面快速回撤关键技术研究

1. 成果简介

本项目由陈四楼煤矿和中国矿业大学合作，采用“现场调研—理论研究—数值分析—现场实测—参数优化后处理”相结合的方法，分析工作面构造形式、设备布置、人员配备等情况，研究已有回撤方法，探讨适用于 21401 工作面设备快速回撤的工艺及设备；分析适合单个设备的拆除工艺，针对不同设备提出部件拆卸顺序，对于不同位置处同一设备提出搬运顺序，并确定人员及辅助设备；开发适用于工作面设备快速回撤的吊装、运输、搬运等机构，进行该机构的静态、动态及其协同工作分析，并进行产品研制、调试和指导应用，实现中厚煤层综采工作面设备快速回撤。

2. 技术创新内容

① 针对正常顶板、软弱破碎顶板以及断层托煤等不同条件，采用“锚杆＋网片”工作面收尾支护工艺，研究锚杆锚固能力及支护材料、支护方式等对支护能力的影响因素，提高回撤通道支护承载能力，保障回撤作业环境安全可靠。② 针对传统支架回撤工艺人工搬运强度大、效率低、易倾倒侧斜等问题，采用“双掩护支架＋新型 E 型推移框架＋风动绞车”回撤工艺，研发“E 型框架＋防框架夹斜装置＋磨架辅助装置”的新型 E 型推移框架，实现两台掩护支架“交叉、迈步”直线前移，提高磨架移架效率，提高综采工作面支架回撤效率和安全系数。③ 针对传统装车工艺危险系数高、装车耗时长等问题，研究多维度控制装车平台装车工艺，研发“楔形装车平台＋平板车＋多维度限位装置”装车系统，实现“多维度、全方位”控制装车，缩短装车时间，确保支架装车精准到位，提高支架装车效率和装车过程安全系数。④ 针对传统工作面辅助设备装车人工作业强度大、费时费力、安全性差等问题，研发矿

用液压起重机，实现工作面刮板机、皮带机等整机及部件机械化装车，降低工人劳动强度，提高综采工作面辅助设备装车回撤效率。

3. 实施效果

2014 年在 21401 工作面应用本技术后，工作面回撤用时 16 天，较以往回撤工艺缩短工期 21 天，回撤效率提升 56.7%，同时较传统工艺减少人员 50%，节约用工 3 300 个，按 120 元/人计算，共计节省人工费 39.6 万元。另外由于缩短回撤工期，减少了工作面综采设备的租赁费用，按 80 万元/(月·工作面)计算，节省综采设备租赁费用 53 万元。合计节约资金 92.6 万元。2015 年在 21503 工作面、21211 工作面回撤时进行应用，其实施条件类似，共计产生效益 185.2 万元。

4. 取得的论文及专利

项目实施过程中，发表论文 2 篇，《陈四楼煤矿综采工作面安全高效快速回撤关键技术研究》发表于《中州煤炭》2015 年第 10 期，《E 型推移与磨架装置在煤矿液压支架拆除中的应用研究》发表于《中州煤炭》2016 年第 4 期；取得实用新型专利 2 项，分别为“煤矿液压支架拆除 E 型推移与磨架装置”(ZL201521006146.3)、“新型液压支架多维度控制装车平台”(ZL201521006033.3)。

5. 鉴定及获奖情况

2015 年 12 月 27 日，经河南省科学技术厅组织专家鉴定，项目研究成果达到国际先进水平。2016 年先后获得商丘市科技进步奖二等奖、河南省煤炭行业科技成果奖二等奖、河南省安全生产科技进步奖三等奖。

（十）底板高压岩溶水“疏降-导引”模式及突水防治关键技术

1. 成果简介

陈四楼煤矿水文地质条件复杂，煤层底板太原组灰岩承压水对采掘安全生产影响严重，自建矿以来发生 20 余次底板灰岩水突水。随着开采进入深部，陈四楼煤矿底板注浆技术面临注浆技术难度增大、注浆工程量增大、注浆成本成倍增加、注浆效果不佳技术瓶颈。在此背景下，陈四楼煤矿与中国矿业大学合作开展本课题研究，以陈四楼煤矿二三十年大量底板注浆孔的底板岩溶揭露数据为基础，进一步综合运用井下群孔放水试验、底板隔水性原位测试、隐伏岩溶流场与水文地球化学场分析、控水构造分析等先进手段与技术，揭示井田深部岩溶水害频发和危害加剧原因，制定相应底板岩溶水害防治方案。

2. 技术创新内容

① 发现了煤矿开采形成的华北石炭-二叠系隐伏煤田“疏干-导引”型浅部顺层侧向补给、深部由下而上疏干排泄的深埋岩溶水循环模式。② 基于煤层底板微观结构分析与水理性能室内测试、井下双孔煤层底板阻水能力无间断测试、井下钻孔重锤法底板弱渗透性监测等测试结果，发现煤层底板隔水岩组微裂隙发育，在一定压力条件下煤层底板隔水岩组发生渗流是陈四楼煤矿南翼采区底板易突水的原因。③ 揭示了煤矿开采形成的华北石炭-二叠系隐伏煤田深部隐伏岩溶系统复杂化的原因和注浆效果不佳、注浆成本提高的根源：

底板较软泥岩和破碎灰岩加剧底板注浆孔垂向孔斜，造成太原组“中～下”段被过度疏放，加速煤矿“疏干-导引”水循环模型形成。

3. 实施效果

该技术在陈四楼煤矿实施以来，能够明显提高煤层底板高压水害治理效果，减少煤层底板高承压水的突水威胁，保障煤矿安全生产，提高底板注浆工程进度。同时提高煤矿底板注浆加固工程有效性，减小无效工程量和材料消耗，每年节约近850万元防治水成本，解放受底板水害威胁的煤量200万吨，间接产生的经济效益9亿元。在保障煤矿安全生产、降低安全成本等社会效益方面显著，减少对地下水资源排放与浪费，具有广阔的社会与环境效益与前景。

4. 取得的论文及专利

项目实施过程中，发表论文1篇，《注浆钻孔数据反演煤层底板灰岩含水层富水特征研究》发表于《中国煤炭》2015年第5期；获得发明专利3项，为“一种煤层底板注浆加固二级套管的装置和方法”(ZL201410818512.9)、“一种柱梁式注浆装置及其注浆封孔工艺”(ZL201410393193.1)、“水泥罐排气孔除尘装置”(ZL201210582589.1)。

5. 鉴定及获奖情况

2016年12月28日，经中国煤炭工业协会组织专家鉴定，项目研究成果整体达到国际先进水平，在矿井岩溶水“疏降-导引”模式循环研究方面达到国际领先水平。2017—2018年，先后获得商丘市科技进步奖一等奖、中国煤炭工业科学技术奖三等奖、绿色矿山科技进步奖三等奖。

（十一）切顶破碎块体充填巷帮围岩稳定机理及无煤柱开采成套技术研究

1. 成果简介

无煤柱开采是国内外大力研究和极力推广应用的一项新技术，其优点是可以提高煤炭采出率，减少巷道掘进率，降低吨煤成本，延长矿井服务年限，缓解采掘接替紧张矛盾，防止因留设煤柱引起的井下灾害等。陈四楼煤矿与中国矿业大学合作，根据井下采煤工作面煤层赋存条件，采用理论分析、数值模拟机工程试验的方法，完成切顶破碎块体充填巷帮围岩稳定机理及无煤柱开采成套技术研究，有效解决了传统沿空留巷应用金属支架、高水材料巷旁充填及低水材料充填等支护方式存在的围岩变形量较大、支架破坏严重、支护成本高、巷道维护效果差等问题素。

2. 技术创新内容

① 建立了切顶破碎块体充填巷帮围岩成巷力学模型，揭示了切顶留巷围岩受力机理，以及切顶充填破碎块体巷帮在采空区垮落矸石、上覆岩层以及采动压力作用下呈冲击和滑动变形的特征。② 提出了切顶破碎块体充填巷帮无煤柱工作面留巷分区补强技术。对切顶破碎块体充填巷帮留巷按超前支护区、滞后临时支护区和成巷稳定区，采取分时补强支护。③ 提出了切顶破碎块体充填巷帮耦合柔性护帮技术。切顶破碎块体充填巷帮耦合柔性护帮由“钢丝绳＋钢筋网＋菱形金属网”组成。易变性高强度的钢丝绳可适应切顶破碎

块体充填巷帮的大变形和动压冲击。钢筋网和菱形金属网可约束尺寸较小的破碎块体滑动。

3. 实施效果

陈四楼煤矿在南翼十七采区21701、21702、21703工作面和北翼八采区2802工作面分别应用了切顶块体充填巷帮留巷技术，分别成功留巷650米、680米和1 100米。共减少掘进进尺近3 250米，多回收煤柱6万吨，创造经济效益6 445万元。通过实施本技术使21702及21703工作面提前8个月回采并实现了矿井南翼十七采区顺序开采，有效解决了矿井采掘接替紧张的被动局面。

4. 取得的论文及专利

项目实施过程中，发表论文4篇，分别为：《深井沿空留巷关键技术研究与应用》发表于《煤炭科学技术》2016年第11期，《爆破切顶与联合支护技术在沿空留巷中的应用研究》发表于《能源与环保》2017年第6期，《综采顺拉工作面中间巷沿空留巷段支护方式探析》发表于2018年第1期，《无煤柱沿空留巷刚柔联合支护工艺的应用研究》发表于《能源与环保》2018年第3期；获得发明专利1项，为“沿空留巷巷旁柔性支护体与巷内刚性支护体联合支护方法”(ZL201710494984.7)，实用新型专利2项，分别为：“沿空留巷巷旁支护钢丝绳的副绳”(ZL201820877534.6)、“沿空留巷挡矸网钢丝绳绳套专用制作装置”(ZL201820878243.9)。

5. 鉴定及获奖情况

2017年12月20日，经中国煤炭工业协会组织专家鉴定，项目研究成果达到国际先进水平。2018年先后获得中国煤炭工业协会煤矿支护创新成果奖一等奖、绿色矿山科技进步奖二等奖。

（十二）淋水破碎围岩沿空留巷注浆加固技术研究与应用

1. 成果简介

沿空留巷在煤炭资源回收、瓦斯治理、采掘接替等方面具有突出的技术优势，随着薄及中厚煤层沿空留巷取得成功，沿空留巷技术推广应用更加广泛，但在构造异常、围岩破碎、淋水等复杂条件下实施卸压留巷仍面临很大的挑战，如围岩变形强烈、锚杆索普遍失效甚至冒顶等。针对淋水破碎围岩沿空留巷治理难题，河南龙宇能源股份有限公司与河南理工大学产学研结合，集成创新，深度融合新型注浆材料、注浆工艺与卸压留巷新技术，开展了淋水破碎围岩沿空留巷注浆加固技术研究，解决了复杂地质条件下沿空卸压留巷的围岩控制问题，进一步丰富和发展了沿空留巷技术。

2. 技术创新内容

① 揭示了淋水破碎围岩沿空留巷道围岩变形阶段性显现规律以及分区破坏特征，围岩变形可分为起始变形阶段、变形增速阶段、变形强烈阶段、变形趋稳阶段、稳定阶段；围岩破坏渗透特性可分为完全渗流区、定向渗流区、渗流屏蔽区及原岩渗流区，为层次注浆和分区支护提供理论依据。② 研制了具备速凝早强、强度快速增长特性的高性能无机双液注浆材料，主要由硫铝酸盐水泥熟料、生石灰、石膏、辅料组成，单一组分性能稳定，2～6小时内不

发生离析、泌水，两种组分混合之后，0～5 分钟失去流动性，5～15 分钟完全固化，2 小时后强度可以达到 10 兆帕，结石率 100%。水灰比可调（0.6：1～1.5：1），低水灰比（0.6～0.8：1）条件下，浆料黏度较大，60～90 秒失去流动性，5～7 分钟内完全固化，高水灰比（0.8～1.5：1）条件下，浆料黏度较小，90～300 秒内失去流动性，7～15 分钟固化，满足淋水留巷围岩不同破坏渗透特性注浆需求。③ 开发了一套便携封孔装置，封孔装置为双层钢管焊接而成，长度一般为 2 000 毫米，外层一般采用 DN25 无缝钢管，内层一般采用 DN15 无缝钢管；外层钢管两端表面焊接铁丝，焊接长度 300～500 毫米，用于固定棉纱，采用堵两端中间直接灌注注浆材料的方法实现封孔，具备封孔速度快、封孔深度和长度可调、封孔效果好、成本低等技术优势。④ 形成了淋水破碎围岩沿空留巷层次注浆方法和技术工艺。采用双层注浆封孔装置进行封孔，匹配低水灰比、高黏度、速凝注浆材料，配合低压、低流量注浆工艺，利用外层注浆管对围岩浅层破碎区进行注浆，以形成有效止浆层，随后调节注浆材料水灰比、注浆流量和压力等工艺参数，再通过内层注浆管完成围岩深层注浆。该方法通过一个钻孔、一种注浆材料，攻克了无喷巷道浅层漏浆和深层难注的技术壁垒，实现了沿空留巷破裂围岩分层次分区域注浆。

3. 实施效果

本项目在 2802 工作面下顺槽沿空留巷工程应用后，大大减少了淋水破碎围岩沿空留巷维修工程量，留巷前后均不再返修，工作面的产量与正常段没有区别，仍然能够保证工作面正常的推进速度（6～8 米/天），提高工作面生产能力 9.8 万吨，煤炭价格以 600 元/吨计，直接经济效益达 5 880 万元。

4. 鉴定及获奖情况

2019 年 3 月 2 日，经中国煤炭工业协会组织专家鉴定，项目研究成果达到国际先进水平。2019 年获得绿色矿山科技进步奖二等奖。

（十三）中厚煤层超长工作面应力场演化特征及围岩控制技术研究

1. 成果简介

该项目由陈四楼煤矿与中国矿业大学合作完成，主要解决了我国东部矿区典型中厚煤层超长工作面矿压管理困难、沿空留巷支护成本高、巷道维护强度大等难题。项目通过深入分析超长工作面覆岩结构特征及顶底板力学参数，构建了超长工作面顶板倾向分区破断力学模型，揭示了超长工作面倾向来压不同步机理；系统研究了直接顶垮落充填系数对顶板来压强度的影响规律，建立了工作面顶板走向来压强度分区模型，实现了超长工作面走向来压强度分区；研究了超长工作面应力场时空演化特征，分析了顶板深孔预裂卸压技术参数对卸压护巷效果的影响，探讨了回采巷道巷内加强支护方案对围岩的控制效果，揭示了深孔预裂卸压与巷内加强支护协同控制机理，得到了超长工作面深孔预裂卸压合理超前距离与时机，实现了超长工作面的安全高效回采。

2. 技术创新内容

① 建立了超长工作面走向来压强度分区模型和基本顶倾向分区破断力学模型，提出了基本顶分区破断临界尺寸的计算方法，揭示了超长工作面基本顶分区破断特征及来压不同

步机理。② 研究了超长工作面应力场分布时空演化规律，揭示了超长工作面超前支承应力、侧向支承应力对中间巷位置及围岩变形的影响规律，为中间巷位置确定、回采巷道控制及工作面矿压控制提供理论支撑。③ 基于超长工作面倾向应力场分布特征与基本顶厚度分析，提出了超长工作面深孔预裂卸压与巷内支护协同控制技术，优化了超长工作面深孔预裂卸压超前距离与预裂参数。

3. 实施效果

该成果在陈四楼煤矿 2803、21212 超长工作面推广应用，与普通工作面相比，中厚煤层超长工作面超前应力场演化特征及三巷围岩控制技术回采后，平均月增产量 6.697 万吨，工作面月产量约为普通工作面的 2 倍；该技术较以往沿空掘巷掘进可多回收 5 米宽的保护煤柱，提高了煤炭资源采出率，多回收煤炭 2.5 万吨，创收 1 750 万元；该技术可保留后部采空区的回采巷道，即可少掘 2 200 米巷道，节省 1 760 万元；与其他沿空留巷技术相比，该技术采用 U 型钢和金属网半圆木进行挡矸，节省材料及人工投入 660 万元，实现超长工作面的安全高效回采，具有巨大的经济和社会效益。

4. 取得的论文及专利

项目实施过程中，发表论文 4 篇，分别为：《大采长一面三巷综采工作面重型刮板输送机选型设计及应用》发表于《煤矿机械》2019 年第 4 期，《不同支护形式下巷道破坏情况平面相似模型试验研究》发表于《能源与环保》2019 年第 12 期，《不同支护形式下巷道破坏情况平面相似模型试验研究》发表于《能源与环保》2020 年第 1 期，《高应力区沿空留巷围岩现状监测研究与分析》发表于《能源与环保》2020 年第 2 期。

5. 鉴定与获奖情况

2020 年 1 月 8 日，经中国煤炭工业协会组织专家鉴定，项目研究成果达到国际先进水平。

2020—2021 年，分别获得中国煤炭工业科学技术奖三等奖、中国安全生产协会第二届安全科技进步奖三等奖。

第四节　知识产权

2006 年 4 月 14 日，由高兴超发明的“新型止回阀”成功申请实用新型专利，并于 2006 年 11 月 8 日获得国家知识产权局授权，实现陈四楼煤矿专利“0”的突破。

2008 年 7 月 14 日，印发《陈四楼煤矿知识产权管理办法》，成立知识产权管理办公室，办公室设在技术中心，具体负责知识产权的管理工作。

2009—2014 年，为普及知识产权管理知识，提高知识产权管理能力，先后组织 20 余名工程技术人员参加中国知识产权远程教育河南分站组织的远程教育，并取得结业证书。

2009 年 1 月，被商丘市知识产权局评为“商丘市知识产权工作先进企业”。

2010 年 4 月，王利伟被河南省知识产权局评为“2009 年全省知识产权系统先进工作者”。

2012 年 1 月,技术中心撤销,知识产权业务划归生产科管理。

建矿至 2021 年,陈四楼煤矿累计申请职务专利 200 项,其中发明专利 40 项,实用新型专利 160 项,累计授权职务专利 182 项,其中发明专利 28 项,实用新型专利 154 项,见表 8-1-13、表 8-1-14。

表 8-1-13　陈四楼煤矿 2006—2021 年专利申请和授权情况表

年份	申请总量	申请发明量	授权总量	授权发明量
2006	10	3	6	0
2007	25	0	1	0
2008	7	0	26	1
2009	16	2	8	1
2010	7	1	15	1
2011	12	3	8	2
2012	10	5	12	1
2013	11	4	9	2
2014	15	3	3	0
2015	13	3	20	7
2016	20	2	18	4
2017	13	4	17	2
2018	15	4	12	2
2019	14	4	11	3
2020	4	0	11	1
2021	8	2	5	1
合计	200	40	182	28

表 8-1-14　陈四楼煤矿 2006—2021 年授权发明专利情况表

序号	发明专利名称	专利号	发明人	授权日期
1	削圈刀	201110297293.0	王中华	2008 年
2	断皮钳	201210304857.3	王中华	2009 年
3	排水泵底阀	201210304865.8	高兴超	2010 年
4	警戒带或警戒绳自动回收装置	201210582589.1	曹志安	2011 年
5	可调式带式输送机上托辊架	201310199436.3	王利伟	2011 年
6	大倾角上运带式输送机防块煤下滑装置	201310110671.9	杨青松等	2012 年
7	液压支架液压阀组防护装置	201210582675.2	符如康等	2013 年
8	可旋转喷浆机料仓装置	201310107698.2	符如康等	2013 年
9	锚索装运车	201410391447.6	李顺峰等	2015 年
10	U 形网片折叠装置	201310658383.7	陈群忠等	2015 年
11	水泥罐排气孔除尘装置	201410393193.1	王珏等	2015 年

表 8-1-14(续)

序号	发明专利名称	专利号	发明人	授权日期
12	岩巷连续出矸方式下的矿车车缝随动分矸装置	2014108185129	符如康等	2015 年
13	手拉葫芦升降装置	201510838956.3	曾朝辰等	2015 年
14	三用阀组装专用工具	201510877798.2	王珏等	2015 年
15	井下高压水过滤器	201610722298.6	曾朝辰等	2015 年
16	一种矿井运输巷道警戒装置	201610722297.1	李顺峰等	2016 年
17	煤矿胶带输送机磁控跑偏传感器	201710495883.1	彭业升等	2016 年
18	一种柱梁式注浆装置及其注浆封孔工艺	201710494984.7	彭业升等	2016 年
19	一种煤层底板注浆加固二级套管的装置和方法	201710494745.1	曾朝辰等	2016 年
20	TP1 型提升机盘形闸闸瓦监测调节装置	201811123134.7	曾朝辰等	2017 年
21	煤矿双岩巷共用排矸方法及系统	201911184599.8	王珏等	2017 年
22	非接触式煤矿输送机胶带跑偏保护方法及装置	201110297293.0	曾朝辰等	2018 年
23	红外线对射式煤矿输送机胶带防撕裂保护方法及装置	201210304857.3	曾朝辰等	2018 年
24	岩巷多方式联合出矸工艺	201210304865.8	曾朝辰等	2019 年
25	沿空留巷巷旁柔性支护体与巷内刚性支护体联合支护方法	201210582589.1	曾朝辰等	2019 年
26	一种拐弯岩巷快速掘进物料及喷浆料输送方法	201310199436.3	曾朝辰等	2019 年
27	架空乘人装置固定式座椅自动定位控制方法	201310110671.9	奂光润等	2020 年
28	煤矿底板抽放巷穿层造孔水力冲孔造穴施工方法	201210582675.2	王伟等	2021 年

第二章 信 息 化

第一节 机构制度

一、机构

1997年,陈四楼煤矿投产期间,矿井最早的信息系统,为生产调度室配备1台电脑来管理矿井生产进尺信息,信息系统人员1人。

2000年,生产调度室分为调度室和生产科,调度室分管矿井信息化系统,系统管理人员1人。

2005年,陈四楼煤矿成立信息监测中心,部门人员9人,分管矿井信息化系统,其中部门管理人员2人。

2008年,陈四楼煤矿成立陈四楼煤矿监测队,部门人员16人,分管矿井信息系统,其中部门管理人员3人。

2011年,陈四楼煤矿监测队根据工作职能分成两部分,其中自动化专业由陈四楼煤矿机电科管理,自动化专业人员10人,分管矿井信息化系统,其中部门管理人员1人。

2013年,陈四楼煤矿建成局域网,信息网络覆盖矿井机关,并通过专用光缆与永煤公司组网。

2015年8月,自动化由调度室管理,自动化专业人员11人,分管矿井信息化系统,其中部门管理人员1人。

2018—2021年,调度室自动化专业人员扩充至15人,分管矿井信息化系统,其中部门管理人员2人。

二、制度

2012年下发了计算机管理制度,网络信息化和办公电脑的配件由调度室进行鉴定和管理。

2019年国家要求升级等保2.0以后进行网络病毒的管理,升级EDR和态势感知系统,全面进行网络防病毒操作,下发了网络管理规范。

第二节 信息化建设

一、网络传输发展

1996年,陈四楼煤矿地面通信网络搭建完成,与集团公司信息传输媒介为微波传输。

2006 年 1 月，集团公司对陈四楼煤矿沿铁路敷设一根 24 芯通信光缆，解决微波传输信号干扰问题，进一步完善了信息传输介质，同时办公网络、数字电视全部由微波传输改为光缆传输。

2012 年，由于信息网络系统建设需求，公司对矿沿设原 24 芯光缆线路又重新敷设一根 48 芯光缆，以满足不断发展的信息网络系统需求。

二、矿内部局域网发展

2005 年，由于陈四楼煤矿办公楼建设于 1990 年，办公房间没有设置网络信息点，随着信息网络系统的不断发展及办公需求，2005 年对整个东办公楼进行信息网络改造，实现矿井办公区域网络全覆盖，局域网采用超 5 类网线传输。

2013 年，西办公楼建成，信息网络覆盖全部办公室，局域网采用 6 类网线传输。

2016 年，施工矿井办公区域无线信号，作为信息网络补充，实现办公区域无线信号覆盖

2018 年，对东办公楼信息网络进行改造，传输部分改为 6 类网线和光缆传输。

三、信息化建设现状

陈四楼煤矿使用永煤公司网络，矿内部办公及外网链接全部依托于永煤公司 100 兆网络，核心交换机设立在调度室通信网络机房。

（一）陈四楼煤矿网络设备、线路配备情况

东办公楼网络线路由东三楼机房汇聚交换机分配，每个楼层不少于 1 台 24 口交换机，从机房向每个房间引出至少 1 根六类非屏蔽网线接到办公室 PC 端。

西办公楼网络线路由西一楼机房汇聚交换机分配，每层楼的管井内安装不少于 1 台 24 口交换机，从交换机向每个房间引出至少 2 根六类非屏蔽网线接到办公室 PC 端。

宿舍楼网络采用无线 AP 形式（可扩展 Wi-Fi 6）每层宿舍楼安装无线 AP 设备 3 个共计 36 台。网络通过中国移动专线（200 兆）访问互联网。

（二）设备分布情况

陈四楼煤矿通信、网络机房布置在动办公楼三楼机房，具体设备分布如图 8-2-1 所示。

四、通信系统

（一）行政、调度通信系统

陈四楼煤矿通信系统由 SOPHO IS 3000 型飞利浦数字程控交换机与 KT214（A）型深圳震友数字程控交换机组成，前者为行政交换机，后者为调度交换机。井筒通信电缆选用 MHYVR 型阻燃通信电缆，井下选用 KTH-15 型本质安全型自动电话机。陈四楼煤矿与南风井采用光端机和中继与陈四楼煤矿通信系统联网。

陈四楼煤矿通信系统与外界直通是通过程控数字交换机以光纤为传播媒介和集团公司通信中心交换机组网，实行点对点通信方式，集团公司通信中心以光缆和电缆为传输媒介和永城市电信局连接，矿内所有的行政电话均可实现国内长途直拨功能。在矿调度室还

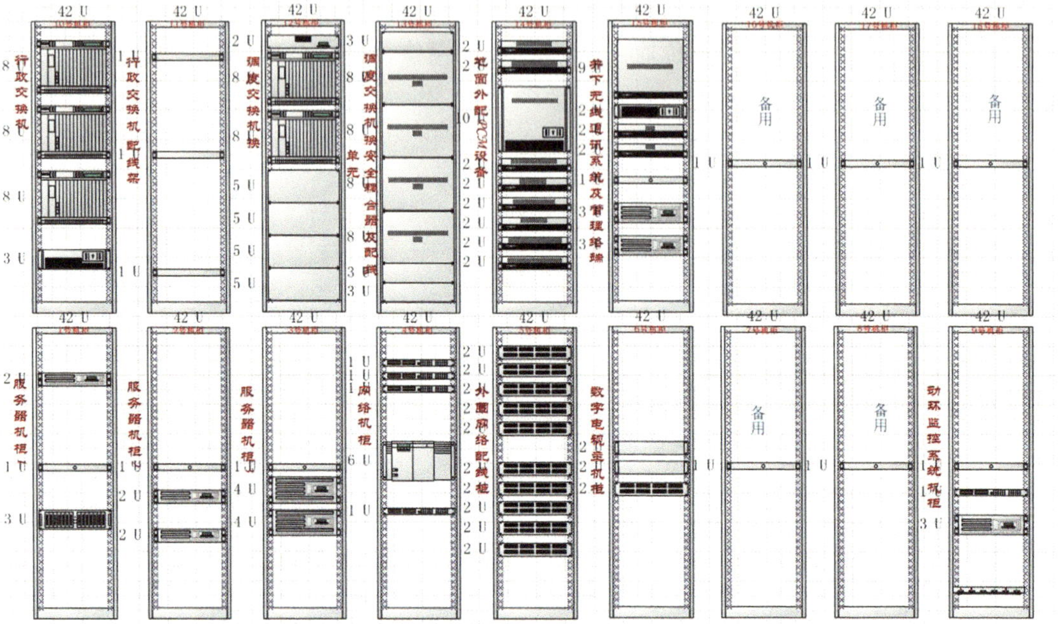

图 8-2-1　陈四楼煤矿通信、网络机房设备布置图

配置有两部手机,作为光通信系统故障时使用,调度台配备一台传真机对外联络。利用手机、电话可随时保持对外联络,利用调度交换机可保证井上下各重要场所的通信联系。

SOPHO IS 3000 型行政交换机,有 29 个用户板块,每块 16 个用户,系统实际容量为 464 门,本矿用户 340 门。行政电话装机用户覆盖全矿区所有办公室。

KT214(A)型调度交换机采用先进的软硬件技术、电信级的设计,保证了设备的高可靠性。系统使用成熟高性能的 CPU 和 DSP,并使用嵌入式实时操作系统和高效的算法,具有优异的性能。设备采用模块化插板式设计,支持多种接口板卡,可以根据需求灵活地提供不同的功能,并可根据容量平滑扩容。支持电信级的单板冗余和网络冗余,任意节点发生故障或遇灾难损坏时,系统及时进行主备倒换,保障全网业务的正常运行。

矿井地面变电所、主通风机房、主副井绞车房、压风机房、井下主要水泵房、中央变电所、井底车场、调度站、采区变电所、泵房、绞车房、皮带集控室、机电设备硐室、采煤工作面、掘进工作面、突出煤层采掘工作面附近、爆破撤离人员集中点、避难硐室、瓦斯抽采泵房、火药库等地点安装有直通调度室的有线调度电话。目前安装电话 220 余处。

(二)无线通信

KT130 型矿用无线通信系统是天地(常州)自动化股份有限公司研制的矿用移动通信系统,在企业内部通过无线通信方式实现语音和数据呼叫,适用于煤矿以及相类似的产业部门。该系统采用标准工业以太网结构,TCP/IP 协议,Wi-Fi 协议,XDSL 协议,能够实现矿区井上与井下系统的语音、数据、图像传输,开创了矿井无线移动通信的新局面。

陈四楼煤矿井下安装 KTW139A 无线基站 105 台,主要覆盖区域:主副井底车场、主胶带运输巷道、轨道运输大巷、斜巷绞车房及其车场、中央(采区)变电所、主排水泵房及采区排水泵房等区域;手机发放300余部。

(三)应急广播系统

井下应急广播系统采用南京北路智控股份有限公司生产的KTK113型全数字广播系统,系统采用矿井千兆工业环网进行传输,通信方式采用CAN总线通信传输方式,操作平台设调度台,可随时进行广播。

井下安装广播分站40台,广播话机43台,应急语音广播主要覆盖井下采煤、掘进、开拓地点,与井下工作面语音喊话器对接,实现井下工作面巷道语音全覆盖,现场工作人员可清晰听到调度应急指令。

五、人员定位监测系统

(一)井下人员位置监测系统简介

井下人员位置监测采用常州天地自动化研究所研制的KJ69J(A)型矿用人员监测系统,该系统由无线编码发射器(KGE37B)、KJF80.2A无线数据接收器、井下数据监测分站(KJF80.1)、地面中心站及数据传输信道组成。主通信制式为RS485,且该系统具有自检功能,系统具有的管理功能除了基本的实时检测、查询功能外还拓展了门禁功能、超时报警、区域超员报警、双向通信等安全保障功能。

该系统采取RFID技术,系统容量:单通道无线数据监测站64台,无线接收器512台,无线编码发射器8 192个;传输方式:采用千兆以太环网传输;无线工作频率:2.4吉赫兹;系统最大巡检周期小于或等于30秒;漏读率小于或等于10^{-4};传输速率及误码率:速率可达1 200比特/秒,传输误码率小于或等于10^{-8};地面中心站至数据监测分站传输距离:最大传输距离不小于20千米;数据监测分站至无线编码接收器传输距离:最大可达到1.5千米;无线编码接收器最大有效接收半径:有效距离大于或等于30米,位移速度最大5米/秒时读卡数量大于或等于100卡,接收灵敏度−80毫瓦分贝;数据监测分站存储数据时间不小于2小时;备用电源工作时间:在电网停电后,系统备用电源能保证系统连续监控时间不小于2小时。

(二)人员位置监测系统应用

无线数据接收器信号覆盖了地面主、副井口,中央风井口,南、北风井安全出口,副井底车场和采区人车场,主井装载,井下各变电所、水泵房,井下各采区避难硐室,工作面临时避难所,矿井主要联络巷,采区专用回风巷联络巷,主煤流系统皮带机头,上下山绞车房,采区轨道、皮带上下山,南、北轨道大巷(500米间距),采掘工作面顺槽交叉口以里50米、工作面车场、迎头工作面以及顺槽内临时避难所。主干线路采用MHYBV 1×4×7/0.97通讯电缆就近传入井下光纤环网交换机,信号电缆采用MHYV 1×4×7/0.37通信电缆将无线接收器接入数据监测分站,无线接收器分布合理,人员进入任何区域都能有反馈信号。无线编码发射器具有双卡合一功能,入井通道北墙面上安装有显示终端,人员入井可通过人员定位唯一性检测装置监测识别卡运行情况是否完好。地面中心站由主控计算机(双机热备份)、传输接口、服务器、打印机等设备构成,完成数据收发、数据处理、数据查询、图形及报表显示和打印、屏幕提示报警等功能。

人员位置监测系统提供网络版软件，通过局域网能实时同步地看到各种监测信息，可以进行各种查询操作。数据上传至永煤公司、河南能源以及河南局监察执法部门，数据与系统同步上传，实时查看，并能随时调取历史轨迹记录。

（三）执行标准

人员位置监测系统使用、管理、维护符合《煤矿安全规程》、AQ 1048—2007《煤矿井下作业人员管理系统使用与管理规范》和 AQ 6210—2007《煤矿井下作业人员管理系统通用技术条件》相关要求。

2011 年，人员位置监测系统业务划分到机电科后，2012 年初由机电科组织重新印发《陈四楼煤矿人员位置监测系统管理制度》，该规定纳入六大系统管理内容，考核结果运用机电双基分值管理，加大考核力度，使人员位置监测系统管理逐步完善。

2015 年，人员位置监测系统业务划分到调度室后，文件下发进一步规范，从 2015 年至今每年对《陈四楼煤矿人员位置监测系统管理制度》进行修订完善，按年度下发，使人员位置监测系统管理工作逐步完善。

图 8-2-2 为陈四楼煤矿人员位置监测系统图。

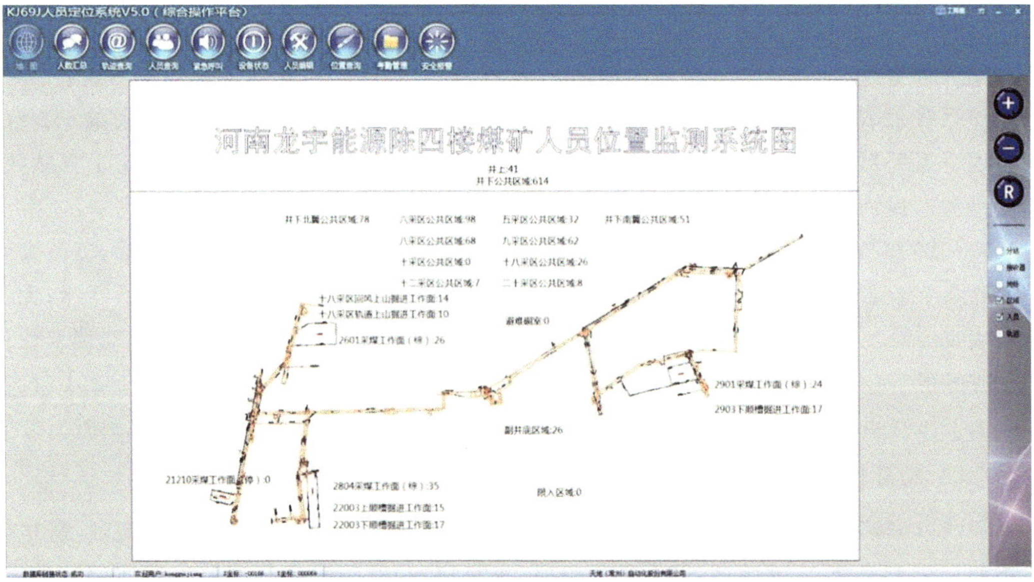

图 8-2-2　陈四楼煤矿人员位置监测系统图

六、泛微系统

泛微系统于 2019 年 11 月 25 日完成项目施工，主要满足陈四楼煤矿实现基本的门户管理、流程审批管理、公文管理、文档管理、综合办公、移动办公、系统建模、预警系统集成、协同系统集成、培训系统集成等模块化功能的需求。

泛微系统主界面见图 8-2-3。泛微系统管理流程模块见图 8-2-4。

泛微项目管理系统以流程为枢纽，将组织人员、资源、项目等信息统一到一套系统，让

图 8-2-3　泛微系统主界面图

图 8-2-4　泛微系统管理流程模块图

管理者“知进度、控成本、防风险、守质量”。

七、监测监控系统

（一）系统简介

陈四楼矿井下安全监控系统为江苏三恒科技股份有限公司生产的 KJ70X 型及其配套产品。井下严格按照《煤矿安全规程》等相关标准设备各类传感器，监控系统运行稳定，各项闭锁功能齐全，系统中心机房设在调度室，有 2 台监控主机、2 台联网主机，实现双机热备。中心站实行 24 小时值班制，系统数据通过集团公司监测联网系统实现局域联网，并实时上传至河南省煤矿安全监察局煤矿安全复合灾害预警系统。

（二）国家对系统升级改造相关要求

针对国内煤矿安全监控系统存在的问题，2016 年 12 月 29 日《国家煤矿安监局关于印发〈煤矿安全监控系统升级改造技术方案〉的通知》（煤安监函〔2016〕5 号）发布，通知要求："大型矿井、煤与瓦斯突出矿井的在用安全监控系统升级改造工作应在 2018 年底前完成"。

陈四楼煤矿于 2018 年 12 月完成系统升级改造并验收合格。

（三）监控监控系统应用

1. 传输数字化

在分站至中心站数字化传输的基础上，将传感器（模拟量）至分站升级为数字传输，实现安全监控系统的数字化，促进智能传感器发展。

2. 抗电磁干扰能力

安全监控系统及组成设备采用抗干扰（EMC）技术设计，通过以下试验：地面设备 3 级静电抗扰度试验，评价等级为 A；2 级电磁辐射抗扰度试验，评价等级为 A；2 级脉冲群抗扰度试验，评价等级为 A；交流电源端口 3 级、直流电源与信号端口 2 级浪涌（冲击）抗扰度试验，评价等级为 B。

3. 推广应用先进传感技术及装备

推广使用架构简单系统以及激光、红外等低功耗传感器、自诊断型传感器，鼓励使用多参数传感器。

突出矿井的采煤工作面进、回风巷，煤巷、半煤岩巷和有瓦斯涌出的岩巷掘进工作面回风流中，采区回风巷，总回风巷瓦斯传感器推荐使用激光、红外等全量程传感器。突出、高瓦斯矿井的回风隅角建议采用无线传感器。建议加装粉尘监测设备。

4. 提升传感器的防护等级

将采掘面传感器的防护等级由 IP54 提升到 IP65。

5. 完善报警、断电等控制功能

系统实现分级报警，根据瓦斯浓度大小、瓦斯超限持续时间、瓦斯超限范围等，设置不同的报警级别，实施分级响应。各级别报警浓度值的设置可由煤矿企业根据相关法规标准和实际情况决定。

推行逻辑报警，根据巷道布置及瓦斯涌出等的内在逻辑关系，实施逻辑报警，促进各类传感器的正确安装、设置、维护，监控系统的正常使用，防止违法行为。具体逻辑关系可由煤矿企业根据实际情况进行设置。

完善就地断电功能，提高断电的可靠性，并加强馈电状态监测。

推行区域断电，可由煤矿企业根据井下供电系统的实际情况进行设置。

6. 支持多网、多系统融合

实现井下有线和无线传输网络的有机融合、监测监控与 GIS 技术的有机融合。

多系统的融合可以采用地面方式，也可以采用井下方式。鼓励新安装的安全监控系统采用井下融合方式。在地面统一平台上必须融合的系统：环境监测、人员定位、应急广播，如有供电监控系统，也应融入。其他可考虑融合的系统：视频监测、无线通信、设备监测、车辆监测等。

7. 格式规范化

系统主干网应采用工业以太网。

分站至主干网之间宜采用工业以太网，也可采用 RS485、CAN、LonWorks、Profibus。

模拟量传感器至分站的有线传输采用工业以太网、RS485、CAN；无线传输采用 WaveMesh、Zigbee、Wi-Fi、RFID。

系统改造后支持联网并按要求数据格式上传。

8. 增加自诊断、自评估功能

实现系统定期的自诊断、自评估，能够预先发现系统在安装使用中存在的问题。自诊断的内容至少应包括：

传感器、控制器的设置及定义；

模拟量传感器维护、定期未标校提醒；

模拟量传感器、控制器、电源箱等设备及通信网络的工作状态；

中心站软件自诊断，包括双机热备、数据库存储、软件模块通信。

9. 加强数据应用分析

安全监控系统应具有大数据的分析与应用功能，至少应包括以下内容：

伪数据标注及异常数据分析；

瓦斯涌出、火灾等的预测预警；

大数据分析，如多系统融合条件下的综合数据分析等；

可与煤矿安全监控系统检查分析工具对接数据。

10. 应急联动

在瓦斯超限、断电等需立即撤人的紧急情况下，可自动与应急广播、通信、人员定位等系统的应急联动。

11. 提升系统性能指标

系统巡检周期不超过 20 秒；

异地断电时间不超过 40 秒；

备用电源能维持断电后正常供电时间由 2 小时提升到 4 小时，更换电池要求由仅能维持 1 小时时必须更换，提高到仅能维持 2 小时时必须更换；

具有双机热备自动切换功能；

模拟量传输处理误差不超过 0.5%；

分站的最大远程本安供电距离（在设计工况条件下）实行分级管理，分别为 2 千米、3 千米、6 千米。

12. 增加加密存储要求

为有利于安全监管监察和企业安全管理，对采掘工作面等重点区域的瓦斯超限、报警、断电信息应进行加密存储，采用如 MD5、RSA 加密算法对数据进行加密，确保数据无法被破解篡改。

13. 方便用户使用、维护、培训

软件界面友好,方便调用,强化帮助功能。针对煤矿安全生产监测监控的现状和存在的问题,以及国家煤矿安监局印发《煤矿安全监控系统升级改造技术方案》的文件要求,采用新手段、新方法,利用新技术、新产品,构建具有数字化、智能化、互联化的新一代煤矿安全生产监控系统,改善煤矿监测监控现状,提高煤矿安全生产水平显得尤为重要和迫切。

监测监控系统界面截图见图 8-2-5。

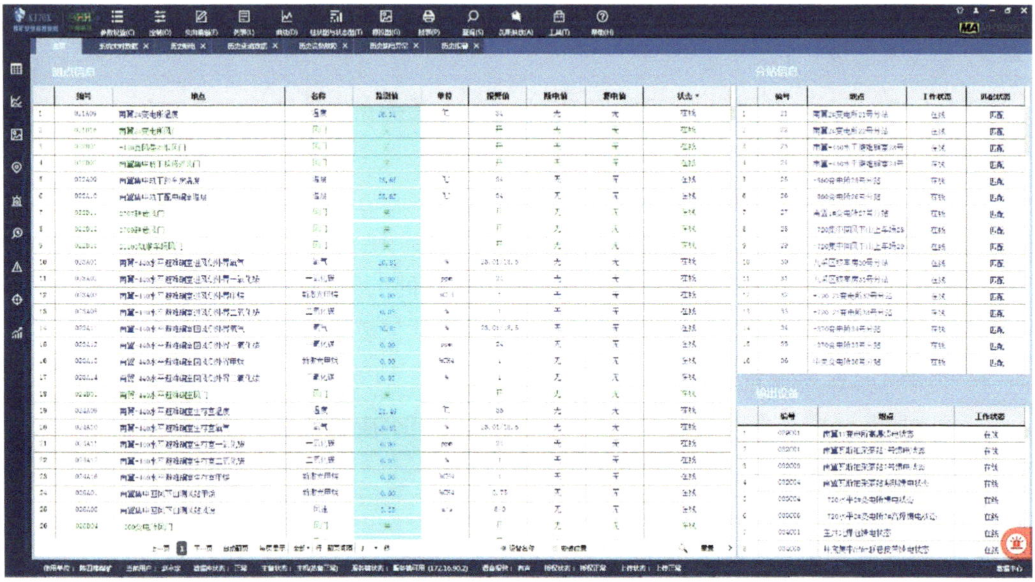

图 8-2-5 监测监控系统界面图

第九篇

经营管理

陈四楼煤矿经营管理围绕矿井总体工作思路，始终在“降成本、提效益”上做文章。构建“覆盖全面、科学规范”的经营考核体系和全面预算、作业成本及市场化三者融合的成本管控体系，坚持以“战略导向、分类考核、效益为主”的全面绩效考核体系。以深化改革、技术创新和管理提升为支撑，推动矿井在高质量发展之路上行稳致远。

2002 年开始，陈四楼煤矿按照永煤公司统一部署，经过发展、完善、深化和全面信息化几个阶段，建立了矿井内部市场交易机制，构建出大型国有煤矿内部市场化管理体系。

2016 年开始，陈四楼煤矿推行契约化管理经营责任制运营及放权提效工作，以进一步深化中央对国有工业企业改革要求，完善和强化市场化导向选人用人机制。该模式针对煤矿盈亏状况、资源潜力、未来期待等多方面因素分类定位、分类施策，认真梳理各基层科室、区队的经营状况，以效益为导向，以安全、收入、利润、产量、成本等效益指标为基础，辅助以长期发展指标，通过建立责任、义务和权利更加对等的管理机制，简政放权，细化指标，刚性考核，最大限度激发活力，挖掘潜能，优化内部资源配置提高专业化服务、专业化发展和市场化运作水平，推进企业发展提质增效。

陈四楼煤矿通过内部市场化交易机制和契约化管理经营责任制运营模式，辅以成本管控体系，形成了全矿经营管理全面绩效考核体系，为陈四楼煤矿安全生产提供坚实保障。

第一章　经营计划与目标管理

第一节　机构与制度

一、机构

1995 年 3 月 2 日，陈四楼煤矿筹备处下发陈矿字〔1995〕001 号文件，成立经营科。

1997 年 11 月，陈四楼煤矿投产，成立陈四楼煤矿企管科，主要负责生产计划编制、统计、预算、煤质、对外经济活动及合同管理等工作。

2000 年 4 月，成立内部市场化管理办公室。负责内部市场化价格体系建立、内部市场化核算及经营分析等工作。

2005 年 4 月，内部市场化管理办公室合并于企管科，煤质管理从企管科中剥离。由企管科负责经营管理及内部市场化管理工作。

2011 年 2 月，根据永煤公司文件精神，精简机构，劳资科合并于企管科，同时企管科更名为经管科。同年 8 月，劳资科与经管科分开。

2012 年 5 月至 2021 年年底，经管科成立材料现场管理组（三铁管理组），负责经营管理、内部市场化、对外经济活动及井下现场材料管理等工作。

二、管理职责

1997 年 11 月，陈四楼煤矿企管科成立；2011 年 2 月，企管科改为经管科。截至 2021 年，经管科的主要职责包括：贯彻落实国家及行业有关煤矿经营管理的法律、法规、规章、标准以及上级经营管理规定；配合经营副矿长召开季度、年度经营分析会；根据企业发展制定管理和任务目标，为陈四楼煤矿经营管理工作决策服务；制定和完善经营管理各项规章制度并组织实施；根据公司下达指标分解经营目标，编制生产经营计划、实施成本管控、进行统计编报；负责检查监督、指导经营目标在执行过程中的进展，促进经营管理目标顺利完成；负责对外工程、服务经济活动及合同管理等；负责对外经济工作（工程与服务）管理；负责工程项目管理实施；负责地面设施管理；负责修旧利废和废弃资源管理；负责井下现场材料管理等工作。

三、管理制度

（一）经营与成本管理制度

1998 年，根据《永城煤电集团一九九八年生产计划》（永煤计字〔1998〕64 号）文件精神，陈四楼煤矿印发了《永煤集团公司陈四楼煤矿九八年度生产经营承包实施方案》(陈矿字〔1998〕22号)等8个管理办法文件,对生产经营管理进行规定。1999—2021年,为提高效益,加强成本管控,陈四楼煤矿逐步建立经营管理考核与奖惩制度,先后制定印发了《陈四楼煤矿生产经营绩效考核办法》《陈四楼煤矿全面成本预算与控制管理办法》《关于调整各计件工资单价的通知》《关于调整材料配件消耗定额的通知》《关于加强大型材料管理的通知》《关于单体支柱管理的补充规定》《陈四楼煤矿成本管理责任制》《陈四楼煤矿推行全面预算管理实施方案》《陈四楼煤矿周转性材料管理办法》《陈四楼煤矿内部市场材料管理办法》《陈四楼煤矿材料回收管理办法》《陈四楼煤矿现场材料管理办法》《陈四楼煤矿材料管理综合考评细则》等文件。

（二）内部市场化管理制度

2002年,为加强内部市场化管理,陈四楼煤矿印发了《关于印发陈四楼煤矿2002年内部市场化管理二级市场实施方法(科室部分)的通知》(陈矿经字第11号)、《关于印发陈四楼煤矿2002年内部市场化管理二级市场实施方法(区队部分)的通知》(陈矿经字第22号)、《关于印发〈陈四楼煤矿2002年内部市场化管理实施方法〉的通知》(陈矿经字第23号)、《关于印发〈陈四楼煤矿内部市场化管理核算定额试行〉的通知》(陈矿经字第24号)、《关于印发陈四楼煤矿内部市场化核算责任制度的通知》(陈矿经字第56号)以及《关于印发陈四楼煤矿推行内部市场化管理检查评比实施细则的通知》(陈矿经字第71号)等制度和规定。2003—2021年,根据矿井实际情况,适时修订与完善制度内容并下发,有效推动矿内部市场化的健康发展。

（三）计划与统计管理制度

1998年,为做好计划与统计管理,陈四楼煤矿印发了《关于加强计划与统计管理的暂行规定》(陈矿字〔1998〕23号)。2004—2021年,逐年对文件内容进行了修订与完善。2010—2021年,陈四楼煤矿印发了《陈四楼煤矿生产经营计划管理办法》以及《陈四楼煤矿月度生产经营计划管理办法》等文件,形成了计划、统计制度管理体系。

（四）对外经济工作管理制度

2000—2021年,陈四楼煤矿逐步建立完善对外经济工作管理规定,制定并印发了《陈四楼煤矿对经济工作管理规定的通知》《陈四楼煤矿工程项目招标管理实施办法》《陈四楼煤矿招议标“两费一金”管理办法》《陈四楼煤矿合同管理办法》和《陈四楼煤矿工程项目招标专家评委库及评委管理办法》等文件。

（五）工程与地面设施管理制度

2008年,陈四楼煤矿为规范零星工程管理,鼓励矿内单位参与零星工程施工,降低成本,先后印发了《陈四楼煤矿零星工程管理规定》《陈四楼煤矿单项工程管理办法》《关于零星土建修缮项目推行内部市场化管理的通知》《陈四楼煤矿工程项目管理办法》与《计划外单项工程挂摘牌管理》等文件。

2013年,为加强地面设施标准化管理,陈四楼煤矿印发了《陈四楼煤矿地面设施质量标准化管理制度》。

2014—2021 年，每年对相关制度进行了修订与完善。

三、历任科长任职情况

1995—2021 年陈四楼煤矿经管科（企管科）负责人情况见表 9-1-1。

表 9-1-1　1995—2021 年陈四楼煤矿经管科（企管科）负责人一览表

序号	姓名	职务	任职时间	备注
1	李书辰	副科长	1995.03—1998.02	经管科
2	魏　东	科长	1998.02—2002.08	企管科
3	杨青松	科长	2002.08—2005.03	企管科
4	张建勋	科长	2005.03—2006.01	企管科
5	金　新	科长	2006.01—2008.10	企管科
6	王文化	科长	2008.10—2009.02	企管科
7	李志敏	科长	2009.02—2009.10	企管科
8	王启善	科长	2009.10—2012.01	企管科
9	高新社	科长（兼）	2012.01—2012.01	企管科
10	高新社	科长	2012.01—2012.08	经管科
11	张志辉	科长	2012.08—2016.10	经管科
12	李红涛	副科长（主持工作）	2016.10—2018.08	经管科
13	李红涛	科长	2018.08—2022.03	经管科

第二节　计划管理

一、计划编制

（一）计划编制内容

生产经营计划编制内容包括生产计划、材料计划、人工费计划、非生产性支出计划、办公费用计划、培训计划、设备维修计划、物资需求计划、双创计划、节能减排计划、修旧利废计划、工程项目计划、安全费用计划、工作安排计划等所有当月生产经营过程中涉及的工程、工作、项目、费用。

生产经营计划分为三年规划、年度计划和月度计划三大类。通过全面了解以往生产经营执行情况，提前做好以后的生产经营准备工作，以发展的眼光科学制定三年期生产经营建议计划。年度计划的编制在上年度的 9 月份进行，依据上年度的地质情况，采掘接替情况等，预测次年的生产经营计划。月度计划则以年度计划为导向，根据实际情况，对年度计划进行分解，修改或补充，使计划更切合实际，具有可行性。

三年规划是在年度计划的基础上编制的三年建议计划。

生产经营计划的编制以市场为导向,以矿井生产能力为基础,测算全年的生产计划,测算采掘工作面接替布局,根据生产接替计划,测算全矿投入产出和成本的承受能力。

(二)计划的编制程序

矿组织会议认真听取各部门的意见,生产部门根据参考地质资料,采掘工程现场资料,结合生产实际,测算出采区工作面接替时间,详细测算采掘工程量,召开专题会议,根据测算的生产接替及采掘工程量,各分管部门(机电、调度、供应、劳资、经管等部门)根据生产安排测算出分管项目费用,最终汇总到经管科编制初步建议计划书,然后将编制的建议计划书报主管领导审定,再报永煤公司企管部会议审议,审查批准备案。

(三)计划编制分工

生产科负责编制生产计划,组织工程量验收并考核。主要包括采掘开、巷修、防治水等零星工程计划和分管的成本项目计划。

机电科负责编制机电运输安装计划、设备维修计划、五小修理计划、分管物资回收及复用计划等,组织工程量验收并考核。主要包括安装回撤、检修、机加工修理等零星工程计划和分管的成本项目计划。

供应科负责物资需求、材料类加工和修理、杂品、大型材料投入、回撤、复用计划、分管物资回收及复用等计划编制,组织验收并考核。

调度室负责编制煤质计划、生产组织计划、井下作业地点管理责任区域划分、矿级带班、值班表等,负责考核产量、煤质和影响时间的完成。

安检科负责干部走动式管理计划排定和考核。

技术中心负责编制节能减排(包括电、水、煤、燃油、矸石等)、科技创新计划并考核。

财务科负责编制制造成本(包括非生产性支出)计划并考核。

劳资科负责编制人工费计划和劳保用品计划并考核。

培训科负责编制员工培训计划并考核。

经管科负责年度、季度、月度生产经营计划以及安全费用计划、专项资金计划、工作计划的汇总、编制、上报和考核,并参与工程验收。

通风队负责通风设施构筑计划及采掘工作面配风量计划的编制工作。

分管矿长负责审核分管专业生产计划和考核资料。

总工程师及经营副矿长分别负责审核生产计划、经营计划及其考核报告。

矿长负责批准生产经营计划和考核报告。

(四)计划的编制

1. 三年规划及年度计划编制

三年规划及年度计划同时编制。每年9月中旬,根据永煤公司下达通知精神,矿经管科牵头开始编制下年度生产经营计划。年度计划编制前由经管科牵头召开计划编制筹备会,明确工作分工及时间要求,对于需要多部门协同完成的部分由矿领导指定负责单位和配合单位。正式编制时，在矿长的领导下，由总工程师召集各分管副矿长、副总工程师及生产科、机电科、调度室、安检科、经管科、供应科、财务科和劳资科等有关单位人员进行编制。编制程序按月度计划编制程序执行，经管科汇总，按要求时间上报永煤公司。编制三年规划及年度计划，要做好计划安排，有理有据，成本费用方面要充分考虑生产定额、材料回收、重复利用等因素，并对同比增支因素进行必要的说明，支护材料投入要具体到各条巷道，大型材料的投入计划具体到每个工作地点，劳保用品投入要充分考虑人员及劳保发放周期。

2. 月度计划的编制

月度计划是年度计划的具体执行计划。每月 23 日前总工程师组织召开生产计划预备会，根据公司生产计划、结合生产布局及采场条件，编制下月生产计划草案。每月 25 日前总工程师组织由矿领导、分管矿长、责任科室领导及具体责任人参加的生产计划会，审核下月生产计划草案，确定下月生产计划。各生产科室须于每月 28 日 16:00 前完成计划编制，并由科室负责人签字后报送经管科。经管科根据生产计划等各部门的分项计划等资料进行收集、整理，编制月度生产经营计划，经经营副矿长、总工程师审核，报矿长批准签字后，于次月 1 日下发。

二、计划执行与考核

（一）年度计划考核

年度计划是考核一个企业经济效益和完成国家计划任务的依据。年度计划下达后，职能科室要将经济指标分解到各区队并严格考核。年度计划考核以计划编制筹备会中工作分工及时间要求为依据，按照百分制进行考核。矿每月对月度计划考核 90 分（不含）以上的单位进行奖励，第一名按照其奖罚基数的 100%进行奖励，第二、三名按照其奖罚基数 80%奖励，其他按其奖罚基数的 60%进行奖励，对得分在 90 分以下且排名最后一名的单位按其奖罚基数的 50%进行罚款。奖罚基数按照计划管理中负责项目工作量进行确定，生产科、机电科、企管科奖罚基数为 5 000 元，劳资科、供应科、培训科、调度室、通风队奖罚基数为 3 000 元，其他科室奖罚基数为 1 000 元。年度经营计划编制结束后，矿对相关科室按照考核结果进行奖励，奖励金额为月度奖励基数乘以年度计划考核得分。上述奖罚按照标准确定总额后由单位负责人进行二次分配，并将二次分配结果报经管科汇总。

（二）月度计划考核

月度计划是指导全矿日常活动的纲领。职能科室对分管计划的执行和完成情况进行对比分析，数字应真实准确，定性和定量分析相结合，形成考核报告，说明计划执行的准确率，保证按计划执行所采取的必要措施等。考核结果于每月 6 日前汇总至经管科。经管科对各单位月度计划编制及完成情况进行考核，考核针对各项计划分别展开，被考核单位为该项计划的制定单位。考核分为上报考核、定量考核与定性考核三部分。上报考核针对各单位计划报送情况。定量考核适用于产量计划、开拓计划、掘进计划、巷修计划、底板注浆计划、通风设施构筑计划、采掘工作面配风计划、矸石分流计划、安全费用计划、设备修理计划、五小修理计划、物资回收、回撤计划等。定性考核适用于其他工作安排计划等，成本预算计划按照矿成本管理办法执行,不再进行考核。上报考核满分为100分,针对各单位负责计划上报时间,统一上报时间为27日上午12点,未按时上报者需说明原因并由经管科、监察科负责落实,对责任单位按照10分/项进行扣分。定量考核按照负责计划完成率进行考核,完成率=实际完成数量÷计划数量,完成率即为责任单位该项计划定量考核得分。科室计划定量考核得分为负责分项计划定量考核得分的平均分,如本月无定量考核项目,则定额考核得分按满分考虑。经管科根据各责任科室提供的验收报表与月度生产经营计划考核报告,编制月度核算报表,于7日前报经营副矿长和矿长审核,报送劳资科执行。

（三）历年经济指标完成情况

1998—2021年陈四楼煤矿经济指标完成情况见表9-1-2。

表9-1-2 1998—2021年陈四楼煤矿经济指标完成情况一览表

年份	类别					
	产量/万吨	收入/万元	利润/万元	材料费/(元/吨)	原煤制造成本/(元/吨)	完全成本/(元/吨)
1998	107.66			12.23	83.5	93.9
1999	141.64			23.69	93.01	122.51
2000	146.52	16 032.92	−1 709.39	20.3	82.46	99.05
2001	253.68	26 934.37	4 796.98	20.77	68.59	87.24
2002	300.8	50 339.63	24 802.28	19.07	64.69	83.97
2003	332.85	5 654.77	23 694.54	18.02	73.64	91.22
2004	370.89	73 742.7	21 539.97	18.23	124.7	140.12
2005	372.67	98 013.92	28 353.46	20.87	165.22	183.59
2006	385.25	106 483.11	32 374.61	24.94	174.95	189.06
2007	379.08	102 596.08	34 269.6	27.47	159.47	176.78
2008	388.34	145 782.57	51 077.25	31.84	231.79	240.16
2009	445.62	162 271.92	77 944.96	23.31	177.18	185.35
2010	502.59	216 078.57	118 124.04	23.24	172.68	190.83
2011	512.07	255 291.7	128 964.31	20.74	187.08	242.63
2012	508.62	250 623.93	136 838.28	24.3	195.28	219.85
2013	470.93	235 369.03	139 545.16	22.08	174.92	199.47
2014	441.76	222 975.08	134 025.9	21.61	172.81	197.76
2015	241.28	93 489.41	11 006.52	51.52	316.71	341.61
2016	338.1	98 944.96	8 685.16	17.77	243.07	367.08
2017	342.78	147 979.82	33 035.4	22.41	296.47	334.51
2018	264.55	165 082.19	59 120.45	18.52	312.05	331.45
2019	292.67	158 371.55	67 432.79	30.28	243.64	252.85
2020	266.67	123 252.51	17 175.11	41.97	293.89	330.69
2021	281.67	173 817.03	38 624.6	35.91	391.89	431.8

第三节　统计管理

一、统计管理

1997年7月，陈四楼煤矿投产以来，统计工作由企管科负责，1998年正式上报统计报表，统计人员是兼职统计，人员配置为1人。2011年企管科改为经管科。陈四楼煤矿单位负责人，领导并监督所属统计部门，统计人员遵守国家统计法及相关法律、法规。

陈四楼煤矿在经管科下设统计机构，负责全矿统计管理工作；组织、协调、指导全矿的统计工作；制定管理制度，规范统计工作标准体系，组织完成统计调查任务，对全矿计划执行情况和经济运行情况进行统计和分析；收集、整理、编制、保存全矿的统计调查资料。陈四楼煤矿统计业务归永煤公司管理，在永煤公司的指导下组织开展统计工作，实施统计调查，与永煤公司的统计机构互相配合，统计数据共享，并接受上级部门、地方统计局及地方政府布置的统计调查任务。

陈四楼煤矿有关科室为负责业务相关统计工作的职能部门，部门负责人为责任人，根据统计工作的要求，组织完成本部门负责的统计数据任务。按照陈四楼煤矿统计制度规定的时间、方式及时向经管科提供统计原始资料，协调、解决各单位在统计过程中出现的问题。

二、统计业务

统计业务按工作内容由煤矿建设成立之初的基本建设投资统计发展到后来的生产经营统计，分为综合（包括工业产品产销存、价格、销售收入、产品产值、经营总值、财务状况、人员及工资、煤炭成本和安全费用、生产成本费用调查、经营情况调查、综合利用、矿井储量、煤炭工业多种经营综合利用主要产品产量）、煤炭生产（包括原煤产量、总进尺、开拓进尺、掘进机械装载情况、回采及掘进工作面单产单进、生产人员效率等指标）、基本建设项目投资完成情况、中央投资及国债资金项目完成情况、瓦斯抽采完成情况、各种能源消费统计等几大部分。

三、统计上报

陈四楼煤矿随着矿井建成投产，开始按照永城煤电集团有限公司报表制度上规定的各种报表进行上报工作；另外配合公司完成国家规定的各种统计调查表；同时矿内部每月编制一本《统计手册》。

1997年投产以前，向永煤公司报送基本建设投资完成情况表。

1998年进入生产经营阶段后，向永煤公司报送工业产品产销存、价格、销售收入、产品产值、经营总值、财务状况、人员及工资、煤炭成本和安全费用、生产成本费用调查、经营情况调查、综合利用、矿井储量、煤炭工业多种经营综合利用主要产品产量、原煤产量、总进尺、开拓进尺、掘进机械装载情况、回采及掘进工作面单产单进、生产人员效率等指标、基本建设项目投资完成情况、中央投资及国债资金项目完成情况、瓦斯抽采完成情况、各种能源消费统计等报表，还有相应的季报、年报等报表。

四、统计手段

1998年以前,陈四楼煤矿通过手填各种统计报表;1999年以后开始应用微型计算机进行统计管理,编制报表和汇总数据;随着单位及业务范围不断增多,2007年开发使用单机版统计管理系统,各单位通过统计系统进行填报汇总各种统计报表,改变了过去手工填报、人工报送的传统模式,简化了报送程序,提高了工作效率。河南能源化工集团有限公司成立后,于2010年开发使用网络化统计管理系统,陈四楼煤矿统计资料全部通过网络进行传输报送,实现了统计范围统一、计算方法统一、计算口径统一的信息自动化管理。

第四节　内部市场化

一、内部市场化管理变革

陈四楼煤矿于1997年投产,正值亚洲金融危机时期,煤炭行业持续调整近5年,煤炭行业面临下游需求不足、煤炭库存处于高位、价格持续回落的不利局面。煤炭产量从1997年就开始负增长,1998年产量增速更是下滑至8.95%。下游煤炭消费更是经历了从1997—2000年的连年下滑,1998年煤炭消费下降7.01%,煤炭企业濒临全行业亏损,再加上投产初期管理不细化,生产经营效果不佳,职工士气低落。为打破原有的经营管理体制,在永煤公司的引领下,陈四楼煤矿以市场为导向,充分挖掘企业潜力,大力推行内部市场化管理,最终实现目标。按照内部市场化机制的要求,以内部价格为杠杆,以成本控制为重点,以内部市场考核为核心,运用市场竞争机制,引导生产要素合理流动,实现节支增收的目标,实现分配的公平、公正,充分调动干部职工的积极性,达到了企业增效、职工增收的目标。

陈四楼煤矿经过多年探索实践,向兄弟单位学习交流,逐渐完善、深入,形成了完整的内部市场化管理体系,从手工计算到信息网络化管理共历经4个阶段。

2000—2003年,内部市场化管理体系初步建立。2000年4月,陈四楼煤矿成立内部市场化管理办公室。通过到外部单位山东华丰煤矿学习交流,逐渐构建了市场要素、引入了价格机制,摸索出市场化管理经验。经过3年的不断摸索实践,陈四楼煤矿率先试行内部市场化管理,并在全公司范围内推广。

2004—2008年,内部市场化延伸全矿全员参与,责任明确,全面夯实内部市场化管理基础。陈四楼煤矿不断健全内部市场化管理机制,完善矿、区队、班组三级市场核算体系,建立内部市场化管理组织体系,巩固和发展了以制度管理、定额管理、信息管理和计量管理为主要内容的企业基础管理工作,编制管理标准、技术标准、工作标准三大标准,建立安全市场、物资市场、劳务市场、科技市场4个专业化管理市场,并率先推行内部市场化机制下的绩效管理、全面预算管理、影响时间买卖制,推广应用ERP物资管理系统、实施流程化精细管理等,走出了一条符合自身实际的"三化"管理之路。

2009—2012年,拓展市场化管理宽度和深度,并开发市场化管理系统以提高核算速度和巩固发展。随着河南煤化集团的组建,陈四楼煤矿的发展也面临着再一次飞跃。为此,陈四楼煤矿上下大力开展内部市场化管理再造，以巩固、完善、深化、提高为目标，进一步深化了内部市场化管理组织体系和机制，并积极通过制度化、标准化、规范化、流程化建设，不断深化提高内部市场化管理。

2009 年，陈四楼煤矿与广州略达公司共同研发“陈四楼煤矿科技市场管理系统”。在企管科牵头下，针对 2009 年矿井内部定额执行情况进行统计、分析和测算，在原有定额基础上进一步充实完善，形成了包括人工费定额、材料消耗定额、能源消耗定额、物资储备定额、管理费用限额在内的陈四楼煤矿内部市场化管理定额体系，并收集装订印刷成册。

2012 年年初，陈四楼煤矿在基础管理、运行机制、信息化建设、考核控制、运行效果和管理创新 6 个方面进行内部市场管理优化。优化后，全面实现了物资管理、设备管理、市场结算、安全管理和科技市场管理信息化，建立了生产经营统一信息管理平台，达到了“标杆单位”管理水平，被河南煤化集团授予内部市场化管理“标杆级”单位荣誉称号。

2013 年，针对市场化工作中发现的问题与难点，陈四楼煤矿特开展内部市场化五星级区队建设与科室市场化积分考核，有效推进了内部市场化建设工作的发展。

2014 年，陈四楼煤矿改变科室市场化考核模式，按照各科室月度市场化工作开展情况进行积分，一切与市场化管理相关的工作均可获得积分，根据积分高低确定各科室市场化奖励金额，使参与市场化工作多，成绩显著的生产科、机电科、劳资科、供应科等科室获得表彰。

2015—2021 年，陈四楼煤矿规范化管理系统的上线试运行工作，通过信息化手段强化标准化建设，进一步夯实管理基础。这一系统已经在 2015 年正式启用。陈四楼煤矿和上博软件公司合作开发陈四楼煤矿 BI 智能分析管理系统，通过将陈四楼煤矿现有的生产经营数据转化为知识、支持比率、趋势、图形、回归、模型等分析，生成多维报表及各种分析图形，实现网络链式结算。

二、市场化运行管理机制

（一）建立领导管理机构，健全职能，明确职责

2002 年 4 月，成立陈四楼煤矿内部市场化管理委员会。

委员会职责：① 全面规划、部署内部市场化管理工作，确保正常运行和矿井生产经营目标的实现。② 制定内部市场化管理实施办法等管理制度。③ 定期听取内部市场化管理工作的汇报，平衡协调市场化管理中出现的重大问题。④ 研究决策市场化管理的制度、措施等重要问题。⑤ 加强舆论宣传引导，使之稳步、健康发展。⑥ 定期进行职工培训，全面提高管理素质和意识。

（二）成立内部市场化管理经济仲裁领导小组

仲裁领导小组职能：① 仲裁各单位之间经济纠纷。② 决策非正常情况下出现的重大经济问题。③ 维护考核结果的严肃性。

（三）成立内部市场化管理宣传领导小组

职责：① 及时宣传报道矿内部市场化管理的大政方针和内部市场化管理过程中典型事例和管理成果等。② 加强舆论引导，使之稳步、健康发展。

（四）成立内部市场化管理定额管理领导小组

领导小组下设10个专业测算组，分别为：综合定额测算组、劳动定额测算组、材料定额测算组、机加工定额测算组、电力定额测算组、配件定额测算组、单体柱租赁定额测算组、设备租赁及设备修理定额测算组、矿车运费定额测算组、办公费用定额测算组。各专业组成员由分管业务的相关人员组成。

（五）建立内部市场体系

内部市场化管理体系由三级管理体系构成，具体划分为一级市场、二级市场和三级市场。一级市场构成主体为矿领导，各市场主体分别与矿年度生产经营指标挂钩。二级市场构成主体为各职能科室、采掘开区队、辅助单位和地面单位。三级市场构成主体为各基层区队所属班组。

（六）内部市场化检查

为保障内部市场化建设项目顺利进行，矿井定期开展内部市场化检查工作。

1. 组织机构及人员保证

为保证市场化检查的公正性和严肃性，特成立市场化检查领导小组。

组长：经营副矿长。

成员：经管科、机电科、供应科、监察科等科室科长。

检查领导小组下设市场化检查办公室，办公室主任由经管科科长兼任，负责市场化检查工作的具体组织与实施。

每次检查将从经管科、劳资科、机电科、供应科、监察科等科室抽调专业人员组成市场化检查工作组，工作组人员不得少于4人，且至少来自3个科室。

2. 检查内容及形式

陈四楼煤矿内部市场化检查按月度进行，重点对各单位市场化建设情况进行检查，具体时间为每月工资核算结束后，每月提前告知检查的方式，检查结果在矿泛微办公网公布。

3. 检查结果应用

陈四楼煤矿内部市场化检查结果实行月度考核，月度兑现，具体规定如下：

(1) 经管科：按永煤公司对矿井生产经营指标完成考核结果为依据，考核得分在100分以上时，百分之百兑现挂钩部分，且每超1分上浮挂钩部分5%（上限为30%）；每低1分下浮挂钩部分5%（上限为30%）。

(2) 生产科室：月度内部市场化检查得分以92分为基准分，达到基准分时，百分之百兑现挂钩部分，且每提高1分生产经营绩效考核挂钩部分上浮5%；每下降1分生产经营绩效考核挂钩部分下浮5%（上限为30%）。

(3) 经营科室：月度内部市场化检查得分以92分为基准分，达到基准分时，百分之百兑现挂钩部分，且每超1分加奖挂钩部分5%；每低1分加罚挂钩部分5%（上限为30%）。

(4) 其他科室：月度内部市场化检查得分以92分为基准分，达到基准分时，百分之百兑现挂钩部分，且每超1分加奖挂钩部分5%；每低1分加罚挂钩部分5%（上限为30%）。

（5）区队：月度内部市场化检查得分以 93 分为基准分，达到基准分时，百分之百兑现挂钩部分，且每超 1 分加奖挂钩部分 3%；且每低 1 分加罚挂钩部分 3%（上限为 30%）。

陈四楼煤矿区队内部市场化组织体系见图 9-1-1，陈四楼煤矿内部市场化组织体系见图 9-1-2。

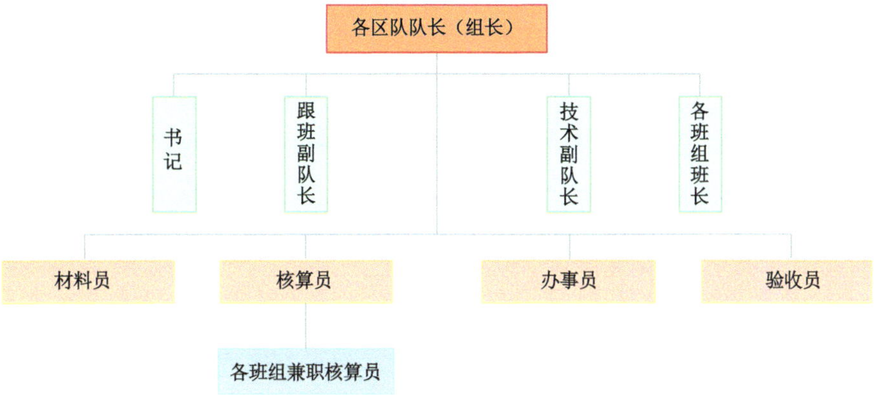

图 9-1-1　陈四楼煤矿区队内部市场化组织体系

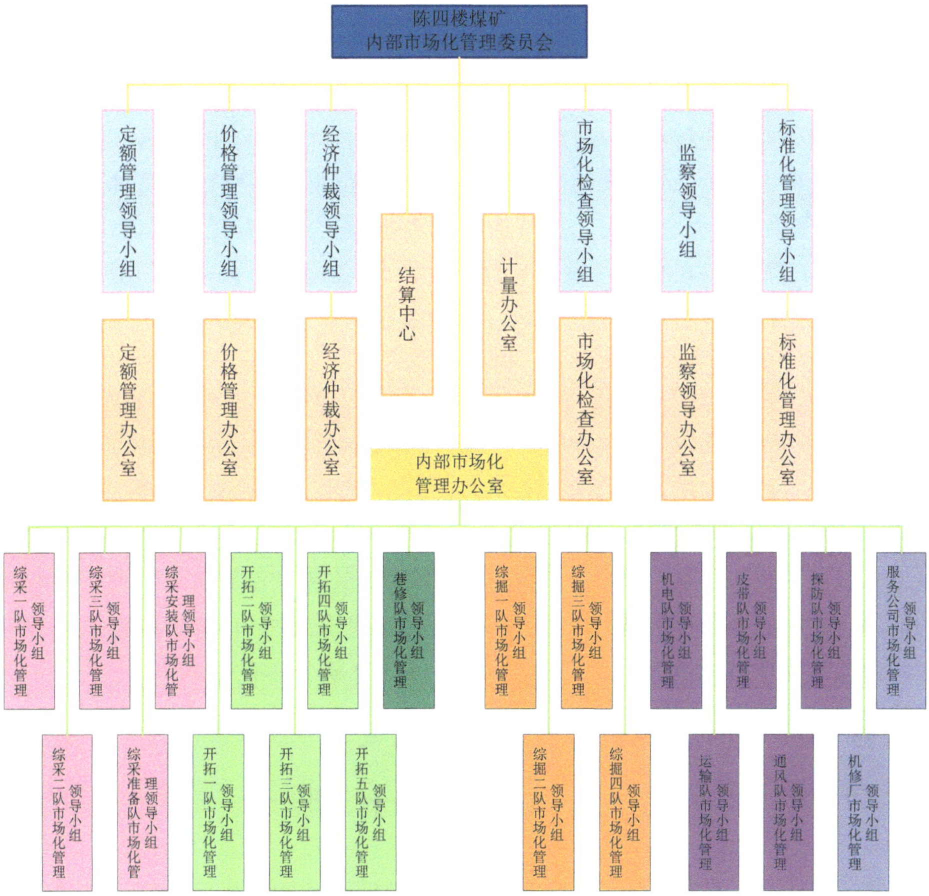

图 9-1-2　陈四楼煤矿内部市场化组织体系图

第五节 “三铁”管理

煤炭企业从事地下矿业开采,其成本构成复杂且变化大,与其他产品相比,煤炭生产过程大量消耗辅助生产材料,尽管其费用约占原煤产品成本的1/4,但不构成产品实体,并大部分可以多次回收复用。故而煤矿成本管理必须做好材料的回收、修复、周转、复用工作。然而长期以来,陈四楼煤矿井下回收材料管理面临诸多不便,首先是存储场地狭小,进场材料多而且种类复杂,无法分类,导致可复用与不可复用材料混杂,难以分类复用,大量可复用材料生锈报废,给企业造成不小的经济损失。其次是管理单位较多,各部门分别针对分管材料进行控制,缺乏全局管控思想,导致部分材料管理部门不明确,同时部分管理环节不在控,导致材料回收复用工作开展效果不够理想。

“三铁”管理是指井下单体柱、π型梁、铰接梁的管理。2012年5月,“三铁”管理改为现场材料管理组,材料现场管理组(三铁管理组)由供应科转至经管科,参与负责经营管理、内部市场化、对外经济活动等工作,专门负责井下材料使用管控和回收工作,并出台《材料管理管控制度》《周转材料管理制度》《材料回收复用管理制度》等制度,采取措施加强“三铁”管控:一是加大井下现场巡查力度,提高材料回收率。加强对各采煤工作面材料回收管理,加强与区队沟通协调,可在井下周转使用的大型材料严禁升井,各采区设立周转材料库,和需要使用材料的单位联系,直接在井下周转使用,减少物资升井赔率,提高大型材料等物资复用率。二是对于升井的材料筛选归类码放,坚持有旧不发新的原则,各单位领取新物资之前去西料场及矸石山挑选,确定无可复用的旧材料,由材料管理组人员确认签字之后方可领取新材料,减少了新材料投入。三是加强对零星加工件的管控力度,有旧件不加工新件,区队需要加工新件时,在相关科室及机修厂审批后,需经管科现场材料管理组进行最后审批,从源头上进行把关,切实降低机修人工投入及钢材投入。

2019年3月6日,由经管科主办,矿井印发《陈四楼煤矿材料管理制度》,进一步明确经管科“三铁”管理人员每月末对开拓、掘进材料投入情况、工作面材料剩余情况、采煤队工作面材料回收情况进行统计,作为月底材料核算与材料回收考核依据。同时,经管科“三铁”管理人员加强负责对井下所有施工地点材料的现场管理进行日常监督检查和问题复查。

经管科建立“井下材料现场检查记录”,做到记录详细,查找方便,各施工单位可到经管科查找本单位材料现场检查记录,以促进井下材料现场管理工作完善。对井下现场检查所发现的问题,以“每日现场材料检查问题汇总表”的形式挂网通知,施工单位必须在通知规定的时间内整改完毕,对于不按时整改的,每推迟1天对责任单位罚款50元,拖延3天以上者对责任单位进行通报。

第六节 地面管理

陈四楼煤矿下发了《关于下发陈四楼煤矿地面设施质量标准化管理制度的通知》(陈矿经字〔2013〕127号)、《关于下发陈四楼煤矿地面设施安全质量标准化管理考核办法的通知》

(陈矿经字〔2014〕50 号)、《关于下发陈四楼煤矿地面设施安全质量标准化管理考核办法的通知》(陈矿经字〔2015〕75 号)、《关于下发陈四楼煤矿地面设施安全质量标准化管理考核办法的通知》(陈矿经字〔2016〕73 号)和《关于下发陈四楼煤矿地面基础设施管理办法(试行)的通知》(陈矿经字〔2021〕205 号)等制度和规定,建章立制,规范陈四楼煤矿地面基础设施管理、维修标准、降低外委修理成本,建立由经管科牵头、各单位参与、市场化运作的地面基础设施管理体制,管理维修主体和责任明晰,形成权责明确、主体多元、保障有力的长效管理维修机制。

一、基本原则

(一)立足当前,着眼长远

着力解决好部分基础设施和公共设施无人管理、粗放管理等问题,确保正常运行。

(二)因地制宜,分类施策

根据不同类型基础设施特点,进一步明晰责任范围,落实使用部门主体责任、监督部门的监管责任。

(三)矿主导,各单位主体

强化各单位管理职能,把职工的满意度作为出发点和落脚点,切实维护职工利益。

(四)公开透明,强化监督

及时通过泛微系统公开基础设施管理维护情况,接受全矿监督,确保运行正常、管理规范、管护到位。

二、重点任务

(一)建立各单位为主、权责明晰的分级管护责任体系

按照属地管理和"谁受益、谁管护、谁主管、谁负责"的原则,落实管理维护责任,明确各单位享有的权利和承担的义务,将日常管护任务落实到人,建立权责明确的管理体系,切实做到事有人管、责有人担。

(二)建立市场化管理维护机制

对于自主维修的,监管单位按照完成验收工程量,通过单项工程奖励、内部市场化办公室加分等手段进行奖励。

(三)加强地面设施日常维护与检查

使用单位在日常使用过程中,发现问题及时联系管理维护部门,管理维护部门按照相关完好标准进行维修,保证设备设施的完好性。

经管科每季度组织调度室、机电科、保卫科、安检科、培训科、供应科、服务公司等单位开展一次全面的地面基础设施大排查,对查出的问题进行分类,落实责任与考核。

(四)严格地面设施日常维护问责

因日常维护不善造成不能使用以及需要外委修理的,对责任单位进行问责,外委费用

由责任单位承担。

三、地面设施标准化

(1) 地面办公场所满足工作需要，办公设施及用品齐全，通道畅通，环境整洁；陈四楼煤矿有西办公楼(行政办公楼)、东办公楼(区队办公楼)、选煤厂办公楼、保卫科办公楼、服务公司供应科办公楼等，办公室、会议室配置合理，满足工作需要，室内(办公室、会议室、传达室、值班室等)整洁，无蛛网、积尘、墙面无剥落，窗明几净。室内外无杂物、无痰迹、无烟蒂。会议室、接待室、活动室有禁烟标志，配备消毒设施；室内所有办公用品排放整齐有序。

(2) 职工“两堂一舍”(食堂、澡堂、宿舍)设计合理、设施完善、满足需要，食堂工作人员持健康证明上岗，澡堂管理规范，保障职工安全洗浴，宿舍人均面积满足需要。陈四楼煤矿目前有1#、2#公寓楼、职工食堂、道北招待所等，食堂证照齐全，证件包括卫生许可证、营业执照、员工健康证明等证件，证件齐全有效；职工食堂位置适中，远离有危害因素的工作场所，设计布局合理，符合《煤炭工业矿井设计规范》中矿井行政、公共建筑面积指标的要求；食堂卫生符合国家卫生标准要求；严格执行《中华人民共和国食品卫生法》(简称《食品卫生法》)，职工食堂作业人员持健康证上岗，每年进行一次体检。

(3) 工业广场及道路符合设计规范，环境清洁。陈四楼煤矿工业广场符合矿井生产需要，并符合《煤炭工业矿井设计规范》中工业场地中总平面布置的有关规定，工业区与生活区域分开设置，相对独立，地面整洁并进行绿化；物料分类码放整齐；停车场规划合理、画线分区，车辆按规定停放整齐，照明符合要求；标识等规范、清晰。

(4) 地面设备材料库符合设计规范，设备及材料验收、保管、发放管理规范。陈四楼煤矿目前有区队材料库1座、供应科库房、机电科库房、选煤厂库房、消防器材库等，矿井器材库、器材棚、消防材料库、油脂库等建筑面积指标根据陈四楼煤矿矿井规模进行设计和施工，其设计指标符合《煤炭工业矿井设计规范》中的有关规定。

(5) 设备库设计与矿井规模相适应，设计合理；仓储配套设施齐全、完好；不同性能的材料分区或专库存放并采取相应的防护措施；货架布局合理，实行定置管理。

(6) 建立物资管理制度；验收单签字或印章齐全；库内物资账、卡、物三相符；按照先进先出原则发放合格物资；实现信息化管理。

(7) 保障职工生活服务，提高职工获得感、幸福感、安全感。陈四楼煤矿牢固树立“职工利益无小事”的观念，坚持“以人为本，人文关怀”的工作理念，增加职工休闲设施，设置篮球场、排球场、乒乓球室、台球室、职工礼堂、健身器材等，通过努力为职工办实事，不断增强广大职工的凝聚力和向心力，助力职工以更饱满的热情、旺盛的精力投入到各项工作中去。

第二章　工程管理

为加强工程管理，陈四楼煤矿始终在保证工程质量和安全的前提下，规范管理程序，明确管理职责，提高管理效率，促进施工项目管理的制度化、规范化，确保陈四楼煤矿建设顺利进行，合理降低工程造价，提高经济效益。

陈四楼煤矿始终遵循"谁主管、谁负责"的原则，对工程项目从立项实施到竣工验收，切实建立并完善工程立项、勘察设计、招投标、合同签订、现场安全施工、竣工结算等各环节管理程序。

第一节　工程招投标与决算

陈四楼煤矿的招投标管理称为"对外经济管理"。依据国家招投标相关法律法规，结合河南能源和永煤公司招投标相关文件精神，制定《陈四楼煤矿对外经济工作管理办法》，对工程招投标活动进行规范，做到了有法可依，有章可循。

一、招标机构及责任权限

（一）招标机构

陈四楼煤矿成立工程招投标领导小组，由矿长、党委书记任组长，分管副矿长任副组长，副总以上矿领导及科室负责人为成员。对外经济工作管理领导小组下设对外经济管理办公室，办公室主任由经管科负责人兼任。

对外经济管理办公室在领导小组的领导下，按照国家招投标相关法律法规、基本程序、基本要素，按照权限进行工程招投标活动。

（二）责任权限

招投标管理办公室负责贯彻执行国家及省招办招投标法律法规和两级公司相关文件精神，拟定招标方案，制定招投标流程；建立招投标专家评委库；牵头负责依法依规组织招投标相关工作；依据上级及制度要求，审核项目立项申请材料；负责招投标方案的编制、报批及实施，根据权限组织招投标活动；确定自行组织招投标项目评委会成员；编制并提交招投标结果；及时对招投标资料整理归档。

（三）工程招投标

按照责任权限，依照国家招投标有关法律法规，以及河南能源、永煤公司、陈四楼煤矿招投标管理制度规定程序实施招投标活动。

二、工程决算

工程决算是煤矿建设或改造的一个重要程序，是对完成的各类大小工程在竣工验收后的最后经济审核，包括各类工料、机械设备及管理费用等；是陈四楼煤矿编制的反映建设项目实际造价和投资效果的文件。其内容应包括从项目策划到竣工投产全过程的全部实际费用。陈四楼煤矿经管科有 2 人专门负责工程决算工作。

（一）编制依据

陈四楼煤矿的工程决算编制主要依据：经永煤公司批准的可行性研究报告及其投资估算；经批准的初步设计或扩大初步设计及其概算或修正概算；经批准的施工图设计及其施工图预算；设计交底或图纸会审纪要；招投标的标底、承包合同、工程结算资料；施工记录或施工签证单，以及其他施工中发生的费用记录，如：索赔报告与记录、停（交）工报告等；竣工图及各种竣工验收资料；历年基建资料、财务决算及批复文件；设备、材料调价文件和调价记录；有关财务核算制度、办法和其他资料、文件等。

（二）编制步骤

（1）收集、整理、分析原始资料。从工程要求就按编制依据的要求，收集、清点、整理有关资料，主要包括建设工程档案资料，如：设计文件、施工记录、上级批文、预（决）算文件。

（2）对照、核实工程变动情况，重新核实各施工单位、单项工程造价。将竣工资料与原设计图纸进行查对、核实，必要时可实地测量，确认实际变更情况；根据经审定的施工单位竣工结算等原始资料，按照有关规定对原概（预）算进行增减调整，重新核定工程造价。

（3）编制竣工财务决算说明书，力求内容全面、简明扼要、文字流畅、说明问题。

（4）填报竣工决算报表。

（5）做好工程造价对比分析。

（6）清理、装订好竣工图。

（7）按规定上报、审批与存档。

（三）决算管理

陈四楼煤矿工程预、结算管理的主管部门为永煤公司规划发展部。永煤公司规划发展部负责陈四楼煤矿 200 万元以上的工程预、结算的最终审核工作。200 万元以上的工程施工图预算由陈四楼煤矿初审后报永煤公司规划发展部最终审核。因各种因素，动态概算（实际投资）超过批准的概算总投资的 10％时，须按原程序报原审批单位审查批准，永煤公司规划发展部对动态概算（实际投资）进行审核。陈四楼煤矿结算价款 200 万元及以下的工程，由陈四楼煤矿经管科持证上岗人员自行审定。

工程中涉及材料价格认定的资料单应包括所涉及的工程名称、材料用量、认定价格、参与考察人员的签字等内容，对实际用量超过认定用量 5％的，超过部分必须另行按照上条规定的程序重新认定，否则结算人员有权拒绝办理结算。

列入河南能源年度投资计划的基本建设项目和技术改造项目，按照《河南能源化工集团建设项目竣工结算管理办法》（河南能源〔2014〕674 号）规定的程序进行审核。

三、决算审核

（1）工程竣工决算审核必须经过初审、复审及审批。

（2）陈四楼煤矿经管科严格按照国家、省、市及上级公司造价管理部门颁发的计价规则及依据和招标文件、报价书、建筑安装施工合同以及其他有关合同、协议规定进行工程决算审计工作。

（3）工程量计算的依据应是有效、完整的竣工决算资料。工程量的丈量记录需有施工方、矿方及监理方签字，方可作为决算依据。

（4）严格按照施工合同结算条款和有效的工程签证单核定工程价格。

（5）填写工程决算审定表时需附有编制说明，需有施工方对各分部分项工程的量价确定及竣工决算书的确认意见。

第二节　工程项目质量与监督

陈四楼煤矿成立由经管科、项目科室及相关单位为成员的工程项目质量监督小组，以保障工程项目质量达到设计标准与合同要求。监督小组在工程项目实施的各个阶段针对工程项目质量实施监督管理。

工程项目质量监督管理分3个阶段，每个阶段都非常重要，施工过程中的全面监控尤为重要。

一、施工前的监督管理

对施工前的质量监督管理，主要涉及3个方面：有关设计、勘察文件审查的监督管理；对招投标活动的监督管理；对合同文本的监督管理。

二、施工中的监督管理

（一）加强施工现场程序管理

陈四楼煤矿工程项目监督小组，从事前、事中和事后3个部分进行质量监督管理，尤其是在工程主体与隐蔽部位进行重点监督管理。此外，通过不定时的监督抽查，约束施工单位，保障施工标准在施工过程中得到贯彻执行，保障工程施工质量。

（二）加强程序管理的同时，加强技术控制

工程质量监督小组除在程序管理加强监督管理外，在技术控制上也是格外重视，通过评价标准对施工过程中进行技术控制，以保障工程质量。

（三）施工过程中的全面监控

施工过程中的监督管理由矿方、施工方及监理方参与，通过现场的建筑材料、建筑质量检验、随机抽查监督等方式，将各个主体的行为纳入监督。通过施工过程中较为全面的监督，保障竣工后的建筑项目能够完全达到合格的标准，保证施工过程质量处于受控状态，从

而确保工程质量。

三、竣工后的监督管理

竣工后,工程项目投入使用之后的一段时间进行监督管理,也就是质保期。质保期内,做好日常检查并做好记录,做好运行状态与设计标准、技术要求与合同规定相对照。

第三节　合同管理

一、合同管理

合同管理全过程就是从项目的立项申请、审批、组织洽谈、草拟、签订、生效开始,直至合同终止为止,形成合同资料的完善、收集、装订。在管理中不仅要重视签订前的合同管理,更要重视签订后的合同管理。

(一)合同基本类型

合同管理分物资采购合同管理和工程、技术服务合同管理及其他合同管理。其中物资采购合同管理由供应科负责。工程、技术服务及其他合同管理由经管科负责。

(二)合同管理逐步完善

1997年企管科成立后,合同管理开始正式纳入科室职能,并且是作为对外经济管理非常重要的一环。

2004年《中华人民共和国合同法》颁布,陈四楼煤矿根据国家经济发展形势开始改变以往单一性、局限性的管理方式,修改制定《陈四楼煤矿合同管理办法》,适应新的经济环境。自此陈四楼煤矿严格按公司及陈四楼煤矿下发文件要求履行项目从立项申请报批、按限额规定审批招标方案,招标方案经领导班子会审后,限额以上报公司审批后实施,限额以下由矿按程序要求自行组织招标、评标,招标结果的报批,签订合同等一系列完善的对外经济活动。

(三)合同签订的内容及会签流程

合同在招议标采购的基础上订立,合同草案严格遵守法律、法规和有关规章制度,标的明确、平等互利、内容齐全、条款完备、责任明确、用语规范严密。

合同主要内容应包括:法定代表人或授权代理人、住所、标的、数量、合同价款(包括大小写)、规格型号或质量技术要求、履行期限或工期、验收方式、结算方式、付款方式、违约责任、解决争议方式、适用法律、签约日期和地点等。

合同会签部门构成:经项目申请部门(技术部门)、合同签约主管部门、财务部门、法务部门、经营副矿长、矿长审核签字。

2020年根据要求对合同审签流程进一步完善,为了体现合同审签的可靠性、谨慎性,为了能够加强各部门之间的监督协调沟通能力,增加了立项部门分管技术副矿长对合同的审批。

2021年1月1日《中华人民共和国民法典》实施后，经管科对合同管理制度进行了重要修改，在此基础上对合同文本的编制也更加完善。合同文本编制时不仅注重每个项目的实际特点，又对条款进行区分，文本逐渐清晰。同时，合同管理工作中逐渐形成统一的合同文本，为后来的合同拟定打下基础。

2021年8月，陈四楼煤矿响应永煤公司关于合同法务系统使用的号召，改变合同会签方式，陈四楼煤矿合同由线下会签转变为线上会签，极大地提高了办公效率。合同法务系统会签流程见图9-2-1。

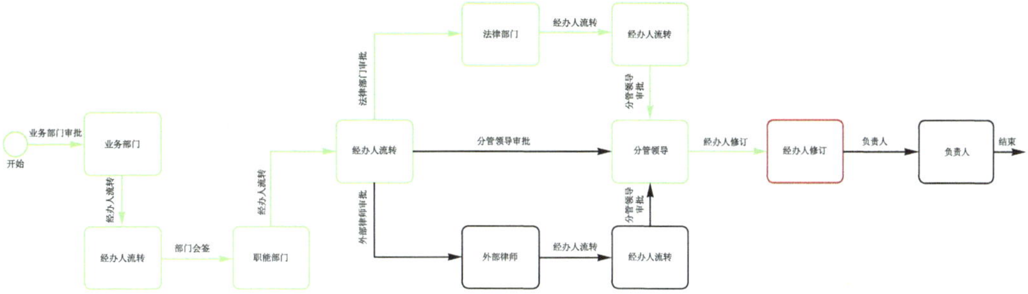

图9-2-1 合同法务系统会签流程图

二、合同会签部门会审范围

项目申请部门(技术部门)：负责审核标的物的规格(型号、材质等)、技术协议(附件)等内容，是否满足国家、行业或公司技术规范、标准，是否满足招标要求，识别、控制技术风险。

合同签约主管部门：对合同的严密性负责。经管科、供应科分别负责审核履行期限、合同价款、适用法律和双方责任等，审核商务条款、技术附件是否与需求计划、招议标结果一致，识别、控制商业风险。

财务科：对合同的可行性负责。负责审核付款条件、付款方式、票据开立信息、执行税率等重要合同条款；负责审核对方单位的经营状况、财务状况以及中标价等重要合同条款。

法务部门：对合同的合法性、合规性、实践性负责。负责审查内容是否符合法律法规，审查合同内容和流程是否符合公司的各项内部制度规定，审查合同的各方面实际操作是否贴合实际要求。

分管矿领导：对合同的技术要求及技术协议内容进行审查。

经营副矿长：对合同的价款的形成依据、决策过程、中标文件、合同价款的支付方式、期限、合同履行期限、地点、方式等合同要素进行审查。

以上会审部门包含但不限于参与招标采购的部门，对于没有参与招标采购的部门，根据书面招标采购资料履行相应审核职责，不得推诿责任。

矿长：对合同的总体要素进行审签并签订合同。

三、合同签订实施

1997年7月至今，陈集镇人民政府、韩松元村委会签订陈四楼煤矿选煤厂矸石山租地

37 亩用于存放矸石。

2010 年 1 月,陈四楼煤矿与永城市政工程公司签订“北风井 6 kV 变电所无功补偿室建造”合同,合同价款 480 万元。

2010 年 12 月,陈四楼煤矿与河南新力源实业有限公司签订“陈四楼煤矿矿井综合自动化工程”合同,合同价款 48 00 万元。

2011 年 7 月,陈四楼煤矿与中煤第七十二工程处签订“陈四楼煤矿综合楼工程”合同,合同价款 920 万元,与河南国龙矿业建设有限公司签订“陈四楼煤矿输水泵站工程”合同,合同价款 183 万元;同年 9 月,与宜兴市海蓝净化设备有限公司签订“陈四楼煤矿矿井水处理工程”合同,合同价款 175 万元;同年 12 月,与河南国龙矿业建设有限公司签订“陈四楼煤矿福利楼改扩建工程、连廊及室外配套工程”合同,合同价款 469 万元。

2012 年 3 月,陈四楼煤矿与山东远东伟业(集团)有限公司签订“陈四楼煤矿综合楼窗户、玻璃幕墙工程”合同,合同价款 97.49 万元,与河南博海工贸有限公司签订“陈四楼煤矿综合楼安装电梯安装”合同,合同价款 76.9 万元;同年 12 月,与中煤第七十二工程有限公司签订“矿综合楼室外配套及老楼拆除改造”合同,合同价款 333 万元。

2013 年 3 月,陈四楼煤矿与中国矿业大学签订“矿安全生产风险预控管理体系建设与实施”合同,合同价款 55 万元。

2015 年 8 月,陈四楼煤矿与永城市启元电力有限公司签订“陈四楼煤矿北风井 6 kV 三回线路改造工程”合同,合同价款 238.5 万元。

2018 年 6 月,陈四楼煤矿与河南国龙矿业建设有限公司签订“陈四楼煤矿地销煤公路整修工程”合同,合同价款 323 万元。

2019 年 11 月,陈四楼煤矿与中煤科工集团西安研究院有限公司签订“陈四楼煤矿南翼 2506、2901 和 2903 工作面底板水害地面区域治理工程”合同,合同价款 6 834.070 5 万元。

2019 年 12 月,陈四楼煤矿与河南国龙矿业建设有限公司签订“陈四楼煤矿主井井筒修复工程”合同,合同价款 3 597.157 9 万元。

2020 年 9 月,陈四楼煤矿与河南国龙矿业建设有限公司签订“陈四楼煤矿井底集中矸石仓施工”合同,合同价款 333.6 万元。

2021 年 5 月,陈四楼煤矿与中煤科工集团西安研究院有限公司签订“陈四楼煤矿六采区底板水害地面区域治理工程”合同,合同价款 8 169.773 万元。

第三章 财务管理

第一节 机构和核算体制

一、机构设置

陈四楼煤矿筹备期间及建矿初期，财务部门为永夏矿区管委会财务处、永煤公司财务处分支机构，并直接管理。

2003年8月，河南龙宇能源股份有限公司（简称“龙宇能源”）成立，设立河南龙宇能源股份有限公司陈四楼煤矿财务科（简称“陈四楼煤矿财务科”），归属于河南龙宇能源股份有限公司财务部直接领导，建立“河南龙宇能源股份有限公司陈四楼煤矿”“河南龙宇能源股份有限公司陈四楼选煤厂”两套账务，并进行独立核算。龙宇能源属于永城煤电（集团）有限责任公司下属二级子公司，陈四楼煤矿财务科属于永城煤电（集团）有限责任公司下属三级独立核算机构。陈四楼财务科主要职责：在上级财务部门和陈四楼煤矿领导下，执行国家及公司会计核算制度，制定陈四楼煤矿财务管理制度；规范开展陈四楼煤矿会计基础工作，及时准确进行账务处理和财务报表编制上报及分析工作；负责陈四楼煤矿资金管理工作；负责建立陈四楼煤矿内部控制规范；负责财务人员培养及管理工作；对陈四楼煤矿经济业务行为进行监督管理。

2007年6月，永城煤电控股集团有限公司（以下简称“永煤控股”）成立，同年9月，永城煤电集团有限责任公司更名为永煤集团股份有限公司（以下简称“永煤股份”），永煤控股作为永煤集团投资主体，成为永煤股份的母公司。龙宇能源变更为永煤控股下属三级子公司，陈四楼煤矿财务科变更为永煤控股下属四级独立核算机构。

2008年12月，河南煤业化工集团有限责任公司成立，成为永煤控股的母公司，陈四楼煤矿财务科变更为河南煤业化工集团有限责任公司下属五级独立核算机构。

截至2021年年底，陈四楼煤矿财务科保持与永煤公司及河南能源集团两级公司对接。

二、历任财务科科长任职情况

2003—2021年陈四楼财务科历任科长情况见表9-3-1。

表 9-3-1　2003—2021 年陈四楼财务科历任科长一览表

序号	姓名	职务	任职时间
1	郭振远	科长	2003.08—2007.04
2	李建设	科长	2007.04—2007.10
3	张　晔	科长	2007.10—2010.02
4	苗书英	科长	2010.02—2010.09
5	孔令云	科长	2010.09—2019.09
6	王　胜	科长	2019.09—2021.12
7	刘俊杰	科长	2021.12—

三、核算体制

1984 年，永夏矿区开始投资建设，基建项目的会计核算是会计核算工作的主要内容，核算内容主要涉及基建项目投资控制、概算执行控制、工程价款结算以及财务决算等。

1986 年，根据财政部印发的《国营建设单位会计制度》对永夏矿区基建项目的会计核算工作进行了规范。

1993 年，按照财政部《关于〈国营建设单位会计制度〉补充规定》，对矿区所属基建投资项目会计核算科目进行了修改完善。取消“应核销投资”“应核销其他支出”“转出投资”“折旧基金”“固定基金”“流动基金”“专用基金”“专项存款”等 8 个科目，增设“固定资产清理”“上级拨入资金”“留成收入”“应付福利费”4 个科目；修改交付使用资产计价办法；修改“固定资产”“待处理财产损失”科目核算内容；变更“交付使用财产”科目为“交付使用资产”科目、变更“折旧”科目为“累计折旧”科目、变更“专项应交款”科目为“其他应交款”，统一采用借贷记账法。

1995 年，根据财政部《国有建设单位会计制度》，健全基建财务管理体系，规范基建会计核算。

1997 年，公司实行以多种经营线为主体的“三条线”管理，引入内部市场经营机制，试行模拟法人，使内部单位之间，由原来的行政关系，改变为有偿提供产品或劳务的经济关系，理顺了内部核算体系。

1997 年 11 月，陈四楼煤矿和陈四楼选煤厂正式投入生产经营，核算体系由基建会计核算转为生产会计核算。

2006 年，公司根据财政部《关于印发〈企业会计准则第 1 号——存货〉等 38 项具体准则的通知》和《关于印发〈企业会计准则——应用指南〉的通知》等文件要求，决定自 2008 年 1 月 1 日起执行《企业会计准则》，并做好新旧会计准则衔接及准备工作。

2007 年，根据公司统一安排，陈四楼煤矿按照《永城煤电控股集团有限公司会计核算办法》等文件要求进行会计核算，使各项会计核算符合《企业会计准则》要求，保证了会计核算水平和会计信息质量。会计报表变为以资产负债表、利润及利润分配表、现金流量表、权益变动情况表及有关附表为特征的会计报表体系。

2008年，根据《河南省煤炭行业财会工作升级创优办法（试行）》文件要求，在公司统一部署下，陈四楼煤矿财务科参与了全公司范围内开展的财会升级创优工作，接受了永煤公司对会计机构与人员、会计核算、会计监督、财务管理、档案管理和内控制度等方面进行的考核。

2013年，陈四楼煤矿财务科根据河南能源印发的《河南能源化工集团有限公司会计核算制度》和《河南能源化工集团财务报告管理办法》等文件制度要求，规范了会计核算和财务报告管理。

2014年，财政部对《企业会计准则第9号——职工薪酬》《企业会计准则第30号——财务报表列报》《企业会计准则第33号——合并财务报表》《企业会计准则第37号——金融工具列报》等会计准则进行了修订，陈四楼煤矿安排新准则及公司统一安排，规范了相关账务处理。

2017年，陈四楼煤矿财务科根据永煤公司印发的《关于煤炭单位账套及报表合并的通知》和《关于规范会计科目明细及辅助核算的通知》等文件要求，对核算账套及往来和收入类科目进行了规范。将陈四楼选煤厂的账套和报表，采取吸收合并的方式，并入陈四楼煤矿核算；对“应收账款”等往来类的末级科目分别增设“永煤内部”“能源内部”及“能源外部”3个明细科目，同时启用矿厂、客商辅助核算；对“主营业务收入”等收入类的末级科目分别增设“永煤内部”“能源内部”及“能源外部”3个明细科目，同时启用客商辅助核算。

2017年，财政部对《企业会计准则第14号——收入》《企业会计准则第16号——政府补助》《企业会计准则第22号——金融工具确认和计量》《企业会计准则第37号——金融工具列报》等会计准则进行了修订，陈四楼煤矿安排新准则及公司统一安排，规范了相关账务处理。

2021年，随着陈四楼选煤厂机构全部并入陈四楼煤矿，“应收账款”等往来科目的矿厂辅助核算取消。

第二节 资产管理

永夏矿区管委会1984—1995年处于基本建设阶段，投资建设陈四楼煤矿、陈四楼选煤厂、机修厂、青永铁路、陈四楼专用线、矿区公路、热电厂、总器材库、总坑木场、炸药库等，累计投入建设资金16.16亿元，作为基本建设单位，采用国家基本建设单位会计制度进行会计核算。

1993年2月10日，撤销陈四楼项目组，成立陈四楼煤矿项目部，陈四楼煤矿完成投资5 904万元，成巷2 230米，完成计划的100%。

1994年6月，河南省煤炭工业局以豫煤基〔1994〕238号文件下达了《关于永夏矿区陈四楼进矿公路四项工程招标结果的批复》。9月14日，中国矿业大学软岩支护课题研究人员到陈四楼煤矿南翼总回风巷指导软岩支护方案。11月15日，陈四楼煤矿北翼皮带大巷过F_{39}断层发生突水事故，突水量860立方米/小时，陈四楼煤矿井完成投资8 926万元，成巷1 303米，完成计划的100%。

1997年11月，陈四楼煤矿和陈四楼选煤厂正式投入生产运营。截至2017年年底，永城煤电（集团）有限责任公司资产总额为15亿元（整个公司存在基本建设会计主体和生产单位会计主体两个主体,随着基本建设项目逐步完工,基建资产逐步向生产单位转移,此资产总额不含基本建设单位会计制度核算的资产,下同)。

1998 年,首对矿井正式投入生产运营,永煤集团逐步由基建管理转向生产管理。当年在建工程转入固定资产 128 124 万元,全年固定资产总额 136 043 万元。

2003 年 8 月,永城煤电(集团)有限责任公司以陈四楼、车集 2 个生产矿井及配套的 2 个选煤厂的经营性资产作为出资,联合其他 9 家发起人共同设立了河南龙宇能源股份有限公司。

2005 年 3 月,永煤集团按照现代企业制度的要求,结合公司特点,完善永煤集团固定资产管理体系。永煤集团、子公司对资产的取得、使用、调拨、出售、报废、变卖、清查实行逐级责任管理,对子公司实行资产保全完整责任制,子公司对资产的正常报废、大修、封存、处置进行管理,重大资产处置报经永煤集团审核。

2008 年,根据公司多元化发展需求,永煤集团修订固定资产折旧年限和净残值率,适用集团公司所属其他业务板块,增强成员企业间会计信息的可比性。

2014 年 12 月,河南能源印发《关于变更部分固定资产折旧年限的通知》(河南能源〔2014〕1010 号),根据文件要求,陈四楼煤矿自 2015 年 1 月 1 日起对部分固定资产折旧年限进行了变更,客观、恰当地反映了固定资产的使用和折旧状况,同时也保障了集团内部企业会计信息的可比性。陈四楼煤 2003—2021 年固定资产情况见表 9-3-2。

表 9-3-2 陈四楼煤 2003—2021 年固定资产情况表 单位:万元

时间	固定资产原值	固定资产累计折旧	固定资产净值
2003 年	6 884.16	1 804.84	5 079.32
2004 年	78 450.61	7 630.03	70 820.58
2005 年	84 869.58	10 992.84	73 876.74
2006 年	87 549.78	14 512.55	73 037.23
2007 年	90 398.52	21 813.01	68 585.51
2008 年	90 827.74	26 239.05	64 588.69
2009 年	104 264.24	31 053.84	73 210.40
2010 年	107 173.01	36 156.28	71 016.74
2011 年	115 560.06	42 678.96	72 881.10
2012 年	119424.73	47 365.10	72 059.63
2013 年	125 254.59	53 560.79	71 693.80
2014 年	125 801.74	58 304.29	67 497.46
2015 年	127 455.39	61 854.65	65 600.74
2016 年	131 343.19	67 309.26	64 033.93
2017 年	135680.09	71 187.41	64 492.69
2018 年	169 814.62	91 238.07	78 576.55
2019 年	181 336.97	97 909.21	83 427.76
2020 年	205 230.59	104 561.87	100 668.72
2021 年	219 055.61	111 604.12	107 451.48

第三节　资金管理

永夏矿区成立初期，资金来源主要是国家的拨款、国家开发银行贷款等。永夏矿区基本建设时期的资金，由永夏矿区管委会统一管理，根据年度基本建设计划，由矿区财务处向国家申请的贷款和财政拨款，分配给筹建单位作为基建投资资金来源，筹建单位的借款的本息，从随后的折旧、盈利中逐步偿还。矿区财务处要重点加强筹资管理，保证整个矿区基建投资计划的完成。

1990 年，按照永夏矿区建设管理委员会制订的内部稽核制度，财务科配备内部稽核员负责内部稽核工作，资金方面主要负责财务计划的收支和执行情况，审核货币资金的收付是否合法合规，审查各专项基金的提取和使用，做到按规定比率提取，专款专用，先提后用，量入为出。

1990 年，永夏矿区管委会出台《专用基金管理暂行办法》，永夏矿区建设单位的专项基金各类主要包括更新改造基金、大修基金、企业基金、职工福利基金。建立健全专用基金管理责任制，实行统一计划、分级归口管理。

1995 年，根据业务需要，永夏矿区管委会财务处下设内部银行，具体负责企业内部资金管理工作。主要职能为：根据企业内部各单位资金情况，对资金短缺企业办理内部贷款；负责企业内部各开户单位的财务往来结算及代理各开户单位与企业外单位的财务往来结算；管理各开户单位的存贷款，按时计算存贷款利息；根据企业不同时期的现金流情况，对整个企业资金实施预算管理；监控企业内部各单位资金使用情况，对各单位进出资金的合法性、合理性和有效性进行审核，确保资金安全；分析整个企业资金运动情况和各成员单位资金收、支、结余情况，为整个企业财务管理决策提供依据。内部银行成立后，下属单位需必须在内部银行开立账户，纳入内部银行管理。企业内部单位收入支出实行收支两条线管理，子公司的收入账户只能用于本单位收取的各种款项，并于每周五下午把该账户余额转入本单位在内部银行的收入账户，不得坐支；子公司的支出账户的资金只能来源于本公司在内部银行的支出账户，用于对外付款。

1997 年，内部银行更名为内部结算中心，管理职能不变。

1998 年，为加快永煤集团多经企业发展步伐，提高企业经济效益，进一步规范项目开发及资金管理，公司规范了多种经营开发资金的来源和管理，多种经营发展资金共 5 个来源，即：多经企业每年上缴给公司的资产占用费的定量返还；公司内部贷款；商业银行贷款；国家三产贴息贷款；企业自筹资金。各单位新上多经项目总投资额在 10 万元以下利用自筹资金举办的，可以不申报，由主办单位自主确定。总投资额在 10 万元以上，不论利用何种投资渠道，均需按规定程序审批。除利用自筹资金以外的其他所有资金渠道的新上项目，一律纳入永煤集团的建设计划。多种经营建设计划由主办单位提出申请计划，永煤集团汇总平衡后，每半年下达一次。

2001 年，永煤集团确立企业管理以财务管理为中心，财务管理以资金管理为中心的原则，对资金管理实行“收支分流，切块负责、统一管理、有偿使用”。资金支出预算管理方面，根据经营管理权限,各业务部门按照业务对口管理范围,分别管理相应业务资金支出预算,资金支出预算总额,由公司统一决定;内部各单位在内部结算中心的存、贷款,实行计息政策。同时取消内部非货币结算方式,原以内部往来方式划转各单位的流动资金,逐步进行对账清理,将余额结转内部银行。实行"谁销售、谁负责收款"的原则,及时清理应收款项,防止坏账和资金流失。

2003 年 8 月,河南龙宇能源股份有限公司成立。龙宇能源承担了陈四楼煤矿资金结算中心的功能,对外筹资及资金收付均由龙宇能源执行。融资、投资及担保权由永煤公司统一管理。

2009 年 7 月,河南永煤控股集团财务有限公司正式成立并运行。2010 年,河南煤业化工集团通过注资将河南永煤控股集团财务有限公司纳入集团公司管理,同时名称变更为河南煤业化工集团财务有限公司。龙宇能源正式纳入财务公司资金管理平台管理。

2020 年 10 月,河南能源将资金管理权限下放至永煤公司。

第四节　生产成本费用核算

一、成本费用核算

陈四楼煤矿产品成本核算采用品种法进行归集,产成品采用实际成本法进行核算,发出按加权平均法计算。产品成本核算主要围绕原煤生产成本和洗煤生产成本核算。

原煤生产成本:主要核算材料、职工薪酬、电力、折旧费、安全生产费用、维简费、资源成本、修理费、地面塌陷赔偿费等成本支出。

洗煤生产成本:主要核算入洗原料煤(内部矿厂之间的入洗原料煤成本采用内部结算价格)、洗煤加工费(包含洗选煤加工过程中发生的材料、职工薪酬、电力、折旧费、修理费等支出)。

期间费用:计入产品完全成本的期间费用包括管理费用、财务费用及销售费用。

1998 年,陈四楼煤矿正式投入生产运营,煤炭产品成本核算包括材料(此时原材料按照计划成本核算,期末通过材料成本差异调整为实际成本)、职工薪酬、电力、折旧费、井巷维简费(此时矿井建筑物折旧按原煤产量 2.5 元/吨的标准计提)、修理费等。

1999 年,煤炭生产开始核算地面塌陷赔偿费,计提标准根据当地政府要求及地面塌陷情况每年不等。

2002 年,将井巷维简费划分为井巷折旧费和维简费分别核算,其中维简费计提按原煤产量 6 元/吨的标准计提,井巷折旧费按原煤产量 2.5 元/吨的标准计提。

2004 年 5 月,煤炭生产开始核算安全生产费用,陈四楼煤矿按原煤产量 15 元/吨的标准计提。

2005 年 1 月 1 日起,陈四楼煤矿按照永煤集团要求执行企业会计制度,增加了其他应收款、预付款、存货、固定资产、在建工程、无形资产、长期股权投资等科目的减值准备核算。

2007 年 1 月 1 日起,中国企业会计准则体系正式实施。经省国资委批准,陈四楼煤矿按照永煤集团要求自2008年1月1日起全面执行《企业会计准则》，成本按照新会计准则核算，进一步明确了8项资产减值准备，并取消预提费用，同时统一设置会计科目，统一会计核算内容，统一会计报表格式，以提供完整、真实的财务会计报表资料。

2007年，根据安永审计报告相关内容将矿井建筑物折旧方法由原煤2.5元/吨调整为按工作量法计提。

2009年3月，按照《矿山地质环境保护规定》(国土资源部第44号令)文件要求，陈四楼煤矿按照永煤公司要求开始缴纳矿山环境恢复治理保证金，按原煤产量5元/吨的标准计提缴纳，后续新建矿井自投产之日起开始缴纳。

2011年7月，为调控重要商品市场价格，促进经济平稳发展，河南省政府印发《河南省价格调节基金征收使用管理办法》，分煤种按吨煤标准征收(各省市标准不一，其中河南省按原煤20元/吨计提)，陈四楼煤矿按照永煤集团要求，按文件要求计提价格调节基金，计入当期损益。

2012年7月起，河南省停止征收价格调节基金。2011—2012年间，陈四楼煤矿共计提缴纳价格调节基金3 092万元。

2013年9月，将原材料核算模式调整为按实际成本法核算。

2016年，受国内外市场需求下降、国际大宗商品价格下跌和外部煤炭冲击等因素影响，河南省煤炭行业特别是省骨干煤炭企业生产经营困难、效益大幅下滑。根据《河南省人民政府关于促进煤炭行业解困的意见》(豫政〔2016〕10号)文件精神，陈四楼煤矿按照永煤集团要求于2016年1月起，暂缓提取和缴存煤炭企业矿山地质环境恢复治理保证金。

2016年1月起，陈四楼煤矿煤炭安全生产费用计提标准调整为按原煤产量50元/吨的标准计提。

2017年1月起，陈四楼煤矿煤炭安全生产费用计提标准调整为按原煤产量70元/吨的标准计提。

2017年11月，按照《财政部国土部环境保护部关于取消矿山地质环境治理恢复保证金建立矿山地质环境治理恢复基金的指导意见》及2017年12月《河南省财政厅河南省国土资源厅河南省环境保护厅关于取消矿山地质环境治理恢复保证金建立矿山地质环境治理恢复基金的通知》，河南龙宇能源股份有限公司财务部于2018年6月将剩余保证金全部转化为基金管理。

二、成本费用管理

永煤集团成本管理依托内部市场化、全面预算管理、成本对标管理等手段，加强对各级单位指标考核，考核指标主要涉及原煤单位制造成本、商品煤单位完全成本、非生产性支出及4项费用等。

内部市场化即在实行内部承包的基础上，将工作量(产量、进度、推进度以及其他工作量)、成本、费用、盈亏、质量、安全等责任围绕定额标准，向下分解直至班组或个人，在广大职工的头脑中树立市场意识和效益观念，使单纯的“生产者”迅速转化为“生产经营者”，明确各级成本管理责任，借以控制成本费用，提高经济效益的一种经营管理模式。

1998 年,学习邯郸钢铁成本管控经验,推行目标成本管理,落实成本管理责任,由集团向各基层单位下达成本控制目标,每月考核。基层单位根据自身实际,将考核目标细分到区队车间和班组,形成内部市场化的雏形,实行成本否决机制,强化各级单位成本管控责任。

2000 年,制订经营承包计划和奖罚办法,实行经营承包责任制,把各项承包指标细分到单位、区队、车间和班组,形成"市场重担众人挑,人人肩上有指标"的责任体系。另外材料采购模式由零星分散采购转变为集中统一采购,节约了材料采购成本。

2001 年,印发《永城煤电(集团)公司推行内部市场化管理工作指导意见》,永煤集团正式全面推行内部市场化管理。

2009 年 3 月,为优化内部市场化管理方案,永煤集团制定印发《永煤集团推进内部市场化管理实施方案》,进一步细化、完善内部市场化管理机制。

2009 年 5 月,集团公司制定印发《关于加强成本管理工作的规定》,进一步明确了成本管控体制,落实成本管控责任,永煤集团遵照执行。

2012 年 7 月,集团公司制定《非生产性支出管理办法》,要求各单位对与企业生产成本不直接相关的支出加强管控,永煤集团遵照执行。

2015 年 8 月,永煤集团制定印发《"增质提效、减亏增盈"考核办法》,减亏增盈目标实行公司领导包保责任制,制定切实可行的减亏增效措施,以内部市场化建设为主线,压缩非生产性支出,进一步降低成本。

2018 年 6 月,河南能源印发《关于做好成本对标管理工作的通知》(豫能办〔2018〕338 号)文件,将陈四楼煤矿纳入煤炭板块对标体系,对标指标包括原煤吨煤生产成本、吨煤材料费、吨煤人工费、吨煤电费、吨煤修理费、洗煤加工费。

2019 年 4 月,为进一步深入开展企业内部挖潜、开源节流工作,牢固树立"过紧日子"思想,严格控制非生产性支出,永煤集团根据实际情况,制定印发《关于加强 2019 年度非生产性支出管理的通知》,坚持勤俭节约、预算控制、归口管理和科学匹配的原则,制定明确的考核目标,要求各单位加强定额管理和流程管理,切实降低非生产性支出。

第五节　税费管理

1985—1993 年,处于永夏矿区管委会时期,煤矿、铁路运输处、热电厂、供应处、销售处等多处项目处在基建状态没有进行生产。在此期间缴纳的税费主要为耕地占用税和固定资产投资方向调节税,其间累计缴纳税费 1 147.20 万元。

1993 年,国务院制定印发《中华人民共和国企业所得税暂行条例》,规定纳税人每一纳税年度的收入总额减去准予扣除项目后的余额为应纳税所得额,企业所得税税率为 33%,纳税人的职工工会经费、职工福利费、职工教育经费,分别按照计税工资总额的 2%、14%、2.5%计算扣除等扣除标准。同年,中国共产党第十四届中央委员会第三次全体会议确定以比较规范的增值税为主体,消费税、营业税并行。永煤集团缴纳的税费主要涉及增值税、城建税、教育费附加、耕地占用税等,累计缴纳税费 706 万元。

1994 年，根据国家相关规定，增值税征收范围由部分工业行业扩大到工业、商业和进口环节产品，以及加工、修理修配劳务，实行凭增值税专用发票抵扣制度。营业税执行《中华人民共和国营业税暂行条例》。同年，根据财政部、国家税务总局关于调整金属矿、非金属矿采选产品增值税税率的通知，煤炭增值税税率由 17%调整为 13%。此时，陈四楼煤矿井处于基建时间，辅助单位热电厂开始运营生产，涉及的税费主要是增值税、城建税、教育费附加、耕地占用税等。

1997—2006 年，永城本部煤炭、化工及辅业等板块相继投产，同时外部重组成立永贵能源、洛阳永龙电力、洛阳 LYC 等一大批全资、控股子公司，永煤集团进入快速扩张发展阶段。涉及的税费范围进一步扩大，主要涉及增值税、企业所得税、营业税、资源税等。缴纳的税金快速增长，累计缴纳税费 374 057.85 万元。

2008 年 1 月 1 日，国家实行《中华人民共和国企业所得税法》，陈四楼煤矿企业所得税税率由 33%调整为 25%。

2009 年，根据国家相关规定，增值税转型改革，固定资产（不含小汽车）进项税额可全额抵扣。同年，根据《财政部、国家税务总局关于金属矿、非金属矿采选产品增值税税率的通知》，煤炭增值税税率由 13%恢复至 17%。受此政策影响，陈四楼煤矿 2009 年可抵扣进项税额同比大幅提高。

2012 年，营改增开始在部分地区、部分行业试行，由于河南省未在试点范围内，陈四楼煤矿暂未涉及营改增部分。

2014 年 7 月 1 日起，增值税将 6%、4%和 3%的征收率统一调整为 3%。由于龙宇能源是一般纳税人，且涉及简易计征的销售额比重极低，统一调整为 3%后，陈四楼煤矿基本不受影响。

2016 年 5 月 1 日，营改增全面试点，试点范围扩大到建筑业、房地产业、金融业、生活服务业，全部企业新增不动产也纳入增值税抵扣范围。陈四楼煤矿主营业务为煤炭，取得进项涉及生活服务业及不动产的占比较低，整体税负略有下降。

2017 年 7 月 1 日，增值税简并增值税税率结构，取消 13%的增值税税率。增值税率从 4 档变为 3 档，将农产品、天然气等增值税税率从 13%下调至 11%。陈四楼煤矿仅限于购买的原木等农产品处于调整范围，由于试点期间，纳税人购进用于生产销售或委托受托加工 17%税率货物的农产品维持原扣除力度不变。因此，陈四楼煤矿基本不受影响。

2018 年 5 月 1 日，增值税税率下调 1 个百分点，分别为 16%、10%和 6%。受此影响，陈四楼煤矿整体增值税税负有小幅下降。

2019 年 4 月 1 日起，制造业等行业 16%税率降至 13%，交通运输业、建筑业等行业 10%税率降至 9%，其他 6%税率保持不变。受此影响，陈四楼煤矿整体增值税税负进一步下降。

第六节　预决算管理

1997 年，陈四楼煤矿作为永煤集团第一对矿井投入生产，按照河南省煤炭工业局《关于加强省属煤炭企事业单位财务管理与监督的实施意见》要求，将基建项目与生产单位一并纳入年度决算管理，当年的决算报告经中介机构审计后，报送至河南省煤炭工业局。

2004年，根据河南省国资委《河南省省属企业财务决算报告管理办法》《河南省省属企业财务预算管理暂行办法》及永煤公司相关规定，陈四楼煤矿开始正式实行年度财务预决算管理制度，除编制当年财务决算报告外，还编报下年度财务预算报告。财务决算报告由河南省国资委指派中介机构进行审计，并由龙宇能源报送永煤公司备案，财务预算报告报送龙宇能源备案，并由龙宇能源履行董事会审议程序和上报备案工作。

2007年，根据河南省国资委《关于做好省属企业财务决算工作的通知》及永煤公司相关要求，陈四楼煤矿开始实行年度财务决算备案管理制度，将财务决算合并范围、会计政策和会计估计变更情况、利润分配与弥补亏损预算、重大财务事项和以前年度问题整改情况报送龙宇能源备案，并由龙宇能源统一向上级公司报送备案。

2019年，根据集团公司统一安排，对年终决算报表格式进行了部分调整，其中：资产负债表新增了“交易性金融资产”“衍生金融资产”“应收款项融资”“合同资产”“债权投资”“其他债权投资”“其他权益工具投资”“其他非流动金融资产”“使用权资产”“交易性金融负债”“衍生金融负债”“合同负债”“租赁负债”和“长期应付职工薪酬”项目，将“以公允价值计量且其变动计入损益的金融资产”修改为“以公允价值计量且其变动计入当期损益的金融资产”，将“划分为持有待售的资产”修改为“持有待售资产”，将“以公允价值计量且其变动计入损益的金融负债”修改为“以公允价值计量且其变动计入当期损益的金融负债”，将“划分为持有待售的负债”修改为“持有待售负债”；利润表新增“净敞口套期收益”和“信用减值损失”项目。

2003—2021年陈四楼煤矿收入、利润完成情况见表9-3-3。

表9-3-3　2003—2021年陈四楼煤矿收入、利润完成情况表

时间	商品煤产量/万吨	收入/万元	利润/万元
2003年	331.88	54 619.00	23 694.54
2004年	369.91	73 742.70	21 534.67
2005年	371.69	98 013.92	28 353.46
2006年	384.27	106 483.11	32 374.61
2007年	378.43	102 596.08	34 269.60
2008年	387.87	145 782.57	51 077.25
2009年	445.18	162 271.92	77 944.96
2010年	502.25	216 078.57	118 124.04
2011年	511.73	255 291.70	128 964.31
2012年	508.19	250 623.93	136 838.28
2013年	470.51	235 369.03	139 545.16
2014年	441.40	222 975.08	134 025.90
2015年	240.95	93 489.41	11 006.52

表 9-3-3(续)

时间	商品煤产量/万吨	收入/万元	利润/万元
2016 年	337.73	98 944.96	8 685.16
2017 年	342.57	147 979.82	33 035.40
2018 年	225.40	177 293.53	39 890.47
2019 年	220.67	158 371.55	67 432.79
2020 年	193.67	123 252.51	17 175.11
2021 年	185.67	173 817.03	38 624.60

第四章　物资管理

第一节　机构与职能

一、机构

1989年11月,成立供应小组,库房设置在矿区西南角处。1993年2月,成立供应站,撤销供应小组,库房设置在矿主井北侧。属于矿建三公司管理。1995年3月,供应站归陈四楼煤矿筹备处管理,负责矿井筹建物资供应工作。

1996年8月13日,《关于设立人劳科、供销科及洪桂彩等四同志任职的通知》(陈矿筹字〔1996〕第035号),根据矿井建设发展的需要,更好地方便工作,加快投产步伐,筹备处领导班子研究并报矿区管委会同意,筹备处设置供销科。

1997年7月,撤销供销科,成立供应科,归陈四楼煤矿企管科管理。1998年9月,陈四楼煤矿物资统管,负责矿井自购物资采购供应。

2000年1月,撤销供应科,成立陈四楼煤矿供应站,归永煤公司物资供应处统一管理。

2002年6月,撤销陈四楼煤矿供应站,成立陈四楼煤矿供应科,归陈四楼煤矿管理,负责井上、下各种自购物资的采购。

二、职责

供应科是为各单位提供矿井生产物资并保质保量供给的服务部门,贯彻执行国家安全生产方针、政策、指示、规定,遵守公司、矿井各项安全生产管理制度。在具体工作中,每月按各单位的上报的"月度物资采购计划",执行采购任务;同时,对由物资管理部下达的临时加急采购计划也一并执行。做好危险物品的储存、运输及应急救援单位需配备的应急救援器材、设备、职业病危害个体防护用品和物资的采购、验收、保管、发放、销毁等工作,并做好维护保养所需配件的配备工作,保证矿井所需物资的安全供应。

三、制度建设

自1998年9月,陈四楼煤矿物资统管后,建立《关于陈四楼煤矿物资统管后有关规定的通知》,负责矿井自购物资采购供应。截至2021年11月,每年修改完善了《陈四楼煤矿物资采购计划管理办法》《陈四楼煤矿物资采购管理办法》《陈四楼煤矿物资到货验收管理办法》《陈四楼煤矿仓储管理办法》《陈四楼煤矿物资采购合同管理办法》等管理制度的相关内容,提升陈四楼煤矿物资供应管理工作的规范性、科学性和专业化管理水平,规避经营风险,推动阳光采购,降低采购成本,强化系统业务管控,持续提升物资供应运行质量,提高服务水平，更好地服务于安全生产，切实维护矿井利益。

四、历任科长任职情况(表 9-4-1)

表 9-4-1　历任科长任职情况一览表

序号	姓名	职务	任职时间
1	宋志武	物资供应负责人	筹建至 2004.02
2	张兴隆	科长	2004.03—2007.01
3	王玉宽	科长	2007.01—2008.12
4	符如康	科长	2008.12—2009.10
5	安忠林	科长	2009.10—2011.01
6	王小刚	科长	2011.01—2016.08
7	张立军	主持供应科全面工作	2016.09—2020.07
8	张长友	科长	2020.07—2021.12

第二节　物资供应

一、基本情况

1989 年 11 月—1997 年 6 月，陈四楼煤矿在筹建、井筒安装投产期间，使用的钢材、木材、水泥、大型材料等由永夏矿区管委会供应，其余由矿建三公司供应。土建工程建筑材料由地面施工单位自己负责购买。炸药、雷管由矿建三公司到永城市公安局办理运输手续，安徽雷鸣科化股份有限公司负责运输。

1997 年 7 月—1999 年 12 月，矿所需物资统一上报陈四楼煤矿供应站，由公司供应处统一调配。炸药、雷管由供应站协助矿通风队到永城市公安局办理运输手续，安徽雷鸣科化股份有限公司负责运输。

截至 2021 年年底，集团公司统一上线使用中原云商电子招投标平台(https://bid.zyepp.com/ptsc/005001/list.html)。陈四楼煤矿根据月度物资需求计划批复，编制物资需求采购申请表，经分管经营矿领导审核、矿长审批后编制相关采购文件，然后在中原云商电子商务平台发布标段，使采购过程更加规范、透明。

二、物资采购计划

(一) 物资采购计划编制

2002 年 6 月，供应科划归陈四楼煤矿后，由各生产区队编制月度、季度设备、材料需求计划。物资采购计划按照统购材料(附统购物资目录，见表 9-4-2)采购计划、自购材料采购计划、内供产品(含设备)采购计划三类编制上报，做到先离库调剂、后申请采购，自下而上、上下结合的方式。设备采购计划按照永煤公司年度专项资金计划所列设备明细执行。因特殊原因，设备采购计划需增补或变更的，按专项计划报规划发展部审核后，按规定报批。

表 9-4-2　陈四楼煤矿统购物资目录表

分类	名称	备注
设备	采煤机，掘进机，液压支架，刮板机（槽宽 800 mm 及以上），转载机，破碎机，主扇风机，瓦斯发电机组，主副井提升机，防爆绞车（主滚筒直径 2 m 及以上）及电控、乳化液泵站，液压钻车，液压深孔钻车，液压钻机，千米定向钻机，矿用钻孔造穴一体化成套装备，钻装锚机组，柴油机（蓄电池）单轨吊，蓄电池电机车，空气压缩机（40 m^3 以上），水泵（功率大于 100 kW、单项合同估算金额 50 万元以上），动力中心，高压组合变频器，变频调速一体机，移动变电站，架空乘人装置，无极绳绞车，洗选设备（单项合同估算金额 50 万元以上），信息化及监控系统	
材料类	刮板机（含三机）配件、气动锚杆钻机、矿灯、便携式自救器、截齿、截齿座、钻杆、钻头、原木（4 m）、轴承、标准紧固件、成品油（油脂）、乳化油、电缆（单项合同估算金额 200 万元及以上）、高强度圆环连、瓦斯抽放管（PE、PVC）、聚乙烯涂层复合管、钢丝绳、钢材、普通材质阀门、高压胶管及总成、单体支柱、U 形棚及卡缆、矿工钢棚、钢带、支护用网类、锚索及锁具、锚杆及托盘、锚固剂、缓冲滑槽、蓄电池、风筒、磁选矿粉、浮选药剂、防爆 LED 灯、阻燃输送带（橡胶整芯、钢丝绳芯）	
上述范围以外，单台套 50 万元以上设备或单项合同估算金额 200 万元及以上具有集中采购优势的物资		

（二）物资采购计划申报审批

物资采购计划实行专业科室分工制，由各专业科室严格按分工明细汇总申报物资采购计划：① 月度物资采购计划，由使用单位、分管业务科室编制，每月 10 日前材料月度计划报供应科；配件计划机电科汇总后领导签字审核后报供应科，供应科汇总后上报至永煤公司物资与贸易管理部。② 急需或临时性采购计划，由使用单位、分管业务科室编制，在需求产生后 1 日内完成上报。③ 分管业务科室编制的物资采购计划，须由编制人、该科室负责人签字并加盖科室公章，并经分管业务矿领导审核签字后，报供应科。④ 供应科负责对各单位编报的物资采购计划进行审核、利库，按照设备、统购材料、自购材料、内部产品进行分类汇总，编制全矿物资采购计划，经供应科负责人、经营矿长、矿长审核签字并加盖矿公章后备案。物资采购计划申报审批流程见图 9-4-1。

三、物资采购

物资采购适用于河南能源、永煤公司统管范围之外或由永煤公司授权陈四楼煤矿进行自购的设备、配件、材料等物资采购。具体遵照两级公司及矿相关管理制度执行。(1) 采购方式根据不同情况可采用公开招标、邀请招标、公开询比价、定向询比价、竞争性谈判、单一来源等采购方式进行。(2) 采购程序，材料、配件的采购计划，由各单位上报供应科，经其汇总、审核后上报永煤公司；设备采购依据年度专项计划及项目建设计划执行。(3) 采购结果审批，物资采购评议标结束后，物资采购部门将评议标结果汇总，报采购领导小组进行审批。(4) 合同签订，根据审批后的采购结果，由采购部门和相关科室在 30 天内分别签订商务合同与技术协议。

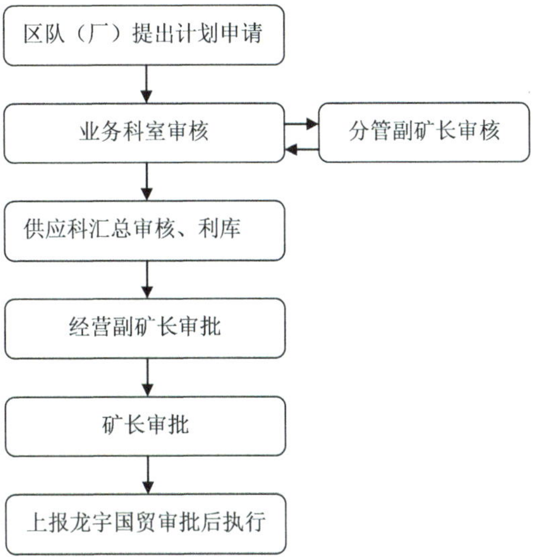

图 9-4-1 物资采购计划申报审批流程

四、物资验收

（一）常规物资验收

由供应科质检员、计划员、保管员、共同验收，科领导抽查。参与验收人员应具备的资格，原则上，业务分管科室至少是分管副科长，其余科室应为专业技术人员或专门负责此项工作的人员，业务分管科室参与验收的人员为本验收组副组长。参与验收的人员要认真负责，相互配合，严格按照标准进行验收、抽查。供应科要认真组织、协调，业务分管科室负责对材料按相关要求进行化验、试验，存在疑问时，由供应科委托相关权威机构进行化验、试验，确保材料材质与性能的可靠性。

（二）特殊产品验收

2008 年 12 月，针对到矿物资要求批量产品、特殊产品、专业技术性较强的产品由供应科组织，职能科室参加，经管科及使用单位参与验收。技术性验收单一式三份，一份业务分管科室留存，一份交供应科，一份由使用单位持有。产品随到随验收，未经验收物资供应科不得办理入库手续。

（三）土产现场验收

2015 年 3 月，完善了土产现场验收凭证，该验收凭证并在永煤集团推广应用。规范黄沙、米石、木材、速凝剂、水泥等土产建工材料验收管理工作，有效防范经营风险，最大限度维护好企业利益。监察科负责对土建材料到货验收进行随机抽查，加强对验收工作的监督管理。

五、结算

供应科根据合同约定和物资到货情况，及时向供应商催要发票，并对供应商送交的票证、单据进行初审，初审时应注意：票据的种类、税率是否与购销合同约定一致。无特殊约定的，不得接收增值税专用发票外的其他发票。发票开具的商品名称、规格型号、数量、金额等要素与合同、验收入库单是否三者一致。对初审不合格的发票，要立即退返供应商；对于初审合格的发票，应及时按矿相关内控制度办理入账手续，不积压票据、延迟入账。财务科在接收到相关入账单据后，要审核其合规性、合法性，按财务制度规定时间节点入账，并定期向供应科提供往来账款余额表，作为采购资金预算申报的参考依据。

第三节 仓储管理

一、基本情况

1997 年 7 月，供应科新建库房 4 号库、5 号库、6 号库投入使用。2004 年 4 月第二批建成 1 号库、2 号库、3 号库、综合库房及供应科南侧办公楼投入使用。供应科库区总占地面积 6 627.5 平方米。其中库房 7 间，宽 15 米，高 4 米，总面积 1 282.5 平方米。依次存放 1 号库电器配件 180 平方米，2 号库轴承标准件 127.5 平方米，3 号库工具、道附件 127.5 平方米，4 号库办公劳保用品 127.5 平方米，5 号库电机车、钻机配件 322.5 平方米，6 号库采掘配件 270 平方米，7 号库支护材料油脂类 127.5 平方米。综合库房面积 420 平方米，建设钢丝绳大棚一处，面积 432 平方米。油脂库 160.6 平方米归 7 号库保管员管理，杂品库、油漆库、氧气库、乙炔库归 3 号库保管员管理，共计 104 平方米，供应科办公楼 510 平方米，其他为综合管理区。仓库内有严格的防火措施，并具有明显的防火标志，每个库房均配置消防锹 2 把、消防桶 2 只、消防沙箱 1 个、消防水带 100 米、灭火器 2 台。设置单体库房并配有保管员 1 名，按仓库标准进行管理。所有物资进入库房按要求摆放管理，配备了 7 名仓库保管员，经过培训合格使其具有高度的责任心，精通物资的验收、入库、保管、保养、发放、盘点、回收等一系列管理业务知识。仓库保管员及时向供应科反映物资积压和物资紧缺情况，力争做到采供平衡。

2016 年 10 月，供应科完善廉政制度，实行了“三保”“三律”廉洁风险管控措施。通过员工自保、同事互保、领导包保的“三保”方式，达到自律、他律、纪律的“三律”廉洁风险管控目的，形成了物供系统廉洁风险防控管理体系(见图 9-4-2)，并应用到物资供应安全管理，进一步提升物资供应管理。

二、物资入库储存

按公司下达年度储备资金定额考核指标，制定矿井储备资金定额考核指标，分解到库，责任到人。2005 年 6 月，陈四楼煤矿引进焦作矿院信息管理系统投入运行，标志着陈四楼煤矿物资供应实现了信息化管理。从此物资管理台账信息由手工到信息化的转变，提高了

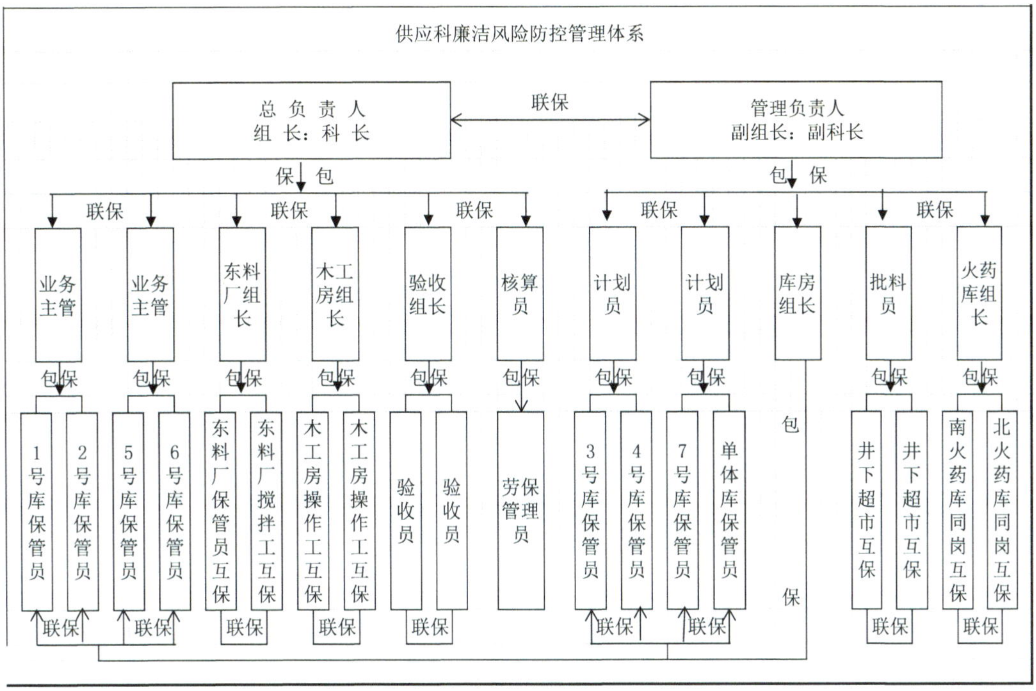

图 9-4-2　物供系统廉洁风险防控管理体系

物资供应管理效率。物资验收入库时，保管员要凭采购计划、送货清单、检验合格，查点物资的数量、规格型号后方可在系统内办理入库手续，拒绝不合格或手续不全的物资入库。陈四楼煤矿物资验收入库单见图 9-4-3。

陈四楼煤矿物资验收入库单

一联：　质检员留存

二联：　红联矿结算

供货单位：

采购类型：

存货编码	存货名称	规格型号	单位	实收数量	验收结论
……	……	……	……	……	……
合计					

收货单位（盖章）　　供应负责人　　保管员　　质检员

图 9-4-3　陈四楼煤矿物资验收入库单

2012 年 4 月，根据物资的属性、特点和用途规划设置仓库，凡吞吐量大的落地堆放，周转量小的货架存放，落地堆放以分类和规格的次序排列编号。库房推行四号定位管理模式，符合龙宇国贸物资供应部对仓储管理的要求，对所有管理物资进行五五摆放、四号定位，便于仓储管理，达到物资发放快捷方便。

2014 年 2 月，库房实行了物资定置管理，每个库房均有醒目的定置管理分布图(见图 9-4-4、图 9-4-5)，提高了作业效率，使所保管物资清晰明了，便于掌握库房物资储备情况，再次提升了物资管理水平。

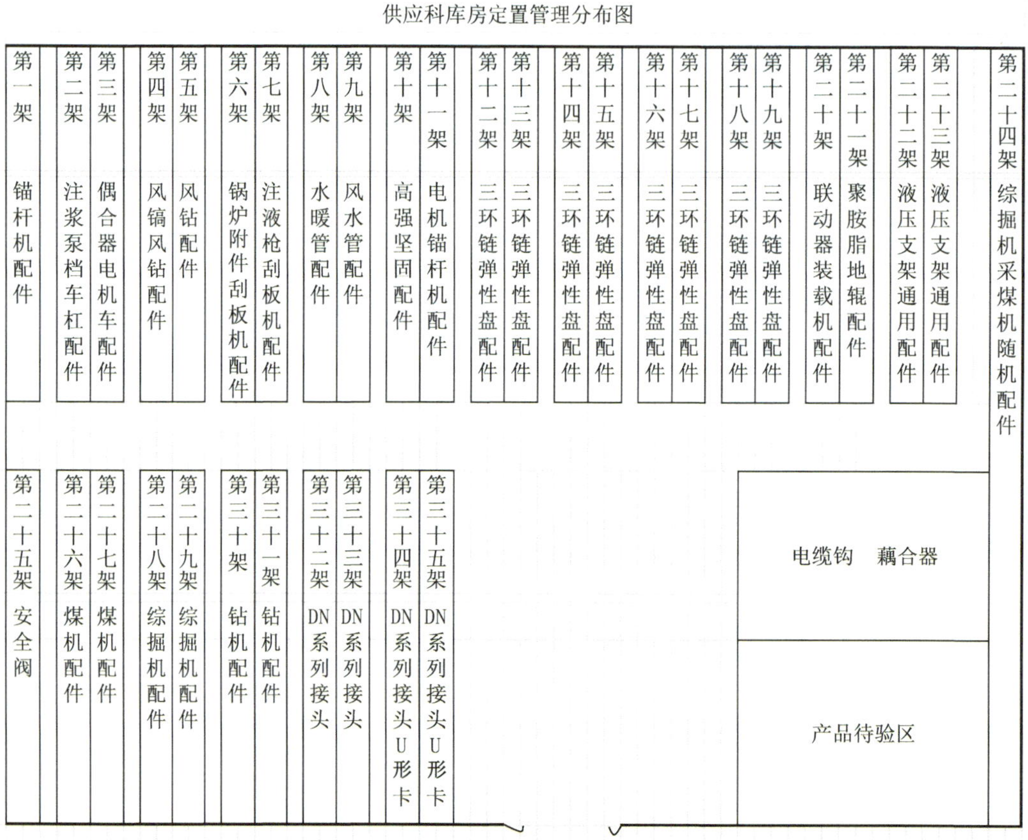

图 9-4-4　陈四楼煤矿供应科库房定置管理分布图

2019 年 6 月，针对油脂库防渗密闭进行了改造，新油脂和废旧油脂采用专用库房合理地存放，形成了危险废物规范化管理，减少矿区污染，优化矿区环境，给员工营造一个良好的工作环境，避免因油气污染导致职业病的发生。

2021 年 6 月，搭建了物资设备防雨棚 260 平方米并投入使用。供应科院内有效存储场地较原貌增加了 50%，综合利用率得到了有力提升。

三、发放

发放时严格执行“推陈储新，先进先出，按规定供应，节约用料”的原则发材料。2017 年 5 月，计量单位换算手册在物资供应系统中研究与应用。单位换算手册将系统内计量计划

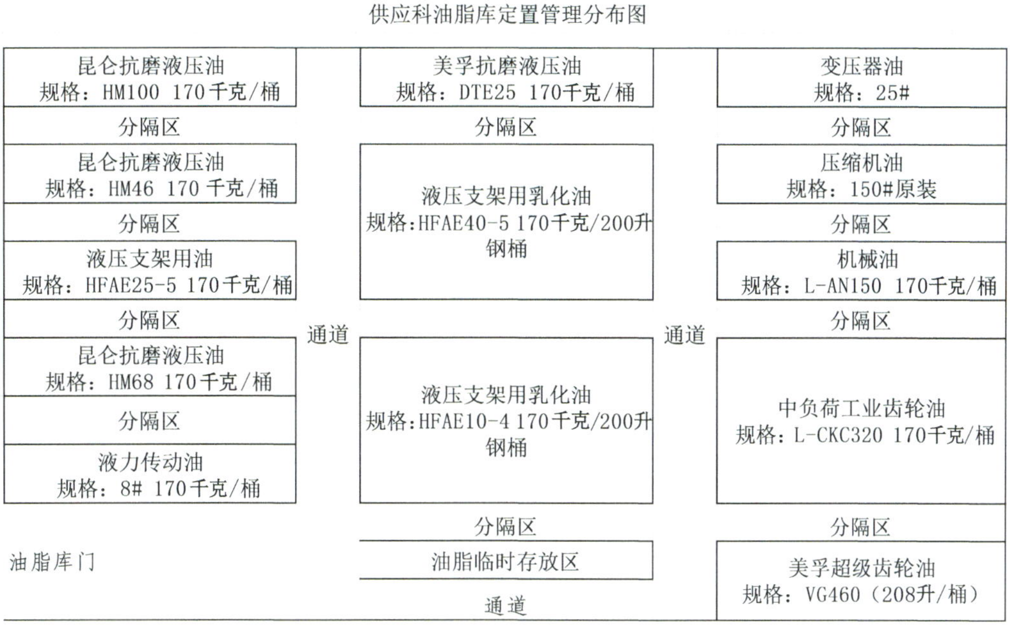

图 9-4-5　陈四楼煤矿供应科油脂库定置管理分布图

价转换为日常生产使用计量单价，供矿井内物资供应管理人员使用，作为生产实际进行材料计划、出入库管理的参考工具。提高了作业效率，盘点物资清晰明了，节省了验收、发放物品的时间(陈四楼煤矿领料审批流程见图 9-4-6)。

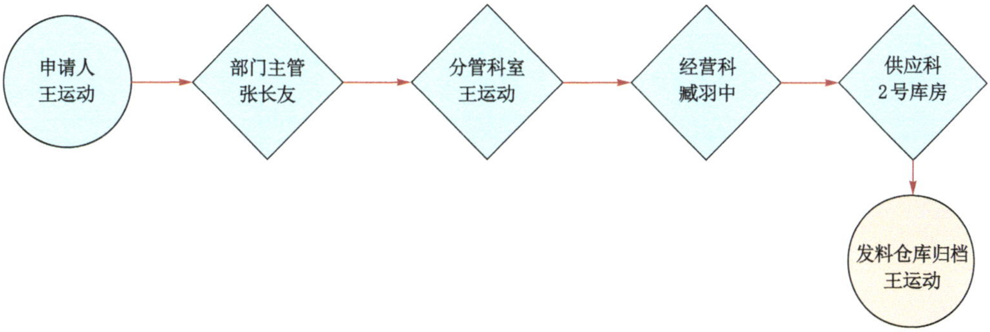

图 9-4-6　陈四楼煤矿领料审批流程

2021 年 3 月，陈四楼煤矿区队领料单网络审批，实现材料审批电子化和标准化，手机 App 审批和电脑端审批流程，取消各类纸质版的审批单，降低内部管理费用，推动了企业降本增效工作的开展。

四、出库

2013 年 8 月，最大限度发挥集团公司规模采购优势，投入独立的运行 NC 物资供应系统。供应科建立系统对接平台，由材料审批人员专职负责维护管理。ERP 系统于 2020 年

11 月升级为精益系统并投入使用,物资出入库通过数据编码(部分附图)做好对接管理,所有出库物资转入到精益系统,由经管科对区队进行考核落实,标志着矿井物资供应管理水平和内部市场化建设得到了全面提升。

五、定额制定

截至 2021 年,区队指标分解依据陈四楼煤矿对各单位分解的经济指标、年度生产接续计划、上年度实际消耗指标,每年进行更新。制定方法:将上年度区队计划指标与实际消耗指标进行比较,如实际指标高于计划指标或低于计划指标都要分析原因,主要考虑全年生产过程中有无年初分配指标时未考虑到的一些异常情况,且这些异常情况在本年度是否会再次出现。区队上年度实际指标高于计划指标,说明年初计划指标偏低,本年度给该单位定计划指标时与上年度实际指标持平或略低,给予其挖掘潜力节约材料压力;区队上年度实际消耗指标低于计划指标,说明年初给其所定的计划指标偏高,本年度定计划指标与上年度实际指标持平或略高,肯定其上年度降本增效成绩。

区队消耗其他材料中,新安装轨道、管路及配套附件,电缆钩等复用材料,矿上安排的单项工程所使用材料,探防水及瓦斯抽放类钻具,专用工具、器量器具,各种化验药品,矿月度精品工程项目所投入的刷漆消耗材料,按照单项考核;各类牌板均按照定额结算(如陈四楼煤矿区队其他材料定额分配表,见表 9-4-3)。

表 9-4-3　陈四楼煤矿区队其他材料定额分配表

类别			断面/平方米						
			16—15	15—14	14—13	13—12	12—11	11—10	10—8
掘进区队	线材/(元/米)		96.00	89.00	83.00	76.00	70.00	64.00	50.00
	钻具/(元/米)		89.00	83.00	77.00	71.00	65.00	59.00	47.00
	钻具	复合片钻头/(个/米)	0.78	0.73	0.68	0.63	0.57	0.53	0.42
		锚杆钻头/(个/米)	0.28	0.26	0.24	0.22	0.20	0.19	0.15
		湿式煤钻头/(个/米)	0.30	0.28	0.26	0.24	0.22	0.20	0.16
		湿式煤钻杆/米	0.32	0.30	0.28	0.26	0.24	0.22	0.17
		锚杆钻杆/米	0.21	0.19	0.18	0.16	0.15	0.14	0.11
		锚索钻杆/米	0.54	0.51	0.47	0.43	0.40	0.36	0.29
		锚索钻杆连接套/(个/米)	1.29	1.21	1.12	1.03	0.94	0.87	0.68
		锚索钻杆连接器/(个/米)	0.66	0.62	0.57	0.53	0.48	0.44	0.35
		煤钻杆注水器/(个/米)	0.10	0.09	0.09	0.08	0.07	0.07	0.05
		风镐尖/(个/米)	0.86	0.80	0.74	0.69	0.63	0.57	0.45
		每发雷管消耗:风钻头 1.84 只/发,风钻杆 0.22 千克/发(工作面遇到过断层、挑顶所使用的钻具参照开拓系统巷道断面钻具定额)							
	牌板	1 500 元/月							

表 9-4-3(续)

类别			断面/平方米						
			16—15	15—14	14—13	13—12	12—11	11—10	10—8
开拓区队	炮泥/(方/米)		0.067	0.063	0.057	0.054	0.049	0.045	0.04
开拓区队	线材/(元/米)		201.00	187.00	173.00	162.00	148.00	135.00	107.00
开拓区队	钻具/(元/米)		166.00	155.00	143.00	134.00	122.00	111.00	88.00
开拓区队	钻具	风钻头/(个/米)	1.24	1.16	1.07	1.00	0.92	0.83	0.66
开拓区队	钻具	复合片钻头/(个/米)	1.07	1.00	0.92	0.86	0.79	0.72	0.57
开拓区队	钻具	六角成品钎/(千克/米)	4.39	4.09	3.79	3.54	3.24	2.94	2.34
开拓区队	钻具	锚杆钻杆/米	0.35	0.33	0.30	0.28	0.26	0.24	0.19
开拓区队	钻具	锚索钻杆/米	1.05	0.98	0.91	0.85	0.78	0.71	0.56
开拓区队	钻具	锚索钻杆连接套/(个/米)	1.72	1.61	1.49	1.39	1.27	1.16	0.92
开拓区队	钻具	锚索钻杆连接器/(个/米)	0.73	0.68	0.63	0.59	0.54	0.49	0.39
开拓区队	钻具	煤钻杆注水器/(个/米)	0.15	0.14	0.13	0.12	0.11	0.10	0.08
开拓区队	钻具	风镐尖/(个/米)	0.85	0.79	0.73	0.69	0.63	0.57	0.45
开拓区队	牌板	1 000 元/月							
采煤区队	钻具	钻具按每发雷管消耗:风钻头 0.11 只/发、1.78 元/发,风钻杆 0.16 千克/发、1.11 元/发							工作面遇到过断层、挑顶使用的钻具参照开拓系统钻具定额系数
采煤区队	线材	线材按 5 000 元/月(月产量≤6 万吨),超出的每万吨增加 1 000 元							
采煤区队	牌板	900 元/月							

六、补货管理、闲置调拨

陈四楼煤矿井下材料超市,设置在井底车场北侧,距离副井底 200 米处,系主井底辅助通道,长 55 米,设计货位 600 个,可存放常用物资 1 180 余种。按照“市场化运作、标准化管理”的要求,制定了钻具、线材、配件、工具、杂品等多种物资的码放标准,统一管理,优化物资配置,真正实现常用物资的超市化管理,材料每月按实际需用量进行调拨补给。该井底材料超市由供应科按地面库房出入库流程,负责日常管理。配置管理员 1 名,保管员 4 名,规范上岗,以扎实的作风全天候 24 小时为矿井一线提供优质服务。井底材料超市补货管理采取以下方法执行:井底材料超市所有入库补货物资必须经供应科管理员同意后方能补货进入超市;超市库存数量要根据消耗量大小制定最低库存警戒线,低于或者接近超市物资库存警戒线,保管员应及时报告超市管理员进行补货。

截至 2018 年 7 月,井底材料超市停止运行。

供应科推进代储代销管理模式,积极做好闲置积压物资调剂工作,具体要求按永煤控股相关规定执行。矿井内部物资调拨,由基层单位的材料管理员在矿内部办公网物资共享平台上,查询区队库房内的所有物资储备情况。根据需要提出申请由业务科室审批,上报供应科系统对接平台管理负责人进行调拨。

七、考核

截至2019年6月,陈四楼煤矿开展物资供应管理"双保"建设活动,加强矿井物资供应管理,维护陈四楼煤矿利益不受损失,进一步提升经济运行质量,推进区队物资供应规范管理的需要。至2021年12月,陈四楼煤矿区队仓储系统规范化管理,每月由供应科组织,经管科、机电科参与,通过盘活18个区队仓储物资600多万元,做到物资不积压,不超储,加快物资使用周转调拨,减少物资采购量。加强材料使用过程中的质量跟踪管理,对井下材料的使用情况进行监督,发现材料浪费,视浪费材料价值高低,对责任单位进行对等统计上报处罚,杜绝材料流失和浪费。各职能管控部门加强物资的回收复用、修旧利废、交旧领新工作,严格执行交旧领新制度和物料回收制度,强化修旧利废和回收复用的量化考核。管控费用考核以矿下达的全面预算指标为基础,以供应科按月提供的成本消耗为考核依据,对于管控费用按照奖罚兑现,月清月结原则对科室进行考核。

对区队(厂)实行成本全额考核,成本节超直接在工资结算中兑现。个别分管科室(区队、厂)当月实际消耗远高于计划消耗,如遇地质构造等特殊情况,造成材料费用超支,根据实际情况,提出详细书面报告对超支原因进行说明,由生产矿长牵头,在成本分析会上对超支原因进行分析,确认是否给予追加。经确认追加后,由考核小组进行预算后,予以考核。对成本严重超支且无正当理由的单位,进行退库和预出材料费处理,对次月成本指标进行下浮,在一个季度内将超支额消化完毕。同时,鼓励区队优化生产工艺、修旧利废,对提出生产工艺优化方案、修旧利废措施的个人在修旧利废中给予奖励。

八、库存盘点

2019年12月,综合库房增设专用系统账套,逐步建立标准化库房,存放可调剂或周转的配件等物资。为方便区队掌握综合库物资配件信息,区队可登录ERP管理系统,点击"供应链"→"报表"→"库存账"→"现存量查询",仓库选择"供应科周转库"进行查询。

截至2021年年底,采用日常盘点和定期盘点相结合,保证账、卡、物相符。仓库保管员每月根据收发存汇总表对实物进行盘点,盘点结果由保管员签字后统一归档。对盘点情况进行详细记录,对盘点中出现的数量差异、质量状况异常及盘点问题的处理情况,做好记录并存档。

第四节 料场管理

一、坑木管理

2002年6月,陈四楼煤矿供应科库区木工房投入使用,占地510平方米,木工房配备3名木工,有1间加工间、1间办公室、1间带锯维修房、1间配电室。MJ3212型带锯机是在建矿时期购进并延续使用。

2011年8月,木工房由通风队和供应科2个单位共同使用,东半部由供应科使用,为半封闭状态，主要设备为 1 台带锯机、1 台圆盘锯，主要负责区队支护材料的加工(半圆木、木模板等)；西半部由通风队使用，为全封闭状态，有独立门，主要设备有 1 台压刨、1 台平刨、1 台圆盘锯，主要负责通风队通风设施加工制作(风门及木栅栏等)，不承担其他区队木料加工制作业务。木工房有消防沙 1 处、消防栓 1 个、灭火器 2 台，并制定了严格防火措施。木工房内部图片见图 9-4-7。

图 9-4-7　木工房内部

2012 年 9 月，研制了自动上料装置，代替原来的人工抬木料，通过改进带锯机的装置大大提高了工作效率，保障了人员的安全操作，实现了自动化控制。

2017 年 8 月，木工带锯机跑车进行了技术改进，从而减少木材的浪费，切实达到降本增效的目的，提高了企业经济效益。

2019 年 10 月，规范木工房安全管理，实行全封闭状态，分区设有独立门锁，由分管区域现场负责人管理，做到人离开现场，断电锁门。杜绝安全事故的发生，保障矿井木材及时供应，实现矿井安全生产和矿区和谐稳定。

木工房密闭外观见图 9-4-8。

2021 年 12 月，木工房设备全部进行了更新，购进 MJ3210 型木工带锯机。人员操作实现了自动化，减少了与旋转设备接触的几率，大大提高了安全系数，避免了设备运转过程中可能发生的人身事故，实现了本质安全，营造了良好的安全生产环境。

二、东料场管理

2010 年 5 月，在东料厂设置炮泥加工组，配备 3 名工人，加工炮泥供生产一线使用。

2012 年 3 月，炮泥加工组撤销，由外委单位进行加工，矿井自购成品炮泥供生产一线使用，强化炮泥验收管理。

2012 年 6 月，供应科东料厂全部改造完成并投入使用，总占地面积 6 782 平方米。其中混合料搅拌站 502.5 平方米，黄沙、米石、石子库占地面积 307.5 平方米，圆木、半圆木、道木

图 9-4-8　木工房密闭外观图

3 个库占地面积 232 平方米。二层办公楼 80 平方米,水泥库占地面积 406 平方米,由压风机机房改造而成。东料厂配有土产保管员 3 人,负责该区域物料的验收、储存、发放等管理工作。东料厂内设有消防沙箱 2 处,灭火器 8 台,消防水带 200 米,并制定了严格的防火措施。

2012 年 8 月,混合料搅拌站由供应科管理。配有搅拌工 6 人,负责全矿土产混合料搅拌供应工作,做到混合料配料比例,严格按照配料定额装车,协助土产保管员做好物料的验收、储存、发放等管理工作。

2013 年 1 月,东料厂电缆大棚投入使用,占地面积 1 629.6 平方米,大型电缆、胶带、管路等材料规范摆放。

2016 年 6 月,雨季三防物资由供应科院内转到东料厂专人管理,物资分类建账管理,定期进行更换。

2018 年 7 月,东料厂实行标准化密闭管理,黄沙、米石、石子库,混合料搅拌站进行密闭。安装了环保除尘雾炮机 3 台,整个东料厂进行绿化,避免粉尘污染的产生和扩散,环境污染得到有效治理。

2019 年 11 月,东料厂实现规范化管理,推动环保治理工作有效开展。东料厂整体规划为大型物资存放区、沙石分隔存放区、混合料搅拌区、木材物料存放区、应急救援办公区。东料厂整体规划布局,植被的绿化,使矿区经济效益、社会效益、环境效益得到了提升。

2020 年 9 月,面对经营压力,全面优化矿井成本管控格局,供应科在确保安全的前提下,不断压缩矿井储备成本,组织人员对东料厂长期积压物资进行整理,实行分类码放、定置管理。

2021 年 10 月,供应科配合矿井进行工作面薄层灰岩水害区域治理工作开展,指派 3 名人员正式进驻地面北风井开展工作,强化了现场验收监督机制。

三、复用管理

陈四楼煤矿供应科对分管范围内回收物资及修复材料,做到账目齐全、规范,现场分类码放整齐。对大型材料、专用工具、其他材料等分管范围内回收物资技术鉴定、复用技术指导工作。对分管的复用物资在二级库管理系统做出入库建账管理。对分管报废物资或没有修复价值的物资，按废弃资源管理程序进行处理。

为鼓励修旧利废，以正向激励，多修复多得，多投入多得的原则，力求做到收益最大化，减少成本投入。供应科通过优化考核，合理利用废旧资源，进行了创新管理。

2015 年 7 月，推行了防腐枕木合理利用，优化物供管理。有效利用永煤铁运处更换的木制火车枕木，截成标准长 1.2 米适合陈四楼煤矿使用的矿用枕木，达到了节支降耗、提升管理的目的。

2017 年 9 月，陈四楼煤矿信用管理的构建与实施，对单体库房进行规划整理。设立了修旧操作间，对回收工具自行修复，对技术性比武投入的材料进行建账回收，按区队信用度借给区队使用，实现了循环再利用，切实达到降本增效的目的，提高企业经济效益。

2021 年 2 月，供应科牵头组织科技攻关小组，成功推行了废旧钻杆复用关键技术。通过加工加厚夹持器卡瓦与回转器卡瓦，使磨损钻杆能够达到复用标准，总结出加厚夹持器卡瓦、回转器卡瓦技术指标，同时为磨损钻杆复用提供了合理的解决方案，真正实现“修旧利废、降本增效”的目的。

2021 年 12 月，将区队仓储管理进一步提升，实行了系统规范化管理、投入，通过盘活区队仓储物资，做到物资不积压，不超储，加快物资使用周转，减少矿井物资储存量。实现了备用物资配件矿井共享，杜绝材料浪费，减少生产成本。

第五节　火工品管理

一、地面火工品管理

2002 年 7 月 3 日，制订印发《陈四楼煤矿地面火工品管理规定》。2003 年 9 月 30 日，矿井印发《陈四楼矿爆破材料管理办法》。该规定在 2004 年 1 月和 2010 年 6 月进行了修订完善。

地面火工品管理规定：

(1) 火工品运送车辆进矿时，由保卫人员负责押运至井口待卸区，由供应科、保卫科、安检科 3 家同时进行验收登记。保卫科、安检科负责火工品入井前的看护工作，火工品入井后由供应科、安检科、运输队负责。

(2) 严禁私自携带火工品升井。保卫科不定期对升井人员进行检查，发现有私自携带火工品升井的，对责任人处 5 000 元罚款(每发、卷)，劳务工开除，正式工开除留用 1 年，并对所在单位处 15 000 元的罚款(每发、卷)，对单位领导各处 2 000 元的罚款(每发、卷)。造成严重后果的按事故处理规定处理，并交公安机关处理。

(3) 各单位库房，职工更衣柜和吊篮内严禁存放雷管、炸药。违反规定者，一经发现，除按第 2 条之规定处罚外，按私藏爆炸物品交公安机关处理。

(4) 矸石山拉运矸石单位或个人在装矸过程中要派专人进行检查，防止残管、残药伤人事故的发生，发现残管、残药要立即交到矿保卫科，经核实后给予一定的奖励。如不交者发生一切后果自负。

(5) 选煤厂原煤车间和手选车间发现的未爆炸的雷管或火药,统一收存并及时上交矿安检科,不得超过3天。更不得私自存放或携带出矿,矿保卫科有权对选煤厂更衣箱进行不定期检查,发现有违反规定者,按本规定第2、3条进行处罚。

(6) 各单位要加强对职工的思想教育,使广大职工认清火工品流失的社会危害性和加强火工品管理的重要性,从根本上杜绝火工品流失。

(7) 各单位要积极发动广大职工互相监督火工品的管理工作,发现有违反火工品管理规定的单位和个人,要及时向保卫科和安检科反映。同时,对提供线索的职工给予一定的奖励。

二、井下火工品管理

(一) 火药库管理

1990年8月,在矿区西北角处设置临时火药库,配备4人专职管理,归矿建三公司管理。

1996年8月,井底火药库投入使用,配备7人专职管理。库区位于底车场100米处,库区距大巷62.0米,井深标高－439.3米,设计有4个炸药壁槽,容量1.6吨,雷管壁槽4个,容量1.2万发。整个库区为混凝土砌碹支护,木质地板代绝缘板。由河南省郑州煤矿设计研究院设计。库区辅助设施:齿形阻波墙、抗冲击波门、栅栏门、个别的缓冲砂箱隔墙和辅助硐室以及独立的通风系统等,归通风队管理。

2003年10月,南翼火药库投入使用,配备8人专职管理。位置在距井底车场2 580米处,库区距大巷99.7米,井深标高－430.6米。设计有8个炸药壁槽,容量3.2吨,8个雷管壁槽,容量2.4万发。木质地板代绝缘板,上铺运输胶皮带,混凝土支护。由陈四楼煤矿根据实际情况自行设计。库区辅助设施:齿形阻波墙、抗冲击波门、栅栏门、个别的缓冲砂箱隔墙和辅助硐室以及独立的通风系统等,归通风队管理。

2007年5月,井下火药库归供应科管理,依据《煤矿安全规程》改名爆炸物品储存库。2009年3月,井底爆炸物品储存库停用,北翼爆炸物品储存库投入使用,配备8人专职管理。位置在矿井北翼,距离井底车场4 000米,库区距北轨大巷66米,距北翼总回风巷75米,井深标高－424.6米。设计有7个炸药壁槽,容量2.8吨,8个雷管壁槽,容量2.4万发。木质地板代绝缘板,上铺运输胶皮带,混凝土支护。由陈四楼煤矿根据河南省郑州煤矿设计研究院设计的北风井工程相关配套工程设计。库区辅助设施:齿形阻波墙、抗冲击波门、栅栏门、缓冲砂箱隔墙和辅助硐室以及独立的通风系统等。同年5月,陈四楼煤矿委托中煤科工集团淮北爆破技术研究院对井下爆炸物品储存库首次进行安全现状评价。

(二) 日常管理

1. 消防管理

井下爆炸物品储存库均设置消防水接头,消防水带80米,8千克灭火器6具,35千克推车式干粉灭火器2台,消防锹6把,消防桶6个,消防沙箱3个,消防水池1个,消防水枪2把等。

2. 治安防范管理

井下爆炸物品储存库进风侧安装1个摄像头并与地面调度台视频监控主机相连接，能实现对库区全天候24小时监控。库内有手持机1台与永城市公安局治安涉爆系统联网，可将库房每日雷管、炸药的收入、消耗等数据及时传输至永城市公安局。连通巷道内设有直通调度室防爆电话1部，连接至生产调度室，库区连通巷道内的栅栏门均设置锁具，实行“双人双锁”管理仓库；房内每班配备2名值班人员。

3. 爆炸物品安全管理机构设置与人员配备

为加强煤矿爆炸物品安全管理，设置陈四楼煤矿爆炸物品管理领导小组和保卫科，配备库区保卫人员，任命井下民用爆炸物品储存库负责人，负责井下民用爆炸物品储存库日常管理工作。陈四楼煤矿主要负责人和安全生产管理人员持有河南省工业和信息化厅签发的安全生产知识和管理能力考核合格证。截至2021年12月，爆破工程技术人员持有商丘市公安局签发的爆破作业人员许可证，安全员、爆破员、保管员持有商丘市公安局或永城市公安局签发的爆破作业人员许可证，具体情况见表9-4-4。

表9-4-4　爆炸物品安全管理人员配备

项目	在册人数	现持证人数	发证机关
爆破工程技术人员	1	1	商丘市公安局
安全员	43	43	商丘市公安局永城市公安局
保管员	11	11	
爆破员	21	21	

4. 爆炸物品储存安全管理

截至2021年年底，爆炸物品由供货商与供应科、保卫科、安检科共同检查清点数量与爆炸物品运输证数量一致后，按程序办理验收、运输、入库手续。爆炸物品的领取、发放、清退等环节，做到班清班结，账、卡、物三相符，贯彻执行矿印发的《陈四楼煤矿爆破材料管理办法》，并建立健全了严格的管理制度，见表9-4-5。

表9-4-5　陈四楼煤矿爆破材料管理相关制度和措施

1	爆炸材料装卸、运输制度	10	民用爆炸物品储存库保管员交接班制度
2	爆炸材料的贮存、保管制度	11	民爆信息系统安全使用管理制度
3	爆炸材料防火警卫制度	12	民用爆炸物品储存库消防器材管理制度
4	爆炸材料防止丢失及销毁制度	13	民用爆炸物品储存库安全质量标准化管理制度
5	爆炸材料发放、清退制度	14	爆炸材料事故隐患排查与整改制度
6	雷管全电阻检查制度	15	爆破作业档案管理制度
7	爆炸材料管理奖惩制度	16	爆炸材料安全管理制度
8	爆炸材料入库管理制度	17	民用爆炸物品储存库防静电措施
9	爆炸材料安全管理培训制度	18	民用爆炸物品储存库防鼠措施

5. 物防管理

陈四楼煤矿制定《陈四楼煤矿爆炸物品引发突发事件和重要设施遭破坏安全生产事故应急救援预案》。

6. 现场管理

2012 年 6 月,电雷管分段储存柜设计并投入使用,该创新设计被永集团推广应用。同年 10 月,陈四楼煤矿在集团公司首例推行了“雷管精细化管理”模式,终止了电雷管利用外力二次编码,杜绝了因利用外力进行雷管二次编码而影响雷管使用性能,造成雷管瞎火、串段、拒爆现象,避免了现场操作安全隐患,确保了每发电雷管的跟踪管理,绑定了管理责任。

2019 年 4 月,爆炸材料库内铺设高分子 PVF 抗静电软板用以消除静电,避免电雷管意外爆炸事故发生,减少现场操作安全隐患,保证矿井安全生产。

2021 年 12 月,陈四楼煤矿爆炸材料库安装隔爆岩粉棚,用来防止和限制瓦斯、煤尘爆炸及其传播,符合安全生产法律、法规和安全技术标准要求。

第五章 煤质管理

第一节 煤质机构

一、组织机构

1997—1999年年初，陈四楼煤矿煤质工作未设专门管理机构，其业务由生产技术科负责管理。

2000年1月，在企管科成立煤质管理领导小组。

2006年11月，煤质工作从企管科划出，并入调度室。

截至2021年年底，煤质管理共有在册人员5人，其中副主任1人、业务员1人、煤质员2人、化验员1人。

（一）成立领导小组

成立由矿长、矿党委书记任组长，矿领导班子成员任副组长，相关科室负责人任成员的煤质管理领导小组。领导小组下设办公室，调度室主任兼任办公室主任，分管煤质副主任兼任办公室副主任，具体负责煤质管理的日常工作。

（二）领导小组责任范围

（1）组织、协调全矿煤质（块煤）管理工作；

（2）修订完善矿井的煤质（块煤）管理制度；

（3）制定煤质（块煤）考核指标，并按章考核、兑现；

（4）改进煤质（块煤）管理，推广新技术、新方法、新工艺。

二、部门分管责任范围

（一）调度室责任范围

（1）建立健全矿井煤质（块煤）管理制度。

（2）编制区队煤质（块煤）、煤矸分流计划，严格煤质（块煤）考核兑现。

（3）做好采煤工作面的煤质预测、总结及煤质资料管理，负责煤质日报、周报、月报及年报的编制上报及矿井产量、质量大幅变化的预报工作。

（4）负责生产现场的煤质监督、检查和管理，及时掌握煤质信息，确保矿井煤质管理工作质量标准化顺利进行。

（5）根据地质条件变化，提出合理的配采方案，实现矿井毛煤“均质化”。

（6）协同生产科季度更新、绘制全矿硫分、灰分图，负责采、掘工作面作业规程中煤质管理措施的审批。

(7) 负责煤样的采、制、化及煤质、块煤率的统计、分析。

(8) 负责矿井当天原煤灰分或产量及产品结构变化超过计划的15%时或因地质条件变化严重影响煤质时的分析报告的及时编制、上报。

(9) 负责组织由分管矿长参加的煤质会议、煤质事故的处理和追究工作。

(10) 负责与煤质中心及选煤厂的信息沟通和协调,参与处理煤质纠纷。

(二) 生产科责任范围

(1) 负责采掘工作面分矸系统的设计,优化煤流系统,减少转载环节。

(2) 负责根据地质构造对煤质、块煤的影响合理编制年度、季度、月度生产计划,确保煤炭质量和数量。

(3) 负责向调度室提供月度地质构造图、采掘巷修计划。

(4) 负责指导区队安全快速通过断层等地质构造,减少对煤质的影响。

(5) 负责根据调度室提供的相应数据按季度更新矿井灰分、硫分等图纸。

(6) 负责安排施工单位对煤仓、矸石仓仓壁的维护。

(三) 机电科责任范围

(1) 负责煤流系统设备选型及组织安装,并坚持"减少转载次数、多用皮带、落煤高度合理"的原则减少块煤损失。

(2) 负责煤矸分流设备及配件的供应,并对安装和使用效果进行检查指导。

(3) 负责除铁器的安装、使用的监督工作。

(4) 负责安排施工单位对矸石仓矸石溜槽的维护。

(四) 安检科责任范围

负责对煤矸分离、煤水分离、煤与杂物(大矸)分离、煤仓(矸仓)检查等的现场监督检查。

(五) 生产区队及选煤厂管理职责

(1) 负责落实煤质管理办法,建立健全本单位煤质管理制度,设立专职(或兼职)煤质负责人,完善本单位煤质管理办法。

(2) 负责职工煤质意识教育,及时传达各种会议及文件中煤质工作要求,并有记录可查。

(3) 当条件变化影响煤质时,负责向调度室及时汇报情况,并根据要求积极解决工序中影响煤质、块煤的各种问题。

(4) 负责辖区范围内水(含顶板水、底板水、冷却水等)、杂物、大矸等的管理,严禁进入煤流,负责垃圾箱的设置并符合要求,并有专人清理。

(5) 负责制定过断层等构造时的煤质保证措施,及时调整破碎机锤头高度及采煤机截齿类型。

(6) 负责分管范围内的顶板管理,减少顶板脱落。

(7) 负责各转载点防破碎装置的维护和管理，确保正常使用。

(六) 皮带队、机电队、运输队、探防队管理职责

(1) 皮带队负责分管范围内杂物及各转载点防破碎装置的管理；负责煤仓仓位控制，仓位不低于半仓；负责观察、检查煤仓及仓内螺旋溜槽使用状况，并对螺旋溜槽破损处及时进行修补；负责分管辖区内除铁器的使用管理及杂物清理；分管范围内除尘喷雾以外的其他水源不得进入煤流；随时观察皮带煤流中水煤、矸石和杂物等进入煤流情况并及时汇报调度室；负责分管范围内煤矸分流(含矸石仓)设施的正常使用及维护，做好煤矸分流工作。

(2) 机电队严格按照调度室指挥进行提煤，负责分管范围内块煤防破碎装置的完好、使用；杜绝分管范围内除尘喷雾以外的其他水源进入煤流；负责主井装载撒煤、卸载仓矸石及杂物的处理，严禁 300 毫米以上大矸及杂物进入选煤厂；负责卸载仓堵仓、篷仓时的处理。

(3) 运输队负责运送煤矸分流车辆、矸石仓放仓及堵仓的处理与地面次煤运送等工作，对各单位的煤矸混装车、煤与杂物混装车和水煤车等不规范装车的监督，并落实责任单位向调度室汇报；严禁将煤与杂物混装车和水煤车等装车不规范车辆通过翻煤硐室翻入煤流系统；负责煤矸分流车的统计上报；负责矸石仓分矸设施的安装、维护。

(4) 探防队负责辖区内的水、非煤物(水泥料块、岩粉等)的管理，严禁进入煤流。

(5) 各单位所辖区域内要按要求存放垃圾箱(袋)，垃圾必须集中存放在垃圾箱(袋)内，并及时清理，严禁堆满垃圾箱(袋)。

第二节　煤质管理制度

一、煤质管理制度演变历程

矿井建成投产(1997 年 11 月)后，至 2000 年年初，煤质管理尚无机构与制度时，井下的采煤、掘进单位与地面装车车间就有了三拣(即作业工人、运输机司机、装车工)、四不上(300 毫米以上矸石、杂物、柱状水、铁器不上溜子、皮带、煤仓)的习惯性自我管理办法。

1999 年，在企管科成立煤质管理领导小组，制定了煤质管理办法，除坚持三拣、四不上外，还建立了组织领导机构，明确了煤质管理领导小组职责及各管理部门的业务范围及权限，并对各生产单位及有关人员的煤质管理要求一并写入煤质管理办法。2001 年获得出口煤炭质量许可证。

2002 年 7 月，陈四楼煤矿出台了以提高块煤率措施，即“工作面回采的单向割煤、落煤点加装缓冲装置和控制煤仓高度、实行微差爆破”，是陈四楼煤矿及永煤集团提高块煤率的重要举措。

2002 年，永煤公司认识到用户需要的是煤的热量，而不是数量。为实现质和量的有机统一，永煤集团一改只看数量、不管质量的传统的原煤计量方式，在全国煤炭行业首家实行煤炭折标计量，以标准煤为计量单位，把市场普遍能够接受的 5 500 千卡/千克发热量作为内部考核标准，低于这一标准的不仅在产量任务上打折扣，而且还要受到处罚，高于标准则

可多折合产量,把煤炭的"质"与"量"有机结合起来。矿井于此时与公司对接,亦以标准煤为计量单位作为内部考核标准,形成全员、全过程、全方位抓煤质的氛围,大大提高了各单位抓煤质的积极性。2002年顺利通过ISO 9001国际质量体系认证,在国内、国际煤炭市场上均享有良好的声誉,被誉为"中永一号"。

2003年,煤炭市场块煤价格出现高于洗精煤价格,为提高块煤产率,实现矿井效益最大化,便抓起了块煤管理,印发《陈四楼煤矿煤质管理办法》(陈矿经字第〔2003〕12号)、《陈四楼煤矿提高块煤率措施及奖罚办法》(陈矿经字第〔2003〕13号),内容包括:炮采工作面必须采用微差松动爆破技术,降低火药消耗,增加块煤产率,炮采工作面块煤率核定实行现场实测与火药消耗相结合的办法。为提高综采工作面块煤率,煤机使用块煤滚筒、块煤截齿,实行煤机单向割煤,机尾向机头重刀割煤,机头向机尾空刀装煤。此时起井下各煤仓开始设计安装块煤螺旋溜槽。

2004年3月5日,陈四楼煤矿印发《陈四楼煤矿煤质管理办法》(陈矿经字第〔2004〕27号)、《陈四楼煤矿2004年块煤率考核及奖罚办法》(陈矿经字第〔2004〕26号);2004年4月30日,印发《关于进一步加强块煤生产组织的通知》(陈矿经字第〔2004〕71号);2004年9月30日,印发《陈四楼煤矿块煤率考核及奖罚办法》(陈矿经字第〔2004〕136号)。

2006年,为提高煤炭质量,采煤工作面开始设计安装煤矸分流设施,各采区开始设计施工采区煤矸分流矸石仓,井下各采区均有煤矸分流设施及为分矸专用的矸石仓。

2009年,为鼓励采、掘单位多出块煤,提高煤质,对块煤、末原煤采用不同收购价,开始实施煤质(块煤)与工资挂钩、煤矸分流矸石进行计划与收购,并将煤质(块煤)与工资挂钩办法与煤矸分流奖罚办法写入2009年《陈四楼煤矿煤质(块煤)管理办法》中。

2019年,为减少煤流中的杂物,提高煤炭质量,通过制定办法,将井下的生活与生产垃圾分类:各区队班前会由值班队干统计携带生活垃圾入井人员,并将人员名单提前报送至井口信息站,凡是区队未统计上报人员或被查到带食品、塑料袋等入井却未携带垃圾升井的及井下发现有职工有乱扔、乱放垃圾的,一律按照一般"三违"进行考核处罚,并罚责任单位当班跟班队长、队长、书记各100元/次,调度会通报批评。

生活垃圾箱设置:副井通道设置两个垃圾箱,分为可回收垃圾箱和不可回收垃圾箱两类,要求井下职工将携带的生活垃圾自行装包、分类,升井后按照"可回收"和"不可回收"分类放入副井通道垃圾箱内,并由相关部门严格监督检查。生产中产生的垃圾则利用井下的垃圾箱进行收集集中装车"实名制"升井。

通过完善的约束考核机制,减少了脏杂煤的产生,提高了煤炭质量及煤质管理水平,增加了经营绩效。

二、井下煤质管理办法

(一)现场考核管理

(1)上级煤质管理部门及矿领导检查出的煤质问题,按每扣0.2分对单位跟班负责人进行200元的处罚,队长、书记各100元的处罚,班长进行50元的处罚,并纳入当月煤质考核中。

(2) 煤质人员现场检查问题每扣 1 分，对区队跟班队长按 400 元进行处罚，对队长、书记各 200 元进行处罚，对班长进行 100 元的处罚；对内业检查存在的问题，对队长、书记各 200 元/分进行处罚；不足 1 分，按比例进行扣罚。

(3) 因煤质被公司停面、停头 1 次，煤质考核当次扣 10 分，并对跟、值班队长各罚款 2000 元，队长、书记各罚款 1 000 元，并在调度会说明原因。

(二) 杂物、矸石及水管理

(1) 火工品进入煤流的，除按《陈四楼煤矿爆炸材料及爆破作业管理规定》执行外，另对跟、值班队长、队长、书记各罚款 1 000 元/件，对爆破工、通风队队长、书记各罚款 1 000 元/件。

(2) 施工单位各类大件杂物(指木材、锚杆、钢带、皮带及各类重量大于 2 千克或长度超过 1 米的物料等)进入煤流系统，距离工作面皮带机尾 50 米外，发现 1 件对跟班队干罚款 200 元，队长、书记各罚款 100 元，对班长进行 50 元的处罚，进入主煤流的双倍执行罚款；造成生产影响的按照 20 元/每分钟对责任单位进行处罚，造成安全生产事故的，按照相关文件进行责任追究。采、掘单位利用皮带外运物料时，距离第一部皮带机头 30 米内不及时去除的，发现 1 处，对跟班队干罚款 100 元，队长、书记及班长各罚款 50 元。采煤机至两端头时锚杆、钢带及金属网或杂物不去除的，发现 1 次，对跟班队干罚款 100 元，队长、书记、班长各罚款 50 元，去除不彻底的减半执行处罚。各单位所辖区域除铁器吸附有长度超过 0.5 米或重量大于 2 千克的铁器时应及时停机处理，否则发现 1 次，对跟班队干罚款 100 元，队长、书记、班长各罚款 50 元；除铁器使用效果要明显，否则罚机电副队长 200 元，队长、书记各罚款 100 元。

(3) 施工单位清理水仓、钻场、水沟、硬化底板的水泥料块、拆除风墙与避难硐室的水泥料块及砖块、岩粉等要按照调度室要求集中外排，否则有入煤流情况每发现 1 次对跟班队干罚款 200 元，队长、书记、班长各罚款 100 元。煤矸分流期间，皮带清扫器所刮下的岩粉、水不得进入煤仓；煤矸分流处的清扫器的设计由机电科、皮带队共同完成。

(4) 各施工单位严禁大块矸石(300 毫米以上)入煤流，凡因大矸造成煤流转载点堵塞及堵仓的(包括选煤厂)，对出大块矸石单位按照影响时间(分钟)×20 元落实责任单位进行处罚，并每次对跟班队干罚款 100 元，队长、书记、班长各罚款 50 元。机电队负责卸载仓上口大矸石及杂物的处理，严禁 300 毫米以上的大矸石及大件杂物进入卸载仓，否则矸石按照 10 元/块、大件杂物(重量大于 2 千克或长度超过 1 米的物料等)按照 50 元/件对值班队干进行处罚(包括选煤厂统计)，因大矸、杂物等处理不当造成选煤厂煤流转载点堵塞影响提升，每次对值班队干罚款 200 元，队长、书记、班长各罚款 100 元，并按照生产影响考核。

(5) 出煤单位遇地质构造生产时必须在煤流系统中设有除杂及处理大矸的人员及完好设施(如风镐、大锤等)，否则罚跟班队干 100 元/次，罚队长、书记、班长各 50 元/次；对进入主煤流的大矸石(300 毫米以上)，对责任单位跟班队干罚款 20 元/块、对队长、书记、班长各罚款 10 元/块。

(6) 施工单位要加强水管理,严禁喷雾水之外的水入煤流,凡因出水煤造成窜(堵)仓、选煤厂堵塞的,对出水煤单位按照影响提升时间(分钟)×20 元落实责任单位进行处罚,并每次对跟班队干罚款 100 元,队长、书记、班长各罚款 50 元。加强煤仓煤位管控:正常生产煤仓煤位保持半仓及以上,煤流系统有水煤、岩泥时煤仓煤位保持低仓位(最高 5 米),严禁煤仓放满;矿井主井有 2 日及 2 日以上的检修计划时,井下各煤仓仓位保持低位(以不反风为准),因窜仓及堵仓,造成安全事故的按照《陈四楼煤矿生产安全事故责任追究管理制度》执行。采煤工作面遇地质构造时,煤机停机时必须停在全煤段,避免开机时出现较多湿煤湿矸而影响煤流系统。煤仓上口打扫卫生时,不得用水冲刷,避免水入煤仓。煤流各转载点喷雾,视煤质情况开停(煤流经过转载点可荡起煤尘时防尘喷雾开启,否则不得开喷雾,上级检查时除外)。

(7) 皮带队有监管所管辖区域内皮带上水煤、矸石、杂物等的义务,皮带机司机一旦发现皮带上有较多水煤、矸石(包括大矸)、杂物等,要立刻采取处理措施,并向调度室进行汇报,否则罚皮带队司机 50 元/次,罚跟班负责人 100 元/次。皮带队要经常检查煤仓螺旋溜槽及矸石仓的使用状况,发现问题及时汇报调度室并进行处理,否则罚皮带队司机 50 元/次,罚皮带队队长、书记各 100 元/次。皮带队负责井下所辖区域内除铁器的管理及除铁器吸附的铁器清理回收。

(三) 其他

(1) 采掘工作面出现断层等影响煤质的构造时,必须每天向调度室发送当天地质剖面图,否则罚技术副队长 100 元/次、罚队长、书记各 50 元/次。采掘工作面出现全岩段必须煤矸分流,煤机进入全岩段前向调度室、分流单位汇报,由调度室通知分流单位分矸、运输队装矸,否则少汇报 1 次罚跟班队干 100 元。对施工单位不执行煤、矸(包括拉水沟矸石)分装分运的,对跟班队干罚款 200 元/次,队长、书记、班长各罚款 100 元/次;造成严重影响(如产量被公司扣减等)矿井煤质的单位,纳入当月煤质考核中,并对跟班队长罚款 500～1 000 元,对队长、书记各罚款 300～500 元。

(2) 开拓单位遇构造时要进行煤、矸分装分运,没按照煤质办法规定装车、没进行煤矸分流而影响煤质的分别罚跟班队干 200 元/次,队长、书记、班长各罚款 100 元/次。施工单位遇煤施工、清理水仓时,装煤矿车内的杂物、大车底等在装煤前要及时清除,否则对跟班队干罚款 50 元/车,队长、书记、班长各罚款 30 元/车。

(3) 运输队负责对进入翻煤硐室的各单位的分流车数的统计汇报及监督,严禁将混装车、水煤车、含有大矸、杂物等的煤车不经处理通过翻煤硐室翻入煤流系统,否则对跟班队长罚款 50 元/车,对队长、书记、班长各罚款 30 元/车。

(4) 煤矸分流、分装中,对车中煤(矸)总量超 1/5 及不符合装车规定的(如煤车中含有杂物、大矸石等)单位,对责任单位跟班队长罚 50 元/车,队长、书记、班长各罚款 30 元/车;对矸石总量超 1/5 的车辆,运输队不得进入翻煤硐室,调度室、运输队负责对煤矸分流单位分矸质量的监督。

(5) 采煤单位过断层前后,不及时更换截齿及调整破碎机挡位的,对机电副队长罚款

200 元/次、对队长、书记各罚款 100 元/次。各单位除铁器使用效果要明显(除铁器下平面不得超过皮带上沿 350 毫米)，否则罚机电副队长 200 元，队长、书记各罚款 100 元；不及时清除除铁器所吸附的铁器的，对跟班队长罚款 100 元/次，队长、书记、班长各罚款 50 元/次。

(6) 对块煤筛挪作他用、有意破坏的，对责任单位队长、书记、跟班负责人进行各 200 元/次的处罚；对无故阻挠、不配合块煤率采测、弄虚作假的单位，当次块煤率按零计算，并对责任单位队长、书记、跟班负责人进行各 200 元的处罚。

(7) 工作面单独设立的煤矸分流设施，由所属单位进行使用、管理；在主煤流皮带上为多个单位服务的煤矸分流设施由皮带队负责管理。

(8) 煤质管理人员在测算、考核中要坚持原则，实事求是，严禁弄虚作假，否则视情节轻重予以处罚，直至调离岗位。

(9) 为实现煤质管理行业一流水平，加快质量管理水平提升，矿对生产、管理活动中关于煤质管理方面的先进经验和科技成果进行鉴定收购，凡经过创新评审小组鉴定收购属于煤质管理方面的创新成果和合理化建议的将给予一次性奖励 200～2 000 元。

三、地面煤质管理办法

(一) 杂物管理

(1) 打扫卫生时，纸屑、铁器、扫帚穗等非煤炭杂物不得进入煤流系统；负责对原煤仓、块煤仓等入仓篦子上杂物的拣除，如发现应在保证安全前提下使用专用工具及时拣出。

(2) 建立拣矸和杂物回收考核制度，加强手选管理，把木材、铁器、波雷因、火工品、水泥块、生活垃圾和 300 毫米以上的矸石等全部拣出，存放时要分类统计管理，且严禁将块煤拣入手选矸石堆中。

(3) 提高原煤质量管理意识，时刻关注手选块煤和原煤的质量情况，一旦发现暗煤、波雷因、天然焦、水泥块、煤湿等影响洗选加工和产品质量的情况，需及时与调度联系。

(4) 除掉的铁器需及时收集分拣，严格执行除杂回收制度，重点做好手选岗位、101 和 301 除铁环节的除杂除铁，并做好分类堆放和相关记录；在设备停机后对滞留在设备上或者可见的杂物要及时清理，并设立专门标识明确的除杂桶，及时清理。

(5) 岗位司机要时刻观察 313、314 块煤情况，当片矸、杂物、暗煤、水泥块、波雷因等影响块煤质量情况发生时，及时汇报调度并安排专人进行拣除工作，保证块煤质量。

(6) 重点做好跳汰除杂篦子上杂物的清理，在生产过程中对除杂篦子上能清理的杂物要及时清理，视跳汰机液面高度合理调整除杂篦子底部高度，提高杂物清除效果。停机后至下次开机前必须把篦子上悬挂的杂物清理干净，并设立专门标识明确的除杂桶，及时清理，严禁垃圾桶满。

(7) 做好块煤仓岗位以及 718、716、735、736 等其他需拣杂岗位的除杂管理，且块煤仓上篦子上要保持零杂物，并设立专门标识明确的除杂桶，及时清理，严禁垃圾桶满。

(8) 块煤仓岗位应对入仓煤流进行经常性巡查，发现块煤煤流中杂物较多时，及时汇报当班班长，班长负责安排和督促跳汰岗位清除，确保除杂篦子正确使用，正常发挥功能。

(9) 做好车皮清理、装车过程的除杂管理。在设备停机后对滞留在设备上或者可见的杂物要及时清理;装完火车后要安排专人巡视拣杂和查看车皮装载情况,清扫车帮,保证表面无杂物和车皮装载不偏重不偏载,并设立专门标识明确的除杂桶,及时清理。

(二) 跳汰分选管理

(1) 强化跳汰司机质量意识培养,牢固树立以"确保主产品质量合格"为前提开展跳汰操作。

(2) 强化跳汰机维护保养,出现气缸、电磁阀、排料机构、浮标等影响床层分层和重产物排放的关键部位故障时,要果断停机处理,坚决避免片面追求生产连续性,忽视煤质,使主洗设备带病运行。

(3) 跳汰机浮标作为非标准件,供应部门尽量从原厂家采购,并保持其外观尺寸、重量、材质、厚度等关键技术参数的一致性,确保不同批次的浮标符合"同一张图"的要求,以尽量控制浮标更换后,不同浮标对分选过程产生的系统性影响,以及可能由此引发的煤质失控风险。

(4) 浮标更换后,应对浮标距离筛板的高度和行程进行重新标定合格后,方可进入调试运行阶段。非特殊情况,或由经验丰富的跳汰司机按照"一人一机"的方式进行专门操作的前提下,原则上不允许新浮标更换后,不经标定,直接以手动排料方式运行。调试运行期间,应将相应系统给煤量降至正常负荷的50%左右运行,以期将"调试跳汰机"生产的精煤产品对最终精煤产品质量影响的程度降低到可控范围,待调试结束后恢复正常给煤量运行。

(三) 块煤防破碎管理

(1) 做好303、304、313、314、3005、3006、718、716、735、736等筛面的清理与疏通,必须做到开机前筛面上无滞留杂物或筛孔堵塞的情况,并做好记录。筛面上不能出现300×300毫米面积大小的积煤和任何杂物,或筛孔实际尺寸不低于筛网尺寸的70%。

(2) 原煤煤仓高度原则上保持在单个煤仓高度的一半以上,在生产过程中要时刻关注仓存情况,如有情况及时与调度联系。

(3) 跳汰司机要及时掌握煤质变化情况,将矸石带煤损失指标严格控制在生产计划要求范围之内,当矸石带煤指标超限时,必须安排专人对911筛子进行拣煤工作,减少矸石带煤的损失。

(4) 正确使用块煤防破碎设施(各装载点的防破碎皮子和缓冲托辊),并定期检查设施的完好情况,及时维护并做好记录。

(5) 清理洒落煤,必须放在相同煤流中,严禁混放(尤其是末精煤和块煤产品)。

(6) 掌握块煤仓存情况,装块煤时必须遵循"由西向东"的原则,其落煤点高度不得超过1米;726、730给煤机作为中小块保仓使用,原则上不允许直接装车。

(7) 煤流中落差超过0.5米的转载点,加设橡胶或煤堆缓冲防破碎装置。对块煤量大、破碎严重的转载点,必须降低溜槽倾角(≤50°)或螺动式防破碎装置。

(8) 对重要转载点设置的防破碎装置做好日常维护并定期检查,损坏及时更换,保证防破碎装置正常、有效运行。

（四）末原煤组织管理

（1）根据生产需要及时做好对303、304筛分量的控制操作。

（2）根据质量要求及时做好对912配矸插板开关的操作。

（3）组织销售末原煤和精创入洗末原煤时，严禁在组织末原煤期间未经相关部门认可而随意调整筛分量，避免造成末原煤质量超标或精创入洗末原煤粒度组成的变化。

（4）如有更换筛板等可能影响粗煤泥水分的情况需及时向相关部门汇报，便于末原煤的组织。

（五）装车系统管理

（1）建立车皮加固、清理和除杂的制度。外运车皮车底（包括排空车皮）、车帮和车内筋等必须在装车前清扫干净，在堵车皮漏洞时，要用专用草垫、草苫或竹笆（或按公司要求采用指定的堵车材料与方式），不准用化纤杂物堵车，以免影响煤质。加强堵车检查管理，避免因漏煤造成亏吨。特别是粒煤必须使用车况好的车皮装载，并堵严捆牢，必要时可采用泡沫胶对车门缝隙进行封堵。

（2）车皮加固必须使用公司规定的材料，保证出厂车皮的完好，如发现车皮加固困难、材料使用较多、加固时间超过30分钟等情况，要及时汇报相关单位，并联系铁运处协调排空。

（3）清扫、加固车皮一定要认真，不能发生漏煤、错装的现象，杜绝出现产品污染或者撒漏的现象，要监督好地销块煤车辆的装车情况和块煤质量，装撒的块煤要及时回收，装车过程中车辆表面拣出的杂物要放到指定地点。

（4）各产品落地存放时，按质量等级在指定位置分堆存放，严禁不同质量产品混堆等情况的发生，并设置有质级相符的标牌及明显的分界。要每天对煤场进行巡视，发现煤场有木块、矸石块等垃圾以及明显煤泥块，要及时清理或处理，确保煤场无杂物，避免影响用户正常使用；产品堆放不交叉，经常检查进矿后车辆往煤场丢弃饮料瓶、烟盒、塑料袋、烟头等杂物的情况，如发现及时向保卫科、地销科反映，对于有积水的地方可用铲车采用相同煤种进行铲平。煤质部门要监督并及时反馈信息。

（5）由于四道给煤速度限制，清车时人员分配应向四道偏重；根据筛末堆的现有状况，应集中全部清车工先清理2～3节中块或粒煤车，然后平行作业。

（6）在装运地销时，协助提醒用户关注质量情况，只有用户认可质量后方可装车销售，出现质级不符时，应做好文字记录，并及时汇报调度部门。

（7）装车要保证质量均匀一致，严禁“盖点”“盖被子”，添加煤时应添加同品种、同质量的煤，严格按照装车通知要求的煤种与质量指标组织装车，严禁混装、错装，严禁铺底、盖被，以避免产品的不均匀性，否则即作为重大责任事故进行追究；要根据装运煤种及时对平煤器、装车溜槽进行清理，防止不同品种质量的产品连续装车时出现污染事故。

（8）积极配合相关部门对装运不合格的外运煤进行卸车处理和相关的采样工作；根据要求及时准确选择外排煤的落料位置。

(9) 负责对落地块煤(有销售计划的末煤或末精煤)的遮盖工作,雨雪天气注意防水布的遮盖,防止块煤(有销售计划的末煤或末精煤)水分过大造成无法筛分装车。

(10) 每月不少于3次对新中、小块仓东头积攒的筛末进行外排清理,保证新块煤仓的有效容积。

(11) 在装车过程中负责块煤限下率的监督检查工作,及时掌握仓存情况,给料均匀,有效使用块煤除末设施,确保块煤限下率符合质量指标,若限下率过大时,要及时减量或清出车外,防止块煤限下率超标。

(12) 在对落地煤返装火车或汽车时,要采取有效措施防止混入煤场铺底的矸石或低质煤与正常产品一起装车,导致煤质不均匀而引发纠纷。

(13) 负责对新末精煤仓的地销放煤工作,日常确保给煤机的疏通。

第十篇

党政工团

第一章　党组织建设

第一节　陈四楼煤矿党组织

陈四楼煤矿党委始终坚持党要管党原则，遵循“党建引领，思想先行”的工作理念，坚持“凝心聚力谋发展，突出引领抓创新，发挥优势抓党建，以人为本促和谐”工作思路，以马克思列宁主义、毛泽东思想、邓小平理论、“三个代表”重要思想、科学发展观和习近平新时代中国特色社会主义思想为指导，紧紧围绕安全生产工作重点，扎实开展党建、思想政治工作和精神文明建设，为矿井各项奋斗目标的顺利实现提供了强有力的组织保证和思想保证。

秉承“忠党报国、奉献河南”的企业信念和“团结拼搏，务实创新，担当作为，追求卓越”的企业精神，全面推进党的思想、组织、作风、制度和反腐倡廉建设，持续推进“六位融合”党建考核，充分发挥党组织的战斗堡垒作用和党员的先锋模范作用。

截至2021年年底，陈四楼煤矿党委下设24个党支部，共有党员626名。矿党委一直发挥“把方向、管大局、促落实”的作用，坚持“融入中心抓党建，抓好党建促发展”的工作思路，把“13531”党建模式向纵深推进；积极巩固党支部标准化规范化建设成果，并进一步提质扩面，实现全部达标；发挥党建品牌创建示范带动效应，实现了“一支部一品牌”和“一队一特色”。

一、机构沿革

1994年6月，成立陈四楼项目部党支部，戴光林任党支部书记。1995年2月，成立陈四楼煤矿筹备处党委，成立之初共有4个党支部，48名党员。

1995年3月，成立陈四楼煤矿筹备处政工科。

1995年7月，成立陈四楼煤矿筹备处团委。

1997年1月，成立陈四楼煤矿团委。

1997年3月，成立陈四楼煤矿党委。

1997年9月，成立陈四楼煤矿保卫科。

1999年3月，成立陈四楼煤矿监察科。

2000年3月，成立陈四楼煤矿工会办。

2004年4月12日，成立纪委办公室。

2005年10月，取消纪委办公室。

2012年1月，政工科、监察科合并为政工科，工会办公室与政工科合署办公，负责全矿的党建、思想政治、组织人事、宣传、团委、纪检监察、工会等工作。

2013年2月，根据《中华人民共和国工会法》及永煤控股工会相关要求，工会工作机构应保持其独立性，陈四楼煤矿结合实际情况，并经矿党政联席会议研究，将与政工科合署办公的工会办进行单列,不再合署办公。

2017 年 10 月,根据工作需要,成立陈四楼煤矿纪检监察科。

2018 年 8 月,为进一步加强党建工作,根据《关于规范直属单位党的工作机构设置、人员配备、人员待遇和经费保障的实施意见》(永煤党发〔2018〕70 号),经矿党委研究,成立党委组织部(含党委办公室职能)和党委宣传部(与团委合署办公),撤销政工科。

截至 2021 年 12 月 31 日,陈四楼煤矿党委下属党群工作部门有党委组织部(含党委办公室职能)、党委宣传部(与团委合署办公)、纪检监察科、工会办公室、保卫科。

二、组织机构

1994 年 6 月,成立陈四楼项目部党支部。1995 年 2 月,成立陈四楼煤矿筹备处党委。1997 年 1 月,陈四楼煤矿筹备处党委更名为陈四楼煤矿党委。

截至 2021 年年底,陈四楼煤矿党组织架构如图 10-1-1 所示。

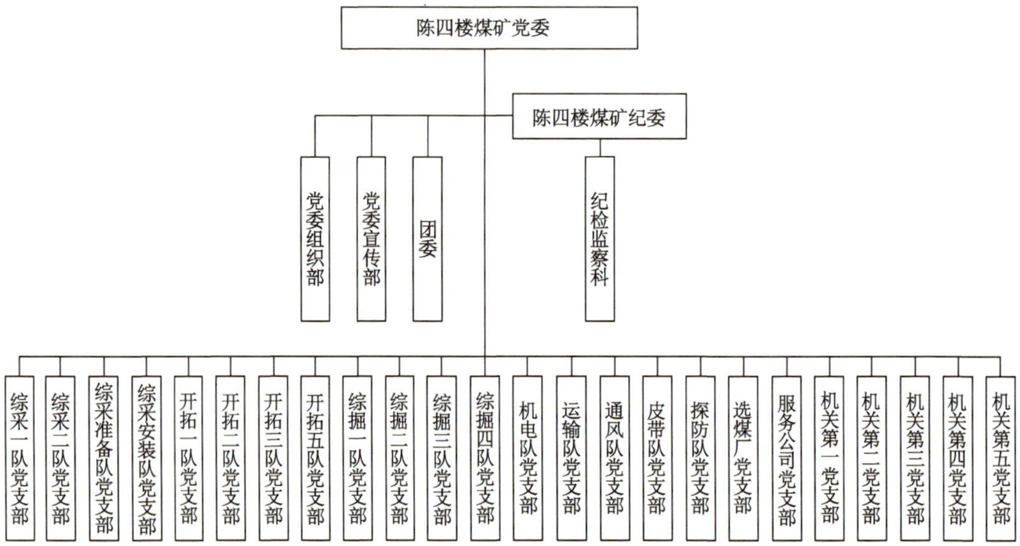

图 10-1-1　2021 年底陈四楼煤矿党组织架构

三、党委组织部职能

党委组织部是负责党的基层组织建设、干部队伍建设及人才管理工作的职能部门。主要履行以下职责:

(1) 按照党的方针政策和党委决议,制订加强党的基层组织建设计划,并组织实施。交流总结党建经验,开展党建工作理论研究与探索。

(2) 协同党委有关部门做好矿党代会的筹备和党委会换届选举的组织工作。负责基层党组织设置方案制定,指导、监督和检查基层党建工作。

(3) 组织党内奖惩、评优、党员民主评议工作,做好困难党员帮扶慰问工作。

(4) 负责党员发展、教育、管理工作以及党员信息、党籍、党费收缴使用管理等项工作;

制订入党积极分子、党员、干部教育培训计划并组织实施。

(5) 按照党委的干部工作部署，负责制定全矿中层干部培养、选拔、考核、任免、培训、日常管理等工作方案，并组织实施。协助上级部门做好矿领导干部的考核、考察、选拔等相关工作，做好干部队伍建设工作和政工职称申报工作。

(6) 做好党员"双岗网格化"管理工作及党建融入安全工作，充分发挥党组织、党员在安全生产中的战斗堡垒和先锋模范作用。

(7) 组织实施干部季度写实工作和见习期大学生考核工作。

(8) 开展"六好"区队月度考核、季度评选、年终总评工作，严格按照考核内容及具体要求，明确工作职责，促进活动安全健康开展。督促基层区队做好班组长季度民主测评和班组长选聘工作。

(9) 负责矿党委的日常文书起草和处理工作，并做好党建、干部管理相关的制度修订及管理工作。

(10) 完成上级组织部门和矿党委交办的其他工作。

四、1995—2021 年陈四楼煤矿党委组织部门负责人一览表(表 10-1-1)

表 10-1-1　1995—2021 年陈四楼煤矿党委组织部门负责人一览表

序号	姓名	职务	任职时间
1	赵德军	政工科科长	1995.03—2002.08
2	孙建峰	政工科副科长(主持工作)	2002.08—2004.04
3	杜志刚	政工科科长	2004.04—2005.03
4	刘　益	政工科科长	2005.03—2007.08
5	贾东晓	政工科科长	2008.01—2008.08
6	刘　益	政工科科长	2008.08—2009.08
7	付允玲	政工科科长	2009.08—2011.06
8	马志超	政工科副科长(主持工作)	2011.06—2014.05
9	张永强	政工科科长	2014.05—2014.12
10	江红杰	政工科科长	2014.12—2018.08
11	江红杰	党委组织部部长	2018.08—2020.03
12	刘　军	党委组织部部长	2020.07—

第二节　基层党组织

一、基层党支部情况

1998 年 2 月 22 日，中共陈四楼煤矿委员会印发《关于在全矿设立十三个党支部的决定》(陈矿党字〔1998〕第 004 号)，分别为：机关党支部、高档普采队党支部、综采二队党支部、开拓三队党支部、运输队党支部、机修厂党支部、机电队党支部、通风队党支部、选煤厂党支部、生活服务公司党支部、综采一队党支部、掘进一队党支部、掘进二队党支部，其中前10个党支部设立支部委员会，后3个党支部不设立支部委员会，只设书记一人主持工作。之后，根据矿井发展需要，截至2021年陈四楼煤矿基层党组织状况如见表10-1-2。

表10-1-2　2021年陈四楼煤矿党委基层党组织状况一览表

序号	党组织名称	规范化简称	成立时间
1	中共陈四楼煤矿综采一队支部委员会	综采一队党支部	2010年1月
2	中共陈四楼煤矿综采二队支部委员会	综采二队党支部	2010年1月
3	中共陈四楼煤矿综采准备队支部委员会	综采准备队党支部	2016年10月
4	中共陈四楼煤矿综采安装队支部委员会	综采安装队党支部	2010年1月
5	中共陈四楼煤矿开拓一队支部委员会	开拓一队党支部	1998年9月
6	中共陈四楼煤矿开拓二队支部委员会	开拓二队党支部	1999年3月
7	中共陈四楼煤矿开拓三队支部委员会	开拓三队党支部	1998年2月
8	中共陈四楼煤矿开拓五队支部委员会	开拓五队党支部	2005年4月
9	中共陈四楼煤矿综掘一队支部委员会	综掘一队党支部	2005年3月
10	中共陈四楼煤矿综掘二队支部委员会	综掘二队党支部	2008年1月
11	中共陈四楼煤矿综掘三队支部委员会	综掘三队党支部	2010年6月
12	中共陈四楼煤矿综掘四队支部委员会	综掘四队党支部	2010年6月
13	中共陈四楼煤矿机电队支部委员会	机电队党支部	1998年2月
14	中共陈四楼煤矿运输队支部委员会	运输队党支部	2001年2月
15	中共陈四楼煤矿通风队支部委员会	通风队党支部	2010年1月
16	中共陈四楼煤矿皮带队支部委员会	皮带队党支部	2002年8月
17	中共陈四楼煤矿探防队支部委员会	探防队党支部	2010年10月
18	中共陈四楼煤矿选煤厂支部委员会	选煤厂党支部	2022年1月
19	中共陈四楼煤矿服务公司支部委员会	服务公司党支部	1998年2月
20	中共陈四楼煤矿机关第一支部委员会	机关第一党支部	2002年8月
21	中共陈四楼煤矿机关第二支部委员会	机关第二党支部	2002年8月
22	中共陈四楼煤矿机关第三支部委员会	机关第三党支部	2016年10月
23	中共陈四楼煤矿机关第四支部委员会	机关第四党支部	2016年10月
24	中共陈四楼煤矿机关第五支部委员会	机关第五党支部	2019年5月

二、党支部标准化规范化建设

2019年以来，陈四楼煤矿党委根据河南省政府国资委党委《省管企业党支部标准化规范化建设实施意见(试行)》、《河南能源化工集团党委关于支部标准化规范化建设的实施意见(试行)》(豫能发〔2019〕86号)、《永煤公司党委创建党支部标准化建设示范点实施方案》(永煤党发〔2019〕83号)等文件精神，按照“一年对标强基础、两年提升出成绩、三年全面上台阶"的总体目标，依据矿井实际，编写了《党支部标准化实操手册》《党支部工作规则》《党支部评价体系》，进一步明确了组织设置、班子建设、组织生活、教育管理、基础保障和考核评价等相关标准，确保党支部围绕安全生产开展党建工作，切实发挥战斗堡垒作用，做好党员教育、管理、监督、服务和发展党员工作，团结带领职工群众完成本单位各项任务。当前全矿所有党支部都达到了省国资委"六个标准化"建设要求，综掘三队党支部在原永煤公司党支部标准化规范化示范点的基础上，被评为"省国资第二批党支部标准化规范化示范点"，机电队党支部被评为永煤公司党支部标准化规范化示范点。

第三节　党员代表大会

一、中共河南龙宇能源股份有限公司陈四楼煤矿委员会第一次党员代表大会

2016 年 12 月 26 日，中共河南龙宇能源股份有限公司陈四楼煤矿委员会召开第一次党员代表大会。大会应到会代表 120 名，实到会代表 116 名。其中领导干部代表占 57%，专业技术人员代表占 19%，先进模范人物代表占 24%；青年党员、妇女党员代表占适当比例。大会听取和审议了中共河南龙宇能源股份有限公司陈四楼煤矿委员会的工作报告及中共河南龙宇能源股份有限公司陈四楼煤矿纪律检查委员会的工作报告；听取和审议关于党费收缴、使用和管理情况的报告，选举产生了首届中共河南龙宇能源股份有限公司陈四楼煤矿委员会和首届中共河南龙宇能源股份有限公司陈四楼煤矿纪律检查委员会。党委委员共 5 人，分别为周荣、曾朝辰、李矿军、王小国、龚子敏，周荣任党委书记。纪委委员有 3 人，分别为李矿军、江红杰、马志刚，李矿军任纪委书记。

二、中共河南龙宇能源股份有限公司陈四楼煤矿委员会第二次党员代表大会

2021 年 12 月 28 日，中共河南龙宇能源股份有限公司陈四楼煤矿委员会召开第二次党员代表大会，大会应到会代表 120 名，实到会代表 117 名。其中领导干部代表占 60%，专业技术人员代表占 20%，先进模范人物代表占 20%；青年党员、妇女党员代表占适当比例。大会听取审议了上届委员会工作报告、上届纪律检查委员会工作报告和党费收缴、使用和管理情况的报告。通过民主选举，产生了新一届陈四楼煤矿党委委员和陈四楼煤矿纪委委员。党委委员有 5 人，分别是聂济刚、张文康、李磊、刘斌、赵伟，聂济刚任党委书记。纪委委员有 3 人，分别是李磊、刘明申、马志刚，李磊任纪委书记。

第四节　党 员 管 理

一、党员发展

陈四楼煤矿党委始终把"保证质量，慎重发展"作为党员发展的一项硬性要求，坚持优先从一线员工中、优秀管理人员中以及业绩突出的团队中发展党员，坚决杜绝要求不高、把

关不严、亲近疏远、走过场、搞形式等不良风气,真正将作风过硬、素质过硬、群众基础好、模范带头好的先进分子发展到党员队伍中来,进一步增强党员模范带头作用的发挥。

党的十八大以来,矿党委紧紧围绕安全生产中心,以提高党组织的凝聚力、吸引力、战斗力为主要内容,按照《中国共产党发展党员工作细则》(2014 年 5 月 28 日修订版)的相关规定,遵循"控制总量、优化结构、提高质量、发挥作用"的总要求,结合矿井实际,按计划、按标准高质量发展党员。坚持把政治标准放在首位,严把发展党员质量关。严格对照《中国共产党发展党员流程图》,落实发展党员申请入党、入党积极分子的确定和培养教育、发展对象的确定和考察、预备党员的接收、教育和预备期满转正等 25 个流程,党员发展资料及时存档。2004—2021 年陈四楼煤矿发展党员情况见表 10-1-3。

表 10-1-3　2004—2021 年陈四楼煤矿发展党员一览表

年份	2004	2005	2006	2007	2008	2009	2010	2011	2012
新发展党员(人)	25	29	28	30	46	33	40	47	42
年份	2013	2014	2015	2016	2017	2018	2019	2020	2021
新发展党员(人)	25	25	22	17	18	17	22	25	42

二、党员教育与组织活动

陈四楼煤矿自成立以来,扎实推进从严治党要求,以党的群众路线教育实践活动、"三严三实"专题教育、"两学一做"学习教育、"不忘初心、牢记使命"主题教育、党史学习教育为引领,坚持思想建党、理论强党,打造多元化学习载体和平台,真正做到思想跟进、职责跟进、创新跟进,全面推进各项活动贯彻落实。

1998 年 1 月,按照上级党组织要求,结合矿井实际,印发《关于开展"创建先进党支部、争做优秀共产党员"活动的意见》,进一步加强党支部建设,全面提高党支部工作的整体水平及党员队伍素质,充分发挥党支部的战斗堡垒作用及党员先锋模范作用,促进矿井改革、发展和稳定。

1998 年 2 月,按照上级党组织要求,结合矿井实际印发《陈四楼煤矿党委关于充分发挥党组织政治核心作用的实施意见》,进一步加强和改进党的建设,坚持党对国有企业的政治领导,充分发挥企业党组织的政治核心作用,建立现代企业制度,促进矿井改革、发展和稳定。

2004 年 3 月,按照上级党组织要求,结合矿井实际,印发《关于深入开展争创"五好"基层党组织活动的通知》,进一步加强党的组织建设,充分发挥党委的政治核心作用、党支部的战斗堡垒作用和共产党员的先锋模范作用,调动一切积极因素,引导和教育全矿广大党员、干部和职工进一步增强生产经营、改革发展意识,建好建强陈四楼煤矿基层党组织。

2004 年 4 月,结合矿井实际,印发《关于开展党建工作示范点活动的通知》,加强矿井党建工作,充分发挥党支部的战斗堡垒作用,调动一切积极因素,增强各党支部服务生产经营意识,努力探索新形势下,加强党建工作的新途径、新办法,使陈四楼煤矿党建工作不断适应新的形势。

2005 年 2 月，按照上级党组织要求，结合矿井实际，下发《关于印发〈陈四楼煤矿保持共产党员先进性教育活动实施方案〉的通知》，确保共产党员先进性教育，加强矿井基层党组织和党员队伍建设，进一步加快陈四楼煤矿改革发展步伐的迫切需要。

2009 年，陈四楼煤矿党委加强对矿班子成员的学习要求，坚持在每周五的下午进行中心组学习，将重要文件精神、政策制度集中学习及讨论，并适时学习优秀的管理讲座，进一步提升矿班子成员学习的能力和素质。

2010 年以来，陈四楼煤矿党委以科学发展观为引领，创新开展了“123456”工作法，“1”是发挥党委的政治核心作用，把握发展方向；“2”是以“五精”和“五自”管理体系建设为切入点，围绕中心，服务安全生产大局；“3”是开展以“知恩、感恩、报恩”为主题的“三恩”教育系列活动；“4”是以企业文化建设、学习型组织建设、争创“四强”党组织及争做“四优”共产党员活动和党员身边无“三违”活动等 4 项工作为抓手，为矿井发展营造氛围，引好方向，做好后盾；“5”是培养五型人才；“6”是抓好 6 项重点工作，为陈四楼煤矿的发展提供了强有力的思想和组织保障，实现了矿井持续、提升、平稳、和谐发展。

2011 年，陈四楼煤矿党委在深入推进 4 项“抓手”考核的基础上，进一步优化考核资源，形成了企业文化建设、学习型组织建设和争创四强党组织、四优共产党员 3 项考核机制，并进一步细化考核标准，分层次、分步骤地坚持开展“企业文化建设”评比活动，推动基层单位将企业文化建设融入日常的管理过程中，发挥了党委坚强堡垒作用。

2012 年，陈四楼煤矿党委高举中国特色社会主义伟大旗帜，认真学习党的十七届五中、六中全会和集团公司和永煤集团“两会”精神，以持续安全发展为中心，调整生产布局和人力资源结构，统筹推进党建各方面工作，凝心聚力，务实发展，增加企业效益和员工薪酬，强化内部市场化和精细化管理，提高执行力和员工素质，勇当排头兵，为集团公司打造世界一流现代化作出了积极贡献。

2013 年，陈四楼煤矿党委认真落实科学发展观、党的十八大和十八届三中全会精神，扎实开展党的群众路线教育实践活动，立足“优化发展模式、提高生产效率、提升综合素质”工作思路，将党建工作融入矿井安全生产中心工作，深入推进“三大工程”，为矿井的安全稳定健康和谐发展奠定了坚实的思想基础。

2015 年，陈四楼煤矿党委制定下发了《陈四楼煤矿党风廉政建设责任制考核办法》《开展“转作风、强责任、重落实”督察活动》等文件，在各党支部、单位、科室自查自纠和总结的基础上，对各党支部、科室党风廉政建设责任制及履行“两个责任”、“一岗双责”情况进行了综合考核。

2016 年，陈四楼煤矿党委按照上级党组织要求，结合矿井实际，开展“两学一做”学习教育，2017 年 5 月，制定印发《陈四楼煤矿党委推进“两学一做”学习教育常态化制度化实施方案》。推进“两学一做”学习教育常态化制度化，必须紧密联系本单位实际，把思想教育作为首要任务，坚持用党章党规规范党组织和党员干部行为，用习近平总书记系列重要讲话精神武装头脑、指导实践、推动工作，不断增强各基层党支部和全体党员的政治意识、大局意识、核心意识、看齐意识，不断增强党内政治生活的政治性、时代性、原则性、战斗性，不断增强党自我净化、自我完善、自我革新、自我提高能力，确保党的组织充分履行职能、发挥核心作用，确保党员领导干部忠诚干净担当、发挥表率作用，确保广大党员党性坚强、发挥先锋模范作用，为矿井安全高效生产，夺取二次创业新胜利提供坚强组织保证。

坚持全覆盖、常态化、重创新、求实效，推动“两学一做”融入日常、抓在经常、形成长效，重点抓好以下几个方面工作：抓好党支部理论学习、落实“三会一课”制度、联系实际经常查找解决问题、构建党员发挥作用的长效机制、坚持不懈加强党支部建设。

矿党委致力于把学党章党规和学系列讲话统一起来，在学系列讲话中加深对党章党规的理解，组织全矿在岗党员开展了“手抄党章、学思悟评”活动，共收集手抄党章记录本406本、书法作品50余幅，通过学习，进一步提高了全体党员的思想认识，筑牢了思想政治基础。

2016年5月，结合矿井实际，下发《关于印发〈陈四楼煤矿党委在全体党员中开展“学党章党规、学系列讲话，做合格党员”学习教育实施方案〉的通知》，在矿井层面推进“两学一做”学习教育实施活动深入开展。2016年6月，印发《关于在陈四楼煤矿“两学一做”学习教育中开展“七个一”系列活动的通知》，组织一次“手抄党章、学思悟评”活动，举办一次党规党纪知识竞赛，开通一个学习教育“微平台”，集中组织一次党课，开展一次“两学一做”党员大讨论，选树一批先进典型，建立一个党员固定活动日制度，确保陈四楼煤矿“两学一做”学习教育高点起步、良好开局、方式多样、效果显著。

2016年9月，按照上级党组织要求，结合矿井实际，印发《关于加强基层党支部建设的实施方案》，从夯实陈四楼煤矿党的建设的基层基础工作出发，为扎实推进党支部工作更加规范化、制度化、系统化开展，发挥好“两个作用”，服务好企业改革发展稳定大局。

2017年3月，按照上级党组织要求，结合矿井实际，印发《关于进一步规范“三会一课”制度的通知》，进一步健全党的组织生活，推动“三会一课”制度化、规范化开展，切实解决基层党组织软弱涣散问题，充分发挥企业改革、发展、稳定工作中党组织的战斗堡垒作用和党员的先锋模范作用。

2017年5月，按照上级党组织要求，结合矿井实际，下发《关于印发〈陈四楼煤矿党委推进“两学一做”学习教育常态化制度化实施方案〉的通知》，推进“两学一做”学习教育常态化制度化，对于进一步筑牢同以习近平同志为核心的党中央保持高度一致的思想根基，加强和规范党内政治生活，保持党的先进性和纯洁性，增强党的生机活力；对于凝聚各基层党支部和广大党员，服务矿井安全生产稳定大局，大力实施永煤公司“三步走”战略，推动集团公司夺取“二次创业”新胜利，具有重大而深远的意义。

2017年10月，结合矿井实际，下发《关于印发〈陈四楼煤矿党委“‘六位融合’红色引擎工程”支部建设考核方案〉的通知》，2018年11月，重新修订下发该制度。通过加强“‘六位融合’红色引擎工程”支部考核，推进各支部加强党的政治核心、领导核心建设，充分发挥各党支部战斗堡垒作用和全体党员先锋模范作用，彰显党建实效，为矿井安全稳定发展提供坚强的思想、政治、组织保障。

2019年4月，按照上级党组织要求，结合矿井实际，印发《关于在党员中开展“亮身份、亮承诺、亮服务、树形象”活动的通知》，通过开展“亮身份、亮承诺、亮服务、树形象”活动，使广大党员无论在任何岗位、任何地方、任何时候、任何情况下，都能铭记党员身份，践行党的宗旨，履行党员义务，不断增强党员意识；在工作中，勇于担当作为，自觉把本职工作当作崇高的事业来对待，事事有激情，处处在状态，在推进企业改革发展中当标兵、做模范；在学习上，始终“坚持两个维护”，自觉学习习近平新时代中国特色社会主义思想，党的路线方针政策，积极向群众宣传党的理论和主张，将党的理论和主张转化为群众的自觉行动；在生活中，模范践行社会主义核心价值观和法律法规，做遵章守纪的模范。通过活动的开展使广大党员争做安全标兵、争做敬业模范、争做文明使者。

2019 年 4 月，按照上级党组织要求，结合矿井实际，印发《关于规范化开展“主题党日”活动增强支部组织力的通知》，“主题党日”活动是支部丰富党内组织生活，增强组织力的重要抓手，推动组织生活常态化、规范化、制度化，强化政治意识、责任意识，引导广大党员“不忘初心、牢记使命”，不断坚定理想信念、遵守党规党纪、保持清正廉洁、增强党性修养，开展好主题党日活动意义重大。

2019 年 5 月，结合矿井实际，下发《关于印发〈陈四楼煤矿“五星级”党员管理实施方案〉的通知》，贯彻落实全面从严治党要求，扎实开展“两学一做”学习教育常态化制度化，进一步加强党员队伍教育管理，激励广大党员做讲政治、有信念，讲规矩、有纪律，将道德、有品行，讲奉献、有作为的合格党员。2021 年 1 月，重新修订下发该制度。

2019 年 6 月，矿党委按照党的十九大精神及上级党组织相关要求，制定印发《陈四楼煤矿党委“不忘初心、牢记使命”主题教育实施方案》，深入推进“不忘初心、牢记使命”主题教育的开展。

2019 年 10 月，按照上级党组织要求，结合矿井实际，印发《党支部标准化制度流程清单》，为矿属各党支部做好党支部标准化规范化工作提供理论依据。

2020 年 8 月，根据矿井实际，下发《关于印发〈陈四楼煤矿科级管理人员“6＋6”动态考核实施方案(试行)〉的通知》，进一步提升了科级管理人员参与安全管理的主动性和自觉性，激发工作热情，增强责任感和使命感，不断创新工作思路及工作方法，提升管理水平，更好地为矿井发展作出积极贡献。

2020 年 8 月，为深入贯彻习近平总书记关于加强党支部建设的重要指示精神，根据《中国共产党支部工作条例(试行)》规定和中组部、河南省委组织部有关要求，按照上级党委安排，结合矿井实际印发《关于做好党委书记及班子成员党支部联系点工作的通知》，通过建立党委书记及班子成员党支部工作联系点，进一步压实党委书记抓支部的政治责任，带动班子成员深入基层推动工作，把全面从严治党落到每个党支部、每名党员。注重强化政治建设，始终坚持党的政治领导，把党支部建设得更加坚强有力。

2020 年 10 月，根据工作安排，印发《关于成立中共陈四楼煤矿选煤厂总支委员会及郝春建等 3 名同志职务任免的通知》，成立中共陈四楼煤矿选煤厂总支委员会。2022 年 1 月，撤销中共陈四楼煤矿选煤厂总支委员会，成立中共陈四楼煤矿选煤厂支部委员会。

2020 年 12 月，按照上级党组织要求，根据矿井实际下发《关于印发〈陈四楼煤矿党建融入安全管理工作实施办法〉的通知》，推动了党建工作与安全生产“双融合双促进”，充分发挥党建在企业安全生产中的引领和保障功能。

2020 年 12 月，按照上级党组织要求，根据矿井实际下发《关于印发〈陈四楼煤矿党员

(劳动模范、职工代表)“双岗网格化管理”实施方案〉的通知》,充分发挥党组织政治优势和工会组织的桥梁纽带作用,展现党员(劳动模范、职工代表)在服务职工群众、服务改革发展中的责任担当,以网格化管理方式实现以点带面、辐射带动,让党旗始终在改革脱困、共克时艰、重铸永煤新辉煌的进程中高高飘扬。

2021 年 4 月,永煤公司第一季度党建工作推进会在陈四楼煤矿召开,公司党委书记、董事长、总经理孙广建出席会议并讲话,他强调,要以党史学习教育为动力,把党建工作与企业生产经营深度融合,以实际工作成果和职工满意度检验党建成效,求真务实,担当作为,奋力开创党建工作新局面。公司党委副书记席晓辉、纪委书记袁伟出席会议。会前与会人员在陈四楼煤矿现场观摩了党建品牌创建、党群服务站等情况。公司党委组织部、党委宣传统战部、纪委、工会有关负责同志及工作人员,公司所属各单位党组织书记、分管党建工作领导、工会主席,组织部门负责同志等参加会议。

三、党费管理

陈四楼煤矿自成立以来严格根据上级党组织党费收缴的相关要求,按照“统筹安排、量入为出、收支平衡、略有结余”的党费管理使用原则进行党费管理。2016—2021 年,多次对《党费收缴、使用和管理制度》进行修订。建立党费专用账户,规范管理、严格审查、专款专用、专人负责,规范党费管理。留存党费主要应用于党员教育、困难党员补助、党建图书、党徽等购买、党员工作室建设等。

截至 2021 年,党费交纳的比例为:每月工资收入(税后)在 3 000 元以下(含 3 000 元)者,缴纳 0.5%;3 000 元以上至 5 000 元(含 5 000 元)者,缴纳 1%;5 000 元以上至 10 000 元(含 10 000 元)者,缴纳 1.5%;10 000 元以上者,交纳 2%。2020 年,在新冠疫情中,全矿党员自愿交纳特殊党费 33 850 元。

四、“五星”党员管理

2019 年以来,为落实全面从严治党要求,推进“两学一做”学习教育常态化制度化,进一步加强党员队伍教育管理,激励广大党员做“四讲四有”的合格党员,根据上级党组织相关要求,在全矿推行“五星”党员管理制度,“五星”党员管理由学习提升星、服务奉献星、文明自律星、安全实绩星、创先争优星组成。运用“五星”党员管理制度,打造积极主动参与学习提升、爱岗敬业乐于服务奉献、作风优良坚守纪律规矩、牢记安全勇创佳绩、立足岗位创先争优的党员。实行“五星”党员管理,坚持融入中心、服务大局,立足岗位、重在日常,量化考评、动态调整,简便易行、民主公开的原则。

第五节 干部管理

管理人员是企业的中坚力量,在矿井安全生产中起到承上启下的作用。管理人员的职业素质、管理能力和领导能力决定了能否带领出一支优秀的员工队伍,决定了能否有效完成各类安全生产经营目标。因此,只有选拔培养更多的优秀管理人员,才能促进企业安全发展高质量，才能使企业在激烈的市场竞争中永远立于不败之地。

一是严格选拔程序。在干部选拔任用过程中，认真贯彻“对党忠诚、勇于创新、治企有方、兴企有为、清正廉洁”国有企业领导人员“20字”要求，突出政治标准，树牢学的导向、干的导向、严的导向，大力选拔优秀年轻干部，认真落实永煤公司党委《关于适应新时代要求大力发现培养选拔优秀年轻干部的实施意见》，建立素质优良、数量充足、结构合理的年轻干部队伍。根据干部管理权限，规范干部选拔任用程序，突出工作重点，严把资格审查关口，认真履行分析研判和动议、民主推荐、考察、讨论决定、任职等选拔任用程序，形成正确的选人用人导向。

二是拓展发展空间。坚持“最好的培养就是使用”的理念，秉承人尽其才、以德为先的思路，努力拓展人才发展空间，发挥人才最大潜能。加强人才队伍建设，建好、管好、用好“管理、技术、技能”三支人才库，提高人才配置效能。完善人才评价机制，建立以岗位职责要求为基础，以品德、能力和业绩为导向的人才评价发现机制。优化人才成长环境，加大人才工作的宣传力度，大力表彰、奖励各类优秀人才，形成“尊重劳动、尊重知识、尊重人才、尊重创造”的浓厚氛围。积极推行基层管理人员和机关管理人员双向任职，增强干部统揽全局和解决实际问题的能力，提高矿井专业化管理水平。同时，推荐综合素质高、业务能力强的优秀管理人员外出挂职锻炼，进一步开阔视野，增长阅历，积累经验，提升个人综合能力。

三是动态考核评价。通过日常考核与年终考核、定量考核与定性考核相结合的方式，对各级管理人员进行动态摸底，结果作为“好干部”、先进工作者、优秀管理工作者评选的主要依据之一。提拔和使用一批有发展思想，有工作魄力的青年干部，把懂安全、会管理、业绩效益好、群众评价高、工作尽职尽责、想干事能干事的青年人才安置到重要岗位，成为中坚力量。对年度完不成任务考核不合格、两年考核基本合格及任期考核不合格的管理人员予以解聘，彻底打破“铁饭碗”，真正实现干部能上能下、能进能出。

四是加大培养力度。坚持多岗位锻炼人，多渠道培养人，充分利用红色教育基地以及各类素质能力提升培训班等培训资源，采取“走出去”和“请进来”的方式，有计划开展管理人员党性教育和职业素养提升培训。加强骨干人才培养，通过学习强矿 App、技术比武、导师带徒、“2＋N”讲坛等平台，全方位、多角度加强青年骨干人才的管理、技术、技能水平提升。持续加大各单位之间、机关与基层之间、党务与行政之间的干部交流力度，注重管理人员基层工作经历，科室科长原则上要有区队工作经历，行政正职原则上要有党务工作经历，全面提升管理人员应对和处理复杂问题的能力。

第六节　党建创新工作

一、开展党建品牌建设

2020 年以来，陈四楼煤矿党委始终以习近平新时代中国特色社会主义思想为指导，深入贯彻河南能源“123456”党建总体方略，全面落实永煤公司党建“强根固魂工程”，大力弘扬“敢于担当、勇于拼搏”的永煤精神,以“领高红承、煤海筑梦”为统领,按照系统集成、拔高提升的原则,构建起了“13531”党建模式,紧紧围绕矿井中心工作,抓好党的建设,为实现企业高质量发展提供了强有力的组织保证和思想保证。同时陈四楼煤矿所属各基层党支部实现了“一支部一品牌”。

“领高红承、煤海筑梦”释义:永煤首对矿井陈四楼煤矿,坚持旗帜引领、根魂领航,确保党的领导全覆盖,坚持党建高质量促发展高质量,确保党建工作全融合,坚持红色基因育先锋、红色引擎筑堡垒,确保党建工作全过硬,坚持传承“敢于担当、勇于拼搏”永煤精神和“诚信务实、创新争先”陈矿精神,确保党建工作全渗透,致力打造成永煤公司、河南能源的党建标杆品牌,铸就煤炭行业党建工作的一面旗帜。

(1)第一个“1”:坚持红色领航。陈四楼煤矿位于淮海战役主战区,我们在建矿之初就将淮海战役革命先烈的献身精神与煤矿职工“特别能战斗”精神融为一体,使革命精神在矿井建设中发扬光大,红色基因得以传承和发扬。

同时,陈四楼煤矿1976年矿区开发建设提上日程,赶上了“发展才是硬道理”的改革开放大时代,在创业初期就创下了“五个第一”:第一家在煤炭基本建设中引入竞争机制;第一家在煤炭基本建设中推行监理制;第一家在煤炭基本建设中试行以设计为主体的工程总承包;第一家在煤炭基本建设中采取“建设、承包、监理”三元管理结构;第一家在矿区总体布局中实现了“三条线”分离构想。

(2)第一个“3”:矿党委坚持抓基层打基础,突出党支部、党小组、党员队伍三方面的建设。构建了党支部“三查三评”机制,创建了“党建班建一体化”“二三事务”为主体的党小组建设机制,构建“六个一”党员队伍模式。

(3)其中的“5”:重点强调如何发挥党委核心作用,包含三个方面,即“五心”理念把方向、“五个”聚焦管大局、“五项”工程保落实。

“五心”理念把方向:

对党忠心,将党的宗旨化作实际行动。

为民真心,形成密切联系职工的最大优势。

守土尽心,铸就守土有责、守土尽责的担当精神。

干事用心,形成想干、愿干、争先干的实干精神。

筑梦同心,增强主人翁意识,构建起了人企命运共同体。

“五个”聚焦管大局:

聚焦思想建设管大局。实现职工与企业在目标、路径、行动、价值上的“四个一致”。

聚焦战略规划管大局。树立“重铸矿井新辉煌”战略目标,明确“一年打基础、两年上台阶、三年创水平”的总体规划,确定“六化”发展模式。

聚焦品牌塑造管大局。实现采掘接替由紧向松、瓦斯治理由量向质、标准化由达标向创标的“三个转变”。

聚焦文化培育管大局。实现以文化统一思想、以文化激励斗志、以文化凝聚人心。

聚焦重要决策管大局。做到“三个明确”,实现党的领导与矿井治理的有机统一。

“五项”工程保落实:

旗帜引领增强领导力。完善落实党的全面领导制度、重大事项请示报告制度、党委会议“第一议题”制度。

楷模先锋增强带动力。常态化开展标杆支部、星级党员、陈矿楷模评选，形成良好的示范带动效应。

人才强企增强发展力。坚持党管人才、党管干部的原则，搭建人才成长平台、赛台、舞台，提升职工综合素质。

平安护航增强保障力。构建了“想安全、要安全、会安全、能安全”的369安全文化，连续安全生产超过2 000天。

暖心保障增强凝聚力。实施“一网一桥”工程。构建“党建引领＋网格管理＋双心服务”模式，打通关爱职工“最后一公里”。

(4) 第二个“3”：在党建工作中，我们按照“循环创标、循环领航、循环担当”的原则和机制，抓典型、树标杆、推经验，一个支部带动一个专业，确保标准化建设达标、品牌建设取得成效，形成了“一支部一特色、一支部一品牌”的百花齐放效果。

(5) 最后一个“1”：在高质量党建的强势引领下，形成了以“五大”优势为特征的高质量发展“陈矿模式”，即安全稳定优势、集约高效优势、激励机制优势、选人用人优势、队伍建设优势。1997年建成投产以来，累计完成商品煤产量4 500多万吨，实现营业收入320多亿元、利润150多亿元；累计培养输出处级干部30多人、科级干部100多人；2020年，原煤产量267万吨，商品煤产量194万吨，开拓进尺2 416米，营业收入15.5亿元，利润2.27亿元，实现安全环保、疫情防控“零”目标。

2021年，“13531”党建模式在煤炭行业庆祝建党100周年交流座谈会上被评为全国“煤炭行业党建工作品牌示范案例”，后期被评为永煤公司“党建十佳品牌”。同时陈四楼煤矿综采一队党支部“六争四创、全员竞优”等9个党建品牌被评为永煤公司“支部百佳特色”。陈四楼煤矿党支部品牌明细见表10-1-4。

表10-1-4　陈四楼煤矿党支部品牌明细表

序号	名称	党支部品牌名称
1	综采一队党支部	“六争四创全员竞优”党建品牌
2	综采二队党支部	“五包五促创五星”党建品牌
3	综采准备队党支部	“服务在线创先争优”党建品牌
4	综采安装队党支部	“夯基垒台装备有素”党建品牌
5	开拓一队党支部	“标杆在线登高远航”党建品牌
6	开拓二队党支部	“四亮三创强安全促生产”党建品牌
7	开拓三队党支部	“凝心聚力高效提升”党建品牌
8	开拓五队党支部	“开拓进取四融共建”党建品牌
9	综掘一队党支部	“三好一强”党建品牌
10	综掘二队党支部	“党建带动标杆前行”党建品牌
11	综掘三队党支部	“创智领航四力筑梦”党建品牌

表 10-1-4(续)

序号	名称	党支部品牌名称
12	综掘四队党支部	“笃学共济聚力攻坚”党建品牌
13	机电队党支部	“六带三促安稳护航”党建品牌
14	运输队党支部	“五同三带运输有道”党建品牌
15	通风队党支部	“风行煤海”党建品牌
16	皮带队党支部	“煤海骆驼”党建品牌
17	探防队党支部	“三比三创钻注质量”党建品牌
18	选煤厂党总支	“洗尽铅华”党建品牌
19	服务公司党支部	“服务在线同心克难”党建品牌
20	机关第一党支部	“双能五型”党建品牌
21	机关第二党支部	“服务＋灾害治理”党建品牌
22	机关第三党支部	“服务＋团队建设”六合党建品牌
23	机关第四党支部	“三力四先聚合先锋”党建品牌
24	机关第五党支部	“1＋1＋1”党建品牌

二、开展“六好”区队建设

陈四楼煤矿在永煤公司党建“强根固魂”工程引领下，不断丰富和发展矿井“13531”党建品牌内涵，认真落实两级公司关于区队建设的要求，坚持以职工为中心，坚持以安全为主线，以“三体系两机制一工程”为抓手，以“六好”区队创建为目标，达到小事不出班、大事不出队、矛盾不上交的效果，区队建设实现由管理向治理转变，以区队建设高质量推动矿井发展高质量。

“三体系”即“责任体系、标准体系、考核体系”；

“两机制”即“交流学习机制”和“提升推进机制”；

“一工程”即“区队品牌创建工程”。

陈四楼煤矿在两级公司的坚强领导下，通过不断加强区队建设，矿井整体呈现出高质量发展局面。其中：开拓三队获评永煤公司2021年二季度“六好”区队第一名的优异成绩，开拓一队获评永煤公司2021年三季度“六好”区队第二名的好成绩。陈四楼煤矿区队“十佳”工作法见表10-1-5。

表 10-1-5　陈四楼煤矿区队“十佳”工作法

序号	区队	名称
1	综采一队	“1＋3＋N”工作法
2	综采二队	“三压三强”工作法
3	综采准备队	“四位一体”工作法
4	综采安装队	“1125”安装拆除工作法

表 10-1-5(续)

序号	区队	名称
5	开拓一队	“五强五提”工作法
6	开拓二队	“板凳计划”轮值管理工作法
7	开拓三队	“三公示六公开”阳光区队管理法
8	开拓五队	“一三五七”区队工作法
9	综掘一队	“123450”区队管理工作法
10	综掘二队	节支降耗工作法
11	综掘三队	“6＋X＋1”党建领航工作法
12	综掘四队	“12256”班组旬评比工作法
13	机电队	“大数据＋定额”成本管理工作法
14	运输队	“3333”严细实工作法
15	通风队	“一三四”工作法
16	皮带队	“4321”主煤流运输系统安全高效工作法
17	探防队	“11360”工作法
18	选煤厂	“算账”管理工作法
19	服务公司	“两新”工作法

第七节　宣传工作

一、机构与职责

1997 年 7 月，设立陈四楼煤矿政工科。

2018 年 8 月，撤销政工科，成立党委宣传部。负责矿井宣传思想工作，重大宣传报道实行统一管理，统一组织安排。

陈四楼煤矿自组建以来，基层单位宣传思想工作均在党委领导下开展，党委宣传部负责制定新闻宣传工作方针、管理制度和办法，牵头开展业务指导和政策性管理控制。

主要职责：制订新闻宣传工作规划和年度计划，组织实施；制定突发舆情危机事件应急预案，协调开展危机公关活动、处置突发事件；协调新闻宣传资源，完善新闻宣传组织体系；联络与协调外部媒体资源，管理与指导内部媒体，组织、策划、实施重大新闻宣传报道活动；组织、编发、审核对内对外重要新闻宣传稿件；负责内外网站规划、设计及日常新闻采编、审核、发布工作；负责各级领导及重大活动的新闻摄影和摄像，组织、策划和制作陈四楼煤矿重大活动影视宣传片；负责重要新闻宣传资料的收集、整理、归档。

二、历任党委宣传部门负责人一览表(10-1-6)

表 10-1-6　陈四楼煤矿历任党委宣传部门负责人一览表

序号	姓名	职务	任职时间
1	赵德军	政工科科长	1995.03—2002.08
2	孙建峰	政工科副科长(主持工作)	2002.08—2004.04
3	杜志刚	政工科科长	2004.04—2005.03
4	刘　益	政工科科长	2005.03—2007.08
5	贾东晓	政工科科长	2008.01—2008.08
6	刘　益	政工科科长	2008.08—2009.08
7	付允玲	政工科科长	2009.08—2011.06
8	马志超	政工科副科长(主持工作)	2011.06—2014.05
9	张永强	政工科科长	2014.05—2014.12
10	江红杰	政工科科长	2014.12—2018.08
11	马志刚	党委宣传部副部长(主持工作)	2018.10—2020.07
12	马志刚	党委宣传部部长	2020.07—

三、宣传活动

1997 年 3 月 17 日,中共陈四楼煤矿委员会印发陈矿党字〔1997〕第 05 号《关于宣传报道和学术文章的考核奖励办法》,激励广大职工的写作热情,提高稿件的质量,搞好宣传报道工作,从而加强精神文明建设,推动煤矿的全面发展。

1997—1998 年,以矿区由基建转向生产为重点,开展系列宣传教育活动,引导职工参与群众性文明矿(厂)创建。

1999—2000 年,围绕国家“九五”计划和国有企业脱困目标,建党 78 周年主题系列活动等,利用电视、报纸、会议、板报、知识竞赛、演讲比赛等形式,多渠道多角度引导职工理解企业遇到的困难和应对的措施,号召广大职工与企业同舟共济,为企业改革发展营造良好政治氛围和舆论环境。

2001—2002 年,永煤集团发展步入快车道,矿井围绕企业新的转型发展目标,以党的十五届四中、五中全会精神为指导,开展一系列的宣传教育活动,助推企业跨越发展。

2003 年,中共陈四楼煤矿委员会印发《关于开展向邵兴建、张战利两位同志学习的通知》(陈矿党字第〔2003〕37 号)、《关于开展向史来贺同志学习活动的通知》(陈矿党字第〔2003〕40 号)、《关于认真学习贯彻党的十六届三中全会精神的通知》(陈矿党字第〔2003〕43 号)。配合地方和矿井相关机构,开展非典防治宣传。向周边村民、广大职工发放传单,广播宣传,并在矿区封闭管理过程中,冲在第一线向职工群众做好解疑释惑,稳定舆情事态。

2004 年,围绕“战略发展年”主题,为永煤“靠大、联大、做大”鼓与呼。5 月 28 日《河南日报》头版头条刊发《靠资本运营做强做大——来自永煤的报告》,介绍永煤和宝钢、巴西淡水河谷合作，配发评论员文章《完善资本市场推动经济发展》。新华社、《经济日报》等中央媒体多次刊发永煤改革发展文章。举办“企业文化大家谈”演讲比赛活动，开展“共创我们的安全生产环境”大讨论活动。

2005年，围绕“企业文化年”目标，多方位加强企业文化建设宣传引导，启动“万龙行动”企业文化建设主题活动。同时，统筹协调河南省副省长史济春、河南省委办公厅副秘书长王国振一行、巴西淡水河谷副总裁马丁一行、中国驻巴西大使蒋元德一行、贵州省安顺市副市长陈正明一行、河南省国资委助理巡视员晁凤仙一行、壳牌中国有限公司客人在集团公司总经理翟源涛等，以及中国煤矿文工团来矿演出的宣传报道。

2006年，根据永煤企业文化新体系，组织全矿干部职工开展学习，积极落实永煤集团宣传干部作风大整顿十条标准。荣获国家安监局举办的全国煤矿职工安全知识竞赛优秀组织奖。

2008年8月，组织参加全省“新解放、新跨越、新崛起”大讨论，推动又好又快发展，确保永煤“二次创业”和重大改革发展目标实现。积极发掘年初贵州凝冻天气下永贵能源人战天斗地、“5·12”汶川地震后永煤上下“一方有难八方支援”中涌现动人事迹，参与发掘和组织学习“永贵精神”。

2009年，开展河南煤化重组“大集团、大战略、大目标”大讨论，进一步解放思想，深化认识，引领行动，形成用心做事、干事创业、积极进取、奋发有为的良好思想氛围。拓展“从零开始，向零奋斗”安全理念，形成“设备状态零缺陷、生产组织零违章、系统运行零隐患、操作过程零失误、安全工作零起点、执行制度零距离、安全生产零事故、发生事故零效益”“十零”安全文化理念。

2011年，组织庆祝建党90周年系列活动。持续深化“333”(“三及时”“三带动”“三沟通”)机制建设，坚决做到宣传效果与永煤排头兵形象相符。

2012年，以做强做优永煤的伟大事业努力奋斗为主题，组织开展“假如我是……”征文演讲活动，“落实讲话精神、催发内生动力”基层主题调研，激发全员认清形势、增强信心，严控成本、提质增效等工作中。

2013年，开展“抗危机、保态势、提质增效”舆论引导，策划专版报道基层单位积极应对危机、提质增效措施。

2014年，永煤集团举办“‘陈矿杯’用制度管人用流程管事征文大赛”，集中报道永煤集团及各单位在教育实践活动和安全、生产、经营等方面亮点，不断凝聚发展正能量。

2015年，推出“践行‘三严三实’推动科学发展”“学榜样聚发展正能量”“面对新常态，应该怎么办”“落实上级指示精神，加快企业脱困转型”等专题策划，刊发形势任务教育系列言论，推动压力与动力“双重传递”。开展“深入学习讲话、认真吸取教训、夯实安全根基”大讨论；开展“第二届榜样永煤寻找敬业楷模”“我与企业同呼吸共命运”征文演讲比赛。

2017年，结合河南能源“四讲四提”活动安排，持续开展“明形势、顾大局、爱企业、聚合力、我与永煤共奋进”主题大讨论，开展“四供一业”、社会化移交等重点改革工作政策宣讲，促进企业深化改革。

2018年，开展“不忘初心、牢记使命”主题教育征文比赛，组织基层党支部参加永煤集团“弘扬焦裕禄精神　争做出彩永煤人”主题微党课大赛。

2019 年,开展"讲团结、立规矩、树正气,同心协力,重铸辉煌"主题宣教系列活动,营造了矿井风清气正的干事创业氛围。举办"青春心向党　建功新时代"主题演讲比赛,引导干部职工深入学习贯彻习近平新时代中国特色社会主义思想和党的十九大精神。

2020 年,开展"我与党旗共成长,我与企业同发展"主题征文活动,为庆祝党的 100 周年华诞,引导广大干部员工树牢"四个意识",坚定"四个自信",坚决做到"两个维护",坚守初心使命,传承红色基因,展现陈四楼煤矿人逆势而上、努力奋斗、追求幸福生活的精气神。

2021 年,举办"青说党史 · 助力企业改革攻坚"青年讲师团主题宣讲大赛活动,为推动企业改革攻坚凝聚青春力量。开展"感恩瞬间"微视频征集活动,围绕"社会主义核心价值观"内容,记录温情瞬间,记述身边关于感恩的点滴,用镜头向党和祖国、向企业和社会、向家乡和亲人、向朋友和同事传达爱与感恩。

四、理论教育

1997 年,围绕迎接党的十五大和香港回归两件大事展开宣传。邓小平逝世后,组织广大党员干部认真学习《告全党全军各族人民书》《邓小平伟大光辉的一生》等文献。重点开展《中华人民共和国宪法》《中华人民共和国劳动法》《中华人民共和国煤炭法》等法律法规的学习。

1998 年,组织宣传学习党的十五大精神,继续抓好党性教育,开展社会主义市场经济基本知识和现代科学文化知识教育。举办"三讲"教育报告会,举办党的十一届三中全会召开及改革开放十周年演讲比赛庆祝活动,提高政治思想素质,坚定搞活国有企业信心,推进安全质量、改革发展、提质增效等工作。

1999 年 5 月 9 日,中国驻南联盟大使馆被炸,开展爱国主义教育,引导干部职工把浓浓的爱国之情,变为"立足岗位爱国,扭亏脱困谋发展"实际行动。下半年,开展弘扬伟大抗洪精神、助力企业攻坚克难宣传。

2000 年,组织学习"三个代表"重要思想宣传党的十五届四中全会精神、河南省委六届九次会议和《中共中央关于加强和改进思想政治工作的若干意见》精神。

2001 年,按照上级指示,开展"讲政治、讲学习、讲正气"为主要内容"三讲"教育活动。

2002 年,认真开展理想信念和廉洁从政教育活动,组织学习党的十六大精神。

2003 年,在全矿开展"我靠企业生存　企业靠我发展"主题形势任务教育活动,做好非典防治宣传教育,掀起学习贯彻"三个代表"重要思想新高潮,继续学习贯彻党的十六大精神和全国"两会"精神。

2004 年,印发《关于进一步加强职工政治学习的通知》(陈矿党字第〔2004〕2 号)、《关于开展向劳动模范学习活动的通知》(陈矿党字第〔2004〕4 号)、《关于推荐〈没有任何借口〉一书的通知》(陈矿党字第〔2004〕14 号)、《关于加强新闻宣传工作的意见》(陈矿党字第〔2004〕17 号)、《关于认真学习贯彻全国"两会"精神的通知》(陈矿党字第〔2004〕20 号)、《关于深入开展向任长霞同志学习活动的通知》(陈矿党字第〔2004〕37 号)。开展普法教育,通过宣传《中国共产党党内监督条例》《中国共产党纪律处分条例》,推动反腐倡廉,营造忠诚干净担当的发展环境。

2005 年，开展保持共产党员先进性教育活动；全面启动企业文化建设。

2006 年，结合文化发展年实际，从 10 月起，按照永煤集团要求，组织学习宣贯。

2007 年，以党的十七大精神为指导，宣传贯彻自主创新作为国家发展战略核心，放在促进国民经济又好又快发展地位的论断。按照永煤集团实际和要求，开展为期两个月“永煤发展靠什么”大讨论。

2008 年，开展庆祝改革开放三十周年活动，加强相关理论知识学习。

2009 年，学习贯彻党的十七届三中全会、四中全会精神。开展纪念共和国成立 60 周年历史成就学习。

2010 年，学习贯彻党的十七届五中全会精神、冲刺世界 500 强动员大会精神，引导干部职工认清形势任务。

2011 年，开展创先争优活动和“三思三查三提升”主题教育，组织人员参加永煤集团“党在我心中”征文、“我为党旗添光彩”演讲等庆祝中国共产党成立 90 周年系列活动。

2012 年，学习贯彻党的十八大精神，按照永煤集团要求，组织开展《十八大报告学习辅导百问》的学习。

2013 年，围绕学习贯彻党的十八大精神，河南煤化 2013 年党委工作会议、河南煤化改进工作作风密切联系职工群众实施细则、认清当前形势确保提质增效主题形势任务教育，创新学习方式方法。

2014 年，以习近平总书记系列重要讲话精神等为重点，突出抓好各级中心组学习，共举办党委中心组学习 24 次。持续深入开展集中学习焦裕禄精神活动，组织 50 多名党员领导干部到焦裕禄纪念同参观，同时撰写学习焦裕禄心得体会 50 多余篇，在全矿上下形成学习焦裕禄精神、做焦裕禄式人物风气。

2015 年，围绕党的十八届五中全会精神、“三严三实”学习内容，开展党风廉政建设、党的政治纪律和政治规矩专题学习。围绕“机械化换人、自动化减人”要求，集中学习央视《“机器换人”的东莞样本》节目，开阔视野思维。

2016 年，认真贯彻“两学一做”学习教育安排部署，以中心组学习为龙头，系统组织学习党章党规党纪和习近平总书记系列重要讲话精神，学习型党组织建设覆盖率达 100%。举办“手抄党章”书法展，集中展示优秀书法作品 56 幅；组织参加永煤集团开展的“两学一做”学习教育知识竞答赛，引导和教育全体党员进一步坚定理想信念、强化责任担当、切实履职尽责。

2017 年，组织开展党的十九大精神、“两学一做”学习教育、国企党建、党风廉政建设、党史教育等主题学习活动，推进党委理论学习中心组学习制度化、规范化。按照永煤集团《学习宣传贯彻党的十九大精神工作方案》，参加党的十九大精神互动问答、知识竞赛和征文演讲比赛等 10 余项活动。组织员工收看党的十九大现场直播，举办了“党在我心中”主题演讲比赛，召开了学习宣传贯彻党的十九大精神动员部署大会。

2018 年，组织学习习近平总书记庆祝改革开放 40 周年大会重要讲话，中央经济工作会议，河南省委十届六次、八次会议，河南能源党委一届二次全会等上级重要会议精神。为党员干部购置《习近平谈治国理政（第二卷）》《习近平新时代中国特色社会主义思想三十讲》等书籍。

2019年,参加永煤集团举办的"学习贯彻习近平安全生产重要论述和习近平生态文明思想""忆党史、颂党恩、听党话、跟党走"等专题展播活动。加强"学习强国"学习平台推广运用,全矿500余名党员注册并开展了平台学习。

2020年,组织学习习近平总书记在"不忘初心、牢记使命"主题教育总结大会上的讲话,贯彻坚定不移走中国特色社会主义法治道路,为全面建设社会主义现代化国家提供有力法治保障等精神,学习2020年度《政府工作报告》,并对《中国制度面对面》开展系统学习。

2021年,持续开展对习近平总书记关于安全生产重要论述和习近平生态文明思想的学习,开展了习近平总书记视察河南重要讲话精神专题学习研讨,购买习近平《论中国共产党历史》一书,并组织开展学习。

五、新闻宣传

(一)报纸

1997年10月以前没有报纸。

1999年1月,报请党委书记同意后,初次编制矿报《陈矿通讯》,版式为A3正反两版,每月2期,彩印,印刷量50份,由政工科人员兼职负责。

2003年5月,永煤集团设立陈四楼煤矿通讯站,聘请3名通讯员为《永煤集团报》特约评论员、通讯站站长、特约通讯员。

2005年,《陈矿通讯》扩为对开四版大报,每月2期,印刷数量增至每期500份。

2012年,《陈矿通讯》更名为《陈四楼煤矿通讯》,启用新报头,为对开四版大报,每月2期,印刷数量为每期500份。

2020年8月,《陈四楼煤矿通讯》改为每月1期,印刷数量为每期500份,并增加线上发布,通过内部网、微信公众平台等发布。

2021年6月,《陈四楼煤矿通讯》不再印发纸质版,只在线上通过内部网、微信公众平台等发布。

《陈四楼煤矿通讯》截至2021年年底共出版529期。

(二)微信平台

始创于2016年6月,初期以"陈矿心语"命名,除了丰富《陈四楼煤矿通讯》的传播渠道外,主要以转发为主,比如两级公司大事要闻、职工关心的问题等,发文的时间和期数没有固定,随机性比较强。2016年9月之后,基本固定为每星期2～4期。2019年2月之后,基本上为每天1期。2019年5月更名为"陈矿视听",微信公众号运行进一步规范,宣传部指定专人负责,要求原则上当日发生新闻事件,必须当日采写,当日发送。

(三)广播

2007年设立陈四楼煤矿广播站,矿工会安排专人负责,聘请3～5名矿职工担任兼职广播员,广播内容主要是两级公司及矿井主要新闻。

2019年重新更新广播站设备,聘请10～14名矿职工担任兼职广播员,制定《陈四楼煤矿广播站管理办法》,陈四楼煤矿广播工作得到进一步规范,也同时得到永煤集团、陈四楼煤矿主要领导和广大职工的认可。

六、制度建设

1997 年 10 日,《陈四楼煤矿通讯》创刊后,先后出台《陈四楼煤矿通讯员管理办法》《陈四楼煤矿新闻宣传工作管理办法》,逐步健全新闻报道管理体系。

2019 年 4 月,制定《陈四楼煤矿新闻宣传工作管理办法》。

内部宣传工作,根据国家宏观形势需要、上级宣传部门指示和矿井年度工作目标,每年年初制定全年宣传目标,每季度进行宣传要点分解,每月制订宣传计划,每月分单位统计各单位发稿情况,在内部报纸上通过"龙虎榜"公示。

七、素质培训

各基层单位新闻通讯员由本单位自行确定人选,报党委宣传部备案,各单位新闻通讯员人选一经确定,原则上不作变动,由工作任务分配、工作调动等原因造成通讯人员变动,各单位确定新人选后,及时向党委宣传部报备信息。

新闻通讯员具体负责本单位新闻宣传工作,及时了解本单位各项工作最新信息、成果以及重大活动开展情况,征得本单位主要领导、矿党委宣传部同意,真实、客观、准确地撰写新闻稿件,由单位负责人和党委宣传部审阅同意并备案后,方可向矿井以外媒体投稿。

党委宣传部负责每年通讯员培训计划和内容制定,根据各单位基层通讯员工作起点、业务能力等因素,采取聘请业内新闻媒体资深记者、相关专业人士及有关领导、专家、老师集中授课,积极参加永煤集团或到基层开展通讯员座谈交流,观看新闻写作方面教学影片等形式。学习新闻宣传理论知识,逐渐增强政治敏锐性和新闻敏感性,提高新闻意识,不断提高理论素养和业务水平。

通讯员在行业、省级、国家级新闻媒体上发表宣传矿井新闻,按照"多稿酬"原则进行奖励。对于头版头条、影响大稿件,可报请相关领导审批,予以额外奖励。所有奖励只针对首发媒体刊登(播发)稿件,对于被转载(转发)稿件,不重复奖励;被多家媒体同时刊(播)发只根据级别最高的媒体进行奖励,不重复奖励。

八、新闻报道

2017 年,《中国煤炭报》1 月 20 日刊发《陈四楼煤矿:用上红外线警戒装置》;2 月 22 日刊发《巷道扛物乘车,险些触电身亡》;4 月 19 日刊发《溜煤槽放大块,发生未遂事故》;7 月 17 日刊发《遗留瞎炮在井下发生爆炸》;7 月 26 日刊发《陈四楼煤矿:开发"每日一题"学习软件》;8 月 2 日刊发《河南能源永煤陈四楼煤矿:职工有了防突"口袋书"》;8 月 14 日刊发《图片新闻:陈四楼煤矿推进导师带徒》;8 月 23 日刊发《陈四楼煤矿:精细推进创新绩效考核》。《中国安全生产报》3 月 20 日刊发《以诚待安》;6 月 13 日刊发《违章未遂也要现身说法》;10 月 24 日刊发《抢活儿》;12 月 4 日刊发《给自己开罚单》。中国煤炭安全生产网 3 月 22 日刊发《陈四楼煤矿:"先喷后锚"降本提质》《陈四楼煤矿:"四线"合力锻造"新兵"》《陈四楼煤矿:“多元”培训促“全面”提升》《陈四楼煤矿:再紧顶板“安全阀”》;6 月 24 日刊发《陈四楼煤矿:无线通信破解运输难题》《陈四楼煤矿:设计应用新型阻燃风门》《陈四楼煤矿:改造主井井架井塔连接板》《陈四楼煤矿:扎实推进环保工作》《陈四楼煤矿:矸石综合利用达 100%》。

2018 年,《中国煤炭报》1 月 3 日刊发《矸石山新旧对比》;2 月 27 日刊发《陈四楼煤矿:瓦斯收集有妙招》;3 月 5 日刊发《郝道贤人物报道》;5 月 19 日刊发《员工延点了给家属报个平安》;5 月 31 日刊发《访陈四楼煤矿总工程师龚子敏》;7 月 21 日刊发《陈四楼煤矿:无煤柱开采技术创效 6 445 万元》;8 月 28 日刊发《合理匹配人和岗》;8 月 28 日刊发《图片新闻:陈四楼煤矿丰富食堂饭菜花样》。中国煤炭安全生产网 4 月 28 日刊发《陈四楼煤矿:环保工作“实打实”》;5 月 30 日刊发《陈四楼煤矿:强力推进节能环保》;7 月 30 日刊发《陈四楼煤矿:环保工作“实打实”》。

2019 年,《中国煤炭报》4 月 23 日刊发《无怨无悔人生路》《壮丽 70 年奋斗新时代》;6 月 27 日刊发《王超额:用爱呵护机电设备》;8 月 27 日刊发《无悔青春足够闪光》;12 月 7 日刊发《陈四楼煤矿:除水害进入地面区域治理新阶段》;12 月 26 日刊发《陈四楼煤矿:开展地面火灾应急演练》。中国煤炭安全生产网 1 月 24 日刊发《陈四楼煤矿:环保工作动力足》;5 月 20 日刊发《陈四楼煤矿:环境治理“美加净”》;6 月 26 日刊发《陈四楼煤矿:“绿色主题”促环保》;10 月 22 日刊发《陈四楼煤矿:注浆站密闭助环保》;10 月 31 日刊发《陈四楼煤矿:综合施策防治瓦斯》;11 月 22 日刊发《陈四楼煤矿:扎实推进环保工作》;12 月 2 日刊发《陈四楼煤矿:安全环保“无死角”》。

2020 年,《中国煤炭报》1 月 9 日刊发《工作就该实打实地干》;1 月 11 日刊发《图片新闻:青安岗,再起航》;4 月 18 日刊发《图片新闻:陈四楼煤矿开展安全警示教育》。中国搜索 2 月 6 日刊发《河南能源永煤陈四楼煤矿:硬核防控莫让疫魔进矿山》。人民视频 2 月 28 日刊发《没有一个冬天不可逾越》。煤矿安全网 3 月 15 日刊发《陈四楼煤矿:“立体化”疏导安全思想》《陈四楼煤矿:安全诚信促发展》《陈四楼煤矿:“三管三必”抓环保》;4 月 15 日刊发《陈四楼煤矿:学法规、抓落实、强管理》《陈四楼煤矿:春季安全检查忙》《陈四楼煤矿:绿色矿山稳推进》;5 月 15 日刊发《陈四楼煤矿:升级装备促环保》。中国煤炭新闻网 5 月 21 日刊发《让知识在一线发光——记党铁果》。《河南法制报》6 月 25 日刊发《奏响安全强音,打造平安煤矿》;7 月 25 日刊发《遵规守纪成方圆——陈四楼煤矿开展学抓强工作侧记》。

2021 年,《中国煤炭报》1 月 28 日刊发《沉陷区治理日月湖美景》。《河南日报》2 月 22 日刊发《刘正林带队到基层煤矿调研:发挥示范带头作用提升安全生产保障能力》。河南卫视 2 月 9 日报道《此处安心是吾乡》。《中国煤炭报》3 月 18 日刊发《陈四楼煤矿:双心服务站架桥梁》;4 月 24 日刊发《爱到一线去跑跑》。《中国矿业报》4 月 25 日刊发《陈四楼煤矿:生花妙笔绘新绿》。国家煤炭工业网 4 月 27 日刊发《心相通力相聚情相融——河南能源永煤陈四楼煤矿“双心”党群服务体系建设侧记》《乘风破浪立潮头——陈四楼煤矿破困局开新局实现首季“开门红”综述》。河南电视台 4 月 29 日播放《边广林:井下“钻”出青春别样风采》。大象网 4 月 29 日报道《【致敬劳动者】边广林:井下“钻”出青春别样风采》。《河南工人日报》5 月 24 日刊发《“亮绝活”亮出技能人才竞相成长》;5 月 27 日刊发《创新加油站让“金点子”落地生“金”》。《中国煤炭报》5 月 27 日刊发《把钻场当沙场把职工当兄弟》。“学习强

国”平台 5 月 28 日报道《创新加油站让“金点子”落地生“金”》。河南卫视《河南新闻播》5 月 6 日播放《【致敬劳动者奋进新征程】边广林：井下“钻”出新风采》。《河南工人日报》、“学习强国”平台 6 月 1 日刊发《打通服务职工“最后一公里”》。凤凰网河南频道 6 月 3 日报道《河南能源永煤陈四楼煤矿：吸取教训强消防》；6 月 11 日报道《2021 年河南能源“最美职工”边广林：青春筑梦“钻”彩虹》；6 月 13 日报道《智在千里展翅飞——河南能源永煤公司陈四楼煤矿加强力推进智能化建设侧记》。《河南法制报》6 月 25 日刊发《永煤陈四楼煤矿：严防矿井事故发生》。凤凰网河南频道、河南电视台《午间新闻联播》6 月 3 日报道《永煤集团：围绕项目转盯住项目干推动企业转型发展》。《中国煤炭报》6 月 8 日刊发《全国首个！F5G 矿山商用项目在这个煤矿落地》。《河南工人日报》6 月 8 日刊发《安全班组的“防”字经》。《河南法制报》7 月 12 日刊发《永煤陈四楼煤矿：严防矿井事故发生》。《河南工人日报》7 月 14 日刊发《用所学知识点亮自己照亮矿山》。凤凰网河南频道 7 月 25 日报道《永煤公司陈四楼煤矿：雨季“三防”更加力》。今日头条 8 月 19 日报道《河南能源永煤陈四楼煤矿：全力备战新“三防”》。《河南法制报》8 月 2 日刊发《永煤陈四楼煤矿：多措并举确保矿井安全度汛》。人民资讯 8 月 2 日报道《永煤陈四楼煤矿：多措并举确保矿井安全度汛》。煤矿安全网 8 月 25 日报道《河南能源永煤陈四楼煤矿：全力备战新“三防”》。“学习强国”平台 8 月 26 日报道《在钻场上“钻”出精彩》。《河南工人日报》8 月 26 日刊发《在钻场上“钻”出精彩》。凤凰网河南频道 8 月 8 日报道《河南能源永煤公司陈四楼煤矿：感恩教育促进素质提升》。煤矿安全网 9 月 1 日报道《河南能源永煤陈四楼煤矿：消防安全，党员先行》。《中国煤炭报》9 月 11 日刊发《F5G，让科技之光照进煤矿》。“学习强国”平台 9 月 11 日报道《F5G，让煤矿建设信息高速公路成为可能》。人民资讯 9 月 14 日刊发《F5G 让科技之光照进煤矿》。煤炭网、财经头条、新浪财经 9 月 14 日报道《实地探访|矿用 F5G 落地过程和应用效果原来是这样！》（又名《F5G 让科技之光照进煤矿》）。煤炭资讯网 9 月 2 日报道《培沃土深扎根——河南能源永煤公司陈四楼煤矿党委扎实推进党史学习教育工作侧记》。凤凰网河南频道 10 月 7 日报道《甘把青春献矿山——记河南能源永煤公司陈四楼煤矿节日坚守岗位的青年骨干人员》。《河南法制报》11 月 25 日刊发《“4＋3＋2”机制凝心聚力保安全——陈四楼煤矿党群合力助推矿井全年安全收官》。凤凰新闻网 12 月 17 日报道《冬日暖阳下的“志愿红”》。《中国煤炭报》12 月 25 日刊发《地表“突围”，超前治水有“法”》《图片新闻：F5G 技术在河南能源永煤公司陈四楼煤矿应用》《深刻领悟到创新是发展最强劲的驱动力》。“学习强国”平台 12 月 25 日报道《河南能源永煤陈四楼煤矿矿长张文康：深刻领悟到创新是发展最强劲驱动力》《图片新闻：F5G 技术在河南能源永煤公司陈四楼煤矿应用》。

2018 年，第五届全国微影视大赛，陈四楼煤矿报送的微电影《传承》荣获铜奖。

九、思想政治工作

2006 年之前，陈四楼煤矿未设立专门的思想政治工作机构。2006 年 2 月 10 日，印发《关于进一步加强职工思想政治工作的通知》（陈矿党字〔2006〕10 号）；2006 年 3 月 24 日，印发《关于成立陈四楼矿职工思想政治工作研究会的通知》（陈矿党字〔2006〕16 号）。陈四楼煤矿未设立专门的思想政治研究机构，从建矿以来，一直在永城煤电（集团）公司职工思想政治工作研究会领导下开展相关工作。思想政治工作由矿党委宣传部负责。

2020年6月,为深入贯彻落实习近平新时代安全生产重要论述和习近平生态文明思想,推进意识形态工作责任制落实,深入践行"从零开始、向零奋斗"的安全理念,着力消除员工思想方面的隐患,教育和引导干部员工保持良好的精神状态,全力推动矿井安全稳定健康和谐发展,按照公司工作部署,结合矿井实际,特制定《陈四楼煤矿员工思想隐患预警处置实施方案(试行)》。

2021年,成果"基于全维度管理模式的大型煤矿宣传思想工作创新实践"获得煤炭企业管理现代化创新成果(党建类)二等奖。

十、统一战线

(一)机构

2018年10月之前,陈四楼煤矿统战相关工作由综合办、政工部负责。2018年10月之后,陈四楼煤矿党委把统战工作纳入矿党委工作计划,与党建工作同部署、同检查、同考核。工作办公室设在党委宣传部,党委宣传部部长兼任办公室主任,构建党委统一领导、相关人员牵头协调、有关方面各负其责的大统战工作格局。

(二)开展党外人士工作

截至2021年年底,陈四楼煤矿共有党外代表人士1人。陈四楼煤矿坚持开展重点培养、素质提升,创新工作思路和方法,为企业发展凝聚力量。落实党外干部培养选拔制度,结合年度考核及平时工作中考察发现党外后备干部,在安全一线、生产一线、重点岗位、重点装置发现党外后备干部,把优秀党外干部培养纳入干部培养、使用计划。每年对民主党派和无党派人士调查摸底,掌握基本情况,建立并及时更新党外代表人士信息库。

陈四楼煤矿持续加强对民主党派和无党派人士关爱,坚持利用中秋、春节等节假日走访慰问无党派人士,了解他们的思想动态,关心他们工作生活中的具体困难,解决相关问题,制定相关制度。

(三)开展民族、宗教工作

截至2021年12月,少数民族职工共计1人,为满族。陈四楼煤矿党委严格执行党和国家的民族政策,尊重各民族职工的平等权利和风俗习惯,依法保障各民族职工的合法权益;收集完善少数民族职工联系信息,全面掌握矿井统战工作基本情况;实行动态管理,发挥少数民族职工参与矿井管理的作用;重大节日和重要活动,以走访联系对象形式,广泛征求少数民族职工意见建议,解决他们工作和生活上的难题,促进民族团结互助。陈四楼煤矿共有信教职工1人,其信仰为基督教。陈四楼煤矿秉承宪法精神,学习宣传和贯彻落实《宗教事务条例》和《河南省宗教事务条例》,积极向信教职工宣传党和政府的宗教政策。

第八节　纪检与监察

一、机构

1996年5月,成立中共永夏矿区管委会陈四楼煤矿筹备处纪律检查委员会。政工科设专职纪检干事1名。

1998年1月,成立中共陈四楼煤矿纪律检查委员会。

1999年3月,成立监察科。

2004年4月12日,成立纪委办公室。

2005年10月11日,取消纪委办公室。

2012年1月,监察科合并到政工科。

2017年10月,成立纪检监察科。

二、职责

纪检监察工作职责为:协助党委加强党风廉政建设,组织协调反腐败工作,对党员进行遵守纪律的教育,做出维护党纪的决定;做好群众来信来访工作,受理党员和党组织申诉以及对党员和党组织的检举、控告;对矿重点工作重要部署进行再监督,发挥监察职能。

三、制度

纪检监察工作早期以贯彻管委会各项廉政制度为主,监察科成立后,结合实际制定矿井有关廉政制度。

1996—1998年,根据党纪政纪规定和陈四楼煤矿实际,制定《党员干部廉政守则》。把中纪委、监察部编印的《党纪政纪条规手册》发给每个党员干部,认真组织学习、辅导和考试,以规范个人行为。贯彻管委会礼品登记制度。为方便群众举报,设置两个举报箱。

1999—2012年,印发《陈四楼煤矿党风廉政建设责任制考核办法》《陈四楼煤矿党员干部党风廉政建设责任追究制度》《陈四楼煤矿党员干部勤政廉政八条"高压线"》《陈四楼煤矿关键岗位人员廉洁从业管理制度》《陈四楼煤矿管理失职行为责任追究管理办法》《陈四楼煤矿效能监察工作管理办法》《陈四楼煤矿重点人员、重点岗位、重点环节监督检查管理制度》《关于严禁党员干部参与赌博和违反规定收受现金有价证券支付凭证的通知》等。

2012—2017年,贯彻党的十八大精神,印发《陈四楼煤矿关于加强干部作风建设的相关规定》《陈四楼煤矿科级干部任职及关键岗位管理人员公务回避暂行规定》《陈四楼煤矿廉洁文化建设工作制度》等。

2017年以来,贯彻党的十九大精神,围绕全面从严治党向纵深发展,继续完善廉政制度建设,印发《陈四楼煤矿纪检监察干部行为规范》《陈四楼煤矿廉洁自律管理制度》《陈四楼煤矿科级干部廉政档案管理制度》《陈四楼煤矿纪检监察廉政风险防控管理制度》《关于进一步规范党员干部操办婚丧喜庆事宜的通知》《陈四楼煤矿关于构建大监督工作格局实施方案》《陈四楼煤矿推进以案促改制度化常态化工作意见》《宣贯〈河南能源化工集团一体推进"三不"体系建设实施办法(试行)〉工作方案》等。

四、历任纪检监察科室负责人一览表(10-1-7)

表 10-1-7 陈四楼煤矿纪检监察科历任负责人一览表

序号	姓名	性别	职务名称	任职时间
1	杜昭辉	男	副科长	1999.03—2002.05
2	杜志刚	男	科长	2002.08—2004.04
3	刘　益	男	科长	2004.04—2006.01
4	霍传良	男	纪委办公室主任(正科级)	2004.04—2004.06
5	李全义	男	纪委办公室主任	2004.06—2005.10
6	王文化	男	科长	2006.01—2008.10
7	翟亚芳	男	科长	2008.10—2009.05
8	张永强	男	科长	2009.05—2012.01
9	刘　军	男	副科长	2017.10—2018.08
10	刘　军	男	副科长主持工作	2018.08—2020.07
11	马志超	男	科长	2020.07—2020.08
12	刘明申	男	纪委副书记、科长(兼)	2020.08— 2022.06
13	谭永豪	男	科长	2022.08—

五、党风廉政建设

1996 年 9 月 13 日,管委会矿区纪委、监察处组织“反腐倡廉、爱岗敬业”演讲比赛,陈四楼煤矿代表队的张颖颖、李彩敏分别荣获一等奖、三等奖。

1997 年 1 月,贯彻管委会《永夏矿区建设委员会廉政建设年度考核试行意见》,制定陈四楼煤矿党风廉政建设责任制实施办法,每年单位党政负责人同科室负责人签订党风廉政建设责任书。组织全矿党员干部 130 余人学习《中国共产党纪律处分条例》,开展知识测试。

1998 年 8—9 月,开展“反腐倡廉录像教育月”活动,组织观看《三案警雷》《权与钱》《沉沦轨迹》《烟草大王的人生悲剧》《陕西 11・8 大案》等电教片。

1999 年 5—6 月,参加“讲学习、讲政治、讲正气”“三讲”教育暨党风廉政建设征文、演讲。

2000 年 5 月,对党风廉政建设责任制进行目标分解,并规定对违反党风廉政建设责任制实施办法的进行责任追究。9 月,开展以成克杰、胡长青等重大典型案例为反面教材警示教育,组织观看《生死抉择》等专题电教片。围绕“扭亏脱困”“十个从严控制”,停止购置小汽车、手机、空调、高档办公桌椅及其他高级办公用品。

2001 年 2 月,贯彻执行集团公司党委《关于进一步加强“双节”期间党风廉政建设的通知》。3 月,印发《陈四楼煤矿党风廉政建设责任制实施办法的通知》。

2002 年 8 月,学习贯彻《关于对管理失职行为实施责任追究的试行办法》。

2003 年 5 月,在抓好非典防治与安全生产的同时,开展党风廉政建设工作。开展“牢记两个务必,坚持执政为民”权力观教育活动,组织撰写学习心得,科级及以上干部进行廉政答卷。8 月,开展党风廉政建设“三抓”(抓规范、抓深入、抓落实)工作。

2004年2月，开展《中国共产党党内监督条例(试行)》和《中国共产党纪律处分条例》学习教育，发放两个条例读本和辅导教材。3月，召开思想政治工作会议，对全年纪检监察工作进行部署。4月，成立执行力督查工作领导小组，加强对领导干部执行力的督查工作。9月，开展"四大纪律八项要求"专题教育活动，制定10项措施加强干部作风建设。

2005年2月15日，向全矿中层干部家属发出《亲情廉政倡议书》。5月，明确领导干部勤政廉政8条"高压线"，开展组织开展"读书三思(读书思廉，读书思勤，读书思德)"活动。8条"高压线"包括：违反规定收送现金、有价证券、支付凭证的；参与黄、毒、赌、偷等严重违反社会公德的；克扣工人工资奖金或违规套取资金的；安全生产因擅离职守或严重不负责任造成重大损失或重大影响的；工作日和值班期间酗酒的；借婚丧嫁娶之机大肆收钱敛财的；言谈举止不能自觉维护集团公司和矿的形象，造成不良影响的；放任纵容配偶、子女和身边工作人员，利用领导干部职权和职务影响谋取非法利益的。10月，开展"纪律月"教育活动，主要内容是"四讲、四查、一追究"，即讲政治纪律、讲组织纪律、讲工作纪律、讲经济纪律；查思想、查作风、查工作、查廉政；追究领导人员的经济责任和纪律责任。

2006年1月，开展唱好《牢记"两个务必"》《四大纪律、八项要求》等8首廉政歌活动。2月，开展争创"廉洁文明科室"活动。4月，开展贪占之风、奢靡之风、跑要之风、浮躁之风"四股歪风"自查备案。6月，开展党风廉政建设1125工程，即"围绕一个中心，落实一个责任，实现两个确保，抓好五项工作"。

2007年4月，组织党员干部到商丘监狱开展"看高墙、听忏悔、思权位"警示教育。9月，开展中秋节期间算好廉政"七笔账"活动。10月，到商丘市图书馆参观商丘市预防职务犯罪警示教育展览。

2008年7月，公布廉洁自律"六心歌"，要求广大干部认真体会其中含义，提高自律意识，把好廉政关。

2009年5月，贯彻落实《关于在集团公司开展"讲党性修养、树良好作风、促科学发展"教育活动的意见》。开展反腐倡廉宣传教育月活动。

2010年4月，组织矿处级及以上领导干部及家属参观商丘豫东监狱和焦裕禄纪念园。5月，贯彻《永城煤电控股集团领导干部廉政档案管理实施意见》。

2011年5月，完善副处级及以上领导干部廉政信息档案，实现廉政档案电子信息化管理。10月，组织副科级及以上干部报告个人有关情况。

2012年7月，贯彻落实河南煤业化工集团廉洁风险防控规范权力运行机制建设，梳理岗位职权，编制业务流程图，查找各类廉洁风险，制定防控措施。

2013年3月，开展反腐倡廉制度建设年活动。10月，转发河南能源《全省纪检监察机关(机构)关于对改进工作作风密切联系群众有关规定落实情况的监督检查办法(试行)的通知》，设立举报电话、网络邮箱。

2014年9月，组织开展反腐倡廉宣传教育月活动，发放《大清相国》一书、要求副科级及以上人员每人撰写1篇读书心得。

2015年1月，学习中纪委关于157件违反中央八项规定精神的通报。9月开展反腐倡廉宣传教育月活动，学习5起违反中央八项规定精神典型问题。

2016 年 7 月,贯彻《河南能源化工集团廉政鉴定管理办法》,规范廉政鉴定工作。12 月,发放《领导干部廉洁从业手册》。

2017 年,以“剖析典型案例,推进以案促改”为契机,开展全矿制度流程梳理活动。8 月,组织矿处级领导干部赴豫东监狱开展警示教育。

2018 年,组织中层干部学习“以习近平新时代中国特色社会主义思想坚定不移推进党风廉政建设”为主题的反腐倡廉案例剖析党课。组织以学习宣传贯彻宪法、监察法、条例为主要内容,全年开展 5 期 600 余名党员干部参加知识测试。

2019 年 4 月,组织召开党建暨党风廉政建设会议。9 月,开展以“以案促改警示教育”为主题警示教育活动。

2020 年,开展“明规知纪、学思警廉”主题反腐倡廉宣传教育月活动。创办廉政教育月刊《廉政视界》。

2021 年,在西办公楼一楼建成廉政宣教室。12 月,被授予永煤公司首批廉洁文化示范点。

六、案件查处

监察科成立前,案件查处以矿区管委会纪委、矿区派出所为主。监察科成立后,案件查处工作逐步规范。在案件办理过程中,坚持实事求是,以事实为根据法纪为准绳。对犯错误的同志,坚持“惩前毖后,治病救人”的方针。对个别具体案件,坚持严肃慎重、区别对待,具体分析其错误事实、性质、情节的危害,做出不同的处理。

1997 年,受理举报件 20 件,涉及人员 12 人。

1998 年,受理举报件 14 件,处理人员 10 人。

1999 年,受理举报件 9 件,处理人员 7 人。

2000 年,受理举报件 3 件,处理人员 4 人。

2001 年,受理举报件 4 件,处理人员 7 人。

2002 年,受理举报件 9 件,处理人员 10 人。

2003 年,没有发生违规违纪案件。

2004 年,受理各类举报案件 4 件,处理人员 5 人。

2005 年,没有发生违规违纪案件。

2006 年,受理各类举报案件 3 件,处理人员 6 人。

2007—2009 年,没有发生违规违纪案件。

2010 年,受理各类举报案件 3 件,处理人员 5 人。

2011—2014 年,没有发生违规违纪案件。

2015 年,受理 4 起信访案件,党政纪处分 3 人次。

2016 年,受理信访件 1 件,反映问题失实。

2017 年,受理信访件 1 件,党政纪处分 1 人次。

2018 年,收到信访件 2 件,党政纪处分 4 人。

2019 年,收到信访件 2 件,党政纪处分 2 人。

2020 年,收到上级转交信访件 1 件,党政纪处分 1 人。

2021 年，收到上级转交信访件 9 件，组织处理 1 人，了结 8 件。

七、行政监察

1996 年，开展领导干部及其子女住房情况全面清查，在此基础上建立科级及以上干部住房档案。

1997 年 7 月，清查 1995 年及以后出国（境）情况。反对奢侈浪费，督促制定《加强电话管理规定》《办公用品管理规定》，规范招待费使用。针对矿井由基建向生产过渡，对外经济活动频繁，成立对外经济领导小组，加强对工程发包、物资购销活动监督检查。11 月，对小汽车进行全面清理、登记。

1998 年 5 月，清查公款配置手机、传呼机和住宅电话。

1999 年，开展“收支两条线”和“小汽车管理改革”治理。

2000 年，开展清理不合理配置、闲置或购买空调、电脑、打印机、复印机、扫描仪、手机工作。

2001 年，制定效能监察管理办法，规范对外经济管理工作，理顺管理程序。

2002 年，效能监察围绕“抓规范、抓深入”开展，对成本构成、工资奖金分配、制度建设与落实进行检查。

2003 年，开展违反规定发放奖金整治工作。

2004 年 9 月，开展公务用车配备使用情况清理、核实。全年开展执行力督查 15 次。

2006 年，开展工资、奖金管理和发放情况专项整治。

2007 年，开展招投标“回头看”，处理违规人员 1 名。

2008 年，围绕物资和工程项目招标、资金使用、工资奖金分配、干部人事管理等关键环节进行自查自纠。

2010 年，开展“小金库”专项治理。全年共组织开展零点行动 48 次，参加人员 550 人次，共检查出各类安全隐患 1 380 条，查处“三违”2 人。

2011 年 5—11 月，开展煤炭领域腐败问题专项治理。对安检人员履职能力和廉洁自律对标排序。

2012 年，开展廉洁风险防控，评估出高等级风险 121 个、中等级风险 506 个、低等级风险 141 个。

2013 年，开展“转作风、强责任、重落实”督查活动。

2014 年 3 月，开展“会所中的歪风”专项治理，副科级及以上干部做出不出入私人会所、不接受和持有私人会所会员卡承诺。

2015 年，按照“三转”工作要求，开展纪检监察机构参与的议事协调机构及业务清理规范工作，退出议事协调机构 22 个，清理业务 28 项。

2016 年 8 月，开展党员干部出入隐蔽场所违规吃喝专项治理。开展党员和企业管理人员持有身份证、出国（境）证件清理。

2017 年 8 月，开展违规公款购买消费高档白酒集中排查整治。11 月，开展“追赃追逃”两项清理，对党员和企业员工失联、出走、外逃及违规持有多个身份证、出国（境）证件整改情况进行集中排查。

2018 年，组织开展“管理提升年”工作落实情况效能监察，落实管理提升项目整改督查通知单 20 项。9 月，开展“帮圈文化”专项排查整治。

2019 年 5 月，对区队薪酬分配情况开展效能监察专项检查，检查问题 6 项，下发效能监察整改建议书 8 份。7 月，按照全省纪检监察机关排查整治“天价烟”背后“四风”问题通知要求，组织矿班子成员开展自查自纠，梳理排查相关问题线索。

2020 年，印发《关于严明疫情防控期间作风纪律及责任追究的通知》，以严查“十项行为”，做到“十个严禁”为准则，严肃执纪问责，通报曝光 3 起，责任追究 9 人。

2021 年，开展中央八项规定精神“过一遍”检查。

第九节 治安保卫

一、机构与队伍

1996 年 11 月，成立陈四楼煤矿筹备处护矿队。

1997 年 9 月，根据矿井生产建设的需要，矿党领导班子研究决定：撤销原陈四楼煤矿筹备处护矿队，成立陈四楼煤矿保卫科，隶属永煤公司保卫处和陈四楼煤矿党政双重管理。

截至 2021 年年底，陈四楼煤矿保卫科人员 62 人，其中，科长 1 人，副科长 2 人，业务主管 1 人，正科级科员 1 人，在册保卫人员 42 人。保卫科共设立门岗 3 处、地面监控指挥中心 1 处、巡查大队 2 班。

1997—2021 年陈四楼煤矿保卫队伍配置情况见表 10-1-8。

表 10-1-8 1997—2021 年陈四楼煤矿保卫队伍配置情况

年份	年初人数	年末人数	新增人数	减少人数	备注	年份	年初人数	年末人数	新增人数	减少人数	备注
1997	43	43				2010	47	43		4	
1998	43	43				2011	45	47	2		年初增加
1999	43	46	3			2012	47	44		3	
2000	46	46				2013	44	47	3		
2001	46	46				2014	47	43		3	
2002	46	42		4		2015	43	35		8	
2003	42	42				2016	35	42	7		
2004	42	42				2017	42	39		3	
2005	42	47	5			2018	39	43	4		
2006	47	50	3			2019	43	50	7		
2007	50	50				2020	50	49		1	
2008	50	46		4		2021	49	42		7	
2009	46	47	1								

二、保卫科历任科长任职情况一览表(10-1-9)

表 10-1-9 陈四楼保卫科历任科长一览表

序号	姓名	职务	任职时间
1	韦保民	科长	1997.09—2005.03
2	郑 鹏	科长	2005.03—2010.01
3	郑天寿	科长	2010.01—2010.07
4	赵金矿	科长	2011.07—2018.10
5	杨广韬	副科长	2019.01—2020.07
6	裴飞飞	科长	2020.07—

三、职能

陈四楼煤矿武装保卫工作在矿党政领导下，始终恪守“预防为主，突出重点，落实责任，确保安全”的安全工作宗旨和党的群众路线，以保卫矿区生产建设为重点，建立健全保卫组织机构，完善各项治安管理制度，担负起企业处突维稳重任，加强应急管理，积极预防和妥善处置突发事件，成为维护企业安全稳定、构建社会主义和谐社会的重要保障。

多年以来，陈四楼煤矿保卫机构不断拓宽防范思路，整合防范资源，强化防范措施，提高发现、控制、打击各类违法犯罪活动的能力和水平，构架起了具有陈四楼煤矿特色的治安防控体系，充分发挥“矿上卫士”的作用，为企业改革发展一路保驾护航。

(1) 南门岗：主要为办公人员及业务人员进出门岗。为了更好地做好人员进出矿区管理，于 2022 年 7 月南大门引进安装了智能通道(体温人脸识别一体机)。通过体温测温模块可实现体温的快速检测，可同时支持人脸比对、体温检测、口罩检测、刷卡等功能，并对体温异常人员进行预警，特别是疫情常态化期间能有效地保障防控安全，杜绝了外来人员的随意进出的情况，既方便了内部管理，又增强了内部的安防，从而为矿区提供高效的工作环境。

(2) 东门岗：外来施工人员及物资车辆进出门岗。平均每月进出人员 900 人，进出车辆 800 辆左右。按照河南省商丘市污染防治攻坚战领导小组办公室《关于实施轻中度污染管控的通知》要求，于 2020 年 6 月安装完成了环保门禁系统。

(3) 北门岗：运煤、运矸车辆进出门岗。平均每月进出车辆为 3 000 辆。按照河南省商丘市污染防治攻坚战领导小组办公室《关于实施轻中度污染管控的通知》要求，于 2020 年 7 月安装完成了环保门禁系统。

(4) 地面监控指挥中心：2020 年 5 月，对监控系统进行升级改造后正式成立陈四楼煤矿视频监控指挥中心。矿区安设视频摄像头共计 164 个(球机 48 个、枪机 116 个)，对矿区进行全覆盖、无死角监控，设备储存期为 1 个月以上。实现对各个重点部位 24 小时实时全覆盖、无死角监控。

(5) 巡逻大队：实行 24 小时矿内治安、消防动态巡查。特别是自 2020 年年初疫情暴发以来，巡逻大队人员第一时间投入疫情防控工作，恪守“疫情就是命令、防控就是责任”冲锋在抗击疫情的第一线，为矿区的疫情防控工作作出了重要贡献。

四、保卫队伍宣誓词

忠党报国，奉献河南；
团结拼搏，务实创新；
担当作为，追求卓越；
服从命令，听从指挥；
严守企业纪律，维护企业利益，认同企业文化；
为企业改革发展保驾护航，为实现自己的誓言而奋斗！

五、保卫人员八条禁令

(1) 严禁在工作时间饮酒，违者予以开除；
(2) 严禁打人、骂人，违者予以开除；
(3) 严禁有令不行、有禁不止、顶撞领导，违者予以开除；
(4) 严禁不按规定着装上岗、脱岗、误岗、擅离职守，违者予以纪律处分，造成严重后果的予以开除；
(5) 严禁乱罚款或其他违规违纪行为，违者予以纪律处分，造成严重后果的予以开除；
(6) 严禁吃、拿、卡、要，违者予以开除；
(7) 严禁黄、毒、赌，违者予以开除；
(8) 严禁内外勾结、泄露公司机密、损害公司利益，违者予以开除。

六、治安建设

1997 年 8 月，为创造一个良好治安的环境，进一步加强陈四楼煤矿内部治安管理，维护职工的合法权益，保障陈四楼煤矿的生产建设顺利进行，经矿长办公会研究，特制定《陈四楼煤矿内部治安管理暂行规定》。

1998 年 1 月 10 日，印发《〈关于加强春节期间安全保卫工作〉的通知》。要求保卫科在春节来临之际，加强矿区安全保卫工作。防止各类治安案件的发生，保证矿区在春节期间有一个良好的治安环境，让广大职工过上一个安全、愉快、祥和的节日。1998—2021 年这 23 年期间保卫科全体人员始终在重要节日期间坚守在岗位，确保矿区度过了每一个安全、愉快、祥和的节日。

1998 年 7 月 26 日，为进一步加强陈四楼煤矿的社会综合治理工作，增强各级领导的工作责任心，确保矿井有一个良好的治安秩序，根据《永煤集团公司对内部单位社会治安综合治理目标管理责任书》和《陈四楼煤矿内保工作的若干规定》，特制定《陈四楼煤矿社会治安综合治理领导责任制实施细则》。实施细则中指出每月进行一次安全自查、互查、抽查活动，发现隐患及时整改。要求各单位主管切实负起责任，做好应该做好的工作，完成应该完成的任务，为陈四楼煤矿的综合治理达标工作做出应有的努力。

1998 年 8 月 1 日，为陈四楼煤矿创造一个良好的环境，进一步加强矿井内部治安、维护职工的合法权益，保障矿井的生产建设顺利进行，经矿长办公会研究，特制定矿内治安管理暂行规定。印发《陈四楼煤矿内部治安管理暂行规定》。

2002 年，永煤保卫处下发《关于〈保卫工作实行统一管理〉的通知》，要求对陈四楼煤矿及选煤厂、车集矿及选煤厂、城郊矿及选煤厂、热电厂、铁运处、辅助区、生活区的治安保卫工作实行统一管理。

2006 年 5 月 6 日，印发《关于成立陈四楼矿火工品安全监督管理委员会的通知》（陈矿保卫字〔2006〕49 号）。

2011 年 6 月，针对员工私家车数量较多，为了切实维护好内部车辆安全管理秩序，确保矿区行人安全和道路畅通，适时制定了《陈四楼煤矿员工私家车辆管理规定》。规定中对员工私家车辆行车须知明确的要求做到了安全诚信管理。通过该规定的实施，私家车辆员工得到了诚信管理，切实维护了陈四楼煤矿安全、文明、和谐的矿区环境。

2013 年 7 月，施行临时出入证管理制度。临时入矿证，是针对非企业职工发放使用的临时出入矿区的有效证件。证件的使用，体现了向管理工作要效益的成本理念，规范了外来人员管理。

2014 年 4 月，为了加强车辆管理，避免矿区内车辆随意停放，违规行驶等现象，以营造安全、文明、和谐的矿区环境为宗旨，结合矿员工车辆逐日增多的实际情况，特制定《陈四楼煤矿车辆交通安全管理规定》。

2019 年 1 月，保卫科实施了季度轮岗制度。为建设出一支高素质高要求的队伍，保卫科各岗班组长及其队员实行季度轮岗制度。

2019 年 3 月，对东门岗物资车辆检查站台进行了升级改造。原有的站台远远达不到对所有车辆进行无死角的检查，特别雨雪天气无法上车对出矿车辆进行全面检查，为防止矿物资流失等情况，经过长期的应用于实践，设计加工出了双层防滑站台。

2020 年 9 月，为提高陈四楼煤矿保卫队伍整体素质，对《陈四楼煤矿保卫手册》中劳动纪律、警容风纪标准和各岗岗位职责 20 余项规章制度进行了修改完善，并打印成册，做到人手一份。要求全体保卫人员参照标准、看自己，及时纠正自身存在的问题。

七、技防监控

2009 年 3 月，在 1 号公寓楼成立保卫科监控室，共安装模拟视频监控设备 43 个，负责对矿区主要办公区域及施工场所进行实时监控。

2013 年 6 月，在综合办公楼设立地面监控室，并对部分生产、办公区域增加监控设备，共计模拟监控设备 96 个。原 1 号公寓楼监控室停止使用。

2020 年 9 月，对监控室模拟设备进行升级改造，成立陈四楼煤矿视频监控指挥中心，升级后的高清数字监控大屏由 46 寸/块的共计 24 块高清显示屏组合而成。截至 2021 年年底，全矿共计安装数字监控设备共计 164 个，其中，枪机 109 个（主要安装于办公楼、宿舍楼区域）；球机 48 个（主要安装于工业广场、煤场、门岗以及各停车场）；半球机 7 个（安装在综合楼、澡堂门、食堂区域），基本上对矿地面区域实现了无死角、全覆盖实时监控。

八、平安创建

为认真贯彻河南省委省政府《关于深化平安河南建设的若干意见》(豫发〔2014〕15号)精神,河南能源化工集团《关于印发河南能源化工集团平安企业(厂矿)创建活动方案的通知》(豫能发〔2018〕14号)精神,及永城煤电控股集团有限公司《关于印发永城煤电控股集团有限公司平安企业(厂矿)创建活动方案的通知》的要求,积极参与平安河南建设,更好服务于集团公司二次创业,经矿党委研究,决定开展平安企业创建活动。

(1) 为加强对平安企业创建活动的组织领导,成立以矿长为组长,纪委书记为副组长,综合办公室、党委宣传部、党委组织部、纪检监察科、安检科、劳资科、工会办、培训科、保卫科等部门负责人为成员的陈四楼煤矿综合治理及平安建设工作领导小组。

(2) 领导小组的主要职责是:全面领导和部署平安建设工作,研究解决创建活动中遇到的重大问题,落实"党政同责""一岗双责",建立健全党政工团齐抓共管的工作格局。领导小组下设办公室,保卫科长兼任办公室主任。办公室工作人员由保卫科、综合办、党委宣传部等成员科室相关人员组成。

(3) 陈四楼煤矿平安矿区创建活动总体标准是:"发案少、秩序好、社会稳定、职工满意"。一是发案少。做到单位内部无重大刑事和治安案件,无"黄赌毒"等违法犯罪活动,无邪教组织活动。二是秩序好。做到管理科学规范、机制运转顺畅、秩序良好,实现以视频监控为主的人防、技防、物防全覆盖,矛盾纠纷排查化解工作全覆盖,各项安全管理全覆盖等。三是社会稳定。单位无进京非正常上访,无越级赴省集体上访,无极端个人事件,无公共安全责任事故,无其他影响社会稳定的事件。四是职工满意。职工在本单位的安全感和对平安建设工作满意度在90%以上。

(4) 考核细则:为提高全矿各单位开展综合治理(平安创建)工作的积极性,使各项措施落到实处,以全矿各基层治保民调工作开展落实为主,按照"统一标准、严格考核、实事求是、奖罚对等"的原则,对各区队社会治安综合治理暨平安创建工作进行季度考核。

对各区队考核:

① 考核实行百分制。

② 季度排名在前3名的区队,分别奖励6 000元、4 000元、2 000元;季度排名在后3名的区队,分别处罚6 000元、4 000元、2 000元。对各区队的奖励、处罚由劳资科在每季度最后一个月工资结算总额中予以奖罚兑现。

③ 凡发生刑事案件、造成损失的火灾事故的,实行一票否决,并对单位党政一把手各罚款3 000元。

④ 季度内没有发生刑事案件、造成损失和影响的火灾事故的,综治办成员每人奖励300元;季度内发生刑事案件、造成损失和影响的火灾事故的,综治办成员每人各罚100元。对综治办成员的奖励、处罚由劳资科在每季度最后一个月工资结算总额中予以奖罚兑现。

综合治理(平安创建)工作考核细则,见表10-1-10。

表 10-1-10　陈四楼煤矿综合治理(平安创建)工作考核细则表

考核项目	分项	评分标准	备注
制度建设	15 分	1. 建立健全治保民调组织、分工明确,并制定相关制度(加盖公章报保卫科),每少一项扣 2 分; 2. 治保民调工作要有安排、有落实,季度总结次月 2 日前上报、年总结 12 月 25 日前上报,每少一项扣 2 分; 3. 区队与班组要签订责任书,责任到人,每少一项扣 2 分; 4. 区队必须设立治安信息员,人员有变动时要及时向保卫科汇报,每少一项扣 2 分; 5. 每季度要召开一次综治专题会议,分析本单位的治安情况,解决具体问题,并做好各种原始记录,每少一次扣 3 分	
基础工作	治安管理 25 分	1. 对保卫科查出的治安隐患扣 1 分/条,不及时按通知书整改或整改结果未报保卫科扣 2 分; 2. 凡工作责任区域发生丢失、被盗、内外勾结、监守自盗的扣 10 分; 3. 发生打架斗殴、酗酒闹事等有关治安事件扣 5 分/起,隐瞒不报的扣 10 分/起;在矿外发生治安案事件对单位造成负面影响的扣 15 分/起; 4. 违反矿规矿纪的扣 2 分/人次,批评教育的扣 0.5 分/人次,到保卫科停工学习的扣 5 分/人次,造成不良影响的 10 分/人次; 5. 违反爆炸物品管理的本项不得分	
	消防管理 25 分	1. 建立完善的消防管理台账,明确型号、数量、编号、地点以及责任人,否则,每项扣 1 分;台账不准确扣 2 分;台账缺失扣 3 分;无台账扣 5 分; 2. 对保卫科查出的消防隐患扣 2 分/条,不及时按通知书整改或整改结果未报保卫科扣 5 分;上级部门到矿检查出的隐患,加倍扣分; 3. 对单位内的消防器材和设施妥善保管,铅封、喷管损坏扣 1 分,其他损坏扣 2 分,丢失扣 3 分、丢失铭牌扣 2 分,私自库存或挪用他人消防器材的扣 5 分; 4. 建立日常消防器材更换台账,内容清楚,否则扣 2 分,单位间移交消防器材未及时到保卫科登记备案的扣 5 分; 5. 消防知识掌握不熟练扣 1 分/人; 6.开展的消防活动未按要求参加扣 1 分/人,资料记录不全的扣 2 分,无记录扣 4 分; 7. 认真落实冬季取暖相关规定,取暖设施要有登记、审批、检查记录,否则扣 2 分; 8. 因单位管理不善发生火险的本项不得分	
	治保民调组织 20 分	1. 做好各类信息的收集工作,资料内容不翔实扣 3 分;将有可能引起问题的信息及时上报保卫科,否则扣 5 分; 2. 做好矛盾纠纷的疏导、化解工作,凡发生聚众闹事、起哄、围攻等群体事件的扣 10 分; 3. 本单位调解过的有关矛盾纠纷情况要上报保卫科,因调解失败未及时上报造成后果的扣 10 分(并有记录); 4. 对违规、违纪人员按照“四定”原则(定人、定时、定措施、定目标)进行帮教,有记录,有个人思想汇报,否则扣 5 分/人次	
	法治教育 15 分	1. 每季度要有组织地对职工进行法律、法规及矿规矿纪学习,教育率达到 100%(有记录、有签名)否则扣 2 分; 2. 对上级下发的有关文件和通知没有组织学习扣 3 分,没有按规定落实以及资料不规范的扣 2 分	

表 10-1-7(续)

考核项目	分项	评分标准	备注
奖励	10 分	1. 民调工作扎实,化解调处矛盾得力,工作积极主动使问题得到有效解决的;信息反馈及时未能造成后果的奖 2 分;将矛盾解决在内部,未转化为案件的奖 2 分(以上报资料为准); 2. 凡投稿有关综合治理(平安创建)工作内容被集团公司采用奖 5 分,永煤公司采用奖 3 分,矿采用的奖 2 分; 3. 对单位职工拾金不昧行为的奖 0.5 分,为挽回企业利益和员工人身安全敢于挺身而出、敢于见义勇为的奖 5 分,有重大贡献的报请领导单项奖励; 4. 责任心强对防火、防盗、防爆等工作发现问题能及时到保卫科汇报的奖 2 分; 5. 对捡到的爆炸物品及时交保卫科的奖 3 分; 6. 对配备的消防器材没有发生丢失、损坏等现象的,在公司保卫处、市消防大队等部门安全检查中,受到好评、表扬的,奖 2 分	
一票否决		凡发生刑事案件、火灾事故、职工犯罪、治安灾害事故或火工品流失的,一票否决并追究第一责任人责任	

九、消防

成立了以矿长为消防安全责任人,纪委书记为消防安全管理人的防火委员会,陈四楼煤矿防火安全委员会下设办公室,办公室设在保卫科,保卫科负责人兼任办公室主任。保卫科负责牵头开展日常消防管理工作。自 2019 年起,消防工作纳入"双基"考核。

1997 年 5 月 30 日,为加强矿井消防工作,确保广大职工的人身安全和国家财产不受损失,经矿办公会研究,决定成立矿消防委员会。负责矿区日常消防检查工作,及时处理消防隐患。

从 1997 年 5 月至今,每年定期更新防火委员会成员,组织各单位配备兼职义务消防队员。依照《中华人民共和国消防法》(简称《消防法》)等法律规定,督导各单位落实消防安全责任,遵守消防安全制度。保卫科负责定期更新应急疏散预案,定期组织消防培训、演练、使矿区防火检查常态化。

1999 年 4 月 9 日,为加强陈四楼煤矿消防力量,确保矿井消防安全工作万无一失,经研究决定成立陈四楼煤矿义务消防队。

2003 年,矿井印发《关于调整防火安全委员会成员的通知》(陈矿办字第〔2003〕27 号)、《陈四楼矿消防安全责任制》(陈矿办字第〔2003〕28 号)。

截至 2021 年年底,矿井义务消防队员共计 150 人。

(一) 陈四楼煤矿防火安全委员会职责

(1) 组织实施上级和本单位的有关消防规定、规范、规章制度和办法。

(2) 掌握本单位的消防安全工作情况,整理有关消防安全信息,为领导决策提供资料,当好参谋。

(3) 监督火险隐患的整改,制止违章操作。

(4) 编制消防工作计划,制(修)定消防安全管理制度,负责消防日常工作。

(5) 组织单位人员开展消防知识技能的宣传教育和培训，组织灭火和应急疏散预案的实施和演练。

(6) 负责消防器材的配置和管理工作。

(7) 参加火灾调查处理工作。

(8) 对在消防工作中成绩突出者和事故责任者以及违反者，提出奖、惩建议。

(9) 经常与当地消防机构保持联系，互通情报做好工作。

(10) 1998 年 9 月，为配合《消防法》的贯彻实施，结合陈四楼煤矿的实际，经研究特制定《陈四楼煤矿消防安全工作暂行规定》。

（二）陈四楼煤矿义务消防队组织管理制度

(1) 组织管理好本单位义务消防队，每年集中进行消防安全业务和灭火技能培训。

(2) 发现火警，应积极主动投入灭火战斗。

(3) 执行《消防法》和单位消防安全各项规章制度。

(4) 积极参加本单位组织的防火安全检查，发现问题及时反映和处理。

(5) 进行防火宣传，普及消防知识，负责本单位的防火监护工作。

(6) 扑救火灾时必须服从命令、听从指挥、不迟延、不退缩。

（三）培训演练

培训演练主要内容：消防法律法规、消防安全制度、消防安全操作规程；本单位、本岗位火灾危害性及防火措施；灭火器等消防设施性能、使用方法；报火警，扑救初期火灾以及自救逃生知识和技能。

培训演练主要活动：每年举行大型消防演练两次："安全生产月"夏季消防演练及"11·9"消防日演练，见图 10-1-2。以消防知识现场授课、集中观看火灾案例视频、组织职工动手操作消防器材、举办消防知识竞赛、开展火灾事故处置和人员疏散演练等形式进行消防宣传。平均每年组织参与消防培训及演练职工达 600 余人，发放宣传彩页 2 000 张，发放消防安全车辆温馨提示卡片 500 张，悬挂消防宣传条幅 20 条，展示消防宣传板 8 块。

（四）火灾防范

(1) 每月组织开展 2 次防火检查，落实每日巡查制度。重点检查各区队各施工场所重要部位消防管理情况、火灾隐患整改情况、防范措施落实情况，安全疏散通道、疏散指示标、应急照明和安全出口情况，灭火器材配置有效情况，规范用电情况等。

(2) 2019 年 6 月，职工宿舍楼实施安装了常开式防火门。常开式防火门在平时保持开启状态，使人员通行便利，通风采光方便，在火灾情况下能自行关闭，起到隔烟阻火作用，从而彻底解决了防火门平时关闭而给人员通行带来的不便以及防火门因经常开关而造成的人为损坏，同时又保证了消防安全。

(3) 2019 年 9 月，建立微型消防站，矿内微型消防站共 2 处，宿舍楼 1 处，南门岗 1 处。微型消防站的建立不仅能有效扑灭小型火灾，消除火灾隐患，还能传播消防安全知识，提升广大干部职工的安全防火意识，保障陈四楼煤矿人员生命财产安全。

重点部位水源道路三标图见图 10-1-3、图 10-1-4。

图 10-1-2 “11·9”消防演练现场

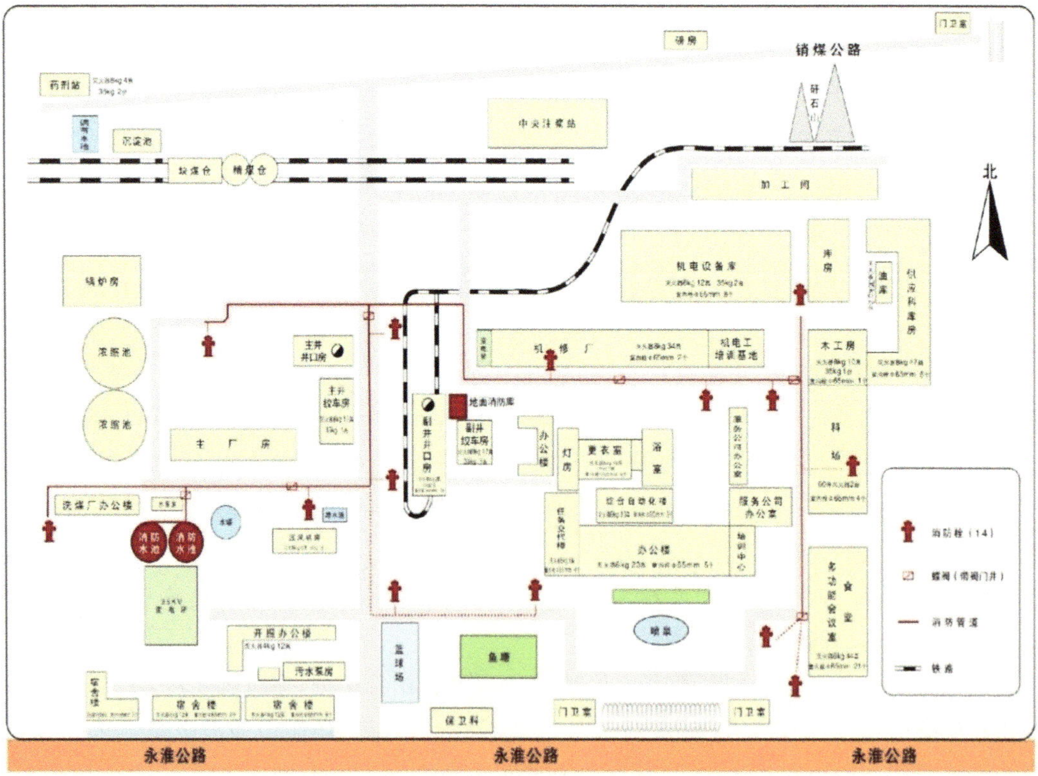

图 10-1-3 重点部位水源道路三标图

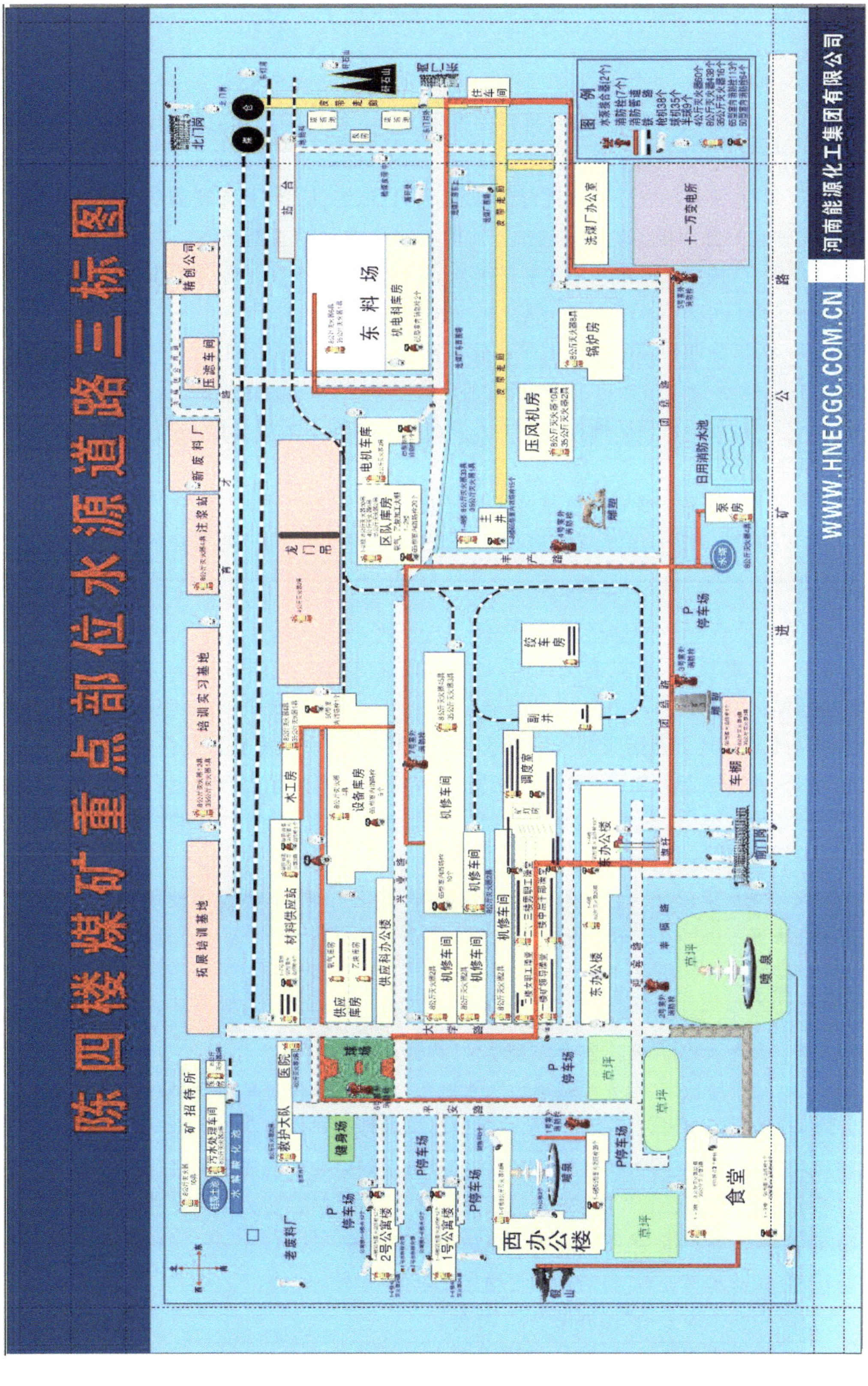

图10-1-4　陈四楼煤矿重点部位水源道路三标图

十、武装

(一)民兵组织

2002年8月,根据工作需要,经研究并报永城市人民武装部同意决定,成立永城煤电(集团)有限公司人民武装部。陈四楼煤矿武装工作由永煤公司武装部管理。

2005年2月,武装部成立军事科,负责民兵整组、训练、征兵、拥军优属等工作。武装部每年组织两次包括陈四楼煤矿民兵的拉练活动,定期开展民兵军事训练。

2008年4月,按照永城市人民武装部要求,组建民兵防空营。陈四楼煤矿抽调优秀退役军人参加了商丘军分区民兵整组点验防空营成建制拉动。

2015年3月,陈四楼煤矿抽调优秀退役军人,参与组建编制为100人的永城市地震救援分队。通过45天强化训练,4月底,接受河南省军区、商丘军分区检验。

2016年5月,陈四楼煤矿抽调退役军人参与组建永城市地震救援分队,参加了河南省军区统一比武。

截至2021年,陈四楼煤矿不断加强民兵建设,配合永煤武装部开展政治教育和拥军优属工作,每年抽调优秀退役军人参加民兵拉练,完成各种险峻任务,并在维护矿井治安中发挥了重大作用。

(二)拥军优属

每年八一建军节、中秋节、春节期间,矿井采取登门走访、召开座谈会、茶会等形式,走访慰问退役军人及家属。

陈四楼煤矿认真贯彻落实拥军优属政策,对矿井困难军属家庭建立台账,及时跟进解决困难问题。每年更新完善退役军人档案资料,掌握退役军人总人数和每一位退役军人的姓名、住址、家庭情况、联系方式及所在部门。截至2021年年底,陈四楼煤矿在册退役军人为198人。

2009年、2010年、2011年、2012年、2018年八一建军节期间,邀请退役军人及军属参加永城市消防大队举办的文艺联欢会。

十一、荣誉

2002年,荣获永城市"防火安全先进单位"称号;

2003年,荣获商丘市"治安模范单位"、永城市"消防工作先进单位"称号;

2004年,荣获河南省公安厅授予的永煤集团陈四楼煤矿保卫科"先进集体"称号;

2005年,荣获"大学习大练兵"先进集体、"社会治安综合治理先进科室"称号;

2005年,荣获永煤公司"消防安全管理先进单位"、永城市"防火工作先进单位"称号;

2006年,荣获商丘市"消防安全管理先进单位"称号;

2007年,荣获永煤公司"消防安全管理先进单位"称号;

2010年,荣获永煤公司"先进保卫科"称号;

2011年,荣获永煤公司"先进保卫科"称号;

2012 年，荣获永煤公司“综合治理暨平安建设先进单位”称号；

2013 年，荣获永煤公司“先进保卫科”称号；

2015 年，荣获永煤公司“综合治理暨平安建设先进单位”称号；

2016 年，荣获永煤公司“综合治理先进单位”称号；

2017 年，荣获永煤公司“综合治理暨平安建设先进单位”称号；

2018 年，荣获永煤公司“平安矿区创建先进单位”称号；

2019 年，荣获河南能源“平安矿区创建先进单位”、永煤公司“武装保卫先进单位”称号；

2020 年，荣获永煤公司“大学习大练兵大比武”及“保卫工作规范化建设先进单位”称号；

2021 年，荣获永煤公司“平安矿区创建先进单位”称号。

第二章 煤矿行政

第一节 机构和职责

一、机构

1995 年 3 月,《关于成立政工科等八个管理单位及赵德军同志任职的通知》(陈矿字〔1995〕001 号),成立陈四楼煤矿筹备处行政办公室。

2012 年 1 月,《关于行政办等机构调整的通知》(陈矿办字〔2012〕12 号),撤销行政办公室,成立综合办公室,主要负责全矿接待、公文处理、档案管理、两堂一舍、环境卫生等业务。

2013 年 2 月,为进一步优化组织结构,建立简洁高效的管理体制,根据永煤公司《关于合岗增效提薪、推行"走岗式"劳动组织管理的通知》(永煤控股〔2011〕1013 号)文件精神,对矿部分组织机构进行了调整,将综合办公室"两堂一舍"业务剥离给服务公司。

二、职能

截至 2021 年,综合办职责责任范围:认真贯彻落实安全生产方针,建立、健全本单位安全生产与职业病危害防治责任制等安全管理制度,主要负责会议接待、信访稳定、印章管理、公文管理、档案管理等工作。

安全生产与职业病危害防治职责:

(1) 认真贯彻落实安全生产方针,建立、健全本系统安全生产与职业病危害防治责任制等安全管理制度,按照矿行政决议、指令,做好工作落实,发挥参谋助手和协调服务作用。

(2) 按照有关政策规定,积极做好事故抢险救援及善后处理工作。

(3) 做好各类安全会议的组织筹备、对外接待、事务处理和车辆管理等相关工作。

(4) 做好矿井安全督导服务和会议决议的督办,深入基层调查研究,做好信息的收集、综合分析和信息反馈工作。

(5) 做好信访稳定工作,为矿井安全生产创造稳定和谐环境。

(6) 组织开展本部门安全生产责任制的落实与考核。

(7) 根据全矿工作需要和领导安排,把握政策、坚持原则、实事求是、灵活机动地协调好各部门及与外部的工作关系。

(8) 按照要求,按时、保质保量地完成矿行政工作总结、汇报材料,行政文件的审核、印制、发放。

(9) 按照《中华人民共和国档案法》和《档案管理标准》要求,及时做好文件材料的收集、归档、保管工作。

（10）及时收发各种安全生产有关文件，做好电文、报纸杂志、信函的收发传递，不积压、不丢失。

（11）严格保管和正确使用印章，严格控制介绍信、证明信的印章使用。

（12）做好上级及矿井安全精神上传下达工作，配合做好对外对内的安全教育宣传工作。

（13）参与履行法律法规和企业内部管理制度规定的其他职责。

三、综合办公室历任负责人任职情况一览表(10-2-1)

表 10-2-1　陈四楼煤矿综合办公室历任负责人一览表

序号	姓名	性别	职务名称	任职时间
1	张树良	男	主任	1995.03—1998.01
2	闫成义	男	主任	1998.02—1999.03
3	邓文兴	男	主任	1999.03—2004.04
4	王卫华	男	主任	2004.04—2005.03
5	杜志刚	男	主任	2005.03—2007.08
6	刘　益	男	主任	2007.08—2010.02
7	卢军建	男	主任	2010.02—2011.10
8	董　林	男	主任	2011.10—2016.10
9	李玉东	男	副主任(主持工作)	2016.10—2018.08
10	李玉东	男	主任	2018.08—

第二节　文　　秘

一、主要职责

负责陈四楼煤矿重要文字材料，负责公文处理工作，优化公文网络办公流程，负责矿行政印章及矿长手签章的管理，严格执行公章使用审批流程。负责信息报送、法务工作、“三重一大”会议。

二、文稿起草

负责矿行政工作报告、总结和各种汇总材料。办公室工作人员坚持参加两级公司视频会和矿各种会议，领会精神，做到吃透上情、把握内情、了解外情，确保文字材料拟写高站位、高起点和宽视野。

三、公文管理

1995 年 7 月，陈四楼煤矿筹备处陈矿筹字〔1995〕第 021 号印发了《关于公文处理的办法》,从公文处理工作的重要性、领导批示的公文不得延误推诿、签发文件必须准确无误等方面做了要求,使公文处理工作规范化、制度化、科学化,更好服务于工作。

1996 年 3 月,永夏办字〔1996〕第 29 号印发了《关于加强公文、文印、公章和介绍信管理工作的通知》,对上行文和来文做了详细要求。

2006 年 3 月,陈矿办字〔2006〕19 号文印发了《陈四楼煤矿公文处理管理办法》的通知,根据《国家行政机关公文处理办法》和《河南龙宇能源股份有限公司公文处理暂行规定》制定陈四楼煤矿公文处理管理办法详细说明了公文的具体格式。

2007 年 12 月,陈矿办字〔2007〕152 号印发了《陈四楼煤矿规范公文流程的通知》,为了使公文管理工作进一步规范化、制度化、科学化,从发文的起草、审批、会签、签发和来文的接收、处理等方面的流程做了明确规定。

2020 年 9 月,陈矿办字〔2020〕96 号文印发了《陈四楼煤矿公文管理制度》,详细规定了公文处理的公文种类、行文规则、公文拟制的格式以及收发文处理流程和公文办结归档管理等方面的要求。

四、印章管理

陈四楼煤矿印章种类包括行政、党委、纪委、工会、团委以及各单位印章,综合办公室负责矿行政公章、矿长私章。矿属各单位使用印章一律实行网上审批制度,使用人必须通过矿泛微办公系统提交印章使用审批单,经分管领导审批后,方可用印。矿长私章使用审批流程等同于矿行政公章,使用必须经矿长本人批准方可用印。因机构变动或机构名称变更,单位出现合并、分立、解散等情况需变更印章图样的,必须由变更单位提出申请,填写《陈四楼煤矿印章刻制申请表》经党委书记批准后,由综合办统一刻制,经综合办发文后方可正式启用;已经停止的印章,应及时移交综合办公室登记、保管。

1991 年 12 月,《关于启用"永夏矿区建设管理委员会陈四楼项目组"等机构印章的通知》(永夏办字〔1991〕第 135 号),从 1992 年 1 月起启用"永夏矿区管委会陈四楼项目组"印章。

1995 年 3 月,《关于启用"永夏矿区管委会陈四楼煤矿筹备处"印章的通知》(永夏办字〔1995〕第 06 号),研究决定成立陈四楼煤矿筹备处,撤销陈四楼煤矿项目部,即日起启用"永夏矿区陈四楼煤矿筹备处"印章。《关于启用印章的通知》(陈矿字(1995)002 号),正式启用行政办公室印章。

2002 年 4 月,印发《陈四楼煤矿印章管理办法》(陈矿办字〔2002〕6 号),从印章的刻制与颁发、印章管理责任、印章保管制度、印章使用审批程序、印章的使用、建立责任追究制度、建立印章使用管理检查制度 7 个方面做了规定。

2004 年 3 月,印发《关于进一步加强印章和签名章管理》(陈矿办字〔2004〕47 号),严格规定了印章和签名章的使用与保管。

2004 年 3 月,《关于启用"河南龙宇能源股份有限公司陈四楼煤矿"等四枚印章》(龙宇字〔2004〕03 号),启用河南龙宇能源股份有限公司陈四楼煤矿印章。

2006 年 2 月,印发《陈四楼煤矿印章和签名管理制度》(陈矿办字〔2006〕20 号),明确规定了印章的保管、交接和停用以及印章使用的审批制度。

2012年12月，印发《关于进一步加强印章管理的通知》(陈矿办字〔2012〕200号)，规范了印章的刻制、启用、保管交接和停用，各单位要开展自查自纠，对于违规使用印章的将按照规定从严追究公章管理人员和单位主要领导的责任。

2020年3月，印发《陈四楼煤矿印章管理办法》(陈矿办字〔2020〕91号)，进一步规范了印章的刻制、使用、保管、交接和停用以及印章的审批、使用和登记流程，确保各类印章(包括电子印章)使用的合法性、严肃性和安全性，有效维护陈四楼煤矿各项利益，杜绝违法行为的发生。

五、信息直报

根据永煤公司2017年2月15日印发的《关于建立每日信息直报制度的通知》(永煤控股〔2017〕69号)，陈四楼煤矿发布通知并于2017年2月17日向永煤公司报送第一条信息，信息直报工作已于2022年9月12日停止，共向永煤公司报送355条信息。

第三节 会务与接待

一、公务接待

(一) 制度规范

1995年6月，印发《关于加强接待管理规定》(陈矿筹字〔1995〕第020号)，明确规定了就餐及住宿的审批流程。

1998年1月，印发《关于对矿内外招待的几条规定》(陈矿字〔1998〕006号)，明确规定了工作餐和桌餐的招待标准及审批流程。

2015年8月，印发《关于陈四楼煤矿来宾接待预案的通知》(陈矿办字〔2015〕179号)，总体原则是：精准高效、完美无误；服务周到、热情大方；衣着得体、谈吐得当；提升形象、注重实效。

2020年6月，印发《陈四楼煤矿公务接待管理办法》(陈矿办字〔2020〕159号)，规范了接待申请流程以及公务接待标准。

(二) 基本要求

(1) 接待必须把握为集团公司改革发展稳定大局服务指导思想，坚持热情、周到、节俭、文明、安全服务宗旨。

(2) 接待要树立全局观念，高度负责、密切配合、团结协作、主动热情地做好各项接待。

(3) 严格遵守接待纪律，自觉做到廉洁自律，按集团公司要求和接待规范处理接待事务。

(4) 熟悉与矿工作相关的省、市、河南能源、永煤集团、子公司、矿处级领导姓名、职务，便于接待安排。

二、大型会议会务工作规范

(一) 综合办职责

(1) 接到任务后,及时通知相关领导和人员做好接待工作。

(2) 综合办主任全程陪同,及时通知、协调、处理随时安排的工作;随时留意来宾需求,并及时提供相应的帮助。

(3) 做好会议室卫生及相关准备工作。

(4) 提供茶水、笔记本、笔等物品。

(5) 负责准备陈四楼煤矿简介光盘的播放。

(6) 负责会议汇报材料及宣传画册的摆放。

(7) 做好备用车辆及司机人员的应急。

(8) 做好一定范围的保密工作。

(二) 调度室职责

(1) 接到任务后,通知机电队、运输队做好准备工作,并负责落实。

(2) 掌握井下煤仓内存煤情况,做好接待期间主井提煤的各项准备工作。

(3) 调度室内做到设备正常运行,环境卫生干净整洁,工作人员穿戴整齐,各类报表齐全、整洁。

(4) 需要组织职工代表时,组织科室人员及区队队干穿戴整齐、符合规定之后提前半小时到达副井口等候室。

(5) 来宾入井时:

① 通知相关单位做好工作地点的各项迎检工作。

② 通知相关专业分管领导及人员做好陪检工作。

③ 通知安检科做好有关人员入井前的安全培训。

④ 必要时,通知相关单位安排人员准备饮料和食品。

⑤ 通知副井口准备好罐笼,保证来宾随到随上,准备好井底人车。

⑥ 通知相关领导和科室人员(安检科、调度室、信息站)维持好井口,井底人员的秩序,并保证沿途行进的畅通。

⑦ 通知相关单位安排专人在来宾经过的路线上开关风门。

⑧ 调度台人员关注来宾的沿途行进情况,及时通知沿途单位提前做好相关工作。

⑨ 接待结束后,调度室及时通知相关单位恢复正常生产。

(三) 服务公司职责

(1) 协调兴龙服务公司对工业广场、主井口广场、道路进行彻底刷洗,清理花草中的杂物、废叶。

(2) 协助兴龙服务公司在西办公楼前大厅铺设地毯,大厅一二楼厕所、楼内卫生保持干净无异味,并派专人值守、保洁,直到接待结束。

(3) 要求相关清洁人员在领导检查过程中及时回避。

（4）小澡堂部分：

① 当下井人员超过15人时，每10人增加1名服务人员。

② 了解具体人数，提前30分钟将足够的矿灯、自救器、工作服、矿帽、胶靴、毛巾、纯净水（饮料）等准备到位；工作服、胶靴、秋衣等按大中小号分开；所有来宾所需物品必须经消毒或洗涤或保证全新，并摆放整齐。

③ 将温水池、热水池、淋浴、蒸房及洗涤、淋浴物品准备完毕，水温调整到最佳状态。

④ 贵宾洗浴间准备好热水，水温适中。

⑤ 如有女性来宾下井时将来宾人数、陪同人员落实，按要求准备好下井物品。

⑥ 非服务人员不得在澡堂停留。

⑦ 大小洗浴间内严禁放置杂物。

⑧ 保持整个小澡堂卫生的动态整洁、整齐、卫生。

⑨ 来宾升井后准备好茶水、香烟，需要准备水果时，按要求准备好。

⑩ 接待人员要衣着整齐、举止文明，服务热情周到。值班经理要及时巡查，来宾着衣时带领服务人员进行指导、解说，直到着装合乎要求。

（5）小食堂部分：

① 餐具、餐桌、温车、房间卫生彻底擦干洗净，空调提前调整到合适温度。

② 所采购食品要安全、卫生、新鲜，符合标准；炊事员精心准备饭菜，保质保量。

③ 服务人员按标准统一着装，整洁卫生，服务要体贴周到、文明大方。

④ 如果客人不能同时就餐时，根据人员和就餐情况，及时添加饭菜，保证来宾每个人都能吃上热菜、热饭、热汤。

⑤ 工作餐：

A. 按工作餐标准（价格标准）列出不同季节的标准清单及常备的盐、醋、牙签、餐巾纸、餐具等。

B. 根据就餐人数，合理安排房间。每个房间保证1名服务员服务。

⑥ 标准餐：

A. 按标准餐标准（价格标准）列出不同季节的标准清单及常备的盐、醋、牙签、热毛巾、餐巾纸、餐具、小刀等。

B. 每个房间至少有2名服务员全程服务。

C. 所需烟、酒、水、饮料等按要求准备到位。

（四）党委宣传部职责

（1）按照要求打出办公楼LED显示屏欢迎标语，悬挂竖幅、宣传牌板。

（2）做好矿井简介光盘准备工作。

（3）安排摄像人员2名，跟踪摄像、照相。

（4）整理、记录领导讲话，并形成文字资料。

（5）做好来访领导音像、资料的存档。

（6）做好被提问人员的培训工作。

(7) 指导牵头科室做好会议汇报材料的准备工作。

(8) 做好许可的对外宣传报道工作。

(五) 机电队职责

(1) 队长或书记全过程陪同。

(2) 主副井绞车房必须全面打扫,所有设备、设施擦洗干净,做到一尘不染;绞车房楼梯必须拖干净,没有水、不打滑。

(3) 主井口房内打扫干净,不能有任何杂物或积水,在提煤期间派专人保洁,直到接待结束。

(4) 主井口、大矸出口处周围保持整洁、卫生,不得有杂物堆放,大门应关闭。

(5) 相关检查点工作人员必须穿上矿统一发放的岗位工装,精神饱满。

(6) 保证主井语音介绍系统的正常运行,准确开启、关闭。

(7) 相关检查点的工作人员必须能流利地对系统流程做出讲解(最好是普通话)。

(8) 所检查地点,所有的牌板、记录、台账要完善、整洁。

(六) 保卫科职责

(1) 做好进矿公路及矿大门治安、车辆秩序及卫生保洁工作。

(2) 矿门口及矿院内上好标准岗。

(3) 指挥好来访车辆的停放及院内车辆的指定停放。

(4) 做好所经路线的警戒设置。

(5) 做好院内流动人员的疏导和回避工作。

(6) 严格控制外来人员在矿区的活动范围。

(7) 及时升好国旗及司旗。

(8) 做好警队人员的备勤。

(9) 及时排查不稳定因素,杜绝无关人员打扰来宾。

(10) 及时开启广场喷泉。

(七) 运输队职责

(1) 接到矿调度室通知后,按规定时间安排工作,队长或书记亲自到现场检查落实迎检工作完成情况。

(2) 副井口及责任区、房内打扫干净,不能留有任何杂物。

(3) 来宾入井时:

① 将副井底、井下等候室、行人通道、人车停车场打扫干净,有尘土时应洒水。

② 将准备乘坐的罐笼和人车打扫干净,能冲刷的要认真冲刷,并准备到位,确保来宾随到随上。

③ 井底人行车应停在人行通道口处,回来时,人行车应停在来宾上车的最近位置。

④ 副井口和副井底,人车工作人员必须佩戴上岗证件,穿戴整齐。

⑤ 人车运行时,应保持匀速平稳,严禁急停车。

⑥ 接送来宾过程中,至少要有 1 名副队长现场跟班,随时解决出现的问题,特别是人车

上下地点至少有 1 名副队长在现场协调指挥。

⑦ 相关人员能流利地讲解自己相关岗位的基本知识。

（八）培训科职责

（1）接到调度室通知后，按规定的时间安排并落实所负责的相关工作，科长亲自到现场检查落实。

（2）将安全教育展厅、六楼电教室、安全实验室、机电工培训基地、井下培训基地的卫生打扫干净，机器无灰尘、地面无杂物、窗明几净。

（3）参与迎检人员及现场操作人员统一着工装或工作服。

（4）来宾到现场时：

① 将相关演示设备提前检查完毕，发现故障及时处理，确保来宾到达时操作顺利无误。

② 操作人员在来宾到达前 30 分钟到位，对所负责范围内的设备及负责范围内的卫生做最后检查，看设备是否完好，能否正常操作，将操作过程提前演示一遍。将解说、介绍内容提前预习一遍，确保来宾到达时解说准确无误。

③ 解说人员在来宾到达前 30 分钟到位，对所负责范围内的牌板及负责范围内的卫生做最后检查，确认牌板是否洁净无灰尘，将解说、介绍内容提前预习一遍，确保来宾到达时解说准确无误。

④ 来宾到达后，迎检相关人员应着装整齐，言表大方，微笑服务。

⑤ 在解说及演示过程中应动作规范大方、操作熟练、面带微笑、口齿清晰。

⑥ 来宾参观结束离开现场，所有人员在接到调度室通知后方可关闭机器、照明、相关电器及门窗后离开。

第四节　车辆与后勤管理

一、管理沿革及制度

1995 年 3 月，成立陈四楼煤矿筹备处行政办公室，陈四楼煤矿小车班隶属筹备处行政办公室。

1995 年 6 月，印发《关于加强车辆管理的规定》（陈矿筹字〔1995〕第 018 号），明确规定了筹备处所有车辆实行统一管理，定向服务，行政办公室负责车辆的修理、年审、养路费交纳、车辆保险、交通事故处理等工作。印发《关于加强对司机管理的规定》（陈矿筹字〔1995〕第 019 号），明确规定了司机要敬业爱岗、树立良好的职业道德，坚守岗位、爱惜车辆、服务热情、服从领导、听从指挥。

2012 年 4 月，印发《关于陈四楼煤矿车辆安全管理的通知》（陈矿办字〔2012〕118 号），从司机管理、车辆调度管理、车辆管理、救护车管理及车辆维修等方面做了严格规定。

2015 年 12 月，印发《关于加强陈四楼煤矿公务车辆管理的通知》（陈矿办字〔2015〕256

号),从公务车辆的日常管理、公务车辆的使用管理以及违规使用公务车辆等方面做了严格规定。

2020年8月,印发《关于下发陈四楼煤矿公务用车管理办法的通知》(陈矿办字〔2020〕168号),明确规定了陈四楼煤矿公务用车审批流程、驾驶员的日常管理、行车安全管理、值班车辆管理等。

截至2021年年底,综合办公室是矿公务车辆的管理部门,具体负责公务用车的调度管理、驾驶员管理、车辆维修保养、年审、证照登记、变更和保险购买等日常工作。矿公务车辆由综合办公室主任直接领导,1名综合办公室副主任分管,专业驾驶员10名,其中包括救护车司机2名,洒水车、垃圾清扫车司机2名,通勤车司机6名,正常运行车辆16辆,其中包括救护车2辆,洒水车1辆,垃圾车1辆,清扫车1辆,通勤车11辆。

二、车辆管理

(一)通勤车

1995年,由三公司移交至陈四楼煤矿筹备处,隶属行政办管理。

1996年,增加两节厢安源大客车1辆。

2000年,购置了通勤客车1辆。

2004年5月,新交通法(超员属违法行为)的实施,根据集团公司要求,特向龙宇公司申请购置通勤车1辆。

2009年9月,由于下井职工多、生产压力大、生产组织紧张,现有通勤车班次未能满足职工上下班的需要,特向永煤公司申请购置通勤车2辆。

2011年1月,由于现有车辆紧张,未能满足职工上下班的需要,加上已有1辆通勤车购置年数已久,老化严重,不能正常行驶,特向永煤公司申请购置2辆通勤车(型号:宇通ZK6129H)。同年4月,为了满足职工乘车需求,陈四楼煤矿申请购买了1辆通勤车(型号:宇通ZK6127HB)。

2013年3月,通勤车辆移交至永煤公司聚龙物流。

(二)喷洒车、垃圾清扫车

2018年7月,根据环境治理工作的需要,陈四楼煤矿申请购买喷洒车1辆(型号:CLW5160GPSD5)、垃圾车1辆(型号:CLW5161ZZZD5)、洗扫车1辆(型号:CLW5110TXSD5)。

(三)职责流程

1. 管理职责

负责矿车辆调度,掌握车辆动态,合理安排出车任务;负责驾驶员考勤以及思想教育;调控车辆维修费用和支出;办理车辆保险费缴纳及车辆年检年审。负责事故车辆处理、善后,负责交管部门及保险公司协调。

2. 安全教育

坚持利用班前会让驾驶员谈经验、说安全体会,集中学习安全法律法规及事故案例。

针对不同季节的天气、道路、车辆、行人特点，及时调整思路，有步骤、有针对性地开展行车安全文化及常识教育。重点关注精神状态欠佳驾驶员，坚持“人有问题不上车，车有问题不上路”，把住安全源头关，逐步形成从静态管理向动态管理、从事故后处理向预先防控安全理念，树立驾驶员安全行车自觉意识。

三、地面停车场管理

（一）车辆管理

2011 年 6 月，针对员工私家车数量较多，为了切实维护好内部车辆安全管理秩序，确保矿区行人安全和道路畅通，制定了《陈四楼煤矿员工私家车辆管理规定》。规定中对员工私家车辆行车须知进行明确要求，做到了安全诚信管理。通过该规定的实施，私家车员工得到了诚信管理，切实维护了安全、文明、和谐的矿区环境。

2014 年 4 月，为了加强车辆管理，避免矿区内车辆随意停放，违规行驶等现象，以营造安全、文明、和谐的矿区环境为宗旨，结合矿员工车辆逐日增多的实际情况，制定《陈四楼煤矿车辆交通安全管理规定》，本规定适用内部员工车辆、外部车辆及来矿施工车辆。

（二）车辆管理制度

（1）员工车辆需识别车牌进入矿区，未输入车牌识别系统的车辆，禁止出入矿区。

（2）所有车辆必须按照规定的行驶路线或在保卫人员的指挥下进入车辆识别通道。

（3）车牌识别系统实行一车一挡，因本人原因造成系统设施损坏的，按照《陈四楼煤矿治安保卫管理规定》的相关条款进行处理。

（4）车辆进入矿区后，不许鸣笛，必须按照交通安全指示路线行驶，车速不得超过 20 千米/小时，严禁搭载闲杂人员和小孩入矿。

（5）严禁酒后驾车入矿或将醉酒人员载入矿区。

（6）车辆进入矿区应自觉服从管理。停车时，要根据车辆的颜色将车辆分区域停放，一车一位，不准压线停放，无停车位区域禁止停放，矿外停车场，车辆停放时车头朝南。

（7）车辆停放好后要锁好车门，车内不准存放现金或其他贵重物品、易燃易爆等危险物品。

（8）对出矿车辆实行电脑系统随机抽查，被检查车辆需驶出车辆识别通道，并主动打开车门和后备厢，积极配合保卫人员例行车辆检查。

私家车辆检查现场见图 10-2-1。

图 10-2-1　私家车辆检查现场

（三）车辆及车位统计情况(表 10-2-2)

表 10-2-2　车辆及车位统计情况

车辆情况	共计 1 532 辆	科室:248 辆	系统内已录入 1 117 辆
		区队:1 284 辆	
车位情况	共计 654 个	矿内:513 个	
		矿外:141 个	
车位分布情况	1 号停车场:68 个	西办公楼周边停车区	
	2 号停车场:80 个	2 号公寓楼北侧停车区	
	3 号停车场:95 个	矿水塔周边停车区	
	4 号停车场:241 个	主井南侧及锅炉房南侧停车区	
	5 号停车场:29 个	选煤厂院内停车区	
	6 号停车场:141 个	矿外停车区	

第五节　信 访 工 作

2003 年 9 月，印发《关于成立信访稳定工作领导小组的通知》(陈矿办字〔2003〕82 号)，规定行政办公室具体负责陈四楼煤矿信访工作制度的拟定，职工群众信访的受理和汇报，信访工作信息的收集和反馈，与上级信访部门的联系和报告等工作。同月，印发《陈四楼煤矿信访工作管理制度》(陈矿办字〔2003〕91 号)，详细规定来访事件的处理流程。各单位负责人和各级管理人员要严格按照公司和矿要求做好各项工作，在工作中出现推诿扯皮、态度粗暴等问题，依照规定追究责任。

2004 年 8 月，印发《关于加强信访稳定工作的通知》(陈矿党字〔2004〕41 号)，详细规定信访稳定工作的 4 点纪律。一是各单位不重视信访稳定工作，将从重给予单位信访领导小组成员经济处罚或党政纪处分。二是对于干部职工反映的问题，擅自反映到公司，形成越级上访事件，将予以严肃追究。三是越级反映问题，情节严重，性质恶劣的处以罚款，并处以党政纪处分。四是各级领导干部、业务职能部门不负责任、推诿扯皮的将追究相关单位责任。

2010 年 4 月，印发《陈四楼煤矿信访稳定工作实施办法》(陈矿办字〔2010〕58 号)，从信访稳定工作的注意事项、工作制度和考核与奖罚等方面做了详细规定。

2014 年 3 月，印发《陈四楼煤矿信访稳定工作应急预案》(陈矿办字〔2014〕55 号)，进一步畅通信访渠道，依法规范信访秩序，着力化解信访积案，杜绝越级上访和非正常上访。

2018 年 6 月，印发《陈四楼煤矿信访稳定工作实施办法》(陈矿办字〔2018〕168 号)，从信访稳定工作领导责任制度、接待职工群众来访制度、信访苗头和群体性事件隐患排查制度以及信访考核办法等方面做了明确规定。

2021 年 7 月 7 日下午，在矿职工礼堂，组织矿井各单位共 201 人参加永煤公司信访业务知识竞赛活动。此次活动系根据永煤公司统一安排，由陈四楼煤矿承办的永煤公司信访业务知识竞赛，旨在深入贯彻落实习近平总书记关于加强和改进人民信访工作的重要思想，不断提升信访工作人员基础业务水平和信访工作规范化程度，促进信访工作再上新台阶。

第六节　办公用品管理

2003 年 7 月，印发《关于印发陈四楼煤矿办公用品管理办法规定的通知》(陈矿办字〔2003〕65 号)。行政办负责陈四楼煤矿大宗公用物品和办公易耗品的管理。

2010 年 5 月，印发《关于印发陈四楼煤矿办公用品管理办法规定的通知》(陈矿办字〔2010〕87 号)。

2013 年 6 月，印发《关于印发陈四楼煤矿办公用品管理办法的通知》(陈矿办字〔2013〕115 号)。

2019 年 2 月，印发《关于印发陈四楼煤矿办公用品管理办法的通知》(陈矿办字〔2019〕91 号)，详细说明了办公用品的范围分为固定资产类包括计算机、打印机、空调及消耗配件等，大宗类包括桌椅、文件柜、电话等，低值易耗类包括中性笔、打印纸等常用办公用品。文件规定了综合办为办公用品管理的主要责任部门，负责办公用品的审批及管控。

截至 2021 年，陈四楼煤矿办公用品管理办法沿用陈矿办字〔2019〕91 号文件。

一、办公用品的范围

(一)固定资产类

计算机、打印机、复印机、摄像机、照相机、电视机、保险柜、传真机、空调及消耗配件等。

(二)大宗类

沙发、茶几、地毯、窗帘、欢迎毯、桌、椅、文件柜、饮水机、床、床上用品、水桶、电话、计算器、钟表等。

(三)图书杂志类

科技、管理工具书,报纸、杂志等。

(四)低值易耗类

制图工具、文件夹、档案盒、纸篓、印刷品、印泥、印油、灭害灵、蚊香、茶杯、烟灰缸、喷壶、清洁球、卫生球、台历、日历、打印纸、书写用品、笔、墨、纸、笔记本、橡皮、档案袋、图钉、订书机、订书针、胶水、刀片、胶带、曲别针、复写纸、削笔刀等。

二、办公用品管理部门及职责

(1)综合办为办公用品管理主要责任部门,负责办公用品的审批。

(2)供应科负责办公用品的采购、验收入库、保管、发放,及相关台账的建立。供应科根据各单位上报的计划情况进行汇总,结合库存情况,编制采购计划。

(3)供应科将库存报表和领料单分类整理,按要求上报财务科。

(4)供应科建立办公用品仓库,纳入信息化管理系统。

三、分类管理

(一)固定资产类、图书杂志类

由使用单位提出申请,由综合办审核后,报经营副矿长和矿长批准后方可配置;需报公司的,综合办要行文上报。综合办和供应科分别建立管理台账,明确使用单位管理责任人。损坏、丢失要追究责任,并给予处罚和赔偿。

(二)大宗类

由使用单位提出申请,由综合办公室审核后,报经营副矿长批准后方可配置。综合办公室和供应科分别建立管理台账,明确使用单位管理责任人。损坏、丢失要追究责任,并给予处罚和赔偿。

(三)低值易耗类

(1)计划内的发生:由使用单位持领料单至综合办审批后,到供应科领取。

(2)计划外的发生:由使用单位提出申请,由综合办公室审核后,报经营副矿长批准后方可配置。

四、个人配置管理

(1) 配置范围与更换年限。

详见科室(区队)办公人员配发办公用品标准(略)。

(2) 个人配置办公用品申请程序。

个人提出申请→单位主管签字→分管矿长审批→综合办核实→经营副矿长审批。

(3) 个人配置办公用品应在服务年限期满后再给予更换,不到期更换按原值的50%进行赔偿,丢失的按原值赔偿。手续由综合办出具后到矿财务科交款,综合办见交款凭证后给予配置。

(4) 个人配置的办公用品在领用时,由领用人认真在库房检验,如属产品质量有问题,由供应科负责与供货商联系退货或进行更换。

(5) 离职离岗人员,应主动移交所属办公用品,否则综合办不予办理有关手续。机构撤销的单位,所有办公用品和办公室由综合办一并收回。

(6) 矿领导调离或退休时,室内一切办公用品交由综合办管理。

五、计算机、打印机及相关耗材管理

(一) 职责划分

综合办负责全矿计算机、打印机及配套用品、耗材的采购工作,并建立台账。调度室负责全矿计算机、打印机及配套用品的日常维护及损坏鉴定工作,并建立台账。

(二) 采购审批程序

(1) 需配备显示器、移动硬盘的审批程序为:

使用单位→分管矿长→综合办→经营副矿长→矿长。

(2) 购置计算机核心部件的(主板、CPU、显卡、200 GB 以上较大硬盘、1 GB 以上内存)的审批程序为:

使用单位→分管矿长→综合办→经营副矿长。

(3) 除以上物品外其余散件维修及耗材购置由办公室主任审批后采购。

(三) 维修程序

(1) 各单位计算机、打印机、移动硬盘、U 盘等出现故障后报调度室,由调度室安排专业人员进行处理。调度室无法维修的,由使用单位按照流程申请维修。

(2) 计算机维修及耗材的供应实行定点管理,由综合办公室、调度室对定点维修单位进行确定。

六、其他规定

(1) 固定资产类、大宗类,造成损坏的,由使用人自行承担100%的维修费用;如有丢失的,由使用人100%赔偿。手续由供应科出具,由责任人到矿财务科交款。

(2) 低值易耗类按照每月考核费用7元/人执行。党委组织部在干部调整后将管理人员名单发至综合办。

(3) 各单位在领取办公用品时,各单位科长(队长)要严格把关,超支部分纳入当月本单位的绩效考核。领料单、粉笔不列入办公费用,超出范围,必须由经营副矿长审批后才能领取。

(4) 资产类、大宗类办公用品一般为零库存,各单位需要时,按规定程序审批后,再进行采购。

(5) 电器类用品在规定的保质期内发生质量问题的,由综合办负责联系更换、维修和退货。

(6) 需要加工印刷品的单位,审批程序为:需用单位→分管矿长→经营副矿长→综合办→供应科。供应科建立印刷品台账,使用单位出具领料单到综合办审批后,到供应科领取。

(7) 大件办公用品(文件柜、办公桌、椅子、电话、档案盒、盆架等),在人员调离时,不得带走,否则按原值进行扣款。

第七节　档案工作

一、机构

1997 年 7 月,陈四楼煤矿设立了档案室,隶属行政办公室,档案室集中统一管理全矿党群类、行政类、经营类、生产技术类、地质勘探类、基本建设类、科学技术研究类、设备仪器类、会计类、特殊载体类等各类档案资料,已建立了一整套档案管理制度。

二、设施

档案室设立后,按照《中华人民共和国档案法》和《企业档案管理规定》,由于办公楼在建设时就没有档案库房位置,建成后,经领导协调,从综合培训楼上挤出了档案库房位置,档案库房面积 120 平方米。各类档案密集架 12 组,并购置了计算机、档案柜、空调机、消毒柜、加湿机、缝纫机、装订机等档案管理专用设备。

在 2009 年根据档案达标的需要,陈四楼煤矿投入资金约 20 万元,共购置了 15 组档案密集架、声像档案柜、消毒柜、书车、书梯、空调、除湿机,同时还配备了计算机、缝纫机、装订机、裁纸机等设备。2013 年年初,新的综合办公楼扩建完工,为了满足矿档案发展的需要,单独设立了档案库房,面积由原来的 120 平方米扩大到 155.52 平方米,密集架增到 29 组,共有软硬件设备 10 多种,即:档案密集架 29 组、声像档案柜、消毒柜、书车、书梯、空调、除湿机、温湿度测试仪,同时还配备了计算机、扫描仪、缝纫机、装订机、裁纸机等。

三、案卷

截至 2021 年年底,陈四楼煤矿档案室现存有各类档案资料(1994—2021 年)17 525 卷(件)。其中:文书档案 10 437 卷(件),基本建设类 492 卷,科学技术研究类 30 卷,地质类 127 卷,设备仪器类 398 卷,会计类 4 200 卷,施工图 600 余卷,声像档案 236 盒,实物档案

370 卷，照片档案 400 余张，荣誉档案：奖牌 200 枚，奖杯 35 个。

四、制度

2004 年 4 月，陈矿办字〔2004〕63 号文关于印发《陈四楼煤矿档案管理办法》的通知，对各类档案的收集归档、整理、保管、借阅及保密规定等日常管理工作提出了具体要求，有计划地对科技、文书、会计和声像等档案进行整理并集中管理。

2014 年 3 月，陈矿办字〔2014〕47 号印发《陈四楼煤矿资料存档、保管、借阅、保密、登记及销毁管理制度》，分别制定了陈四楼煤矿档案存档、保管制度、档案资料的借阅制度、档案的保密制度以及档案的登记及销毁。

2018 年 3 月，印发《关于加强档案资料借(查)阅管理制度的通知》，明确规定了档案资料借(查)阅申请流程。档案借(查)阅只限本矿管理人员(区队限队长及技术人员)。借(查)阅时，必须办理借(查)阅手续。非本矿人员借(查)阅时，说明用途和使用期限，经主管矿领导签字后方可到档案室借阅档案。

2020 年 3 月，印发《陈四楼煤矿采掘技术经济档案管理办法》(陈矿生字〔2020〕95 号)。

2021 年 3 月，印发《陈四楼煤矿职工档案管理制度》(陈矿办字〔2021〕61 号)。

五、达标建设

2009 年，根据档案达标的需要，陈四楼煤矿投入资金约 20 万元，从组织管理、设施设备、基础业务建设、开发利用等方面进行改进，提升管理水平。同年 11 月，陈四楼煤矿荣获“国家二级档案管理企业”称号。

六、档案工作的开发与利用

为编纂《陈四楼煤矿大事记》《陈四楼煤矿组织机构沿革》《陈四楼煤矿档案全宗介绍》《陈四楼煤矿志》等提供了资料，不论是电话查询，或是上门查找，档案管理员始终是热情接待，开发了档案信息资源，提高了档案的利用率，认真做好了档案的开发利用工作，年平均借(查)阅档案 800 余人次，2 000 卷以上。

第八节 工农关系

一、机构职责

陈四楼煤矿未设置专门负责工农关系机构，涉及工农关系工作主要由纪委书记负责，相关科室配合。

矿工业广场中央风井位于永城市陈集镇韩松园村，北风井位于永城市陈集镇，南风井位于永城市城厢乡，矿工农关系主要涉及上述乡镇。

二、土地征用

建矿初期,陈四楼煤矿根据设计规划征购土地 749.1 亩,其中工业广场 304.5 亩,居住区 245.1 亩,公路 195.41 亩。实际征购土地 870.9 亩,其中工业广场 310.64 亩,居住区 384.65 亩,公路 175.71 亩。

1988 年,永城矿区陈四楼煤矿征用永城县陈集乡姚楼、练楼、韩松园 3 个村委会的蒋大庄等 13 个村民组和城厢乡冯寨村委会赵阁一、五村民组耕地 484 亩,属于建设陈四楼煤矿工业广场和场外道路,按照《河南省土地管理法实施办法》的有关规定进行补偿安置被征用地单位群众的生产、生活。

2018 年,陈四楼煤矿地销煤公路整修施工工程中征用陈集镇练楼村集体土地及土地附属物补偿费用为 55.6 万元。

三、地企共建

(1) 吸纳当地就业。陈四楼煤矿尽力安排矿周边的村民就业务工,截至 2021 年年底,陈四楼煤矿在册职工中,永城籍职工有 1147 人,占矿井职工的 38.1%。

(2) 参与地方建设。1994 年,陈四楼煤矿进矿公路由永城县公路段中标承包施工,总报价为 121.90 万元。

2016 年,按照陈集镇政府的整体规划:一是对周围存放矸石进行集中清理;二是对进矿公路进行扩宽,修建道路排水沟及人行道;三是对进矿公路部分路段进行植树绿化。对陈四楼煤矿进矿公路部分路段进行环境治理改造,长度为 1 650 米。费用总共 300 万元,由陈四楼煤矿和陈集镇政府各出资 150 万元进行环境治理改造。

2018 年,陈四楼煤矿整修拓宽地销煤公路,并完善了排水设施。根据环境治理工作的需要,陈四楼煤矿申请购置喷洒车、垃圾车、洗扫车各 1 辆,用于助力地方环保工作。

第三章　工　　会

陈四楼煤矿工会是陈四楼煤矿党委领导下的工人阶级群众组织，在永煤集团工会和河南能源工会及永城市总工会的业务指导下开展工作，肩负着维护职工合法权益、促进企业改革发展的双重责任。

陈四楼煤矿工会成立以来，紧紧围绕维护职工权益、促进企业和谐发展这一主线，按照永煤集团工会要求部署，结合自身实际和工作实践，系统开展学习型、服务型、创新型、高效型"四型"工会创建活动。通过不断探索工会工作新思路、新途径、新办法，力求在促进企业发展、服务职工群众、维护职工队伍稳定方面发挥工会组织应有作用，切实把工会组织建设成为职工之家。

第一节　工会组织

1997 年 1 月 29 日，永夏矿区管委会撤销陈四楼煤矿筹备处，正式成立陈四楼煤矿。4 月 3 日，启用工会筹备组专用章。

1998 年 7 月 21 日，陈四楼煤矿召开首届一次工会会员代表大会，完成了大会各项议程，并闭幕。这次会议应参加代表 129 名，实到代表 125 名，苗壮得 122 票，根据大会选举结果和矿党委研究，报请(集团)公司党委研究，同意苗壮为陈四楼煤矿工会主席，成立后的工会正式名称为"中国煤矿工会永煤集团陈四楼煤矿委员会"。2000 年 3 月 15 日，白新格推选为工会副主席。

2006 年 2 月，陈四楼煤矿工会被河南省总工会评选为河南省先进基层工会。

2011 年 11 月 20 日，召开工会委员会会议，推选李矿军为工会主席。2013 年 12 月，永煤集团对工会名称统一规范要求，各单位工会名称统一规范为"各单位行政名称全称＋工会委员会"，陈四楼煤矿工会名称变更为"河南龙宇能源股份有限公司陈四楼煤矿工会委员会"。

2017 年 1 月 19 日，召开工会委员会议，推选周荣为第二届工会主席；周荣、刘振良、孙宏权、江红杰、李玉东、陈召磊、赵广民、钟南宁、郭瑞、高平华、崔居青、程小伟、蒋家旺、樊金洋等 15 人为第二届工会委员会委员；孔令云为第二届经费审查委员会主任；孔令云、崔文祥、郝永科、贾亮亮等 4 人任第二届经费审查委员会委员；高平华、刘昱均、张兰、焦利燕、王松丽等 5 人任第二届女职工委员会委员。同年 3 月，通过二届二次全委会选举结果，张根东任第二届工会委员会委员、主席。

2020 年 11 月 19 日，因人事变动，张根东不再担任工会主席职务，根据《中国工会章程》和《中华人民共和国工会法》的有关规定，经陈四楼煤矿工会委员会民主选举，刘斌任工会主席。

陈四楼煤矿历任工会主席、工会主任、女工主任情况见表 10-3-1。

表 10-3-1　陈四楼煤矿历任工会主席、工会主任、女工主任一览表

姓名	职务	任职时间	备注
苗　壮	工会主席	1998.07—2011.11	
白新格	工会副主席	2000.03—2010.10	
周　荣	工会主席	2017.01—2017.03	
张根东	工会主席	2017.03—2020.11	
刘　斌	工会主席	2020.11—	
刘　益	工会办主任	2000.03—2004.04	
高新社	工会办主任	2004.04—2008.11	
付允玲	工会办主任	2008.11—2009.08	
洪桂彩	工会办主任	2009.08—2010.01	
刘振良	工会副主任(主持工作)	2010.01—2014.05	
刘振良	工会办主任	2014.05—	
于慧娜	女工副主任	2010.01—2015.08	
高平华	女工副主任	2015.08—	

第二节　职工代表大会

1998 年 12 月，陈四楼煤矿印发职工代表大会实施细则，正式开始系统、规范落实职工代表大会制度。同时印发职工代表大会民主测评领导干部细则，进一步落实职工代表大会职权，建立起有效的企业内部民主监督机制。

2001 年 3 月，陈四楼煤矿职工代表大会视察条例印发，建立职工代表大会制度落实情况监督约束机制。

2003 年 4 月，印发陈四楼煤矿关于在安全生产中充分发挥职工代表大会作用的实施意见，强化源头参与，发挥职代会在企业安全生产中民主决策、民主管理和民主监督的作用。

2002—2021 年陈四楼煤矿历届职工代表大会召开情况见表 10-3-2。

表 10-3-2　2002—2021 年陈四楼煤矿历届职工代表大会召开情况统计表

召开时间	会议名称
2002.02.07	陈四楼煤矿一届一次职工代表大会暨 2002 年工作会议
2003.01.25	陈四楼煤矿一届二次职工代表大会暨 2003 年工作会议
2004.01.19	陈四楼煤矿二届一次职工代表大会暨 2004 年工作会议
2005.01.25	陈四楼煤矿二届二次职工代表大会暨 2005 年工作会议
2006.01.17	陈四楼煤矿二届三次职工代表大会暨 2006 年工作会议
2007.01.19	陈四楼煤矿二届四次职工代表大会暨 2007 年工作会议
2008.02.02	陈四楼煤矿一届一次职工代表大会暨 2008 年工作会议

表 10-3-2(续)

召开时间	会议名称
2009.01.07	陈四楼煤矿一届二次职工代表大会暨 2009 年工作会议
2010.01.23	陈四楼煤矿一届三次职工代表大会暨 2010 年工作会议
2011.01.26	陈四楼煤矿一届四次职工代表大会暨 2011 年工作会议
2012.01.21	陈四楼煤矿一届五次职工代表大会暨 2012 年工作会议
2013.01.18	陈四楼煤矿一届六次职工代表大会暨 2013 年工作会议
2014.01.22	陈四楼煤矿一届一次职工(会员)代表大会暨 2014 年工作会议
2015.01.31	陈四楼煤矿一届二次职工(会员)代表大会暨 2015 年工作会议
2016.01.23	陈四楼煤矿一届三次职工(会员)代表大会暨 2016 年工作会议
2017.01.19	陈四楼煤矿二届一次职工(会员)代表大会暨 2017 年工作会议
2018.01.28	陈四楼煤矿二届二次职工(会员)代表大会暨 2018 年工作会议
2019.01.23	陈四楼煤矿二届三次职工(会员)代表大会暨 2019 年工作会议
2020.01.19	陈四楼煤矿二届四次职工(会员)代表大会暨 2020 年工作会议
2021.02.02	陈四楼煤矿二届五次职工(会员)代表大会暨 2021 年工作会议

第三节　民主管理与劳动争议调解

一、企务公开

2001 年 9 月,在公司指导下实行矿(厂)务公开制度,建立起党委领导、行政负责、工会监督、职工参与的矿(厂)务公开工作机制。

2009 年 5 月,建立健全矿务公开民主管理考评机制,规范考评程序,至 2013 年,陈四楼煤矿建立起矿、区队(车间)、班组四级公开体系和职代会、公开栏、互联网＋三大公开载体。

二、民主协商

职代会期间,工会代表职工与企业就涉及职工切身利益的重大事项进行民主协商。将劳动报酬、工作时间与休息休假、劳动安全卫生、保险福利、女职工特殊保护等纳入《集体合同》和《工资集体协议书》,在职代会上由职工方代表与企业方代表签订,进行跟踪落实。2002 年 2 月 7 日,陈四楼煤矿一届一次职代会首次签订集体合同,自此,2001—2008 年,2010—2015 年,2017—2019 年,每年组织签订《集体合同》。2011—2021 年,同时签订工资集体协议。

三、职工董事、职工监事

按程序民主选举职工董事、职工监事,代表职工参与企业决策、管理和发挥监督作用。

四、“双心”服务

2020年10月14日,成立陈四楼煤矿职工接待站。印发《关于下发陈四楼煤矿“双心”服务管理办法的通知》(陈矿办字〔2020〕195号),了解职工心声、倾听职工诉求、化解职工矛盾等职责,把关爱送到员工心坎上。职工接待站自运行以来,共接待各类来访职工和电话300多人次,化解职工矛盾纠纷80余件,解决疑难问题150多条,其中安全生产类问题16条,经营管理29条,工资分配10条,生活福利276条,其他10条。凝聚了人心,稳定了队伍,促进矿井和谐稳定发展。

五、劳动争议调解

依照《中华全国总工会关于加强协调劳动关系、切实维护职工合法权益、推动构建社会主义和谐社会的决定》的实施意见,陈四楼煤矿工会成立劳动争议调解委员会,劳动争议调解委员会组织机构健全,明确人员,并建立调解登记制度、档案管理制度、分析统计制度、调解回访制度、调解委员会会议制度、劳动争议管理办法等。

根据中华人民共和国《中华人民共和国劳动法》《中华人民共和国工会法》《中华全国总工会办公厅关于转发〈最高人民法院审理劳动争议案件适用法律若干问题的解释〉的通知》,陈四楼煤矿做好劳动争议调解工作。

1997年,陈四楼煤矿成立了19人的劳动争议调解委员会,下设劳动争议调解办公室,组织实施劳动争议调解工作。

由于行政机构、人员关系的不断变化,劳动争议调解委员会坚持按照行政、工会、职工代表三方进行人员配备,及时调整劳动争议调解委员会成员。

截至2021年,陈四楼煤矿印发《关于调整陈四楼煤矿劳动争议调解委员会的通知》《劳动争议调解委员会工作条例》,共受理劳动争议案件10件,全部结案,结案率100%,赢得了职工群众和上级领导的信赖。

六、劳动保护监督检查

按照全国总工会劳动保护监督检查“三个条例”要求,陈四楼煤矿工会建立劳动保护监督检查体系,制定监督检查的工作原则、基本职责、工作职权。坚持每月检查一次,积极参与安全生产监督、劳动保护制度的制定和检查工作,履行劳动保护监督职责;通过网站、报纸和相关媒体宣传国家安全生产法律法规、方针、政策,宣传劳动安全和职业卫生知识;对劳动保护用品的质量、发放情况进行监督检查;组织职业安全健康知识竞赛等。

第四节　班组建设

一、建设情况

2004年3月,陈四楼煤矿制定印发《班组建设“双达标”考核管理办法》的通知,要求各区队、班组将原不适宜的管理考核办法重新进行修订，要求在二季度完成，上下形成了一整套完整的管理机制，按照党委的部署，在全矿实施季度班组等级评定制度，把班组等级与职工收入、班组长的提拔任用、区队干部业绩考核全面挂钩。

2005 年 3 月 14 日下午，陈四楼煤矿召开先进表彰暨班组建设经验交流会，23 名班组长根据自己的实践经验，谈了对班组工作的认识和体会。

2007 年 4 月，开展“四组”班组升级竞赛活动(合格班组、信得过班组、先进班组、明星班组)。根据班组生产任务，开展以“比安全、比质量、比产量、比进尺”等内容的班组劳动竞赛活动，评选明星班组，调动班组争先创优的热情，促进班组建设的健康发展。

2009 年，陈四楼煤矿紧紧抓住“工人先锋号——优秀班组”创建活动，突出一条主线、打造一个品牌、锤炼一支队伍，积极开展“全员学习、岗位练兵、技术比武”活动，将日常的一日一题、一周一课、一月一考、一季一比的岗位练兵和每年一次的全矿岗位技能比武相结合，鼓励职工干中学、学中干。对在岗位技能比武中涌现出来的技术标兵、技师给予一次性重奖并推荐到重要岗位，促进了全矿各项工作的健康发展。

2010 年，制定颁布“五型五好”班组创建活动，使班组有的放矢，为班组提供创建的各类软件和硬件设施，使创建活动完全、深入，以“五型”即安全、效益、质量、学习、和谐为目标，“五好”即完成任务好、团结协作好、民主管理好、技能素质好、遵章守纪好为检验，在“五好”上下功夫、用气力，做到我的岗位我负责、我在岗位您放心，将“五型五好”班组建设长久开展，扎根于基层。

2011 年年底，永煤公司发布关于开展“四型”班组创建通知，陈四楼煤矿根据通知印发《陈四楼煤矿“6＋2”班组管理法》。针对陈四楼煤矿班组月度、季度评比的办法进行。

2015 年 8 月 12 日，开展班组建设达标竞赛，择优上报永煤公司。

2017 年 2 月 28 日，河南能源工会到陈四楼煤矿就“四型班组”建设情况进行专项检查，陈四楼煤矿作为代表参与迎检。

2019 年，陈四楼煤矿获得永煤公司班组建设示范单位，综采一队王吉营班、开拓一队陈召班、综掘一队郭红立班、综掘三队杨功德班、综掘四队贾善奎班获得永煤公司班组建设标杆班组称号，王振、丁兵兵、孙海潮、阎四军、罗海燕、李振峰获得永煤公司班组建设优秀班组长称号。

2020 年，陈四楼煤矿获得永煤公司班组建设示范单位，综采二队尚占伟班、开拓一队陈召班、综掘二队曹同心班、综掘四队贾善奎班、运输队李伟班、皮带队北皮检修班、选煤厂电工班获得永煤公司班组建设标杆班组称号，张学成、黄宏亮、刘权、杨功德、王海鹏、邢万坤、徐少松、郭瑞获得永煤公司班组建设优秀班组长称号。

2020 年 3 月，制定印发了陈四楼煤矿班长聘任办法。选拔聘任 106 名认同集团公司企业文化和安全文化、品行端正、清正廉洁、员工威信高、安全意识强、具有较强的事业心和责任感的同志为陈四楼煤矿班长。5 月 28—30 日，陈四楼煤矿在培训基地培训教室组织开展了为期 3 天的“幸福员工”第一期培训班，共有 52 名班组长及其他管理人员参加了此次培训。

2021 年 3 月，依据两级公司相关班组建设文件指导精神，拟定下发陈四楼煤矿班组建设管理办法，增强班组的凝聚力、执行力和战斗力，提高职工安全生产、自主管理的能力和操作技能。每月评选出采煤、掘进、开拓及辅助4个系统优秀班组并给予奖励。

二、建设成绩

2018年，综掘四队贾善奎班获得永煤公司班组竞赛标杆班组；开拓一队吕海彬班获得全省煤炭系统“安康杯”竞赛“优胜班组”称号。

2019年，陈四楼煤矿获得永煤公司班组建设示范单位，综采一队王吉营班、开拓一队陈召班、综掘一队郭红立班、综掘三队杨功德班、综掘四队贾善奎班，获得永煤公司班组建设标杆班组称号；王振、丁兵兵、孙海潮、阎四军、罗海燕、李振峰获得永煤公司班组建设优秀班组长称号；综掘四队贾善奎班获得河南能源“六型”班组建设先进集体，“六好”优秀班组称号。

2020年，陈四楼煤矿获得永煤公司班组建设示范单位；综采二队尚占伟班、开拓一队陈召班、综掘二队曹同心班、综掘四队贾善奎班、运输队李伟班、皮带队北皮检修班、选煤厂电工班获得永煤公司班组建设标杆班组称号；张学成、黄宏亮、刘权、杨功德、王海鹏、邢万坤、徐少松、郭瑞获得永煤公司班组建设优秀班组长称号；综掘四队贾善奎班获得河南能源“六型”班组竞赛先进集体，标杆班组。

2021年上半年，综掘三队杨功德班、机电队王超额班、开推三队韩良兵班获得永煤公司班组建设标杆班组称号，杨功德、王超额获得永煤公司班组建设优秀班组长称号。

第五节 劳动竞赛

一、生产竞赛

1998年，在陈四楼煤矿开展综采、掘进、采煤为主的劳动竞赛。12月，陈四楼煤矿创造出日产1.02万吨原煤的纪录。

2000年，开展采掘队“上纲要、创水平”竞赛。当年，陈四楼煤矿炮采三队实现月度原煤最高产量4.14万吨，采煤一队创造全国年产70万吨的炮采纪录。

2001年7月3日，开展综采队生产经营管理劳动竞赛。

2002年3月3日，在陈四楼煤矿开展采掘队“上纲要、创水平”劳动竞赛。当年，陈四楼煤矿准备队创造年产106万吨的轻型综采纪录。

2003年，开展采掘队“上纲要、创水平”劳动竞赛。当年第四季度，工会首次主导开展采掘队劳动竞赛。自此，劳动竞赛实现从生产部门主导变为工会主导。

2004年4月11日，开展采掘队劳动竞赛，按照综采、炮采、开拓、掘进4个项目进行。

2005年9月18日，以“奋战100天、突破100亿，效益再上新台阶”为内容，开展“双百”劳动竞赛。

2006年9月4日，开展采掘队劳动竞赛。

2009年，开展以“比管理创新、比技术进步，降能耗、降排放”为主要内容“双比双降”节能减排竞赛。

2010 年，开展采掘区队单产、单进创水平劳动竞赛，全年共有 6 个采掘区队打破公司纪录。其中，陈四楼煤矿开拓一队岩巷炮掘创单头月进尺 163.8 米新纪录。

2011 年 6 月 3 日，开展以"比管理、比技术、比职工行动，降能耗、降排放"为主要内容"三比两降"节能减排竞赛。

2012 年，在采掘一线开展单产单进上水平劳动竞赛，在基建单位（项目）中开展"三讲"（讲质量工期、讲文明、讲协作）重点工程竞赛，在全体职工中开展"三比两降"（比管理创新、比技术进步、比员工行动和降能耗、降排放）节能减排竞赛。

2015 年，开展"打赢三大战役决胜第四季度"劳动竞赛。

2016 年 10 月，开展"打赢三大战役决胜第四季度"主题劳动竞赛。

2017 年 3 月，印发劳动竞赛实施意见，明确生产型、技能型、智能型 3 种劳动竞赛基本形式、规范劳动竞赛内容、组织领导、实施办法、激励机制等。

二、技能竞赛

从 2001 年开始，陈四楼煤矿持续开展职工技能竞赛。技能竞赛由工会牵头组织，分专业、分层次进行。截至 2021 年，共举办各类赛事 216 余次，累计参赛员工 3 060 余人次，见表 10-3-3。

表 10-3-3 2001—2021 年陈四楼煤矿技能竞赛开展情况

时间	竞赛工种机参赛人数	大赛概况
2001 年	采煤工、掘进工、通风工、维修电工、矿灯工 5 个工种，约 80 名职工参赛	
2002 年	通风工、采煤工、掘进工、采掘电钳工、维修电工、钳工 6 个工种，约 80 名职工参赛	
2003 年	采煤工、掘进工、通风工、维修电工、采掘电钳工 5 个工种，约 60 名职工参赛	
2004 年	综采工、掘进工、开拓工、电工、钳工、通风工 6 个工种，约 70 名职工参赛	
2005 年	支架工、开拓工、采掘电钳工、安全仪器监测工 4 个工种，约 60 名职工参赛	
2006 年	电焊工、瓦检工、综采工、钳工、电工、炮采工、开拓工、掘进工 8 个工种，约 100 名职工参赛	
2007 年	维修电工、采煤机司机、综掘机司机、电焊工、放炮工、钳工、电工、安检员、电机车司机、钳工、安全仪器监测工 11 个工种，约 120 名职工参赛	
2008 年	采煤机司机、采掘机电维修工、电机车修理工、计算机、钻探工、水泵工、干部管理岗 7 个工种，约 80 名职工参赛	荣获河南省技术能手称号

表 10-3-3(续)

时间	竞赛工种机参赛人数	大赛概况
2009 年	采煤机司机、采掘机电维修工、电机车修理工、计算机、瓦检工、矿井维修钳工、放炮工 7 个工种,约 100 名职工参赛	
2010 年	维修电工、通风工、测量工、支架工、计算机、爆破工、电焊工、综掘机司机、掘进工、锚喷工、安检员 11 个工种,约 180 名职工参赛	
2011 年	综掘机司机、安全监测工、安全仪器监测工、综采维修电工、综采维修钳工、支护工、掘进工、瓦斯检查工、采煤支架工 9 个工种,约 120 名职工参赛	
2012 年	电钳工、采煤机司机、瓦斯检查工、锚喷工、电焊工、配电工、装备钳工、探放水工、瓦斯抽放工 9 个工种,约 150 名职工参赛	河南省工信系统锚喷工获第 1 名、第 8 名
2013 年	厨师、电焊工、瓦斯监测工、瓦斯检查工、探放水工、矿井维修电工、装备钳工、主通风机司机、爆破工 9 个工种,约 130 名职工参赛	河南省煤炭系统瓦斯监测工第 5 名
2014 年	综采维修电工、安全仪器监测工、装备钳工、综采机司机、锚喷工、通风工、锚杆支护工、轨道工、综掘机司机 9 个工种,约 150 名职工参赛	
2015 年	采煤机司机、探放水工、主通风机司机、综采维修电工、瓦斯抽放工、安全仪器监测工、锚喷工、综掘机司机、锚杆支护工、凿岩机司机、矿山救护工、矿山测量工、液压支架工、小绞车司机、乳化泵司机 15 个工种,约 200 名职工参赛	全国第 13 名、河南省煤炭系统矿井维修电工第 5 名;河南省煤炭系统探放水工第 1 名
2016 年	采煤机司机、瓦斯防突工、安全仪器监测工、液压支架工、瓦斯抽放工、综采维修电工、探放水工、电焊工、小绞车司机、凿岩机司机、锚杆支护工、锚喷工、综掘机司机 13 个工种,约 200 名职工参赛	河南省煤炭系统瓦斯抽放工第 5 名、第 7 名;河南省煤炭系统瓦斯防突工第 8 名
2017 年	轨道工、财务管理类、资金管理类、矿山测量工、矿井维修电钳工、综采维修电工、掘进机司机、液压支架工、安全仪器监测工、网络管理员、主提升机司机、税务管理员、内部培训师、主通风机司机、斜巷提升机、探放水工、带式输送机司机、小绞车司机、通风工、安全检查工、瓦斯检查工、电焊工、矿山地质工 23 个工种,约 360 名职工参赛	
2018 年	锚喷工、综掘机司机、综采维修电工、电机车修配工、瓦斯检查工、电焊工、通风工、探放水工、防突工、自救器、锚杆支护工、安全检查工、测风工、矿井维修电工、矿山救护工 15 个工种,约 200 名职工参赛	
2019 年	安全设备监测检修工、挖掘装载机司机、综采维修电工、主通风机司机、电机车修配工、井下钻机司机、瓦斯防突工、瓦斯检查工、兼职矿山救护工、主副井绞车司机、内部培训师 11 个工种约 180 名职工参赛	“河南能源杯”全国煤炭行业职业技能竞赛(行业级竞赛)瓦斯检查工第 1 名(特等奖);“河南能源杯”全国煤炭行业职业技能竞赛(国家级二类竞赛)钻机工(井下钻机司机方向)第 2 名(特等奖)

表 10-3-3(续)

时间	竞赛工种机参赛人数	大赛概况
2020 年	信息网络安全员、安全检查工、采煤机司机、综掘机司机、瓦斯检查工、矿井维修电工、瓦斯防突工、采掘电钳工、井巷工程验收员、电机车修配工、矿山测量工、矿山兼职救护工、主副井绞车司机、选煤采制样、财务分析岗、选煤电工 16 个工种，约 200 名职工参赛	河南省煤炭系统瓦斯检查工第 6 名；中国煤炭工业协会(陕煤杯)全国煤炭系统职业技能竞赛二等奖；河南省煤炭系统职业技能竞赛矿井维修电工第 10 名；中国煤炭工业协会(陕煤杯)全国煤炭系统职业技能竞赛二等奖
2021 年	矿井维修电工、信息安全、矿山地质调查员、液压支架工、矿井通风操作工、电焊工、采煤支护工、主提升机操作工、叉车司机、瓦斯防突工、矿山救护工(兼职)、矿山测量员、井下钻机司机、选煤电工、瓦斯抽采工、企业培训、综采巡检、综采集控、选煤浮选工、煤质化验工 20 个工种，约 300 名职工参赛	2 人获第 21 届全国煤炭行业示范赛铜奖；河南省省级(煤炭系统)矿井通风操作工第 8 名；河南省省级(煤炭系统)液压支架工第 10 名

第六节　群众性创新活动

一、群众性活动

为进一步完善职工技术创新活动的激励机制，陈四楼煤矿积极鼓励职工立足本职岗位，广泛开展“五小”成果和技术攻关、技术创新等活动。

1998 年，开展“扎根矿山，建功立业”及“合理化建议”活动。

2001 年 11 月 27 日，开展“我为永煤献一计”合理化建议征集。

2009 年 8 月 10 日，开展合理化建议技术攻关活动。

2010—2019 年，持续开展职工“五小”经济技术创新。

2015 年 8 月，开展“我为企业献一策”活动。

2016 年 10 月，开展“金点子”征集活动。

2018 年 2 月，开展“双创点子”征集活动。

2019 年 6 月至 8 月，组织开展降本增效金点子征集。

2021 年 3 月 18 日，为进一步规范矿井职工合理化建议活动，充分调动广大职工参与企业民主管理的积极性，增强职工主人翁意识，推动陈四楼煤矿各项工作的科学发展，印发《陈四楼煤矿合理化建议实施办法》，开展为企业献“金点子”，为企业献计献策，为矿山提合理化建议活动，每季度评比一次；根据实际效果和对企业发展作用进行奖励，根据评审和论证结果以及提交合理化建议预期产生的效果，设合理化建议一、二、三等奖，分别给予 500 元、300 元、200 元奖励。合理化建议第一季度征集 46 条，第二季度征集 62 条，第三季度征集 42 条。

二、学习创新工作室创建

2014 年 1 月,印发《陈四楼煤矿杨永兴学习创新工作室管理办法》,推动学习创新工作室"四个一"(即配备一套满足需求的硬件设施,建立一套系统完善的管理机制,打造一支能力出众的核心团队,产出一批可供推广的创新成果)建设。

2015 年,"陈四楼煤矿杨永兴创新工作室"成为河南能源化工学习创新工作室示范点。

2016 年,"陈四楼煤矿杨永兴创新工作室"评为河南能源化工模范创新工作室。10 月,中国煤炭工业协会决定命名杨永兴为"煤炭行业技能大师",张德民入选技能大师服务队成员。

第七节　女工工作

一、组织建设

1998 年至今,女工工作由陈四楼煤矿工会负责整体安排部署,陈四楼煤矿女职工委员会开展具体工作;2003 年成立女职工委员会,组织开展女职工工作。

2003 年,成立陈四楼煤矿女工家属协管会。截至 2021 年年底,设置组长 1 名,副组长 2 名,成员 16 名,具体负责开展安全宣教、送温暖、"三违"帮教等工作。

截至 2021 年年底,陈四楼煤矿拥有女职工 264 人,占全矿职工人数 8.8%。

二、女工维权

(一) 女工特殊权益

1999 年 2 月,陈四楼煤矿大力宣传《永煤(集团)公司女工生育保险暂行办法》,进一步落实女职工的各项权益。

2008 年,将《女职工的特殊保护》有关规定写入《陈四楼煤矿集体合同》,并于 2008 年 2 月 2 日在陈四楼煤矿职工代表大会暨年度工作会议上签订,使女职工维权工作进一步走上主动、依法、科学维权的轨道。

2008—2021 年,陈四楼煤矿女工委每年贯彻落实女职工劳动保护和特殊利益的执行情况进行监督检查,对检查中发现的女职工特殊保护存在的问题,督促责任单位整改、落实、反馈,形成闭环管理,切实维护女职工的合法权益。

(二) 女职工健康

建立女职工健康档案,为女职工提供免费健康体检,包括妇科和两癌筛查,免费健康体检 4 000 余人次,两癌检查 4 000 余人次,通过印发宣传资料、举办讲座等形式宣传普及女性健康保护知识。

(三) 困难女职工帮扶

截至 2021 年年底,共帮扶救助特困女职工 57 人,帮扶困难女职工 96 人,其中单亲困难女职工 10 人，帮助困难女职工子女 23 人。

（四）维权行动月活动

每年 3 月，利用宣传栏、电子屏、宣传单、微信等多种形式，向女职工宣传《女职工劳动保护特别规定》《中华人民共和国妇女权益保障法》及相关法律法规知识。组织工会工作人员深入五小车间、灯房、洗衣房等女职工较多的岗位发放维权知识宣传单，普及女职工在婚姻家庭、劳动保护、特殊权益等方面的权利。

陈四楼煤矿召开职代会和会员代表大会，都对女职工代表所占比例给予明确规定，与矿签订女职工劳动保护专项集体合同，更好地保障和实现广大女职工合法权益。

三、重大活动

2001 年 9 月，河南省煤炭系统"新世纪、新女性、新风采"演讲比赛在郑州举行，陈四楼煤矿代表于慧娜获得一等奖。

2003 年 8 月，陈四楼煤矿协管会被河南省煤矿工会评为先进集体，被河南省煤矿工会授予"河南省煤炭系统女职工家属安全协管工作先进集体"称号。

2004 年 11 月，为女职工办理女职工团体特病保险。

2005 年，陈四楼煤矿女职工委员会开展女职工工作达标升级竞赛，围绕女职工组织建设、维护女职工合法权益、实施女职工"四项"工程（女职工建功立业工程、女职工素质提升工程、女职工爱心帮扶工程、效能工程）及女职工日常工作开展情况等，促进矿女职工工作整体水平提升。

2007 年，在全矿范围内开展先进女职工、优秀协管员、达标明星、文明家庭评选活动。

2008 年，开展协管员"包保"区队活动，充分发挥女工家属在矿区和家庭中宣传安全、服务安全的作用。

2008—2011 年，在女职工范围内持续开展好职工、好母亲、好妻子、好儿媳、模范协管员、树文明家庭"四好两树"活动。

2013—2015 年，持续开展寻找身边"最美女工"活动，每年评比表彰"职业道德模范""家庭美德模范""社会公德模范"和"时尚才艺模范"。

2014 年 3 月，河南省总工会授予陈四楼煤矿机电队副井"五一巾帼标兵岗"。

2015 年，在职工家属中开展"小手拉大手　安全伴我行"安全思想教育活动。共开展活动 10 期。此活动真正使员工家属理解员工的辛苦，切实做到支持员工工作，搞好后勤服务，当好安全贤内助，确保员工安全生产。4 月，陈四楼煤矿协管员安金花荣获河南省煤炭系统五一劳动奖章。

2016 年 5 月 30 日，陈四楼煤矿女工委组织人员带着职工捐赠的书籍、文具等用品到刘河小学看望留守儿童，献上爱心。

2017 年 3 月，陈四楼煤矿被河南省煤矿工会工作委员会评为"全省煤炭系统先进女职工委员会"。

2018 年 6 月 21 日，河南省工会女职工工作及亮点品牌工作第四调研组到陈四楼煤矿进行调研,河南能源女工部部长于清、永煤公司工会主席李光辉陪同。

2019 年 1—12 月,每月组织协管员深入区队开展“班前十分钟”安全知识有奖竞答活动,共计开展 400 余场。

2020 年 8 月,组织陈四楼煤矿文艺小分队到井口开展慰问演出。

2021 年 3 月,组织开展了“身边的风景——靓丽女工”随手拍摄影大赛。

第八节 计划生育

一、机构

1997 年 4 月 3 日,陈四楼煤矿设立计划生育办公室并启用印章,计划生育工作归属工会,具体负责计划生育工作。

二、职责

贯彻党的计划生育方针、政策、法令和法规,负责全矿计划生育和晚婚晚育登记工作。负责全矿人口出生规划,把生育指标落实到人。

深入基层调查研究,掌握育龄女工动态,沟通信息,负责基层计划生育考察,搞好避孕药具的计划、购置、保管、发放,保障供应。严格执行省、地及公司计划生育规定有关奖罚条例,做到奖罚严明,不徇私情。抓好制度建设,制定并落实矿育龄妇女的孕情检查制度。办理孕检证。建立基础台账,每月按规定向公司计生办报计划生育统计表。会同有关部门,搞好妇女卫生保健工作。

三、节育制度

1990 年 4 月 10 日,陈四楼煤矿按照《河南省计划生育条例》及公司规定,严格执行一对夫妇只准生一个孩子。

规定:初婚、新婚无准生证育龄妇女,采取短效避孕措施,服药或外用工具、药具。生育一孩 100 天必须上环;特殊情况按照规定生育二胎的,生育二孩后结扎。生育孩子后,育龄妇女要按照规定落实一胎上环、第二胎结扎措施后,孩子方可办理户口登记。

2016 年 1 月,《河南省人口与计划生育条例》修改规定:“提倡一对夫妇生育两个子女”;2021 年 8 月,十三届全国人大常委会第三十次会议审议通过《关于修改〈中华人民共和国人口与计划生育法〉的决定》,标志着一对夫妇可以生育 3 个子女的生育政策正式落地。陈四楼煤矿均按照《河南省人口与计划生育条例》及公司有关规定及时跟进执行。

四、奖罚措施

按照《河南省人口与计划生育条例》及《永城煤电控股集团公司计划生育工作体系》(2010 年)有关规定,陈四楼煤矿结合实际情况制订了具体的奖励和处罚规定:

（一）奖励

晚婚的初婚者，延长婚假 12 天（即晚婚假共 15 天），婚假视为出勤。晚育的初产者，产假按国家规定的 3 个月外，另增加产假 3 个月。生过一孩后按期上环者，产假、独生子女证优先办理，并可享受独生子女家庭的一切优惠待遇。已领取独生子女证的，从领证之日起至子女 18 周岁止，根据豫人口〔2009〕30 号文《河南省人口计生委河南省财政厅关于印发〈河南省独生子女父母奖励费管理发放办法〉的通知》精神，以及我公司与永城市签订的《人口与计划生育目标管理》责任书的要求，从 2010 起，确定独生子女父母奖励费按单职工每月不少于 30 元，双职工每月不少于 60 元发放，费用从单位职工福利费中列支，按原资金渠道和办法发放。

经矿计划生育办公室办理结婚证明手续的，方可享受晚婚假。生育一胎的，领取独生子女光荣证并上环后，方可享受晚育假。

（二）处罚

凡陈四楼煤矿育龄妇女《含初婚、新婚、计划内怀孕者》一人 1 次孕检不到者处罚 50 元；一人连续 2 次不参加孕检者，罚款 500 元；连续 3 次不参加孕检者，按计划外怀孕处理。凡新婚未到计生部门办理登记、填卡参加孕检，一律办理婚假、准生证、产假等。凡无证怀孕者（包括第一胎），均视为计划外怀孕，必须限期作引、流产手术，自接通知之日起，每延长 1 天加罚 100 元。且手术费自理，休假期间不视出勤。凡职工超生 1 胎者，一次性征收超生费 2 000 元。且夫妻双方开除留用处分；是党、团员的同时给予留党、团察看处分；情节严重者给予开除公职，开除党、团籍；凡超 2 胎以上的，给予开除公职处分，是党、团员的开除党、团籍。农民轮换工、协议工、临时工超生一个子女的解除合同、辞退工作，并取消补助费，2 年内不准招用。

包庇、窝藏及为计划外怀孕、生育提供条件者，处 1 000 元以上、2 000 元罚款，是国家职工的并给以行政处分，是党、团员的给予党纪、团纪处分。对在计划生育工作中，刁难、侮辱、谩骂、殴打计划生育工作人员、医务人员和其他工作人员，阻碍计划生育工作正常进行的，根据情节轻重给予党纪、政纪处分，构成犯罪的，交司法部门追究刑事责任。

不符合收养条件自行收养孩子的，按计划外生育给予处罚。

领取独生子女光荣证后，违反《河南省人口与计划生育条例》规定超生的，除按《河南省人口与计划生育条例》有关规定处罚外，终止享受独生子女的全部待遇，并收回独生子女保健费和其他奖励，已办理保险的立即退保。对弄虚作假骗取独生子女光荣证，一律视作无效，并根据情节轻重处 100 元以上、1 000 元以下罚款，是职工的，并给予行政处分。

2016 年 1 月，河南省提倡一对夫妇生育两个子女后，该计划生育奖励和处罚规定废除。

第九节　群众安全

一、群监工作

1998 年 10 月，抽调业务技术精、文化素质高、懂生产、敢抓敢管干部职工充实到群监队伍,使群监网员覆盖到班组。陈四楼煤矿成立群监站、井口接待站,制定群监员岗位责任制和各种规章制度,加强对群监员管理。

2006年2月18日,印发《陈四楼煤矿群监工作安排及考核标准》,陈四楼煤矿成立群监会,群监会设主任、副主任及委员若干人;群监会主任由工会主席或副主席担任,副主任由工会负责人担任,委员由工会、行政部门有关人员及群监员代表担任。区队设群监分会或群监小组;群监分会主任或群监小组组长由所在单位工会主席担任,班组设群众安全监督检查员(简称"群监员")。形成煤矿企业都有群监会、队队都有群监组、班班都有群监员,群监组织日渐完善、群监队伍不断壮大的群众安全工作网络体系。群监会下设26个群监组,配备26名群监组长、116名群监员。群监会每季度对采煤、开拓、掘进和辅助工种分别进行考评,考评取得本工种第一名的群监组,奖组长200元,考核取得全矿最后三名的群监组,罚组长100元,凡发生重伤以上事故单位,取消群监组评先资格,取消当班群监员月度补贴。

2012年2月23日,为认真贯彻实施《煤矿安全法》和《煤矿安全规程》,配合矿行政搞好安全生产,充分发挥群监员在安全生产中的积极作用,重新修订《陈四楼煤矿群监员考核办法》,对群监组长和群监员分别制定工作标准及津贴,群监组长每月400元津贴,群监员每月300元津贴。

2013年3月18日,重新修订《陈四楼煤矿群监员考核办法》,对地面群监组长和群监员津贴进行了调整,地面单位群监组长、群监员按井下50%执行。

2017年2月25日,重新修订《陈四楼煤矿群监员考核办法》,对群监组长和群监员津贴进行了调整,井下单位群监员月津贴标准为300元;地面单位群监员月津贴标准为200元;群监组长按照所在单位群监员填写隐患数量合格率兑现津贴,群监员合格率达到半数以上的,井下单位400元,地面单位300元。

截至2021年,基层共有19个群监组,群监员95名,发挥在安全生产中的特殊作用,营造群策群力,群防群治,综合治理安全管理氛围,形成一级抓一级,一级保一级群众安全工作管理模式,为公司安全管理夯实群众基础。

二、协管工作

2003年5月,成立陈四楼煤矿女工协管会,设主任1名,协管员8名,下发陈四楼煤矿协管员考核办法,用制度规范管理协管员开展安全工作。截至2021年,女工协管队伍分为2个小组,共发展协管员16名。陈四楼煤矿充分发挥女职工在煤矿安全生产中的特殊作用。8月,陈四楼煤矿协管会被河南省煤矿工会评为先进集体,被河南省煤矿工会授予"河南省煤炭系统女职工家属安全协管工作先进集体"称号。

2007年,在全矿范围内开展先进女职工、优秀协管员、达标明星、文明家庭评选活动。

2008年开展协管员"包保"区队活动,充分发挥女工家属在矿区和家庭中宣传安全、服务安全的作用。

2008—2011年,在女职工范围内持续开展好职工、好母亲、好妻子、好儿媳、模范协管员、树文明家庭"四好两树"活动。

2015年,在矿职工家属中开展"小手拉大手　安全伴我行"安全思想教育活动。共开展活动10期。此活动真正使员工家属理解员工的辛苦，切实做到支持员工工作，搞好后勤服务，当好安全贤内助，确保员工安全生产。4月，陈四楼煤矿协管员安金花荣获河南省煤炭系统五一劳动奖章。

2019年1—12月，每月组织协管员深入区队"班前十分钟"安全知识有奖竞答活动，共计开展400余场。

三、"安康杯"竞赛

1999—2021年历届"安康杯"竞赛主题见表10-3-4。

表10-3-4　1999—2021年历届"安康杯"竞赛主题一览表

序号	年份	主题
1	1999年	学先进、比贡献、创一流、增效益
2	2000年	我懂安全，我要安全，从我做起，保证安全
3	2001年	我要安全、我懂安全、人人尽责、确保安全
4	2002年	加强宣传培训、促进安全生产
5	2003年	掌握安全生产知识，争做遵章守纪职工
6	2004年	掌握安全生产知识，争做遵章守纪职工
7	2005年	全面树立以人为本思想，切实加强安全生产教育
8	2006年	全面树立以人为本思想，切实加强安全生产教育
9	2007年	以人为本、安全发展、提高素质、促进和谐
10	2008年	提高安全健康整体素质，实现安全健康科学发展
11	2009年	科学发展抓预防，预防为主重教育
12	2010年	加强班组建设，强化一线教育管理
13	2011年	抓班组，提高管理水平；重教育，推进安全文化
14	2012年	安全责任、重在落实
15	2013年	弘扬企业安全文化，加强班组安全管理
16	2014年	广泛发动提质量，文化引领强基础
17	2015年	扩面提质强基础，文化引领增素质
18	2016年	扩面提质强基础，文化引领增素质
19	2017年	广泛发动提质量，文化引领强基础
20	2018年	落实全员安全责任，促进企业安全发展
21	2019年	落实全员安全责任，促进企业安全发展
22	2020年	强意识，查隐患，促发展，保安康
23	2021年	强意识，查隐患，促发展，保安康

第十节 困难帮扶

一、机制

2006年,陈四楼煤矿工会组织建立职工互助互利储金会,由工会负责日常管理,及时救助因病、因学等原因导致困难职工,特别是伤残困难职工家庭。在条件允许的情况下,对社会上遇到天灾人祸的贫困家庭进行救助,承担社会责任。

2013年7月,按照永煤集团印发《永煤集团困难职工帮扶指导意见》和《永煤集团困难职工帮扶中心管理办法》全面开展困难职工帮扶中心建设工作。

2021年元月,印发《关于切实做好2021年元旦春节期间送温暖工作的通知》,对困难帮扶条件、程序、标准等进行明确规范,困难帮扶救助标准最高水平5 000元/人。

2021年10月,开展"双心"党群服务站、实现困难职工"微心愿"活动,帮助爱心职工认领结对,点亮"微心愿",传递正能量,助力困难职工圆梦。

二、重大活动

1999年9月10日,组织参与中国煤矿尘肺病防治基金会与腾讯公益联合发起的99公益日募捐活动2 598人参与捐款、募捐资金约43 000元。

2008年5月15日,矿工会组织矿井广大职工开展献爱心,为安检科患病职工田振山捐款15万余元。

2021年7月,郑州市洪涝灾害严重,矿工会组织动员矿井广大职工开展献爱心,869人参与捐款,募捐资金16万余元。

2012—2021年陈四楼煤矿"一送一助"情况见表10-3-5。

表10-3-5 2012—2021年陈四楼煤矿"一送一助"情况统计表

年度	送温暖		金秋助学	
	人数/人	金额/万元	人数/人	金额/万元
2012年	—	—	8	0.8
2013年	82	4.48	—	—
2014年	57	6.78	27	2.7
2015年	66	6.07	18	1.8
2016年	40	6.76	23	2.5
2017年	39	6.23	1	0.2
2018年	34	6.13	7	1.9
2019年	13	2.1	8	1.8
2020年	12	1.9	12	3.7
2021年	15	2.7	24	2.8

第十一节　文体活动

一、文体设施

表 10-3-6 是煤矿文体设施一览表。

表 10-3-6　文体设施一览表

序号	名称	单位	数量	备注
1	跑步机	台	2	
2	按摩椅	把	2	
3	拳击袋	台	1	
4	拉力组合器	台	1	
5	单杠	台	1	
6	自行车	辆	2	
7	乒乓球桌	台	2	
8	超声波体重测试仪	台	1	
9	捡球网	个	1	
10	台球桌	台	1	
11	篮球场	个	1	
12	篮球记分电子屏	台	1	
13	礼堂	个	1	

二、体育活动

2016 年 1—10 月，开展男子拔河比赛以及各项趣味活动。

2017 年 1 月，开展象棋比赛、跳棋比赛、扑克牌比赛、台球比赛比赛；5 月，开展女子拔河比赛、男子拔河比赛、职工篮球比赛；10 月，开展台球比赛、乒乓球比赛、百米赛跑比赛、自行车慢骑比赛、男子 200 米接力赛。

2018 年 5 月，开展男子、女子百米赛跑比赛，男子 400 米接力比赛，自行车慢骑赛；10 月，开展拔河比赛、职工羽毛球比赛、职工乒乓球比赛以及各项趣味活动。

2019 年 5 月，开展拔河比赛、乒乓球比赛；10 月，开展职工男子篮球比赛、男子拔河比赛以及各项趣味活动。

2020 年 4 月，开展男子百米赛跑比赛、男（女）子跳远比赛、女子单人跳绳比赛、自行车慢骑比赛；10 月，开展职工男篮比赛、男（女）乒乓球比赛、男子拔河比赛、职工台球比赛以及各项趣味活动。

2021 年 1 月，开展拔河比赛、扑克牌比赛；5 月，开展男（女）子乒乓球比赛、自行车慢骑比赛；10 月，开展职工健步走活动以及各项趣味活动。

第四章 共 青 团

第一节 机构与组织

一、机构

1995 年 7 月,成立陈四楼煤矿筹备处团委。

1997 年 1 月,成立陈四楼煤矿团委。

2008 年,团委并在陈四楼煤矿政工科内,开展团的相关工作。

2018 年,陈四楼煤矿政工科更名为陈四楼煤矿党委宣传部,团委仍与党委宣传部合署办公。团委设有兼职书记负责具体工作。

二、职责

主要职责为组织团员青年认真学习、贯彻、执行党和国家的安全生产方针、政策,上级有关安全工作的指令、规定,以及职业病危害防治法律、法规、规章,矿井安全管理等各项规定及制度,做好团员青年安全教育和安全管理工作。

围绕矿井生产经营中心,组织指导基层团组织和广大团员青年开展好青年安全监督岗活动,做好青安岗建设月度考核工作,督促青安岗员履职尽责,完成各项工作安排。定期组织青年安全监督岗进行安全检查,对查出的隐患和问题,督促责任单位定人、定期、定措施,抓好整改落实。

在团员青年中宣传"安全第一、预防为主、综合治理"的方针和有关安全生产规章制度。教育团员、青工在安全生产工作中发挥应有的骨干带头作用,以带动广大群众搞好安全生产各项工作。做好团员、青年职工的思想政治教育工作,提高职工遵章守纪,安全生产的自觉性。组织开展好"导师带徒"、青工安全技术培训等活动,提高青工安全技术素质。

基层团支部是矿团委职能在基层团组织内的延伸,主要职责是在矿团委的带领下做好本支部组织建设和思想作风工作。

三、组织建设

1995 年 7 月,成立陈四楼煤矿筹备处团委,经筹备处党委的批准,共青团召开了陈四楼煤矿筹备处第一次团员代表大会,根据大会的选举,并报请党委、矿区团委批准,成立了共青团陈四楼煤矿筹备处第一届委员会,设立机关共青团一、二支部委员会。

1998 年 4 月,按照永煤团委要求,设立陈四楼煤矿团委,下设 20 个团支部。

2002 年 10 月 1 日,中共陈四楼煤矿委员会印发《关于加强党建带团建工作及设置组建团支部的通知》(陈矿党字〔2002〕19号),建立健全团组织,要求团组织的设置要与党组织的设置和调整相协调,要根据党组织的变化及时调整团组织的隶属关系,各支部、各单位要根据工作需要和团员人数,合理设置团支部并把选举产生的团支部委员会成员(团员人数在7人以下的团支部可不设委员会,选团支部书记1人)报矿团委备案,建立陈四楼煤矿的团组织网络,开展好团的工作。

2005年,对团干部年龄结构分析调整,根据矿井发展实际和团员分布特点,制定完善团组织管理制度,把团的工作列入议事日程,纳入矿井目标管理,强化"青年安全岗"活动,组织开展适合青年特点的团青政治活动;按新时期发展团员的方针和要求,严格标准、积极稳妥地发展新团员;把竞争机制引入团的工作。

2006年是集团公司"文化发展年",也是实现陈四楼煤矿持续稳定发展的关键一年,团委遵循"巩固、完善、深化、提高"的工作主题,制定印发《陈四楼煤矿团委二〇〇六年工作要点》。

2007年,为把"讲正气、树新风"主题教育引向深入,教育广大干部职工牢固树立"矿兴我荣我富、矿衰我辱我穷"的荣辱观,加强思想道德建设和工作作风建设,举办"知荣辱、讲正气、树新风、谋发展"演讲会。和永煤集团报社联合举办"讲正气、树新风"征文比赛。

2008年,组织各团支部开展理论学习和思想分析工作,组织团员利用"三会一课"时间,深入学习党的十七大精神,学习团章,学习永煤集团领导各重大会议上的讲话,学习矿井的各类文件精神,各团支部上半年共开展学习活动20余次。调整配齐团支部领导班子,下设29个基层团支部,有团员600余人。其中,大中专学历以上的团员47人,担任班组长职务的团员53人。青年安全岗员发现各类隐患共计4 000多条。结成了各类工种的26对师徒对子。

2011年,为切实按照共青团委员会委员民主议事、决策制度,更好地开展团的各项工作,对共青团陈四楼煤矿委员会委员进行了调整。在35岁以下青工中,开展"我的安全我做主"安全知识竞赛活动。有1个团支部被评为河南煤化集团"五好支部",3名青年职工分别被评为河南煤化集团"模范团干部""青年岗位能手""优秀共青团员";矿团委被评为永煤集团"五四红旗"团委,2个团支部被评为永煤集团"五好支部",8名青年职工分别被评为永煤集团"模范团干部""青年岗位能手""优秀共青团员"。

2014年,在团员青年中开展"节支降耗、青年当先"主题活动。为传承雷锋精神,弘扬社会正气,树立时代新风,提高广大干部员工思想道德素质,营造学习弘扬雷锋精神的良好氛围,开展学雷锋系列主题活动,比如到城厢敬老院开展"关爱老人"活动;以"美化矿区·共创文明"为主题的实践活动,开展维护矿容矿貌、清除白色垃圾活动;开展一次爱国主义教育活动,通过祭扫烈士陵园,缅怀革命先烈,引导广大团员青年进一步提高自身文化修养,发扬中华民族奉献他人、奉献社会的优良传统;结合"4·23"世界读书日,开展"读一本好书"活动;在"五四"青年节前夕,表彰一批对在安全生产、和谐稳定、创先争优中表现突出的先进基层团组织、优秀团干部和优秀共青团员;5月,开展文明餐桌创建行动,通过摆设"文明餐桌行动"告示牌,悬挂文明标语等途径,进一步提高广大干部员工的文明意识;6月,组织青年志愿者开展"绿丝带爱心送考活动",对参加2014年高考的广大考生在永城市内给予无偿免费接送服务，进一步弘扬爱心奉献精神；组织青年志愿者在井口开展"安全知识有奖问答"安全宣教活动；在暑假期间开展"爱心助学、快乐暑假"活动，让大学生志愿者为职工子女进行义务辅导功课，帮助他们解决生活、学习上的难题；为加强企业文化建设，丰富青年员工文化生活，10 月，组织开展了"青春有约"交友活动。有 1 个团支部被评为河南煤化集团"五好支部"，2 名青年职工分别被评为河南能源化工集团"模范团干部""优秀共青团员"；矿团委被评为永煤集团"五四红旗"团委，2 名青年职工分别被评为永煤集团"青年岗位能手""优秀共青团员"。

2016 年，印发《陈四楼煤矿青年安全监督岗管理办法》，规范青年安全监督岗管理，共有青安岗员 60 名。开展"打好三大战役，团青勇当先锋"主题活动。

2017 年，按照河南省文明单位创建、永城市文明单位建设相关要求，结合矿井实际，特制定《陈四楼煤矿文明单位建设考核实施方案》，推动矿井两个文明建设健康协调发展。开展了"为党旗增辉，为安全助力，为发展护航"团青主题活动。

2018 年，组织党团员开展"义务清水沟"活动、"学习讲话精神，放飞青春梦想"团青主题活动、"践行安全文化，争做文明标兵"团青主题活动。为了做好广大团员青年对习近平总书记同团中央新一届领导班子成员集体谈话时发表的重要讲话精神的学习、贯彻工作，7 月 17 日—7 月 31 日，陈四楼煤矿团委按照河南能源、永煤公司团委工作部署，以"学习讲话精神，放飞青春梦想"为主题，组织开展了发放宣传彩页、撰写心得体会等一系列丰富多彩的活动，迅速将全矿团员青年的思想和行动统一到习近平总书记的重要讲话精神上来。

2019 年，制定了《陈四楼煤矿"青年安全监督岗"管理办法》。开展了"建功高质量发展，激荡无悔青春"主题讨论活动，举办了"青春心向党 · 建功新时代"主题征文演讲比赛，开展"把安全扛在肩上，用责任点亮青春"团青主题活动。为规范团委团费使用工作，制定了《中国共产主义青年团陈四楼煤矿委员会团费使用审批办法》。

2020 年，根据青安岗工作需要，更新印发《陈四楼煤矿"青年安全监督岗"管理办法》。为了最大限度地提升矿井发展水平，持续强化团委建设，打造王牌"青字军"，围绕陈四楼煤矿"六型"团委建设实际，制订《陈四楼煤矿 2020 年度团委建设实施意见》。成功举办"重铸新辉煌 · 我该怎么办"主题演讲比赛和"企业改革脱困 · 青年担当作为"团青主题活动。进一步规范团委对各基层团支部的管理，配齐了 20 个团支部委员。完善团的组织生活的基本制度，印发《关于进一步规范落实"三会两制一课"制度的通知》。成立陈四楼煤矿青年突击队，队员 20 名。

2021 年是"十四五"开局之年，党的 100 周年华诞之年，也是陈四楼煤矿团委建设"三步走"第三年"创水平"之年，为了最大限度地提升矿井发展水平，持续强化团委建设，制定了《陈四楼煤矿 2021 年度团委建设实施意见》。举办"青说党史 · 助力矿井改革攻坚"青年讲师团主题宣讲大赛活动。更新印发《陈四楼煤矿青年安全监督岗管理办法》《关于印发中国共产主义青年团陈四楼煤矿委员会团费使用审批办法的通知》等制度。进一步强化对团支部书记的管理，加强基层团组织建设，督促激励广大团支部书记履职尽责，带头示范，积极投身团委各项工作，制定印发《陈四楼煤矿团支部书记积分管理实施方案》。

四、共青团陈四楼煤矿委员会历任团委书记一览表(表 10-7-1)

表 10-7-1　共青团陈四楼煤矿委员会历任团委书记一览表

姓名	职务	任职时间	备注
王金海	团委书记	1995.07—1996.12	陈四楼煤矿筹备处
张颖颖	团委书记	1997.01—1997.07	陈四楼煤矿
陈亚伟	团委副书记	1997.07—2000.10	陈四楼煤矿
孙建锋	团委书记	2000.10—2003.06	陈四楼煤矿
王文化	团委书记	2003.06—2005.04	陈四楼煤矿
刘　益	团委书记	2005.04—2007.08	陈四楼煤矿
贾东晓	团委书记	2008.01—2008.09	陈四楼煤矿
刘　军	团委干事(副科级)	2008.09—2009.08	陈四楼煤矿
刘振良	团委干事(副科级)	2009.08—2011.01	陈四楼煤矿
高平华	团委书记	2011.01—2015.09	陈四楼煤矿
马志刚	团委书记	2018.10—	陈四楼煤矿

第二节　团员活动和青年工作

一、团员管理

1994—2017 年,陈四楼煤矿实行团员信息登记制度,由各级团组织负责登记管理。2017 年 10 月,根据团中央推进“智慧团建”要求,落实 3 个“100%”要求,即:团组织信息录入 100%、团干部信息录入 100%、团员信息录入 100%,经过半年推进,陈四楼煤矿团组织系统内共录入团支部 20 个、系统管理员 1 个、团干部 21 名、团员 126 名。

2018—2021 年,陈四楼煤矿团委继续完善使用“智慧团建”系统,经过调整,系统内共录入团组织 19 个、系统管理员 1 个、团干部 25 名、团员 98 名。

2019 年 10 月,河南能源“智慧团建”主体开发工作已完成,目前处于创建轻量级权限系统,分配二级单位账号和操作权限阶段。

二、团费管理

1994—2013 年,实行台账化集中收取团费管理,所收缴团费 50%上缴永煤团委,50%由矿团委留存使用。其他团费用于“五四”表彰、团员教育、团青活动,陈四楼煤矿团费每年均有结余。

2014—2018 年,永煤集团团委没有统一组织收缴团费,由矿团委自行收缴、管理。

2019—2021 年,按照《共青团永煤控股团费使用审批法》,团费按照 60%的比例上交永煤集团团委。

三、推优工作

1995 年 3 月 30 日，印发《进一步做好推优工作为矿区改革发展服务的意见》(永夏团字〔1995〕4 号)，指出优秀团员作为党的发展对象为党的事业输送新生力量是共青团义不容辞的责任，永夏矿区管委会时有团员 315 名，大专以上学历占总数 43.7%。28 周岁以下青年入党一般应通过团组织推荐发展。

1998 年，按照《进一步做好推荐优秀团员作党的发展对象工作的意见》(永煤组字〔1998〕2 号、永煤团字〔1998〕3 号)文件要求，陈四楼煤矿党委把团的工作列入议事日程，纳入企业目标管理；积极培养发展优秀团员、青年入党。陈四楼煤矿团委加强团的基层组织建设，把工作的重点放在基层，树立为职工服务思想，开展“青年安全岗”活动，增强共青团工作活力；组织开展适合青年特点的团青政治活动；按新时期发展团员的方针和要求，严格标准、积极稳妥地发展新团员；把竞争机制引入团的工作。

2006 年，将各项活动纳入党的基层组织建设总体部署，按照《永煤集团共青团工作量化贯标考核标准》要求，从团组织建设、宣传教育、服务安全生产活动、服务青工成长成才、文体娱乐活动和贯彻上级团委安排工作等 6 个方面进行规范，每半年贯标 1 次。

2019 年，进一步加强基层团组织机构建设，选优配强基层团干部，充分发挥团青先锋作用，普遍落实“三会两制一课”，严格执行 28 周岁以下青年“推优入党”程序、广泛开展“青春心向党，建功新时代”“安全生产，我为先锋”主题宣传教育实践活动。

四、团员与青年生产经营活动

1996 年，青年安全岗活动在管委会启动。

1997 年，永煤集团团委在年度工作安排中，提出在全矿区推行青年安全监督岗、青年岗位能手，岗位练兵等活动，8 月出台岗位考核细则，从目标责任考核奖罚等方面做到层层量化落实。陈四楼煤矿严格按照要求，推动形成较完善的矿区安全管理体制，迎接陈四楼煤矿“七一”试生产，矿区由基建向半基建半生产阶段转型做好准备。

2000—2003 年，组织团员青年开展安全大实践活动，全面加强“安全生产团青安全岗”建设。

2004—2005 年，组织团员参加思想政治培训、岗位技术比武，将团员青年安排到重要生产领域群监岗。

2006—2008 年，优化团员干部队伍，选配能力较强、业务素质过硬团员青年担任团员队伍骨干，选树优秀团青标杆。

2009 年，以“党建带团建”为中心思想，动员各级直属团组织定期组织开展团员青年政治学习。

2010 年，加快“青年安全生产示范岗”创建力度，要求各单位结合实际，开展以青年职工为主体，以安全生产示范为导向，以安全思想教育、安全技能培训、安全监督管理为内容，以确保企业安全生产为目的创建“青年安全生产示范岗”活动，活动口号：从零开始，向零奋斗。

2011 年，开展争创团员青年模范岗活动，结合陈四楼煤矿安全发展总体工作部署，开展“安全标兵在基层”宣教活动。

2012 年，通过综合考察推选，向永煤集团申报一批优秀青年岗位能手。

2014 年，要求各直属团组织结合本单位安全高效发展实际，组织青安岗人员积极参与“打好三大攻坚战”，积极参与安全生产板报制作、宣传教育等，进一步完善相应的青安岗管理办法。

2014 年，制定《陈四楼煤矿青年安全监督岗管理办法》。

2015 年，组织各直属团组织开展纠查隐患源、梳理隐患点专项行动。

2016 年，以安全生产月为平台，继续深化“青年安全岗”活动，提升安全责任意识和安全行为能力。不断完善青安岗员监督考核机制，组织青年志愿者开展安全文艺慰问、安全知识问答、亲情宣教、矿嫂入井体验、“金牌青安岗”评选、夫妻联保责任书等。

2017 年，完善陈四楼煤矿青安岗工作制度，组织青岗员参与“明形势、顾大局、爱企业、聚合力，我与永煤共奋进”主题讨论，青年志愿者开展亲情宣教等活动。积极开展“节支降耗、青年当先”等主题活动，组织团员青年投身到节能减排等工作中，仅“我为节约献一策”金点子征集就收到金点子 150 余条。

2018 年，发动各直属团组织开展青安岗集中检查，督导各直属团组织开展对青安岗总岗长和分岗长选拔、培训。积极开展“青年安全示范岗”“优秀青安岗员”评选，从现场安全、设备安全、职业健康等方面强化青年岗位安全意识和技能，开展安全隐患自查，打造青年安全工作品牌。

2019 年，参照永煤公司相关文件要求，印发《陈四楼煤矿“青年安全监督岗”管理办法(试行)》，规定青安岗工作主体、内容、领导及组织机构、主要任务、奖罚措施等。梳理各单位青安岗机构和队伍，累计调整成立青安岗队伍 20 个，产生青安岗员 105 名，全年查出各类隐患 10 956 条。组织开展“安全生产，我为先锋”青年先锋队，团委负责人任总队长，青年安全监督岗岗长任队长。

2020 年，根据青安岗工作需要，重新更新印发了《陈四楼煤矿“青年安全监督岗”管理办法》。经过调整，青安岗员 96 名，全年查出各类隐患 12 348 条，集中上岗 12 次。

2021 年，更新印发《陈四楼煤矿青年安全监督岗管理办法》，经过调整，青安岗员 84 名，全年查出各类隐患 17 568 条，集中上岗 12 次。积极配合永煤公司参加党建融入安全“青安岗”互检工作。

五、青年志愿者活动

2014 年，为进一步弘扬“奉献、友爱、互助、进步”的志愿服务精神，推动志愿服务制度化常态化，按照永城市文明办要求，陈四楼煤矿团委成立特色志愿服务团队，定期开展志愿活动。

2015—2019 年，组织广大青年志愿者根据矿井工作实际，积极开展发放安全宣传彩页、义务植树、义务清理水沟等活动。

2020 年，在“学雷锋”纪念日，组织广大志愿者走进员工餐厅、会议室、员工宿舍等人员相对密集区域发放疫情防护传单、为员工测量体温，做好疫情防控的守门员、宣传员和服务员。安全生产月期间，与矿工会在副井口联合开展有奖知识竞答活动。

2021年，更新了青年志愿者队伍的名单，2月组织开展义务清水沟活动，3月组织开展义务植树活动，5月开展义务清水沟活动，7月组织开展拉力电缆整理。在疫情防控期间，组织开展为住矿职工运送衣物，参加矿区消毒、食堂帮厨等。11月，组织青年志愿者深入区队班前会开展“全会精神宣讲进班组”活动。为牢固树立安全发展理念，提高职工安全生产意识，组织青年志愿者开启了“感恩有你，安全同行”安全宣教活动。

第十一篇

人力资源

陈四楼煤矿人力资源管理经历了从计划经济体制的劳动人事管理向现代人力资源管理转变，尤其是1999年成立劳资科以后，紧跟两级公司产业发展形势要求，以人事、劳动、分配“三项制度”改革为重点，以“调结构、提素质、促转型”为抓手，通过构建适应本单位转型升级和高质量发展需要的管控体系，建立健全人力资源培养、选拔、引进、使用和激励的工作机制，推进现代企业制度体系建设，下发了《陈四楼煤矿人力资源管理制度》《陈四楼煤矿人工费结算办法》《陈四楼煤矿工资管理办法》《陈四楼煤矿工伤管理办法》等文件，基本形成与社会主义市场经济体制相适应，充分调动员工积极性的劳动用工、业绩考核和薪酬分配制度，有效激发了企业内部活力，为企业持续健康发展注入强大动力，为企业提供了坚强的组织保证和人才支撑。

第一章 职工队伍

第一节 机 构

一、机构

1996 年 8 月 13 日，陈四楼煤矿设置人劳科。

1999 年 1 月，撤销人劳科，成立劳资科。

2012 年 1 月，对劳资科、企管科业务进行合并，成立经管科。8 月，劳资科业务从经管科剥离，恢复为劳资科。

二、职责

(1) 负责制定和实施人力资源管理方面的各项规章制度。

(2) 负责制定矿人力资源战略，人力规划和具体的实施细则。

(3) 负责新员工的招收录用，规范劳动用工，完善用工程序。

(4) 负责制定全矿工资管理办法，完善各种奖励制度及工资原始台账，根据上级规定及时做好工资管理办法的补充修改工作。

(5) 负责全矿的市场化工资兑现工作，审查各单位工资、奖金、补贴支付情况。

(6) 负责个人养老金、住房公积金、失业金、医疗金的扣缴标准和单位缴纳部分标准的核定工作，并及时计入个人账户。

(7) 负责全矿员工工伤保险金的缴纳工作和工伤员工的工伤伤残等级鉴定，工伤伤残补助金的发放，职工医疗费审核和报销工作，职工职业病、慢性病申报和鉴定工作。

(8) 负责建立健全员工基本信息和人事档案管理，审查办理职工退休、退职手续，协助有关部门做好死亡职工的善后处理工作。

(9) 负责职工各种假期的审批工作，建立健全各种假期管理制度，严格职工请、销假程序。

(10) 做好福利总额预算及发放工作，实现人工成本合理化。

(11) 做好入职和离职人员的体检工作，做好全员健康检查、井下接害人员职业健康检查工作，并对员工及健康档案进行维护管理。

(12) 负责全矿定岗定员工作，根据矿生产需要及时调整各单位定岗定员标准。

(13) 负责全矿劳动定额管理工作，建立完善的定额制定、执行、统计分析、修订制度。

(14) 负责全矿职工的职业技能鉴定工作。

(15) 负责住房公积金的管理工作。

(16) 负责全矿劳动防护用品的管理发放工作。

(17) 负责矿井疫情防控管理。

(18) 参与矿经济活动分析会议,提供有关劳动定额,市场结算等的执行情况和资料,参与矿年、季、月经营指标的测算工作。

三、历任科长任职情况

1996—2021 年 陈四楼煤矿劳资科负责人情况见表 11-1-1。

表 11-1-1　1996—2021 年 陈四楼煤矿劳资科负责人一览表

序号	姓名	职务	任职时间	备注
1	洪桂彩	副科长	1996.08—2001.02	陈四楼煤矿筹备处、陈四楼煤矿
2	黄传清	科长	2001.02—2006.01	陈四楼煤矿
3	刘国栋	科长	2006.01—2008.11	陈四楼煤矿
4	高新社	科长	2008.11—2014.05	陈四楼煤矿
5	樊金洋	科长	2014.05—2020.07	陈四楼煤矿
6	张立军	科长	2020.07—	陈四楼煤矿

第二节　劳动与人事管理

一、职工构成

(一) 来源

投产初期,陈四楼煤矿职工队伍主要由 3 部分组成:一是将矿建三公司原由永夏矿区代管的一工区就地转产的 1 035 人;二是建安公司在永夏矿区施工的一、二、五工区及安装人员等 420 人成建制调入;三是从社会招收的农民轮换工、临时工 788 人。

1998—2021 年期间,陈四楼煤矿职工补充主要有 5 条渠道:一是根据国家政策接收的退伍复转军人;二是集团公司分配的大学生、大中专毕业生、技校生;三是招收的农民轮换工、劳务派遣工、协议工;四是临时雇用的临时工;五是从外单位调入的职工。

截至 2021 年 9 月底,陈四楼煤矿共有在册职工 3 086 人,其中井下一线队伍 1 355 人,井下辅助队伍 986 人,地面辅助生产及后勤服务队伍人 313,机关人员 440 人。

(二) 结构

陈四楼煤矿成立后职工分为生产职工和后勤服务职工。生产职工分为管理技术人员、井下一线生产人员、井下辅助生产人员和地面辅助生产人员。井下一线生产人员又分为井下采掘人员和井下灾害治理人员。由于煤矿工作条件艰苦,井下职工均为男性;管理技术人员、地面辅助生产人员和后勤服务人员中有女职工。女职工 155 人,占职工总数的5.02%。

陈四楼煤矿职工按照用工性质划分，全矿职工可分为两大类：正式职工和协议工。正式职工又分为劳动合同制职工和企业合同制职工。1999年以后，陈四楼煤矿为解决井下一线缺员困境，化解人力资源结构性矛盾，根据集团公司（劳务工）协议工选招文件指示精神，持续开展了（劳务工）协议工选招工作。到2021年正式职工人数已达到3 086人，占陈四楼煤矿职工总数的96.1%。

截至2021年年底，全矿共有职工3 086人，其中本科及以上275人，大专325人，中技272人，高中890人，初中及以下1 324人。在册职工中30岁以下的有373人，31—40岁的有1 145人，41—50岁的有1 249人，50岁以上的有319人。技术工人中有2 301名取得职业资格证书，占职工总数的74.56%，有863人达到了初级工标准，655人达到了中级工标准，649人达到了高级工标准，134人技师及高级技师职业资格证书；高级工及以上783人，占职工总数的25.3%；管理技术人员中有289取得了员级以上职称，其中取得高级职称者25人，中级职称者107人，助理及员级职称者157人。

二、用工管理

（一）用工制度

用工制度有固定工制度、劳动合同制、农民轮换工制度。主要用工形式有固定工、农民轮换工、临时工、劳务工、协议工、合同制工人。

1996年2月26日，根据《中华人民共和国劳动法》、煤炭工业部煤劳字〔1995〕第58号文、劳动部劳办法〔1995〕13号文和33号文等文件精神，永夏矿区管委会实行全员劳动合同制。范围是：管委会所属的全民固定工、全民合同制及今后按照国家有关规定新招工人、调入职工和接收的大中专毕业生、技校毕业生、城镇复退军人、军转干部等。实行劳动合同制后，打破干部与工人、固定工与合同工的身份界限，统称为企业职工，原用工形式、身份界限计入档案。劳动合同由用人单位和劳动者根据生产岗位特点、工作需要及本人情况协商签订。本企业连续工龄满10年以上采掘生产一线职工和特种作业人员、连续工龄满15年、连续工龄10年以上具有中专以上学历或具有中级以上专业技术职务、距退休年龄10年以内的签订无固定期限合同；连续工龄满10年以上者、矿龄满5年以上且取得助理级专业技术职务的人员签订10年期劳动合同；连续工龄满5年以上者、见习期满考核合格的大、中专生和技校毕业生、由永夏矿区管委会出资参加各类学历教育的人员可签订5年期劳动合同；农民轮换工的劳动合同期限不得超过8年；参加脱产学历教育的签订3年期劳动合同。永夏矿区管委会新招聘及调入人员实行3～6个月试用期。管委会机关各处室的职工直接与企业法人代表签订《劳动合同书》，所属单位职工与企业法人委托代理人签订《劳动合同书》。劳动合同期限不受单位负责人任期及承包期限制，法人代表变更后合同仍然有效。

1999年7月8日，永煤集团印发了《永城煤电（集团）公司试行企业合同工管理暂行规定》（永煤人劳字〔1999〕第127号），陈四楼煤矿根据文件要求对企业合同工性质、用工期限、招收对象、工资福利待遇做出规范。

2000 年 3 月 30 日，为加强企业劳动管理、规范用工行为，印发了《永城煤电(集团)公司劳动用工制度改革方案》(永煤人劳字〔2000〕第 031 号)。全民固定工、全民合同制工人为劳动合同工，永煤人劳字〔1999〕第 127 号文规定的企业合同工和集体工统称为合同工，其余职工为劳务工。劳动合同工、企业合同工、劳务工通称为企业职工。

2007 年 12 月 7 日，永煤集团印发了《永城煤电控股集团有限公司劳务派遣管理办法》(永煤人劳字〔2007〕第 119 号)，明确用工单位、劳务派遣机构和被派遣劳动者三方的权利和义务，对劳务派遣人员的聘用和管理进一步做出规范。

2013 年，按照河南能源化工集团《关于进一步规范劳动用工管理的补充规定》(河南煤业化工集团〔2013〕第 281 号)文件要求，对永煤集团及其子公司正在使用的劳务派遣工转签成协议工。陈四楼煤矿 2013 年转签协议工 1 024 人，因个人原因、合同到期等原因离职未转签协议工为 19 人。

2017 年 10 月，陈四楼煤矿将存量临时工 61 人，全部转签为协议工。

2019 年 6 月 4 日，根据河南能源化工集团印发的《关于进一步规范劳动用工管理的意见》豫能〔2019〕157 号文件精神，为有序推进“变招工为招生”，逐步提升员工队伍整体素质，有效化解人力资源结构性矛盾，永煤集团印发《永城煤电控股集团有限公司关于贯彻落实河南能源化工集团进一步规范劳动用工管理意见的通知》，对存量协议工、劳务派遣工、外包作业队逐步通过选招录用、到期解除、择优选调、清理规范等方式予以消化；扩大从大中专院校、职业院校的招录比例，积极推进“变招工为招生”工作；新招录人员与单位签订 3～5 年期劳动合同，合同期满由单位进行考核评价，评价合格可以续签，不再招录协议工。

(二) 用工情况

2009 年 3 月，招聘劳务工 157 人、临时工 26 人。

2009 年 4 月，招聘劳务工 195 人。

2009 年 7 月，招聘临时工 21 人。

2009 年 8 月，招聘劳务工 114 人。

2009 年 10 月，招聘劳务工 92 人。

2010 年 2 月，招聘劳务工 294 人。

2010 年 3 月，招聘临时工 12 人。

2011 年 9 月，招聘劳务工 214 人、大学生 28 人、劳务工 7 人、中专技校生 13 人。

2012 年 12 月，招聘劳务工 120 人、大学生 16 人。

2013 年 6 月，招聘协议工 146 人。

2013 年 9 月，招聘协议工 156 人、大学生 9 人。

2014 年 12 月，招聘协议工 147 人。

2015 年 6 月，招聘协议工 104 人。

2016 年 12 月，招聘协议工 104 人。

2017 年，招聘大学生 4 人、协议工 374 人。

2018 年，招聘大学生 9 人。

2019 年，招聘大学生 19 人、劳动合同工 156 人。

2020 年，招聘大学生 10 人、劳动合同工 70 人。

2021 年，招聘大学生 13 人、劳动合同工 100 人。

2019—2021 年陈四楼煤矿用工情况统计见表 11-1-2。

表 11-1-2　2019—2021 年陈四楼煤矿用工情况统计表　单位：人

年份	在册人数	女性	劳动合同工	企业合同工	劳务工	临时工	国龙协议工	协议工	顶岗实习
2009	4 538	232	849	762	2 665	256	—	6	—
2010	4 343	213	817	958	2 301	264	—	3	—
2011	4 198	258	797	1 156	1 934	311	—	0	—
2012	3 563	192	762	1 146	1 427	228	—	—	—
2013	3 546	173	754	1 281	990	175	—	346	—
2014	3 359	156	723	1 402	—	133	803	298	—
2015	3 317	133	691	1 488	—	105	566	467	—
2016	3 422	134	693	1 568	—	104	490	567	—
2017	3 212	112	641	1 625	—	—	180	766	—
2018	3 114	109	623	1 698	—	—	95	698	—
2019	3 011	82	738	1 671	—	—	72	530	—
2020	2 934	70	768	1 946	—	—	—	220	—
2021	3 024	144	777	2 001	—	—	—	245	1

（三）用工管理

1. 劳务工（协议工留转）

2001 年，为激发劳务工的生产积极性，稳定劳务工队伍，逐步提高职工整体素质，陈四楼煤矿根据永煤集团印发的《关于劳务工留转为企业合同工的通知》开展了劳务工“留转”工作，“留转”对象为采掘一线主要工种岗位工作 3 年以上的生产技术骨干或班（组长）、队长，年龄在 33 周岁以下（特殊贡献者，区队长可放宽到 35 周岁），初中以上学历的在册劳务工。荣获公司级劳动模范和先进生产工作者优先留转。

2004 年，根据永煤公司印发的《永煤集团关于劳务工留转为企业合同工的通知》持续开展劳务工“留转”工作，采掘工种必须在 35 周岁以下，机电、探防工种、特殊技术工种、采掘（区）队长可以放宽到 38 周岁，且有初中以上学历。荣获永煤集团级劳动模范、尖端人才、骨干人才荣誉称号的，公司组织的采掘工种和井下机电工种技术比武活动中，名次取得前三名和被集团公司评为“十大”优秀劳务工且年龄符合条件者，全部给予留转。2006 年，选招人员年龄放宽到 38 周岁，留转到省内兼并重组矿井或贵州、新疆、内蒙古等艰苦地区矿井的、特殊技术工种和骨干年龄可放宽到 40 周岁。2014 年，选招人员年龄放宽到 40 周岁。

2014—2016 年，选招留转办法没有太大变化。2017 年，永煤集团印发《永煤集团 2017 年煤矿井下协议工（劳务工）选招工作的通知》，陈四楼煤矿协议工选招对象仅为煤矿井下岗位,选招条件:工龄3年以上,至今仍在生产岗位;年龄在40周岁以下;初中以上文化程度,持有初级工及以上职业资格证,特种作业人员必须持有特种作业操作证,矿井单位区队长必须持有安全资格证。

2019年6月,永煤公司印发了《关于印发永城煤电控股集团煤炭板块井下协议工(劳务工)选招实施细则(试行)的通知》,协议工选招发生重大变革,试行积分制选招,即通过建立指标体系,对每项指标赋予一定分值,正常选招人员总积分达到60分及以上的协议工和符合直选条件的协议工,可通过书面形式向单位提交申请,经单位审核通过的即留转为企业合同制职工。选招条件:① 在陈四楼煤矿参加工作时间满2年。自签订劳动合同之日起至选招之日止,工作时间满2年及以上的人员均可选招。② 选招年龄在40周岁及以下,区队长选招年龄在45周岁及以下,按照社会保险法规定,累计缴费年限达到退休规定年限的,年龄可适当放宽。符合职业资格准入条件,申请选招人员需具备初级工及以上技能等级,特种作业人员必须持有采掘电钳工、瓦斯检查工、采煤机司机等特种作业操作证,区队长必须持有安全资格证,其中,特种作业操作证和安全资格证需在有效期内。③ 符合选招范围和满足当年度劳动合同制职工招聘条件的存量协议工,可不参与积分考核,同时满遵纪守法,爱岗敬业,拥护集团公司企业文化,具有良好的职业精神和道德品质、月均井下出勤18班及以上、体检合格,能继续从事安全生产岗位工作、年龄在35周岁及以下,普通全日制高中(中专、中技)及以上学历的,直接予以选招。

2. 调配管理

调配原则,调配以工作岗位需要为主导,鼓励员工向工作条件艰苦和井下一线岗位流动,保证重点,服务生产经营和发展;调配要力求人岗匹配,发挥专长,充分挖掘员工潜能,提高劳动效率,确保员工队伍的稳定;调配应遵守定员标准,严格控制超定员用工;调配工作应符合调配管理各项规定,必须按规定程序履行审批手续;劳务派遣工选招为企业合同工后,原则上须在原单位、原岗位工作满5年方可办理调动,在5年协议期限内不允许办理个人申请的逆向调动;各单位负责人和员工都要站在组织的立场,树立大局观念,在服从的前提下做好相关工作,处理好因调配引起的工作衔接问题;调配管理实行行政一把手负责制,劳资科是调配工作的主管部门,具体办理调配有关事宜,落实集团公司调配管理政策。

内部调配,内部调配分为组织调动和个人申请调动。组织调动是指以矿任职文件或者因工作需要进行的人员调动;个人申请调动是指当事人因个人原因(例如家庭、专业特长、职业发展因素)向组织提出申请的调动。组织调动的程序:组织调动以矿文件或批准意见为准,由劳资科直接下达推荐信到员工原所在单位(调出单位);调出单位在规定时间内,按规定办理调离手续及交接手续;当事人持劳资科推荐信,在规定时间内到调入单位报到;调入单位接到推荐信后,于一个工作日内将报到信息反馈至劳资科,并做好调入人员的岗前培训工作。个人申请调动的程序:符合正向流动原则的,个人填写《陈四楼煤矿员工调动申请表》,并在规定的有效期内由原单位、接收单位及分管矿领导签字后交劳资科;个人申请由一线到辅助、由辅助到地面的调动原则上不予受理,确因岗位需要的,须先由同意接收单位提出书面申请,经原所在单位负责人、分管矿领导、矿长签字同意后,方可领取并填写《陈四楼煤矿员工调动申请表》,并在规定的有效期内由原单位、接收单位及分管矿领导签字后交劳资科;每月月底由劳资科对申请调动的人员进行审核汇总,并报矿领导审批;矿领导审批后,由劳资科办理相关的调动手续。

外部调配,外部调配指调入或调出陈四楼煤矿的人员调动。调入程序:由当事人持集团公司出具的介绍信及身份证等相关材料到劳资科报到,劳资科对其身份进行核实;从龙宇能源股份有限公司以外单位调入的人员需签订劳动合同,并填写人员基本情况登记表;劳资科将调入人员介绍信报矿领导审核并签署分配意见后,办理入职手续。调出程序:个人写出调动申请,经本单位负责人和分管矿领导签批后报劳资科审核汇总,月底由劳资科统一报送矿领导研究,符合调动条件的方可填写《永煤集团职工内部调动审批表》,调动通知书未下达之前当事人应继续在原岗位工作;劳资科接到公司调动通知书后,按规定办理相关手续;成建制调动,按永煤公司人力资源部要求统一办理调动手续。

调配中劳动关系、工资、社保及档案的处理劳动关系随着员工的调动而变动;组织调动按聘任文件或新聘岗位执行对应薪酬待遇,执行时间以任职文件或调动介绍信起薪日期为准;个人申请调动执行 3 个月试岗期,试岗期间薪酬为同岗位薪酬的 80%,试岗期满考核不合格的延长试岗期 3 个月。其中个人申请由辅助队调往一线区队、由地面单位调往井下、由科室调往区队的,调入单位可根据调动人员对新岗位的适应程度,提前结束试岗期。

3. 人力资源结构调整

2011 年 11 月,推行"走岗式"劳动组织管理,一般不设固定看守性岗位,依靠机电设备自动控制、监测监控系统和走动巡岗等措施保证设备安全运转;优化组织机构,根据业务范围和工作性质,采取合并机构、归并职能、优化流程等方式,成立大政工、大综合,构建层次简化、程序优化、职责明晰、精干高效的组织机构体系、优化管理程序,向扁平化管理迈进;加强员工综合素质技能提升,鼓励一人多证,一人多岗,一专多能,员工在不同岗位间流动工作。

2012 年,矿井按照"岗闲人不闲,兼岗涨工资"的原则,大力推行"走岗式"劳动组织管理和强化企业内部人力资源调剂。

4. 人力资源信息化

1997 年,逐步开始基于 Visual FoxPro 自行开发工资核算程序。

2007 年,运行朗新人力资源管理。

2011 年,上线用友人力资源管理系统各项人力资源信息实现规范化和标准化,人员变动管理、劳动合同管理、薪资核算管理等业务实现信息化。

2019 年,启用 SAP 人力资源管理系统,实现数据标准化、业务流程化、信息动态化的人力资源大数据管理。

第二章 工资管理

陈四楼煤矿的劳动工资管理经历了筹建、投产、稳产高产几个阶段,薪酬分配也由粗放型向精细化方面逐步改革,尤其是2013年在河南能源下发集团矿厂岗位效益工资制方案(试行)以后,陈四楼煤矿对矿井薪酬管理体系进行了进一步的完善,优化其内部薪酬结构,提高薪酬分配的内部公平性和外部竞争性,按照“两调整、两提高”的总体要求以及“抓结构调整重提升”的管理思路,以合岗增效提薪为抓手,充分发挥薪酬分配的激励和导向作用,最大限度调动工作积极性,激发内生动力,为陈四楼煤矿的持续健康发展提供了坚实的保障工作。

一、工资改革与演变

1990—1995年,陈四楼煤矿参与建设施工人员劳动工资由矿建三公司进行管理,项目部及筹备处人员劳动工资统一由永夏管委会管理。

1996—1997年投产,其劳动工资档案移交至陈四楼煤矿管理,其工资由计时工资、假期工资、加班工资、津补贴构成,另进行工资外补贴,其补贴项目有交通费、洗理费、卫生费、书报费、流贴、岩尘费、医药费、班中餐、技师补贴、住房补贴等,随工资一起发放。

1998年,工资分配由基建型向生产型矿井转变,矿井工资分配在执行《永煤公司劳动工资管理暂行办法》永煤劳字〔1998〕第144号的基础上,印发《关于联产计件结构工资制实施的(试行)办法》陈矿字〔1998〕005号,对区队实行“433”结构工资制结算模式,即安全、产量、质量工资分别占工资总额的40%、30%、30%;机关科室实行计时工资加奖励的形式,完成任务,按本人现行岗位工资标准执行,超额完成任务时,产量、进尺每超1%加奖相应奖金标准的4%,完不成生产任务时,除不得基本奖外,另按欠产比例扣减基本工资。同年11月,矿井印发《陈四楼煤矿区队内部工资分配办法》陈矿字〔1998〕101号,要求矿井单位实行岗位、产量(进尺)任务包干责任制,以岗位、任务量计分,以分计资,调动劳动积极性,提高经济效益观念。

1999年为完成当年生产任务目标,制定印发《陈四楼煤矿九九年度工资分配方案》陈矿字〔1999〕013号,对所有有量可计的单位一律实行计件工资制,对于岗位固定、人员固定的单位实行出勤工数与工资总额承包制,机关科室实行计时工资加奖金的分配办法,综合奖金标准与岗位工资挂钩,并根据全矿任务完成情况上、下浮动。同年8月份,为确保全年商品煤150万吨的顺利完成,印发了《九九年炮采队工资分配办法》,对采煤队实行吨煤工资包干制度,职工收入全部与产量任务挂钩。

2003年3月,制定印发《陈四楼煤矿安全结构浮动工资管理办法》。对采煤队、掘进队、井下辅助队的职工根据工作性质、风险程度大小,按月预留一定数量的安全结构浮动工资,依照考核指标分采煤组、开拓掘进组、井下辅助组进行评比,根据评比结构分出先后名次,按照名次进行二次分配。

2005 年，印发《关于加强工资管理工作的通知》(陈矿经字〔2005〕69 号)，明确新参加工作人员定岗标准：一般职工按照所在岗位应定标准下浮一档执行，新参加工作的中专生、大专生、本科生、硕士生、博士生等在管理岗位是分别按照管技人员标准中的一档、二档、三档、五档、八档标准执行，按工人岗位安排的原则按一般职工的标准执行。另根据公司工资改革精神，对从事特别劳动的职工予以一定的附加报酬，只保留夜班津贴、入井津贴、技师津贴、班组长津贴、住房津贴(仅限劳动合同制、企业合同制范围)等，其他部分一律取消。

陈四楼煤矿有关岗位和工资的标准见表 11-2-1～表 11-2-4。

表 11-2-1 陈四楼煤矿岗位归级表(区队操作岗)

岗次	岗位名称
14	采煤机司机、液压支架工、采煤工、端头支护工
13	掘进工、综掘机司机、架棚工、砌碹工、锚喷工
12	巷修工、井下爆破工、采掘机电维修工、液压泵工、链板输送机司机、采掘机电安装工、工作面运料工
11	井下回收工、工作面注浆注水工
10	井下验收员、井下运搬工、井下绞车司机、井下安检员、井下上下山把钩工、井下机电维修工、井下机电安装工、瓦检员、井下钻探工、井下皮带机司机、井下给煤机司机、井下注浆注水工
9	井下电机车司机、井筒维修工、井下水泵工、井下清挖水仓工、井下轨道工、井下翻罐工、防尘工、通风工
8	主副井绞车司机、井下调度员、地面生产调度员、井下小绞车司机、井下空压机司机、井下充电工、井下线路维修工、井下矿车修理工、井下测风测尘工、井下材料管理工、井下煤质采样工、井下煤质检查员、井下三钢管理工、井下设备管理工、井下火药库管理工、井口信号把钩工、井上运搬工、井上矿车清理工
7	井下送馍工、皮带机司机、井上给煤机司机、铆工、锻工
6	汽车司机、矸石山绞车司机、地面轨道工、井上电机车司机、电机车维修工、井上空压机司机、锅炉检修工、司炉工、车工、钳工、电气焊工、安装电工、木工、铲车司机、主扇司机、吊车司机、装卸工、井上矿车修理工、井上翻罐笼工、液压支架修理工
5	一般检修工、灰浆泵工、除尘工
4	设备管理员、矿灯工、地面水泵工、配件管理员、采购员、通风调度员、天车司机、变配电工、食堂管理员、食堂核算员、井上采制样工、土建施工员、区队办事员、核算员
3	小型电器维修、护理员、炊事员、洗衣工、水(煤)质化验员、播音员、安全仪器检测工、安全信息员、经济民警、绿化工
2	仓库保管员、修风筒工、澡堂工、宿舍管理员、服务员、看道口工、图书管理员、环卫工、勤杂工、房产管理员、门卫、茶炉工

表 11-2-2　陈四楼煤矿工人岗位工资标准对应表

单位:元

岗次	1	2	3	4	5	6	7	8	9	10	11	12	13	14
初级工	115	135	155	176	197	219	241	264	287	311	335	360	385	411
中级工	135	155	176	197	219	241	264	287	311	335	360	385	411	437
高级工	155	176	197	219	241	264	287	311	335	360	385	411	437	464

表 11-2-3　陈四楼煤矿工人岗位效益工资系数对应表

岗次	1	2	3	4	5	6	7	8	9	10	11	12	13	14
初级工	1.00	1.10	1.26	1.43	1.60	1.78	1.96	2.15	2.33	2.53	2.72	2.93	3.13	3.34
中级工	1.10	1.26	1.43	1.60	1.78	1.96	2.15	2.33	2.53	2.72	2.93	3.13	3.34	3.55
高级工	1.26	1.43	1.60	1.78	1.96	2.15	2.33	2.53	2.72	2.93	3.13	3.34	3.55	3.77

表 11-2-4　陈四楼煤矿管理、专业技术人员岗效工资对照表

岗次	岗位工资标准/元	效益工资分配系数	管理人员	专业技术人员
16	537	4.36	—	—
15	510	4.14	处长	—
14	484	3.93	—	—
13	460	3.74	副处长	—
12	409	3.32	井下(区)队长级	—
11	385	3.13	正科	高级
10	362	2.94	井下副(区)队长级	—
9	340	2.76	副科	—
8	316	2.57	—	中级、业务主办
7	293	2.38	—	—
6	271	2.2	10 年以上科员	—
5	251	2.03		助理级
4	229	1.86	6 至 10 年(含 10 年)	—
3	206	1.67	—	员级
2	187	1.52	5 年以下科员(含 5 年)	—
1	166	1.35	—	—

2007 年 1 月,根据煤炭工业局豫煤人(2006)892 号及永煤集团《关于调整煤矿井下艰苦岗位津贴的通知》(永煤人劳〔2006〕288 号)文件规定,对井下艰苦岗位津贴进行了调整。其中井下津贴:井下采掘工 30 元/工;井下辅助工 18 元/工;井下安检人员、编制在井下区队的管理技术人员 18 元/工;机关管理技术人员 12 元/工。夜班津贴:前夜班 8 元/工(16:00—24:00);后夜班 10 元/工(0:00—8:00)。班中餐补贴 8 元/工。

2008 年,矿井加强对工程技术人员管理,在采、掘、开系统技术副队长与技术员内部实

行绩效考核，按工作责任、岗位目标完成情况，确定工程技术人员绩效工资待遇，多劳多得、奖勤罚懒，重实绩、重贡献，增强争先意识。

2009 年，制定印发《陈四楼煤矿薪酬管理办法》，进一步完善薪酬管理体系，将个人收入和工作结果、能力、个人业绩挂钩，与矿井经济效益挂钩，所有单位实行二次分配，切实打破职务、职称、资历的界限，个人实行量化考核，每个岗位都有对应的考核指标、以业绩决定薪酬。

薪资结构由基本工资、绩效工资、加班工资、单项奖励、综合补助构成。其中基本工资包括岗位工资、年功工资、技能津贴；岗位工资体现当前岗位任职条件、岗位责任、技术、经验、能力要求、劳动强度、劳动环境等方面进行岗位综合评价，确定各岗位工资标准；年功工资依据员工工作年限核定，不随岗位的变化而变化，以每年的 1 月 1 日为节点，每年调整 1 次。年功工资按工龄分为 4 段：1～8 年，标准为 4 元/年，9～15 年，标准为 6 元/年，16～30 年，标准为 9 元/年，30 年以上，标准为 12 元/年。执行范围为劳动合同工、企业合同制职工。技能津贴执行标准：地面工种：技师 45 元/月，高级技师 80 元/月。井下工种：技师 60 元/月，高级技师 100 元/月；绩效工资对当前岗位任职条件、岗位责任、技术、经验、能力要求、劳动强度、劳动环境等方面进行岗位综合评价，结合现有工资水平及各类人员合理的工资分配差距确定各岗位工资标准。

2010 年对技能津贴执行标准进行调整：其中地面工种：技师 100 元/月，高级技师 200 元/月；井下工种：技师 200 元/月，高级技师 300 元/月。

2011 年对技能津贴执行标准与范围再次进行调整，执行范围为具备相应任职资格、从事岗位与技能证书工种相符，且无行政职务人员。其中地面工种：高级工 100 元/月，技师 200 元/月，高级技师 300 元/月；井下工种：高级工 100 元/月，技师 300 元/月，高级技师 400 元/月。

2013 年，根据《河南煤业化工集团矿厂岗位效益工资制方案（试行）》（河南煤业化工〔2011〕1311 号）相关要求，对原薪酬管理制度进行改革，制定印发了《陈四楼煤矿岗位效益工资制实施办法》，实现薪酬分配科学合理、规范有序。

工资构成分为岗位工资、效益工资、津补贴以及单项奖。

岗位工资是保障员工基本报酬并兼顾不同岗位劳动差别的工资单元，是员工在正常出勤且完成劳动定额前提下的标准工资，由基本工资和岗位价值工资组成。其中基本工资为 1 100 元，是计算员工加班工资的基数，并根据实际情况不定期进行调整。

效益工资是随单位整体经济效益和员工个人绩效上下浮动的弹性工资单元，其中机关人员效益工资由效益工资基数、岗效系数、单位效益系数 3 部分构成，机关科室金创公司劳务派遣工不执行效益工资。其效益工资标准＝效益工资基数×岗效系数×单位效益系数。效益工资基数每年核定 1 次，具体标准以集团公司印发的工资总额管理办法为准。

单位效益系数与当月全矿工资结算情况挂钩进行浮动，科级干部、一般人员效益系数分别为当月新增效益工资比例的 1.5 倍、1.1 倍，即效益系数＝[1＋（当月结算工资－月度工资基数）/月度工资基数]×浮动系数（1.5/1.1）。

区队效益工资根据当月内部市场化考核结果动态核定总额，即区队效益工资＝当月工资总额－岗位工资－各项津补贴。各区队自行制定二次分配办法。

津补贴包括年功工资、入井津贴、夜班津贴、岗位技术津贴、外派补贴等项目。其中年功工资发生变化,依据员工工作经验积累年限进行核定,不随岗位的变动而变化,以 1 月 1 日为节点,每年调整 1 次。当月实行分段计算,按段累计核算员工个人年功工资。具体划分如下:1~8 年工龄,标准为 5 元/年;9~15 年工龄,标准为 8 元/年;16~30 年工龄,标准为 12 元/年;30 年以上工龄,标准为 16 元/年。员工当月出勤天数不足 21 班时按实际出勤天数进行折算。执行范围为劳动合同工、企业合同工。

陈四楼煤矿管理技术人员和操作工人序列岗位工资标准和岗位绩效贡献系数对照见表 11-2-5 和表 11-2-6。

表 11-2-5 陈四楼煤矿管理技术人员序列岗位工资标准和岗位绩效贡献系数对照表

序号	岗级	薪档	岗位工资标准/元	绩效工资标准			管理技术职务名称	
				基数/元	岗效系数	标准/元	管理	技术
1	五	B	3 900	500	4.9	2 450	安全生产副总、矿长助理	—
2		A	3 800	500	4.8	2 400	其他副总	—
3	四	E	3 500	500	4.15	2 075	直接区队队长	—
4		D	3 400	500	3.9	1 950	安全生产科室科长 直接区队书记 辅助区队队长	—
5		C	3 300	500	3.5	1 750	经营科室科长 辅助区队书记 机修厂厂长	安全生产科室特聘工程师 直接区队特聘工程师
6		B	3 200	500	3.3	1 650	其他科室科长 机修厂书记	经营科室特聘经济师 辅助区队特聘工程师
7		A	3 100	500	3.1	1 550	—	其他科室特聘师 机修厂特聘工程师
8	三	E	2 900	500	3.35	1 675	直接区队副队长	—
9		D	2 800	500	3.1	1 550	安全生产科室副科长 直接区队副书记 辅助区队副队长	—
10		C	2 700	500	2.9	1 450	安全生产科室主任科员 经营科室副科长 辅助区队副书记 机修厂副厂长	安全生产科室主任工程师 直接区队主任工程师
11		B	2 600	500	2.7	1 350	经营科室主任科员 其他科室副科长 机修厂副书记	经营科室主任经济师 辅助区队主任工程师
12		A	2 500	500	2.6	1 300	其他科室主任科员 机修厂主任科员	其他科室主任政工师 机修厂主任工程师

表 11-2-5(续)

序号	岗级	薪档	岗位工资标准/元	绩效工资标准			管理技术职务名称	
				基数/元	岗效系数	标准/元	管理	技术
13	二	E	2 600	500	2.5	1 250	见习期满博士	井下岗位技术员 井下岗位工程师
14		D	2 300	500	1.9	950	见习期满硕士 满 8 年科员(含)	地面生产技术员 地面岗位工程师 经济、会计、政工类中级职称
15		C	2 200	500	1.7	850	见习期满本科 满 5 年科员(含) 定额管理员	初级职称
16		B	2 100	500	1.6	800	见习期满大专	员级职称
17		A	2 000	500	1.5	750	见习期满中专 5 年以下科员	—
18	一	E	2 000	500	1.6	800	见习期博士	—
19		D	1 900	500	1.3	650	见习期硕士	—
20		C	1 800	500	1.2	600	见习期本科	—
21		B	1 700	500	1.2	600	见习期大专	—
22		A	1 600	500	1.1	550	见习期中专	—

表 11-2-6　陈四楼煤矿操作工人序列岗位工资标准和岗位绩效贡献系数对照表

序号	岗级	岗位工资标准/元	绩效工资标准			岗位名称
			基数/元	岗效系数	标准/元	
1	十四	2 840	500	2.2	1 100	煤炭生产:采煤工、采煤机司机、液压支架工、综采放顶煤工
2	十三	2 640	500	2.03	1 015	煤炭生产:凿岩机司机、综掘机司机、锚喷工、巷道掘砌工
3	十二	2 450	500	1.88	940	煤炭生产:巷修工、综采设备安装工、综采集中控制操作工、瓦斯打钻工
4	十一	2 270	500	1.78	890	煤炭生产:爆破工、充填回收工、装岩机司机、综采维修电工、综采维修钳工、采掘电钳工、瓦斯抽放工、井下钻探工、液压支架检修工
5	十	2 100	500	1.68	840	煤炭生产:采掘运料工、推车工、工程检查验收工、煤矿机械安装工、煤矿电气安装工、安全检查员(井下)、瓦斯检查员、瓦斯预测预报工、矿井维护钳工、矿井维护电工、井筒维修工;机修:铸造工
6	九	1 940	500	1.58	790	煤炭生产:水仓清理工、井下钻机维修工、矿山救护工、矿山测量工、矿山地质工;机修:焊工、铆工、液压支架修理工、模型工、车工、锻工

表 11-2-6(续)

序号	岗级	岗位工资标准/元	绩效工资标准			岗位名称
			基数/元	岗效系数	标准/元	
7	八	1 790	500	1.5	750	煤炭生产:输送机操作工、箕斗装载工、拥罐/把钩工(井下)、矿井轨道工(井下)、电机(瓶)车司机(井下)、电机(瓶)车跟车工(井下)、矿井通风工、井下注浆注水工、生产调度员(井下)、防爆设备检查工、煤质检查员、(井下)、井下绞车操作工(1.6 米以上)、矿井泵工(采区)、带式输送机操作工(采区)、带式输送机巡检工(采区)、井下采制样工;煤炭洗选:车门加固工、选煤干燥工、巡岗工、手选工;机修:机电维修工(矿)、气割工;通用:高低压配电工
8	七	1 650	500	1.42	710	煤炭生产:乳化液泵工、翻罐工(井下)、信号工(井下)、矿井泵工、主提升机操作工、井下绞车操作工(1.6 米以下)、带式输送机操作工(井下)、带式输送机巡检工(井下)、井下清煤工、给煤机司机、煤仓放煤工、运输调度员管工(井下)、安全(仪器)、监测工防尘工、矿压观测工、三铁管理员设备管理工(井下)、采制样工(井下)、火工品管理工;机修:质量检验员、钻床工、锯床工、锚杆工、刨工(含插工)、托辊修理工、铣工、镗工、磨工
9	六	1 550	500	1.34	670	煤炭生产:架空乘人器运行工、充电工(井下)、矿车清理工(井下)、测风测尘工、瓦斯泵工(井下)、瓦斯流量测量工(抽放仪测工)、矿车修理工(井下)、通信机线工、井下人员定位系统维修工、井下变电站配电工、矸石山排矸工、电机(瓶)车修配工、井下支护管理工、送馍送水工;机修:维修电工、维修钳工、车工(矿)、锻工(矿)、铣工(矿)、割产试样化验工、空压机工、喷漆工;通用:安全检查员(地面)
10	五	1460	500	1.26	630	煤炭生产:矿车修理工(地面)、井下人员定位系统维修工(地面)、主扇风机操作工、主井卸载工、变电站配电工(地面)、电机车司机(地面)、电机车跟钩工(地面)、通风调度员、风门制作工(木工)、安全信息员、地面瓦斯抽放工、地面注浆注水工、机电设备修理工(地面)、煤场管理员、采制样工(地面)、翻罐工(地面)、充电工(地面)、信号工(地面)、矿车清理工(地面)、通风仪器维修工、井下工具管理工、绞车操作工(地面)、地面拥罐(把钩工)、地面轨道工、轨道衡工、气体分析工、带式输送机操作工、带式输送机巡检工、煤质化验工、设备管理工(地面);机修:电缆修补工、天车工(龙门吊、行车);通用:电工、钳工、生活水/电/暖工、司炉工(生活小锅炉)、气瓶检验工、气瓶充装工、装卸工、考勤员(井下)、厨师
11	四	1 380	500	1.18	590	煤炭生产:制氮机司机、瓦斯监测微机操作员、通风仪器发放工、氧气充填工、矿灯/自救器管理工、修补风筒工、空压机司机;通用:网络工(含电缆线务员、机务员、电话修理工)、通讯员、接待员、档案管理员、车辆调度员、电锯工(木材)、办事员(区队车间)、材料员(区队车间)、核算员(含市场化考核员统计员)、服装缝纫工

表 11-2-6(续)

序号	岗级	岗位工资标准/元	绩效工资标准			岗位名称
			基数/元	岗效系数	标准/元	
12	三	1 310	500	1.1	550	煤炭洗选:联合泵房操作工、选煤液位操作工、介质库输送工、污水处理工;通用:翻斗车司机、汽车驾驶员、面点师、洒水车司机、前台接待员、废水处理工(生活)、热交换机值班工、水质化验员、净水(装置运行)工、司泵工、计算机操作员、伤病护理工、描图员、叉车司机、铲车司机、考勤员
13	二	1 250	500	1.05	525	煤炭洗选:排矸工、引风机操作工、污水处理站值班员
14	一	1 200	500	1	500	通用:打卡员、宿舍(管理)服务员、收发员、收银员、收费员、保洁员、勤杂工、补胶鞋工、洗衣工、餐厅清洁工、看守工、浴池工、茶炉工(煤炉)、图书管理员、客房服务员、垃圾清运工

2016 年,两级公司对单项奖进行了规范,明确了单项发放范围,是年陈四楼煤矿出台《陈四楼煤矿 2016 年工资管理办法》,对薪酬管理制度进行修改,机关及管理人员试行绩效考核,同时对效益工资部分增加调节系数,对单项发放范围进行相应明确,进一步规范了薪酬管理。其中增加的效益工资调节系数参照历史工资收入水平并结合当年收入规划情况,对机关科室人员、区队管理人员在标准岗效系数的基础上增设相应的调节系数,见表 11-2-7、表 11-2-8。

表 11-2-7 机关科室管理人员效益工资调节系数核定表

类别	岗位	矿长助理、副总师	生产科	安检科	机电科	调度室	通防科	经管科	供应科	劳资科	综合办	培训科	政工科	工会办	保卫科
机关科室	正职	2.04	1.99	1.99	1.99	1.99	1.99	2.76	2.76	2.76	2.48	2.18	1.93	2.38	2.38
	正科级		1.84	1.84	1.84	1.84	1.84	2.49	2.49	2.49	2.49	1.94	1.76	2.13	2.13
	副职		1.92	1.92	1.92	1.92	1.92	2.61	2.61	2.61	2.34	2.09	1.85	2.29	2.29
	副科级		1.71	1.71	1.71	1.71	1.71	2.49	2.49	2.49	2.20	1.89	1.51	2.09	1.94
	业务主管		1.34	1.34	1.34	1.34	1.34	1.80	1.80	1.80	1.80	1.84	1.65	2.05	2.05
	一般管理		2.39	1.33	2.47	2.47	2.32	2.30	2.11	2.30	2.30	1.96	1.46	1.96	1.64
	一般工人		2.69	1.07	2.53	2.37	1.98	2.18	2.01	2.18	2.37	1.96	1.46	1.96	1.60

表 11-2-8 区队管理人员效益工资调节系数核定表

类别	岗位	采煤	综采安装队	掘进	开拓	巷修队	抽放队	通风队	探防队	皮带队	机电队	运输队	服务公司
井下区队	正职	1.92	2.24	2.49	2.23	1.89	1.52	1.70	1.70	1.82	1.82	1.82	2.05
	副职	2.55	2.04	3.09	2.04	1.70	1.45	1.63	1.63	1.63	1.63	1.63	1.84
	技术主管	1.38	1.67	1.93	1.67	1.33	0.90	1.07	1.07	1.07	1.07	1.07	1.80

2019 年,对薪酬管理进一步优化,修改工资构成单元,将安全双基修订为安全环保工

资,增加技术职务津贴,调整机关及管理人员工资结算模式,进一步规范机关科室及管理人员薪酬管理。

其中安全环保工资按照工资总额预算的30%作为考核基数,依据《陈四楼煤矿安全"双基"考核办法》有关规定按月考核、浮动兑现。

新增岗位技术津贴,其中技术员职称200元/月、初级职称300元/月、中级职称400元/月,高级职称500元/月。对于同时获得技能与技术等级的人员,津贴标准就高执行,不重复兑现,已任技术主管及以上职务的不执行技术职务津贴。

调整机关及管理人员薪酬结算模式,将效益工资切分生产经营绩效以及瓦斯治理绩效考核两部分,具体考核权重分配见表11-2-9。

表11-2-9 机关管理人员薪酬结算考核权重分配表

序号	单位	总权重	经管科	通风防突科	备注
			生产经营绩效考核	瓦斯治理考核	
1	一通三防、地测副总	70%	40%	30%	
2	其他副总	70%	50%	20%	
3	抽放队、探防队、通风队、通防科	70%	50%	20%	
4	直接区队、生产科室	70%	55%	15%	
5	辅助区队、非生产科室	70%	60%	10%	
6	服务公司、保卫科	70%	65%	5%	

说明:其中总权重一栏为去除安全环保工资后的工资基数占比。

生产经营绩效工资根据陈四楼煤矿生产经营绩效考核办法进行考核兑现。瓦斯治理工资根据陈四楼煤矿瓦斯治理考核办法进行考核兑现。

2020年,按照分管业务、岗位职责,结合矿井重点工作,实施定向考核。将项目推进工作与绩效考核全面挂钩,考核结果与个人薪酬进行联动,以业绩定薪酬、凭贡献拿薪酬,对管理人员效益工资核算模式进行变更,按照机关与区队分类考核。

其中,机关管理人员岗位效益工资与本单位生产经营绩效、瓦斯治理绩效考核、重点项目考核等进行挂钩,具体考核权重分配见表11-2-10。

表11-2-10 机关管理人员岗位效益工资考核权重分配表

序号	单位	总权重	经管科	通风防突科	调度室	备注
			生产经营绩效考核	瓦斯治理考核	重点工程考核	
1	一通三防、地测副总	70%	30%	30%	10%	
2	其他副总、矿长助理	70%	40%	20%	10%	
3	通风防突科	70%	40%	20%	10%	
4	其他生产科室	70%	45%	15%	10%	
5	非生产科室	70%	50%	10%	10%	

说明:其中,总权重一栏为去除安全环保工资后的工资基数占比。

重点工程考核，根据重点工程考核办法兑现，且根据矿井实际情况适时进行调整。

区队管理人员。为鼓励基层单位在确保安全的前提下多挣工资，推动工资发放向“挣工资”模式转变，区队管理人员岗位效益工资实行市场化考核，与市场化结算、成本、修旧利废、重点工程考核等项目挂钩，多劳多得。另外，根据劳社部发〔2006〕24号《关于调整煤矿井下艰苦岗位津贴有关工作的通知》中相关条款班中餐补贴：6～10元/工，对采煤、开拓、掘进、抽放队、探防队、防突工、爆破工等入井人员入井津贴标准调整为9元/(人·班)；其余单位入井津贴标准调整为6元/(人·班)。

2021年，根据矿井实际情况，进一步优化薪酬管理，实行目标驱动的薪酬考核体系，各级管理人员薪酬与本单位安全、成本、综合绩效、项目化考核等指标进行挂钩。

各薪酬模块由责任单位制定相关办法并按月进行考核。其中，项目考核工资由责任科室按照“系统抓、抓系统”的原则并结合矿井重点工作制定相关考核办法，在履行矿井三重一大决策程序后纳入矿井薪酬管理体系执行。具体考核权重分配见表11-2-11。

表 11-2-11 项目考核工资表

序号	单位	总权重	安检科	经管科	经管科	责任科室	备注
			安全绩效工资	成本绩效工资	综合绩效工资	项目考核工资	
1	副总、矿长助理	100%	30%	15%	55%	结合矿井重点工作，按照各系统纳入项目化考核情况，提取5%～20%工资基数进行考核兑现。	
2	生产科室	100%	30%	15%	55%		
3	经管科	100%	30%	30%	40%		
4	其他科室	100%	30%	15%	55%		
5	选煤厂、服务公司	100%	30%	15%	55%		
6	直接区队	100%	30%	15%	55%		
7	辅助区队	100%	30%	30%	40%		

考虑各单位管理难度以及安全生产责任，对管理人员工资基数按照以下系数进行调整(表11-2-12)。

表 11-2-12 管理人员工资系数调整表

类别	采、掘、开区队	井下辅助区队	生产科室	其他单位
调整系数	80人及以上1.0；80人以下0.9	80人以下0.9；81～240人1.0；241～400人1.1；400人及以上1.2	地面管理人员0.9，其他入井人员1.0	1.0

同时，为进一步优化专业技术人员结构并充分调动操作人员操作技能的积极性，对通过专业技术资格以及技能等级鉴定的人员，提高相应津贴标准。调整后标准为：井下岗位标准为高级技师700元/月、技师500元/月、高级工300元/月，地面岗位标准为高级技师500元/月、技师300元/月、高级工200元/月。技术员职称为200元/月，初级职称为400元/月，中级职称为600元/月，副高职称为800元/月，正高职称为1 000元/月。

二、工资总额管理

1995 年前,主要是工资总额计划管理,管委会所属各单位根据人劳处下达的工资总额计划,编制工资基金使用计划,不得突破工资总额发放工资。

1996 年以后,对上、对下均实行工资总额与经济效益挂钩。在上级批准的工效挂钩方案和新增效益工资控制范围内,按照永煤所属子公司生产经营性质目标,实行有针对性的工效挂钩办法,1996 年,根据永夏劳资字〔1996〕第 100 号文件精神,建立矿井工资和经营成果相适应的调控机制,完善工资总额与各项承包指标挂钩办法。

1998 年,永煤公司对陈四楼煤矿实行工资总额同吨煤工资含量及掘进进尺延米包干并同安全质量挂钩的办法。

工效挂钩:产量占 70%,掘进进尺占 30%,其中吨煤工资含量 9.5 元,每延米单价 525 元。

安全生产指标挂钩:以安监处下达的安全目标考核,发生死亡 1 人,扣罚核定包干工资的 10%,年底因工伤亡不超过考核指标时返还扣罚工资的 50%;重伤事故率超过 3‰时,扣罚核定包干工资的 5%。

2000—2011 年,公司对生产矿井工资总额实行工效挂钩、复合指标考核结算的模式。

2014 年之后,公司对矿井工资结算逐步推行工资预算管理,实行年度工资总额预算与月度工效挂钩核算相结合的模式,主要跟矿井利润、安全、产品质量、经济运行质量,人均经济效益;复合考核指标主要为营业收入、成本、煤炭产量、开拓进尺、块煤产率、精煤产率、材料费、四项费用等。

矿井按照公司核定的工资总额自主进行发放,月公司对全矿结算工资总额在高于工资基数的前提下,提取一定比例作为节余工资储备,实现统筹兼顾、以丰补歉、均衡发放。因市场经济形势变化较大,当月全矿内部核算工资与公司实际结算工资总额差距较大时,优先保障井下区队工资发放、尽力保障一线员工工资稳定。

管理人员工资水平根据永煤人力信函《关于规范本部矿井中层正职人员工资倍数的通知》有关要求,各类管理人员人均收入按照不超过对应限定倍数进行整体封顶控制。工资分配上合理拉开直接、辅助、地面职工工资分配比例,实现工资分配向生产一线、关键岗位和紧缺急需高技能人才倾斜,确保核心骨干员工队伍稳定。

三、矿井负责人年薪管理

矿井负责人年薪制人员工资由公司统一进行计算,实行单列核算、单独审批、单独发放,不得挤占基层一线员工工资总额。

第三章　人才培养与提升

一、职称评聘

1999 年之前，包含陈四楼煤矿在内，永煤公司职称评审工作由河南省煤炭厅代为管理，各系列各级别专业评审交由河南省煤炭厅统一评审。1999 年开始，陈四楼煤矿各专业和级别职称评审工作在永煤集团职称评审委员会领导下开展工作。

2012—2021 年陈四楼煤矿职称通过情况见表 11-3-1。

表 11-3-1　2012—2021 年陈四楼煤矿职称通过情况表

年份	初级/人	中级/人	高级（含正高级）		总计/人
			工程类/人	财会类/人	
2012	38	7	1	—	46
2013	39	10	1	—	50
2014	14	15	2	—	31
2015	9	10	6	—	25
2016	7	12	5	—	24
2017	7	21	—	—	28
2018	12	10	3	—	25
2019	7	12	4	1	24
2020	20	2	1	1	24
2021	30	15	7	—	52
合计	183	114	30	2	329

二、“W”型三通道技术技能职务评聘

2005 年之前，矿井管理、技术人员岗位晋升通道相对单一，高技术人才聚集在管理岗位序列中，同时兼有管理和技术双重职能。为深入贯彻职业生涯管理，拓宽员工职业发展通道，从 2005 年开始，永煤集团开展首批“尖端人才”评选。评选基本条件为：本科及以上学历，具有从事专业相关序列高级职称或高级技师等级，正科及以上职务，任职 3 年以上，从事 8 年以上本专业工作经历。2008 年 7 月，开展第二次“尖端人才”评聘，原第一批尖端人才部门人员未转至同级行政岗位者，可再次参加评聘。2007 年 8 月，结合首次尖端人才评选经验，印发《永煤集团专业技术职务聘任管理办法》，以制度形式明确管理技术双通道管理办法，明确各层级相对应的专业技术职务和相关待遇。2009 年 6 月，河南煤业化工集团在《永

煤集团专业技术职务聘任管理办法》的基础上，制定《河南煤业化工集团管理技术双通道暨专业技术职务聘任管理办法》；2013年9月重组为河南能源化工集团后，结合原办法再次制定《河南能源化工集团有限公司管理技术双通道暨专业技术职务聘任管理办法》，重新定义行政序列和技术序列。与此同时，陈四楼煤矿按照永煤集团有关文件开展主任师、特聘师评聘。

为推进员工职业生涯管理，打造核心技能团队，提升企业凝聚力和向心力，河南能源化工集团于2014年3月印发了《河南能源化工集团技能人才聘任管理办法（试行）》（河南能源〔2014〕240号），实现了员工职业生涯发展路径从"H"型管理技术双通道向"W"型管理技术技能三通道的转变，根据办法，河南能源对各序列岗位进行了归级排序。表11-3-2为河南能源化工集团管理、技术、技能职务序列对应表。

表11-3-2 河南能源化工集团管理、技术、技能职务序列对应表

企业岗位职级	行政管理职务序列	专业技术职务序列	技能职务序列
十级	集团公司正职	首席专家	—
九级	集团公司副职	资深专家	—
八级	所属有关单位、集团机关部室正职	研究员级专家	—
七级	所属有关单位、集团机关部室副职	高级专家	—
六级	所属有关单位的基层区域公司、矿、厂，所属有关单位机关部室正职	中级专家	—
五级	所属有关单位基层区域公司、矿、厂，所属有关单位机关部室副职	尖端人才	—
四级	基层区域公司、矿井单位、化工单位副总工程师	—	首席技能专家
	基层区域公司、矿井单位、化工单位科（队）长、分厂厂长、车间主任	特聘师	高级技能专家
三级	基层区域公司、矿井单位、化工单位副科（队）长、分厂副厂长、车间副主任	主任师	中级技能专家
二级	行政业务管理员	技术员	技术能手
一级	试用期员工、新毕业大学生	试用期员工、新毕业大学生	—

三、技能鉴定

职业技能鉴定是职工技能提升最有效途径，关系到企业安全发展和职工切身利益。自1998年3月永夏矿区职业技能鉴定站成立至2021年，陈四楼煤矿职业技能鉴定工作由劳资科分管，具体负责组织报名，教材发放，初级工培训，初级工、中级工、高级工理论考试安排及实操考评，技师、高级技师申报，资料整理、报审、发证及全矿高级工以上技术工人的聘用、奖励和津贴发放。

永夏矿区职业技能鉴定站设立于永城煤电控股集团有限公司职工培训学校，负责永煤

公司职工职业技能鉴定理论、实操考评工作。2010 年 5 月，陈四楼煤矿实操基地建成并投入使用，被永夏矿区职业技能鉴定站设为鉴定点，承担永夏矿区职业技能鉴定站部分工种职业技能鉴定实操考评。

（一）职业技能鉴定等级

职业技能鉴定等级划分为初级工（五级）、中级工（四级）、高级工（三级）、技师（二级）、高级技师（一级）五个等级。陈四楼煤矿五级至一级职工职业技能鉴定理论考试均在永夏矿区技能鉴定站进行，实操考试分别在培训学校和各矿井鉴定点进行。高级技师还要在河南煤炭行业职业技能鉴定中心组织指定的地点参加专业技能答辩。

（二）职业技能鉴定的组织报名与资格审查

职业技能鉴定报名工作由劳资科负责，每年度根据永夏矿区技能鉴定站印发的《关于做好职业技能鉴定工作的通知》要求，对于报名参加鉴定的职工进行资格审核，审核的主要内容为从事本工种工作年限、原技术等级等。职工可根据自己的年限或原技术等级，以及自己的理论及实操水平，选报相应的技术等级，但不能同时兼报两个以上的工种等级鉴定。劳资科把参加鉴定的各工种、各等级人员登记汇总，上报永夏矿区技能鉴定站。2014 年以后，可登录河南省煤炭系统职业技能鉴定管理系统，采集职工个人信息后，分工种、等级直接报名。

（三）职业技能鉴定理论与实操考评

职业技能鉴定考评内容分为理论知识考试和操作技能考核两部分。劳资科到永夏矿区技能鉴定站领取准考证后发给职工并组织职工到永煤公司培训学校参加考试，理论知识考试 2016 年之前一般采用笔试，2017 年之后基本实现机考全覆盖，操作技能考核一般采用现场操作加工典型工件、生产作业项目、模拟操作等方式进行。计分一般采用百分制，两部分成绩都在 60 分以上为合格，80 分以上为良好，90 分以上为优秀。考试考核合格发给职业资格证书或技能等级证书。截至 2021 年 12 月，陈四楼煤矿共鉴定工种 78 个，共计鉴定合格人数 8 473 人。其中初级工 5 883 人，中级工 1 642 人，高级工 785 人，技师 118 人，高级技师 45 人。陈四楼煤矿历年职工职业技能鉴定情况见表 11-3-3。

表 11-3-3　陈四楼煤矿历年职工职业技能鉴定情况表

年度	初级工	中级工	高级工	技师	高级技师	合计
1998 年	—	—	—	1	—	1
1999 年	—	1	1	—	—	2
2000 年	—	2		—	—	2
2001 年	—		1	—	—	1
2002 年	—	1	7	—	—	8
2003 年	—	—	2	—	1	3
2004 年	—	1	9	1	1	12
2005 年	1	—	9	—	—	10

表 11-3-3(续)

年度	初级工	中级工	高级工	技师	高级技师	合计
2006 年	—	—	1	1	1	3
2007 年	2879	—	—	—	—	2 879
2008 年	356	1	1	—	—	358
2009 年	317	—	7	—	—	324
2010 年	450	—	2	—	—	452
2011 年	311	19	19	6	1	356
2012 年	269	61	5	5	1	341
2013 年	172	44	3	4	1	224
2014 年	266	561	18	5	4	854
2015 年	157	379	33	24	7	600
2016 年	80	113	33	9	8	243
2017 年	239	126	235	13	7	620
2018 年	155	104	230	24	7	520
2019 年	120	72	91	0	1	284
2020 年	105	134	47	12	4	302
2021 年	6	23	31	13	1	74
合计	5 883	1 642	785	118	45	8 473

四、职业技能鉴定奖励与技能津贴

劳资科制定了《陈四楼煤矿工资管理办法》《陈四楼煤矿职业技能鉴定奖励办法》等文件，对通过本岗位工种技能鉴定的人员进行一次性奖励，高级工及以上技能人才发放岗位技能津贴。截至 2021 年 12 月底，全矿在册人数 2 975 人，持证人数 2 403 人，占操作岗位人数的 92%。其中，初级工 1 025 人，中级工 704 人，高级工 592 人，技师 50 人，高级技师 32 人，并为 567 名高级工以上在岗职工逐月发放了技能津贴。

2011 年，根据永煤控股《关于加快技术工人队伍建设的意见》(〔2010〕161 号)，分别对 56 名技能鉴定晋级成绩优秀人员一次性奖励。其中，初级工 17 人，中级工 17 人，高级工 15 人，技师 6 人，高级技师 1 人。并对高级工以上在岗人员发放技能津贴。

2013 年，根据永煤控股《关于加快技术工人队伍建设的意见》(〔2010〕161 号)要求，制定了《陈四楼煤矿职业技能鉴定奖励办法》，分别对 214 名晋级合格员工一次性奖励，其中，初级工 168 人，中级工 43 人，高级工 3 人，技师 4 人，高级技师 1 人。并对高级工以上在岗人员发放技能津贴。

2014 年，印发《关于做好 2014 年度技师和高级技师考评工作的通知》(陈矿经字〔2014〕188 号)和《关于做好 2014 年度初、中、高级职业技能鉴定工作的通知》(陈矿经字〔2014〕189 号)文件，分别对 854 名晋级合格员工一次性奖励，其中，初级工 266 人，中级工 561 人，高级工 18 人，技师 5 人，高级技师 4 人。并对高级工以上在岗人员发放技能津贴。

2015 年，印发《关于做好 2015 年度技师和高级技师考评工作的通知》（陈矿经字〔2015〕3 号）和《关于做好 2015 年度初、中、高级职业技能鉴定工作的意见》（陈矿经字〔2015〕56 号）文件，分别对 600 名晋级合格员工一次性奖励，其中，初级工 157 人，中级工 379 人，高级工 33 人，技师 24 人，高级技师 7 人。并对高级工以上在岗人员发放技能津贴。

2016 年，印发《关于做好 2016 年度职业技能鉴定工作的意见》（陈矿经字〔2016〕34 号）文件，分别对 243 名晋级合格员工一次性奖励，其中，初级工 80 人，中级工 113 人，高级工 33 人，技师 9 人，高级技师 8 人。并对高级工以上在岗人员发放技能津贴。

2017 年，印发《陈四楼煤矿关于做好 2017 年度职业技能鉴定工作的意见》（陈矿经字〔2017〕104 号）文件，分别对 620 名晋级合格员工一次性奖励，其中，初级工 239 人，中级工 126 人，高级工 235 人，技师 13 人，高级技师 7 人。

2018 年，印发《关于做好 2018 年度职业技能鉴定工作的意见》（陈矿办字〔2018〕116 号）文件，分别对 520 名晋级合格员工一次性奖励，其中，初级工 155 人，中级工 104 人，高级工 230 人，技师 24 人，高级技师 7 人。并对高级工以上在岗人员发放技能津贴。

2019 年，印发《关于做好 2019 年度职业技能鉴定工作的意见》，矿长王伟签发文件，分别对 284 名晋级合格员工一次性奖励，其中，初级工 120 人，中级工 72 人，高级工 91 人，高级技师 1 人。并对高级工以上在岗人员发放技能津贴。

2020 年，印发《关于做好 2020 年度职业技能鉴定工作的意见》，矿长王伟签发文件，分别对 302 名晋级合格员工一次性奖励，其中，初级工 105 人，中级工 134 人，高级工 47 人，技师 12 人，高级技师 4 人。并对高级工以上在岗人员发放技能津贴。

2021 年，印发《陈四楼煤矿关于做好 2021 年度职业技能认定工作的意见》（陈矿办字〔2021〕181 号）文件，分别对 74 名晋级合格员工一次性奖励，其中，初级工 6 人，中级工 23 人，高级工 31 人，技师 13 人，高级技师 1 人。并对高级工以上在岗人员发放技能津贴。

2021 年陈四楼煤矿技能人才占比分布情况见图 11-3-1。

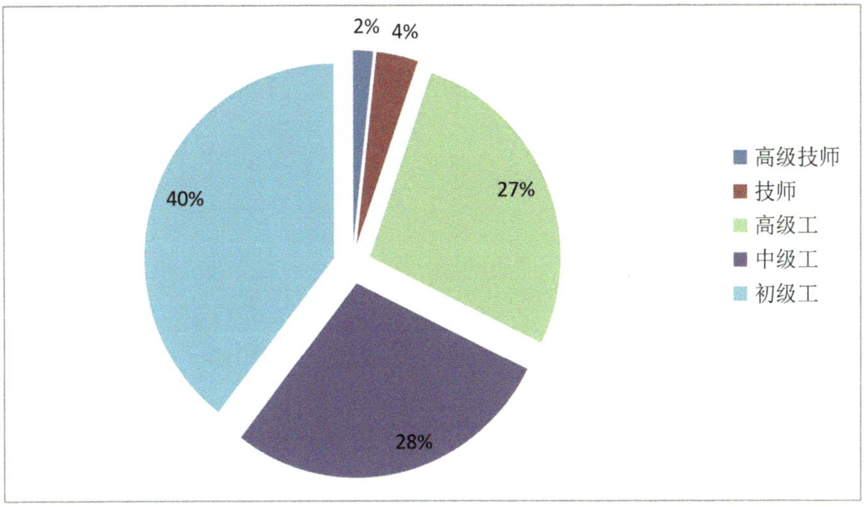

图 11-3-1　2021 年陈四楼煤矿技能人才占比分布图

2021 年陈四楼煤矿技能才人人数分布情况见图 11-3-2。

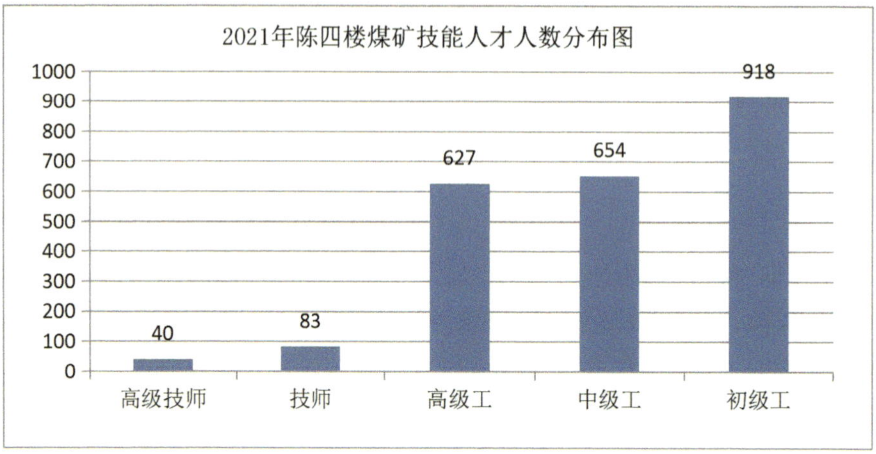

图 11-3-2　2021 年陈四楼煤矿技能人才数分布图

第四章　社会保险

社会保险作为人力资源管理的重要组成部分，随着国家经济社会发展，制度建设也在不断完善，是陈四楼煤矿劳资科的主要业务范围之一。

1993 年 4 月，永夏矿区成立了社会养老保险统筹工作领导小组，并于 1998 年 1 月建立了社会保险统筹中心，开始分别实施养老保险、医疗保险。

1995 年 1 月，全省煤炭行业职工养老保险开始计算实际缴费，在此之前参加工作的职工，连续工龄认定为视同缴费年限。

2003 年 7 月，陈四楼煤矿劳资科设立社会保险统筹组，负责全矿全民固定职工、全民合同制工人的劳动保险工作。

2005 年 6 月，成立退休办，负责对退休工人管理、职工遗属发放生活费等工作。

2007 年 10 月，成立陈四楼煤矿统筹办公室，对在职职工的养老保险统筹和离退休人员统一管理，并与医疗、工伤等业务联合办理。

2011 年 5 月，全矿正式工养老保险、工伤保险纳入河南煤业化工集团省直统筹参保管理，未转正职工完成全面参保缴费。

2017 年 7 月，永煤集团职工基本医疗保险由公司移交至永城市医保中心属地管理。至今，陈四楼煤矿仍然为 2017 年 7 月之前参加医疗保险的正式工，定期执行医疗待遇补差工作。

第一节　养老(劳动)保险

一、养老保险缴费比例

陈四楼煤矿职工基本养老保险按照《河南省深化企业职工养老保险制度改革试行方案》(豫政办〔1995〕74 号)要求，规范和完善职工基本养老保险个人账户和基本养老金计发办法。缴费由单位和职工个人共同承担。单位缴费基数按照上年度全部职工工资总额为基数，即实际支付给职工的全部劳动报酬，企业缴费比例逐步调整为 20%。职工个人以本人上年度月平均工资为缴费基数。本人月平均工资低于全省在岗职工月平均工资 60%的，按全省在岗职工月平均工资 60%核定；超过全省在岗职工月平均工资 300%的，按全省在岗职工月平均工资 300%核定。个人缴费比例逐步调整为 8%。养老保险基金实行每月征缴，按照以上比例从职工个人工资中扣缴，并由单位每月按时足额缴纳至集团公司社保中心，由社保中心统一上缴至河南省人力资源和社会保障厅以及本地社会保险机构。2016 年 7 月，随着河南省养老保险基金池资金结余情况达到国家规定标准，单位部分养老保险缴费比例由 20%调整至 19%；2019 年 5 月，单位部分养老保险缴费比例再次由 19%调整至 16%。

二、养老保险账户信息管理

职工个人养老保险缴费情况由个人基本信息和逐年缴费工资基数、逐月个人缴费记录构成，并根据参保人员的缴费时间，划分为视同缴费年限与实际缴费年限。

视同缴费年限是指参保人员在建立个人账户前符合国家和省有关政策规定的连续工龄；实际缴费年限是指参保人员在建立个人账户之后单位和个人共同足额缴纳基本养老保险费的时间。单位和个人账户缴费情况由河南省社会保险中心的网厅系统逐年逐月记录，用人单位通过柜台办理和网厅提交业务的形式为职工办理登记参保、中断参保等业务，职工个人也可通过柜台查询或网上服务平台查询等途径，核实确认自己的参保缴费信息。

三、养老保险待遇支付管理

养老保险待遇分为定期待遇和一次性待遇两种类型。定期待遇主要是指离退休人员的养老金，一次性待遇包含死亡结算的养老保险个人账户余额、丧葬费、抚恤金等。离退休人员养老金由河南省社会保险中心统一结算，并于结算完成后次月起直接发放至离退休职工本人的社保卡银行账户。死亡结算等一次性待遇则是通过单位结算，先由河南省社会保险中心发放至公司社保中心，经社保中心审核批准后拨付到矿财务科统一发放。陈四楼煤矿劳资科社会保险办事处负责对本矿退休人员基本信息和有关数据的整理上报、领取养老金资格核查以及退休人员享受养老保险待遇的上报审批等工作，并为在职非因工死亡、退休死亡职工及时办理养老金账户结算和待遇发放。截至 2021 年，陈四楼煤矿享受养老金待遇的人员达到 512 人(含选煤厂 86 人)。

四、信息系统建设与待遇资格认证

根据豫社险金〔2005〕17 号文《关于加强省直统筹单位养老金保险计算机管理信息系统建设的通知》精神和河南省城镇企业社会保险基本管理中心的安排，全省统一建立了离退休人员指纹识别数据库，这是完善养老金社会化发放，尽快实行社区管理的一项重要措施。陈四楼煤矿根据公司社保中心的安排，每年统一为离退休人员办理指纹采集与验证，把政策宣传落实到位，精心组织，合理安排，保证采集工作及后续养老待遇审批、发放工作的顺利进行。

自 2019 年 12 月新冠肺炎疫情发生以来，出于疫情防控需要，河南省全面取消了各地社保经办机构现场进行的社会保险待遇资格集中认证。为便于广大退休职工使用线上渠道完成每年的待遇资格认证识别工作，提升认证服务便利性和群众满意度，河南省社会保险中心发布了《关于做好领取社会保险待遇人员资格认证工作的通知》(豫社保〔2020〕37 号)，规定了以下 6 种线上统一认证方式：

(1) 通过国家社会保险公共服务平台在线认证。

(2) 通过河南省社会保障网上服务平台在线认证。

(3) 使用“掌上 12333”手机 App 进行认证。

(4) 使用“河南社保”手机 App 进行认证。

(5) 使用支付宝小程序“豫事办”进行认证。

(6) 使用全省社会保险经办机构设置的自助机进行认证。并在各种线上认证方式之外，仍然保留了线下辅助认证机制，全面保障全体离退休职工顺利领取每月养老金待遇。

第二节　失业保险

陈四楼煤矿失业保险业务由永煤公司社保中心统一管理，参保机构为永城市劳动与社会保障局失业保险所。陈四楼煤矿劳动保险办事处负责失业保险参保、缴费管理及为职工申报享受失业保险待遇等相关手续。失业保险参保管理与养老保险参保管理相同，个人缴费设有个人账户，单位缴费进入失业保险基金池，由经办机构征收并用以发放失业保险待遇。

失业保险制度由 1986 年国务院发布的《国营企业职工待业保险暂行规定》、1993 年发布的《国营企业职工待业保险规定》与 1999 年的国发〔1999〕258 号令《失业保险条例》确立，自 1999 年 1 月 22 日起，职工个人按工资基数的 1%缴费，单位按工资总额的 2%缴费；随着失业保险基金结余情况以及政策发展，2016 年 7 月起缴费比例降低至个人 0.3%，单位 0.7%。

2014 年起，失业保险基金对部分高耗能、产能过剩企业执行“三去一降一补”的稳岗补贴，2015 年豫人社〔2015〕30 号文《关于失业保险支持企业稳定岗位的补充意见》将稳岗补贴适用范围扩大至所有参保企业。此外，豫人社〔2017〕99 号文《关于企业失业保险参保职工使用职业技能提升补贴有关问题的通知》规定了职工取得职业技能证书可以申请领取补贴，由失业保险基金发放。

第三节　医疗保险

陈四楼煤矿医疗保险由集团公司社保中心统筹管理，参与省直统筹企业职工基本医疗保险。2017 年 7 月，省直统筹医疗保险移交属地管理，参保经办机构更改为永城市医疗保险中心。2019 年 12 月 26 日，永城市医疗保障局印发了《永城市生育保险和职工基本医疗保险合并实施细则》(永医保〔2019〕22 号)，自 2020 年 1 月起将生育保险与基本医疗保险合并实施，统一参保登记与基金征缴程序，有力保障了各项险种的协同参保管理，进一步确保了全体职工享受到应有的医疗、生育保险待遇。

一、医疗保险缴费比例

陈四楼煤矿职工基本医疗保险缴费比例按照河南省统一规定，职工个人缴纳个人工资基数的 2%，单位缴纳工资基数的 6%。从 2020 年 1 月起，单位部分缴费比例由 6%调整为 6.7%(含生育保险 0.7%)。除基本养老保险、生育保险外，劳动合同制、企业合同制正式工享有单位缴纳的补充医疗保险和大病医疗保险，单位缴费比例为工资基数的 2%，从 2020

年2月起调整为工资基数的1%;农民协议工享有大病医疗保险,缴费标准为每年1月份个人缴纳150元。

二、医疗保险个人账户

城镇职工基本医疗为参保职工和退休人员建立基本医疗保险个人账户。账户余额包括个人缴纳部分与企业缴费划入个人账户的部分。自2022年7月起,根据《商丘市人民政府办公室关于印发商丘市职工基本医疗保险门诊共济保障实施细则的通知》,职工基本医疗保险的单位缴费部分不再划转进入个人账户,而是用于建立门诊共济保障制度。

在职职工流动时,其基本医疗保险的个人账户随劳动关系的变更转移;职工因病、非因工、因工死亡的,其个人账户余额可由继承人继承。

个人账户的余额可用于支付门诊费用以及基本医疗保险报销范围之外的自付部分。在异地就医或门诊消费的,可在一个社保年度(每年7月至下一年6月)内回参保地办理冲账。退休职工在退休前累计参保缴费达到国家规定标准的(男职工累计缴费30年,女职工累计缴费25年),可在退休后不再缴费而继续享受医疗保险待遇。

三、住院报销

参保职工在本地医疗保险定点医院住院治疗的可以使用社会保障卡进行报销,报销比例随医院等级而不等,超出当前参保年度最高统筹支付限额的,由补充医疗保险按照一定比例负担。如有病情需要转院治疗的,需要在参保地定点医院办理外转手续,如果是转往系统外住院的,需在出院后携带诊断证明、出院证、住院有效票据、每日费用清单、病历复印件等材料到参保地医保经办机构报销。

长期居住异地的外派职工、退休后安置在异地人员可办理异地就医登记备案手续,备案后可在异地定点医院住院刷卡报销。

住院报销金额与报销比例:根据单次住院花费总额,扣减不属于医疗保险报销范围内的药费、卫生材料费等自付部分费用后,对超出起付线的部分按医院等级分别进行固定比例的报销。在职报销比例为:三级医院80%,二级医院85%,一级医院90%。退休报销比例为:三级医院85%,二级和一级医院90%。

起付线:一个参保年度内首次住院的参保职工需要负担起付标准,后续多次住院治疗的不再收取起付标准。

四、医疗保险门诊重症与慢性病待遇

为妥善解决患有重症慢性疾病的城镇职工门诊医疗费用负担过重的问题,进一步完善城镇职工基本医疗保险制度,根据《河南省人民政府办公厅关于印发河南省城乡居民基本医疗保险实施办法(试行)的通知》(豫政办〔2016〕194号),结合原《永城市城镇职工基本医疗保险门诊慢性病管理暂行办法》(永社保〔2017〕22号),永城市医疗保障局制定发布了《永城市城镇职工基本医疗保险门诊慢性病管理暂行办法》(永医保〔2020〕6号),规定了29种符合门诊慢性病申报待遇的病种,并调整了部分门诊慢性病限额标准。

规定的29种慢性病分别为：恶性肿瘤门诊放化疗、器官移植抗排异治疗、冠心病支架植入术后、陈旧性心梗搭桥术、精神分裂症、抑郁症、Ⅱ期高血压病、冠心病(非隐匿型)、糖尿病并发症、脑血管后遗症、陈旧性心梗、慢性阻塞性肺气肿、类风湿性关节炎、慢性活动性肝炎或肝硬化、支气管哮喘、结核病、股骨头无菌性坏死、强直性脊柱炎、帕金森综合征、慢性肾炎、肾病综合征、系统性红斑狼疮、癫痫病、原发性血小板减少性紫癜、进行性肌肉萎缩症、重症肌无力、干燥综合征、心脏瓣膜置换术、慢性肺源性心脏病。

永城市医疗保险中心在每年9月或10月统一开展门诊慢性病申报工作，进行定期、集中申报。符合病情条件的职工可按照通知要求，提供相关证明材料，申请享受门诊慢性病待遇。参保人员门诊慢性病就医执行现行河南省基本医疗保险药品目录、诊疗项目目录和医疗服务设施范围及支付标准的政策规定。符合以上规定的医疗费用由医保统筹基金按规定支付。

第四节　工伤保险

一、工伤认定

（一）职工有下列情形之一的，应当认定为工伤

在工作时间和工作场所内，因工作原因受到事故伤害的；工作时间前后在工作场所内，从事与工作有关的预备性或者收尾性工作受到事故伤害的；在工作时间和工作场所内，因履行工作职责受到暴力等意外伤害的；患职业病的；因工外出期间，由于工作原因受到伤害或者发生事故下落不明的；在上下班途中，受到非本人主要责任的交通事故或者城市轨道交通、客运轮渡、火车事故伤害的；法律、行政法规规定应当认定为工伤的其他情形。

（二）职工有下列情形之一的，视同工伤

在工作时间和工作岗位，突发疾病死亡或者在48小时之内经抢救无效死亡的；在抢险救灾等维护国家利益、公共利益活动中受到伤害的；职工原在军队服役，因战、因公负伤致残，已取得革命伤残军人证，到用人单位后旧伤复发的。

（三）职工符合上述的规定，但是有下列情形之一的，不得认定为工伤或者视同工伤

故意犯罪的；醉酒或者吸毒的；自残或者自杀的。

二、工伤鉴定

职工发生工伤，经治疗伤情相对稳定后存在残疾、影响劳动能力的，应当进行劳动能力鉴定。劳动能力鉴定是指劳动功能障碍程度和生活自理障碍程度的等级鉴定。

劳动功能障碍分为10个伤残等级，最重的为一级，最轻的为十级。

生活自理障碍分为3个等级：生活完全不能自理、生活大部分不能自理和生活部分不能自理。

劳动能力鉴定由用人单位、工伤职工或者其近亲属向设区的市级劳动能力鉴定委员会

提出申请,并提供工伤认定决定和职工工伤医疗的有关资料。

1995 年 4 月 20 日,陈四楼煤矿筹备处下发《关于成立陈四楼煤矿筹备处劳动鉴定委员会的通知》(陈矿筹字〔1995〕011 号)。

2013 年 7 月 31 日,陈四楼煤矿下发《关于成立陈四楼煤矿人身伤害程度劳动鉴定委员会的通知》(陈矿安字〔2013〕147 号)。

2016 年 9 月 15 日,陈四楼煤矿下发《关于印发职业病诊断、鉴定及报告的通知》(陈矿安字〔2016〕168 号)。

三、工伤保险待遇

(一) 医疗

职工因工作遭受事故伤害或者患职业病进行治疗,享受工伤医疗待遇。治疗工伤所需费用符合工伤保险诊疗项目目录、工伤保险药品目录、工伤保险住院服务标准的,从工伤保险基金支付。

(二) 辅助器具

经劳动能力鉴定委员会确认,工伤职工确需安装假肢、矫形器、假眼、假牙和配置轮椅等辅助器具,按照国家规定的标准执行。

(三) 停工留薪期

停工留薪期一般不超过 12 个月。伤情严重或者情况特殊,经设区的市级劳动能力鉴定委员会确认,可以适当延长,但延长不得超过 12 个月。工伤职工在停工留薪期满后仍需治疗的,继续享受工伤医疗待遇。

(四) 护理费

生活护理费按照生活完全不能自理、生活大部分不能自理或者生活部分不能自理 3 个不同等级支付,其标准分别为统筹地区上年度职工月平均工资的 50%、40%或者 30%。

(五) 一次性伤残补助金

按工伤职工因工作遭受事故伤害或者患职业病前 12 个月平均月缴费工资计发。一次性伤残补助金享受情况见表 11-4-1。

表 11-4-1 一次性伤残补助金享受情况

伤残等级	享受月份	
	《工伤保险条例》(国务院第 375 号令)	《工伤保险条例》(国务院第 586 号令)
	执行时间:2004 年 1 月 1 日—2010 年 12 月 31 日	执行时间:2011 年 1 月 1 日起
一	24	27
二	22	25
三	20	23
四	18	21

表 11-4-1(续)

伤残等级	享受月份	
	《工伤保险条例》(国务院第 375 号令)	《工伤保险条例》(国务院第 586 号令)
	执行时间:2004 年 1 月 1 日—2010 年 12 月 31 日	执行时间:2011 年 1 月 1 日起
五	16	18
六	14	16
七	12	13
八	10	11
九	8	9
十	6	7

（六）伤残津贴

伤残津贴按本人缴费工资的百分比按月支付。伤残津贴享受情况见表 11-4-2。

表 11-4-2　伤残津贴享受情况

伤残等级	享受比例	
	《工伤保险条例》(国务院第 375 号令)《工伤保险条例》(国务院第 586 号令)	备注
一	90%	
二	85%	
三	80%	
四	75%	
五	70%	难以安排工作的
六	60%	难以安排工作的

（七）工亡待遇

工亡待遇执行情况见表 11-4-3。

表 11-4-3　工亡待遇执行情况

工亡待遇	《工伤保险条例》(国务院第 375 号令)	《工伤保险条例》(国务院第 586 号令)
	执行时间:2004 年 1 月 1 日—2010 年 12 月 31 日	执行时间:2011 年 1 月 1 日起
丧葬补助金	6 个月的统筹地区上年度职工月平均工资	6 个月的统筹地区上年度职工月平均工资
一次性工亡补助金	48 个月～60 个月的统筹地区上年度职工月平均工资	上一年度全国城镇居民人均可支配收入的 20 倍
供养亲属抚恤金	按照职工本人工资的一定比例发给。配偶每月 40%,其他亲属每人每月 30%,孤寡老人或者孤儿每人每月在上述标准的基础上增加 10%。核定的各供养亲属的抚恤金之和不应高于因工死亡职工生前的工资	

四、因工死亡职工供养亲属范围

供养亲属是指该职工的配偶、子女、父母、祖父母、外祖父母、孙子女、外孙子女、兄弟姐妹。

依靠因工死亡职工生前提供主要生活来源,并有下列情形之一的,可按规定申请供养亲属抚恤金:

完全丧失劳动能力的;

工亡职工配偶男年满60周岁、女年满55周岁的;

工亡职工父母男年满60周岁、女年满55周岁的;

工亡职工子女未满18周岁的;

工亡职工父母均已死亡,其祖父、外祖父年满60周岁,祖母、外祖母年满55周岁的;

工亡职工子女已经死亡或完全丧失劳动能力,其孙子女、外孙子女未满18周岁的;

工亡职工父母均已死亡或完全丧失劳动能力,其兄弟姐妹未满18周岁的。

五、参保管理

对符合入职条件,签订劳动合同的新员工,根据参保要求及时参加工伤保险,工伤保险个人账户基本信息、缴费基数与养老保险个人账户基本信息、缴费基数同账管理。

劳动合同制、企业合同制员工工伤保险实行省级统筹管理,协议工工伤保险实行永城市属地统筹管理;2021年12月根据永煤公司人力资源服务中心统一管理要求,协议工工伤保险转为省级统筹管理。

六、缴费管理

工伤保险,单位按月缴费,职工个人不缴纳工伤保险费;单位缴纳工伤保险费数额按照本单位职工工资总额乘以缴费费率之积。2019年5月,单位缴纳工伤保险费数额根据豫社保〔2019〕12号文调整为本单位全部职工缴费工资基数之和乘以缴费费率之积;缴费基数总额随着参保人员的变化进行调整,增人增基数,减人减基数。

省级统筹缴费比例:2018年7月,工伤费率由2.28%调整为1.82%,2019年5月,工伤费率由1.82%再次调整为2.28%。

永城市属地统筹缴费比例:2016年7月,工伤费率由2%调整为1.9%。

七、支付管理

陈四楼煤矿承办省级统筹工伤外转治疗以及永城市属地统筹工伤医疗费垫付、报销;承办报批《工伤保险条例》规定统筹管理支付的一次性工伤待遇,承办《工伤保险条例》规定由企业支付的一次性工伤待遇。

八、残联工作

2019年9月,根据永煤公司印发《关于鼓励各单位符合条件人员办理残疾证的通知》,

制定了《陈四楼煤矿鼓励符合条件人员办理残疾证的方案》，指定专人负责做好政策宣传以及残疾证在社会上的优惠政策，逐一排查残障人员和符合办证人员，为残疾职工办理残疾证提供相应便利条件和支持。

2021 年 11 月，根据《关于 2021 年河南省按比例安排残疾人就业审核和残疾人就业保障金申报缴纳工作的公告》要求，陈四楼煤矿组织已办理残疾证人员，持相关证件到永城市残疾人就业办公室现场进行年度认定，共有 24 人通过认证。

第五节　企业年金

企业年金是一种补充性养老金制度，是指企业及其职工在依法参加基本养老保险的基础上，自愿建立的补充养老保险制度，是对国家基本养老保险的重要补充。

陈四楼煤矿依据《企业年金试行办法》(原劳动和社会保障部令第 20 号)、《企业年金基金管理试行办法》(原劳动和社会保障部令第 23 号)、《河南省人民政府关于印发河南省企业年金实施意见的通知》(豫政〔2008〕41 号)、《国家税务总局关于企业年金个人所得税征收管理有关问题的通知》(国税函〔2009〕694 号)等规定，坚持保障性和激励性相结合，效率优先，兼顾公平，兼顾国家、企业和职工利益的原则，按照《河南煤化公司企业年金管理办法》为符合条件人员办理了企业年金账户。

建立企业年金制度对单位的要求是：连续 3 年以上盈利且净资产收益率不低于 5%，依法参加企业职工基本养老保险并按时履行缴纳义务，工资按时足额发放，基础机构建立规范；对职工的要求是：签订正式劳动合同 1 年以上，并认真履行劳动合同约定，参与并按时缴纳基本养老保险。陈四楼煤矿在 2004 年 10 月至 2016 年 6 月期间，共为符合条件的 3 500 余名在职职工建立了企业年金账户，并为达到领取要求的离退休职工及时办理年金领取手续，使职工切实享受到政策福利待遇。

企业年金的支付申请，严格按照人社部《企业年金办法》规定，对满足退休、死亡、出国、完全丧失劳动能力等情况的职工，提供相应资料，为其办理支取企业年金个人账户的本金及利息收益，并按规定缴纳个人所得税(死亡一次性支取不用缴纳)。

第六节　住房公积金

一、机构与管理变迁

2001 年 7 月，根据公司业务需要，陈四楼选煤厂独立核算，陈四楼煤矿与陈四楼选煤厂住房公积金同时分开缴存。

2020 年 10 月，陈四楼选煤厂与陈四楼煤矿合并为陈四楼煤矿，2021 年 1 月，住房公积金合并管理。

2021 年 11 月，精创选煤厂由陈四楼煤矿托管，住房公积金同时合并管理。

二、缴存

缴存基数:按职工本人上一年度月平均工资计算,每年核定一次。

缴存额:包括职工本人和单位为职工缴存额,均属于职工个人所有。个人部分由单位每月从工资中代扣代缴。

2015 年 7 月前,按永煤集团相关政策执行。

2015 年 7 月后,根据国家政策规定,调整为单位和个人均为 12%。

2016 年 5 月 1 日起,四部委规定缴存住房公积金月工资基数,不得高于职工工作地所在设区城市统计部门公布的上一年度职工月平均工资的 3 倍。

2016—2021 年缴存基数上下限见表 11-4-4。2010—2021 年缴存人数和缴存额见表 11-4-5。

表 11-4-4　2016—2021 年缴存基数上下限

单位:元

缴费年份	2016 年	2017 年	2018 年	2019 年	2020 年	2021 年
基数上限	11 490	11 815	12 090	12 980	13 858.33	14 483.33
基数下限	1 450	1 450	1 575	3 000	2 745	1 700

表 11-4-5　2010—2021 年缴存人数和缴存额

缴存年份	平均人数	金额/万元
2010	1 629	970
2011	1 749	1 349
2012	1 925	1 707
2013	1 989	1 595
2014	2 072	2 782
2015	2 149	3 184
2016	2 141	4 041
2017	2 182	4 507
2018	2 265	5 068
2019	2 311	5 106
2020	2 496	5 526
2021	2 611	5 816

三、使用(提取)

2015 年 5 月,陈四楼煤矿为职工办理公积金支取按《永煤分中心住房公积金支取实施细则》执行。

2017 年 10 月,陈四楼煤矿为职工办理公积金支取按《永煤分中心住房公积金提取管理办法》执行。

2018 年 8 月，陈四楼煤矿为职工办理公积金支取按永城市住房公积金管理中心政策执行，永煤分中心原政策文件停止执行。

2019 年 10 月，根据永城市住房公积金管理中心《关于调整住房公积金提取有关政策的通知》，取消“维护、修缮自住住房”和“支付物业费”提取，取消“退休提取、公积金贷款提取相关证明材料复印件”。

2014—2021 年公积金提取金额见表 11-4-6。

表 11-4-6　2014—2021 年公积金提取金额一览表　单位：万元

年份	2014	2015	2016	2017	2018	2019	2020	2021
当年提取	1299	2884	1906	1806	1651	1686	1823	2001

第七节　离退休职工管理

陈四楼煤矿的离退休职工管理工作由劳资科与工会共同负责，主要职责是畅通信息沟通途径，保障全矿离退休职工养老金待遇、退休津补贴等各类费用的领取以及生活福利、老年活动的日常管理和服务工作、离退休职工去世后的善后处理工作。截至 2021 年，陈四楼煤矿和选煤厂共有离退休职工 512 人。

陈四楼煤矿为改善离退休职工生活条件，提高相关福利待遇，丰富文体娱乐生活，做了大量的工作。在退休养老金待遇发放方面，每年帮助离退休职工完成待遇资格认证，并及时为更换、丢失补办社保卡的离退休职工更新发放账户信息。在医疗方面，及时为退休职工住院报销做好登记服务工作。每半年为全矿离退休职工申请领取退休津补贴，并及时足额发放。建立退休职工微信交流群，随时接收离退休职工的诉求，真心实意为离退休职工解决困难、处理问题，切实承担起企业单位对离退休职工应尽的责任与义务。

第十二篇

后勤服务

第一章　生活设施

第一节　管理机构

一、机构

1995 年 3 月 2 日，陈四楼煤矿根据工作需要成立服务公司，主要负责“两堂一舍”、水暖管道维修、地面供电维护、锅炉房、水泵房、茶炉房、洗衣房、环境卫生的运行管理。

1995 年 3 月 20 日，服务公司印章启用。

2012 年 1 月 6 日，为进一步优化组织，建立简洁高效的管理体制撤销服务公司管理机构，将“两堂一舍”、环境卫生等业务合并入新成立的综合办公室进行管理。原服务公司分管的锅炉房、水暖管道维修、地面供电维护、水泵房等业务划归机修厂进行管理。

2013 年 2 月 3 日，根据工作需要成立服务公司管理机构，将机修厂和综合办现有“两堂一舍”业务合并，成立服务公司，服务公司形成两项主业务：生产后勤服务（原机修厂业务）和生活后勤服务（“两堂一舍”）。合并后机修厂由服务公司进行统一管理，两套班子成员合并，机修厂党支部并入服务公司党支部。

截至 2021 年，服务公司现有职工 248 人，其中经理 1 人、党支部书记 1 人、分管机修厂副经理 1 人、分管职工食堂副经理 1 人、分管技术和其余后勤服务主管技术员 1 人、核算员 1 人、材料员 1 人、党建员 1 人、培训管理员 1 人、机修厂核算员 1 人、机修厂验收员 1 人、职工食堂班 70 人、机加工班 18 人、设备检修班 18 人、五小修理班 17 人、地面运转班 26 人、职工澡堂班 59 人、锅炉班 11 人、职工公寓班 18 人。下属 8 个班组，分别负责机修厂的维修加工和矿区的供水、供暖、供电及“两堂一舍”后勤工作。

二、职能

负责“两堂一舍”、机修车间、五小修理、锅炉房、地面运转的安全生产、职业病危害防治、安全生产风险管控和事故隐患排查治理及全矿后勤保障服务、机修加工服务工作。

（1）贯彻“安全第一、预防为主、综合治理”的安全生产方针，执行安全生产法律、法规和有关国家标准、行业标准、矿有关制度规程，依法依规做好服务公司安全生产与职业病危害防治工作。

（2）按矿有关规定建立服务公司安全生产与职业病危害防治管理机构，建立、健全并落实本单位安全生产责任制。

（3）制定本单位安全生产规章制度和操作规程及职业病危害防治规章制度，做好监督落实。

(4) 制定并实施本单位安全生产与职业病危害防治教育和培训计划,督促本单位如实记录安全教育和培训情况。

(5) 开展本单位"双重预防体系"建设,管控本单位安全风险,及时排查生产安全事故隐患并及时整改隐患,杜绝安全事故、重大隐患和二次未整改隐患。

(6) 开展本单位安全生产标准化工作,达到矿规划目标。

(7) 开展本单位安全生产与职业病危害防治工作及地面保障服务。

(8) 定期召开本单位安全工作会议,总结部署本单位安全工作。

(9) 发生生产安全事故,立即组织抢救,按规定及时、如实汇报生产安全事故,配合生产安全事故调查。

(10) 对本单位各级人员、各班组安全生产职责履职情况进行客观公正的考核。

(11) 参加安全办公会议,及时贯彻落实矿安全工作部署,加强对安全生产与职业病危害防治工作的监督、指导。

(12) 开展安全文化建设。

(13) 履行法律法规规定的其他安全生产职责。

三、历任单位负责人任职情况

(一) 服务公司经理任职情况一览表(12-1-1)

表 12-1-1 陈四楼煤矿服务公司历任经理一览表

序号	姓名	性别	职务名称	任职时间
1	张亚祥	男	经理	1995.03—1995.08
2	张慧彦	男	经理	1995.08—1998.02
3	古保栓	男	经理	1998.02—1998.06
4	罗　元	男	经理	1998.06—1999.03
5	徐志刚	男	经理	1999.03—2004.06
6	霍传良	男	经理	2004.06—2004.12
7	马俊鹏	男	经理	2004.12—2008.08
8	陈大化	男	经理	2008.08—2009.08
9	胡传新	男	经理	2009.08—2010.01
10	田好庭	男	经理	2010.01—2011.07
11	安忠林	男	经理(兼)	2011.07—2011.10
12	陈　超	男	经理	2011.10—2012.01
13	董　林	男	经理(兼)	2012.01—2013.02
14	白运强	男	经理	2013.02—2019.09
15	张新建	男	经理	2019.09—

(二) 服务公司党支部书记任职情况一览表(12-1-2)

表 12-1-2 陈四楼煤矿服务公司历任党支部书记一览表

序号	姓名	性别	职务名称	任职时间
1	韦保民	男	党支部书记	1996.12—1998.02
2	朱　凯	男	党支部副书记(主持)	1998.02—1999.03
3	徐志刚	男	党支部书记	1999.03—2001.06
4	付允玲	男	党支部书记	2001.06—2002.08
5	徐志刚	男	党支部书记	2002.08—2004.06
6	韩学金	男	党支部书记	2004.06—2004.12
7	马俊鹏	男	党支部书记	2004.12—2005.03
8	胡传新	男	党支部书记	2005.03—2009.08
9	田好庭	男	党支部书记	2009.08—2010.01
10	胡传新	男	党支部书记	2010.01—2011.07
11	田好庭	男	党支部书记	2011.07—2013.02
12	徐志刚	男	党支部书记	2013.02—2014.05
13	白运强	男	党支部书记	2014.05—2015.09
14	张广恩	男	党支部副书记(主持)	2015.09—2016.10
15	张新建	男	党支部书记	2016.10—2019.10
16	赵广民	男	党支部书记	2019.10—

第二节 两堂一舍

一、职工食堂

(一) 食堂设施

1990 年 6 月,建成工业广场食堂,面积 1 400 平方米,由河南矿业建筑安装工程公司承建。

1997 年 4 月,矿区工厂食堂建成投用,投入资金 84 万元。同时工业广场食堂停用。

2000 年 3 月,售饭收费系统安装投用,采用哈尔滨新中新电子股份有限生产的第一代光电卡售饭收费系统。

2004 年 12 月,矿区多功能餐厅建成投用,由永城市永昌建筑公司承建,投入资金 620 万元。建成后采用自营模式管理,多功能餐厅建筑面积 1 600 平方米,服务窗口 8 个,可同时容纳就餐职工 1 100 人。多功能餐厅共分为 3 层,其中一楼为职工餐厅和自助餐厅,二楼为小餐厅、外宾招待雅间 3 间和中型礼堂,三楼为招待所共计房间 15 间。

2005 年 10 月,矿区工厂食堂进行停止使用并拆除。

2008年12月，售饭管理收费系统升级改造，采用哈尔滨新中新电子股份有限公司生产的射频卡售饭收费系统，投入资金54 000元。

2011年3月，食堂充值管理系统进行软件升级，升级后职工饭卡可在后台进行无卡统一充值服务。

2012年1月6日，为进一步优化组织，建立简洁高效的管理体制撤销服务公司管理机构，将"两堂一舍"业务合并入新成立的综合办公室管理机构进行管理。

2013年2月3日，根据工作需要成立服务公司管理机构，将"两堂一舍"业务合并入服务公司。合并后进行统一管理，为业务上的方便，职工食堂所有工作人员、设施一起划归服务公司管理。归属服务公司后在原来各项制度的基础上，进行补充修改完善。

2015年4月，集团公司机关食堂，由陈四楼煤矿、城郊煤矿、车集煤矿和新桥煤矿轮流自负盈亏，半年轮换为机关食堂提供后勤服务。

（二）食堂管理

1. 管理体制

1989年，矿区首个职工食堂建成使用，职工食堂卫生管理工作拉开序幕。初期食堂实行个人承包经营，把食堂推向市场，现金买卖。2004年年底，为加强对食堂的统一管理，食堂管理归属服务公司进行管理，食堂经营形式改为集体公有管理模式，随之制定完善了餐厅管理制度、采购管理制度、验收入库管理制度、食品加工管理制度、食品试尝与留样管理制度、炊事人员管理制度、卫生制度、保管员职责、食堂管理员责任制等。

职工食堂实行24小时供应，主食有馒头、米饭、大饼、包子、面条、水饺，花样品种还有油条、糖糕、煎包及糕点等。副食由原来的大锅菜改为分炒、小炒，各种卤菜、时令小菜、凉菜等。传统佳节，增加新花样，副食经营的花样多达百种。另外，还专门划分出一间自助餐厅用于外来人员接待和职工就餐。

职工食堂二楼设有外宾接待大小自助餐厅2间，接待包间3间，主要用于矿领导班子的日常用餐和外宾接待使用。三楼设有矿招待所房间15间，主要用于外宾来矿检查指导时休息使用。

2. 人员配备

截至2021年，职工食堂有管服人员70人。其中分管经理1人、管理员1人、仓库管理员1人、班长1人、副班长1人、带班组长3人、小食堂组长1人、卫生组长1人、炊事员19人、服务员33人、清洁工5人、糕点师2人、维修工1人。食堂人员实行三班工作制。有中小型厨具110台(套)，满足食品加工需求。职工食堂24小时全天工作，每日推出食品26种以上，就餐人次4 000人次/日。

3. 管理办法

职工食堂实行分管经理负责制，配备专职食品卫生管理人员，健全食品卫生安全管理制度及岗位责任制度。把食堂食品卫生安全作为日常重要工作内容，加强对食堂食品卫生、安全监管、积极配合、主动接受矿主管科室和卫生行政部门监督。健全食堂后厨管理制度，严禁非食堂工作人员随意进入食堂操作间及食品原料存放库房，防止投毒或意外事件发生，建立食物中毒或其他食源性疾患突发事件应急预案。健全食物中毒或其他食源性疾患报告制度和食品卫生事故责任追究制度，第一时间将发生的食物中毒或疑似食物中毒事故及时报告给主管科室和有关部门，采取切实有效应急救援措施，追究相关责任人责任。自推行食堂内部市场化管理以来，食堂食品安全、饭菜品种、服务态度等方面有很大改善，职工食堂未发生一例群发性食物中毒事件，职工满意度始终保持在较高水平，为陈四楼煤矿快速发展提供有力后勤保障。近20多年来，职工食堂不断改造创新，内部市场化管理日趋成熟，实现职工食堂达到了品种多样、质量合格、服务标准。

食堂管理严格执行食品卫生法，建立各项卫生管理制度。食堂备有纱门、纱窗、纱罩、防蝇灯等防蝇设施，炊事人员工作服定时统一更换清洗，定期检查炊管人员的健康状况，建立健康档案，发现传染病者及时调离炊事岗位，坚持持证上岗。食堂规定：服务第一，微利经营，售饭窗口必须挂出经营品种、价格和供职工反映问题的意见本。经营品种须经审定，不准任意经营，炊事员穿戴必须整齐卫生，挂证上岗。机械设备专人管理，丢失包赔，损坏自修，食堂内部做到五天一小查，十天一大查，严格考核，兑现奖罚。餐厅内必须保持干净卫生，桌椅无损坏、无丢失。个人卫生要做到勤洗手、勤理发、勤剪指甲、饭前便后要洗手，卫生实行定点、定人、定时间、定任务，严格要求，按时完成，炊事用具要做到一洗二涮三冲四消毒，保持清洁卫生；食品存放生、熟分开，成品与半成品分开，食品与药物、杂物分开，食品不能乱丢乱放，加工好后的食品一定要盛入干净的器具内，保管好，防止污染。不准随地吐痰，不准在工作间吸烟，不准用饭菜盆洗衣服，垃圾要及时清理，倒在指定地点。

4. 采购与验收

采购管理制度：严格采购管理，招标确定供应单位，不得代购代管，不采购腐烂、劣质、变质、超保质期和不符合卫生要求及规定的食品。国家明确规定五类食品严格坚持QS标志，食品供应单位须有有效卫生许可证，采购物品向供货方索要产品合格证、检验报告及发票。采购定性包装食品，有说明书和标签，说明书和标签内容符合《食品卫生法》第二十一条规定，食品包装容器符合卫生要求，运输保持清洁，不得与有毒有害物品和非食品混运。

验收入库管理制度：库房管理员对采购食品及原料严格验收分类入库，妥善存放，严禁不合格产品进入库房，要填写详细的入库清单，与采购人员办理交接手续。验收食品做到数量、质量及特殊食品处理有记录，对腐烂、变质、发霉、生虫、有毒、有害、掺杂、掺假等有质量问题的食品不予验收，送货签章妥善保存以备查找，现场验收由两人以上人员参加，有现场验收记录和双方签字，验收人员根据物品的质量要求，采取计量、抽查和其他检验手段，不合格物品立即退回。要求供货商销毁有毒、有害、过期、变质物品并进行登记，对供货商提出警告，存在严重质量问题的就地封存，立即报告主管科室和驻地主管部门，按照“先进先出”原则管理出库，随时检查库存食品变质情况，凡有腐烂、变质或超过保质期食品及时销毁，当班没有用完，不宜延时存放的食品要及时办理退库，退库食品按照要求妥善保管尽快处理。

5. 食品加工与留样

食品加工管理制度：严格按照加工程序分工操作、分类放置，不得加工腐烂、变质和感官性状异常食品及原料，尽量考虑营养配餐。食品加工坚持一择、二洗、三切的操作程序，严禁未洁净原辅料直接进入烹调使用。当班所用原辅料当班加工，准确掌握用量，尽量用完，未用完或易变质原辅料粗加工后必须及时冷藏、妥善保管。烹调加工食物刀、墩、案、容器应生、熟、荤、素分开使用，标识明显，用后洗净，定位存放，保持清洁。加工制作食品烧熟煮透，达到相应温度要求，烹饪后至配餐前食品存放不得超过2小时。操作间配备防蝇、防尘、防鼠等设施。果酱、肉馅易污染辅料应与其他原料分开存放，防止交叉污染。严禁一切人员在制作间吸烟、随地吐痰、乱扔废弃物。

食品试尝与留样管理制度：每种食品加工好后，有专人试尝，做好记录，未发现有任何异常，才能在窗口售卖。并将留样食品放入冷藏柜进行保存。

二、澡堂

（一）澡堂设施

1989年6月，职工澡堂建成投用，建筑面积5 993平方米，可服务洗浴人数1 500人次，设计吊篮1 200套。

1998年3月，更新吊篮1 200套，投入资金55万元。

2003年9月，一楼干部澡堂不能满足需要，对二楼干部澡堂进行扩建。

2004年9月，对一楼供应科库房进行改造，改造为职工澡堂使用，并新安装吊篮1 000套，投入资金110万元。

2006年8月，职工澡堂进行改建，一楼吊篮整体搬迁至二楼、三楼澡堂使用，可服务洗浴人数2 000人次，投入资金305万元，共设计吊篮2 200套。

2006年10月，职工女澡堂进行改造投用。澡堂面积280平方米，洗浴区面积120平方米，配备更衣柜87个，晾衣架1个。

2009年10月，新增加吊篮1 300套。

2008年3月，一楼矿领导澡堂进行改造投用，配备桑拿房设施。

2012年5月，一楼中层干部澡堂进行改造投用，配备桑拿房设施。

2016年10月，职工澡堂安装电加热炉，循环水加热(60 ℃)用于吊篮烘干系统，投入资金15万元。

截至2021年矿职工澡堂共计3层，其中男职工澡堂面积4 600平方米，女职工澡堂面积280平方米。职工澡堂男澡堂洗浴区面积978平方米，淋浴喷头143个，浴池13个，计195立方米；女澡堂洗浴区面积120平方米，淋浴喷头50个。男澡堂更衣厅面积2 100平方米，设吊篮3 600个。女澡堂更衣室面积126平方米，更衣柜260个。澡堂均设有值班室，男女厕所。二楼、三楼澡堂更衣大厅安装有暖气片，男澡堂每层安装暖气片28个，女澡堂安装10个，澡堂洗浴间铺设防滑地砖，各行走路口铺设防滑垫。防烫伤防护设施和警示标识齐全。

（二）澡堂管理体制

1989年6月，职工澡堂建成投用。之后随着矿井的发展和人员的增多及澡堂的分区域管理，经过多次改造和变更，1995 年 3 月职工澡堂业务为了便于管理，划归服务公司管理。2012 年 1 月 6 日，为进一步优化组织，建立简洁高效的管理体制撤销服务公司管理机构，将“两堂一舍”业务合并入新成立的综合办公室管理机构进行管理。2013 年 2 月 3 日，根据工作需要成立服务公司管理机构，将“两堂一舍”业务合并入服务公司。合并后进行统一管理，为业务上的方便，职工澡堂所有工作人员、设施一起划归服务公司管理。归属服务公司后在原来各项制度的基础上，进行补充修改完善。系统的管理制度有《职工澡堂安全管理制度》《男浴室管理制度》《女浴室管理制度》《干部(外宾)浴室管理制度》《职工澡堂岗位责任制》《职工澡堂卫生管理制度》《职工澡堂卫生消毒制度》《职工浴池管理制度》《职工澡堂更衣柜、吊篮使用管理规定》《职工澡堂工作质量标准》《职工澡堂工考核奖罚制度》等。职工澡堂现有 7 处，分别是二楼职工澡堂、三楼职工澡堂、科室中层干部澡堂、辅助区队中层干部澡堂、采掘开区队中层干部澡堂、矿领导(外宾接待)澡堂。

截至 2021 年，职工澡堂有管服人员 53 人。其中班长 1 人、组长 1 人、澡堂管理员 46 人、维修工 7 人。服务人员实行三班工作制，每层楼均配备管理员专门负责打扫卫生，吊篮维修等服务工作。中夜班 2 楼 3 楼职工澡堂和 4 间干部澡堂均配备值班人员 1 人，配备吊篮维修工 1 人，专门负责安全巡查、卫生清扫、吊篮维修管理工作。

（三）管理办法

1. 男浴室管理制度

进入职工浴室，言行要文明礼貌，自觉遵守浴室的各项管理规定，服从浴室人员的管理。为保证安全，外来人员不准进入浴室，不准本单位人员介绍他人进入。爱护浴室公用设施，损坏按原物造价赔偿，浴室内不准吸烟、随地吐痰、黑手拍墙，不准拍打脏工作服，不准乱扔破烂工作衣、鞋、袜等物。更衣吊篮内只准存放衣物，禁止存放现金、贵重物品、生产工具、配件、材料、炸药、雷管、易燃物等，现金及贵重物品丢失不赔，发现存放生产用料、用具和易燃易爆物品，按矿治安保卫处罚办法进行处罚。就浴人员要文明就浴，严格执行规定，违者按有关文件处罚。所用吊篮出现故障，应及时与维护人员联系，进行及时修理，使用人员不准随便拆卸，损失严重者照价赔偿。男浴池管理规定先淋后浴，不准“黑身”入池，不准在浴池内用肥皂或其他洗涤剂，不准在池内吐痰、拧鼻涕，乱扔杂物，卫生间内大便和小便必须入池；不准患皮肤传染病人入池就浴，不准损坏公物，损坏者按价赔偿。

2. 女浴室管理制度

不准在浴室内大小便、洗刷衣物等，不准闲杂人员在室内打牌、休息、玩耍，不准在浴室内或值班室吃饭、洗刷碗筷，不准在浴室内外存放与工作无关的物件，为保证安全，不准带领的小孩就浴，不准在浴室内晾晒衣物、鞋袜，并注意个人卫生，不准损坏公共设施，损坏者照价赔偿。

3. 干部(外宾)浴室管理制度

矿外宾澡堂仅供上级领导、外宾、矿领导入井更衣洗澡。上级领导、外宾入澡堂，事先由行政办通知方可安排。上级检查人员需入澡堂的，由值班副矿长或分管副矿长通知后方可安排。矿陪检人员、矿其他服务人员一律禁止在外宾澡堂洗澡。

入澡堂人员,由服务人员根据业务性质安排更衣房间和床位。服务人员应及时登记好外宾服务台账,注明单位、时间、洗澡人员数、安排人。闲杂人员一律禁止进外宾澡堂。接待服务:服务人员应及时接待、态度热情、细致周到、言行规范,有问必答、有求必应。首次到访或重要客人,服务人员应进行手指口述,并进行提醒或问询式服务。每日接班应及时了解来访客人信息,提前准备好洗浴和接待用品。澡堂各类设施经常检查,确保完好。各类用具、物品应建好台账。澡堂卫生:泡澡池每12个小时换水1次,池内外壁每次换水时必须进行刷洗,不准直接加水。室内每天通风换气,浴室顶棚、墙壁水珠每天擦拭1次,防止结垢、霉变。淋浴喷头、地沟、卫生间及时清理,无堵塞、无异味。所有地面、墙面、设施表面要光洁见本色,不留卫生死角。下井衣物每次升井后,及时清洗;床上用品随时保持干净平整;胶靴内外保持清洁、干爽。

4. 职工澡堂安全管理制度

淋浴水温需控制在38～41 ℃之间,澡池、淋浴池须安装温度计测试。所有管道、阀门必须保持完好,无渗漏。禁止职工翻越管道,或在管道上烘干衣物。更衣大厅地板须随时拖干,过道处须加设防滑垫,防止职工滑倒。洗浴间地面管道、工具随用随清,防止拌人。灭火器材、消防栓落实责任人,班班交接验收。消防管道随时保证有水。沙箱必须清理好卫生,不得有杂物,沙包摆放整齐。淋浴间照明灯防护等级不低于IP65,电源必须使用独股铜芯线,外设穿线管。每月由专业电工测试是否漏电。照明用断路器必须带漏电保护功能。所有排气扇必须完好,夏季洗浴高峰期全部打开,防止蒸汽淤积。吊篮及时维修,严禁发生吊篮意外坠落。登高作业梯梯脚必须有防滑装置,登高作业时,梯子支设牢稳,有人扶梯监护。澡堂内不得存放易燃垃圾,电气焊作业必须编制和审批施工措施,严禁无措施施工。应急灯保持完好,安全出口指示灯光保持长明。

5. 浴室管理员岗位责任制

在服务公司的领导下,积极开展工作,负责制定落实工作计划和各项规章制度,组织服务人员搞好服务工作。按照职工浴室达标标准做好浴室管理工作,防火、防盗,按时供水放水,热情服务。组织职工开好班前会、班务会,做好职工的思想工作。处理好日常工作,管好用好设施、设备,确保安全生产,搞好室内外卫生,完成领导交给的其他任务。

6. 吊篮完好标准管理规定

升降自如、吊篮绳缠绕整齐。吊篮盛物25千克以内,不偏重。吊篮绳无磨损,无断线,有防意外坠落保险带。限位装置起作用。升降过程无噪声,轴承及时润滑,轴套磨损不超2.5毫米;主轴磨损不超2毫米。按规定装保险管。控制线路布线整齐,接头牢固,绝缘可靠,卫生整洁。

7. 关于对职工澡堂使用更衣箱、吊篮的管理规定

凡在澡堂使用吊篮、更衣箱的职工,更衣后必须落锁,否则,一切丢失物品由本人负责。凡使用更衣吊篮的职工,更衣后,必须将吊篮提升到原位。吊篮内所放物品重量不得超过25千克。禁止将贵重物品和危险品放入吊篮更衣篮内。任何单位和个人不得私自更换、转借他人或强占吊篮和更衣箱。

8. 澡堂工工作质量标准

每班必须保持两池清水，水温控制在 38～41 ℃。池内放水后，及时用毛刷清理浴池壁、底，并用清水冲刷干净后，方可放水（池壁干净整洁见本色、无打滑无沾手）。水池水位距池顶面不大于 100 毫米，不小于 50 毫米。澡堂墙壁、地板随时保持干净、无杂物，见本色。厕所无异味，清洁见本色。淋浴头、管件无跑冒滴漏、无损坏。更衣大厅地板保持干爽，墙壁、地板保持清洁见本色、无杂物、无浮尘、无蛛网。对吊篮、更衣箱管理要到位，认真做好防盗工作。更衣大厅设施摆放整齐，做到设施上下无灰尘、杂物，卫生不留死角。

三、职工宿舍

（一）宿舍设施

1998 年 2 月 10 日，陈四楼煤矿向永城煤电公司提交建设公寓楼的申请文件，以解决矿单身职工 1 326 人的住宿问题。全矿单身职工中在公司居住区单身宿舍有 197 人，在矿临时宿舍有 270 人，有 859 人居住在矿周边农村。申请得到永城煤电公司批准后，公寓楼由选煤设计研究院设计，永城市永昌建筑公司承建。

2000 年 3 月，在矿区西侧建成职工公寓楼 2 座，分别为 1＃和 2＃公寓楼，建筑面积 8 208 平方米、累计投入 294 万元，层高 6 层，共计 228 个房间，可为员工提供 912 个床位。

2001 年 1 月，陈四楼煤矿 1＃、2＃公寓楼正式投入使用，每个房间均配备有床、桌椅、储物柜、风扇、盆架、洗脸盆。每位住宿职工的床上都配有棕垫、枕头、枕巾、床单、褥子、被子、被罩、毛巾被等日常生活用品。单身公寓还配备有热水供应站 2 处，洗衣房 1 间，35 千克洗衣机一台、35 千克烘干机一台等生活设施。

2001 年 7 月，为活跃单身职工文化生活，服务公司在单身宿舍 1＃公寓楼、2＃公寓楼各挤出 1 间房作为文化娱乐室，配备电视、扑克牌、象棋、羽毛球等，娱乐室均由专人管理，按时开放。

2004 年 5 月，陈四楼煤矿出台公寓楼住宿收费标准，住宿人员 15 元/(月・床)，缴费周期以年为单位。

2012 年 1 月 6 日，为进一步优化组织，建立简洁高效的管理体制撤销服务公司管理机构，将“两堂一舍”业务合并入新成立的综合办公室管理机构进行管理。

2013 年 2 月 3 日，根据工作需要成立服务公司管理机构，将“两堂一舍”业务合并入服务公司。合并后进行统一管理，为业务上的方便，职工公寓楼所有工作人员、设施一起划归服务公司管理。归属服务公司后在原来各项制度的基础上，进行补充修改完善。

2013 年 7 月 20 日，1＃公寓楼进行内部装修，实施了供暖系统改造、电路系统改造、内墙粉刷、门窗更换、地板铺装等工程，共计投入资金 65 万元。

（二）管理体制

2001 年 1 月，职工公寓建成投用，随着矿井的发展职工公寓的管理经过多次变更，职工公寓建成后归属服务公司进行管理。2012 年 1 月 6 日，为进一步优化组织，建立简洁高效的管理体制撤销服务公司管理机构，将“两堂一舍”业务合并入新成立的综合办公室管理机构进行管理。2013 年 2 月 3 日，根据工作需要成立服务公司管理机构，将“两堂一舍”业务合并入服务公司。合并后进行统一管理，为业务上的方便，职工公寓所有工作人员、设施一起划归服务公司管理。归属服务公司后在原来各项制度的基础上，进行补充修改完善。系统的管理制度有《职工公寓住宿管理规定》《职工公寓楼卫生标准》《职工公寓楼管理员岗位责任制》《职工公寓楼服务员岗位责任制》《职工公寓楼服务员工作质量标准》《职工公寓楼交接班制度》《职工公寓楼服务员考核奖罚制度》等。

2021 年，职工公寓有管服人员 18 人。其中管理员 1 人、楼层服务员 14 人、洗衣工 1 人、维修工 1 人。服务人员实行三班工作制，早班每层楼均配备服务员 1 人，专门负责打扫卫生，整理房间等服务工作。中夜班配备值班 1 人，专门负责安全巡查和协调单身职工住宿管理工作。洗衣工负责每 10 天对单身职工床上用品进行清洗更换工作。维修工负责每天对公寓楼水电和基础设施进行隐患消除工作。

（三）管理办法

1. 职工公寓住宿管理规定

需入住的员工须提供以下证明方可办理入住手续，新城没有住房的员工，由所在（科室）区队出具证明，劳资科审核盖章并提供职工编号、身份证号。尚未分配的单身新员工，由劳资科直接开具证明。其他需入住人员，由本人提出申请，（科室）区队盖章，分管矿领导签字。由本人持上述证明，送交服务公司分管经理签字后，带本人近期 1 寸免冠照片 3 张，到 2 号公寓楼 113 室办理入住证明。入住人员持入住证明到财务科缴纳住房押金 200 元，凭收据到 113 室办理房卡和入住手续。退房手续，本人将矿配备的个人物品交公寓楼服务员，服务员验收无误后，本人身份证到 2 号公寓楼 113 室办理退房证明，凭退房证明到财务科办理住房押金退还手续。1 个月内住宿低于 10 天的员工（除工伤、长假外），视为自动退房。服务公司责令其退房并安排其他员工入住。房间管理，住宿人员应保持室内卫生干净整洁、空气清爽。床上不得堆放杂物，随身替换的衣物叠放整齐放至壁柜。起床后及时将床单铺平展，被子叠放整齐。床下保持干净整洁，不得有杂物。床上用品应及时换洗。个人用品实行定置管理。毛巾整齐挂至门后，牙具放在窗台，餐具、水杯放在桌面靠近窗台处，向右 120°摆放整齐。书本整齐摆放至桌面上。文具及个人小件物品均放置在抽屉内。香皂、洗衣粉、鞋刷等日常用品，统一装盒，放至床下靠近床腿位置。脸盆放至床下。地面保持整洁，垃圾随手放入筐内，垃圾筐及时清理，不得散发异味。地面不得有烟头或其他杂物。室内不得乱扯线、墙上不准钉钉子。晾洗的衣物均挂到洗手间或一楼地面晾衣处。不准将工作衣、胶靴、矿帽、下井袜子等带入房间。室内不得存放贵重物品及现金，壁柜上锁。人员离开时，及时关闭门窗。如发生被盗，应保护好现场，及时通知服务员和保卫科。不得在墙上乱画，向窗外扔杂物。禁止在楼道、走廊等公共场所吸烟。烟灰烟头放入烟灰缸内，并及时清理、开窗通风。严禁躺在床上吸烟，禁止开空调期间吸烟。除休息、看书外，不得从事其他娱乐活动。要保持室内、楼道安静，物品轻拿轻放，不得播放歌曲、大声喧哗，不得影响他人休息。除矿配置的物品外，一律不得私带家具、炊具、电器到室内。不得私拆室内电气设施。人离开时，所有电器必须停电、门窗关闭。严格执行矿《治安保卫管理规定》，不得存放、观看不健康书籍，存放管制刀具。爱护室内外公共设施，如有损坏，照价赔偿，如未落实责任人的，室内人员平摊。夏季开窗时必须关窗纱，不得卸下或损坏。外访人员一律到公寓楼服务员处登记，由服务员传达找人，否则一律交保卫科处理。

2. 职工公寓楼卫生标准

室内保持干净整洁，空气清爽、物放有序，早班地板拖地 2 次，清扫 2 次。无员工休息时，室内及时开窗通风，无异味。天花板、墙壁无蛛网、灰尘，无乱画痕迹，地面无杂物(包括口香糖、痰迹)、无积水、清洁见本色。玻璃明亮，窗框、门、壁柜、桌子、窗、盆架、暖气片擦拭干净，无灰尘，门无脚踢痕迹。墙壁开关、空调、灯保持干净，无灰尘无手印。走廊每班随时清扫。卫生间每班打扫 2 次，保持地面、大小便池、洗手池瓷片保持本色无异味，地面无积水，管道、门窗、暖气片、隔断擦干净，无手印脚踢痕迹，无卫生死角、拖把洗刷干净，定置放置。下水道畅通，无淤塞。墙面牌版、设施保持干净，垃圾道保持畅通，垃圾盖不得敞开。室内物品摆放整齐，无乱放物品，床上用品整齐、干净。

3. 职工公寓楼管理员岗位责任制

负责落实本班组各项工作任务，是本班组工作质量、安全工作的第一责任人。按规定及时办理住宿手续，及时登记住宿人员台账，按时收缴房费，按规定开收据、登记台账、上交房费，按规定发放房间用品，收缴的押金、发放的物品及时登记。对违规人员按规定进行处理和报告，负责住宿日常管理。每天要进行不定时的公寓楼巡回检查，检查内容：卫生、住宿管理、管理秩序、安全、设施完好、劳动纪律、服务规范等，发现问题及时处理。开展班组建设，制定内部管理制度，开展班组人员日考核。制订本班组材料计划，领取、发放和管理日常材料、工具及用品。房间用具要及时登记台账，做到账实相符。办理房间住房卡、床卡，做到房卡、床卡、人员三对照。负责公寓楼设施的日常维护、小修，夏秋季灭蚊蝇工作。

第三节　其他福利设施

一、供暖

（一）锅炉房供暖设施

1995 年 8 月，新建 3 台 SHL10-12.7-WⅡ型双横汽包链条蒸汽锅炉开始投用于矿区供暖和职工澡堂洗浴加热，采用多管旋风除尘器进行除尘，除尘效率大于 95%，共计投入 381 万元。

2000 年 5 月，供暖管网由于设计不合理，进行优化改造。

2006 年 5 月，1＃、2＃、3＃双横汽包链条蒸汽锅炉进行整体改造大修，解决负荷偏低、故障率高、灰渣含碳量高和优化设计不合理部位，投入资金 43 万元。

2008 年 6 月，由商丘技术监督局检查提出对 1＃、2＃双横汽包链条蒸汽锅炉进行大修消除隐患，解决结垢、鼓包、渗漏、裂纹等安全问题，投入资金 45 万元。

2008 年 11 月，供暖管网进行优化改造，投入资金 115 万元。

2009 年 4 月，拆除 3＃SHL10-12.7-WⅡ型双横汽包链条蒸汽锅炉更换为 SHXF10-1.25 型流化床锅炉，改造后锅炉热效率从60%提高到83%，投入资金157万元。

2010年2月，对1#双横汽包链条蒸汽锅炉进行大修，处理水冷壁管、天棚管及炉拱管爆裂和炉排结焦烧坏。投入资金80万元。

2010年9月，供暖系统进行升级优化改造，对供暖管路重新进行了优化，解决供暖分配不均及供暖效果不好问题。投入资金20万元。

2011年12月，供暖锅炉进行升级改造，拆除1#、2#双横汽包链条蒸汽锅炉，原址新增2台SHXF10-1.25型流化床锅炉，改造后热效率由60%提高到83%，投入资金314万元。

2015年12月，根据环保要求，实施燃煤锅炉脱硫脱硝一体化改造，改造后烟尘、二氧化硫、氮氧化物达标排放，投入资金138万元。

2016年10月，锅炉房新增水源热泵机组2套4组，用于生产职工澡堂洗浴用水，替代原有职工澡堂洗浴用水使用蒸汽加热。水源热泵投用后，锅炉房锅炉在供暖期进行开启，非供暖期停用，投入资金320万元。

2017年11月，供暖锅炉进行升级改造，拆除原有燃煤蒸汽锅炉3台，原址新增2台全自动燃气蒸汽锅炉，当年12月份完成改造，12月1日开始矿区供暖，投入资金328万元。

（二）供暖管理

陈四楼煤矿采用气暖、水暖两种方式，供暖区域包括主井、副井、中央风井、区队办公楼、西办公楼、职工公寓、职工食堂、职工澡堂、调度楼、矿医院、料场、区队加工间、污水站、清水泵房、压风机房及选煤厂等地面区域，总供暖面积超40 000平方米。锅炉房蒸汽还用于职工澡堂洗澡水的加热。锅炉供暖设施经过多次改造变更，逐步实现能耗低、环保达标排放。1995年8月，供暖用燃煤蒸汽锅炉房建成，供暖管网开始投用，2000年、2008年、2010年供暖管网分别进行了升级改造。2006年、2009年，分别实施了锅炉房升级改造。2017年，新安装2台全自动燃气蒸汽锅炉，12月1日正式供暖。

（三）管理方法

1. 要害场所管理制度

除公司、矿检查人员外，其他人员来访必须经单位许可，并由单位安排专人陪同。非锅炉房工作人员，禁止擅自入内，锅炉房24小时保证有人值班，不得空岗。当班人员要坚守岗位，提高警惕，定期巡视，非当班工作人员禁止操作各种阀门、设备开关。禁止在锅炉房存放易燃易爆物品。润滑油脂、油壶、油桶定点存放。矿机电、安全专业检查人员、服务公司管理人员，在管理人员巡查记录上登记，其他人员必须在外来人员登记记录上登记。配电室、各配电柜平时上锁，非操作人员严禁开柜。消防器材班班检查，确保完好。

2. 定期检验制度

锅炉房压力表每半年必须检定1次，凡不合格的压力表立即进行更换。压力表存水弯每班冲洗1次，就地显示水位计每班至少冲洗2次，比对2次，水位报警器接班时试叫1次，差压变送器（水位指示）、电极水位计每月冲洗1次，安全阀每年进行校验整定1次，在启用前进行热态调整试验。每周进行1次手动排气试验，每月进行1次自动排气试验，电压、电流指示仪表，每年进行1次检定，并按规定粘贴计量标识，锅炉每年进行1次安全状况检验，并对查出的问题立即整改，锅炉年检报告、安全阀检验报告均由机电科负责存档备案，运行期间各种记录均由班长负责存档。

3. 锅炉巡回检查制度

当班人员每小时至少对锅炉及附属设备进行 1 次巡回检查，并将检查结果填入运行记录。检查系统是否运行正常、电机和轴承温升是否超限、传动组运转是否平稳、温升是否超限、冷却水管是否畅通、检查炉膛燃烧状况是否正常、各项运行参数是否正常，检查锅炉受压元件可见部位是否有异常，检查水仓水位、水泵轴承、电机温升、阀门开关位置及给水压力是否正常，检查汽水管道及阀门是否泄漏、是否畅通，冷却循环水是否畅通，检查锅炉各检查门是否关严、是否有漏风，检查排污阀门是否关严。巡回检查发现的问题及时处理，并将检查及处理结果记入运行记录，当班无法解决的，及时向班长和值班领导汇报。

陈四楼煤矿锅炉改造情况见表 12-1-3。

表 12-1-3　陈四楼煤矿锅炉改造一览表

序号	设备名称	建设时间	拆除台数	新建台数	除尘、烟气装置	建设投入/万元
1	链条锅炉	1992.8	0	3	1	381
2	流化床锅炉	2011.12	2	2	1	314
3	脱硫脱硝	2015.12	0	0	1	138
4	全自动燃气蒸汽锅炉	2017.11	3	2	1	328

二、供水

（一）供水设施

1995 年 11 月，建成矿区供水设施，年供水量 48 万立方米，输水泵 3 台、深水井 3 口、生活水泵房 1 间、蓄水池 2 个，可容纳 800 立方米生活消防用水。共计投入 442.1 万元。

1995 年 5 月，矿区北侧杨庄开始进行自备井开建，由永城市水利局凿井队承建，共建成 1＃、2＃、3＃自备井 3 口，同期建设泵房 3 间，变压器配电室 1 间。自备水源经过管道输送至矿区内的清水池供生活和消防使用。

2005 年 12 月，矿区选煤厂东刘大庄自备水井开建，由新乡豫中地质勘察处承建，建成自备井 1 口，同期建设泵房 1 间，敷设电缆 360 米，投入资金 40 万元。自备水源经过管道输送至矿区内的清水池供生活和消防使用。

2007 年 7 月，供水管网进行优化改造，优化部分管路走向，部分地埋管道改为地上架空管道。

2008 年 8 月，杨庄泵房实施管路改造项目，解决原有管道服役多年腐蚀严重、漏水严重的隐患。

2008 年 10 月，清水泵房实施自动化系统改造项目，改造后实现生活水泵、消防水泵的自动启停、压力跟踪、水位自动调节等功能。

2019 年 12 月，矿区西侧开始进行自备井开建，由永城市水利局凿井队承建，共建成

1＃、2＃、3＃西自备井3口，同时建设泵房3间，变压器配电室1间，使用供电为陈集镇农业供电，投入资金442万元。自备水源经过管道输送至矿区内的清水池供生活和消防使用。

2020年1月，矿区北侧杨庄自备井停止使用，作为应急备用井进行备用。

2020年7月，矿区生活水及消防管道进行升级改造，将建厂初期地下的管网改造为地面架空管网。

2020年8月，生活水泵房和外水井泵房进行升级改造，改造为远程启动、水位自动检测、变频启动运行、可视化监控。

2021年12月，安装除铁除锰净化装置，投入资金19.8万元，用于生活用水的净化处理使用。

（二）供水管理

矿区生活消防水供应管理归属服务公司地面运转班组，该岗位主要工作为接收外水井来水、水质净化处理、水量按需供应、设备维护保养、文明卫生等。该岗位24小时连续运行，保障全矿生活和消防用水，岗位操作人员每小时进行巡检、抄表、水质取样查看水处理净化情况。为了使全矿生活用水持续稳定向好，特制定交接班制度、点巡检制度、设备维护保养制度和清水泵房水处理过程的管控措施，管控源头和过程，确保有问题能及时发现，发现了能及时处理和最大限度地消除影响。

（三）管理方法

清水泵房水处理过程管控措施：岗位人员认真履行点巡检制度，每2小时进行1次有效全面的点巡检，并将点巡检结果如实填入点巡检记录本，发现异常及时排查原因并上报班组长和值班领导。岗位人员认真履行交接班制度，交接班必须双方对现场进行卫生、消防、工具、设备运行情况、水质情况、隐患情况和需注意事项等进行确认，确认后双方签字完成交接班。除铁除锰水处理器每天早班10点前进行1次有效的反冲洗洗罐，洗罐过程要有专人进行巡检洗罐流程，并将洗罐过程录制视频发送至班组群内。除铁除锰进行反冲洗罐切换阀门时必须2人操作，1人进行操作，1人进行监护和检查确认。原水池的罗兹爆气风机持续爆气运行，无特殊情况不能停机，停机超过30分钟的必须向班组长和技术员汇报说明原因，早班清水泵房值班维修工，需每天对罗兹风机进行油位、电流、压力、震动和爆气效果进行检查，并将检查结果做好记录。每2小时对原水池和净水池进水口进行取样，取出水样留存至专用留存水样篮中，取样时间定为0:00、2:00、4:00、6:00、8:00、10:00、12:00、14:00、16:00、18:00、20:00、22:00，取样过程中观察水质变化情况，如发现水质异常及时通知班组长、技术员和值班领导，接到异常通知后相关人员及时去现场协助分析解决水质问题。如水质无异常要求岗位交接班时的水样照片发至班组群内以便查看。水样留存篮中水样按照24小时留存，水样每天中午12:00进行清空作为24小时的分界时间点。每天留置的水样在每天上午班组长和技术员要进行现场查看和分析对比。在取样观察中，如发现原水池进水水样异常，及时汇报班组长、技术员、值班领导，由技术人员进行问题的分析和处理，如发现净水池进水口水样异常，需立即将除铁除锰装置切换至反冲洗洗罐状态，进行反冲洗洗罐操作，并汇报班组长、技术员、值班领导，相关人员现场分析直至问题解决。岗位工作人员严格执行相关规定。

陈四楼煤矿自备水井见表 12-1-4。

表 12-1-4 陈四楼煤矿自备水井一览表

序号	自备水井	建设时间	建设地点	建井数	井深/米	取水深度/米	水量/(t/h)	建设投入/万元
1	杨庄泵房	1995.5	矿区北 1 公里	3	280	80	80	—
2	东外水井	2005.12	刘大庄	1	276	90	80	40
3	西外水井	2019.12	矿区西 2 公里	3	270	110	60	442

三、职工洗衣房

（一）洗衣房设施

1989 年 6 月，洗衣房随着调度楼同步建设。1994 年 6 月，职工洗衣房投入使用，洗衣房设置 XGP-35W 型滚筒洗衣机 1 台、TG-35 型甩干机 1 台、设烘干室 1 间，洗衣存放架 1 000 余个，每天可为职工提供洗衣烘干 800 余套。每天 3 班作业，全天为职工提供无偿洗衣、缝补服务。先后补充完善了各种管理制度，如《洗衣工工作质量标准》《洗衣工工作考核标准》《洗衣工岗位责任制》《洗衣房管理制度》《洗衣房交接班制度》等。

2000 年 5 月，新增 XGP-100 千克滚筒洗衣机 1 台、TG-75 千克甩干机 1 台。

2011 年 9 月，新洗衣房建成投用，老洗衣房停用，新洗衣房设置 XGQ-100 千克洗衣机 3 台、GDZ-100 千克烘干机 2 台。洗衣存放柜 3 300 个。日可为职工提供洗衣烘干 2 000 余套。

2021 年 6 月，洗衣房进行技术创新改造，安装取衣叫号机设备，实现取衣时输入衣服编号，大屏显示、语音播报功能。

（二）管理模式

1994 年，洗衣房推行挂牌管理，井下、地面职工的工作衣洗涤烘干全部由洗衣房承包。职工升井后，将工作衣交洗衣房洗烘，第二天上班时取回，穿上干净的工作衣工作。

为使洗衣房管理再上新台阶，按照标准化要求，矿对洗衣房的规范化管理作出了具体规定：洗衣房职工实行挂证上岗，设职工意见箱，职工可随时对洗衣工按证投诉，对表现较差的职工，给予批评教育和经济处罚。收洗工作服时，只限洗劳动布工作服、凭牌送洗和领取。洗衣工不准洗“人情衣”，洗衣工服务要热情礼貌，按制度办事，不准刁难职工。对一线职工实行收脏衣服时，衣服扣眼绑洗衣牌，职工领走一个和衣服上绑的一样号码的洗衣牌，取衣时洗衣工将按照领衣牌号码领取对应号码的工作衣。送洗工作衣的人员要遵守洗衣房各项制度，言行文明，对无理取闹、污言秽语、打骂刁难洗衣房工作人员者，除扣发工作衣外，交保卫部门处理。洗衣房非工作人员禁止入内。领取工作衣时，发现错牌、错衣或者丢失，对当班班长和责任人进行处罚。

2013 年 6 月，洗衣房取消洗衣牌洗衣、取衣的管理模式，所有工作衣均由洗衣房工作人员在每件衣服上缝上一个四位数编号，每个编号对应一个衣服存放柜的编号，新员工入矿领取工作衣后直接到洗衣房由工作人员在衣服上缝制一组编号。洗衣房工作人员将衣服洗好、烘好后,衣服叠整齐按照衣服编号放置到对应的衣服存放柜中,职工领取衣服时只需给洗衣房工作人员报出衣服编号,即可由工作人员前往衣服存放柜拿出对应工作衣交于职工。2021 年 6 月,洗衣房安装了取衣叫号机、显示大屏和语音播报功能。职工在洗衣房前台数字键盘上输入取衣编号,即可将编号显示在衣服存放柜大厅的显示大屏上并同时进行语音播报,大大提高了工作效率。

(三) 管理办法

1. 洗衣工工作质量标准

上班必须统一服装,挂牌上岗。坚持对手交接班制度,交接班时必须把衣物查点清楚,当班问题当班处理,拒绝推诿拖延现象的发生。当班收洗的衣物必须洗净烘干上架,查点清楚,无丢失现象。服务意识强,工作态度端正,职工衣物随送随洗、随领随发。不找借口拖延或收洗、发放衣物收取职工钱、物、食品等有价证券。因职工不慎弃忘在口袋里的所有钱、卡、票、牌、物等,一律归还失主。要爱护机械设备和配备的各种设施,按章操作。洗衣机房严禁非工作人员入内。室内外卫生和设备卫生要保持清洁。坚守岗位,24 小时有人值班,不得空岗、脱岗、串岗、睡岗。服从分配,无条件接受临时性工作任务。

2. 洗衣工工作考核标准

上班必须统一服装,挂牌上岗。坚持对手交接班制度,交接班必须把衣物查点清楚,当班问题当班处理。对有问题不及时处理互相推妥,影响职工正常上、下班并被举报、投诉的,1 次罚班组 50 分。当班收洗的衣物必须洗净、烘干上架、查点清楚。衣物未洗净、烘干造成职工影响正常领取的,1 次(件)罚 50 元。服务意识强,工作态度端正,职工衣物随送随洗,随领随发。对故意找借口,不收、洗、发放衣物或收取职工钱、物的,除退还外临时工一律严肃处理。因职工不慎弃忘在口袋里的所有钱、卡、票、牌、物等,一律归还失主。要爱护机械设备和配备的各种设施,按章操作。对不按章操作,造成设备损坏的,按损坏程度定罚。室内外卫生和设备卫生及其他按《服务公司各项工作考核标准》及考核制度执行。

3. 洗衣工岗位责任制

负责收衣、洗衣、保管和发放衣物,是本岗位安全操作和设备安全和消防的第一责任人。上班时间必须认真负责,清点好衣物,衣物必须对号上架,以便查找,不出差错。保证职工随到、随洗、随发。当班收洗衣物必须当班洗净,烘干上架,查点清楚,当班出现差错当班处理,丢失衣物当班工作人员照价赔偿。交接班必须把衣物查点清楚,对洗衣设备接班后先试运转,发现问题及时汇报,并找电钳工处理,爱护机械设备,保证正常运转。洗衣机房内严禁非工作人员入内,对室内外的环境卫生,保持干净,每班必须打扫干净。爱护消防设施,确保正常使用,室内严禁明火、吸烟,不得存放易燃易爆物品。

四、茶炉房

(一) 茶炉房设施

1997 年 4 月,职工茶炉房建成投用,日供饮用水 4 吨,供水品种为开水。

2009 年 7 月，茶炉房升级改造，建成 1 套反渗透膜处理净水设备，投入资金 12 万元。改善饮用水质，经处理后，水质达到国家瓶装饮用水质量指标。日供饮用水 6 吨，供水品种为开水、冷水、茶叶水。

2019 年 5 月，建成 1 套反渗透膜处理净水设备，投入资金 12 万元，2 套系统达到 1 开 1 备，交替检修使用。

（二）茶炉房管理

茶炉房管理归属职工澡堂班组进行管理，24 小时连续运转，专人负责茶炉房的巡检和维护工作，保障职工饮水需求。现茶炉房设备为了更快捷可靠地进行检修保养工作，将茶炉房检修保养进行了外委委托，外委委托单位专业人员定期对设备进行清理、保养、检修，确保设备始终处于完好状态。

（三）管理办法

1. 茶炉工岗位责任制

负责茶炉房各设备的日常操作、维护和纯净水、热水的生产和供应，是本岗位安全生产和设备完好的直接责任人。掌握纯净水生产的工艺流程、各设备结构性能和原理、卫生规范、水质要求，熟练掌握本工种的安全操作技能。负责茶炉房内所有设备、设施的安全稳定运行，负责及时供应纯净水、开水，确保水质达标。

负责责任区范围内的文明卫生，负责本岗位及责任区范围各项安全和质量标准化工作。负责纯净水设备和加热系统的日常操作，严格遵守规章制度和操作规程，杜绝"三违"，确保设备安全稳定运行。负责设备设施的日常维护、保养，做好电气设备的防潮和绝缘，负责责任区质量标准化工作，保持设备及环境卫生，物料码放有序、标识完整规范，杜绝跑冒滴漏，按规定周期清洗各罐、容器和流量计、再生树脂、更换滤芯，及时检查水源水质，做好工艺检查和设备巡检、规范填写记录，确保水质达标并不受污染，做好岗位危险源辨识和安全确认，严格遵守卫生规范。

2. 纯净水房卫生管理制度

纯净水房禁止非工作人员入内，并保持设备及环境卫生。经常清理流量计、原水桶内壁，每月定期对纯净水房、原水桶、罐体进行清理消毒。蒸汽茶桶每月排污 1 次。检修作业时，做好卫生防护，防止污染水源。操作工要保持个人卫生，不留长发、长指甲、长胡子，做到"四勤"（即：勤洗手、剪指甲；勤洗澡、理发；勤洗衣服；勤换工作服）。工作服、工作帽、口罩整齐干净，穿戴规范，头发必须全部戴于帽内。上岗不准吸烟、赤脚、不准穿拖鞋、背心。茶炉工操作人员需经体检合格取得卫生健康资格证，方可持证上岗。凡患有痢疾、伤寒、病毒性肝炎等消化道传染病（包括病原携带者），活动性肺结核，化脓性或者渗出性皮肤病，严禁上岗作业。个人衣物及私人物品不得带入工作场所。

第二章　机　修　厂

第一节　机 修 车 间

1998 年 2 月,陈四楼煤矿机修厂成立,归属服务公司管理,主要负责保障矿井生产所需的机加工、设备维修和修旧利废等工作。

2012 年 1 月 6 日,为进一步优化组织,建立简洁高效的管理体制,撤销服务公司管理机构,将原服务公司分管的锅炉房、管道维修、地面供电维修、泵房管理,业务划归机修厂管理。

2013 年 2 月 3 日,撤销机修厂,恢复服务公司管理机构,将机修厂合并入服务公司。服务公司形成两项主业务:生产后勤服务(原机修厂业务)和生活后勤服务(“两堂一舍”)。合并后进行统一管理,班子成员合并、党支部合并为服务公司党支部。

一、基础设施

机修厂成立之初,只拥有 1 个独立的综合车间,车间占地 6 000 平方米,拥有固定设备 100 余台。后期经过扩建又增加了 1 000 多平方米的大棚车间。

机修车间包括 6 个生产班组,分别为机修装配班组、电器维修班、铆焊加工班、锻造加工班、机床加工班、行车起重吊装班。

二、修理项目

(一) 机修班组

负责全矿机械设备修理,自用设备的保养,指定设备(起重机、下料设备等)的日常检查维修,设备安装与拆除工作,维修设备主要有以下几种(表 12-2-1)。

表 12-2-1　机械设备名称及规格型号

序号	设备名称	规格型号
1	减速机	40T、40 改、75、160
2	水泵	450×2、450×7、450×4、580×6、580×9
3	回柱和双速绞车	11.4、25、28、14、
4	液压泵站	5.5、11.2、YBZ46/12、BPW37
5	隔膜泵	450、100

表 12-2-1(续)

序号	设备名称	规格型号
6	渣浆泵	B100-60、YC80-40-DK
7	液下泵	80WGLY、M3RHF50
8	喷浆机	YBK2-132M、PS61-6、PQS51、ZBSB-32、2BB1-303-0
9	耙矸机	60、90
10	皮带滚筒	200/400/600/1 000
11	排沙泵	37 kW
12	气动注浆泵	2ZBQ-20/4、2ZB0115/3
13	中部槽	40T、40 改

（二）电修班组

负责电器设备修理，自用设备的保养，指定设备（起重机、下料设备等）的日常检查维修，设备安装与拆除工作以及领导安排的其他工作（表 12-2-2）。

表 12-2-2　电器设备名称及规格型号

设备名称	设备型号
矿用隔爆型真空馈电开关	KBZ69-400/1140(660)G
	KBZ-400/1140(660)
	KBZ-200/1140(660)
	KJZ-200/1140(660)
	KJZ-400/1140(660)
矿用隔爆兼本质安全型真空交流软起动器	QJR9-400/1140(660)、QJR-400/1140(660)
绞车控制器	
矿用隔爆兼本质安全型真空电磁起动器	QJZ-200/1140(660)Z
	QJZ2-200/1140(660)N
	QJZ2-120/1140(660)N
	QJZ2-80/1140(660)N
	QJZ2-120/1140(660)
	QJZ2-80/1140(660)
	QJZ2-60/1140(660)N
	QJZ2-30/1140(660)N
	QJZ2-400/1140(660)
	QJZ2-60/1140(660)
	QJZ2-30/1140(660)

表 12-2-2(续)

设备名称	设备型号
矿井下用隔爆型三相异步电动机	YBK3-132M-4/7.5kW
	YB3-225S-4/37kW
	YB3-160M-4/11kW
	4KTCR 160L-4/15kW B5(dAM160LX-4AX 15kW)
	YBK2-280M-4/90kW、YBBP315L2-6/132kW、YBK2-315S-4/110kW、4KTCR 315M-4/132kW、YBQYS2-55、YBRB-10/10kW、YBK3-160L-6/11kW、YBRB-20、YBK2-200L1-6/18.5kW、YBF560M1-8/355kW、YBX3-200L-4/30kW、YBK3-315M-4/132kW、YBS-160、YBK2-180L-6/15kW、YB2-3554-4/250kW
矿用本质安全型堆煤传感器	GUD-330
矿用本质安全型机车信号灯	DHY3.6L
矿用本质安全型跑偏传感器	GEJ-15
矿用本质安全型烟雾传感器	GQQ5
矿用本质安全型语音声光信号器	KXH-127
矿用本质安全型急停控制箱	KXJ0.5/127
矿用本质安全型绞车信号控制器	KXB-127
矿用隔爆兼本质安全型移动变电站用低压侧保护箱	BXJ1-2000/1140(660)Y
矿用隔爆兼本质安全型移动变电站用永磁机构高压真空开关	KJG1-200/6Y
矿用隔爆型移动变电站	KBSGZY-315/6
矿用隔爆型移动变电站用低压保护箱	BBD-500/1140(660)Y
矿用隔爆型移动变电站用低压保护箱	BXB9-820/1140(660)YD
煤矿风机用隔爆兼本质安全型双电源真空电磁起动器	QJZ9-2×120/1140(660)SF
煤矿风机用隔爆兼本质安全型双电源真空电磁起动器	QBZ-2×80/1140(660)SF(A)
矿用防爆抽出式对旋轴流局部通风机	FBCD No8.0/2×45
矿用防爆抽出式对旋轴流局部通风机	FBD No6.3/2×30kW
矿用防爆抽出式对旋轴流局部通风机	FBD No6.3/2×22
矿用防爆抽出式对旋轴流局部通风机	FBD No6.0/2×15kW
矿用防爆抽出式对旋轴流局部通风机	FBD No5.6/2×11kW

(三)机加工

(1)加工班组:负责材料的下料、焊接和锻造等各种非标件的加工,自用设备的保养工作。

(2) 机床班组:负责工件的车、铣、钻、刨等工序的加工,自用设备保养工作。

(3) 吊运服务组:负责为龙门吊作业场地及各班组提供装卸运送服务,自用设备的保养。

三、技术改造

机修车间在检修过程中通过各种技术改造和革新提高了生产效率。创新成果主要如下。

(一) 三用阀组装工具的设计与应用

成果简介:

三用阀作为单体液压支柱的主要部件之一,共有 25 个零件组装而成。为减轻了工人的劳动强度,提高组装效率和质量。五小班设计了组装注油阀体与安全阀的按压工具。该工具的使用与以往的传统组装方式相比,工效可提高 2 倍以上,每年可节约近 10 000 元,而组装质量的改善也为井下单体支护的安全支护带来良好安全效益。

(二) 镗大孔专用刀具的制作与应用

成果简介:

机床组给工件钻孔,所使用的最大钻头规格是直径 50 毫米。在尺寸装配精度要求不高时,机床组就采用割枪割孔。如果遇到孔径尺寸大于直径 50 毫米以上,而且要求装配精度高就无能为力。改进后解决了钻直径 50 毫米以上大孔径的制作方法,保证了工件的加工精度,并且不用外委加工,减少加工费用的支出,在加工质量上也能满足技术要求。

(三) PC-5T 喷射机下料斗的改造与应用

成果简介:

喷射机喷射出的粉尘,影响工作环境的空气质量和职工身体健康,并且清理喷射机表面黏附杂物,增加了工人师傅的劳动强度及对设备造成伤害。机修组对喷射机下料斗改进后:一是降低了工作区域的粉尘浓度,消除了对工人身体健康造成的危害;二是改善了工人的工作环境,从而使矿井环境更加绿色环保;三是减少设备的维护量,减轻工人的劳动强度;四是避免了粉尘对设备造成的侵蚀,延长设备的使用寿命。

(四) 区队加工间大型排烟系统的设计与应用

成果简介:

陈四楼煤矿区队加工间作业环境有大量排出电焊烟尘等有害气体,为区队加工间设计一套排烟除尘系统。区队加工间改进后:一是降低现场烟尘浓度,减少职工职业危害。从电焊烟尘、粉尘等有毒有害气体发生源处直接将烟气吸入排烟风道,避免了进入呼吸道,杜绝了有害气体的扩散,从根源上消除了职业危害因素。二是采用变频控制,能够根据现场实际需要自由调节风量,节省了电能;有效地调节了工作现场温度,避免了原来采用落地扇直吹的方式,尤其是在冬季时造成作业人员感冒、风湿、关节炎等严重疾病。

(五) 锅炉重锤锁风翻板阀的设计与应用

成果简介:

随着环保标准的提高,对烟气排放的要求愈加严格。根据环保部门要求,陈四楼煤矿锅炉房已在排烟烟囱中段安装锅炉烟气在线监测系统,实时烟气监测数据传送到环保局。为了降低锅炉烟气含氧量,在锅炉的放渣管处设计了重锤锁风翻板阀。改进后:一是减少了锅炉烟气含氧量,确保含氧量能够满足当前排放标准,避免了因为超标排放带来的环保罚款;二是重锤锁风翻板阀将外部风流阻隔开,确保了锅炉内风流温度恒定,使燃煤能够充分燃烧,减少了能源浪费。

(六)D450 多级泵填料密封装置的改造与应用

该成果在陈四楼煤矿机电队井下泵房推广应用,① 大大减轻了工人的劳动强度,提高了工作效率;② 1 台水泵更换盘根套需要 2 千克,1 千克 500 多元,修复 1 次需要花费 1 000 元。并且,下井使用 3～4 天就出现跑冒滴漏现象。这样,水泵 1 个月需要更换盘根 8～10 次;改为机械密封 1 套需要 6 000～7 000 元,更换 1 次可使用 6 个月以上,使用寿命提高 60 倍以上、生产成本投入降低为原来的 1/10。

(七)锚索梁调直装置的制作与应用

该成果在陈四楼煤矿服务公司五小车间推广应用。该班组每月修复锚索梁平均按 600 根计算,1 年合计修复 7 200 根。锚索梁规格为 12#槽钢 3 米长,1 米 12#槽钢重量为 12.059 千克,12.059×3=36.2 千克,每千克槽钢按 3.4 元计算,3.4×36.2=123.08 元,123.08×7 200=886 176 元。这样,1 年可为该矿节省 80 多万元的材料费(锚索梁一次修复节省费用)。下井使用后,可以再次升井修复利用。

(八)旧 4 寸无缝管替代 M 钢带在工作中的应用

通过利用旧 4 寸无缝钢管改造为 M 钢带应用到生产,所取得经济效益是:陈四楼煤矿购置的 M 钢带 6 400 元/吨,每月平均需用 M 钢带约 60 吨,1 年合计投入材料费是 12×60×6 400=4 608 000 元。这样,一年可为陈四楼煤矿节省约 461 万元的材料费。

(九)卧式带锯床下料支撑装置的设计与应用

设计制作的下料支撑装置所取得效益是:一是缩短切割加工速度,减轻工人师傅切割钢材的劳动强度,提升切割工作量;二是保证钢材的平稳运输,降低运输中的噪声,防止钢材在运输过程中不跑偏。

(十)选漏试验装置设计与应用

该装置在陈四楼煤矿机修厂已经投入使用,使用效果非常好,减少了电气设备事故,避免了设备的损坏,保障设备的正常投入使用,降低了成本,增加了效益,为陈四楼煤矿的安全生产作出了一定贡献。

(十一)水泥试压模具的改造与应用

通过对水泥试压模具的改造与应用,所取得的经济效益是:在原来水泥试压模具两侧板上铣 2 个滑槽,便于调节水泥模型的尺寸大小,可将尺寸误差控制在 1 毫米之内。用挡板在滑槽中隔开,使水泥模型倒出时挡板抽掉,这样能保持原有形状,降低了生产疵品的概率。

改造后的水泥试压模具，不仅减轻了工人的劳动强度，也节省了加工时间和原料浪费，提高了工作效率。

（十二）钢丝绳挤压机的设计与工作中的应用

通过钢丝绳挤压机的设计制作及在工作中的应用，所取得经济效益是：① 工作效益比手工制作提高了 3 倍多，手工握制 3 人 1 天完成 5～6 套，使用自制挤压机 2 人 1 天完成 15～20 套；② 减轻工人劳动强度，人工握制 1 天下来手都磨出泡来，使用挤压机握制只需轻轻搬动闸阀即可完成；③ 制作的绳套标准，用挤压机握制的绳套外形美观，尺寸标准规范。

（十三）W 型钢带整形机的设计与工作中的应用

成果简介：陈四楼煤矿有 20 余吨的废旧 W 型钢带，因无能力修复当废品处理。为了减少生产成本投入，提升旧材料利用所创造的最大价值和回报利润，五小班设计制作了 W 型钢带整形机，可降低生产成本的投入，减少资源浪费。下井使用后，可以再次升井修复利用，直到完全没有修复价值为止。

四、龙门吊

（一）管理机构

1995 年 3 月 25 日，为了给龙门吊作业场地提供装卸运送服务，决定安装龙门吊。

1996 年 2 月 10 日，龙门吊建成，负责为龙门吊作业场地提供装卸运送服务，归服务公司管理。

2012 年 1 月 6 日，为进一步优化组织，建立简洁高效的管理体制撤销服务公司管理机构，将龙门吊业务划归机修厂管理。

2013 年 2 月 3 日，撤销机修厂，成立服务公司管理机构，将龙门吊合并入服务公司。

（二）基础设施

龙门吊作业场地占地约 7 000 平方米，可以提供装卸运送服务，此外还有一定的仓储功能。

龙门吊作业场地划分为 4 个区：报废设备存放区、待修设备存放区、完好设备存放区、装卸运送服务区。4 个区域分别存放报废设备、待修设备、完好设备，以及提供装卸运送服务。

龙门吊作业场地有 1 台通用门式龙门吊，厂家：中原圣起有限公司，型号：MDG32/5T，跨度：30 米，主起升速度：6.3 米/分钟，副起升速度：9.5 米/分钟，主、副起升高度：12 米。

2013 年由于龙门吊经过长期使用，设备老旧，为保证安全生产，对龙门吊进行更换，龙门吊更换后运行良好。

（三）管理制度

1. 检查制度

日检：司机对龙门吊的各机构制动器、控制器、各机构限位器及各种安全开关动作是否灵敏可靠、运行轨道上是否有障碍物等进行检查。共同协助维修钳工完成对吊钩、钢丝绳的安全检查，并于下班前 15 分钟时间进行清扫设备，保持良好的卫生环境。特殊情况下，龙门吊司机、电工、钳工应每天联合对龙门吊各部位安全状况进行检查,并做好记录。

周检:由操纵该龙门吊的司机和维修人员(电、钳工)每周共同对龙门吊进行1次全面检查,包括对各机构传动零部件,保护柜的各带电元件,操作电器及其连接部分的紧固状况,逐个进行检查。检查完毕后清扫设备,保持良好卫生环境。

月检:龙门吊司机与维修人员(电、钳工)共同对龙门吊进行检查,包括各机械的传动机构、电气设备及电气装置进行检查,对各主要机、电零部件进行拆解详尽检查,对存在的破损件应及时更换,对于尚未达到报废标准还能工作的机、电部件应制订预修计划,为下一期检查保养工作做好准备。

半年检查:可与龙门吊的一级保养结合起来进行,司机与修理人员共同进行,在全面拆检整台龙门吊的同时,对龙门吊各部位进行维护和保养,完成预期安排的机、电修理工作,以确保龙门吊的机械、电气和金属结构处于完好状态。

年度检查:龙门吊司机、维修人员(电、钳工)与获得特种设备年检资质的部门技术人员共同进行,可与龙门吊的二级保养结合起来进行,除半年检查的全部内容外,还应检查金属构件有无裂纹、焊缝有无锈蚀,大、小车轮磨损状况,测量大车跨度及大车轨道跨度差,测量主梁的静挠度,进行静、动负荷试车,对龙门吊进行全面润滑。

2. 做好龙门吊的润滑工作

对龙门吊各部件的定期润滑,是龙门吊维护保养工作的重要组成部分,它对保证龙门吊经常处于良好的运行状态,延长龙门吊和零件的使用寿命,提高生产效率和确保安全生产具有重要的作用。

3. 龙门吊的维护修理制度

除对龙门吊定期检查和定期润滑保养外,还必须对龙门吊进行维护和修理。

一级保养维护内容:对整台龙门吊的机械传动部分,电气设备部分和金属结构等三大部分进行全面检查。对所有润滑点按各自的润滑周期进行清洗、换油润滑。对个别零部件的拆检,更换或修理。对某些电器元件的修理或更换。对于有破损趋势的机、电零部件,应作为可预见性修理内容做好技术准备工作,以便在下一周期修理时进行。

二级保养维护内容:包括一级保养维护的全部内容。对工作频繁、负荷较大的机、电部件进行拆检、清洗、修理或更换并润滑。按计划把前一期做好技术准备的机、电部件进行更换。对龙门吊电气线路进行全面检查、更换部分老化接线和破损电器元件。

大修理内容:机械部分的各机构全部分解,包括减速器、联轴器、卷筒组、车轮组及取物装置等部件,更换损坏件和已达到报废标准的零部件,清洗后重新装配并加油润滑。更换钢丝绳、各机构制动器及其打开装置。

各机构电动机应进行分解、烘干、组装并加油润滑。更换破损严重的电动机。更换各机构制动器的打开装置,更换各机构之破损的凸轮控制器,检修保护柜或更换保护柜,更换全部路线的接线,重新配线安装,更换照明信号系统的控制板等。

金属结构部分,对已出现下挠或旁弯的主梁进行矫正修理并加固,对整台龙门吊全部清洗干净并涂漆2遍加以保护。

经大修理后的龙门吊要进行调试，然后按静、动负荷试车程序进行鉴定，合格后方可投入生产使用。

第二节 五小管理

1998年10月，成立五小修理车间，主要负责矿用的旧配件、旧工件和小型电器回收、修理、试验等工作。

2002年3月，五小修理车间并入机修厂，设为机修厂五小修理班。五小车间成立之初只能承担简单的修复任务，经过20多年的发展，现在的五小车间已经拥有三用阀修理、电缆修补、H架修复和单体柱试压4个工作车间，矿里又给配备了自动除尘设备、锚杆修复机等设备，拓展了五小的业务范围，每年修旧利废给陈四楼煤矿节约了上千万元的成本。

一、五小车间的责任范围

(1) 负责矿用五小电器修理及修旧利废工作，负责现场安全生产、质量控制、职业病危害防治、环境保护、安全生产风险管控和事故隐患排查治理。

(2) 保证安全生产法律法规和制度规程的有效实施。

(3) 贯彻落实安全生产法律法规、制度和规程标准，搞好现场安全管理和质量控制，实现安全生产。

(4) 落实本班组安全生产责任制。

(5) 落实本班组各岗位安全生产责任制，严格执行安全生产管理制度、操作规程，做好安全生产标准化工作。

(6) 及时参加班前会和队务会，贯彻落实矿及本单位各项安全工作部署。

(7) 落实“双重预防体系”相关规定，管控风险、消除隐患。

(8) 开展本班组“双重预防体系”建设，管控本班组安全风险，及时排查生产安全事故隐患并及时整改隐患，杜绝安全事故、重大隐患和二次未整改隐患。

(9) 开展班组职工的安全思想教育工作，开展班组学习业务技能、安全知识，参加安全培训，做到全员持证上岗。

(10) 开展班组建设，提高班组安全管理自治水平。杜绝违章和安全事故，增强应急处置能力。

(11) 开展职业卫生和职业健康现场管理工作，增强员工职业卫生和职业健康意识，落实职业卫生防护和保证职业健康的各项措施。

(12) 做好产品质量控制，杜绝不合格品和产品质量事故。开展标准化工作，达到矿规划目标。

(13) 做好设备设施、消防设施的维护维修，做到安全可靠。

(14) 发生生产安全事故，立即组织抢救，按规定及时、如实汇报生产安全事故，配合生产安全事故调查。

(15) 履行法律法规规定的其他安全生产职责。

二、五小电器修理操作规程

(1) 必须经培训考试合格后,持证上岗。

(2) 应熟悉《煤矿安全操作规程》有关内容、《煤矿矿井机电设备完好标准》《煤矿机电设备检修质量标准》及电气设备防爆标准中的有关规定。

(3) 掌握各种小型电器结构性能、工作原理和修理工艺,能独立工作。

(4) 遵守本规程规定及相关规章制度,上班前不喝酒,班中不做与本职工作无关的事情。

(5) 防爆型小型电器检修后不得有失爆现象。

(6) 使用万用表、欧姆表等测试仪器时,必须遵守相应的操作方法和注意事项。

(7) 准备检修中需要的材料及零配件。

(8) 准备好各种工具和检测用的仪器仪表。

(9) 操作顺序:清理电器卫生→拆卸检查→修理→试验→涂漆→上架→填写记录。

(10) 清点和整理本班交回的小型电器,清扫煤尘和杂物。

(11) 详细检查小型电器的隔爆接合面的粗糙度和间隙及螺钉锈蚀情况,对不合格的小型电器,按《煤矿机电设备检修质量标准》的要求进行修理。

(12) 更换损坏的零部件,修复失爆或不符合要求的隔爆面,测试绝缘,对受潮的小型电器进行干燥处理,经修理后,电气性能符合安全要求。

(13) 电器的各种标示牌应齐全,清晰,固定牢靠。

(14) 检修后的小型电器必须进行电气检验和试验,工作应正常,电气绝缘应符合规定要求,隔爆面应达到防爆标准规定,电器应达到完好标准。

(15) 涂漆。电器腔体内涂耐弧漆,外表涂防锈漆,防爆标记应涂醒目的红漆。

(16) 将修理好的电器按类上架,摆放整齐。

(17) 当发现电气设备或电缆着火时,必须迅速切断电源,使用灭火器材或沙子灭火。

(18) 填写检修记录,登记上账。

(19) 检修后的小型电器经机电科防爆检查员验收合格后方可入库发放。

(20) 清理修理用工具与材料,放回到规定位置,打扫场地。

三、五小车间主要设备(表 12-2-3)

表 12-2-3　五小车间主要设备名称及规格型号

序号	设备名称	附机	规格型号
1	交流弧焊机	电机	BX1-315
2	交流弧焊机		BX1-400-2
3	01 终端 B 配电箱	电机	DPS
4	电动单梁起重机		LD、ZDY2-21-4、ZD32-4
5	06 终端 A 配电箱		DPS

表 12-2-3(续)

序号	设备名称	附机	规格型号
6	交流低压开关柜		GGD
7	电焊机(IGBT 控制直流弧焊机)		YD-400AT
8	IGBT 逆变焊机(直流电焊机)		ZX7-400
9		电机	ZX7-400
10	锚杆调直机		MTZ-1
11	缩径机		SJ-20
12	滚丝机		Z28-150B
13		乳化泵箱	100L1-4
14	照明综保		ZBZ-4.0/1140(660)M
15	矿用隔爆型兼本质安全型真空电磁起动器		QJZ2-200/1140(660)V
16	煤矿用乳化液泵	乳化液泵电机	XRB2B(A)
17		抛丸器型号 QZ02	XPXT
18	矿用隔爆型三相异步电动机		YBK2-250M-4/55kW
19	煤矿用乳化液泵		XRB2B(A)
20	矿用隔爆型三相异步电动机		YBK2-225S-1/37kW
21	煤矿设备除锈机		Q15T6
22	电动单梁起重机		LX
23	交流低压开关柜		GGD
24	全自动控温电缆热补机		XKRB
25	JH-01 型全自动控温电缆热补机		JH-600
26	全自动控稳电缆压号机		YHJ-8
27	YHJ 系列全自动控温电缆压码机		YHJ
28	全自动控温矿缆修复机		XKOW-11
29	火焰/等离子切割机		ZC4000

四、五小车间主要修理项目(表 12-2-4)

表 12-2-4 五小车间主要修理项目

序号	项目名称	物品型号
1	托辊修复	89×275×3、108×1150、108×375、108×375×3、89×950
2	H 架修复	1 000 mm、800 mm
3	上托架修复	1 000 mm
4	纵梁修复	1 000 mm、800 mm
5	信号线、监测线盘检	1.5～6 mm^2
6	高低压电缆对接热补	10～120 mm^2

表 12-2-4(续)

序号	项目名称	物品型号
7	低压电缆对接热补	1.5～6 mm^2
8	电缆压号	10～120 mm^2
9	千伏级电缆盘检	16～150 mm^2
10	低压电缆盘检	10～16 mm^2、25～150 mm^2
11	修补拉力电缆	16～200 m
12	修复扩音电话	天津华宁
13	修复链条	40 改-40T
14	修复连环	40 改-40T
15	LED 红灯	127V-12W
16	LED 巷道灯	127V-18W
17	修复防爆三通	BHZ40A-660V
18	修复四通	200A、100A
19	修复千伏级四通	200A-500A
20	加工大立柱护皮	
21	管子除锈刷漆	2 寸
22	管子除锈刷漆	3 寸
23	单体柱装车	DW 2.8～3.5 m
24	修复锚杆	ϕ18～22×(1.2～1.8 m)
25	加工修复槽钢梁	3～3.5 m
26	加工槽钢梁	18b
27	修复铁柱鞋	400 mm×400 mm
28	修复托盘	大、小 M、方托盘
29	修复花兰螺栓	
30	加工托盘	90 mm×90 mm、250 mm×250 mm、300 mm×300 mm

第三章　医　　疗

第一节　机　　构

一、机构

1989 年，河南省建井三处职工医院派出机构，设在陈四楼项目部两间平房内。

1995 年 2 月 1 日，成立陈四楼煤矿职工医院。

1999 年 11 月，永煤集团将陈四楼煤矿职工医院委托总医院管理，更名为永煤总医院一分院。

2011 年 1 月 1 日，永煤医院一分院更名为陈四楼职工医院。

二、矿职工医院历任院长任职情况一览表(12-3-1)

表 12-3-1　陈四楼煤矿职工医院历任院长一览表

序号	姓名	性别	职务名称	任职时间
1	张成文	男	院长	1995.04—2004.04
2	刘红营	男	院长	2004.04—2012.04
3	谭　斐	男	院长	2014.04—2017.04
4	朱勇杰	男	院长	2017.04—

第二节　医院建设及医疗设施

一、医院建设

1989 年，陈四楼煤矿职工医院属于建井三处职工医院外派机构，有 2 间砖瓦房，医护人员 3 名。

1995 年，陈四楼煤矿职工医院建成，位于矿区院内占地面积 530 平方米，使用面积 430 平方米。

随着煤炭生产的发展，职工人数的增加，在矿区自用铁路南侧建成 2 层小楼，病房 6 间，医院内修建了花园。

二、医疗设施

1995 年,建成简易手术室、化验室、X 光室、心电图机等。

1996 年,随着煤炭医疗卫生事业的发展和医院规模的扩大,陈四楼煤矿职工医院先后配备紫外线、红外线烤灯等设备,同时添置 10 张病床。

三、医护人员及医疗状况

1989 年,矿医院有医护人员 3 人,其中,医生 2 人、护士 1 人,进行一些常见病多发病诊疗及简单外伤的包扎和工伤急救转运。

1995 年,陈四楼煤矿职工医院建成后有医护人员 12 人,其中,医生 4 人,财务人员务 1 人,药房司药 1 人,化验员 1 人,护士 5 人。随着各项设施健全,人员业务素质增强,开展了一些一级医院的诊疗项目,如外科阑尾炎、疝气、四肢骨折内固定等手术。

1998 年,永煤总医院建成,陈四楼煤矿职工医院部分人员调入总院。

1999 年,永煤集团委托永煤总医院管理陈四楼煤矿职工医院,更名为永煤总医院一分院。2004 年,永煤总医院一分院收归永煤集团总医院,成为永煤总医院派出机构,主要提供医疗、卫生保健、防疫、健康教育、健康咨询、急救知识培训、职业病防治和现场医学急救等服务。

2011 年 1 月 1 日,在当地政府卫生系统备案登记,获得一级医院资质,永煤总医院一分院更名为陈四楼职工医院。

2013 年 10 月,陈四楼职工医院部分建筑交由陈四楼煤矿兼职救护队使用。

截至 2021 年,陈四楼职工医院有职工 6 人,其中,副主任医师 1 人,住院医师 1 人,助理医师 1 人,护师 1 人,收费员 1 人。

第三节　工伤救治

一、工伤救治

建立急诊急救三级服务网络,现场或矿井口为一级网络。遇危急、重大伤情,医护携带急救设备物品到现场进行包扎、固定、建立静脉通路,心肺复苏等急救措施。矿医院为二级网络,依现有设备、救治力量、判断伤情进行救治或快速稳妥转入三级网络永煤总医院,从工伤发生到进行专业救治,时刻有医护在场,做到无缝对接,最大程度减少了工亡率、工伤致残率。

二、工作流程

(一) 处方权限

(1) 处方必须由医师本人书写,严禁先签好空白处方由他人临时填写药名、数量等,任何人不得模仿医师在处方上签字，医师不得为自己及其亲属开方取药。

（2）药剂师有权监督医师合理用药，对不合格的处方、乱开方、滥用药者，药房有权拒绝发药，药剂师不得擅自修改处方内容。

（二）处方书写

（1）处方原则上用中文（必要时可用拉丁文），要求字迹清楚、项目书写完整，药名、剂型、剂量、单位、用法书写正确，不得涂改，如有修改时，医师应在处方修改处签字，处方年龄项应按实“岁”或“月”填写。

（2）药品名称、剂量、单位以《中华人民共和国药典》为准，如因医疗需要，剂量超过药典规定时，医师须在剂量旁重加签字，方可调配。

（3）药品用法应写明冲服、含化、口服或皮下、肌肉、静脉注射，以及每次剂量和每日用药次数，外用药品应写明用法及用药部位。

（4）每张处方仅限 1 人，严禁以甲病人名字给乙病人开方取药。

（5）西药处方每一药品须另起一行，麻醉药品、精神药品、医疗用毒性药品与普通药品，内服药与外用药不得同开一张处方。

（三）处方限量

普通药以 3 日为限，对某些慢性疾病或特殊情况，最多不超过 7 日量，如超过 7 日量须经领导批准。

（四）处方保管

（1）每日处方按普通药品、麻醉药品、精神药品、医疗用毒性药品分别装订，并加封面，集中妥善保存。

（2）普通药处方保存期 1 年，精神药品处方和医疗用毒性药品处方保存 2 年，到期领导批准后销毁。

三、医药安全管理制度

（一）查对制度

查对制度是保证医疗安全，防止事故差错一项重要制度。所有工作人员必须严格执行本岗位查对制度。

（1）医生在开处方，医嘱或进行诊疗时，必须仔细查对病员姓名、性别、年龄、床号、住院号（门诊号）。

（2）执行医嘱时，要进行“三查七对”：摆药后查；服药、注射、处置前查；服药、注射、处置后查。对床号、姓名、药名、剂量、浓度、时间、用法。观察病情变化和处置后反应。

（3）清点药品时和使用药品前，要检查质量、标签、失效期和批号，如不符合要求，不得使用。

（4）给药前，注意询问有无过敏史，反复核对，静脉给药要检查有无变质，瓶口有无松动、裂缝；给每种药时，要注意配伍禁忌。

(5) 输血前,须经两人查对,无误后方可输入;输血时须注意观察,保证安全。输血完毕,瓶内余血保留24小时后方可处理。

(6) 护士查对医嘱时不准聊天,不打电话,不准闲人进屋,整理医嘱时,必须认真核对,做到准确无误。

(7) 除紧急情况外不得使用口头医嘱,执行口头医嘱时,必须仔细核对,执行后必须及时补写医嘱。

(二) 药房管理制度

(1) 分院不是独立法人单位,无法独立采购药品,所需药品向总院申领,临期药品退还总院。

(2) 配方时,查对处方的内容,药品剂量、配注禁忌。

(3) 发药时,查对药名、规格、剂量、用法与处方内容是否相符;查对标签(药袋)与处方内容是否相符;查对药品有无变质、是否超过有效期;查对姓名、年龄;交代用法及注意事项。

① 凡各种注射应按处方和医嘱执行,护士应掌握常用注射药的药理作用,毒性反应和过敏反应的临床表现及处理原则。

② 对病人要热情、体贴,注射前应向病人做好解释,取得合作,并询问病人有无过敏史。如有过敏史,禁止使用该药。

③ 严格执行三查七对制度。

④ 密切观察注射后的情况,如发生过敏反应或其他意外应及时进行处理并通告医生。

⑤ 严格执行无菌技术操作规程。操作前后应洗手,操作时应戴帽子、口罩。器械要定期消毒更换,保持消毒液的有效浓度。注射应做到一人一针一管。

⑥ 准备抢救药品、器械,专人保管、定位放置、定期检查,及时补充更换。

⑦ 保持室内清洁整齐,定期细菌培养。

⑧ 严格执行消毒隔离制度,防止交叉感染。

(三) 医护人员操作制度

(1) 医院工作人员着装整齐,不得穿工作服进入食堂、会议室、行政办公室及其他公共场所。

(2) 严格执行消毒隔离制度及无菌技术操作规程。诊疗护理处置前后要洗手,执行注射一人一针一管一使用,换药一人一份一用一消毒,晨间护理湿式扫床一床一刷,床旁桌做到一桌一巾,体温计使用后用含有效氯500毫克/升的消毒液浸泡消毒30分钟以上。

(3) 常规器械消毒灭菌合格率100%,干燥无菌持物钳及镊子筒每4小时更换一次,2%戊二醛液浸泡则每周更换二次,疑污染随时更换,注明更换日期、消毒液名称和浓度。

(4) 无菌物品均要写明灭菌日期,有灭菌指示带,灭菌有效期为7天。

(5) 消毒用碘酊、碘伏、酒精注明浓度并每日更换,消毒瓶应加盖每周灭菌更换2次,无菌溶液注明开瓶时间及用法。

(6) 冰箱每周消毒保养1次,做好记录,物品放置有序,无过期物品。

(7) 治疗室、换药室区分有菌区和无菌区，无菌物品与污染物品分开放置，污物与垃圾分开。

(8) 病室每天通风换气，地面每日用湿拖拖地 2 次，每周大扫除 1 次，每周空气消毒 1 次。治疗室、产房、手术室、换药室及重症监护室每日空气消毒 2 次，每月空气细菌培养和监测 1 次。紫外线消毒要有时间登记与强度监测，监测不合格的要及时采取相应措施，超过 1 000 小时或强度低至 70 微瓦/平方厘米时应更换。

(9) 便器每次用后用含有效氯 1 000 毫克/升消毒液浸泡消毒，消毒池加盖，消毒液应保持有效浓度并有标牌。

(10) 厌氧菌、绿脓杆菌等特殊感染的病人要严密隔离，使用的器械、被服、房间进行严格终末消毒处理，敷料进行焚烧。

(11) 凡一次性医疗卫生用品使用后，必须严格按医疗垃圾分类标准分类，每日包装密封后贴好标志，集中处置。

(12) 医务人员及病人换下的脏被服应分别放入污物车并分开清洗消毒；凡出院、转院、死亡病人床单应进行有效的终末消毒处理。

第四节　职业病防治及防疫

建院以来，为做好职工职业病防治工作，联合总院每年为生产一线职工进行一次体检，凡经确诊的硅肺病人，一律调离原生产岗位，分别安排治疗和休养。

医院协助地方及总院进行防疫，医院为普及医疗知识、开展常见病宣传，加强对多发病常见病的防控力度，使多发病常见病降到最低限度。

一、抗击非典疫情

2003 年 4 月 24 日，矿井印发《关于开展非典型肺炎防疫工作的紧急的通知》(陈矿办字第〔2003〕22 号)；4 月 28 日，矿井印发《关于进一步加大“非典”防疫工作力度的通知》(陈矿办字第〔2003〕24 号)；5 月 8 日，矿井印发《关于把非典防治工作引向深入的通知》(陈矿办字第〔2003〕26 号)；同日，转发永煤公司党委《关于严明纪律、严防死守切实做好非典型肺炎防治工作的决定》；5 月 14 日，矿井印发《关于实行非典防控责任区的通知》(陈矿办字第〔2003〕31 号)。

2003 年非典期间，矿医院配合矿井及时成立领导小组，采取以下措施：

(1) 阻断传播途径，实行严格入矿制度，对法人员及可疑发热人员进行严密隔离，严格消毒，防止其将疾病传播给他人。

(2) 严格保护易感人群，因为非典的传染源是患者，传播途径包括短距离的呼吸道飞沫传播、气溶胶传播、直接接触传播等。

(3) 采取宣传教育职工佩戴口罩、勤洗手、注意开窗通风等。

通过以上措施有效阻断了 2003 年非典传染疫情传播。确保矿区未发生一例病患，有力支持了矿安全生产和保证了职工生活。

二、新冠疫情预防防治工作

(一) 防控领导小组

依据疫情严重性,陈四楼煤矿党委立即成立以王伟书记为组长(后变更为张文康矿长)小组成员为各科室、区队(厂)、党支部书记,制定了以"外防输入,严密监测,内避发生,快速处置、精准管控,有效救治,生命至上"为原则的防疫制度。

(二) 矿医院加强疫情宣传和防控要求

(1) 勤洗手、科学戴口罩、注意咳嗽礼仪、少聚集、文明用餐、遵守 2 米线、常通风、做好清洁消毒、保持厕所卫生、养成健康生活方式,做好疫苗接种、配合核酸检测。

(2) 指导配合服务公司对食堂等重点场所、重点区域进行科学严格消杀。

(3) 现场核酸采集,现场疫苗接种。

(4) 及时看诊,职工出现咳嗽、流涕等不适症状时给予针对性处理意见。

(5) 宣传、科普防疫知识。

(6) 加强员工心理疏导:疫情反反复复,对员工心理造成了影响,很多人都存在紧张、焦虑、失落等情绪,医务室医师及时给予疏导,化解职工不良情绪。

(三) 疫情防控方案

陈四楼煤矿印发《新型冠状病毒感染的肺炎诊疗方案(试行)》《新型冠状病毒感染的肺炎疫情防控方案》《新型冠状病毒感染的肺炎病例监测方案》等多份新型冠状病毒诊疗、防控方案,指导矿井各单位做好疫情防控。

矿医院严格按照永煤集团总医院和陈四楼煤矿对疫情防控布置防控措施积极组织人力开展疫情防护工作。

(四) 防控措施

矿医院积极开展疫情预防,协助总院对职工进行疫苗注射,指导矿食堂进行中药熬制,分发至每位职工。核酸采集,为了对职工应检尽检,不耽误职工入井,此阶段每天从早上 5 点半开始持续至晚上 9 点半,后在疾控部门干预下改为下午 1 点半(疾控部门要求 12 点标本必须送到实验室)。

矿医院严格执行《中华人民共和国传染病防治法》,认真做好传染病的防治和预防工作,及时掌握矿区传染病的发生及流行趋势,为防止传染病传播,坚持把住病从口入关,协助总院体检科对食堂工作人员每年一次健康体检。

第十三篇

企业文化

企业文化是企业的灵魂和旗帜，是企业的软实力。一个拥有卓越梦想的企业离不开先进企业文化的支撑和引领。

陈四楼煤矿企业文化与永煤公司及河南能源优秀企业文化既一脉相承，又吸收其精髓，进而发展形成具有本矿特色的文化体系。

陈四楼煤矿企业文化是几代陈矿人长期工作于斯、生活于斯，经过长时间积淀和沉淀、搜集、整理、加工、提炼、形成、宣传和贯彻、丰富和完善而形成的由其核心价值观、信念、仪式、文化符号、日常工作生活行为规范、为人处世方式方法等组成，是陈四楼煤矿每一名员工高度认同并自觉践行的一种特有的文化形象。

陈四楼煤矿企业文化由核心层、中间层和外围层构成的生态系统，主要包括经营哲学、价值观念、企业精神、企业道德、企业形象和企业制度。内容大致分为理念层、制度层、行为层、物质层、精神层和企业家精神层，各个层面是和谐统一、相互渗透的统一体。

在商业化进程不断深化和市场竞争不断加剧的背景和环境下，陈四楼煤矿系统、全面地实施品牌形象战略，向社会各界传达和诠释了企业管理严谨、功能完善、服务高效、技术先进、信誉卓越的现代企业品质的内涵，强化了矿井的核心竞争力。

在企业高质量发展过程中，陈四楼煤矿企业文化的内涵和方式也在不断丰富、发展和臻于完善。

第一章　企业文化建设

第一节　建设历程

1990年,陈四楼煤矿在基建时期就有自己的独特文化。从四面八方汇聚而来的人员不同特征,形成五湖四海、包容并蓄的企业文化。形成基本建设管理"三元模式"等建设文化。在矿井历年年度工作报告中,多次提到建设企业文化这个关键词,但受建设阶段、机构、人员等因素影响,没有专设企业文化管理机构。

1996年3月11日,永夏矿区管委会党委办公室印发通知,决定在全矿区员工中征集反映永夏矿区企业精神的标语口号和矿徽,内容要求简明扼要,具有较强艺术性和鲜明时代特色,以树立永夏矿区良好形象,反映现代化矿区精神风貌,增强企业凝聚力,激发广大员工热爱矿区、献身矿区的热情。

1997年3月1日,经过征集评选,永夏矿区管委会党委副书记许文健设计的以绿色为底色,由一个红圈和一个黑撇组成的矿徽图案最终入选。

2003年,永煤开始全力重塑企业文化。是年年初,永煤首次在年度工作会议上提出要高度重视和切实加强企业文化的重要命题,并于4月印发永煤《企业文化建设三年实施规划》,决定成立永煤集团公司文化研究会,收集整理知名企业文化案例,剖析公司成立以来企业文化创建方面所做工作,梳理出公司继承什么、扬弃什么,形成一致意见;根据公司在发展中走向成熟这一特定阶段,搞好公司文化定位;开展司旗、司歌、司徽征集活动,形成公司文化外在标志,对其进行诠释;外出取经,引进、消化、吸收精神,为公司优秀企业文化创建提供素材。2003年10月2日,永煤面向全体干部员工启动企业精神和企业理念征集活动,内容包括企业精神、企业理念,具体理念(包括发展、管理、经营、营销、创新、人才、安全、质量、技术、成本、环保、学习、对外合作等理念)。

2004年3月24日,永煤集团董事会就建立企业文化建设工作网发通知,明确永煤集团是永煤集团企业文化建设和管理中心,负责企业文化的培育、推行和指导。董事会秘书处为企业文化主管部门,主要负责拟定企业文化发展规划和组织协调。工会、宣传部、企管部、人劳部、生产部、计划部、培训中心等部门分工合作。2004年5月10日,永煤集团董事会印发2004年度企业文化建设宣传要点,从企业文化知识宣传、典型案例宣传、契约理念教育宣传、企业文化活动宣传、企业文化活动策划六个方面工作进行部署安排。

2004年4月15日,陈四楼煤矿印发《关于成立企业文化建设领导小组的通知》(陈矿党字第〔2004〕26号)。同时,按照《永煤集团公司企业文化创建手册》及考核标准,开展以"我与企业文化创建""企业文化的力量""企业魂"为主题的征文演讲等活动,使广大干部员工把企业文化牢记于心,成为指导各项工作的准则。

永煤公司将 2005 年定为“企业文化年”，并先后印发《关于进一步加强企业文化建设的意见》《企业文化建设工作考核奖惩办法(试行)》，阐明企业文化建设的重要意义、指导思想、原则目标、具体内容、实施步骤。印发《永煤集团企业文化建设纲要》(征求意见稿)，纲要共分 10 章 59 条，分别从企业核心理念、企业战略、企业基本组织行为、企业基本经营行为、企业基本管理行为、企业领导与员工行为、企业典礼仪式规范、企业视觉识别行为、企业文化实施计划和方法、解释与修改等方面对纲要进行阐释。启动“万龙行动”主题活动，召开企业文化建设工作会议和多次工作推进会，永煤核心理念、核心价值观在陈四楼煤矿得到普及和推广，并融入全员思想行为中。

2005 年 2 月 1 日，永煤集团董事会秘书处印发《永煤企业文化理念手册》，永煤集团陈四楼煤矿员工人手一册，以会议讨论、举办答卷竞赛、班前测试等形式，在员工中加强宣传贯彻。

2006 年，是永煤集团“文化发展年”，主题为“巩固、完善、深化、提高”，要求进一步加强永煤核心价值观的培植，通过体制、机制和理念的创新，把最先进、最科学的理念化为企业制度和行为规范，把文化力转化为生产力，真正做到人企合一，推动永煤员工、永煤、永煤股东和社会共同进步，共赢发展。

2007 年，是永煤集团“战略升级年”。1 月，永煤印发《员工手册》，内容包括永煤集团企业文化核心价值理念、企业标识、员工守则、规章制度、名词释义、经典格言等 7 个部分；3 月，印发《2007 年企业文化建设工作实施要点》，陈四楼煤矿要求各单位、部门结合实际，认真理解和领会企业文化真正内涵，正确认识和处理企业文化建设和物质文明建设、精神文明建设、政治文明建设的关系，加强领导、分解任务、责任到人，按规划要求扎实开展，加快永煤集团企业文化建设步伐，推动永煤战略升级。

2008 年，陈四楼煤矿根据年初工作报告中进一步强调要用永煤文化和永煤核心价值观统领全体员工思想，落实好不认同永煤文化坚决不用这一基本导向，按照“四不用、三优先、三鼓励”原则管理干部，使符合永煤文化导向的干部得到重用。12 月，由永煤集团等成员企业组建的河南煤业化工集团成立。

2009 年 6 月，河南煤化印发《企业文化手册》，永煤集团企业文化融入河南煤化整体规划。河南煤化在永煤集团等成员企业理念体系和行为规范体系的基础上，经过借鉴、吸收、锤炼和融会贯通，形成了以“八个核心理念、八个单项理念、高管人员十大行为准则和员工三大行为规范”为主要内容的理念体系和行为规范体系。这些企业文化体系对永煤集团等成员企业企业文化体系进行充分吸收和优化，同时结合国内外先进的管理理念，取其精华，兼收并蓄，使河南煤化的企业文化体系具有系统性和先进性。

2013 年 9 月 12 日，河南能源重组成立。12 月 31 日，河南能源召开新闻发布会，规定从 2014 年 1 月起使用新的《企业文化手册》。

2014 年，印发《陈四楼煤矿企业文化宣贯实施方案》，全面宣贯河南能源企业文化，统一员工思想，增强认知、认同感，有效推动企业文化落实。

2016 年 2 月 29 日，印发《〈陈四楼煤矿企业文化考核方案〉的通知》(陈矿党字〔2016〕7 号)，旨在切实发挥企业文化软实力作用，以河南能源企业文化统领各项工作和全员思想，按照河南能源及永煤公司《关于深入推进企业文化建设的意见》的总体部署，结合陈四楼煤矿实际，特制定矿井企业文化建设考核方案。

第二节　企业文化理念

一、核心理念及释义

☆ 自建矿伊始，一代代陈四楼煤矿人就以“诚信、务实、创新、争先”为矿训，形成了独具自身特色的文化理念。

诚信：做本分人，说诚实话，干务实事。诚信是一名员工必备的思想品德和职业道德，是实现自我价值的重要保障，也是个人修德达善的内在要求。作为陈四楼煤矿员工，我们为人处事必须真诚实在、实事求是、信守承诺、诚信待人。

务实：名必有实，事必有功。务实是一名员工立身做事的基本准则，是干事创业的前提条件。作为陈四楼煤矿员工，必须不务虚名、崇尚根本，注重实际、扎实工作，只有笃实敦厚做人，求真务实做事，才能适应新常态，建功新时代。

创新：创新永无止境，创新驱动发展。创新是引领企业发展的第一动力，是员工实现自我超越的源头活水。作为陈四楼煤矿员工，我们要立足岗位实践，要敢于创新，勇于创新，善于创新，以创新实现创效，以创新助力发展。

争先：百舸争流，奋楫者先；千帆竞发，勇进者胜。争先是全力以赴、开拓进取，是不畏艰难、争先创优，是奋发向上，锐意拼搏。作为陈四楼煤矿员工，我们要履职尽责、不断超越，要承压奋进、谋求跨越，要认真做事、追求卓越。

☆ 2003 年永煤开始全力重塑企业文化，征集并发布了包括企业精神、企业理念，陈四楼煤矿干部职工积极跟进，贯彻落实。

（一）企业哲学：人企合一顺势而行

释义：企业的生存规律不可违背，企业的发展之道必须遵守。清楚规律，把握规律，顺势而行，就不会盲动，就不会偏离大的方向。

永煤前进的哲学趋势：在员工成长中振兴，在客户满意中发展，在科技研发中提高，在环境优化中繁荣。

(1) 永煤的未来就是员工共同的未来。把员工的个人追求融入企业的长远发展之中。

(2) 客户是永煤的生命所在。客户的需求、客户的满意是永煤的发展根基。每位干部员工都应该有充分的服务意识。

(3) 先进的科学技术、管理方法将不仅仅是为永煤集团产品增值，使其更有特色，也同时将成为永煤利润的直接来源。

(4) 环境创造人，人也创造环境。其中，创造出健康的心理环境，可以使每个人精神振奋、热情快乐地投身于永煤的发展之中。

（二）核心价值观：以诚立业以信铸魂

释义：这是诚信在永煤的表述方式。诚信是永煤开拓市场、创新改革的核心指导思想。

只有诚信于社会和客户的利益,只有诚信于永煤的利益,心态才容易做到理性化,才能真正去追求永煤积极稳健地提高,持续繁荣地发展。

(1) 诚信是一种信任和被信任的能力。

(2) 诚信的表现形式是忠诚、感谢、欣赏、支持和理解。

(3) 诚信鼓励内部各级员工在战略框架中的相互联系,对问题进行梳理、解决,使员工养成相互信赖、干脆直接、清晰沟通的习惯,创造出更好的工作环境,使员工工作愉快,从而激发创造力。

(4) 诚信是把永煤的实际需要与员工的个人需要集合起来的枢纽。

(5) 建立在诚信基础上的团队,有较高的容纳度,能够以善意、清晰的态度,包容对立的观点和消化对立的条件。

(6) 诚信作为企业核心价值观,不是被动的,而是主动的,不是消极的,而是积极的。其渗透于永煤采购、生产、销售、服务的各个经营环节,体现在永煤的各种关系之中。

(三) 企业精神:以龙腾永煤之势,成能源报国之举——龙腾精神

龙腾精神四元素:宜综则综宜炮则炮的务实态度,标煤计量的创新精神,标杆队的拼搏劲头,共战困境的团队意识。

释义:务实、创新、拼搏、团队是永煤创业发展过程形成的宝贵精神财富。将四元素分别冠以著名的永煤的历史事件,为的是使永煤人,特别是使永煤的后来者保持清醒的继往开来的奋进状态。

1. 宜综则综宜炮则炮的务实态度

释义:用心铸造精品,做事尽职尽责,进取只争朝夕,提升企业价值。

(1) 务实是适应客观规律要求,体现顺势而行的企业哲学。不唯书、不唯上、不唯洋,只唯是,一切从永煤的客观实际和发展大计出发。

(2) 务实需要勇气和胆量,要有创新思维作支撑。

(3) 务实是对永煤的诚信,是对承诺的履行,是对市场规律的积极探索。

(4) 务实是指做事的范畴——做有效的事,做创造价值的事,做值得做的事,做正确的事。

(5) 务实是指做事的状态——讲求成本收益原则,争取用最少的时间和人力、物力等资源投入,取得最佳的效果。

2. 标煤计量的创新精神

释义:提倡创新思维,鼓励标新立异,营造学习氛围,发展永无止境。

2001 年永煤将标煤的概念应用于生产管理的相关诸环节之中,以取代煤炭行业传统的原煤计量方法。这种革命性事例,对永煤创新的激励和导向作用有着非常宽泛的影响:

——它激励永煤人敢为人先,启发人们对身边习惯了的事作重新审定,存在的不一定都是合理的。

——它鞭策永煤人从市场的角度、从客户的角度不断更新质量观、服务观。

——它激励永煤人以诚信理念、创新思维,争取客户、员工、社会、股东利益的最大化。

——它启发永煤人在人财物有限的条件下，珍惜生产力，做正确的事，做有价值的事。

——它是永煤创新精神的一个载体。

“创新则生，固守则死”。永煤要成为优秀企业，进而成为卓越企业，成为可持续发展的企业，离不开这个精神元素。

创新对于一个处在体制转折阶段的企业来说，意味着有破有立。创新需要的一是胆识，二是境界，三是信心。创新保持的过程，就是高层管理者带领员工不断消除企业中满足、懒惰、保守情绪和行为等创新阻碍的过程。

永煤保持创新的要素：

(1) 提高组织内部的诚信度避免虚假承诺。

(2) 增强凝聚力。

(3) 形成对创新力的激励制度。

(4) 积极沟通。

(5) 敢于质疑权威和传统的常识。

(6) 在企业的所有层次上具有企业家精神。

(7) 敏捷反应，快速行动。

(8) 树立危机意识。

(9) 创新必须与市场紧密相连，专注于市场，并且由市场来推动。

(10) 创新必须是有效用的创新，而不是哗众取宠。

(11) 创新是工作，需要敬业、恒心和责任。

3. 标杆队的拼搏劲头

释义：追求卓越目标，拼搏锲而不舍；弘扬艰苦奋斗，坚持与时俱进。

2001 年陈四楼煤矿 3 个炮采队由过去平均月产 1 万吨提高到 5 万多吨，达到全国领先水平，其中炮采一队创造了年产煤炭 70 万吨的全国最高纪录，比全国最高纪录 58 万吨，高出 12 万吨。

这数字背后是标杆队的积极拼搏精神，意味着在困难面前不退缩，知难而进，甘于吃苦的工作态度；意味着永不满足，对高目标的主动冲刺。自强不息，争当第一，以拼搏的劲头去开创永煤的明天，以拼搏的精神去奋发图强，是永煤走向世界的需要。

4. 共战困境的团队意识

释义：坚持沟通协调，实现优势互补；激发团队活力，夯实领先基础。

永煤从扭亏为盈，到实现今天的稳健高速发展，同样也是永煤人团结协作的结果。

永煤人在新体制下的团队精神：

——团队中必有协作，这种协作应是有效协作。

——团队精神形成的力量，不是每个个体的相加之和。团队的能量公式为：

$1+1>2$ 团队的效率在于永煤干部员工每个人优势的有效结合。看人之长，用人之长，发挥个人比较优势，达到人的不同类型能力的互补。

——团队精神包含着永煤内部的相互学习和相互支持风气。

——要求每个永煤人在团队精神下，发挥自己的创造性。让每个永煤人明白，自己的作用只有在团队的环境下，才能得以快乐发挥。

(四)企业作风：用心做事

释义：爱岗敬业，精益求精；超越自我，激情工作。

爱岗敬业，精益求精，其含义是责任，是对自己所负使命的信守。作为永煤人如果放弃了责任，就意味着放弃了自身在这个企业中更好发展的机会。真正的负责任是积极主动地完成工作，把最佳的工作成果交给企业，把最好的产品交给客户。

爱岗敬业，精益求精，还意味着忠诚。忠诚的员工会顾全大局，会以企业利益为重，绝不会为个人的私利而损害企业的整体利益。

爱岗敬业，精益求精，个人的积极性才能发挥于企业，个人的价值才能体现出来，个人绩效才能最佳，个人利益才能体现出来。爱岗敬业是个人利益与企业利益有机结合的点。

爱岗敬业，精益求精，是对所从事的工作专心、对所担负的职责精心的体现。作为一种工作心态，作为对工作方法的一种探求，作为一种工作状态，要覆盖每个岗位，每个人，覆盖企业生产经营管理的每个细枝末节。

超越自我，激情工作，是对做事标准的不断提高，是对价值目标的不断提升。

超越自我，激情工作，是对自身的永不满足；是对完美的不懈追求；是对小富即足、小进即满、图求安逸的小农经济思想的批判。

超越自我，激情工作，是做事的状态。激情也是一种工作氛围。最好的劳动成果总是由那些善于思考并具有激情的人创造出来的。超越自我，激情工作的工作状态，可以激发人的潜在的能动性和创造力，激情的工作状态是创新的重要条件。激情工作可以产生较高的效率。

(五)企业经营理念：市场导向建优秀队伍树经典品牌

释义：市场、队伍、品牌三者之间有着密切的逻辑关系。

(1)市场是永煤生存的全部理由，是决定永煤所有经营活动的根本性依据。瞄准市场，盯着市场，所建的队伍、所树的品牌才有生命力。

(2)永煤力求成为一个围绕着共同的、崇高的目标聚集起来的不断优化的组织。这个组织拥有人才不断成长的内在环境。组织内拥有业内出色的专业人才和管理人才；组织内各级组织成员分工协作，积极学习，不断创新；这个组织是身心健康、快乐充实的人群集合体。

(3)永煤将是一个经典品牌，将努力成为行业的第一。经典品牌才有生命力，才有竞争力。要做就做得更好，是永煤人的共识。靠优秀的队伍持续地打造出适合市场需求的经典品牌。

(六)企业使命：为客户挖掘财富源泉，为员工拓展价值空间，为社会创造非凡业绩，为股东赢得最佳利益

释义：企业使命是企业存在的目的和理由，是企业实现远景目标必须承担的责任和义务。

永煤将在诚信的基础上，与客户、与员工、与社会、与股东结成四位一体的事业共同体、利益共同体、命运共同体。

热爱客户——保持公平诚信的双赢原则，保持持续的客户利益。在客户眼里，永煤的每一名员工都代表着永煤。

尊重员工——为员工提供更有价值、更广阔的发展舞台；不断提高员工的素质和能力；逐步改善工作环境，提高经济收入等。让员工视永煤为自己的光荣和骄傲。

奉献社会——永煤以自己不断增长的主业及辅业为基础，为社会贡献越来越多的税收；塑造现代化企业，培养高素质新人，铸造经典产品，推动建立和谐社区，为社会的进步作出自己的贡献。让社会因永煤而骄傲。诚信股东——保证股东长期利益是永煤的使命。不让股东失望。

（七）企业愿景：以永煤的世界创造世界的永煤

释义：通过与时俱进的改革、创新、发展，将永煤建设成为股权结构多元、产业结构优化、管理模式科学、企业文化先进、团队素质一流、核心竞争力突出、市场信誉最高、经济效益最好、人均收入最高、具有国际竞争力的以煤为本、多业并举的大型股份制能源企业集团。

通过与时俱进的改革发展，将永煤打造成文化永煤和国际化永煤，实现永续经营。有着长远的眼光和巨大潜力的永煤人，“用心铸成永煤饱含民族精神、智慧源泉奔流的多彩世界；为世界的发展贡献优秀的文明成果，让世界为我们永煤的发展而自豪”。

与“以永煤的世界，创造世界的永煤”的企业愿景同时，还有一个企业愿景是：高尚、卓越、受人尊敬。

释义：坚持做一个高尚、卓越、受人尊敬的企业，致力于把企业打造成为世界一流、行业知名的大型能源企业集团。

高尚是一种自律。身为永煤人，把自己从事的职业当作一种高尚的事业。奉献自我，产业报国，是一种责任和使命。不做则已，做就做最好。身为永煤人，看问题的眼光高人一筹，干工作的要求精益求精，抓落实的态度细致入微。

卓越是一种追求。体现为确定目标志存高远，把握机遇全力以赴，抢抓时间分秒必争，发挥优势，竭尽所能。

受人尊重是一种成就。一个缺乏正确价值观和人生目标的人，不可能成为一个高尚、卓越、受人尊重的人；一个缺乏灵魂和目标的企业，不可能成为高尚、卓越、受人尊重的企业。只有拥有高远的志向，永争第一的志气，才能披荆斩棘，攻坚克难，坚韧前行。

对于个人来说，需要立足企业，胸怀天下，不断提升自身境界，把自己放在整个河南能源发展环境中去定位，放到为中原崛起建功立业的高度去谋划，加强学习，提升自己，勇于超越，永争第一。

对于企业来说，必须跳出地域限制，立足河南，放眼世界，向国际一流的企业看齐，向世界顶级的企业学习，自觉把标准定高，目标定远，标杆拉高。

企业子理念：各子公司、各单位要围绕永煤核心理念，结合具体情况，总结提炼具有行业特色和单位特色的子理念,形成各具特色的管理理念、人才理念、营销理念、安全理念、质量理念、服务理念、环保理念、社区理念等多元化、多层次的永煤企业文化的子理念,使之形成成为永煤企业文化的重要组成部分和具体体现。

2009 年 6 月,河南煤化印发《企业文化手册》,永煤集团、陈四楼煤矿企业文化融入河南煤化整体规划,开始践行全新的文化理念:

八个核心理念:

企业哲学内涵:科学发展　善行成器

企业哲学:人企合一　顺势而行

企业愿景:行业领先　国际一流

核心价值观:用心做事　追求卓越

企业使命:报效国家　惠及员工

企业作风:先人一步　持续创新

企业精神:自强不息　坚韧不拔

主传播语:勇担重任　成就理想

八个单项理念:

发展理念:立志高远　笃行求实

管理理念:创新为先　三化为本

效益理念:发掘潜力　提升价值

成本理念:精打细算　开源节流

营销理念:市场导向　客户至上

安全理念:从零开始　向零奋斗

人才理念:人尽其才　以德为先

廉政理念:荡浊扬清　干净健康

2013 年 12 月 31 日,河南能源召开新闻发布会,规定从 2014 年 1 月起使用新的《企业文化手册》,陈四楼煤矿干部职工开展遵循全新的企业文化理念:

企业使命:勇于担当　成就梦想

企业愿景:行业领先　国际一流

企业哲学:人企合一　顺势而行

核心价值观:用心做事　追求卓越

管理理念:三化为本　创新驱动

发展理念:先人一步　持续提升

安全理念:从零开始　向零奋斗

人才理念:人尽其才　以德为先

环保理念:清洁生产　绿色发展

廉洁理念:阳光透明　风清气正

企业信念:忠党报国　奉献河南

企业精神:团结拼搏　务实创新　担当作为　追求卓越

☆ 2020 年 8 月 25 日，永煤集团制订下发了《永煤公司持续弘扬和展现“敢于担当、勇于拼搏”永煤精神工作方案》，确定了永煤精神理念及释义，陈四楼煤矿充分利用各种宣传阵地，组织开展弘扬和展现永煤精神理念宣贯活动，增强了全体干部职工的自信心和自豪感，夯实了全体干部职工团结奋斗的思想基础。

永煤精神：敢于担当　勇于拼搏

理念释义：探索敢为人先、拼搏不甘落后、追求永无止境。以舍我其谁的担当品质和勇于争先的拼搏斗志，勇挑集团公司“排头兵”重任，弘扬和释放干事创业、昂扬向上、担当有为、拼搏进取的正能量，不忘初心，砥砺前行，把创佳绩当作使命、把争第一当成习惯，决战决胜重铸永煤新辉煌，助力集团公司高质量发展，为中原更加出彩贡献力量。

二、六大文化体系

（一）精神文化

围绕“解放思想、实事求是、与时俱进”时代精神，“探索敢为人先、拼搏不甘落后、追求永无止境”创一流精神，“实干、实践、实现”的务实精神，“煤矿工人特别能战斗”的冲锋精神，“燃烧自己、温暖他人”奉献精神，培育员工特色精神文化。

（二）人本文化

企业文化建设必须坚持以人为本，强调人是实践的主体，只有人才能够能动地去实现企业的伟大目标，完成企业的使命。人本文化肯定了人在企业经营发展中的主体地位，肯定了人的价值和贡献。人是实践和创新主体，人的活跃思想坚固了他的地位，只有实施人本文化，才能更好地发挥人的主体作用。在人本文化的作用下提高企业文化与员工心理契合程度，提高员工满意度，使员工在企业中更有主人翁精神，对企业更有归属感，更好地服务于自己强烈依赖的企业，最后提高企业绩效，给企业带来更好的经济效益。企业内部在共同文化的制约下，各个部门向着同一个方向、同一个目标共同前进，以同一文化规范着各自的工作行为和价值观。这种共同的文化有着向心力的作用，就像将很多细线拧成一股绳，起着强大的凝聚力和向心力的作用。

（三）经营文化

以制度化、规范化、市场化管理为主要内容“三化”管理为主线，推行全面计划管理和全面预算管理，从战略、规划、计划、预算到项目闭环控制、偏差管理、无缝对接，实现企业、员工、社会三大效益。

（四）营销文化

将永煤“中永一号”内涵安全、经济、环保、洁净、高效绿色能源观念深入人心，把潜在客户变成现实客户，现实客户变成满意客户。销售围绕客户转、生产围绕销售转、一切围绕效益转。治理服务创新、策略创新、研发创新，塑造“我就是永煤集团”品牌形象，在服务中赢得市场，追求服务零时间、零距离、零投诉。

（五）创新文化

建立科学的创新机制和体制，倡导开拓创新、为事求真科学精神，培育高尚道德情操行为作为,营造促进创新、追求卓越服务文化氛围;在永煤集团公司内部形成“奋发向上、与时俱进”科学时尚精神。

(六)制度文化

依法治企,以德治企,法德双治,做到凡事有章可循,凡事有人负责,凡事有人监督,凡事有据可查。

永煤集团为使不同文化对应不同目标层面和工作层面,提出“六大文化体系”,力求企业文化着力点和实效。规范全体员工行为,提高员工对企业忠诚度,维护企业形象,提升知名度,促进产品市场有效开拓,形成员工精益求精工作态度和献身事业的工作作风。

三、体面劳动专记

2001—2007 年,人均收入以每年 6 000 元幅度飙升,2007 年突破 5 万元,居全国同行业之首。

2005—2008 年,每年投入千万元资金,为干部员工统一定做名牌西服、领带、长短袖白衬衫、羊绒大衣等,“煤黑子”变成“新白领”,统一服装成永煤集团一块“招牌”。

2008 年 9 月,国家有关部委领导和专家学者,在《工人日报》社长刘玉明主持下在永煤集团召开“体面劳动”专题研讨会。

第二章　视觉识别系统

永煤企业形象视觉识别系统(简称 VI 或 VIS),是永煤集团发展战略的重要组成部分。其目的在于通过具象化、规范化的视觉元素准确、完整地传达永煤集团的经营理念和精神特质。

永煤企业形象视觉识别系统的目的在于充分整合企业的优势资源,全面整理、深化、完善和规范永煤集团的形象视觉元素,挖掘潜在资源价值,塑造企业富有竞争力的强势商业品牌形象,切实、有效地将企业统一、鲜明的形象推向市场,凝聚内外共识,增强社会大众及全体员工对企业的认同感和信赖感。

永煤企业文化体系,植根于永煤集团历史和现实的土壤,吸收既有成功理念,融汇当今先进思想,是全体干部员工的思想纲领和行动指南,是实现企业永续发展、基业长青的不竭动力和精神源泉。

第一节　形成过程

一、第一次设计、使用

1997 年 3 月 1 日,为提高企业凝聚力,扩大企业影响力,展示永煤改革风貌和新时期矿工风采,永煤初次对公司企业徽志进行有奖征集,经过对多件征集稿件的评比,管委会党委副书记许文健设计的永煤徽志被正式采用,见图 13-2-1。

图 13-2-1　第一次设计、使用的企业文化标识

图案以绿色为底色,由一个红圈和一个黑撇组成。寓意分别为:

绿色:代表豫东大地。

红圈:在豫东大地,由于煤炭工业兴起,托起一轮红日,蒸蒸日上。

撇黑:在豫东大地,开发兴建以煤为主业的永夏矿区。

红与黑:一点一撇组成一个英文字母 Y,代表河南简称豫(Yu)字和永夏矿区的永(Yong)。汉语拼音第一个字母为 Y,代表河南永夏矿区缩写。

矿井使用永煤公司企业文化标识。

二、第二次设计、变更

2004年,随着龙宇煤化工的创立,永煤集团涉足化工领域。为适应企业快速发展的需要,永煤集团委托主桅设计公司策划、设计并注册了以金字塔为外形的企业标志。该标志蕴含着其四个所属公司共同奋斗的含义,见图13-2-2。

图13-2-2　第二次设计、使用的企业文化标识

标识释义:

永:永字的变形,象征永远。企:力求从优秀到卓越的永煤之企。人:体现"人企合一"的企业哲学。第三层含义:靠人。实现百年永煤长远战略,要靠几代永煤人用心做事,对核心价值观的认同,对企业精神的弘扬,对使命的共同责任感,对愿景的共同向往。

矿井使用永煤公司企业文化标识。

三、第三次设计、变更

2006年,为适应企业国际化发展需要,永煤启动第三次企业标识设计工作,委托君氏开元(北京)管理咨询有限公司对企业识别系统进行全面设计,定稿时间为2007年1月8日,见图13-2-3。

图13-2-3　第三次设计、使用的企业文化标识

标识释义:

(1) 煤炭英文"COAL"第一个字母"C"为主要设计元素,整个造型相互环绕、旋转,周而复始,生生不息,体现永煤集团高速发展、持续发展、和谐发展特性。以球体为中心,中间采用采煤机截割滚筒的造型,寓意永煤集团从地球中获取源源不断的资源,并将其充分利用,造福人类。

(2) 造型内外交融,合为一体,象征永煤集团强大的凝聚力和"人企合一、顺势而行"的企业哲学,喻示永煤集团富有强大生命力和气运畅通的生机。旋转核心体现永煤集团领导

层带领员工先人一步，不断创新，用心做事，追求卓越，专心致力打造国际一流企业。

(3) 蓝色，代表科技与永恒。从蓝色到青色的渐变，寓意着永煤集团青出于蓝胜于蓝、永争一流的发展理念。

矿井使用永煤公司企业文化标识。

四、第四次设计、变更

2008 年 12 月，以永煤集团、焦煤集团、鹤煤集团、中原大化、河南煤气化为骨干企业组建河南煤业化工集团有限公司(简称河南煤化)。永煤集团成为河南煤化旗下子公司，启用了新的企业文化标识，见图 13-2-4。

图 13-2-4 第四次设计、使用的企业文化标识

该标志以英文“HeNan”、英文“Coal”、英文“Chemical”的首字母，缩写而成“HNCC”为主要设计元素。上方的三角形为两个“C”的变形。标识造型图文结合，极具国际化设计风格。整个标志底部厚重大气，坚实稳固，上部融合统一，蓬勃向上。寓意河南煤业化工集团这个根植于中原热土的现代化企业，在集团领导的带领下，全体员工团结一心，锐意进取，以打造行业领先和国际一流企业集团为己任的雄心壮志。标志色彩为科技蓝，代表科技与创新。寓意河南煤业化工集团以创新为先导，善于突破、敢为人先、争创第一的气魄。

矿井使用河南能源企业文化标识，后缀陈四楼煤矿。

五、第五次设计、变更

2013 年 12 月 27 日，河南煤业化集团公司更名为河南能源化工集团有限公司(简称河南能源化工)，正式发布河南能源化工集团有限公司企业标识。永煤集团成为河南能源化工旗下子公司，启用了新的企业文化标识，见图 13-2-5。

图 13-2-5 第五次设计、使用的企业文化标识

该标识以河南能源化工集团有限公司的英文“Henan Energy and Chemical IndustryGroupCo. Ld.”的缩写“HNEC”为主要设计元素。上部由字母“E”和“C”演绎而成，寓意文化、战略、产业的完美融合和企业科学、安全、绿色发展；下部横线寓意扎实、稳健。标识以蓝色为主色调，寓意开放包容、海纳百川。整体标识寓意河南能源人企合一、顺势而行，用心做事、追求卓越，勇于担当、成就梦想，倾力打造行业领先、国际一流的企业集团。

矿井使用河南能源企业文化标识，后缀陈四楼煤矿。

六、第六次设计、变更

2022 年 11 月 7 日,集团公司印发《关于启用河南能源新标识的通知》。新标识(图 13-2-6)中,“HNE”为河南能源集团有限公司英文名称“Henan Energy Group Co.,Ltd.”的缩写,3 个字母依次借形搭接构图,象征着顺势融合、协同发力、稳健前行的河南能源,寓意着河南能源人团结一心、携手奋进、共享荣光的共同体意识。红色半圆形背景图案,象征着喷薄升腾的朝阳,寓意着河南能源顽强的生命力、蓬勃的发展力,为服务国家能源战略不断奉献光和热。红色代表忠诚、真诚、热情、奔放;蓝色代表创新、创造、开放、包容。

图 13-2-6　第五次设计、使用的企业文化标识

整体标识端庄厚重、磅礴大气,展现河南能源人团结奋进、共创美好未来的精神风貌,宣示集团公司实现高质量发展、建设一流企业、服务国家能源战略的使命担当。

矿井使用河南能源企业文化标识,后缀陈四楼煤矿。

第二节　《视觉识别系统手册》

永煤集团在充分调研的基础上,通过严密的程序、科学的论证、认真的推敲,结合企业实际和战略目标,2007 年 1 月 8 日永煤集团委托君氏企业策划,印发《永煤集团视觉识别系统手册》,推出了以“YMGC”为主要设计元素的企业标识。此为永煤视觉识别系统五次设计变更的第三次设计变更。

手册由基础要素系统、办公事务环境识别系统、品牌宣传系统、再生样本系统四部分组成,适用于公司及下属公司,广泛应用于对内外行政办公、业务、公共事务及展示、推广、环境、广告传播等各个区域。

企业视觉识别系统的基础设计要素由标识、中文标准字体、英文标准字体、标准色彩四者构成。在所有设计中,均有基础设计要素的运用,必须严格遵守该手册所规定的使用方法,保证基础设计要素的规范表现,以建立明确统一的企业形象,手册对标识横式、竖式和中置式,中文印刷专用字体、集团与下属公司名称、标准色彩、吉祥物、标识与标准字体特殊处理方式和禁用案例都有详细、明确的规定。

手册是永煤在发展战略、经营思想、服务意识与形象力全面跃升的标志。手册的应用执行标准是:科学现代、精致实用、细节完美、规范统一,体现现代化大企业的气魄。在执行过程中,各下属公司可以根据本单位实际情况进行适应性的调整,但是规范原则必须严格按照本手册执行,不得擅自更改执行标准。与手册相违背和冲突的过往形象规范资料应及时废止,重新构建,整改和新设立的下属公司一律按该手册的规范执行。

第三章　文化管理与行为规范

第一节　决策行为

一、基本要求

规范决策程序，健全决策制度，科学决策方法，提高决策水平，努力建立科学、民主、有序、高效的决策机制。

二、决策原则

（1）事权明晰原则：决策主体应严格在决策权限范围进行决策，避免出现越限决策或推诿责任的现象。

（2）民主集中原则：决策过程中充分发扬民主，集中决策后强调执行。对决策过程、执行情况、实施结果进行制度化监控。

（3）法定程序原则：决策主体要严格按法定决策程序，不违背科学程序进行决策。

（4）责任追究原则：决策者对所作决策均要承担相应的责任，各项决策均要保留可核实和查证的记录。企业利益受损时，追究决策者的相关责任。

（5）科学全面原则：决策应广泛听取集团公司内外、员工群众的意见，尤其要注意听取专家、学者的意见，经多方面比较后再行决策。

三、决策程序

决策前要进行充分的调查研究和可行性论证，广泛听取各方面特别是专家的意见。决策中要充分发扬民主，使参与决策的每个人都充分发表意见。决策形成结论后，在实施过程中要加强跟踪监控，及时纠正存在的或者可能带来的问题。

集团公司董事会和经理层作为企业经济行为的两个不同决策主体，要分别制定工作规范，科学界定事权和责任，明确工作程序，确保各项决策科学和有序作出。

第二节　管理行为

一、基本管理方式

集团公司所属子公司、单位、部门为管理责任主体，行政一把手为管理责任人，党委书记为管理责任保证人，党政一把手负总责，领导班子中的其他成员为其分管范围内的责任人。以落实管理责任为核心,通过签订《经营目标责任》,层层建立责任目标体系,严格考核,考核结果与奖惩、任免挂钩。

二、基本管理行为

(一)周密计划

(1)依据战略目标和规划,制定年度、季度和月度工作计划,依据规定程序进行分解、落实。

(2)排定各岗位每年、每月、每天应做的工作,提出要求和注意事项,组织员工落实。

(3)认真分析工作中出现的矛盾和问题,拟定提高效率的方法。

(二)严密组织

(1)依据岗位责任制,明确岗位职责与权限。

(2)推行目标管理,使每一位员工都清楚集体和各自的工作目标,工作标准、工作程序,并自觉按要求去做。

(3)加强组织协调,确保工作人员相互配合,积极协作,圆满完成任务。

(三)系能控制

(1)制定奖罚制度和规则。

(2)及时总结经验教训,明确成功和不足之处,扬长避短,改过创新。

(3)充分调查研究,搞好工作评价。

(四)沟通提高

(1)了解员工需要和动机,尽可能满足员工需求,促进员工发展。

(2)广泛开展合理化建议活动,群策群力。

(3)总结经验,解决问题,循环提高。

三、管理境界

管理境界的基本表现是"自主、自强、自律","自主"即自主管理,自主工作:"自强"即奋发向上,精益求精,追求卓越;"自律"即严格遵守国家法律、法规和企业规章制度,并以永煤企业文化的核心理念和价值观严格约束自己,做一个能够代表永煤形象的人和一个不断提升永煤品牌价值的人。

四、安全工作六大支撑体系和"66"理念

(一)以矿长为第一责任者的安全管理支撑体系

安全管理理念"六个一切":安全高于一切、安全重于一切、安全压倒一切、一切为了安全、一切服从安全、一切服务安全。

(二)以党委书记为第一责任者的宣传教育支撑体系

宣传教育理念"六个改变":教育改变思想、教育改变心智、教育改变觉悟、教育改变行

为、教育改变能力、教育改变人生。

（三）以总工程师为第一责任者的技术保安支撑体系

技术保安理念“六个精心”：精心规划、精心研发、精心设计、精心施工、精心把关、精心考核。

（四）以安全矿长为第一责任者的监督检查支撑体系

安全监督理念“六个从严”：贵在从严、难在从严、成在从严、从严管干部、从严管过程、从严管小事。

（五）以纪委书记为第一责任者的群抓群管支撑体系

群监理念“六个经常”：常吹枕边风、常念安全经、常问安全事、常出安全计、常解职工难、常解职工心。

（六）以职工个人为第一责任者的岗位行为支撑体系

岗位行为理念“六个不准”：不违章指挥、不违章作业、不违反纪律、不伤害自己、不伤害他人、不被他人伤害。

五、安全工作“十个想一想”

员工“十个想一想”

班前会上想一想，亲人叮嘱不能忘；入井更衣想一想，劳动用品全带上；
坐车之前想一想，停稳上下莫慌张；工作之前想一想，标准作业莫违章；
发现隐患想一想，及时处理不隐藏；工作当中想一想，认真负责保质量；
任务完成想一想，千万不能早脱岗；交班时候想一想，相互交接要周详；
我劝工友想一想，安全第一记心上；回到家里想一想，安全换来幸福长。

干部“十个想一想”

各级干部想一想，岗位职责切莫忘；制定措施想一想，安全质量考虑详；
值班时间想一想，职工是否有异常；班前会上想一想，安全要点必须讲；
布置工作想一想，安全措施要跟上；开工之前想一想，排除隐患不违章；
遇到事故想一想，救援预案紧跟上；紧急关口想一想，指挥若定莫慌忙；
跟班下井想一想，同上同下做榜样；凡事都要想一想，职工生命记心上。

六、干部入井“二十四字”要求

“早入晚出、循环两遍、重点专盯、眼疾手快、用心用脑、不忘汇报”。

具体内容为：“早入晚出”即干部要在职工前面提前到达工作地点，在下班时最后一个离开工作地点；“循环两遍”即干部到达工作地点后要对工作地点进行一遍巡查，下班前再对工作面进行一次巡查；“重点专盯”即干部在两遍巡查之后和班中对重点安全部位、存在隐患的地点进行专盯，带头处理隐患；“眼疾手快”即干部在处理隐患、处理生产与安全的关系时要抓住安全第一要务，及时布置进行处理；“用心用脑”即干部在处理隐患时首先确保人员安全的前提下，多听取意见，采取可靠的方式进行处理，避免马虎、凑合过关的思想，将事故隐患彻底清除；“不忘汇报”即干部在遇到严重问题时要及早汇报，处理问题的过程中要多汇报，班前班后要分别进行安全状况汇报。

第三节　安全行为

一、管理方针和原则

安全生产方针：安全第一，预防为主，综合治理。

安全管理原则：管理、技术、装备、培训并重。

二、管理重点

(1) 水、火、瓦斯、煤尘、顶板等重大灾害事故预防。

(2) 重大安全投入和安全系统工程。

(3) 重大隐患和不安全行为。

(4) 顶板管理、采掘管理、设备管理、运输管理、通风管理等。

(5) 推进安全科技，做好顶板科技攻关研究，防治水攻关研究和防治瓦斯攻关研究。

三、安全生产目标

“从零开始，向零奋斗”。消灭水、火、瓦斯、煤尘、顶板等重特大事故，消除大伤亡事故，做好各种职业病的预防，保持安全生产持续稳定。

四、基本管理方式

(1) 建立健全安全生产责任制，定期对矿井各生产单位的安全生产情况进行评估，提出管理、装备、培训方面的整改意见和要求，并督促落实，提高各单位的综合抗灾能力。

(2) 依据《矿山安全法》《煤矿安全规程》《安全生产法》和国家有关安全生产法律、法规，从陈四楼煤矿安全管理、技术、装备和员工素质的实际出发，建立健全安全管理体系、技术进步体系、安全生产标准化体系和员工教育培训体系。

(3) 大力推行本质型安全管理，以系统论为指导，运用系统工程方法，把安全生产寓于生产、管理和科技进步之中，注重源头治理，实现本质安全。不断提高员工特别是安全检查人员的素质，严把安全岗位、关键岗位人员的进口关，对关键岗位低素质人员要及时调换下来。

(4) 继续下大力气强化基层和基础“双基”建设，突出安全生产标准化和安全文化建设，构建煤矿安全监测监控网络和安全管理工作网络。

(5) 建立健全陈四楼煤矿各区队的安全生产组织管理体系，责任制度体系、信息反馈体系和应急救援体系，做到安全管理不留死角。

(6) 完善工作制度，组织对现有安全制度进行认真检查，根据新的条件、新的要求、新的情况进一步修改完善，确保安全管理制度准确率100%、覆盖率100%、执行率100%、到位率100%。

(7) 定期对陈四楼煤矿各生产区队的安全管理、安全生产标准化、安全技术措施以及安全教育和培训情况进行检查考核。

(8) 制定职业病防治责任制，对职业病防治实行分类管理、综合治理。

(9) 加强安全文化建设，培育具有陈四楼煤矿特色的安全文化，实现安全管理由被动到主动、由预防事故到安全、文明、健康的新跨越。

五、员工基本行为要求

(一) 班前会

(1) 班前，要休息好，处理好各种事务，不可带有情绪及思想包袱上班。

(2) 上班时要着装整齐，不穿戴特殊服饰，讲究整体形象。

(3) 按时到达班前会，不迟到，讲究卫生，不随地吐痰，在有明令禁止吸烟的场所不吸烟。

(4) 开班前会时，不得嬉戏、起哄、交头接耳，要认真听取科(队)长、班长对当班工作任务的安排与重点事项。

(5) 若对当班安排的任务和事项有模糊不清或模棱两可的，要及时提出来向科长或班长问明了，否则，不得入井。

(6) 散会后，自觉排队到更衣室更衣。

(二) 入井前的准备

(1) 入井前，认真检查好自己的上岗资格证。

(2) 劳保服要统一，穿戴整齐，不得开怀敞胸，要扎好袖口，系好灯带，戴好安全帽、自救器和矿灯。

(三) 入井

(1) 入井时，要有序进罐(车)，文明乘罐(车)，严禁在罐(车)上打闹嬉戏，不准推拉，不得向井筒(车)外乱扔任何东西。

(2) 乘罐时，必须听从把罐工的指挥，不得因抢时间或其他原因超乘罐笼。

(3) 乘坐人车时，要挂好防护链，在人车未停稳前，严禁将身体或工具的任何部分伸出车外，防止被其他车辆或物体挂伤、撞伤。

(4) 乘坐人车时，严禁在任何车厢间搭乘人员，运行中无论什么东西掉落在车外，车未停稳前不得下车去捡。

(5) 乘坐罐笼(人车)时，要时刻注意自身及其他人的安全，防止在乘罐(车)时被所带工具造成的自伤或他伤。

(6) 在乘坐人车时，严禁扶、靠未停稳的人车。

(7) 除人车外，没有矿上发的许可证或未经有关单位、部门批准，任何人不得乘坐其他车辆。

（四）井下行走

(1) 在井下巷道行走时,一定要走人行道,不准在轨道间或另一帮行走。严禁在封闭的巷道内行走。

(2) 经过有人工作的车场或施工地点时,要先联系后通过。

(3) 井下行走时,严禁进入有栅栏或挂有危险警告牌的地点。

(4) 经过风门时,要开一道过一道,不可同时打开两道风门。

(5) 严禁扒、蹬、跳运行中的任何车辆。

（五）交班

(1) 在指定地点交接班,如果现场出现较大隐患,必须盯在现场,督促整改,现场交接班。

(2) 交班必须做到“口对口、手交手、你不来、我不走”。

(3) 交班时当班存在的问题、问题的整改情况以及下一个班需要检查的重点,要书面交给接班人员,并在交接班记录本上签字,内容包括交接班地点、交接班时间。

（六）班后

(1) 按时参加班后对本班工作情况的总结、评比,认真记录现场写实及问题整改落实单。

(2) 按时参加班后的安全活动、案例学习及其他活动。

(3) 班后要及时回家,路上注意自身安全,不得在其他地方玩耍、逗留、喝酒以及其他活动。

六、员工 6S 行为养成

（一）整理(Setting)

(1) 整理清除不必要的废弃物。

(2) 所有设备、工具、物品整理归位,放置到标志指示部位。

(3) 材料、工具码放整齐,摆放有序。

(4) 按照设定时间跨度完成整理。

（二）标准化(Standardzation)

(1) 遵守作业规程,严禁违章作业。

(2) 按照标准操作,实现过程和结果的标准化。

(3) 工作面标准每天提高 1%。

（三）清洁(Sanitary)

(1) 清扫责任区的杂物垃圾,保持工作场所整洁干净。

(2) 保养设备工具,使其整洁完好。

(3) 整理个人装束,保持个人清洁。

(4) 按照设定的时间跨度完成清洁。

（四）素养（Stuff）

（1）提高技术业务水平和操作技能。

（2）言行文明。

（3）协作配合。

（4）遵守职业道德规范。

（5）爱护公共设施，不损害、不私拿公共财物。

（五）准时（Sharp）

（1）不准迟到、早退、脱岗。

（2）按时完成工序作业和工作任务。

（六）安全（Safety）

（1）不发生人身事故。

（2）不发生设备事故。

第四节　安全文化

一、安全“零”文化

2003年年底，陈四楼煤矿组织员工参加安全生产大讨论，就“为什么要抓安全”“为谁抓安全”“如何抓安全”等统一思想达成共识。

2004年年初，要求各级管理人员带着感情抓安全，换位思考，视员工为亲人。人的生命是最宝贵的，任何一个员工伤亡，对其家庭都是灭顶之灾，如果不能保证员工安全，就是管理者失职，不允许下死亡指标，即零死亡。同时，加大安全管理力度，配套推出有效措施，如“干部查岗零点行动”“隐患整改零缺环”“发生事故零效益”等。在安全生产实践过程中逐步形成“从零开始，向零奋斗”的共识，酝酿出安全“零”文化。

2004年，陈四楼煤矿举办“企业文化大家谈”演讲比赛。

2005年，成立企业文化建设领导小组，学习贯彻永煤公司一号文件中提出“从零开始，向零奋斗”、实现平安永煤的安全工作目标，确立“从零开始，向零奋斗”安全理念。同年，陈四楼煤矿首次在一号文件中根据安全“零”理念，制定了具体方案和措施并进行落实。

2006年，安全形势持续向好，安全“零”文化深入人心。

2007年，陈四楼煤矿围绕创建本质安全型矿井的奋斗目标，继续开展“双基”和“两个规范”建设，进一步充实和完善安全文化。推进安全“三化”管理（安全质量标准化、安全管理精细化、安全行为人性化），“四无”管理（思想无懈怠、管理无空档、现场无隐患、系统无缺陷）和“两零”目标管理（管理零缺陷、安全零事故），完善五个体系（安全目标责任体系、安全管理制度体系、区队班组建设体系、职工教育培训体系、安全监督检查体系），努力实现“双零”目标。是年，开展企业文化理念故事征集活动。

2008年，开展“隐患治理年”活动，遵循“抓系统，系统抓”安全工作思路，实施“科技兴安”,创建本质安全型企业。

2008 年 1 月,陈四楼煤矿获得河南省煤炭系统企业文化示范矿。

2009 年,陈四楼煤矿践行永煤公司提出的摒弃“煤矿事故在所难免,干煤矿不可能不死人”观念,再认识“一切隐患都可防治,一切事故都可避免”新观念。管理者“经常换位思考,视员工为亲人,真正带着感情抓安全,宁可一米道不进,一两煤不出,也要保证安全,坚决不要带血的煤,绝不让一个员工遭受灾难,绝不让一个家庭遭遇不幸”。是年,“从零开始,向零奋斗”安全理念,拓展、延伸到“安全工作零起点、执行制度零距离、系统运行零隐患、设备状态零缺陷、生产组织零违章、操作过程零失误、隐患排查零盲区、隐患治理零搁置、安全生产零事故、发生事故零效益”10 个安全理念体系,提出“管人、管事、管业务必须同时管安全”安全管理原则,从重惩罚失职管理人员。

2010 年,陈四楼煤矿践行永煤公司专业子理念,即责任制内容“零盲区”、责任制边界“零错位”、责任制落实“零缺位”。作业规程和安全技术措施管理做到内容“零缺陷”、贯彻“零漏项”、执行“零距离”。以风定产“零超限”、瓦斯治理“零突出”、监测检查“零盲点”;矿井防治水实现“零突水、零淹面、零影响”。顶板管理“零片帮、零空顶、零冒顶”矿井电气“零失爆”、供电“零中断”、运输“零失控”。安全生产管理协议内容“零缺项”、执行“零距离”、项目“零事故”。构建“矿井自主、系统自控、区队自治、班组自理、员工自律”的全方位覆盖、全时间掌握、全过程互动、全员参与的安全管理体系,确保管理层级清晰、责权明确和业务衔接紧密,构筑具有陈四楼煤矿特色的安全“五自”管理体系。

2011 年,陈四楼煤矿深化煤化集团“012345”安全管理模式,着力安全管理自主化,推进管理过程精细化,狠抓工作现场标准化,进一步强化责任意识,加强全员、全过程、全方位的安全管理。

2012 年,陈四楼煤矿践行永煤公司提出的“再好的经济效益也比不过人的宝贵生命,再大的功劳也抵不了死人之过”的安全价值观。提出安全事故零容忍、安全隐患零容忍、不安全行为零容忍、“少人多安、无人则安”安全观,提出“管人管事管业务必须同时管安全”原则,提出“生命至高无上、安全生产第一”为最高信条。是年 3 月,获得全国煤炭工业企业文化示范矿。

2013 年,安全文化建设取得新成效。秉承“从零开始、向零奋斗”安全理念,积极开展“保护矿工生命、矿长守规尽责”主题实践活动,矿长王珏发表的“保护矿工生命安全”决心书,受到国家安监局表扬,并在全国广泛宣传。开展安全文化示范矿井创建,发挥示范矿井引领和带动作用,陈四楼煤矿被命名为省级安全文化示范矿井。

2014 年,印发《陈四楼煤矿企业文化宣贯实施方案》,全面宣贯河南能源企业文化,统一员工思想,增强认知、认同感,有效推动企业文化落实。

2015 年 5—6 月,按照永煤公司要求,吸取陈四楼煤矿“4·10”和永贵能源新田煤矿 2014 年“10·5”煤与瓦斯突出事故两起事故教训,开展“深入学习讲话、认真吸取教训、夯实安全根基”大讨论活动。

2016 年,建设事故反思、守规尽责、齐抓共管、安全诚信等安全文化。

2017 年,贯彻落实习近平总书记对安全生产工作指示精神,坚持“安全第一、预防为主、综合治理”方针，树立“红线”意识和“底线”思维，坚守发展决不能以牺牲安全为代价红线，推行“三位一体”安全生产标准化体系建设(事前风险管控，事中隐患排查，安全质量达标管基础)。

2019 年 4 月，陈四楼煤矿为进一步加强安全管理，严格落实危险预知、安全确认、安全站位、流程作业“四位一体”岗位标准化工作标准，有效预防和杜绝各类零敲碎打事故的发生，本着“突出区队自主管理，强化科室监管指导，优化系统管控效果”的原则，特制定印发《陈四楼煤矿“四位一体”岗位标准化作业流程管理办法》。

2020 年 3 月，印发《陈四楼煤矿安全文化考核办法》，坚持以人民为中心的发展思想，深入践行安全“核心理念”，持续打造“四种安全文化”，推进陈四楼煤矿“369”安全文化体系落地促效，努力实现“双零目标”，全力推动矿井安全健康稳定发展。核心理念：从零开始、向零奋斗。四种文化：持续打造守规尽责文化、持续打造齐抓共管文化、持续打造安全诚信文化、持续打造事故反思文化。“369”安全文化体系：安全愿景：共创平安矿井、共建幸福家园、共享发展成果；安全使命：装备智能化、本质安全化；安全价值观：以人为本、敬畏生命；安全作风：严管干部、厚爱职工；安全方针：依法生产、不越底线；控风险于萌芽之时、除隐患于成灾之前。双零目标：通过安全文化建设和思想教育引导，助推矿井实现安全“零事故”、环保“零事件”的奋斗目标。

二、“012345”主动预防型安全管理模式

2010 年开始，随着永煤集团安全周期的延长，安全生产压力逐年增加，干部员工安全生产这根“弦”越绷越紧，缺乏继续做好安全生产工作信心，感觉安全工作遇到不可逾越的瓶颈。为缓解安全生产思想压力，永煤集团推出多项安全管理举措，如 2011 年，印发安全“五自”管理体系指导意见，在永煤集团推行“五自”管理。

2011 年年底，结合多年安全生产工作经验和做法，归纳总结出以零理念、一号工程、双基建设、三大机制、四大体系和五自管理为核心的“012345” 主动预防型安全管理模式。项目获 2011 年度中国煤炭学会、中国煤炭工业协会颁发的中国煤炭工业科学技术一等奖，并由国家煤监局指派参加中国安全生产协会宣讲团，先后到开滦集团、龙煤集团、山西焦煤、陕煤化集团宣讲“012345” 安全管理模式。

具体内容为：

安全“零”理念：坚守“从零开始，向零奋斗”的安全理念。

安全“一号工程”：安全工作排所有工作首位，在政治环境上、压实责任上和具体工作中重视安全工作，抓好“一号”工作。

安全“双基”建设：从单位基层班组一线和单位基础制度建设两方面加强安全工作并进行有效考核。

健全“三项机制”：优化用人机制，即优先从安全业绩流的团队、安全业绩一流的个人和安全生产条件复杂的岗位中选拔干部，严把员工入口关，交招工为招生；严格奖惩机制，即实行安全生产结构工资，将工资总额的 30％切块投用到安全奖罚；完善考核机制，即按“横向到边、纵向到底”要求建立永煤集团。子公司、矿井、区队、班组“五级”安全考核体系。

构建“四大体系”保障安全:建立以科技投入为导向的安全保障体系,坚持“科技兴安”战略;建立以素质提升为导向的员工培训体系,坚持“干什么学什么,缺什么补什么”的培训原则,提升员工的安全意识和安全技能;建立以强化管理为导向的安全评价体系,开展瓦斯治理效果评价和水害因素分析、预测预报、隐患排查和水害治理效果评价;建立以防灾抗灾为导向的应急救援体系,按照“内容全面、责任明确、操作性强”总体要求,编制应急预案,将日常预防性检查、救援技能训练、应急演练和事故救援纳入业绩考核,加强应急预案演练,提高突发事件应急处置能力。

实行“五自”管理:提升安全执行力,激发矿井、系统、区队、班组、员工5个层面对安全生产工作的积极性、主动性和创造性,按照因企制宜、因地制宜、因时制宜、因人制宜的原则,实行以“矿井自主、系统自控、区队自治、班组自理、员工自律”为主要内容的“五自”管理,建立安全生产长效机制。

三、安全理念体系

(1) 从零开始,向零奋斗。安全是员工最大的福祉,是生产的根本、效益的保障。任何时候对待安全都要不推诿、不懈怠、不耍滑。要时刻把员工的生命、健康放在心上,视员工如亲人,带着良心和真心抓安全,带着关爱员工的深厚感情抓安全,打造牢不可破的安全长城。

(2) 安全“十零”理念。安全工作零起点;执行制度零距离;系统运行零隐患;设备状态零缺陷;生产组织零违章;操作过程零失误;隐患排查零盲区;隐患治理零搁置;安全生产零事故;发生事故零效益。

① 安全工作零起点。安全工作是煤矿生产的重点工作。要想搞好生产,必先抓好安全工作,在生产中必须坚持“从零开始,向零奋斗”的理念,要从源头上、萌芽中消灭事故,让事故没有立足之地,安全工作以零为起点,以零事故为终点。

② 执行制度零距离。让制度不再只是纸上谈兵,要让它生活化、全员化,深深地渗入所有员工的生活中,通过班前会贯彻、“一帮一”等方法,让员工真正理解制度的内涵,让制度成为习惯。

③ 系统运行零隐患。隐患要及时排查及时整改,对生产相关系统要进行全面检查,试运行,保证其安全稳定性,保证安全生产。

④ 设备状态零缺陷。各种设备没有绝对的安全,有可能存在缺陷,但人的潜力是无限的,要善于发现缺陷,并积极改进,保证设备状态零缺陷。

⑤ 生产组织零违章。煤矿是一个高危行业,其中一大害就是“三违”。每次班前会都会有宣誓词,而其中就有抵制违章的语句,所以不能让其成为空话套话,要真真切切地运用到实际生产中,作为矿井的一员,人人都有权利和义务抵制违章作业,要极力杜绝,直至零违章。

⑥ 操作过程零失误。严格按照各种规程培训全体员工,作为领导,不光在生产中搞好管理,更要搞好员工的日常生活工作,要保证其睡眠等,要避免因个人精神状态而出现操作失误。在正常的生产中,要不断学习和复习相应规程。

⑦ 隐患排查零盲区。这里所说的盲区一是人的知识盲区；二是隐患排查的遗漏盲区。

⑧ 隐患治理零搁置。隐患是各种大型事故的前兆，如果发现隐患不及时整改就有可能酿成大错，发生重大事故，造成财产及人身安全损失。在生产中严格按照作业规程作业，治理隐患要争分夺秒，因为施工地质条件复杂多变。

⑨ 安全生产零事故。生产安不安全由事故率来定，因为煤矿是个高危行业，事故完全杜绝是不可能的，但我们要努力把事故率降到最小，要向“零事故”奋斗，以“从零开始，向零奋斗”为理念，抓好做好安全工作。

⑩ 发生事故零效益。由于井下环境的特殊性，一旦发生事故，会造成很严重的损失，不光是财产的损失，而是会危及生命，那么整个企业也就没什么效益可言了。

(3) 安全核心理念。以人为本，关爱生命：科学的发展观是“以人为本”，人的生命是最宝贵的、是第一需求。

(4) 安全价值理念。没有安全就没有干部的政治生命、没有安全就没有职工的家庭幸福、没有安全就没有企业的经济效益、没有安全就没有矿井的稳定发展。形成统一安全价值观。

(5) 安全行为理念。违章作业就是自杀、违章指挥就是杀人、对违章作业不制止就是见死不救、对违章指挥不惩处就是纵容杀人。违反规章制度作业会造成严重后果。

(6) 安全管理理念。抓安全要有决心、抓质量要有恒心、抓“三违”要有狠心、抓帮教要有耐心。确定管理行为方向。

(7) 安全意识理念。安全工作“0”起点、执行制度“0”距离，安全生产“0”事故，发生事故“0”效益。释解安全工作“从零开始，向零奋斗”的重要含义。

(8) 安全目标理念。零三违、零隐患、零事故。确定安全工作的奋斗目标。

(9) 安全工作理念。大事皆由小事出、做好小事无大事。体现细节决定品质，细节决定成败的思想。

(10) 安全防范理念。“自己的安全自己管”的安全意识培育理念。“无事当有事”的安全危机理念。“小事当大事”的防微杜渐理念。“昨天的事当今天的事”的前车之鉴理念。“把别人的事当自己的事”自我警示教育理念。

(11) “三个一切”。一切为了安全、一切为了员工、一切为了发展。

(12) 严、教、新、实四字方针。严：严格的管理；教：培训教育；新：不断创新；实：抓落实，求实效。

(13) 超前预防抓安全用好四面镜子。在排查隐患时用好“显微镜”；在制定安全规程时用好“望远镜”；在分析问题时用好“放大镜”；在吸取教训时用好“反光镜”。

(14) 六个不容忽视。为强化薄弱环节的安全管理，抓安全做到了六个不容忽视：安全地段的安全管理不容忽视；重复发生，屡查屡犯、熟视无睹司空见惯的违章现象不容忽视；班组长的安全管理不容忽视；荣誉光环照耀下单位的安全管理不容忽视；安全周期较长期间的安全管理不容忽视；地面的安全管理不容忽视。

(15) 全矿干部抓安全做好七带。加强全矿干部抓安全的责任感：带着责任抓安全，带着思路抓安全，带着压力抓安全，带着问题抓安全，带着标准抓安全，带着措施抓安全，带着目标抓安全。

(16) 克服三紧三松。为致力于安全周期的不断延长克服三紧三松:喊得紧,抓得松;有时紧,有紧松;上面紧,下面松。

(17) 如临深渊,如履薄冰。无论任何时候,都不能放松对安全的管理。切不可心存侥幸,满足于当前安全管理现状。

(18) 止患于初,成事于预。要把隐患消灭在萌芽状态,等事故发生,则一切都晚了。

(19) 生产必须安全,安全为了生产。生产与安全是矛盾的统一体,是相辅相成的,安全是前提是基础。安检部门切不可因矿上生产形势严峻,而放松对安全的监管。

(20) 对待隐患,不可视而不见,更不可麻木不仁。有的干部职工对待隐患已经到了麻木不仁的地步了,这是很可怕的,你已经成了企业的隐患,毫无疑问不除隐患就除你。

(21) 算好安全三笔账。加大安全教育,给每位职工算好安全三笔账,即"个人身体账、家庭幸福账、团队形象账",从而实现理念管人、文化管人。

(22) 事故发生之前,无论怎样处理都不过分。事故发生之前的管理是主动的,事故之后的处罚是被动的,安全管理上要争取主动,防止被动。

四、安全格言

(1)"效益比成本更重要,形象比成本更重要。"不能一味讲成本,什么都不做不需要成本,但也失去了成本存在的意义;做事要权衡利弊,要讲求效益和形象。只有如此,才是真正上践行科学发展观。

(2)"为之,则难者亦易;不为,则易者亦难。"天下事无一例外,我们的各项工作也是如此,如我们的文明施工、工程质量等等。

(3)"细节决定成败。"细节反映我们对待工作的态度,反映我们做事的决心,反映我们考虑问题的角度,也就决定了我们事业的成败。

(4)"发现不了问题是能力问题,解决不了问题是水平问题,不去解决问题是态度问题。"每位领导干部都要经常对照这三点检查自己的工作作风,在哪方面出现了失误。

(5)"带兵打仗不能靠小恩小惠。"你是管理者,你一定要知道自己的责任,要有大局意识,要敢于暴露自己单位的问题,不要有袒护现象。要主动要求别人监督、善于接受别人监督,只有这样,才能健康、持久地发展。

(6)"结果比过程更重要。"过程可以很美好,但没有结果的过程等于零。

(7)"严肃性、严密性、实用性。"作业规程必须坚持这三性,否则就要出大问题。

(8)"处理一个人影响相当长的周期。"处理的目的不只是为了惩罚某个人,也不是针对某一事大计较,关键在于教育他人,警示他人,以免重蹈覆辙。

(9)"腹有诗书气自华。"每位干部都要加强学习,不断提升自身的综合素质。

(10)"吾日三省吾身。"自己每天都要不断地反省自己,对自己的工作进行回顾与总结,这样才能不断进步。

(11)"以人为本,行车四不准。"安全管理延伸到八小时之外,家庭小车不断增多,为确保行车安全,规定行车四不准,即"不准超速,不准酒后开车、不准无证驾驶、不准接打电话”，矿随时督察，如有违反，按违纪处理，确保驾车安全。

(12)“举什么旗，走什么路。”要有政治敏锐性，要有政治头脑。要明确什么旗，走什么路，一定要站在全局的高度考虑问题，不能满足现状。

(13)“知行合一。”首先要不断地学习新的技能，掌握新的知识，然后应用到具体的工作中去，才能真正做到知行合一。

(14)“360 度考核。”对干部的考核，要建立长效机制，要从各方面入手，进行全面的、不间断的考核。

(15)“信息反馈不停留不停顿。”不重视信息沟通，缺少信息沟通是极其有害的，各类信息要以最快的速度直达决策层。

五、“369”安全文化体系

2020 年 8 月，陈四楼煤矿提出了“369”(三零目标、六大理念、九大工程)安全理念和拟定了安全文化体系方案，并向全矿各单位征求意见或建议，形成富有特色和推动力的陈矿安全文化体系。

(一) 树三零目标

践行集团公司“从零开始、向零奋斗”安全核心理念，坚持“零起点、零过程、零目标”的工作要求，自上而下建立逐级“零目标”体系，自下而上逐级保障“零目标”实现。

1. “员工人人零三违”奋斗目标

据事故统计分析得出结论，99%的事故发生都是人为因素，每起事故不同程度存在违章指挥、违章操作、违反劳动纪律的“三违”行为。人在“人、机、物、法、环”系统中处于主导地位，对防范事故起到决定性作用，每位职工享有自觉抵制“三违”的权力，也必须履行自觉抵制“三违”的义务，从消除“不安全行为”方面斩断事故因果链条，防范事故。

2. “区队月月零伤害”奋斗目标

区队是现场安全生产组织的责任主体，对员工安全状态管理、班组安全施工管理、现场安全标准化管理负有直接责任。区队必须健全完善各项安全管理制度、建立安全考核机制、实施正规循环作业、科学组织生产，确保规程措施在现场得到有效落实，从“管理无漏洞”方面斩断事故因果链条，防范事故。

3. “矿井年年零事故”奋斗目标

矿井的科学发展、健康发展、高质量发展，离不开安全作为基础。基础不牢、地动山摇，只有安全前面这个“1”，后面的“0”才有意义。矿井必须通过年年无事故，不断向安全长周期运行迈进，从干部职工思想不懈怠、奋斗无止境方面持续加力，久久为功、驰而不息地抓好事故防范，最大限度保障国家财产安全、员工生命健康安全。

(二) 育六大理念

1. 理念之一：以人为本、敬畏生命

人的生命是最宝贵的，人的生命只有一次。要弘扬社会主义核心价值观，贯彻“人民至上、生命至上”思想，“不忘初心、牢记使命”，坚守“发展决不能以牺牲安全为代价”的红线，始终把职工当兄弟、当亲人，把职工的安全健康权利放在高于一切、重于一切、先于一切的位置，尊重生命价值，饱含敬畏之心，时时刻刻“关爱生命、关注安全”，确保每名员不受伤害、不被伤害。

2. 理念之二：依法生产、不越底线

依法生产是企业生存的根本。要贯彻落实全面依法治国新理念新思想，落实安全生产主体责任，全面提升法治意识，做到知法、守法、用法。要强化安全生产底线意识，坚持硬标准、硬约束、硬要求，做到法有禁止不可为，确保安全生产有法可依、有法必依。健全完善安全管理各项制度，构建系统完备、科学规范、运行有效的制度体系。强化制度执行监督和问效，做到铁制度、硬执行。

3. 理念之三：严管干部、厚爱职工

“促一方发展、保一方平安”是各级领导干部的政治责任，各级领导干部要严格按照“党政同责、一岗双责、齐抓共管、失职追责”和“管行业必须管安全、管业务必须管安全、管生产经营必须管安全”的原则，以强烈的政治意识、大局意识，以“时不我待”的紧迫感、“舍我其谁”的责任感，压实安全责任，堵塞管理漏洞，提高管理水平，杜绝事故发生，保障职工生命安全，做到无愧于岗位、无愧于时代、无愧于良心。

4. 理念之四：装备智能化、本质安全化

加快转型发展是企业生存必由之路。面对经济发展质量变革、效率变革、动力变革，新技术、新工艺不断涌现、装备不断更新换代，矿井安全生产必须响应时代号召，融入新理念、注入新思维、谋求新方法、力求新作为，加快推进“四化”建设、大力推广应用“四新”成果，建设智能矿山、智慧矿山，增强本质安全保障能力，打造新时代煤矿安全集约高效生产新格局。

5. 理念之五：控风险于萌芽之时、除隐患于成灾之前

把风险管控挺在隐患前面、把隐患治理挺在事故前面，健全完善“双重”预防体系，推动安全纵深防御、关口前移、源头治理。既要严防“黑天鹅”小概率事件，解决想不到、看不到、管不到的问题，又要严防“灰犀牛”大概率事件，解决不落实、不深入、不细致的问题，还要防范“蝴蝶效应”，解决小变化、小扰动被逐级放大，导致形成系统性重大风险。

6. 理念之六：共创平安矿井、共建幸福家园、共享发展成果

坚持安全发展为了职工、安全发展依靠职工、安全发展成果由职工共享。尊重职工安全生产的主体地位和首创精神，调动职工安全生产的积极性、主动性、创造性，共创平安矿井，共建幸福家园。把安全发展成果用在不断提高职工的生活质量和健康水平上，实现职工体面劳动、尊严工作，垫实美好生活基石，增强全体职工获得感、幸福感、安全感。

（三）建九大工程

1. 宣教引领工程

大力实施“五个一”安全教育工程(以采掘头面为主的安全教育“一条线”，从井口到井

下运输大巷为主的安全教育“一条龙”，以地面工广为主的安全教育“一走长廊”，以区队学习室为主的安全教育“一园地”，以广播、报纸为主的安全教育“一阵地”)。通过潜移默化的环境感染，强化安全意识、规范安全行为，做到知行合一。

2. 幸福员工工程

大力开展以“懂感恩、讲奉献、谋幸福、促和谐”为主题的“幸福员工”内训活动，开展“心灵和谐工作坊”“卓越员工生命价值重塑”等一系列拓展训练、体验讲座。优化员工就餐、娱乐和生活学习条件，绿化、美化工广面貌，创造舒适文明的办公工作环境。推进幸福员工向幸福家庭拓展，增强员工的职业荣誉感、企业归属感、社会价值感。

3. 素质提升工程

积极构建并完善“12345N”安全培训管理体系，依托“学习强矿”等平台和载体，积极开展“岗位练兵”，鼓励员工争做行家里手，建设一批技能大师队伍、打造一批工匠团队。围绕“想安全、能安全、会安全”，培养“岗位操作技能、危害辨识技能、紧急避险技能”三种能力，实施“四位一体”标准化流程作业，扎实开展“安全伙伴”互保联保，确保实现“不伤害自己、不伤害他人、不被他人伤害、保护他人不受伤害”四不伤害。

4. 班组创建工程

大力开展“学习型、技能型、创新型、效益型、安全型、和谐型”六型班组建设，推进班前会议“程序化”、班组日常工作“标准化”、班组安全管理“精细化”、班组文化生活“多样化”、班组建设“民主化”，提高班组向心力、凝聚力、战斗力。实行“班前人员情绪安全确认、入井前劳保用品佩戴安全确认、开工前机物环安全确认、班中隐患风险排除安全确认、作业过程操作行为安全确认、班后交接班升井安全确认”六确认，确保职工班前情绪安全、班中操作安全、班后升井安全。创新班组组织体系，推广班组长轮值管理，打通从依靠个人管理到依靠全员管理的路径，构建班组自主管理体系。

5. 精品达标工程

开展“现场设备定置化、材料码放整齐化、安全设施齐全化、岗位操作流程化”管理，推行“巷道两帮一条线、皮带运输一条线、电缆吊挂一条线、风水管路吊挂一条线、材料码放一条线、风筒延伸一条线、牌板吊挂一条线、中腰线一条线、工具码放一条线、水沟挖砌一条线”十点十线管理，确保“制度落实达标、设备完好达标、工序流程达标、操作程序达标、工程质量达标”五达标。

6. 系统优化工程

以“一优三减”和“四化建设”为统领，落实“三优三减三提升”工作要求，围绕“少人则安、无人则安”，坚持“能优则优、能减则减”思路，按照“四区配套三超前”模式，大力推广打钻模块化、供电硐室化、综采供电远程化、主体工程和措施工程一体化、巷道布局格式化、排水系统开工标准化“六化”和采掘工程“一体化”管控模式，推进系统集约安全高效。探索夜班不生产、不掘进生产组织方式，提高员工幸福指数。

7. 治灾示范工程

以瓦斯“零超限”、煤层“零突出”为目标，积极推进瓦斯抽采“三化一工程”，完善“钻、冲、筛、量、运”五位一体模式，大力创建瓦斯区域治理示范工程；以采掘工作面“零突水、零淹面、零影响”为目标，推进防治水工作“五个转变”，构建“七位一体”的防治水工作体系，大力创建水害防治示范工程(实现水害防治由过程治理向源头预防转变、由局部治理向区域治理转变、由井下治理向井上下结合治理转变、由措施防范向工程治理转变、由治水为主向治保结合“五个转变”；构建理念先进、基础扎实、勘探清楚、科技攻关、综合治理、效果评价和应急救援“七位一体”水害防治工作体系)。

8. 管理强安工程

大力推进“灾害治理法治化、安全生产标准化、操作行为标准化、矿井管理流程化、工作计划科学化、员工队伍专业化”六化管理。坚持实施30%的安全结构工资制度，逐月逐级开展“双基”建设对标考核，开展“安全标兵”评选活动，激发全员安全工作积极性、主动性。按照“明责、履责、查责、追责”要求，建立安全承诺机制，逐级签订安全责任书，实施安全红线管理，强化责任落实，提高管理效能。

9. 群防群治工程

注重发挥基层党支部战斗堡垒作用和党员先锋模范带头作用，积极创新党员身边“无三违、无隐患、无事故”活动，开创“党建＋安全”新格局。完善五项流程、确认四级预警、建立三项机制、关注两大类隐患，及时防范和化解员工思想隐患和不稳定因素。大力开展安康杯竞赛活动，定期组织群监员、青安岗、协管员上岗活动，举办丰富多彩的文体活动，努力营造全员参与的浓厚安全文化氛围。

六、安全文化活动

1995年5月8日，陈四楼煤矿项目首次开展“安全生产月”活动。

1996年6月，陈四楼煤矿筹备处开展第一个“百日安全生产活动”。此后逐年开展活动。

2005年，陈四楼煤矿开展“百日安全竞赛”“百日竞赛”“青年安全生产示范岗”活动，深入开展“导师带徒”“青年安全监督岗”活动。

2006年，开展“感恩永煤　报恩永煤”主题教育、“百日安全竞赛”“百日竞赛”活动，争创“三无”优秀安全管理者和优秀安全班组长竞赛，实施“安全专盯”。

2007年7月，陈四楼煤矿首先提出并实行“安全伙伴”活动。

2008年，在安全管理创新经验现场交流会上，陈四楼煤矿“隐患买卖制”“安全伙伴活动”得到推广。

2009年，在河南省煤炭系统安全文化建设经验交流研讨会上，陈四楼煤矿警示文化、比试文化、提示文化、“股市”文化、展示文化得到重点介绍。

2010年1月，修订完善《陈四楼煤矿“安全伙伴”实施办法》和《陈四楼煤矿“隐患买卖制”实施办法》。开展“社会矛盾化解年”“安全生产年”活动，及为期两个月的学习宣传贯彻《国务院关于进一步加强企业安全生产工作的通知》(国发〔2010〕23号)的活动。

2011年，开展员工心声“直通车”“四型”班组创建活动。2011—2021年持续开展“安全大检查”活动。

2012—2013 年，陈四楼煤矿充分发挥劳模先进在矿井建设发展中的先锋模范作用，开展劳模先进身边无“三违”、无隐患、无事故活动。陈四楼煤矿认真践行科学发展观，充分发挥党联系群众的桥梁和纽带作用，关注弱势群体，积极为党、政分忧，开展送温暖活动。

2014 年 4 月，陈四楼煤矿进一步提高全矿群监员的群众监察水平，加强群监员的工作责任心，建设一支高素质的群众监察队伍，杜绝或减少各类事故的发生，促进矿井安全生产，实现陈四楼煤矿安全工作目标，在全矿范围内开展群监员晒、比、树活动。

2015 年 5 月，陈四楼煤矿深刻吸取“4·10”事故教训，按照《关于开展“深入学习讲话、认真吸取教训、夯实安全根基”大讨论活动的通知》，结合陈四楼煤矿当前工作实际，开展“深入学习讲话、认真吸取教训、夯实安全根基”大讨论活动。

2016 年 2 月，陈四楼煤矿以“教育为主、惩罚为辅”作为工作思路，加强典型违章行为整治，适时开展典型违章行为巡讲活动。

2018 年 3 月，陈四楼煤矿认真落实各级领导干部安全生产责任制，做到安全管理重心下移、关口前移，实现安全“零”目标，助力集团公司坚决打赢深化改革、管理提升、风险管控三大攻坚战，开展安全生产管理提升年活动。

2019 年 3 月，陈四楼煤矿为更好地拓宽安全培训平台，创新培训模式，让员工主动关注安全、牢固树立安全意识，并不断创新、提高员工学习的积极性、主动性和创造性，建立员工安全教育培训的长效机制，营造良好的安全学习氛围，开展“安全微视”活动；是年 6 月，陈四楼煤矿为全面提高员工综合素质，拓宽安全培训平台，创新安全培训模式，在全矿开展全员学习积分暨“学习强矿”活动。

2020 年 5 月，陈四楼煤矿进一步发挥党员在消除隐患、抵制“三违”、保障安全方面先锋模范作用，激发全矿党员干部嘱安、保安、促安的主动性和积极性，推动党建与安全生产工作的双融合、双促进，实现矿井两个高质量发展，开展党员身边“无三违、无隐患、无事故”活动；10 月，陈四楼煤矿为有效解决职工在工作和生活方面遇到的困难和问题，把职工矛盾化解在信访事件形成之前，持续提升职工的归属感、获得感、幸福感，实现一个关爱职工、温暖陈矿的根本目标，开设“双心”服务站。持续开展矿领导面对面、职工咨询接待、职工“内部仲裁”、送温暖慰问、救济、“518”贴心服务活动。

2021 年 4 月，陈四楼煤矿以党的十九大精神为指导，按照中央及河南省关于平安建设工作部署，以开展平安矿区创建活动为载体，以综合治理为手段，党政工团齐抓共管，职工广泛参与，深化“双治”（一手抓法治，一手抓德治），实现“双安”（矿区安全稳定，职工安居乐业），不断提升职工安全感、幸福感、获得感和满意度，为改革脱困营造安定团结的政治和社会环境，开展平安建设活动。同月，陈四楼煤矿固化近年“安全伙伴”创新成果，强化战略“安全伙伴”合作、协作关系，提高职工自主保安、互相照看、互保平安的安全意识和安全意愿，营造现场安全、和谐工作氛围，对《陈四楼煤矿“安全伙伴”实施办法》进行修订。

七、班组安全管理

班组安全管理要念好“严、细、活、实、恒、效”“六字经”。

“严”,就是对安全工作要严格管理。在对生产管理进行严格考核的同时,对安全工作也要进行考核评价,坚决杜绝对安全工作“说起来重要,干起来次要,忙起来不要”的现象。对井下劳动中出现的“三违”现象,要坚决制止并严肃处理,决不能手软。此外,还应严格执行安全操作规程及有关安全管理制度,当发生事故时,应严格按照“四不放过”的原则,认真对待,严肃处理。

“细”,就是安全工作要做得细。要深入细致地贯彻执行国家有关安全生产的法律法规及安全规定,对安全工作要勤查、细查、不忽视每一个安全疑点,不放过每一处安全隐患,及时准确地发现安全生产管理中的问题,把事故苗头消灭在萌芽状态。

“活”,就是指坚持人本思想,完善规章制度。将人的生存需求及成就感与企业安全发展相结合,将严格的制度约束与温馨的人情关怀相结合,促进班组的全面进步和人的全面发展。既坚持原则,又不拘泥于形式;既强调制度的约束性,又注重制度的激励作用,除定期的“三违”帮教外,还要广泛开展与班组员工谈心交流活动,及时化解矛盾,消除误会,凝聚人心,鼓舞士气。

“实”,就是要认真落实安全生产责任制。要做到责任明确,班组考核项目、考核标准和奖罚制度要明确,并实行安全岗位动态管理,使安全责任落实到位,坚决杜绝敷衍了事,虚填谎报等现象的发生。

“恒”,就是对安全工作要常抓不懈、持之以恒。要恪守“管生产必须管安全”的理念,真正做到“不安全,不生产”,切实增强班组员工的安全意识,防止嘴上喊得紧、实际抓得松,检查抓得紧,平时抓得松等现象,将安全工作作为一个长期艰巨的工作来抓。

“效”,就是指班组工作必须从安全出发,努力实现效益的最大化。制定并完善班组员工的阶段性工作目标、重点工作目标、绩效指标,定期评比验收,明确奖惩,务求实效。

八、安全宣誓词

入井安全誓词

空顶环境拒绝作业;
无风微风拒绝作业;
瓦斯超限立即撤人;
探放(水)规定严格落实;
设备完好阻燃防爆;
培训合格持证上岗;
杜绝违章文明生产。

选煤厂安全誓词

守初心,担使命;

保安全，防疫情；
狠抓三违，严防三松；
操作安全，牢记心中；
精细操作，保质量；
风险管控，不放松。

九、安全文化经验交流会

2008 年开始，永煤集团召开安全管理创新经验现场交流会，推广陈四楼煤矿“隐患买卖制”“安全伙伴活动”。

2009 年，在河南省煤炭系统安全文化建设经验交流研讨会上，重点介绍陈四楼煤矿警示文化、比试文化、提示文化、“股市”文化、展示文化。

十、编制文化手册书籍

2008 年 5 月，陈四楼煤矿编印《零打碎敲事故预想 316 例》，在全矿范围内号召全体员工进行“零打碎敲”事故预想，目的在于通过员工的思考，来提升整体安全水平，全矿广大员工积极响应，收效显著。

2009 年 7 月，陈四楼煤矿编印《煤矿安全析案识险 365 例——惊险瞬间回眸》，并由中国矿业大学出版社出版发行。此书收录了顶板、机电、运输 3 个类别的 365 个经典案例，真实生动再现了煤矿现场的“惊险瞬间”，对惊险过程进行了详细阐述，对其发生的原因进行了深入分析，提出了合理的处理方法和防范措施，引导读者对煤矿惊险瞬间进行重新审视、回味、总结，触动读者神经。

2013 年 1 月，陈四楼选煤厂编印企业文化理念故事丛书:《超越梦想》。本书搜集了 40 个故事，通过一个个鲜活、生动的故事像是打开了一扇窗，它不仅仅展示了选煤厂的发展历程等多个侧面，而且从另一个角度透视了选煤厂发展的诸多根节。此书所展示出的员工强烈的责任感，或企业流水润物般的人文关怀，更能令人深刻感悟到河南能源集团企业文化在选煤厂的落地生根。

2014 年 3 月，陈四楼煤矿编印企业文化建设系列丛书:《管理寓言故事》。此书搜集整理了一批经典故事和精彩案例，并按照内容不同，划分管理理念、管理实践、企业文化、安全管理、管理心得、执行力建设等 6 大篇章、178 个小节，它们或生动说理，或深刻寓意，或锤炼思想，涵盖了管理学中的诸多重要领域，阐述了现代管理的先进理论以及存在的典型问题，在传播科学管理知识的同时，还消除了管理学理论艰深枯燥、难以为大众接受的不利影响。悉心品味这些永远不会被磨灭的经典案例和故事，能轻松读懂“管理之道”，会对每一名干部员工有所启迪和裨益。

2014 年 5 月，陈四楼煤矿编印《安全文化手册》，内容包括矿领导安全寄语、陈四楼煤矿安全誓词、国家安全方针、陈四楼煤矿安全理念体系、安全五自管理体系、安全生产风险预控管理体系、员工安全行为养成、安全管理创新、安全万花筒、安全标志等，它是陈四楼煤矿安全理念的提炼与凝结，也是矿井安全文化建设过程中的重要成果。

2016 年 4 月,陈四楼煤矿编印《安全操作规程汇编》,内容包括采煤专业、掘进专业、机电专业、运输专业、通风及防治水专业、其他等六大部分的安全操作规程。《安全操作规程》作为煤矿“三大规程”之一,在煤矿安全生产中起着至关重要的作用。

2018 年 6 月,陈四楼煤矿编印《警示的力量—用身边的事教育身边的人》,内容为陈四楼煤矿安全案例解析,面对职工亲身经历的事故教训,通过认真解析,并让职工学习后撰写心得体会,让职工要痛定思痛,远离“三违”和安全红线,做一名“上标准岗、干标准活”的本质安全人。

2020 年 8 月,陈四楼煤矿编印《369 安全文化体系建设手册》。重新对陈四楼煤矿安全文化建设进行了梳理、研究,系统地总结和提炼了陈四楼煤矿 369 安全文化理论体系与实践应用,其主要包括陈四楼煤矿 369 安全文化体系、陈四楼煤矿特色安全文化、陈四楼煤矿多元化安全管理模式、事故致因理论、陈四楼煤矿特色安全宣教活动、陈四楼煤矿荣誉印记成功足迹等共 11 个部分,每篇都配有安全视觉标识、插图等,把职工不易于接受的内容做了图片化和亲情化处理。全册图文并茂,通俗易懂,更直观、更系统地展示了矿井面貌,有利于职工更好地提高安全自律意识,提高矿井安全形象。

第五节 人才文化

一、人才理念

以人为本,把员工的利益作为一切工作的出发点和落脚点,把员工作为推动企业前进的主体,不断满足人的多方面需要和实现人的全面发展。

坚持以人为本,就是在企业发展基础上,不断提高员工物质文化生活水平和健康水平;以员工为中心,维护员工尊严,尊重和保护人权;不断提高员工的思想道德素质、科学文化素质和健康素质;努力创造员工平等发展,充分发挥聪明才智的环境;紧紧依靠员工,使最大多数员工成为企业发展成果的支配者与享用者。

二、管理规范

(1) 竞争上岗、机会均等。建立公平、公正和公开的人力资源管理平台,形成岗位靠竞待遇靠绩效、晋升靠才干的优胜劣汰机制。

(2) 市场运作、合理流动。建立内部劳务、人才市场,促进人员的合理流动。

(3) 契约管理、绩效考核。采用劳动契约方式,实行劳动合同管理;制定完善的绩效考核制度、科学合理的分配激励制度,形成干部能上能下、员工能进能出、收入能增能减的机制。

(4) 加强培训、注重开发。制定人力资源开发管理制度、措施和方案,确定人力资源培训计划与目标,不断提高员工自我成长能力、学习能力和实现目标能力。

三、发展目标

不断创新人才机制，切实把以人为本的科学内涵落到实处，通过细致入微、扎实有效的人才工作，着力建设一支技术精、作风硬、善实战的现场管理人才队伍；一支善经营、会管理、能够最大限度为企业创造财富的经营管理人才队伍；一支适合公司资源型企业战略定位需要，在资源整合方面具有较强能力、较高素质的资源整合与开发人才队伍；一支熟悉国内外资本市场运作规则、具有相关专业知识和丰富实践经验的资本运营人才队伍；一支能够洞悉国内外经济社会发展方向、把握能源企业发展规律，具有长远战略眼光的战略研究人才队伍。

第四章 企业文联与协会学会

第一节 企业文联

一、机构

1996年,永夏矿区管委会文联正式成立。文联办公室设在党委宣传部,组织成立有文学创作协会、书画协会、摄影协会等,发展会员及文艺骨干20多名。

2007年4月10日,陈四楼矿政工科组织全矿新闻和文学爱好者,成立了"井塔通讯社"和"天轮文学社"。该社团发展会员30余名,旨在激发青年的活力和创造力,提高矿区青年写作水平,为新闻和文学爱好者建立互动交流、施展才华的平台。

二、活动

陈四楼煤矿文联秉承"立足矿区,服务矿工"的宗旨,积极开展员工群众喜闻乐见的文艺活动,丰富了矿区文化生活,煤矿文化事业呈现出队伍壮大、创作繁荣的良好局面。陈四楼煤矿文联注重研究和实施文化精品战略,培育文艺人才,开展文艺推优工作。

一批文学爱好者分别以其诗歌、散文作品编印成文集在矿区内外传阅。书法爱好者、摄影爱好者的作品,分别在公司"六个一"活动评比中连年获奖,由公司文联参议报送河南省文联及中煤文联组织的各类竞赛,均取得较好成绩。

结合陈四楼煤矿发展,按照永煤集团指示,陈四楼煤矿文联开展"党情、国情、公司情""煤矿安全连着你我他"等知识抢答赛。先后开展了"企业要发展,我该怎么办"企业文化大讲座征文和演讲比赛。组织"安全文艺小分队"到各基层单位巡回演出,唤起每一位矿工安全就是幸福,安全就是最大财富的共鸣。协同党群部门开展"庆元旦""迎五一""颂歌献给党""国庆放歌"等晚会。组织职工参加在公司月季广场和文化站坚持举办广场文化、消夏舞会、义写春联、新春谜语竞猜,篮球、排球、跳绳比赛等活动30余场次。

第二节 协会学会

陈四楼煤矿文联成立以来,吸引大批文艺爱好者加入永煤集团文学艺术协会、书画协会和摄影协会。广大文学爱好者除在《永煤集团报》(《永煤信息》)、《咏梅》杂志等内部报刊发表诗歌、散文外,还在《中国煤炭报》《洛阳日报》《商丘日报》《河南能源报》等地市级及以上刊物发表,文学爱好者以《咏梅》杂志和《永煤集团报》《永煤信息》为诗歌、散文、小说创作平台,讴歌矿区生活,我手写我心,书写发生在自己身边的人和事。有的作者多次在《时代报告》杂志社、《中华文学》杂志社、《阳光》杂志社、人民网、光明网、凤凰网等媒体发表作品。

文艺爱好者作品发表在地市级及以上和省部级行业报刊。书法、绘画、摄影爱好者作品发表在永煤和河南能源报刊，逢春节、“五一”、国庆、中秋等重大节日，文艺爱好者均参加活动展示文艺作品。

2 名文艺爱好者被吸收为中国煤矿作家协会会员；1 名书法爱好者被吸收为中国煤矿书法家协会会员；1 名摄影爱好者被吸收为商丘市摄影家协会会员。其会员情况见表 13-4-1～表 13-4-3。

表 13-4-1　中国煤矿作家协会会员名录(陈四楼煤矿)

序号	姓名	性别	民族	工作单位	入会时间	会员证编号
1	李　正	男	汉族	陈四楼煤矿开拓五队	2016 年 2 月 1 日	0661
2	于春晓	男	汉族	陈四楼煤矿安检科	2016 年 2 月 1 日	0662

表 13-4-2　中国煤矿书法家协会会员名录(陈四楼煤矿)

序号	姓名	性别	民族	工作单位	入会时间	会员证编号
1	王子林	男	汉族	陈四楼煤矿综掘四队	2017 年 5 月 1 日	20170005

表 13-4-3　商丘市摄影家协会会员名录(陈四楼煤矿)

序号	姓名	性别	民族	工作单位	入会时间	会员证编号
1	陈　雷	男	汉族	陈四楼煤矿党委宣传部	2013 年 10 月	2013675

第五章 陈四楼煤矿志编纂

国家地方志条例规定,企业志工作比照地方执行,每年应有年鉴和大事记。企业志10年一小修,20年一大修。

先是,矿井的主管企业——永煤集团的企业志编纂。2001年、2007年、2008年,永煤集团办公室按照省煤炭厅要求先后提出修志工作,公司领导曾同意修志,后来煤炭形势好转,企业忙于"做大做强",永煤开发建设不到20年,投产不到10年人事更替频繁,修志工作最终未能启动。2018年中国煤炭工业协会、河南省煤炭工业志编委会力促,河南能源集团支持,永煤两届领导班子努力,《永煤集团志》编纂工作终于开展,历时3年完成。

然后,2022年7月22日,中共永城煤电控股集团有限公司委员会印发《关于推进永煤公司名矿志编纂工作的通知》,明确要求第一批编纂单位:陈四楼煤矿、车集煤矿、城郊煤矿、新桥煤矿、顺和煤矿。

为此,陈四楼煤矿为加强和传承优秀企业文化,全面记述陈四楼煤矿发展历程和经验,为矿井持续发展积淀宝贵财富。根据永煤公司通知要求,2022年8月30日印发《陈四楼煤矿名矿志编纂实施方案》(陈矿党字〔2022〕39号),并启动了《陈四楼煤矿志》编纂工作。

陈四楼煤矿修志最大困难是自1984年开始筹备矿井,1990年开始建设矿井,1997年正式投产至今的30多年来,没有年鉴,没有正规大事记,因为没有修志基础,所以发动困难、开展困难、资料搜集困难。同时,矿编志办人员及各部门联络人都没有任何修志专业基础知识和工作经验,一直都在摸索中前进。

一年来,陈四楼煤矿志编纂人员不断努力,不辞辛劳,查档案、找资料,有时候为了要落实一件事的准确度,特别是部分当事人不在本地,就想方设法寻找其联系方式,打电话、发微信,多少个辛劳和万般无奈,编辑人员没有在乎,目标是一定要按时、高质量完成《陈四楼煤矿志(1984—2021)》编纂工作。

任何时间进度都很艰难,文化进步尤其难,陈四楼煤矿企业文化之核心——《陈四楼煤矿志(1984—2021年)》终于2024年8月交付出版社,11月出版发行。

第一节 机构制度

一、机构

2022年9月2日,陈四楼煤矿成立《陈四楼煤矿志》名矿志编纂委员会,办公室设在矿党委宣传部,具体负责企业志的编纂工作。

二、制度文件

2022 年 8 月 30 日，制定印发《陈四楼煤矿名矿志编纂实施方案》及《陈四楼煤矿名矿志编纂人员管理办法》。

第二节　组织编纂

一、指导思想

以习近平新时代中国特色社会主义思想为指导，全面贯彻落实习近平总书记关于地方志工作重要论述，坚持辩证唯物主义和历史唯物主义的观点和方法，客观记述矿井的历史与现状、发展的进程与历史成就，发挥志书存史、资政、育人的重要功能，为下一步改革发展提供借鉴，为企业和煤炭工业发展服务。

二、编纂原则

以时间为纵轴，事件为横轴。坚持横不缺项、纵不断线，全员参与。众手成书；坚持周密严谨、客观真实，特色鲜明，分类科学；坚持分工负责、高效协作，统一谋划，整体推进。

三、组织领导

（一）成立名矿志编纂委员会

为确保修志工作顺利进行，陈四楼煤矿成立名矿志编纂工作委员会：

主任：矿长　党委书记

副主任：其他副总及以上矿领导

成员：各科室负责人

矿志编纂委员会办公室设在矿党委宣传部，具体负责企业志的编纂工作，办公室主任由马志刚兼任，办公室工作人员由抽调的相关人员组成。

（二）明确责任分工

名矿志编纂办公室组织抽调修志人员，注重选拔组织能力强、文字功底好、熟悉本单位情况的人员承担文字任务，在矿党政领导下，负责名矿志编纂的规划设计和日常组织、监督、指导、协调、总纂、评审验收以及出版发行等工作。整体工作排定计划，排出时间表，自觉接受陈四楼煤矿名矿志编纂委员会的监管和指导，高质量完成编纂任务。

（三）实行督查通报制度

名矿志编纂期间实行督查通报制度，由编纂办公室对部门配合推进工作的进度和质量情况进行督查，对在名矿志编纂工作中敷衍应付、责任心较差人员，一律严肃问责，并以适当方式通报。

四、工作步骤

（一）筹备规划（2022 年 8 月）

名矿志编纂办公室拟定企业志篇目及修志工作实施方案后，抽调修志主笔，落实工作场所，提供相关设备，安排部署编纂工作任务。各科室于 9 月 3 日前明确一名修志负责人，并报送到矿党委宣传部洪文微信，负责所在单位日常资料搜集、核准和编纂工作；抽调修志主笔确定志稿篇目和工作计划。

（二）组织编纂培训（2022 年 9 月上旬）

对接永煤公司修志办公室，组织邀请修志专家对参与名矿志编纂人员进行业务培训，提高修志队伍的专业水平和业务素质。

（三）收集资料（2022 年 9 月—2022 年 11 月）

组织人员收集资料，开展整理、甄别、筛选工作。结合前期永煤集团志编辑时收集的资料，增加完善至 2021 年资料，确保资料的系统全面、客观真实。

（四）形成编纂初稿（2022 年 12 月—2023 年 3 月）

各科室所承担篇目资料经分管领导和编纂办公室签字审核同意后，由编纂办公室对收集好的资料分类归类、加工、排版，形成初稿。要严把质量关，既按照时序客观记述，又繁简得当突出重点和特色。

（五）推动审验出版（2023 年 5 月）

初稿完成后，组织进行严格的初审，修改、完善后报公司编纂委员会复审直至终审、验收、出版。

五、保障措施

（一）加强组织领导

各相关部门要将名矿志编纂工作作为一项重要政治工作，科室负责人负总责，明确一名副职具体分管此项工作，确保高起点、高标准、高质量地开展好工作。

（二）强化基础保障

要保障编纂工作开展必要经费，将矿志编纂工作所需经费列入预算，改善工作必要的硬件和资料、数据资源收藏保管条件，切实保障各项工作有序开展；要保障所抽调修志主笔待遇，在考核合格的前提下，抽调期间工资待遇原则上不得低于同期正常水平；要完善激励机制，对在名矿志编纂过程中表现突出的集体和个人适时给予表彰奖励。

第十四篇

人物与荣誉

人物:分设3节,即人物传略、人物简介、专业技术人员名录。

人物传略:按"生不立传"原则,陈四楼煤矿已故副职及以上人员收录3人,并附遗照。

人物简介:收录时限内任职陈四楼煤矿领导层的正副职、矿井所属各单位1984—2021年间陈四楼煤矿劳动模范级及以上荣誉获得,分设现任班子成员11人,按职务排序;历任党政正职领导15人,按任职先后排序;历任副职领导37人,按任职先后排序;劳模、先进名录71人,按国家级、省部(行业)级、地市级与集团公司级、矿劳动模范及其他荣誉的层级编排。如同一人获得两项符合录入简介者,只选其中一项录入,其他项不再单列。人物简介均附本人近照。

专业技术人员名录:以列表的形式,收录了2021年年底矿井在册高级、中级技术职称人员名单、性别、民族、籍贯、职称序列等相关信息。

荣誉:收录矿井所属各单位1984—2021年间陈四楼煤矿劳动模范级及以上先进集体、先进个人的荣誉获得情况;竞赛类国家级(行业)、省级(行业)、地市及集团公司级等奖,以列表形式列出获奖单位、荣誉、授予单位、授予时间等。

第一章 人 物

第一节 人物传略

戴光林 男，汉族，1946年4月24日出生，江苏省沛县人。1967年7月参加工作，1984年6月加入中国共产党，1967年7月毕业于山东矿院采煤专业，大学本科学历，高级工程师。

1967年7月—1993年8月，在山东省肥城矿务局查庄煤矿历任技术员、工程师、高级工程师、副矿长；1995年2月—1997年1月，任陈四楼煤矿筹备处党委书记、主任；1997年2月—2006年12月任永城煤电控股集团有限公司副总工程师兼技术处处长；2006年12月光荣退休。2021年10月16日病故。

戴光林一生忠诚煤炭事业、鞠躬尽瘁、无私奉献。在担任永夏矿区陈四楼煤矿筹备处党委书记、主任期间，由于筹备期间办公设备简陋，他深入实际，探究细微，克服技术资料短缺、工作条件艰苦、人员设备不齐、地下地质结构复杂险恶等困难，夜以继日，深入井下现场第一线，亲临指挥施工，在担任永煤集团副总工程师兼技术处处长期间，他身先士卒，吃苦耐劳，不图名利，技术上精益求精，见困难就上。为满足工作需求，他经常加班加点，每天工作都在十几个小时以上，经常以办公室为家，夜以继日工作，而面对荣誉和利益，他总是主动谦让。

退休后，他仍服从组织工作需要，作为巡视组成员之一，参与永煤集团本部和省内外子公司煤矿安全生产巡视，为现任领导在安全生产决策上提供咨询意见和建议。退出巡视组后，他仍不忘关心永煤集团的建设和发展，教育家人体谅企业困难，不做为难组织的事，不给企业找麻烦，模范遵守国家法律法规和永煤集团的各项规章制度，以自己的实际行动践行了一名老党员的初心。

张延明 男，汉族，河南济源人，1953年6月出生，1986年7月加入中国共产党，1973年3月参加工作，焦作矿业学院机械化专业毕业，获得本科学历，高级工程师、高级政工师。

1973年3月—1978年3月，济源县城关公社民办教师；1978年3月—1982年6月，焦作矿业学院机械化专业学习，本科学历；1982年6月—1984年11月，义马矿务局机械化处工作；1984年11月—1985年3月，义马矿务局杨村矿机械化科工作；1985年3月—1989年7月，义马矿务局杨村矿综采队代理副队长、副队长、队长;1989 年 7 月—1991 年 9 月,义马矿务局机械化处工作;1991 年 9 月—1995 年 1 月,义马矿务局机械化处副处长;1995 年 1 月—1997 年 4 月,义马矿务局耿村矿副矿长;1997 年 4 月—2000 年 2 月,永煤集团陈四楼煤矿副矿长;2000 年 2 月—2001 年 1 月,永煤集团供应处副处长;2001 年 1 月—2002 年 6 月,陈四楼煤矿代理党委书记兼副矿长;2002 年 6 月—2003 年 5 月,陈四楼煤矿党委书记兼副矿长;2003 年 5 月—2004 年 6 月,陈四楼煤矿矿长兼党委书记;2004 年 6 月—2005 年 10 月,河南龙宇能源股份有限公司总经理兼陈四楼煤矿党委书记;2005 年 10 月—2007 年 4 月,永煤集团副总经理兼河南龙宇能源股份有限公司总经理、陈四楼煤矿党委书记。2015 年 12 月 1 日病故。

周俊杰　男,汉族,河南郾城人,1955 年 9 月出生,1971 年 11 月参加工作,1989 年 6 月加入中国共产党。2005 年 7 月毕业于武汉科技大学机电一体化专业,大专学历,工程师。

1971 年 11 月—1983 年 1 月,在原煤炭部 84 工程处焦作矿务局建井处工作;1983 年 1 月—1995 年 2 月,任河南矿业一工区、机电安装公司副主任、书记兼副经理;1995 年 3 月—1998 年 2 月,任永夏矿区陈四楼煤矿筹备处副主任、副矿长;1998 年 2 月—2008 年 8 月,任永煤集团车集煤矿副矿长、工会主席;2008 年 8 月—2011 年 12 月,任永煤集团新桥矿工会主席;2011 年 12 月,转任永煤集团新桥煤矿副处级调研员。2018 年 8 月 13 日病故。

第二节　人物简介

一、历任党政正职领导(按历任先后排序)

刘云涛　男,汉族,江苏丰县人,1962 年 4 月出生,1982 年 7 月毕业于淮南矿业学院矿建专业。

1982 年 8 月—1983 年 12 月,任义马矿务局常村矿 201 掘进队技术员;1983 年 12 月—1989 年 5 月,任义马矿务局设计所工程师,其间于 1985 年 9 月加入中国共产党;1989 年 5 月—1991 年 8 月,任永夏矿区建设管理委员会现场办事处副科长、副主任,其间兼任陈四楼煤矿项目部经理;1991 年 8 月—1993 年 3 月,任永夏矿区建设管理委员会委员;1993 年 3 月—1995 年 10 月,任永夏矿区建设管理委员会副主任;1995 年 10 月—1997 年 10 月,任永夏矿区建设管理委员会主任、副书记;1997 年 11 月—2000 年 5 月,任永煤集团总经理、党委副书记;2000 年 5 月,任河南煤矿安全监察局党组书记;2001 年 6 月,任陕西省煤矿安全监察局局长;2010 年 1 月,任国家煤矿安全监察局事故调查司司长。

王佳英　男，汉族，中共党员，1958年5月出生，河南虞城人，高级工程师，1982年2月毕业于焦作矿业学院采煤专业。

毕业后在河南省新峰矿务局六矿先后担任技术员、生产科长、副总工程师、副矿长兼总工程师等职务。1988—2001年，先后担任神火集团新庄煤矿矿长、永煤公司陈四楼煤矿矿长和党委书记等职务。2001—2018年8月，任河南煤矿安全监察局豫东监察分局局长、豫南监察分局局长等职务。工作期间，获取工程硕士学位，并曾当选禹县、许昌市、永城市人大代表。2018年8月退休。

李伍成　男，汉族，河南鹤壁人，1960年6月出生，1981年7月参加工作，1988年10月加入中国共产党，1981年7月毕业于焦作矿院采矿专业，本科学历，硕士学位，正高级工程师。

1981年7月—1995年，历任鹤壁矿务局五矿采三队技术员、副队长、生产科副科长、副总工程师；1995年2月—2003年4月，历任永夏矿区管委会陈四楼煤矿筹备处副总工程师、副矿长兼总工程师、陈四楼煤矿代理矿长、矿长兼总工程师；2003年4月—2010年2月，历任永煤集团工会主席、副总经理，永煤股份副总经理、总工程师；2010年2月—2018年8月，历任河南煤化研究院常务副院长、党委书记，河南能源研究总院党委副书记、纪委书记。

马正兰　男，汉族，河北沧州人，1972年1月出生，1994年5月加入中国共产党，1994年7月参加工作，中国矿业大学矿山机电专业毕业，研究生学历，工学博士学位，第十二届全国人大代表，高级工程师。

1994年7月—2007年9月，历任陈四楼煤矿筹备处运转队技术员、党支部书记、副矿长、矿长；2007年9月—2010年8月，历任永煤股份副总经理、陈四楼煤矿矿长，上海宝晟能源副董事长，龙宇能源董事长，永煤控股副总经理，河南煤化新疆公司董事长，新疆投资公司董事长；2010年8月后，历任鹤煤公司总经理、副董事长、党委副书记、党委书记、董事长，河南能源党委常委，义煤公司董事长、党委书记，郑煤集团总经理，许昌市委副书记（正市厅级）、政法委书记、市委党校（许昌行政学院）校长（院长）（兼），河南能源集团有限公司党委书记、董事长。

杨青松　男，汉族，河南淮阳人，1968年11月出生，1992年7月参加工作，1994年7月加入中国共产党，1992年7月中国矿业大学采矿专业毕业，本科学历，高级工程师。

1992年7月—2005年2月，历任陈四楼煤矿综采队技术员、支部书记、企管科科长；2005年2月—2007年7月任正龙公司供应部部长；2007年7月—2010年2月，历任新桥煤矿矿长助理兼企管科科长、新桥煤矿矿长助理、新桥煤矿副矿长、矿长；2010年2月—2011年12月，任永煤公司陈四楼煤矿矿长。

王向东　男,汉族,河南杞县人,1970年8月出生,1993年8月参加工作,1998年9月加入中国共产党,1993年7月毕业于中国矿业大学电气自动化专业,本科学历,工程师。

1993年8月—2006年5月,历任陈四楼煤矿机电队技术员、车集煤矿机电科科员、车集煤矿机电一队副队长(主持工作)、车集煤矿机电一队队长;2006年5月—2007年12月,任龙王庄煤业副总经理、党委副书记;2007年12月—2008年8月,任车集矿党委委员、副矿长;2008年8月—2012年1月,历任新乡中新化工副总经理(主持工作)、总经理、车集煤矿党委委员、党委书记;2012年1月—2012年9月,任永煤公司陈四楼煤矿矿长。

王　珏　男,汉族,河南柘城人,1973年11月出生,1997年7月参加工作,1997年1月加入中国共产党,1997年7月淮南工业学院采矿工程专业毕业,本科学历,工程硕士学位,高级工程师。

1997年8月—2007年12月,历任永煤集团陈四楼煤矿综采二队见习生、生产科技术员、生产科副主任工程师兼机关第二党支部副书记、开拓四队党支部副书记兼技术副队长、开拓四队队长兼技术副队长、开拓四队队长、生产科主任工程师;2007年12月—2009年3月,任新疆拜城县众维煤业、众泰煤焦化有限公司副总经理兼众维煤矿矿长;2009年3月—2012年9月,任永煤公司陈四楼煤矿副矿长;2012年9月—2014年3月,任永煤公司陈四楼煤矿矿长;2014年2月—2020年1月,任永煤控股安全监察局局长;2020年1月—2020年5月,任永煤控股安全副总经理;2020年5月,调任鹤煤公司副总经理(主持经理层工作)。

李顺峰　男,汉族,河南漯河人,1972年3月出生,1995年7月参加工作,1998年6月加入中国共产党,1995年7月毕业于中国矿业大学矿井建设专业,本科学历,工商管理硕士学位,高级工程师。

1995年7月—2008年8月,历任陈四楼煤矿生产科科员、掘二队技术副队长、掘二队队长兼党支部书记、生产科科长、技术中心主任;2008年8月—2010年1月,任内蒙古鄂尔多斯永煤矿业投资有限公司安全生产技术部部长;2010年1月—2014年3月,历任栾川县长青钨钼总经理、党委书记,栾川县长青钨钼董事长、栾川丰汇公司、栾川马壮公司执行董事、总经理,长青矿业董事长、豫达矿业董事长;2014年3月—2015年5月,任永煤公司陈四楼煤矿矿长。

陈群忠　男，汉族，河南鄢陵人，1962 年 11 月出生，1980 年 12 月参加工作，1996 年 10 月加入中国共产党，2005 年 7 月河南理工大学采矿工程专业毕业，本科学历，工商管理硕士学位，教授级高级工程师。

1980 年 12 月—1997 年 1 月，历任宁夏石炭井白芨沟矿职工、技术员、助理工程师、工程师，宁夏太西集团公司白芨沟矿服务公司技术主管、副矿长；1997 年 1 月—2008 年 8 月，历任永煤集团陈四楼煤矿综采队支部书记、队长，生产科科长兼调度室主任、矿长助理、安监处处长、纪委书记；2008 年 8 月—2010 年 3 月，任永煤公司中美铝业纪委书记、工会主席；2010 年 3 月—2015 年 5 月，任永煤公司陈四楼煤矿党委书记。

曾朝辰　男，汉族，河南商丘人，1975 年 3 月出生，2000 年 8 月参加工作，2006 年 6 月加入中国共产党，2000 年 7 月毕业于中国矿业大学采煤工程专业，本科学历，高级工程师。

2000 年 8 月—2003 年 10 月，任山东裕隆矿业单家村煤矿采煤二队技术副队长；2003 年 10 月—2010 年 6 月，历任永煤公司城郊煤矿采煤一队技术副队长、综采三队技术副队长、安检科科长、副总工程师兼安检科科长；2010 年 6 月—2011 年 1 月，任永煤禹州锦马煤业有限公司矿长；2011 年 1 月—2015 年 5 月，任永煤公司城郊煤矿生产副矿长；2015 年 5 月—2019 年 1 月，任永煤公司陈四楼煤矿党委委员、矿长；2019 年 1 月—2023 年 7 月，历任河南正龙煤业有限公司总经理、城郊煤矿矿长、党委书记、工会主席；2023 年 7 月，任永煤公司副总经理。

周　荣　男，汉族，河北蔚县人，1968 年 2 月出生，1990 年 10 月参加工作，1996 年 8 月加入中国共产党，1990 年 7 月毕业于中国矿业大学煤田地质与勘查专业，本科学历，硕士学位，高级工程师。

1990 年 10 月—2004 年 7 月，历任峰峰矿务局羊渠河矿组织部科员、生产科科员、一开拓区技术员、生产科工程师、一掘进区工程师、一开拓区副区长、羊东延伸工程办公室副主任、羊东开发办主任、峰峰集团有限公司企业管理部副部长；2004 年 8 月—2006 年 5 月，任永煤公司生产部副部长；2006 年 5 月—2011 年 5 月，任永煤公司煤质中心主任；2011 年 5 月—2016 年 8 月，任永煤公司车集煤矿副矿长（正处级）；2016 年 8 月—2017 年 2 月，任永煤公司陈四楼煤矿党委书记。

刘和永　男，汉族，安徽岳西人，1965 年 11 月出生，1989 年 7 月参加工作，1997 年 6 月加入中国共产党，1989 年 7 月毕业于中国矿业大学采矿专业，本科学历，工程硕士学位，高级工程师。

1989 年 7 月—2003 年 10 月，历任淮南矿务局李嘴孜煤矿技术员、副队长、副科长、国投新集集团刘庄筹备处采煤副总；2003 年 10 月—2015 年 11 月，历任永煤公司新桥筹建处副处长、新桥煤矿副矿长、顺和煤矿矿长、顺和煤矿矿长兼党委书记；2015 年 11 月—2017 年 1 月，任永煤公司企管部副部长(主持工作，正处级)；2017 年 1 月—2017 年 8 月，历任永煤集团工会副主席兼企业管理部副部长(主持工作)、永煤集团工会副主席；2017 年 8 月—2020 年 3 月，任永煤公司陈四楼煤矿党委书记。

王　伟　男，汉族，河南永城人，1972 年 3 月出生，1997 年 7 月参加工作，2000 年 6 月加入中国共产党，1997 年 7 月焦作工学院采矿工程专业毕业，本科学历，高级工程师。

1997 年 7 月—2002 年 4 月，历任永煤公司陈四楼煤矿技术员、准备队副队长；2002 年 4 月—2012 年 8 月，历任永煤公司城郊煤矿生产科副科长、掘三队队长、生产科副科长、生产科科长、副总工程师；2012 年 8 月—2018 年 1 月，历任焦煤公司赵固一矿副总工程师、副矿长、代理矿长、矿长、焦煤公司生产技术部副部长(正处级)；2018 年 1 月—2019 年 1 月，任永煤公司顺和煤矿党委委员、矿长；2019 年 1 月—2020 年 3 月，任永煤公司陈四楼煤矿党委委员、矿长；2020 年 3 月—2020 年 6 月，任河南龙宇能源股份有限公司总经理，陈四楼煤矿党委委员、矿长；2020 年 6 月—2021 年 7 月，任河南龙宇能源股份有限公司总经理、陈四楼煤矿党委书记；2021 年 7 月任永煤公司总工程师。

刘志明　男，汉族，河南中牟人，1973 年 4 月出生，1996 年 7 月参加工作，1999 年 6 月加入中国共产党，1996 年 7 月毕业于大同煤炭工业学校煤矿建设专业，中国矿业大学采矿工程专业在职本科学历，工程师。

1996 年 7 月—1999 年 5 月，任河南矿建三公司城郊煤矿项目部技术员；1999 年 5 月—2011 年 8 月，历任城郊煤矿开拓二队技术员、副队长、工程技术科副科长、巷修队技术副队长(主持工作)、巷修队队长、探防队副队长(主持工作)、掘六队队长、调度室主任、副总工程师；2011 年 8 月—2014 年 8 月，任新桥煤矿副总工程师；2014 年 8 月—2017 年 5 月，任禹州枣园煤业有限公司董事长、矿长(副处级)；2017 年 5 月—2020 年 7 月，历任永锦能源有限公司云盖山煤矿二矿矿长(副处级)、一矿矿长(副处级)；2020 年 7 月—2021 年 7 月，任永煤公司陈四楼煤矿党委委员、矿长。

聂济刚 男,汉族,河南济源人,1982 年 4 月出生,2004 年 6 月参加工作,2008 年 6 月加入中国共产党,2004 年 6 月毕业于安徽理工大学矿业工程专业,大学本科学历,中国矿业大学工程硕士,高级工程师。

2004 年 6 月—2016 年 8 月,历任永煤公司车集煤矿采一队见习技术员、综二队技术员、综二队技术副队长、综二队党支部副书记(主持工作)、综采一队副队长(主持工作)、调度室副主任工程师、调度室副主任(主持工作)、调度室主任;2016 年 8 月—2020 年 3 月,历任河南永锦能源有限公司副总经理、禹州枣园煤业有限公司董事长、矿长;2020 年 3 月—2020 年 6 月,任河南永锦能源有限公司副总经理;2020 年 6 月—2021 年 12 月,任鄂永矿业董事、副总经理、马泰壕煤矿副矿长(主持行政工作);2021 年 12 月—2023 年 9 月,任永煤公司陈四楼煤矿党委书记;2023 年 9 月,任永煤公司顺和煤矿矿长。

二、现任领导班子(按职务排序)

张文康 男,汉族,河南太康人,1984 年 10 月出生,2006 年 7 月参加工作,2009 年 6 月加入中国共产党,2006 年 7 月河南理工大学土木工程专业毕业,大学本科学历,中国矿业大学工程硕士,高级工程师。

2006 年 7 月—2014 年 9 月,历任永煤公司新桥煤矿生产科科员、开拓一队见习技术员、开拓三队技术员、开拓二队代理技术副队长、开拓一队副队长(主持工作)、开拓一队队长、综掘队队长兼党支部书记;2014 年 9 月—2021 年 7 月,历任永煤公司城郊煤矿副总工程师、城郊煤矿副矿长、城郊煤矿党委委员、副矿长(主持行政工作)、城郊煤矿党委委员、党委副书记(主持党委工作)、工会主席;2021 年 7 月—2022 年 3 月,历任永煤公司陈四楼煤矿党委委员、副矿长(主持行政工作)、党委副书记(主持党委工作)、陈四楼煤矿党委委员、矿长,精创选煤厂厂长(兼);2022 年 3 月,任河南龙宇能源董事、总经理,陈四楼煤矿党委委员、矿长。

李　明 男,汉族,吉林松原人,1984 年 3 月出生,2007 年 7 月参加工作,2007 年 3 月加入中国共产党,2007 年 7 月毕业于中国矿业大学采矿工程专业,大学本科学历,中国矿业大学工程硕士,高级工程师。

2007 年 7 月—2015 年 8 月,历任陈四楼煤矿掘四队技术员、技术副队长、综掘一队技术副队长、综掘一队党支部副书记(主持工作)、综采一队党支部书记、综采一队队长;2015 年 8 月—2019 年 9 月,历任陈四楼煤矿生产科主任工程师(正科级)、生产科副科长(正科级)、副总工程师;2019 年 7 月—2021 年 6 月,任永煤公司陈四楼煤矿生产副矿长;2021 年 6 月—2021 年 12 月,任新桥煤矿副矿长;2021 年 12 月—2023 年 9 月,任禹州枣园煤业有限公司董事、董事长、矿长;2023 年 9 月任永煤公司陈四楼煤矿党委委员、党委书记。

刘　斌　男，汉族，河南焦作人，1970 年 11 月出生，1997 年 8 月参加工作，2002 年 6 月加入中国共产党，1997 年 7 月焦作工学院通风与安全专业毕业，本科学历，河南理工大学安全工程硕士学位，正高级工程师。

1997 年 8 月—2011 年 12 月，历任焦煤公司演马庄矿助理工程师、技术区长、永煤公司车集煤矿通风队工程师、技术副队长，通风队党支部副书记、党支部书记，通风队队长兼党支部书记；2011 年 12 月—2015 年 6 月，历任禹州枣园煤业有限公司副总工程师、副矿长，城郊煤矿副总工程师；2015 年 6 月—2020 年 6 月，任永煤公司陈四楼煤矿副矿长；2020 年 6 月任永煤公司陈四楼煤矿党委委员、工会主席。

赵　伟　男，汉族，河南永城人，1981 年 2 月出生，2003 年 7 月参加工作，2008 年 6 月加入中国共产党，2003 年 7 月中国矿业大学测绘专业毕业，本科学历，硕士学位，高级工程师。

2003 年 8 月—2005 年 7 月，任淮安测绘勘察研究院技术员；2005 年 7 月—2014 年 12 月，历任永煤集团城郊煤矿开拓一队技术员、掘六队技术副队长、生产科副科长、生产科科长、副总工程师兼生产科科长；2014 年 12 月—2018 年 6 月，历任新桥煤矿副总工程师、新桥煤矿副总工程师兼生产科科长、新桥煤矿副总工程师；2018 年 6 月—2021 年 12 月，历任永煤公司陈四楼煤矿总工程师，陈四楼煤矿常务副矿长、总工程师；2021 年 12 月，任永煤公司陈四楼煤矿党委委员、常务副矿长、总工程师。

孙镇泉　男，汉族，河南获嘉人，1968 年 5 月出生，1990 年 7 月参加工作，1998 年 7 月加入中国共产党，郑州大学行政管理专业在职本科学历，工程师、政工师。

1990 年 7 月—2020 年 6 月，历任河南矿业建筑安装公司安装工区技术员、技术负责人、永煤集团铁运处工电段技术员、铁运处电务段副段长、铁运处电务段段长、铁运处党委委员、工会主席、纪委书记；2020 年 6 月—2022 年 8 月，任永煤公司城郊煤矿党委委员、纪委委员、纪委书记；2022 年 8 月，任永煤公司陈四楼煤矿党委委员、纪委委员、纪委书记。

郝明月　男，汉族，河南永城人，1978 年 10 月出生，2003 年 3 月加入中国共产党，2001 年 7 月毕业于焦作工学院矿井建设专业，大学本科学历，中国矿业大学工程硕士，高级工程师。

2001 年 7 月—2016 年 6 月，历任永煤集团车集煤矿掘进二队见习生、技术员、生产技术科技术员、开拓一队副队长、行政办公室主任、行政办公室主任兼机关第一党支部书记、副总经济师兼机关第一党支部书记、副总工程师；2016 年 6 月—2019 年 9 月，任永煤公司陈四楼煤矿副总工程师；2019 年 9 月，任永煤公司陈四楼煤矿安全副矿长。

户红旗　男，汉族，江苏邳州人，1982 年 3 月出生，2005 年 7 月参加工作，2003 年 6 月加入中国共产党，2005 年 7 月中国矿业大学人力资源管理专业毕业，大学本科学历，中国矿业大学工业工程硕士，经济师。

2005 年 7 月—2020 年 6 月，历任永煤集团人劳部实习生、新桥煤矿人劳科薪酬管理员、人劳科副科长（主持工作）、人劳科科长、企管科科长；2020 年 6 月，任永煤公司陈四楼煤矿经营副矿长。

刘德成　男，汉族，江苏灌南人，1982 年 2 月出生，2005 年 7 月参加工作，2009 年 6 月加入中国共产党，2005 年 7 月中国矿业大学安全工程专业毕业，大学本科学历，中国矿业大学工程硕士，高级工程师。

2005 年 7 月—2013 年 2 月，历任陈四楼煤矿通风队技术员、技术负责人、通风队技术副队长、通风队副队长（主持工作）、副总工程师兼通风队队长；2013 年 2 月—2020 年 6 月，历任陈四楼煤矿副总工程师、副总工程师兼通风防突科科长、副总工程师兼机关第二党支部书记；2020 年 6 月，任永煤公司陈四楼煤矿防突副矿长。

张　飞　男，汉族，四川旺苍人，1984 年 12 月出生，2008 年 7 月参加工作，2007 年 7 月加入中国共产党，2008 年 7 月毕业于中国矿业大学采矿工程专业，本科学历，工程师。

2008 年 7 月—2011 年 9 月，历任新桥煤矿综采准备队、开拓二队见习技术员、生产技术科科员、综采队技术员、生产技术科业务主管；2011 年 9 月—2012 年 10 月，任永锦能源云盖山二矿（挂职交流）；2012 年 10 月—2020 年 6 月，历任新桥煤矿生产技术科业务主管、综采准备队技术员、综采准备队技术副队长、生产科副科长、综采队副队长（主持行政工作）、综采队队长、生产科科长、副总工程师兼生产科科长；2020 年 6 月，任永煤公司陈四楼煤矿生产副矿长。

韩建成　男，汉族，河南开封人，1973 年 4 月出生，1989 年 7 月参加工作，2000 年 1 月加入中国共产党，河南省委党校经济管理专业在职本科学历。

1990 年 5 月—2007 年 12 月，历任河南矿建三公司职工、车集煤矿采煤队副队长、炮采三队工会主席、掘进队副队长、车集选煤厂副厂长（正科级）；2007 年 12 月—2011 年 9 月，历任洛阳开拓者矿业有限公司副总经理、栾川钼业小庙岭选矿公司副总经理、栾川大源选矿总经理、栾川大源选矿总经理兼党总支书记;2011 年 9 月—2021 年 11 月,历任顺和选煤厂厂长、党支部委员,顺和选煤厂党支部书记、厂长,顺和煤矿党委副书记、工会主席、顺和选煤厂党支部书记、厂长,顺和煤矿党委副书记、工会主席;2021 年 11 月,任永煤公司陈四楼煤矿选煤副矿长。

曹建民　男,汉族,江苏高邮人,1974 年 5 月出生,1998 年 7 月参加工作,2002 年 11 月加入中国共产党,河南理工大学电气设备及自动化专业在职本科学历,高级工程师。

1998 年 7 月—2015 年 4 月,历任永煤集团车集煤矿机电一队技术员、运输队技术员、运输队副队长、运输队代理队长、机电科科长;2015 年 4 月—2022 年 11 月,历任安阳鑫龙煤业主焦煤矿副总经理、主焦煤矿党委委员、副总经理,鑫龙煤业副总工程师、机电部部长;2022 年 11 月,任永煤公司陈四楼煤矿机电副矿长。

三、历任党政副职领导(按历任先后排序)

丛子月　男,汉族,吉林长春市人,1960 年 5 月出生,1982 年 8 月参加工作,1987 年 7 月加入中国共产党;大学本科学历,中国矿业大学工学硕士,教授级高级工程师。1978 年 8 月—1982 年 8 月,辽源煤校大学班毕业。

1982 年 8 月—1994 年 4 月,在辽源矿务局西安矿工作;1994 年 4 月—1997 年 1 月,任辽源矿务局机电处主任工程师;1997 年进入永夏矿区管委会任永煤集团陈四楼煤矿机电副矿长;1998 年 2 月—2008 年 8 月,任永煤集团机电部部长;2006 年 7 月—2008 年 6 月,任永煤集团机电副总工程师兼机电部部长;2008 年 6 月—2012 年 4 月,任永煤控股集团总经理助理;2012 年 4 月—2016 年 6 月,任鹤煤集团机电副总经理。

刘兴彦　男,汉族,河南宁陵人,1966 年 6 月出生,1989 年 7 月参加工作,1992 年 6 月加入中国共产党,1989 年 7 月毕业于焦作矿业学院采矿系建井专业,大学本科学历,教授级高级工程师。

1989 年 7 月—1997 年 1 月,历任永夏矿区管委会技术员、陈四楼项目组组长、陈四楼煤矿项目部经理助理、陈四楼煤矿筹备处副主任;1997 年 1 月—1999 年 1 月,历任永夏矿区管委会陈四楼煤矿副矿长、永煤集团陈四楼煤矿副矿长。

张世芳　男，汉族，河南兰考人，1962 年 11 月生，1984 年 7 月参加工作，1991 年 7 月加入中国共产党，焦作矿业学院矿建专业毕业，本科学历、硕士学位，正高级工程师。

1984 年 7 月—1997 年 12 月，历任河南矿业三公司二工区技术主管，四工区副主任、主任，一工区副主任，三公司副总经理、总工程师；1998 年 1 月—2000 年 7 月，任永煤集团陈四楼煤矿副矿长、城郊煤矿矿长；2007 年 7 月—2009 年 12 月，任永煤集团副总经理兼城郊煤矿矿长，永煤控股副总经理；2009 年 12 月—2010 年 2 月，任河南煤业化工集团研究院常务副院长、永煤控股副总经理；2010 年 2 月—2011 年 1 月，任永金化工总经理、永煤控股副总经理；2011 年 1 月—2012 年 10 月，任永金化工总经理、董事长、党委书记；2012 年 10 月—2017 年 12 月，任河南煤化安监局局长；2017 年 12 月，任河南能源副总经理。

苗　壮　男，汉族，河北乐亭人，1960 年 5 月出生，1976 年 9 月参加工作，1986 年 7 月加入中国共产党，大学本科学历，工程师、高级政工师。

1976 年 9 月—1996 年 11 月，历任内蒙古扎赉诺尔矿务局露天矿采掘段、测量科职工，西山矿南斜井、局生产处开拓科、灵泉矿综掘区主管技术员、科长、区长、党支部书记；1996 年 11 月—1998 年 7 月，历任永煤集团陈四楼煤矿综掘队党支部书记、调度室主任、生产科科长；1998 年 7 月—2007 年 6 月，任永煤集团陈四楼煤矿工会主席。

杨联合　男，汉族，河南商水人，1968 年 8 月生，1991 年 7 月参加工作，1996 年加入中国共产党，淮南矿院通风与安全专业，本科学历，硕士学位，正高级工程师。

1991 年 7 月—1995 年 2 月，任河南矿建三公司古汉山工区技术员，永城工区通风技术主管、通风队队长；1995 年 2 月—1998 年 8 月，历任陈四楼煤矿安监科技术主管、通风队队长；1998 年 8 月—2004 年 2 月，任陈四楼煤矿安监处处长、陈四楼煤矿副矿长兼总工程师；2004 年 2 月—2011 年 6 月，历任车集煤矿矿长、永煤股份总经理助理、龙宇能源总经理、永煤控股副总经理；2011 年 6 月—2014 年 2 月，任永煤控股党委常委、安监局局长、永煤股份副总经理；2014 年 2 月—2017 年 7 月，任鹤煤公司总经理、副董事长、党委副书记；2017 年 7 月—2018 年 3 月，任河南能源副总工程师、安监局常务副局长；2018 年 3 月，任河南能源副总工程师，安全健康环保监察局常务副局长。

申顺更　男,汉族,河南伊川人,1969年1月出生,1992年7月参加工作,1994年11月加入中国共产党,1992年7月毕业于淮南矿业学院通风与安全专业,大学本科学历,工商管理硕士学位,高级经济师、高级工程师。

1992年7月—2000年10月,历任义马矿务局常村矿通风区技术员、企管科副科长;2000年10月—2003年4月,历任永煤集团陈四楼煤矿企管科主任工程师、市场办主任;2003年4月—2006年8月,任永煤集团陈四楼煤矿副矿长。

邓文兴　男,汉族,河南柘城人,1970年11月出生,1993年7月参加工作,1993年6月加入中国共产党,1993年7月毕业于中国矿业大学水文地质与工程地质专业,本科学历,工商管理硕士学位,高级政工师、工程师。

1993年7月—2003年4月,历任永煤集团陈四楼煤矿地质科助理工程师、机关党支部书记、机关党支部书记兼政工科组织干事(副科级)、行政办公室主任兼机关党支部书记;2003年4月—2006年7月,任永煤集团陈四楼煤矿党委委员、纪委委员、纪委书记。

黄传清　男,汉族,河南永城人,1970年12月出生,1990年12月加入中国共产党,1991年7月参加工作,大学本科学历。

1991年7月—1997年8月,历任神火集团新庄煤矿劳资科科员、副科长;1997年9月—2006年7月,历任永煤集团陈四楼煤矿劳资科副科长、科长;2006年8月—2008年12月,任永煤集团陈四楼煤矿副矿长。

别新立　男,汉族,河南内乡人,1963年10月出生,1982年8月参加工作,大学本科学历。

1982年8月—2002年7月,历任义马矿务局常村矿生产科技术员、二采队技术员、203队技术员、203队副队长、27队队长、企管科科长、多种经营公司经理;2002年8月—2006年11月,任义煤集团常村矿副矿长;2007年8月—2009年5月,任义煤集团永光工程公司建井工程处副处长;2009年6月—2009年8月,任永煤集团陈四楼煤矿副矿长。

魏　东　男，汉族，河南永城人，1966年12月出生，1987年8月参加工作，1993年7月加入中国共产党，1987年7月焦作矿院矿建专业毕业，大学本科学历，硕士学位，高级工程师。

1987年8月—1995年1月，历任神火集团新庄煤矿青年突击队技术员、副队长、调度室副主任、计划经济科副科长、科长；1995年1月—1996年2月，任神火集团采掘公司副总工程师、劳资科科长；1996年2月—1997年9月，任神火集团上海绿源公司经理助理、生产部长、车间主任；1997年9月—2000年2月，历任永煤集团陈四楼煤矿企管科科长、矿长助理；2000年2月—2009年3月，任永煤集团陈四楼煤矿副矿长。

王洪海　男，汉族，河南杞县人，1963年3月出生，1980年12月参加工作，1987年9月加入中国共产党，中央党校经济管理专业，本科学历，硕士学位，高级工程师。

1980年12月—2000年8月，历任义马矿务局新安煤矿技术员、综掘队副队长，开拓队副队长兼党支部副书记（主持工作）、杨村矿调度室主任兼机关生产支部书记；2000年8月—2002年11月，历任永煤集团车集煤矿调度室副主任（主持工作）、综采一队队长、矿长助理；2002年11月—2003年4月，任永煤集团陈四楼煤矿采煤副总工程师；2003年4月—2006年5月，任永煤集团陈四楼煤矿副矿长。

赵德军　男，汉族，河南永城人，1953年7月出生，1972年12月参加工作，1977年6月加入中国共产党。1972年12月入伍，1982年毕业于华中师范大学，大学本科学历。长期在部队院校教学，高级政工师。

1984年转业到永夏矿区管理委员会工作；1985年3月初成立陈四楼煤矿筹备处，任党委委员、政工科科长，负责纪检、政工、保卫、地方关系等工作；1988年3月，任陈四楼煤矿纪委书记；2003年5月调入永煤集团热电厂工作。

袁德铸　男，汉族，河南商城人，1964年12月出生，1981年7月参加工作，2004年6月加入中国共产党，1981年7月鹤壁煤矿职工中专毕业，中国矿业大学在职本科学历，高级工程师。

1981年7月—1996年7月，历任鹤壁矿务局五矿采煤二队技术员、采煤队副队长、生产科副科长；1996年8月—2003年4月，历任永煤集团陈四楼煤矿生产科技术员、掘进四队副队长、生产科副科长、生产科科长；2003年4月—2009年2月，历任永煤集团陈四楼煤矿副矿长、副矿长兼总工程师、总工程师。

武梅良　男,汉族,河北武安人,1963 年 3 月出生,1983 年 7 月参加工作,1985 年 12 月加入中国共产党,河北工程大学地质专业毕业,硕士研究生学历,高级工程师。

1983 年 7 月—2004 年 7 月,历任峰峰矿务局万年矿主管技术员、副区长、技术科副科长、总工程师、峰峰矿务局科技发展部主任工程师;2004 年 7 月—2010 年 8 月,历任永煤集团陈四楼煤矿副矿长兼总工程师、副矿长。

王太续　男,汉族,河南灵宝人,1966 年 10 月出生,1989 年 7 月参加工作,1989 年 3 月加入中国共产党,1989 年 7 月山东矿业学院工业电气化专业毕业,大学本科学历,高级工程师。

1989 年 7 月—2002 年 10 月,历任河南义马矿务局耿村矿机电三队技术员、改扩建指挥部助理工程师、机电科工程师、机电一队副队长、机电一队队长、机电科科长;2002 年 10 月—2004 年 10 月,任煤科总院常州自动化研究所高级工程师;2004 年 10 月—2010 年 10 月,任永煤集团陈四楼煤矿机电副矿长。

戚民恩　男,汉族,安徽砀山人,1956 年 10 月出生,1982 年 1 月参加工作,1984 年 11 月加入中国共产党,1982 年 1 月毕业于淮南矿业学院采矿专业,大学本科学历,高级工程师。

1982 年 1 月—1995 年 11 月,在淮北朔里煤矿历任见习助理工程师、助理工程师、副科长、矿办公室主任、安监处副处长、党支部书记、处技术负责人,矿副总工程师;1995 年 12 月—1998 年 11 月,任淮北矿业集团桃园煤矿安监处主任工程师(副总工程师);1998 年 12 月—1999 年 7 月,任永城煤电集团副总工程师兼安检科长;1999 年 7 月—2003 年 4 月,任陈四楼煤矿副矿长。

李矿军　男,回族,河南陕县人,1964 年 4 月出生,1982 年 12 月参加工作,1991 年 7 月加入中国共产党,大专学历,工程师。

1982 年 12 月—2008 年 6 月,历任义煤观音堂煤矿八岩队掘进工、生产科科员、一采队工会主席、技术副队长、二采队队长、副矿长;2008 年 6 月—2008 年 8 月,任永煤集团永贵公司黔金煤矿副矿长;2008 年 8 月—2020 年 6 月,历任永煤集团陈四楼煤矿安全副矿长、工会主席、纪委书记。

汤　桦　男，汉族，河南杞县人，1966年8月出生，1990年7月参加工作，2009年6月加入中国共产党，1990年7月焦作矿业学院采矿工程专业毕业，大学本科学历，中国矿业大学工程硕士，高级工程师。

1990年7月—2001年1月，历任郑州矿务局王庄矿采煤二队技术员、开发公司一队技术员、安检科主管技术员、安检科副科长；2001年1月—2004年9月，历任郑煤集团王庄矿驻宝雨山矿安全监察部部长、安全副总工程师；2004年9月—2007年6月，任郑煤集团马岭山煤矿副矿长；2007年6月—2008年5月，任永煤集团陈四楼煤矿安全副矿长。

黄　涛　男，汉族，河南永城人，1973年7月出生，1996年7月参加工作，1999年7月加入中国共产党，1996年7月河南机电高专机制专业毕业，大专学历，高级工程师。

1996年7月—2007年8月，历任陈四楼煤矿综采队机电班长、机电副队长、综采队技术副队长、副队长、党支部书记、队长；2007年8月—2009年10月，任陈四楼煤矿矿长助理；2009年10月—2012年7月，任永煤集团陈四楼煤矿副矿长。

亢生彩　男，汉族，河南洛宁人，1969年12月出生，1993年7月参加工作，1992年12月加入中国共产党，2010年6月中国矿业大学机械电子工程专业毕业，硕士研究生学历，高级工程师。

1993年7月—2009年2月，历任永煤集团技术处技术员、车集煤矿综采一队副队长、机电二队队长、机电科科长、副总工程师；2009年2月—2012年7月，任车集煤矿党委委员、副矿长；2012年7月—2013年6月任永煤集团陈四楼煤矿副矿长；2013年7月—2018年3月，任安阳鑫龙煤业副总经理；2018年3月—2018年10月，任机电制修厂副厂长（主持工作）；2018年10月—2021年10月，任机电制修厂厂长；2021年10月—2022年11月，任装备制造分公司总经理；2022年11月至今，任永煤公司党委组织部部长、机关党委书记。

王利伟　男，汉族，河南温县人，1969年8月出生，1993年7月参加工作，1998年6月加入中国共产党，1993年7月山西矿业学院采矿工程专业毕业，大学本科学历，教授级高级工程师。

1993年7月—2009年3月，历任永煤集团陈四楼筹备处生产科科员、陈四楼综采二队检修工、副队长、准备队技术副队长、党支部书记、生产科主任工程师、采二队队长；2009年3月—2012年9月，任陈四楼煤矿总工程师；2012年9月—2016年6月，任永煤公司陈四楼煤矿副矿长；2016年6月—2019年7月，历任安阳鑫龙副总经理（主持工作）、总经理、党委书记、董事长，安阳永安煤业董事长、河南永鑫煤业董事长。

邢顶门　男,汉族,河南焦作沁阳人,1974 年 11 月出生,1998 年 8 月参加工作,2001 年 11 月加入中国共产党,1998 年 7 月焦作工学院矿建专业毕业,本科学历,工商管理硕士学位,高级工程师。

1998 年 8 月—2009 年 4 月,历任陈四楼生产科技术员、掘一队技术副队长、开拓三队党支部书记、队长;2009 年 4 月—2015 年 5 月,任永煤公司陈四楼煤矿副矿长;2015 年 6 月,调入永煤公司安监局;2016 年 6 月,任永煤公司永锦能源安监局局长、副总经理。

梁　雷　男,汉族,河南永城人,1972 年 7 月出生,1995 年 7 月参加工作,1995 年 7 月焦作工学院采矿工程专业毕业,大学本科学历,高级工程师。

1995 年 7 月—2001 年 7 月,历任山东亨达煤业茅庄煤矿采二工区技术员、生产科技术员、副科长;2001 年 7 月—2012 年 9 月,历任陈四楼煤矿生产科副主任工程师、技术中心主任工程师、技术中心主任、生产科科长、副总工程师;2012 年 9 月—2015 年 5 月,任永煤公司陈四楼煤矿总工程师。

韩　彦　男,汉族,安徽砀山人,1972 年 7 月出生,1993 年 7 月参加工作,2013 年 6 月加入中国共产党,大学本科学历,高级经济师。

1993 年 7 月—2003 年 6 月,历任陈四楼煤矿项目部技术员、永煤集团计划处科员、市场办、企管部干部;2003 年 6 月—2010 年 9 月,历任正龙煤业企管部副部长(主持工作)、永煤集团企管部主任科员、部长助理;2010 年 9 月—2011 年 2 月,任永煤公司陈四楼煤矿矿长助理;2011 年 2 月—2020 年 6 月,任永煤公司陈四楼煤矿经营副矿长。

符如康　男,汉族,河南太康人,1974 年 10 月出生,1997 年 7 月参加工作,2001 年 6 月加入中国共产党,1997 年 7 月毕业于河南理工大学工业电气自动化专业,大学本科学历,中国矿业大学工程硕士,教授级高级工程师。

1997 年 7 月—2008 年 11 月,历任陈四楼煤矿准备队见习生、综采队技术员、综采队副队长、党支部书记、采三队队长;2008 年 11 月—2013 年 6 月,历任陈四楼煤矿供应科科长、技术中心主任、机电科主任工程师、副总工程师;2013 年 6 月—2018 年 3 月,任永煤公司陈四楼煤矿机电副矿长。

王小国 男，汉族，河南长垣人，1968 年 5 月出生，1993 年 7 月参加工作，1998 年 11 月加入中国共产党，1993 年 7 月毕业于阜新矿业学院采矿工程专业，大学本科学历，中国矿业大学工商管理硕士，正高级工程师。

1993 年 7 月—2003 年 11 月，历任义煤集团千秋煤矿副队长、副科长、区长；2003 年 11 月—2009 年 2 月，历任永煤集团车集煤矿副队长、书记、队长；2009 年 2 月—2016 年 6 月，历任永贵能源轿子山煤矿生产副矿长、矿长、党委书记、新田煤矿矿长、兴安煤业董事长、总经理、矿长；2016 年 6 月—2019 年 9 月，任永煤公司陈四楼煤矿生产副矿长（正处级）。

龚子敏 男，汉族，河南新乡人，1963 年 4 月出生，1984 年 6 月参加工作，中共党员，1984 年 6 月毕业于焦作矿业学院地下采煤专业，大学本科学历，高级工程师。

1984 年 6 月—1994 年 9 月，历任中煤三建第三十工程处技术员、技术科副科长；1994 年 9 月—1998 年 1 月，任中煤三建多种经营局企管部部长；1998 年 1 月—2003 年 3 月，历任淮北梧南矿总工程师、生产矿长、矿长；2003 年 3 月—2006 年 3 月，历任界沟矿总工程师、安全矿长、生产矿长；2006 年 3 月—2014 年 12 月，历任新桥煤矿副总工程师、鑫龙煤业水冶煤矿董事长、总经理、矿长，黑玉煤矿有限公司党委书记、大众煤矿总工程师；2014 年 12 月—2015 年 5 月，任永煤公司顺和煤矿副总工程师；2015 年 5 月—2018 年 6 月，任永煤公司陈四楼煤矿总工程师。

孟　磊 男，汉族，河南渑池人，1967 年 9 月出生，1990 年 7 月参加工作，1997 年 12 月加入中国共产党，大学本科学历，高级工程师。

1990 年 7 月—2005 年 3 月，历任义煤耿村矿掘二队技术员、生产科采煤组长、开拓二队副队长、队长、生产科科长；2005 年 3 月—2007 年 9 月，任义煤集团何庄煤矿副矿长；2007 年 9 月—2008 年 7 月，任龙王庄煤业工程部部长；2008 年 7 月—2011 年 5 月，任伊犁南岗煤电公司总工程师；2011 年 5 月—2015 年 6 月，历任龙王庄煤业总工程师、永龙煤业副总经理；2015 年 6 月—2018 年 6 月，任永煤公司陈四楼煤矿安全副矿长。

张根东 男，汉族，安徽濉溪人，1968 年 10 月出生，1986 年 7 月参加工作，1991 年 10 月加入中国共产党，大学本科学历。

1986 年 7 月—2000 年 10 月，历任淮北矿务局石台矿采煤二区工人、采煤四区副区长；2000 年 10 月—2007 年 3 月，历任永煤集团车集矿采煤二队副队长、副队长（主持工作）；2007 年 3 月—2012 年 9 月，历任永华能源永华一矿矿长、永登煤业副总经理兼丰阳矿矿长、永登煤业副总经理、永龙煤业总经理；2012 年 9 月—2016 年 5 月，历任龙王庄煤业董事长、总经理、永龙精煤执行董事,康威焦化董事长;2016 年 5 月—2017 年 2 月,历任永煤洛阳煤业区域管理公司总经理、龙王庄煤业董事长、总经理,永龙精煤执行董事、康威焦化董事长、永华能源总经理、龙门煤业总经理;2017 年 2 月—2020 年 6 月,历任永煤公司陈四楼煤矿党委副书记、工会主席。

李爱军　男,汉族,湖南攸县人,1976 年 10 月出生,2001 年 6 月参加工作,2005 年 12 月加入中国共产党,2001 年 6 月焦作工学院采矿专业毕业,大学本科学历,高级工程师。

2001 年 6 月—2009 年 5 月,历任陈四楼煤矿掘进三队技术员、技术副队长、综掘二队支部书记兼技术副队长、掘进二队队长;2009 年 5 月—2018 年 6 月,历任陈四楼煤矿生产科主任工程师(正科级)、生产科副科长(正科级)、机关二支部书记、生产科科长兼机关二支部书记、副总工程师兼生产科科长、机关第二党支部书记;2018 年 6 月—2019 年 7 月,任永煤公司陈四楼煤矿副矿长。

奂光润　男,汉族,四川剑阁人,1974 年 4 月出生,1998 年 7 月参加工作,2006 年 6 月加入中国共产党,1998 年 7 月华北矿业高等专科学校机械设备及自动化专业毕业,大学本科学历,高级工程师。

1998 年 7 月—2014 年 6 月,历任永煤集团陈四楼煤矿皮带队技术副队长,新桥煤矿安检科副主任工程师、安检科副科长、机电科副科长(主持工作)、机电科科长、副总工程师兼机电科科长;2014 年 6 月—2018 年 3 月,历任三门峡龙王庄煤业有限责任公司董事、副总经理,永华能源嵩山煤矿副矿长;2018 年 3 月—2022 年 11 月,任永煤公司陈四楼煤矿副矿长。

李　磊　男,汉族,河南永城人,1978 年 9 月出生,2001 年 8 月参加工作,1999 年 6 月加入中国共产党,1999 年 7 月毕业于郑州大学体育学院运动训练专业,大专学历,郑州大学工商管理专业在职硕士研究生,高级政工师。

2001 年 8 月—2019 年 1 月,历任车集煤矿机修厂见习生、城郊煤矿政工科宣传干事、团委副书记、政工科科长兼机关党支部书记、政工科科长兼机关一支部书记;2019 年 1 月—2020 年 6 月,任城郊煤矿党委组织部部长、机关一支部书记;2020 年 6 月—2022 年 8 月,任永煤公司陈四楼煤矿党委委员、纪委书记。

吴鼓勇　男，汉族，河南永城人，1971 年 10 月出生，1994 年 7 月参加工作，2001 年 6 月加入中国共产党，1994 年 7 月毕业于中国矿业大学选矿工程专业，本科学历，硕士学位，高级工程师。

1994 年 7 月—2001 年 9 月，历任永煤集团车集矿土建室技术员，车集矿选煤厂筹建组技术员、工程师、调度室主任；2001 年 9 月—2007 年 9 月，历任车集选煤厂综合办主任、厂长助理、副厂长；2007 年 9 月—2017 年 4 月，历任城郊选煤厂副厂长、新桥选煤厂副厂长、工会主席、副厂长（主持行政工作）、党总支书记；2017 年 4 月—2020 年 10 月，历任陈四楼选煤厂党总支委员、党总支书记、厂长，精创选煤厂厂长、党支部书记；2020 年 10 月—2021 年 6 月，任永煤公司陈四楼煤矿副矿长。

陈国平　男，汉族，河南济源人，1966 年 4 月生，1989 年 7 月参加工作，1993 年 6 月加入中国共产党，中国矿业大学选矿工程专业毕业，大学本科学历，硕士学位，高级工程师。

1989 年 7 月—1997 年 1 月任焦作矿务局韩王矿选煤技术员、助理工程师、工程师和副厂长；1997 年 1 月—2007 年 9 月，任永煤集团陈四楼选煤厂党支部书记、厂长、龙宇能源副总经理、洛阳 LYC 副总经理、开封永大化工、濮阳龙宇化工董事长；2007 年 9 月—2009 年 7 月，任永煤股份副总经理，开封永大化工、龙宇化工董事长、濮阳龙宇化工董事长、党委书记、中新化工党委书记；2009 年 7 月—2018 年 1 月，历任河南煤化集团化工事业部总经理、中原大化董事长、总经理、党委书记，河南能源化工集团总经理助理，销售公司总经理；2018 年 1 月，任河南能源化工集团物贸事业部调研员。

付才国　男，汉族，重庆巫山人，1959 年 10 月生，1982 年 1 月参加工作，1985 年 6 月加入中国共产党，中国矿业学院选煤专业毕业，大学本科学历，硕士学位，正高级工程师。

1982 年 1 月—2003 年 3 月，历任湖南株洲选煤厂技术员、车间副主任、主任、总工办副主任、厂长助理、副厂长兼总工程师；2003 年 3 月—2008 年 2 月，历任永煤集团生产部副部长兼陈四楼选煤厂负责人、厂长；2008 年 2 月—2016 年 4 月，历任永煤股份副总工程师、陈四楼选煤厂厂长、永煤股份副董事长，河南煤化、河南能源总经理助理；2016 年 12 月退休。

孙　乾　男，汉族，安徽太和人，1981 年 3 月出生，2004 年 7 月参加工作，2003 年 12 月加入中国共产党，中国矿业大学矿物加工专业毕业，硕士学位，高级工程师。

2004 年 7 月—2008 年 1 月，任永煤集团陈四楼选煤厂技术员、主管技术员、浮选车间技术主管、煤质科副科长、煤质科科长；2008 年 1 月—2010 年 5 月，任永煤公司秘书处秘书；2005 年 5 月—2011 年，任永煤集团城郊选煤厂厂长助理;2011 年 9 月—2017 年 4 月,历任陈四楼选煤厂副厂长、厂长、党总支书记兼永城市精创实业有限公司执行董事;2017 年 5 月—2020 年 10 月,任永煤公司新桥选煤厂厂长;2020 年 11 月,任永煤集团新桥矿副矿长。

张云生　男,汉族,辽宁东港人,1960 年 2 月出生,1982 年 8 月参加工作,1987 年 10 月加入中国共产党。1982 年 7 月毕业于中国矿业大学机械系选煤专业,大学本科学历,高级工程师。

1982 年 8 月—1997 年 2 月,历任辽宁阜新矿务局八道壕煤矿设计室科员、煤质科科长、选煤厂厂长;1997 年 3 月—1998 年 5 月,任陈四楼选煤厂厂长;1998 年 6 月—2003 年 3 月,历任车集选煤厂厂长、党支部书记;2003 年 4 月—2006 年 7 月,任陈四楼选煤厂党委书记兼工会主席。

四、劳模、先进名录(按层级编排)

(一)国家级

高兴超　男,汉族,1975 年 4 月出生,河南柘城人,本科学历,2003 年 1 月参加工作,2004 年 5 月加入中国共产党。

2007 年 4 月获评河南省煤炭系统"安全生产先进个人",2009 年 4 月获评"全国五一劳动奖章",2014 年 4 月获评"全国劳动模范"。

2003 年 1 月—2010 年 11 月,在陈四楼煤矿安装队工作,先后担任班长、副队长职务;2010 年 11 月—2011 年 7 月,陈四楼煤矿钻机队队长;2011 年 8 月—2012 年 2 月,陈四楼煤矿机修厂党支部书记;2012 年 3 月—2014 年 2 月,陈四楼煤矿巷修队党支部书记;2014 年 2 月—2019 年 11 月,陈四楼煤矿开拓一队党支部书记;2019 年 11 月—2021 年 12 月,开拓二队党支部书记。

边广林　男,汉族,1986 年 8 月出生,山东邹城人,高中学历,探放水高级工,2010 年 3 月参加工作。

2013 年 12 月获评商丘市总工会"五一劳动奖章",2014 年 1 月获评永煤公司"劳动模范",2015 年 7 月获评永城市总工会"五一劳动奖章""技术状元",2016 年 4 月获评河南省总工会"五一劳动奖章",2021 年获评"全国五一劳动奖章""全国技术能手"。

2010 年 3 月—2021 年 12 月,在永煤公司陈四楼煤矿探防队从事探放水工作。

刘怀友　男，汉族，1971 年 1 月出生，河南永城人，大专学历，1999 年 3 月参加工作，2007 年 6 月加入中国共产党。

2006 年获评河南龙宇能源“先进工作者”称号，2009 年获评永煤公司“优秀共产党员”，2011 年获评永煤公司“优秀管理工作者”，2012 年获评“全国煤炭工业劳动模范”、永煤公司“先进工作者”，2013 年获评河南龙宇能源“优秀管理工作者”，2015 年获评河南能源“先进工作者”，2017—2021 年连续 5 年获评陈四楼煤矿“劳动模范”。

1999 年 3 月—2008 年 2 月，在陈四楼煤矿开拓三队先后担任掘进工、班组长、副队长；2008 年 2 月—2021 年 12 月，陈四楼煤矿开拓五队队长。

杨永兴　男，汉族，1987 年 10 出生，河南杞县人，本科学历。

2014 年在河南省、河南能源综采维修电工技术比武中获第一名，获评河南能源集团“劳动模范”、第六届河南省“技术能手”、河南能源集团“首席员工”、永煤公司“首席员工”，2015 年在中国技能大赛“冀中能源杯”第六届全国煤炭行业职业技能竞赛（国家级二级）综采维修电工决赛中获得第十三名、在河南省煤炭系统职业技能大赛综采维修电工技术比武中获第五名，获评河南能源“技术能手”、河南省煤炭系统“技术能手”、河南省“五一劳动奖章”，2016 年获评“河南能源大工匠”、第五批全国煤炭行业“技能大师”、永煤公司“技术能手”、全国煤炭行业优秀共青团员、永城市“五一劳动奖章”，2017 年其工作室被永城市授予“杨永兴技能大师工作室”并获评永城市职工“敬业标兵”，2019 年获评“河南省劳动模范”“商丘大工匠”，2020 年获评“中原大工匠”称号。

2008 年 1 月—2021 年 12 月，分别在陈四楼煤矿运输队、机电队、机电科任设备管理员，矿井维修电工。

任永强　男，汉族，1979 年 1 月出生，河南项城人，硕士研究生学历，高级工程师，2002 年 7 月参加工作，2005 年 7 月加入中国共产党。

2011 年获评河南省工业和信息化厅“煤矿机电工作先进个人”，2012 年获评河南省“十大能工巧匠”、河南省“五一劳动奖章”，2013 年获评第二届“全国煤炭工业百名优秀青年矿工”。

2002 年 7 月—2013 年 1 月，陈四楼煤矿机电队技术员、技术队长、主任工程师、党支部书记、队长；2013 年 1 月—2014 年 11 月，陈四楼煤矿机电科副科长、科长；2014 年 11 月—2015 年 11 月，永锦公司云煤一矿机电矿长；2015 年 11 月—2018 年 6 月，永锦公司机电部部长、机电副总工程师；2018 年 6 月，河南能源事业部尖端人才。

庄修欣　男,汉族,1988年7月出生,河南淮阳人,本科学历,2013年4月参加工作,2021年7月加入中国共产党。

2013年获评陈四楼煤矿"优秀青安岗员",2015年获评陈四楼煤矿"优秀共青团员",2017年获评"永城市技术能手""永煤公司青年岗位能手""河南能源技术能手",2018年获评河南能源化工集团第五届职工技能竞赛"技术能手",2019年获评陈四楼煤矿"技术标兵"、永煤公司"技术能手",2020年获得全国煤炭行业职业技能竞赛"陕煤杯"二等奖,获评"永城市技术能手""永煤公司青年岗位能手"、河南能源化工集团第七届职工技能竞赛"技术标兵"、河南省煤炭系统职业技能竞赛"技术能手"、陈四楼煤矿"劳动模范",2022年获评永煤公司"青春榜样·杰出未来之星"。

2013年4月—2017年9月为陈四楼煤矿通风队瓦斯检查工;2017年10月—2019年5月,陈四楼煤矿通风防突科科员(借调);2019年5月—2021年12月为陈四楼煤矿通风队测风员,其间担任测风组组长。

曹永华　男,汉族,1975年3月出生,河南永城人,中专学历,2008年10月参加工作,2013年2月留转企业合同制。

2018年获评河南能源"首席员工"、河南省煤炭系统"技术能手",2019年获得中国技能大赛"河南能源杯"全国煤炭行业瓦斯检查工组第一名(特等奖),获评河南能源"首席员工"、永煤公司"劳动模范",2020年获评陈四楼煤矿"技能工匠"道德模范、永城市"技术状元"、永城市"五一劳动奖章"、商丘市"五一劳动奖章"。

2008年10月—2010年11月,陈四楼煤矿巷修二队巷修工;2010年11月—2021年12月,陈四楼煤矿通风队瓦斯检查工(瓦检员)。

李海鹏　男,汉族,1986年1月出生,河南长垣人,本科学历,工学学士学位,2011年4月参加工作(2013年4月转劳动合同制)。

2013年12月获评商丘市"五一劳动奖章",2015年获评永城市"五一劳动奖章"、永城市"技术状元",2019年获评陈四楼煤矿"劳动模范"、河南省煤炭系统"五一劳动奖章",2020年获"陕煤杯"全国煤炭行业技能竞赛二等奖,获评河南省"技术能手"、河南省煤炭系统"技术能手",2021年获评永煤公司"劳动模范"。

2011年4月—2021年12月,为陈四楼煤矿机电队职工。

常爱中　男，汉族，1987 年 3 月出生，河南永城人，本科学历，2011 年 4 月参加工作，2010 年 7 月加入中国共产党，2013 年 4 月转为劳动合同制。

2013 年获评“河南省煤炭系统技术能手”，2018 年获得“梅安森杯”第四届全国煤炭行业（智能安全监测）职业技能竞赛中级工组二等奖，2013 年获评陈四楼煤矿“首席员工”，2021 年获评陈四楼煤矿“安全优秀员工”。

2011 年 4 月—2021 年 12 月，陈四楼煤矿调度室安全监控班长。

（二）省部行业级

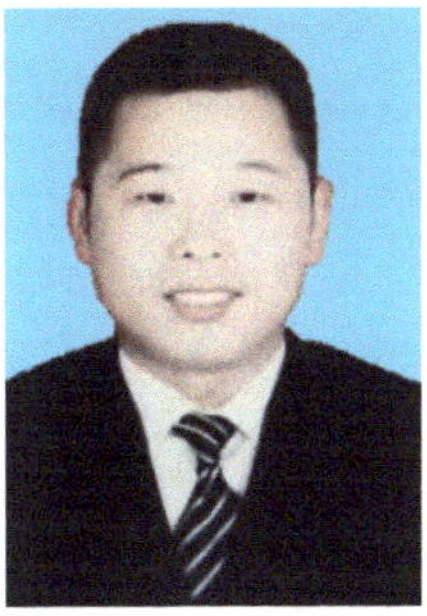

魏　雷　男，汉族，1977 年 11 月出生，河南永城人，大专学历，2004 年 7 月参加工作，2008 年 8 月转为劳动合同制，2014 年 6 月加入中国共产党。

2012 年 11 月获评河南煤化集团“首席员工”，2013 年获评河南省“技术能手”、河南省“五一劳动奖章”，2014 年获评“河南省劳动模范”“永煤十大最美员工”，2015 年 1 月获评“永煤集团技术能手”，2017 年获评“永煤集团优秀共产党员”“陈四楼煤矿首席员工”，2020 年 7 月获评陈四楼煤矿“优秀共产党员”。

2004 年 7 月—2007 年 8 月，陈四楼煤矿开拓三队掘进工；2007 年 9 月—2021 年 12 月，开拓三队班长。

马　艳　女，汉族，1987 年 7 月出生，河南永城人，高中学历，2009 年 3 月参加工作（2013 年留转企业合同制）。

2012 年 12 月获评永煤集团“首席员工”，2013 年 5 月获评河南省管企业“劳动模范”，2017 年 3 月获评河南能源“巾帼岗位标兵”。

2009 年 3 月—2016 年 10 月，陈四楼煤矿选煤厂装车组职工；2016 年 10 月—2021 年 12 月，陈四楼煤矿选煤厂装车组副组长。

贾亮亮　男，汉族，1986 年 7 月出生，河南洛阳人，2008 年 8 月参加工作，2015 年 6 月加入中国共产党，大学本科学历，中国矿业大学工程硕士。

2017 年 4 月获评河南省煤炭系统“五一劳动奖章”。

2008 年 7 月—2009 年 10 月，在陈四楼煤矿综采二队、开拓四队实习；2009 年 10 月—2010 年 8 月，陈四楼煤矿生产科业务主办；2010 年 10 月—2016 年 10 月，生产科主任工程师（副科级）；2016 年 10 月—2018 年 8 月，生产科副科长、特聘师；2018 年 8 月—2020 年 7 月，生产科科长；2020 年 7 月—2021 年 12 月，陈四楼煤矿副总工程师。

刘振良　男,汉族,河南开封人,1974 年 6 月出生,1995 年 9 月参加工作,本科学历,中共党员,助理政工师。

2012 年 4 月获评“河南能源优秀工会工作者”,2014 年 11 月获评“永煤公司技能竞赛优秀组织者”,2015 年 4 月获评“河南能源优秀工会工作者”,2016 年 4 月获评“河南能源优秀工会工作者”,2017 年 4 月获评河南省煤炭系统“五一劳动奖章”。

2009 年 8 月—2010 年 1 月,陈四楼煤矿团委干事;2010 年 1 月—2014 年 2 月,陈四楼煤矿工会办副主任(主持工作);2014 年 2 月—2021 年 12 月,任永煤公司陈四楼煤矿工会办主任。

黄思强　男,汉族,1976 年 4 月出生,河南永城人,本科学历,1996 年 7 月参加工作,2005 年 12 月加入中国共产党。

2009 年获评商丘市“绿色创建”先进工作者,2010 年获评“商丘市知识产权系统先进工作者”,2013 年获评 “河南省百名技术英杰”,2019 年获评永城市“五一劳动奖章”。

1996 年 7 月—2008 年 4 月,先后在陈四楼煤矿综采队、生产科测量组工作;2008 年 4 月—2012 年 2 月,历任陈四楼煤矿技术中心副主任、主任;2012 年 2 月—2018 年 7 月,陈四楼煤矿生产科主任工程师;2018 年 8 月,陈四楼煤矿生产科正科级科员。

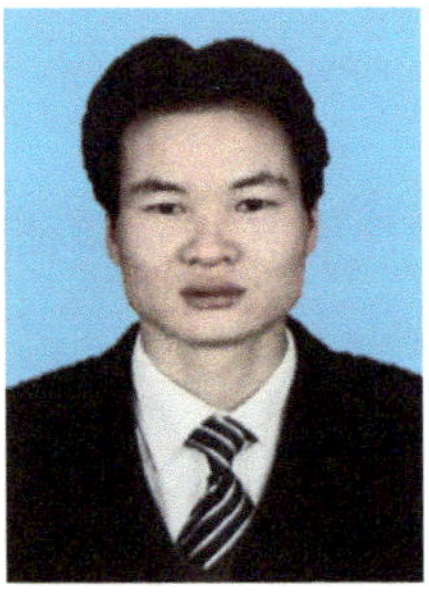

杨海涛　男,汉族,1974 年 5 月出生,河南洛宁人,高中学历,2005 年 4 月参加工作。

2011 年 5 月获评河南省煤炭系统“五一劳动奖章”。

2005 年 4 月—2021 年 12 月,在陈四楼煤矿机电队主、副井钳工班从事维修钳工工作。

张　豪　男,汉族,1985 年 5 月出生,山西平遥人,本科学历,中共党员,高级工程师。

2018 年 12 月获评第八届“河南省技术能手”荣誉称号,2019 年获评全国煤炭行业“职业能力水平评价优秀考评员”荣誉称号、被聘设立河南省永城市“永煤集团张豪技能大师工作室”,2020 年获评第七批“煤炭行业技能大师”、全国煤炭行业“技能人才工作优秀考评员”、被聘设立河南省“张豪电工省级技能大师工作室”。

2008 年 7 月—2009 年 8 月,陈四楼煤矿机电队员工;2009 年 8 月—2016 年 10 月,机电科科员;2016 年 10 月—2021 年 12 月,陈四楼煤矿机电科主任师。

王仕英　男，汉族，1996 年 10 月出生，河南永城人，本科学历，2019 年 7 月参加工作。

2020 年 9 月，获河南省“技术能手”称号，2021 年 5 月获得全国煤炭行业“优秀共青团员”，2021 年 6 月获评河南能源“青年岗位能手”。

2019 年 8 月—2019 年 10 月，在陈四楼煤矿机电科见习；2019 年 10 月—2019 年 12 月，在陈四楼煤矿机电队见习；2020 年 1 月—2021 年 12 月，在陈四楼煤矿调度室工作。

陈建明　男，汉族，1989 年 1 月出生，甘肃甘谷人，本科学历，2011 年 7 月参加工作，2018 年 6 月加入中国共产党，工程师。

2017 年获评陈四楼煤矿“爱岗敬业好干部”，2020 年 6 月获评陈四楼煤矿“优秀共产党员”，2021 年 2 月获评河南能源“劳动模范”、永煤公司“劳动模范”。

2011 年 7 月—2012 年 1 月，陈四楼煤矿综掘三队见习生；2012 年 2 月—2012 年 5 月，开拓四队实习班组长；2012 年 6 月—2012 年 12 月，综掘二队技术员；2013 年 1 月—2014 年 3 月，综掘三队、综掘二队技术主办；2014 年 4 月—2016 年 9 月，综掘二队主管技术员；2016 年 10 月—2018 年 11 月，综掘二队技术副队长；2018 年 12 月—2020 年 6 月，综掘二队技术副队长（主持工作）；2020 年 7 月—2021 年 12 月，综掘二队队长。

胡茂杰　男，汉族，1979 年 3 月出生，河南夏邑人，初中学历，2001 年 5 月参加工作，2011 年 7 月加入中国共产党。

2017 年获评永煤公司“首席员工”、陈四楼煤矿“首席员工”，2021 年获评陈四楼煤矿“劳动模范”、陈四楼煤矿“首席员工”、永煤公司“技术标兵”“河南省煤炭系统技术能手”、河南能源“技术标兵”。

2001—2021 年，在陈四楼煤矿综采一队工作。

张　强　男，汉族，1981 年 6 月出生，安徽宿州人，初中学历，2004 年 7 月参加工作，2010 年 8 月转为劳动合同制。

2008 年获评河南省锚喷工“技术能手”称号，2009 年获评商丘市“五一劳动奖章”，2012 年获评永煤公司锚喷工“技术能手”称号。

2004 年 7 月—2021 年 12 月，陈四楼煤矿开拓三队掘进工。

刘　权　男，汉族，1983年4月出生，安徽萧县人，大专学历，2005年5月参加工作，2018年7月加入中国共产党，2009年8月转为劳动合同制。

2012年获评永煤公司“技术标兵”，2014年获评陈四楼煤矿“安全优秀员工”，2017年获评永煤公司“先进工作者”“永城市技术状元”，2018年获评“河南省技术能手”，2019年获评“陈四楼煤矿首席员工”，2020年获评“永煤公司技术标兵”。

2005年5月—2007年7月，陈四楼煤矿掘五队掘进工；2007年7月—2011年7月，陈四楼煤矿通风队瓦检工；2011年7月—2021年12月，担任陈四楼煤矿通风队瓦检班班长。

田嫩红　女，汉族，河南洛阳人，1977年3月出生，本科学历，中共党员，1995年1月参加工作，政工师/助理经济师。

2012年4月获评永煤公司“优秀工会工作者”，2015年3月获评河南省煤炭系统“先进女职工工作者”，2016年1月获评河南煤化“安全优秀员工”，2017年1月获评永煤公司“先进工作者”，2018年获评河南能源“安全优秀员工”。

1995年1月—1999年7月，在义马市粮食局工作；1999年7月—1999年12月，在陈四楼煤矿选煤厂工作；1999年12月—2002年10月，企管科科员；2002年10月—2010年5月，供应科科员；2010年6月—2021年，工会办科员。

（三）地市级与集团公司级

张献忠　男，汉族，1971年7月出生，河南汝南人，大专学历，1999年11月参加工作，2009年7月加入中国共产党，2013年8月转为劳动合同制。

2013年获评永煤公司“优秀共产党员”，2015年获评陈四楼煤矿“劳动模范”，2017年获评永煤公司“优秀共产党员”，2019年获评永煤公司“优秀党务工作者”，2020年获评永煤公司“优秀党务工作者”，2021年获评河南能源“出彩能源人”、陈四楼煤矿“陈矿功臣”、陈四楼煤矿“优秀科队长”。

1999年11月—2005年4月，陈四楼煤矿朝川队队长；2005年4月—2008年1月，陈四楼煤矿综采二队副队长；2008年1月—2009年5月，陈四楼煤矿综采安装队副队长；2009年5月—2009年9月，陈四楼煤矿机电安装队队长；2009年9月—2011年4月，陈四楼煤矿综采二队党支部书记；2011年4月—2018年8月，陈四楼煤矿综采准备队党支部书记；2018年8月—2021年12月，陈四楼煤矿综采二队党支部书记。

薛兵建　男，汉族，1978 年 7 月出生，河南杞县人，中共党员，本科学历，工程师，2001 年 9 月参加工作。

2007 年获评河南龙宇能源“先进工作者”，2008 年、2009 年分别获评陈四楼煤矿“优秀共产党员”，2010 年分别获评永煤公司“优秀共产党员”、陈四楼煤矿“优秀管理工作者”，2011 年度获评永煤公司“优秀共产党员”、永煤公司“先进工作者”，2012 年获评河南煤化先进工作者、陈四楼煤矿“劳动模范”，2013 年获评陈四楼煤矿“劳动模范”，2016 年获评河南煤化“先进工作者”，2019 年获评永煤集团“先进工作者”、永城市“安全生产先进个人”，2020 年获评永煤集团“先进工作者”、河南能源集团“先进工作者”，2021 年获评陈四楼煤矿“劳动模范”。

2001 年 9 月—2005 年 2 月，陈四楼煤矿皮带队职工；2005 年 3 月—2007 年 12 月，皮带队检修班班长；2008 年 1 月—2009 年 12 月，皮带队副队长；2010 年 1 月—2011 年 8 月，皮带队党支部副书记（主持工作）；2011 年 8 月—2013 年 2 月，皮带队队长；2013 年 2 月—2014 年 12 月，陈四楼煤矿机电队队长；2014 年 12 月—2016 年 9 月，陈四楼煤矿矿长助理兼安检科科长；2016 年 10 月—2020 年 7 月，陈四楼煤矿矿长助理、机关第一党支部书记；2020 年 7 月—2021 年 12 月，永煤公司陈四楼煤矿矿长助理、机关第一党支部书记、安检科科长（兼）。

张建设　男，汉族，1969 年 11 月出生，河南永城人，大专学历，1997 年 6 月参加工作，1990 年 6 月加入中国共产党。

2009 年获评永煤公司“劳动模范”，2012 年获评商丘市“劳动模范”，2013 年获评河南能源“先进工作者”，2015 年获评河南能源“先进工作者”。

1997 年 6 月—2011 年 2 月，陈四楼煤矿综采一队工作，历任班长、副队长、队长；2011 年 2 月—2018 年 8 月，陈四楼煤矿综采二队队长；2018 年 8 月—2021 年 12 月，陈四楼煤矿综采准备队党支部书记。

仪名雷　男，汉族，1986 年 9 月出生，河南开封人，大专学历，2008 年 1 月参加工作，2021 年 7 月加入中国共产党，2008 年 8 月转为劳动合同制。

2009 年获评陈四楼煤矿“岗位标兵”，2011 年获评陈四楼煤矿“优秀共青团员”，2012 年获评陈四楼煤矿“首席员工”、永煤集团“技术能手”，2013 年获评陈四楼煤矿“青年岗位能手”“首席员工”、河南能源“技术能手”，2018 年获评陈四楼煤矿“安全优秀员工”，2021 年获评永煤公司“劳动模范”。

2008 年 1 月—2021 年，在陈四楼煤矿综采一队工作，担任检修班组长、班长。

付景刚　男，汉族，1970年11月出生，河南夏邑人，本科学历，2000年5月参加工作，2006年7月加入中国共产党，2006年8月转为企业合同制。

2003年、2004年参加永煤集团通风工技术比武均获得三等奖，2006年获评永煤集团“先进工作者”，2014年获评永煤公司“优秀共产党员”，2018年获评河南能源技术比武“优秀组织者”，2019年获评陈四楼煤矿“劳动模范”。

2000年5月—2002年3月，在陈四楼煤矿采煤三队，其间担任生产班组长职务；2002年3月—2006年7月，陈四楼煤矿通风队风筒班班长；2006年7月—2009年8月，担任陈四楼煤矿通风队跟班负责人；2009年9月—2015年8月，通风队副队长；2015年8月—2020年7月，陈四楼煤矿通风队副队长（主持工作）；2020年7月—2021年9月，陈四楼煤矿通风队队长；2021年9月—2021年12月，陈四楼煤矿通风防突科正科级科员。

李亚坤　男，汉族，1980年10月出生，河南永城人，高中学历，2007年2月参加工作，2011年6月加入中国共产党，2011年11月转为劳动合同制。

2012年获评陈四楼选煤厂“优秀班组长”，2013年获评河南能源“劳动模范”，2014—2017年连续四年获评陈四楼选煤厂“优秀班组长”，2017年荣获永城市“五一劳动奖章”，2019年获评陈四楼选煤厂“优秀先进工作者”，2020年获评河南能源“安全优秀员工”，2021年获评河南能源“先进工作者”。

2007年2月—2009年6月，洗煤厂洗选车间机修工；2009年6月—2021年，陈四楼煤矿选煤厂生产班组长。

范　强　男，汉族，1990年11月出生，河南新郑人，中专学历，2008年3月参加工作，2017年6月加入中国共产党，2009年7月转为劳动合同制。

2016年度获评“安全优秀员工”，2017年获评河南能源“优秀班组长”，2018年分别获评永煤集团“劳动模范”、河南能源“劳动模范”。

2008—2019年，陈四楼洗煤厂洗煤车间机修班维修钳工；2019年—2011年1月，陈四楼选煤厂洗煤车间生产丙班输送司机操作工；2011—2016年，洗煤车间机修班维修钳工；2016—2017年，陈四楼选煤厂机电管理中心工作，其间担任机修一班组长；2017—2021年12月，陈四楼选煤厂洗选车间机修一班副班长。

李　浩　男，汉族，1990 年 2 月出生，河南永城人，高中学历，2011 年 12 月参加工作，2011 年 12 月加入中国共产党，2016 年 5 月转为劳动合同制。

2013 年、2014 年、2017 年分别获评陈四楼选煤厂“先进工作者”，2015 年获评永煤集团“首席员工”，2015 年获评河南能源安全优秀员工、永城市“五一劳动奖章”。

2011 年 12 月—2021 年 12 月，陈四楼煤矿选煤厂铲车司机。

杜合林　男，汉族，1970 年 1 月出生，河北邯郸人，大专学历，2005 年 6 月参加工作，2009 年 7 月加入中国共产党，2008 年 8 月转为劳动合同制。

2008 年、2010 年分别获评永煤集团“优秀区队长”，2011 年获评永煤集团“优秀管理工作者”，2012 年获评永煤公司“劳动模范”，2013 年获评“永煤集团企业文化优秀标兵”“爱岗敬业好干部”。

2005 年 6 月—2005 年 11 月，陈四楼煤矿综掘二队电钳工；2005 年 12 月—2008 年 11 月，陈四楼煤矿掘进一队副队长；2008 年 12 月—2015 年 7 月，陈四楼煤矿综掘三队队长；2015 年 8 月—2018 年 8 月，陈四楼煤矿调度室科员；2018 年 8 月—2021 年 12 月，调度室业务主管。

李　振　男，汉族，1977 年 6 月出生，河南永城人，硕士研究生学历，2002 年 7 月参加工作，2005 年 7 月加入中国共产党。

2007 年，获评河南龙宇能源科技“先进工作者”，2007 年、2010 年、2014 年分别获评永煤公司“先进个人”，2008 年、2011 年分别获评陈四楼选煤厂“优秀车间主任（科长）”，2009 年、2012 年分别获评陈四楼选煤厂“优秀管理工作者”，2013 年获评永煤公司“劳动模范”。

2002 年 7 月—2005 年 9 月，陈四楼选煤厂机电科技术员；2005 年 9 月—2009 年 12 月，机电科技术主管；2009 年 12 月—2011 年 3 月，机电科副科长；2011 年 3 月—2015 年 6 月，机电科科长；2015 年 6 月—2019 年 10 月，机电管理中心主任；2019 年 10 月—2020 年 12 月，企管科科长；2020 年 12 月—2021 年 6 月，陈四楼煤矿经管科正科级科员；2021 年 6 月—2021 年 12 月，陈四楼煤矿经管科副科长（正科级）。

李志奎　男，汉族，1980 年 1 月出生，河南虞城人，高中学历，2005 年 6 月参加工作，2008 年 8 月留转企业合同制。

2008 年获得河南省电机车修配工技术比武第六名，2019 年获得永煤公司电机车修配工技术比武第一名，2020 年获评永城市“五一劳动奖章”。

2005 年 6 月—2021 年 12 月，陈四楼煤矿运输队电机车修配组组长。

练以亮 男,汉族,1972年12月出生,河南永城人,大专学历,1999年参加工作,2007年7月加入中国共产党。

2005年9月获评"西山煤电杯"全国煤炭行业职业技能大赛"优秀参赛选手",2011年获评永煤公司"劳动模范"。

1999年10月—2005年3月,陈四楼煤矿综掘一队员工;2005年3月—2009年3月,综掘一队副队长;2009年3月—2009年10月,综掘一队党支部书记;2009年10月—2013年2月,综掘一队队长;2013年2月—2019年11月,陈四楼煤矿综掘二队队长;2019年11月—2021年,陈四楼煤矿综掘一队队长。

刘　热 男,汉族,1973年1月出生,河南永城人,大专学历,1998年5月参加工作,2005年7月加入中国共产党,2005年度转为企业合同制。

2000年获评陈四楼煤矿先进个人,2002年获评陈四楼煤矿"安全标兵",2006年获评陈四楼煤矿"优秀共产党员",2007年获评永煤公司"先进工作者",2009年、2012年、2014年分别获评陈四楼煤矿"先进工作者",2018获评陈四楼煤矿"优秀共产党员",2019年、2020年、2021年分别获评陈四楼煤矿"劳动模范"。

1998年5月—1999年12月,陈四楼煤矿采煤三队职工;1999年12月—2002年9月,采煤三队班长;2002年9月—2008年9月,综采三队副队长;2008年9月—2015年6月,陈四楼煤矿综采安装队担任副队长;2015年6月—2021年12月,陈四楼煤矿综采安装队队长。

陈　召 男,汉族,1985年4月出生,河南永城人,大专学历,2011年10月参加工作。

2016年获评河南省"安全优秀班组长"、永煤公司"安全优秀员工",2017年获评河南能源"安全优秀员工",2018年获评陈四楼煤矿"劳动模范",2019年获评永煤公司"劳动模范",2021年获评永煤公司"劳动模范"。

2011年10月—2012年6月,陈四楼煤矿开拓一队掘进工;2012年6月—2015年1月,陈四楼煤矿开拓一队验收员;2015年1月—2016年2月,陈四楼煤矿开拓一队组长;2016年2月—2021年12月,陈四楼煤矿开拓一队班长。

宋 威 男，汉族，1986 年 8 月出生，河南永城人，本科学历，2009 年 8 月参加工作，2013 年 2 月留转企业合同制。

2013 年 12 月获评商丘市“五一劳动奖章”。

2009 年 8 月—2009 年 11 月，陈四楼煤矿机修厂职工；2009 年 12 月—2017 年 11 月，陈四楼煤矿综采准备队机电维修工；2017 年 11 月—2021 年 12 月，陈四楼煤矿综采一队检修班班组长。

于春晓 男，汉族，1974 年 12 月出生，河南方城人，大专学历，1994 年 6 月加入中国共产党，2004 年 5 月参加工作，工程师、高级技师、助理政工师。

2020 年获评永煤公司“首届永煤大工匠”，2021 年获评永城市“五一劳动奖章”。

2004 年 5 月—2009 年 6 月，陈四楼煤矿开拓三队掘进工、安质员；2009 年 7 月—2021 年，陈四楼煤矿安检科安全检查工。

郭彬朋 男，汉族，1980 年 11 月出生，河南虞城人，高中学历，中共党员。

2018 年获评永煤公司“技术标兵”、陈四楼煤矿“首席员工”、永城市“岗位技术能手”，2020 年获评永煤公司“首席员工”、永城市“技术状元”、河南能源“技术能手”。

2001—2011 年，陈四楼煤矿综采一队职工；2011—2021 年，陈四楼煤矿安检科安检员。

郭 珊 女，汉族，1991 年 6 月出生，河南永城人，大专学历，2009 年 11 月参加工作，2016 年 2 月转为劳动合同制。

2019 年，在河南能源职工技能大赛中获得“技术能手”，2020 年获评河南能源“技术标兵”、永城市“技术能手”，2021 年获评河南能源“技术能手”、陈四楼煤矿“青年岗位能手”。

2009 年 11 月—2015 年 3 月，陈四楼选煤厂输送工；2015 年 4 月—2021 年 4 月，陈四楼选煤厂生产技术科采制样工；2021 年 4 月—2021 年 12 月，陈四楼煤矿调度室质检员。

张金见　男，汉族，1975 年 6 月出生，安徽凤台人，初中学历，2003 年 9 月参加工作，2009 年 8 月转为劳动合同制。

2009 年获评河南煤化“先进工作者”，2017 年获评永煤公司“劳动模范”，2020 年获评河南能源“先进工作者”。

2003 年 9 月—2009 年 8 月，历任陈四楼煤矿综采二队采煤工、采煤机司机、组长；2009 年 8 月—2020 年 2 月，综采二队生产班班组长；2020 年 3 月—2021 年 12 月，综采二队验收员。

闫亚军　男，汉族，1980 年 5 月出生，河南永城人，大专学历，2005 年 4 月参加工作，2017 年 7 月加入中国共产党，2008 年 8 月转为劳动合同制。

2014 年获评河南能源“劳动模范”。

2005 年 4 月—2006 年 6 月，陈四楼煤矿综掘一队职工；2006 年 6 月—2016 年 10 月，综掘一队生产班班长；2016 年 10 月—2021 年 12 月，综掘一队副队长。

王超额　男，汉族，1976 年 3 月出生，河南永城人，大专学历，1997 年 6 月参加工作，2013 年 6 月加入中国共产党。

2015 年获评永煤公司“安全优秀员工”，2017 年获评河南能源“安全优秀员工”，2019 年获评永煤公司 “劳动模范”，2022 年获评陈四楼煤矿“优秀共产党员”。

1997 年 6 月—2008 年 7 月，陈四楼煤矿机电队矿井维修电工；2008 年 7 月—2021 年 12 月，陈四楼煤矿机电队矿井维修电工班班长。

黄　海　男，汉族，1975 年 10 月出生，河南永城人，初中学历，2001 年 1 月参加工作，2013 年 6 月加入中国共产党，2009 年 12 月转为劳动合同制。

2007 年获评陈四楼选煤厂“先进工作者”，2010 年获评河南煤化“优秀班组长”，2015 年获评永煤集团“优秀共产党员”，2016 年获评河南能源“劳动模范”、陈四楼选煤厂“优秀班组长”。

2000 年 10 月—2001 年 4 月，陈四楼选煤厂洗选车间运转工；2001 年 5 月—2003 年 6 月，陈四楼选煤厂洗选车间机修工；2003 年 7 月—2005 年 7 月，陈四楼选煤厂洗选车间机修组长；2005 年 8 月—2018 年 8 月，陈四楼选煤厂洗选车间机修班长；2018 年 9 月—2021 年 12 月，陈四楼煤矿选煤厂主管技术员。

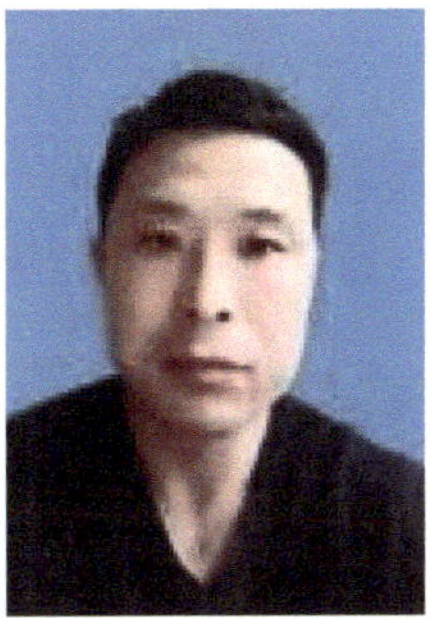

郭红立 男，汉族，1979 年 8 月 20 日出生，河南永城人，高中学历，2004 年 8 月参加工作，2015 年 7 月加入中国共产党，2008 年 8 月转为劳动合同制。

2011 年获评陈四楼煤矿“双十佳员工”，2012 年获评河南煤化“劳动模范”，2017 年、2018 年分别获评陈四楼煤矿“安全优秀员工”。

2004 年 8 月—2005 年，陈四楼煤矿综掘一队掘进工；2005—2007 年，综掘一队生产班组长；2007—2020 年，综掘一队生产班班长；2020 年 3 月—2021 年 12 月，综掘四队生产班班长。

王　洋 男，汉族，1988 年 6 月出生，河南郑州人，本科学历，2011 年 7 月参加工作，2016 年 7 月加入中国共产党。

2016 年获评永煤公司“先进工作者”，2019 年获评永煤公司“劳动模范”、河南能源“劳动模范”，2021 年获评永煤公司“青春榜样”、陈四楼煤矿“优秀共产党员”。

2011 年 7 月—2019 年 5 月，陈四楼选煤厂技术员；2019 年 5 月—2020 年 12 月，陈四楼选煤厂主任师；2020 年 12 月—2021 年，陈四楼煤矿选煤厂主任师。

刘山坡 男，汉族，1980 年 7 月出生，河南永城人，高中学历，2008 年 12 月参加工作，2012 年 8 月转为劳动合同制。

2019 年获评河南能源“劳动模范”、永煤公司“劳动模范”。

2008 年 11 月—2009 年 5 月，陈四楼煤矿掘进二队掘进工；2009 年 5 月—2010 年 6 月，陈四楼煤矿掘进五队掘进工；2010 年 6 月—2015 年 6 月，陈四楼煤矿掘进四队掘进工；2015 年 4 月—2016 年 4 月，综掘四队生产班组长；2016 年 4 月—2021 年 12 月，综掘四队生产班长。

亢新新 男，汉族，1990 年 10 月出生，河南洛宁人，中专学历，2013 年 8 月参加工作，2021 年 5 月转为劳动合同制。

2015 年 4 月获评永煤公司“首席员工”，2015 年 5 月获评永城市“技术状元”“五一劳动奖章”。

2013 年 8 月—2021 年 12 月，陈四楼煤矿机电队地面运转班维修钳工。

（四）矿级劳动模范及其他荣誉

宋四华　男，汉族，1972 年 4 月出生，河南永城人，大专学历，1999 年 8 月参加工作，2006 年 5 月转为劳动合同制，2012 年 5 月加入中国共产党。

2008 年获评陈四楼煤矿“先进工作者”，2015 年获评河南能源“安全优秀员工”，2017 年获评陈四楼煤矿“优秀共产党员”，2018 年获评陈四楼煤矿“劳动模范”。

2006 年 5 月—2008 年 1 月，在陈四楼煤矿综采准备队工作，其间担任生产班班长职务；2008 年 2 月—2017 年 2 月，综采准备队副队长；2017 年 3 月—2020 年 7 月，综采准备队副队长（主持工作）；2020 年 8 月—2021 年 3 月，综采准备队队长；2021 年 3 月—2021 年 12 月，陈四楼煤矿综采一队队长。

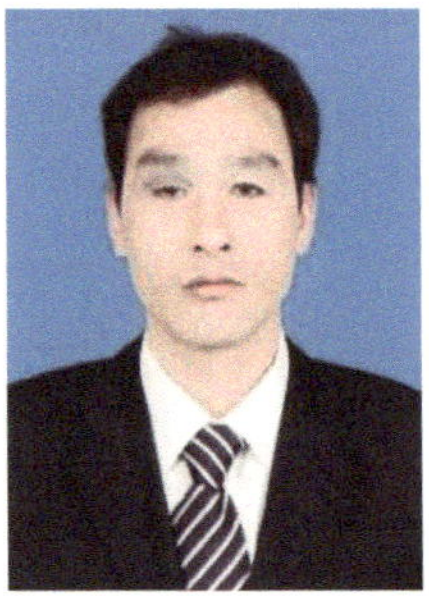

尚占伟　男，汉族，1971 年 2 月出生，河南平顶山人，大专学历，2000 年 4 月参加工作，2008 年 7 月加入中国共产党，2005 年 1 月转为企业合同制。

2016 年获评河南能源“安全优秀员工”，2018 年获评陈四楼煤矿“劳动模范”。

2005 年 1 月—2013 年 7 月，陈四楼煤矿综采二队验收员；2013 年 7 月—2021 年，综采二队生产班班长。

丁　魏　男，汉族，中共党员，1978 年 10 月出生，河南永城人，大专学历，2011 年 3 月参加工作，2015 年 8 月转为劳动合同制。

2017 年获评陈四楼煤矿“劳动模范”，2018 年、2019 年、2020 年，连续 3 年获评陈四楼煤矿“安全优秀员工”。

2011 年 3 月—2021 年 12 月，历任陈四楼煤矿运输队职工、组长、班长、副队长。

侯亚亚　男，汉族，1988 年 8 月出生，河南永城人，高中学历，2007 年 2 月参加工作，2012 年 7 月加入中国共产党。

2013 年获评陈四楼选煤厂“劳动模范”，2015 年获评永煤公司“安全优秀员工”，2016 年获评陈四楼选煤厂“劳动模范”，2018 年获评河南能源“安全优秀员工”。

2007 年 2 月—2014 年 9 月，历任陈四楼选煤厂原煤车间职工、副班长、班长；2014 年 9 月—2021 年 12 月，陈四楼煤矿原煤洗选车间班长。

冯建设　男，汉族，1970 年 10 月出生，河南永城人，高中学历，1993 年 9 月参加工作，2001 年 7 月加入中国共产党。

2008 年、2014 年分别获评陈四楼选煤厂“劳动模范”，2019 年获评河南龙宇能源股份有限公司“先进工作者”，2010 年获评河南煤化“优秀班组长”，2013 年、2016 年分别获评陈四楼选煤厂“优秀共产党员”，2007 年、2012 年、2013 年分别获评陈四楼选煤厂“优秀班组长”，2006 年、2018 年分别获评陈四楼选煤厂“先进工作者”。

1993 年 9 月—1997 年 3 月，焦作矿务局冯营煤矿职工；1997 年 3 月—2020 年 1 月，陈四楼选煤厂工作，其间担任机修班班长、生产班班长；2020 年 1 月—2021 年 12 月，陈四楼煤矿选煤厂机修工。

刘　杰　男，汉族，1978 年 12 月出生，河南永城人，大专学历，2005 年 5 月参加工作，2007 年 10 月加入中国共产党，2008 年 8 月转为企业合同制。

2013 年获评河南能源“先进工作者”，2011 年、2017 年分别获评永煤公司“先进工作者”，2013 年获评永煤集团“企业文化优秀标兵”，2013 年、2014 年、2015 年、2016 年、2019 年、2020 年、2021 年分别获评陈四楼煤矿“劳动模范”。

2005 年 5 月—2006 年 1 月，陈四楼煤矿掘进二队生产班长；2006 年 2 月—2009 年 12 月，陈四楼煤矿掘进二队副队长；2010 年 7 月—2010 年 9 月，陈四楼煤矿掘进四队党支部副书记；2010 年 10 月—2021 年 12 月，陈四楼煤矿开拓一队队长。

张爱民　男，汉族，1974 年 8 月出生，河南淅川人，本科学历，1994 年 10 月参加工作，1997 年 7 月加入中国共产党，2002 年 8 月转为劳动合同制。

1997 年、2006 年、2007 年、2008 年、2009 年分别获评陈四楼煤矿“优秀区队长”，2007 年、2009 年分别获评永煤公司“优秀区队长”，2010 年获评河南煤化“优秀区队长”，陈四楼煤矿“劳动模范”。

1994 年 10 月—1999 年 5 月，陈四楼煤矿开拓三队职工；1999—2003 年，开拓三队副队长；2003 年 3 月—2004 年 4 月，开拓三队党支部书记；2004 年 5 月—2011 年 5 月，开拓三队队长；2011 年 3 月—2013 年 4 月，永龙天禹（登封）煤业有限公司安全副矿长；2013 年 4 月—2015 年 1 月，河南国电能源利鑫煤业有限公司副总经理（主持工作）；2015 年 1 月—2016 年 1 月，永龙新兴（登封）煤业有限公司安全副矿长；2016 年 1 月—2021 年 12 月，陈四楼煤矿调度室正科级科员。

贾善奎　男，族，1976 年 3 月 3 日出生，河南永城人，初中学历，2005 年参加工作。

2015 年获评永煤公司“安全优秀员工”，2016 年获评河南能源“安全优秀员工”，2018 年获评永煤公司“优秀班组长”，2020 年获评陈四楼煤矿“劳动模范”。

2009—2012 年，陈四楼煤矿综掘四队生产班组长；2013—2021 年，综掘四队生产班长。

戚玉彬　男，汉族，1969 年 2 月出生，河南商丘人，大专学历，1989 年 10 月参加工作，2005 年 7 月加入中国共产党。

2019 年获评河南能源“优秀共产党员”，2019 年、2020 年分别获评陈四楼煤矿“优秀队长”，2021 年获评陈四楼煤矿“劳动模范”。

1989 年 10 月—1999 年 3 月，义煤集团千秋煤矿机电三队职工；1999 年 4 月—2004 年 3 月，永煤集团陈四楼煤矿皮带队钳工、班长；2004 年 4 月—2013 年 10 月，皮带队副队长；2013 年 11 月—2014 年 5 月，永登煤业丰阳煤矿挂职交流；2014 年 6 月—2016 年 10 月，陈四楼煤矿皮带队副队长；2016 年 10 月—2021 年 12 月，陈四楼煤矿皮带队副队长(主持工作)。

沈　冰　男，汉族，1988 年 1 月出生，安徽萧县人，本科学历，2011 年 7 月参加工作，2021 年 5 月加入中国共产党。

2019 年获评河南能源“先进工作者”，2020 年获评陈四楼煤矿“劳动模范”。

2011 年 7 月—2011 年 12 月，陈四楼煤矿生产科实习；2011 年 12 月—2014 年 2 月，陈四楼煤矿探防队技术员；2014 年 2 月—2018 年 1 月，陈四楼煤矿生产科技术主管；2018 年 2 月—2021 年 6 月，陈四楼煤矿地测科技术主管；2021 年 7 月—2021 年 12 月，陈四楼煤矿地测科副科长。

魏　鹤　男，汉族，1983 年 1 月出生，河南永城人，大专学历，2005 年 12 月参加工作，2009 年 8 月转为劳动合同制。

2011 年、2016 年、2017 年分别获评陈四楼煤矿“安全优秀员工”，2019 年获评陈四楼煤矿“劳动模范”。

2005 年 12 月—2006 年 10 月，陈四楼煤矿采三队职工；2006 年 10 月—2009 年 9 月，陈四楼煤矿综掘一队职工；2009 年 9 月—2016 年 9 月，陈四楼煤矿综掘一队检修班组长；2016 年 9 月—2021 年 12 月，陈四楼煤矿综掘一队检修班班长。

尹应会　男，汉族，1972 年 8 月出生，河南内乡人，大专学历，1995 年 3 月参加工作，2005 年 7 月加入中国共产党。

2008 年获评陈四楼煤矿“优秀共产党员”“先进工作者”，2013 年获评永煤集团“优秀共产党员”，2014 年获评河南能源“先进评工作者”，2015 年获评永煤集团“先进工作者”，2018 年获评陈四楼煤矿“劳动模范”。

1995 年 3 月—1997 年 7 月，河南省矿建三公司掘进工；1997 年 7 月—2003 年 8 月，陈四楼煤矿开拓三队班长；2003 年 8 月—2006 年 1 月，陈四楼煤矿开拓二队班长；2006 年 1 月—2010 年 11 月，陈四楼煤矿开拓二队副队长；2010 年 11 月—2011 年 5 月，陈四楼煤矿开拓二队党支部书记；2011 年 5 月—2011 年 12 月，陈四楼煤矿巷修队党支部书记；2011 年 12 月—2014 年 2 月，陈四楼煤矿开拓一队党支部书记；2014 年 2 月—2015 年 9 月，陈四楼煤矿巷修队队长；2015 年 9 月—2021 年 12 月，陈四楼煤矿运输队队长。

郭华伟　男，汉族，1985 年 5 月出生，安徽临泉人，本科学历，2009 年 7 月参加工作，2013 年 10 月加入中国共产党。

2019 年 12 月获评河南能源安全优秀员工，2021 年 7 月获评永煤公司“优秀共产党员”，2021 年 3 月获评陈四楼煤矿“劳动模范”。

2009 年 7 月—2012 年 3 月，陈四楼煤矿机电队实习技术员、技术员；2012 年 3 月—2019 年 7 月，陈四楼煤矿机电科技术员、副科级科员；2019 年 7 月—2019 年 9 月，陈四楼煤矿皮带队党支部副书记（主持工作）；2019 年 9 月—2020 年 7 月，陈四楼煤矿皮带队党支部书记；2020 年 7 月—2021 年 12 月，陈四楼煤矿机电队队长。

张新建　男，汉族，1986 年 2 月出生，河南南阳人，硕士研究生学历，2009 年 7 月参加工作，2011 年 6 月加入中国共产党。

2009 年获评河南能源优秀见习生，2010—2013 年连续 4 年获评陈四楼煤矿“先进工作者”，2014 年获评陈四楼煤矿“优秀共产党员”，2021 年获评永煤公司“优秀共产党员”、河南能源“优秀共产党员”、陈四楼煤矿“劳动模范”。

2009 年 7 月—2012 年 4 月，陈四楼煤矿开拓四队技术副队长；2012 年 4 月—2018 年 8 月，陈四楼煤矿开拓二队技术副队长；2018 年 8 月—2019 年 9 月，陈四楼煤矿安检科副科长；2019 年 9 月—2020 年 7 月，陈四楼煤矿开拓二队队长；2020 年 7 月—2021 年 12 月，陈四楼煤矿开拓三队队长。

张立军　男，汉族，1981 年 5 月出生，河南周口人，本科学历，2002 年 4 月参加工作，2005 年 7 月加入中国共产党。

2019 年获评陈四楼煤矿“优秀共产党员”，2020 年获评陈四楼煤矿“优秀科队长”，2021 年获评陈四楼煤矿“劳动模范”。

2002 年 4 月—2007 年 11 月，车集煤矿综合办科员；2007 年 12 月—2009 年 8 月，永骏化工副部长；2009 年 8 月—2010 年 2 月，车集煤矿供应科科员；2010 年 3 月—2016 年 9 月，陈四楼煤矿供应科主任科员；2016 年 10 月—2018 年 7 月，供应科副科长；2018 年 8 月—2020 年 6 月，供应科科长；2020 年 7 月—2021 年 12 月，陈四楼煤矿劳资科科长。

秦红生　男，汉族，1973 年 3 月出生，河南商丘人，大专学历，1999 年 3 月参加工作，2008 年 7 月加入中国共产党，2005 年 1 月转为企业合同制。

2009 年、2011 年、2013 年分别获评陈四楼煤矿“先进工作者”，2016 年获评永煤公司“优秀共产党员”，2018 年、2020 年分别获评陈四楼煤矿“劳动模范”，2021 年获评陈四楼煤矿“优秀区队长”。

1999 年 3 月—2001 年 6 月，陈四楼煤矿掘一队职工；2001 年 7 月—2007 年 12 月，陈四楼煤矿掘一队生产班长；2008 年 12 月—2015 年 6 月，陈四楼煤矿掘一队副队长；2015 年 6 月—2018 年 8 月，陈四楼煤矿综掘三队副队长（主持工作）；2018 年 8 月—2021 年，陈四楼煤矿综掘三队队长。

冉德立　男，汉族，1978 年 12 月出生，河南宁陵人，2011 年 7 月毕业于河南理工大学，本科学历，2011 年 7 月参加工作，2008 年 12 月加入中国共产党。

2013—2016 年分别获评陈四楼煤矿“优秀共产党员”，2017 年获评陈四楼煤矿“创新提效道德模范”，2018 年获评永煤公司“优秀共产党员”，2019 年获评陈四楼煤矿“先进工作者”，2020 年获评陈四楼煤矿“优秀科队长”，2021 年获评陈四楼煤矿“劳动模范”。

2011 年 7 月—2012 年 9 月，陈四楼煤矿生产科实习技术员；2012 年 10 月—2013 年 7 月，陈四楼煤矿探防队技术员；2013 年 8 月—2018 年 7 月，陈四楼煤矿探防队技术主管；2018 年 8 月—2020 年 6 月，陈四楼煤矿探防队技术副队长；2020 年 7 月—2021 年 12 月，陈四楼煤矿探防队队长。

吴　晨　男，汉族，1980年6月出生，河南永城人，中共党员，本科学历。

2020年获评陈四楼煤矿“劳动模范”，2021年获评陈四楼煤矿“先进工作者”。

2006年11月—2011年7月，陈四楼煤矿安检科业务主管；2011年7月—2021年10月，陈四楼煤矿安检科主任科员；2021年10月—2021年12月，陈四楼煤矿安检科副科长。

郭　瑞　男，汉族，1977年10月出生，安徽淮北人，初中学历，2001年5月参加工作，2007年8月转为企业合同制。

2016年获评陈四楼煤矿“安全优秀员工”，2017年获评永煤公司“安全优秀员工”、陈四楼煤矿“安全优秀员工”，2019年获评陈四楼煤矿“劳动模范”，2020年获评陈四楼煤矿“安全优秀员工”。

2007年3月—2010年7月，陈四楼煤矿综采一队生产班组长；2010年8月—2021年，陈四楼煤矿综采一队生产班班长。

尹亚南　男，汉族，1986年5月出生，河南永城人，本科学历，2005年7月参加工作，2011年7月加入中国共产党，2013年8月转为劳动合同制。

2008年、2018年分别获评永煤公司“先进工作者”，2014年、2019年、2021年度分别获评陈四楼煤矿“优秀共产党员”，2017年获评永煤公司“技术能手”，2019年获评陈四楼煤矿选煤厂“劳动模范”。

2005年9月—2009年7月，在永城精创实业有限公司工作，其间担任生产班组长；2009年9月—2013年7月，委培河南理工大学进行学习；2013年9月—2021年11月，永煤公司精创选煤厂担任机修组长；2021年11月—2021年12月，陈四楼煤矿选煤厂机修工。

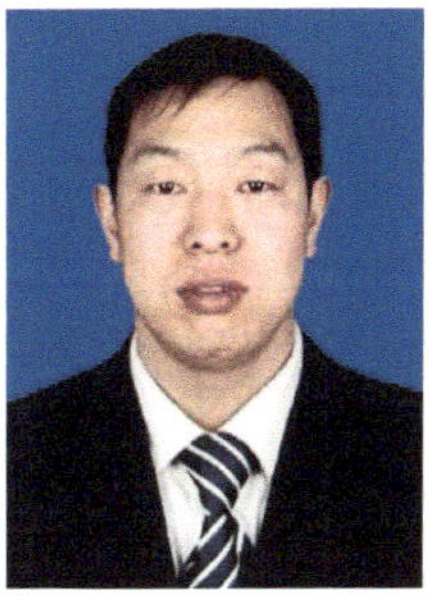

聂德飞　男，汉族，1975年5月出生，河南永城人，大专学历，2001年5月参加工作，2006年6月加入中国共产党，2007年5月留转企业合同制。

2017年获评陈四楼煤矿“劳动模范”，2019年获评陈四楼煤矿“安全生产道德模范”“劳动模范”，2020年获评永煤公司“优秀共产党员”，2021年获评陈四楼煤矿“劳动模范”。

2001年5月—2004年10月，陈四楼煤矿掘三队班长；2004年11月—2007年6月，陈四楼煤矿综掘二队班长；2007年7月—2009年9月，综掘二队副队长；2009年9月—2015年6月，陈四楼煤矿综掘四队副队长；2015年6月—2021年，综掘四队队长。

刘祥锁　男，汉族，1980 年 5 月 29 日出生，安徽淮北人，大专学历，2003 年参加工作。

2016 年获评陈四楼煤矿“劳动模范”，2020 年、2021 年分别获评陈四楼煤矿“安全优秀员工”。

2003 年 11 月—2012 年 2 月，陈四楼煤矿综采三队职工；2012 年 2 月—2018 年 6 月，陈四楼煤矿综采准备队副班长；2018 年 6 月—2021 年，综采准备队班长。

李兆怀　男，汉族，1974 年 3 月出生，河南邓州人，高中学历，1999 年 3 月参加工作，2011 年 11 月转为企业合同制。

2014 年、2020 年分别获评河南能源“安全标兵”，2017 年获评永煤公司“先进个人”，2019 年获评精创选煤厂“先进个人”，2021 年获评精创选煤厂“劳动模范”。

1999 年 3 月—2007 年 2 月，陈四楼选煤厂机修工；2007 年 2 月—2010 年 4 月，城郊选煤厂机修班长；2010 年 4 月—2021 年 11 月，精创选煤厂机修班班长；2021 年 11 月—2021 年 12 月，陈四楼煤矿选煤厂机修班班长。

第三节　专业技术人员名录

陈四楼煤矿高级技术职称人员名录见表 14-1-1。陈四楼煤矿中级技术职称人员名录见表 14-1-2。

表 14-1-1　陈四楼煤矿高级技术职称人员名录

序号	姓名	性别	民族	籍贯	技术职称	备注
1	刘　斌	男	汉族	河南焦作	正高级工程师	
2	赵　伟	男	汉族	河南永城	正高级工程师	
3	张文康	男	汉族	河南太康	高级工程师	
4	李　明	男	汉族	吉林松原	高级工程师	
5	聂济刚	男	汉族	河南济源	高级工程师	
6	张　飞	男	汉族	四川旺苍	高级工程师	
7	郝明月	男	汉族	河南永城	高级工程师	
8	刘德成	男	汉族	江苏南通	高级工程师	
9	曹建民	男	汉族	江苏高邮	高级工程师	
10	贾亮亮	男	汉族	河南洛阳	高级工程师	
11	刘　洲	男	汉族	陕西商南	高级工程师	
12	张振虎	男	汉族	河南新蔡	高级工程师	
13	刘建功	男	汉族	云南永胜	高级工程师	

表 14-1-1(续)

序号	姓名	性别	民族	籍贯	技术职称	备注
14	高　磊	男	汉族	四川都江堰	高级工程师	
15	雷喜良	男	汉族	甘肃静宁	高级工程师	
16	王浩民	男	汉族	河南新郑	高级工程师	
17	田　君	男	汉族	湖北石首	高级工程师	
18	王冠宇	男	汉族	河南叶县	高级工程师	
19	李　振	男	汉族	河南永城	高级工程师	
20	张雪云	女	汉族	河南夏邑	高级工程师	
21	艾学明	男	汉族	陕西渭南	高级工程师	
22	郭之理	男	汉族	江苏徐州	高级工程师	
23	张　豪	男	汉族	山西平遥	高级工程师	
24	张新建	男	汉族	河南南阳	高级工程师	
25	丁德才	男	汉族	江苏邳州	高级工程师	
26	冉德立	男	汉族	河南宁陵	高级工程师	
27	李　翔	男	汉族	陕西延川	高级会计师	
28	李红涛	男	汉族	甘肃临泽	高级经济师	
29	王　娟	女	汉族	河南封丘	高级政工师	
30	马志刚	男	汉族	内蒙古呼和浩特	高级政工师/经济师	
31	刘明申	男	汉族	河南鹿邑	高级政工师/经济师	

表 14-1-2　陈四楼煤矿中级技术职称人员名录

序号	姓名	性别	民族	籍贯	技术职称	备注
1	薛兵建	男	汉族	河南杞县	工程师	
2	曹　阳	男	汉族	江苏邳州	工程师	
3	陈召磊	男	汉族	河南新郑	工程师	
4	董抗抗	男	汉族	江苏邳州	工程师	
5	程小伟	男	汉族	重庆南川	工程师	
6	景旭东	男	汉族	陕西白水	工程师	
7	魏北京	男	汉族	河南开封	工程师	
8	廖松保	男	汉族	广西全州	工程师	
9	武晋文	男	汉族	山西孝义	工程师	
10	张小刚	男	汉族	河南新乡	工程师	
11	郭贡献	男	汉族	河南永城	工程师	
12	宋　道	男	汉族	河南南阳	工程师	
13	徐志广	男	汉族	河南平舆	工程师	

表 14-1-2(续)

序号	姓名	性别	民族	籍贯	技术职称	备注
14	宋成义	男	汉族	山东枣庄	工程师	
15	姚　贺	男	汉族	河南永城	工程师	
16	陆庆刚	男	满族	辽宁辽阳	工程师	
17	张　健	男	汉族	山东费县	工程师	
18	杨　刚	男	汉族	河南三门峡	工程师	
19	张德民	男	汉族	河南永城	工程师	
20	吴　晨	男	汉族	河南永城	工程师	
21	于春晓	男	汉族	河南方城	工程师	
22	郝永科	男	汉族	河北永年	工程师	
23	陈　雷	男	汉族	河南永城	工程师	
24	陈宝明	男	汉族	河南新乡	工程师	
25	贾林林	男	汉族	河南平顶山	工程师	
26	冀　凯	男	汉族	安徽濉溪	工程师	
27	高国斌	男	汉族	河南永城	工程师	
28	王轶家	男	汉族	辽宁沈阳	工程师	
29	沈　冰	男	汉族	安徽萧县	工程师	
30	谢　星	女	汉族	河南洛阳	工程师	
31	郭运章	男	汉族	河北内丘	工程师	
32	黄　辉	男	汉族	安徽淮北	工程师	
33	贾启坤	男	汉族	河南虞城	工程师	
34	梁家豪	男	汉族	新疆霍城	工程师	
35	宗凤龙	男	汉族	江苏徐州	工程师	
36	魏玉杰	男	汉族	河南商丘	工程师	
37	钟南宁	男	汉族	湖南平江	工程师	
38	孟相勇	男	汉族	山东冠县	工程师	
39	邓如彬	男	汉族	重庆永川	工程师	
40	种波凯	男	汉族	河南永城	工程师	
41	王伟峰	男	汉族	河南永城	工程师	
42	陈建明	男	汉族	甘肃甘谷	工程师	
43	顾洪江	男	汉族	江苏淮安	工程师	
44	陈阵	男	汉族	安徽淮北	工程师	
45	曹海宏	男	汉族	甘肃镇原	工程师	
46	皇　伟	男	汉族	河南永城	工程师	
47	赵新闻	男	汉族	安徽濉溪	工程师	
48	李　笋	男	汉族	江苏盐城	工程师	
49	马振海	男	汉族	河南淮阳	工程师	

表 14-1-2(续)

序号	姓名	性别	民族	籍贯	技术职称	备注
50	许高峰	男	汉族	河南周口	工程师	
51	时培源	男	汉族	河南永城	工程师	
52	邓高鹏	男	汉族	江西萍乡	工程师	
53	郭华伟	男	汉族	安徽临泉	工程师	
54	李贵明	男	汉族	安徽桐城	工程师	
55	李　猛	男	汉族	河南永城	工程师	
56	位兆瑞	男	汉族	甘肃正宁	工程师	
57	戴子栋	男	汉族	河南夏邑	工程师	
58	张冠东	男	汉族	河南新密	工程师	
59	陈常州	男	满族	吉林昌邑	工程师	
60	刘东海	男	汉族	河南民权	工程师	
61	王　洋	男	汉族	河南郑州	工程师	
62	田建超	男	汉族	河南许昌	工程师	
63	冉庆辉	男	汉族	河南夏邑	工程师	
64	李志刚	男	汉族	河南确山	工程师	
65	袁保玺	男	汉族	河南永城	工程师	
66	沙路冲	男	汉族	江苏启东	工程师	
67	金雷委	男	汉族	河南夏邑	工程师	
68	黄　昕	男	汉族	安徽砀山	工程师	
69	王海峰	男	汉族	河南永城	工程师	
70	张新龙	男	汉族	河南临颍	工程师	
71	王西亚	男	汉族	河南夏邑	工程师	
72	陈振宇	男	汉族	河南永城	工程师	
73	张　振	男	汉族	河南永城	工程师	
74	庞志国	男	汉族	山西临汾	工程师	
75	孙镇泉	男	汉族	河南获嘉	工程师/政工师	
76	刘俊杰	男	汉族	河南长垣	会计师	
77	王　胜	男	汉族	湖北枣阳	会计师	
78	户红旗	男	汉族	江苏邳州	经济师	
79	樊建政	男	汉族	河南开封	经济师	
80	刘　军	男	汉族	四川邻水	经济师	
81	高　莉	女	汉族	河南永城	经济师	
82	刘昱均	女	汉族	河南永城	经济师	
83	王珞凝	女	汉族	河南永城	经济师	
84	何新香	女	汉族	河南尉氏	经济师	
85	杨　勇	男	汉族	河南汤阴	经济师	

表 14-1-2(续)

序号	姓名	性别	民族	籍贯	技术职称	备注
86	陈　雪	女	汉族	河南舞钢	经济师	
87	程英非	男	汉族	河南郏县	经济师	
88	王颢森	男	汉族	河南永城	经济师	
89	邓　雅	女	汉族	河南永城	经济师	
90	洪　文	女	汉族	河南永城	经济师	
91	谭永豪	男	汉族	河南西平	政工师	
92	李　雯	女	汉族	山西临汾	政工师	
93	高　天	男	汉族	河南虞城	政工师	
94	高平华	女	汉族	河南睢县	政工师	
95	朱金辉	男	汉族	河南永城	政工师	
98	田嫩红	女	汉族	河南偃师	政工师	

第二章　荣　　誉

第一节　集体荣誉

陈四楼煤矿获得集体荣誉见表14-2-1。

表14-2-1　陈四楼煤矿获得集体荣誉一览表(按获得荣誉时间顺序排列)

荣誉名称	授予单位	获奖时间
1997年晋冀蒙豫片区煤炭建设工程先进集体	晋冀蒙豫片区	1997年
河南省煤炭系统1998年度先进煤矿	河南省煤矿厅	1999年1月
河南省"五一"劳动奖状	河南省总工会	1999年2月
河南省煤炭企业"先进基层工会"	河南省总工会	2000年2月
先进基层工会、先进工会、2002年先进基层工会	省煤炭工会、省煤矿工会	2000年2月 2002年2月 2003年2月
河南省"五一"劳动奖状	河南省总工会	2000年3月
煤炭产品获"中国环保产品质量信得过重点品牌"、获得《出口煤炭质量许可证》	中国煤炭工业协会	2001年
科技先进集体;2001年河南省安全先进单位	省煤炭厅	2002年2月 2002年5月
陈四楼煤矿女工委员会在2001年度评为先进女职工集体	中国能源化学工会永城煤电委员会	2002年3月
2001年"河南省文明煤矿"	河南省文明委	2002年4月
2001年生产管理先进单位;省安全先进单位	省煤炭厅、省人事厅	2002年5月 2003年2月
经济技术示范岗	省总工会及煤矿工会	2002年8月
2001年度煤炭行业"质量标准化"矿井称号	河南省煤炭工业局	2002年
中国能源化学工会"先进基层工会组织"	中国能源化学工会	2003年1月
2002年会计基础化工作规范化单位	河南省煤炭工业局	2003年1月
2002年度五好基层工会	永煤集团	2003年2月
省安全生产先进单位	河南省人事厅	2003年2月
2002年度全国"安康杯"优胜企业	中华全国总工会	2003年3月
2002年度科技进步双十佳矿井	省煤炭工业局委员会	2003年3月

表 14-2-1(续)

荣誉名称	授予单位	获奖时间
2002 年全国高产高效矿井	中国煤炭工业协会	2003 年 5 月
2002 年度全国高产高效矿井	中国煤炭工业协会	2003 年 5 月
2002 年度省“两比三争”活动先进党组织	省企业工委	2003 年 6 月
省煤炭系统女职工家属安全协管先进集体	河南省煤矿工会	2003 年 8 月
2002 年省煤炭企业“安康杯”竞赛优胜单位	中国能源化学工会、省煤炭工业局、省总工会、省企业委	2003 年 8 月
全省煤炭系统矿(厂)务公开“先进单位”	河南省煤矿工会、省煤炭工业局	2003 年 11 月
全国煤炭系统“文明煤矿”	中国煤炭职工思想政治工作研究会	2004 年 1 月
全省煤炭“安全生产无事故月”活动先进单位	省煤炭工业局	2004 年 1 月
2003 年全国煤炭系统文明煤矿;2003 年度省级文明单位	国家安监局、中煤政研会、省委省政府	2004 年 1 月 2004 年 2 月
经济技术示范岗、采煤攻关小组及防治水攻关小组、在 2003 年“四创两争”中评为创新示范岗	省总工会及煤矿工会	2004 年 2 月
河南省级“文明单位”	河南省委、河南省人民政府	2004 年 2 月
2003 年度全国“安康杯”竞赛优胜企业、2003 年全省煤炭企业“安康杯”竞赛优胜单位	中华全国总工会、国家安监局、省总工会	2004 年 3 月 2004 年 3 月
经济技术创新示范岗	省经贸委、省总工会	2004 年 3 月
2003 年河南省科技进步双十佳矿井	省煤炭工业局委员会	2004 年 4 月
2003 年度“安全质量标准化先进单位”	省煤炭工业局委员会	2004 年 5 月
2003 年全国煤炭工业特级高产高效矿井、2003 年度“全国煤炭工业重点行业效益十佳企业”	中国煤炭工业协会	2004 年 6 月
全国煤炭工业双十佳煤矿	中国煤炭工业协会	2004 年 6 月
2003 年度特级安全质量标准化矿井	中国煤炭工业协会	2004 年 6 月
全国“2003 年煤炭工业十佳选煤厂”	中国煤炭工业协会	2004 年 7 月
全省第六批安全教育四级煤矿安全培训机构	河南煤矿安全监察局	2004 年 12 月
省管理达标企业	河南省经贸委	2004 年 12 月
全国煤炭工业双十佳煤矿	中国煤炭工业协会	2004 年
全国依法生产先进煤矿	国家发展和改革委员会	2005 年 1 月
2004 年度全省煤炭系统“三创一争”经济技术创新竞赛管理创新最佳企业	河南省煤炭工业局、河南省煤矿工会	2005 年 2 月
2004 年全国“安康杯”竞赛优胜企业、采三队陈东班在 2005 本省煤炭系统“安康杯”竞赛中评为优秀班组	中华全国总工会、国家安监局、省煤炭工业局、省总工会	2005 年 3 月 2006 年 2 月
2003 年河南省科技进步双十佳矿井	省煤炭工业局	2005 年 4 月
河南省省属企业先进集体	河南省国资委、省总工会	2005 年 4 月
省国资委党委授予的“先进基层党委”	省国资委党委	2005 年 6 月
全省单位内保治安保卫工作先进集体	河南省公安厅	2005 年 6 月

表 14-2-1(续)

荣誉名称	授予单位	获奖时间
全国煤炭工业先进集体、省煤炭系统安全生产先进单位	中国煤炭工业协会、省煤管局	2005 年 12 月
全国"安康杯"竞赛优胜企业	中华全国总工会、国家安监局	2006 年 2 月
全省煤炭系统先进基层工会	河南省总工会	2006 年 2 月
2005 年度全省煤炭系统"三争一创"竞赛管理创新最佳企业	河南省煤炭工业局、河南省煤矿工会	2006 年 2 月
2005 年度全国特级安全高效矿井	中国煤炭工业协会	2006 年 8 月
全国煤炭工业先进集体	中国煤炭工业协会	2006 年 11 月
河南省 2006 年度安全生产先进单位	河南省煤炭工业局	2007 年 1 月
全省煤炭系统"四争二创"经济技术创新竞赛创新型企业	河南省煤炭工业局	2007 年 1 月
全国煤矿体育工作先进单位	中国煤矿体协	2007 年 1 月
全国煤炭工业特级安全高效矿井	中国煤炭工业协会	2007 年 1 月
2006 年度"省煤炭系统优秀政研会"	河南省思想政治研究会	2007 年 4 月
2006 年全国"五一"劳动奖状	中华全国总工会	2007 年 4 月
2002—2006 年科技工作先进单位;综采一队获"全国煤矿工业先进集体"	省煤管局、国家人事部及中国煤炭工业协会	2007 年 9 月
全国煤炭工业 50 强选煤厂	中国煤炭工业协会	2007 年 11 月
中华全国总工会授予的"五一"劳动奖状	中华全国总工会	2007 年
2007 年省"五优矿井"	河南省煤炭工业局	2008 年 1 月
2007 年度"一级安全质量标准化矿井"	河南省煤炭工业局	2008 年 1 月
全省煤炭行业人才工作先进集体	河南省煤炭工业局	2008 年 1 月
2007 年度全国"安康杯"竞赛优胜企业、2007 年工会工作先进单位	中华全国总工会、商丘市总工会,中华全国总工会、国家安监总局	2008 年 3 月 2009 年 1 月
全省煤炭工业先进集体	河南省煤炭工业局	2008 年 4 月
河南省煤炭系统企业文化示范矿	河南省煤炭工业局	2008 年 5 月
2007 年在"企业档案工作目标管理"中被评为国家二级	中国煤炭经济研究会	2008 年 5 月
陈四楼选煤厂获全国煤矿"与祖国同庆健康同行"活动先进单位	中华全国总工会、国家安监总局	2008 年 12 月
全国煤炭工业特级安全高效矿井	中国煤炭工业协会	2008 年
陈四楼选煤厂获 2008 年度全国"安康杯"竞赛优胜企业	中华全国总工会、国家安监总局	2008 年
2008 年度"一级安全质量标准化矿井"	河南省煤炭工业局	2009 年 1 月
2008 年度创新型工会组织、永煤集团 2008 年度先进工会工作信息站	永煤控股工会、永煤工会	2009 年 3 月 2009 年 4 月

表 14-2-1(续)

荣誉名称	授予单位	获奖时间
2009 年度河南质量管理小组活动优秀企业	河南省质量技术监督局、省质量协会	2009 年 8 月
2009 年度特级安全高效矿井	中国煤炭工业协会	2009 年 11 月
省级文明单位	河南省委、省人民政府	2009 年 12 月
国家级安全质量标准化煤矿	国家安全生产监督管理局、国家煤矿安全监察局	2009 年 12 月
2009 年度全国“安康杯”优胜企业、全国煤矿体育工作先进单位	中华全国总工会、国家安监总局、中国煤矿体育协会	2010 年 1 月 2010 年 12 月
2009 年度河南省知识产权系统先进企业	河南省知识产权局	2010 年 4 月
2009 年度“省一级安全质量标准化矿井”	河南省工业和信息化厅	2010 年 5 月
全国煤炭经济研究先进单位	中国煤炭经济研究会	2010 年 7 月
全国煤矿体育工作先进单位	中国煤矿体育协会	2010 年 12 月
煤炭工业科技创新示范矿	河南省煤管局及经贸委、中国煤炭工业协会	2010 年
2010 年度全国“安康杯”荣获优胜单位、2010 年度工会工作先进单位	中华全国总工会、国家安全生产监督管理总局、永煤集团	2011 年 1 月 2011 年 3 月
2010 年度“省一级安全质量标准化矿井”	河南省工业和信息化厅	2011 年 2 月
第十一批全国煤炭工业企业文化示范矿	中国煤炭职工思想政治工作研究会	2011 年 3 月
煤炭工业科技创新示范矿	中国煤炭工业协会	2011 年 4 月
河南省煤炭系统“五一”劳动奖状	河南省工业和信息化厅、河南煤矿工会	2011 年 4 月
第七届中国企业培训示范基地、中国企业教育先进单位百强	中国企业教育百强委员会	2011 年 7 月
2010 年度国家级安全质量标准化煤矿	国家安全生产监督管理局、国家煤矿安全监察局	2011 年 12 月
河南省职工学习工作室示范点	中国煤炭工业协会	2011 年
2018—2011 年度“五优”示范矿井	河南省工业和信息化厅	2011 年
2011 年度全国“安康杯”竞赛活动中荣获优胜单位、2011 年全民健身活动先进单位、2011 年度先进“四型”工会	中华全国总工会国家安全生产监督管理总局、中国煤矿体育协会、河南煤业化工集团工会委员会	2012 年 1 月 2012 年 2 月 2012 年 4 月
2011 年全民健身活动先进单位	中国煤矿体协	2012 年 2 月
国家级安全质量标准化煤矿	国家安全生产监督管理局、国家煤矿安全监察局	2012 年 4 月
全国职工教育培训示范点	中华全国总工会	2012 年 11 月
全国煤炭工业特级安全高效矿井	中国煤炭工业协会	2012 年 12 月
河南省首批高等职业教育示范性综合实训基地	中国煤炭工业协会	2012 年 12 月
中国最美矿山	国家能源局煤炭司、中国能源报社	2012 年
2011 年度“省一级安全质量标准化矿井”	河南省工业和信息化厅	2012 年

表 14-2-1(续)

荣誉名称	授予单位	获奖时间
全国“安康杯”竞赛优胜单位劳动奖状	中华全国总工会、国家安全生产监督管理总局	2013 年 4 月
国家级绿色矿山试点单位	国土资源部	2013 年 4 月
2012 年度内部市场化管理先进单位	河南煤业化工集团	2013 年 4 月
陈四楼煤矿机电副井获“五一巾帼标兵岗”	省总工会	2014 年 3 月
全国职工技协工作先进单位	全国职工技协	2014 年 9 月
2013—2014 年优质高效选煤厂	中国煤炭加工利用协会	2014 年
2014 年度工会工作先进单位、河南能源化工集团二〇一四年度先进“四型”工会、2014 年全省建功“十二五”技术创新竞赛活动评为“竞赛组织工作先进集体”、2014 年度全省煤炭系统安康杯竞赛优胜班组、河南龙宇能源公司陈四楼煤矿被评为竞赛组织工作先进单位	永城市总工会、河南能源化工集团有限公司工会委员会、河南省总工会、河南省煤矿工会、河南省总工会、河南省工业和信息化厅、河南省科学技术厅、河南省财政厅、河南省人力资源和社会保障厅	2015 年 3 月 2015 年 4 月 2015 年 4 月 2015 年 5 月 2015 年 5 月
河南省煤炭系统五一劳动奖状	省工业和信息化厅、省煤矿工会	2015 年 4 月
2015 年度工会工作先进单位、新版《煤矿安全规程》知识竞赛一等奖、河南能源化工集团 2015 年度工会宣传与信息工作先进单位、陈四楼煤矿工会河南能源化工集团 2015 年度工会宣传与信息工作先进单位	永城市总工会、永煤集团公司工会、河南能源化工集团有限公司工会委员会、河南能源化工集团有限公司工会委员会	2016 年 3 月 2016 年 8 月 2016 年 12 月 2016 年 12 月
全省煤炭系统先进女职工委员会	河南省煤矿工会	2017 年 3 月
2016 年度国家煤矿健身活动先进集体	中国煤矿体协	2017 年 3 月
综采二队尚占伟班优秀班组、2016 年度先进“四型”工会	河南省煤炭工业管理办公室 、河南省煤矿工会工作委员会、永煤煤电控股集团有限公司工会委员会	2017 年 3 月 2017 年 5 月
2017 年第二批国家“一级安全生产标准化煤矿”	国家安全生产监督管理局、国家煤矿安全监察局	2018 年 1 月
2017 年度国家煤矿全民健身活动先进集体	中国煤矿体协	2018 年 3 月
先进“四型”工会	河南能源化工集团有限公司工会委员会	2018 年 5 月
陈四楼煤矿综采二队“全国煤炭工业先进集体”	国家人力资源部和社会保障部、中国煤炭工业协会	2018 年 5 月
2016—2017 年度煤炭工业节能减排先进企业	中国煤矿加工利用协会	2018 年 11 月
2016—2017 年度煤炭工业安全高效特级矿井	中国煤炭工业协会	2018 年 11 月
2018 年度全省一级“五优”矿井	河南省煤炭工业管理办公室	2018 年 12 月
全省煤炭系统“安康杯”优胜单位、永煤公司 2019 年职工女子排球奖杯	河南省煤矿工会工作委员会、永煤公司	2019 年
2018—2019 年度煤炭工业特级安全高效煤矿	中国煤炭工业协会	2019 年 2020 年
河南省安全文化建设示范企业(有效期三年)	河南省职业卫生会	2020 年 2021 年

表 14-2-1(续)

荣誉名称	授予单位	获奖时间
河南省职业健康管理示范企业(有效期三年)、2021 年度授予河南龙宇能源陈四楼煤矿工会委员会河南省模范职工之家	河南省安全生产和职业健康协会、河南省总工会	2020 年 2021 年
永煤公司先进四型工会、永煤公司先进女职工委员会、2021 年度河南龙宇能源陈四楼煤矿工会委员会被评为河南省模范职工之家、永煤公司技能竞赛优秀组织单位	永煤公司、永煤公司、河南省总工会、永煤公司	2021 年 2021 年 2021 年 2021 年
2021 河南能源、永煤公司先进女职工委员会,2021 年度永煤公司职工技能优秀组织	河南能源及永煤公司、永煤公司	2022 年 2022 年

第二节 个人荣誉

陈四楼煤矿获得个人荣誉见表 14-2-2。

表 14-2-2 陈四楼煤矿获得个人荣誉一览表

获奖人员	荣誉名称	授予单位	获奖时间
彭兴磊	省煤炭系统“杰出青年岗位能手”	河南省煤炭工业局	1998 年 2 月
刘新民	河南省煤矿技术能手	河南省煤炭工业局	2000 年 11 月
李伍成	河南省煤炭系统十佳矿长;中国煤炭工业协会优秀矿长;河南省优秀企业家;2002 年煤炭工业科技进步矿井先进工作者	河南省煤炭协会、中国煤炭工业协会、河南省政府、中国煤炭工业协会	2001 年 2002 年 2003 年
邵兴建	煤炭系统河南省青年岗位能手、省煤矿技术能手、省五一劳动奖章、全国技术能手	共青团河南省委、省煤炭工业局、省总工会、劳动和社会保障部	2002 年 2003 年 3 月 2004 年 12 月
张延明	河南省煤炭系统劳动模范	河南省煤矿工会	2003 年
刘须超	河南省煤炭系统劳动模范	河南省煤矿工会	2003 年
张根东	河南省煤炭系统劳动模范	河南省煤矿工会	2003 年
王　锋	永煤公司先进工作者、龙宇能源劳动模范	永城煤电控股集团有限公司工会委员会、河南省龙宇能源股份有限公司工会	2003 年 2010 年
王　珏	获河南省煤炭系统“张玮”式技术创新能手、河南省五一劳动奖章	河南省煤炭协会、省总工会	2004 年 2 月 2014 年 4 月
白运强	永煤公司“先进工作者”、永煤公司“劳动模范”、永城煤电控股集团“先进工作者”、永城煤电控股集团“先进工作者”	永城煤电控股集团有限公司工会委员会	2004 年 2008 年 2011 年 2012 年

表 14-2-2(续)

获奖人员	荣誉名称	授予单位	获奖时间
张广恩	2004 年度河南省先进个人、省煤炭系统技术能手、2008 年省煤炭系统职业技能赛信息调度员技术比武优秀选手	河南省煤管局、省煤矿工会、河南省煤管局、省煤矿工会、河南省煤炭行业协会	2005 年 8 月 2008 年 10 月 2008 年 10 月
马正兰	“全国双十佳矿长”称号、全国五一劳动奖章、第十六届孙越琦科技教育基金青年科技奖	中国煤炭工业协会、中华全国总工会	2006 年 11 月 2007 年 10 月
毕光忠	永煤公司先进工作者	永城煤电控股集团有限公司工会委员会	2006 年
田　永	永煤公司先进工作者	永城煤电控股集团有限公司工会委员会	2006 年 2008 年
刘　益	河南省煤炭系统优秀政研干部、2010—2012 年优秀共产党员	河南省煤炭职工政研会、省国资委	2007 年 4 月 2011 年 5 月 2012 年 6 月
高兴超	河南省五一劳动奖章、河南省技术能手、全国五一劳动奖章、全国劳动模范	河南省总工会、河南省劳动和社会保障厅、中华全国总工会、中华人民共和国国务院	2007 年 4 月 2009 年 1 月 2009 年 4 月 2014 年 4 月
薛兵建	龙宇能源先进工作者，2011、2019、2020 年度永煤公司先进工作者，2012 年度河南煤化先进工作者，2016、2019、2020 年度河南能源化工集团先进工作者，2019 年度永城市安全生产先进个人，2021 年度被评为永煤集团优秀共产党员和优秀教育工作者	河南省龙宇能源股份有限公司、永城煤电控股集团有限公司工会委员会、河南煤业化工集团有限责任公司工会、永城市总工会、永城煤电控股集团有限公司工会委员会	2007 年 2011 年 2012 年 2013 年 2016 年 2019 年 2021 年
王明臣	河南省煤炭工业劳动模范、永煤公司劳动模范、永煤公司先进工作者	河南省煤炭工业协会、永城煤电控股集团有限公司工会委员会	2007 年 2008 年 2012 年
张建设	龙宇能源公司劳动模范、永煤公司劳动模范	河南龙宇能源股份有限公司、永城煤电控股集团有限公司工会委员会	2008 年 1 月 2009 年 1 月 2010 年 1 月
李洛宁	商丘市五一劳动奖章	商丘市总工会	2008 年
张　强	河南煤炭系统技术能手、商丘市五一劳动奖章、永煤公司技术能手	河南省煤矿工会、商丘市总工会、永城煤电控股集团有限公司工会委员会	2008 年 2009 年 4 月 2012 年
练以亮	龙宇能源优秀管理工作者，2011、2012 年度河南煤化先进工作者，永煤公司劳动模范，河南省安全工作先进个人，河南省煤矿安全生产先进个人，河南省煤炭行业十佳区队长	龙宇能源股份有限公司工会、河南煤业化工集团有限公司工会、永城煤电控股集团有限公司工会委员会、河南省总工会、河南省人民政府安全生产委	2009 年 2011 年 1 月 2010 年 2011 年 3 月 2012 年

表 14-2-2（续）

获奖人员	荣誉名称	授予单位	获奖时间
齐军旗	永煤公司先进工作者	永城煤电控股集团有限公司工会委员会	2009 年
王利伟	2009 年度河南省知识产权系统先进工作者、商丘市“十一五”十大创新人物、2013 年度全省煤矿安全质量标准化工作先进个人	河南省知识产权局、商丘市工商业联合会、商丘市国资委、商丘市科技局、商丘市妇女联合会、商丘日报社、河南省工业和信息化厅	2010 年 2011 年 2014 年
梁蒲安	河南省政府国资委“优秀党员”	河南省政府国资委	2010 年 6 月
刘振良	全国煤矿体育工作先进个人、河南能源优秀工会工作者、河南省职工技协工作先进工作者、永煤公司技能竞赛优秀组织者、河南能源工会优秀组织者、河南省煤炭系统五一劳动奖章、永煤公司职工技能优秀组织者荣誉称号	中国煤矿体育协会、河南能源化工集团工会委员会、河南省职工技术协会、永城煤电控股集团有限公司工会委员会、河南省煤矿工会、永煤控股集团有限公司工会委员会	2010 年 12 月 2012 年 4 月 2014 年 9 月 2014 年 11 月 2016 年 4 月 2017 年 4 月 2019 年
刘　斌	永煤公司“七一”优秀共产党员、河南煤化集团优秀区队长、永城市优秀工会工作者	永城煤电控股集团有限公司工会委员会、河南煤业化工集团有限责任公司、永城市总工会	2010 年 2010 年 1 月 2022 年 3 月
杨青松	河南省十佳科技型领军企业家、中国煤炭工业协会“煤炭工业优秀矿长”	河南省发展和改革委员会、河南省科技厅、河南省科学院、河南省农业科学院、中国煤炭工业协会	2010 年 2011 年
亢生彩	河南省煤矿机电先进个人、“煤炭行业（工程技术人员）技能大师”	河南省工业和信息化厅、中国煤炭工业协会	2011 年 8 月 2019 年 11 月
孙镇泉	河南煤化集团“先进工作者”	河南煤业化工集团	2011 年
奂光润	永煤公司“优秀共产党员”、永煤公司“优秀科技工作者”、永煤公司“先进工作者”	永城煤电控股集团有限公司工会委员会	2011 年 2011 年 2012—2013 年
杜合林	永煤公司先进工作者、劳动模范	永煤集团有限公司工会委员会	2011 年 2012 年
任永强	河南省工业和信息化厅颁发的煤矿“机电先进个人”、河南省“十大能工巧匠”、河南省“五一劳动奖章”、第二届炭工业“百名优秀青年矿工”	河南省工业和信息化厅、河南省总工会、河南省总工会、中国煤炭工业协会	2011 年 2012 年 2012 年 2013 年
李　翔	河南煤化第三届职工技能大赛“技术能手”、河南煤化第四届职工技能大赛“技术能手”、2012 年度永煤公司“岗位技术能手”、永煤公司技术能手	河南煤业化工集团有限责任公司工会、河南煤业化工集团有限责任公司工会、永城煤电控股有限公司工会委员会、永城煤电控股有限公司工会委员会	2011 年 11 月 2012 年 11 月 2012 年 1 月 2013 年 1 月
杨海涛	河南省煤炭系统五一劳动奖章	河南省总工会	2011 年 5 月

表 14-2-2(续)

获奖人员	荣誉名称	授予单位	获奖时间
张　永	贵州省总工会“贵州省五一劳动奖章”、永煤公司岗位技术能手、全国青年岗位能手、河南煤化“岗位技术能手”、贵州省“岗位技术能手、2014 年第十届全国矿山救护技术比赛“全国青年岗位技术能手”、贵州省总工会“贵州省五一劳动奖章”	贵州省总工会、永城煤电控股集团有限公司工会委员会、中国共产党共青团中央委员会、河南煤矿工会、贵州省总工会、中国共产党共青团中央委员会、贵州省总工会	2011 年 6 月 2010 年 1 月 2012 年 2 月 2011 年 2010 年 12 月 2016 年 5 月 2016 年 4 月
梁　雷	2011 年度河南省百名职工技术英杰	河南省总工会、河南省工业和信息化厅、河南省科学技术厅、河南省财政厅、河南省人力资源和社会保障厅	2012 年
赵　伟	河南能源化工集团“先进工作者”、永城煤电控股集团“劳动模范”、煤矿优秀支护专家	河南能源化工集团工会委员会、永城煤电控股集团有限公司工会委员会、中国煤矿工业协会支护支护专业委员会	2012 年 1 月 2016 年 1 月 2021 年
魏　雷	河南煤化集团首席员工、河南煤化集团优秀共产党员、河南省技术能手、河南省五一劳动奖章、河南省劳动模范	河南能源化工集团工会委员会(前二)、河南省总工会、河南省总工会、河南省人民政府	2012 年 11 月 2017 年 7 月 2013 年 4 月 2014 年 4 月
郭红立	河南能源劳动模范	河南能源化工集团工会委员会	2012 年
刘怀友	永煤公司“优秀共产党员”“优秀管理工作者”,“全国煤炭工业劳动模范”、永煤公司“先进工作者”,龙宇能源股份有限公司“优秀管理工作者”, 河南能源“先进工作者”,陈四楼煤矿“劳动模范”	河南龙宇能源股份有限公司、永城煤电控股集团有限公司工会委员会、河南能源化工集团工会委员会、中国煤炭工业协会	2006 年 2009 年 2011—2013 年 2015 年 2017 年 2018 年 2015—2021 年
李　明	河南煤化先进工作者、陈四楼煤矿“劳动模范”、河南能源“劳动模范”、永煤控股优秀共产党员、永煤控股优秀共产党员煤矿支护优秀专家	河南煤业化工集团有限责任公司工会、陈四楼煤矿、河南能源、永煤控股有限公司、永煤控股有限公司、中国煤矿工业协会支护支护专业委员会	2012 年 2013 年 2014 年 2018 年 2019 年 2021 年
张文康	河南省煤炭系统“五一劳动奖章”、永城煤电控股集团“劳动模范”、永城煤电控股集团“劳动模范”、永城煤电控股集团“劳动模范”	河南煤矿工会、永城煤电控股集团有限公司工会委员会、永城煤电控股集团有限公司工会委员会、永城煤电控股集团有限公司工会委员会	2013 年 4 月 2014 年 1 月 2016 年 1 月 2019 年 1 月
马　艳	河南省管企业劳动模范	河南省总工会	2013 年 4 月
王玉峰	永煤公司先进工作者	永城煤电控股集团有限公司工会委员会	2013 年

表 14-2-2(续)

获奖人员	荣誉名称	授予单位	获奖时间
安金花	河南能源最美女工、河南省煤炭系统五一劳动奖章	河南能源化工集团工会委员会、河南省煤矿工会	2013 年 2015 年
符如康	2012 年度河南省百名职工技术英杰	河南省总工会、河南省工业和信息化厅、河南省科学技术厅、河南省财政厅、河南省人力资源和社会保障厅	2013 年
黄思强	2012 年度河南省百名职工技术英杰	河南省总工会、河南省工业和信息化厅、河南省科学技术厅、河南省财政厅、河南省人力资源和社会保障厅	2013 年
宋　威	商丘市五一劳动奖章、第 21 届全国煤炭行业职业技能示范赛综采巡检工铜奖	商丘市总工会、中国能源化学地质工会全国委员会中国职工技术协会	2013 年 12 月 2021 年 6 月
常爱中	河南省煤炭系统技术能手称号、全国煤炭行业(智能安全监测)职业技能竞赛二等奖	河南省煤矿工会、中国煤炭工业协会	2013 年 9 月 2018 年 11 月
裴飞飞	永城煤电集团“先进保卫干部”、2018 年度河南能源化工集团先进工作者、2018 年度永城煤电控股集团先进个人、2019 年度河南能源化工集团武装保卫工作先进工作者、河南能源化工集团第三届“大学习大练兵大比武”先进个人、2021 年度河南能源化工集团武装保卫及规范化建设工作先进工作者	永城煤电控股集团有限公司工会委员会、河南能源化工集团工会委员会、永城煤电控股集团有限公司工会委员会、河南能源化工集团工会委员会、河南能源化工集团工会委员会、河南能源化工集团工会委员会、永城煤电控股集团有限公司工会委员会	2013 年 3 月 2018 年 2019 年 2 月 2020 年 4 月 2021 年 2 月
李海鹏	商丘市五一劳动奖章、永城市五一劳动奖章、河南省煤炭系统五一劳动奖章、永城市技术能手、河南省煤炭系统技术能手、河南省技术能手、永煤公司劳动模范、永城市技术状元	商丘市总工会、永城市总工会、河南省煤矿工会工作委员会、永城市总工会、河南省煤矿工会、河南省人力资源和社会保障厅、永城煤电控股有限公司工会委员会、永城市总工会	2013 年 12 月 2015 年 7 月 2019 年 4 月 2020 年 6 月 2020 年 11 月 2020 年 5 月 2021 年 1 月 2021 年 5 月
边广林	商丘市五一劳动奖、永煤公司劳动模范、永城市“技术状元”、永城市五一劳动奖章、河南省五一劳动奖章、永城市“技术状元”、永煤公司“劳动模范”、全国技术能手	商丘市总工会、永城煤电控股集团有限公司工会委员会、永城市总工会、河南省总工会、中华人民共和国人力资源和社会保障厅	2013 年 12 月 2014 年 1 月 2015 年 7 月 2016 年 4 月 2019 年 2020 年 1 月 2021 年 7 月
张玉娥	商丘市五一劳动奖章、永城市五一巾帼标兵	商丘市总工会、永城市总工会	2013 年 12 月 2015 年 3 月

表 14-2-2(续)

获奖人员	荣誉名称	授予单位	获奖时间
张德民	煤炭行业技能大师	中国煤炭工业协会	2013 年
李亚坤	河南能源劳动模范、永城市五一劳动奖章、永煤公司“先进工作者”	河南能源化工集团工会委员会、永城市总工会、永城煤电控股有限公司工会委员会	2014 年 1 月 2017 年 4 月 2021 年
李　振	永煤公司劳动模范	永城煤电控股集团有限公司工会委员会	2014 年 1 月
李顺峰	安康企业家、河南省煤炭系统“安康杯”竞赛组织工作优秀个人	河南省总工会、河南省煤炭系统	2014 年 3 月 2014 年 12 月
田嫩红	河南省煤炭系统先进女职工工作者	河南省煤矿工会	2014 年
张　飞	河南能源化工集团“安全优秀员工”、河南能源劳动模范	河南煤业化工集团有限责任公司工会、河南能源化工集团工会委员会	2014 年 2021 年
杨永兴	第六届河南省技术能手、河南能源集团劳动模范、河南能源综采维修电工比武中获第一名、河南省煤炭系统技术能手、河南能源技术能手、河南省五一劳动奖章、中国技能大赛“冀中能源杯”第六届全国煤炭行业职业技能竞赛(国家级二级)综采维修电工决赛第十三名、第五批全国煤炭行业技能大师、河南能源大工匠、永城市五一劳动奖章、永煤公司技术能手、河南省劳动模范、商丘大工匠、中原大工匠、首届永煤大工匠	河南省总工会、河南能源化工集团工会委员会、河南能源化工集团工会委员会、河南省煤矿工会、河南能源化工集团工会委员会、河南省总工会、全国煤炭工业协会、中国煤炭工业协会、河南能源化工集团工会委员会、永城市总工会、永城煤电控股集团有限公司工会委员会、河南省总工会、商丘市总工会、河南省总工会、永城煤电控股集团有限公司工会委员会	2014 年 12 月 2015 年 1 月 2015 年 10 月 2015 年 4 月 2016 年 10 月 2017 年 1 月 2016 年 4 月 2016 年 1 月 2019 年 4 月 2019 年 11 月 2020 年 12 月 2020 年 9 月
亢新新	永城市技术状元、永城市五一劳动奖章	永城市总工会、永城市总工会	2015 年 7 月
李　浩	永城市“五一”劳动奖章	永城市总工会	2015 年 7 月
闫亚军	永煤集团劳动模范	永城煤电控股集团有限公司工会委员会	2015 年 1 月
郝明月	永煤公司“五一劳动奖章”、河南能源科技创新优秀工作者	永城煤电控股集团有限公司工会委员会、河南能源化工集团工会委员会	2016 年 2018 年
张献忠	永煤公司劳动模范	永城煤电控股集团有限公司工会委员会	2016 年 1 月
薛占强	河南能源劳动模范	河南能源化工集团工会委员会	2016 年 1 月
陈振宇	河南省煤炭系统技术能手	河南省煤矿工会工作委员会	2016 年 11 月
丁德才	永城市职业技能大赛“优秀选手”、河南省煤炭系统职业技能大赛“优秀选手”、河南能源“技术能手”	永城市总工会、河南省煤矿工会工作委员会、河南能源化工集团有限公司工会委员会	2017 年 3 月 2016 年 11 月 2016 年 12 月
黄　海	河南能源化工集团劳动模范	河南能源化工集团有限公司工会委员会	2017 年 1 月
贾亮亮	河南省煤炭系统五一劳动奖章	河南省煤矿工作工会委员会	2017 年 4 月
张金见	永煤公司劳动模范	永城煤电控股集团有限公司工会委员会	2018 年 1 月
刘　权	永城市技术状元	永城市总工会	2018 年 3 月

表 14-2-2(续)

获奖人员	荣誉名称	授予单位	获奖时间
庄修欣	永城市技术能手、河南省煤炭系统职业技能竞赛技术能手、全国煤炭行业职业技能竞赛陕煤杯二等奖	永城市总工会、河南省煤矿工会、中国煤炭工业协会	2018 年 3 月 2020 年 11 月 2020 年 9 月
曹永华	河南省"技术能手"、永城市技术状元、永煤集团劳动模范、中国技能大赛"河南能源杯"全国煤炭系统瓦斯检查工技能竞赛第一名、商丘市五一劳动奖章、永城市五一劳动奖章	河南省煤矿工会工作委员会、永城市总工会、永城煤电控股集团有限公司工会委员会、中国煤炭工业协会、商丘市总工会、永城市总工会	2018 年 10 月 2020 年 6 月 2019 年 10 月 2020 年 5 月
曾朝辰	永城煤电有限公司城郊煤矿"优秀工作者"、永城煤电有限公司城郊煤矿"劳动模范"、永城煤电有限公司城郊煤矿"劳动模范"、煤炭工业双十佳矿长	永城煤电有限公司城郊煤矿、中国煤炭工业协会	2005 年 2 月 2010 年 1 月 2014 年 2 月 2018 年
范　强	河南能源化工集团劳动模范	河南能源化工集团有限公司工会委员会	2018 年
张　豪	河南省技术能手、全国煤炭行业职业能力水平评价优秀考评员、煤炭行业技能大师、全国煤炭行业技能人才工作优秀考评员、省级技能大师工作室	河南省人力资源和社会保障厅、煤炭工业职业技能鉴定指导中心、中国煤炭工业协会、煤炭工业职业技能鉴定指导中心、河南省全民技能振兴工程领导小组	2018 年 12 月 2019 年 11 月 2020 年 11 月 2020 年 11 月 2020 年 9 月
韩井双	永煤公司技术能手、河南能源技术能手、永城市技术能手、永煤公司技术标兵	永城煤电控股集团有限公司工会委员会、河南能源化工集团工会委员会、永城市总工会	2019 年 1 月 2020 年 12 月 2021 年 5 月 2021 年 1 月
董军伟	河南中美铝业有限公司劳动模范、河南中美铝业有限公司劳动模范	河南中美铝业有限公司工会委员会	2019 年 1 月 2021 年 2 月
郭彬朋	永城市岗位技术能手、永煤公司技术标兵、河南能源技术能手、永城市技术状元、永煤公司首席员工	永城市总工会、永城煤电控股集团有限公司工会委员会、河南能源化工集团工会委员会、	2019 年 3 月 2019 年 1 月 2020 年 12 月 2021 年 5 月
王仕英	永煤公司岗前培训优秀学员、永煤公司优秀见习生、全国煤炭行业优秀共青团员、永煤公司青年岗位能手称号、河南省技术能手称号、永煤公司先进工作者	永城煤电控股集团有限公司工会委员会(前二)、全国煤炭行业推进委员会、河南省人力资源和社会保障厅、永城煤电控股集团有限公司工会委员会	2019 年 7 月 2020 年 8 月 2021 年 5 月 2021 年 8 月
党铁果	煤炭行业(工程技术人员)技能大师	中国煤炭工业协会	2019 年 11 月
刘山坡	永煤公司劳动模范、河南能源劳动模范	永城煤电控股集团有限公司工会委员会、河南能源化工集团工会委员会	2020 年 1 月 2020 年 1 月
王　洋	永煤公司劳动模范、河南能源劳动模范	永城煤电控股集团有限公司工会委员会、河南能源化工集团工会委员会	2020 年 1 月 2020 年 1 月

表 14-2-2(续)

获奖人员	荣誉名称	授予单位	获奖时间
王超额	永煤公司劳动模范	永城煤电控股集团有限公司工会委员会	2020 年 1 月
陈　召	永煤公司劳动模范	永城煤电控股集团有限公司工会委员会	2020 年 1 月 2021 年
李志奎	永城市“技术状元”、永城市“五一劳动奖章”	永城市总工会	2020 年 6 月 2020 年 5 月
于春晓	永城市“五一劳动奖章”、永煤公司“首届永煤大工匠”	永城市总工会、永城煤电控股集团有限公司工会委员会	2020 年 9 月 2021 年 4 月
刘　莹	河南能源技术标兵、永煤公司技术标兵、永煤公司青年岗位能手	河南能源化工集团工会委员会、永城煤电控股集团有限公司工会委员会、共青团永城煤电控股集团有限公司委员会	2020 年 12 月 2021 年 1 月 2021 年 5 月
王　伟	煤炭工业双十佳矿长、河南能源劳动模范、永煤公司劳动模范、煤矿支护优秀专家	中国煤炭工业协会、河南能源化工集团工会委员会、永城煤电控股集团有限公司工会委员会、中国煤炭工业协会煤矿支护专业委员会	2020 年 2020 年 1 月 2021 年
陈建明	永煤公司劳动模范、河南能源劳动模范	永城煤电控股集团有限公司工会委员会、河南能源化工集团有限公司工会委员会	2021 年 1 月 2021 年 1 月
刘　热	永煤公司劳动模范	永城煤电控股集团有限公司工会委员会	2021 年 1 月
程小伟	2021 年度获评永煤公司劳动模范	永城煤电控股集团有限公司工会委员会	2021 年
洪战营	河南能源“先进工作者”、永煤公司“先进工作者”	河南能源化工集团工会委员会、永城煤电控股集团有限公司工会委员会	2021 年 2021 年
金　磊	河南能源“先进工作者”、永煤公司“先进工作者”	河南能源化工集团工会委员会、永城煤电控股集团有限公司工会委员会	2021 年 2021 年
李俊杰	永煤公司“先进工作者”	永城煤电控股集团有限公司工会委员会	2021 年
马振海	河南能源“先进工作者”、永煤公司“先进工作者”	河南能源化工集团工会委员会、永城煤电控股集团有限公司工会委员会	2021 年 2021 年
石钦来	永煤公司“技术标兵”、河南能源“首席员工”	永城煤电控股集团有限公司工会委员会、河南能源化工集团工会委员会	2021 年 1 月 2021 年 1 月
马志刚	全国煤炭行业优秀共青团干部	中国煤炭工业协会	2021 年 5 月
徐志广	永煤公司“先进工作者”	永城煤电控股集团有限公司工会委员会	2021 年

附录

一、文件辑存

永夏矿区建设管理委员会文件

永夏人字〔1993〕第05号

关于成立陈四楼煤矿项目部的通知

管委会各单位：

为加强陈四楼煤矿投产前的筹备工作，做好接产前的准备，按照基本建设管理体制的要求，经研究，撤销陈四楼矿井建设项目组，成立陈四楼煤矿项目部，刘云涛副主任兼任项目部经理。

项目部下设工程组、机电组、办公室。

张亚祥同志任机电组组长；

刘兴彦同志任工程组组长。

特此通知

永夏矿区建设管理委员会

一九九三年二月十日

永夏矿区建设管理委员会文件

永夏人字〔1997〕第18号

关于成立陈四楼煤矿及王佳英等同志任职的通知

管委会所属各单位、机关各处室：

为适应矿区发展需要，做好陈四楼煤矿试生产前的准备，经研究并征得上级同意：

撤销陈四楼煤矿筹备处，成立永夏矿区建设管理委员会陈四楼煤矿。

聘任王佳英同志为陈四楼煤矿矿长（试用期一年）；

聘任李伍成同志为陈四楼煤矿副矿长兼总工程师；

聘任刘兴彦、雒发生、周俊杰、丛子月（试用期一年）同志为陈四楼煤矿副矿长。

特此通知

永夏矿区建设管理委员会

一九九七年元月三十日

中共永城煤电控股集团有限公司委员会文件

永煤党发〔2020〕107号

关于陈四楼选煤厂隶属关系变更及吴鼓勇等4名同志职务任免的通知

公司所属各基层党委(直属总支、支部):

根据工作需要,经研究决定:

撤销中共河南龙宇能源股份有限公司陈四楼选煤厂总支委员会、河南龙宇能源股份有限公司陈四楼选煤厂、中国能源化学工会永城煤电陈四楼选煤厂委员会、共青团永城煤电集团有限责任公司陈四楼选煤厂委员会,成立河南龙宇能源股份有限公司陈四楼煤矿选煤厂,隶属河南龙宇能源股份有限公司陈四楼煤矿管理;

(以下略)

新成立选煤厂党群组织由其所隶属煤矿党委根据工作需要,按照相关规定成立。原四家选煤厂机关科室全部撤销,由其所隶属煤矿根据工作需要进行整合。

吴鼓勇同志任河南龙宇能源股份有限公司陈四楼煤矿副矿长(聘期三年),免去原职务;

(以下略)

中共永城煤电控股集团有限公司委员会

2020年10月19日

二、报刊文摘

开发永城煤田正式拉开序幕

年设计生产能力240万吨的河南永城矿区陈四楼煤矿日前正式开工，拉开永城煤田开发序幕。永城煤田是我国又一大型优质无烟煤生产基地。它位于豫东永城县境内的苏、豫、皖三省交界处。

原载《人民日报》1990年8月3日一版

春华秋实

——写在永夏矿区陈四楼煤矿投产之际

金秋十月，从永夏矿区传来喜讯：设计年产240万吨原煤的大型现代化矿井陈四楼煤矿建成投产了！

当年的淮海主战场，正在崛起一座现代化的新煤城。

一流的现代化矿井

豫东缺煤，影响了这一地区人民的生活，制约了工农业生产的发展。为改变这一状况，1958年，国家抽调勘探队伍开赴豫东，在永城和夏邑东部方圆2 000平方公里的土地上展开会战，终于揭开了这片古老土地的神秘面纱。

永夏有煤！煤炭地质储量25.56亿吨，另有天然焦6亿吨，煤质为特低磷、特低硫、低灰、低砷、高发热量的优质无烟煤。

这一特大消息令人们激动不已！

1976年底，永夏矿区的开发建设提上了日程。

经多方论证，国家规划全矿区建设规模1 005万吨/年，国家新建四对矿井，设计生产能力780万吨，即陈四楼煤矿井（240万吨/年）、车集矿井（180万吨/年）、城郊矿井（240万吨/年）、新桥矿井（120万吨/年），各矿井全部采用综合机械化开采，并配套建设同等能力的洗煤矿。修建自营铁路与国家铁路接轨。建设一座3×2.5万千瓦的自备热电厂，除满足矿区用电外，另向生活区供热。同时按照集中化、专业化、系统化的原则按功能建立起生产、生产服务和生活服务三条线布局，彻底打破一个矿井一个小社会的传统格局。

这是一个高标准的要求，高起点的宏伟蓝图！

1990年7月26日，永夏矿区陈四楼煤矿井开工，正式拉开了矿区全面建设的序幕。几十支建设队伍相聚永城,掀起了我省继平顶山矿区建设之后又一个特大规模煤田开发设计的新高潮。

永夏煤田煤层埋藏深,冲积层和黏土层厚度当属我国煤矿之最,且其中富含流沙层,无资料积累,无经验借鉴,施工风险极大。

但建设者们说,千难万难,也要拿下这个大煤田!

承担井筒研究和设计任务的中国煤炭科学研究院凿井研究最高权威机构——中国煤矿建井研究所,采用当今最先进的方法进行设计,在主井和副井用冻结法施工,风井采用大钻机施工;承担施工任务的是在我国煤炭建设中屡建奇功的河南矿业三公司、我国冻结法施工的标兵单位——淮北特殊凿井公司及全国煤炭建设十面红旗之一猛虎队所在的淮化三十工程处。在矿井科研、设计和施工中,共提出了包括冻结深度、泥浆造料等16项世界煤炭建设科学研究前沿课题,走出一条科研与施工相结合的新路子,取得了全国煤矿施工建设穿过的冲积层最厚(370米),冻结深度最深(435米),冻结质量最好(无一根冻结管断裂)的"三最"成绩,并做到了成井井筒滴水不漏,在全国绝无仅有。

施工的高难度,锻炼了队伍,提高了战斗力,创出了水平。陈四楼煤矿的主井绞车、采煤机、刮板机、综掘机、锚杆机等主要生产设备具有故障率低、可靠性强、功率强大的特点,达到了90年代国际先进水平。其中内装式立式主井绞车占地小、功率大、性能先进,每罐提升24吨,从500米的井下提升到地面仅需90秒钟,目前世界仅有三台,现投入使用的只有陈四楼煤矿一台。

如今,按照三条线布局集中建设的中心区风格各异的建筑物拔地而起,规划合理的矿工居住小区错落有致,学校、医院、幼儿园及文体活动设施基本齐备。与煤炭生产相配套的一条全长34公里的永青铁路和13公里长的陈四楼铁路专用线已建成通车。矿区自备电厂目前已建成2×2.5万千瓦机组,整个矿区已基本形成发、供、用一条龙的供电管理体系。

一种新的管理模式

永夏矿区建设在改革开放大潮中起步。整个矿区规划拟投资60亿元人民币,投资大、规模大、责任更大。

1986年,国家计委在《关于永夏矿区总体设计批复》中,对永夏矿区的设计前景作了如下定位:"将永夏矿区作为上下配套改革的试点矿区,通过设计、施工和管理体制改革,将矿区建设成技术先进、机械化水平高、工期短、出煤快、高效率、高效益的中国式的现代化矿区。"

1989年,中煤总公司在批准成立"永夏矿区建设管理委员会"时,又明确指出:成立"管委会"代替传统的"指挥部",这是内涵和职能的重大变革,新成立的管委会要担负起业主的责任,承担投资风险,负责项目的前期工作和建设期间的管理及投产后的生产经营。

在各级领导的信任和大力支持下,管委会的一班人及时适应新形势,实现了思想观念的大转变,以强烈的事业心、责任感和创新勇气,推行了一系列为全社会所瞩目的改革举措。

——第一家在煤炭基本建设中引入竞争机制,择优选择设计单位和施工队伍。

——第一家在煤炭基本建设中推行监理制，有效地实现了“投资、工期、质量”三大控制。

——第一家在煤炭基本建设中试行以设计为主体的工程总承包。实行从设计开始直至项目建成的全过程承包，使设计单位从“后台”走上“前台”。

——第一家在煤炭基本建设中采取“建设、承包、监理”三元管理结构，形成了有效的制约机制。

——第一家在矿区总体布局中实现了“三条线”分离构想，为实行专业化管理奠定了基础。

国家有关部、委的领导、专家在考察永夏矿区后，把矿区的改革经验总结为投资省、速度快、质量高的“永夏模式”，并联合在矿区召开改革现场会，向全国推广这一模式。

一石激起千层浪。“永夏模式”以其巨大的成功效应，吸引了全国煤炭系统内外的同行、专家前来参观考察。英、美、法、德、日、俄、瑞典等国家的同行们也对永夏矿区的建设方法产生了浓厚的兴趣，纷至沓来，进行业务交流。

锐意改革进取的永夏人在煤炭基本建设史上写下了光辉的一页。

一往无前的拼搏精神

49 年前，这里是闻名中外的淮海战役主战场。

永夏矿区党委把革命先烈的献身精神与煤炭职工“特别能战斗”精神融为一体，汇成一部好教材。

新分来的大中专毕业生和新来的设计者到矿区的第一课，就是到陈官庄淮海战役纪念馆凭吊革命先烈。

每年清明节，矿区都要组织青年团员到淮海战役纪念馆扫墓，缅怀先烈们的丰功伟绩，使革命精神在矿区建设中发扬光大。

永夏矿区的设计者们就是靠这种精神，硬是在旷野上建起了煤城，筑起了铁路……

人们不会忘记 1987 年那个大雪纷飞的严冬，为矿区建设打头阵的 7 名筹建组成员背着行李卷，冒着刺骨的风雪来到了永城。他们租用几间低矮、潮湿、阴冷的平房，办公、就餐、住宿兼用。

人们也不会忘记从义马、焦作、鹤壁等老矿区抽调来的职工，他们为永夏矿区建设放弃了已有的舒适工作和生活条件来开垦新区。

说起建设矿区的拼搏精神，人们首先想到的是煤炭厅厅长高国安。这位矿区管委会的第一任主任，以强烈的责任感和使命感，花费了相当大的精力筹谋矿区的建设大计。他发动职工大干，首先自己身体力行。他常常是下午在现场指挥施工，晚上又坐车到北京，跑计划、要资金。

时任矿区管委会副主任张希贤，不顾自己年老体弱，与年轻的同志摸爬滚打在一起。在矿区第二对矿井车集矿井开工期间，他带病领着人白天黑夜在现场苦干，最后病累交加倒在施工现场。

现任永城煤电集团公司总经理的刘云涛，是第二任管委会主任，这位今年 35 岁的大学毕业生,从踏上矿区的那天起,就把自己的理想播进了这片热土。为了矿区建设,他坚持在井下一线组织施工,冒着随时可能出现的危险与工人战斗在一起,生活在一起。

担当陈四楼煤矿监理任务的河南煤矿建设咨询公司的同志们,从现场还是一片玉米地时就来到永城,刚来时,9个同志中就有8个是50岁以上的人,他们夜以继日地审设计、看图纸、盯现场,人们赞誉他们:"八个好老头,大战陈四楼"。监理处的矿建高级工程师金国瑞在距退休仅有几个月的时候积劳成疾,病逝在工地现场,为祖国的煤炭事业贡献出了毕生的精力。年近花甲的李万箱作为监理单位的主要负责人,在陈四楼井筒施工和过断层最紧张、最困难的时刻,连续3个月没回家。

干部们是这样。为永夏矿区建设奋斗的工人何止千百?

有个工人叫彭兴磊,是陈四楼煤矿一队掘进工,在过 F_{39} 大断层时,他有26天吃住在井下,当他走出断层时,已憔悴不堪。他说,为了矿井早投产,早出煤,瘦掉几公斤肉也值得!他,只是永夏矿区建设者中的一个杰出代表。

永夏矿区的丰碑同样永记着来自四面八方的省内外施工单位的干部职工,他们天南地北,别妻离子,远离故土,为着一个共同的目标汇集在永夏,战酷暑,斗严寒,创造了奇迹,也赢得了信誉。

正是凭着这种精神,"特别能战斗"的煤炭建设职工,为了祖国的煤炭事业,在永城这片英雄的土地上用心血写就了动人的篇章。

原载《河南日报》1997年11月3日

用心做事追求卓越

——记全国五一劳动奖章获得者、永煤集团陈四楼煤矿矿长马正兰

◇本刊特约记者　杜志刚　孙兆乾

在因汉高祖刘邦斩蛇起义遐迩闻名的豫东芒砀山脚下,坐落着一个大型现代化矿井——陈四楼煤矿。硕士矿长马正兰团结带领广大员工,秉承"用心做事、追求卓越"的企业作风,改革创新,锐意进取,不断超越自我,谱写了矿井发展史上的辉煌篇章。

创新理念
建设本质安全型矿井

安全是煤矿生产永恒的主题。为提高员工的安全意识,马正兰从狠抓安全管理出发,树立"管理漏洞是最大的安全隐患"意识,强化"安全第一"的思想,构建了五个安全核心理念,明确定位了安全与企业、安全与个人之间的利害关系。

在安全管理上,马正兰提出并构建了安全目标管理闭环、质量管理闭环、事故管理闭环等七个闭环体系,成功探索出"安全结构浮动工资"管理办法,进一步实现了安全行为、安全管理的"工资化",真正实现了矿到区队、区队到班组、班组到个人的层层考核,压力层层传递,安全关口进一步前移,矿井安全状况得到持续改进产生了良好的效果。

确立安全管理的理念后,马正兰创造性地把市场化管理渗透到安全管理中,建立了安

全“商品”价格体系，把安全当作商品进行交易，使安全管理的内部市场交易与安全奖罚得以有效闭合，进一步调动了各级管理人员抓安全的积极性和职工自觉按章作业的主动性，有效地提升了作业现场安全管理水平。在狠抓安全管理的同时，马正兰进一步加大安全生产投入，建立矿井内部局域网，实现了协同办公、虹膜考勤、物资管理、安全管理、数据联网、薪酬管理、安全监控、作业规程管理、地质测量管理等管理系统信息化，为安全生产提供了强有力的技术和物质保障，矿井连续实现安全生产 1 375 天，被授予全国首批安全生产一千天优胜单位，连续四年被评为河南省“安全生产先进单位”。

坚持科技创新
提升企业核心竞争力

陈四楼煤矿始终按照科学技术是第一生产力的要求，坚持走科技兴企之路。马正兰结合矿井实际，树立“提前想、转大弯”和“宜综则综，宜炮则炮，综炮结合”的科学务实精神，合理组织煤炭生产，努力发挥矿井各方面的潜能，实现了矿井持续安全稳产。

按照永煤集团“宜综则综，宜炮则炮，综炮结合”的科学务实精神，充分利用先进的三维地震技术，搞好地质构造探测和预报工作，科学合理地布置采区和工作面的接替工作。马正兰大胆调整采煤工艺，建立了“三综一炮”的生产格局，煤炭产量大幅度提升，2006 年三个综采队年产量都突破了 100 万吨大关。他大力推行正规循环作业，确立了“排、班、日、月”循环的工作思路，严格执行光面爆破技术，保证一次成巷率，开一队、开三队每月岩巷大断面进尺都在 110 米以上，大大提高了单进水平。

马正兰始终坚持以企业效益最大化为目标，以提高经济效益为中心，认真组织开展技术创新和科技推广活动，涌现出一批效果好、效益高的科技成果和技术推广项目。如调整采煤工艺，形成了“三综一炮”生产格局、煤巷炮掘快速施工工艺、大倾角综采工作面设备防滑技术、综掘机与液压锚杆机联合组织快速施工工艺、建立 D 级 GPS 控制网，顺利完成 15 千米特大型贯通等科技成果在安全生产中创造出了巨大的经济效益和社会效益。其中，“软岩破碎围岩巷道支护机理及技术研究与应用”荣获 2006 年度煤炭工业十大科技成果、“内部市场化机制下的预算管理研究成果”荣获河南省 2006 年度科技成果三等奖。

为了增强企业发展的后劲，马正兰从创新人才理念出发，树立“讲文凭更讲水平，讲职称更讲称职，讲阅历更讲能力，讲资历更讲贡献，讲道理更讲风格”的新观念，大力营造科技兴企氛围，研制出适合陈四楼煤矿开采条件的轻型综采设备，为陈四楼煤矿实现产量效益的持续攀升打下了物质基础。

管理市场化
不断提升经营管理水平

马正兰从提高员工的经营管理意识出发，树立“省下的就是赚下的”经营理念，开展了以“制度化、规范化和市场化”为主要内容的“三化”管理工作。他以市场化管理为主线，在不断加强制度建设，推行制度化、规范化管理的同时，构建了完善的内部市场体系和三级核算管理制度，形成了“三级核算体系”和“五环节运行”的良好格局，提升了矿井经营管理水平。

在实行内部市场化管理的基础上,马正兰又强力推行全面预算管理,进一步发挥预算管理在经营管理中的计划、控制作用。围绕既定目标分阶段、分项目、定责任,横向费用按类别进行逐项分解,纵向按单位由矿到区队到班组,层层下达预算指标,加强过程管理和考核,严格控制预算支出,确保各项生产经营活动都在预算控制之内进行。

马正兰从加强调度管理出发,建立了全面的组织协调管理体系,实现矿井持续均衡生产。通过狠抓重点工程、重点环节,对重点工程和生产关键时期严格按照“六定四到位”工作法进行管理(“六定”即定任务、定工期、定人员、定责任、定检查、定奖罚;“四到位”即组织到位、检查到位、整改到位、奖惩到位),实现了重点工程,重点调度,及时发现并解决问题,实现了矿井持续安全稳产。

在煤质管理上,马正兰提出了“质量就是产量,质量就是效益”的理念。按照这一理念,陈四楼煤矿通过调整产品结构,提高产品质量,使经济效益不断提高。把煤质问题提高到和安全一样的高度进行管理,在煤质管理出现比较大的问题时,依照煤质事故追究制对责任人员进行事故追究,进一步提升了企业经营管理水平。

“知行合一”
建设高效企业文化体系

马正兰大力推行永煤企业文化,建立了“严管干部,厚爱职工”的人本理念,带领全体员工认真落实永煤核心价值观,以全员学习活动和准军事化管理为载体,扎实推进“知行合一”的企业文化建设体系。

为提高员工的执行力,马正兰全面推行了准军事化管理活动,把军事管理所特有的组织形式、行为准则、严格的管理制度和严厉的考核手段等,引入到日常管理中,促使矿井在安全、生产、经营管理和企业文化建设的全过程都有规范的行为标准,进一步提高了员工的执行力和工作效率。

思路决定出路。马正兰非常重视对人才的教育培养工作,大力实施人才兴企战略,倡导“人人都是人才”的人才理念,搭建了各类人才施展才华的平台,构建了培养管理、科技人才的“H”形通道。他按照“德才兼备”原则,不拘一格选拔人才,彻底打破干部员工身份界限,从优秀劳务工中选拔基层干部和职工代表,充分体现了“想干事有机会,能干事有职位,干成事有地位”的用人原则,增强了企业发展的后劲。马正兰坚持把为职工办实事、办好事作为工作的出发点和落脚点,充分发挥职工的聪明才智,实现了矿井生产和职工生活的同步发展。2006 年,全矿职工平均收入达 51 000 元;建立了广场安全文化长廊等设施,为职工提供了学习、娱乐的好场所,职工生活质量明显提高。

因为出色的工作业绩,马正兰先后获得全国五一劳动奖章、“全国煤炭工业双十佳矿长”和“全国煤炭工业科技创新优秀人才”等荣誉称号。

风华正茂的马正兰满怀豪情,信心百倍地带领陈四楼人向着更高的目标迈进。

原载《中国煤炭工作》期刊 2007 年第 8 期

“相马”不如“赛马”

——陈四楼煤矿“人才成长树”工程探析

◇马志刚

治企之道，唯在用人。

煤炭业发展的“黄金十年”以来，对“知安全、懂技术、会创新、能发展”的综合性人才需求越来越大，但随着煤炭市场行情日趋严峻，企业发展面临困难，如何更好地培养、选拔优秀大学生，确保留得住、用得上、干得好，成为公司各单位共同面临的问题。

然而，在培养机制的创新驱动下，陈四楼煤矿大学毕业生却迎来了成长成才的春天：3月17日，该矿新一批“人才成长树”工程考核出炉，共有16名大学毕业生在严格、激烈的人才选树中脱颖而出，获得了不同梯次的专业技术职务聘任，心气儿更顺，干劲也更足了。

那么，该矿在大学生培养中是怎么做的呢？又有哪些值得我们学习和借鉴的地方？记者进行了专门采访，一项项科学完善、富有成效的方法举措渐次呈现开来。

规范管理

随着企业的快速发展，陈四楼煤矿作为公司第一对矿井，在创造和贡献经济价值的同时，还输出了一大批管理技术人才。如何加快大学生成长、确保矿井人才接替显得尤为重要。

多年来，该矿通过不断探索创新，逐渐形成了“三级导师带徒”、大学生班组长评聘等培养方法，为大学生成长搭建了成长成才的快车道。然而，一套科学完善的体制机制并不是一蹴而就，更需要在实践中不断完善创新。

“以往的有些做法都是针对部分特定群体和不同阶段，不成系统！”该矿党委书记陈群忠介绍，“经过不断摸索，现在我们将大学生培养分为见习时的‘锻炼期’和转正后的‘成长期’两个阶段，每个阶段都量身定制了针对性的方法举措。”

采访中了解到，“锻炼期”按上下半年分为两个学期。规定第一学期，推行“三级导师带徒”培养办法，每名大学生都要与矿领导、分管科室技术负责人及所在区队技术负责人分别“结对子”，以作为指导老师、辅导老师和现场导师，着重强化现场的培训。第二学期，在推行导师带徒的基础上，再根据情况将已经较为熟悉井下现场的大学生聘任为副班长，通过压担子助其成长。

“经过在基层区队半年的摸爬滚打，自己已经能全身心地融入矿井安全生产工作中了，这时被聘为大学生班组长，自己对工作更有信心了！”被选聘为大学生班组长的该矿2014年新分大学生赵志岭表示。

如果说“锻炼期”着重的是矿井整体情况的强化学习，那么成长期则是划定不同的跑道，将未任职学生分为技术、管理两大序列实行多元化培养。

在管理型人才培养中，按照管理人员培养与企业发展相匹配的原则，紧贴实际，确保培养工作更好地服务和满足发展需要。如通过开展岗位角色轮换，开展不同专业之间、科室与区队之间的管理岗位轮换,丰富了管理知识和工作阅历,增强了换位思考、服务大局的意识,提升了协作能力和执行力。

在技术型人才培养中,则定期深入班组了解学生在职在岗情况,做到月月有考核、半年有评比、年底有总评,对表现优秀的大学生给予大张旗鼓的表彰。

量化考核

位兆瑞是该矿2010年毕业分配的大学毕业生,去年年初,由于工作需要和其自身在"W型三通道人才成长树"考核中的突出表现,被选聘为综据一队副队长,对于大学生培养工作,他的体会是:"用数据说话、以分数评判,把每一个定量化的考核环节都做到位,考核成绩自然就不会差!"

果不其然,采访中,记者发现,无论是"锻炼期",还是"成长期",定量化考核始终贯穿于该矿对大学生的培养过程中,这种以定量化考核为主,分量排序,依序定性,两者有机融合的考核方式,使考核结果更能真实地反映实际,保证了考核的科学性和公正性。

以新入职大学生考核为例,该矿变以往见习期结束一次性考核为月度考核,考核分为日常出勤、入井次数、工作总结、工作日志记录、论文撰写、科技创新、合理化建议和培训取证等8个方面,每个方面都有相应的考核分数要求,其中,要求见习期间大学生每月入井不低于20次,其中夜班不少于10次;井下不低于8小时/次,所有月度考核结果次月初张榜公布,以实现激励后进,鼓励先进的作用,全面提升大学生自我提升的积极性。

同时,每月组织所在单位负责人、支部书记、指导老师、辅导老师、现场导师从适应能力、勤奋度、工作主动性、工作进取心以及解决问题能力等五个方面进行民主评议,按25%的权重纳入月度考核,让定性指标也成为了量化的数据。

在对转正后的大学生考核方面,管理型人才多属机关科室岗位,技术型人才则分为采掘、机电两个专业,采掘具体包括采矿工程、地测、安全工程及土木工程等专业,机电包括电气工程及自动化、机械制造等专业,该矿按照岗位角色不同,从出勤、工作总结、论文撰写、科技创新、业务管理、知识测试、综合评价等方面利用分值权重不同,分别开展月度考核、半年对标排序和结果应用,通过分类考核,在有效提升了人才培养的针对性和实效性的同时,促使该矿技术、管理各类人才在学习工作中积极找短板、查不足,实现了持续提升。

"矿上的这些举措,为我们快速成长指明了方向,让我在很短的时间就适应了这里的工作!"赵志岭介绍说,经过半年多的学习,让他共学习了7年的理论知识找到了"根",他意味深长地说:"这里有广阔的平台,更是梦想延伸的舞台!"

动态激励

"矿上努力为我们搭建学习成长平台,使我们的努力付出得到了认可!"此次被评聘为该矿开拓二队技术主办的大学毕业生种波凯成为一匹"黑马",在高兴之余,也非常冷静,"但这并不是终点,我们需要用更多的努力付出,实现更高层次的提升……"

原来,为将考核结果应用到实际工作中,该矿在干部序列之外,为每种不同类型的人才设置梯次化晋级通道,如在管理型人才中设置业务主管、业务副主管、业务主办、业务协办四个不同梯次，在技术型人才中设置技术员、副技术员、技术主办、技术协办四个不同梯次，每个梯次被聘任人员，每月可享受 1 000 元至 2 000 元不等的专业技术职务津贴。

同时，该矿按照半年考核排序，业务副主管、业务主办、业务协办及副技术员、技术主办、技术协办分别按照考核成绩以 10%、20%和 30%比例分别聘用。通过制定有效的人才竞技跑道，实现了合理挖掘、开发、选拔后备人才，形成人才梯队，进而地拓展了人才发展空间，打通了人才的成长通道。

此外该矿还规定，每年完成“锻炼期”的优秀见习生，可以直接被聘为“W 型三通道人才成长树”中的“业务协办”或“技术协办”，享受相应的津贴，此举使“锻炼期”和“成长期”两个阶段的考核培养实现了无缝对接，受到了一致好评。

该矿对大学生考核结果划分时间段进行应用，通过有期限的应用，实现了激励的动态化，突出了考核奖励的周期性，极大地激发大学生持续学习、持续提升的积极性。“实施‘人才成长树’工程的目的，就是要通过动态管理来强化绩效考核，让吃苦者吃香、实干者实惠、多干者多得、出力者出头！”群忠表示。

检验新方法是否科学，关键是看是否有成效。

资料显示，2014 年，该矿技术、管理类大学生共研发创新成果 246 项，其中科技创新 156 项，共发表论文 69 篇，其中全国核心期刊论文 19 篇；在公司 2014 年职业技能鉴定中，800 多人通过鉴定，占永城本部总人数的 77%；培养“星级大学生”1 955 名，获公司及以上技术比武荣誉 12 人，均创历年最高水平。该矿 2006 年以来毕业的大学毕业生共计 89 人，其中技术员及以上人员达 21 人，副科级及以上 38 人，正科级及以上 7 人，大都成为所在专业业务骨干。

“今年，我们将继续总结完善大学生培养模式，优化考核评分标准，扩大考核覆盖面，提升大学生培养水平，提升岗位的可替代性，强化员工自身的不可替代性，为矿井科学稳定发展提供强有力的人才支撑！”该矿矿长李顺峰表示。

原载《中国煤炭报》2015 年 5 月 8 日

陈四楼煤矿：无煤柱开采技术创效 6 445 万元

◇马志刚

7 月 10 日，河南能源永煤公司陈四楼煤矿组织开展的“切顶破碎块体充填巷帮围岩稳定机理及无煤柱开采成套技术研究”，喜获中关村绿色矿山产业联盟“绿色矿山科学技术奖”二等奖。

为了提高煤炭采出率，减少巷道掘进率，降低吨煤成本，延长矿井服务年限，缓解采掘接替紧张，防止因留设煤柱引起的井下灾害，从 2016 年开始，该矿创新实施了“切顶破碎块体充填巷帮围岩稳定机理及无煤柱开采”成套技术，经过应用推广，取得了显著成效。

“目前国内外沿空留巷技术大致分为爆破切顶卸载技术和采空区充填承载技术，这些研究有一定成效，但并未从根本上改善沿空巷道矿压显现剧烈、巷道变形量大的问题。”该矿生产科主抓技术创新的主任工程师黄思强介绍说。

该矿创新推进的“切顶破碎块体充填巷帮围岩稳定机理及无煤柱开采”成果，则根据碎围岩块体成巷力学模型，科学揭示了破碎围岩块体受力机制，确定了炮孔深度、间距、角度、装药方式数量及不耦合系数等切顶块体充填成巷关键参数，并在这些参数要求下精准施工；为了给切顶采空区垮落充填巷帮围岩在成巷及留巷阶段的稳定性提供控制技术，该成果一方面应用了“钢丝绳＋钢筋网＋菱形金属网”为主要挡矸结构的“耦合柔性”支护，另一方面将沿空留巷划分为“超前支护区”“滞后支护区”“成巷待稳定区”“成巷稳定区”四个区域，在采煤工作面超前稳定区域、滞后临时支护区域采用“动压补强临时支护”，在留巷待稳定区域采用“留巷补强支护”，实现了分时补强支护。

2016—2021 年，切顶块体充填巷帮留巷技术已经在该矿南翼十七采区、北翼八采区 4 个工作面累计留巷 2 430 米，在保障了安全生产、实现了技术改造、缓解了采掘接替矛盾的同时，共计减少掘进进尺 3 250 米，多回收煤柱 6 万吨，创造经济效益 6 445 万元。

原载《中国煤炭报》2018 年 7 月 21 日

全国首个！F5G 矿山商用项目在这个煤矿落地

◇王　浩

6 月 7 日，全国首个 F5G 矿山商用项目落地于一家煤矿企业——河南能源化工集团永煤公司陈四楼煤矿。

2021 年 1 月，华为成立煤矿军团，正式深耕煤炭行业，主阵地是煤矿智能化建设。这个军团有 200 多人，采用多兵种联合作战方式。

“类似军团的模式”，华为煤矿军团销售总监杜现军说，军团聚焦煤炭行业，为行业找技术，在行管部门的指导下，联合行业内头部合作伙伴，深入了解客户需求痛点，发挥华为在信息通信技术、人工智能、云计算、大数据等方面的特长，助力煤矿智能化建设，F5G 项目是其中的一种探索，“我们的愿景是实现井下少人、无人、安全、高效，让煤炭工人穿着西装，打着领带上班。”

“全国首个 F5G 矿山商用项目落地河南，对于河南的能源行业乃至全国整个工业领域意义深远。”华为常务董事、ICT(Information and Communications Technology)产品与解决方案总裁汪涛表示，华为在 ICT 领域有长期的技术积累，面向煤炭行业，提供以 5G、F5G 为代表的新型工业互联网技术，为煤矿的井上和井下，提供稳定、安全的数据连接。

下一步，他们将联合河南省政府、河南能源集团、永煤公司，依托该项目，“形成煤炭行业的规范，加速河南模式在全国的推广落地”。

在中国矿业大学(北京)教授杨军看来，F5G 支撑第五代 N00 采煤工艺，打通了煤矿数据系统间互通的桥梁，提供全感知、全连接、全智能的体验，将铸就智慧新矿山，从根本上建设本质安全型矿井。

据悉，此次 F5G 矿山商用部署采用的 F5G 全光工业网解决方案基于工业光环网技术，针对井下场景，从架构、协议和工艺三个方面进行创新，实现电气、业务、部署和维护四大安全特点，提升井下通信网络的本质安全。

陈四楼煤矿矿长刘志明表示，F5G 技术已在陈四楼煤矿试运行半年，应用于生产控制、实时监测、井下巡检等，通过井下生产全过程可视化监控、井下状态实时感知、人员车辆精确定位等，加速煤矿智能化发展，提升安全水平。

“这是永煤智能化煤矿建设的一次积极探索。”永煤党委书记、董事长、总经理孙广建表示，基于 F5G 技术的煤矿应用安全可靠、方便灵活，具备较高的实用价值，将有效提升矿井安全生产效率和数字化水平。

此次发布会上，永煤与华为签署了框架合作协议，将在矿山智能化建设、创新场景孵化等领域进行全方位、深层次的战略合作，在全国范围树立 F5G 矿山智能化标杆。

原载《中国煤炭报》2021 年 6 月 8 日

河南能源永煤公司陈四楼煤矿：踔厉奋发　打造安全高效全新区队

◇王　浩

－16°大坡度下山掘进，穿铝质泥岩软岩层及断层破碎带，顶板淋水大，底板岩石软且积水……

数重困难叠加，河南能源永煤陈四楼煤矿开拓三队突破克服重重难题，安全平稳推进该矿十八采区轨道下山施工进度。

长期以来，该矿开拓三队高度重视区队自治，深入学习借鉴“白国周班组管理法”的精髓要义，大力开展班组安全建设，夯实基层安全根基，筑牢安全“压舱石”。通过严格执行阳光透明的队务公开制度、纪律严明的安全管理制度以及持续优化的人才培养制度，形成了安全氛围浓厚、队伍活力迸发、创新创效显著的标杆区队。

队务公开　职工心里更加敞亮

“工分工分，职工的‘命根’……”科学合理、公平透明的工分制度是班组建设的重要根基。该队严格执行公平透明的工分制度，让大家“看得明白，干得放心”。

据了解，为了让“账目”清楚明白，该队的会议室以及工作群成为工分亮相的“公示阵地”——要求班组个人得分当天必须公示，班组工作量得分 2 天内由验收班长公示，班组总得分及人均得分每旬公示一次，所有队干也要根据跟值班情况和表现每班进行绩效打分，同时，该队还要求所有奖罚当天必须在队内黑板公示。

“对于打分存在争议的情况，我们会立即召开队务会进行讨论调整，务必给广大职工一个公平公正的交代。”队长种波凯介绍，“为了确保工分制度的科学高效，激励职工积极性，我们采用大工 10 分、小工 8 分、组长 13、班长 15 为基数进行打分，在此基础上根据工作情况上下浮动，这样既可以提高打分效率，也能更好地发挥分值激励调控作用。”

强化执行　安全管理更有保障

“装卸物料一定要提前先做好防滑措施再施工，班长要现场专盯……”1 月 10 日，该队跟班副队长陈红星正在班前会强调安全重点环节。

新的一年，开好局，起好步，安全管理是关键。该队为提升安全管理效果，从提高班前会质量、强化执行力和考核督导，持续发力，向全年安全“零”目标凝心聚力再出发。

班前会既是安全生产信息的“发布会”和当班生产的风险“分析会”，又是大家反映问题的“交流会”，还是职工鼓舞精神、提振士气的“动员会”。该队充分利用班前会开展安全宣教和风险管控等工作，把“双重预防体系”与现场实际紧密结合，用具体事例讲解如何进行风险管控，怎样做好隐患排查治理，在深入浅出的讲解中不断提高全队职工安全意识和防范能力。

“没有执行力，所有的安全管控措施都是‘空中楼阁’，经不起一点风吹草动。”种波凯坚定地说。

该队严格按照工程设计要求组织开展各项施工作业，严把工程质量关，每班班组长、验收员、跟班队长多层面把关验收，及时纠正工程质量问题，提升现场质量标准化水平，让执行力真正落地生根。

在此基础上，该队通过强化安全督导，严格落实班组安全绩效考核，对三违、隐患、事故等落实责任追究制度和安全绩效奖励制度，让每一笔“安全账”都能兑现到人，充分调动班组长和班组成员安全工作积极性。

区队、班组安全生产是安全管理的第一道防线，只有及时消除各类安全隐患，扎紧篱笆打好桩，才能筑起安全的“钢铁长城”。

“战场”育人　队伍建设更有活力

人才培养是一个班组健康、可持续发展的强力保障。该队持续优化队伍建设和人才培养，建立可持续的人才培训体系，推动职工队伍整体素质提升，形成平时能用、关键能战、危急能胜的优良作风。

该队成立了以队长为组长的培训管理领导小组，科学制订培训计划，编制贴合实际的培训教案，队内选拔了一批具有丰富现场经验的以高级工、助理级以上资质的兼职教师，开展理论和现场实操综合培训，不断提升干部职工的实战操作技能和安全防护能力。

去年 12 月份，该队职工老李因为当月的一次考核成绩没有达到要求，学习工资被相应扣除了。于是，老李想让队长通融一下。

“我记得上个月培训科抽考，好像奖励了你 100 元吧，咱也撤销了吧。”种波凯听后不紧不慢地说。

“哎！那怎么行……”老李已经急得打断了种波凯的话。

为激励队内干部职工学习主动性，该队严格落实学习培训奖罚制度，所有人员一视同仁，奖罚分明，极大提升了全体职工的学习热情，受到该矿领导的认可。

在此基础上，该队为适应矿井改革发展，根据职工工龄、年龄和学历组成结构，优化人员组合搭配，形成“老中青”相结合的良好结构，为推进矿井智能化转型发展形成了标杆效应。

通过健全有效的人才队伍培养体系建设，为该队源源不断培养输送各类人才，极大增强了队伍战斗力。该队通过增加回油管路加大回油量的创新举措极大增强了综掘机的动力，一举解决了大坡度下山掘进退综掘机难的问题……科学、可持续的人才队伍建设体系为打造该队成为一支虎狼之师奠定坚实基础。

原载《中国煤炭报》2022 年 3 月 22 日

永煤集团陈四楼煤矿：欣欣向荣　开启职工美好生活

记者　刘三军　通讯员　王振振　袁雷　洪文

“阴暗潮湿，苦脏险重……”这是过去人们对煤矿的刻板印象。

近年来，河南能源永煤集团陈四楼煤矿深入践行“职工是第一牵挂”理念，坚持科技、人文、绿色并重，持续升级安全、绿色、智能开采等新模式，让职工幸福感可持续、获得感成色足、安全感有保障，切实感受到生活的变化、企业的温度，真正做到“发展为了人民、发展依靠人民、发展成果由人民共享”，以欣欣向荣的高质量发展新局面向党的二十大献礼。

欣怡　喜看妙笔绘新绿

“过去煤场走一圈，衣服、额头、头发里都会落一层灰，赶上下雨天都是泥泞。如今即使穿着白色运动鞋，咱也敢在煤场内走了！”该矿选煤厂职工王山山诉说着煤矿环境的变化。

围绕国家级绿色矿山建设标准，陈四楼煤矿在环境美化、排污治理、节能减排、土地复垦、社区和谐等方面取得了显著成效，先后荣获“中国最美矿山”“国家级绿色矿山”等称号。

该矿实施了多个排污提标改造工程，如：先后投资 6 600 余万元实施储煤场扬尘污染防治暨生产系统改造工程，对煤炭的生产、运输、储存、地面实行全封闭管理，做到“采煤不见煤”；投资 2 000 多万元实施主煤流强力皮带变频改造、主提升机控制系统改造、水源热泵推广应用等节能减排项目，形成了年节能量 4 000 多吨标准煤的节能效果；投资 1 500 万元完成矿井水处理站和生活污水处理站升级改造工程，将处理后的中水回用于冲厕、绿化、喷淋用水；投资 300 余万元实施燃煤锅炉替代工程，将原燃煤锅炉替换为燃气锅炉，大大减少了大气污染物排放……

在矿区绿化、美化方面，该矿高起点规划、高标准设计，选用适合本地自然条件的植物，构建了一个和谐有序、稳定的园林绿化系统。矿井现有银杏、香樟、法桐等近 40 类乔木类树种 1 826 株；红叶石楠、小叶黄杨、金叶女贞、蔷薇等灌木类树种 13 万余株；种植草坪约 15 000 平方米。多种绿植相互搭配、相得益彰，形成了总量适宜、分布均衡、植物多样、特色鲜明的生态格局。

以恢复耕地为目标，该矿周边经复垦工作形成的耕地及鱼塘已经用于农业生产。“以生态农业为代表的冯寨生态园利用复垦土地面积 3 000 余亩，形成了集大棚、果林、水产、休闲等于一体的生态养殖区。”该矿生产科负责环保的主任工程师黄思强介绍。

长期以来，该矿坚持人与自然和谐共生理念，筑牢绿水青山变为金山银山的生态基础，注重给职工和周边群众创造靓丽优美、健康整洁的工作和生活环境，不断增强大家共建共享美好家园的意识，建成了四季有景、处处是景的美丽矿区。

陈四楼煤矿今昔对比图

欣慰　喜看新木蔚成林

“班组管理归根到底就是人的管理，我的秘诀是‘严管加厚爱’，做到管理有刚度，关爱有温度，这样整个班组才能团结一心增强凝聚力。”8 月 26 日，在陈四楼煤矿“2022 年第十三期区队班组管理讲坛”上，该矿 50 余名区队长、班组长欢聚一堂，面对面交流、心连心话情。

人才在推动矿井高质量发展中发挥着至关重要的作用。如何把育才的土壤培育得更加肥沃，让广大员工竞相成长、成才，一直是该矿长期发力的焦点。自今年年初，该矿全新打造了“2＋N”管理讲坛，让有思路、想干事、出效果的区队长、班组长和关键岗位人员走上讲台、走进屏幕，交流分享工作经验，促进区队、班组以及个人的全面发展，截至目前已有五十余名干部职工登台亮相，展示风采。

同时，该矿重点实施的电钳一体化人才培养课程也在年初拉开了帷幕。通过严格挑选学员，聘任机电专家，制定专业课程，严格考核奖惩等方式，高质量培养机电人才，据悉，每期培训采用“理论＋实操”全脱产培训形式开展，截至目前已开展 3 期，培养电钳一体化人才

50 名，为矿井可持续发展源源不断输送人才资源。

干得好也要有回报。为持续提升技能人才待遇，该矿鼓励员工积极参加职业技能鉴定，对岗证匹配人员每月给予 200～800 元技能津贴和 500～2 000 元一次性岗位成才奖励。同时，对一次性通过本年度注册安全工程师考试且在矿成功注册的人员，矿井给予 12 000 元奖励。通过多种形式的奖励，让怀才皆可遇，让梦想都成真。

树木树人还需要用心呵护和关怀。一直以来，陈四楼煤矿坚持发展和民生同频共振，始终把职工冷暖记在心间，从职工的“衣、食、住、行”入手，通过“双岗网格化管理”、“双心”服务站、青年志愿服务驿站等载体，持续开展困难帮扶、金秋助学、夏送清凉等一系列暖心活动，真正为职工做好事、办实事、解难事，不断提升职工获得感、幸福感、安全感，用心用情灌溉好陈四楼煤矿这片人才发展热土。

欣悦　喜看科技结硕果

“爸爸，我是天泽，节日快乐，在井下注意安全……”6 月 19 日父亲节当天，在陈四楼煤矿生产调度指挥中心大屏前，该矿综采一队职工张宜华的儿子与井下工作面的父亲进行了视频连线通话。

今年父亲节期间，陈四楼煤矿开展了“感恩父爱 · 亲情筑安”活动，组织矿嫂和孩子们参观了生产调度指挥中心、智能化灯房、实操基地等地点。职工家属们围在生产调度指挥中心大屏幕前，清晰地看着井下作业现场，对亲人的崭新的工作环境和矿井现代化技术有了更加直观的感受和认识，惊叹之余，欣悦之情溢于言表。

今天这样温馨场面的实现，得益于全国首个 F5G 矿山商用项目在陈四楼煤矿的成功应用。“经过一年探索与调试，F5G 技术正在结出硕果，井下智能化设备、仪器的海量数据通过 F5G 这条信息高速公路进行精确与稳定的传输，矿井信息化、远程实时智能管控突飞猛进。”该矿调度室副主任景旭东介绍。

在 F5G 全光网络技术速度与安全的强力加持下，矿井智能化建设再度碰撞出新的火花。为积极推进“数智能化”建设，该矿正在全面推进建设集信息采集、数据分析、综合展示、协同调度、集中管控于一体的安全生产智慧管控平台，为实现煤矿行业的转型升级高质量发展迈出了坚实的步伐。

智能化生产是安全提效的重要科技保障。MZ201 工作面是陈四楼煤矿首个智能化采煤工作面，该工作面以电液控制、三机智能通信、泵站控制、采煤机记忆截割控制系统为基础，以设备姿态监测、安全监测监控和工作面视频系统为保障，以工业总线网络为通道、大数据分析和处理为依据、高端集控设备为平台，实现了井下集中控制，地面远程干预，具有主动感知、自动分析、智能处理的安全、高效、节能、少人化的智能化效果。

高端智能装备的使用，作业机械化水平的提高，不仅提升了安全效果，对职工个人而言，则大大降低了劳动强度，提升了幸福指数。

陈四楼煤矿安全生产调度指挥中心今昔对比图

陈四楼煤矿井下硐室今昔对比图

原载《中国新闻网》2022 年 9 月 14 日

三、文学作品选录

矿山四章

◇于春晓

矿山晨曲

当东方的第一缕阳光还未升起，朦胧的夜色尚未褪去，鸟儿还在栖憩，此刻，上早班的矿工们脚步已经响起。看，威严的天轮架昂首屹立；听，欢快的绞车传来了动听的旋律；明亮的会议室里，矿工班前聆听着安全生产布置；迅速穿戴好工服与用具，宣誓入井，矿山新一天的序曲激昂奏起。

矿山之晨，秋去冬来花开花落，每一个清晨，视野是新的，感受是新的，充满着活力，充满着希望。我自豪、我独爱、我陶醉、我憧憬，这里的矿山晨曲，这里的矿山繁荣。

地下之城

地层下有一座城，日夜繁忙、日夜沸腾；地层下有一座城，人人都是璀璨的星；地层下有一座城，长长的巷道、川流不息的人影；地层下有一座城，电机车拖着矿车往来奔行。

地层下有一座城，星星点灯一片通明，天上的街市降落到人间，连绵十里，分不清是灯还是星；地层下有一座城，有一群特别能吃苦、特别能战斗的兵，电钻、风枪的轰鸣震颤大地，满载乌金的列车带走矿工一片深情。

锚杆精神

你是忠于职守者，在井下你选择了特定的目标岗位，就固守到永远。

你是杰出奉献者，不讲条件，不论环境，不求索取，一旦上岗，将终生与巷壁为伴。

有人说你一身筋骨，就是这筋骨支撑了地层压力，保住了矿工的平安。有人说你孤注一掷，你是爱定一行，无怨无悔。你虽然看不到井下灯火辉煌的天地，却饱尝了地层深处的温暖；你虽然经历不到矿井的不断延伸，却护卫着延伸道路的主线。

锚杆，你不仅是一根铁棍钢杆，更是一位不畏艰险，精准执行、规范化呵护安全的矿山好汉。

矿工赞歌

汗水轻轻滑落脸庞，黝黑的脸颊勾勒出一幅京剧脸谱，伴着隆隆的机鸣，奏一曲铿锵有力的乌金交响，传遍了千米井巷。

滚滚煤浪像一阵阵暖风,拍打着湿了又干,干了又湿的衣裳。多少个日日夜夜,多少次雨雪风霜,战瓦斯、斗水患、驱千险、排万难,默默耕耘煤海桑田,静静点亮乌金之光,把光和热洒满人间,让世界充满生机,让百姓幸福安康。

世界因煤而美丽,国家因煤而富强,你深深懂得,历史赋予的责任。百米井下笑谈苦乐,千米巷道豪情万丈。青春无悔,无私奉献,内心升起太阳的光芒,照亮前行的路,书写历史的辉煌。

(发表于 2016 年 12 月 21 日《中国煤炭报》8 版“太阳石”)

邂逅天山热水

◇李 正

热水镇,坐落于内蒙古省道天义段境内,海拔约 1 600 米,东西走向长约 2 000 米,因天然温泉而得名。小镇曲径通幽,灯红酒绿。楼阁林立之处,洗浴、食宿门市遍布其间。

五年前,曾携妻女一行三人出游于小镇。我们之所以选择冬季东北之旅,实属天然温泉的魅力招引,和内蒙古客人的一再诚邀。彼时虽车马劳顿,今天仍余兴犹存。

临行前,内蒙古客人已提前告知,十家(地名,隶属内蒙古天义县,距离热水镇约三公里,位居内蒙古省道线)是终点站。我清楚地记得,沿永城北线乘坐大巴出发,到商丘转乘火车,再到北京转乘大巴到十家,长达 18 小时的颠簸,直至抵达天义,我和妻子竟毫无半点睡意。

北风肆虐,寒气飕飕。我们到达十家时,已是子夜十分。下车还未站稳,前来迎接我们的客人便热情地围了上来。他们居然在那儿恭候了近三个小时,此举,令我们十分感动。一阵嘘寒问暖后,客人径直把我们领上中巴,直奔热水宾馆。

是夜,月朗星稀。下了中巴,妻子不经意间的一句自言自语,竟闹了个笑话,她说天哪,好大的霜哟,地上都白了。客人们面面相觑,咯咯地笑了起来。解释说,这不可是霜,是名副其实的雪,现在还在下。

我很是疑惑,晴朗的冬夜怎么可能下雪呢,莫非这就是传说中的奇异天象?宾馆的女老板告诉我们说,不必大惊小怪,在这儿“雪下满天星”很正常的。

其实,此次内蒙古之旅,除了天山热水,还有一个地方是必去的:流水沟(山村,隶属十家镇)。流水沟有我女儿的婆家人,有我的亲家婆亲家公。在那儿,我们是贵客,他们是主人。我们之所以邂逅热水镇,全是亲家一家人盛情策划的。用当地的话讲,凡有贵客登门,不请客人到热水小玩几日,会被别人瞧不起。且这种习俗由来已久。

宾馆的包间是经过精心装扮的,清新,素雅。桌子上,山梨、山枣、山核桃、杏仁、青叶茶,散发着诱人的香味。服务员说,这些都是当地特产,是主人特意为我们准备的。

一天一夜的劳途奔波,我们略感疲惫。客人们忙前忙后地又是搬行李找凳子,又是递烟端茶倒水。服务员一边教我们如何操作洗浴设施,一边滔滔不绝地介绍着天然温泉。她说,热水源自温水岭火山口,属高热弱碱性硫黄温泉,水温高达 96 摄氏度,水中含富 47 种有益微量元素。水质不仅明澈清冽去污除腻,而且驱病祛痒润颜滋肤。她还说,在这儿有两样东西你很难买得到，一是护发膏，二是治疗皮肤瘙痒类药物。常泡温泉，可令皮肤光滑娇嫩，秀发飘逸柔顺。

难怪，当年康熙皇帝微服私访到此，大赞其口：此为天地之良液，自然之经方，圣水也，宝似金汤。

那位服务员很能说，口若悬河。我也不是个省油的灯，若不是困意干扰，一旦让我打开了话匣子，足以让她半小时前打哪儿来回哪儿去了。尊重都是相互的，她说她的，我也没闲着，她夸赞他们的好，我也在炫耀我们河南的美。比如，汉文化之源在河南，世界上最大的汉墓群在河南，孔夫子周游列国避雨在河南，姜太公渭水垂钓在河南，等等，以牙还牙。

短短一周的东北之旅，令我们为之一震的，除了当地的美食与风土人情之外，还有那儿的山，那儿的水，那儿的景。

热水的天空，蓝得出奇。仿佛被颜料渲染一般，直让人夺眼炫目，入魂入画。热水的太阳，毒得出奇。即便是在数九寒天，晒在人的脸上，照样有火辣辣的灼热感。热水的风，怪得出奇。说刮即刮，说停即停，毫无征兆。风起时飞沙怒号，风停时万物宁静，尽在顷刻间。热水的黄昏，美得出奇。临窗远眺，夕阳似乎在晚霞中燃烧、滚动，通红的火球红光四溅，烈焰半天。于是，远处的山脉、丛林在与霞光接壤间勾勒出一条连绵不断的明亮线条，很长很长，美轮美奂。

这些，是我在平原地带从未曾体验过的。

邂逅天山热水，一次梦幻般的东北之旅，我很是感叹，天之大，地之博，中国大好河山，风光无限！

（发表于2019年11月18日《河南能源报》）

“献　礼”

◇张新龙

最近有一件事令我很苦恼，拿什么样的“礼物”献礼国庆节？以前这几天我都会很留意街边是否有可以“出手”的好人好事，或者让儿子替我代画两幅画，拍个照、发发朋友圈以此证明我是一个“行动派”，可是最近不知道怎么回事我溜达了好多次都没有我出手的机会，本来想着让儿子再帮我画几幅画，可儿子也感觉厌烦拒绝了我，为此最近我辗转反侧寝食难安。

清晨如往常一样我骑着心爱的小电轮行驶在空旷的马路上，清晨的市区少了白日里的喧嚣而多了份迷人的静谧，道路两旁大红中国结、灯笼，彩带、彩灯随风摇曳，如一幅动人的画卷令人沉迷眷恋。此情此景让我忍不住想高歌一首《咱们工人有力量》，因为这个城市的繁花似锦、生机盎然有我们永煤集团出的一份力，有我们永煤人出的一份力，使我倍感骄傲和自豪。

来到陈四楼煤矿无论你走到哪里，你所见所闻都是那样的和谐幸福，自信的脸庞，挺直的腰板，即使是刚升井的工友，虽然脸颊布满了煤尘，但他们的脸上都洋溢着幸福和满足，特别是那一嘴大白牙，一笑起来尤显突出，如果你拉着一个人问他为什么这样开心高兴，他们的答案几乎一致:陈四楼煤矿是一家国有大型煤矿,始终秉承着安全第一生产理念、用心做事追求卓越核心价值观,在这里工作,领导关爱员工,员工团结友善,安全有保障,效益有保障。

这就是陈矿人,他们很多人二十几岁就来到煤矿工作,为矿山的安全高效发展付出了青春和血汗,也许他们每个人都没有做过什么惊天动地的伟大贡献,但他们所有的力量汇聚成了一股牢不可破,坚不可摧的精神源泉,他们用自己的担当和责任绘就了煤矿工人的精神画卷。他们用自己的行动告诉我:煤矿工人始终在传承着、践行着不怕吃苦、团结友爱、敢于拼搏,勇于“亮剑”的红色基因、革命精神。他们每个人都用自己实际行动践行着不忘初心、牢记使命这一精神理念。

这就是陈矿人,他们用每一天的恪尽职守、兢兢业业,心血汗水浇筑着企业的“安全之花”绚丽绽放,他们每一天的辛勤付出都是献给祖国母亲最好的礼物,想到此我才如醍醐灌顶,幡然醒悟,我哪里是什么“行动派”,我身边的工友才是真正的行动派,一年 365 天,他们才是真正做到了每一天都在用自己的实际行动给祖国母亲“献礼”。

(发表于 2022 年 9 月 27 日《河南能源报》)

最美的年味

◇赵孝伟

藏在我心底最美的年味儿,当数雪落、爆竹和春联。

雪落年味儿足。纷纷扬扬的首场雪花,在 2023 年“小年”这天落下可谓正当其时。在我的内心深处,如果在数九寒天没有几场雪来,就不算是完整的冬季;如果一场突如其来的大雪猛然降临在春节前后,那才叫一个“绝”。所以,新年在白雪的点缀下才显得更加完美。

小时候,似乎从天降寒霜开始就盼望着下雪,直到春节前后,那片片如精灵般的雪花翩跹而至。顾不上棉衣包裹身体里发出的热汗和裸露于外冻得发红的小手,和小伙伴们一起痴情狂奔在漫天大雪飘舞的仙境里,痴心求胜在推滚雪球的竞赛中,忘情于腾挪躲闪握雪成球的雪仗中。或者费尽心思,在雪地里堆积起一个个富有创意、形态各异的雪人;或者费尽气力,用脚在皑皑白雪上踩踏出一道光溜溜的滑道,然后奋力起跑至滑道,收住双脚,任由身子摇摇晃晃滑行其上。溜滑最远的小伙伴像个滑冰冠军,开心得合不拢嘴。直到各家厨房里冒出浓浓白烟,家人大喊着各家孩子的名字,催促着意犹未尽的我们回家吃饭。

爆竹年味儿浓。有着两千多年历史传承的爆竹,虽然受当前环境影响,但在腊八节前后,便有零零星星的爆竹声传来。一些耐不住寂寞的人们,在腊月伊始便展开了对新年的“畅响”。自此,缤纷热闹的新年序幕悄然拉开。

在儿时的农村也是如此。那时候,父亲几乎从进入腊月便开始一样一样地准备着年货,因为家里有我们两个调皮捣蛋的兄弟,爆竹自然当仁不让地先期到货。先买来的是一些直径较小的小型爆竹,虽然爆竹的威力和声响都不够,但燃放的安全性却与我们的年龄适当。随着时间推移至“祭灶”前后,父亲又陆续买来一些长长的鞭炮和直径较大的大型爆竹。大爆竹的响声和震动强烈,至于燃放大爆竹,那是我读初中以后的事情了。那时,我常在兜里装上几个大爆竹，洋洋得意地来到村子中最宽广的一条街道上，和村里的好几个年龄相仿的伙伴，开启了爆竹声响大比拼，并将这项赛程一直延续到大年初一的早上。那时的声声爆竹，才可堪为“爆竹声中一岁除”“坐听爆竹浑无寐”。或许，这就是爆竹在几千年来，春节当中独有的历史地位。

春联年味儿鲜。王安石诗词“总把新桃换旧符”中的一个“新”字就印证了年味儿的“鲜”：新鲜、亮丽、喜庆、多姿多彩，所以春联更是欢度春节的最美装饰。

二十四写大字，一张小方桌，桌上笔墨纸砚；一条长板凳，凳上端坐持笔人，这是我脑海里对大伯绵长幽深的记忆。大伯一边书写，一边述说着从裁纸到选笔，从书写到张贴，从格式音律再到最后一步晾干的要领。贴春联时，上下联要对应，位置不能贴反，高低保持一致；而“福”字的张贴却能让人反思自身，因为张贴福字的端正与倾倒，寓意着一个人的堂堂正正、光明磊落和必要时的智慧和聪变。

逝去的时光固然让人留恋，但新年的习俗却将我们引入了难以忘怀和展望未来的新境界。最美的年味儿不止是对逝去时光的留恋，也不止是对雪落、爆竹和春联的怀念。或许，一句“爸妈我回来了”后的一个拥抱，更让人值得期待。

（发表于 2023 年 1 月 19 日《河南能源报》）

四、遗风轶事

“矿工发明家”高兴超

◇文/吕志雄 王金海 刘 益 图/张明俊

2009年6月17日傍晚,河南煤业化工集团永煤陈四楼煤矿安装队党支部书记高兴超站在花园似的厂区路边。过往的一个工友看见了他,喊了声“高队长”,可高兴超却咧下嘴,点下头,算是回答,双眉拧成了疙瘩。

“人家和你打招呼,你板着脸,笑也不笑一下,谁欠你钱了?”记者玩笑着说。高兴超不好意思了,忙用手揉脸,可揉了半天,笑只在嘴角一闪就过去了,双眉依旧拧着,说:“没法儿,我老想事儿!”

“老想事儿”的高兴超都想些什么事呢?

发明之光

高兴超想的事中,重要的一项就是“发明”。最近,他正在为一项专利组织申报材料。而在此之前,他已经获得了4项国家专利。至于获得陈四楼煤矿科技创新奖的小发明,多得他自己都记不清,“至少有30多项”,他说,正因为这,他被称为“矿工发明家”。

高兴超的第一个发明——“高兴超排水泵底阀”,是从矿井下开始的。

底阀总是坏。高兴超和工友们不得不修理。

泡在水里,一泡就是几个小时。矿井的水有腐蚀性,往往是换过一个底阀,工友们都浑身发肿发痒。高兴超泡在水里最长的纪录是6个多小时。那一次从水里爬出来,“脚泡‘胖’了”,“不知碰到了什么,还掉了一大块儿皮 ”。

就是在这样的情况下,他发现了底阀的问题,动起了发明的念头。“以前底阀经常坏,一检修就要在水里泡几个小时。自从兴超发明的底阀换上后,5年都没有坏过。"工友们这番话,赞扬的是高兴超2003年发明的、以他名字命名的"高兴超排水泵底阀"。

也是在井下,高兴超发现了排水管路止回阀的问题,他开始研究这个阀门,最终对其进行了革新。"那东西经常坏,有时一个班就坏三四个。坏了就得换,80公斤呀,背新的换旧的,上下几千米,换一个得跑两趟,那个累呀,到矿井口那最后一步都不想迈了,只想躺下休息。现在好了,经高兴超这一改进,只有十多公斤,还几乎没有坏过。"工友们这样赞扬他的这个发明。

走在井下,看着水泵抽水,抚摸着这样那样的设备,握着这样那样的工具,高兴超发明的念头,就如星光一样明灭闪烁。

"高兴超排水泵底阀"解决了矿区抽水泵损坏的问题,费用是原来的40%,每年为煤矿节约资金10多万元,更重要的是,这个底阀保证了工作面矿工的生命安全,保证了工作面掘采工作顺利开展。"这里经济效益不可算。"工友们这样评价高兴超的发明。

而高兴超这个发明家所起到的带动效应,更是无法用金钱来衡量的。安装队职工姚成法发明的管卡钳,将安装维修管路效率提高了5倍。谈起这个发明,他说:"高队长给我们做出了榜样,也给了我们动力,现在大家都铆足劲儿向他'挑战'呢。"

在高兴超所在的安装队里,姚成法不仅发明了管卡钳,还革新了"喷号模具";高全海发明了"管路握弯器";高红林研制了"胶圈内径旋转切割刀"……这些职工响亮地喊出了"挑战高兴超,争做发明家"的口号。

艰辛之路

"成功的花,人们只惊慕她现时的明艳!然而当初她的芽儿,浸透了奋斗的泪泉,洒遍了牺牲的血雨"。冰心的这句话,用在高兴超的身上,恰如其分。

2003年2月,高兴超从柘城老家来到陈四楼煤矿,被分配到了安装队,他在工作中学习岗位技能,啃钳工基础理论。安装检修这活儿,说急,急得要命;说累,累得要死。高兴超在那段时间,肯吃苦,肯出力,总是抢活干。

工作中,高兴超发现,井下的抽水泵经常"罢工",且每"罢工"一回,他们就累得半死一回。抽水泵得不停地抽水,才能保证矿工安全,保证正常作业。抽水泵"罢工",意味着矿工的生命安全受到威胁,价值上亿元的工作面可能报废。

可抽水泵为什么三天两头"罢工"?高兴超发现,问题就出现在底阀上,压力增大或遇到停电,底阀就一定损坏。底阀坏一个,矿上就损失上千元,安装队就得没命地检修一次,而且每坏一次,对矿工安全也是一个威胁。

于是,高兴超冒出搞发明的念头:底阀的设计有问题,能不能改进底阀?有人当即泼冷水,指着一堆别样的底阀说:"也有人想改进,这不,弄出这么多式样来,可试了试,都不中。"言外之意是说:"这是没法攻克的难题,你还是别费那心思了。"

可高兴超不信这个邪,他把底阀搬到宿舍一个,细细地琢磨、研究。

高兴超找来一大堆有关书籍,费劲地啃。"那些理论书你都能看懂吗?"有人这样问高兴超。"看起来很吃力!特别是遇到一些数字。"高兴超说。

“看不懂你还想搞发明?”“看不懂也没啥。”高兴超说,“书本上要是啥都有了,我也用不着搞发明了。我看书只是想找到一点启发。理论知识不足,我可以靠试验来弥补。”

下了班,高兴超有点时间,就泡到检修工房里,锤敲、锯割、电焊,一遍一遍地试验着。即使睡着了,脑子里还存着底阀的影子,梦里冒出个想法,就惊醒了,醒了就拿着底阀琢磨。

为了避免自己的折腾影响工友休息,高兴超主动要求把自己的宿舍调到没人的高一层。在陈四楼煤矿,安排职工住宿时先紧着低层宿舍住,住满了再往高一层安排。结果,高兴超由一楼开始,搬到二楼、三楼;随着进驻宿舍人员增多,他又搬到四楼、五楼。

忙发明,不回家,家务、农活便全落到妻子邓乾莲身上。2006年夏天,邓乾莲因农药中毒晕倒在庄稼地里,若不是下学回家的儿子发现,命都保不住。那时候,邓乾莲是多么希望高兴超就在自己身边,可高兴超却在矿上,迷恋着他的工作,迷恋着他的发明。

高兴超是家里的老小,最受疼爱,他也很孝敬爹娘。这么多年来,高兴超一年只回去三四天,都是为了给爹娘过生日。可就在高兴超搞发明的关键时刻,父亲得脑血栓住进了医院,医院下了病危通知书。“那次父亲病重,我只在床前待了四个多小时。看病情稳定了,就离开了。”想起这事,高兴超忍不住抹眼泪。

高兴超继续着他的探索。一个保证密封的胶垫,成了他最后的障碍。怎么让胶垫结实耐用?高兴超试验一种材料又一种材料,几十种材料试过了,还是不见效果。问题出在哪里呢?高兴超苦思冥想,反复试验。突然有一天,当他再次摆弄他革新的底阀时,突然发现,需要紧紧咬合的舌板很难打开。

试验打破了理论局限,打开了新思路。为什么非要用胶垫呢?不用胶垫不也行吗?

试验成功了,他发明的底阀安装上后,效果很好,五年过去了,这个底阀还没有出过一次故障。

矿领导认为他的发明很有价值,决定为他申报专利,并将这底阀命名为“高兴超排水泵底阀”,他成为全集团用员工名字为其技术革新成果命名的第一人。

尝到了甜头,高兴超搞发明的劲头更足了。一个个发明在他的巧手下排成了队。

感恩之情

“永煤就是我的再生父母。”搞了那么多发明,取得那么多成绩,高兴超始终对他们的企业抱着感恩之心。

很长一段时间,高兴超脑海里总是存着这两个影像:父亲弯着腰,拉着一车石头,每走一步,腿肚子上的肌肉都揪一下,坚硬的道路上似乎都被他用力踩下个脚印;过年了,父亲又弯着腰,赔着笑,走东家进西家借钱去。

所以,当考上高中,却因贫穷而放弃学业时,他一门心思要出力干活,用心做事,摆脱贫困。

他养肉鸽,起早贪黑,精心饲养;他承包砖厂,蜕了几层皮,流了几缸汗,但市场价格下跌,养鸽赔了;欠他账的客户跑了……风凉话随之而来:“看他人怪能,干啥都不中!”

债务压人,人言更压人,高兴超觉得抬不起头来,觉得走投无路。就是在这样的情况下,他看到了永煤招工启事,他想去试一试。

高兴超老家柘城离永城百多公里，当地人对煤矿并不了解，一个观念却深植于心：下煤窑，那是玩命，不到走投无路，绝不下煤窑。

想起当年和妻子商量来永煤时的情景，高兴超现在仍觉得好笑：

“要不我下煤窑吧！”高兴超和妻子商量。妻子流了泪，叹口气说：“你干干试试吧！”

妻子流泪，高兴超也噙了两眼泪，只觉得心都揪到一块了。

“谁知道，一进永煤，感觉全变了。”高兴超说。花园式的矿区，标准化的宿舍楼，规范的井下作业，一切的一切完全和想象不一样。更重要的是，农民工只要干得好，也能转正，也能成模范，一个成为全国优秀班组长的农民工张占利，成了高兴超心中的榜样。

一个清晰的目标呈现在高兴超面前：转正，当模范。

肯吃苦，肯动脑，不到一年，他便被提拔为班长。妻子儿子为他骄傲，高兴超更是激动万分：“在老家，给人家干活，做得好了，最多是受两句夸奖。在这里，做得好了，不仅有表扬，还有奖金，还能升班长、转正。”

高兴超搞发明，当时的安装队支部书记张志辉为他借来有关方面书籍，为他安排单人宿舍。

“矿工只要有个好点子，告诉大学生技术员，他们就会给你组织材料，提供相关理论和数据。”高兴超说，他的许多发明创新都是在这样的工作机制中实现的。

“把陈四楼煤矿办成一所大学——让管理人员在这里精耕思想，让技术人员在这里发明创造，让操作人员在这里历练本领”。很熟稔地背诵了陈四楼煤矿这条标语后，高兴超说：“你知道这话对像我这样想上学却失去机会的人吸引有多大？这些年，我经常想，如果我当时能把高中上了，我想我会有更多的发明。”错过了的学习机会，在陈四楼煤矿他又捡回来了，矿上编有企业文化丛书，在这些书籍里，他感受到智慧的光芒、创新的精神、文化的魅力。

正是由于企业在制度上的鼓励与保障，在文化上的熏陶与鼓动，高兴超，这个农民出身的初中毕业生，才找到尊严，才走上发明之路，走上自我发展之路。

如今，高兴超已获得了无数个荣誉，“感动中国的矿工”、河南省“百名能工巧匠”、河南省五一劳动奖章等等；他在矿上的职务也在一步步提升，班长、队长、党支部书记。

采访结束时，我们得知第二天高兴超将到郑州参加集团的劳模表彰大会，问及他穿什么衣服去时，他指着身上的“雅戈尔”西服，自豪地说：“就这一身！这衣服是单位发的，下到刚进矿的农民工，上到董事长，永煤职工人人都有，款式一样，面料也一样。穿上这身衣服，就感觉腰能挺得更直。”

原载于2009年6月30日《河南日报》

千变万化脸谱情 痴心不改曲艺人

——记陈四楼煤矿服务公司员工张洋的“变脸”人生

◇王　浩

方寸之间演绎真，千变万化无穷尽，生旦净末轮番展，善恶忠奸变脸人。

“变脸”是川剧表演的特技之一，它把不可见不可感的抽象情绪和心理状态变成可见可感的具体形象，可谓是中华传统艺术中的瑰宝。观看“变脸”表演，大部分人的第一反应是神奇，之后睁大眼睛再仔细看，然后感慨一句：“真神奇。”而张洋就是这些“神奇”人物中的一员。在陈四楼煤矿提起这位“变脸”高手，所有观看过张洋演出的员工无不称赞：“真过瘾，真好看。”

每一个中华少年都有一个武侠梦。儿时的张洋也是一个武侠迷，每天脑子里想的都是乔峰郭靖，飞檐走壁。张洋每天都嚷着要学武术，几经恳求，父亲把他送到了武校学习。自此，9 岁的张洋进入了武校，开始了他的追梦生涯。然而现实是残酷的，武校的管理非常严格，日常的训练非常艰苦，教练十分严厉，动作稍有走样，张洋的身上就要挨一鞭子。但是张洋没有因此而退缩，反而更加勤奋地训练，每到考核，张洋的成绩总是名列前茅。三年武校的学习，让他练就了一身功夫。

毕业后，父亲十分爱惜他的一身功夫，就把他送到了商丘文化艺术学院学习戏曲表演，张洋又一次找到了人生的方向。每天早晨五点钟起床晨练，体能训练完再练嗓子，课堂上老师要传授戏曲专业课程，训练的课程依然非常辛苦，每次吊腿就要 40 分钟，练习翻跟头的时候曾经把手臂折断。但他从未跟家人谈起这些伤痛。由于张洋扎实的武术基础，在学戏的过程中他进步飞快，唱、念、做、打考核全优，成为老师器重的好学生。

经过 5 年的学习，17 岁的张洋已经掌握了一身绝活，在商丘各地区开始了商演生活，小小年纪开始靠手艺养活自己，张洋的父亲十分欣慰。随着时代的发展，戏曲这种传统艺术形式逐渐被人冷落，演出活动越来越少，经过两年的商演生涯后，张洋又一次走到了人生的十字路口。商丘文化艺术学院的老师得知张洋的情况后，主动联系到他，决定再传授爱徒一项绝技。

重新回到母校，张洋再一次见到了授业恩师，当他得知老师要教他的绝技是川剧“变脸”时，张洋感到受宠若惊。因为在他学戏的几年中老师从未提及关于“变脸”的任何信息，这门手艺老师也不会轻易传授。张洋将心中的感激之情化作刻苦的训练，“变脸”的诀窍讲究“车身含胸脚手动，稳准到位心有数”，张洋在原来戏曲基础上着重练习“变脸”特有的身法和舞台表演技巧，最终形成了自己的风格，将川剧艺术特有的手、眼、身、法、精、气、神、韵表现得淋漓尽致。

为了增强舞台的观赏效果，张洋自制小火把，吞吐柴油练习吐火。经历了一次次烫伤之后，他最终通过自学掌握了吐火的技巧。在张洋拜别老师之际，他奉上了一份学费来表达自己的心意，然而老师却婉拒了他。之后老师拿出了自己亲手制作的一套演出服送给张洋，“变脸”演出服装制作费十分昂贵，张洋那一刻已无法表达自己的心情，只能深深地给老师鞠上一躬。

在外漂泊几年后，张洋最终回到了永城家乡成家立业，来到陈四楼煤矿工作。工作之余，他仍然不忘练习他的“绝技”。2017 年年底，在陈四楼煤矿春晚征集节目时，张洋被推荐表演“变脸”。从那时起大家才知道身边还有这么一位“武林高手”。为了演出效果，他自费 3 000 多元购买了一套演出服。

因为是首次登上该矿春晚的舞台，一经亮相即引爆了全场。伴随着雄健的音乐，张洋手执折扇，身着披风，头戴专用戏帽，在舞台上时而轻盈灵动，时而凝重肃立，一招一式，刚柔并济，动静相宜，快慢有序。扇子一遮，披风一抖，在这些动作的掩护下，一张一张鲜艳浓烈的脸谱瞬间变换，伴随着音乐节奏的加快，张洋变换的速度不断加快，一张张红脸、白脸、黑脸、花脸迅速闪现，就算不眨眼睛，也看不出窍门所在，再加上惊艳的吐火表演，全场观众起立喝彩，掌声久久不能平息。张洋一展绝技之后，一些企事业单位的文艺演出活动开始邀请他参加。2018 年 6 月，在受邀参加永城市环保局主办的文艺演出中，张洋以其精彩的表演，征服了现场所有观众。

如今的张洋，虽然已不再做专业演员，但他对戏曲艺术的热爱却从未减少，他热爱曲艺，热爱“变脸”，享受舞台上属于他的时刻，给观众带来欢乐。人生如戏，戏如人生，最可贵的就是那一份勇敢和坚守。变换的是一张张动人的脸谱，不变的是他对艺术永恒的挚爱。

（发表于 2019 年 12 月 26 日《河南能源报》）

张献忠：倾心演绎“敬业 友善”价值准则

◇赵香华　袁　雷　李春红

爱国、敬业、诚信、友善是 24 字社会主义核心价值观中公民的价值准则。河南能源永煤公司陈四楼煤矿综采二队党支部书记张献忠一直以自己的实际行动，倾心演绎着这一公民准则。

“我不要鲜花和掌声，也不需奖励与提拔，只求我们的企业越来越好，职工及家人健健康康、平平安安、快快乐乐、和和美美……”这是张献忠的肺腑之言。

对亲人　他确确实实“当回事”

1971 年 7 月，张献忠出生在汝南县一个偏僻的小村子，父母“面朝黄土背朝天”，生育两个儿子，虽然哥哥从小有点先天性智障，但家里日子还算能过得去。

谁知天有不测风云，在献忠 18 岁高中刚毕业的时候，他的母亲因病不幸离世。为了一家“三条光棍”的生活，张献忠开始了外出打工生涯。

先是建筑、养殖，后来到平煤的朝川煤矿工作。由于他特别吃苦能干，而且又善于动脑子，从采煤队的工人、班长，一直干到副队长。2005 年 6 月份，他调任永煤陈四楼煤矿综采二队副队长。由于工作出色，2010 年任该队党支部书记。

随着张献忠工作的积极，收入的提高，不但他在城里买房娶妻，而且还出资帮助哥哥在老家盖房子，并娶上一个“二婚”的媳妇。哥哥婚后，虽可以打点零工，但难以维持生活，即使嫂子“带过来”的两个孩子，也是靠献忠资助上学，直到成人，而后又帮助他们找到工作。

谁知好景不长,嫂子在给他哥哥生了一个男孩的一年之后,因为与哥感情不和,又远走高飞了。“屋漏偏遭连夜雨”。哥哥又患脑溢血,生活不能自理,父亲患严重肺气肿,生活难以自理。

张献忠只好把父亲、哥哥、侄儿都接到永城居住,和爱人一起精心照顾他们。这样,父亲、哥哥所有的医疗、吃住费用,以及侄儿上学等等,一年需要10余万元的开支,全部是张献忠自己承担。

2019年11月份,他父亲去世,爱人身体又不太好,自己整天还得上班,张献忠只好将哥哥送进了敬老院,将侄儿送到寄宿学校。当然,哥哥住敬老院、侄儿上“贵族”学校,这所有的高昂费用,他都要负责到底。

一次,他哥哥看着他一件衣服穿几年,而且是“吃馒头夹咸菜”的俭朴样子,感到实在过意不去,想早早死去为他减轻负担。张献忠拉着哥哥的手动情地说:“哥哥,你放心,我就是砸锅卖铁,也要让你生活好,让俺侄儿把书读好。当年你陪我长大,下半辈子我一定陪你到老……”

对企业　他兢兢业业“当功臣”

“忠企奉献,人如其名。对于他来说,岗位建功从来都不是一句挂在嘴边的口号,而是展现在点滴工作中的身体力行,他用真情大爱履职尽责、无私奉献,用默默付出回馈企业、造福员工,用自己的坚韧、智慧和勇敢,为深埋千年的滚滚乌金铺就了一条喷涌之路。”

这是去年底陈四楼煤矿在开展“星耀陈矿·寻找攻坚楷模”主题活动中,评审委员会赋予评选出的两位“陈矿功臣”之一张献忠的颁奖词。

张献忠担任采煤队副队长、党支部书记16年,勤勤恳恳,兢兢业业,始终把安全作为第一责任,把职工作为第一牵挂。16年里,所在区队没有发生轻伤及以上人身事故,连续多年被评为两级公司的安全标杆区队、标杆区队,他本人也多次被评为两级公司和矿上的优秀共产党员、先进工作者。

积极的人像太阳,照到哪里哪里亮。工作中,张献忠身先士卒,总是第一个到达工作面,亲自对工作面安全情况全面排查,与职工同上、同下、同劳动,虽已年过半百,但对于一些肩扛手拉的活儿也冲锋在前,受到职工的一致好评。

“俺张书记在抓安全方面确实有一套。2803综采工作面地质条件一直很差,我们队在那里施工,战胜无数个困难,两年多没有一个人碰手碰脚。目前,我们施工2506工作面,25度以上大坡度上山行走少说也有400米,张书记不辞辛苦,每次下井都带着降压药。但只要他在井下,大家心里就特别有底，他是我们的'主心骨'……"综采二队职工赵东说。

笔者通过人员定位系统随意抽查一下张献忠的入井情况，今年第一季度共下井 67 次，其中 12 小时以上的达 38 次，20 小时以上的竟有 8 次。7 月份，他下井 26 次，跟班 16 次。据说去年全年老张没休过一天班，今年到现在才请两天假。

张献忠常说，自己的事再大也是小事，单位的事再小也是大事。去年 6 月份，陈四楼煤矿主井修复期间，张献忠带队支援顺和煤矿回撤设备。大件回撤时，他的小女儿结婚。喜事前几天，女儿就给在矿上值班的张献忠打电话说："爸爸，平常您总是工作忙，没时间陪俺。我马上就远嫁他乡，您能不能请假在家待两天陪陪俺！"张献忠嘴上虽答应了，但由于不放心井下的大件拆除、起吊、装车回撤等关键工作，喜事那天只请了半天假……

对工友　他真真切切"当兄弟"

"喂，你好！矿工会吗？我是综采二队张献忠。俺队目前施工地点路途远，坡度大，行走困难，条件艰苦，职工的胶靴容易破损，请向矿领导反映，给俺队一线职工每人增发一双胶靴吧……"8 月 29 日上午，刚上了夜班升井的张献忠就联系为职工办实事。

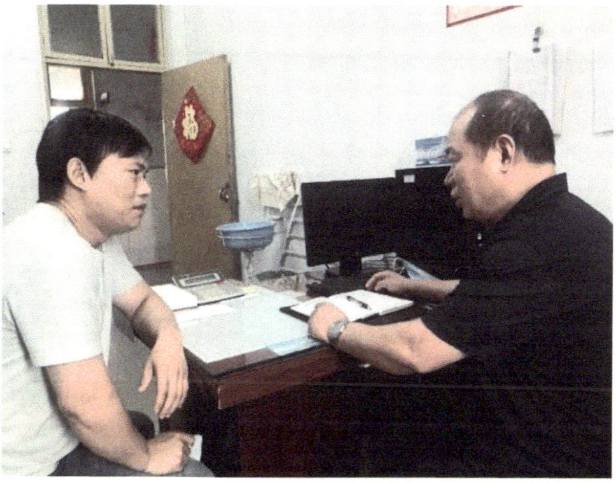

一枝一叶总关情，关心关爱职工是张献忠的职业习性。今年 3 月份，职工张银玲总是请假休班，一个月只上了十几个班。张献忠经过深入了解获悉，张银玲的一个孩子长期有病，夫妻两人常常因为给孩子看病的事吵架，甚至到了闹离婚的地步。

张献忠知道情况后，主动当起张银玲的"网格员"，经常"线下""线上"与他谈心交流，并且亲自给张银玲的爱人打电话进行劝解，教育夫妻二人都应珍惜自己本该幸福美满的家庭，孩子有病是暂时的，两人应该心往一处想、劲往一处使，全力以赴给孩子治病，不应因"打内战"而耽误了孩子的事。张银玲若不正常上班，没有收入，孩子看病也是个问题呀。即使他上班了，思想包袱大，安全也没有保证。

在张献忠的耐心劝导下，张银玲两口子也不再闹离婚，4 月份开始，出勤也正常啦。张银玲说，爱人如今对他非常好，孩子的病也有好转，多亏了张书记的思想教育和关心帮助……

职工有困难，张献忠总是鼎力相助。一次，职工于长河的母亲在郑州做手术，给张献忠打电话说，家庭经济困难，母亲手术费还差一点不够。张献忠二话没说，就转给他 3 000 元钱。后来于长河提出还款的事情，张献忠知道他的孩子多，家庭负担较重，况且还背着一屁股的债，就没有再要那笔钱。

"真情换真心，黄土能变金。我把职工当兄弟，职工心情舒畅，工作认真负责。当然，我是一名党员干部，我的成长离不开企业、组织的培养，关心关爱职工是我分内的事情……”张献忠真诚地说。

（发表于2021年9月3日凤凰网河南频道）

永煤集团陈四楼煤矿:“好人老戴”的公益情

◇赵香华　袁　雷

近日，被誉为“全国先进社会组织”的河南省永城市久和公益协会，召开“大型爱心送考公益活动”动员会，会上还表彰了一批在抗击新冠疫情中做出突出贡献的优秀志愿者，永煤集团陈四楼煤矿共产党员、安全检查员戴新捷名在其列。

助人为乐、多做善事是戴新捷的人生信条。干好工作之余他常去参加一些社会上的公益活动，许多人都称赞他为“好人老戴”。

多年来，永城市特殊教育学校有他的帮助，好几个敬老院有他的足迹，送考车队里有他的故事，社区“疫”线有他忙碌的身影……

永城特殊教育学校的学生，大都是一些身体有缺陷的孩子。戴新捷7年前参加公益组织后，每年至少两次到这里开展送温暖活动。他积极联系爱心商家筹集本子、铅笔、书包以及毛巾、床单等文化和生活用品赠送给孩子，深受学校师生一致好评。

爱心送考是每年高考期间一项重要公益活动。2015年，戴新捷刚买来私家车就加入了爱心送考的团队，无论是烈日炎炎，还是雷雨天气，他都没有“缺席”，一干就是7年。由于工作积极，服务热情，表现出色，2017年他开始担任这个爱心车队的中队长，管理200多辆爱心车。不但免费送考，他还自费购买矿泉水等饮料供考生饮用。

“我们建立了微信群，每年只要到了高考时间，我在群里可以说是一呼百应。每次接送这些‘祖国的未来’，队员们既感光荣自豪，又感责任重大，我们必须安全送达……”戴新捷坚定地说。

一次，永城市三高参加高考的一名考生，进入考场后发现准考证、身份证丢失。戴新捷知道后，一看表离考试时间只有13分钟。他立即在爱心车队群里发布信息，不到1分钟就有了回应。该考生的证件果然就在一位队员的车上。老戴随即安排那位队员以最快的速度将证件送到考点，保证了该考生正常考试……

尊老爱幼是中华民族的传统美德。戴新捷不但“爱幼”做得好，而且在“尊老”方面做得也不错。

“小戴一年都到我们这里服务10多次，每次来到敬老院，不是帮助俺洗脚、剪指甲，就是帮助我们擦玻璃、打扫室内外卫生，对啦！我整天腰疼，他每次过来还不忘给我按腰捶背，真是一个大好人啊！”永城市李寨乡敬老院86岁的张大爷提到戴新捷，感激得热泪盈眶。

今年3月底，新冠疫情再次突袭永城市域，戴新捷所在的小区不幸“中招”，被实施了严格的封控管理。上班不成，戴新捷就主动和街道办事处联系，如愿当上了一名疫情防控的志愿者。他每天早起晚归，帮助社区做核酸检测扫码登录，在卡点执勤，帮助居民购买生活必需用品，一个多月时间，他每天都工作10多个小时，从不叫苦叫累，而且还给有困难的居民捐款捐物。一次，一位居民突发急性肠胃炎，疼痛难忍，当时全城实施封闭管理，救护车也比较紧张，一时赶不过来。幸亏戴新捷有志愿者证书和车辆通行证，患者被他驾车快速送到了永城市人民医院，并得到了及时的治疗。

“其实也没做什么。我只是做了点作为一名党员应该做的事，不足挂齿嘛……”笔者采访戴新捷时，他不好意思地说。

坎坷人生经风雨，孜孜不倦奉献求。戴新捷时刻铭记初心使命，为职工群众办实事、排忧解难，无私奉献，多次被评为煤矿和永城市优秀共产党员、优秀义工等等。

（发表于2022年6月1日凤凰网河南频道）

永煤集团陈四楼煤矿：煤海“驭风”保安全

◇于春晓

今年39岁，从业18年，担任班长13年，先后取得瓦斯检查工技能大赛河南省第一名、河南能源第五届职工技能竞赛第二名、永煤公司“首席员工”“名师高徒”、河南能源“岗位技术能手”、陈四楼煤矿“技术标兵”、永城市“技术状元”等称号，并出色完成了所负责的工作任务。他就是2022年度永煤集团劳动模范获得者，永煤集团陈四楼煤矿通风队瓦检班班长刘权。

驭风逐梦的实干家

荣誉的背后是付出的努力与辛勤汗水，自2005年入职煤矿，特别是2010年以来担任瓦检班班长以来，刘权以专注敬业的工作态度、过硬的专业技术本领默默工作在矿井瓦检岗位。

井下巷道及各采掘工作面是他的“主战场”。总面积73平方千米，100余条巷道，总长度超过100 000米、数百个测风点，刘权18年如一日穿梭其间，追寻风的足迹，随时掌握风速、风量、风向变化；“驾驭”风的构成，控制瓦斯、一氧化碳、氧气等气体含量在安全合理限值，及时调整和完善井下通风系统，确保煤矿安全生产。

2015年，陈四楼煤矿升级为煤与瓦斯突出矿井后，确保通风系统良好运行尤为重要。每天，刘权既要做好对本班组40多人的工作布置、任务完成等情况的管理，又要深入井下现场在测风点按照安全规程测量风速和空气中各种气体的含量，确保井下各工作面及巷道的空气质量达标。

对于矿井重要检查区域,刘权总是亲自到该地点检查,及时掌握瓦斯异常状况,参与研究制定相关措施,保证该综采工作面安全生产。

“干通风是个良心活儿、细心活儿、耐心活儿,要勤跑、勤看、勤动手,否则干不出好成绩。”他这样说的,也是这样做的。18 年来,刘权走遍了矿井的每条巷道、每个工作面和各个工作硐室,不厌其烦地一遍遍做测风试验,把井下每个关键点位的风量上限、下限都牢记于心,保障了矿井通风安全。

笃学善思的名专家

矿井通风系统是煤矿安全的关键性环节,也是非常复杂的系统工程,据诸多煤矿事故调查结果表明,煤矿发生的重大灾害事故,一般都与矿井通风系统有着密切的联系。

在工作实践中,只有高中文化基础的刘权深知自己的专业知识不够,他立下宏志,一定要在岗位上有所建树。于是,无论每天工作多么繁重,他都挤时间坚持学习业务知识,阅读矿山技术资料和专业书籍,还自费函授学习了大学煤矿通风与安全专业课程并取得毕业证书,连年参加岗位职业技能鉴定考试取得了瓦斯检查工技师资格,从而进一步了解高瓦斯煤矿的特点,熟悉矿井的采掘历史和工作面走向,琢磨如何优化调整通风系统、如何有效开展瓦斯治理,然后将自己总结出来的工作思路应用到井下通风工作中。

与此同时,刘权结合矿井及岗位实际,创造性地开展工作。先后独立或参与完成了“陈四楼煤矿通风及监测系统仿真技术研究与应用”“机械化矿井多功能新型风门的研究”等创新成果 19 项。踏实肯干、勇于创新、敢于实践的刘权总结出了一套工作法:日常风量测定要细心、安全隐患辨识要精准、消除隐患行动要迅速。他科学严谨、雷厉风行的工作作风获得了矿领导和工友的高度认可。

2018 年,刘权参加瓦斯检查工技能大赛一举夺取河南省第一名,他与徒弟郝乾松获得永煤公司“名师高徒”等多项荣誉。多年来,他凭着自己过硬的本领,针对瓦检员工作期间的难题,根据矿、队有关制度,不断优化瓦检班班组的管理,有效规范瓦斯检查作业流程,解决了一个又一个安全生产的难题,工友们都亲切地称他为矿井的通风“专家”,渐渐地他不仅成了广大职工学习的标杆和榜样,而且他用自己的实际行动为矿井通风安全作出了应有的贡献。

(发表于 2023 年 3 月 18 日凤凰网河南频道)

五、资料编报人员

（按姓氏笔画排序）

于海阔　王运动　王浩民　尹长兵　叶永杰　田嫩红　冯彦辉　朱勇杰　刘永军
孙庆山　李　顺　李　振　李安心　杨　勇　杨慧鑫　吴　琳　邱江涛　宋成义
陈　亮　陈　雷　邵　用　金雷委　孟方方　洪　文　高平华　董军伟　董抗抗

编纂始末

《陈四楼煤矿志(1984—2021)》的编纂工作始于2022年9月。是年8月30日,中共河南龙宇能源股份有限公司陈四楼煤矿委员会制定印发《陈四楼煤矿名矿志编纂相关制度》(陈矿党字〔2022〕39号),决定成立名矿志编纂委员会,下设办公室,具体负责《陈四楼煤矿志(1984—2021)》编纂事宜。

由于全国煤炭行业20世纪80年代启动第一轮修志时陈四楼煤矿还处于筹建阶段,不在修志范畴。2018年6月13日,河南省史志办在三门峡召开修志专题会议,煤炭行业启动第二轮修志工作。是年底,陈四楼煤矿隶属的上级企业永城煤电控股集团有限公司开展修志工作,历时三年,完成《永煤集团志》编写工作。2022年7月22日,中共永城煤电控股集团有限公司委员会印发《关于推进永煤公司名矿志编纂工作的通知》,指引公司所属各有关单位:为加强和传承永煤公司优秀企业文化,全面记述永煤公司改革发展经验,为企业的永续发展积淀宝贵财富。根据上级有关要求,结合中国煤炭工业协会《关于积极推进煤炭名矿志编纂工作的通知》,经研究决定,进一步推进公司矿名志的编写工作,通过记载历史,总结经验,发挥名矿志在安全发展中的重要促进作用,推动企业高质量发展。指令陈四楼煤矿等本部五矿为第一批编纂单位,并明确时间节点及保障措施。

目前,全国煤炭行业已出版发行第一部名矿志,而河南省煤炭行业名矿志尚为"0",为提升企业知名度,传播企业正能量,永煤公司明确提出,河南省第一部名矿志必须出在永煤,要求公司所属本部五矿必须按照时间节点完成矿志编纂工作。

编纂《陈四楼煤矿志(1984—2021)》,对于陈四楼煤矿来说,属于开天辟地的创修。矿领导对此极为重视,在矿井人员紧张、资金紧张的情况下,给予修志工作大力支持。矿编志办专门抽调政治理论强、有责任心、有一定文字基础的人员担任主笔,并建立各专业科室(包括服务公司、选煤厂及矿医院)联络人网络,于2022年9月正式开展工作。历时一年,克服重重困难,按期完成了《陈四楼煤矿志(1984—2021)》统稿编纂工作,全书约148万字,附录历史图片130余幅,并逐步进行三审三校程序。

由于《陈四楼煤矿志(1984—2021)》编纂年度长、内容多、涉及面广、专业性强,且各单位编纂人员之前均无相关经验可谈,其艰苦性不言自明。因此,所有编纂人员不仅需要付出巨大的心血和汗水,更需要付出难以想象的坚持和努力,勇于挑战自我,树立坚定信心,本着对历史负责,对矿志负责的态度,确保高起点、高标准、高质量,圆满完成工作任务。

万事开头难,克难学为先。矿编志办设立后,不等不靠,主动开展创新性工作。首先制订了系统的学习计划,组织学习《修志指要》《修志概说》《煤炭志书编纂十讲》《永煤集团志》及其他企业志,编写《陈四楼煤矿志》修志大纲,规范修志《凡例》及搜集、整理、遴选大事记等有关标准。之后修志办深入矿井各专业系统、机关科室、基层区队、生产车间、井下生产一线等,分别进行宣传发动、座谈交流、征求意见和掌握第一手真实资料,建立修志微信工作群，并随时转发上级部门有关修志资讯，编发有关修志知识和经验体会，努力提高企业员工和各级领导对修志工作的认识、理解和支持。

鉴于志书的起始时间一定程度上决定志书的质量、资料收集、整理、考证等工作，最初，我们即考虑《陈四楼煤矿志》起始时间的确定，并初定为 1984—2021 年。其中：上限时间为 1984 年，一是参考《永煤集团志(1983—2019)》。二是依据陈四楼煤矿大事记有关记载。同时，考虑到尽可能多地搜集和丰展矿志资料之想法。下限时间依据《关于推进永煤公司名矿志编纂工作的通知》规定截止时间 2021 年。

据考证，陈四楼煤矿沿革为：1984—1990 年，河南煤炭工业管理局着手筹备并负责永城矿区的开发建设，进行陈四楼煤矿的初步设计，中央风井开钻、工业广场围墙及矿外公路等建设；1991 年 3 月，《关于成立永夏矿区建设管理委员会陈四楼项目组的通知》(永夏办字〔1991〕第 114 号)，成立陈四楼项目组；1993 年 2 月，《关于成立陈四楼煤矿项目部的通知》(永夏人字〔1993〕第 05 号)，撤销陈四楼项目组，成立陈四楼煤矿项目部；1995 年 2 月，《关于启用“永夏矿区管委会陈四楼筹备处”印章的通知》(永夏办字〔1995〕第 06 号)，撤销陈四楼煤矿项目部，成立陈四楼煤矿筹备处；1997 年 1 月 29 日，《关于成立陈四楼煤矿及王佳英等同志任职的通知》(永夏人字〔1997〕第 18 号)，撤销陈四楼煤矿筹备处，成立陈四楼煤矿；1997 年 11 月 6 日，陈四楼煤矿建成投产。其中，陈四楼选煤厂与陈四楼煤矿同步设计，1991 年 7 月，洗煤厂开工建设；1995 年 5 月，建设竣工；1997 年 7 月，成立陈四楼洗煤厂；2001 年 7 月，洗煤厂独立核算；2020 年 10 月，撤销陈四楼洗煤厂，成立陈四楼煤矿洗煤厂，合并归陈四楼煤矿。

结合以上事实，为慎重起见，矿编志办专门请示矿志编纂委员会，经研究裁定《陈四楼煤矿志》起始时间最终以：上限时间 1984 年，下限时间 2021 年为准。

志稿的篇目设置，即志书的框架结构是资料收集和志书编纂的依据。可以说，大纲是志书体例的重要表现形式，志书的体式规范、体裁运用都体现在篇目设置之中。编志办通过借鉴、学习《永煤集团志》等多家比较成熟的志书，结合《煤矿安全生产标准化基本要求(试行)》所分专业及矿井实际，于 2022 年 9 月中旬通过数次拟写、研讨、修改完成了《陈四楼煤矿志(1984—2021)》编纂大纲设置，提交矿编委会进行审议并通过。

纲举目张。《陈四楼煤矿志(1984—2021)》编纂大纲通过后，即组织矿编志办及各专业科室(包括服务公司、选煤厂及矿医院)联络人实行责任编纂和资料搜集工作，并由各责任单位负责人与分管领导严格把关，规定志稿资料提交时间，编志办进行资料审核和总体编纂，对各单位存在的问题分别以书面反馈、当面沟通等形式，提出反馈意见共 90 余份累计 4 万余字，并按领导指示分别发布在修志微信工作群内，供大家及时整改，相互借鉴与促进。

修志是一项系统的浩瀚工程。在志书编纂过程中，遇到了许许多多的困难，有的部门联络人因为本职岗位上工作繁忙，不能集中精力进行本专业的志稿资料搜集和整理；有的因为对修志工作认识有差距，推责、拖拉，甚至产生抵触情绪；有的因为不堪负重修志工作的压力，至临近提交资料的最后期限时打“退堂鼓”而换人；有的因为工作不得法或不能很好地驾驭文字工作，所提交的志稿资料存在马虎、应付、不准确、缺项断线等状况。各部门提供的初始资料质量参差不齐，编志办根据情况，请示编委会领导两次延后交稿时间，尽最大努力提高基础资料质量。

志书是资料性的著述。志书的生命力端赖志书的资料性，资料丰赡博实是志书传世行远的基础。所以，志书编纂必须花费大量的时间和耐心去查资料、查档案，要研究、驾驭、取舍、用活材料。要注意概括、浓缩、运用资料，把资料变成生动语言，言必己出，使之成为著作。然而，由于陈四楼煤矿从20世纪80年代的项目筹备，90年代初的破土动工，到新世纪的发展壮大，至今历经30余年，特别是筹建矿至矿井投产初期，当时电脑还未普及，很多文件、资料是以手写、油印为主，很多资料没有电子文档或者档案不全，一些领导和当事人或已退休、调动，还有个别前任矿领导已经离世等原因，给搜集资料及查证工作带来巨大困难，为掌握准确材料，确保志书资料的全面性、系统性、真实性、代表性，矿编志办人员不仅多次到档案室细致查阅资料，而且寻找各种渠道，通过手机、微信、现场询问等方式请教、核实相关事件，补全历史记述。比如，我们在编写"矿井历任党委书记及任职时间"部分的时候，遇到组织部报送的资料中：1997年1月至1998年2月一年多时间矿上没有党委书记？当时我们比较怀疑，为了弄清这个事实，我们去档案室查资料，又到上级党委组织部和一些领导那里求证，结果确认这一阶段确实没有任命矿党委书记，经考证之后我们才放心这一细节。按照志书《凡例》规则，对已故的矿领导需要写"人物传略"，曾任陈四楼煤矿筹备处主任兼党委书记的戴光林、第四任陈四楼煤矿矿长张延明、原陈四楼煤矿副矿长周俊杰在调离陈四楼煤矿多年后已经去世，为了准确地写好他们的人物传略，矿编志办协同矿党委组织部并协调有关组织，认真核对其个人生平、生卒年月、主要功绩和荣誉等，以期达到"真、信、活"的记述。

在编纂志稿过程中，部分科室提供资料缺档断线较多，特别是1997年建矿之前矿井筹备期间内容极少，不足以记述当时真实情况，矿编制办即会同相关部门到档案室再查资料并深入询问一些老领导进行回忆，查到了如：1995年5月18日，陈四楼煤矿筹备处成立机电科及科长任职文件；1996年8月13日，陈四楼煤矿筹备处及成立第一掘进队、第二掘进队及队长任职文件等，一定程度地补充完善了历史资料。

2022年，新冠肺炎疫情仍持续肆虐，经常性进入全城或局部封控状态，矿井上下战役防疫，人身健康及生命受到极大威胁，但编志办人员始终坚守工作岗位，废寝忘食地进行志稿编纂。在编纂过程中，编委会主任、编志办主任给予编纂工作极大关怀与支持，矿主要领导数次听取编志工作汇报，加强日常指导和协调，凡编志遇到难题，及时帮助解决，多次与各部门领导沟通，确保编纂工作顺利推进。

2022年12月底，《陈四楼煤矿志(1984—2021)》编纂统稿"杀青"，全书分上、下卷共14篇51章201节，约148万字，历史图片130余幅，全面真实地再现了陈四楼煤矿从筹建到建设，从建设到投产，从投产到发展的场景。"志书"正文内容丰满，包括矿井开发与建设、地理概况、煤田地质与勘探、煤炭生产、煤矿安全、环境保护、经营管理、企业行政、煤炭科技与职工培训、党群组织、精神文明活动创建与企业文化建设、福利卫生、社会保障、人物与荣誉等多个方面内容。为此，矿长张文康、党委书记李明专门给本志书分别撰写了序一和序二，给予《陈四楼煤矿志(1984—2021)》以极高的评价。

2023年1月编印样书，总体上较原定工作步骤规划2023年3月形成编纂初稿提前2

个多月。其实,初步完成《陈四楼煤矿志(1984—2021)》统稿及样书只是编纂工作的阶段性任务,距离最终通过层级验收和正式出版发行还有很长的路要走。至此,所谓统稿也就是一个比较系统的初稿,还存在很多的缺陷和不足,可以说距离终稿,以至于出版发行还有许多艰巨的工作要做,志稿的质量还有很大的空间需要提升。

比如:党政工团篇,治安保卫一节,一、机构与队伍,开篇写:“1997 年 9 月 ,撤销陈四楼煤矿筹备处护矿队,成立保卫科。”由此可以看到,这一部分存在历史断档,即,1997 年 9 月之前,陈四楼煤矿筹备处有护矿队,这个历史是需要有记述的。后经查阅档案资料,1996 年 11 月,成立陈四楼煤矿筹备处护矿队,及其相关职能和管理体制,在志书中进行了补充完善,尽可能避免了断线缺项现象。再如:陈四楼煤矿曾经有过比较严重的事故。相关人员一度顾虑这样的事件是否不要写,而没有搜集和记述这方面的内容。编志办提出:志书的重要功能就是“存史、资政、育人”,那么像这样的史料是应该有所记述的。通过数次解释和查证档案文件,最终补充记述了这些资料。如此等等,不一而足。

为了充分发挥“众手成志”和集思广益的作用,提高修志联络员的积极性,在矿党政领导的大力支持下,矿党委宣传部、编志办分别于 2023 年 2 月 8 日、2 月 17 日再次召集矿志编纂各科室(包括服务公司、选煤厂及矿医院)联络人进行业务学习和鼓劲打气,要求大家共同努力,从志稿篇、章、节、目等文档、图片、数据及整体结构深度审视是否合理,从字、词、句及标点符号、单位名称等方面仔细校对是否存在低级错误。同时,联系综合办档案室积极配合,让大家重点查阅与本部门有关的档案资料,将各个时期有价值和标志性的文件、资料主要内容进行摘录并形成电子文档,一方面自行做好概括、浓缩和运用,对本部门的志稿进行补充、修订,尽最大可能以资料的丰赡博实提升志书的生命力;一方面将摘录并形成的电子文档及修改的志稿(修改部分涂颜色)发给矿修志办公室进行统稿的修订与完善。

千淘万漉虽辛苦,吹尽狂沙始到金。《陈四楼煤矿志(1984—2021)》编撰人员和供撰人员怀揣着强烈的事业心和责任心,伸爬田格、伏案工作、扣文凿字、推敲斟酌、来往反复、数易其稿,2023 年 2 月底志书统稿竣稿。在经过矿编委会审定后,作为永煤本部第一个提交志稿的单位给永煤公司编委会进行复审、验收。

2023 年期间,编志办对志稿一方面进一步自行修订完善,一方面呈请陈四楼煤矿编委会一审,永煤公司编委会二审。然后,编志办分别对照会审建议,由总纂牵头负责针对性地修改和补充资料,统改后由党委宣传部组织相关人员再次审校。2023 年 11 月,《陈四楼煤矿志(1984—2021)》样书(稿)报送河南能源有关领导,并由永煤公司邀请中国煤炭学会史志工作委员会、河南省煤炭学会史志文献委、《河南省煤炭工业志》编纂委员、河南能源党委、河南能源工会、永煤集团宣传统战部等部门有关领导进行三审。2024 年 4 月 23 日,《河南煤炭工业志》编纂委员会组织有关专家对《陈四楼煤矿志(1984—2021)》(送审稿)在永煤集团召开终审会,该志稿通过评审和出版发行,并认定《陈四楼煤矿志(1984—2021)》是河南省第一部名矿志书,陈四楼煤矿具备条件入选中国煤炭名矿志,建议其参加中国名矿志系列的志书评审。

《陈四楼煤矿志(1984—2021)》的成书,是陈四楼煤矿第一部企业志,也是河南省首部名矿志,它的编纂成功是陈四楼煤矿全体干部职工共同努力和智慧的结晶,也凝聚着上级领导和上级有关部门的有力指导和大力支持。广大干部职工,包括离退休老干部、老工人、各科室、各区队都积极地提供资料、献计献策,才使《陈四楼煤矿志(1984—2021)》顺利完成。在此,谨向所有关心、支持、指导、参与《陈四楼煤矿志(1984—2021)》编纂工作的全体人员表示诚挚的感谢。

以志存史,以史为镜;盛世修志,惠及后人。今天,我们编辑和出版《陈四楼煤矿志(1984—2021)》,以翔实的资料,记录了陈四楼煤矿全体干部职工走过的艰难历程和不朽业绩,反映了陈四楼煤矿各个时期的精神风貌,实事求是地总结了各个时期的经验和教训,为后人留下了一份弥足珍贵的历史资料。此书可以启迪干部职工览古察今、继往开来,还可以使更多的人了解、认知陈四楼煤矿的过去和现在,展望未来发展的前景。

由于《陈四楼煤矿志(1984—2021)》时间跨度太大,资料搜集极其困难,编纂时间紧迫,编纂人员水平有限,难免出现这样那样的错误和疏漏,敬请专家、学者、热心读者批评斧正。